«Si nous avons besoin de sage-femme à nous mettre au monde, nous avons besoin d'un homme plus sage encore à nous en sortir.»

Montaigne, *Essais*

«Si un bon médecin ne guérit pas toujours de sa maladie un homme affaibli par l'âge, au moins le préserve-t-il d'un mauvais médecin, aggravant le mal, le rendant incurable, précisément en ce qu'il ignore ce qu'est le malade.»

Réveillé-Parise,
Traité de la vieillesse hygiénique,
médical et philosophique, 1853

Précis pratique de gériatrie

Précis pratique de gériatrie

Arcand-Hébert

Préface du
Pr Robert Hugonot

EDISEM   FMOQ   MALOINE

La publication de cet ouvrage a été encouragée par le mécénat des sociétés et organismes suivants:
Association des médecins de langue française du Canada
Institut universitaire de gériatrie de Sherbrooke
Janssen pharmaceutica
Merck Frosst Canada
Société québécoise de gériatrie

Données de catalogage avant publication (Canada)

Vedette principale au titre:

Précis pratique de gériatrie.

2e éd.

Comprend des réf. bibliogr. et un index
Publ. en collab. avec: FMOQ, Maloine

ISBN 2-89130-160-9

1. Gériatrie. 2. Gérontopsychiatrie. 3. Pharmacologie gériatrique. 4. Vieillissement. 5. Malades chroniques - Soins médicaux. I. Arcand, M. (Marcel). II. Hébert, Réjean, 1955-   . III. Fédération des médecins omnipraticiens du Québec.

RC952.A82 1997   618.97   C96-941322-X

1re édition 1987

Les lecteurs sont invités à faire part de leurs commentaires, critiques ou suggestions aux auteurs par tout moyen à leur convenance.

MARCEL ARCAND
Institut universitaire de gériatrie
1036, Belvédère Sud
Sherbrooke (Québec) CANADA
J1H 4C4
MARCAND @ courrier. usherb. ca
Télécopieur (819) 829-7153

RÉJEAN HÉBERT
Institut universitaire de gériatrie
1036, Belvédère Sud
Sherbrooke (Québec) CANADA
J1H 4C4
RHEBERT @ courrier. usherb. ca
Télécopieur (819) 829-7141

Dépôt légal – 1er trimestre 1997
Bibliothèque Nationale du Québec
Bibliothèque Nationale du Canada

ISBN: 2-89130-160-9 (Edisem)
ISBN: 2.224.02399.5 (Maloine)

Imprimé au Canada

LISTE DES COLLABORATEURS

ALARIE, Pierre, M.D.
Chargé d'enseignement, Université de Montréal
Chef de l'Unité des dysfonctions sexuelles, Hôpital Saint-Luc, Montréal (Québec), Canada

ALLARD, Jacques, M.D., (F) C.M.F.C.
Professeur titulaire, Université de Sherbrooke
Institut universitaire de gériatrie, Sherbrooke (Québec), Canada

ARCAND, Marcel, M.D., (F) C.M.F.C., M.Sc. (pharm.)
Professeur adjoint, Université de Sherbrooke
Chef du département de médecine générale, Institut universitaire de gériatrie, Sherbrooke
(Québec), Canada

ARGUIN, Denis, M.D., C.M.F.C.
Clinicien, CLSC Partage des eaux, Rouyn (Québec), Canada

BARBEAU, Gilles, B.Pharm., D.Pharm.
Professeur titulaire, École de pharmacie, Université Laval, Québec (Québec), Canada

BEAUCHEMIN, Jean-Pierre, M.D., (F) C.M.F.C., C.S.P.Q.
Professeur agrégé, Université Laval
Chef du département de gériatrie, Centre hospitalier universitaire de Québec, Pavillon
Saint-François d'Assise, Québec (Québec), Canada

BEAUREGARD, Solange, M.D., F.R.C.P.(C)
Professeure agrégée, Université de Sherbrooke
Dermatologue, Centre universitaire de santé de l'Estrie, Sherbrooke (Québec), Canada

BÉLAND, Guy, M.D., C.M.F.C.
Chargé d'enseignement clinique, Université Laval
Médecin praticien, Hôpital Laval, Québec (Québec), Canada

BERGMAN, Howard, M.D.C.M., F.C.F.P., C.S.P.Q.
Professeur agrégé, Université McGill
Directeur, division de gériatrie, Hôpital Général Juif, Montréal (Québec), Canada

BERT, Pierre, M.D.
Gériatre
Ancien attaché à l'Hôpital Broca, Paris, France

BLOUIN, Nathalie, M.D.
Chargée d'enseignement clinique, Université de Montréal
Médecin praticienne, Centre hospitalier Côte-des-Neiges, Montréal (Québec), Canada

BOISVERT, Marcel, M.Sc., M.D.C.M.
Professeur agrégé (médecine), Université McGill
Clinicien, Hôpital Royal Victoria, Montréal (Québec), Canada

BOIVIN, Diane B., M.D., Ph.D.
Professeure adjointe, Université McGill
Clinicienne, Hôpital Douglas, Verdun (Québec), Canada

BONIN, Claire, inf., M.Sc.
Chargée de cours, Université de Sherbrooke
Infirmière clinicienne, Institut universitaire de gériatrie, Sherbrooke (Québec), Canada

BOSSON, Jean-Luc, M.D., D.Sc., médecine interne
Chargé d'enseignement, Université Joseph Fourier – Grenoble I
Praticien hospitalier, Centre hospitalier universitaire, Grenoble, France

BOUCHARD, Rémi W., M.D., M.Sc., F.R.C.P.(C)
Professeur agrégé de clinique, Université Laval
Neurologue, Hôpital de l'Enfant-Jésus, Québec (Québec), Canada

BOURQUE, Monique, B.Sc.inf., M.A.
Infirmière clinicienne, Institut universitaire de gériatrie, Sherbrooke (Québec), Canada

BUJOLD, Rachel, B.Sc., M.Sc., M.D.
Professeure adjointe, Université de Sherbrooke
Service de radio-oncologie, Centre universitaire de santé de l'Estrie, Sherbrooke (Québec), Canada

BUSSONE, Michel, chirurgien des hôpitaux
Chef de service, Service de chirurgie générale et gériatrique
Centre hospitalier général Étampes, Étampes, France

CAPPELIEZ, Philippe, Ph.D.
Professeur, École de psychologie, Université d'Ottawa, Ottawa (Ontario), Canada

CARPENTIER, Patrick Henri, M.D., médecine interne
Professeur de médecine, Université Joseph Fourier – Grenoble I
Praticien hospitalier, Centre hospitalier universitaire, Grenoble, France

CARRIER, Louise, M.D., F.R.C.P.(C)
Professeure adjointe, Université de Sherbrooke
Gérontopsychiatre, Institut universitaire de gériatrie, Sherbrooke (Québec), Canada

CARRIER, Réjean, M.Serv.soc.
Travailleur social, Centre hospitalier universitaire de Québec, Pavillon Hôtel-Dieu, Québec (Québec), Canada

CHERTKOW, Howard, M.D.C.M., F.R.C.P.(C)
Professeur adjoint, Université McGill
Codirecteur, clinique de mémoire, Hôpital Général Juif, Montréal (Québec), Canada

CHEVALIER, Manon, M.D., F.R.C.P., C.S.P.Q.
Chargée de cours, Université Laval
Gériatre, Hôpital de l'Enfant-Jésus, Québec (Québec), Canada

COLL, Bernard, M.D., C.S.P.Q., F.R.C.P.
Adjoint d'enseignement clinique, Université de Sherbrooke
Pneumologue, Centre universitaire de santé de l'Estrie, Sherbrooke (Québec), Canada

COUTURIER, Pascal, M.D., santé publique
Praticien hospitalier, Centre hospitalier universitaire, Grenoble, France

DALPÉ, Laure, B.Sc.Serv.soc.
Chargée de cours, département de service social, Université de Sherbrooke
Travailleuse sociale, Institut universitaire de gériatrie, Sherbrooke (Québec), Canada

de MARGERIE, Jean, M.D., D.Phil., F.R.C.S.(C), F.A.C.S.
Professeur titulaire, Université de Sherbrooke
Ophtalmologue, Centre universitaire de santé de l'Estrie, Sherbrooke (Québec), Canada

DE LÉAN, Jacques, M.D., M.Sc., F.R.C.P.(C), A.B.E.M.
Professeur agrégé de clinique, Université Laval
Neurologue, Hôpital Saint-Sacrement, Québec (Québec), Canada

DESCHÊNES, Marie-Laure, B.Sc.inf., M.A.P.
Chef de service – développement des ressources humaines
Institut universitaire de gériatrie, Sherbrooke (Québec), Canada

DESROSIERS, Francine, B. multidisciplinaire
Infirmière-chef, Institut universitaire de gériatrie, Sherbrooke (Québec), Canada

DESROSIERS, Johanne, erg. M.A., Ph.D.
Professeure adjointe, Université de Sherbrooke
Ergothérapeute et chercheuse, Institut universitaire de gériatrie, Sherbrooke (Québec), Canada

DUMAIS, Réjean, M.D., F.R.C.S.(C)
Professeur agrégé, Université de Sherbrooke
Chirurgien orthopédiste, Centre universitaire de santé de l'Estrie, Sherbrooke (Québec), Canada

DURAND, Pierre J., M.D., M.Sc., F.R.C.P., C.S.P.Q.
Professeur titulaire, Université Laval
Clinicien, Centre Saint-Augustin, Beauport (Québec), Canada

FALARDEAU, Pierre, M.D., M.Sc.(biochimie), C.S.P.Q.(néphrologie)
Professeur agrégé, Université de Montréal
Néphrologue, Hôtel-Dieu de Montréal, Montréal (Québec), Canada

FERRY, Monique, M.D.
Chef du Service de gériatrie
Centre hospitalier, Valence, France

FLUET, Bruno, M.D.
Professeur d'enseignement clinique, Université de Sherbrooke
Clinicien, Institut universitaire de gériatrie, Sherbrooke (Québec), Canada

FORETTE, Bernard, M.D.
Professeur, Université Paris V
Chef de service en gérontologie, Hôpital Sainte-Périne, Paris, France

FORETTE, Françoise, M.D.
Professeure, Centre hospitalier universitaire Cochin
Chef du Service de gérontologie clinique, Hôpital Broca, Paris, France

FRANCO, Alain, M.D., médecine interne
Professeur de médecine, Université Joseph Fourier – Grenoble I
Chef du Service de médecine interne, gérontologie clinique et angiologie, Centre hospitalier
universitaire, Grenoble, France

FÜLÖP, Tamàs, M.D., Ph.D., D.Sc.
Professeur agrégé, Université de Sherbrooke
Gériatre, Institut universitaire de gériatrie, Sherbrooke (Québec), Canada

GALLINARI, Claude, M.D.
Chef du Service de gérontologie, Hôpital Charles Foix, Ivry, France

GAUTHIER, Serge, M.D.
Professeur titulaire, Université McGill
Directeur, Centre McGill d'études sur le vieillissement, Verdun (Québec), Canada

GODBOUT, Caroline, M.D., C.M.F.C.
Clinicienne, Réseau de santé Richelieu-Yamaska, Pavillon Hôtel-Dieu, Saint-Hyacinthe (Québec), Canada

GOSSELIN, Suzanne, M.D., C.M.F.C.
Professeure agrégée, Université de Sherbrooke
Clinicienne, Institut universitaire de gériatrie, Sherbrooke (Québec), Canada

GOSSELIN, Sylvie, M.D., F.R.C.P.(C), C.S.P.Q.
Professeure agrégée, Université de Sherbrooke,
Neurologue, Centre universitaire de santé de l'Estrie, Sherbrooke (Québec), Canada

GRENIER, Lise, B.Pharm., D.P.H., M.Sc.
Professeure de clinique, Université Laval
Pharmacienne, Hôpital de l'Enfant-Jésus, Québec (Québec), Canada

HALL, Pippa, M.D., C.M.F.C.
Clinicienne, Hôpital Civic, Ottawa (Ontario), Canada

HARVEY, Anne, M.D., F.R.C.P.(C)
Professeure adjointe, Université de Sherbrooke
Physiatre, Centre universitaire de santé de l'Estrie, Sherbrooke (Québec), Canada

HÉBERT, Réjean, M.D., (F)C.M.F.C., C.S.P.Q., M. Phil.
Professeur titulaire, Université de Sherbrooke
Gériatre, directeur de la recherche, Institut universitaire de gériatrie, Sherbrooke (Québec), Canada

HOTTIN, Paule, M.D., F.R.C.P.(C), C.S.P.Q.
Professeure agrégée, Université de Sherbrooke
Gérontopsychiatre, Institut universitaire de gériatrie, Sherbrooke (Québec), Canada

KERGOAT, Marie-Jeanne, M.D., C.M.F.C., C.S.P.Q.
Professeure agrégée de clinique, Université de Montréal
Gériatre, Centre hospitalier Côte-des-Neiges, Montréal (Québec), Canada

KISSEL, Catherine, M.D., C.S.P.Q.
Professeure agrégée de clinique, Université de Montréal
Chef du Service de gériatrie, Hôpital Saint-Luc, Montréal (Québec), Canada

KUNTZMANN, Francis
Professeur, Université Louis Pasteur de Strasbourg
Praticien hospitalier, chef du Service de médecine interne-gériatrie, Pavillon Schutzenberger, Hôpitaux universitaires de Strasbourg, Strasbourg, France

LACOMBE, Guy, M.D., F.R.C.P.(C), C.S.P.Q.
Professeur titulaire, Université de Sherbrooke
Chef du Service de gériatrie, Institut universitaire de gériatrie, Sherbrooke (Québec), Canada

LALONDE, Louise, B.Serv.soc.
Travailleuse sociale, Institut universitaire de gériatrie, Sherbrooke (Québec), Canada

LANDREVILLE, Philippe, Ph.D.
Professeur adjoint, École de psychologie, Université Laval, Québec (Québec), Canada

LARENTE, Nadine, M.D., C.S.P.Q., F.R.C.P.C.(C)
Professeure adjointe, Université de Sherbrooke
Gériatre, Institut universitaire de gériatrie, Sherbrooke (Québec), Canada

LATOUR, Judith, M.D., F.R.C.P.
Professeure agrégée de clinique, Université de Montréal
Gériatre, Hôtel-Dieu de Montréal, Montréal (Québec), Canada

LEBEL, Paule, M.D., M.Sc., C.S.P.Q., F.R.C.P.
Professeure agrégée de clinique, Université de Montréal
Directrice de l'enseignement, Centre hospitalier Côte-des-Neiges, Montréal (Québec), Canada

LEFRANÇOIS, Richard, Ph.D.,
Professeur titulaire, Université de Sherbrooke
Enseignant-chercheur, Centre de recherche en gérontologie et gériatrie, Institut universitaire de gériatrie, Sherbrooke (Québec), Canada

LÉPINE-MARTIN, Mariette, M.D., F.R.C.P.
Professeure agrégée, Université de Sherbrooke
Hémato-oncologue, Centre universitaire de santé de l'Estrie, Sherbrooke (Québec), Canada

LESSARD, Louise, B.Sc.
Ergothérapeute, Institut universitaire de gériatrie, Sherbrooke (Québec), Canada

LONGPRÉ, Bernard, C.S.P.Q., F.R.C.P.(C)
Professeur titulaire, Université de Sherbrooke, Sherbrooke (Québec), Canada

LORRAIN, Dominique, Ph.D.
Professeure agrégée, Université de Sherbrooke
Psychologue, Centre de recherche en gérontologie et gériatrie, Institut universitaire de gériatrie, Sherbrooke (Québec), Canada

MACKEY, Ariane, M.D., F.R.C.P.C.
Professeure de recherche, Université Laval
Neurologue, Hôpital de l'Enfant-Jésus, Québec (Québec), Canada

MARTIN-HUNYADI, Catherine
Médecine interne, rhumatologie
Praticienne hospitalière, Hôpital de la Robertsau, Strasbourg, France

MASSICOTTE, Paul, B.A., M.A., D.M.D., M.Sc.
Dentiste-conseil, Hôtel-Dieu de Saint-Jérôme, Saint-Jérôme (Québec), Canada

MASSON, Hélène, M.D., C.P.S.Q., F.R.C.P.
Professeure adjointe, Université de Montréal
Neurologue, Hôpital Notre-Dame, Montréal (Québec), Canada

MEUNIER-LAVIGNE, Chantal, B.Sc.inf.
Infirmière-chef, Institut universitaire de gériatrie, Sherbrooke (Québec), Canada

MORIN, Jacques, F.R.C.P.(C), C.S.P.Q.
Professeur de clinique, département de médecine, Université Laval, Québec (Québec), Canada

MORIN, Michèle, M.D., F.R.C.P.(C)
Interniste-gériatre, Hôpital de l'Enfant-Jésus, Québec (Québec), Canada

NAZERALI, Najmi, B.Sc., M.D., C.C.F.P.
Professeur adjoint, Université McGill
Médecin, hôpital de jour gériatrique, Hôpital Royal Victoria, Montréal (Québec), Canada

PANISSET, Michel, M.D.
Professeur adjoint, Université McGill
Neurologue, Centre McGill d'études sur le vieillissement, Verdun (Québec), Canada

PARADIS, Gaétane, B. multidisciplinaire
Infirmière-chef, Institut universitaire de gériatrie, Sherbrooke (Québec), Canada

PÉPIN, Jean-Marc, M.D., C.S.P.Q., F.R.C.P.(C), F.A.C.P.
Professeur titulaire, Université de Sherbrooke, Sherbrooke (Québec), Canada

PHILIPS-NOOTENS, Suzanne, M.D., LL.B., LL.M.
Professeure titulaire, faculté de droit, Université de Sherbrooke, Sherbrooke (Québec), Canada

POIRIER, Judes, Ph.D.
Professeur agrégé, Université McGill
Chercheur, Centre McGill d'études sur le vieillissement, Verdun (Québec), Canada

RICHAUD, Cécile
Masseuse-kinésithérapeute, Centre hospitalier universitaire, Grenoble, France

ROBERGE, Roger, M.D., Ph.D., C.M.F.C., C.S.P.Q.
Professeur de clinique, Université Laval
Gériatre, Centre hospitalier universitaire de Québec, Pavillon Saint-François d'Assise, Québec (Québec), Canada

ROULEAU, Michel, F.R.C.S.(C)
Professeur agrégé, Université de Sherbrooke
Oto-rhino-laryngologiste, Centre universitaire de santé de l'Estrie, Sherbrooke (Québec), Canada

ROY, Pierre-Michel, M.D., C.M.F.C.
Professeur d'enseignement clinique, Université de Sherbrooke
Clinicien, Institut universitaire de gériatrie, Sherbrooke (Québec), Canada

STRUDEL, Denise, neurologue
Praticienne hospitalière, Centre Serre Cavalier, Centre hospitalier universitaire, Nimes, France

TEILLET, Laurent
Gériatre/gastro-entérologue, Hôpital Sainte-Périne, Paris, France

TESSIER, Daniel, M.D., M.Sc., C.S.P.Q., F.R.C.P.C.
Professeur agrégé, Université de Sherbrooke
Gériatre, Institut universitaire de gériatrie, Sherbrooke (Québec), Canada

TRUDEL, Jean-François, M.D., F.R.C.P.(C), C.S.P.Q.
Professeur adjoint, Université de Sherbrooke
Clinicien, Centre universitaire de santé de l'Estrie, Sherbrooke (Québec), Canada

VALIQUETTE, Luc, M.D., F.R.C.S., C.S.P.Q.
Professeur agrégé de clinique, département de chirurgie, Université de Montréal
Urologue, Hôpital Saint-Luc, Montréal (Québec), Canada

VERDON, Josée, M.D., F.R.P.C.(C), C.P.M.S.Q.
Professeure adjointe de chirurgie, Université de Montréal
Gériatre, Hôpital Saint-Luc, Montréal (Québec), Canada

VÉZINA, Jean, Ph.D.
Professeur titulaire, École de psychologie, Université Laval, Québec (Québec), Canada

VILLENEUVE, Richard, Ph.D.
Professeur agrégé, faculté de médecine, Université de Sherbrooke
Centre universitaire de santé de l'Estrie, Sherbrooke (Québec), Canada

VINCENT, Jean-Robert, B.A., D.D.S., M.Sc.
Chargé de cours, Université de Montréal, Montréal (Québec), Canada

VOYER, Gilles, M.D., LL.M., M.A.(philosophie)
Directeur des services professionnels, Institut universitaire de gériatrie, Sherbrooke (Québec), Canada

WERTHEIMER, Jean, F.M.H. en psychiatrie et psychothérapie
Professeur ordinaire, Université de Lausanne
Chef de service, Service universitaire de psychogériatrie de Lausanne, Hôpital de Prilly, Prilly, Suisse

La gériatrie n'est pas faite pour le solitaire

Au début du dernier Congrès international francophone de gérontologie qui se déroula à Strasbourg du 9 au 12 octobre 1994, j'avais choisi comme thème de conférence inaugurale «la naissance de la gérontologie francophone par l'évocation de ses fondateurs disparus». J'avais alors présenté aux congressistes la vie et le travail de pionniers, de Jean Vignalou (1910-1982), Jean-Pierre Junod (1930-1985), Jean-Auguste Huet (1900-1986), Marius Audier (1905-1990), Michel Philibert (1921-1991), François Bourlière (1913-1993) et Paul Berthaux (1921-1993). J'avais aussi présenté Roger Dufresne et je reproduis ici les quelques mots que je lui consacrai.

En me demandant de rédiger la préface de cette seconde édition de leur *Précis pratique de gériatrie*, les auteurs me font beaucoup d'honneur et me permettent ainsi de lui rendre cet hommage. C'est comme si, par leur intermédiaire, Roger Dufresne, qui écrivit la préface de la première édition de 1987, me transmettait le flambeau d'un olympisme gérontologique, dont l'ancien que je suis constate chaque année le renouvellement et le développement sur de nouveaux thèmes.

En effet, les grands classiques tels que la perte d'autonomie, les chutes, les démences, les incontinences, la désafférentation, le syndrome d'immobilisation, les escarres appelées ici «plaies de pression», la maladie de Parkinson, l'oncologie, la nutrition, la réadaptation et, évidemment, l'évaluation du malade âgé, qui est une des cartes maîtresses de l'équipe, sont davantage fouillés, complétés par des ouvertures sur la précocité des diagnostics, un champ sémantique et analytique plus étendu.

Le professeur Roger Dufresne (juin 1911 – juillet 1990) illustre le Québec dans cette évocation du souvenir des anciens disparus.

Il devînt, en effet, le premier chef du département de médecine gériatrique de l'Hôpital d'Youville en 1976, alors qu'il était nommé professeur émérite de la Faculté de Médecine de l'Université de Sherbrooke. «C'est à ce poste qu'il organisera le grand tournant vocationnel de l'Hôpital d'Youville qui passera d'un centre de soins prolongés à celui d'un centre gériatrique intégré», ainsi que nous pouvons le lire dans «l'honneur» qui lui fut rendu par le bulletin universitaire après son décès.

Il avait été professeur de thérapeutique, puis doyen de l'Université de Montréal de 1945 à 1965, puis directeur de la division de médecine sociale de l'Université de Sherbrooke, puis président du comité d'éthique de cette faculté de médecine. On trouve souvent chez les fondateurs de la gériatrie cette évolution de la médecine interne vers les sciences sociales, qui a tant contribué à donner à la gériatrie sa dimension humaine.

Nous gardons aussi de Roger Dufresne le souvenir d'un homme affable et courtois avec ses collègues, attentif à la qualité de la vie de ses malades. Le sillon qu'il a tracé est poursuivi à Sherbrooke par plusieurs de nos jeunes collègues parmi lesquels Marcel Arcand, Réjean Hébert et Guy Lacombe.

Professeur Roger Dufresne

D'autres sujets, peu traités auparavant, apparaissent aussi tels que les troubles de la marche et de la stature, la sexualité, les soins palliatifs, la violence contre les anciens.

C'est toute une équipe qui est là, derrière cette œuvre ; elle s'est renforcée en nombre et en compétences.

«La gériatrie n'est pas faite pour le solitaire» écrivait Roger Dufresne dans sa préface de 1987. Dix ans après, la lecture de ce livre en est l'éclatante illustration.

Pour resserrer les liens avec l'Europe, certains chapitres sont signés par des équipes gérontologiques dont les chefs de file sont Michel Bussone, Monique Ferry, Françoise et Bernard Forette, Alain Franco, Francis Kuntzmann et Jean Wertheimer, mais avant tout, nous retrouvons les auteurs de la première édition, Marcel Arcand et Réjean Hébert, entourés de leurs collaborateurs anciens et nouveaux.

Mais alors on peut rêver, car la gérontologie est la discipline d'avenir des sciences de l'Homme, en commençant par les pays industrialisés d'aujourd'hui qui n'ont d'autre issue que de tenter de faire de leur vieillissement un atout ou de disparaître, et en continuant par les pays émergents qui ne peuvent que vieillir en se développant.

La pluridisciplinarité s'étendra davantage. Les équipes seront encore plus étoffées et diversifiées.

Vers la géographie, c'est déjà fait avec l'étude des diversités ethniques et des migrations orientées par l'héliotropisme.

Vers l'anthropologie, avec l'étude des évolutions différentielles des microsociétés. Les anthropologues prennent une place de plus en plus envahissante parmi les travailleurs sociaux.

Vers l'architecture qui dessine le devenir des lieux de vie, familiaux ou institutionnels.

Vers l'urbanisme qui réfléchit déjà à l'intégration de l'âge dans la cité.

Oserais-je suggérer aux politiciens qu'ils n'oublient pas, s'ils ne veulent pas rater une étape, que si les jeunes sont l'avenir de nos pays, les vieux le sont aussi et qu'ils seraient bien inspirés de se rapprocher des gérontologues pour se former.

Pr Robert Hugonot
Octobre 1996

Personne n'osera contester l'importance qu'a prise la gériatrie au cours de la dernière décennie. Depuis la première édition du PRÉCIS PRATIQUE DE GÉRIATRIE en 1987, l'organisation des soins et services aux personnes âgées, l'enseignement de la gériatrie et de la gérontologie de même que la recherche en ces domaines ont pris un essor considérable. Dans l'introduction de cette première édition, nous anticipions alors que «nous serions tous gériatres», compte tenu de l'évolution démographique de nos sociétés. Force nous est de constater la justesse de cette prophétie, puisque les médecins omnipraticiens, la plupart des spécialistes et les autres professionnels de la santé doivent consacrer une proportion croissante de leur temps aux personnes âgées.

Heureusement, grâce à l'amélioration de la formation, à laquelle un volume comme celui-ci a sans doute contribué, du moins aimons-nous le croire, le traditionnel pessimisme qu'inspirait le vieillard en perte d'autonomie fait place peu à peu à un optimisme raisonné, basé sur une meilleure connaissance des caractéristiques propres du vieillard malade, sur la recherche de plus en plus fructueuse de facteurs pathogènes réversibles et sur les succès confirmés de la réadaptation. De plus, la multidisciplinarité remplace progressivement l'isolement professionnel, permettant ainsi une évaluation plus globale et un traitement plus complet mais aussi la mise au point de solutions alternatives à l'«institutionnalisation» ainsi qu'une réflexion éthique indispensable.

La première édition du PRÉCIS PRATIQUE DE GÉRIATRIE a répondu aux objectifs que nous nous étions fixés, si on se fie au succès de sa distribution dans le monde francophone et aux nombreux commentaires positifs reçus des médecins, étudiants, professionnels de la santé et gérontologues. Le côté essentiellement pratique de l'ouvrage, les discussions concises, l'homogénéité et la clarté de la présentation, le recours à de nombreux tableaux et algorithmes sont autant de caractéristiques que les lecteurs ont appréciées. La seconde édition conserve donc ces mêmes caractéristiques, mais le contenu est entièrement revu afin de tenir compte de l'évolution rapide des connaissances et de l'émergence de nouveaux problèmes et de nouvelles interventions. Ainsi, 22 nouveaux chapitres ont été ajoutés. Les autres ont tous été profondément remaniés. Profitant de la mondialisation des connaissances médicales par la généralisation d'une médecine issue de données scientifiques empiriques, nous avons fait appel à des auteurs de renom, qu'ils soient québécois ou européens, afin que cette deuxième édition puisse être utile des deux côtés de l'Atlantique.

Bien qu'éloignée des préoccupations cliniques quotidiennes, la première partie du livre (Chap. 1 à 4) offre néanmoins un compte rendu indispensable des **données gérontologiques** contemporaines, en insistant sur les aspects démographiques, biologiques, psychologiques et sociologiques du vieillissement.

L'**évaluation** globale du vieillard est traitée au chapitre 5 et un nouveau chapitre a été ajouté pour fournir aux cliniciens ou aux chercheurs un répertoire des instruments d'évaluation les plus utiles et les plus valides pour quantifier certains aspects du fonctionnement de la personne âgée.

Les chapitres suivants (7 à 47) traitent de **problèmes cliniques** gériatriques. Le problème important de la démence regroupe maintenant quatre chapitres dont un portant sur les troubles du comportement. De nouveaux chapitres ont été ajoutés pour aborder plus en détail certains problèmes fréquents: troubles de la marche et du sommeil, dépendance à l'alcool et aux psychotropes, fièvre, perte de conscience et coma, faiblesse musculaire, ostéoporose, sexualité, réanimation cardio-respiratoire et santé bucco-dentaire. L'accent est toujours mis sur l'approche par problèmes et la démarche diagnostique et thérapeutique est résumée sous forme de tableaux et d'algorithmes.

Dans la dernière partie (Chap. 48 à 65), on pourra retrouver des réflexions et des données pertinentes sur les **interventions** qui constituent la base même de la pratique quotidienne. Cette nouvelle édition aborde en plus l'éthique clinique, l'ethnogériatrie, la conduite automobile, la violence, les problèmes sociaux, la planification du congé et présente l'équipe multidisciplinaire et l'interdisciplinarité.

Nous tenons à remercier chaleureusement les collègues qui ont participé à cette deuxième édition et accepté de bon gré nos exigences et nos corrections éditoriales. Toute notre gratitude à Madame Sylvie Després qui s'est acquitté de façon efficace et consciencieuse des nombreuses tâches de secrétariat. Nous tenons à remercier le département de médecine de famille de la faculté de médecine de l'Université de Sherbrooke et l'Institut universitaire de gériatrie de Sherbrooke pour leur appui inconditionnel.

L'objectif ultime de la gériatrie n'est pas de prolonger la vie mais d'en améliorer la qualité, afin que la période de déchéance et de dépendance physique et mentale qui caractérise trop souvent la fin de la vie soit réduite au minimum. Il s'agit là d'une tâche noble et enthousiasmante. Notre plus cher souhait est que ce livre contribue à la rendre un peu plus souvent possible.

Marcel Arcand
Réjean Hébert

TABLE DES MATIÈRES

CHAPITRE 1

ASPECTS DÉMOGRAPHIQUES ET ÉPIDÉMIOLOGIQUES DU VIEILLISSEMENT

MARIE-JEANNE KERGOAT, PAULE LEBEL et BERNARD FORETTE

A. Aspects démographiques et épidémiologiques au Québec

Aspects démographiques

Vieillissement démographique actuel
Évolution de la population âgée

Conditions de vie des aînés

Leur distribution géographique
Leurs conditions de logement
Leur état matrimonial
Leur ménage et leur famille
Leur scolarité
Leur revenu
Leur participation au marché du travail
Leur réseau de soutien

Aspects épidémiologiques

Les habitudes de vie
La mortalité et ses principales causes
La morbidité et ses principales causes
L'autonomie fonctionnelle et l'espérance de vie en santé à 65 ans
Les dépenses publiques de santé et de services sociaux
Les conséquences à long terme du vieillissement

B. Aspects démographiques et épidémiologiques en France

Un accroissement démographique et un vieillissement sans précédent

Facteurs de la pyramide des âges

Natalité déficiente
Espérance de vie accrue
Immigration importante

Perspectives

Différences selon le sexe
Différences selon les régions
Différences selon le mode de vie

Conditions de vie

Revenus supérieurs à ceux des plus jeunes
Avenir menacé
Mode de vie
Logement
Solutions offertes aux personnes âgées dépendantes

Âge et recours au système de soins

Bibliographie

Lectures suggérées

A. Aspects démographiques et épidémiologiques au Québec

Marie-Jeanne Kergoat et Paule Lebel

En 1971, le Canada rejoint le rang des pays dits «vieux», ainsi qualifiés par les Nations-Unies lorsque les personnes de 65 ans et plus représentent 8 % et plus de l'ensemble d'une population. Ce n'est cependant qu'en 1978, que la province de Québec dépasse ce seuil, ayant longtemps bénéficié d'un taux de natalité supérieur à la moyenne nationale, particulièrement pour la période 1947-1966, période d'après-guerre surnommée «baby-boom».

ASPECTS DÉMOGRAPHIQUES

Vieillissement démographique actuel: le Québec rejoint rapidement les pays les plus vieux du monde.

Au premier juillet 1992, le Québec compte 803 600 personnes âgées de 65 ans et plus, ce qui représente 11,2 % de la population de la province qui se rapproche ainsi du taux national de 11,6 % (Tableau 1.1).

Ce qui singularise le vieillissement du Québec lorsqu'on le compare aux autres pays industrialisés, c'est la rapidité avec laquelle il s'est produit. C'est, en fait, la chute de natalité particulièrement forte dans la deuxième moitié des années soixante qui, en réduisant la proportion des jeunes, a provoqué l'accroissement de celle des personnes âgées. Dans les années 50, le taux de natalité était de 30 naissances pour 1000, au milieu des années 70 et depuis, il se

Tableau 1.1 Population par grands groupes d'âge et par sexe, Québec, 1er juillet 1992						
Groupe d'âge	**Sexe masculin**		**Sexe féminin**		**Total**	
	nombre	%	nombre	%	nombre	%
0-14 ans	722 700	20,5	688 600	19	1 411 300	19,7
15-64 ans	2 476 300	70,3	2 459 500	67,8	4 935 800	69
15-44 ans	1 738 100	49,3	1 693 400	46,7	3 431 500	48
45-64 ans	738 200	21	766 000	21,1	1 504 200	21
65 ans et plus	325 100	9,2	478 500	13,2	803 600	11,2
65-74 ans	215 200	6,1	275 800	7,6	491 000	6,9
75 ans et plus	109 800	3,1	202 700	5,6	312 600	4,4
Total	**3 524 100**	100	**3 626 600**	100	**7 150 700**	100

Source: Statistique Canada, Division de la démographie. Estimations de la population, juillet 1992.

situe autour de 15 pour 1000. Depuis 1961, la proportion des jeunes de 0-14 ans est passée de 35 % à moins de 20 % ; la population est passée de 16,4 personnes de 65 ans et plus pour 100 jeunes en 1961 à 58,3 en 1993. En 1987, le Québec a connu le plus faible indice de fécondité de son histoire, avec 1,35 enfant par femme. L'indice de fécondité remonte à 1,65 en 1991 et en 1992. Le seuil de remplacement des générations se situe à 2,1 enfants par femme et la fécondité québécoise se situe en dessous de ce niveau depuis 1970.

Cependant, les causes principales de l'accroissement du nombre absolu des personnes âgées demeurent la présence du nombre élevé d'individus issus des générations antérieures et la diminution du taux de mortalité. L'espérance de vie à la naissance est maintenant de 73,7 ans pour l'homme et de 80,8 ans pour la femme.

Par ailleurs, le vieillissement de la population québécoise présente deux caractéristiques générales des pays plus développés : un vieillissement interne dans la population âgée et une diminution du rapport de masculinité (le nombre d'hommes par 100 femmes).

Le vieillissement interne de la population âgée s'explique en partie par l'augmentation de l'espérance de vie à 65 ans, celle-ci est de 15,2 ans pour les hommes et 19,9 ans pour les femmes. Le groupe des 75 ans et plus représente 4,4 % de la population générale. Il augmente en importance parmi les 65 ans et plus ; la proportion des plus de 75 ans est ainsi passée de 33 % en 1961 à 39,2 % en 1993.

Le rapport de masculinité était, en 1951, de 103,1 chez les plus de 65 ans (de 76,2 chez les plus de 85 ans) ; il n'était plus que de 72,3 en 1991 (de 43,8 chez les plus de 85 ans). La surmortalité masculine qui sévit à tous les âges explique la proportion plus importante des femmes à presque toutes les étapes du cycle de la vie (à l'exception du groupe 0-14 ans) et particulièrement à l'âge avancé. En 1993, on comptait 59,6 % de femmes parmi les personnes de 65 ans et plus, et elles formaient déjà près des deux-tiers du groupe des 75 ans et plus. Depuis 1985-1987, les hommes ont toutefois enregistré un gain d'espérance de vie à la naissance de 1,81 années et les femmes de 1,42 années, l'écart entre les espérances de vie des deux sexes se réduit très légèrement.

L'immigration qui a plutôt tendance à rajeunir une population n'a eu, jusqu'à présent, qu'un impact mineur sur la structure par âge du Québec. En effet, le solde migratoire n'est positif (le nombre des immigrants surpasse celui des émigrants) que depuis 1985-1986. Au Canada, le Québec reçoit environ 20 % des immigrants internationaux mais vit une émigration interprovinciale importante. On constate, au recensement de 1986, que l'immigration contribue légèrement à diminuer la représentation des personnes âgées dans l'ensemble de la population : ainsi, des 134 230 immigrants arrivés durant la période 1981-1986, seulement 9,7 % étaient âgés de 65 ans ou plus.

Les pays d'origine des immigrés ayant 65 ans ou plus au recensement de 1991 étaient, par ordre d'importance, sur une population de 91 760 dans ce groupe d'âge, l'Italie (19,9 %), le Royaume-Uni (9,4 %), la Pologne (9,3 %), les États-Unis (7,3 %), l'ancienne URSS (6,4 %), la France (4,7 %), la Grèce (3,3 %), l'Égypte et Haïti (3,2 % chacun) et d'autres pays (31,3 %).

Évolution de la population âgée : d'ici trente ans, le nombre de personnes âgées aura doublé ; elles constitueront alors le quart de la population québécoise.

En modifiant les taux de fécondité et de mortalité et la migration, plusieurs scénarios ont été élaborés pour simuler l'évolution de la population totale du Québec. Quel que soit le scénario retenu, le nombre de personnes âgées de 65 ans et plus varie peu d'un modèle à l'autre au cours des prochaines décennies. L'effectif des personnes de 65 ans et plus sera de 2,5 à 2,7 fois plus nombreux en 2031 qu'actuellement. La proportion des personnes âgées dans la population totale atteindra de 23,8 % à 28 %, selon les scénarios envisagés. Même si l'espérance de vie des hommes s'améliorait, la population sera toujours majoritairement féminine et la proportion des 75 ans et plus, dans l'ensemble des 65 ans et plus, devrait dépasser 46 % en 2031 (Fig. 1.1).

La population du Québec, qui est plus jeune que celle du Canada et des États-Unis, place la province d'un point de vue international dans une situation intermédiaire de vieillissement, la structure de sa population se comparant à celle du Japon. Dans moins de cinquante

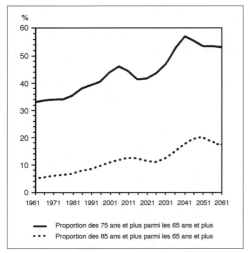

Figure 1.1   Vieillissement interne de la population de 65 ans et plus, scénario moyen. Québec, 1961-2061 (Statistique Canada. Recensement du Canada. Projections du Bureau de la statistique du Québec, 1990.)

ans, elle aura toutefois rejoint le groupe des pays présentant un vieillissement avancé tels la Suède, la France, le Royaume-Uni et le Danemark. Ce phénomène démographique est considéré comme inéluctable.

CONDITIONS DE VIE DES AÎNÉS

Leur distribution géographique: plus de 80 % des personnes âgées vivent en milieu urbain.

Le Québec est subdivisé en 16 régions administratives. Six régions métropolitaines se répartissent 4,4 millions d'habitants, soit 64,3 % de la population âgée du Québec, et l'île de Montréal en réunit à elle seule plus du tiers. Cette dernière région est la plus vieille du Québec avec 14,2 % de sa population âgée de 65 ans ou plus. A l'opposé, la Côte-nord et le nord du Québec, avec moins de 5 % de personnes âgées, sont des régions très jeunes. La forte majorité des personnes âgées vivent en milieu urbain, soit 80,7 %, et une grande proportion de celles qui vivent en milieu rural se trouve à proximité d'un centre urbain.

Leurs conditions de logement: les propriétaires âgés consacrent une part moins importante de leur revenu au logement que les locataires.

En 1991, les ménages des personnes âgées de plus de 65 ans se répartissaient respective-

ment en 56 % de propriétaires et 44 % de locataires. En vingt ans, le pourcentage des propriétaires âgés a chuté, principalement du fait d'une augmentation du nombre de gens âgés vivant seuls; en effet, ce dernier pourcentage qui était de 8 % en 1961 atteignait 23 % en 1986. La majorité des propriétaires âgés ne sont plus grevés d'une hypothèque. Le nombre moyen de pièces par logement dont disposent les personnes âgées s'élève à cinq, ce qui représente 2,8 pièces par personne. On observe que 55 % des chefs de ménage âgés de 65 ans ou plus qui sont propriétaires investissent moins de 15 % du revenu du ménage aux principales dépenses de propriété. Cependant, 47 % des locataires âgés y consacrent au moins 30 %, alors que 29 % d'entre eux dépensent 40 % de leur revenu à l'habitation.

Leur état matrimonial: le veuvage, un événement au féminin puisqu'un aîné sur sept est veuf comparativement à près d'une aînée sur deux.

La situation matrimoniale est probablement l'élément le plus déterminant du mode de vie des personnes âgées. On observe des différences marquées entre les sexes et entre les groupes d'âge dans leur composition selon l'état matrimonial, particulièrement en ce qui a trait aux personnes mariées et aux personnes veuves (Tableau 1.2). Ainsi, les personnes mariées représentent près de la moitié du groupe des 65 ans et plus. Cependant, les pourcentages sont fort différents lorsque l'on examine les hommes et les femmes séparément. Environ 70 % des hommes âgés sont mariés, comparativement à un peu plus du tiers des femmes âgées. Par ailleurs, un aîné sur sept est veuf, comparativement à près d'une aînée sur deux.

Plusieurs facteurs expliquent ces variations de l'état matrimonial selon l'âge et le sexe: la surmortalité masculine, le fait que les conjoints sont, en général, de 2 à 4 ans plus âgés que leur conjointe au moment du mariage, le remariage plus fréquent des veufs et, habituellement, avec des femmes plus jeunes. On estime que 15 à 20 % des veufs se remarient, comparativement à 5 à 10 % des veuves. Non seulement les veufs sont plus nombreux à se remarier que les veuves, mais ils le font beaucoup plus rapidement après le décès de leur conjointe. Soixante-dix

Tableau 1.2
Répartition selon l'état matrimonial, l'âge et le sexe des personnes de 65 ans et plus, Québec, 1991

Groupe d'âge	Total		Célibataire	Marié	Veuf	Divorcé ou séparé	Union libre
	nombre	%	%	%	%	%	%
Total							
65 ans et plus	780 675	100	11	49,7	33,1	4,9	1,4
65-74 ans	481 325	100	9,7	58,6	23,8	6,2	1,8
75 ans et plus	299 350	100	13,1	35,5	47,9	2,7	0,8
Hommes							
65 ans et plus	318 145	100	8,7	69,3	14	5,9	2,1
65-74 ans	211 795	100	8,5	72,9	9,1	7	2,5
75 ans et plus	106 350	200	9	62	23,8	3,7	1,4
Femmes							
65 ans et plus	461 420	100	12,7	36	46,2	4,1	0,9
65-74 ans	268 700	100	10,8	47	35,4	5,6	1,2
75 ans et plus	192 720	100	15,4	20,8	61,3	2,1	0,5

Source: Statistique Canada, Recensement du Canada, 1991.

pour cent des veufs qui se sont remariés l'ont fait dans les trois ans suivant le décès de leur conjointe, comparativement à 50 % chez les femmes veuves. Dès la première année suivant le décès de leur conjointe, 20 % des veufs se sont remariés, comparativement à 6 % chez les veuves.

Les aînés divorcés ou séparés, quant à eux, ne représentaient en 1991 que 5 % de l'ensemble des personnes âgées de 65 ans et plus. Cependant, ce pourcentage est appelé à croître, compte tenu de l'arrivée au troisième âge des générations qui ont davantage connu le divorce. Finalement, 11 % de la population des aînés est célibataire, le phénomène étant encore une fois plus nombreux chez les femmes, particulièrement chez celles de 75 ans et plus.

La présence d'un conjoint, l'âge de ce conjoint et son état de santé constituent des facteurs de grande influence sur le recours à l'hébergement pour une personne âgée en perte d'autonomie. Selon les données du recensement de 1986, les personnes mariées présentent à tous les âges le taux d'hébergement le plus faible. Entre 75 et 84 ans, ce taux est deux fois moindre (7 %) que celui des personnes veuves (15 %) ou des célibataires (18 %). Dans le groupe des 85 ans ou plus, le taux d'hébergement des personnes mariées atteint 26 % comparativement à 40 % pour les personnes des autres états matrimoniaux.

Leur ménage et leur famille: beaucoup de personnes âgées vivent seules ou en couple; mais très peu vivent en milieu institutionnel.

Au Québec, la très grande majorité des personnes âgées vivent en ménage privé; seulement 10,5 % d'entre elles résident en logements collectifs: hôpitaux et centres pour personnes âgées ou malades chroniques (8,2 %), institutions religieuses (1,8 %) et logements de services tels maisons de chambres et pensions (0,5 %). Par ailleurs, près de 20 % des femmes de 75 ans et plus sont hébergées en établissements de santé, alors que ce chiffre n'atteint que 12,6 % chez les hommes du même groupe d'âge (Tableau 1.3). On observe une légère diminution des taux de placement en institution, autant chez les hommes que chez les femmes, depuis 1987.

Près de 50 % des personnes âgées vivent en couple, 15 % cohabitent avec un membre de leur famille, 3 % avec une personne non apparentée et 25 % vivent seules. Le pourcentage de personnes vivant seules peut atteindre 35 % chez les femmes de 75 ans et plus, comparativement à 16 % chez les hommes, le veuvage expliquant cet état de fait. Les femmes sont donc plus vulnérables lorsqu'une situation de crise se présente, bénéficiant moins de l'aide immédiate du conjoint ou d'un membre de la famille.

L'évolution de la situation des ménages québécois depuis 1961 démontre que la

Tableau 1.3 Personnes de 65 ans et plus hébergées en établissements de santé, Québec, 1991		
65-74 ans nombre (%)	**75 ans et plus** nombre (%)	**65 ans et plus** nombre (%)
Hommes		
5 215 (2,5)	13 305 (12,6)	18 520 (5,9)
Femmes		
7 290 (2,7)	37 645 (19,5)	44 935 (9,8)
Total		
12 505 (2,6)	50 950 (17,1)	63 455 (8,2)

Source: Statistique Canada, Recensement du Canada, 1991.
Logements et ménages

proportion de personnes âgées vivant en couple demeure stable; cependant, on observe une «décohabitation» des générations, avec une forte croissance des personnes qui habitent seules: de 8 % en 1961 à 25 % en 1991. Ceci s'explique par une baisse de la proportion de familles monoparentales composées d'une personne âgée et d'au moins un enfant. Cependant, cette cohabitation resurgit lorsque la personne âgée voit son autonomie diminuer.

Leur scolarité: une hausse constante, particulièrement marquée chez les femmes.

En 1991, 55 % des Québécois âgés déclaraient moins de neuf ans d'études, comparativement à 20 % pour le groupe des 15 ans et plus. Environ 8 % des personnes âgées ont fait des études universitaires, avec ou sans diplôme, comparativement à 18 % dans la population des 15 ans et plus. Par ailleurs, on note une augmentation progressive du niveau d'éducation de la population au fil des ans. Ainsi, la cohorte des aînés de 2026, comparativement à celle de 1986, verra la fraction des personnes ayant franchi la 9e année multipliée par un facteur de 2,2, la fraction de celles qui auront obtenu un diplôme du secondaire par 2,7 et la fraction de celles qui auront fréquenté l'université par 3,1. Cette hausse se fera particulièrement sentir chez les femmes.

Leur revenu: près de 30 % des personnes âgées vivent sous le seuil de faible revenu, particulièrement les femmes.

Les personnes âgées comptent sur un revenu annuel moyen moindre que celui de l'ensemble de la population, même si leur revenu

a connu une hausse légèrement plus forte que la moyenne au cours de la période 1985-1990. Comme pour l'ensemble de la population, la différence de revenu selon le sexe chez les personnes âgées est très marquée: le revenu annuel moyen des hommes dépasse de 85 % celui des femmes chez les 65-69 ans, et de 44 % chez les 70 ans et plus. En raison d'une croissance supérieure du revenu des hommes, l'écart entre les hommes et les femmes s'est même accentué entre 1985 et 1990.

En 1991, 24,4 % des unités familiales du Québec vivent sous le seuil de faible revenu et consacrent 56 % ou plus de leur revenu à l'alimentation, au logement et à l'habillement. Près de 30 % des unités familiales dont le chef est âgé de 65 ans et plus sont affectées par ce faible revenu, les femmes étant deux fois plus touchées (41,8 %) que les hommes (19 %). Cependant, le groupe le plus pauvre au Québec demeure celui des femmes de moins de 25 ans, chefs de familles monoparentales (65,3 %).

Leur participation au marché du travail: moins de 5 % des personnes âgées sont actives sur le marché du travail.

La participation au marché du travail est très faible chez les personnes de 65 ans et plus: leur taux d'activité est de 4,5 % par rapport à 62,2 % pour l'ensemble de la population de 15 ans et plus, au Québec en 1993. Pour les hommes âgés, il s'agit d'une forte baisse depuis 1951 (8 % par rapport à 36,4 %), alors que pour les femmes âgées, il y a eu peu de changement (2 % par rapport à 5,8 %). En général, les travailleurs âgés travaillent moins d'heures que la population générale et comptent davantage de travailleurs autonomes. Les travailleurs âgés œuvrent plus souvent dans les secteurs de la vente et du commerce, de l'agriculture et des services socioculturels et personnels.

Leur réseau de soutien: la famille demeure la source d'aide principale de la personne âgée en perte d'autonomie.

Bien que le mythe persiste de la désaffectation et de l'abandon des personnes âgées par leur famille, plusieurs études confirment que la famille constitue toujours, et pour des périodes plus longues, la source principale d'aide pour les personnes âgées en perte d'autonomie. Environ 70 à 80 % des soins et des services personnels sont assurés par la famille. Les aidants naturels sont, en forte majorité, des femmes (70 à 80 %): conjointes, filles et belles-filles. En général, les aidants principaux et secondaires font partie de la famille immédiate. La plupart des personnes-soutien assume presque seules cette responsabilité. Il faut remarquer qu'entre 30 à 60 % des personnes-soutien sont elles-mêmes âgées de 65 ans ou plus.

L'aide apportée est très diversifiée et fortement liée au sexe. Les femmes s'impliquent davantage dans les soins personnels et domestiques (bain, habillage, préparation de repas, entretien ménager, etc.), le gardiennage, le soutien émotif. Les hommes accordent davantage d'assistance pour des tâches moins fréquentes et émotivement moins engageantes: transport, gestion légale et financière.

Bien que les personnes âgées souhaitent conserver le plus longtemps possible leur autonomie résidentielle face à leur famille, lorsqu'elles souffrent d'incapacités, elles cohabitent dans des proportions pouvant aller jusqu'à 60 % avec un ou des membres de leur famille.

ASPECTS ÉPIDÉMIOLOGIQUES

Les habitudes de vie: de façon générale, les personnes âgées ont d'aussi bonnes sinon meilleures habitudes de vie que l'ensemble de la population québécoise, mais des améliorations sont encore souhaitables.

Certaines habitudes de vie telles la consommation d'alcool et de tabac, l'exercice et l'alimentation représentent des déterminants importants de la santé et du bien-être des individus. L'enquête Santé Québec (1987) et, plus récemment, l'enquête sociale et de santé (1992-1993) ont mis en évidence les comportements des Québécois à cet égard, à partir d'un échantillon représentatif de la population vivant dans la collectivité.

Les personnes de 65 ans et plus consomment moins d'alcool que la population totale. Plus de la moitié de celles-ci n'ont consommé aucun alcool dans la semaine précédant l'enquête, par rapport à 39 % pour la population totale. La proportion des grands consommateurs d'alcool est également plus faible dans le groupe âgé.

Dix-huit pour cent des personnes âgées fument régulièrement, comparativement à 30 % parmi la population totale. Les hommes âgés fument davantage que les femmes âgées (22 % par rapport à 15 %). Le pourcentage d'anciens fumeurs atteint 42 % chez les 65 ans et plus, par rapport à 34 % dans la population totale.

Quant aux activités physiques récréatives, 44 % des personnes âgées sont sédentaires (pratiquent 1 fois/mois et moins des activités physiques) par rapport à 37 % dans la population globale. La sédentarité est plus importante pour les femmes âgées que pour les hommes âgés (48 % par rapport à 40 %). Cependant, 31 % des personnes de 65 ans et plus sont très actives (pratiquent 3 fois/semaine et plus des activités physiques), comparativement à 25 % pour l'ensemble de la population.

Finalement, l'analyse de l'indice de masse corporelle (IMC) révèle que 7 % des hommes et 11 % des femmes âgés de 65 ans et plus présentent un poids insuffisant, comparativement à 6 % et 16 % parmi les hommes et les femmes de la population générale. Par ailleurs, 28 % des hommes âgés et 30 % des femmes âgées souffrent d'un excès de poids; les femmes âgées, sous cet aspect, se démarquent nettement des femmes de la population totale (21 %).

La mortalité et ses principales causes: l'espérance de vie à 65 ans continue d'augmenter et 80 % des décès sont attribuables aux maladies des appareils circulatoire et respiratoire ainsi qu'aux tumeurs.

De 1930 à 1989, l'espérance de vie des hommes à 65 ans a progressé de 16 % (de 12,6 à 14,6 années) et celle des femmes de 48 % (de 13,2 à 19,5 années). Le gain en espérance de vie à 65 ans s'accélère chez les hommes depuis 1976.

En 1989, plus de 80 % des décès de personnes de 65 ans et plus étaient dus à trois grandes causes: les maladies de l'appareil circulatoire (45 %), les tumeurs (27 %) et les maladies de l'appareil respiratoire (10 %) [Tableau 1.4]. La plus grande part de la baisse de la mortalité des personnes de 65 ans et plus est attribuable à la diminution de la mortalité par maladies de l'appareil circulatoire découlant à la fois des progrès de la thérapeutique et de l'amélioration des habitudes de vie. Pour l'ensemble des causes, on observe une surmortalité masculine particulièrement marquée pour les tumeurs de la trachée, des bronches et des poumons (4,8 fois les taux féminins), la bronchite, l'emphysème et l'asthme (2,6 fois) et les suicides (5,3 fois), ces derniers étant cependant peu nombreux dans l'ensemble des décès.

La morbidité et ses principales causes: près de 80 % des Québécois de 65 ans et plus qualifient leur état de santé de bon à excellent. L'arthrite, l'hypertension, les troubles mentaux et les maladies cardiaques représentent les problèmes de santé les plus fréquents.

Selon l'enquête sociale et de santé 1992-1993, 77 % des Québécois de 65 ans et plus qualifient leur état de santé de bon à excellent, par rapport à 89 % de la population totale.

L'enquête Santé Québec tenue en 1987 révèle que, dans la population âgée vivant dans la communauté, les maladies et symptômes les plus fréquents sont l'arthrite et le rhumatisme (37 %), l'hypertension (28 %), les troubles mentaux (23 %) et les maladies cardiaques (22 %). Les femmes présentent plus souvent des problèmes d'arthrite et de rhumatisme (43 % contre 29 %), d'hypertension (34 % contre 19 %) et de troubles mentaux (27 % contre 18 %). Les hommes souffrent plus de maladies cardiaques (24 % contre 21 %), d'asthme, bronchite et emphysème (12 % contre 6 %).

L'autonomie fonctionnelle et l'espérance de vie en santé à 65 ans: près de 30 % des personnes de 75 ans et plus sont affectées par une perte d'autonomie. L'espérance de vie en bonne

Tableau 1.4 Répartition des décès selon les principales causes, population de 65 ans et plus et population totale, Québec, 1989		
Cause de décès	**65 ans et + (%)**	**Population totale (%)**
Appareil circulatoire	**45,2**	**39,2**
cardiopathies ischémiques	25,4	23
maladies vasculaires cérébrales	8,3	6,8
autres	11,5	9,4
Tumeurs	**26,6**	**28,6**
appareil digestif et péritoine	8	7,9
trachée, bronches, poumon	7,2	8,3
sein	2	2,5
tissu lymphatique	2,1	2,4
autres	7,3	7,5
Appareil respiratoire	**10,1**	**8,1**
pneumonie	3,1	2,4
bronchite, emphysème, asthme	1,9	1,6
autres	5,1	4,1
Système digestif	**3,8**	**3,7**
Diabète sucré	**2,7**	**2,4**
Système nerveux et organes des sens	**2,7**	**2,5**
Traumatismes et empoisonnements	**2,3**	**7,5**
Organes génito-urinaires	**2,1**	**1,6**
Autres	**4,5**	**6,4**
Source: Bureau de la statistique du Québec, 1989.		

santé à 65 ans a progressé de plus d'un an entre 1987 et 1992-1993, atteignant alors 12,4 ans.

L'échelle hiérarchique d'autonomie fonctionnelle, élaborée dans le cadre de l'enquête sociale et de santé 1992-1993, permet de catégoriser la perte d'autonomie fonctionnelle à long terme en tenant compte des limitations d'activité, de la dépendance pour les soins personnels (AVQ) ou les activités de vie domestique (AVD) et les restrictions de mobilité.

Selon les données de cette enquête, 29 % des personnes de 75 ans et plus vivant en ménage privé présentent une perte d'autonomie à long terme, dont 18 % sous forme de perte d'autonomie modérée et 8 % de perte d'autonomie lourde (Tableau 1.5). Dans le même groupe d'âge, environ un homme sur cinq (22 %) et une femme sur trois (33 %) souffrent d'une perte d'autonomie, la différence se faisant sentir davantage au niveau des AVD. Peu de changements ont été observés depuis l'enquête de 1987. Il faut cependant ajouter qu'une cer-

taine proportion de ces pertes d'autonomie peut s'avérer réversible.

Quant à l'espérance de vie en bonne santé à 65 ans, elle était de 11,5 ans chez les hommes en 1992-1993 et de 13,2 ans chez les femmes (Tableau 1.6). Elle a augmenté de 11 mois chez les hommes et de 5 mois chez les femmes, depuis 1987, pour un total de 8 mois pour les sexes réunis. Par ailleurs, l'espérance de vie à 65 ans avec perte d'autonomie fonctionnelle a augmenté de 5 mois pour l'ensemble des hommes et des femmes, avec un allongement plus marqué des périodes avec perte d'autonomie modérée (+ 10 mois) et une diminution des périodes de perte d'autonomie lourde (– 3 mois) et légère (– 2 mois) [Tableau 1.7].

Les dépenses publiques de santé et de services sociaux: le coût des services aux personnes âgées de 65 ans ou plus atteint près de quatre fois le coût moyen pour l'ensemble de la population.

Plus de 12 milliards de dollars, en 1991-1992, ont été consacrés aux dépenses publi-

Tableau 1.5
Niveaux hiérarchiques de perte d'autonomie fonctionnelle à long terme selon le sexe et l'âge, population en ménage privé, Québec, 1992-1993

	Niveaux hiérarchiques de perte d'autonomie[1]				
	Perte d'autonomie lourde	**Perte d'autonomie modérée**		**Perte d'autonomie légère**	**Total avec perte d'autonomie**
Sexe/ groupe d'âge	**Soins personnels**	**Activités instrumentales**	**Incapable de l'activité principale**	**Autres limitations**	
	%	%	%	%	%
Hommes					
65-74 ans	2,8[2]	4,8[2]	6,5[2]	3,8[2]	**17,9**
75 ans et +	8,1[2]	8,6[2]	3,7[2]	1,9[3]	**22,3**
Total	0,7	1,3	2,1	3,2	**7,3**
Femmes					
65-74 ans	1,3[2]	10,7	4,4[2]	4,6[2]	**21**
75 ans et +	7,6[2]	19,6	2,9[2]	2,6[3]	**32,7**
Total	0,9	2,6	2,1	3,8	**9,3**
Sexes réunis					
65-74 ans	2[2]	8,1	5,3	4,3	**19,7**
75 ans et +	7,8	15,2	3,2[2]	2,3[2]	**28,6**
Total	0,8	2	2,1	3,5	**8,3**

1.   Les catégories sont mutuellement exclusives
2.   Coefficient de variation entre 15 et 25 %; interpréter avec prudence
3.   Coefficient de variation > 25 %; estimation imprécise fournie à titre indicatif seulement
Sources: Santé Québec. Et la santé, ça va en 1992-1993?
Rapport de l'enquête sociale et de santé 1992-1993.

Tableau 1.6
Espérance de vie en santé à 65 ans, selon le sexe, Québec, 1992-1993

Espérance de vie à 65 ans	Hommes (ans)	Femmes (ans)	Total (ans)
Totale	**15,5**	**20,1**	**18**
Sans perte d'autonomie fonctionnelle	**11,5**	**13,2**	**12,4**
Avec perte d'autonomie fonctionnelle	**4**	**6,9**	**5,6**
lourde			
en institution	1,5	2,5	2
dépendant soins personnels	0,7	1,6	1,2
	0,8	0,9	0,8
modérée			
dépendant activités instrumentales	1,8	3,5	2,7
incapable activité principale	0,9	2,8	1,9
	0,9	0,7	0,8
légère (autres limitations)			
	0,6	0,9	0,8

Sources: Santé Québec, Et la santé, ça va en 1992-1993?
Rapport de l'enquête sociale et de santé 1992-1993.

Tableau 1.7
Changements dans l'espérance de vie en santé à 65 ans au Québec, entre 1987 et 1992-1993, selon le sexe (mois)

État d'autonomie fonctionnelle	À 65 ANS		
	Hommes (mois)	Femmes (mois)	Total (mois)
Espérance de vie totale	+13	+12	+13
Sans perte d'autonomie fonctionnelle	+11	+ 5	+ 8
Avec perte d'autonomie fonctionnelle	+ 2	+ 7	+ 5
• lourde	+ 1	− 7	− 3
• modérée	+ 6	+13	+10
• légère	− 6	+ 1	− 2

Sources: Rapport de l'enquête sociale et de santé 1992-1993.
Santé Québec, Et la santé, ça va en 1992-1993?

ques de santé et de services sociaux. Les personnes de 65 ans ou plus, qui représentent 10,8 % de la population, utilisent 40,8 % des services et les personnes de 85 ans et plus, qui elles représentent 0,9 % de la population, utilisent 8,8 % des services. Globalement, le coût des services aux personnes de 65 ans ou plus atteint 3,78 fois le coût moyen pour l'ensemble de la population. Ce coût *per capita* est multiplié par deux à 65-69 ans, par quatre à 75-79 ans et par dix à 85 ans ou plus (Tableau 1.8).

La consommation relative des personnes âgées par rapport à la population totale atteint 5,9 dans le secteur de l'intégration sociale (coûts associés aux services d'hébergement en soins de longue durée et aux services de maintien à domicile), 3,6 dans le secteur de la santé physique (coûts associés aux centres hospitaliers de soins généraux et spécialisés) et 2,3 pour les services médicaux.

Les conséquences à long terme du vieillissement: de nouvelles solidarités intergénérationnelles sont appelées à se développer.

Les changements démographiques qui reconfigurent la structure par âge de notre population s'opèrent malheureusement dans une conjoncture économique difficile, obligeant la société québécoise et ses dirigeants à réévaluer globalement le système actuel de soins de santé et de services sociaux. C'est avec l'arrivée de la cohorte maximale des «baby-boomers» (nés entre 1947 et 1966), vers l'an 2031, que l'impact majeur du vieillissement de notre population

Tableau 1.8

Indice de coût *per capita* des soins de santé et des services sociaux selon certains programmes et selon l'âge, 1991

Programme	Coût moyen *per capita*	Facteur de multiplication	
		65 ans +	85 ans +
Ensemble des programmes	1 674 $	3,78	10,08
Santé physique	616 $	3,63	5,65
Services médicaux	262 $	2,29	2,93
Médicaments	583 $	1,00	0,84
Soins de longue durée*	257 $	7,86	57,78
Maintien à domicile	45 $	6,46	15,24

*   Pour les 90 ans +

Source: Adapté de Rochon, M.: Impact des changements démographiques sur l'évolution des dépenses publiques de santé et de services sociaux. Direction générale de la planification et de l'évaluation. Ministère de la Santé et des services sociaux, Québec, juillet 1994.

sera vécu, à l'âge où ces derniers seront devenus «papy- et mamy-boomers».

Selon certaines hypothèses démographiques conservatrices, l'ensemble des dépenses publiques de santé et de services sociaux doublera d'ici cinquante ans. Les secteurs d'activité les plus utilisés sont aussi ceux qui démontrent la plus forte augmentation des coûts selon l'âge. Les dépenses associées au secteur de l'intégration sociale tripleront; quant aux secteurs de la santé physique et de l'administration, ils verront chacun leurs dépenses doubler. Le fardeau relatif du financement du système de santé et du régime public de retraite ne pourra plus reposer prioritairement sur les travailleurs actifs, car le rapport de dépendance démographique passera de 22,2 personnes âgées de 65 ans ou plus pour 100 personnes âgées de 15 à 64 ans en 1990 à 55-72 pour 100 personnes en 2031. De nouvelles solidarités intergénérationnelles seront appelées à se développer, redéfinissant par le fait même un nouveau contrat social. Des choix devront être faits pour répartir équitablement cette charge sociale, par exemple, favoriser une retraite progressive ou anticipée des aînés au profit des plus jeunes. Par ailleurs, les «mamy- et papy-boomers» s'étant bâti un patrimoine personnel et collectif, profitant d'années plus favorables sur le plan économique, représenteront pour leurs enfants une source de soutien financier non négligeable. Plusieurs études démontrent, en effet, une réciprocité dans le soutien intergénérationnel, à divers niveaux, financier, émotif et social.

Certains démographes, gérontologues ou épidémiologistes présentent un scénario plus optimiste du vieillissement qui repose sur des changements dans la composition des cohortes des aînés de demain. En effet, les vieillards de demain seront fort différents de ceux d'aujourd'hui et ceci à plusieurs égards. Ils auront adopté de meilleures habitudes de vie, auront bénéficié d'un meilleur accès aux soins de santé, seront plus scolarisés; leur situation financière se sera améliorée, notamment chez les femmes, par leur plus grande participation au marché du travail. Les modifications déjà observées dans ces domaines pourraient appuyer l'hypothèse de la compression de la morbidité, selon laquelle les années vécues en état d'incapacité auront tendance à diminuer alors que les gains sur la mortalité seront de moins en moins importants, le phénomène s'illustrant par une rectangularisation de la courbe de mortalité (Fig. 1.2). D'autres hypothèses suggèrent par contre une augmentation progressive de l'espérance de vie accompagnée d'une augmentation des incapacités liées aux problèmes de santé associés à l'âge avancé: ostéoporose, diabète, arthrose, hypertension, etc.

Par ailleurs, des changements de la composition et la dynamique des couples et des familles se seront produits. La progéniture réduite des couples, avec la coexistence de plus en plus fréquente de quatre générations dans une même famille, augmentera la responsabilité des enfants et des petits-enfants face à leurs aînés. Cependant, les hommes et les femmes âgés de demain pourront bénéficier des nouveaux apprentissages associés à la modification des rôles jusque-là stéréotypés selon le sexe, tels la préparation des repas pour les hommes et la gestion des finances personnelles pour les femmes. Également, l'impact du veuvage ne sera plus le même sur les plans psychologique et social. En

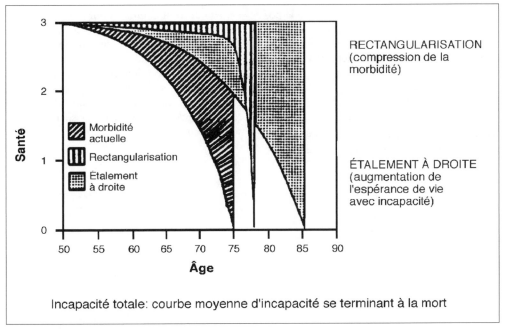

Figure 1.2 Évolution future de la santé: scénarios hypothétiques (Adapté de Leigh, J.P. & J.F. Fries: Education, Gender, and the Compression of Morbidity. *Int J Aging Hum Dev*, **39(3)**:233-246, 1994.)

effet, près de la moitié des «baby-boomers» auront divorcé ou rompu une union avant l'âge de 40 ans et une bonne proportion expérimentera la vie avec un nouveau conjoint. Certains croient que ces comportements rendront plus autonomes les aînés de demain puisque, ayant plus souvent rompu leurs unions, ils auront expérimenté des périodes de vie plus ou moins longues sans soutien d'un conjoint. Cette aptitude à faire face seul à la vie, en développant des réseaux collatéraux d'entraide, pourra leur servir lorsqu'ils seront confrontés aux pertes associées au vieillissement.

Par contre, la grande longévité et l'isolement constitueront-ils toujours des facteurs de risque de placement en institution, et la morbidité associée à l'âge avancé restera-t-elle source de consommation de soins même si elle était réduite par des progrès dans le domaine de la promotion de la santé, de la prévention et du traitement des maladies? Le nombre important de personnes âgées, et en particulier des grands vieillards, est le facteur qui indique le plus nettement une augmentation future de la demande de services.

Nous pouvons déjà entrevoir des modifications importantes dans l'offre des services qui s'effectuera probablement 1) en favorisant une augmentation des activités de prévention, d'interventions précoces de réadaptation et de réinsertion dans la communauté; 2) en coordonnant plus efficacement les activités des divers intervenants des services de première ligne et des services spécialisés; 3) en améliorant les compétences cliniques et de gestion des professionnels; 4) en soutenant davantage le réseau familial et communautaire dans son implication auprès des aînés.

Il faut s'attendre à une montée des débats de nature éthique concernant la prestation des soins et des services sociosanitaires, au sein desquels les groupes de pression des aînés seront très actifs. On fera valoir des arguments basés sur des données de pronostic et de qualité de vie plutôt que sur des âges limites ou des coûts. Les testaments biologiques se multiplieront et guideront certaines prises de décision médicales. La recherche biomédicale et évaluative sera plus orientée vers la compression de la morbidité (démence, ostéoarthrose, athérosclérose, etc.) et le développement de modèles d'intervention efficaces et de modes organisationnels performants, compte tenu des ressources financières réduites.

Le phénomène du vieillissement de la population québécoise s'est enclenché très rapidement et s'accélérera jusqu'aux environs de l'an 2031. Au cours des trente dernières années, d'importants gains ont été obtenus dans l'amélioration des conditions économiques et socio-sanitaires de l'ensemble des personnes âgées.

Toutefois, les prochaines décennies ne semblent pas devoir se dérouler sous le signe de la prospérité. Dans ce contexte, les vieillards de demain devront compter pour une plus grande part sur des actions de prévoyance individuelle. Munis du pouvoir du grand nombre, bénéficiant d'une longévité accrue, il sera intéressant d'observer la façon dont ils influenceront la direction de la solidarité intergénérationnelle, pour assurer une certaine qualité de vie aux sous-groupes défavorisés de la société, qu'ils soient jeunes ou âgés.

B. Aspects démographiques et épidémiologiques en France

Bernard Forette

Un accroissement démographique et un vieillissement sans précédent

La population française s'est accrue de plus de 40 % en cinquante ans, c'est le rythme le plus rapide jamais connu dans son histoire. En 1994, la France comptait 57 803 000 habitants, soit un million de plus qu'au recensement de 1990. La proportion de personnes âgées de 60 ans ou plus était de 19,8 %. Quant au groupe de 65 ans ou plus, dont l'importance relative sert traditionnellement d'indicateur pour mesurer le degré de vieillissement d'une nation, avec un effectif de 8 524 000 personnes, il atteignait 14,7 % de la population en 1994.

Ces données suffisent à montrer combien la France est un pays vieux et appelé à vieillir plus encore. Le nombre des personnes de 65 ans ou plus est identique à celui des enfants de moins de 15 ans. L'accélération du processus de vieillissement est tout aussi parlante. En 1900, seulement 8,5 % des Français étaient âgés de 65 ans ou plus (proportion comparable à celle du Québec en 1978), ce même groupe d'âge représentait 11 % à la libération de 1945, et les prévisions démographiques l'estiment à 16,1 % en 2000, 17,3 % en 2010 et 21,1 % en 2020.

FACTEURS DE LA PYRAMIDE DES ÂGES

L'analyse des causes du vieillissement de la population française est moins simple qu'elle ne paraît à première vue. L'évolution de la natalité comme celles de la mortalité et des migrations ont eu des effets variables et complexes au cours des dernières décennies.

Natalité déficiente

Jusqu'à un passé récent, la diminution des naissances constituait la cause principale et presque unique du vieillissement de la population. Il s'agissait d'un modèle de «vieillissement par le bas». Si la natalité française demeure l'une des plus élevées en Europe, le taux de fécondité (nombre moyen d'enfants par femme) est descendu au-dessous de 2 au cours des années soixante-dix, pour la première fois dans l'histoire. Le remplacement des générations, qui exigerait au moins 2,1 enfants par femme, n'est donc plus assuré. En fait, l'évolution a été chaotique au cours des dernières décennies. Le taux de fécondité qui était de l'ordre de 2,1 entre les deux guerres s'est brusquement élevé jusqu'à 3 dès la libération, et s'est maintenu entre 2,7 et 2,9 pendant près de trente ans. Les premières cohortes de cette explosion des naissances vont arriver à l'âge de la retraite sans avoir assuré suffisamment leur descendance.

Espérance de vie accrue

La diminution du taux de mortalité, quelles qu'en soient les causes encore débattues (progrès médicaux mais aussi amélioration de l'hygiène et des conditions de vie), a d'abord porté sur la mortalité infantile, et donc favorisé un rajeunissement de la population. Mais les progrès sont tels qu'il n'y a pratiquement plus rien à gagner dans ce domaine, si bien que la diminution générale du taux de mortalité joue maintenant en sens inverse, en favorisant le vieillissement de la population par l'augmentation de la longévité, ce qui est un phénomène relativement récent. L'espérance de vie à la naissance était, en 1993, de 81,5 ans pour les femmes (valeur la plus élevée d'Europe) et de 73,3 ans pour les hommes, alors qu'en 1900 ces mêmes valeurs étaient respectivement de 48,8 et 44,9 années.

L'augmentation d'espérance de vie aux âges élevés est beaucoup moins spectaculaire mais contribue, depuis quelques années, à favoriser le vieillissement «par le haut». En 1900, une femme de 80 ans avait encore en moyenne 4,7 années devant elle, contre 4,4 pour un homme. En 1989, l'espérance de vie des octogénaires était passée à 8,6 années pour les femmes et 6,8 pour les hommes. Rappelons que la doyenne du monde, Mme Jeanne Calment, a fêté ses 120 ans le 21 février 1995 dans la ville D'Arles où elle a toujours vécu, et que le nombre des centenaires français a été multiplié par vingt en quarante ans: de 200 en 1953, il est passé à plus de 4000 en 1991.

L'addition des variations de la natalité et de la mortalité a pour résultat net une singulière déformation de la classique «pyramide» des âges, dont la partie supérieure boursouflée repose à présent sur une base étroite et qui va en se rétrécissant, l'ensemble évoquant davantage l'aspect d'une brioche ou d'une meule de foin.

Immigration importante

Contrairement à la plupart des autres états européens, la France a toujours été un pays d'accueil, mais les flux migratoires ont beaucoup varié au cours du siècle, dans leur importance et leur provenance. Les phénomènes migratoires sont moins bien connus que l'évolution des naissances et des décès. Tout d'abord, il existe une incertitude naturelle au sujet du nombre d'immigrés clandestins estimé de 500 000 à un million selon les sources. Le solde migratoire massif des années d'après-guerre a atteint son point culminant en 1962 avec 1 387 000 personnes officiellement enregistrées. La fermeture des frontières instituée en 1974 n'a pas eu toute l'efficacité attendue. En 1990, on recensait 3 597 000 étrangers en situation régulière,

dont 46 % venaient du Maghreb ou de l'Afrique noire. Cet effectif ne tient évidemment pas compte des étrangers naturalisés dont le nombre s'élevait à 1 775 000 en 1990, tandis que 72 213 naturalisations étaient prononcées en 1991. Dans un premier temps, l'immigration contribue au rajeunissement de la population, d'une part en raison de l'âge même des immigrés, d'autre part parce que leur fécondité est généralement beaucoup plus forte (entre 3 et 4 enfants par femme originaire du Maghreb en 1992). Cependant, l'effet rajeunissant de cet apport devrait diminuer avec la réduction attendue du nombre des futurs immigrés, le vieillissement des étrangers présents et la diminution progressive de leur fécondité.

PERSPECTIVES

Après un certain répit apporté par les «classes creuses» nées de 1915 à 1919, dont les faibles effectifs correspondent au déficit des naissances provoqué par la Première Guerre mondiale, le vieillissement de la population française va reprendre sur un rythme accéléré à partir de 2010, lorsque les générations pléthoriques nées de 1945 à 1965 atteindront l'âge de la retraite sans être convenablement remplacées. C'est la seule perspective à peu près certaine, avec près d'un tiers de la population dépassant 60 ans dans les années 2020. De toutes les tranches d'âge, c'est celle des «85 ans ou plus» qui aura la plus forte croissance puisque ses effectifs sont appelés à quintupler entre 1990 et 2050. L'évolution de la population totale est controversée. Si la fécondité ne change pas, et *a fortiori* si elle baisse, le nombre des Français devrait diminuer dans la première moitié du vingt-et-unième siècle. Si la fécondité augmente comme le prédisent certains, on ne doit guère s'attendre à mieux qu'une stabilisation. Bien entendu, ces prévisions ne tiennent pas compte d'événements imprévisibles tels que guerre ou épidémie, ni d'éventuels changements majeurs dans les migrations.

Différences selon le sexe

On sait qu'il existe à tout âge une surmortalité masculine, si bien que l'excès des naissances mâles se trouve neutralisé dès l'âge de 30 ans. Au-delà, on trouve une majorité de femmes et l'écart entre les deux sexes se creuse avec les années. En 1994, 5 126 000 femmes étaient âgées de 65 ans ou plus, contre 3 398 000 hommes seulement. A 83 ans, il ne reste plus qu'un homme pour deux femmes. De tous les pays d'Europe, c'est la France qui connaît la plus forte inégalité dans l'espérance de vie à la naissance entre hommes et femmes, avec un écart de 8,2 années. Parmi les centenaires français, il y avait 7 femmes pour un homme en 1991, mais il faut tenir compte de l'hécatombe masculine provoquée par la Première Guerre mondiale. On doit noter aussi que l'état de santé physique et mentale des centenaires est significativement meilleur chez les hommes. A 65 ans, l'espérance de vie sans incapacité est de l'ordre de 8 ans pour les hommes et 6 ans pour les femmes, alors que l'espérance de vie totale à cet âge est respectivement de 15,7 et 20,1 années. Les femmes paient donc lourdement leur plus grande longévité.

Différences selon les régions

Le vieillissement de la population est très inégalement réparti sur le territoire. Les régions les plus vieillies sont avant tout rurales et se trouvent dans le centre et le sud avec en tête le Limousin (22 % de personnes âgées de 65 ans ou plus), suivi par le Languedoc-Roussillon et la région Midi-Pyrénées. L'Île-de-France est la région la plus jeune. On peut mesurer l'importance des disparités géographiques en comparant le département de la Creuse (26 % de personnes âgées) à celui du Val-de-Marne (8,8 %). Mais il existe aussi un phénomène de vieillissement urbain qui touche essentiellement le centre des grandes villes, tandis que les plus jeunes doivent s'installer en périphérie où les loyers sont moins onéreux.

Différences selon le mode de vie

Les personnes âgées mariées, hommes ou femmes, ont une mortalité inférieure à celle des célibataires, veufs ou veuves de même sexe et de même âge. La catégorie socioprofessionnelle joue un rôle important puisque les plus favorisés (professions libérales et cadres supérieurs) ont, à 35 ans, une espérance de vie supérieure de 7 ans à celle des manœuvres, tandis que les cadres moyens, commerçants et employés de bureau occupent des positions intermédiaires. Les risques professionnels proprement dits n'expliquent pas tout puisque les épouses des hommes observés ont un classement identique. Les reve-

nus ne sont pas non plus seuls en cause, puisque les instituteurs arrivent en haut du tableau, pratiquement à égalité avec les cadres supérieurs.

CONDITIONS DE VIE

Revenus supérieurs à ceux des plus jeunes

Selon l'enquête du CERC (Centre d'étude des revenus et des coûts) sur les personnes de plus de 60 ans, les revenus de 1993 avant impôt s'élevaient en moyenne à 12 000 F par mois pour un couple, 8000 F pour un homme seul et 6300 F pour une femme seule. Ce revenu comprenait les pensions et retraites (80 % du total), des bénéfices fonciers ou mobiliers (10 %) et des ressources non imposables (10 %) telles que l'allocation du Fonds national de solidarité, l'allocation logement, la pension d'ancien combattant, etc. Comme divers revenus n'ont pu être évalués, soit parce qu'ils ne sont pas imposables (Caisse d'épargne, CODEVI, Crédit mutuel), soit parce qu'ils bénéficient d'un prélèvement libératoire, on pense que les revenus du patrimoine ont été sous-estimés de moitié. Dans l'ensemble, le revenu total était d'environ 5 % supérieur à la moyenne de celui des personnes de moins de 60 ans. C'est un spectaculaire renversement de tendance puisqu'il existait une différence de 20 % en sens inverse vingt ans auparavant.

Ces chiffres recouvrent cependant de fortes inégalités. Pour les retraites, les moyennes du premier et du dernier décile sont dans un rapport de 1 à 8. En fait, les autres revenus, les prestations sociales et la progressivité de l'impôt s'associent pour réduire ce rapport qui est finalement de 1 à 3,5. D'autre part, la plus faible activité professionnelle des femmes de cette génération a pour conséquence une contribution réduite (30 %) à l'ensemble des retraites du ménage. Quant aux plus défavorisés, qui bénéficient du Fonds national de solidarité afin d'atteindre le «minimum vieillesse» (38 323 F par an en janvier 1994), leur effectif diminue régulièrement; il était deux fois et demie plus faible en 1993 qu'à la fin des années cinquante, bien que le minimum vieillesse ait augmenté bien davantage que la plupart des autres indices depuis le début des années soixante-dix.

Faut-il conclure que les personnes âgées sont économiquement très privilégiées dans le système social français, surtout en période de crise et «d'exclusion»? Certes, il y a eu d'incontestables progrès depuis les années cinquante où leur sort était assez souvent misérable. Deux points noirs sont pourtant à signaler. D'une part, la prise en charge des frais entraînés par la dépendance demeure très insuffisante. D'autre part, l'évolution démographique ne permettra pas de maintenir le système de retraite très avantageux pour certains allocataires actuels qui auront bénéficié d'une situation exceptionnelle, beaucoup plus faste que celle de leurs parents et de leurs enfants.

Avenir menacé

La retraite à taux plein dès l'âge de 60 ans instituée en 1983 n'a pas résisté aux dures réalités économiques et démographiques. Depuis 1994, un nouveau mode de calcul allonge progressivement la durée de cotisation nécessaire pour l'obtenir: de 151 trimestres pour les salariés du régime général nés en 1934, cette durée doit augmenter avec chaque année de naissance, afin d'atteindre 160 trimestres pour les personnes nées en 1943. Parallèlement, pour une durée de travail identique, le montant de la pension diminue peu à peu puisque la période de référence prise en compte pour son calcul (initialement les 10 meilleures années) s'allonge chaque année afin d'atteindre 25 ans pour les personnes nées en 1948.

En plus du régime général, il existe une multitude de régimes complémentaires (46 sont regroupés dans l'ARRCO pour l'ensemble des salariés, 55 dans l'AGIRC pour les cadres) et de régimes particuliers (fonction publique, mines, marine de commerce, chemins de fer, régime agricole, professions indépendantes, etc.) qui font du système de retraites français l'un des plus complexes au monde.

Tout autant et même plus que le régime général, la plupart de ces systèmes sont menacés de déséquilibre à court ou moyen terme. A court terme, pour des raisons conjoncturelles: le chômage touche plus de 11 % de la population active, privant les caisses d'autant de cotisations. A moyen terme, pour des raisons structurelles liées au déséquilibre démographique. Dans le régime de retraite par répartition actuellement en vigueur, les cotisations des actifs ne financent pas leur propre pension mais celle des retraités du moment. Ce système repose donc sur la solidarité entre générations. Étendu

au lendemain de la dernière guerre, il a permis d'assurer un revenu minimal à des personnes qui n'avaient jamais cotisé et se seraient trouvées totalement démunies. Tout a bien fonctionné tant que les cotisants étaient largement plus nombreux que les bénéficiaires, mais le rapport des actifs aux retraités est passé de 4,69 en 1960 à 1,81 en 1995, et l'on s'attend à 1,65 en 2010. Il est vraisemblable que les actifs des prochaines années supporteront mal le poids accru des cotisations, ou tout au moins qu'ils refuseront de maintenir la situation privilégiée des retraités d'aujourd'hui. Pour faire face à ces restrictions prévisibles, on tend de plus en plus à encourager le développement de systèmes complémentaires par capitalisation, dans lesquels le cotisant verse pour sa propre retraite future.

Mode de vie

En 1990, 94 % des femmes et 97 % des hommes de 60 ans et plus vivaient à leur domicile, 58 % avec leur conjoint (45 % des femmes et 77 % des hommes). Plus du quart des personnes de 60 ans et plus (35 % des femmes et 14 % des hommes) vivent seules, et près du tiers de celles qui ont plus de 65 ans. Parmi les femmes de 55 ans ou plus, on compte 37 % de veuves. Le prototype du vieillard isolé est une veuve sans enfants.

Logement

Dans l'ensemble, 6 % seulement des personnes de plus de 65 ans vivent en institution, mais cette proportion recouvre des faits très différents. Parmi les plus âgés (75 ans ou plus), 89 % vivaient encore à leur propre domicile ou dans leur famille lors du recensement de 1982. Les logements-foyers, formule intermédiaire entre le domicile et l'hébergement collectif, en accueillaient 3,4 %, les maisons de retraite ou leurs substituts 5,6 % et les établissements hospitaliers 1,7 %. Un travail de l'INSEE montre que le confort et l'équipement se sont considérablement améliorés de 1966 à 1989. Diverses aides publiques sont consacrées à l'amélioration de l'habitat.

Solutions offertes aux personnes âgées dépendantes

Le maintien à domicile des personnes âgées devenues plus ou moins dépendantes a été encouragé par la mise en place de nombreuses structures qu'on tente de coordonner avec plus ou moins de succès selon les régions et les communes: aides ménagères, repas au domicile, soins infirmiers et paramédicaux, auxiliaires de vie. Il devrait normalement appartenir au médecin de famille de mettre en œuvre et de surveiller l'ensemble de ces structures, mais la formation gériatrique dispensée dans les facultés de médecine est encore inexistante ou purement symbolique.

Les logements-foyers, formule intermédiaire entre le domicile et l'institution, offrent une certaine surveillance et divers services collectifs, leur capacité totale dépasse 140 000 lits. Les maisons de retraite avaient pour vocation initiale d'accueillir des personnes âgées valides et autonomes. Avec plus de 350 000 places, elles assurent environ 70 % de l'hébergement gériatrique. Les tarifs sont extrêmement variables d'un établissement à l'autre et suivant la région, de même que les prestations offertes. L'âge de plus en plus élevé et le nombre croissant des maladies et handicaps de leurs pensionnaires les ont pour la plupart conduites à se médicaliser plus ou moins en créant une «section de cure» pour laquelle la Sécurité sociale verse un forfait journalier qui était de 131,40 F en 1994.

L'hospitalisation en service de soins aigus s'adresse à tous les malades sans distinction d'âge, elle est prise en charge par la Sécurité sociale comme pour les malades plus jeunes. Il en est de même pour la psychiatrie. Cependant, faute d'un nombre suffisant de structures de suite adaptées, la durée de séjour des malades âgés se trouve souvent prolongée, ce qui est préjudiciable aussi bien à la collectivité qu'à l'intéressé maintenu dans un milieu inadéquat.

Le moyen séjour hospitalier, également pris en charge par la Sécurité sociale a pour vocation de préparer le malade venant des soins aigus à son retour à domicile. Cet objectif est atteint dans 50 à 80 % des cas, à l'issue d'un séjour moyen de 34 jours. En fait, la capacité insuffisante des structures de soins prolongés fait que le moyen séjour sert souvent d'établissement d'attente avant le placement définitif. Le moyen séjour offre un peu plus de 42 000 lits dans le secteur public et de 53 000 dans le secteur privé. La densité théorique de personnel est de 0,6 agent au lit du malade.

Le long séjour est destiné aux personnes qui ont perdu leur autonomie et dont l'état de santé nécessite des soins constants. Ces services totalisaient environ 68 000 lits en 1991, mais leur nombre s'accroît par transformation des lits d'hospitalisation en court séjour: 38 000 lits ont ainsi été créés depuis 1983. Ils recueillent les personnes les plus dépendantes. La moyenne d'âge, qui était de 83 ans en 1991, s'élève régulièrement, de même que la lourdeur des handicaps et de la charge de travail.

Le gros problème soulevé par ces structures est celui de leur financement puisque, dans la région parisienne, en 1994, environ 15 000 F par mois restent à la charge de l'intéressé ou de ses enfants.

ÂGE ET RECOURS AU SYSTÈME DE SOINS

En 1991, la consommation de biens et soins médicaux en France était en moyenne de 9 833 F par habitant, mais elle atteignait 20 980 F pour les personnes de 60 ans et plus. Dans le groupe de 80 ans et plus, la consommation dépassait le triple de la moyenne nationale. Dans cette somme, le poids de l'hospitalisation est considérable, puisque la moitié des personnes hospitalisées sont âgées de 65 ans ou plus. En court séjour, le nombre moyen d'hospitalisations pour 100 personnes est de 23 entre 60 et 64 ans et de 41 au-dessus de 75 ans.

Les soins infirmiers et les soins dispensés par le médecin généraliste au domicile du patient augmentent régulièrement jusqu'au-delà de 80 ans. En revanche, les consultations au cabinet du médecin ou d'un auxiliaire médical augmentent jusqu'à 80 ans mais diminuent rapidement par la suite. La dépense de soins médicaux est plus faible chez les personnes qui n'ont pas de mutuelle complémentaire, et cette différence s'accentue après 80 ans.

Les personnes âgées appartenant aux catégories socioprofessionnelles les moins favorisées (manœuvres, O.S.) ont la plus forte consommation de soins du médecin généraliste à domicile et la plus faible consommation au cabinet.

Les consommations médicales en fonction de l'âge ont évolué. En 1960, les soins en ville diminuaient à partir de 60 ou 70 ans. Les plus âgés étaient sous-consommateurs par rapport à la moyenne de la population. Depuis, les personnes âgées ont rattrapé et dépassé le reste de la population et la courbe de dépenses médicales est comparable à celle de la mortalité.

BIBLIOGRAPHIE

BELLEROSE, C. & Coll.: *Et la santé, ça va en 1992-1993?* Rapport de l'enquête sociale et de santé 1992-1993, Vol. 1. Santé Québec. Ministère de la Santé et des services sociaux, Gouvernement du Québec, Québec, 1995.

GAUTHIER, H. & L. DUCHESNE: *Statistiques démographiques, Le vieillissement démographique et les personnes âgées au Québec,* Gouvernement du Québec, Québec, 1991.

MARTEL, L. & J. LÉGARÉ: Après le baby-boom, le papy-boom: regards démographiques sur une nouvelle vieillesse. *Le Gérontophile,* **17**(2), 1995.

ROCHON, M.: Caractéristiques sociodémographiques des aînés du Québec et vieillissement de la population, in *L'avenir des aînés au Québec après l'an 2000. Vers un nouvel équilibre des âges.* Journées d'échange sur le Rapport Pelletier. Caris P, & B.L. Mishara. Presses de l'Université du Québec, Montréal, 1994.

ROCHON, M.: *Impact des changements démographiques sur l'évolution des dépenses publiques de santé et de services sociaux.* Direction générale de la planification et de l'évaluation. Ministère de la Santé et des services sociaux. Gouvernement du Québec, Québec, 1994.

Bureau de la statistique de Québec: *Le Québec statistique,* Les Publications du Québec, Québec, 1995.

Rapport du comité d'analyse de la consommation médicamenteuse des personnes âgées, Régie de l'assurance-maladie du Québec, Québec, 1992.

LECTURES SUGGÉRÉES

BÉLAND, F. & A. LEMAY: Quelques dilemmes, quelques valeurs pour une politique de services de longue durée. *Revue canadienne du vieillissement,* **14**:263-293, 1995.

BOCOGNANO, A. & Coll.: *Santé, soins et protection sociale en 1993,* CREDES, Paris, 1994.

BOURDELAIS, P.: *L'âge de la vieillesse,* Odle Jacob, Paris, 1993.

Comité permanent des médecins de la C.E.: *Les personnes âgées dans la communauté européenne, Présent et avenir,* Fondation IPSEN, Paris, 1990.

DURIEZ, M. & S. SANDIER: *Le système de santé en France. Organisation et fonctionnement,* CREDES, Paris, 1994.

LÉGARÉ, J.: Une meilleure santé ou une vie prolongée? Quelle politique de santé pour les personnes âgées? *Futuribles,* **5**:53-66, 1991.

LÉGARÉ, J., CARRIÈRE, Y. & E. JENKINS: *Le vieillissement de la population et son impact sur les besoins en soins et services sociosanitaires.* Rapport de recherche soumis au Conseil québécois de la recherche sociale, subvention n° RS-1956 091, février 1995.

MARCIL-GRATTON, N. & J. LÉGARÉ: Will Reduced Fertility Lead to Greater Isolation in Old Age for Tomorrow's Elderly? *La Revue canadienne du vieillissement,* **11**(1):54-71, 1992.

MOODY, H.R.: Four scenarios for an Aging Society. *Hastings Center Report,* September-October, 1994.

PAILLAT, P.: *Vieillissement et vieillesse,* Presses Universitaires de France, Paris, 1993.

Rapport du groupe d'experts sur les personnes âgées: *Vers un nouvel équilibre des âges,* Gouvernement du Québec, Ministère de la Santé et des services sociaux, Direction des communications, Québec, 1991.

CHAPITRE 2

BIOLOGIE DU VIEILLISSEMENT

Tamàs Fülöp

Bien que le processus de vieillissement nous affecte tous profondément, l'étude des phénomènes biologiques qui le contrôlent n'a pas fait et ne fait toujours pas partie des principaux courants de l'investigation biologique moderne. Néanmoins, le vieillissement est intrinsèque à la vie de tout animal supérieur et sa manifestation demande des explications.

Le vieillissement peut être considéré comme un processus irréversible qui débute ou s'accélère lorsque l'organisme atteint sa maturité. Il est la conséquence d'une augmentation du nombre de déviations par rapport à ce qu'on pourrait appeler un état idéal, ou de la diminution de la vitesse de retour à cet état idéal; il peut aussi résulter de la combinaison de ces deux phénomènes. Le vieillissement est donc caractérisé par une défaillance de la capacité de préserver l'homéostase sous des conditions de stress physiologiques, ce qui accroît la vulnérabilité de l'individu et limite sa viabilité. Ainsi, le vieillissement est conditionné par le temps et implique un processus de détérioration. Il survient à plusieurs niveaux de l'organisme. Par exemple, le vieillissement chimique se manifeste dans l'altération de la structure des cristaux ou dans l'agrégation macromoléculaire; le vieillissement extracellulaire se manifeste par des liaisons réticulantes (*crosslinking*) des fibres de collagène et d'élastine ou par la déposition de l'amyloïde; le vieillissement intracellulaire se manifeste par des modifications des composantes normales de la cellule (mitochondries) ou par l'accumulation intracellulaire de substances comme la lipofuscine.

Le vieillissement est inévitable et tous les êtres vivants ont une longévité déterminée. Toutes les espèces ont une longévité maximale caractéristique. Ainsi, l'amélioration des conditions d'hygiène et des soins de la santé a accru l'espérance de vie à la naissance de moins de 20 ans dans la Grèce antique à plus de 80 ans actuellement au Japon, sans toutefois allonger la longévité maximale de l'espèce humaine (120 ans).

THÉORIES DU VIEILLISSEMENT

Peu de scientifiques croient de nos jours que le phénotype âgé est le résultat d'un processus unique et primaire. Il existe un grand nombre de théories pour expliquer ce phénomène, mais on peut généralement les regrouper en deux types: les théories non génétiques ou stochastiques et les théories génétiques (Tableau 2.1).

Théories non génétiques (stochastiques)

Théorie de l'accumulation des déchets

Les cellules de la plupart des organismes âgés montrent une augmentation de la pigmentation intracellulaire. Ces pigments, communément appelés lipofuscine, sont particulièrement répandus dans les cellules postmitotiques (incapables de se diviser) du cœur et du cerveau. Il s'agit d'un pigment très hétérogène composé de protéines, de lipides et d'hydrates de carbone, de même que d'enzymes associés à l'activité lysosomiale et au métabolisme oxydatif. Il semble donc que la lipofuscine soit associée à un processus d'autophagie intracellulaire. Ce pigment ne serait qu'une indication des lésions cellulaires survenant au cours du vieillissement et ne saurait être considéré comme la cause du vieillissement.

Théorie de la réticulation (crosslinking)

Il s'agit d'une théorie qui prétend que la réticulation des macromolécules serait la cause

---

Tableau 2.1
Théories du vieillissement

Théories génétiques
La théorie des gènes modificateurs (Medawar, 1952)
La théorie des gènes pléiotropiques (Williams, 1957)
La théorie des erreurs catastrophiques (Orgel, 1963)
La théorie du message redondant (Medvedev, 1971)
La théorie de mutations somatiques (Szilàrd, 1959)
La théorie de transcription (von Hahn, 1970)
La théorie du vieillissement programmé (Hayflick, 1968)
La théorie de la dédifférenciation (Cutler, 1972)
La théorie du soma disposable (Kirkwood, 1977)

Théories non génétiques
La théorie immunologique (Walford, Burnet, Makinodan, 1969)
La théorie de la réticulation (*crosslinking*) et du tissu conjonctif (Verzàr, 1957)
La théorie des radicaux libres (Harman, 1955)
La théorie de la glycosylation (Wolff, 1989)
La théorie de l'accumulation de déchets (Carrell & Ebeling, 1923)

---

du vieillissement. Ces liaisons concernent surtout le matériel extracellulaire composé essentiellement de collagène et d'élastine, mais touchent aussi l'ADN et ses protéines dans les chromosomes. Certains chercheurs croient que les changements attribués à l'âge ne seraient, en fait, que le résultat des changements physico-chimiques du tissu conjonctif. Comme celui-ci, très largement distribué dans l'organisme, est impliqué dans le transfert et l'échange de matériel entre cellules, ces changements peuvent produire des effets profonds sur les fonctions physiologiques de l'organisme. On n'a jamais pu démontrer cependant que la formation de liaisons réticulantes constitue le processus fondamental du vieillissement.

Théorie des radicaux libres

Cette théorie a été formulée pour la première fois par Harman (1955) et a eu un impact considérable sur la recherche gérontologique. Actuellement, on associe d'ailleurs les radicaux libres à des maladies liées au vieillissement telle la démence de type Alzheimer, la maladie de Parkinson et plusieurs autres (Tableau 2.2).

Qu'est-ce qu'un radical libre? Tout atome est composé d'un noyau autour duquel gravitent des électrons formant, en général, des paires. Un radical libre est un atome ou une molécule qui contient un ou plusieurs électrons non appariés. Ces électrons désappariés modifient la réactivité chimique de l'atome ou de la molécule, ce qui leur confère une quantité importante d'énergie libre, les rendant, en général, plus réactifs que leur correspondant apparié.

La formation de radicaux libres peut être causée par des radiations cosmiques ou produites par les humains de même que par certains processus métaboliques de l'organisme. Ainsi, plusieurs radicaux libres sont fabriqués par le métabolisme énergétique des mitochondries, la respiration, la synthèse des prostaglandines, la phagocytose et la détoxification. Les radiations de faible longueur d'onde (rayons gamma) peuvent réagir avec l'eau de l'organisme pour former un radical très réactif, mais d'une demi-vie très courte, le radical hydroxyle, OH^-. L'autre radical fabriqué de façon continue par l'organisme est l'anion superoxyde O_2^-, c'est-à-dire l'addition d'un électron à l'oxygène. Ce radical est, en général, peu réactif par lui-même, mais il peut être à l'origine d'autres radicaux très réactifs.

L'oxyde nitrique, formé au cours de l'oxydation de l'arginine par des macrophages, des hépatocytes, des cellules endothéliales, des neurones, etc., peut réagir avec l'anion superoxyde

Tableau 2.2
Maladies associées aux radicaux libres

- cancer
- athérosclérose
- arthrite rhumatoïde
- maladies pulmonaires (syndrome de détresse respiratoire de l'adulte)
- lésions de l'ischémie-reperfusion
- maladies à complexes immuns
- sclérose latérale amyotrophique
- maladie de Parkinson
- maladie d'Alzheimer
- cataracte

et former le peroxonitrite (ONOO⁻). A pH physiologique, le peroxonitrite endommage des protéines directement (groupes thiols) et, en plus, se décompose en produits toxiques, le dioxyde de nitrogène (NO_2) et le radical hydroxyle (OH⁻). Ainsi, au moins une partie de la toxicité du surplus de NO est due à son interaction avec l'anion superoxyde mis en cause dans les processus dégénératifs.

Il existe, par ailleurs, un système antioxydatif impressionnant que l'organisme a mis au point pour lutter contre les effets néfastes des radicaux libres. A l'intérieur de ce système, la superoxyde dismutase, la catalase, la glutathion peroxydase, la céruloplasmine, l'haptoglobine, l'albumine, les vitamines C, E et A jouent un rôle primordial. En dépit de ce système, les radicaux libres oxydent les molécules environnantes. Ainsi l'ADN subit constamment des atteintes oxydatives et doit être réparé. Le même sort est réservé aux protéines et aux lipides (peroxydation lipidique). Comme les mécanismes de

défense ne sont pas totalement efficaces, l'augmentation de la formation des radicaux libres dans l'organisme entraîne des lésions et le terme «stress oxydatif» réfère à ce phénomène. Tant que le stress oxydatif est faible, les tissus peuvent agir en synthétisant plus d'antioxydants, mais si le «stress oxydatif» est important ou dure longtemps, il y a atteinte et même mort de la cellule (Fig. 2.1).

Cette théorie des radicaux libres soutient donc que la production continue des radicaux libres au cours de la vie cause des dommages cumulatifs à des macromolécules, ce qui entraîne finalement la mort cellulaire. Leur effet sur le vieillissement se ferait donc par la formation de liaisons réticulantes entre les macromolécules du tissu conjonctif, les modifications de l'ADN entraînant des mutations somatiques, la peroxydation des lipides membranaires et l'oxydation des protéines cellulaires. Les dysfonctionnements ainsi engendrés pourraient entraîner l'apparition de maladies qui sont, de

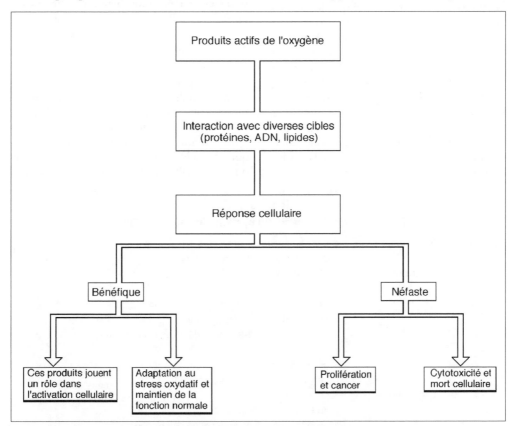

Figure 2.1   Effets cellulaires des produits actifs de l'oxygène (radicaux libres)

loin ou de près, liées au vieillissement (Tableau 2.2).

Il existe actuellement beaucoup de données relatives aux moyens de prévenir ou retarder les dommages causés par les radicaux libres (diminution de la consommation d'acides gras saturés, augmentation de la consommation de fruits, de légumes et de fibres). Puisque notre système de défense oxydative n'est pas totalement efficace, certains auteurs recommandent l'ajout d'antioxydants à la diète, notamment les fruits. La vitamine E, par ailleurs, semble diminuer le risque de mortalité par infarctus du myocarde, par son action antioxydante.

Théorie immunologique

La théorie immunologique du vieillissement soutient que les altérations du système immunitaire sont à la base des changements associés au vieillissement. Avec l'avancement en âge, le système immunitaire devient moins efficace, avec une capacité réduite de combattre des infections et avec la possibilité que des cellules immunocompétentes réagissent contre les constituants propres de l'organisme. Ainsi, l'altération de la tolérance immunitaire entraîne la formation des anticorps contre les propres cellules de l'organisme. Les maladies auto-immunes fournissent des exemples de ce type de réaction.

Un argument en faveur de la théorie immunologique du vieillissement est l'augmentation de l'incidence de nombreuses maladies infectieuses et des cancers avec l'âge.

Beaucoup de modifications observées dans le système immunitaire avec l'âge peuvent être attribuées à la perte de la fonction du thymus et, conséquemment, des lymphocytes T. Un exemple classique est la réaction cutanée d'hypersensibilité retardée qui est réduite dans le vieillissement. Plusieurs autres changements de l'immunité cellulaire sont indiqués au tableau 2.3.

En ce qui a trait à l'immunité humorale, on note que le taux d'immunoglobuline circulante et l'incidence des gammapathies monoclonales augmentent avec l'âge. Le nombre de lymphocytes B dans la circulation ne change pas avec l'âge. Les lymphocytes B sécrètent des anticorps mais, pour ce faire, dans un certain nombre de cas, ils ont besoin de l'aide des lymphocytes T. Les études récentes démontrent que la fonction des cellules B ne diminue presque pas avec l'âge.

Récemment, des déficits de fonctionnement des cellules phagocytaires ont été démontrés. Ces altérations toucheraient l'efficacité du *killing* intracellulaire. Le rôle que ces déficits pourraient jouer dans la diminution de la réponse immunitaire fait encore l'objet de discussion.

Il est concevable, mais non prouvé, que l'involution dramatique du thymus dans l'organisme vieillissant soit le responsable de la perte de la capacité d'induction normale de la réponse immunitaire dans les tissus périphériques. Il s'agirait du changement primaire expliquant le vieillissement des autres organes par

Tableau 2.3		
Principaux changements du système immun avec l'âge		
1. **Immunité humorale:**	↓ de la formation des anticorps spécifiques	
	↑ de la formation des autoanticorps	
2. **Immunité cellulaire:**	involution du thymus	
	↓ de la prolifération lymphocytaire	
	↓ de la toxicité cellulaire dépendant des anticorps	
	↓ des facteurs thymiques sériques	
	↓ de la production des lymphokines (ex.: interleukine 2)	
	↓ des lymphocytes T naïfs	
	↑ des lymphocytes T à mémoire	
	↑ des lymphocytes T autoréactifs	
3. **Cellules phagocytaires:**	= phagocytose	
	↓ du *killing* intracellulaire	
	↓ de la toxicité cellulaire dépendant des anticorps	

l'induction de phénomènes auto-immuns provoquant ou facilitant l'apparition de diverses maladies.

Malgré tous les travaux sur le sujet, la question de savoir si le déclin de la réponse immunitaire avec l'âge est à l'origine du vieillissement ou s'il ne fait qu'amplifier ce processus demeure non résolue.

Théories génétiques

Les gérontologues ont longtemps été attirés par la notion que, de façon similaire à la croissance et au développement réglés par l'activation et la désactivation de divers gènes, le vieillissement pourrait aussi représenter un processus dans lequel la modification systématique de l'expression des gènes aurait comme conséquence les changements associés à l'âge. Plusieurs des théories du vieillissement discutées précédemment peuvent être reliées ensemble par la présomption que les mécanismes fondamentaux du vieillissement, qu'ils soient modulés par les radicaux libres, par l'altération de la structure ou de la réparation de l'ADN, par les changements de l'élimination des protéines modifiées ou par les modifications des fonctions des cellules T, peuvent avoir une base génétique.

Beaucoup de données de la littérature supportent l'idée que les facteurs génétiques sont importants pour le vieillissement. Il existe une remarquable spécificité d'espèce dans la longévité maximale. La courbe de survie est plus ou moins constante pour chaque espèce, et c'est à partir de telles uniformités que l'idée de l'influence génétique sur la longévité a été avancée. Nous présentons ici quelques théories génétiques du vieillissement, considérées comme les plus marquantes scientifiquement, sans prétendre les couvrir toutes.

Théorie de la mutation somatique

Cette théorie (Szilàrd, 1959) soutient que les mutations somatiques seraient à la base du vieillissement. Ainsi, si un allèle d'une paire de chromosomes est endommagé et, par conséquent, inactivé, l'autre continue de fonctionner normalement. Si les deux gènes venaient à être endommagés par le même facteur ou par l'hérédité, ils deviendraient alors non fonctionnels et une lésion cellulaire pourrait en résulter. Si le nombre de ces cellules endommagées devient trop grand, l'organisme meurt. Cette théorie a été sévèrement critiquée mais, aujourd'hui, il n'existe aucun argument sérieux ni pour l'accepter, ni pour la réfuter complètement. Il est généralement admis que ces mutations somatiques pourraient jouer un rôle dans le vieillissement.

Théorie des erreurs

Cette théorie (Orgel, 1963) soutient que des erreurs, à n'importe quel niveau dans la synthèse des protéines, peuvent mener à la mort cellulaire et, par conséquent, être à la base du processus de vieillissement. La diminution de la fidélité dans la synthèse des protéines peut survenir, soit au niveau d'une protéine impliquée dans la synthèse du matériel génétique, soit dans la transcription ou la translation. Orgel a suggéré qu'avec le temps une masse critique de ces protéines altérées pourrait s'accumuler dans les cellules, ce qui entraînerait ce qu'il appelle une catastrophe d'erreur (*error crisis*) et finalement la mort. Cette théorie n'a jamais pu être suffisamment étayée en tant que processus fondamental du vieillissement, car, selon les données expérimentales, le vieillissement ne s'accélère pas quand des acides aminés inadéquats sont volontairement introduits dans les protéines et, par ailleurs, des protéines non identifiées ne semblent pas s'accumuler dans le vieillissement. A noter que cette théorie, selon les courants de pensée, est classée soit dans le groupe de théories génétiques, soit dans celui des théories non génétiques.

Théorie des messages redondants

Cette théorie (Medvedev, 1971) propose qu'une répétition sélective de quelques gènes définis, de cistrons et d'autres structures linéaires sur la molécule d'ADN agisse comme des messagers redondants qui sont activés quand les messages du génome fonctionnel deviennent altérés. Elle soutient que la longévité maximale de l'espèce est liée au nombre de séquences répétées. Comme les erreurs s'accumulent avec le temps dans les gènes fonctionnels, les séquences de réserve suppléent par la même information jusqu'à ce que les gènes redondants soient épuisés à leur tour, amenant ainsi les changements biologiques du vieillissement. Cette théorie n'a jamais pu être confirmée.

Théorie de la restriction du codon

Strehler voyait la longévité comme le résultat de changements continuels depuis le développement en passant par la maturation pour aboutir au vieillissement, chaque étape étant déterminée par la précédente. Durant ce processus, les messages génétiques sont soumis à une série de répressions-dérépressions résultant en production des protéines requises à chaque étape. L'information est transmise de l'ADN à l'ARN messager (ARNm) par le mécanisme de transcription. L'ARNm fonctionnel est ensuite traduit en protéine par un processus de translation. La théorie soutient l'hypothèse que la fidélité ou la précision de la translation qui dépend de la capacité de la cellule à déchiffrer le triple codon (trois bases) dans l'ARNm s'altère avec le vieillissement. La cause de cette répression est inconnue.

Théorie du programme de vieillissement

Cette théorie (Hayflick, 1968) soutient que les cellules ont une horloge biologique intrinsèque, c'est-à-dire une séquence d'événements programmés dans le génome qui engendre le processus du vieillissement. Ainsi, Hayflick suggère que la sénescence *in vitro* est sous contrôle programmé puisque les cellules sénescentes sécréteraient une substance répressive qui exercerait un contrôle positif inhibant la synthèse d'ADN. Le meilleur appui à cette théorie provient de cinq observations.

1) Les cellules diploïdes humaines normales ont une capacité proliférative limitée quand elles sont cultivées *in vitro*.

2) Celles qui proviennent d'individus âgés se divisent moins souvent que les cellules provenant d'individus jeunes.

3) La période de latence avant la prolifération cellulaire augmente avec l'âge du donneur.

4) Il existe une corrélation entre la longévité maximale des espèces et le nombre de dédoublements de leurs cellules fibroblastiques avant qu'elles ne meurent.

5) Il y a, finalement, une diminution du potentiel de croissance de ces cellules dans certaines maladies génétiques ressemblant à un vieillissement précoce (progérie).

Plusieurs critiques sont adressées à cette théorie et plusieurs expériences ont prouvé que bien d'autres facteurs influencent le vieillissement cellulaire en culture. Cette découverte a néanmoins donné un essor incroyable à la recherche moderne sur la biologie du vieillissement. Certaines de ces découvertes sont discutées plus loin.

VIEILLISSEMENT CELLULAIRE

Il existe quatre types cellulaires principaux dans l'organisme 1) les cellules postmitotiques fixes, comme les neurones; 2) les cellules intermitotiques qui peuvent se reproduire, mais le font très lentement, comme les hépatocytes; 3) les cellules qui se divisent durant toute la vie, mais ont une survie relativement courte, comme les lymphocytes et les cellules épithéliales; et 4) les cellules souches.

Le terme de vieillissement cellulaire se réfère au potentiel de division limitée des cellules humaines normales en culture. Deux écoles de pensée existent pour expliquer la sénescence cellulaire. L'une soutient que la sénescence résulte de l'accumulation au hasard de lésions comme celles causées par les mutations, les erreurs ou les radicaux libres; l'autre propose qu'il s'agit d'un processus actif, impliquant des changements programmés dans l'expression des gènes. De plus en plus de résultats expérimentaux semblent être en faveur de la deuxième.

L'étude du vieillissement cellulaire a surtout porté sur la compréhension des mécanismes causant la perte de la capacité de reproduction des cellules fibroblastiques lors de l'augmentation du nombre de passages en cultures. Lors de la sénescence *in vitro*, on a noté par exemple que la phase initiale de la reproduction cellulaire G_1 s'allonge et que, éventuellement, le cycle s'arrête à l'interface de G_1 et de la phase de synthèse (S), empêchant ainsi l'initiation d'un nouveau cycle de synthèse et de réplication de l'ADN (Fig. 2.2).

Par ailleurs, des expériences de fusion cellulaire entre des cellules diploïdes normales qui vieillissent et des cellules rendues immortelles, spontanément ou à l'aide de virus, ont démontré que le phénotype de prolifération limitée est dominant, par rapport au phénotype d'immortalité. Ces cellules finissent par produire des protéines membranaires qui apparemment inhibent l'initiation de la synthèse d'ADN. Les cellules sénescentes sont donc incapables de

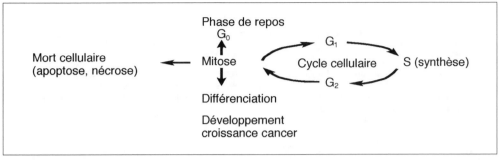

Figure 2.2 Options cellulaires

dédoubler leur ADN et, par conséquent, d'entrer dans un nouveau cycle cellulaire. L'introduction de certains virus de l'ADN peut cependant permettre à ces cellules sénescentes de proliférer à nouveau mais pendant un temps limité seulement.

D'autres recherches ont démontré qu'il n'existe pas seulement des protéines induisant la mort cellulaire mais aussi des protéines qui protègent la cellule contre la mort (p. ex.: Bcl2). Les cellules renfermant ces protéines peuvent donc se protéger de l'apoptose (mort cellulaire) et demeurent fonctionnelles (voir plus loin).

La prolifération cellulaire requiert aussi des facteurs extrinsèques comme les facteurs de croissance, et plus les cellules vieillissent, plus elles perdent leur capacité de réagir à des facteurs de croissance mitogènes.

En conclusion, on peut dire que la recherche fondamentale semble démontrer que les cellules humaines ne peuvent presque jamais échapper à la sénescence lorsque cultivées *in vitro*. C'est peut-être mieux ainsi, car cette sénescence cellulaire (ou résistance à l'immortalité) est probablement essentielle pour empêcher l'apparition des cancers chez les humains.

APOPTOSE

Il existe deux types de mort cellulaire connues: la nécrose et la mort cellulaire programmée ou «apoptose». C'est de cette deuxième manière que la plupart des cellules meurent, de ce qu'on pourrait appeler un «suicide cellulaire». Cette mort cellulaire programmée apparaît essentielle pour l'organisation cellulaire dans les tissus en développement. En plus, dans certains tissus adultes où les cellules prolifèrent continuellement, la disparition des cellules vieillies est importante pour la régulation de la popula-

tion cellulaire. L'apoptose est importante dans le système réticulo-endothélial où l'équilibre entre la mitose et la mort cellulaire peut déterminer l'efficacité de la réponse immunitaire. Par contre, la perte de cellules postmitotiques (neurones, cellules cardiaques) par apoptose entraîne éventuellement une diminution irréversible de la fonction des organes concernés. Comme on croit que l'apoptose est un processus nécessitant l'activation de substances spécifiques, il est fort probable que l'on puisse un jour l'influencer positivement. La préoccupation la plus importante concerne les facteurs pathologiques qui stimulent l'apoptose: advenant qu'un neurone ou une cellule postmitotique, irremplaçable, soit placé sous stress, il peut alors activer son propre programme de mort cellulaire. Du point de vue clinique, nous aimerions pouvoir identifier les signaux du stress cellulaire dans le but d'intervenir, soit pour enlever le stress, ou pour renforcer la cellule pour supporter ce stress, sans que ne survienne la mort cellulaire. Dans ces situations, les possibilités de prévenir ou d'induire spécifiquement l'apoptose représentent de nouvelles avenues de recherche dans l'étude du vieillissement (Tableau 2.4). Il est clair que la compréhension de ces mécanismes pourra un jour aider au traitement d'une foule d'affections telles que les tumeurs, les troubles immunitaires et, bien sûr, les démences dégénératives.

INTERVENTIONS ANTIVIEILLISSEMENT

Dans n'importe quelle discussion sur la biologie du vieillissement, la question qui se pose de façon constante est de savoir si quelque intervention environnementale, diététique ou pharmacologique pourrait être tentée pour réduire les effets nocifs du vieillissement ou même

Tableau 2.4	
Inducteurs et suppresseurs de l'apoptose	
Inducteurs	**Suppresseurs**

• Suppression des facteurs de viabilité
• Cytokines (TNF, TGFβ)
• Gène suppresseur tumoral (p53)
• Autres gènes (c-myc dérégulé, ced3,4)
• Anticorps aux antigènes de surface
  (APO-1, Fas, CD3)
• Agents anticancéreux cytotoxiques
	• Facteurs de viabilité (CSFs, ILs, NGF)
	• Gènes suppresseurs de mort cellulaire
	  (bcl2, EBV LMP 1, p53 mutant, ced9, adénovirus)
	• Promoteur tumoral

TNF	= *Tumor necrosis factor*
TGFβ	= *Tumor growth factor* β
CSFs	= *Colony Stimulating Factors*
Ils	= *Interleukines*
NGF	= *Neural Growth Factor*

prolonger la vie. Les interventions qui semblent actuellement les plus susceptibles d'être efficaces sont 1) l'exercice régulier, ce qui aurait comme effet de diminuer les lipides plasmatiques et le taux d'insuline, de retarder la perte de la masse osseuse et d'augmenter la performance cardio-vasculaire; 2) les antioxydants, et parmi eux surtout les vitamines, comme les vitamines E et C qui diminueraient les interactions nocives des radicaux libres avec les macromolécules et les lipides membranaires; 3) les oligo-éléments comme le sélénium et le zinc dont la déficience peut constituer un facteur de risque pour la maladie cardiaque ischémique et le cancer; 4) l'aspirine qui affecte l'agrégation plaquettaire et inhibe les événements thrombo-emboliques; 5) les acides gras de type omega-3 qui ont été trouvés en concentrations très élevées dans l'huile de poisson et qui pourraient avoir des effets bénéfiques sur les plaquettes et l'endothélium, les lipides plasmatiques, la fluidité membranaire et les fonctions leucocytaires. Des essais cliniques contrôlés pour tester objectivement l'efficacité de ces interventions dans la prévention des maladies humaines sont en cours ou planifiés, mais l'énorme attente de la population, surtout au niveau des interventions diététiques simples ne favorise pas une longue attente pour obtenir des résultats vraiment solides.

Par ailleurs, on a découvert des méthodes fiables pour augmenter la longévité chez les animaux en laboratoire: la diminution de la température du corps et la restriction calorique. A propos de cette dernière, on doit mentionner que l'administration d'une diète totalement équilibrée mais réduite en quantité permet à l'animal (souris et rat) une augmentation significative (jusqu'à 100 %) de la longévité maximale atteinte. La restriction calorique a d'autres effets bénéfiques tels que le report de l'apparition des maladies liées à l'âge et du déclin du système immunitaire. De plus, les animaux restreints en calories sont en meilleure condition que ceux qui sont nourris *ad libitum*. Il faut très clairement insister encore une fois sur le fait que c'est la restriction de l'ingestion de l'apport énergétique et non la déficience d'un composant nutritif spécifique qui est à la base de l'effet antivieillissement de la restriction calorique. Cela suggère en même temps la possibilité qu'une restriction calorique retarde le processus du vieillissement en réduisant le taux métabolique. L'effet exact de la restriction calorique reste néanmoins à élucider.

APPROCHES NOUVELLES POUR L'ÉTUDE DU VIEILLISSEMENT

Les nouveaux développements en biologie cellulaire, en biologie moléculaire et la technologie de l'ADN recombinant ont ouvert des voies nouvelles à la recherche gérontologique, ce qui promet d'améliorer notre compréhension de la biologie et de la physiologie du vieillissement.

1) **Étude des facteurs de croissance cellulaire** (p. ex.: facteur de croissance neuronal)

Certaines données actuelles montrent que ces facteurs sont importants pour la division cellulaire, pour le maintien de fonctions très spécialisées et pour l'adaptation en réaction à des agressions (ex.: plasticité neuronale). De manière probablement simpliste, on pourrait postuler que la plupart des événements constatés lors du vieillissement sont dûs à une diminution de la production ou de l'activité ou à une altération de l'expression des facteurs de croissance et des facteurs trophiques et que la correction de ces altérations pourrait à tout le moins atténuer les effets du vieillissement sur les cellules concernées.

2) **Étude détaillée des changements physiologiques survenant avec l'âge**

La plupart de ces changements ont été bien caractérisés chez l'humain; par exemple, l'intolérance au glucose, la diminution de la sensibilité des barorécepteurs et l'augmentation de l'activité du système nerveux sympathique. Dans beaucoup de ces systèmes, les organes effecteurs et les tissus récepteurs peuvent être actuellement isolés, et des études biochimiques détaillées sont possibles. Ces études devraient permettre de reconnaître les mécanismes défectueux lors du vieillissement, de les généraliser à d'autres systèmes physiologiques pertinents et, éventuellement, de cibler des interventions spécifiques à ce niveau.

3) **Étude de la transduction intracellulaire des signaux**

Pendant longtemps, on ne s'est intéressé qu'aux récepteurs de la surface cellulaire pour tenter d'expliquer la perte des fonctions physiologiques associée au vieillissement. Les résultats des recherches actuelles démontrent que les déficiences peuvent se situer en aval du récepteur. En effet, la découverte récente des protéines G, faisant la liaison entre les récepteurs et les messagers secondaires intracellulaires (inositols, phosphates, nucléotides cycliques, protéine kinase C, calcium, etc.) a ouvert la voie à une compréhension meilleure de certaines maladies généralement associées au vieillissement comme la maladie d'Alzheimer et la maladie de Parkinson.

4) **Étude des gènes de longévité**

Les techniques modernes de la biologie moléculaire, surtout la technologie de l'ADN recombinant, ont remarquablement facilité l'analyse de l'expression des gènes par les cellules dans diverses conditions. Ces techniques, appliquées à la détection de diverses protéines et de la molécule d'ARNm présentes dans les cellules atteignant la limite de leur capacité de prolifération dans les conditions *in vitro*, permettent des comparaisons avec les molécules présentes dans les cellules au début de leur prolifération. Une fois qu'une partie de la séquence d'une protéine est connue ou qu'une molécule d'ARNm spécifique est isolée, une sonde d'acide nucléique peut être fabriquée et le gène responsable pour la protéine peut être isolé et séquencé. On peut parfois utiliser cette approche pour identifier les gènes de longévité, le cas échéant. Il semblerait que les chromosomes 1, 4 et X pourraient participer à la sénescence cellulaire. L'identification exacte de ces gènes doit mener à l'identification de leurs fonctions et permettre de comprendre comment le processus du vieillissement est contrôlé au niveau génétique.

5) **Étude de l'apoptose**

Le phénomène de l'apoptose et son déroulement ont déjà été discutés. L'essor incroyable de la recherche dans le domaine de l'apoptose pourrait fortement contribuer à notre compréhension des processus cellulaires du vieillissement et des maladies associées au vieillissement (p. ex.: cancer). L'identification des produits des gènes proou antiapoptotiques chez l'humain pourrait mener à des interventions mieux ciblées. Récemment, le rôle des processus oxydatifs dans l'apoptose a été évoqué. L'étude de la relation de l'apoptose et des processus oxydatifs dans le vieillissement (radicaux libres) pourrait faire découvrir des relations encore insoupçonnées pour la compréhension du vieillissement.

IMPACT CLINIQUE DU PROCESSUS DE VIEILLISSEMENT

Physiologie du vieillissement normal

La compréhension des changements physiologiques qui surviennent avec l'âge chez les humains en l'absence de maladie est fondamentale pour le diagnostic et le «management» des maladies chez les personnes âgées. Ces changements physiologiques ont une influence sur la présentation des maladies, sur la réaction aux traitements et sur les complications qui s'ensuivent. Des études transversales et longitudinales menées chez des personnes vivant à domicile et soigneusement sélectionnées indiquent que l'avancement en âge s'accompagne de changements physiologiques inévitables qui sont nettement distincts des effets des maladies qui accompagnent le vieillissement. La croissance et le développement sont caractérisés par une augmentation rapide des fonctions physiologiques qui se continue lors du début de la période adulte pour atteindre un plateau à la fin de la vingtaine ou au début de la trentaine. Pour les variables qui changent avec l'âge, un déclin linéaire commence à l'âge adulte et se poursuit pendant le vieillissement. Il n'existe malheureusement pas de phase de répit dans l'âge moyen où les fonctions physiologiques sont stables, mais plutôt une réduction, progressive avec l'âge, des fonctions de nombreux organes. La perte de fonction avec l'âge est d'habitude linéaire jusqu'à la huitième et la neuvième décennies et ne s'accélère pas avec le vieillissement.

Une caractéristique très importante des changements associés à l'âge est leur variabilité. Des fonctions comme la filtration glomérulaire et la tolérance au glucose changent assez dramatiquement; quant aux autres, comme la vitesse de conduction nerveuse et l'hématocrite, elles subissent des changements peu significatifs jusqu'à la huitième ou la neuvième décennie.

Vieillissement normal et vieillissement réussi

Physiologiquement, il semblerait que plus les individus vieillissent, plus ils se différencient les uns des autres. Cela s'explique, du moins en partie, par les habitudes de vie. Il est à noter que certains changements physiologiques, longtemps considérés comme faisant partie du vieillissement normal, ne sont pas aussi inoffensifs qu'on le croyait initialement. Ainsi, les augmentations de la pression artérielle systolique et du glucose sanguin ne sont pas toujours suffisamment importantes pour être considérées comme des maladies, mais elles n'en demeurent pas moins des facteurs de risque cardio-vasculaire et peuvent donc être considérées comme pathologiques. Cette façon de voir les choses est très importante en gérontologie moderne, puisque des changements que l'on considérait jusque-là comme la conséquence du vieillissement intrinsèque sont maintenant considérés comme

secondaires à des facteurs extrinsèques tels que la diète, l'exercice, la composition corporelle, et sont donc modifiables.

En raison de l'attention que l'on porte de plus en plus à l'acquisition de saines habitudes de vie, nous pourrions rencontrer dans l'avenir un nombre croissant de personnes âgées robustes avec une performance physiologique ne différant que très modérément de celles des jeunes adultes en bonne santé. Les centenaires seraient-ils déjà des exemples de ce vieillissement réussi? C'est une question à laquelle des études internationales tentent actuellement de répondre. Les données récentes montrent que ces «vieux vieux» sont dans un meilleur état physique et psychique qu'on pourrait le supposer. A cet âge, il est également surprenant de constater que les hommes sont plus performants que les femmes, contrairement à ce que l'on observe dans les sixième et septième décennies. On peut supposer que ces «élites biologiques» sont porteuses de gènes protecteurs ou qu'elles possèdent des capacités adaptatives (encore inconnues) qui leur permettent d'éviter les facteurs de morbidité et de mortalité ou même, tout simplement, qu'ils sont chanceux. Ces hypothèses ne sont naturellement pas mutuellement exclusives.

Malgré tout, la réalité est que la plupart des personnes âgées montrent un autre syndrome qu'on appelle le vieillissement usuel dans lequel les effets du vieillissement en soi se confondent avec les effets adverses de l'environnement tels que les facteurs diététiques et le style de vie. Ainsi, la plupart des études gérontologiques sur le vieillissement physiologique, même si elles excluent les patients âgés malades, décrivent le processus de vieillissement usuel plus que le vieillissement à succès.

Relation vieillissement-maladie

L'avancement en âge est associé, après l'âge adulte, à une augmentation exponentielle du taux de mortalité et cette mortalité est précédée par une augmentation exponentielle similaire de la morbidité. La question est de déterminer quand le vieillissement est normal et quand il est pathologique. Il semble y avoir consensus pour dire que le vieillissement est accompagné de changements physiologiques inévitables, ce qui représente le vieillissement normal, et que ces changements peuvent être distingués de l'effet des maladies dont la prévalence augmente avec l'âge.

Un moyen de distinguer le vieillissement normal du vieillissement pathologique est l'étude de l'«inévitabilité» de ces changements. Bien qu'un changement puisse varier d'un individu à l'autre quant au moment de sa survenue ou à la vitesse de la perte fonctionnelle, certains de ces changements sont quand même communs à tous les individus âgés. Prenons comme exemple, l'apparition d'un syndrome démentiel: la perte de fonction mentale est considérée par certains comme une caractéristique inéluctable du vieillissement. Par contre, lorsqu'on étudie en détail de grandes populations, on doit constater que la présence d'un intellect intact et l'absence de défaillance mentale sont des attributs du vieillissement normal et, par ce fait même, la règle plutôt que l'exception. Ainsi, la défaillance mentale représente plutôt les effets de maladies dont la prévalence augmente avec les années. Cet état de fait peut être mis en opposition avec la ménopause qui, bien que d'apparition variable dans le temps, demeure présente universellement et inéluctablement chez les femmes vieillissantes et représente donc le résultat d'un vieillissement normal.

Les médecins qui soignent des personnes âgées doivent être conscients que l'état clinique de leurs malades est le résultat d'une interaction entre le processus de vieillissement et les maladies. Ainsi le médecin doit connaître les paramètres biologiques qui ne sont pratiquement pas influencés par l'âge, tels que la glycémie à jeun, la concentration sérique d'électrolytes, l'hématocrite, le pH sanguin, le taux sérique de dioxyde de carbone et les taux hormonaux pour le cortisol, l'insuline, la thyroxine et la parathormone. Par contre, il doit aussi savoir que la capacité de préserver l'homéostase est altérée dans plusieurs systèmes, ce qui rend les personnes âgées très exposées à la morbidité. Ainsi, la diminution basale de la réponse immunitaire, des fonctions rénale, pulmonaire et cardiaque, et du métabolisme du glucose rend ces personnes susceptibles à l'apparition plus rapide et même plus grave de maladies, quand elles sont soumises à un stress physiologique.

Les études relatives à la biologie du vieillissement commencent à acquérir lentement leurs lettres de noblesse. Durant ces dernières années,

leur contribution a été considérable pour la compréhension des mécanismes fondamentaux du vieillissement. Il est très difficile d'imaginer qu'une seule théorie puisse expliquer un processus aussi complexe. Il faudrait donc s'attacher à découvrir le plus grand nombre possible de mécanismes fondamentaux. Ces études ont permis de comprendre la différence entre vieillissement normal, à succès et pathologique. Elles ont aussi permis d'explorer des voies d'intervention pour contrôler les facteurs internes et externes qui influencent le vieillissement pathologique. Ainsi, la biologie du vieillissement va contribuer au projet de tout médecin en gériatrie, soit «donner de la vie aux années et non des années à la vie».

BIBLIOGRAPHIE

BEN-YEHUDA, A. & M.E. WEKSLER: Host resistance and the immune system. *Clinics in Geriatric Medicine*, **8**:701-77, 1992.

DRIESSENS, F.C.M.: Theory about aging in humans and hypothesis about its possible delay. *Med Hypothesis*, **43**:187-192, 1994.

INSEL, P.A.: Adrenergic receptors, G proteins and cell regulation: implications for aging research. *Exp Gerontol*, **28**:341-348, 1993.

JANSSEN, Y.M.W. & Coll.: Biology of disease. Cell and tissue responses to oxidative damage. *Lab Invest*, **69**:261-274, 1993.

JAZWINSKI, S.M., HOWARD, B.H. & R.K. NAYAK: Cell cycle progression, aging and cell death. *J Gerontol*, **50A**:B1-B8, 1995.

MASORO, E.J.: Dietary restriction and aging. *J Am Geriatr Soc*, **41**:994-999, 1993.

MILLER, R.A.: Aging and immune function: cellular and biochemical analysis. *Exp Gerontol*, **29**:1-35, 1994.

PEREIRA-SMITH, O.M.: Molecular genetic approaches to the study of cellular aging. *Exp Gerontol*, **27**:441-445, 1992.

PERLS, T.T.: The oldest old. *Sci Am*, January 1995.

ZAKERI, Z. & R.A. LOCKSHIN: Physiological cell death during development and its relationship to aging. *Ann N Y Acad Aci*, **179**:212-229, 1994.

LECTURES SUGGÉRÉES

ARMBRECHT, H.J., NEMANI, R.K. & N. WONGSURAWAT: Protein phosphorylation: Changes with age and age-related diseases. *J Am Geriatr Soc*, **1**:873-879, 1993.

CASEL, C.K. & Coll.: Geriatric Medicine, Springer-Verlag, New York, 1994.

TIMIRAS, P.S.: Physiological basis of Aging and Geriatrics, CRC Press Inc., Boca-Raton, 2nd edition, 1994.

WARNER, H.R.: Modern Biological Theories of Aging, Raven Press, New York, 1987.

YANG, S.S. & H.R. WARNER: The underlying molecular, cellular and immunological factors in cancer and aging, Plenum Medical Book Company, New York, 1993.

YU, B.P.: Free radicals in aging, CRC Press Inc., Boca-Raton, 1994.

CHAPITRE 3

PSYCHOLOGIE DU VIEILLISSEMENT

Jean Vézina, Philippe Cappeliez et Philippe Landreville

Le présent chapitre a pour objectif de familiariser le lecteur à certains aspects fondamentaux de la psychologie gérontologique. Dans un premier temps, il sera question de la sénescence des fonctions cognitives et plus particulièrement de l'intelligence et de la mémoire des personnes âgées. Dans un second temps, il sera question d'un autre aspect fondamental pour une meilleure compréhension des personnes âgées, c'est-à-dire les questions relatives à la personnalité et à l'âge avancé. Le chapitre se termine par une tentative d'intégration des connaissances qui pourraient expliquer le déclin psychologique des adultes âgés. Le contenu de ce chapitre reflète l'état actuel de nos connaissances dans ce domaine; il faut garder à l'esprit que ces connaissances risquent de fortement évoluer en fonction des résultats des recherches empiriques.

SÉNESCENCE DES FONCTIONS COGNITIVES

Au même titre que les capacités physiques, est-il légitime de penser qu'après une étape de croissance, l'intelligence subit une décroissance avec l'avancement en âge? C'est à cette question que de nombreuses recherches en psychologie ont tenté de répondre. Généralement, ces études rapportent que la performance intellectuelle est à son maximum au début de l'âge adulte, puis décroît, lentement d'abord, puis de plus en plus vite à mesure que l'individu avance en âge. Il est important de souligner que ces résultats émanent d'études *transversales* qui ont l'inconvénient de confondre les effets liés à l'âge et ceux qui dépendent des influences historico-culturelles.

Ainsi, en voulant savoir si les capacités intellectuelles changent avec l'avancement en âge,

les études transversales, en comparant plusieurs cohortes, estiment essentiellement les différences entre les cohortes plutôt que les changements liés au vieillissement. En d'autres mots, les résultats des études transversales montrent que les générations plus vieilles ont une performance intellectuelle moindre que les générations plus jeunes, mais n'indiquent pas si l'intelligence s'est modifiée au cours du vieillissement. En effet, par une méthode transversale, les différences observées entre les jeunes adultes et les personnes âgées peuvent refléter un effet séculaire plutôt qu'être la démonstration d'une décroissance de l'intelligence avec l'âge.

Plusieurs explications ont été avancées, afin d'expliquer cette différence entre les cohortes et la décroissance de l'intelligence avec l'âge. Ainsi, il a été démontré qu'il existe un lien entre la maladie physique et la décroissance intellectuelle chez les adultes âgés. Les résultats de ces études suggèrent que la présence d'une maladie permet de prédire la décroissance de l'intelligence. Certains auteurs avancent l'idée inverse: la décroissance de l'intelligence serait la manifestation d'une maladie sous-jacente non encore identifiée. Elle ne serait pas le reflet du vieillissement normal mais l'indice d'une mort prochaine. Ce déclin de l'intelligence qui semble prédire la mort est connu sous le nom d'*hypothèse de la chute finale*. Cette hypothèse, qui demande à être étayée, veut que le rendement intellectuel soit stable tout au long de la vie adulte, puis chute rapidement à l'approche de la mort.

Si les jeunes adultes ont un rendement intellectuel supérieur à celui des personnes plus avancées en âge, cela pourrait refléter une différence de niveau d'éducation; les personnes plus âgées ayant une moins longue scolarité. De plus, la personne qui avance en âge a sans doute oublié comment aborder un test. La situation n'est plus coutumière; l'individu ne sait ni de quoi il s'agit, ni ne connaît la signification de faillir à certaines questions du test. L'administration d'un test d'intelligence peut constituer une source importante d'anxiété chez la personne âgée. Cette anxiété accrue affecte négativement le rendement et laisse faussement l'impression que l'intelligence décline avec l'âge.

Un autre facteur suggéré est l'effet de la prudence. On a remarqué que les personnes âgées, en cas de doute, s'abstiennent de répondre. Or, s'abstenir de répondre, en cas de doute, peut avoir un effet défavorable sur le rendement intellectuel en donnant l'impression qu'il est inférieur à la capacité réelle. On a aussi suggéré qu'une plus grande vulnérabilité à la fatigue, chez les personnes âgées, pourrait expliquer la baisse du rendement intellectuel. Le ralentissement psychomoteur périphérique est un autre facteur avancé pour expliquer le déclin intellectuel. Plus récemment, de nombreux auteurs ont commencé à postuler que la décroissance intellectuelle aurait pour origine une diminution de la vitesse du traitement de l'information. On observe, en effet, que plus les personnes âgées font face à une situation complexe, plus le temps de réaction est important. En mettant l'accent sur la vitesse, les tests d'intelligence seraient injustes pour les personnes vieillissantes. Il faut sans doute prendre en considération l'effet combiné de l'ensemble de ces facteurs, pour expliquer la décroissance de l'intelligence avec l'âge.

Plus récemment, la pertinence même des épreuves traditionnelles d'intelligence a été remise en question. Les tests d'intelligence ayant été, à l'origine, conçus pour prédire le rendement scolaire des enfants seraient, par conséquent, inéquitables pour les personnes âgées. On fait alors référence au manque de validité écologique des tests traditionnels d'intelligence, puisque le contenu de ces tests n'est pas adapté à la réalité des personnes âgées. Certains auteurs avancent que les tests d'intelligence seraient plus valables si les questions étaient plus pertinentes à la vie de tous les jours.

Les tests d'intelligence sont généralement constitués de plusieurs sous-tests mesurant diverses aptitudes intellectuelles. On doit alors se demander comment les différentes habiletés intellectuelles sont affectées par l'avancement en âge. Lorsque la cote globale d'un test d'intelligence est délaissée au profit des résultats des différents sous-tests, un profil particulier se dessine. On a observé à plusieurs reprises que les épreuves verbales, comme les sous-tests de vocabulaire ou d'information, sont protégées des effets de l'âge. Les épreuves non verbales, comme les sous-tests de substitution ou de dessin avec blocs, sont plus affectées. Cette différence entre rendement verbal et non verbal constitue le *profil classique du vieillissement.*

Comment expliquer cette différence entre rendement verbal et non verbal? Il suffit de dire que les aptitudes intellectuelles qui semblent résister à l'avancement en âge sont celles qui sont nécessaires à la vie de tous les jours et, par conséquent, celles qui sont encore utilisées. A l'inverse, les habiletés intellectuelles qui déclinent avec l'âge sont celles qui demandent la manipulation d'un matériel non familier et doivent être accomplies dans un laps de temps limité.

Pour R. B. Cattell, l'intelligence se divise en deux grands facteurs complémentaires. Le premier facteur est ce qu'il nomme l'*intelligence fluide.* Pour Cattell, l'intelligence fluide représente la capacité biologique d'une personne à acquérir des connaissances et cette forme d'intelligence est dépendante de son intégrité physiologique. Une tâche requérant de l'attention, la formation et l'acquisition de concepts ou la perception et le dégagement de relations évalue l'intelligence fluide. La seconde dimension est l'*intelligence cristallisée* qui représente les aptitudes et les connaissances spécifiques acquises à travers l'apprentissage, la pratique et l'éducation. Plutôt d'être dépendante du fonctionnement biologique, cette forme d'intelligence est assujettie aux influences éducatives. Elle est nécessaire au bon fonctionnement dans une culture donnée.

Compte tenu de ces caractéristiques, cette théorie suggère et démontre que l'intelligence fluide devrait atteindre son maximum à l'adolescence pour ensuite graduellement décroître tout au long de la vie, parallèlement aux capacités biologiques. La principale raison invoquée pour expliquer cette décroissance de l'intelligence fluide après l'adolescence est qu'en vieillissant, la fondation physiologique est graduellement ébranlée par la maladie et les diverses agressions du système nerveux central. En contrepartie, l'intelligence cristallisée devrait continuer de se développer après l'adolescence puisqu'elle représente l'accumulation des connaissances culturelles acquises au cours des années par la socialisation.

Devant les faiblesses des études transversales, certaines études ont eu recours à un schéma *longitudinal* qui offre la possibilité d'évaluer le rendement intellectuel d'un individu pendant une longue période de temps. Même si l'approche longitudinale constitue une approche plus judicieuse, il n'en demeure pas moins qu'elle souffre de lacunes. Une d'entre elles serait que les participants ne sont pas représentatifs de la population. Les personnes qui persistent à participer sont en bonne santé, continuent de vivre de manière autonome et conservent un intérêt à poursuivre leur participation. Par exemple, on observe que les sujets qui abandonnent ont une intelligence moins élevée que ceux qui persévèrent. Cet abandon sélectif risque alors de sous-estimer les effets de l'avancement en âge sur l'intelligence si ce sont surtout les sujets en bonne santé ou doués qui persévèrent.

Généralement, les résultats des études longitudinales indiquent que les adultes âgés maintiennent leurs capacités intellectuelles en vieillissant et que le déclin de l'intelligence survient à un âge très avancé, ou du moins beaucoup plus tard que les études transversales ne le laissent supposer, et ce déclin est qualifié de marginal par W. Schaie. D'ailleurs, il existe une controverse dans l'interprétation des résultats. Alors que, pour W. Schaie, ces résultats prouvent que le fonctionnement intellectuel est stable tout au long de la vie adulte, pour J. Horn, ces mêmes résultats confirment qu'il y a effectivement décroissance de l'intelligence avec l'avancement en âge.

Même si la question historique du déclin ou de la stabilité de l'intelligence fait encore l'objet de nombreuses controverses, plusieurs programmes dont l'objectif est d'améliorer «l'intelligence» chez les personnes âgées ont vu le jour ces dernières années. Cet objectif est intéressant d'un point de vue théorique. Si les résultats de ces programmes s'avéraient positifs, ils remettraient en question la notion selon laquelle la décroissance intellectuelle est naturelle

et, par conséquent, irréversible. Ces programmes sont basés sur deux postulats. Le premier est que certaines influences extérieures, comme l'anxiété, exercent une action négative sur le rendement intellectuel de la personne âgée. Le deuxième est que les capacités intellectuelles encore pratiquées sont celles qui sont le moins touchées par l'avancement en âge. Ces postulats amènent à penser que le fait de réduire l'anxiété, par exemple, ou d'exercer à nouveau des capacités «oubliées» devrait être profitable à la personne âgée. Toutefois, les résultats de ces programmes sont décevants à plusieurs titres. Premièrement, l'amélioration décelée est relativement modeste; deuxièmement, l'apprentissage ne se transmet pas aux habiletés non entraînées; troisièmement, les participants eux-mêmes ne croient pas à un impact positif sur leur vie quotidienne.

Une autre fonction intellectuelle a fait l'objet de nombreuses recherches en psychologie gérontologique: la mémoire. Les modèles contemporains du fonctionnement de la mémoire ont instauré une distinction fondamentale entre les processus de *la mémoire à court terme* et ceux de la *mémoire à long terme* (Fig. 3.1). La mémoire à court terme correspond à un système de retenue temporaire et d'organisation de l'information dont la capacité est limitée. Dans son rôle de mémoire de travail, ce système assure le contrôle et l'organisation des opérations mentales en cours lors de tâches cognitives comme le calcul, le raisonnement, la compréhension du langage. La mémoire à long terme représente un système de stockage de l'information de très grande capacité et de durée virtuellement illimitée.

Dans les paragraphes qui suivent, on décrit les changements les plus caractéristiques de la mémoire liés au vieillissement, en dehors d'une affection organique comme la maladie d'Alzheimer. Il s'agit d'une présentation simplifiée, étant donné que les perturbations de la mémoire en fonction de l'âge varient d'un individu à l'autre.

En ce qui concerne la mémoire à court terme, la personne âgée ne présente pas de déficit caractérisé se rapportant à la quantité d'information qui peut être retenue. Cette capacité se situe autour de 7 items d'information, par exemple une série de 7 chiffres. La personne

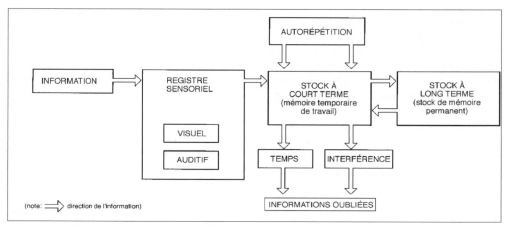

Figure 3.1   Modèle modulaire d'Atkinson & Shiffrin (1968)

âgée manifeste des difficultés lorsque l'information doit être en même temps préservée et manipulée en mémoire à court terme. Ainsi, la personne âgée éprouve des difficultés lorsqu'elle doit effectuer une réorganisation du contenu en mémoire ou diviser ses ressources d'attention entre plusieurs opérations mentales. Ces difficultés peuvent être apparentes dans certaines situations de la vie courante, par exemple lorsque la personne âgée a du mal à suivre le fil d'une conversation à plusieurs interlocuteurs ou lorsqu'elle perd le sens d'un film dont la trame n'est pas linéaire. Dans un cas comme dans l'autre, la compréhension adéquate passe par la capacité de traiter l'information nouvelle au fur et à mesure de sa réception, tout en la reliant aux informations reçues précédemment. Ce dysfonctionnement de la mémoire de travail expliquerait la plainte des personnes âgées d'avoir de la difficulté à effectuer deux choses en même temps ou plusieurs choses à la suite.

Il est courant de distinguer trois processus au niveau de la mémoire à long terme: l'*encodage*, qui représente la phase d'acquisition et d'organisation de l'information, le *stockage*, qui correspond à la consolidation et à la mise en réserve de cette information, et la *récupération*, qui permet l'accès aux contenus de mémoire. Plusieurs processus semblent concourir à la déficience de la mémoire de la personne âgée. En ce qui concerne l'encodage, la personne âgée a tendance à ne pas analyser de manière détaillée et à ne pas organiser efficacement l'information à retenir. Ainsi, lorsque des sujets âgés sont amenés à apprendre une liste de mots nouveaux, on

constate qu'ils ont tendance à répéter le mot ou à retenir sa sonorité, plutôt qu'à recourir à une organisation ou à un traitement plus approfondi qui faciliterait la mémorisation. Ce n'est pas cependant que la personne âgée soit incapable de procéder d'une manière plus efficace. Un encadrement à cet effet et des consignes mnémotechniques peuvent être bien assimilées et l'application de ces stratégies améliore significativement la performance mnésique, mais laissée à sa propre initiative, la personne âgée ne le fait pas spontanément. Certains auteurs expliquent ce déficit dans l'organisation des opérations mentales par un dysfonctionnement du lobe frontal, une aire cérébrale impliquée dans la planification des actions.

Outre ces problèmes au niveau de l'encodage, des déficiences au niveau de la récupération ont aussi été mises en évidence chez les sujets âgés. Si la personne âgée semble éprouver peu de difficultés dans des tâches qui n'exigent que la reconnaissance d'un contenu appris, elle manifeste, par contre, des difficultés dans les épreuves de rappel libre. Dans une telle épreuve, aucun indice n'est fourni par l'expérimentateur pour aider le sujet à retrouver le contenu. Ce type de tâche requiert un effort cognitif plus important que la reconnaissance, puisque la personne doit mettre en œuvre les opérations mentales, sans incitation ni soutien du contexte. Ce déficit dans les tâches cognitives plus exigeantes est attribué, par plusieurs auteurs, à une réduction des ressources mentales avec le vieillissement qui affecterait particulièrement la capacité d'initiative cognitive. Cette hypothèse pourrait aussi rendre compte des différences de performance des sujets âgés dans les tâches de mémoire explicite et de mémoire implicite. En effet, si les sujets âgés manifestent les difficultés mentionnées plus haut dans les tâches qui nécessitent un rappel intentionnel (*mémoire explicite*), et donc un effort cognitif, leur performance est adéquate dans les situations qui n'exigent pas d'effort conscient de récupération (*mémoire implicite*).

Si les recherches en laboratoire ont l'avantage d'épurer l'étude des mécanismes de la mémoire en suivant des critères scientifiques rigoureux, elles fournissent peu d'informations sur les conséquences pratiques des problèmes de mémoire dans la vie quotidienne de la personne âgée. L'approche contextuelle de la mémoire essaie de répondre à cette question en se centrant sur la compétence cognitive de la personne âgée en fonction des demandes effectives de son environnement physique et social. Cette approche prend en considération les caractéristiques individuelles et les expériences de vie antérieures et actuelles des personnes âgées. Dans ce courant d'idées, plusieurs auteurs ont avancé que les performances mnésiques varient significativement d'une personne âgée à l'autre en fonction de variables psychosociales telles que le niveau de scolarité, l'état de santé, le niveau d'activité intellectuelle et certaines caractéristiques de la personnalité telles que l'introversion. En identifiant des facteurs qui peuvent être potentiellement modifiés, cette perspective ouvre la voie aux efforts pour améliorer le fonctionnement de la mémoire de la personne âgée. Trois principes se dégagent. Il faut d'abord s'assurer d'un contexte de soutien qui facilite l'effort cognitif au cours de l'apprentissage et de la récupération (p. ex., développer des points de repère, utiliser des méthodes mnémotechniques). Il faut ensuite traiter de manière approfondie les contenus nouveaux à apprendre et à retenir, en tissant des liens avec certaines connaissances déjà solidement acquises. Enfin, il faut exploiter au mieux les capacités de mémoire préservées, comme celles de la mémoire implicite, en se basant sur les expériences de vie et les connaissances générales.

Les trois quarts des personnes âgées se plaignent de leur mémoire et entretiennent des attitudes négatives à l'égard de leur fonctionnement mnésique. En attaquant le sentiment de

contrôle et de compétence, ces attentes négatives peuvent réduire la motivation à déployer un effort cognitif et donc concourir, telle une prophétie qui s'autoréalise, à une réduction réelle de la performance. La crainte de la démence contribue significativement à alimenter ces préoccupations. Il est donc important de rassurer la personne âgée qui ne manifeste que des difficultés bénignes de mémoire qui n'interfèrent pas avec sa capacité de mener une existence autonome.

Un cas particulier est représenté par les plaintes concernant le fonctionnement de la mémoire exprimées par les sujets dépressifs. Ce genre d'insatisfaction continuelle et intense, qui le plus souvent ne trouve pas d'appui dans les épreuves objectives, doit être considéré comme un indice de dépression.

En résumé, les difficultés de mémoire de la personne âgée sont plutôt modérées et doivent être distinguées en ampleur et en nature des déficits graves associés à la démence de type Alzheimer. Le caractère prévisible du contexte de vie des personnes âgées, d'ailleurs recherché et renforcé par les habitudes, peut permettre une compensation des déficits en sollicitant les automatismes et en réduisant la nécessité de traiter les informations nouvelles.

PERSONNALITÉ ET VIEILLISSEMENT

Le vieillissement provoque-t-il des changements de personnalité qui affectent tout un chacun uniformément? Beaucoup le pensent et considèrent que la personne âgée s'enfonce inexorablement dans l'introversion, l'isolement, la rigidité, voire la dépression. Plus généralement, on peut se demander si la personnalité garde la plasticité de se modifier tout au long de la vie ou si, au contraire, la personnalité est irrémédiablement fixée à l'aube de l'âge adulte?

La réponse à ce genre de question radicale s'avère souvent complexe. Au point de départ, il s'agit de s'entendre sur la notion de «personnalité». Si la définition adoptée consacre l'importance de dispositions fondamentales, comme les traits de personnalité, la conclusion sera sans ambages: la personnalité ne change pas foncièrement avec l'avancement en âge, une fois passée la trentaine. Par contre, une perspective qui met l'accent sur le caractère évolutif de l'existence humaine et sur les exigences d'adaptation retiendra la possibilité de changements importants de la personnalité au cours de toute la vie. Ainsi, suivant les variables et le niveau que l'on examine, on peut répondre que la personnalité reste stable ou qu'elle se modifie à l'âge adulte avancé. Examinons d'un peu plus près les positions et les enjeux, avant de proposer un point de vue qui essaiera de les intégrer.

Lorsque, dans le langage courant, on décrit quelqu'un comme nerveux, énergique, enthousiaste ou insouciant, on le fait en termes de *traits de personnalité*. L'approche des traits en psychologie définit la personnalité comme l'ensemble structuré des caractéristiques (traits) qui disposent un individu donné à ressentir, penser et se comporter selon sa manière propre. Ces dernières années ont vu émerger un consensus selon lequel les traits peuvent être regroupés selon cinq catégories majeures qui constitueraient le noyau de la personnalité et représenteraient la combinaison optimale des caractéristiques fondamentales permettant de décrire un individu. Ces cinq dispositions fondamentales sont: le *névrosisme*, qui se rapporte au degré de stabilité émotionnelle et de vulnérabilité à ressentir des émotions négatives comme la dépression et l'anxiété; l'*extraversion-introversion*, c'est-à-dire la polarisation vers le monde extérieur et la recherche de stimulation ou, à l'opposé, vers un univers intérieur animé d'une activation interne; l'*ouverture à l'expérience*, ou degré d'intérêt et de flexibilité intellectuelle et affective pour des contenus nouveaux et variés; l'*aménité*, soit la tendance plus ou moins marquée à être agréable, empathique et à être concerné par le bien-être des autres; la *tendance à être consciencieux*, qui représente un degré sur un continuum allant de la spontanéité empreinte de désorganisation à la planification et à la réalisation assidue d'objectifs. Ces tendances de base constituent les potentialités de l'individu. Au cours de l'existence, ces dispositions interagissent avec les influences externes du milieu social, comme les expériences éducatives et affectives, pour produire des adaptations caractéristiques, des attitudes, des occupations et des comportements spécifiques. Des tests de personnalité permettent d'évaluer les traits. Ils consistent en une série d'affirmations ou de questions qui ont été validées à titre d'attitudes ou de comportements représentatifs d'un trait donné. Le sujet répond en indiquant à quel degré il reconnaît que l'énoncé en question s'applique à lui-même. Les réponses sont traduites en scores sur des échelles qui indiquent la position de la personne sur le trait en question. L'ensemble de ces échelles constitue le *profil de personnalité*.

Les quinze dernières années ont vu la parution des données de plusieurs grandes études longitudinales, c'est-à-dire de recherches qui ont évalué périodiquement de nombreux sujets, de différents âges, pendant de longs intervalles de 6 à 30 ans. La méthode typique d'étude de la stabilité individuelle consiste à examiner la corrélation entre les scores obtenus aux échelles de traits entre les moments de passation des tests. Une corrélation positive élevée indique que la personne maintient son rang par rapport aux autres sujets pour le trait mesuré, par exemple qu'elle continue de se présenter comme fortement extravertie comparativement à d'autres. De manière constante, ces recherches indiquent que les corrélations test-retest en question sont élevées, ce qui signifie que les changements dans les traits mesurés pendant toute la durée de la vie adulte, y compris sa période la plus avancée, sont rares et limités. Un déclin modeste du niveau d'activité avec l'âge serait un des seuls changements constants.

Ces recherches indiquent donc que les individus gardent les mêmes tendances fondamentales de personnalité tout au long de leur vie adulte. L'idée que le vieillissement produit les mêmes changements de personnalité chez tous les individus est sans fondement empirique. Ainsi, il n'y a pas lieu de s'inquiéter que l'âge nous rende nécessairement hypocondriaques, rigides, conservateurs, dépressifs, etc. Toutefois, il faut se garder de confondre le niveau des traits, dans son caractère immuable, et celui des adaptations, avec la variété des comportements à laquelle ces dernières donnent lieu. Les phénotypes des habitudes, des attitudes et des centres d'intérêt ne doivent pas être confondus avec les génotypes des traits de personnalité qui les sous-tendent. Ainsi, on peut penser qu'une femme extravertie de 80 ans ne courra plus les bals comme dans sa jeunesse, mais qu'elle continuera quand même à apprécier la compagnie et à rechercher la variété dans ses occupations. En résumé, selon les théoriciens des traits, les individus maintiennent leurs caractéristiques distinctives de personnalité pendant toute leur vie. Ces différences individuelles seraient, en fait, plus déterminantes que l'âge pour l'adaptation au vieillissement et le bien-être psychologique. Certains traits de personnalité en particulier ont été mis en relation avec l'équilibre psychologique et le sentiment de satisfaction par rapport à la vie. Les individus ayant une nette tendance *névrotique* ont une propension à ressentir des émotions négatives, comme l'anxiété et la dépression. Par contre, les personnes *extraverties* ont tendance à vivre des émotions positives comme la bonne humeur et la joie. Les personnes dont la tendance à l'*aménité* est marquée ont des relations sociales chaleureuses, ce qui contribue à leur sentiment de bonheur. Les personnes à caractère *consciencieux* ont tendance à bien réussir dans la vie, grâce à leur engagement dans les activités et leur organisation personnelle, ce qui contribue à leur satisfaction de vie.

Pour certains, des changements de personnalité, parfois qualifiés de majeurs, continuent de se produire tout au long de la vie adulte. Ce courant de pensée rejoint la tradition psychodynamique qui, par la voix des successeurs de Freud (en particulier C.G. Jung et E. Erikson) met l'accent sur la maturation de la personnalité adulte. L'espace manque ici pour élaborer sur la variété des propositions théoriques. On se contentera de relever quelques prises de position caractéristiques.

Selon l'optique que la personnalité s'oriente idéalement vers un équilibre entre opposés, Jung avance que le vieillissement s'accompagne d'un intérêt grandissant pour le monde intérieur et privé et, en parallèle, d'un détachement relatif par rapport aux affaires du monde. De son côté, Erikson met l'accent sur les capacités d'adaptation du moi au cours d'une vie caractérisée par une hiérarchie d'étapes de croissance. Le développement à l'âge adulte avancé est décrit en fonction d'une orientation positive vers l'intégrité du moi, c'est-à-dire la capacité de comprendre (au sens original d'assumer et d'intégrer) les éléments de sa vie telle que vécue.

Les tests projectifs en psychologie se présentent sous forme de dessins, d'images ou de scènes sans signification précise. En proposant sa propre interprétation, le sujet est amené à «projeter» sur ce matériel abstrait ses conflits émotionnels et les tendances de sa personnalité,

et donc à les révéler. Certaines études qui ont utilisé cette méthode d'investigation de la personnalité ont observé que les sujets âgés manifestaient une tendance à la maîtrise passive de leur environnement, tendance considérée comme une adaptation constructive en fonction des pertes de rôle et des limitations inhérentes à l'âge avancé.

Ces points de vue ont reçu peu d'attention soutenue de la part de la recherche empirique. Les études disponibles sont, en forte majorité, descriptives et transversales, ce qui limite les conclusions que l'on peut tirer.

Une tentative d'intégration des points de vue s'appuie sur un processus dialectique alliant stabilité et changement. Lorsque la personne vit des circonstances de vie plutôt ordonnées, qui ne taxent pas trop ses ressources d'adaptation, bien entendu des ajustements graduels se produisent, mais il n'existe pas de poussée qui ferait dévier la personnalité adulte d'un profil global de stabilité et de continuité. Par contre, si des circonstances de vie difficiles se présentent, possiblement amplifiées par des difficultés psychologiques persistantes, il se manifeste alors une pression vers le changement. Le moteur de ce changement dépendra fortement de la perception, par la personne elle-même, de la nécessité et de la possibilité du changement.

Dans les sections précédentes, nous avons vu que l'avancement en âge pouvait résulter de transformations sur certains aspects de l'intelligence, de la mémoire et de la personnalité. Le tableau 3.1 en fait la synthèse.

ORIGINE MULTIFACTORIELLE DU DÉCLIN PSYCHOLOGIQUE

Selon la croyance populaire, le déclin mental et affectif est une conséquence inévitable de l'avancement en âge. Le stéréotype du vieillard confus et déprimé en est la triste illustration. Il est clair que le vieillissement se traduit par des changements au niveau du système nerveux central, le siège des fonctions mentales et de l'humeur. Par exemple, les niveaux de certains neurotransmetteurs, qui agissent comme médiateurs dans la transmission de l'influx nerveux d'un neurone à l'autre, diminuent avec l'âge. Les altérations du SNC sont susceptibles d'influer sur l'état psychologique de la personne âgée. Cependant, la confusion, les sentiments

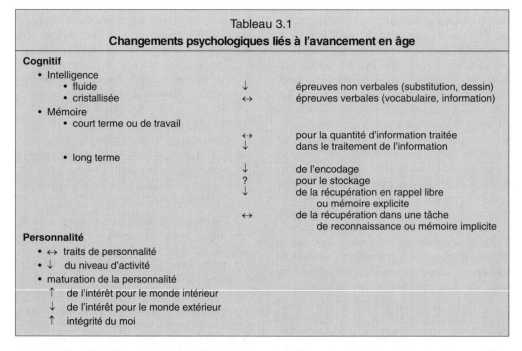

Tableau 3.1
Changements psychologiques liés à l'avancement en âge

Cognitif
- Intelligence
  - fluide ↓ épreuves non verbales (substitution, dessin)
  - cristallisée ↔ épreuves verbales (vocabulaire, information)
- Mémoire
  - court terme ou de travail
    - ↔ pour la quantité d'information traitée
    - ↓ dans le traitement de l'information
  - long terme
    - ↓ de l'encodage
    - ? pour le stockage
    - ↓ de la récupération en rappel libre
      ou mémoire explicite
    - ↔ de la récupération dans une tâche
      de reconnaissance ou mémoire implicite

Personnalité
- ↔ traits de personnalité
- ↓ du niveau d'activité
- maturation de la personnalité
  - ↑ de l'intérêt pour le monde intérieur
  - ↓ de l'intérêt pour le monde extérieur
  - ↑ intégrité du moi

dépressifs et les pertes graves de mémoire ne constituent pas des caractéristiques du vieillissement normal. A preuve, une minorité d'adultes de 65 ans ou plus présentent l'une ou l'autre de ces caractéristiques. Néanmoins, bon nombre de personnes âgées manifestent un déclin marqué des fonctions mentales ou présentent des problèmes d'adaptation psychologique. Certaines éprouvent des difficultés considérables au niveau de leur mémoire et sont incapables de fonctionner de façon autonome dans leur milieu. D'autres ne parviennent pas à surmonter le vide ressenti à la suite du décès d'un être cher et sombrent dans la dépression ou tentent de s'enlever la vie. Puisqu'il existe des différences considérables entre les individus âgés au niveau du fonctionnement psychologique, on peut présumer que l'avancement en âge n'est pas l'unique responsable du déclin psychologique. D'autres facteurs associés au vieillissement sont impliqués dans ce processus.

Dans l'ensemble des facteurs associés au déclin psychologique des personnes âgées, les problèmes de santé physique occupent une place prépondérante. L'influence des problèmes sanitaires sur la détérioration de l'état mental peut dépendre d'altérations métaboliques, endocriniennes ou neurologiques. C'est le cas de la maladie d'Alzheimer dont les altérations neu-

rologiques peuvent se manifester par des changements au niveau de la mémoire, du jugement et du langage. De même, les maladies cardiovasculaires sont associées à une diminution de la performance des fonctions mentales, laquelle est possiblement reliée à une diminution de la quantité d'oxygène acheminée au cerveau. L'importance de la maladie physique quant à la détérioration du fonctionnement mental est bien illustrée par le phénomène de la *chute finale*. Ce phénomène désigne un déclin accéléré de la performance à un test d'intelligence à l'approche de la mort. Le phénomène de la chute finale suggère que l'exacerbation des problèmes de santé physique qui précède la mort se traduit par une diminution de la performance intellectuelle.

La maladie physique peut également entraîner une détérioration de la santé mentale de la personne âgée. Le cancer du pancréas, l'arthrite rhumatoïde et les dérèglements de la glande thyroïde tels que l'hyperthyroïdie sont quelques exemples de maladies pouvant entraîner des symptômes de dépression et d'anxiété. Des symptômes psychotiques et des hallucinations peuvent également résulter de certains problèmes de santé physique. La maladie peut également nuire au bien-être psychologique, en diminuant la capacité d'assumer des rôles et de réaliser des activités valorisantes. Par exemple, une personne âgée qui doit abandonner à regret certains loisirs, en raison d'une maladie cardiaque ou de l'arthrite, ressentira une insatisfaction si elle ne peut remplacer ces activités par d'autres aussi gratifiantes.

Il faut souligner que non seulement la maladie physique elle-même mais également le traitement de celle-ci et les circonstances entourant ce traitement peuvent être rattachés au déclin psychologique des personnes âgées. Certains traitements pharmacologiques peuvent avoir des effets indésirables sur le plan psychologique: états dépressifs et anxieux, diminution de l'attention, confusion, somnolence, insomnie et états psychotiques. Par ailleurs, le risque de conséquences négatives sur le plan psychologique est augmenté par la polymédication, une situation fréquente chez plusieurs personnes âgées. En outre, certaines caractéristiques de l'expérience de l'hospitalisation peuvent contribuer à désorienter le malade et à l'inquiéter outre mesure: étrangeté des lieux, partage d'une chambre avec un ou plusieurs inconnus, multiplication des tests diagnostics, rencontre des divers membres du personnel médical, etc.

Comme on peut le constater, les problèmes de santé physique et les circonstances entourant le traitement de ceux-ci peuvent contribuer au déclin psychologique des personnes âgées. Cependant, d'autres facteurs doivent aussi être considérés. Les pertes sensorielles majeures, particulièrement au niveau de l'ouïe et de la vue, constituent des obstacles à la perception de l'environnement et peuvent rendre difficile ou impossible l'accomplissement de certaines activités quotidiennes, comme la conduite automobile, et de certains loisirs tels que la lecture. L'accomplissement difficile ou l'abandon de ces activités peut affecter le sentiment de bien-être puisqu'elles sont importantes pour l'autonomie et peuvent être une source de plaisir et de satisfaction psychologique. Par exemple, la conduite d'une automobile est utile pour faire les courses et donne accès à différentes activités de loisir. En outre, la personne âgée qui entend mal ou dont la vue est très faible peut s'isoler en restant à la maison, afin d'éviter d'affronter un environnement trop exigeant ou même dangereux pour elle. Cette situation engendre un sentiment de solitude. La personne âgée qui subit des pertes sensorielles importantes se sent aussi seule parce qu'elle éprouve de la difficulté à communiquer avec son entourage. La perte de l'ouïe, par exemple, peut contribuer à la solitude, si la personne âgée renonce à demander aux autres de répéter ce qu'ils ont dit ou si ces derniers abandonnent toute tentative de conversation avec elle.

Le manque d'entraînement des fonctions mentales est un autre facteur explicatif du déclin psychologique. Diverses expériences accompagnant le vieillissement, dont la retraite, la perte d'autonomie et l'admission dans un centre d'hébergement, contribuent à réduire la nécessité ou la capacité d'utiliser une ou plusieurs fonctions mentales. Certaines personnes à la retraite délaissent, en tout ou en partie, des activités comme la lecture ou la communication écrite qui étaient des composantes essentielles de leur travail. De même, il arrive que les personnes âgées prises en charge par un aidant naturel n'assument plus certaines tâches comme faire les courses ou s'occuper du budget familial. L'exécution de ces tâches fournissait un certain entraînement à la mémoire et au calcul mental. La situation est amplifiée en milieu institutionnel ou la prise en charge du bénéficiaire est presque totale. Dans le contexte institutionnel, les activités du lever au coucher sont réglées d'avance et le personnel soignant veille à ce que les bénéficiaires ne manquent de rien. Le milieu institutionnel peut donc contribuer à exacerber l'atrophie des fonctions mentales.

L'expérience du stress à un niveau excédant les ressources de la personne âgée peut avoir un effet négatif sur son adaptation psychologique et se traduire par une diminution du bien-être et une augmentation des sentiments dépressifs. En fait, bien que les médias proposent souvent une image paisible de la vieillesse, il s'agit d'une période de la vie durant laquelle les situations potentiellement stressantes sont nombreuses. On n'a qu'à songer aux événements majeurs qui accompagnent le vieillissement, comme la retraite, la perte du conjoint et le relogement. Il y a aussi tout un ensemble de facteurs de stress mineurs, mais persistants ou récurrents, comme les problèmes de santé chroniques, les inquiétudes relatives à la sécurité du quartier, les conflits avec les enfants, etc. Certaines personnes âgées ne disposent pas des ressources nécessaires pour atténuer l'impact négatif de ces facteurs de stress. En plus d'une santé chancelante et de ressources financières limitées, certaines personnes âgées ont un réseau social très réduit, en raison de la perte du conjoint, du décès des amis et de la fratrie et de l'éloignement des enfants. La diminution du réseau de soutien peut avoir des effets négatifs en privant la personne âgée d'une ressource importante pour s'adapter aux situations difficiles. Par exemple, un fils apporte une aide concrète à sa mère hospitalisée en s'occupant de sa maison durant cette période. De plus, le fils apporte un soutien affectif en visitant régulièrement sa mère à l'hôpital. L'absence de soutien social durant des situations difficiles rend la personne âgée plus vulnérable aux effets de ces situations sur son état psychologique. En outre, la diminution du réseau de soutien est susceptible d'avoir un effet direct sur l'état affectif, puisque les rapports sociaux sont généralement une source d'expériences positives. Par exemple, les rapports avec les amis se font généralement dans le contexte d'activités agréables et sont, par conséquent, une source de stimulation et de renforcement positif. La perte de rapports amicaux peut engendrer un sentiment de solitude et contribuer à la dépression.

BIBLIOGRAPHIE

ATKINSON, R.C. & R.M. SHIFFRIN: Human memory: A proposed system and its control processes, in *The psychology of learning and motivation: Advances in research and theory*. Spence, K. W. Academic Press, New York, 1968.

BOTWINICK, J.: *Cognitive processes in maturity and old age*, Springer-Verlag, New York, 1967.

CATTELL, R.B.: Theory of fluid and crystallized intelligence. *Psychol Bull*, 40:153, 1963.

COSTA, P.T. Jr & R.R. MCCRAE: Personality continuity and the changes of adult life, in *The adult years: Continuity and change*. Storandt, M. & G.R. Vandenbos. American Psychological Association, Washington, 1989.

CHIRIBOGA, D.A.: Paradise lost: Stress in the modern age, in *Stress and Health Among the Elderly*. Wykle, M. L., Kahana, E. & J. Kowal. Springer-Verlag, New York, 1992.

CRAIK, F.I.M.: Age differences in human memory, in *Handbook of the psychology of aging*. Birren, J.E. & K.W. Schaie. Van Nostrand Reinhold Company, New York, 1977.

CUNNINGHAM, W.R. & K.L. HAMAN: Intellectual Functioning in Relation to Mental Health, in *Handbook of Mental Health and Aging*. Birren, J.E., Sloane, R.B. & G.D. Cohen. Academic Press, New York, 1992.

DIXON, R.A., KRAMER, D.A. & P.B. BALTES: Intelligence: A life-span developmental perspective, in *Handbook of intelligence: Theories, measurements, and applications*. Wolman, B.B. John Wiley and Sons, New York, 1985.

FIELD, D.: Continuity and change in personality in old age – Evidence from five longitudinal studies: Introduction to a special issue. *Journal of Gerontology: Psychological Sciences*, 46:271-274, 1991.

GRENIER, L. & G. BARBEAU: Effets indésirables des médicaments, in *Médicaments et personnes âgées*. Barbeau, G., Guimond, J. & L. Mallet. Edisem & Maloine, Saint-Hyacinthe & Paris, 1991.

HALL, R.C.W.: *Psychiatric presentations of medical illness: Somatopsychic disorders*, SP Medical & Scientific Books, New York, 1980.

HAYSLIP, B.: Fluid ability training with aged people: A past with a future. *Educational Gerontology*, 15:573, 1989.

HULTSCH, D. & R. DIXON: Learning and memory in aging, in *Handbook of the psychology of aging*. Birren, J.E. & K.W. Schaie. Academic Press, New York, 1990.

KOGAN, N.: Personality and aging, in *Handbook of the psychology of aging*. Birren, J.E. & K.W. Schaie. Academic Press, New York, 1990.

LANDREVILLE, P. & P. CAPPELIEZ: Soutien social et symptômes dépressifs au sein des personnes âgées. *La Revue Canadienne du Vieillissement*, 11:322, 1992.

MCCRAE, R.R. & P.T. COSTA, Jr: *Personality in adulthood*, Guilford Press, New York, 1990.

MORGAN, D.G.: Neurochemical changes with aging: Predisposition toward age-related mental disorders, in *Handbook of Mental Health and Aging*. Birren, J.E., Sloane, R.B. & Cohen, C.D. Academic Press, New York, 1992.

POON, L.W.: Differences in human memory with aging: Nature, causes, and clinical implications, in *Handbook of the psychology of aging*. Birren, J.E. & K.W. Schaie. Van Nostrand Reinhold Company, New York, 1985.

SCHAIE, K.W.: External validity in the assessment of intellectual development in adulthood. *Journal of Gerontology*, 33:695, 1978.

SCHAIE, K.W.: *Longitudinal studies of adult psychological development*, The Guilford Press, New York, 1983.

SIEGLER, I.C.: Terminal drop, in *The Encyclopedia of Aging*. Maddox, G.L. Springer-Verlag, New York, 1987.

LECTURES SUGGÉRÉES

MISHARA, B. & R.C. RIEDEL: *Le vieillissement*, Presses Universitaires de France, Paris, 1994.

VÉZINA, J., CAPPELIEZ, P. & P. LANDREVILLE: *Psychologie gérontologique*, Gaétan Morin, Montréal, 1994.

CHAPITRE 4

SOCIOLOGIE DU VIEILLISSEMENT

RICHARD LEFRANÇOIS

La sociologie du vieillissement a pour objet de comprendre les discours et les pratiques relatives à l'avancement en âge, mais elle ne se limite pas à une cohorte spécifique d'individus, à un âge particulier, par exemple les 65 ans et plus, ou à des problèmes spécifiques (retraite, pauvreté, dépendance). Son univers de compréhension est à la fois macrosociologique (conditions sociohistoriques d'émergence du phénomène du vieillissement, conflits intergénérationnels), mésosociologique (champ de l'intervention et des politiques sociales) et microsociologique (comportements et interactions sociales, sens et intentionnalité des acteurs).

D'entrée de jeu, nous soumettons que la sociologie du vieillissement est traversée par deux courants de préoccupation majeurs: le premier s'intéresse aux phénomènes sociaux liés à la vieillesse, le second aux problèmes sociaux qui la caractérisent. D'un côté, le sociologue opte pour une perspective critique suivant laquelle la vieillesse est le théâtre d'un incessant travail de construction sociale: comment la société définit-elle, organise-t-elle, puis change-t-elle son rapport avec sa population âgée? De l'autre, il propose une lecture clinique du vieillissement: quelles sont les conditions de vie des personnes âgées et comment peut-on les améliorer?

PRINCIPALES THÉORIES SOCIOLOGIQUES SUR LE VIEILLISSEMENT

Les sociologues ont mis au point plusieurs théories visant notamment à éclairer l'impact du choc démographique qu'est le gonflement des effectifs du troisième âge, surtout dans le contexte nord-américain et européen. Aucune théorie n'est cependant apte à rendre compte de la diversité des phénomènes et des problèmes sociaux associés au vieillissement. Le canevas sur lequel s'érigent ces différentes élaborations théoriques part toutefois des mêmes constatations:

- surveillissement de la population, en particulier dans le groupe des 75 ans et plus;

- surmortalité masculine provoquant une féminisation du troisième âge;

- pluripathologie consécutive à une plus longue espérance de vie (compression de la morbidité);

- taux de dépendance élevé des aînés impliquant un fardeau socio-économique de plus en plus lourd;

- marginalisation de certaines personnes âgées, qui se traduit par des difficultés importantes d'adaptation psychosociale (dépression, suicide, surconsommation de médicaments), une augmentation des situations d'abus (négligence et mauvais traitements) ou d'abandon (isolement, solitude, pauvreté);

- extension des besoins et souci accru d'améliorer la «qualité de vie» des aînés;

- émergence d'un nouveau contrat social exigeant une redéfinition des rôles de soutien et une redistribution des responsabilités dans les fonctions d'assistance.

Pour traiter quelques-unes de ces problématiques, nous proposons un regroupement des diverses théories sociologiques du vieillissement suivant trois perspectives analytiques

1) la socialisation,

2) la différentiation,

3) la transaction (Fig. 4.1).

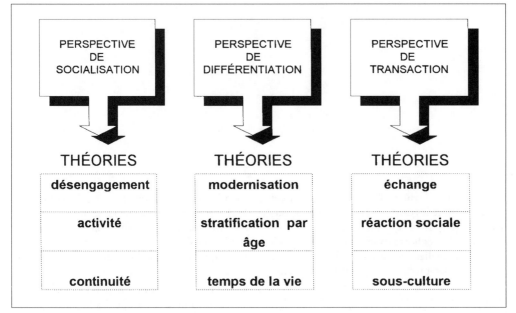

Figure 4.1   Théories sociologiques du vieillissement

PERSPECTIVE DE SOCIALISATION

Cette perspective (Hendricks, 1992) postule que la personne âgée, principal objet d'étude, s'expose à subir et à accumuler progressivement des pertes (sensori-motrices, cognitives, sociales, économiques) et à traverser des périodes de crise de plus en plus rapprochées qui réduisent son autonomie, drainent son potentiel résiduel ou diminuent sa compétence (paradigme involutif ou du déclin). Ayant intériorisé ses rôles sociaux au cours d'un long processus de socialisation, le sujet âgé, quels que soient les événements qui surviennent, réglerait sa conduite en fonction des normes socialement admises. S'inscrivent dans cette perspective, les théories du désengagement, de l'activité et de la continuité.

Théorie du désengagement

Développée au cours des années 60 par un groupe de chercheurs de l'Université de Chicago (Cumming & Henry, 1961), la théorie du désengagement fournit une explication, qualifiée d'universelle, au phénomène du retrait social de la personne âgée. Ce processus, considéré comme inévitable, répondrait au besoin mutuel d'assurer le fonctionnement optimal de la société et, en même temps, de permettre aux individus de s'adapter plus adéquatement aux tensions se manifestant au cours du

vieillissement (pertes, maladies, déficits et handicaps). L'équilibre social serait maintenu en raison de cette forme ordonnée ou réglée de transition du pouvoir.

Contrairement à l'idée reçue que la société rejette unilatéralement les personnes âgées, des recherches ont indiqué que les aînés tendent à fuir les situations stressantes et décident de rompre graduellement avec la vie active, trouvant même une satisfaction personnelle à s'engager dans de nouveaux modes de vie. Cependant, l'adaptation que requièrent les pertes de rôle et de statut n'implique pas nécessairement une rupture avec les activités de la vie: le retraité peut continuer à se développer et à profiter pleinement de ses moments libres ou de loisir.

La principale critique formulée à l'endroit de cette théorie est celle de Hochshield (1975) qui déplore le fait qu'elle n'explique pas pourquoi plusieurs personnes âgées continuent d'exercer efficacement des fonctions sociales une fois à la retraite. Cette théorie sous-estime aussi le type et la qualité des contacts et interactions dans lesquels les personnes âgées sont engagées.

Théorie de l'activité

La théorie de l'activité (Lemon, Bengtson & Peterson, 1972) propose une image de la personne âgée qui tranche avec celle présentée dans la thèse du désengagement. On émet l'idée que la plupart des aînés éprouvent un impérieux besoin de nouer des liens sociaux et souhaitent maintenir un niveau optimal d'activité. Ceci leur permettrait, d'une part, de conserver un sentiment de bien-être élevé et, d'autre part, servirait d'écran protecteur contre l'ennui, l'isolement, voire la maladie. Une version récente de cette théorie soutient que les interactions sociales contribuent à améliorer sensiblement l'image de soi.

Selon la formule de Weiss (1969), chaque individu dispose d'un «fonds de sociabilité» qui l'aide à développer des contacts sociaux et à demeurer actif. Bref, afin d'atteindre une plus grande satisfaction, la personne âgée s'efforcerait de maintenir les rôles sociaux assumés au cours de la vie active ou substituerait de nouveaux rôles.

Bien que cette théorie ait reçu un accueil plutôt favorable dans la communauté gérontologique, les résultats de recherche n'ont pas toujours été concluants. Ainsi, il n'y aurait pas de lien causal entre l'activité et la satisfaction dans la vie, tout au plus une relation symétrique ou réciproque (Fry, 1992: 268). En outre, étant le produit de l'idéologie de la classe moyenne américaine, cette théorie ne s'appliquerait pas à tous les milieux socio-économiques, surtout aux milieux défavorisés. Concrètement, tous n'auraient pas les mêmes possibilités (financière, physique, psychosociale) d'entretenir des liens sociaux ou de s'engager activement. L'accès à certains rôles serait même bloqué à plusieurs en vertu de leur âge, de leur sexe, de leur situation financière ou de leur milieu d'appartenance sociale ou ethnique. Finalement, on a dénoncé cette théorie pour son idéalisme et accusé ses adeptes de passer sous silence la nécessité de se préparer aux épreuves du grand âge.

Théorie de la continuité

La théorie de la continuité (Rosow, 1963; Atchley, 1987, 1991) se démarque des deux précédentes sur un point essentiel: il n'y a pas de rupture radicale ni de transition brutale entre l'âge mûr et le troisième âge, si ce n'est certains changements mineurs ou occasionnels émanant des difficultés d'adaptation à la vieillesse. Il existerait, au contraire, une étonnante continuité et stabilité entre ces deux étapes de l'existence.

La théorie de la continuité repose sur deux postulats de l'approche développementale

1) le passage à la vieillesse s'inscrit dans le prolongement des expériences, projets et habitudes de vie passés, la structure fondamentale de la personnalité ainsi que les schèmes de valeurs demeurant à peu près intacts;

2) en vieillissant, les individus apprennent à utiliser diverses stratégies d'adaptation (*coping*) qui les aident à réagir efficacement aux souffrances ou aux épreuves de la vie. Ainsi, Baltes & Baltes (1990) distinguent la séquence suivante: sélection, compensation et optimisation. Par exemple, l'automobiliste âgé choisira de ne plus conduire la nuit (sélection), de réduire sa vitesse (compensation) et de miser davantage sur sa capacité d'anticiper les mouvements des autres véhicules ou piétons (optimisation). L'un des principaux théoriciens de la continuité (Atchley, 1991) a pour sa part énuméré sept principales stratégies qu'utilisent les personnes âgées: l'anticipation, la substitution, la fuite, la gestion des conflits, la consolidation, le désengagement différentiel et l'accommodement.

Signalons enfin que le champ de la continuité est multiple: il peut s'exercer dans des comportements (activités, rôles, style et habitudes de vie), des relations sociales, et faire appel à des attitudes, croyances ou valeurs. Par ailleurs, le maintien d'un sentiment d'identité (continuité interne) est aussi important que le fait de vivre dans un environnement familier, entouré de personnes significatives (continuité externe).

Cette théorie comporte cependant certaines ambiguïtés; ainsi, comment concilier l'idée du développement de la personne avec celle de la continuité au sens de stabilité? La personnalité serait-elle cristallisée au point d'exclure toute velléité de dépassement, voire de réorientation radicale de l'existence?

Thème de la retraite

Le thème de la retraite a abondamment été traité dans les différentes perspectives d'analyse que nous venons de résumer. Or, le tableau que brossent plusieurs observateurs à propos d'une majorité de retraités n'est pas aussi reluisant qu'on le laisse prétendre. Dans un système axé sur la croissance économique et l'innovation, dans une société de consommation et de loisir qui adule la jeunesse, la «valeur marchande» du travailleur âgé tend à s'effriter. La retraite peut donc signifier une véritable mort sociale (Guillemard, 1986) puisqu'elle prive du sens profond attaché au travail productif ou créateur et exclut les plus démunis des circuits économiques et sociaux. Même si, pour plusieurs, la retraite sonne l'heure de la libération, seront refoulés à la marge ceux dont le travail aliénant aura épuisé les forces ou fait perdre tout sens à la vie. Mal préparée ou soutenue, la retraite risque donc de conduire à une déchéance sociale, à l'abandon et au sentiment d'inutilité. Si, au contraire, elle a été soigneusement planifiée et s'inscrit dans le prolongement des rôles et valeurs passés, elle peut être une source importante d'actualisation.

PERSPECTIVE DE DIFFÉRENTIATION

Le second regroupement de théories étend son champ d'analyse aux cohortes de personnes vieillissantes. On s'intéresse ici aux itinéraires différentiels du vieillissement dans ses composantes structurelles (impact de l'organisation sociale sur le vieillissement) et dynamiques (notions de cycles de vie, d'étapes et de transitions). Cette deuxième perspective comprend la théorie de la modernisation, de la stratification par âge et des temps ou du déroulement de la vie (*life course, life span*).

Théorie de la modernisation

Dans certaines sociétés traditionnelles (civilisations basées sur le capital humain, la transmission orale des savoirs et la filiation), le vieillard, ou l'ancien, pouvait jouir d'un statut élevé parce qu'il incarnait la sagesse et était capable d'exercer un contrôle sur certaines ressources rares, dont la connaissance de la tradition. Or, dans la société moderne, la personne âgée est spoliée de son statut, dans la foulée de l'innovation technologique, du développement industriel, de l'urbanisation et des nouvelles valeurs économiques, éducatives et sociales (Cowgill, 1974).

Par ailleurs, les progrès réalisés au chapitre des soins, de la prévention et de l'hygiène, conjugués à une organisation plus efficace des services de santé, expliquent, du moins en grande partie, le remodelage de la pyramide des âges (changements majeurs dans les courbes de nata-

lité et de mortalité, dont les indices de survie). Même si la société en général a bénéficié de ces progrès, en termes de mieux-être et de hausse de l'espérance de vie, il s'en est suivi un alourdissement de la clientèle dans les réseaux de soutien formels et, pour plusieurs sujets concernés (aidés et aidants), une détérioration des conditions de vie.

Sur le plan économique, la théorie de la modernisation insiste sur la déqualification des travailleurs âgés attribuable aux nouvelles exigences de la compétition, en l'occurrence une offre accrue pour les emplois requérant des compétences et une formation aux technologies de pointe. Ce phénomène a pour effet de stimuler les luttes intergénérationnelles pour l'appropriation des postes et, du même coup, d'accélérer le processus de mise à la retraite. Dans un contexte d'évolution rapide, les connaissances des personnes âgées deviennent donc vite obsolètes.

La modernisation a enfin précipité l'apparition d'îlots de pauvreté, les personnes âgées démunies étant souvent les premières victimes des transformations parfois brutales de l'espace urbain (Fig. 4.2).

Théorie de la stratification par âge

L'un des apports importants de la sociologie est d'avoir clarifié des construits clés qui se sont avérés féconds tant sur le plan méthodologique que théorique. Ainsi en est-il des notions d'âge (chronologique, biologique, social et psychologique), de cohorte (ensemble d'individus nés à une même époque, généralement dans des intervalles de 5 ou 10 ans), de générations (ensemble d'individus ayant vécu des événements communs à une période donnée), de cycles et de trajectoire de vie (stades et phases de transition). Précisons que la théorie de la stratification par âge (Foner, 1986; Riley, 1971, 1987) a exercé un rôle de déclencheur pour d'autres cadres conceptuels tels ceux de la trajectoire de vie (*life course*), des cycles de vie (*life cycle*) et d'autres théories à portée moyenne (théorie des rôles et de la compétence sociale).

Essentiellement, la théorie de la stratification par âge examine le mouvement des cohortes d'individus à travers le temps (Riley, 1987), en étudiant la répartition différentielle des ressources sociales. Cette théorie fait valoir que les voies conduisant aux différentes formes de

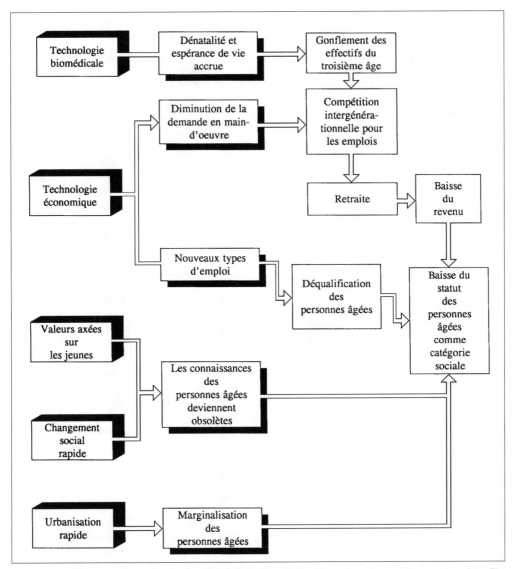

Figure 4.2 Théorie de la modernisation (Adapté de Cowgill, D.: The aging of populations and society. *The Annals*, **1415**: 1974.

pouvoir, privilèges et gratifications sont normalisées et déterminées par la position qu'occupe chaque individu dans la structure hiérarchique des rôles et statuts sociaux, laquelle est largement tributaire de l'âge. Différents mécanismes d'opportunité existeraient pour chaque cohorte et des liens particuliers uniraient les cohortes entre elles. Une telle conception rejette donc la thèse de la stratification sociale selon l'appartenance de classe, lui substituant celle de cohorte d'âge comme mécanisme régulateur des tensions sociales et comme agent structurant de l'ordre et des inégalités sociales.

Cependant, on reproche à cette théorie d'ignorer le caractère arbitraire et subjectif de l'âge ainsi que les variations de parcours interindividuelles au sein de chaque cohorte (Passuth & Bengtson, 1988). En outre, on passe sous silence le fait que la personne âgée puisse être victime d'une double discrimination, les effets de l'âge se combinant à ceux de classe (Massé & Breault, 1984).

Théories des temps de la vie

Les théories des temps de la vie (Clausen 1972; Neugarten & Hagestad, 1976; O'Rand & Krecker, 1990; George, 1993) ou du parcours des âges (*life cycle, life course, life span*) doivent leur spécificité au principe du découpage temporel de l'existence en fonction de l'âge, des rôles, des épreuves et d'autres caractéristiques sociodémographiques, le sexe notamment. En vieillissant, les personnes suivent une trajectoire entrecoupée de phases, de stades (plateaux) et de transitions (événements anxiogènes, crises, obligations soudaines) qui infléchissent le déroulement de la vie. Or, les ethnologues font justement remarquer qu'il n'existe pas de rites de passage de la vieillesse et déplorent la pénurie de groupes de soutien qui pourraient aider les individus à franchir certaines étapes difficiles de la vie, notamment à partir de la retraite.

Bien que ces théories aient révélé l'existence d'une relative homogénéité dans les cycles de la vie, les parcours individuels seraient fortement différenciés: ainsi, certaines personnes, subissant plus sévèrement que d'autres les périodes de crises, seraient durement marquées dans les autres étapes de la vie, tandis que d'autres s'avéreraient moins bien préparées à franchir les obstacles ou seront faiblement secourues socialement.

Rôle de la famille et des réseaux de soutien

Les recherches ont montré que les personnes âgées qui sont isolées socialement, un grand nombre étant issues des milieux défavorisés, risquent de développer une symptomatologie plus importante que les personnes recevant un soutien adéquat et régulier. A cet égard, le rôle de la famille, des amis ou des voisins est déterminant pour maintenir l'équilibre socioaffectif des aînés et faciliter leur intégration et adaptation sociales. En effet, le réseau d'aide officieux apporte habituellement un soutien qui est bénéfique aux aînés, notamment en ce qui regarde l'aspect humain des soins, la rapidité de l'intervention et la continuité des services rendus. Le soutien apporté par les proches devrait couvrir les éléments suivants

1) la dimension affective, c'est-à-dire le renforcement de l'identité, de l'autonomie psychologique et de l'estime de soi;

2) la dimension instrumentale, principalement l'aide matérielle;

3) la dimension relationnelle, soit le maintien des contacts sociaux et des liens avec les réseaux d'aide officiels.

La problématique de l'aide familiale soulève cependant d'autres difficultés, au niveau de l'impact du soutien sur l'aidant. Des réalités telles que la détresse psychologique, le sentiment de fardeau et l'épuisement de l'aidant devront préoccuper les intervenants. Un sain équilibre dans le partage des rôles entre les réseaux de soutien officiel et officieux semble constituer la voie la plus prometteuse pour favoriser la qualité de vie et le mieux-être de la personne âgée en perte d'autonomie.

PERSPECTIVE DE TRANSACTION

Cette troisième perspective ne conçoit plus l'individu comme un sujet passif (thèse des destins personnels), mais bien comme un acteur ayant des projets, négociant des ressources et s'impliquant dans des réseaux complexes d'interaction sociale. L'accent est donc mis du côté des relations sociales et du rapport à la culture. Trois théories principales appartiennent à ce cadre d'analyse: la théorie de l'échange, de la réaction sociale et de la sous-culture.

Théorie de l'échange

La théorie de l'échange (Dowd, 1975; Bengtson & Dowd, 1981) apporte des nuances importantes aux explications précédentes, nuances qui éclairent la dynamique de toute relation sociale. Selon cette théorie, ce qui induit le sujet âgé à se retrancher progressivement de la vie active ou à adopter de nouveaux rôles dépend du bilan qu'il dresse de chaque activité. Ainsi, pour une situation d'interaction sociale donnée, la personne âgée procéderait en quelque sorte à un inventaire des gratifications à recevoir (prestige, statut, satisfaction personnelle, sécurité, estime de soi), puis des énergies à investir ou des inconvénients à subir (temps, déboursés, fatigue, sentiment de rejet, solitude), avant de prendre la décision la plus appropriée. On le conçoit donc aisément, la capacité interactive d'un individu est, suivant cette conception, fonction des ressources dont il dispose.

Cette théorie a été la cible de certains détracteurs qui lui ont reproché son manque de souplesse, notamment son incapacité à rendre compte de la dimension qualitative des échanges sociaux. De notre point de vue, nous pensons que cette théorie écarte du jeu les ressources externes qui, lorsque bien adaptées, peuvent exercer un contrepoids ou jouer un rôle facilitant en cas de carences de ressources.

Problème des abus envers les aînés

Pour illustrer une application gérontologique de cette théorie, empruntons l'exemple que rapporte Pillemer (1988) à propos des abus infligés aux aînés. Dans une étude cas témoins, Pillemer se demande pourquoi le responsable d'abus se sent obligé de recourir à la force pour amener sa «victime» (un parent âgé avec qui il cohabite) à se plier à ses demandes, considérant que celle-ci est dans une situation de faiblesse ou de dépendance. Or, Pillemer découvre que la situation d'abus ou de mauvais traitements survient comme une réponse à une perception d'impuissance de la part du responsable de l'abus, argument qui donne un dur coup à l'idée admise voulant que c'est la victime qui est dépendante et non l'inverse. Devrions-nous dès lors parler d'un filet de dépendances mutuelles?

Transposée dans le modèle coûts-bénéfices, la situation du responsable d'abus paraît donc être la suivante: côté bénéfices, la cohabitation lui procure un domicile, l'accès à une automobile, un soutien financier. Côté coûts, il doit subir le stress découlant de la relation d'aide et remplir certaines obligations. La situation de la victime est différente. Elle préférera supporter la présence du parent qui abuse de peur de vivre de l'abandon ou de la solitude, ou encore de se sentir coupable de ne pas fournir un soutien financier. Également, comme elle éprouve le besoin de respecter des obligations vis-à-vis d'un membre de sa famille, la victime choisira de ne pas dénoncer le parent responsable de l'abus. En revanche, elle prendra en considération le fait qu'elle reçoit des services (aide à la préparation des repas, emplettes, réparation de la maison, etc.) qui lui apportent confort et sécurité. Un équilibre s'installe donc dans ce scénario où chaque acteur, pour des raisons diverses, choisit de maintenir la relation et d'appliquer la loi du silence.

Théorie de la réaction sociale

Comment expliquer l'insistance sociétale à reconnaître le statut de vieux, alors que la majorité des personnes âgées le rejette? S'inspirant du paradigme de l'interactionnisme symbolique, la théorie de la réaction sociale tente de répondre à cette question, adhérant à l'idée que des processus et mécanismes interviennent dans la définition de la vieillesse, principalement par le biais du marquage ou de l'étiquetage social. Pour préserver ou épurer le corps social, la vieillesse serait ainsi perçue comme un écart par rapport à la norme sociale.

Selon cette théorie, l'individu découvre les manifestations d'attribution de vieux à travers des préjugés et des pratiques de rejet ou de discrimination (infantilisation, privation, négation du droit à la sexualité, rappel des stigmates, attitude paternaliste) qui se produisent lors des interactions de la vie quotidienne, par exemple la situation des conducteurs âgés. Par un effet de miroir, des réactions négatives seraient ainsi induites (dépression, sentiment d'impuissance, fuite, régression) qui expliqueraient le repli narcissique du sujet vieillissant (ressassement du passé, idéalisation de l'enfance, voire la démence) [Bianchi & Coll., 1989].

Âgisme

Ce que l'on appelle communément l'âgisme illustre bien l'apport de cette théorie. L'âgisme renvoie précisément aux images stéréotypées et globalisantes de la vieillesse véhiculées dans la société; il ne se réduit pas aux seules attitudes négatives que l'on retrouve même chez certains intervenants, mais inclut également des pratiques institutionnelles (ségrégation face au monde scolaire et du travail, confinement, contentions physiques ou pharmacologiques) [Arber & Gunn, 1991]. A l'imagerie populaire qui dépeint le vieillard comme un être flétri, fébrile ou tremblotant qui, arrivé au «couchant de sa vie», n'a plus qu'à attendre la mort, s'ajoutent les représentations scientifiques qui opèrent un découpage selon l'âge, dans des expressions telles que «jeune-vieux», «vieux-vieux», troisième et quatrième âge.

Théorie de la sous-culture

Constatant que les aînés minimisent leurs contacts et leurs échanges avec les autres groupes d'âge, les théoriciens de la sous-culture estiment que ceux-ci tendent à forger leurs propres normes et systèmes de valeurs au sein de la société. Peu, toutefois, manifesteraient une conscience de groupe développée, à l'exception sans doute des personnes socialement très engagées, comme les membres des clubs de l'âge d'or et des associations de retraités, ou des plus activistes («panthères grises»).

CONCLUSION

En dépit de ses perturbations, la vieillesse représente une nouvelle source de vitalité, riche en occasions de croissance, de créativité et d'échanges significatifs. La tendance actualisante, pour reprendre Rogers (1966), signifie que tout être humain est animé d'une propension à développer toutes ses capacités de manière à favoriser sa conservation et son enrichissement. Riegel (1973) a proposé l'expression «d'opération dialectique» pour décrire la capacité qu'a la personne âgée de vivre avec les contradictions de la vie et de développer des habiletés de synthèse des connaissances résultant de l'accumulation de l'expérience. La notion de sagesse (Birren, 1988) illustre elle aussi l'idée que l'on se forge d'une vie pleine et réussie.

Cette vision positive du vieillissement mobilise de plus en plus d'intervenants. Le regard se tourne désormais sur les conditions à mettre en place pour maintenir ou accroître l'autonomie de la personne âgée en l'aidant à exploiter pleinement ses **capacités adaptatives et développementales**. La personne âgée peut ainsi devenir l'acteur principal de son propre bien-être, développement et soutien (Ryff, 1987). Par ailleurs, nombreuses sont les personnes âgées en bonne santé et autonomes, ce qui constitue la grande majorité, qui découvrent les bienfaits d'une vie raisonnablement active, par exemple en consacrant du temps au bénévolat, en apportant de l'aide à la famille ou en s'inscrivant dans des programmes éducatifs comme l'université du troisième âge.

Les interventions devraient donc miser sur les aspects **préventif et éducatif**, sur l'**aménagement de milieux adaptés** et sur la **responsabilité individuelle et sociale**. A cet égard, le rôle de la famille est déterminant. La solidarité entre les générations ne repose-t-elle pas sur des principes aussi fondamentaux que l'entraide mutuelle, le respect des valeurs et la compréhension?

BIBLIOGRAPHIE

ARBER, S. & J. GUNN: *Gender and Later Life: A Sociological Analysis of Resources and Constraints*, Sage Publications, London, 1991.

ATCHLEY, R.C.: *Aging: Continuity & Change*, Wadsworth Publishing Co, Belmont, CAL, 1987.

ATCHLEY, R.C.: *Social Forces and Aging (An Introduction to Social Gerontology)*, Wadsworth Publishing Co, Belmont, CAL, 6th ed., 1991.

BALTES, P.B. & M.M. BALTES: Psychological Perspectives on Successful Aging: The Model of Selective Optimization with Compensation, in *Successful Aging (Perspectives from the Behavioral Sciences)*. Baltes, P.B. & M.M. Baltes, Cambridge University Press, Cambridge, 1990.

BENGTSON, V.L. & J.J. DOWD: Sociological Functionalism, Exchange Theory and Life-Cycle Analysis: A Call for more Explicit Theoretical Bridges. *Int J Aging Hum Dev*, **12(1)**:55-73, 1981.

BIANCHI, H. & Coll.: *La question du vieillissement. Perspectives psychanalytiques*, Dunod, Paris, 1989.

BIRREN, J. E.: A Contribution to the Theory of the Psychology of Aging: As a Counterpart of Development, in *Emergent Theories of Aging*. Birren, J.E. & V.L. Bengtson (ed). Springer-Verlag, New York, 1988.

CLAUSEN, J.: The Life Course of Individuals, in *Aging and Society, A Sociology of Age Stratification*, Vol. 3. Riley, M., Johnson, M. & A. Foner (ed). Russel Sage Foundation, New York, 1972.

COWGILL, D.O.: Aging and Modernization: A Revision of the Theory, in *Late Life*. Gubrium, J.F. (ed). Charles C. Thomas, Springfield, 1974.

CUMMING, E. & W.E. HENRY: *Growing Old: The Process of Disengagement*, Basic Books, New York, 1961.

DOWD, J.J.: Aging as Exchange: A Preface to Theory. *J Gerontol*, **30**:584-594, 1975.

FONER, A.: *Aging and Old Age: New Perspectives*, Prentice-Hall, Englewood Cliffs, 1986.

FRY, P.S.: Major Social Theories of Aging and their Implications for Counseling Concepts and Practice: A Critical Review. *The Counseling Psychologist*, **20(2)**:246-329, 1992.

GEORGE, L.K.: Sociological Perspectives on Life Transitions. *Annual Review of Sociology*, **19**:353-373, 1993.

GUILLEMARD, A.M.: *Le déclin du social*, PUF, Paris, 1986.

HENDRICKS, J.: Generations and the Generation of Theory in Social Gerontology. *Int J Aging Hum Dev*, **35(1)**:31-47, 1992.

HOCHSCHILD, A.: Disengagement Theory: A Critique and Proposal. *American Sociological Review*, **40**:553-569, 1975.

LEMON, B.W., BENGTSON, V.L. & J.A. PETERSON: An Exploration of the Activity Theory of Aging: Activity Types and Life Satisfaction among Inmovers to a Retirement Community. *J Gerontol,* **35**:746-757, 1972.

MASSÉ, J.C. & M.M. BREAULT: Sociétés, vieillissement et stratification des âges. *Sociologie et sociétés,* **16**(2):3-14, 1984.

NEUGARTEN, B.L. & G.O. HAGESTAD: Age and the Life Course, in *Handbook of Aging and the Social Sciences.* Binstock, R. & E. Shanas (ed). Van Nostrand Reinhold, New York, 1976.

O'RAND, A.M. & M. KRECKER: Concepts of the Life Cycle: Their History, Meaning, and Uses in the Social Sciences. *Annual Review of Sociology,* **16**:241-262, 1990.

PASSUTH, P.M. & V.L. BENGTSON: Sociological Theories of Aging: Current Perspectives and Future Directions, in *Emergent Theories of Aging.* Birren, J.E. & V.L. Bengtson (ed.). Springer-Verlag, New York, 1988.

PILLEMER, K.: Combining Qualitative and Quantitative Data in the Study of Elder Abuse, in *Qualitative Gerontology.* Reinharz, S. & G. D. Rowles (ed). Springer-Verlag, New York, 1988.

RIEGEL, K.: Dialectic Operations: The Final Stage of Cognitive Development. *Hum Dev,* **16**:346-370, 1973.

RILEY, M.W.: On the Significance of Age in Sociology. *American Sociological Review,* **52**:1-14, 1987.

RILEY, M.W.: Social Gerontology and the Age Stratification of Society. *The Gerontologist,* **11**:79-87, 1971.

ROGERS, C.: *Le développement de la personne,* Dunod, Paris, 1966.

ROSOW, I.: *Social Integration of the Aged,* Free Press, New York, 1963.

RYFF, C: The Challenge of Successful Aging, Keynote address presented to the *Canadian Association on Gerontology,* **October 24**, 1987.

WEISS, R.S.: The Fund of Sociability. *Transaction,* **6**:36-43, 1969.

LECTURES SUGGÉRÉES

BIRREN, J. E. & V.L. BENGTSON (ed): *Emergent Theories of Aging,* Springer-Verlag, New York, 1988.

MISHARA, B. & RIEDEL: *Le vieillissement,* Presses Universitaires de France, Paris, 3ᵉ éd., 1994.

CHAPITRE 5

ÉVALUATION DU MALADE ÂGÉ

RÉJEAN HÉBERT et RÉJEAN CARRIER

L'évaluation est l'étape cruciale de toute intervention auprès de la personne âgée. Elle détermine la nature, l'intensité et les inconvénients prévisibles des moyens thérapeutiques à utiliser. Elle vise non seulement à identifier le type et l'étiologie des facteurs morbides, mais aussi l'état de l'hôte et sa capacité de résister à la maladie, aux traitements et à la réadaptation. Avant d'en décrire en détail les composantes, il convient d'établir les principes d'une bonne évaluation gériatrique.

PRINCIPES DE L'ÉVALUATION GÉRIATRIQUE

1. **Éviter les préjugés**. L'évaluateur doit aborder le vieillard avec une attitude positive et établir une relation d'aide fondée sur la recherche des besoins de son client. Il doit éviter les attitudes empreintes d'âgisme, fréquentes dans nos sociétés: défaitisme quant à la possibilité de guérison ou à l'efficacité de la réadaptation («à son âge, vous savez!»), amplification des facteurs sociaux («il s'agit d'un problème social et non médical»), utilisation abusive de la vieillesse pour expliquer les symptômes ou les problèmes du malade et, enfin, exclusion des personnes âgées de certains services réservés plutôt aux adultes productifs (réadaptation active, prothèse, transport adapté, etc.).

2. **Évaluer de façon globale**. L'évaluation du vieillard doit être globale et comprendre les aspects physiques, psychiques et sociaux (Fig. 5.1). Les interrelations de ces trois aspects sont multiples chez le vieillard, tant dans la genèse des maladies que dans les effets du traitement. Ainsi, une maladie physique peut-elle se manifester par des symptômes psychiques (confusion) ou une crise sociofamiliale (épuisement des proches et demande de services d'héberge-

ment). A l'inverse, un problème social (déménagement, deuil) peut avoir des répercussions psychiques (dépression) ou même physiques (anorexie, asthénie, perte de poids). L'évaluation doit se compléter par un diagnostic fonctionnel qui représente la résultante des interactions des trois aspects fondamentaux de la personne. L'évaluation fonctionnelle est essentielle à l'élaboration d'un plan d'intervention.

L'évaluation sera plus complète et précise si elle est multidisciplinaire. Toutefois, en l'absence d'une équipe complète, l'ouverture du médecin aux aspects psychiques, sociaux et fonctionnels peut compenser cette carence. Dans bien des cas, une collaboration étroite avec l'intervenant social ou l'infirmière est suffisante pour compléter une évaluation adéquate.

3. **Éviter de nuire**. L'évaluation est une forme d'intervention qui comporte aussi des inconvénients. Ceux-ci peuvent être liés à la

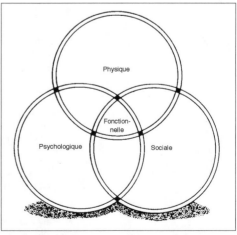

Figure 5.1 Évaluation globale de la personne âgée

fatigue engendrée par de nombreuses visites en consultation, aux dangers de l'hospitalisation et aux risques associés aux examens invasifs. Un examen paraclinique ne doit pas être entrepris avant qu'on en ait estimé les bénéfices attendus en regard des risques encourus. Par contre, l'âge ne doit pas être une excuse pour priver l'individu d'un examen susceptible de lui apporter des bénéfices réels.

ÉVALUATION PHYSIQUE ET PSYCHIQUE

Les aspects physiques et psychiques de l'évaluation sont fournis par l'anamnèse, l'examen physique, l'examen psychique et les données paracliniques. Ces éléments comportent toutefois des spécificités qu'il importe de con-

naître pour ne pas sous-estimer l'importance de certains détails ou, au contraire, accorder une signification exagérée à des manifestations normales de la sénescence.

Anamnèse

L'anamnèse du malade âgé est souvent longue et présente des difficultés qui sont résumées au tableau 5.1. L'évaluateur doit s'adapter à ces difficultés et établir une relation de confiance et d'empathie avec le vieillard.

Le médecin doit d'abord s'adresser au vieillard lui-même pour respecter le caractère privé de l'évaluation. D'autres sources d'information sont toutefois nécessaires, afin de compenser les pertes de mémoire ou la confusion du malade ou encore pour corroborer ses dires sur

Tableau 5.1
Moyens d'améliorer l'anamnèse d'un vieillard

Difficulté	Facteurs en cause	Suggestions
Communication	Baisse de l'acuité visuelle	Pièce bien éclairée S'assurer qu'il porte ses lunettes
	Surdité	Éliminer les bruits environnants Parler fort, avec une tonalité plus grave Faire face au malade (lecture labiale) Si nécessaire, écrire les questions ou utiliser un appareil d'amplification
	Niveau de langage (culturel)	S'adapter au vocabulaire du malade et demander la signification des expressions qu'il utilise
	Ralentissement psychomoteur	Laisser assez de temps au malade pour répondre
	Fatigue	Faire l'anamnèse en plusieurs étapes
Le malade minimise ou cache les symptômes	Fausses croyances, peur, dépression	Poser des questions très spécifiques sur les symptômes importants (chutes, incontinence, etc.)
	Troubles de la mémoire, confusion, absence d'autocritique	Utiliser d'autres sources d'information pour compléter l'anamnèse (parents, amis, soignants)
Symptômes vagues et non spécifiques	Présentation atypique des maladies	Élargir le diagnostic différentiel et rechercher surtout les maladies curables
Plaintes multiples	Cœxistence de plusieurs maladies chroniques	Porter surtout attention aux changements récents des symptômes ou à l'apparition de nouveaux symptômes
	Somatisation des émotions (dépression masquée)	Exploration systématique des facteurs émotionnels

certains aspects (troubles du comportement, incontinence, apathie, perte de poids, troubles du sommeil, etc.). On a alors recours aux proches (famille, amis, voisins) ou aux soignants ayant eu des contacts antérieurs avec lui. Il est donc toujours possible d'obtenir une anamnèse, même si le malade présente un état confusionnel important.

Le vieillard est un individu qui a, bien souvent, survécu à plusieurs maladies aiguës ou chroniques. Il est donc important de faire une revue exhaustive des *antécédents personnels*, en précisant les diagnostics posés, les traitements reçus, les interventions chirurgicales pratiquées et les séquelles éventuelles. On doit préciser également les allergies connues et les réactions idiosyncrasiques aux médicaments. Il faut obtenir, lorsqu'ils sont disponibles, les comptes rendus des hospitalisations antérieures. Les *antécédents familiaux* ont moins d'importance chez le vieillard, sauf dans les cas de maladie d'Alzheimer ou de chorée de Huntington.

En procédant à l'anamnèse, il faut se rappeler que les présentations cliniques des maladies sont, le plus souvent, atypiques chez le vieillard. Un grand nombre d'affections ne se manifestent, à cet âge, que par des *symptômes non spécifiques*: perte d'autonomie, confusion, chutes, incontinence, fatigue ou faiblesse. La douleur et la fièvre, notamment, sont souvent absentes du tableau clinique de plusieurs maladies pour lesquelles elles constituent des indices clés chez l'adulte. Ainsi, la douleur classique ne se retrouve que dans 25 % des infarctus chez le vieillard; dans près de 40 % des cas, la nécrose myocardique est tout à fait indolore. La confusion mentale accompagne souvent les affections du grand âge d'où l'aphorisme bien connu: «la confusion est au vieillard ce que la fièvre est à l'enfant». En définitive, l'apparition d'un nouveau symptôme et la chronologie de son évolution sont souvent plus importantes que sa description précise.

Le vieillard a tendance à *ne pas rapporter certains symptômes* pourtant importants comme l'a montré l'étude classique de Williamson. Il attribue souvent, à tort, ses malaises au vieillissement. Le médecin ne doit pas, lui aussi, tomber dans ce piège, car la vieillesse n'est pas une maladie et n'explique aucun symptôme. L'interrogatoire doit donc inclure, de façon systé-

matique, certains symptômes qui ont une importance particulière en gériatrie et qui risquent d'être négligés par le vieillard lui-même: anorexie, perte de poids, perte d'autonomie, dépression, pertes de mémoire, confusion, chutes, troubles de la marche, changement des habitudes intestinales, incontinence (Tableau 5.2).

On retrouve souvent des *affections multiples* qui évoluent de façon chronique chez un même individu. Il est parfois difficile de discerner si tel symptôme marque l'évolution d'une maladie chronique connue ou représente une nouvelle affection surajoutée. Jusqu'à preuve du contraire, tout changement symptomatique du malade doit être considéré comme une nouvelle affection et doit commander une évaluation appropriée.

Il est très utile d'essayer de découvrir la *raison réelle de la consultation*, c'est-à-dire ce qui, en définitive, a motivé la visite médicale à ce moment précis. On apprendra ainsi qu'un facteur psychologique ou social a précipité la consultation pour un problème qui évoluait déjà depuis quelques mois. Ces facteurs associés ont une importance considérable sur la conduite future.

Le relevé de la *médication* prend une importance considérable en gériatrie. Il est essentiel de demander au vieillard ou à sa famille d'apporter la liste de tous les médicaments, prescrits ou non, qui ont été consommés récemment. Un appel téléphonique à la pharmacie permet, en cas de doute, de vérifier l'exactitude de la liste fournie par le malade. Ce relevé peut orienter vers des problèmes insoupçonnés (abus, risque d'iatrogénicité), fournir une explication aux symptômes ou inciter à la prudence lors d'un ajout éventuel de médicaments. Dans tous les cas, il faut vérifier l'*observance* du régime thérapeutique en demandant au malade d'expliquer quand et à quelle fréquence il prend chaque médicament et en calculant le nombre de comprimés ou de capsules restant, par rapport au nombre calculé selon la date d'émission. On peut ainsi détecter des problèmes de clarté et de lisibilité des étiquettes, de même que les difficultés inhérentes à un flacon dont l'ouverture est à l'épreuve des grands-parents.

Un bref survol des *habitudes alimentaires* complète l'anamnèse. Le malade suit-il un régime (prescrit ou non)? Combien de repas

Tableau 5.2 — Éléments importants à rechercher à l'interrogatoire	
Généraux	Fatigue
	Anorexie
	Perte de poids
	Insomnie
	Perte d'autonomie
Psychologiques	Dépression et tristesse
	Anxiété ou agitation
	Paranoïa
	Perte de mémoire
	Confusion
	Troubles du comportement
	Ralentissement psychomoteur
Neurologiques	Céphalées d'apparition récente
	Troubles visuels
	Surdité progressive
	Chutes
	Troubles de la marche
	Étourdissements
	Symptômes neurologiques transitoires
Musculo-squelettiques	Arthralgie
	Faiblesses musculaires
Respiratoires	Dyspnée progressive
	Toux persistante
	Dysphonie
Cardio-vasculaires	Orthopnée aggravée ou dyspnée nocturne paroxystique
	Angine
	Oedème
	Palpitations
	Syncope
	Claudication
Gastro-intestinaux	Dysphagie
	Douleur abdominale
	Changements des habitudes intestinales
	Rectorragie
Génito-urinaires	Pollakiurie, nycturie
	Miction impérieuse
	Incontinence
	Hématurie
	Saignement vaginal
	Impuissance et difficultés sexuelles

chauds prend-il par jour? Qui prépare ses repas? Quel est le menu de la veille? Consomme-t-il régulièrement des fruits, des légumes ou des produits laitiers? Abuse-t-il de l'alcool?

Examen physique

L'interprétation des signes cliniques présente certaines particularités qui sont détaillées au tableau 5.3. Le signe du *pli cutané* se retrouve chez le vieillard normal, en raison de l'atrophie des tissus sous-cutanés, et ne traduit pas nécessairement un état de déshydratation. Toutefois, la présence d'un pli cutané au niveau du front ou du sternum est plus significative. La prise du *poids* à chaque visite est importante pour fin de comparaison, notamment chez les insuffisants cardiaques. Une perte inexpliquée de plus de 10 % de la masse corporelle en 3 mois commande une évaluation complète à la recherche de la cause (néoplasie, endocrinopathie). L'*hyperthermie* perd sa signification chez le vieillard, puisque les syndromes infectieux ne s'accompagnent pas toujours de fièvre. Chez les malades qui sont restés plusieurs heures étendus sur le sol avant d'être secourus, on doit rechercher l'hypothermie.

On doit porter une attention particulière à la prise de la *pression artérielle* chez le vieillard. Elle doit être obtenue aux 2 bras (sous-clavière voleuse), de même qu'en position couchée (après 15 min) et debout (après 1 et 5 min) pour détecter une hypotension orthostatique. Une variation de 30 mmHg en pression systolique et de 15 mmHg en diastolique ou une baisse de 20 mmHg en pression systolique accompagnée de symptômes peuvent être considérées comme significatives d'orthostatisme.

L'*examen neurologique* doit être complet et minutieux. La *démarche* révèle souvent plusieurs affections neurologiques (maladie de Parkinson, lésions frontales ou cérébelleuses); l'évaluation doit en apprécier la stabilité et la sécurité. La *démarche sénile* se retrouve chez plusieurs vieillards normaux; elle combine l'élargissement du polygone de sustentation, la flexion des hanches et des genoux, une attitude courbée liée à la cyphose dorsale, une déviation du regard vers le haut et une diminution du balancement des bras. Elle s'apparente à la démarche extrapyramidale mais ne s'accompagne pas des autres signes de la maladie de Parkinson (akinésie, tremblements, rigidité).

Les *champs visuels* peuvent être explorés grossièrement par l'épreuve des deux objets. Deux objets différents sont présentés au sujet en même temps, un de chaque côté. Si le sujet peut nommer les deux objets, il ne souffre pas d'hémianopsie ni d'agnosie visuelle; pour éliminer une quadranopsie, on aura soin de répéter

Tableau 5.3	
Particularités de l'examen clinique	
Signes cliniques	**Commentaires**
SIGNES VITAUX	
Poids	Important pour fins de comparaison
Température	Fièvre souvent absente, hypothermie
Pression artérielle	Doit être prise aux 2 bras et en positions couchée et debout
Pouls	Régularité
PEAU	
Pli cutané	Ne signifie pas déshydratation (front et sternum: plus fiable)
Hématomes multiples	Chutes? Sévices?
Zones de pression	Rechercher les érythèmes ou les plaies
Pieds	Rechercher les plaies, callosités ou difformités. Ongles
Mauvaise hygiène	Perte d'autonomie? Dépression? (Intervention urgente)
SYSTÈME NERVEUX	
Démarche	Type? Stabilité?
Champs visuels	Hémianopsie? Agnosies visuo-spatiales?
Praxie	Habillage, construction
	(reproduire une figure, dessiner une horloge)
Parole	Compréhension des ordres, nommer des objets
Sensibilité	
Extinction sensitive	Lésion pariétale
Vibration	Parfois diminuée ou absente aux membres inférieurs
Proprioception	
Motricité	
Tremblements	Repos, action, intention
Réflexes ostéo-tendineux	Achilléens parfois absents
Roue dentée	
Réflexes primitifs	Non significatifs
(de préhension,	
palmo-mentonnier)	
SENSORIEL	
Lecture	Acuité visuelle
Myosis	Normal
Cristallin	Ophtalmoscope (+ 6D.): cataracte
Fonds d'œil	Excavation de la pupille (glaucome), croisements artério-veineux,
	hémorragies, exsudats
Acuité auditive	
Otoscopie	Bouchon de cérumen
Dentition	
Bouche	Enlever les prothèses dentaires
Coin de bouche et langue	Déficience vitaminique
POUMONS ET THORAX	
Cyphose	Normale
Murmure vésiculaire	Diminué
Râles	Peuvent être normaux
SYSTÈME CARDIO-VASCULAIRE	
Galop présystolique (B_4)	Peut être normal
Galop prédiastolique (B_3)	Insuffisance cardiaque
Souffle «en écharpe»	Sclérose aortique (Grade I-II/VI)
Oedème	
Artères périphériques	Auscultation et palpitation
ABDOMEN ET ORGANES GÉNITAUX	
Foie et rate	
Anévrisme de l'aorte	Souffle + palpation
Globe vésical	A rechercher
Toucher rectal	Toujours (tonus sphincter, prostate, rectum, selles)
Testicules	Atrophie normale
Utérus, annexes, vagin	Atrophie vaginale
APPAREIL LOCOMOTEUR	
Articulations	Déformations, amplitudes
Muscles	Atrophie, faiblesses

l'épreuve dans les champs visuels supérieur et inférieur. Si le sujet ignore un des objets, on procédera devant lui au transfert des objets d'une main à l'autre. S'il présente une hémianopsie, il compensera alors son déficit et pourra identifier les deux objets, alors que dans les cas d'agnosie visuelle (négligence d'une partie du champ visuel), il ne pourra encore nommer que l'objet situé dans le champ visuel sain.

L'évaluation sommaire des *praxies* permet de dépister des signes discrets d'un accident vasculaire cérébral lacunaire ou d'une démence au stade précoce. L'apraxie d'habillage est facile à mettre en évidence alors que les praxies constructives peuvent être vérifiées en demandant au sujet de copier une figure géométrique ou de dessiner une horloge. La dissociation automatico-volontaire est la caractéristique de l'apraxie idéomotrice.

L'*extinction sensitive* et les déficits de *proprioception* sont parfois les seules séquelles d'une lésion cérébrale pariétale. La perte de la sensibilité vibratoire aux membres inférieurs et des réflexes achilléens se retrouve chez des vieillards normaux et n'indique pas nécessairement une neuropathie périphérique. La présence de réflexes primitifs (r. de préhension, r. palmo-mentonnier, r. naso-palpébral) ne signifie pas toujours que le sujet présente une maladie dégénérative cérébrale et peut s'observer chez des vieillards sains.

Les *organes des sens* doivent recevoir une attention particulière. L'acuité visuelle et auditive doit être évaluée. L'examen du fond d'œil est souvent difficile, car les pupilles sont généralement en myosis et les cristallins opacifiés par des cataractes.

La *cyphose* dorsale liée à la dégénérescence discale de la sénescence entraîne une diminution du murmure vésiculaire à l'auscultation pulmonaire. De plus, des râles inspiratoires peuvent être entendus en l'absence de maladie pulmonaire. Le *souffle de sclérose aortique* est présent chez environ 60 à 80 % des sujets âgés. Il s'agit d'un souffle systolique de grade I à II/VI qui est perçu au foyer aortique, le long du rebord sternal gauche et à l'apex (en écharpe). En l'absence d'insuffisance cardiaque ou d'hypertrophie ventriculaire, ce souffle n'a pas de signification clinique. Au contraire de l'adulte jeune, un galop présystolique (B_4) est fréquent chez le

vieillard par suite de la diminution de compliance ventriculaire alors que le galop prédiastolique (B_3) est toujours significatif d'insuffisance cardiaque.

A l'*examen de l'abdomen*, on doit rechercher l'anévrisme de l'aorte par la présence d'un souffle et la palpation d'une masse pulsatile de plus de 3 centimètres. On doit aussi être à l'affût d'un globe vésical, fréquent à cet âge.

Le *toucher rectal* doit compléter tout examen physique, chez une personne âgée. En plus d'identifier la présence d'un fécalome et de vérifier le tonus du sphincter anal, cette manœuvre permet de dépister des lésions anales ou rectales et d'évaluer la prostate chez l'homme. A l'*examen gynécologique*, on recherche une tumeur utérine ou ovarienne, une atrophie vaginale ou la présence d'une rectocèle ou d'une cystocèle.

Examen des fonctions mentales

L'examen des fonctions mentales doit faire partie intégrante de toute évaluation gériatrique. L'anamnèse, l'observation du malade et l'interrogatoire de la famille ou des proches fournissent les éléments nécessaires à l'évaluation de l'état mental (Tableau 5.4).

Tableau 5.4
Examen des fonctions mentales
Généralités
Apparence (hygiène, vêtements)
Comportement
Activité psychomotrice
Attitude envers l'entourage
Discours
Débit
Langage (contenu)
Émotions
Affect
Anxiété
Pensée
Processus
Contenu (délire)
Troubles perceptuels (hallucinations)
Sphère cognitive
État de conscience
Mémoire (immédiate, fixation, évocation)
Orientation (temps, espace, personnes)
Attention et concentration
Intelligence (calcul, connaissances   générales)
Abstraction
Jugement
Autocritique

L'évaluation doit d'abord décrire l'apparence générale du sujet au point de vue de l'hygiène personnelle, de la tenue vestimentaire, du comportement et de l'attitude face à son entourage. Il est important de noter si le vieillard présente un ralentissement ou une agitation psychomotrice. On remarquera aussi le débit et le contenu du discours.

On évalue ensuite l'état émotif, tant par ce qui est observé que par ce qui est rapporté par le malade ou ses proches. Existe-t-il des éléments de tristesse, d'anxiété ou de culpabilité? Le processus et le contenu de la pensée, de même que les troubles de la perception, doivent être évalués lors de l'entrevue. Le malade présente-t-il des idées délirantes ou obsédantes, ou encore des hallucinations?

L'évaluation des fonctions cognitives est sans doute l'élément primordial de l'examen mental, par la fréquence et l'importance des anomalies à ce chapitre. Même l'évaluateur averti a parfois la surprise de constater de graves lacunes chez un sujet qui, pour le reste de l'entrevue, paraît lucide et cohérent. On pourra utiliser un test rapide d'évaluation cognitive comme le 3MS (Fig. 6.3).

Bilan paraclinique

Les valeurs normales des examens paracliniques sont établies selon la distribution des valeurs observées chez une population de référence en santé. La limite de la normalité est alors établie à deux déviations standard de la moyenne (95 % de l'échantillon). Les valeurs normales, chez le vieillard, doivent être établies à partir de la distribution des valeurs dans une population âgée en santé et non à partir d'une population d'adultes plus jeunes.

On constate ainsi que pour certains examens, l'intervalle de normalité chez le vieillard est plus grand que chez l'adulte. Ces différences s'expliquent par l'effet de la sénescence sur le métabolisme de plusieurs organes (excrétion rénale, hormones, etc.), par la sélection naturelle d'individus exempts de certaines maladies à haut taux de mortalité (dyslipidémies), par la présence fréquente de certaines maladies occultes (déficit vitaminique, maladie de Paget, gammapathies bénignes) et par l'absorption de médicaments (thiazides, L-dopa).

En général, les tests de laboratoire présentent une moins grande sensibilité (plus de faux négatifs), à cause du chevauchement des valeurs normales pour l'âge et des valeurs observées dans certaines affections et d'une moins grande spécificité (plus de faux positifs), ce qui entraîne parfois des examens supplémentaires et des traitements inutiles.

L'effet de l'âge sur les valeurs normales des constantes biochimiques est présenté au tableau 5.5. Les considérations particulières concernant la glycémie et l'hémoglobine sont discutées aux chapitres 39 et 41.

Lors de l'évaluation gériatrique, il est généralement accepté de procéder aux examens de laboratoire suivants: hémogramme complet, glycémie, créatininémie, électrolytes, examen sommaire et microscopique des urines, radiographie pulmonaire et électrocardiogramme. D'autres examens paracliniques sont ajoutés selon l'indication clinique. La mesure de la TSH plasmatique devrait être pratiquée dans tous les cas de troubles cognitifs, d'affections neurologiques ou d'insuffisance cardiaque.

ÉVALUATION PSYCHOSOCIALE

L'expertise de l'évaluation psychosociale revient à l'intervenant social dont les compétences sont un atout important dans le cadre de l'évaluation gériatrique. Toutefois, le médecin se doit de connaître les principaux éléments de cette évaluation pour compléter le diagnostic et détecter des problèmes latents, en vue d'intervenir de façon plus judicieuse et, au besoin, de faire appel à l'intervenant social. L'évaluation psychosociale comprend cinq parties: l'identification des problèmes, la connaissance de l'individu âgé, de sa famille, de ses ressources sociales et physiques (Tableau 5.6).

Identification des problèmes

On doit d'abord cerner le ou les problèmes qui provoquent la consultation ou la situation de crise. Sont-ils exclusivement liés à la maladie présente? Quelles en sont les autres composantes? Découlent-ils de conflits antérieurs? Un inventaire des répercussions de la situation problématique sur l'individu, sa famille et son environnement constitue une aide précieuse pour saisir l'ampleur du problème et décider des priorités de l'intervention. Il est utile de connaître les facteurs qui ont déclenché le problème ou

Tableau 5.5	
Effet de l'âge sur les valeurs normales des principales constantes biochimiques du sérum	
Constantes	**Valeur limite supérieure**
Électrolytes	
• sodium	inchangée
• potassium	augmentée
• chlore	inchangée
• bicarbonate	inchangée
• calcium total	inchangée
• calcium ionisé	augmentée légèrement
• magnésium	inchangée
• osmolarité	inchangée
• phosphate ♂	diminuée
• phosphate ♀	augmentée
Créatinine	augmentée
Urée	augmentée
Acide urique	augmentée
Glucose	augmentée
Protéines	
• protéines totales	augmentée légèrement
• globuline	augmentée
• albumine	diminuée
• préalbumine	diminuée
Bilirubine	inchangée
Enzymes	
• aspartate-aminotransaminase (SGOT, AST)	inchangée
• alanine-aminotransférase (SGPT, ALT)	inchangée
• lactate déshydrogénase (LDH)	inchangée
• amylase	inchangée
• créatinine-kinase (CPK)	diminuée légèrement
• phosphatase alcaline	augmentée (surtout chez les femmes)
• gamma-glutamyl-transférase (GGT)	augmentée
Tests thyroïdiens	
• T_4	diminuée
• T_3	diminuée
• TSH	augmentée
Vitamines	
• B_{12}	augmentée
• acide folique	diminuée

la crise en bouleversant l'équilibre, souvent précaire, du vieillard. Le malade et ses proches ont souvent tenté d'y apporter des correctifs et il importe de connaître les solutions mises à l'essai, ainsi que les résultats de ces interventions.

Connaissance de l'individu âgé

Cette partie de l'évaluation complète l'examen des fonctions mentales en apportant des détails sur la personnalité du vieillard et son fonctionnement antérieur. Il ne s'agit pas ici de relever toute l'histoire antérieure du sujet, mais certains événements vécus à diverses étapes de la vie, éléments qui peuvent aider à comprendre le fonctionnement actuel de l'individu. Ceci permet d'identifier certaines forces de vie qui pourront être activées chez la personne âgée, pour l'aider à s'adapter ou à solutionner les problèmes accompagnant la vieillesse.

La vieillesse est une étape de la vie qui exige l'accomplissement de certaines tâches spécifiques, afin que l'individu adopte un état d'esprit positif. La *valorisation du moi* est l'obligation, pour le vieillard, de trouver des sources de valorisation personnelle, non plus par ce qu'il fait mais par ce qu'il est (valeur interne). La perte du travail et des rôles sociofamiliaux impose ce transfert, de façon à préserver l'estime de soi. La

Tableau 5.6
Éléments de l'évaluation psychosociale

Problèmes identifiés
    Définition des problèmes
    Répercussions sur l'individu et son
      environnement
    Facteurs précipitants
    Solutions antérieures et résultats
    Solutions envisagées

Individu âgé
    Traits de personnalité
    Fonctionnement antérieur
    Étapes de la vieillesse
    Valorisation du moi
    Transcendance du corps
    Acceptation de la mort
    Perception du problème actuel
    Réaction émotionnelle
    Motivation

Famille
    Position du vieillard dans la famille
    Rôles des membres de la famille
    Dynamique familiale
    Conséquence du vieillissement

Ressources sociales
    Réseau de soutien naturel
    Services reçus (publics, privés, bénévoles)
    Participation à des associations ou activités

Ressources matérielles
    Budget
    Milieu socio-économique
    Habitat
    Barrières architecturales

transcendance du corps vise à relativiser l'importance des pertes physiques qui accompagnent la vieillesse et la maladie. Elle conditionne l'adaptation de l'individu aux incapacités physiques et sa motivation à les surmonter. L'*acceptation de la mort* comme dernière étape de la vie est une des tâches les plus difficiles. La mort peut être une source d'anxiété qui nuit au bon fonctionnement de l'individu. L'évaluation sociale doit démontrer comment la personne âgée se situe devant cette éventualité, afin de l'aider à mieux s'y préparer.

Cette exploration de la personnalité du sujet permet de mieux saisir la perception qu'il a du problème actuel, ses réactions émotionnelles et son degré de motivation pour surmonter les difficultés.

Famille

Comme l'enfant, le vieillard a une importance considérable dans la dynamique familiale et dans la genèse des crises familiales. L'évaluation et l'intervention familiale posent comme postulats que l'interaction entre les membres d'une famille influence le comportement des individus qui en font partie et que lorsqu'un problème persiste chez un membre d'une famille, il y a dans le système un comportement qui le renforce.

Dans un premier temps, il faut cerner la position que le système familial accorde à la personne âgée. Il est possible, à cause des pertes subies, que la famille considère la personne âgée comme incompétente lorsque se présentent diverses contraintes (physiques ou psychologiques) et événements plus difficiles à vivre. On a tendance à faire à sa place, pour combler les tâches de vie que l'individu doit accomplir (maternage). La personne âgée voit alors sa valeur diminuer et ce phénomène contribue à un état d'esprit négatif.

En évaluant la position de la personne âgée dans le système familial, on précise aussi les rôles des autres membres et les relations entre eux. On peut alors découvrir un système relationnel conflictuel, ou encore des règles sans souplesse et des frontières rigides pouvant également avoir un effet négatif sur la personne âgée. Le tableau 5.7 résume les différents rôles types que peuvent adopter les membres de la famille. Il est important de réaliser que tout intervenant auprès de la famille adopte lui aussi un de ces rôles. Le professionnel doit en être conscient pour choisir le rôle approprié à la situation et pallier les inconvénients inhérents à ce rôle. Le médecin, par exemple, peut adopter le rôle de gérant en organisant une admission en institution, celui de victime face à l'échec du traitement, celui de fugitif en refusant de s'engager et parfois même celui de saboteur en rejetant l'intervention proposée par d'autres professionnels.

Dans un deuxième temps, l'intervenant doit évaluer les conséquences émotionnelles et organisationnelles du vieillissement de l'individu chez les membres de sa famille. La vieillesse d'un membre de la famille peut provoquer un vécu émotionnel difficile à supporter pour les autres. La vieillesse demande, très souvent, une réorganisation au sein du système familial. Par exemple, l'admission du vieillard en centre d'hébergement est très souvent l'occasion d'une crise familiale dans laquelle se mêlent les sentiments de rejet, de culpabilité et d'abandon.

	Tableau 5.7 **Rôles familiaux**	
	Description	**Inconvénients**
Saboteur	Veut maintenir la stabilité, même pathologique, de la famille	Résiste à toute intervention thérapeutique
	Favorise la maladie	
	Croit que l'équilibre familial est mieux servi par le vieillard malade et dépendant	
Victime	Perçoit la maladie du vieillard comme une atteinte personnelle	Reproche au médecin de ne pas guérir
Gérant	Prend en charge la situation et règle les problèmes avec efficacité et calme	Incapable de fournir un soutien émotionnel au vieillard
Maternant	Prodigue des soins exagérés et compulsifs	Augmente la dépendance du vieillard
	Culpabilité	Maintien à domicile exagéré
		Réaction de deuil si décès du vieillard
		Épuisement
Fugitif	Se tient à l'écart de la situation	Blâmé par les autres membres de la famille
	Retrait familial	
	Souvent très engagé dans des activités sociales ou religieuses	
Malade	Celui qui requiert le soutien physique et émotionnel de la famille (habituellement le vieillard)	La maladie peut n'être qu'un prétexte pour avoir de l'aide

Ressources sociales

On procède ici à l'inventaire des ressources humaines disponibles. Il importe de connaître les personnes qui gravitent autour du vieillard et le type d'aide qu'elles lui apportent: soutien émotionnel, distraction, accompagnement, aide dans les activités de la vie quotidienne et les tâches domestiques, surveillance ou stimulation. Toute modification ou instabilité de ce réseau de soutien naturel peut avoir une importance considérable sur l'équilibre du malade. Un *deuil* récent parmi les proches est, notamment, un événement important dont il faut tenir compte.

Il faut aussi noter les divers services publics, privés ou bénévoles utilisés par le malade: soins ou aide à domicile, repas à domicile, transport adapté, physiothérapie, ergothérapie, entretien ménager, service téléphonique, centre de jour, hôpital de jour. La participation du vieillard à des associations (clubs de l'âge d'or, associations de retraités) ou à des activités sociales est également à considérer.

Ressources matérielles

L'évaluation sociale n'est pas complète sans la description des ressources matérielles. Le *budget* du vieillard peut présenter des déséquilibres importants qui peuvent avoir des répercussions sur sa santé et son état nutritionnel. Le *milieu socio-économique* conditionne parfois l'isolement de l'individu et l'accessibilité du malade à certains services. L'*habitat* peut présenter de graves lacunes (chauffage, salle de bain), des sources de danger ou des barrières architecturales (escaliers) dont il faudra tenir compte lors du traitement et de la réadaptation du malade.

ÉVALUATION FONCTIONNELLE

L'évaluation fonctionnelle est un élément essentiel au diagnostic et au traitement, en gériatrie. Elle découle de l'interaction des éléments physiques, psychiques et sociaux en vue de déterminer quelles sont les conséquences de la maladie sur la vie du malade. Le soin aux personnes âgées impose au médecin d'élargir sa connaissance du malade par le biais d'un diagnostic fonctionnel qui complète les autres types de diagnostic (symptomatique, étiologique, physiopathologique) déjà posés lors de l'évaluation biopsychosociale.

Le diagnostic fonctionnel repose sur la conception de la maladie proposée récemment par l'Organisation mondiale de la santé dans la classification des déficiences, incapacités et handicaps (Fig. 5.2). Ce modèle présente trois étapes de la maladie basées sur les conséquences de l'affection sur la vie du malade. Tout d'abord, une anomalie survient dans la structure ou la fonction d'un organe ou d'un système; ce premier stade est appelé *déficience*.

Ensuite, cette anomalie peut entraîner des modifications de la performance ou du comportement de l'individu. La déficience se manifeste alors par la limitation d'une ou de plusieurs fonctions, ou par une réduction des activités de la personne. On est alors en présence d'une *incapacité* qui représente les conséquences de la déficience, en termes de performance fonctionnelle, sur les activités de l'individu.

Enfin, cette déficience et cette incapacité peuvent désavantager la personne par rapport à son milieu. Ce désavantage représente un *handicap*, qui est en quelque sorte la socialisation de cette expérience. C'est le désavantage vécu par l'individu qui entraîne son inadaptation sociale. Il représente l'écart entre la performance de l'individu et les ressources matérielles et sociales dont il dispose.

La maladie cardiaque ischémique illustre bien ce concept global. L'individu angineux présente une anomalie (déficience) au niveau cardiaque. Sa capacité fonctionnelle peut être réduite et certaines activités peuvent lui être interdites (incapacité). Cette incapacité ne deviendra un handicap que si elle le désavantage. Par exemple, avec une incapacité équivalente, un travailleur manuel sera plus handicapé qu'un commis de bureau; ou encore, si l'incapacité empêche l'individu de monter les escaliers, il sera handicapé s'il habite un immeuble sans ascenseur.

Conséquemment, l'intervention thérapeutique visera soit à réduire l'incapacité (améliorer la tolérance à l'effort), soit à modifier les exigences du milieu pour que l'incapacité ne désavantage pas l'individu (réduire les efforts requis en changeant d'emploi ou de résidence).

Pour poser un diagnostic fonctionnel, il faut évaluer, d'une part, les capacités de l'individu et, d'autre part, les ressources matérielles et sociales qui pallient déjà, de façon plus ou moins adéquate, les incapacités. Une fois cette double évaluation complétée, il devient facile d'identifier les handicaps, c'est-à-dire les incapacités qui ne sont pas comblées par des ressources suffisantes (Fig. 5.3). Pour systématiser l'évaluation fonctionnelle, on aura recours à une échelle d'évaluation comme le Système de mesure de l'autonomie fonctionnelle (SMAF) reproduite à la figure 6.1.

ÉVALUATION À DOMICILE

L'évaluation du malade âgé est plus facile à réaliser à son domicile qu'à l'hôpital ou au cabinet. Le malade n'a pas à subir le stress et la fatigue associés à une longue préparation, au transport et à l'attente inhérente à la consultation. L'évaluation à domicile fournit de multiples sources d'information pour compléter l'anamnèse et met le médecin en contact direct avec les aidants naturels du malade.

Plusieurs éléments sont évalués plus rapidement au domicile du malade (Tableau 5.8). L'évaluation sociale et fonctionnelle est alors obtenue par observation directe plutôt que par un interrogatoire parfois long et imprécis. Les données sont aussi plus fiables, puisque l'on peut vérifier sur place les capacités du malade et les obstacles à son autonomie. De plus, la

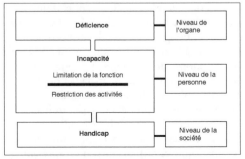

Figure 5.2 Conception fonctionnelle de la maladie selon l'OMS

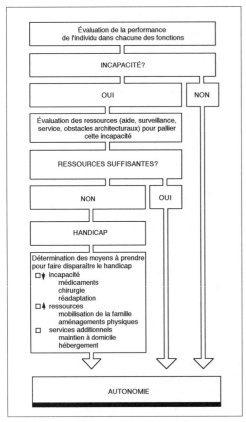

Figure 5.3   Marche à suivre lors de l'évaluation fonctionnelle

Tableau 5.8
Informations obtenues plus facilement dans le cadre de l'évaluation à domicile

Informations sociales
Négligence des lieux physiques
Évidence de malnutrition
Évidence de chauffage inadéquat
Tensions interpersonnelles entre le malade et ses proches (rejet à prévoir)
Soutien social inadéquat

Informations sur les soins
Insuffisance d'hygiène personnelle
Évidence d'incontinence
Inaccessibilité des toilettes ou du bain

Informations médicales
Non-observance du régime prescrit
Abus d'alcool
Usage de médicaments non prescrits par le médecin traitant
Non-observance des ordonnances médicales

Informations de nature préventive ou utiles pour la réadaptation
Dangers potentiels d'accidents dans l'environnement
Besoin d'équipements spéciaux dans la maison (barres d'appui)
Démonstration sur place des difficultés fonctionnelles du malade

détection d'éléments architecturaux dangereux (escaliers sans rampes) n'est possible que par la visite du logement.

L'inventaire des médicaments (prescrits ou non) est plus facile à obtenir et plus complet. Le comptoir de la cuisine, l'armoire au-dessus ou à côté de l'évier, la pharmacie domestique de la salle de bain et la table de chevet recèlent parfois des médicaments que le malade n'aurait peut-être pas mentionnés spontanément. La présence de bouteilles vides d'alcool, de vin ou de bière peut signaler un alcoolisme insoupçonné. Des évidences de malnutrition ou de non-observance du régime alimentaire prescrit expliquent parfois des énigmes diagnostiques ou thérapeutiques jusque-là insolubles.

Le domicile permet enfin de saisir plus facilement les relations familiales et de détecter des sources de tension ou un épuisement des aidants naturels. L'évaluation à domicile est souvent perçue par les proches comme une marque d'attention et de soutien qui les valorise dans leur rôle parfois ingrat.

Le tableau 5.9 énonce les grands principes d'une évaluation à domicile et le tableau 5.10 en résume les principaux avantages. Retenons qu'une visite à domicile devrait compléter toute évaluation gériatrique.

SYNTHÈSE

Une fois l'évaluation complétée, une liste des problèmes du malade doit être élaborée. Si plusieurs professionnels ont participé à l'évaluation, cette liste est établie au cours d'une réunion multidisciplinaire (Chap. 61). Les problèmes identifiés peuvent être des symptômes, des anomalies à l'examen physique ou aux examens de laboratoire, des maladies chroniques, des séquelles de traumatisme, de maladies ou d'interventions chirurgicales antérieures, des troubles psychiques ou des problèmes sociofamiliaux. La liste doit aussi comprendre les différents facteurs de risque (Tableau 5.11) identifiés lors de l'évaluation. Ces facteurs de risque représentent des problèmes potentiels qu'il ne faut pas négliger.

Tableau 5.9
Grands principes d'une évaluation à domicile

Ne pas trop tarder car, même si la situation ne semble pas médicalement urgente, il est possible que la famille s'apprête à rejeter le malade d'une façon irréversible si elle ne se sent pas appuyée par le médecin au moment des difficultés

Compléter l'anamnèse en *questionnant les autres personnes présentes*

Demander, avant la visite, *que le malade soit en pyjama ou en chemise de nuit pour faciliter l'examen physique*

Se rappeler que le domicile du malade est *l'endroit idéal pour faire un examen fonctionnel*

En profiter pour *visiter le logement*, particulièrement:
* l'endroit où la personne âgée garde ses médicaments (en faire l'inventaire)
* la cuisine, pour évaluer s'il y a évidence de malnutrition
* la salle de bain et la chambre à coucher pour vérifier s'il y a un besoin d'adaptation pour rendre le malade plus mobile

Prendre les dernières minutes pour *résumer* la situation et *discuter* avec les intéressés des solutions possibles

Tableau 5.10
Avantages de l'évaluation à domicile

Elle répond aux besoins de la clientèle âgée et handicapée

Elle apporte un soutien moral à la famille, d'autant plus que cette pratique peut minimiser le délai avant la consultation

La connaissance des facteurs sociaux, si importants en gériatrie, s'acquiert plus facilement à domicile

Les besoins, en termes de réadaptation fonctionnelle, peuvent mieux s'évaluer à la maison

L'anamnèse est facilitée par la contribution des personnes présentes. On peut démontrer sur place les problèmes fonctionnels du malade

Il est possible de prévenir des admissions inutiles en orientant d'emblée le malade vers les services appropriés

La planification du congé est facilitée

C'est une excellente occasion d'enseignement au malade et aux proches

Tableau 5.11
Principaux facteurs de risque

Déménagement récent

Hospitalisation récente

Deuil récent

Vie solitaire

Absence de contacts sociaux

Confinement à la maison

Polymédication

Carence nutritionnelle

Cécité ou surdité

Chutes récentes

Troubles cognitifs

Il faut ensuite établir des priorités, en tenant compte de l'urgence et de la gravité des problèmes, non seulement d'un point de vue médical mais aussi selon la tolérance du malade, de sa famille et de son environnement.

Un plan d'action peut alors être défini. Il peut comporter des examens complémentaires, des évaluations supplémentaires (psychologue, psychiatre, intervenant social, physiothérapeute, orthophoniste, ergothérapeute, médecins spécialistes), des interventions spécifiques (réadaptation, médication, chirurgie) ou une orientation vers une ressource appropriée (maintien à domicile, institution d'hébergement, services gériatriques). Le suivi du malade et la mise à jour des problèmes, idéalement en équipe multidisciplinaire, assurent les intervenants de l'efficacité des moyens mis en œuvre pour venir en aide à la personne âgée (Fig. 5.4).

En conclusion, l'évaluation est la pierre angulaire de toute intervention en gériatrie. De la qualité de l'évaluation dépendent l'efficacité et la pertinence des services fournis.

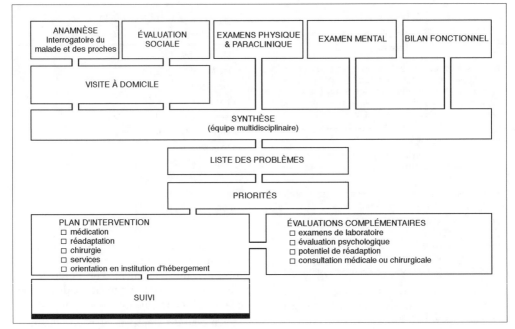

Figure 5.4   Processus de l'évaluation gériatrique

BIBLIOGRAPHIE

ARCAND, M.: La visite à domicile en gériatrie: une pratique à revaloriser. *L'actualité médicale*, **17**:30-31, 1982.

BARBIZET, J. & P. DUIZABO: *Abrégé de neuropsychologie*, Masson, Paris, 1980.

BARTLETT, H.: *Social work practice in the health field*, National Association of Social Workers, New York, 1961.

CAPWELL, R.R., LEE, N.B. & D. ROBERTSON: Anamnèse et examen physique de la personne âgée. *Médecine moderne au Canada*, **37**(11):195-201, 1982.

HÉBERT, R., CARRIER, R. & A. BILODEAU: *Système de mesure de l'autonomie fonctionnelle* (rapport de subvention), Conseil québécois de la recherche sociale, Septembre 1984.

HODKINSON, H.M.: Reference values for biological data in older persons, in *Oxford Textbook of Geriatric Medicine*. Grimley-Evans, J. & T.F. Williams. Oxford University Press, New York, 1992.

KANE, R.L., OUSLANDER, J.G. & I.B. ABRASS: *Essentials of clinical geriatrics*, McGraw-Hill, New York, 1984.

KANE, R.A. & R.L. KANE: *Assessing the elderly: a practical guide to measurement*, Lexington Books, D.C. Health and Co., Lexington (Mass), 1981.

MINUCHIN, S.: *Famille en thérapie*, France-Amérique, Montréal, 1979.

PECK, R.C.: Psychological developments in the second life, in *Middle age and aging: a reader in social psychology*. Mengarten, B. University of Chicago Press, Chicago, 1968.

SHEPARD, M., WALSH, J.R. & C.K. CASSEL: Clinical evaluation of the patient, in *Geriatric Medicine*. Cassel, C.K. & J.R. Walsh, Springer-Verlag, New York, 1984.

STEEL, K.: Evaluation of the geriatric patient, in *Clinical aspects of aging*. Reichel, W. Williams & Wilkins, Baltimore, 1980.

STEEL, K.E. & E.W. MARKSON: *Approach to the older patient: the diagnostic process*. Andres, R., Bierman, E.L. & W.R. Wazzard. McGraw-Hill, New York, 1985.

TIEZ, N.W., SHUEY, D.F. & D.R. WEKSTEIN: Laboratory Values in Fit Aging Individuals – Sexagenarians through Centenarians. *Clinical Chemistry*, **38**(6):1167-1185, 1992.

WILLIAMSON, J. & Coll.: Old people at home: their unreported needs. *Lancet*, **1**:1117-1120, 1964.

LECTURES SUGGÉRÉES

BLAZER, D.G.: Evaluating the family of the elderly patient, in *A family approach to health care of the elderly.* Blazer, D.G. & I.C. Siegler. Addison-Wesley Publ. Co., Menlo Park (Ca), 1981.

CAIRD, F.I. & T.G. JUDGE: *Assessment of the elderly patient*, J.B. Lippincott, Philadelphia, 1979.

LAFOREST, J.: La relation de «casework» avec la personne âgée. *Service social*, **31**:2-3, 1982.

LIBOW, L.S. & F.T. SHERMAN: Interviewing and history taking, in *The core of geriatric medicine.* Libow, L.B. & F.T. Sherman. C.V. Mosby, Saint. Louis, 1981.

CHAPITRE 6

PRINCIPAUX OUTILS D'ÉVALUATION EN CLINIQUE ET EN RECHERCHE

JOHANNE DESROSIERS et RÉJEAN HÉBERT

Considérations générales sur la validité des instruments

Autonomie fonctionnelle

Fonctions cognitives

Dépression

Troubles du comportement et de la mémoire

Fardeau des aidants naturels

Autres instruments

Bibliographie

Lectures suggérées

Ce chapitre présente et analyse les instruments de mesure utiles en clinique gériatrique, en vue de familiariser les cliniciens avec les principales caractéristiques métrologiques qui déterminent le choix de l'instrument.

CONSIDÉRATIONS GÉNÉRALES SUR LA VALIDITÉ DES INSTRUMENTS

L'évaluation constitue une partie essentielle de l'intervention médicale gériatrique. Plusieurs échelles de mesure et tests sont offerts aux cliniciens et aux chercheurs, afin d'évaluer, de façon objective, les diverses sphères de fonctionnement de la personne âgée. En vue de la sélection et de l'utilisation d'outils d'évaluation, tant en clinique qu'en recherche, il est important d'en connaître les qualités métrologiques. Les principales caractéristiques métrologiques recherchées sont la validité et la fidélité. Une troisième caractéristique, moins fréquemment étudiée, la sensibilité au changement (*responsiveness*) est aussi importante.

La validité d'un instrument de mesure dépend de son aptitude à évaluer les caractéristiques générales ou spécifiques pour lesquelles il a été conçu. Un instrument est valide lorsqu'il mesure réellement ce qu'il prétend mesurer. Il existe plusieurs types de validité dont la validité apparente et la validité de contenu qui s'établissent tout au long de l'élaboration de l'outil et ne sont pas nécessairement soumises à des analyses empiriques. Les validités de critère et de construit sont les deux autres grandes catégories qui, elles, requièrent une expérimentation empirique et des analyses statistiques. La validité de critère est vérifiée en comparant l'instrument à une mesure de référence étalon (jugement clinique, évolution du sujet, instrument reconnu comme «*gold standard*»). En épidémiologie, la validité de critère d'une échelle dichotomique est exprimée par les notions de sensibilité, de spécificité et de valeur prédictive. La sensibilité d'un test désigne la proportion des personnes possédant la caractéristique donnée (ex.: la maladie) correctement identifiées par le test. La spécificité représente la proportion des personnes saines classifiées comme telles par le test. La valeur prédictive positive désigne la proportion de personnes ayant obtenu un résultat positif au test et qui présente effectivement la maladie.

Il arrive fréquemment qu'on ne dispose pas de mesures de référence pour valider un outil d'évaluation. On étudie alors la validité de construit qui apprécie la capacité d'un instrument à confirmer une hypothèse ou une conception théorique portant sur la variable mesurée. Pour vérifier ce type de validité, on s'attend à ce qu'un instrument fournisse un résultat spécifique dans une situation donnée. Par exemple, un instrument de mesure de l'autonomie fonctionnelle devrait pouvoir distinguer les clientèles d'hébergements de milieux différents (ex.: résidence d'accueil, centre d'accueil, unité de soins de longue durée). Il pourrait aussi présenter une étroite corrélation avec la mesure des soins infirmiers. L'instrument est alors comparé à un autre qui mesure un domaine associé. Puisque cette approche n'est pas spécifique et que les corrélations sont rarement très élevées, plusieurs études doivent être réalisées pour prouver sans équivoque la validité de construit d'un instrument.

La validité d'un instrument est fréquemment rapportée par *le coefficient de corrélation de Pearson* ou de son analogue non paramétrique, *le rho de Spearman*. Ces coefficients mesurent la relation linéaire entre deux variables dont les scores sont continus. Ils s'étendent de − 1 à

+1, − 1 indiquant une relation inverse parfaite, 0 démontrant l'absence totale de relation et +1 marquant une relation positive parfaite.

La deuxième caractéristique préalable à une utilisation sûre d'un outil d'évaluation est la fidélité ou fiabilité qui s'attache à la reproductibilité de la mesure. Un outil est fidèle ou fiable lorsqu'il donne des résultats comparables dans des situations comparables. La fidélité est une condition nécessaire mais non suffisante à la validité d'un outil. Un outil peut être fidèle sans être valide, mais il ne peut pas être valide s'il n'est pas fidèle. Les deux types les plus connus sont la fidélité test-retest et la fidélité interjuges. La fidélité test-retest mesure la stabilité de la mesure en comparant les résultats de deux évaluations du même sujet, effectuées en deux ou plusieurs temps différents. Elle dépend donc à la fois de la fidélité de l'outil et de la stabilité du phénomène étudié.

La fidélité interjuges exprime la concordance entre les résultats obtenus par deux ou plusieurs évaluateurs, évaluant le même sujet au moyen du même outil. Le *coefficient de corrélation intraclasse* (CCI) et le *kappa de Cohen* sont les paramètres statistiques les plus souvent utilisés pour décrire ces deux types de fidélité. Le CCI, obtenu par analyse de variance, varie de 0 à 1, ce dernier chiffre indiquant une concordance parfaite. Pour estimer la fidélité d'un outil dont le ou les scores sont catégoriques, les taux d'accord sont parfois rapportés. Cependant, cette mesure de concordance ne tient pas compte des accords pouvant être le fruit du hasard. Le kappa de Cohen corrige cette situation. Il se définit comme un coefficient de variabilité qui dépend à la fois du pourcentage d'accord observé entre deux mesures et du pourcentage d'accord dû au hasard. Le kappa peut varier de − 1 à +1 : − 1 indique l'absence totale de concordance, 0 marque une concordance uniquement attribuable au hasard et +1 révèle une concordance parfaite. Landis et Koch (1977) ont arbitrairement défini que des kappas se situant entre 0,61 et 0,8 sont très bons, tandis que ceux qui dépassent 0,8 seraient excellents.

La troisième caractéristique métrologique importante à considérer dans le choix d'un outil d'évaluation est sa capacité à détecter des changements dans le temps dus à certaines interventions précises (*responsiveness*). Il s'agit de la capacité de la mesure à détecter l'effet d'une intervention jugée cliniquement importante ou capacité à détecter des différences de scores cliniquement importantes, même si ces différences sont minimes. Il n'existe pas de consensus quant aux caractéristiques du devis et aux paramètres statistiques à favoriser lors de l'estimation de la sensibilité au changement.

L'établissement de valeurs normatives de référence peut constituer une dernière étape dans l'élaboration d'un outil de mesure. Les normes permettent au clinicien de comparer le rendement de ses malades par rapport à une population saine. Le développement de normes est encore plus important en gérontologie, car il importe de distinguer les difficultés attribuables au vieillissement normal de celles attribuables au vieillissement pathologique. La méthode de recrutement de l'échantillon est alors primordiale afin de s'assurer de sa représentativité pour ne pas sursélectionner des sujets «super-vieux» ou, au contraire, d'inclure des sujets présentant des anomalies.

Soulignons enfin que la langue française pose une exigence supplémentaire, étant donné que la plupart des instruments de mesure ont été conçus et validés en anglais. Le processus de traduction risque d'entraîner des problèmes d'invalidité et surtout d'infidélité qu'il convient d'éviter en utilisant une approche systématique. La traduction de l'instrument doit utiliser le processus de traduction renversée qui révèle les incongruences engendrées au cours du processus de traduction. L'instrument traduit est, par la suite, prétesté, puis une étude de fidélité test-retest et, le cas échéant, interjuges, doit être menée pour vérifier la stabilité de l'instrument (Hébert, 1994).

Suite à cette révision des principales caractéristiques exigées d'un instrument de mesure, on présente des échelles de mesure de l'autonomie fonctionnelle, du fonctionnement cognitif, de la dépression, des troubles du comportement et de la mémoire et du sentiment de fardeau des aidants naturels. Ces échelles ont été sélectionnées en fonction de leurs qualités métrologiques, de leur utilisation clinique et de leur disponibilité en langue française.

AUTONOMIE FONCTIONNELLE

Le **Système de Mesure de l'Autonomie Fonctionnelle (SMAF)** est un instrument d'évaluation de l'autonomie mis au point à partir de la conception fonctionnelle de la santé et de la classification internationale des déficiences, incapacités et handicaps de l'Organisation mondiale de la santé (Hébert & Coll., 1988). Il évalue 29 fonctions couvrant les activités de la vie quotidienne (AVQ) [7 items], la mobilité (6 items), les communications (3 items), les fonctions mentales (5 items) et les tâches domestiques (activités «instrumentales») [8 items]. Chaque fonction est cotée sur une échelle de 5 degrés: 0 (autonome), – 0,5 (avec difficulté), – 1 (besoin de surveillance ou de stimulation), – 2 (besoin d'aide), – 3 (dépendant). La cotation est réalisée selon des critères précis, à partir de renseignements obtenus par interrogatoire du sujet ou d'un tiers, par observation ou même réalisation d'épreuves (Fig. 6.1). Pour chacun des items, une évaluation des ressources en place pour pallier l'incapacité permet l'obtention d'un score de handicap. On estime également la stabilité de ces ressources. On obtient un score total (sur – 87) en additionnant les cotes de chaque item; des sous-scores par dimension peuvent également être calculés. Pour les sujets en institution, on peut utiliser une version abrégée de 20 items (score total sur – 60) utilisant un code de couleur, en excluant les tâches domestiques et la marche à l'extérieur (Fig. 6.2).

La fidélité interobservateurs du SMAF a été démontrée (κ = 0,75) lors d'une étude menée auprès de 300 sujets et utilisant des interviewers de formations diverses (infirmières, travailleurs sociaux) et de milieux de pratique différents (institution, communauté). Des études de fidélité supplémentaires ont montré des coefficients de corrélation intraclasse de 0,95 (test-retest) et 0,96 (interjuges) pour le score total (Desrosiers & Coll., 1995). Plusieurs épreuves de validité ont été réalisées, notamment une étude de corrélation avec le temps consacré aux soins infirmiers qui montre un coefficient de 0,88 (p < 0,0001) avec le nombre d'heures-soins requis (Hébert & Coll., 1988a). Une autre étude de validité de construit avait pour objectif de tester la capacité de l'instrument à discriminer des sujets bénéficiant de services d'intensité différente. La sensibilité au changement de l'échelle a été vérifiée et un changement de 5 points et plus doit être considéré comme métriquement et cliniquement significatif.

FONCTIONS COGNITIVES

Les tests rapides d'évaluation des fonctions cognitives sont largement utilisés, tant en milieu clinique que dans le cadre de protocoles de recherche. Ils permettent au clinicien de détecter les troubles cognitifs et d'en estimer l'ampleur, sans toutefois poser le diagnostic. Pour ce faire, ces tests doivent être complétés par l'examen clinique et, bien souvent, par une évaluation neuropsychologique complète. Les tests rapides d'évaluation des fonctions cognitives servent aussi à quantifier l'évolution des troubles cognitifs pendant le suivi des malades. De nombreux tests ont été proposés à cette fin, mais peu d'entre eux ont été conçus ou traduits en français. La plupart n'ont pas subi les épreuves de validation permettant de préciser leurs caractéristiques métrologiques.

En langue anglaise, le plus utilisé est sans doute le *Mini-Mental State Examination* (MMSE) de Folstein. Le **3MS** (*Modified Mini-Mental State*) est une version modifiée du MMSE proposée par Teng et Chui (1987) dans le but d'améliorer la fidélité, la sensibilité et la spécificité de l'instrument, d'augmenter l'étendue des résultats et de diminuer les effets plafond et plancher d'un tel test. Le 3MS comporte une plus grande précision dans les directives d'administration et de cotation. Par exemple, la reproduction des deux pentagones est cotée sur 10 points (au lieu d'un seul pour le MMSE) et les critères de cotation sont définis précisément. Certains items sont modifiés pour raffiner l'évaluation. Ainsi, le rappel des trois mots fait intervenir un indice et un choix de réponse. Le 3MS comporte quatre items supplémentaires couvrant la mémoire à long terme (date et lieu de naissance), la fluidité verbale (évocation de noms d'animaux), les associations sémantiques et un deuxième rappel des trois mots. Il comporte donc 15 items avec un score maximal de 100 points. Son administration permet d'obtenir en même temps le score au MMSE (sur 30), ce qui est très utile pour la comparaison avec d'autres évaluations (Fig. 6.3).

La version française du 3MS a montré des coefficients de fidélité (CCI) de 0,94 (test-retest) et 0,95 (interjuges) (Hébert, 1992). Une étude de Teng, non encore publiée, portant sur 704 sujets (228 déments, 316 patients avec autre diagnostic, 160 témoins), montre, avec un score-seuil de 79-80/100, une sensibilité de 91 % et une spécificité de 97 % par rapport à l'évaluation clinique. Ce test a été utilisé dans l'Étude canadienne sur la santé et le vieillissement auprès d'un échantillon aléatoire de plus de 10 000 sujets âgés, de sorte que des valeurs de référence sont disponibles selon l'âge et le niveau d'éducation des sujets (Tableau 6.1). Rappelons que ce test n'est nullement diagnostique et que des valeurs inférieures à la normale doivent être interprétées selon le contexte clinique. Enfin, l'évaluation doit être complétée par un bilan clinique, paraclinique et, au besoin, neuropsychologique complet.

DÉPRESSION

Plusieurs questionnaires ont été développés pour estimer l'importance des symptômes dépressifs. Parmi ceux-ci, l'**Échelle de dépression gériatrique** (Yesavage & Coll., 1983) est le plus spécifique aux personnes âgées, le plus simple et le mieux validé auprès d'une population gériatrique. L'échelle comprend 30 questions auxquelles le sujet répond par oui ou par non, en fonction de l'état dans lequel il s'est senti pendant la semaine précédant la rencontre. Un score sur 30 est ainsi obtenu (Fig. 6.4). La version française de cette échelle a montré des coefficients de fidélité test-retest de 0,70 à 0,83 (Bourque & Coll., 1990). Plusieurs études de validité de critère et de construit ont été réalisées. En particulier, une étude menée par Vézina & Coll. (1992) a montré qu'un score-seuil de 14/15 identifie correctement les individus âgés, cliniquement déprimés, avec une sensibilité de 96 % et une spécificité de 85 % par rapport à l'examen psychiatrique.

TROUBLES DU COMPORTEMENT ET DE LA MÉMOIRE

Les démences entraînent fréquemment des troubles du comportement qu'il convient d'objectiver et de quantifier, de façon à en saisir l'importance et à monitorer l'effet des interventions pharmacologiques et comportementales. **L'inventaire des troubles du comportement et de la mémoire (ITCM)** de Teri & Coll. (1992) mesure non seulement la fréquence des troubles du comportements et de la mémoire, mais aussi

les réactions que ces troubles entraînent chez l'aidant naturel (Fig. 6.5). Les 24 items de l'inventaire décrivent des comportements que le sujet doit coter sur deux échelles. La première précise à quelle fréquence le comportement est survenu au cours de la dernière semaine, au moyen d'une échelle ordinale allant de «jamais» (0) à «tous les jours ou plus souvent» (4). La seconde échelle évalue la réaction du sujet en quantifiant à quel point ce problème le dérange ou le bouleverse au moment où il se produit; l'échelle comporte 5 degrés de «pas du tout» (0) à «extrêmement» (4). Des scores séparés peuvent être obtenus pour chacune des deux échelles et un score composé peut être calculé en additionnant le produit du score-fréquence et du score-réaction pour chacun des items. Ce score composé a montré la meilleure corrélation avec le fardeau des aidants.

Lors de l'étude de validation réalisée par Teri auprès de 201 sujets, une analyse factorielle a montré la présence de trois facteurs: dépression (9 items), problèmes liés à la mémoire (7 items) et comportements perturbateurs (8 items). Les validités concomitante et discriminante ont été étudiées en comparant l'inventaire avec des échelles de dépression, de fonctions cognitives et de fardeau. Une étude de fidélité réalisée avec la version française a montré un coefficient test-retest de 0,77 (échelle de fréquence) et 0,90 (échelle de réaction) [Hébert & Coll., 1993].

FARDEAU DES AIDANTS NATURELS

Les démences ont des répercussions considérables, non seulement chez le malade qui en est atteint, mais également sur son entourage qui lui prodigue soins et encadrement. Décrit par Zarit comme la «victime cachée», l'aidant naturel du malade présente souvent des problèmes de santé physiques et psychologiques importants en plus de voir sa vie sociale considérablement perturbée. On utilise habituellement le terme «fardeau» pour désigner l'ensemble des problèmes physiques, psychologiques ou émotifs, sociaux et financiers qui peuvent être vécus par les membres de la famille qui s'occupent d'une personne âgée souffrant d'incapacité. On distingue le fardeau objectif qui désigne les conséquences de la prise en charge sur la vie personnelle, familiale et sociale, du fardeau subjectif déterminé par les attitudes et les réactions émotionnelles déclenchées par le soin du malade.

Tableau 6.1 Valeurs de référence selon l'âge et le niveau d'éducation pour le 3MS (*Modified Mini-Mental State*) et le MMSE (*Mini-Mental State Examination*)									
ÉDUCATION		**0 à 4 ans**		**5 à 8 ans**		**9 à 12 ans**		**13 ans et plus**	
ÂGE	**Centiles**	**3MS**	**MMSE**	**3MS**	**MMSE**	**3MS**	**MMSE**	**3MS**	**MMSE**
65-69	50ᵉ	82	26	88	27	93	28	95	29
	25ᵉ	79	23	83	26	89	27	92	28
(n=2008)	5ᵉ	70	20	76	22	81	24	85	26
70-74	50ᵉ	83	26	87	27	92	28	94	29
	25ᵉ	78	24	83	26	87	27	91	27
(n=1638)	5ᵉ	71	22	78	23	80	24	82	25
75-79	50ᵉ	83	26	86	27	90	28	92	28
	25ᵉ	77	24	81	25	86	26	88	26
((n=2112)	5ᵉ	70	20	75	22	79	24	80	24
80-84	50ᵉ	81	25	85	26	88	27	91	28
	25ᵉ	76	23	79	25	83	26	86	26
(n=1051)	5ᵉ	65	18	70	21	76	23	79	23
85 et plus	50ᵉ	80	25	83	26	86	27	89	27
	25ᵉ	74	23	78	23	81	25	84	26
(n=853)	5ᵉ	50	17	66	20	72	22	75	23

Source: Hébert, R. & G. Bravo: Étude canadienne sur la santé et le vieillissement, 1992.

L'**interview du fardeau** de Zarit est un questionnaire de 22 items dérivé d'une version initiale de 29 items (Zarit & Coll., 1980) [Fig. 6.6]. Le sujet doit déterminer à quelle fréquence il lui arrive de ressentir différentes émotions dans sa relation avec le malade (ex.: «vous sentir embarrassé[e] par les comportements de votre parent»; «vous sentir en colère lorsque vous êtes en présence de votre parent»). Les réponses sont distribuées sur une échelle ordinale à 5 degrés allant de «jamais» (0) à «presque toujours» (4). Un score sur 88 est obtenu en additionnant les scores de chacun des items. Une étude de fidélité test-retest sur la version française de cet instrument a montré un coefficient de 0,89 (Hébert & Coll., 1993). Des études de validité de construit ont montré que le score de l'interview du fardeau n'est pas lié à la gravité de la démence mais est corrélé négativement avec le moral de l'aidant et positivement avec le nombre d'heures consacrées aux soins du malade. L'interview du fardeau a été utilisé dans l'Étude canadienne sur la santé et le vieillissement auprès d'un échantillon aléatoire de 312 aidants naturels de malades déments, fournissant ainsi des valeurs de référence pour apprécier en centiles le score obtenu par un sujet (Tableau 6.2).

Tableau 6.2 Valeurs de référence du score à l'interview du fardeau obtenues auprès d'un échantillon aléatoire de 312 aidants naturels de malades déments vivant à domicile	
Centiles	**Score**
10ᵉ	4
25ᵉ	9
50ᵉ	19
75ᵉ	33
90ᵉ	46

Source: Hébert, R. & G. Bravo: Étude canadienne sur la santé et le vieillissement.

AUTRES INSTRUMENTS

Plusieurs autres instruments peuvent être utilisés pour mesurer les sphères sensori-motrices, perceptuelles et neuropsychologiques dans des contextes cliniques plus spécialisés. Sans les reproduire *in extenso*, nous en décrivons sommairement quelques-uns au tableau 6.3 et indiquons la façon de se les procurer.

Tableau 6.3

Description et qualités métrologiques de différents tests utiles en pratique gériatrique

DIMENSION et TEST	DESCRIPTION	QUALITÉS MÉTROLOGIQUES	RÉFÉRENCES
DEXTÉRITÉ MANUELLE GROSSIÈRE *BOX AND BLOCK TEST*	La tâche consiste à transporter un à un, en un délai de 60 s, le maximum de blocs de l'un à l'autre des compartiments d'une boîte séparée en son milieu. Non offert commercialement mais facile à construire à partir des instructions de Mathiowetz & Coll. (1985).	• Fidélité test-retest: CCI variant de 0,90 à 0,97 selon la clientèle et la main (droite-gauche) • Validité de critère concomitante et de construit • Valeurs normatives développées auprès de 360 personnes de plus de 60 ans	Cromwell (1965) Mathiowetz & Coll. (1985) Desrosiers & Coll. (1994)
DEXTÉRITÉ MANUELLE FINE UNILATÉRALE ET BILATÉRALE *PURDUE PEGBOARD TEST*	Le test est composé de cinq sous-tests et consiste à manipuler et à déplacer un ensemble de fines tiges, de rondelles et de collets de métal le plus rapidement possible dans un temps fixe avec une main ou les deux simultanément. Test offert chez les distributeurs de produits de réadaptation.	• Fidélité test-retest auprès de sujets âgés sains: CCI variant de 0,66 à 0,90 selon le sous-test • Plusieurs études de fidélité, de validité et de normes ont été réalisées • Valeurs normatives développées auprès de 360 personnes de plus de 60 ans	Tiffin & Asher (1948) Desrosiers & Coll. (1995)
PERFORMANCE GLOBALE DES MEMBRES SUPÉRIEURS *TEMPA (Test évaluant les membres supérieurs des personnes âgées)*	Le TEMPA est composé de neuf tâches unilatérales et bilatérales liées aux activités quotidiennes comme verser de l'eau, préparer un café, écrire. Chaque tâche est chronométrée et la qualité de sa performance est mesurée selon des critères précis. Test développé au Centre de recherche en gérontologie et gériatrie de l'Hôpital d'Youville de Sherbrooke. Manufacturé et distribué par les Équipements adaptés Physipro, rue Longpré, Sherbrooke, Québec, Canada.	• Fidélité test-retest et interjuges auprès de personnes âgées: Kappas pondérés de Cohen et CCI modérés à élevés (0,70 à 1) • Validité concomitante avec le *Action Research Armtest* (r = 0,90-0,95) et le *Box and Block Test* (r = 0,73-0,78) • Validité de construit avec l'indépendance aux activités de la vie quotidienne (r = 0,69-0,71) • Valeurs normatives développées auprès de 360 personnes de plus de 60 ans	Desrosiers & Coll. (1993) Desrosiers & Coll. (1994) Desrosiers & Coll. (1995)
FORCE DE LA PRÉHENSION GROSSIÈRE *DYNAMOMÈTRE JAMAR (Asimov Engineering Co., Los Angeles, USA)*	Il s'agit d'un appareil formé d'un système hydraulique calibré en livres et kilogrammes. Le sujet doit serrer la poignée de l'appareil le plus fortement possible dans la main. Cet instrument est considéré comme le plus précis pour la mesure de la force et est offert chez les distributeurs d'équipements de réadaptation.	• Fidélité test-retest (moyenne de 3 mesures) auprès de sujets âgés présentant diverses incapacités des membres supérieurs: CCI variant de 0,91 à 0,99 selon la main et les évaluateurs • Valeurs normatives développées auprès de 360 personnes de plus de 60 ans	Desrosiers & Coll. (1995) Mathiowetz & Coll. (1985)

Outil	Description	Propriétés	Références
FORCE DE LA PRÉHENSION GROSSIÈRE **VIGORIMÈTRE MARTIN** *(Gebruder Martin, Tuttlingen, Germany)*	Appareil formé d'une poire de caoutchouc connecté à un manomètre par un tube de jonction. Le sujet doit serrer au maximum la poire de grande taille. Il s'agit d'une mesure de pression exprimée en kilopascals. Appareil moins rigide que le Jamar et apprécié des personnes âgées. Offert chez les distributeurs de produits de réadaptation.	• Fidélité test-retest (moyenne de trois mesures): CCI de 0,96 pour la main dominante et de 0,98 pour la main non dominante • Valeurs normatives développées auprès de 360 personnes de plus de 60 ans.	Agnew & Maas (1991) Desrosiers & Coll. (1995)
COORDINATION MOTRICE DU MEMBRE SUPÉRIEUR **TEST DOIGT-NEZ**	Le sujet doit déplacer le doigt de son nez à une cible précise et vice-versa, le plus rapidement possible en 20 s. Le nombre de mouvements nez-cible accomplis dans la période allouée constitue le score final.	• Validité clinique d'usage • Valeurs normatives développées auprès de 360 personnes de plus de 60 ans, recrutés aléatoirement	Desrosiers & Coll. (1995)
FONCTION SENSORI-MOTRICE DE LA PERSONNE HÉMIPLÉGIQUE **TEST DE FUGL-MEYER**	Test qui évalue la fonction motrice et la sensibilité des membres inférieurs et supérieurs plégique/parétique, l'équilibre, les amplitudes articulaires passives et la douleur au mouvement de la personne hémiplégique. Le protocole détaillé est offert à la Librairie de l'Université de Montréal, C.P. 6128, succursale A, Montréal, H3C 3J7.	• Fidélité auprès de sujets hémiplégiques: interjuges: $r = 0{,}86$ et intrajuge: $r = 0{,}98$ • Nombreuses études concluant à la validité du test • Traduction en langue française et validation réalisées par une équipe de chercheurs de l'Institut de réadaptation de Montréal	Duncan & Coll. (1983) Dutil & Coll. (1989) Fugl-Meyer & Coll. (1975)
ÉQUILIBRE **ÉCHELLE DE BERG** *(Berg balance scale)*	Échelle composée de 14 tâches d'équilibre axées sur des activités fonctionnelles et quantifiées sur une échelle à 5 catégories, de 0 à 4 selon les capacités, pour un total de 56 points démontrant une performance maximale.	• Fidélité interjuges et test-retest: CCI de 0,98 pour le score total. Consistance interne élevée (0,96) • Échelle développée à l'aide d'un comité d'experts (validité de contenu) • Validité concomitante avec des instruments de laboratoire • Bonne sensibilité aux changements chez une clientèle hémiplégique	Berg (1989) Berg (1993) Berg & Coll. (1989) Berg & Coll. (1992)
ÉQUILIBRE ET MARCHE **GAIT AND BALANCE TEST DE TINETTI** *(Reproduit au chap. 9)*	**Équilibre:** Échelle composée de 14 tâches observables quantifiées sur une échelle à 2 ou 3 catégories selon la tâche et le rendement pour un total maximal de 24 points. **Marche:** Échelle composée de 10 items associés à la marche à vitesse normale et rapide pour un total maximal de 16 points. Score total sur 40 points.	• Fidélité interjuges: Pourcentage d'accord interjuges entre 85 et 90 % entre une infirmière et un médecin • Pas d'autres études rapportées dans la littérature malgré son usage clinique répandu • Traduction en langue française par le Centre de recherche en gérontologie et gériatrie de l'Hôpital d'Youville de Sherbrooke	Tinetti (1986)

Tableau 6.3 (suite)

Description et qualités métrologiques de différents tests utiles en pratique gériatrique

DIMENSION et TEST	DESCRIPTION	QUALITÉS MÉTROLOGIQUES	RÉFÉRENCES
ÉQUILIBRE ET MARCHE ***TIMED « GET UP AND GO » TEST*** (*Lever et marcher chronométré*)	Le sujet doit se lever d'une chaise, marcher une courte distance (3 m), se tourner, retourner à la chaise et se rasseoir. Le test original est quantifié selon une échelle à 5 catégories de 1 (normal) à 5 (très atteint). La cotation catégorique du test a été modifiée pour rendre les résultats plus objectifs en chronométrant le temps requis à faire la tâche demandée.	• Fidélité test-retest et interjuges: CCI: 0,99 • Validité concomitante avec le *Berg balance scale* (r= – 0,72) • Validité concomitante avec une échelle d'indépendance, le *Barthel Index of ADL* (r=-0,51)	Mathias & Coll. (1986) Podsiadlo & Richardson (1991)
PERCEPTION VISUELLE ***MOTOR FREE VISUAL PERCEPTUAL TEST (MVPT)***	Test composé de 36 items évaluant 5 composantes de la perception visuelle: relation spatiale, discrimination visuelle, figure-fond, synthèse visuelle et mémoire visuelle. Chaque item est chronométré et la performance du sujet est cotée selon la situation des réponses. Offert dans le commerce. Une nouvelle version verticale des réponses a été développée, afin de réduire l'interférence de l'héminégligence visuelle.	• Fidélité test-retest auprès de sujets hémiplégiques: CCI: 0,95 • Validité: Bon indice de prédiction de la conduite automobile pour la clientèle cérébrolésée	Bouska & Kitwatny (1983) Mercier & Coll. (1995)
PERCEPTION VISUELLE ***RIVERMEAD PERCEPTUAL ASSESSMENT BATTERY (RPBA)***	Le RPAB se compose de 16 tâches mesurant divers aspects de déficits de la perception visuelle pouvant découler d'un accident vasculaire cérébral ou d'un traumatisme craniocérébral. Offert par les distributeurs de produits de réadaptation.	• Fidélité test-retest: r= 0,10 à 1,00 selon la tâche • Fidélité interjuges: r= 0,72 à 1,00 selon la tâche • Validité: Corrélations modérées et modérément élevées avec des tests psychologiques de perception • Valeurs normatives développées auprès de 100 personnes de 65 à 97 ans	Bahvnani & Coll. (1983) Lincoln & Clark (1987) Whiting & Coll. (1985)
HÉMINÉGLIGENCE VISUELLE ***TEST DES CLOCHES***	Le test consiste à repérer 35 cloches parmi un ensemble de cibles diverses agissant comme facteurs de distraction sur la feuille du test. Une héminégligence est envisagée si le sujet présente une différence de plus de 3 cibles dans l'hémichamp controlatéral à la lésion cérébrale.	Fidélité test-retest: r= 0,69 Validité de construit	Gauthier (1992) Gauthier & Coll. (1989)

ÉVALUATION NEUROPSYCHOLOGIQUE DE BASE **PENO** (*Profil d'évaluation neuropsychologique optimal*)	Le PENO est une batterie constituée d'épreuves déjà existantes, d'adaptations d'épreuves existantes et d'épreuves originales. Il comprend 20 tâches évaluant diverses sous-composantes de la mémoire, du langage, des gnosies, de l'attention spatiale, des praxies et des fonctions exécutives.	Données de référence représentatives des performances d'un groupe de sujets normaux de 55 à 84 ans	Joanette & Coll. (1995)

GRILLE D'ÉVALUATION
DE L'AUTONOMIE

SYSTÈME DE
MESURE DE L'
AUTONOMIE
FONCTIONNELLE

© HÉBERT 1984 – REVISÉ 1993 • Reproduction interdite

Nom: _____

Dossier: _____

Date: _____ Évaluation no. : _____

INCAPACITÉS	RESSOURCES	HANDICAP	STABILITÉ*
	0. sujet lui même 2. voisin 4. aux. fam. 6. bénévole 1. famille 3. employé 5. infirmière 7. autre		

A. ACTIVITÉS DE LA VIE QUOTIDIENNE (A.V.Q.)

1. SE NOURRIR

[0] Se nourrit seul

[-0.5] **Avec difficulté**

[-1] Se nourrit seul mais requiert de la stimulation ou de la surveillance
OU on doit couper ou hacher sa nourriture au préalable

[-2] A besoin d'une aide partielle pour se nourrir
OU qu'on lui présente les plats un à un

[-3] Doit être nourri entièrement par une autre personne
OU porte une sonde naso-gastrique OU une gastrostomie
☐ sonde naso-gastrique ☐ gastrostomie

Actuellement, le sujet a les ressources (aide ou surveillance) pour combler cette incapacité
☐ oui
☐ non
Ressources: ☐ ☐ ☐

[0] [-1] [-2] [-3]   ⊟ ⊞ ⊡

2. SE LAVER

[0] Se lave seul

[-0.5] **Avec difficulté**

[-1] Se lave seul mais doit être stimulé
OU nécessite une surveillance pour le faire
OU qu'on lui prépare le nécessaire
OU a besoin d'aide pour un bain complet hebdomadaire seulement

[-2] A besoin d'aide pour se laver (toilette quotidienne) mais participe activement

[-3] Nécessite d'être lavé par une autre personne

Actuellement, le sujet a les ressources (aide ou surveillance) pour combler cette incapacité
☐ oui
☐ non
Ressources: ☐ ☐ ☐

[0] [-1] [-2] [-3]   ⊟ ⊞ ⊡

3. S'HABILLER

[0] S'habille seul

[-0.5] **Avec difficulté**

[-1] S'habille seul mais doit être stimulé
OU a besoin de surveillance pour le faire
OU on doit lui sortir son linge et lui présenter
OU on doit apporter certaines touches finales (boutons, lacets)

[-2] Nécessite de l'aide pour s'habiller

[-3] Doit être habillé par une autre personne

Actuellement, le sujet a les ressources (aide ou surveillance) pour combler cette incapacité
☐ oui
☐ non
Ressources: ☐ ☐ ☐

[0] [-1] [-2] [-3]   ⊟ ⊞ ⊡

* STABILITÉ: dans les semaines qui viennent, il est prévisible que ces ressources: ⊟ diminuent, ⊞ augmentent, ⊡ restent stables ou ne s'applique pas.

Figure 6.1   Grille d'évaluation de l'autonomie

INCAPACITÉS	RESSOURCES	HANDICAP	STABILITÉ*
	0. sujet lui même 2. voisin 4. aux. fam. 6. bénévole 1. famille 3. employé 5. infirmière 7. autre		

4. ENTRETENIR SA PERSONNE (se brosser les dents, se peigner, se faire la barbe, couper ses ongles)

[0] Entretient sa personne seul ____

   [-05] **Avec difficulté**

[-1] A besoin de stimulation ou nécessite de la surveillance pour entretenir sa personne

[-2] A besoin d'aide pour entretenir sa personne

[-3] Ne participe pas à l'entretien de sa personne

Actuellement, le sujet a les ressources (aide ou surveillance) pour combler cette incapacité

☐ oui ____

☐ non ____

Ressources: ☐ ☐ ☐

[0]   [-1] [-2] [-3]

[−] [+] [•]

---

5. FONCTION VÉSICALE

[0] Miction normale ____

[-1] Incontinence occasionnelle
 OU en gouttes à gouttes
 OU une autre personne doit lui faire penser souvent d'uriner pour éviter les incontinences

[-2] Incontinence urinaire fréquente

[-3] Incontinence urinaire totale et habituelle
 OU porte une couche OU une sonde à demeure OU un condom urinaire

☐ couche, ☐ sonde à demeure, ☐ condom urinaire

Actuellement, le sujet a les ressources (aide ou surveillance) pour combler cette incapacité

☐ oui ____

☐ non ____

Ressources: ☐ ☐ ☐

[0]   [-1] [-2] [-3]

[−] [+] [•]

---

6. FONCTION INTESTINALE

[0] Défécation normale ____

[-1] Incontinence fécale occasionnelle
 OU nécessite un lavement évacuant occasionnel

[-2] Incontinence fécale fréquente
 OU nécessite un lavement évacuant régulier

[-3] Incontinence fécale totale et habituelle
 OU porte une couche OU une stomie

☐ couche, ☐ stomie

Actuellement, le sujet a les ressources (aide ou surveillance) pour combler cette incapacité

☐ oui ____

☐ non ____

Ressources: ☐ ☐ ☐

[0]   [-1] [-2] [-3]

[−] [+] [•]

---

7. UTILISER LES TOILETTES

[0] Utilise seul les toilettes (incluant s'assoeir, s'essuyer, s'habiller et se relever)

   [-05] **Avec difficulté**

[-1] Nécessite de la surveillance pour utiliser les toilettes ou utilise seul une chaise d'aisance, un urinal ou une bassine

[-2] A besoin d'aide d'une autre personne pour aller aux toilettes ou utiliser la chaise d'aisance, la bassine ou l'urinal

[-3] N'utilise pas les toilettes, la chaise d'aisance, la bassine ou l'urinal

☐ chaise d'aisance, ☐ bassine, ☐ urinal

Actuellement, le sujet a les ressources (aide ou surveillance) pour combler cette incapacité

☐ oui ____

☐ non ____

Ressources: ☐ ☐ ☐

[0]   [-1] [-2] [-3]

[−] [+] [•]

---

* STABILITÉ: dans les semaines qui viennent, il est prévisible que ces ressources: [−] diminuent, [+] augmentent, [•] restent stables ou ne s'applique pas.

–2–

Figure 6.1   Grille d'évaluation de l'autonomie (suite)

INCAPACITÉS	RESSOURCES	HANDICAP	STABILITÉ*
	0. sujet lui même 2. voisin 4. aux. fam. 6. bénévole		
	1. famille 3. employé 5. infirmière 7. autre		

B. MOBILITÉ

1. TRANSFERTS du lit vers le fauteuil ou le fauteuil roulant et vice versa

[0] Se lève et se couche seul

   [-0.5] **Avec difficulté**

[-1] Se lève et se couche seul mais doit être stimulé
OU surveillé
OU guidé dans ses mouvements

[-2] A besoin d'aide pour se lever et se coucher

[-3] Grabataire (doit être levé et couché en bloc)

   ☐ lève-personne   ☐ planche de transfert

Actuellement, le sujet a les ressources (aide ou surveillance) pour combler cette incapacité

☐ oui
☐ non

Ressources: ☐ ☐ ☐

[0]
[-1]
[-2]
[-3]

[−]
[+]
[•]

---

2. MARCHER À L'INTÉRIEUR

[0] Circule seul (avec ou sans canne, prothèse, orthèse)

   [-0.5] **Avec difficulté**

[-1] Circule seul mais nécessite qu'on le guide, stimule ou surveille dans certaines circonstances
OU démarche non sécuritaire
OU utilise une marchette

[-2] A besoin d'aide d'une autre personne

[-3] Ne marche pas

   ☐ canne simple,   ☐ tripode,   ☐ quadripode,   ☐ marchette

Actuellement, le sujet a les ressources (aide ou surveillance) pour combler cette incapacité

☐ oui
☐ non

Ressources: ☐ ☐ ☐

[0]
[-1]
[-2]
[-3]

[−]
[+]
[•]

---

3. MARCHER À L'EXTÉRIEUR

[0] Circule seul (avec ou sans canne, prothèse, orthèse)

   [-0.5] **Avec difficulté**

[-1] Circule seul mais nécessite qu'on le guide, stimule ou surveille dans certaines circonstances
OU démarche non sécuritaire
OU utilise une marchette

[-2] A besoin d'aide d'une autre personne

[-3] Ne marche pas

Actuellement, le sujet a les ressources (aide ou surveillance) pour combler cette incapacité

☐ oui
☐ non

Ressources: ☐ ☐ ☐

[0]
[-1]
[-2]
[-3]

[−]
[+]
[•]

---

4. INSTALLER PROTHÈSE OU ORTHÈSE

[0] Ne porte pas de prothèse ou d'orthèse

[-1] Installe seul sa prothèse ou son orthèse

   [-1.5] **Avec difficulté**

[-2] A besoin qu'on vérifie l'installation de sa prothèse ou de son orthèse

[-3] La prothèse ou l'orthèse doit être installée par une autre personne

   Type de prothèse ou d'orthèse ....

Actuellement, le sujet a les ressources (aide ou surveillance) pour combler cette incapacité

☐ oui
☐ non

Ressources: ☐ ☐ ☐

[0]
[-1]
[-2]
[-3]

[−]
[+]
[•]

* STABILITÉ: dans les semaines qui viennent, il est prévisible que ces ressources: [−] diminuent, [+] augmentent, [•] restent stables ou ne s'applique pas.

–3–

Figure 6.1   Grille d'évaluation de l'autonomie (suite)

INCAPACITÉS	RESSOURCES	HANDICAP	STABILITÉ*
	0. sujet lui même 2. voisin 4. aux. fam. 6. bénévole 1. famille 3. employé 5. infirmière 7. autre		

5. SE DÉPLACER EN FAUTEUIL ROULANT (F.R.)

⓪ N'a pas besoin de F.R. pour se déplacer _____

⎣-1⎦ Se déplace seul en F.R.

   ⎣-1,5⎦ **Avec difficulté**

⎣-2⎦ Nécessite qu'une personne pousse le F.R.

⎣-3⎦ Ne peut utiliser un F.R. (doit être transporté en civière)

   ☐ F.R. simple

   ☐ F.R. à conduite unilatérale

   ☐ F.R. motorisé

Le logement où habite le sujet permet:
  l'accès en F.R.   la circulation en F.R.
   ☐ oui ⟶ ☐ oui
   ☐ non   ☐ non

Le sujet a l'aide nécessaire pour combler
cette incapacité
   ☐ oui _____
   ☐ non _____

Ressources: ☐ ☐ ☐

⎣0⎦

⎣-1⎦
⎣-2⎦
⎣-3⎦

⎣−⎦
⎣+⎦
⎣•⎦

6. UTILISER LES ESCALIERS

⓪ Monte et descend les escaliers seul _____

   ⎣-0,5⎦ **Avec difficulté**

⎣-1⎦ Monte et descend les escaliers mais nécessite qu'on le guide,
stimule ou surveille
OU monte et descend les escaliers de façon non sécuritaire

⎣-2⎦ Monte et descend les escaliers avec l'aide d'une autre personne

⎣-3⎦ N'utilise pas les escaliers

Le sujet doit utiliser un escalier
   ☐ non _____
   ☐ oui

Actuellement, le sujet a les ressources (aide ou
surveillance) pour combler cette incapacité
   ☐ oui _____
   ☐ non _____

Ressources: ☐ ☐ ☐

⎣0⎦

⎣-1⎦
⎣-2⎦
⎣-3⎦

⎣−⎦
⎣+⎦
⎣•⎦

C. COMMUNICATIONS

1. VOIR

⓪ Voit de façon adéquate avec ou sans verres correcteurs _____

⎣-1⎦ Troubles de vision mais voit suffisamment pour accomplir
les activités quotidiennes

⎣-2⎦ Ne voit que le contour des objets et nécessite d'être guidé
dans les activités quotidiennes

⎣-3⎦ Aveugle

   ☐ Verres correcteurs ☐ Loupe

Actuellement, le sujet a les ressources (aide ou
surveillance) pour combler cette incapacité
   ☐ oui _____
   ☐ non _____

Ressources: ☐ ☐ ☐

⎣0⎦

⎣-1⎦
⎣-2⎦
⎣-3⎦

⎣−⎦
⎣+⎦
⎣•⎦

2. ENTENDRE

⓪ Entend convenablement avec ou sans appareil auditif _____

⎣-1⎦ Entend ce qu'on lui dit à la condition de parler fort
OU nécessite qu'on lui installe son appareil auditif

⎣-2⎦ N'entend que les cris ou que certains mots
OU lit sur les lèvres
OU comprend par gestes

⎣-3⎦ Surdité complète et incapacité de comprendre ce qu'on veut
lui communiquer

   ☐ Appareil auditif

Actuellement, le sujet a les ressources (aide ou
surveillance) pour combler cette incapacité
   ☐ oui _____
   ☐ non _____

Ressources: ☐ ☐ ☐

⎣0⎦

⎣-1⎦
⎣-2⎦
⎣-3⎦

⎣−⎦
⎣+⎦
⎣•⎦

* STABILITÉ: dans les semaines qui viennent, il est prévisible que ces ressources: ⎣−⎦ diminuent, ⎣+⎦ augmentent, ⎣•⎦ restent stables ou ne s'applique pas.

–4–

Figure 6.1   Grille d'évaluation de l'autonomie (suite)

INCAPACITÉS	RESSOURCES 0. sujet lui même 2. voisin 4. aux. fam. 6. bénévole 1. famille 3. employé 5. infirmière 7. autre	HANDICAP	STABILITÉ*

3. PARLER

☐0☐ Parle normalement _____

☐-1☐ A un défaut de langage mais réussit à exprimer sa pensée

☐-2☐ A un défaut grave de langage mais peut communiquer certains besoins primaires
OU répondre à des questions simples (oui, non)

☐-3☐ Ne communique pas

Actuellement, le sujet a les ressources (aide ou surveillance) pour combler cette incapacité

☐ oui _____
☐ non _____

Ressources: ☐ ☐ ☐

☐0☐ ☐–☐
☐-1☐ ☐+☐
☐-2☐
☐-3☐ ☐•☐

D. FONCTIONS MENTALES

1. MÉMOIRE

☐0☐ Mémoire normale _____

☐-1☐ Oublie des faits récents (noms de personnes, rendez-vous…) mais se souvient des faits importants

☐-2☐ Oublie régulièrement des choses de la vie courante (fermer cuisinière, avoir pris ses médicaments, rangement des effets personnels, avoir pris un repas, ses visiteurs…)

☐-3☐ Amnésie quasi totale

Actuellement, le sujet a les ressources (aide ou surveillance) pour combler cette incapacité

☐ oui
☐ non

Ressources: ☐ ☐ ☐

☐0☐ ☐–☐
☐-1☐ ☐+☐
☐-2☐ ☐•☐
☐-3☐

---

2. ORIENTATION

☐0☐ Bien orienté par rapport au temps, à l'espace et aux personnes _____

☐-1☐ Est quelquefois désorienté par rapport au temps, à l'espace et aux personnes

☐-2☐ Est orienté seulement dans la petite durée (temps de la journée), le petit espace (environnement immédiat habituel) et par rapport aux personnes familières

☐-3☐ Désorientation complète

Actuellement, le sujet a les ressources (aide ou surveillance) pour combler cette incapacité

☐ oui
☐ non

Ressources: ☐ ☐ ☐

☐0☐ ☐–☐
☐-1☐ ☐+☐
☐-2☐ ☐•☐
☐-3☐

---

3. COMPRÉHENSION

☐0☐ Comprend bien ce qu'on lui explique ou lui demande _____

☐-1☐ Est lent à saisir des explications ou des demandes

☐-2☐ Ne comprend que partiellement même après des explications répétées

☐-3☐ Ne comprend pas ce qui se passe autour de lui

Actuellement, le sujet a les ressources (aide ou surveillance) pour combler cette incapacité

☐ oui
☐ non

Ressources: ☐ ☐ ☐

☐0☐ ☐–☐
☐-1☐ ☐+☐
☐-2☐ ☐•☐
☐-3☐

* STABILITÉ: dans les semaines qui viennent, il est prévisible que ces ressources: ☐–☐ diminuent, ☐+☐ augmentent, ☐•☐ restent stables ou ne s'applique pas.

–5–

Figure 6.1   Grille d'évaluation de l'autonomie (suite)

INCAPACITÉS	RESSOURCES	HANDICAP	STABILITÉ*
	0. sujet lui même 2. voisin 4. aux. fam. 6. bénévole 1. famille 3. employé 5. infirmière 7. autre		

4. JUGEMENT

[0] Évalue les situations et prend des décisions sensées

[-1] Évalue les situations et nécessite des conseils pour prendre des décisions sensées

[-2] Évalue mal les situations et ne prend des décisions sensées que si on lui suggère fortement notre opinion

[-3] N'évalue pas les situations et on doit prendre les décisions à sa place

Actuellement, le sujet a les ressources (aide ou surveillance) pour combler cette incapacité

☐ oui

☐ non

Ressources: ☐ ☐ ☐

[0] [-1] [-2] [-3]

[−] [+] [•]

5. COMPORTEMENT

[0] Comportement adéquat

[-1] Troubles de comportement mineurs (jérémiades, labilité émotive, entêtement, apathie) qui nécessitent une surveillance occasionnelle OU un rappel à l'ordre OU une stimulation

[-2] Troubles de comportement qui nécessitent une surveillance plus intensive (agressivité envers soi ou les autres, dérange les autres)

[-3] Dangereux, nécessite des contentions OU essaie de blesser les autres ou de se blesser OU tente de se sauver

Actuellement, le sujet a les ressources (aide ou surveillance) pour combler cette incapacité

☐ oui

☐ non

Ressources: ☐ ☐ ☐

[0] [-1] [-2] [-3]

[−] [+] [•]

E. TÂCHES DOMESTIQUES (CAPACITÉS INSTRUMENTALES)

1. ENTRETENIR LA MAISON

[0] Entretient seul la maison

[-0.5] **Avec difficulté**

[-1] Entretient la maison mais requiert surveillance ou stimulation pour maintenir un niveau de propreté convenable OU nécessite de l'aide pour des travaux occasionnels (laver le plancher, doubles fenêtres…)

[-2] A besoin d'aide pour l'entretien quotidien de la maison

[-3] N'entretient pas la maison

Actuellement, le sujet a les ressources (aide ou surveillance) pour combler cette incapacité

☐ oui

☐ non

Ressources: ☐ ☐ ☐

[0] [-1] [-2] [-3]

[−] [+] [•]

2. PRÉPARER LES REPAS

[0] Prépare seul ses repas

[-0.5] **Avec difficulté**

[-1] Prépare ses repas mais nécessite qu'on le stimule pour maintenir une alimentation convenable

[-2] Ne prépare que des repas légers OU réchauffe des repas déjà préparés

[-3] Ne prépare pas ses repas

Actuellement, le sujet a les ressources (aide ou surveillance) pour combler cette incapacité

☐ oui

☐ non

Ressources: ☐ ☐ ☐

[0] [-1] [-2] [-3]

[−] [+] [•]

* STABILITÉ: dans les semaines qui viennent, il est prévisible que ces ressources: [−] diminuent, [+] augmentent, [•] restent stables ou ne s'applique pas.

–6–

Figure 6.1   Grille d'évaluation de l'autonomie (suite)

INCAPACITÉS	RESSOURCES	HANDICAP	STABILITÉ*
	0. sujet lui même 2. voisin 4. aux. fam. 6. bénévole 1. famille 3. employé 5. infirmière 7. autre		

3. FAIRE LES COURSES

0 Planifie et fait seul les courses (nourriture, vêtements,...)

　-0.5 **Avec difficulté**

-1 Planifie et fait seul les courses mais nécessite qu'on lui livre

-2 Besoin d'aide pour planifier ou faire les courses

-3 Ne fait pas les courses

Actuellement, le sujet a les ressources (aide ou surveillance) pour combler cette incapacité

☐ oui

☐ non

Ressources: ☐ ☐ ☐

0 -1 -2 -3

□ − □ + □ •

4. FAIRE LA LESSIVE

0 Fait toute la lessive seul

　-0.5 **Avec difficulté**

-1 Fait la lessive seul mais nécessite une stimulation ou une surveillance pour maintenir un niveau de propreté convenable

-2 A besoin d'aide pour faire la lessive

-3 Ne fait pas la lessive

Actuellement, le sujet a les ressources (aide ou surveillance) pour combler cette incapacité

☐ oui

☐ non

Ressources: ☐ ☐ ☐

0 -1 -2 -3

□ − □ + □ •

5. UTILISER LE TÉLÉPHONE

0 Se sert seul du téléphone
(incluant la recherche d'un numéro dans le bottin)

　-0.5 **Avec difficulté**

-1 Répond au téléphone mais ne compose que quelques numéros qu'il a mémorisés ou des numéros en cas d'urgence

-2 Communique au téléphone mais ne compose pas de numéro ou ne décroche pas le récepteur

-3 Ne se sert pas du téléphone

Actuellement, le sujet a les ressources (aide ou surveillance) pour combler cette incapacité

☐ oui

☐ non

Ressources: ☐ ☐ ☐

0 -1 -2 -3

□ − □ + □ •

6. UTILISER LES MOYENS DE TRANSPORT

0 Utilise seul un moyen de transport (automobile, taxi, autobus...)

　-0.5 **Avec difficulté**

-1 Doit être accompagné pour utiliser un moyen de transport
OU utilise seul un véhicule adapté

-2 N'utilise que l'automobile ou un véhicule adapté à la condition d'être accompagné et aidé pour monter et descendre

-3 Doit être transporté en ambulance

Actuellement, le sujet a les ressources (aide ou surveillance) pour combler cette incapacité

☐ oui

☐ non

Ressources: ☐ ☐ ☐

0 -1 -2 -3

□ − □ + □ •

* STABILITÉ: dans les semaines qui viennent, il est prévisible que ces ressources: ☐ diminuent, ☐ augmentent, ☐ restent stables ou ne s'applique pas.

–7–

Figure 6.1　Grille d'évaluation de l'autonomie (suite)

INCAPACITÉS	RESSOURCES	HANDICAP	STABILITÉ*

RESSOURCES
0. sujet lui même 2. voisin 4. aux. fam. 6. bénévole
1. famille 3. employé 5. infirmière 7. autre

7. PRENDRE SES MÉDICAMENTS

|0| Prend seul ses médicaments de façon adéquate
OU ne prend pas de médicament _____

|-0.5| **Avec difficulté**

|-1| A besoin de surveillance pour s'assurer qu'il prend
convenablement ses médicaments
OU pilulier hebdomadaire

|-2| Prend ses médicaments s'ils sont préparés quotidiennement

|-3| On doit lui apporter ses médicaments en temps opportun

☐ Pilulier

Actuellement, le sujet a les ressources (aide ou
surveillance) pour combler cette incapacité

☐ oui _____
☐ non _____

Ressources: ☐ ☐ ☐

|0|
|-1|
|-2|
|-3|

☐ − ☐ + ☐ •

8. GÉRER SON BUDGET

|0| Gère seul son budget _____

|-0.5| **Avec difficulté**

|-1| A besoin d'aide pour effectuer certaines transactions majeures

|-2| A besoin d'aide pour effectuer des transactions régulières (encaisser
un chèque, payer des comptes) mais utilise l'argent de poche
qu'on lui remet à bon escient

|-3| Ne gère pas son budget

Actuellement, le sujet a les ressources (aide ou
surveillance) pour combler cette incapacité

☐ oui _____
☐ non _____

Ressources: ☐ ☐ ☐

|0|
|-1|
|-2|
|-3|

☐ − ☐ + ☐ •

* STABILITÉ: dans les semaines qui viennent, il est prévisible que ces ressources: ☐− diminuent, ☐+ augmentent, ☐• restent stables ou ne s'applique pas.

Le **SMAF** a été conçu et validé grâce à l'appui du Conseil québécois de la recherche sociale
et du Département de santé communautaire de l'Hôtel-Dieu de Lévis.

Pour obtenir des exemplaires de cette grille, écrire à:

Système de Mesure de l'Autonomie Fonctionnelle
Hôpital d'Youville
1036, Belvédère Sud
Sherbrooke (Québec) Canada
J1H 4C4

SMAF 93-08

–8–

Figure 6.1 Grille d'évaluation de l'autonomie (suite)

TABLEAU DE SOINS

A. ACTIVITÉS DE LA VIE QUOTIDIENNE

© R. Hébert / Hôpital D'Youville de Sherbrooke 1984 – Revisé 1995 • Reproduction interdite

Système de mesure de l'autonomie fonctionnelle

V AUTONOME	**J** AIDE
B SURVEILLANCE OU STIMULATION	**R** DÉPENDANT

CRITÈRES DÉTAILLÉS AU VERSO

Lever:

Tournées:

Coucher: Autres:
- Jaquette d'hôpital ☐
- personnelle ☐
- Enlever prothèse(s) dentaire(s) ☐

2. SE LAVER

a) Cheveux:
- ☐ résident
- ☐ coiffeuse
- ☐ personnel
- ☐ shampoing thérapeutique

arrière →   ← avant

(D)   (G)

1. SE NOURRIR

a) ○   b) ○ _____

c) ○   d) ○

Plat par plat ☐

b) Ongles ☐   _____
c) Crème ☐   _____
d) ☐ lit   ☐ bain   ☐ bain tourb.
   ☐ lavabo   ☐ douche   ☐ surveillance

e) Calendrier
F/F: _____
T. part.: _____
Bain: _____

3. S'HABILLER ○ sauf:

a) Linge souillé _____

b) Chang. vêt. **D L M M J V S**

c) entretien des vêt. _____

SE DÉSHABILLER ○ sauf:

4. ENTRETIEN

a)   b)   c)

○   ○   ○

d) Dents naturelles ☐
   prothèse sup. ☐ mettre ○
   prothèse inf. ☐ enlever ○
e) Rinche-bouche ○

5. CONTINENCE

a) Continence vésicale ○
b) Continence fécale ○

	J	S	N
coussinet	○	○	○
serv. hyg.	○	○	○
culotte **P M G**	○	○	○
culotte filet	○	○	○
autres: _____	○	○	○

stomie ☐   sonde ☐

c) Utilisation
- Toilette ○
- Urinal ○
- Bassine ○
- Ch. d'aisance ○

B. MOBILITÉ

1. Transferts ☐

Progr.marche ☐

2. ○ Chambre
   ○ Unité
   ○ Établissement
   ○ Extérieur

☐ ☐ ☐

3. ○ Chambre
   ○ Unité
   ○ Établissement
   ○ Extérieur

4. ☐ ○

5. Ascenseur ○

6. Sécurité
- ceinture FR/FG ☐   • gilet de sécurité ☐
- ceinture F ☐   • Ségufix ☐
- autre _____ ☐   • ridelles 1. J☐ S☐ N☐
   2. J☐ S☐ N☐

C. COMMUNICATION

Langue parlée: _____

1.   2.
3.

D ☐ mettre ○
G ☐ enlever ○

mettre ○
enlever ○

D. FONCTIONS MENTALES

1. ○

2. ○   3.

4.   5.

PARTICULARITÉS:

Tablier fumeur ☐

NOM: CHAMBRE: DATE:

Note : L'affichage de ce tableau nécessite l'autorisation du sujet ou de son représentant légal.

Figure 6.2   Tableau de soins

CRITÈRES À RETENIR POUR L'ÉVALUATION DES BÉNÉFICIAIRES

A. ACTIVITÉS DE LA VIE QUOTIDIENNE

Lever
Inscrire les éléments d'interventions relatifs au lever
Tourner
Inscrire les particularités lors des tournées.
Coucher
Cocher le vêtement de nuit approprié.
Cocher si le personnel doit enlever les prothèses dentaires.
Autres — Inscrire les éléments d'interventions relatifs au coucher

1. SE NOURRIR
a) s'alimenter
Ⓥ Se nourrit seul
Ⓢ Se nourrit seul mais requiert stimulation ou surveillance
Ⓙ Participe activement mais requiert aide partielle pour une partie de l'activité
Ⓡ Doit être nourri entièrement par une autre personne

b) ouvrir les contenants
Ⓥ Peut ouvrir seul tous ses contenants
Ⓢ Peut ouvrir seul tous ses contenants mais requiert stimulation ou surveillance
Ⓙ Requiert une aide pour ouvrir certains contenants.
  Indiquer sur la ligne les contenants à ouvrir.
Ⓡ Devons ouvrir tous les contenants

c) couper
Ⓥ Peut couper seul tous ses aliments
Ⓢ Peut couper seul tous ses aliments mais requiert stimulation ou surveillance
Ⓙ Requiert une aide pour couper les aliments à texture fibreuse (ex.: viande)
Ⓡ Devons couper tous ses aliments

d) beurrer
Ⓥ Peut beurrer seul tous ses aliments
Ⓢ Peut beurrer seul tous ses aliments mais requiert stimulation ou surveillance
Ⓙ
Ⓡ Devons beurrer ses aliments
Plat par plat : cocher si on doit présenter les plats un à un

2. SE LAVER
Pour chacune des parties du corps
Ⓥ Se lave seul
Ⓢ Se lave seul mais doit être stimulé ou nécessite une surveillance pour le faire ou qu'on lui prépare le nécessaire
Ⓙ A besoin d'aide pour se laver mais participe activement
Ⓡ Nécessite d'être lavé par une autre personne

Cocher et inscrire
  a) cheveux: qui assure les soins (résident, personnel, coiffeuse) si le résident nécessite un shampoing traitant
  b) ongles: qui assure les soins
  c) crème: le nom de la crème à appliquer quotidiennement et l'endroit d'application
  d) les endroits où se donnent les soins d'hygiène
    - Cocher selon l'endroit ou se fera la toilette complete
    - Cocher pour les résidents autonomes si une surveillance est requise
  e) calendrier: inscrire la journée selon le type de soins d'hygiène
    F/F (figure, fesses)
    T.Part. (toilette partielle i. e. tout sauf les membres inférieurs et le dos)
    T. Comp. (toilette complète)
  abréviations des journées: L, ma, me, J, V, S, D

3. S'HABILLER
En général
Ⓥ S'habille seul
Ⓢ S'habille seul mais doit être stimulé ou nécessite une surveillance pour le faire ou qu'on sorte son linge et lui présente
Ⓙ Nécessite de l'aide pour s'habiller mais participe activement
Ⓡ Doit être habillé par une autre personne

Codifier la partie _supérieure_ du ou des vêtements ne correspondant pas à la généralité selon
Ⓥ Seul
Ⓢ Surveillance, stimulation
Ⓙ Aide partielle
Ⓡ Aide totale

SE DÉSHABILLER
En général
Ⓥ Se déshabille seul
Ⓢ Se déshabille seul mais doit être stimulé ou nécessite une surveillance pour le faire ou que l'on range son linge
Ⓙ Nécessite de l'aide pour se déshabiller mais participe activement
Ⓡ Doit être déshabillé par une autre personne

Codifier la partie _inférieure_ du ou des vêtements ne correspondant pas à la généralité selon
Ⓥ Seul
Ⓢ Surveillance, stimulation, installation
Ⓙ Aide partielle
Ⓡ Aide totale

Inscrire
  a) l'endroit où est remisée le linge souillé
  b) S'il y a lieu, la soirée du changement des vêtements
  c) La personne qui voit à l'entretien des vêtements

4. ENTRETIEN
  a) Se raser avec rasoir électrique
  b) Se brosser les dents, entretenir ses prothèses dentaires
  c) Se peigner
  d) Mettre et enlever ses prothèses dentaires
  e) S'il y a lieu, utiliser le rince-bouche

Pour _chacune_ de ces activités,
Ⓥ Entretien sa personne seul

Ⓢ A besoin de stimulation ou nécessite de la surveillance ou qu'on lui prépare le nécessaire
Ⓙ A besoin d'aide pour entretenir sa personne
Ⓡ Ne participe pas à l'entretien de sa personne
Cocher si la personne possède
  ✔ Des dents naturelles
  ✔ Une prothese supérieure
  ✔ Une prothèse inférieure

5. CONTINENCE
a) continence vésicale
Ⓥ Miction normale
Ⓢ Incontinence urinaire occasionnelle ou en goutte à goutte ou sonde à demeure dont il peut s'occuper seul ou une autre personne doit lui faire penser souvent d'uriner pour éviter les incontinences.
Ⓙ Incontinence urinaire fréquente ou nécessite une aide quotidienne pour sa sonde à demeure
Ⓡ Incontinence urinaire totale ou habituelle ou porte une culotte d'incontinence

b) continence anale
Ⓥ Défécation normale
Ⓢ Incontinence fécale occasionnelle ou stomie dont il peut s'occuper seul ou nécessite un lavement évacuant périodique
Ⓙ Incontinence fécale fréquente ou nécessite de l'aide quotidienne pour sa stomie
Ⓡ Incontinence fécale totale

c) utilisation
  ✔ De la toilette
  ✔ De l'urinal
  ✔ De la bassine
  ✔ De la chaise d'aisance

Codifier selon l'usage
Ⓥ L'utilise seul (incluant s'asseoir, s'essuyer, s'habiller et se relever)
Ⓢ L'utilise seul mais requiert de la stimulation ou de la surveillance
Ⓙ A besoin de l'aide d'une autre personne pour l'utiliser
Ⓡ Ne l'utilise plus

d) utilisation des produits d'incontinence, jour (J), soir (S), nuit (N)
  ✔ Coussinet
  ✔ Serviette hygiénique
  ✔ Culotte d'incontinence
    P (petit)   M (moyen)   G (grand)
  ✔ Culotte filet
  ✔ autres: préciser_____

Codifier selon l'usage et le moment de la journée
Ⓥ L'utilise seul
Ⓢ L'utilise seul mais requiert de la stimulation ou de la surveillance
Ⓙ A besoin de l'aide d'une autre personne pour l'utiliser
Ⓡ Requiert une aide totale
S'il y a lieu cocher
  ✔ Stomie
  ✔ Sonde

B. MOBILITÉ

1. TRANSFERTS
Ⓥ Se leve et se couche seul
Ⓢ Se leve et se couche seul mais doit être stimulé ou surveillé ou guidé dans ses mouvements
Ⓙ A besoin de l'aide d'une personne pour se lever et se coucher
Ⓡ Grabataire (doit être levé et couché en bloc)
Cocher si le levier est nécessaire
La physiothérapeute inscrit les particularités relatives aux transferts et aux principes de déplacement de la personne.
Programme de marche
Cocher si la personne est inscrite au programme de marche.
La physiothérapeute inscrit les particularités relatives au programme de marche du résident.

2. LOCOMOTION
Pour chacun des lieux, codifier selon,
Ⓥ Circule seul (avec ou sans canne, prothèse, orthèse)
Ⓢ Circule seul mais nécessite qu'on le guide, stimule ou surveille dans certaines circonstances ou démarche non sécuritaire ou utilise une marchette
Ⓙ A besoin de l'aide d'une autre personne pour marcher
Ⓡ Ne marche pas
Cocher si la personne possède
  ✔ Une canne
  ✔ Une marchette
  ✔ Une quadripode

3. DÉPLACEMENT EN FAUTEUIL ROULANT (FR)
Pour chacun des lieux, codifier selon,
Ⓥ N'a pas besoin de FR pour se déplacer
Ⓢ Se déplace seul en FR
Ⓙ Nécessite qu'une personne pousse le FR
Ⓡ Ne peut utiliser un FR (doit être transporté en civière)

4. UTILISATION DE L'ESCALIER
  ET
5. UTILISATION DE L'ASCENSEUR
Codifier
Ⓥ L'utilise seul
Ⓢ L'utilise seul mais nécessite qu'on le guide, stimule ou surveille ou encore l'utilise de façon non sécuritaire
Ⓙ L'utilise avec l'aide d'une autre personne
Ⓡ Ne l'utilise pas

6. SÉCURITÉ
Cocher s'il y a lieu
  ✔ Ceinture au fauteuil roulant (FR) — fauteuil gériatrique (FG)

  ✔ Ceinture pour tout autre fauteuil
  ✔ Gilet de sécurité
  ✔ Ségufix
  ✔ Ridelle(s) de lit monté(es)
    1 côté   ✔ Jour   ✔ Soir   ✔ Nuit
    2 côtés   ✔ Jour   ✔ Soir   ✔ Nuit
  ✔ autre : préciser_____

C. COMMUNICATION

Indiquer la langue parlée_____

1. VOIR
Codifier
Ⓥ Voit de facon adéquate avec ou sans verres correcteurs
Ⓢ Troubles de vision mais voit suffisamment pour accomplir les activités quotidiennes
Ⓙ Ne voit que le contour des objets et nécessite d'être guidé dans les activités quotidiennes
Ⓡ Aveugle

2. ENTENDRE
Codifier
Ⓥ Entend convenablement avec ou sans appareil auditif
Ⓢ Entend ce qu'on lui dit à la condition de parler fort ou nécessite qu'on lui installe son appareil auditif
Ⓙ N'entend que les cris ou que certains mots ou lit sur les lèvres ou comprend par gestes
Ⓡ Surdité complète et incapacité de comprendre ce qu'on veut lui communiquer
Cocher s'il y a lieu
  ✔ Lunettes
  ✔ Appareil auditif
    ✔ oreille droite
    ✔ oreille gauche
Pour mettre et enlever lunettes ou appareil auditif
Codifier
Ⓥ Seul
Ⓢ Surveillance, stimulation
Ⓙ Aide partielle
Ⓡ Aide totale

3. PARLER
Ⓥ Parle normalement
Ⓢ A un défaut de langage mais réussit à exprimer sa pensée
Ⓙ A un défaut grave de langage mais peut communiquer certains besoins primaires ou répondre à des questions simples (oui, non)
Ⓡ Ne communique pas

D. FONCTIONS MENTALES

1. MÉMOIRE
Ⓥ Mémoire normale
Ⓢ Oublie des faits récents (nom de personne, rendez-vous...) mais se souvient des faits importants
Ⓙ Oublie régulièrement des choses de la vie courante, (avoir pris ses médicaments, rangement des effets personnels, avoir pris un repas, ses visiteurs)
Ⓡ Amnésie quasi totale

2. ORIENTATION
Ⓥ Bien orienté par rapport au temps, à l'espace et aux personnes
Ⓢ Est quelquefois désorienté par rapport au temps, à l'espace et aux personnes
Ⓙ Est orienté seulement dans la petite durée (temps de la journée), le petit espace (environnement immédiat habituel) et par rapport aux personnes familières
Ⓡ Désorientation complète

3. COMPRÉHENSION
Ⓥ Comprend bien ce qu'on lui explique ou lui demande
Ⓢ Est lent à saisir des explications ou des demandes
Ⓙ Ne comprend que partiellement même après des explications répétées
Ⓡ Ne comprend pas ce qui se passe autour de lui

4. JUGEMENT
Ⓥ Évalue les situations et prend des décisions sensées
Ⓢ Évalue les situations et nécessite des conseils pour prendre des décisions sensées
Ⓙ Évalue mal les situations et ne prend des décisions sensées que si on lui suggère fortement notre opinion
Ⓡ N'évalue pas les situations et on doit prendre les décisions à sa place

5. COMPORTEMENT
Ⓥ Comportement adéquat
Ⓢ Troubles de comportement mineurs (jérémiades, labilité émotive, entêtement, apathie) qui nécessitent une surveillance occasionnelle OU un rappel à l'ordre OU une stimulation
Ⓙ Troubles de comportement qui nécessitent une surveillance plus intensive (agressivité envers soi ou les autres, dérange les autres)
Ⓡ Dangereux, nécessite des contentions OU essaie de blesser les autres ou de se blesser OU tente de se sauver

PARTICULARITÉS
Indiquer ici toutes autres informations complémentaires pertinentes.
Cocher s'il y a lieu
  ✔ Tablier de fumeur

Pour obtenir des exemplaires de ce tableau de soins, écrire à :

Service de la comptabilité
Système de Mesure de l'Autonomie Fonctionnelle
HÔPITAL D'YOUVILLE DE SHERBROOKE
1036, Belvédère Sud
Sherbrooke (Québec) Canada   J1H 4C4
Tél. : (819) 821-5116 Poste 2274

Le SMAF a été conçu et validé grâce à l'appui du Conseil québécois de la recherche sociale et du Département de santé communautaire de l'Hôtel Dieu de Lévis. Le Centre d'accueil de Lachine a contribué à cette version révisée

Figure 6.2   Tableau de soins (suite)

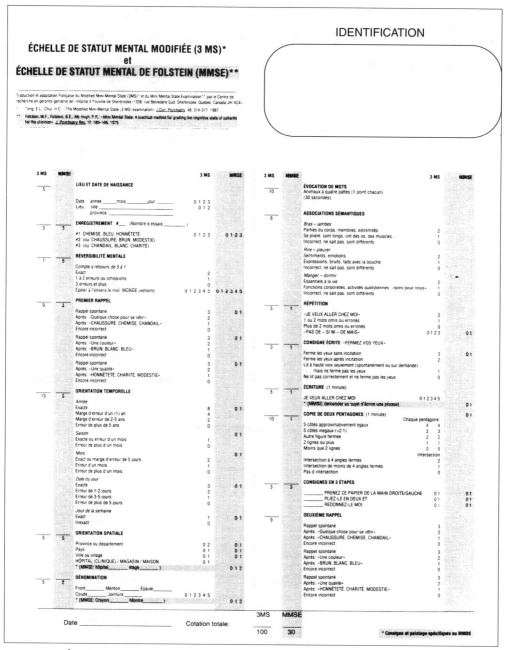

Figure 6.3   Échelle de statut mental modifié (3MS)

Échelle de dépression gériatrique

Traduction française du *Geriatric Depression Scale de Yesavage & Coll.* (1983) par Bourque, Blanchard et Vézina (1990).

1.* Êtes-vous fondamentalement satisfait(e) de la vie que vous menez ?   Oui / Non
2. Avez-vous abandonné un grand nombre d'activités et d'intérêts ?   .   Oui / Non
3. Est-ce que vous sentez un vide dans votre vie ? . . . .   Oui / Non
4. Vous ennuyez-vous souvent ? . . . .   Oui / Non
5.* Êtes-vous optimiste quand vous pensez à l'avenir ? . . . .   Oui / Non
6. Êtes-vous préoccupé(e) par des pensées dont vous n'arrivez
   pas à vous défaire ? . . . .   Oui / Non
7.* Avez-vous la plupart du temps un bon moral ? . . . .   Oui / Non
8. Craignez-vous qu'il vous arrive quelque chose de grave ? . . . .   Oui / Non
9.* Êtes-vous heureux/heureuse la plupart du temps ? . . . .   Oui / Non
10. Éprouvez-vous souvent un sentiment d'impuissance ? . . . .   Oui / Non
11. Vous arrive-t-il souvent de ne pas tenir en place,
    de vous impatienter ? . . . .   Oui / Non
12. Préférez-vous rester chez vous au lieu de sortir pour
    faire de nouvelles activités ? . . . .   Oui / Non
13. Êtes-vous souvent inquiet(ète) au sujet de l'avenir ? . . . .   Oui / Non
14. Avez-vous l'impression d'avoir plus de problèmes de mémoire
    que la majorité des gens ? . . . .   Oui / Non
15.* Pensez-vous qu'il est merveilleux de vivre à l'époque actuelle ? . . .   Oui / Non
16. Vous sentez-vous souvent triste et déprimé(e) ? . . . .   Oui / Non
17. Vous sentez-vous plutôt inutile dans votre état actuel ? . . . .   Oui / Non
18. Le passé vous préoccupe-t-il beaucoup ? . . . .   Oui / Non
19.* Trouvez-vous la vie très excitante ? . . . .   Oui / Non
20. Avez-vous de la difficulté à entreprendre de nouveaux projets ? . . .   Oui / Non
21.* Vous sentez-vous plein(e) d'énergie ? . . . .   Oui / Non
22. Avez-vous l'impression que votre situation est désespérée ? . . . . .   Oui / Non
23. Pensez-vous que la plupart des gens vivent mieux que vous ? . . . .   Oui / Non
24. Vous mettez-vous souvent en colère pour des riens ? . . . .   Oui / Non
25. Avez-vous souvent envie de pleurer ? . . . .   Oui / Non
26. Avez-vous de la difficulté à vous concentrer ? . . . .   Oui / Non
27.* Êtes-vous heureux/heureuse de vous lever le matin ? . . . .   Oui / Non
28. Préférez-vous éviter les rencontres sociales ? . . . .   Oui / Non
29.* Prenez-vous facilement des décisions ? . . . .   Oui / Non
30.* Vos pensées sont-elles aussi claires que par le passé ? . . . .   Oui / Non

Calculer un point à chaque réponse positive sauf pour les items marqués d'un astérisque (*) où la cotation doit être inversée.

Figure 6.4   Échelle de dépression gériatrique

SUJET NO. _____ |_|_|_|

INVENTAIRE RÉVISÉ DES PROBLÈMES DE COMPORTEMENT ET DE MÉMOIRE

Traduction et adaptation du
Revised Memory and Behavior Checklist © de L. Teri (University of Washington)
par le Centre de recherche en gérontologie et gériatrie
Hôpital d'Youville de Sherbrooke
1036, rue Belvédère Sud
Sherbrooke, Québec, J1H 4C4

NOM: _____   Évaluateur(trice): _____ |_|

PRÉNOM: _____   Date   : _____ |_|_|_|_|_|_|
                                  Jour / Mois / Année

Évaluation no.: _____ |_|

CLASSES DE FRÉQUENCE	CLASSES DE RÉACTION
0 = Jamais survenu 1 = Est survenu, mais pas dans la dernière semaine 2 = Est survenu 1 ou 2 fois dans la dernière semaine 3 = Est survenu 3 à 6 fois dans la dernière semaine 4 = Survient tous les jours ou plus souvent 9 = Ne sait pas / ne s'applique pas	0 = Pas du tout 1 = Un peu 2 = Modérément 3 = Beaucoup 4 = Extrêmement 9 = Ne sait pas / ne s'applique pas

Durant la dernière semaine, combien de fois lui est-il arrivé de...			A quel point ce problème vous dérange ou bouleverse <u>au moment</u> où il se produit?	
	FRÉQUENCE	**RÉACTION**		
1. Poser la même question maintes et maintes fois.	0 1 2 3 4 9		|_|
		0 1 2 3 4 9	|_|
2. Avoir de la difficulté à se rappeler des événements récents (ex.: nouvelles dans le journal ou à la télévision…).	0 1 2 3 4 9		|_|
		0 1 2 3 4 9	|_|
3. Avoir de la difficulté à se rappeler des événements importants du passé.	0 1 2 3 4 9		|_|
		0 1 2 3 4 9	|_|

Figure 6.5   Inventaire révisé des problèmes de comportement et de mémoire

CLASSES DE FRÉQUENCE	CLASSES DE RÉACTION
0 = Jamais survenu 1 = Est survenu, mais pas dans la dernière semaine 2 = Est survenu 1 ou 2 fois dans la dernière semaine 3 = Est survenu 3 à 6 fois dans la dernière semaine 4 = Survient tous les jours ou plus souvent 9 = Ne sait pas / ne s'applique pas	0 = Pas du tout 1 = Un peu 2 = Modérément 3 = Beaucoup 4 = Extrêmement 9 = Ne sait pas / ne s'applique pas

Durant la dernière semaine, combien de fois lui est-il arrivé de...

A quel point ce problème vous dérange ou bouleverse <u>au moment</u> où il se produit?

		FRÉQUENCE	**RÉACTION**	
4.	Perdre des choses ou les placer au mauvais endroit.	0 1 2 3 4 9		|_|
			0 1 2 3 4 9	|_|
5.	Oublier quel jour on est.	0 1 2 3 4 9		|_|
			0 1 2 3 4 9	|_|
6.	Commencer des activités sans les finir.	0 1 2 3 4 9		|_|
			0 1 2 3 4 9	|_|
7.	Avoir de la difficulté à se concentrer sur une tâche.	0 1 2 3 4 9		|_|
			0 1 2 3 4 9	|_|
8.	Détruire des biens.	0 1 2 3 4 9		|_|
			0 1 2 3 4 9	|_|
9.	Faire des choses qui vous gênent.	0 1 2 3 4 9		|_|
			0 1 2 3 4 9	|_|
10.	Vous réveiller la nuit (vous ou un autre membre de la famille).	0 1 2 3 4 9		|_|
			0 1 2 3 4 9	|_|

Figure 6.5 Inventaire révisé des problèmes de comportement et de mémoire (suite)

CLASSES DE FRÉQUENCE	CLASSES DE RÉACTION
0 = Jamais survenu 1 = Est survenu, mais pas dans la dernière semaine 2 = Est survenu 1 ou 2 fois dans la dernière semaine 3 = Est survenu 3 à 6 fois dans la dernière semaine 4 = Survient tous les jours ou plus souvent 9 = Ne sait pas / ne s'applique pas	0 = Pas du tout 1 = Un peu 2 = Modérément 3 = Beaucoup 4 = Extrêmement 9 = Ne sait pas / ne s'applique pas

Durant la dernière semaine, combien de fois lui est-il arrivé de...

A quel point ce problème vous dérange ou bouleverse <u>au moment</u> où il se produit?

	FRÉQUENCE	RÉACTION	
11. Parler fort et rapidement.	0 1 2 3 4 9		|__|
		0 1 2 3 4 9	|__|
12. Sembler anxieux(se) ou inquiet(ète).	0 1 2 3 4 9		|__|
		0 1 2 3 4 9	|__|
13. Avoir des comportements potentiellement dangereux pour lui(elle) ou les autres.	0 1 2 3 4 9		|__|
		0 1 2 3 4 9	|__|
14. Menacer de se suicider.	0 1 2 3 4 9		|__|
		0 1 2 3 4 9	|__|
15. Menacer de blesser les autres.	0 1 2 3 4 9		|__|
		0 1 2 3 4 9	|__|
16. Être agressif(ve) verbalement envers les autres.	0 1 2 3 4 9		|__|
		0 1 2 3 4 9	|__|
17. Sembler triste ou déprimé(e).	0 1 2 3 4 9		|__|
		0 1 2 3 4 9	|__|

Figure 6.5   Inventaire révisé des problèmes de comportement et de mémoire (suite)

CLASSES DE FRÉQUENCE

0 = Jamais survenu
1 = Est survenu, mais pas dans la dernière semaine
2 = Est survenu 1 ou 2 fois dans la dernière semaine
3 = Est survenu 3 à 6 fois dans la dernière semaine
4 = Survient tous les jours ou plus souvent
9 = Ne sait pas / ne s'applique pas

CLASSES DE RÉACTION

0 = Pas du tout
1 = Un peu
2 = Modérément
3 = Beaucoup
4 = Extrêmement
9 = Ne sait pas / ne s'applique pas

Durant la dernière semaine, combien de fois lui est-il arrivé de...

A quel point ce problème vous dérange ou bouleverse au moment où il se produit?

		FRÉQUENCE	RÉACTION	
18.	Exprimer des sentiments de désespoir ou de tristesse par rapport à l'avenir (ex: "il ne m'arrivera jamais rien de bon"; "je ne fais jamais rien de bien").	0 1 2 3 4 9		|__|
			0 1 2 3 4 9	|__|
19.	Pleurer ou pleurnicher.	0 1 2 3 4 9		|__|
			0 1 2 3 4 9	|__|
20.	Parler de sa mort ou de celle des autres (ex: "la vie est intolérable", "je serais mieux mort(e)").	0 1 2 3 4 9		|__|
			0 1 2 3 4 9	|__|
21.	Exprimer des sentiments de solitude.	0 1 2 3 4 9		|__|
			0 1 2 3 4 9	|__|
22.	Dire qu'il(elle) est inutile ou un fardeau pour les autres.	0 1 2 3 4 9		|__|
			0 1 2 3 4 9	|__|
23.	Dire qu'il(elle) est un(e) raté(e) ou qu'il(elle) n'a rien accompli de valable dans sa vie.	0 1 2 3 4 9		|__|
			0 1 2 3 4 9	|__|
24.	Chicaner, de se plaindre ou d'être irritable.	0 1 2 3 4 9		|__|
			0 1 2 3 4 9	|__|

Figure 6.5 Inventaire révisé des problèmes de comportement et de mémoire (suite)

INVENTAIRE DU FARDEAU

Traduction du Burden Interview de Zarit* par
le Centre de recherche en gérontologie et gériatrie
Hôpital D'Youville de Sherbrooke
1036, rue Belvédère Sud
Sherbrooke, QC   J1H 4C4

NOM : _____   Évaluatrice : _____ |_|

PRÉNOM : _____   Date : _____ |_|_|_|_|_|_|
                                    Jour / Mois / Année

                                    Évaluation no. : _____ |_|

Voici une liste d'énoncés qui reflètent comment les gens se sentent parfois quand ils prennent soin d'autres personnes. Pour chaque énoncé, indiquez À QUELLE FRÉQUENCE il vous arrive de vous sentir ainsi : **JAMAIS, RAREMENT, QUELQUEFOIS, ASSEZ SOUVENT** ou **PRESQUE TOUJOURS**. Il n'y a ni bonne ni mauvaise réponse.

0 = JAMAIS
1 = RAREMENT
2 = QUELQUEFOIS
3 = ASSEZ SOUVENT
4 = PRESQUE TOUJOURS

A quelle fréquence vous arrive-t-il de...

1. sentir que votre parent demande plus d'aide qu'il n'en a besoin?   0 1 2 3 4 |_|

2. sentir qu'à cause du temps consacré à votre parent, vous n'avez plus assez de temps pour vous?   0 1 2 3 4 |_|

3. vous sentir tiraillé(e) entre les soins à votre parent et les autres responsabilités familiales ou de travail?   0 1 2 3 4 |_|

4. vous sentir embarrassé(e) par les comportements de votre parent?   0 1 2 3 4 |_|

5. vous sentir en colère lorsque vous êtes en présence de votre parent?   0 1 2 3 4 |_|

6. sentir que votre parent nuit à vos relations avec d'autres membres de la famille ou des amis?   0 1 2 3 4 |_|

7. avoir peur de ce que l'avenir réserve à votre parent?   0 1 2 3 4 |_|

8. sentir que votre parent est dépendant de vous?   0 1 2 3 4 |_|

9. vous sentir tendue quand vous êtes avec votre parent?   0 1 2 3 4 |_|

* Zarit, S.H., Orr, N.K., Zarit, J.M.: The hidden victims of Alzheimer's disease, New York University Press, New York, 1985.

Figure 6.6   Inventaire du fardeau

INVENTAIRE DU FARDEAU

0 = JAMAIS
1 = RAREMENT
2 = QUELQUEFOIS
3 = ASSEZ SOUVENT
4 = PRESQUE TOUJOURS

10. sentir que votre santé s'est détériorée à cause de votre implication auprès de votre parent?   0 1 2 3 4 |_|

11. sentir que vous n'avez pas autant d'intimité que vous aimeriez à cause de votre parent?   0 1 2 3 4 |_|

12. sentir que votre vie sociale s'est détériorée du fait que vous prenez soin de votre parent?   0 1 2 3 4 |_|

13. vous sentir mal à l'aise de recevoir des amis à cause de votre parent?   0 1 2 3 4 |_|

14. sentir que votre parent semble s'attendre à ce que vous preniez soin de lui comme si vous étiez la seule personne sur qui il pouvait compter?   0 1 2 3 4 |_|

15. sentir que vous n'avez pas assez d'argent pour prendre soin de votre parent compte tenu de vos autres dépenses?   0 1 2 3 4 |_|

16. sentir que vous ne serez plus capable de prendre soin de votre parent encore bien longtemps?   0 1 2 3 4 |_|

17. sentir que vous avez perdu le contrôle de votre vie depuis la maladie de votre parent?   0 1 2 3 4 |_|

18. souhaiter pouvoir laisser le soin de votre parent à quelqu'un d'autre?   0 1 2 3 4 |_|

19. sentir que vous ne savez pas trop quoi faire pour votre parent?   0 1 2 3 4 |_|

20. sentir que vous devriez en faire plus pour votre parent?   0 1 2 3 4 |_|

21. sentir que vous pourriez donner de meilleurs soins à votre parent?   0 1 2 3 4 |_|

22. En fin de compte, à quelle fréquence vous arrive-t-il de sentir que les soins de votre parent sont un fardeau, une charge?   0 1 2 3 4 |_|

Figure 6.6   Inventaire du fardeau (suite)

BIBLIOGRAPHIE

AGNEW, P.J. & F. MAAS: Jamar dynamometer and adapted sphygmomanometer for measuring grip strength in patients with rheumatoid arthritis. *Occup Ther J Research*, **11**:259-270, 1991.

BAHVNANI, G. & Coll.: The reliability of the Rivermead Perceptual Assessment. *British J Occup Ther*, **46**:17-19, 1983.

BERG, K.: Balance and its measure in the elderly: a review. *Physiother Canada*, **41**:240-246, 1989.

BERG, K.: *Measuring balance in the elderly: validation of an instrument*, PhD Thesis, McGill University, Montreal, 1993.

BERG, K. & Coll.: Clinical and laboratory measures of postural balance in an elderly population. *Arch Phys Med Rehabil*, **73**:1073-1080, 1992.

BERG, K. & Coll.: Measuring balance in the elderly: preliminary development of an instrument. *Physiother Canada*, **41**:304-311, 1989.

BOURQUE, P., BLANCHARD, L. & J. VÉZINA: Étude psychométrique de l'Échelle de dépression gériatrique. *La Revue canadienne du vieillissement*, **9**(4):348-355, 1990.

BOUSKA, M.J. & E. KIWATNY: *Manual for application of the Motor-Free Visual Perceptual Test to the adult population*, W.B. Saunders, Philadelphia, 6th ed., 1983.

CROMWELL, F.S.: *Occupational therapists manual for basic skills assessment: Primary prevocational evaluation*, Fair Oaks Printing, Pasadena, 1965.

DESROSIERS, J. & Coll.: Validation of the Box and Block Test as a measure of dexterity of elderly people: reliability, validity and norms studies. *Arch Phys Med Rehabil*, **75**:751-755, 1994.

DESROSIERS, J. & Coll.: Normative data of the TEMPA and its relationship with sensorimotor upper extremity parameters. *Arch Phys Med Rehabil*, **76**:1125-1129, 1995.

DESROSIERS, J. & Coll.: Development and reliability of an upper extremity function test for the elderly: the TEMPA. *Can J Occup Ther*, **60**:9-16, 1993.

DESROSIERS, J. & Coll.: Validity of a measurement instrument for upper extremity performance: the TEMPA. *Occup Ther J Research*, **14**:267-281, 1994.

DESROSIERS, J. & Coll.: Normative data for grip strength of elderly men and women. *Am J Occup Ther*, **49**:637-644, 1995.

DESROSIERS, J. & Coll.: Upper extremity motor coordination of healthy elderly people. *Age Ageing*, **24**:108-112, 1995.

DESROSIERS, J. & Coll.: The Purdue Pegboard test: normative data for people aged 60 and over. *Disabil Rehab*, **17**:217-224, 1995.

DESROSIERS, J. & Coll.: Reliability of the revised functional autonomy measurement system (SMAF) for epidemiological research. *Age Ageing*, **24**(5):402-406, 1995.

DUNCAN, P.W., PROPST, M. & S.G. NELSON: Reliability of the Fugl-Meyer Assessment of sensorimotor recovery following cerebrovascular accident. *Phys Ther*, **63**:1606-1610, 1983.

DUTIL, É. & Coll.: *Test de Fugl-Meyer. Protocole d'évaluation de la fonction sensorimotrice*, Centre de recherche de l'Institut de réadaptation de Montréal, Montréal, 1989.

FUGL-MEYER, A.R. & Coll.: The post-stroke hemiplegic patient. I – A Method for evaluation of physical performance. *Scand J Rehabil Med*, **7**:13-31, 1975.

GAUTHIER, L.: *Elaboration of an assessment for hemispatial neglect: the Bells Test*. School of Physical and Occupational Therapy, McGill University, Montreal, 1992.

GAUTHIER, L., DEHAULT, F. & Y. JOANETTE: A quantitative and qualitative test for visual neglect. *Int J Clin Neuropsych*, **XI**:49-54, 1989.

HÉBERT, R., CARRIER, R. & A. BILODEAU: Le système de mesure de l'autonomie fonctionnelle (SMAF). *Revue de gériatrie*, **13**(4):161-167, 1988.

HÉBERT, R., CARRIER, R. & A. BILODEAU: The functional autonomy measurement system (SMAF): Description and validation of an instrument for the measurement of handicaps. *Age Ageing*, **17**:293-302, 1988a.

HÉBERT, R., BRAVO, G. & D. GIROUARD: Fidélité de la traduction française de trois instruments d'évaluation des aidants naturels de malades déments. *La Revue canadienne du vieillissement*, **12**(3):324-337, 1993.

HÉBERT, R., BRAVO, G. & L. VOYER: La traduction d'instruments de mesure pour la recherche gérontologique en langue française: critères métrologiques et inventaire. *La Revue canadienne du vieillissement*, **13**(3):392-405, 1994.

HÉBERT, R., BRAVO, G. & D. GIROUARD: Validation de l'adaptation française du Modified Mini-Mental State (3MS). *Revue de gériatrie*, **17**(8):443-450,1992.

JOANETTE, Y. & Coll.: Évaluation neuropsychologique dans la démence de type Alzheimer: un compromis optimal. *L'année gérontologique*, **9**:175-189, 1995.

JONES, E. & Coll.: Strength and function in the normal and rheumatoid hand. *J Rheumatol*, **18**:1313-1318, 1991.

LANDIS, J.R. & G.G. KOCH: The measurement of observer agreement for categorical data. *Biometrics*, **33**:159-174, 1977.

LINCOLN, N.B. & D. CLARKE: The performance of normal elderly people on the Rivermead Perceptual Assessment Battery. *British J Occup Ther*, **50**:156-157, 1987.

MATHIAS, S. & Coll.: Balance in elderly patients: The «Get-up and Go» test. *Arch Phys Med Rehabil*, **67**:387-389, 1986.

MATHIOWETZ, V. & Coll.: Grip and pinch strength: normative data for adults. *Arch Phys Med Rehabil*, **66**:69-74, 1985.

MATHIOWETZ, V. & Coll.: Adult norms for the Box and Block Test of manual dexterity. *Am J Occup Ther*, **39**:386-391, 1985.

MERCIER, L., HÉBERT, R. & L. GAUTHIER: Motor Free Visual Perceptual Test: impact of verbal answers card position on hemispatial visual neglect. *Occup Ther J Research*, **15**:223-236, 1995.

PODSIADLO, D. & S. RICHARDSON: The Timed «Up and Go»: A test of Basic Functional Mobility for Frail Elderly persons. *J Am Geriatr Soc*, **39**:142-148, 1991.

TENG, E.L. & H.C. CHUI: Modified Mini-Mental State (3MS) Examination. *J Clin Psychiatry*, **48**:314-318,1987.

TERI, L. & Coll.: Assessment of Behavioral Problems in Dementia: The Revised Memory and Behavior Problems Checklist. *Psychology and Aging*, **7**(4):622-631, 1992.

TIFFIN, J. & E.J. ASHER: The Purdue Pegboard: Norms and studies of reliability and validity. *J Applied Psychol*, **32**:234-247, 1948.

TINETTI, M.E.: Performance-oriented assessment of mobility problems in elderly patients. *J Am Geriatr Soc*, **34**:119-126, 1986.

VÉZINA, J. & Coll.: *Comparaison de la performance diagnostique de l'inventaire de dépression gériatrique de Beck et de l'échelle de dépression gériatrique: utilisation des courbes caractéristiques.* Les Cahiers de recherche de l'École de psychologie, (1992-136), Université Laval, Québec, 1992.

WHITING, S. & Coll.: *RPAB. Rivermead Perceptual Assessment Battery Manual.* NFER-NELSON, Windsor, Berks, England, 1985.

YESAVAGE, J.A. & Coll.: Development and validation of a geriatric depression scale: a preliminary report. *J Psychiatr Res*, **17**:37-49, 1983.

ZARIT, S.H., ORR, N.K. & J.M. ZARIT: *The hidden victims of Alzheimer's disease*, New York University Press, New York, 1985.

LECTURES SUGGÉRÉES

HÉBERT, R., BRAVO, G. & L. VOYER: *Répertoire des instruments de mesure en langue française pour la recherche gérontologique et gériatrique.* Centre de recherche en gérontologie et gériatrie, Sherbrooke, 1993.

STREINER, D.L. & G.R. NORMAN: *Health measurement scales. A practical guide to their development and use.* Oxford University Press, New York, 1995.

PERTE D'AUTONOMIE

RÉJEAN HÉBERT

La perte d'autonomie constitue un des modes de présentation les plus fréquents des maladies chez la personne âgée. Ce syndrome clinique est le prototype même de la maladie du vieillard : symptômes peu spécifiques, évolution insidieuse, présentation atypique, atteinte concomitante des sphères physique, psychique, sociale et fonctionnelle. La perte d'autonomie recouvre une foule de diagnostics et est souvent réversible, une fois la cause identifiée. Elle demande donc une attention particulière et une évaluation exhaustive.

Plusieurs appellations sont utilisées pour désigner cette condition. La littérature anglo-saxonne parle de « *going off syndrome*», «*decreased vitality*», «*unexplained decline*» et de «*failure to thrive*», expression empruntée à la nosologie pédiatrique. Le terme sénilité, qui fait tant horreur aux gériatres, recouvre à peu près les mêmes manifestations. Le syndrome de glissement décrit par Graux est une des formes de la perte d'autonomie survenant à la suite d'une affection aiguë apparemment jugulée. Il ne faut pas confondre ce dernier avec l'autre syndrome de glissement utilisé en psychogériatrie pour désigner un état de régression quasi suicidaire accompagnant certaines dépressions.

Dans une étude longitudinale réalisée sur un échantillon représentatif de 572 personnes de plus de 75 ans vivant à domicile, nous avons montré que chez les sujets dont l'autonomie était stable durant l'année précédente, l'incidence annuelle de perte d'autonomie s'élève à 11,9 %, l'incidence de récupération fonctionnelle est de 6,2 % et le taux de mortalité atteint 3,4 %. Chez les sujets qui ont perdu de l'autonomie au cours de l'année précédente, l'incidence de perte d'autonomie s'élève à 15,7 % et le taux de mortalité grimpe à 9,6 %. Fait intéressant, 32,2 % de ces sujets récupèrent l'autonomie perdue au cours de l'année subséquente. Ces données indiquent donc que la perte d'autonomie est un processus dynamique évoluant rapidement et que le défaitisme manifesté face à cette condition n'est pas justifié.

Selon cette même étude, les facteurs associés à la perte d'autonomie sont l'âge, le fait de ne pas vivre seul, le nombre de jours vécus à l'écart des activités régulières, les incapacités préalables, l'affect dépressif et surtout la déficience cognitive. Ces données contredisent le mythe voulant que la «vieille-veuve-vivant-seule» soit une personne à haut risque de perte d'autonomie, puisque ni le sexe, ni le statut marital n'ont d'influence sur la perte d'autonomie, et que non seulement le fait de vivre seul n'est pas un facteur de risque mais il semble avoir plutôt un rôle protecteur. De plus, certains autres facteurs comme le revenu, le niveau d'éducation, le réseau social et les événements stressants n'ont pas de lien avec la perte d'autonomie. Le nombre de maladies et la gravité de celles-ci n'ont pas non plus d'influence sur la détérioration fonctionnelle. En plus de la déficience cognitive et de l'affect dépressif, seuls les maladies pulmonaires ainsi que les troubles de vision et d'audition sont associés à la perte d'autonomie.

Par ailleurs, parmi les facteurs favorisant la récupération fonctionnelle, on note le fait de ne pas vivre seul, le nombre de jours d'hospitalisation, les soins à domicile et de meilleures fonctions cognitives. Ces données confirment que l'âge n'est pas un facteur important et que les interventions sanitaires ont un rôle significatif.

PRÉSENTATION CLINIQUE

La perte d'autonomie est un syndrome clinique qui regroupe un ensemble de symptômes

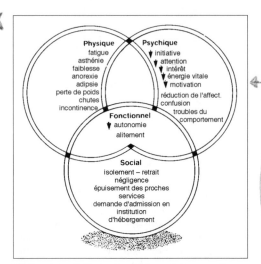

Figure 7.1   Présentation clinique de la perte d'autonomie

non spécifiques touchant les sphères physique, psychique, sociale et fonctionnelle (Fig. 7.1).

Au niveau **physique**, le malade ou les proches décrivent les symptômes en termes vagues: «Il ne va pas bien», «Il a beaucoup vieilli», «Il en a beaucoup perdu». On retient, à l'interrogatoire, un état de fatigue, de faiblesse, d'asthénie souvent accompagné d'anorexie, d'adipsie et de perte de poids. Le tableau s'accompagne de chutes qui, parfois, précèdent l'apparition du syndrome (chutes prémonitoires). L'incontinence urinaire ou fécale est fréquente.

Le malade présente aussi différents symptômes **psychiques** qui, parfois, dominent le tableau. On remarque une diminution de l'initiative, de l'attention et de l'énergie vitale. L'affect est émoussé et il y a perte d'intérêt et de motivation. Des problèmes cognitifs (confusion) sont souvent présents et peuvent s'accompagner de troubles du comportement.

Du point de vue **social**, on note d'abord un isolement progressif avec retrait des activités sociales habituelles. On remarque aussi une négligence progressive, d'abord dans l'entretien de la maison puis dans l'hygiène personnelle. Peu à peu, les proches (famille, conjoint, entourage) s'épuisent, ce qui provoque des crises familiales pouvant aller jusqu'aux sévices corporels ou mentaux à l'endroit du vieillard. Le tout résulte souvent en une demande urgente d'admission en institution d'hébergement avec, parfois, uti-

lisation de l'hôpital et des services d'urgence à cette fin.

Le tout se répercute sur l'autonomie **fonctionnelle** de l'individu qui décline progressivement. On a même décrit une hiérarchie des différentes fonctions lors du processus de détérioration et, à l'inverse, au cours de la récupération (Fig. 7.2). Le déclin aboutit à l'alitement du malade avec le lot de complications qui lui sont associées (Chap. 22). Plusieurs études réalisées auprès de vieillards, tant en institution qu'à domicile, ont démontré une corrélation importante entre les incapacités fonctionnelles et la mortalité.

D'après la conception fonctionnelle de la santé (Chap. 5), l'autonomie repose sur un juste équilibre entre l'incapacité fonctionnelle du malade âgé et les ressources matérielles et sociales disponibles pour pallier cette incapacité (Fig. 7.3). La rupture de cet équilibre engendre une situation de handicap et peut résulter d'une aggravation des incapacités, d'une diminution des ressources ou d'une combinaison de ces deux facteurs. Quoi qu'il en soit, une modification à l'un des plateaux de la balance entraîne secondairement des effets sur l'autre plateau. Ainsi, lorsque les incapacités s'aggravent, les ressources s'épuisent plus rapidement. A l'inverse, lorsque les ressources diminuent, l'autonomie du malade est en péril et risque de se détériorer.

La perte d'autonomie est une conséquence directe d'une rupture de cet équilibre souvent précaire. Dans la plupart des cas, on est en présence d'un vieillard en perte d'autonomie et d'une famille épuisée et qui risque de décrocher. Cette situation peut être considérée par les intervenants comme un abandon pur et simple et la famille peut alors faire l'objet de remarques désobligeantes. Ce qui complique encore la situation, c'est que la famille elle-même vit souvent cette crise comme un abandon ou une déchirante séparation et qu'elle éprouve aussi des sentiments de honte et de culpabilité. Ces sentiments, renforcés par le milieu hospitalier, engendrent des comportements de défense qui confortent les intervenants dans leur fausse impression. Ainsi, voit-on des fuites précipitées de la famille, des téléphones décrochés, des absences prolongées, des scènes de colère, etc.

L'erreur grossière dans toute cette problématique est qu'on oublie ou sous-estime l'autre

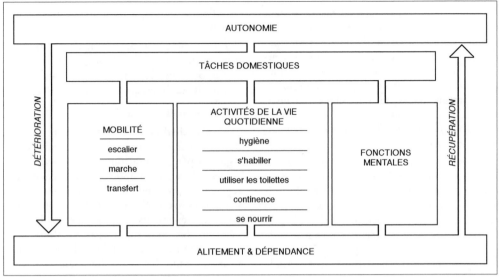

Figure 7.2 Séquence de détérioration des fonctions au cours d'une perte d'autonomie

Figure 7.3 Équilibre incapacités-ressources

plateau de la balance: le vieillard en perte d'autonomie. Dans la très grande majorité des cas, le déséquilibre est provoqué par une détérioration aiguë ou subaiguë de l'état du malade âgé. Cette crise physiologique est souvent méconnue par les médecins, aveuglés par la situation sociale et obnubilés par la «psychose du place-

ment». Ils se privent ainsi de l'objectivité professionnelle essentielle à l'établissement d'un diagnostic précis.

Formes cliniques

La perte d'autonomie se présente sous deux formes, aiguë et subaiguë. La **forme aiguë** s'installe en quelques jours et résulte habituellement d'une maladie intercurrente (infection, AVC, infarctus du myocarde) ou de la décompensation subite d'une condition chronique (diabète, insuffisance hépatique ou rénale). Elle peut également accompagner une crise psychologique ou sociale importante. Elle se manifeste parfois chez la personne âgée quittant son domicile pour être admise en institution d'hébergement ou au cours des premiers jours d'une hospitalisation.

Il s'agit là d'une urgence à laquelle il faut remédier très rapidement. L'hospitalisation est souvent nécessaire pour identifier la cause, la corriger et amorcer une thérapie de réactivation. Si l'intervention est précoce et énergique, le pronostic sera favorable.

La **forme subaiguë** est plus insidieuse et se développe sur une période de quelques semaines, voire de quelques mois. Elle peut être le reflet de l'aggravation progressive d'une maladie chronique (maladie de Parkinson, insuffisance rénale) ou être la manifestation d'une maladie non décelée jusque-là (hyperthyroïdie, tuberculose, néoplasie). Elle est souvent iatrogène et peut être causée par une médication prolongée (digoxine, diurétiques) dont on ne soupçonne pas la toxicité. C'est par ce tableau subaigu que peuvent se présenter des réactions psychologiques importantes. Cette forme de perte d'autonomie passe parfois inaperçue, notamment en institution d'hébergement. Pour cette raison, *la réévaluation périodique de l'autonomie des malades est essentielle.*

Ces malades doivent faire l'objet d'une évaluation exhaustive qui détermine la cause de la détérioration. Qu'une cause réversible soit identifiée ou non, ces malades doivent bénéficier d'un essai de réadaptation, afin de bloquer la détérioration et de récupérer l'autonomie perdue. Le pronostic est ici plus difficile à établir et demande, bien souvent, une période d'observation assez longue.

DIAGNOSTIC DIFFÉRENTIEL

Le diagnostic différentiel de la perte d'autonomie est très vaste et englobe des affections nombreuses et variées (Tableau 7.1).

Néoplasies

Les cancers du poumon, du sein, de la prostate et du côlon sont les plus fréquents. Le cancer du pancréas, quoique plus rare, se présente, de façon caractéristique, par une perte d'autonomie. Les maladies myéloprolifératives (leucémie, myélome) doivent également être suspectées.

La découverte précoce de ces affections est importante puisque plusieurs néoplasmes peuvent être guéris ou contrôlés par un traitement chirurgical, chimique, hormonal ou radiothérapique (Chap. 42).

Endocrinopathies

L'**hypothyroïdie** est fréquente chez le vieillard et présente peu de signes cliniques spécifiques; les principales caractéristiques du myxœdème miment souvent les stigmates du vieillissement normal. Une étude britannique rapporte une incidence de 2,2 % d'hypothyroïdie au dépistage sanguin. Les sujets présentaient tous, en rétrospective, des symptômes non spécifiques et une perte d'autonomie qui s'est améliorée avec le traitement hormonal. L'**hyperthyroïdie** peut aussi se présenter avec un tableau de perte d'autonomie, notamment dans sa forme «apathique», qui s'accompagne parfois d'une

insuffisance cardiaque ou d'une fibrillation auriculaire.

Le **diabète** peut aussi se manifester de façon non spécifique, soit de façon insidieuse, soit à l'occasion d'une décompensation subite (acidocétose ou état hyperosmolaire).

Affections métaboliques

La **déshydratation** extracellulaire est une des causes fréquentes de la perte d'autonomie aiguë. La perte du pouvoir de concentration des urines et la relative adipsie qui accompagnent la sénescence prédisposent le vieillard à des déséquilibres hydro-électrolytiques survenant à la faveur d'événements en apparence banals (température chaude et humide, fièvre, diurétique, gastro-entérite). Une étude réalisée chez des malades de plus de 75 ans, hospitalisés, montre que 60 % d'entre eux avait un taux d'urée sanguin élevé de façon disproportionnée par rapport à la créatininémie, probablement à la suite d'une déshydratation. Rappelons que les signes cliniques de déshydratation ne sont pas spécifiques et qu'il faut davantage se fier au rapport urée/créatinine, à l'élévation de l'hématocrite, à la densité urinaire élevée et à l'hyponatriurèse (< 20 mEq/L). Une perte de poids rapide et marquée doit orienter vers un diagnostic de déshydratation.

L'**hyponatrémie** secondaire à un syndrome de sécrétion inappropriée d'hormone antidiurétique (SIADH) survient parfois chez le vieillard à la suite d'un processus infectieux ou néoplasique affectant le cerveau ou le poumon. On la retrouve également à la suite d'un accident vasculaire cérébral ou dans le cadre d'un myxœdème. L'**hypercalcémie** s'observe, à l'occasion, chez le vieillard atteint d'un carcinome bronchique (sécrétion ectopique de parathormone), de multiples métastases osseuses ou d'une hyperparathyroïdie.

Infections

Les infections bactériennes pulmonaires et urinaires ou les infections virales sont les causes les plus fréquentes de la perte aiguë d'autonomie. La fièvre fait souvent défaut, de même que la leucocytose, ce qui contribue souvent à retarder le diagnostic. Plusieurs facteurs prédisposent les vieillards aux infections (Tableau 7.2) qui sont plus souvent causées par des bacilles à Gram négatif.

Tableau 7.1		
Diagnostic différentiel de la perte d'autonomie		
Forme aiguë		**Forme subaiguë**
	NÉOPLASIES	Cancers (poumons, sein, prostate, côlon, rectum, estomac, pancréas)
Acidocétose et état hyperosmolaire	ENDOCRINOPATHIES	Hypothyroïdie Hyperthyroïdie apathique Diabète Insuffisance surrénalienne
Déshydratation Hypothermie Insuffisance rénale aiguë Saignement actif	AFFECTIONS MÉTABOLIQUES	Urémie Insuffisance hépatique Anémie Hyponatrémie (SIADH) Hypokaliémie Hypercalcémie Carence vitaminique
Pneumonie Septicémie Infection urinaire (pyélonéphrite aiguë) Infections virales	INFECTIONS	Tuberculose Endocardite bactérienne Pyélonéphrite
Accident vasculaire cérébral Hématome sous-dural	AFFECTIONS NEUROLOGIQUES	Maladie de Parkinson Neuropathie périphérique État pseudo-bulbaire Démence Hématome sous-dural chronique Tumeur cérébrale
Insuffisance respiratoire Embolie pulmonaire	PNEUMOPATHIES	
Hypotension Fibrillation auriculaire et autres arythmies Infarctus du myocarde Insuffisance cardiaque	MALADIES CARDIO-VASCULAIRES	
Fracture de la hanche	AFFECTIONS MUSCULO-SQUELETTIQUES	*Polymyalgia rheumatica* et artérite temporale Arthrite rhumatoïde Ostéomalacie
Hypnotiques et sédatifs Digoxine Neuroleptiques	MÉDICAMENTS	Hypnotiques et sédatifs Hypotenseurs (réserpine, méthyldopa) Diurétiques Digoxine Hypoglycémiants oraux Alcool Neuroleptiques Anticonvulsivants Cimétidine Antihistaminiques Bêtabloquants
Deuil Psychose aiguë	TROUBLES PHYSIQUES	Dépression Anxiété et angoisse Manie Paranoïa
Hospitalisation Crise familiale	TROUBLES SOCIAUX	Déménagement Admission en institution d'hébergement Maternage
Abdomen aigu Chirurgie récente	AUTRES CAUSES	Fécalome Malabsorption Ulcère peptique Syndrome préterminal

Tableau 7.2
Facteurs prédisposant le vieillard aux infections
Modifications physiologiques
Poumon (↓ activité ciliaire, ↓ toux)
Vessie (↑ résidu)
Peau (↓ vascularisation)
Métabolisme glucidique (↑ glycémie)
Immunité cellulaire et humorale altérée
Maladies chroniques
Myélome multiple et leucémie
Immunosuppression
Diabète
Hypertrophie prostatique
Hospitalisations plus longues et plus fréquentes
Infections nosocomiales

La **tuberculose** doit être recherchée en présence d'une perte d'autonomie. La forme miliaire se manifeste de façon caractéristique par des symptômes vagues et non spécifiques. La radiographie pulmonaire, l'épreuve de Mantoux (PPD, 5 UI) et la recherche du bacille dans les expectorations et les urines permettent habituellement le diagnostic. Il faut se rappeler que 20 % des individus atteints de tuberculose active présentent une anergie au test cutané.

Le pic d'incidence de l'**endocardite bactérienne** se situe à un âge de plus en plus élevé. La plupart des malades ont une histoire de cardiopathie, le plus souvent valvulaire, bien que l'endocardite puisse aussi toucher des individus sans antécédents cardiaques. Les signes cliniques typiques surviennent habituellement en cours d'évolution : signes infectieux (fièvre, splénomégalie, hippocratisme digital), cardiaques (souffle, insuffisance), emboliques et auto-immuns (pétéchies, arthralgies, hématurie microscopique, hémiparésie). L'hémoculture confirme le diagnostic.

Affections neurologiques

Un **accident vasculaire cérébral** dans une région non motrice peut passer inaperçu et n'être mis en évidence que par un examen neurologique minutieux, incluant les fonctions phasiques, practognosiques et sensitives ou par une tomodensitométrie axiale. L'**hématome sous-dural** peut se présenter sous la forme d'une perte d'autonomie aiguë ou subaiguë.

La **maladie de Parkinson** est fréquente chez le vieillard mais peut passer inaperçue, surtout dans les formes akinétiques où le tremblement caractéristique est absent. Les malades démontrent une amélioration tangible de leur autonomie dès le début du traitement.

Dans la **démence** de type Alzheimer, la détérioration physique ne survient qu'à un stade avancé de la maladie, après une longue histoire de détérioration cognitive progressive.

Les **neuropathies périphériques** sont, le plus souvent, causées par le diabète ou le carcinome bronchique. La dégénérescence subaiguë de la moelle, secondaire à une carence en vitamine B_{12}, est plus rare mais curable.

Maladies pulmonaires et cardio-vasculaires

Les affections pulmonaires et cardio-vasculaires entraînent, le plus souvent, une perte aiguë d'autonomie. Celle-ci survient lors de la décompensation d'une cardiopathie ou d'une pneumopathie connue ou à l'occasion d'un épisode aigu (embolie pulmonaire, arythmie, infarctus du myocarde). Rappelons que dans près de la moitié des cas, l'infarctus du myocarde est indolore, notamment chez le grand vieillard.

Affections musculo-squelettiques

Il arrive parfois qu'une *fracture de la hanche* provoque l'alitement et une perte d'autonomie qui masque la douleur. Le diagnostic est soupçonné lorsqu'on mobilise la hanche fracturée ou que l'on tente de lever le malade. L'ostéoporose et la corticothérapie prédisposent à ces fractures qui peuvent survenir de façon spontanée. En présence d'une forme subaiguë, on doit plutôt rechercher l'*artérite temporale*, la *polymyalgia rheumatica* et l'*arthrite rhumatoïde*.

Médicaments

Les médicaments sont une des causes les plus fréquentes de perte d'autonomie (après les infections). Lorsqu'on examine le malade et qu'on fait l'évaluation de son état, il est indispensable de faire le relevé complet des médicaments qu'il absorbe.

La plupart des médicaments peuvent être incriminés : sédatifs et hypnotiques, neuroleptiques (parkinsonisme), hypotenseurs (réserpine, méthyldopa), bêtabloquants, diurétiques (hyponatrémie, hypokaliémie), digoxine, cimétidine, antihistaminiques, hypoglycémiants oraux, anticonvulsivants. L'abus d'alcool passe parfois inaperçu, notamment chez la femme âgée.

L'évaluation du vieillard en perte d'autonomie nécessite l'arrêt de la plupart des médicaments. Cette *pax therapeutica* entraîne quelquefois de véritables résurrections, en plus de fournir l'occasion de réévaluer toute la thérapeutique.

Troubles psychiques

La *dépression* est une cause curable de perte d'autonomie. Elle est souvent masquée, chez le vieillard, par des plaintes somatiques multiples ou par un état important de régression. Le *deuil* du conjoint ou d'un proche est un facteur déclenchant fréquent. Rappelons enfin que le vieillard n'est pas exempt des *psychoses* et que celles-ci peuvent se manifester par une perte d'autonomie.

Problèmes sociaux

Un *déménagement* récent peut entraîner des perturbations importantes chez la personne âgée. Ces manifestations peuvent être dramatiques, notamment lors de l'*hospitalisation* ou de l'*admission en institution d'hébergement*. Le vieillard, comme l'enfant, réagit parfois à des *crises familiales* majeures par des manifestations physiques ou psychiques qui résultent de l'état de tension provoqué par la situation conflictuelle. Finalement, un abus de soins (*maternage*) par la famille ou les soignants peut brimer l'autonomie du vieillard et l'entraîner dans un état de dépendance.

Syndrome préterminal

Le syndrome préterminal désigne la «dernière maladie» qui précède la mort. Le malade présente alors une perte d'autonomie sans cause apparente malgré une évaluation exhaustive. Ce syndrome survient surtout chez les sujets très âgés (plus de 85 ans). Il représente probablement la cascade inéluctable d'événements provoquée par le débordement de l'homéostasie précaire d'un vieillard. La mort est alors précipitée par une affection mineure. Il s'agit là, bien sûr, d'un diagnostic d'exclusion.

ÉVALUATION

L'évaluation d'une perte d'autonomie nécessite souvent l'hospitalisation, surtout si le tableau clinique est aigu. En plus de faciliter et d'accélérer l'évaluation, l'admission à l'hôpital permet de mieux préciser les symptômes, de suspendre les médicaments sous observation étroite, de soulager temporairement la famille et les proches, d'instaurer rapidement un traitement et d'amorcer la réadaptation. Cette hospitalisation devrait prendre place dans des services à vocation gériatrique, pour profiter de l'expertise spécifique des intervenants.

L'**anamnèse** vise d'abord à connaître la durée de l'évolution (aiguë ou subaiguë) et à préciser les symptômes. Les manifestations physiques (troubles de la mobilité, anorexie) ont-elles précédé les signes psychiques (confusion, apathie, dépression) ou sont-elles plus importantes? Existe-t-il des symptômes localisateurs? Il importe d'obtenir aussi les explications d'une tierce personne vivant avec le malade pour corroborer ses dires ou pallier l'impossibilité d'obtenir une histoire fiable du malade lui-même. Un inventaire complet des médicaments utilisés (prescrits ou non) s'impose et est complété, au besoin, par un appel au pharmacien. Les facteurs psychosociaux doivent aussi être explorés, à la recherche d'événements précipitants (deuil, déménagement).

L'**examen physique** doit se concentrer sur les sphères neurologique, pulmonaire et cardiaque. Le toucher rectal peut révéler la présence d'un fécalome, parfois responsable d'un tableau de confusion et de perte d'autonomie. L'examen mental renseigne sur la présence d'éléments dépressifs ou sur la détérioration des fonctions cognitives.

Un **bilan paraclinique** de base (Tableau 7.3) oriente vers l'étiologie possible. Il est complété, au besoin, par les examens jugés pertinents à la lumière des renseignements obtenus et des anomalies décelées lors de l'examen physique ou des examens de laboratoire.

TRAITEMENT

Le traitement vise d'abord la ou les causes. Plusieurs d'entre elles peuvent être éliminées, d'autres contrôlées; à défaut, des traitements palliatifs sont souvent bénéfiques.

Pendant la période active de la maladie, on veille à prévenir les complications de l'immobilisation (héparine à titre prophylactique). L'intervention infirmière vise à soutenir le malade et à lui permettre de traverser la période de crise. La prévention des escarres de décubitus, la surveillance étroite de l'hydratation et de

Tableau 7.3	
Bilan paraclinique de base pour l'évaluation d'une perte d'autonomie	
Hémogramme	Anémie
	Macrocytose
	Leucocytose (infection, leucémie)
	Polycythémie
Vitesse de sédimentation	Infections
	Inflammations
	Artérite temporale
Glycémie	Diabète
Urée, créatinine	Déshydratation
	Insuffisance rénale
Électrolytes	Hyponatrémie
	Hypokaliémie
Calcium, phosphates	Insuffisance rénale chronique
	Hypercalcémie
Phosphatase alcaline	Métastases osseuses
	Ostéomalacie
Électrophorèse des protéines	
Albumine	Non spécifique
Gammaglobulines	Infections, néoplasie, myélome
Analyse et culture des urines	Insuffisance rénale
	Infection urinaire
TSH ultrasensible	Hypothyroïdie
	Hyperthyroïdie
Radiographie pulmonaire	Pneumonie
	Tuberculose
	Embolie
	Oedème
	Néoplasie primaire ou métastatique
	Fractures de côtes, métastase osseuse, ostéomalacie
Radiographie du bassin	Métastases osseuses, myélome, fracture de la hanche
Électrocardiogramme	Arythmie
	Infarctus
Hémoculture	Septicémie
	Endocardite bactérienne
Épreuve de Mantoux (PPD 5 UI)	Tuberculose

l'excrétion, ainsi que la mobilisation passive sont des mesures essentielles. On portera aussi une attention particulière à l'alimentation du malade tant en quantité (apport énergétique) qu'en qualité (apport protidique).

Une fois l'étiologie connue et le traitement spécifique institué, s'amorce la phase de *réadaptation*. Elle vise la récupération maximale de l'autonomie. Comme dans la physiopathologie de la perte d'autonomie, on observe au cours de la récupération la même intrication des éléments physiques, psychiques et sociaux. Ainsi, comme le montre la figure 7.4, l'homéostasie fonctionnelle peut être rétablie par la compensation de l'un ou l'autre de ses éléments. La réadaptation vise donc tant la restauration des fonctions perdues que l'utilisation des forces restantes pour compenser les déficits.

La physiothérapie doit être utilisée précocement pour mobiliser passivement les extrémités, de façon à conserver l'amplitude articulaire et éviter les contractures. Dès que possible, les exercices actifs sont engagés pour préparer le malade à s'asseoir et à se lever. La rééducation à la marche est alors entreprise.

L'ergothérapie intervient dès que possible pour rééduquer le malade aux activités de la vie quotidienne et lui fournir, le cas échéant, les adaptations nécessaires pour compenser les déficits. L'intervenant social, le psychologue ou l'orthophoniste peuvent aussi apporter, au besoin, leur contribution.

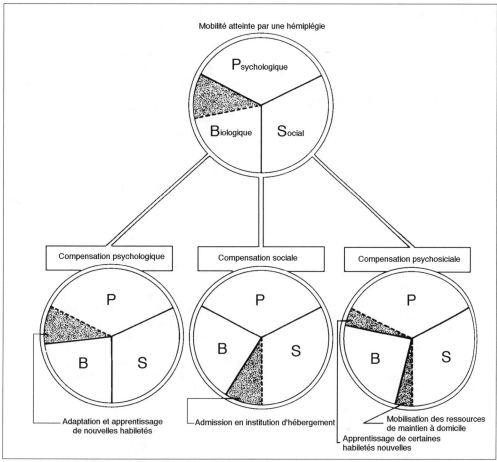

Figure 7.4 Utilisation des forces des sphères biologique (B), psychologique (P) et sociale (S) pour compenser un déficit et rétablir l'homéostasie de l'autonomie (D'après Becker, P.M. & H.J. Cohen: The functional approach to the care of the elderly: a conceptual framework. *J Am Geriatr Soc*, **32(12):**923-929, 1984.)

Toute l'équipe soignante doit conjuguer ses efforts pour stimuler le malade à retrouver son autonomie. La motivation, l'intérêt et l'initiative font souvent défaut à ces vieillards au décours de la maladie. La participation de la famille est alors cruciale pour la mobilisation des énergies du malade vers un retour à une vie autonome.

La sortie du malade est ensuite planifiée selon l'évolution de sa condition. Si la récupération est suffisante, un retour à la maison est organisé, en ayant soin de prévoir les services supplémentaires nécessaires. Lorsqu'un maintien à domicile est impossible, l'orientation du malade vers l'institution d'hébergement appropriée est déterminée par l'équipe, selon le niveau d'autonomie et les soins requis. Enfin, il est possible que la phase de réadaptation se prolonge et que le malade doive être transféré dans un centre de réadaptation gériatrique ou un service de transition (moyen séjour).

La perte d'autonomie est un syndrome clinique fréquent chez la personne âgée. Elle résulte de diverses causes, le plus souvent curables, si un diagnostic précis est posé dans des délais assez courts. Le plus souvent, une réadaptation permet au vieillard de recouvrer son autonomie.

BIBLIOGRAPHIE

BECKER, P.M. & H.J. COHEN: The functional approach to the care of the elderly: a conceptual framework. *J Am Geriatr Soc*, **32**(12):923-929, 1984.

COMFORT, A.: The myth of senility: diagnosing nonspecific major illness in the elderly. *Postgrad Med J*, **65**(3):130-142, 1979.

CONI, N., DAVISON, W. & S. WEBSTER: *Lecture notes on geriatrics*, Blackwell Scientific Publications, Oxford, 1980.

DELOMIER, Y. & J.C. FAVRE: Le syndrome de glissement. *La revue de gériatrie*, **6**:289-296, 1978.

GORDON, M.: Failure to thrive in the elderly. *Resident and staff physician*, **30**(1):5-8, 1984.

GRAUX, P.: Le fléchissement de l'état général du vieillard. *Lille Med*, **12**:175-180, 1967.

HÉBERT, R.: Le vieillard à l'hôpital général: du dumping aux lits bloqués. *Can Fam Physician*, **30**(11):2331-2337, 1984.

HÉBERT, R.: L'évaluation fonctionnelle; un élément essentiel au diagnostic et au traitement en gériatrie. *Le Médecin du Québec*, 59-65, Octobre 1983.

HODKINSON, H.M.: Non-specific presentation of illness. *Br Med J*, **4**:94-96, 1973.

HOGAN, D.B.: Unexplained decline in the elderly. *Perspectives in Geriatrics*, **1**(1):21-28, 1985.

ISAACS, B.: Treatment of the «irremediable» elderly patient. *Br Med J*, **3**:526-528, 1973.

KANE, R.L., OUSLANDER, J.G. & I.B. ABRASS: Decreased vitality, in *Essentials of clinical geriatrics*, McGraw-Hill, New York, 1984.

KATZ, S. & Coll.: Studies of illness in the aged: the index of ADL: a standardized measure of biological and psychosocial function. *JAMA*, **185**(12):914-919, 1963.

SKIENDZIELEWSKI, J.J. & G. MARTYAK: The weak and dizzy patient. *Am Emerg Med*, **9**(7):353-356, 1980.

WARREN, M.D. & R. KNIGHT: Mortality in relation to the functional capacities of people with disabilities living at home. *J Epidemiology and community health*, **36**:220-223, 1982.

LECTURES SUGGÉRÉES

HAMDY, R.C.: *Geriatric medicine: a problem orientated approach*, Baillière-Tindall, London, 1984.

HÉBERT, R.: La perte d'autonomie: définition, épidémiologie et prévention. *L'année gérontologique*, **10**:63-74, 1996.

HODKINSON, H.M.: *Common symptoms of disease in the elderly*. Blackwell Scientific Publications, Oxford, 1980.

CHAPITRE 8

CHUTES

JACQUES ALLARD

Épidémiologie

Facteurs de risque

Étiologie
    Environnement
    Causes neurologiques
    Causes cardio-vasculaires
    Autres causes physiques
    Causes iatrogènes

Évaluation et conduite à tenir

Complications, conséquences physiques et psychologiques

Prévention

Bibliographie

Lectures suggérées

Les chutes sont un problème majeur en gériatrie. Elles représentent souvent une énigme
diagnostique et peuvent parfois être mortelles.
De fait, les chutes représentent la première
cause de décès accidentel chez les personnes
âgées, chez lesquelles elles comptent pour plus
de la moitié des décès par accident. Cela ne
constitue cependant qu'une partie du problème. En effet, la plupart des chutes ne causent
pas de blessure et les statistiques ne font pas
mention de la peur, de l'humiliation et de l'inconfort dont souffrent les personnes âgées victimes de chutes à répétition. La fréquence des
chutes peut devenir si importante qu'elle limite
les possibilités de maintien à domicile et entraîne parfois le placement en institution. La
peur de tomber de nouveau peut finalement
démoraliser la personne âgée au point de lui
faire perdre le goût de vivre ou entraîner l'immobilisation avec sa kyrielle de complications.

ÉPIDÉMIOLOGIE

Environ le tiers des personnes âgées vivant
à domicile font des chutes. Une étude récente,
réalisée à Montréal, démontre que 29 % des
personnes de plus de 65 ans vivant à domicile
ont fait au moins une chute pendant une période de 48 semaines. Douze pour cent de ces
personnes ont fait deux chutes ou plus. Trente-
trois pour cent étaient des femmes et 21 % des
hommes. Les femmes tombent plus souvent
que les hommes avant 80 ans, mais les pourcentages s'égalisent après 80 ans.

Une étude néo-zélandaise rapporte des
taux très semblables et confirme que le risque de
chutes augmente avec l'âge, bien que chez les
hommes de plus de 85 ans, il y aurait une légère
diminution de l'incidence, ce qui pourrait exprimer la survie à un âge très avancé des hom-

mes les plus résistants. Les hommes ont plus
tendance à tomber à l'extérieur que les femmes
et à un niveau d'activité plus élevé. Les chutes
surviennent durant le jour (80 %) et dans les
pièces les plus utilisées.

Environ 6 % des chutes entraîne une fracture et les chutes sont responsables de 40 % des
admissions en soins de longue durée aux États-
Unis *(Nursing Homes)* et la cause principale de
20 % des admissions en service de gériatrie au
Royaume-Uni.

Par ailleurs, les études en clinique externe
ou en salle d'urgence démontrent que les chutes
surviennent plus fréquemment chez les personnes vivant seules et que les personnes âgées négligent très souvent de consulter pour cette raison, attribuant le phénomène au vieillissement
ou l'oubliant tout simplement. Une étude américaine a mis en évidence que 13 à 32 % des
personnes âgées qui avaient fait une chute durant l'année ne s'en souviennent plus. Les malades plus jeunes ont tendance à tomber à cause
de facteurs d'environnement (causes extrinsèques), les plus vieux à cause de maladies diverses
(causes intrinsèques).

En milieu institutionnel, les chutes sont
fréquentes. Plusieurs personnes font des chutes
à répétition, ce qui est de mauvais pronostic.
Plus de 50 % des sujets sont décédés au cours
de l'année suivante. La majorité des chutes se
produisent dans la chambre ou dans les toilettes, très souvent au moment d'un transfert, et
sont, la plupart du temps, liées à des causes intrinsèques.

D'un point de vue pratique, il est donc important de réaliser que les chutes répétitives
commandent une évaluation éclairée et un traitement vigoureux.

FACTEURS DE RISQUE

Au cours des dernières années, plusieurs auteurs ont étudié les facteurs de risque de chutes à domicile et en milieu hospitalier. Bien que certaines chutes aient une cause unique et évidente, la plupart sont la conséquence de plusieurs facteurs. Tinetti a mis en évidence que 46 % des victimes de chutes tombent une fois, 29 % 2 fois et 25 % 3 fois et plus. Elle a aussi démontré que le risque de chutes à domicile augmente de façon linéaire avec le nombre de facteurs de risque (aucun facteur = 8 %, ≥ 4 facteurs = 78 %). Le tableau 8.1 présente les principaux facteurs de risque de chutes à domicile.

En ce qui concerne les chutes en milieu hospitalier (l'étude a été réalisée en moyen séjour), elles augmentent proportionnellement avec le nombre d'incapacités, donc avec le nombre de facteurs intrinsèques. Pour Tinetti, l'examen de l'équilibre et de la marche est le meilleur facteur prédictif du risque de chute.

Un mot enfin sur les contentions. Une étude canadienne démontre qu'en diminuant les contentions, on n'augmente pas l'incidence des chutes. Tinetti & Coll., lors d'une étude prospective auprès de 397 patients dans 12 «Nursing Homes» américains, a mis en évidence que les contentions sont associées à une incidence inchangée, et peut-être augmentée, des blessures sérieuses secondaires à des chutes, même une fois contrôlés les autres facteurs de risque. Les contentions n'apportent peut-être aucune protection. Les blessures sérieuses sont toujours plus fréquentes chez les patients sous contention que chez ceux qui en n'ont pas.

Tableau 8.1

Facteurs de risque de chutes à domicile

- Trois chutes ou plus durant l'année précédente
- Une chute avec blessure durant l'année précédente
- Difficulté à se lever d'une chaise
- Anomalie de l'équilibre et de la marche (arthrose, AVC, Parkinson, etc.)
- Hypotension orthostatique
- Faiblesse musculaire
- Problèmes podiatriques
- Atteinte cognitive
- Usage de psychotropes

ÉTIOLOGIE

L'étiologie des chutes est extrêmement variée. Diverses études mettent en lumière des variations de l'incidence de certaines causes par rapport à d'autres. Rubenstein et Coll. ont procédé à une revue de ces études et proposent des incidences moyennes de diverses causes de chutes (Fig. 8.1).

Les causes des chutes sont souvent évidentes à l'anamnèse mais, à cause d'une perte de conscience, d'une absence de témoins ou de problèmes de mémoire, les détails importants peuvent être difficiles à retracer. Dans un premier temps, il est important de faire la distinction entre les chutes mécaniques par obstacle (causes extrinsèques) et les chutes dues à des malaises ou à des maladies de l'individu (causes intrinsèques). Les troubles posturaux, pour des raisons évidentes, entraînent davantage de chutes. En effet, quand elles perdent l'équilibre et commencent à tomber, les personnes âgées ne peuvent arrêter le processus et le point de non-retour est atteint beaucoup plus rapidement que chez la personne plus jeune.

Environnement

Les chutes accidentelles, qu'elles soient secondaires à l'environnement ou à un manque de jugement, représentent 35 à 50 % des chutes. Les trébuchements surviennent souvent sur des planchers inégaux, des tapis usés aux coins retournés, des objets qui traînent ou des animaux domestiques. En plus des troubles de l'équilibre inhérents au vieillissement, il est évident qu'un mauvais éclairage ou un déficit visuel rétrécissent encore la marge de manœuvre des vieillards. Le tiers des chutes accidentelles survient dans les escaliers; souvent, la personne âgée manque les dernières marches, croyant à tort être arrivée en bas. Les escaliers mal éclairés et sans rampe sont une cause importante de chutes, comme le sont les surfaces glissantes ou glacées. Enfin, l'examen des chaussures du vieillard permet parfois de détecter une explication simple et probante de la chute. Le tableau 8.2 énumère les principaux facteurs environnementaux à vérifier lors d'une évaluation à domicile.

Causes neurologiques

Dans tout *état confusionnel* le sujet risque de tomber, dans un environnement qui ne lui

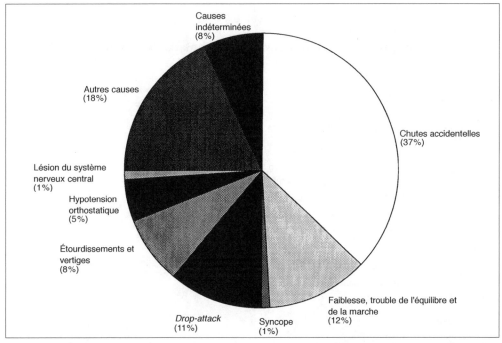

Figure 8.1   Étiologie des chutes (Rubenstein, L.Z. & Coll.: Falls and instability in the elderly. *J Am Geriatr Soc*, **36**:266-278, 1988.)

est pas familier ou parce qu'il est négligent dans son habillement (lacets non attachés, bas «ravalés», etc.). Une étude a même démontré que, chez les sujets hospitalisés, les chutes survenaient beaucoup plus souvent durant la première semaine d'hospitalisation, en raison de l'environnement non familier. La démence entraîne un risque accru de chute et une corrélation significative a été établie entre les fractures du col fémoral et la démence.

Les *drops-attacks* expliquent encore une proportion importante des chutes: en moyenne 11 % dans les différentes études rapportées par Rubenstein et Coll. La *drop-attack* se définit comme une chute brutale par dérobement des jambes, sans signes prémonitoires, sans perte de conscience ni atteinte sensorielle. Il y a perte soudaine du tonus des muscles antigravité des membres inférieurs et du tronc, muscles responsables du maintien de la position debout. Après la chute, la phase de récupération peut être très brève ou très longue, les malades pouvant demeurer plusieurs heures dans l'impossibilité de se relever. Classiquement, ils peuvent le faire aisément si on leur applique une pression sur la plante des pieds.

Ce syndrome serait associé à une *insuffisance vertébro-basilaire* et à une arthrose cervicale dans la plupart des cas, arthrose intervenant aussi dans la fonction des mécanorécepteurs de la colonne cervicale. On sait de plus que l'arthrose cervicale peut retarder le courant sanguin dans les artères vertébrales dont la lumière est d'ailleurs souvent rétrécie par l'athérosclérose. Les mouvements de la tête sont alors responsables des chutes.

Les étourdissement et les vertiges seraient responsables de 8 % des chutes. Selon l'étude montréalaise de O'Loughlin et Coll., 20 % des personnes âgées se plaignent d'étourdissements suffisamment sévères pour entraver leurs activités. Les personnes âgées avec étourdissements tombent deux fois plus que celles qui n'en ont pas. Le développement d'un accès de vertige est habituellement assez lent pour permettre à la personne âgée de s'asseoir ou de s'agripper à quelque chose. Le vertige peut avoir plusieurs origines: lésion centrale (insuffisance vertébrobasilaire, tumeurs, hématome sous-dural, hydrocéphalie, épilepsie temporale) ou périphérique (syndrome de Ménière, neuronite, vertiges de position bénins, neurinome). Les vertiges de

Tableau 8.2

Inventaire des risques environnementaux des chutes

	oui	non
Aires de déplacement		
1. Aires de déplacement dégagées	☐	☐
2. Revêtements: uniformes ou tapis fixés solidement	☐	☐
Éclairage		
3. Éclairage: suffisant pour éclairer toute la surface de marche à l'intérieur de chaque pièce, incluant les escaliers, s'il y a lieu	☐	☐
4. Interrupteurs: accessibles à l'entrée des pièces	☐	☐
5. Veilleuse(s): éclairant la chambre, le couloir et la salle de bain	☐	☐
6. Éclairage extérieur: suffisant pour éclairer toute l'entrée extérieure	☐	☐
Chambre à coucher		
7. Garde-robe: cintres facilement accessibles	☐	☐
8. Chaise permettant de s'asseoir pour s'habiller	☐	☐
9. Lit de bonne hauteur (45 cm)	☐	☐
Salle de bain		
10. Lavabo: facilement accessible	☐	☐
11. Baignoire: hauteur standard	☐	☐
12. Fond de la baignoire: antidérapant	☐	☐
13. Sortie de la baignoire: antidérapante	☐	☐
14. Baignoire: appui solide pour entrer et sortir	☐	☐
Cuisine, s'il y a lieu		
15. Armoires: basses, ou ne nécessitent pas l'usage d'un escabeau pour y accéder	☐	☐
Escaliers extérieurs, s'il y a lieu		
16. Revêtement: antidérapant	☐	☐
17. Mains courantes: bilatérales	☐	☐
18. Mains courantes: solides	☐	☐
19. Mains courantes: se prolongent après la première et la dernière marche	☐	☐
20. Contremarches: fermées	☐	☐
21. Uniformité des marches: hauteur des contremarches et largeur des marches constantes	☐	☐
Escaliers intérieurs, s'il y a lieu		
22. Revêtement: antidérapant	☐	☐
23. Mains courantes: bilatérales	☐	☐
24. Mains courantes: solides	☐	☐
25. Mains courantes: se prolongent après la première et la dernière marche	☐	☐
26. Contremarches: fermées	☐	☐
27. Uniformité des marches: hauteur des contremarches et largeur des marches constantes	☐	☐

Sources: Adapté des grilles de Tideiksaar (1988), Cloutier & Ferland (1992) et Maltais & Coll. (1991) par le Centre de recherche en gérontologie et gériatrie de l'Institut universitaire de gériatrie de Sherbrooke.

position bénins seraient une cause fréquente de vertige chez la personne âgée (Chap. 25).

De multiples autres affections peuvent être responsables d'étourdissements et de vertiges chez le vieillard : anémie, hypothyroïdie, hypoglycémie, insuffisance cardiaque, troubles visuels. Plusieurs médicaments peuvent aussi être impliqués, notamment les psychotropes. Enfin, le vieillissement du système des mécanorécepteurs de la colonne cervicale contribuerait à une impression d'instabilité et serait, en partie, cause d'étourdissements et de vertiges.

L'*épilepsie*, parfois secondaire à une lésion expansive, mais le plus souvent à un problème vasculaire, peut être cause de chutes. Les *ischémies cérébrales* transitoires d'origine carotidienne ou vertébro-basilaire, les *accidents vasculaires cérébraux et le syndrome de la sous-clavière voleuse* occasionnent également des chutes. La *maladie de Parkinson* est une cause fréquente de chutes, surtout secondaires à l'instabilité posturale qui ne répond pas à la thérapie dopaminergique.

Les spasticités et faiblesses musculaires secondaires à des atteintes du neurone moteur supérieur ou inférieur (sclérose en plaques, sclérose latérale amyotrophique, dégénérescence combinée subaiguë de la moelle, etc.), les atteintes cérébelleuses, l'hématome sous-dural, l'hydrocéphalie à pression normale et les neuropathies périphériques complètent l'éventail des causes neurologiques des chutes.

Causes cardio-vasculaires

Environ 5 % des chutes surviennent au moment du passage de la position couchée ou assise à la position debout. *L'hypotension orthostatique* se définit comme une diminution de la pression artérielle systolique de plus de 20 mmHg au passage de la position couchée à la position debout (Tableau 8.3). Ce phénomène provoque de l'instabilité posturale en compromettant la circulation cérébrale. Il est bien connu que la pression artérielle est maintenue par un ajustement continuel entre le débit cardiaque et la résistance périphérique. Chez le vieillard, on constate une réduction de la sensibilité des barorécepteurs et une diminution de la réponse du système rénine-angiotensine. La prévalence de l'hypotension orthostatique est d'environ 10 % chez les personnes âgées à domicile. Il faut noter cependant que ces personnes sont souvent asymptomatiques au changement de position et en apparente bonne santé. Avant d'attribuer la cause d'une chute à l'hypotension orthostatique, il faut donc constater que la diminution de la pression artérielle s'accompagne de symptômes, tels qu'étourdissements, vertiges, vision embrouillée ou sensation de fatigue. Ces symptômes peuvent être aggravés par la chaleur, l'humidité, un gros repas, l'effort ou une période d'alitement, ce qui explique que l'hypotension orthostatique soit plus souvent symptomatique le matin. Il n'est pas habituel que l'hypotension orthostatique se manifeste par une syncope franche ; elle entraîne alors des chutes aux caractéristiques assez typiques : chute lente, fléchissement progressif des genoux et chute sur place. L'hypotension orthostatique est secondaire à une altération des réflexes circulatoires. Normalement, quand on passe de la position couchée à la position debout, il s'exerce une stimulation du système sympathique et une inhibition du système parasympathique. Ceci entraîne une vasoconstriction artériolaire périphérique par l'intermédiaire des barorécepteurs des sinus carotidiens et de l'arc aortique, une augmentation de la fréquence cardiaque de 5 à 25 batt/min et une augmentation du taux des catécholamines sériques.

L'hypotension orthostatique est souvent d'origine multifactorielle. On distingue habituellement l'hypotension orthostatique primaire ou idiopathique et l'hypotension orthostatique secondaire. L'*hypotension orthostatique idiopathique* est trois à quatre fois plus fréquente chez l'homme que chez la femme et peut être accompagnée d'une dysfonction autonomique variable, se manifestant par des troubles sphinctériens, de l'impuissance et de l'anhidrose. A noter que si l'hypotension orthostatique résulte d'un trouble de conduction cardiaque ou d'une dysfonction autonomique (qu'elle soit secondaire au vieillissement ou à des maladies comme le Parkinson ou le diabète), il n'y aura pas d'augmentation de la fréquence cardiaque lors de la chute de tension artérielle. Si le pouls augmente, il faut évoquer une diminution du volume sanguin ou un déconditionnement par alitement. L'*hypotension orthostatique secondaire* peut être due à des affections très variées dont les plus fréquentes sont l'artériosclérose cérébrale, les neuropathies, la diminution

---

Tableau 8.3
Hypotension orthostatique

Définition
 Baisse de la pression artérielle systolique de plus de 20 mmHg au passage de la position couchée à la position debout

Procédure
 On mesure la tension artérielle au moins 5 minutes après que le sujet soit couché, immédiatement après qu'il se soit levé et 2 minutes plus tard

Diagnostic différentiel
 • Causes neurogènes
  – dysfonction primaire du système nerveux autonome (syndrome de Shy-Drager, atrophie multisystèmes, AVC, maladie de Parkinson, lésion médullaire haute, atteinte idiopathique)
  – neuropathies périphériques
 • Causes diverses
  – alitement prolongé
  – médicaments (neuroleptiques, anxiolytiques, antihypertenseurs, antidépresseurs tricycliques et antiparkinsoniens)
  – alcool

Approche thérapeutique
 • Corriger la cause
 • Contrôler les symptômes
 • Enseigner au patient à
  – se lever lentement d'une chaise ou du lit
  – s'asseoir sur le bord du lit pendant 3 ou 4 minutes avant de se lever
  – en position assise sur le bord du lit, faire des exercices de flexion-extension des chevilles et d'ouverture-fermeture des mains (serrer les poings) avant de se lever
  – élever la tête de lit de 5 à 20 degrés, pendant la nuit
  – enfiler des bas élastiques couvrant le mollet et la cuisse avant le lever du lit
 • Recourir aux médicaments (pour les cas graves)
  – acétate de fludrocortisone
  – éphédrine
  – chlorhydrate de midodrine

---

du volume sanguin (anémie, déshydratation, varices) et les troubles électrolytiques, surtout l'hypokaliémie et l'hyponatrémie. Enfin, il ne faut pas oublier que de nombreux médicaments provoquent une hypotension orthostatique, notamment les neuroleptiques et anxiolytiques, les antihypertenseurs, les antidépresseurs tricycliques, les antiparkinsoniens et l'alcool. Ces médicaments sont d'autant plus redoutables qu'ils sont utilisés en association.

Les *syncopes* seraient responsables d'environ 1 % des chutes. Elles sont causées par une diminution du débit sanguin cérébral secondaire à une hypovolémie, une arythmie ou une altération des constituants sanguins (hypoxie, anémie, hyperventilation, hypoglycémie). Les syncopes sont essentiellement provoquées par trois mécanismes: une diminution de la circulation cérébrale intrinsèque, comme dans l'ischémie cérébrale transitoire ou l'AVC; une diminution du débit cardiaque par altération du rythme ou par lésion anatomique responsable d'un ralentissement hémodynamique significa-

tif; une diminution de la pression artérielle systémique.

Chez la personne âgée, le problème est parfois fort complexe. En effet, les vieillards souffrent souvent d'affections multiples et présentent à la fois des troubles cardiaques, artériels ou métaboliques et des affections du système nerveux central, ce qui, de surcroît, entraîne le recours à plusieurs médicaments.

La syncope d'origine cardiaque peut survenir en position couchée, assise ou debout et se produire après l'exercice (sténose aortique). Habituellement, il n'y a pas de signes prémonitoires et la chute est brutale. Cette syncope peut faire suite à une hypotension orthostatique ou à un infarctus du myocarde. Il est à noter que l'infarctus du myocarde est souvent «silencieux» chez la personne âgée et se présente comme une syncope dans 10 % des cas.

Les *troubles du rythme* et de la conduction cardiaque (bloc AV complet, fibrillation ou flutter auriculaire, maladie du sinus ou tachycardie ventriculaire) peuvent provoquer des chutes. Ces dernières surviennent souvent au changement de rythme. Une bradycardie sinusale soudaine peut être dangereuse. Enfin, les sténoses, aortique et mitrale, de même que les embolies pulmonaires, les insuffisances coronariennes et les hypersensibilités du sinus carotidien peuvent être incriminées, ces dernières étant associées à des mouvements latéraux du cou ou au port d'un col trop serré.

La *syncope vaso-vagale* survient occasionnellement chez la personne âgée, mais il s'agit d'un diagnostic d'exclusion qu'on met le plus souvent en évidence lors de l'anamnèse. Le malade est, en général, debout ou assis, sent l'imminence de la perte de conscience, devient pâle et en diaphorèse, perd conscience puis revient rapidement à lui.

La *syncope par hyperventilation* est secondaire à une diminution de la pression artérielle systémique. En effet, la baisse de la PCO_2 entraîne une vasoconstriction cérébrale qui provoque une vasodilatation périphérique et une diminution de la résistance.

Enfin, la *syncope réflexe* est souvent associée aux émotions et peut aussi être liée à la toux, à la miction ou à la défécation. Ces syncopes ont une étiologie incertaine et leur incidence est mal connue.

Autres causes physiques

Une perte sanguine soudaine dans le tractus gastro-intestinal peut provoquer une chute. Il faut penser à la hernie hiatale, à l'ulcère duodénal ou gastrique, aux diverticules coliques et au cancer colo-rectal. Une diarrhée aiguë peut occasionner une perte de conscience par réduction du volume circulant ou réaction vagale. Une diarrhée chronique peut aussi provoquer une hypokaliémie avec faiblesse musculaire.

La nycturie est souvent associée à des chutes. Ainsi, les hommes âgés souffrant de prostatisme peuvent tomber la nuit pour plusieurs raisons: syncope réflexe secondaire à la miction, hypotension orthostatique, effet d'un médicament pris au coucher.

Une atteinte articulaire importante, le plus souvent au niveau des genoux et, parfois, au niveau des hanches, peut occasionner des chutes qui surviennent alors le plus souvent lorsque le sujet se relève d'une chaise ou descend les escaliers. La faiblesse musculaire, généralisée ou localisée, particulièrement au niveau du *quadriceps femoris*, est une fréquente cause de chutes. Enfin, il ne faut pas oublier les problèmes podiatriques très fréquents chez les vieillards.

L'hyperthyroïdie, en raison de la faiblesse musculaire proximale qu'elle entraîne, l'hypothyroïdie, l'insuffisance surrénalienne avec l'hypotension et l'asthénie qu'elle provoque, ainsi que la maladie de Cushing, en raison de la faiblesse musculaire proximale et de l'hypokaliémie, peuvent être responsables de chutes. Enfin, l'hypoglycémie et l'anémie chronique peuvent également contribuer à l'étiologie d'une chute.

Causes iatrogènes

Plusieurs médicaments occasionnent parfois des chutes. Les benzodiazépines et les anticonvulsivants peuvent causer de la somnolence et de l'instabilité. Les diurétiques sont susceptibles de provoquer de la fatigue, une diminution du volume sanguin et des troubles électrolytiques. Les phénothiazines, les antidépresseurs, la L-dopa et les antihypertenseurs entraînent parfois de l'hypotension orthostatique et de la fatigue. La digoxine, les antidépresseurs tricycliques et la L-dopa peuvent causer des arythmies. Les β-bloquants peuvent provoquer une bradycardie importante et les vasodilatateurs sont quelquefois mis en cause. Enfin, l'alcool est aussi responsable de chutes.

ÉVALUATION ET CONDUITE À TENIR

Comme nous l'avons vu, l'étiologie des chutes est fort variée et il est bon de rappeler que la chute ne constitue pas un diagnostic mais un symptôme. Plus qu'ailleurs, face à cette énigme diagnostique, l'anamnèse et l'examen physique sont souvent la clé du problème. A l'interrogatoire, il faut rechercher les éléments suivants: perte de conscience, moment et circonstances de la chute, position, facteurs déclenchants (effort, émotion, mouvement de la tête, miction, toux, constriction du cou) et les symptômes d'accompagnement tels que faiblesse, diaphorèse, palpitations, convulsions, étourdissements et vertiges, troubles visuels, parésie, paresthésies, ataxie, surdité, tinnitus, *drop-attack*, etc. Il faut s'enquérir aussi de la durée de la chute ainsi que des médicaments qu'utilise le malade. Bref, la revue des systèmes doit être complète.

L'examen physique doit inclure une prise de la pression artérielle et du pouls en position couchée et debout et aux deux bras (penser au syndrome de la sous-clavière voleuse), l'auscultation cardiaque, la recherche de souffles carotidien et sus-claviculaire, l'exécution des mouvements du cou et un examen neurologique complet incluant évidemment un examen mental et une évaluation de l'équilibre et de la marche. Le massage du sinus carotidien ne devrait être exécuté que dans les cas où les autres examens ne décèlent pas l'étiologie de la chute; il doit toujours se faire sous monitorage. La syncope secondaire à une hypersensibilité du sinus carotidien survient seulement chez 5 à 20 % des malades qui ont un réflexe hyperactif et donc un massage du sinus carotidien «positif». Le figure 8.2 résume schématiquement la conduite à tenir devant un problème de chute.

A tout événement, le malade doit d'abord être stabilisé sur le plan médical et plusieurs chutes trouvent alors leur explication. Les malades victimes de chutes à répétition, dont l'étio-logie reste obscure après anamnèse, examen complet, bilan paraclinique (hémogramme, vitesse de sédimentation, azotémie, créatinine plasmatique, glycémie, électrolytes, TSH, acide folique, vitamine B_{12}, analyse et culture d'urine, ECG), cessation des médicaments susceptibles d'être impliqués et correction de l'hypotension orthostatique, commandant une évaluation plus poussée. Si la perte d'autonomie est progressive, l'hospitalisation est alors préférable.

L'électrocardiogramme est évidemment indispensable chez tout malade ayant chuté. L'enregistrement électrocardiographique de 24 heures selon la technique de Holter n'est indiqué que dans la mesure où une arythmie semble être la cause des chutes. Il faut cependant savoir que la plupart des malades ayant présenté une syncope sont asymptomatiques durant le monitorage, que des épisodes de tachycardie supraventriculaire se retrouvent chez au moins 5 % de la population normale, que des épisodes de

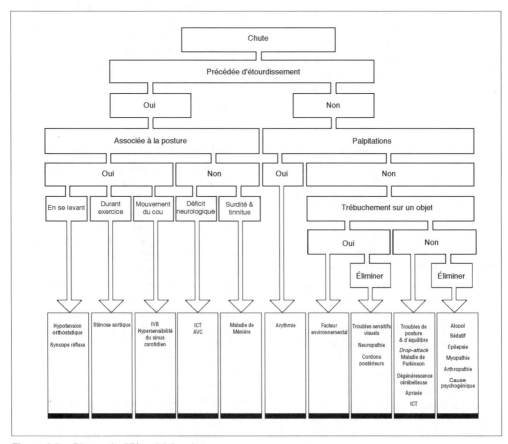

Figure 8.2   Diagnostic différentiel des chutes

bradycardie sinusale importante (< 40/min) sont retrouvés chez 25 % de la population normale, que des extrasystoles supraventriculaires et ventriculaires peuvent se retrouver chez 50 à 75 % des hommes asymptomatiques et, enfin, que le bigéminisme, le trigéminisme et les extrasystoles multifocales ne sont incriminés comme élément causal que s'ils sont accompagnés de symptômes. Il est aussi important de noter qu'il faut parfois répéter le monitorage de Holter à plusieurs reprises pour découvrir les anomalies que l'on suspecte. L'échocardiogramme et le cathétérisme cardiaque ne sont indiqués qu'en cas de souffle cardiaque suggestif, notamment d'une sténose aortique.

Pour les causes neurologiques, l'électroencéphalogramme est indiqué pour la recherche d'une épilepsie tandis que l'échographie cérébrale, le Doppler des vaisseaux cervicaux, la scintigraphie et la tomographie axiale cérébrale peuvent être utilisés à l'occasion, selon l'indication clinique.

Force est cependant de constater que les causes des chutes restent souvent introuvables. Dans ces conditions, une réadaptation en unité d'évaluation ou en hôpital de jour redonne souvent au malade la vigueur nécessaire pour envisager un retour à domicile.

Durant l'hospitalisation, on doit encourager la personne âgée à marcher sous surveillance. Le physiothérapeute peut améliorer son équilibre et lui fournir l'aide mécanique appropriée. Il peut également lui apprendre à se relever seule. On doit aussi expliquer au malade les signes prémonitoires de ses chutes et lui indiquer la réaction la plus utile à ce moment. Si les vertiges sont d'origine vestibulaire, il faut lui enseigner à les atténuer. Dans cette condition, les médicaments sont parfois utiles, mais une aide mécanique à la marche et des exercices de physiothérapie sont souvent plus avantageux. S'il s'agit d'un problème cervical, il faut que le malade évite les mouvements propres à provoquer chez lui des vertiges. Enfin, dans la plupart des cas, une visite à domicile est indispensable pour évaluer l'environnement.

Pour l'hypotension orthostatique, il faut s'assurer d'une hydratation adéquate, réduire la posologie des médicaments impliqués, élever la tête du lit, proposer le port de bas élastiques et prescrire des exercices de reconditionnement. Si ces mesures ne s'avèrent pas suffisantes, on peut alors utiliser l'acétate de fludrocortisone à la dose de 50 µg/24 h; cependant, il faut savoir que ce médicament ne doit être utilisé que dans les cas d'hypotension orthostatique grave et invalidante, car il peut provoquer une hypertension de décubitus et précipiter une insuffisance cardiaque ou un œdème pulmonaire. Certains auteurs suggèrent aussi d'utiliser l'éphédrine à raison de 30 mg, 1 à 4 fois/24 h. On peut aussi utiliser le chlorhydrate de midodrine à la dose d'attaque de 2,5 mg/8 h.

COMPLICATIONS, CONSÉQUENCES PHYSIQUES ET PSYCHOLOGIQUES

Les chutes dites «prémonitoires» précèdent une maladie soudaine et souvent fatale, par exemple une pneumonie, un AVC, une hémorragie digestive ou une insuffisance cardiaque. Les chutes peuvent aussi entraîner des complications directes à court, moyen et long terme.

A court terme, ce sont la douleur et l'inconfort secondaires aux brûlures, contusions, lacérations, hématomes ou fractures. Une étude américaine souligne que 47 % des personnes âgées ayant fait des chutes ont été incapables de se relever seules. Il arrive parfois que ces personnes âgées restent étendues sur le sol durant plusieurs heures, voire, exceptionnellement, durant quelques jours, incapables de se relever. Dans ces conditions, il y a le problème du stress, de l'épuisement physique et psychique (cris, appels, tentatives pour se relever), du sentiment d'abandon et d'angoisse du vieillard allongé par terre; à l'inconfort, s'ajoutent alors la faim, la soif et même, éventuellement, le contact avec ses excréments, expériences fort traumatisantes qui pourront entraîner des complications à moyen et long terme.

A moyen terme, les complications à surveiller sont la déshydratation, l'hypothermie, la broncho-pneumonie, les escarres de décubitus et l'hématome sous-dural.

A long terme, selon les circonstances de la chute, le danger de confinement à la maison, d'immobilité et d'alitement devient très important face à la crainte de tomber à nouveau et de devoir revivre une telle expérience. Un entraînement en physiothérapie durant plusieurs semaines est souvent nécessaire pour ramener la confiance.

Les malades hospitalisés pour un problème de chutes à répétition portent un mauvais pronostic. Une étude a montré que seulement 50 % de ces malades ont pu quitter l'hôpital; 54 % sont décédés dans les 18 mois suivant l'admission. Un syndrome postchute survient chez un certain nombre de malades qui, après la chute, cherchent à s'agripper au mobilier et sont incapables de marcher sans aide; la plupart de ces malades décèdent ou sont encore à l'hôpital quatre mois après leur admission.

PRÉVENTION

Le groupe canadien sur l'examen médical périodique recommande de diriger les patients âgés vers des équipes d'évaluation multidisciplinaire après une chute. Les données sont, par contre, insuffisantes pour recommander d'inclure l'évaluation et le counseling en matière de prévention des chutes dans l'examen médical régulier des personnes âgées. Toutefois, il peut être opportun, dans certains cas plus exposés, de vérifier les conditions environnementales (Tableau 8.2) et de tester l'équilibre et la posture à l'aide du test de Tinetti (Tableau 9.1). Un bilan d'autonomie en physiothérapie et en ergothérapie peut aussi s'avérer fort utile. Des exercices d'équilibre peuvent améliorer le contrôle postural et redonner confiance au patient. Après une première chute, il est essentiel de prévenir une récidive qui pourrait avoir des conséquences désastreuses. Une évaluation médicale complète s'impose alors. Un contrôle judicieux de l'hypertension est souhaitable pour éviter les risques d'accident vasculaire cérébral ou les hypotensions orthostatiques. Enfin, on doit enseigner aux malades à utiliser leur canne ou leur déambulateur et les encourager à porter des chaussures appropriées.

D'un point de vue psychologique, la personne âgée victime de chutes manifeste souvent une angoisse importante vis-à-vis d'une question bien précise: «Si je tombe, qui m'aidera à me relever et quand?» On ne peut imaginer l'anxiété de ces personnes, forcées de rester étendues par terre parfois durant plusieurs heures. Dans ces conditions, sur le plan social, il est important de garantir l'intervention d'un tiers et de mettre au point un réseau de surveillance qui assure le candidat à la chute d'une intervention dans des délais connus, par exemple demander à un voisin ou à un parent de passer

tous les matins et tous les soirs. Il faut savoir que la gravité du pronostic tient probablement moins à la durée du séjour au sol qu'à l'incertitude concernant le moment où l'on sera trouvé. Plusieurs systèmes sont proposés: des téléphones à touches digitales avec numéros préenregistrés, des sonneries au mur, des systèmes portatifs d'alerte reliés au service de police, etc. Le plus important est d'individualiser et de personnaliser la prévention à domicile.

Les chutes ne sont pas inévitables chez la personne âgée. Elles peuvent être prévenues par un bon état général, la stimulation de la mobilité et de la confiance, la non-utilisation de certains médicaments, l'identification de problèmes spécifiques tels que les arythmies cardiaques ou l'hypotension orthostatique et, enfin, par une attention particulière aux facteurs de l'environnement.

BIBLIOGRAPHIE

CAMPBELL, A.J. & Coll.: Circumstances and consequences of falls experienced by a community population 70 years and over during a prospective study. *Age Ageing*, **19**:136-141, 1990.

CAMPBELL, A.J., BORRIE, M.J. & G.F. SPEARS: Risk factors for falls in a community-based prospective study of people 70 years and older. *J Gerontol: Medical Sciences*, **44(M)**:112-117, 1989.

CLOUTIER, S. & P. FERLAND: *Recherche évaluative sur une intervention en prévention des chutes à domicile chez les aînés (rapport de recherche)*. Centre local de services communautaires Drummond, Drummondville, 1992.

CUMMINGS, S.R., NEVITT, M.C. & S. KIDD: Forgetting falls: The limited accuracy of recall of falls in the elderly. *J Am Geriatr Soc*, **36**:613-616, 1988.

LIPSITZ, L.A.: Orthostatic hypotension in the elderly. *N Engl J Med*, **321**:952-957, 1989.

MALTAIS, D. & Coll.: *Promotion de l'autonomie des personnes âgées par l'adaptation de leur domicile (rapport de recherche)*. Département de santé communautaire, Hôpital général de Montréal, Montréal, 1991.

NEVITT, M.C. & Coll.: Risk factors for recurrent nonsyncopal falls. *JAMA*, **261**:2663-2668, 1989.

O'LOUGHLIN, J.L. & Coll.: Incidence of and risk factors for falls and injurious falls among the community-dwelling elderly. *Am J Epidemiol*, **137**:342-354, 1993.

POWELL, C. & Coll.: Freedom from restraint: consequences of reducing physical restraints in the management of the elderly. *Can Med Assoc J*, **141**:561-564, 1989.

RUBENSTEIN, L.Z. & Coll.: Falls and instability in the elderly. *J Am Geriatr Soc*, **36**:266-278, 1988.

TIDEIKSAAR, R.: Falls in the elderly. *Bull NY Acad Med*, **64**:145-163, 1988.

TINETTI, M.E.: Instability and falling in elderly patients. *Semin Neurol*, **9**:39-45, 1989.

TINETTI, M.E., LIU, W.L. & E.B. CLAUS: Predictors and prognosis of inability to get up after falls among elderly persons. *JAMA*, **269**:65-70, 1993.

TINETTI, M.E., LIU, W.L. & S.F. GINTER: Mechanical restraint use and fall-related injuries among residents of skilled nursing facilities. *Ann Intern Med*, **116**:369-374, 1992.

TINETTI, M.E., SPEECHLEY, M. & S.F. GINTER: Risk factors for falls among elderly persons living in the community. *N Engl J Med*, **319**:1701-1707, 1988.

TINETTI, M.E., WILLIAMS, T.F. & R. MAYEWSKI: Fall risk index for elderly patients based on number of chronic disabilities. *AM J Med*, **80**:429-434, 1986.

TINETTI, R.: Falls in the elderly. *Bull NY Acad Med*, **64**:145-163, 1988.

WYKE, B.: Cervical articular contributions to posture and gait: their relation to senile desiquilibrium. *Age Ageing*, **8**:251-258, 1979.

LECTURES SUGGÉRÉES

CAMPBELL, A.J.: Role of rehabilitation in fall recovery and prevention. *Reviews in Clinical Gerontology*, **2**:53-65, 1992.

HINDMARSH, J.J. & E.H. ESTES: Falls in older persons. *Arch Intern Med*, **149**:2217-2222, 1989.

MALTAIS, D., TRICKEY, F. & Y. ROBITAILLE: *Maintenir l'autonomie des personnes âgées: guide d'adaptation du domicile*, Société canadienne d'hypothèque et de logement, Ottawa, 1989.

OVERSTALL, P.W.: Falls. *Reviews in Clinical Gerontology*, **2**:31-38, 1992.

TINETTI, M.E. & M. SPEECHLEY: Prevention of falls among the elderly. *N Engl J Med*, **320(16)**:1055-1059, 1989.

CHAPITRE 9

TROUBLES DE LA MARCHE

CATHERINE MARTIN-HUNYADI, DENISE STRUBEL et FRANCIS KUNTZMANN

L'effet combiné de la sénescence et de diverses conditions pathologiques volontiers intriquées explique la fréquence des altérations de l'équilibre et de la marche chez la personne âgée. La marche permet le déplacement et les activités simples et complexes de la vie quotidienne, en particulier les activités à caractère social. Ainsi, les conséquences des troubles de la marche sont graves chez la personne âgée, car ses capacités de compensation sont souvent défectueuses: chutes avec leurs complications, perte d'autonomie et restriction des activités avec ses multiples conséquences psychosociales. Cependant, de nombreuses conditions peuvent bénéficier d'un traitement adapté et, en particulier, de la rééducation.

SÉNESCENCE DE L'ÉQUILIBRATION ET DE LA MARCHE

La fonction posturale assure le maintien du corps, soit dans une attitude statique donnée, soit au cours du mouvement et du déplacement (équilibre dynamique). Elle évite aussi la chute en cas de déséquilibre brusque (réaction posturale). Elle repose sur des afférences multimodales intégrées au niveau du système nerveux central (Fig. 9.1).

Mécanisme

Le système vestibulaire, détecteur de position de la tête par les otolithes et de mouvement par les canaux semi-circulaires, devient avec l'âge moins sensible aux stimulations rapides et complexes. Après 70 ans, le nombre de cellules ciliées diminue de 20 % dans les macules et de 40 % dans les crêtes ampullaires. Le nombre de fibres vestibulaires baisse jusqu'à 40 %. L'exploration électronystagmographique actuelle n'est cependant pas assez sensible pour objectiver cette presbyvestibulie.

La proprioception musculaire et articulaire renseigne en permanence sur la position des divers segments du corps. Une hypopallesthésie existe toujours, chez le sujet âgé, aux membres inférieurs, ainsi qu'une diminution moins marquée de la sensibilité articulaire aux genoux et aux chevilles. La sénescence affecte le système nerveux périphérique avec une réduction progressive du nombre des récepteurs sensitifs et des fibres myélinisées. Ces modifications jouent vraisemblablement un rôle déterminant dans le vieillissement de l'équilibration.

La sensibilité tactile de la plante du pied qui analyse les caractéristiques du sol s'émousse également avec l'âge par un mécanisme analogue. Les informations d'origine visuelle perdent de leur précision, notamment dans le domaine de la sensibilité au contraste.

L'intégration centrale de ces diverses afférences va susciter une réaction motrice adaptée en vue de maintenir l'équilibre. Comme pour tous les processus cognitivomoteurs, elle subit avec l'âge un effet de ralentissement d'autant plus marqué que la tâche est complexe.

La sénescence des effecteurs intervient également avec une réduction progressive de la force musculaire atteignant environ 30 % à 80 ans, accompagnée d'une diminution du nombre de fibres musculaires, surtout à conduction rapide (fibres de type II) et la réduction de l'amplitude des mouvements articulaires au niveau du rachis, des hanches et des chevilles.

Traduction clinique

Environ un tiers des personnes de plus de 75 ans se plaignent de leur manque d'équilibre et signalent des sensations d'instabilité survenant surtout au lever du lit et à la marche. Les

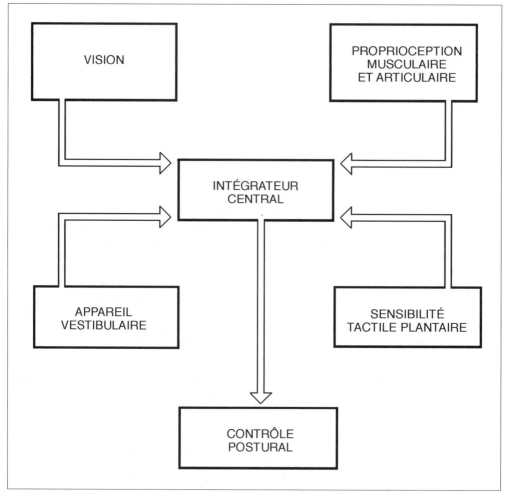

Figure 9.1   Schéma général de l'équilibration

performances à la marche sont altérées en vitesse et en endurance.

De fait, la posture du sujet vieillissant devient caractéristique avec un léger écartement des pieds et une attitude générale en flexion légère du tronc, des bras, voire des membres inférieurs, rappelant la posture du parkinsonien. L'hypopallesthésie va de pair avec une diminution ou une abolition du réflexe achilléen. Il n'y a, par contre, ni nystagmus, ni syndrome cérébelleux.

L'équilibre debout, sur les deux pieds, est cliniquement normal. La manœuvre de Romberg peut toutefois être mieux explorée par statokinésimétrie, technique qui enregistre les oscillations du corps pendant un temps donné.

De nombreux auteurs ont montré que le sujet âgé oscillait davantage que le jeune, dans toutes les directions, et la femme âgée plus que l'homme âgé. La fermeture des yeux aggrave l'instabilité chez le sujet âgé. Cette instabilité a été reliée par certains auteurs à la fréquence des chutes.

L'équilibre debout, sur un seul pied, est probablement un des paramètres les plus précoces du vieillissement. Ce test simple à réaliser voit ses performances baisser progressivement avec l'âge (Fig. 9.2).

Des techniques plus élaborées de statokinésimétrie dynamique avec plate-forme mobile permettent d'explorer l'équilibre dynamique avec un enregistrement électromyographique

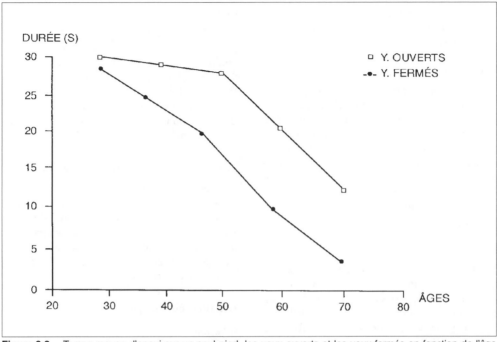

Figure 9.2 Temps moyen d'appui sur un seul pied, les yeux ouverts et les yeux fermés en fonction de l'âge (Bohannon, R.W. & Coll.: Decrease in timed balance test scores with aging. *Phys Ther*, **64(7)**:1067, 1984.)

simultané. Après déséquilibre brusque, l'activation musculaire suit, chez le sujet jeune, une séquence d'activation des muscles distaux puis proximaux. L'inverse est parfois observé chez le sujet âgé, qui sollicite d'abord les muscles de la hanche pour se rattraper. Par ailleurs, la séquence d'activation musculaire est souvent retardée et imparfaitement ajustée. Globalement, le sujet âgé se rattrape mal en cas de déséquilibre. On ne peut cependant clairement différencier par ce type d'épreuve les victimes de chute de ceux qui ne tombent pas, probablement parce que le mécanisme des chutes est complexe. Ces explorations ont révélé également que le sujet âgé devenait plus tributaire de ses afférences visuelles que le jeune, même si celles-ci sont un peu moins précises. L'angoisse dégrade les performances et, comme pour de nombreux phénomènes de sénescence, la dispersion des résultats augmente avec l'âge.

La marche du sujet vieillissant a été bien étudiée. Elle est caractérisée surtout par un ralentissement de la vitesse de marche «confortable» par raccourcissement du pas. La durée du cycle de marche n'est pas modifiée, le sujet âgé lève moins les pieds, les écarte un peu plus, suit une trajectoire moins régulière et balance moins les membres supérieurs. Il passe plus de temps en appui sur les deux pieds et raccourcit la durée du passage du pas. Ces modifications vont dans le sens de la recherche d'une plus grande stabilité.

Prévention

Le système nerveux central garde sa plasticité au cours de la sénescence. Il a ainsi été démontré que par un entraînement régulier, avec des exercices musculaires adaptés, une personne âgée et même très âgée, pouvait accroître sa force musculaire, améliorer sa performance aux épreuves d'équilibration et augmenter sa vitesse de marche. On ignore cependant si cet entraînement peut permettre de réduire le nombre de chutes. Ces résultats doivent encourager des efforts de prévention du vieillissement moteur.

EXAMEN D'UN SUJET PRÉSENTANT UN TROUBLE DE LA MARCHE

Marche et équilibre sont intimement liés. L'examen clinique d'un patient présentant des troubles de la marche ou ayant été victime d'une chute détermine si l'anomalie concerne le système postural ou si elle touche le reste du système locomoteur.

Interrogatoire

Il est important d'identifier des sensations de dérobement des membres inférieurs, une fatigabilité progressive, une sensation d'instabilité intermittente ou permanente, systématisée ou non, un vertige rotatoire, ou une douleur à la marche. Ces éléments peuvent d'emblée orienter vers certaines étiologies. La notion de chute doit être précisée: fréquence, circonstances de survenue, conséquences et possibilité pour le sujet de se relever seul.

Examen

L'analyse de l'équilibre s'effectue pieds nus. Les chaussures modifient et souvent altèrent l'équilibre lorsqu'elles sont mal adaptées, alors qu'au contraire, un petit talon peut l'améliorer. L'examen clinique comporte, outre la classique épreuve de Romberg yeux ouverts et yeux fermés, une épreuve de Romberg sensibilisée (un pied devant l'autre) et la mesure du temps d'appui sur un seul pied, sur le pied dominant. Les réactions «parachute» apprécient la réaction d'équilibration à un brusque déséquilibre appliqué au niveau des épaules et du sternum, successivement dans toutes les directions.

L'observation attentive du sujet pendant la marche, avec ou sans aide, permet d'apprécier la vitesse, la longueur et la hauteur du pas, la régularité de la trajectoire, le balancement des bras, la giration des ceintures, le déroulement du pied au sol, l'amplitude du pas postérieur. La réalisation d'un demi-tour, la montée et la descente de quelques marches complètent l'examen.

L'évaluation clinique quantifiée fait appel aux tests d'équilibre de Tinetti (Tableau 9.1) ou au test de lever de chaise de Mathias (*get-up and go test*). Ce test, coté de 1 à 5 et éventuellement chronométré, comporte les séquences suivantes: se lever d'une chaise à accoudoirs, marcher en avant sur 3 mètres, faire demi-tour, retourner s'asseoir sur la chaise. La statokinésimétrie fournit une évaluation plus précise. Comme les scores d'équilibre statique et dynamique, elle est surtout utile pour suivre l'évolution.

L'examen général s'attache tout particulièrement à l'examen neurologique, ostéo-articulaire et musculaire et précise l'état des organes sensoriels.

En général, le diagnostic étiologique d'un trouble de la marche repose sur le seul examen clinique, valorisé par l'expérience du clinicien. Toutefois, il doit, dans quelques cas, être complété par un examen radiologique, électromyographique ou une exploration tomodensitométrique du rachis ou de l'encéphale.

LES MARCHES PATHOLOGIQUES

Les anomalies de la démarche diminuent la vitesse de marche et ceci est bien corrélé au risque de chute. Les causes sont très nombreuses, mais certaines démarches ont un aspect typique, évocateur d'affections propres au sujet âgé (Tableau 9.2). Nous décrivons au tableau 9.3 leurs particularités sémiologiques.

Affections neurologiques

Hémiplégie

L'examen neurologique analytique peut paraître normal alors que la spasticité se démasque à la marche avec fauchage du membre inférieur, c'est-à-dire circumduction de la hanche et pied varus équin.

État lacunaire

Comme dans l'encéphalopathie de Binswanger, la marche est très lente, à petits pas, pieds collés au sol. Cet aspect n'est pas spécifique des affections vasculaires cérébrales et se rencontre aussi en cas d'*hydrocéphalie à pression normale*, accompagnée de troubles mentaux et sphinctériens. Au maximum, l'impossibilité de se tenir debout et de marcher constitue l'astasie-abasie.

Syndromes extrapyramidaux

Le diagnostic est souvent posé sur la constatation de troubles de la marche ou de chutes. Petits pas, perte du ballant des bras, cyphose, flexum des hanches et des genoux, piétinement devant l'obstacle, demi-tours «en bloc», sont caractéristiques. La course vers l'avant pour «rattraper le centre de gravité» est fréquemment remplacée chez le sujet âgé par une rétropulsion. En cas de maladie de Steele-Richardson, les troubles de la posture sont majeurs.

Tableau 9.1

Tests d'équilibre et de marche de Tinetti

(Traduction du *Gait and Balance Test* par le Centre de recherche en gérontologie et gériatrie de l'Institut universitaire de gériatrie de Sherbrooke)

Équilibre

Directives - Le sujet est assis sur une chaise dure sans accoudoirs. Les manoeuvres suivantes sont examinées.

1.   Équilibre assis:
- penche ou glisse dans la chaise   0
- stable, en sécurité   1

2.   Se lever:
- incapable sans aide   0
- capable mais utilise ses bras pour s'aider   1
- capable sans l'aide de ses bras   2

3.   Essai pour se lever:
- incapable sans aide   0
- capable après plus d'un essai   1
- capable au premier essai   2

4.   Équilibre immédiat lors du lever:
- instable (chancelant, oscillant)   0
- stable mais utilise un cadre de marche, une canne ou s'agrippe à d'autres objets pour se soutenir   1
- stable sans cadre de marche, canne ou autres objets   2

5.   Équilibre debout:
- instable   0
- stable avec pieds écartés (talons éloignés de plus de 10 cm) ou utilise une canne, un cadre de marche ou d'autres supports   1
- talons rapprochés, sans aide   2

6.   Poussées (le sujet se tient debout avec les pieds aussi près que possible, l'examinateur pousse légèrement le sujet sur le sternum à l'aide de la paume de la main, à 3 reprises):
- commence à tomber   0
- chancelant, s'agrippe mais se stabilise   1
- stable   2

7.   Cou (décrire les symptômes si score = 0):
- symptômes ou démarche chancelante lors de mouvements latéraux ou d'extension du cou   0
- diminution marquée de l'amplitude mais sans symptômes ou démarche chancelante   1
- amplitude satisfaisante modérée et équilibre stable   2

8.   Yeux fermés (dans la position décrite à la question 6):
- instable   0
- stable   1

9.   Pivot de 360°:
a) - pas discontinus   0
    - pas continus   1
b) - instable (chancelant, s'agrippe)   0
    - stable   1

10.   Station debout sur une jambe (5 s):
a)   **jambe droite**
- incapable sans appui   0
- capable   1
b)   **jambe gauche**
- incapable sans appui   0
- capable   1

11.   Extension du dos (laisser le sujet le faire lui-même):
- refuse d'essayer ou aucune extension ou utilise un cadre de marche lorsqu'il le fait   0
- essai mais faible extension   1
- bonne extension   2

12.   Lever les bras (demander au sujet d'atteindre la tablette la plus haute dans la cuisine):
- incapable ou instable, a besoin de se tenir   0
- capable et stable   1

13.   Se pencher vers l'avant (mettre un crayon sur le plancher et demander au sujet de le ramasser):
- incapable ou instable   0
- capable et stable   1

14.   S'asseoir:
- non sécuritaire (juge mal des distances; se laisse tomber dans la chaise)   0
- utilise les bras ou n'a pas un mouvement régulier   1
- sécuritaire, mouvement régulier   2

SCORE (équilibre) =   **/24**

Marche

Directives - Le sujet est debout avec l'examinateur. Le sujet marche dans le corridor ou dans la chambre, d'abord à son rythme habituel, puis revient à un rythme plus rapide, tout en étant sécuritaire (utilisant un cadre de marche ou une canne si c'est le cas habituellement).

1.   Initiation de la marche (immédiatement après le signal de départ):
- hésitations ou plusieurs essais pour partir   0
- aucune hésitation   1

2.   Hauteur et longueur des pas: balancement de la jambe droite
a) - ne passe pas au-delà du pied gauche   0
    - passe au-delà du pied gauche   1
b) - le pied droit ne quitte pas complètement le plancher   0
    - le pied droit quitte complètement le plancher   1

3.	**Hauteur et longueur des pas: balancement de la jambe gauche**		**7.**	**Tronc:**	
a)	• ne passe pas au-delà du pied droit	0		• balancement marqué ou utilise un auxiliaire à la marche	0
	• passe au-delà du pied droit	1		• pas de balancement mais plie les genoux ou le dos ou écarte les bras lors de la marche	1
b)	• le pied gauche ne quitte pas complètement le plancher	0		• pas de balancement, pas de flexion, pas d'écartement et pas d'auxiliaire à la marche	2
	• le pied gauche quitte complètement le plancher	1			
4.	**Symétrie des pas:**		**8.**	**Position de marche:**	
	• longueur de pas du pied gauche et du pied droit inégale (estimer)	0		• talons écartés	0
	• longueur de pas du pied gauche et du pied droit semble égale	1		• talons se touchent presque lors de la marche	1
5.	**Continuité du pas:**		**9.**	**Tourner:**	
	• arrête ou fait des pas	0		• chancelant, instable	0
	• les pas semblent continus	1		• discontinu mais ne chancelle pas ou n'utilise pas de cadre de marche ou de canne	1
6.	**Trajectoire (estimée en relation avec les tuiles du plancher, diamètre de 30 cm. Observer le trajet d'un pied sur environ 3 m de marche):**			• stable, continu sans auxiliaire à la marche	2
	• déviation marquée	0	**10.**	**Capable d'augmenter sa vitesse de marche (dire au sujet de marcher aussi vite qu'il le peut tout en ayant un rythme sécuritaire):**	
	• déviation modérée ou utilise un auxiliaire à la marche	1		• aucun	0
	• trajectoire droite sans auxiliaire à la marche	2		• un peu	1
				• beaucoup	2
				SCORE (marche) =	**/16**
				SCORE FINAL =	**/40**

Source: Tinetti, M.E.: Performance-oriented assessment of mobility problems in elderly patients. *J Am Geriatr Soc*, **34**:119-126, 1986.

Polyneuropathies

Elles engendrent une marche sinueuse, avec élargissement de la base de sustentation, des pas brusques et irréguliers, les pieds retombant lourdement à plat au sol (marche talonnante). Cette *ataxie proprioceptive* (polynévrite diabétique, sclérose combinée de la moelle carentielle, etc.) s'aggrave dans l'obscurité.

Atteintes cérébelleuses

L'*ataxie cérébelleuse* à l'aspect sémiologique voisin (accident vasculaire de type Wallenberg, atrophie olivo-ponto-cérébelleuse, etc.) n'est pas modifiée par l'occlusion des yeux.

Paralysie du nerf sciatique poplité externe

Le déficit de flexion dorsale du pied avec flexion compensatrice exagérée du genou caractérise le steppage. Une compression même minime du nerf au col du péroné (surtout sur terrain artéritique), un syndrome de la queue de cheval débutant par un canal lombaire étroit et arthrosique sont à rechercher.

Myosites et myopathies

La faiblesse des muscles pelviens entraîne une démarche lourde, dandinante, «en canard». Les myosites sont rares mais des affections générales ou rhumatologiques (dysthyroïdies, ostéomalacie, pseudo-polyarthrite rhizomélique ou *polymyalgia rheumatica*, etc.) engendrent souvent des myopathies.

Démence sénile de type Alzheimer

A un stade avancé de la maladie, la marche devient irrégulière, instable. Cette *apraxie de la marche* avec perte du schéma moteur relève de lésions frontales bilatérales mais aussi de troubles de l'attention, de troubles visuels et d'erreurs de jugement.

Affections ostéo-articulaires
Rhumatismes dégénératifs

Ils sont dominés par la coxarthrose (avec boiterie de hanche, déficit du moyen fessier, perte du pas postérieur) et la gonarthrose (plus souvent sur genu varum que genu valgum). Mais les raideurs de cheville (déficit de flexion

Tableau 9.2

Principales causes des troubles de la marche chez le sujet âgé

I. Affections neurologiques
- affections vasculaires cérébrales (hémiplégie, état lacunaire, encéphalopathie de Binswanger, etc.)*
- hydrocéphalie à pression normale*
- syndromes extrapyramidaux (dont la maladie de Steele-Richardson)*
- polyneuropathies (polynévrites, sclérose combinée de la moelle, etc.)
- paralysie du nerf sciatique poplité externe
- atteintes cérébelleuses (accident vasculaire de type Wallenberg, dégénérescence olivo-ponto-cérébelleuse, etc.)
- myosites et myopathies (dysthyroïdies, ostéomalacie, pseudo-polyarthrite rhizomélique, etc.)*
- démence sénile de type Alzheimer*
- myélopathies (cervicarthrosique, vasculaire, carentielle, etc.)

II. Affections ostéo-articulaires
- rhumatismes dégénératifs (coxarthrose, gonarthrose, etc.)*
- rhumatismes inflammatoires (pseudo-polyarthrite rhizomélique)
- arthrites micro-cristallines (goutte, chondrocalcinose*, etc.)
- séquelles de chirurgie ou de traumatismes*
- troubles statiques et affections du pied*
- troubles statiques du rachis*
- amputation de membre inférieur appareillé

III. Régression psychomotrice et syndrome postchute*

IV. Autres causes
- déficit visuel
- maladies psychiatriques (dépression, régression, etc.)
- affections générales (altération de l'état général, anémie, insuffisance cardiaque ou respiratoire, hypotension orthostatique, troubles métaboliques, etc.)*
- effet iatrogène (sédatifs)*
- environnement néfaste (chaussons mal adaptés, sol irrégulier, mauvais éclairage, etc.)*

* Causes les plus fréquentes ou les plus caractéristiques du sujet âgé

Tableau 9.3

Sémiologie des troubles de la marche les plus fréquents chez le sujet âgé

Sémiologie	Diagnostics à évoquer
• fauchage	• hémiplégie
• petits pas, pieds collés au sol, élargissement du polygone de sustentation	• hydrocéphalie à pression normale • état lacunaire • syndrome de Binswanger
• piétinement, flexum, cyphose ± rétropulsion	• syndrome extrapyramidal
• aspect ivre, élargissement du polygone	• polyneuropathie • atteinte cérébelleuse
• steppage	• paralysie du sciatique poplité externe
• marche «dandinante»	• myopathie (thyroïde) • myosite • ostéomalacie • *polymyalgia rheumatica*
• boiterie, douleur	• affection ostéo-articulaire (hanche, genou, pied)
• rétropulsion, flexum, orteils relevés, hypertonie, angoisse	• syndrome de régression psychomotrice • syndrome postchute
• marche hésitante, mal systématisée	• troubles de la vue • déficience liée à une affection générale • environnement inadapté • démence de type Alzheimer • polypathologie

dorsale) sont à rechercher, car elles entraînent un défaut de déroulement du pied au sol et de son adaptabilité aux irrégularités, ainsi qu'une mauvaise réaction aux situations déséquilibrantes.

Rhumatismes inflammatoires

La polyarthrite rhumatoïde à début tardif prend souvent l'aspect d'une pseudo-polyarthrite rhizomélique avec douleur et raideur des ceintures, difficultés pour le transfert assis-debout et marche «dandinante» par atteinte de la ceinture pelvienne.

Arthrites microcristallines

La chondrocalcinose, à l'origine d'épanchements et d'impotence fonctionnelle, touche avec prédilection le genou. Elle est plus fréquente que la goutte chez le vieillard. Son évolution chronique s'apparente à celle de la pathologie dégénérative.

Séquelles de chirurgie ou de traumatisme

La boiterie de la hanche peut résulter d'une douleur, d'un raccourcissement du membre inférieur, d'une rotation externe résiduelle ou d'un déficit du moyen fessier. Une marche douloureuse après chute doit faire rechercher une fracture engrenée du col fémoral ou du cadre obturateur. Les premières radiographies sont parfois normales et il ne faut pas hésiter à les répéter après quelques jours. La fracture du sacrum est de diagnostic plutôt scintigraphique avec hyperfixation «en ailes de papillon».

Troubles statiques et affections des pieds

Hallux valgus, orteils en griffe, pieds plats avec hyperkératoses sous les têtes métacarpiennes sont cause de démarches douloureuses, hésitantes, avec perte du déroulement du pied au sol. Il en va de même pour toute la pathologie unguéale, car les soins de pédicurie sont souvent négligés chez le vieillard.

Troubles statiques du rachis

Une cyphose, qu'elle soit sénile ou par tassement ostéoporotique, une cyphoscoliose dégénérative ou parfois associée à un syndrome extrapyramidal, entraînent un déplacement du tronc vers l'avant. La marche devient pénible, voire impossible, sans appui antérieur.

Amputation de membre inférieur appareillé

Dans le cas de prothèse à genou verrouillé et cheville non articulée, la marche est raide et énergétiquement coûteuse, avec élévation du bassin au passage du pas.

Régression psychomotrice et syndrome postchute

Le syndrome de régression psychomotrice est caractéristique du sujet âgé. Le tronc, déjeté vers l'arrière, fait glisser le patient dans son fauteuil. Cette rétropulsion perturbe ou interdit la station debout et la marche. De plus, on constate un flexum des hanches et des genoux, des pieds collés au sol avec orteils relevés, une hypertonie oppositionnelle des quatre membres, une sidération des réactions d'adaptation posturale, sans pathologie neurologique ou ostéo-articulaire expliquant ces troubles. L'anxiété apparaît lors de la verticalisation. Toute affection aiguë ou chronique peut entraîner ce tableau spécifique du sujet âgé. Le syndrome postchute en est un cas particulier dans lequel la phobie de la chute se trouve au premier plan.

Autres causes

Un *déficit visuel* ou une *maladie psychiatrique* modifient la marche. A la différence de l'adulte, les *affections générales*, par les déficiences qui en résultent, altèrent la marche du sujet âgé. Les *médicaments* (sédatifs) et les événements *environnementaux* (sol glissant, chaussures mal adaptées, faible éclairage, etc.) perturbent également la marche. Enfin, un trouble de la marche peut être d'origine *multifactorielle* chez ces sujets polypathologiques.

RÉÉDUCATION FONCTIONNELLE DES TROUBLES DE LA MARCHE

L'objectif de la rééducation est de restaurer, avec ou sans canne, une marche de qualité, *efficace*, permettant au patient de retrouver ses activités en toute *sécurité*, c'est-à-dire sans risque de chute. La rééducation spécifique à chaque étiologie n'est pas décrite ici, mais nous en développons les aspects généraux adaptés au sujet âgé (Tableau 9.4).

Verticalisation – travail de transferts

La verticalisation s'effectue avec appui sur le rééducateur qui redonne confiance ou sur table de verticalisation (plus anxiogène). On peut

<table>
<tr><td>

Tableau 9.4
Étapes de la rééducation fonctionnelle des troubles de la marche

Objectif: obtenir une marche *efficace* en toute *sécurité*

Moyens:
1) verticalisation – rééducation des transferts
2) rééducation de l'équilibre et des réactions d'adaptation posturale
3) rééducation analytique de la marche (mobilité des chevilles, appui et propulsion, pas postérieur, marche à 3 temps et à 4 temps, etc.) – balnéothérapie si possible
4) rééducation fonctionnelle de la marche (obstacles, escaliers, domicile, etc.)
5) appareillage – aides techniques – fauteuil roulant
6) apprentissage du relever du sol +++
7) réadaptation (habitudes de vie, action sur l'environnement, systèmes d'appel)

Résultat: préserver ou retrouver l'autonomie locomotrice

</td></tr>
</table>

s'aider d'un miroir quadrillé pour corriger les troubles de la posture et du «standing-up» qui permet de travailler l'endurance à la station debout tout en réalisant des travaux manuels. Les transferts assis-debout doivent être acquis, car récupérer la marche sans les transferts ne permet pas l'autonomie.

Rééducation de l'équilibre

L'équilibre du tronc se travaille en position assise au bord d'une table basse, pieds à plat sur le sol. Le patient effectue des mouvements le plus souvent dirigés vers l'avant, luttant contre la rétropulsion (ex.: toucher ses pieds, ramasser un objet au sol, lutter contre des poussées déséquilibrantes, rattraper un ballon, etc.). Pour cela, on utilise plus volontiers les stimulations gestuelles que verbales et les mouvements sur imitation. Debout, devant un espalier, l'appui s'effectue sur les deux membres inférieurs, puis alternativement sur l'un et l'autre. En montant sur la pointe des pieds puis sur les talons, le patient améliore l'amplitude de ses chevilles. Les réactions d'adaptation posturale se rééduquent également debout par des poussées déséquilibrantes légères. Devant une table ou un mur, le patient apprend à se rattraper avec les membres supérieurs (réactions parachute). L'utilisation de la rétroaction biologique en sta-

tokinésimétrie peut compléter cette rééducation. La visualisation sur écran de l'équilibre postural permet au patient de modifier sa posture en temps réel.

Rééducation analytique des troubles de la marche

Elle est spécifique à chaque cause mais comporte des points communs importants pour le sujet âgé. La marche latérale le long d'une rampe renforce le moyen fessier. La marche proprement dite débute entre barres parallèles assez basses pour que le patient y prenne appui sans tirer ni pousser. La symétrie des pas, l'appui sur un seul pied et l'appui sur les deux pieds, le déroulement du pied au sol, le pas postérieur, doivent être corrects. On insiste sur la phase d'appui et la phase de propulsion. Puis, le cadre de marche permet d'acquérir une marche à trois temps, avant celle à quatre temps avec cannes. La rééducation en piscine est très efficace à ce stade.

Rééducation fonctionnelle des troubles de la marche

C'est une étape fondamentale vers l'autonomie. L'entraînement à la marche s'effectue avec obstacles (bâtons à enjamber, tapis de mousse, etc.), dans la chambre, les couloirs, les pièces communes, les escaliers, à l'extérieur sur terrain varié et au domicile du malade. Là, ses capacités fonctionnelles sont confrontées à ses habitudes de vie et son environnement. Une adaptation de l'habitat peut être nécessaire.

Appareillage – aides techniques

La personne âgée ne supporte pas un appareillage lourd et sophistiqué. On utilise, en pratique courante, les orthèses plantaires correctrices ou palliatives, les chaussures sur mesure ou orthopédiques, les releveurs de pied en cas de steppage, les orthèses de stabilisation du genou pour hyperlaxité ligamentaire sur genou dégénératif.

Les aides techniques à la marche se succèdent en fonction des acquisitions fonctionnelles: cadre de marche fixe, articulé (d'emploi plus complexe), avec roues à l'avant ou «rolator» (plus léger mais plus encombrant, il favorise l'antépulsion), béquilles à appui antébrachial, canne tripode (elle peut occasionner des chutes si elle n'est pas prise dans le bon sens), canne en T dont la préhension est plus simple que celle d'une canne arrondie. La hauteur de la canne est adaptée, avec appui à hauteur du grand trochanter, ainsi que le côté utilisé (côté du genou malade et côté controlatéral à la hanche malade).

Parfois, ce n'est pas un échec de préférer le fauteuil roulant qui préserve mieux l'autonomie qu'une marche instable et dangereuse, finalement abandonnée. Cette marche reste cependant à entretenir.

Relever du sol

Son apprentissage est nécessaire au terme de la rééducation, car il redonne confiance au patient. L'enchaînement des mouvements doit être acquis (retournement en décubitus latéral, flexion des genoux, passage à quatre pattes puis à genoux avec appui à un meuble), puis mémorisé et, au mieux, automatisé. Les troubles mnésiques et les douleurs de genou et de hanche peuvent rendre ce relever du sol difficile.

La marche est un facteur de maintien de l'autonomie. La restauration de cette autonomie, en cas de troubles de la marche, passe par un traitement étiologique. La cause doit être identifiée le plus précisément possible, essentiellement par l'examen clinique. La rééducation fonctionnelle, tant curative que préventive des chutes, est complétée par la réadaptation à une situation nouvelle. Celle-ci comporte des aides techniques et humaines, des systèmes d'appel et de surveillance, une modification des activités et une réorganisation de la vie quotidienne.

BIBLIOGRAPHIE

BLANKE, D.J. & P.A. HAGEMAN: Comparison of gait of young men and elderly men. *Phys Ther*, **69**(2):144, 1989.

BOHANNON, R.W. & Coll.: Decrease in timed balance test scores with aging. *Phys Ther*, **64**(7):1067, 1984.

ERA, P. & E. HEIKKINEN: Postural sway during standing and unexpected disturbance of balance in random samples of men of different ages. *J Gerontol*, **40**(3):287, 1985.

GAUDET, M. & Coll.: Le syndrome de régression psychomotrice du vieillard. *Med. Hyg.*, **44**:1332, 1986.

IMMS, F.J. & O.G. EDHOLM: Studies of gait and mobility in the elderly. *Age Ageing*, **10**:147, 1981.

LAFONT, C. & Coll.: Équilibre et vieillissement, in *L'Année Gérontologique*, Serdi Éd., Paris, 1991.

ROSENHALL, V.: Degenerative patterns in the aging human vestibular neuro-epithelia. *Acta Otolaryngol (Stockh)*, **76**:208, 1973.

SERRATRICE, G.: Troubles de la marche du sujet âgé: vers de nouveaux concepts. *Presse Médicale*, **23**(22):1014, 1994.

STELMACH, G.E. & A. SIRICA: Aging and proprioception. *Age*, **9**:99, 1986.

TINETTI, M.E. & J.F. GINTER: Identifying mobility dysfunctions in elderly patients. *JAMA*, **259**(8):1190, 1988.

LECTURES SUGGÉRÉES

PELISSIER, J. & Coll.: *Posture, équilibration et médecine de rééducation*, Masson, Paris, 1993.

PELISSIER, J. & Coll.: *La marche humaine et sa pathologie*, Masson, Paris, 1994.

RABOURDIN, J.P. & Coll.: *Rééducation en gériatrie*, Masson, Paris, 1989.

SHEPPARD, R.J.: The scientific basis of exercise prescribing for the very old. *J Am Geriatr Soc*, **38**:62, 1990.

STRAUBE, A. & Coll.: Postural control in the elderly: differential effects of visual, vestibular and somatosensory input, in *Posture and gait*. Amblard, B., Berthoz, A. & F. Clarac (eds). Elsevier Eds, Amsterdam, 1988.

TAVERNIER-VIDAL & F. MOORE: *Réadaptation et perte d'autonomie physique chez le sujet âgé: la régression psychomotrice*, Frison-Roche, Paris, 1991.

VESSAS, B. & Coll.: *Falls, balance and gait disorders in the elderly*, Elsevier, Paris, 1991.

WOOLACOT, M.H. & Coll.: Postural reflexes and aging, in *The aging motor system*. Mortimer, J.A. Prayer New York Ed., New York, 1982.

CHAPITRE 10

DELIRIUM

Jean-François Trudel et Marcel Arcand

DÉFINITION

On peut définir le *delirium* comme étant une dysfonction temporaire et réversible du fonctionnement métabolique cérébral, de début aigu ou subaigu, et dont les manifestations essentielles sont une détérioration de la capacité d'attention aux stimuli externes et de la capacité d'organiser sa pensée; c'est un état fluctuant, généralement accompagné de perturbations du cycle éveil-sommeil, de la mémoire, de l'activité psychomotrice et des perceptions (Tableau 10.1).

Le *delirium* correspond généralement à ce que l'on nomme ailleurs syndrome confusionnel aigu ou insuffisance cérébrale aiguë, termes qui ne sont pas clairement définis et qui n'indiquent pas suffisamment la nature organique du problème.

Tableau 10.1
Critères diagnostiques (DSM-IV) du *delirium*
A. Perturbation de la conscience (altération de la capacité à bien saisir les stimuli externes) avec diminution de la capacité à fixer et soutenir l'attention.
B. Altération des fonctions cognitives (telles qu'un déficit mnésique, une désorientation ou un trouble du langage) *ou* un trouble perceptuel, ne pouvant être expliqués par une démence préexistante ou en voie d'installation.
C. Trouble d'installation rapide (habituellement quelques heures à quelques jours) et ayant tendance à fluctuer d'intensité au cours d'une même journée.
D. L'histoire, l'examen physique ou les examens paracliniques tendent à démontrer que le trouble est causé par les conséquences physiologiques directes d'une condition médicale (organique).
Adapté de: *DSM-IV*, American Psychiatric Association, 1994.

On peut aussi définir le *delirium* comme une pathologie de l'état de conscience qui, dans un spectre allant de la conscience normale aux atteintes graves que sont la stupeur et le coma, représente la zone intermédiaire.

ÉPIDÉMIOLOGIE

L'incidence du *delirium* dans la communauté est mal connue; cela dit, il s'agit d'un des syndromes le plus souvent rencontrés en pratique hospitalière auprès de la clientèle âgée. Les études récentes, utilisant les critères introduits par le DSM-III, affirment que de 10 à 16 % des patients âgés sont en *delirium* au moment de leur arrivée à l'hôpital, et que 5 à 10 % de plus seront touchés en cours d'hospitalisation.

MANIFESTATIONS CLINIQUES

La présentation clinique du *delirium* est caractérisée par l'installation rapide (quelques heures à quelques jours) d'un état dans lequel la vigilance et la capacité à enregistrer l'information nouvelle sont perturbées: par exemple, le patient éprouvera de la difficulté à répéter une série de chiffres qu'on vient à peine de lui dire. Il oublie parfois une question pendant même qu'il tente d'y répondre. Il est incapable de suivre son propre fil de pensée, oubliant le point de départ de son raisonnement: il en résulte un discours décousu, une pensée fragmentée. Cette détérioration de la vigilance est aussi responsable des difficultés d'orientation spatiale et temporelle et de l'impossibilité d'identifier ses interlocuteurs.

L'activité psychomotrice peut être diminuée, le patient paraissant alors apathique et somnolent, ou au contraire augmentée et se manifester par une agitation souvent désorganisée. Dans le deuxième cas, le patient est souvent la proie d'hallucinations visuelles (plus rarement auditives) intenses, voire d'expériences sensorielles complexes d'allure onirique, souvent menaçantes. Il paraît alors méfiant, apeuré, ou hostile, tentant d'échapper à des persécuteurs imaginaires. Il y a alors risque de blessure pour lui-même et pour l'entourage. Il peut y avoir alternance de périodes agitées et de périodes somnolentes au cours de la journée. De même, des moments de lucidité, où l'état clinique se normalise complètement pendant quelques heures, sont chose courante.

Les perturbations du cycle nycthéméral sont habituelles: le patient dort mal, réservant ses périodes plus agitées et confuses à l'équipe de nuit, pour dormir le jour.

L'examen plus détaillé des fonctions cérébrales supérieures montre souvent une dysphasie nominale, une dyspraxie de construction et de la dysgraphie, d'autant plus marquées que le *delirium* est profond.

Des signes d'atteinte neurologique diffuse et symétrique sont très souvent présents dans les *delirium* d'origine métabolique ou toxique: tremblement, myoclonies, astérixis, ataxie, dysarthrie, incoordination globale, hypo- ou hyperréflexie généralisée. Un signe neurologique asymétrique oriente, au contraire, vers une atteinte focale centrale.

Des signes d'hyperactivité autonomique accompagnent certains *delirium* (en particulier, le *delirium tremens* et le *delirium* atropinique): tachycardie, sudation, hypertension. Finalement, l'incontinence de selles et d'urines est fréquente.

ÉTIOLOGIE

On peut concevoir le *delirium* comme la résultante, sur le fonctionnement cérébral, de l'interaction de facteurs prédisposants et de facteurs précipitants.

Les *facteurs prédisposants* représentent les caractéristiques de l'hôte qui ont le potentiel de rendre le cerveau plus fragile. Mentionnons le grand âge lui-même, qui entraîne des pertes neuronales et une diminution de la synthèse de l'acétylcholine, du flot sanguin, du métabolisme glucidique. En deuxième lieu, une lésion cérébrale augmente considérablement la vulnérabilité du cerveau à diverses agressions: on pense, en particulier, aux démences, mais aussi aux autres maladies dégénératives, aux accidents vasculaires, aux traumatismes. On retrouve parfois une histoire d'abus prononcé d'alcool, de même que des atteintes des organes sensoriels (vue, ouïe). Il faut aussi souligner le rôle des atteintes chroniques d'autres organes vitaux (insuffisances respiratoire, cardiaque, hépatique, rénale). Dans un tel contexte, le cerveau, fragilisé par l'hypoxie et les toxines en circulation, devient sensible aux moindres perturbations. Les thérapeutiques médicamenteuses complexes ajoutent un élément iatrogène à cette vulnérabilité.

On qualifie de *facteurs précipitants* toutes les agressions plus aiguës, exogènes ou endogènes, auxquelles l'organisme peut être confronté. Il est difficile d'en faire une liste exhaustive, dans la mesure où un très grand nombre d'états cliniques ont le potentiel d'induire un *delirium*. Le tableau 10.2 les résume. Chez le sujet âgé, les causes les plus fréquentes sont l'insuffisance cardiaque, les états infectieux, les troubles métaboliques, les déséquilibres hydro-électrolytiques, les réactions médicamenteuses et les accidents vasculaires cérébraux. Au chapitre des réactions médicamenteuses, la liste des coupables possibles est interminable; le tableau 10.3 énumère les principaux récidivistes. Enfin, soulignons que dans bon nombre de cas, le *delirium* n'est pas le fait d'un seul, mais de plusieurs agresseurs agissant en synergie.

PHYSIOPATHOLOGIE

La physiopathologie du *delirium* demeure mystérieuse. On sait, bien sûr, qu'il s'agit d'une atteinte fonctionnelle, et non structurale, du cerveau. Les études de Romano et Engel ont démontré depuis longtemps, par l'EEG, une dysfonction corticale diffuse chez le sujet en *delirium*. Plus récemment, la contribution de structures du tronc cérébral, telle la formation réticulée, a été évoquée.

Des perturbations des neurotransmetteurs sont très probablement en jeu; on suppose des défaillances de la transmission cholinergique et de divers autres médiateurs. Lors d'états infectieux ou inflammatoires, l'action des lymphokines sur la fonction cérébrale joue peut-être un rôle.

Tableau 10.2	
Facteurs précipitants du *delirium*	
Infections	*Pneumonie, infection urinaire, septicémie, ulcérations cutanées infectées Plus rares: méningite, encéphalite, diverticulite, endocardite*
Cardiopathies	*Insuffisance cardiaque décompensée, infarctus du myocarde, dysrythmies*
Maladies cérébrales	*Accident vasculaire cérébral, ischémie cérébrale transitoire, hématome sous-dural, tumeur cérébrale, état postcritique*
Troubles métaboliques	*Hypoxie (par anémie, insuffisance respiratoire ou cardiaque), hyper- ou hypoglycémie, hypokaliémie, hyponatrémie, urémie, insuffisance hépatique, hyper- ou hypocalcémie, hyper- ou hypothyroïdie, déshydratation*
Médicaments	*Voir tableau 10.3*
Traumatismes	*En particulier, fractures du fémur*
Postchirurgie	
Néoplasies	*Dont syndromes paranéoplasiques*
Syndromes de retrait	*En particulier alcool, mais à l'occasion, barbituriques, benzodiazépines*
Divers	*Fécalome, rétention urinaire, atteinte intra-abdominale (infarctus mésentérique)*

Tableau 10.3
Médicaments fréquemment en cause dans le *delirium*
Narcotiques
Sédatifs-hypnotiques (surtout benzodiazépines, en particulier à demi-vie longue)
Anticholinergiques: tricycliques   neuroleptiques sédatifs (ex.: thioridazine)   antiparkinsoniens (ex.: benztropine)   atropine, scopolamine   antihistaminiques (ex.: diphenhydramine)   quinidine
Antiulcéreux: cimétidine, ranitidine
Anti-inflammatoires non stéroïdiens
Corticostéroïdes
Antiparkinsoniens: lévodopa, amantadine
Divers: dérivés de la théophylline   antiépileptiques   digitaliques

DÉMARCHE DIAGNOSTIQUE

L'apparition d'une perturbation importante de l'état mental et du comportement chez une personne âgée évoque trois grandes possibilités: un *delirium*, une démence, une maladie psychiatrique fonctionnelle (généralement un trouble de l'humeur) [Tableau 10.4].

L'anamnèse obtenue d'un tiers est indispensable. On cherchera à obtenir d'abord la chronologie des événements, les principaux symptômes manifestés et les antécédents médicaux détaillés. Habituellement, le *delirium* se présente de façon abrupte, chez un individu au passé médical chargé et prenant une quantité importante de médicaments. L'entourage rapporte des altérations récentes de l'orientation: le patient se croit ailleurs, ne reconnaît pas ses proches, tient des propos décousus, etc. Des symptômes physiques accompagnent volontiers le tableau mental: céphalées, nausées, tremblements, troubles de la démarche, fièvre, incontinence, crises épileptiques, chutes avec traumatisme, etc. Souvent, on retrace l'administration d'un médicament nouveau peu avant la détérioration

	Tableau 10.4 Diagnostic différentiel du *delirium*		
	Delirium	**Démence**	**Maladie psychiatrique fonctionnelle**
Début	*soudain (en quelques jours)*	*insidieux (> 6 mois)*	*subaigu (semaines ou mois)*
Antécédents	*surtout médicaux plusieurs médicaments*	*variables*	*troubles affectifs, psychoses*
Évolution diurne	*variable, périodes de lucidité, aggravation nocturne, sommeil perturbé*	*stable au cours de la journée, sommeil généralement normal*	*présent toute la journée, souvent pire le matin, insomnie*
Vigilance, conscience	*symptôme cardinal, toujours perturbé*	*intact sauf dans phases avancées*	*en gros, intact*
Hallucinations	*fréquentes, surtout visuelles, expériences oniriques complexes*	*plutôt rares*	*modérément fréquentes, surtout auditives*
Orientation temps et lieu	*presque toujours atteinte*	*atteinte probable*	*parfois atteinte*
Activité psychomotrice	*souvent augmentée (agressivité désordonnée) ou au contraire diminuée (apathie, somnolence)*	*souvent normale*	*augmentée ou diminuée*
Discours	*souvent désorganisé, incohérent*	*normal au début, paraphasies, dysnomies*	*variable*
Humeur	*souvent apeurée ou hostile*	*souvent normale*	*euphorique, irritable ou, au contraire, triste et angoissée*
Délires	*mal systématisés, passagers*	*généralement absents*	*organisés, stables*
Signes d'atteinte neurologique diffuse	*souvent présents*	*souvent absents sauf dans phases avancées*	*peu probables*

mentale. Une démence a, au contraire, une installation plus insidieuse, qui se compte en mois ou en années, et l'état de conscience n'est pas atteint avant les phases avancées. Une maladie psychiatrique fonctionnelle a plutôt une présentation subaiguë (semaines ou mois). On retrace généralement des antécédents de trouble psychiatrique et l'atteinte de l'humeur aura été manifeste dès le début, les troubles cognitifs, si présents, survenant tardivement et dans un contexte de trouble affectif grave.

Bien sûr, ces catégories ne sont pas mutuellement exclusives. Ainsi, le cerveau fragilisé du dément est très sujet à souffrir de *delirium* au moindre prétexte; le déprimé grave peut faire un *delirium* secondaire à un état de dénutrition ou à un antidépresseur.

Une image précise de l'état fonctionnel antérieur, incluant l'état mental, la mobilité, la continence et la capacité d'effectuer les tâches de la vie quotidienne aidera non seulement à mieux caractériser l'épisode présent mais aussi à anticiper les difficultés possibles de la réinsertion sociale du malade, une fois ses problèmes corrigés.

Suit alors l'examen mental du malade, à la recherche des symptômes caractéristiques du *delirium*. Cet examen vise aussi à éliminer la possibilité d'un trouble psychiatrique fonctionnel.

Un examen physique complet, comprenant l'examen neurologique, est naturellement de mise. La collaboration du malade étant souvent insuffisante, il faut parfois reprendre certains éléments de l'examen en profitant des périodes d'accalmie.

Il est fort possible qu'à la suite de ces procédures, l'étiologie du syndrome soit largement précisée. Néanmoins, un bilan paraclinique s'avère généralement nécessaire, car les facteurs organiques impliqués sont souvent multiples. Ce bilan doit comprendre des examens de base et des examens optionnels dont le choix dépend des pistes diagnostiques et du contexte clinique. Le tableau 10.5 résume la démarche diagnostique.

L'EEG a une double valeur diagnostique. D'abord, s'il y a doute après l'examen clinique quant à la présence d'un *delirium* (par exemple, un patient en mutisme si complet qu'on ne peut rien en tirer), l'EEG est un indicateur sensible de *delirium*: il montre généralement des ralentissements diffus et symétriques des rythmes de fond, d'autant plus importants que le *delirium* est profond. Exception notable: le *delirium* de sevrage alcoolique, dans lequel les rythmes de fond sont accélérés. Ces changements cependant ne sont pas entièrement spécifiques; ils peuvent aussi être constatés, bien que moins fréquemment, dans la démence dégénérative. En deuxième lieu, l'EEG est parfois utile pour détecter une lésion focale intracrânienne. Il sera alors souvent complété par la tomographie axiale du cerveau.

TRAITEMENT

Volet médical

Lorsqu'on a pu identifier les causes du *delirium*, il faut, bien sûr, les traiter si cela est possible. En l'absence de causes claires, des mesures générales sont indiquées: interrompre tous les médicaments non essentiels, s'assurer

Tableau 10.5	
Démarche diagnostique	
1. Anamnèse auprès d'un proche	– rechercher histoire de début soudain, récent – clarifier niveau de fonctionnement antérieur – clarifier antécédents médicaux (problèmes médicaux actifs? médicaments récemment débutés? antécédents psychiatriques? abus d'alcool?) – clarifier symptômes physiques et psychiques qu'a manifestés le patient
2. Examen mental	– évaluer niveau de conscience et de vigilance, orientation, capacité de retenir information nouvelle, organisation du discours, activité psychomotrice, troubles perceptuels
3. Examen physique	– signes vitaux, signes d'hyperactivité autonomique – neurologique: tremblement, ataxie, réflexes, forces musculaires, irritation méningée, Babinski, signes en foyer – examen général
4. Examens paracliniques de base	– bilan biochimique (glycémie, urée, créatinine, électrolytes, enzymes myocardiques) – hémogramme – analyse d'urine – radiographie pulmonaire – ECG
5. Examens paracliniques facultatifs (selon contexte clinique)	– enzymes hépatiques – fonction thyroïdienne – gaz artériels – calcium – EEG – dosage sérique de médicaments – vit. B_{12}, acide folique – tomographie axiale du cerveau
6. Examens pour cas complexes	– dosage de métaux lourds – ponction lombaire – anticorps antinucléaires – porphobilinogènes – cisternographie isotopique

d'un bon équilibre hydro-électrolytique, répéter régulièrement l'examen physique et les analyses de base, car le *delirium* peut volontiers être la manifestation inaugurale d'une affection pathologique qui se déclarera sous peu.

Il faut suivre de près les manifestations d'agitation et d'agressivité, recommander au besoin une surveillance accrue. L'intervention pharmacologique, souvent nécessaire, est préférable aux risques d'une agitation mal contrôlée. Les neuroleptiques incisifs comme l'halopéridol sont les plus fréquemment utilisés dans de telles circonstances, car ils n'aggravent pas le trouble de la vigilance, ont peu d'activité anticholinergique et influencent peu la tension artérielle ou le rythme respiratoire (Tableau 10.6). L'usage des benzodiazépines est plus controversé, car elles diminuent la vigilance et peuvent donc théoriquement aggraver le *delirium*. Dans les faits cependant, plusieurs y ont recours, seuls ou en combinaison avec l'halopéridol. Bien sûr, elles constituent l'agent de choix lors de *delirium* de sevrage alcoolique.

Soins infirmiers

On doit d'abord viser à corriger la perception sensorielle du malade en lui faisant porter si possible ses lunettes et prothèses auditives. Une chambre privée, près du poste infirmier, permet une surveillance accrue, toujours nécessaire. Une présence constante (famille, service privé) calme souvent le malade et permet d'éviter le recours aux contentions dont l'usage doit rester parcimonieux. En plus de l'hydratation, on doit veiller à ce que le malade ne devienne pas incontinent ou incapable de marcher faute de soins. Une horloge, un calendrier, des objets familiers contribuent à réorienter le patient. Une lumière douce pendant la nuit permet de diminuer l'intensité d'illusions ou d'hallucinations menaçantes.

Volet psychosocial

Dès que possible, la famille doit être informée du diagnostic probable et du pronostic. Cela peut contribuer à éviter que des démarches de placement soient effectuées avant que l'évolution ne se cristallise, ce qui demande de quelques jours à quelques semaines, selon les circonstances.

Une fois rétabli, le patient lui-même peut avoir gardé des souvenirs angoissants de sa période confuse. Des explications claires le rassureront.

On ne devrait jamais imposer un retour à domicile avant que le malade n'ait atteint un état fonctionnel satisfaisant. Une évolution vers la chronicité, avec pertes cognitives durables, peut rendre ce retour difficile et, dans de telles circonstances, l'aide d'un praticien social est indispensable pour évaluer les conditions de ce retour, planifier les soins et les services requis. De toute façon, il faut se rappeler que si les personnes qui prennent soin du vieillard à domicile ne sont pas préparées à le recevoir, les risques d'une réhospitalisation rapide et définitive sont énormes. Le tableau 10.7 résume les erreurs fréquentes dans le diagnostic et le traitement du *delirium*.

Tableau 10.6 **Pharmacothérapie du *delirium* agité chez le sujet âgé**	
Agent	halopéridol
Dose	agitation légère: 0,5 mg agitation modérée: 1 mg agitation importante: 2 mg
Voie d'administration	P.O. ou I.M. (la voie I.V. est possible mais non officiellement approuvée en Amérique du Nord)
Fréquence	si une dose est inefficace, répéter en doublant la dose après 45 min; si encore inefficace, doubler encore après 45 min; continuer jusqu'à sédation adéquate
Maximum par 24 h	pas de maximum connu; il est rare d'avoir à dépasser 30 mg chez le sujet âgé
Les jours suivants	répartir la moitié de la dose initiale efficace sur une période de 24 h; tâcher de diminuer la dose après 48 h; dès que le *delirium* est résolu, cesser
Effets secondaires	dystonie aiguë possible mais peu fréquente dans ce groupe d'âge (antidote: benztropine 1 mg, I.M.); le parkinsonisme peut survenir à l'usage prolongé (>1 sem)

Tableau 10.7
Erreurs fréquentes dans le diagnostic et le traitement du *delirium*
Ne pas compléter l'histoire de la maladie sous prétexte que le vieillard ne coopère pas. Il faut prendre le temps de contacter les personnes qui peuvent répondre en son nom
Omettre l'examen de l'état mental qui pourrait orienter vers une cause psychiatrique plutôt qu'organique
Diagnostiquer une démence sénile sur la foi d'une atrophie cérébrale notée à la tomographie axiale
Traiter insuffisamment l'agitation et ainsi mettre la sécurité du patient et de l'entourage en péril
Continuer trop longtemps les neuroleptiques, sans tenir compte des symptômes extrapyramidaux qui peuvent nuire à la remobilisation du malade et à sa réinsertion sociale
Ne pas chercher à corriger l'incontinence urinaire, souvent iatrogène et pouvant nuire à la réinsertion sociale du sujet
Laisser le malade se déshydrater faute de soins adéquats
Demander aux familles de reprendre le vieillard alors qu'il est encore incapable de marcher, qu'il est incontinent ou confus, au point de mettre sa sécurité ou celle des autres en péril
Demander un placement en institution avant d'avoir laissé le temps au malade de redevenir autonome

ÉVOLUTION ET PRONOSTIC

L'apparition d'un *delirium* veut souvent dire une hospitalisation plus longue. Les complications sont à redouter : blessures, plaies de décubitus, pneumonies d'aspiration. La probabilité d'un placement en institution est accrue.

Le *delirium* est un état temporaire, qui prendra l'une des directions suivantes :

rémission sans séquelles;
rémission avec séquelles cognitives;
détérioration neurologique: stupeur, coma,
    convulsions;
mort.

On croit, en général, que la rémission sans séquelles est l'évolution la plus courante, généralement en une ou deux semaines. Cela dit, certaines données récentes laissent à penser que l'évolution est souvent moins favorable, les symptômes se prolongeant et les séquelles cognitives permanentes, surtout mnésiques, s'avérant fréquentes. Le pronostic est surtout influencé par la gravité et les possibilités thérapeutiques des facteurs étiologiques. On sait que la présence d'un *delirium* représente un risque accru de mortalité; ceci témoigne cependant plus de la gravité des maladies qui ont provoqué le *delirium* que des dangers du *delirium* lui-même.

BIBLIOGRAPHIE

COLE, M. & F. PRIMEAU: Prognosis of delirium in elderly hospital patients. *Can Med Assoc J*, **149**:41-46, 1993.

Diagnostic and Statistical Manual of Mental Disorders (DSM-IV), American Psychiatric Association, Washington, 1994.

ENGEL, G. & J. ROMANO: Delirium: a syndrome of cerebral insufficiency. *J Chronic Dis*, **9**:260-277, 1959.

INOUYE, S.K. & Coll.: A predictive model for delirium in hospitalized elderly medical patients based on admission characteristics. *Ann Intern Med*, **119**:474-481, 1993.

KOLBEINSSON, H. & A. JÓNSSON: Delirium and dementia in acute medical admissions of elderly patients in Iceland. Acta Psychiatr Scand, **87**:123-127, 1993.

LEVKOFF, S. & Coll.: Delirium: The occurence and persistence of symptoms among elderly hospitalized patients. *Arch Intern Med*, **152**:334-340, 1992.

LIPOWSKI, Z.: Delirium in the elderly patient. *N Engl J Med*, **320**:578-582, 1989.

MARCANTIANO, E. & Coll.: A clinical prediction rule for delirium after elective non-cardiac surgery. *JAMA*, **271**:134-139, 1994.

ROCKWOOD, K.: The occurrence and duration of symptoms in elderly patients with delirium. *J Gerontol*, **48**:m162-m166, 1993.

SCHOR, J. & Coll.: Risk factors for delirium in hospitalised elderly. *JAMA*, **267**:827-831, 1992.

STEWART, R.B. & W.E. HALE: Acute confusional states in older adults and the role of polypharmacy. *Annual Review of Public Health*, **13**:415-430, 1992.

TUCKER, G.: DSM-IV: proposals for revision of diagnostic criteria for delirium. *International Psychogeriatrics*, **3**:197-208, 1991.

TUNE, L.E. & F.W. BYLSMA: Benzodiazepine-induced and anticholinergic-induceddelirium in the elderly. *International Psychogeriatrics*, **3(2)**:397-408, 1991.

LECTURES SUGGÉRÉES

BERESIN, E.V.: Delirium in the elderly. *Journal of Geriatric Psychiatry and Neurology*, 1:127-143, 1988.

BRENNER, R.P.: Utility of EEG in delirium: past views and current practice. *International Psychogeriatrics*, 3:211-229, 1991.

FISH, D.N.: Treatment of delirium in the critically ill patient. *Clinical Pharmacy*, 10:456-466, 1991.

FRANCIS, J.: Delirium in older patients. *Journal of the American Geriatrics Society*, 40:829-838, 1992.

FRANCIS, J., MARTIN, D. & W. KAPOOR: A prospective study of delirium in hospitalized elderly. *JAMA*, 263:1097-1101, 1990.

TUNE, L. & Coll.: Anticholinergic effects of drugs commonly prescribed for the elderly: potential means for assessing risk of delirium. *Am J Psychiatry*, 149:1393-1394, 1992.

WISE, M.G. & G.T. BRANDT: Delirium, in *Textbook of Neuropsychiatry*. Yudofsky, S.C. & R.E. Hales. American Psychiatric Press, Washington, 1992.

CHAPITRE 11

TROUBLES COGNITIFS ET DIAGNOSTIC PRÉCOCE DE LA DÉMENCE

Howard Chertkow et Howard Bergman

Démarche clinique

Comment aborder le patient souffrant de perte de mémoire

Pourquoi un diagnostic précoce?

Bibliographie

Lectures suggérées

GAMME DES MODIFICATIONS COGNITIVES ASSOCIÉES AU VIEILLISSEMENT

Vieillissement cognitif normal

Les aptitudes mnésiques varient considérablement chez les personnes âgées (Fig. 11.1). Il est rare de rencontrer des sujets âgés dont la mémoire surpasse celle de sujets plus jeunes, mais cela arrive et ces individus exceptionnels représentent environ 5 % de la population âgée.

Il est plus courant de rencontrer des personnes âgées qui notent un déclin de leurs fonctions cognitives par rapport à la performance qu'elles ont connue lorsqu'elles étaient plus jeunes. Les modifications qu'elles perçoivent le plus couramment sont la difficulté à partager leur attention entre plusieurs activités et stimuli sensoriels simultanés (écouter la radio tout en écrivant une lettre, par exemple) et la difficulté à se souvenir des noms des personnes qu'elles rencontrent occasionnellement. Dans ces cas, des tests neuropsychologiques officiels révèlent en outre une baisse de la performance aux tests différés de mémoire verbale ainsi qu'un ralentissement dans la rapidité du traitement de l'information, deux éléments souvent considérés comme des aspects de l'intelligence fluide. Certains autres aspects du domaine cognitif, comme le vocabulaire et les connaissances générales, augmentent habituellement avec l'âge. Toutes ces modifications sont maintenant considérées comme partie intégrante du vieillissement normal (Chap. 3). Bien qu'à l'occasion certains patients se montrent préoccupés de tels changements, ces derniers n'ont aucune incidence particulière sur le pronostic.

On considère ces modifications du vieillissement cognitif comme un phénomène normal. Elles peuvent se produire en même temps que des altérations histologiques du cerveau (atrophie, augmentation de plaques séniles, etc.) et des changements physiologiques (augmentation de l'activité des ondes lentes à l'EEG), signes qui, à eux seuls, n'indiquent pas d'anomalie cérébrale. Ces modifications soulignent l'idée fondamentale suivante: les fonctions cognitives des personnes âgées doivent être comparées à celles d'autres sujets du même âge et non à la performance de sujets plus jeunes.

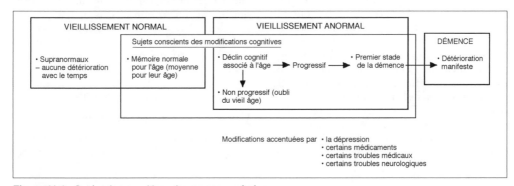

Figure 11.1 Catégories cognitives des personnes âgées

Vieillissement cognitif légèrement anormal

Certaines personnes âgées perçoivent elles-mêmes une légère perte de mémoire objectivée par des tests. Ces patients sont généralement ceux qui se plaignent (et dont la famille se plaint) de la détérioration de leur mémoire au cours des dernières années; la détérioration est telle qu'ils en perçoivent les effets sur les activités de la vie quotidienne. Dans beaucoup de cas, le degré de déficience est insuffisant pour permettre un diagnostic clair de démence. Un certain nombre d'étiquettes ont été apposées à ces patients: «oubli bénin sénescent», «oubli du vieil âge», «détérioration de la mémoire associée à l'âge» et, plus récemment, «déclin cognitif associé à l'âge». Ces patients composent un groupe mixte aux pronostics très variés. En fait, certains sujets atteints d'une légère perte de mémoire peuvent se situer à l'une des extrémités de la gamme des modifications rencontrées au cours du vieillissement normal. D'autres, qui font partie du même groupe hétérogène, souffrent d'un mal bénin (l'oubli du vieil âge, par exemple) qui n'évoluera pas vers la démence au cours du suivi longitudinal, même si cette possibilité les inquiète. D'autres encore sont aux premiers stades de la démence et verront leur état se détériorer au cours du suivi. Selon une étude, 11 des 16 patients qu'on soupçonnait de démence ont effectivement atteint, en cinq ans, le stade de la démence. O'Connor et ses collaborateurs ont suivi un groupe semblable de patients légèrement touchés et constaté que 50 % d'entre eux avaient atteint le stade de la démence après deux ans de suivi.

L'anamnèse aide à établir le pronostic; et l'indication par la famille de la détérioration de la mémoire depuis un an et des effets sur les capacités fonctionnelles du malade constitue le facteur de prédiction le plus important de la déficience. L'administration de tests de mémoire, même simples, permet alors d'obtenir des résultats très précieux. En effet, les patients atteints d'une déficience légère et qui souffrent de troubles de la mémoire essentiellement subjectifs présentent un taux de détérioration inférieur à celui des patients chez qui on a identifié une détérioration de la mémoire à la fois subjective et objective. Dans le cas de ces derniers, poser un diagnostic et un pronostic clairs constitue un défi. Par conséquent, les cliniciens doivent se montrer prudents; ils auront avantage à suivre leurs patients pendant un certain temps, afin d'améliorer leur capacité de distinguer la démence précoce d'une perte de mémoire bénigne.

Démence

A l'autre extrémité de la gamme des modifications cognitives rencontrées chez les personnes âgées, se trouve la démence qui se définit par une détérioration globale des fonctions cognitives chez une personne qui jouit d'un état de conscience normal, ce qui la distingue d'un déficit cognitif focal, comme l'aphasie, d'un déficit global et définitif, comme le retard mental, et d'une déficience cognitive globale causant la stupeur ou le *delirium* qui constitue un épisode aigu. Les critères de démence du DSM-IV englobent non seulement la perte de mémoire, mais aussi au moins une autre déficience cognitive comme l'**aphasie**, l'**apraxie**, l'**agnosie** et une atteinte des **fonctions exécutives** (Tableau 11.1). Pour poser le diagnostic de démence, les déficiences doivent être suffisamment graves pour entraîner des effets sur la performance du malade dans sa vie sociale ou au travail. La démence constitue un état anormal qui exige un diagnostic et une intervention rapides.

ÉPIDÉMIOLOGIE

Selon la plus récente **Étude canadienne sur la santé et le vieillissement**, la démence touche 8 % des Canadiens de plus de 65 ans et 35 % des personnes de plus de 85 ans. Il est clair que la prévalence augmente avec l'âge. Toujours selon cette étude, 64 % des cas de démence sont causés par la maladie d'Alzheimer (MA). Plus de la moitié des malades en centre d'accueil souffrent d'un type de démence. Chez les plus de 65 ans, on évalue l'incidence à environ 1 % chaque année, et ce pourcentage atteint 3 % chez les personnes de plus de 80 ans. Par conséquent, sans prévention et sans traitement efficace de la MA, nous aurons à assumer des coûts de traitement de la démence qui grimperont en flèche au cours des cinquante prochaines années.

DIAGNOSTIC DIFFÉRENTIEL[1]

Causes de la démence irréversible

La maladie d'Alzheimer constitue la principale cause de la démence irréversible dans 55

---

1. Voir tableau 11.2

Tableau 11.1
Critères diagnostiques de la démence*

A. Apparition de multiples déficits cognitifs qui se manifestent à la fois par

    1.   Une altération de la mémoire (altération de la capacité d'apprendre de nouvelles informations ou de se souvenir des informations acquises antérieurement)

    2.   Un (ou plusieurs) des troubles cognitifs suivants
        a)   aphasie (trouble du langage)
        b)   apraxie (incapacité de réaliser une activité motrice, malgré des fonctions motrices intactes)
        c)   agnosie (impossibilité de reconnaître ou d'identifier des objets, malgré des fonctions sensorielles intactes)
        d)   trouble des fonctions exécutives (planification, organisation, régulation de l'activité et capacité d'abstraction)

B. Les troubles cognitifs des critères A1 et A2 interfèrent chacun de façon significative avec le fonctionnement antérieur

C. Les déficits ne surviennent pas exclusivement pendant un épisode de *delirium*

D. Le trouble ne s'explique pas mieux par une maladie de l'AXE 1 (p. ex., dépression majeure, schizophrénie)

*   Adaptation des critères de DSM-IV, *American Psychiatric Association*, 1994.

Tableau 11.2
Causes de la démence (%)

Causes probablement irréversibles	Pourcentage
Maladie d'Alzheimer	56,8
Démences résultant d'accidents vasculaires cérébraux répétés	13,3
Alcool	4,2
Maladie de Parkinson	1,2
Maladie de Huntington	0,9
Démence mixte (Alzheimer et accidents vasculaires cérébraux répétés)	0,8
Traumatisme	0,4
Anoxie	0,2
Total	**77,8 %**
Causes éventuellement réversibles	
Dépression	4,5
Hydrocéphalie à pression normale	1,6
Médicaments	1,5
Néoplasme	1,5
Désordres métaboliques	1,5
Infections	0,6
Hématome sous-dural	0,4
Total	**11,6 %**

Traduit et modifié avec la permission de Clarfield, A.M.: The reversible dementias: do they reverse? *Ann Intern Med*, **109**:476, 1988.

à 65 % de tous les cas de démence relevés par la plupart des études (Chap. 12). Diverses formes de démence vasculaire constituent la deuxième cause la plus courante, expliquant 20 à 30 % des cas (Chap. 13). Dans un nombre appréciable de cas, la MA et la démence vasculaire coexistent. On parle alors de démence mixte. En raison de sa sensibilité croissante, la neuro-imagerie a permis de déceler une augmentation du nombre de cas pour lesquels on soupçonne la présence d'une composante associée à la démence vasculaire.

Bon nombre d'autres états pathologiques ont récemment été décrits, ce qui contribue de façon importante à établir l'étiologie de la démence. Auparavant, ces états pathologiques n'étaient pas clairement reconnus et compris dans la liste des causes. Mais cette liste devrait maintenant comprendre la démence à corps de Lewy (qui, dans certaines études, peut expliquer jusqu'à 20 % de tous les types de démence) ainsi que les dégénérescences focales du cerveau entraînant l'aphasie progressive primaire ou les types de démence attribuables à une atteinte fronto-temporale (Chap. 13).

Démence réversible

La surconsommation de médicaments, la dépression et l'hydrocéphalie à pression normale constituent les principales causes de la démence réversible. L'hématome sous-dural et l'hypothyroïdie comptent au nombre des autres causes. La fréquence des cas de démence réellement réversible a fait l'objet de nombreux débats au cours des vingt dernières années. Wells a indiqué que, dans 20 % des cas, la démence était «éventuellement réversible». Clarfield a procédé pour sa part à une évaluation exhaustive des études évaluant la prévalence de la démence réversible. Il arrive à la conclusion que les causes éventuellement réversibles concernent 11 % de tous les cas, mais que dans les études incluant un suivi des patients, on ne rencontre finalement de démence complètement réversible que dans 3 % des cas (Tableau 11.2); quant à la démence partiellement réversible, elle touche 8 % des cas. Clarfield mentionne que l'incidence réelle de démence réversible au sein de la collectivité est inférieure au taux mentionné. Il souligne que le rapport coût-efficacité d'une investigation de la démence doit être évalué en rapport avec la probabilité de rencontrer ces rares cas de démence réversible.

Pseudo-démence dépressive

La dépression et les symptômes psychiatriques peuvent provoquer des déficiences fonctionnelles qui sont difficiles à distinguer de la démence. Par exemple, la dépression tend à créer chez le patient l'impression de perdre la mémoire. Environ 15 % des sujets souffrant de dépression marquée présentent réellement une déficience additionnelle lorsque soumis à des tests de mémoire, mais celle-ci disparaît avec le traitement adéquat de la dépression. Dans ces cas, la détérioration cognitive est généralement légère, les résultats du *Mini-Mental State Examination* de Folstein (MMSE) étant rarement inférieurs à 20. Lorsqu'un malade souffrant de dépression connaît une détérioration significative de la mémoire et de l'attention et qu'on le soumet à des tests de dépistage simples, il obtient des résultats semblables à ceux des «déments». Le terme pseudo-démence dépressive a été utilisé pour décrire ces malades dont les déficits cognitifs disparaissent avec le traitement de leur dépression. Il en va de même pour les déficits attribuables à la schizophrénie et à d'autres maladies psychotiques. Même les médecins expérimentés éprouvent de la difficulté à distinguer ces maladies de la démence. Ainsi, il arrive souvent qu'un diagnostic clair ne puisse être posé avant un essai sérieux de divers médicaments, dont les antidépresseurs. On peut dresser la liste des caractéristiques les plus utiles et les plus fréquemment utilisées pour distinguer la pseudo-démence de la démence réelle. Le tableau 14.3 propose une liste des caractéristiques aidant à distinguer la pseudo-démence d'une vraie démence.

Malgré cela, l'existence réelle du chevauchement de la dépression et de la démence est indéniable. Une dépression importante touche jusqu'à 50 % des patients atteints de MA précoce, et la majorité de ceux chez qui on a posé un diagnostic de pseudo-démence présente une démence vraie par la suite. La dépression et d'autres symptômes psychiatriques tels que le délire, la paranoïa et l'agitation peuvent être présents aux premiers stades de la MA et peuvent même faire l'objet de la plainte initiale du malade. La gravité de la dépression semble décliner au fur et à mesure que progresse la démence. Cela relève peut-être d'un artefact, étant donné que la plupart des échelles de dépression perdent en fait toute leur validité à mesure que progresse la déficience cognitive. On rencontre aussi d'autres caractéristiques symptomatiques de la dépression comme le manque d'hygiène personnelle, la diminution de l'expression du visage et l'apathie chez les malades qui en sont aux premiers stades de la démence; leur famille tend à confondre ces symptômes avec ceux de la dépression. Dans le doute, il peut être justifié de procéder à une évaluation psychiatrique spécialisée.

Delirium

Le *delirium* (Chap. 10) peut lui aussi poser un défi au clinicien. La démence se distingue du *delirium* par sa durée (plus longue) et le niveau de conscience intact qui l'accompagne. Néanmoins, la démence et le *delirium* se chevauchent fréquemment: le *delirium* survient à un moment donné chez 40 % des patients déments et hospitalisés de plus de 55 ans, et la démence chez 25 % des patients non déments mais qui sont en proie au *delirium* au moment de leur admission à l'hôpital.

Démence sous-corticale

La démence sous-corticale constitue une catégorie descriptive qui réfère à un ensemble hétérogène de maladies vasculaires et dégénératives. On a déjà cru que les patients qui en étaient atteints souffraient d'une démence aux caractéristiques fort différentes de celles d'une démence corticale comme la MA. L'évaluation ultérieure de ces patients a révélé que la majeure partie des caractéristiques mnésiques de la démence sous-corticale chevauche de façon marquée celles de la démence corticale. En fait, la différence la plus notable est attribuable à des caractéristiques non cognitives. En effet, les malades atteints de démence sous-corticale présentent des anomalies du mouvement en général et du système extrapyramidal en particulier. Ils ont le dos voûté, une démarche ralentie et souffrent d'un retard psychomoteur et d'une apathie sur le plan psychique (Chap. 13).

MODIFICATIONS COGNITIVES ET DE LA PERSONNALITÉ DANS LES CAS DE DÉMENCE

Caractéristiques neuropsychologiques de la démence

Au cours des dernières années, la nature neuropsychologique des divers types de démence a fait l'objet d'une attention considérable. La plupart des efforts ont été concentrés sur les modèles cliniques de la détérioration cognitive rencontrée dans les cas de MA probable et possible. La conscience accrue du caractère hétérogène de la démence en général et de la MA en particulier constitue la caractéristique la plus importante de toutes les recherches menées à ce jour. Des modèles cliniques dans lesquels la déficience verbale, la déficience visuo-spatiale et la déficience mnésique prédominent ont tous été décrits dans les cas de démence corticale comme la MA. Par conséquent, l'ancienne conception de la démence selon laquelle il s'agirait d'une déficience intellectuelle et progressive unique cède le pas à une nouvelle façon de voir la maladie qui met l'accent sur des sous-groupes caractérisés par des modèles neuropsychologiques particuliers.

Détérioration de la mémoire

Selon la psychologie cognitive moderne, la mémoire consiste en un ensemble de zones ou de composantes dissociables. Étant donné que la démence corticale précoce, comme la démence de type MA, se caractérise par une atteinte prédominante de l'hippocampe et de l'amygdale dans le lobe temporal médial, il n'est pas surprenant que la mémoire à court terme, épisodique, dont le substrat nerveux est localisé dans l'hippocampe, soit atteinte de façon importante aux premiers stades de la démence corticale. Beaucoup de malades présentent au début une «démence amnésique» dont la perte de mémoire constitue la caractéristique première sinon exclusive. Cet état peut durer plusieurs années avant que d'autres sphères cognitives n'entrent en jeu. Les malades affirment utiliser des notes et des aide-mémoire et leur famille mentionne qu'ils «se rappellent d'événements qui remontent à plusieurs années mais oublient ce qu'ils ont fait hier». Cela reflète le gradient temporel de l'amnésie rétrograde (perte de la capacité de se souvenir d'événements lointains) aussi bien que de l'amnésie antérograde caractérisée par l'incapacité d'apprendre du nouveau matériel. Dans le cas du deuxième type d'amnésie, le médecin peut effectuer, au cabinet, un test facile basé sur le rappel à court terme après 5, 10 ou 30 minutes de matériel verbal, de paragraphes ou d'histoires. Il peut aussi choisir d'interroger le malade sur des événements récents, qui se sont produits dans sa vie, comme des visites ou des scènes de la vie familiale. L'utilisation combinée de ces tests officiels de la mémoire rétrograde (de concert avec un entretien familial) et de tests semblables s'appliquant à la mémoire antérograde permet généralement de déterminer que le sujet souffre d'une détérioration grave des deux types de mémoire, même lorsqu'il en est aux premiers stades de la démence.

La mémoire à long terme se prête un peu moins facilement aux tests officiels. Pour en déceler les modifications dans le temps, il faut interroger le patient de façon détaillée. La mémoire à long terme conserve généralement le matériel acquis dans un passé lointain, mais retient moins bien l'information acquise dans un passé récent. Quant à la mémoire sémantique, elle permet d'emmagasiner les concepts, leurs attributs et leur signification. Cette organisation de la mémoire à long terme se reflète généralement dans le déficit langagier constaté chez les malades souffrant de troubles de dénomination d'images. La mémoire immédiate, lorsque soumise à des tests de l'empan de chiffres et à d'autres tests rapides, retient généralement l'information jusqu'aux stades modérés de la démence. Des tests plus sophistiqués, effectués en laboratoire, indiquent des difficultés marquées avec la mémoire de travail, la capacité des malades de retenir l'information pour de courtes périodes et de l'utiliser lorsqu'ils doivent partager leur attention entre plusieurs demandes simultanées.

Modifications de l'affect et de la personnalité

Les modifications de la personnalité peuvent être prédominantes au début de la maladie et même précéder le déclin mnésique et cognitif. Ainsi, les malades peuvent fonctionner dans des situations peu stressantes, à la maison ou au travail, mais décompensent souvent dans des contextes où le stress est plus important. On note une perte du sens de l'humour et de la souplesse mentale. De plus, la capacité d'affronter diverses situations et les aptitudes fonctionnelles diminuent de façon importante à mesure que la journée avance. Les modifications de la personnalité peuvent prendre trois formes majeures (1) une accentuation des traits de personnalité antérieurs comme l'excentricité, la paranoïa et la désinhibition sexuelle; (2) une diminution de la souplesse mentale et une augmentation de l'apathie; (3) une grande distractivité, en particulier lorsque la fatigue se fait

sentir, et une incapacité à se concentrer sur des tâches complexes.

Aux premiers stades de la démence, les caractéristiques les plus manifestes de la maladie sont la diminution de la sensation de bien-être, accompagnée d'une baisse de vitalité et d'un déclin des aptitudes mentales et physiques. Le sujet met plus de temps qu'auparavant à accomplir les tâches routinières et il se montre souvent incapable d'améliorer sa performance. Les tâches quotidiennes le fatiguent plus rapidement, mais il est incapable de bien dormir. Il arrive fréquemment qu'il perde toute estime de soi, en même temps qu'il éprouve un sentiment de détresse. Il en résulte une perte d'équilibre émotionnel qui s'accompagne d'une préoccupation accrue de sa propre personne. Il arrive souvent que de vieux comportements refassent surface et que le patient devienne de plus en plus rigide et incapable de s'adapter à de nouvelles situations. La famille se rend alors compte de plusieurs petits changements sur le plan émotionnel. L'irritabilité, la dysphorie, les sautes d'humeur, le débordement émotionnel, l'apathie et la passivité, l'hypochondrie et, parfois, la paranoïa deviennent manifestes. La dépression touche environ 60 % des patients légèrement atteints de démence, 40 % de ceux qui sont modérément atteints et 10 % des malades qui le sont gravement. Bien que toutes les modifications susmentionnées soient la preuve la plus flagrante d'une détérioration de l'état des malades aux yeux des soignants, elles s'avèrent difficilement quantifiables et exigent un interrogatoire détaillé des membres de la famille. De plus, ces modifications sont non spécifiques et peuvent refléter des problèmes psychiatriques, une réaction au vieillissement normal ou au stress causé par des facteurs environnementaux. Par conséquent, les médecins cliniciens sont beaucoup plus dépendants des modifications cognitives que de celles de la personnalité et de l'affect, étant donné que les premières sont plus facilement mesurables objectivement, au cabinet ou à la clinique.

Langage

Dans les cas de démence corticale de type MA, une autre modification qui se manifeste en début de maladie est une détérioration de la capacité à nommer un objet ou une image. Cette déficience langagière chez les sujets atteints de MA est hétérogène et s'accompagne d'une anomie très précoce qui reflète une participation plus active de l'hémisphère gauche. Cette difficulté à nommer un objet reflète elle-même une détérioration de la capacité d'emmagasiner de la mémoire sémantique; les patients ont en effet de la difficulté à nommer des concepts parce qu'ils ont oublié la description tout entière de la signification des objets perçus. La capacité d'évocation lexicale est généralement atteinte de façon plus remarquable aux premiers stades de la maladie que la capacité de nommer un objet ou une image. Il en résulte une impression de vide au niveau du discours qui est, en même temps, farci de circonlocutions. Les malades éprouvent de la difficulté à établir une liste de mots, particulièrement lorsqu'il s'agit de catégories sémantiques précises telles que les animaux. A un stade plus avancé de la maladie, on note une déficience langagière caractérisée par des difficultés de compréhension et la présence d'erreurs paraphasiques évidentes dans l'énoncé spontané. Il est difficile d'engager une conversation avec de tels patients; ils présentent un déficit au niveau de la pensée pragmatique, c'est-à-dire qu'ils perdent toute capacité à s'engager dans une conversation sensée, à prendre la parole à leur tour et à comprendre l'essentiel d'une conversation complexe. A ce stade de la maladie, les patients ont tendance à utiliser des phrases moins complexes que normalement et commettent parfois des intrusions verbales manifestes qui consistent à réintroduire dans la conversation, de façon non délibérée, des mots déjà utilisés au début de celle-ci. A un stade plus avancé, la déficience langagière des sujets atteints de démence se caractérise par la dysarthrie, l'écholalie, l'incapacité d'écrire (des mots) correctement et beaucoup d'erreurs paraphasiques qui résultent en une sorte de jargon. Aux stades encore plus avancés de la démence, la pauvreté du discours et l'incapacité de comprendre un langage complexe deviennent prédominantes.

Jugement et abstraction

Bien que la perte de jugement apparaisse souvent aux premiers stades de la démence, il est parfois difficile d'obtenir un portrait clair de la détérioration de cette faculté, de la part des membres de la famille. Aux premiers stades, les patients réussissent à composer avec des situa-tions peu stressantes, à la maison et au travail, mais décompensent souvent dans des contextes où le stress est plus important. Ainsi, il peut s'avérer difficile de déterminer à quel point le malade a perdu sa capacité de juger de son degré de déficience et de ses limites intellectuelles. La pensée abstraite, la capacité d'affronter de nouvelles situations et la résolution de problèmes peuvent être, toutes trois, légèrement déficientes mais, règle générale, les plaintes à cet égard ne sont formulées que lorsque la maladie a davantage progressé. La déficience de la mémoire et de l'attention, aussi bien que la difficulté de compréhension du langage, peuvent alors exacerber les difficultés au niveau des fonctions intellectuelles en général.

Peu d'indicateurs quantitatifs de la déficience touchant le jugement et l'abstraction sont utiles. Les meilleures indications proviennent assez souvent des membres de la famille qui ont noté des changements dans le comportement du malade en société. Ils affirment souvent, par exemple, qu'il s'est comporté de façon embarrassante en présence d'autres personnes, qu'il a modifié son comportement social, que les relations avec sa famille ne sont plus les mêmes et qu'il n'est plus indépendant dans certaines activités, comme se rendre à la banque ou s'occuper des finances familiales.

Troubles d'ordre visuo-spatial

Aux stades plus avancés de la démence, les malades commettent des erreurs visuelles et perceptuelles lorsqu'ils ont à nommer des objets. D'un côté, il semble qu'ils soient attirés par les caractéristiques les plus frappantes de l'objet et qu'ils en ignorent la perception globale. Cela est surtout évident au début de l'apparition des erreurs perceptuelles dans la désignation d'un objet. D'un autre côté, les troubles d'ordre visuo-constructif deviennent manifestes; les patients commencent à éprouver des difficultés à dessiner des figures de blocs ou à tracer correctement les contours d'une horloge. Le test de l'horloge s'avère un instrument extrêmement sensible pour dépister la démence, probablement parce qu'il faut, pour le réussir, mettre un certain nombre de sphères cognitives à contribution. Aux tout premiers stades de la démence, les patients parviennent à tracer correctement les chiffres de l'horloge mais éprouvent de la difficulté à placer les aiguilles au bon endroit, particulièrement si on leur demande de les placer à «11 heures et 10 minutes»; ils sont alors attirés par les nombres les plus frappants, nommément 10 et 11, et placent les aiguilles incorrectement. Aux stades ultérieurs de la maladie, ils ont même de la difficulté à disposer les chiffres correctement. Une déficience au niveau de la planification, attribuable à une atteinte du lobe frontal, accompagnée de troubles visuoconstructifs, de troubles de l'attention et même de troubles de la mémoire sémantique peuvent tous contribuer à rendre le test de l'horloge difficile à réussir.

Modifications perceptuelles

Les premiers stades de la MA et des autres types de démence corticale ne sont pas caractérisés par des modifications perceptuelles évidentes. Cela reflète probablement le manque d'utilisation des aires sensorielles primaires du cerveau qui sont généralement moins touchées par les plaques et les dégénérescences neurofibrillaires.

La confusion nocturne accompagnée de modifications perceptuelles constitue l'un des symptômes initiaux et manifestes de la démence, d'autant plus lorsque le patient fait usage de sédatifs, car ceux-ci tendent à provoquer des hallucinations dans les cas de démence précoce, en particulier dans les cas de démence attribuable à une atteinte du lobe frontal ou les cas de démence à corps de Lewy diffus. La perception spatiale peut se détériorer et entraîner des difficultés à exercer des activités complexes comme la conduite automobile. L'orientation spatiale n'est pas non plus épargnée chez les patients modérément atteints qui risquent de se perdre en marchant ou en conduisant.

Attention

Aux premiers stades de la maladie, les patients souffrent souvent de distractivité et éprouvent de la difficulté à se concentrer sur des tâches complexes; les tests officiels révèlent une détérioration de la vigilance. Cette détérioration peut même toucher la vigilance motrice, ce qui explique une légère difficulté à maintenir un regard latéral à l'examen neurologique. De simples tests de vigilance peuvent déceler la déficience. L'empan de chiffres est généralement conservé jusqu'à ce que la démence devienne modérée. De la même façon, les patients qui en sont encore aux premiers stades peuvent obtenir des résultats normaux lorsqu'on mesure leur temps de réaction. Règle générale, le degré de déficience cognitive se reflète dans le ralentissement du temps de réaction et indique la présence d'une maladie cérébrale généralisée. Le temps de réaction au choix constitue un indicateur plus sensible de la démence; mais le changement le plus remarquable est l'incapacité de bénéficier des indices attentionnels qui sont donnés, même aux premiers stades de la maladie.

Praxie

Aux premiers stades de la maladie, les patients font parfois preuve d'une certaine maladresse difficile à quantifier. La présence de dyspraxie n'est souvent apparente que dans les cas de démence modérément grave. Ainsi, les comportements acquis de longue date tels que l'utilisation d'ustensiles sont généralement conservés jusqu'à ce que la démence devienne grave.

Fonctions exécutives

Les fonctions exécutives sont des fonctions non «spécifiques» mais essentielles à tout comportement dirigé, autonome et adapté. Elles comprennent la capacité d'anticiper, de sélectionner un but, d'initier une action, de planifier et d'organiser une démarche et de s'ajuster en cours de route (autocritique, autocorrection, souplesse mentale). Elles dépendent de l'intégrité de la région préfrontale (corticale et sous-corticale). Les premières manifestations de l'atteinte des fonctions exécutives apparaissent lors de l'exécution de tâches complexes (tâches professionnelles, planification budgétaire, préparation d'un repas élaboré).

DÉMARCHE CLINIQUE

L'évaluation complète des individus atteints de démence doit comprendre l'anamnèse ainsi qu'un examen médical, neurologique et psychiatrique, des tests psychométriques simples, des épreuves de laboratoire qui servent à écarter les causes traitables de la démence et, dans certains cas, le recours à la neuro-imagerie (scanographie du cerveau et imagerie par résonance magnétique [IRM]). Par la suite, les évaluations sérielles peuvent faciliter considérablement le diagnostic; mais un diagnostic non équivoque exige un examen neuropathologique du tissu cérébral. En effet, il est maintenant établi que dans les cas courants de démence, qui présentent des particularités cliniques typiques d'une atteinte corticale et qui sont caractérisés par une progression longue et graduelle ainsi qu'un âge avancé, la neuro-imagerie et les épreuves de laboratoire n'ajoutent que très peu à une anamnèse et à un examen physique sérieux. A ce sujet, la Conférence canadienne pour un consensus sur l'évaluation de la démence a suggéré de limiter les investigations coûteuses en imagerie à certains cas qui répondent à des critères bien précis (Tableau 11.3). Tout porte à croire que pour parvenir à rendre les causes de la démence réversible vraiment réversibles, on doit s'y attaquer assez tôt après le début de la maladie; d'ailleurs, il s'agit là d'un argument qui joue en faveur de l'évaluation des sujets qui souffrent de pertes de mémoire légères.

Anamnèse

La démence constitue un diagnostic clinique qui doit absolument reposer sur une anamnèse et un examen physique détaillés. Jusqu'à 80 % des personnes âgées normales notent une détérioration de leur mémoire au fil des ans et s'en plaignent parfois à leur médecin. En outre, des patients souffrant de dépression mais pas de démence peuvent, de fait, percevoir leurs pertes de mémoire et s'en plaindre avec une certaine insistance, sans que les tests officiels ne révèlent aucune déficience objective. Par conséquent, le plus grand défi de l'interrogatoire dans les cas de démence consiste à distinguer le vieillissement normal des premiers stades du processus démentiel. L'information la plus valable vient des membres de la famille à qui l'on demande si la mémoire du sujet s'est détériorée depuis un an et si cela a eu des effets sur son autonomie fonctionnelle; une réponse affirmative indique fortement qu'il s'agit d'une démence dégénérative. L'évaluation des capacités fonctionnelles actuelles et antérieures, de même que l'évaluation des modifications de l'affect et de la personnalité demandant d'interroger à part les membres de la famille pour complément d'information.

Évaluation médicale et neurologique

L'évaluation médicale doit se concentrer sur les données à l'appui d'une maladie systémique et vasculaire pertinente au diagnostic de la démence. Les signes déficitaires focaux décelés à l'examen neurologique aident le clinicien à déterminer le score sur l'échelle ischémique d'Hachinski (Tableau 13.3) qui s'est avérée utile pour distinguer la démence dégénérative de la démence vasculaire. Par ailleurs, il existe peu de signes neurologiques officiels qui soient utiles aux premiers stades des différents types de démence corticale.

Évaluation de l'état mental et dépistage neuropsychologique

L'évaluation quantitative des déficiences cognitives, au cabinet ou à la clinique, repose généralement sur une batterie limitée de tests

---

Tableau 11.3
Conditions justifiant une consultation pour scanographie

Antécédents
1. Sujet de moins de 60 ans
2. Emploi d'anticoagulants et/ou antécédents de problèmes d'écoulement sanguin
3. Traumatisme crânien récent
4. Antécédents de carcinome (dans des régions produisant des métastases cérébrales: p. ex. les poumons, les seins, etc.)
5. Symptômes neurologiques inexpliqués (maux de tête nouveaux, crises d'épilepsie, etc.)
6. Affaiblissement des facultés cognitives et/ou fonctionnelles rapide (p. ex. en 1 ou 2 mois) et inexpliqué
7. «Courte» durée de la démence (< 2 ans)
8. Incontinence urinaire et troubles de la démarche survenant tôt dans la démence et suggérant des troubles neurophysiologiques (l'incontinence urinaire et la démarche ataxique sont courantes durant les phases plus avancées de la maladie d'Alzheimer)

État physique
1. Signes localisés (hémiparésie, signe de Babinski, etc.)
2. Démarche ataxique

Reproduit avec la permission de *Conférence canadienne pour un consensus sur l'évaluation de la démence*, Montréal, 1991.

cognitifs et mnésiques ou sur des instruments de dépistage tels que le *Mini-Mental State Examination* (MMSE) de Folstein et le 3MS (Fig. 6.3). Même des tests de dépistage simples peuvent s'avérer extrêmement utiles pour déterminer l'existence objective d'une déficience mnésique. Par exemple, très rares sont les patients qui ne commettent que deux erreurs ou moins au MMSE qui soient jugés atteints de démence lors de tests neuropsychologiques approfondis. De la même façon, la capacité de se rappeler trois mots sur trois après deux minutes, de tracer une horloge correctement et d'effectuer sept soustractions de suite indiquent fortement l'absence de démence. Le MMSE est le test de dépistage le plus largement utilisé; selon Folstein, des résultats inférieurs à 24 sur 30 suggèrent la démence. Toutefois, ce seuil est d'une faible spécificité et il est possible d'obtenir des «faux positifs» avec le MMSE. En effet, des sujets possédant une faible scolarité, présentant des lésions cérébrales focales et souffrant de dépression sont tous susceptibles d'obtenir des résultats inférieurs à 24. Au service de neurologie d'un hôpital, par exemple, 27 % des patients sans déficience cognitive ont obtenu des résultats inférieurs à 27 sur 30, et 7 % des résultats inférieurs à 24. Des études récentes indiquent qu'il n'y a aucun seuil qui fasse du MMSE un instrument de dépistage utile. Il est préférable de comparer le score du patient avec celui attendu selon son âge et son niveau de scolarité (Tableau 6.1). Bien qu'il faille garder à l'esprit les limites du MMSE et du 3MS, il convient de noter qu'il s'agit des meilleurs instruments de dépistage rapide qui puissent être utilisés par le généraliste.

Les chercheurs tentent depuis quelque temps de mettre au point des batteries de tests neuropsychologiques plus sensibles et plus précis pour diagnostiquer la démence. La plupart mettent l'accent sur les résultats quantitatifs de la mémoire à court terme ou le dessin de l'horloge. Bien qu'il soit encore incertain qu'un test neuropsychologique unique puisse atteindre une sensibilité et une spécificité assez grandes pour permettre un diagnostic précis de la démence, il est probable que, compte tenu de l'hétérogénéité connue des patients, plus on administre de tests, plus l'accumulation de données à l'appui de la démence devient significative. Les tests neuropsychologiques apportent alors des preuves objectives de déficience cognitive dans diverses sphères.

Épreuves de laboratoire

Les épreuves de laboratoire courantes pour évaluer et dépister la démence sont indispensables pour écarter les causes réversibles de démence ainsi que les facteurs aggravants. La Conférence canadienne pour un consensus sur l'évaluation de la démence a suggéré les épreuves de laboratoire auxquelles devraient être soumis tous les patients et celles qui devraient être réservées à certains sujets sélectionnés sur la base de l'anamnèse et de l'examen physique (Tableau 11.4). Ainsi, il est recommandé de prescrire les épreuves suivantes: hémogramme et sédimentation globulaire, afin d'éliminer les vasculites et les maladies chroniques; des analyses de sang et d'urine, afin d'évaluer les fonctions rénales et hépatiques ainsi que les troubles métaboliques; des épreuves de la fonction thyroïdienne; le VDRL pour détecter la syphilis; et des tests pour déterminer les taux de vitamine B_{12} et de folates. Toutes ces épreuves de laboratoire peuvent identifier des causes métaboliques ou systémiques dans 1 ou 2 % des cas de démence. L'électrœncéphalographie (EEG) et la ponction lombaire sont peu utiles pour établir un diagnostic de démence et doivent être réservées aux cas spéciaux.

Neuro-imagerie (scanographie du cerveau, IRM, SPECT et scanner à positron)

Tous les malades atteints de démence qui sont dirigés vers des centres spécialisés sont soumis à la neuro-imagerie, afin d'écarter certaines causes telles que les tumeurs, les lésions intracrâniennes expansives et l'hydrocéphalie à pression normale. La Conférence canadienne pour un consensus sur l'évaluation de la démence recommande que la neuro-imagerie soit réservée aux cas qui répondent à des critères bien précis, un point de vue qui fait toujours l'objet de discussion (Tableau 11.3.).

La technique d'imagerie la plus couramment utilisée, la scanographie du cerveau, contribue de façon évidente à exclure des causes rarement réversibles de la démence telles que les tumeurs et l'hydrocéphalie à pression normale. Toutefois, elle ne permet pas de distinguer la MA ou les démences corticales du vieillissement normal. Bien qu'aux stades avancés de la MA la

Tableau 11.4 Épreuves de laboratoire suggérées		
Test	**G**	**C**
Indices thyroïdiens	X	
Troubles métaboliques		
• électrolytes	X	
• calcium	X	
• glucose	X	
• urée sanguine		X
• azotémie (urée)/créatinine	X	
• ammoniémie		X
Hémogramme	X	
Scanographie du cerveau		X
Niveaux médicamenteux		X
B$_{12}$ (en cas d'hémogramme normal)		X
Acide folique		X
Niveaux des vitamines solubles dans l'eau		X
VIH		X
Sérologie syphilitique		X
Métaux lourds		X
Radiographie du thorax		X
Mammographie		X
Cortisol		X
Lipidémie		
EEG		X
Analyse d'urine		X
ECG		
Gaz artériel		X
Ponction lombaire		X
TP/TTP		X
Doppler de la carotide		X
Sédimentation globulaire		X

G Général (indiqué pour tous les sujets)

C Ciblé (indiqué pour certains sujets seulement, après étude des antécédents et examen physique)

TP/TTP Temps de prothrombine/thromboplastine partielle

Reproduit avec la permission de *Conférence canadienne pour un consensus sur l'évaluation de la démence*, Montréal, 1991.

maladie soit souvent accompagnée d'une atrophie manifeste à la scanographie, particulièrement au lobe temporal, au début de la maladie les résultats de la scanographie sont moins impressionnants et beaucoup de malades ne présentent que peu d'atrophie. Les sujets atteints de démence présentent souvent des foyers d'hypodensité dans la substance blanche, particulièrement visibles à l'IRM, dont la sensibilité est supérieure à celle de la scanographie du cerveau; mais on peut retrouver également ces foyers chez 10 % des personnes âgées qui ne souffrent pas de déficience cognitive. La présence de ces foyers est donc compatible avec des fonctions cognitives normales, la MA ou la démence vasculaire. Il est possible que la sensibilité de la scanographie du cerveau et de l'IRM puisse être un jour augmentée par l'addition de mesures quantitatives.

L'étude fonctionnelle du flot sanguin cérébral régional permise par la tomographie à émetteur gamma (SPECT[1]) et le scanner à positron indiquent une réduction du flot sanguin dans les lobes temporal et pariétal chez les patients atteints de MA. Le degré de diminution du débit sanguin dans les lobes temporal et pariétal correspond globalement à la gravité de la démence. Cependant, l'utilité du SPECT dans le diagnostic précoce de la démence est minime; dans le contexte d'une clinique de mémoire, le SPECT s'est révélé peu sensible et peu spécifique. Les malades atteints de démence précoce peuvent présenter des anomalies unilatérales, bilatérales ou montrer une tomographie normale. Le SPECT peut parfois aider à distinguer la démence résultant d'accidents vasculaires cérébraux à répétition d'une démence corticale comme la MA; il peut aussi s'avérer utile pour distinguer la démence attribuable à une atteinte du lobe frontal de la MA.

Marqueurs diagnostiques à l'essai

Depuis les cinq dernières années, un certain nombre de marqueurs diagnostiques de la MA ou de la démence en général ont été proposés (Tableau 11.5). Tous ces marqueurs sont à l'essai à l'heure actuelle, et leur rôle, comme leur utilité diagnostique, ne pourront être définis qu'après évaluation approfondie. En effet, il faut déterminer l'utilité de chacun d'entre eux comme outil sensible de dépistage général, comme outil spécifique de confirmation de la démence ou de la MA, ou comme outil permettant de suivre l'évolution de la maladie ou les effets du traitement.

COMMENT ABORDER LE PATIENT SOUFFRANT DE PERTE DE MÉMOIRE

Lors de l'évaluation d'un sujet âgé souffrant de perte de mémoire, on suggère une démarche basée sur l'arbre décisionnel présenté à la figure 11.2. Lorsque le malade se plaint d'une perte de mémoire, sans que les tests de dépistage n'en prouvent objectivement l'existence et sans qu'il y ait confirmation par la famille d'un déclin de la mémoire et des capacités fonction-

1. *Single photo emission computed tomography*

Tableau 11.5
Marqueurs de la démence à l'étude

Imagerie
    Volume hippocampique IRM
    Étude fonctionnelle (scanner à positron, SPECT)

Domaine cognitif
    Mesure du temps de réaction
    Indiçage sémantique

Neurophysiologie
    Analyse spectrale de l'EEG
    EEG au sommeil
    Potentiels évoqués cognitifs (P300)

Neurochimie
    Gouttes ophtalmiques (tropicamide) diluées
    Canaux potassiques des fibroblastes cutanés

Génétique
    Apolipoprotéine E_4
    Anomalies chromosomiques

nelles, il n'est pas justifié de procéder à une investigation, car il est plus probable qu'il s'agisse d'un cas d'oubli bénin ou de dépression plutôt que d'un cas de démence.

Au contraire, si les tests révèlent une perte de mémoire objective, la déficience cognitive réelle est plus probable. Cependant, cette perte peut faire partie du processus de vieillissement normal (comme l'oubli du vieil âge par exemple). Le cas échéant, on ne devrait noter aucune progression avec le temps ni aucune détérioration significative des capacités fonctionnelles; règle générale, le suivi longitudinal permet de confirmer la stabilité du malade sur le plan de l'autonomie fonctionnelle.

Lorsque, au contraire, la détérioration progresse avec le temps, ou que le déclin s'observe dans la vie de tous les jours, il est justifié de procéder à une investigation. Il convient alors de considérer la possibilité que la dépression, l'anxiété ou la médication soient responsables de l'état du malade. Si celui-ci souffre d'une déficience cognitive et fonctionnelle qui justifie un diagnostic de démence, on doit pousser plus loin l'investigation. Et même si cette déficience ne correspond pas encore aux critères de la démence (c'est-à-dire que le patient souffre d'un déclin cognitif associé à l'âge), il est très probable que le malade, comme nous l'avons noté précédemment, évolue vers la démence. Il n'est donc pas indiqué de rassurer le malade et sa famille au point de leur laisser entendre que tous les risques de démence sont écartés. Il convient également d'assurer un suivi serré; beau-

coup de centres spécialisés procèdent à des investigations dans le but d'éliminer les causes traitables de la démence, même dans ce genre de cas.

POURQUOI UN DIAGNOSTIC PRÉCOCE?

Bien que certains chercheurs suggèrent que tous les patients de plus de 65 ans suivis dans une clinique de soins de première ligne soient soumis à des tests de dépistage de la démence, rien ne prouve vraiment que cela soit rentable. Il n'en demeure pas moins que beaucoup de plaintes formulées par les patients eux-mêmes ou par leur famille doivent être évaluées sérieusement.

Certains chercheurs considèrent qu'un diagnostic précoce n'est pas pertinent et qu'il peut même causer du tort au patient puisqu'il n'existe aucun traitement de la maladie d'Alzheimer. Nous considérons, pour notre part, qu'un diagnostic précoce est pertinent à plusieurs points de vue. Premièrement, si les troubles de la mémoire sont dus au vieillissement normal, le diagnostic précoce rassure le malade. Deuxièmement, comme nous l'avons déjà mentionné, les probabilités de traiter avec succès les causes éventuellement réversibles de la démence sont plus élevées lorsque celles-ci sont décelées rapidement. Troisièmement, bien que la démence résultant d'accidents vasculaires cérébraux à répétition soit irréversible, la stabilisation des facteurs de risque peut empêcher la progression de la maladie. Quatrièmement, dans les cas de démence irréversible, le dépistage et le traitement des maladies concomitantes assure que le patient conserve un niveau maximal d'autonomie fonctionnelle. Cinquièmement, grâce au diagnostic précoce, les malades, leur famille et le personnel médical sont en mesure de planifier l'avenir. Finalement, beaucoup de patients et de familles souhaitent participer à des essais thérapeutiques qui recrutent des sujets atteints de démence précoce.

Le diagnostic de la démence constitue un processus complexe. En effet, l'identification de troubles de la mémoire et le diagnostic de la démence ne doivent marquer ni la fin du traitement, ni la fin de la participation active de la part du personnel médical et des familles concernées; il en va du mieux-être du patient. Cela demeure fondamental, même dans les cas de démence irréversible.

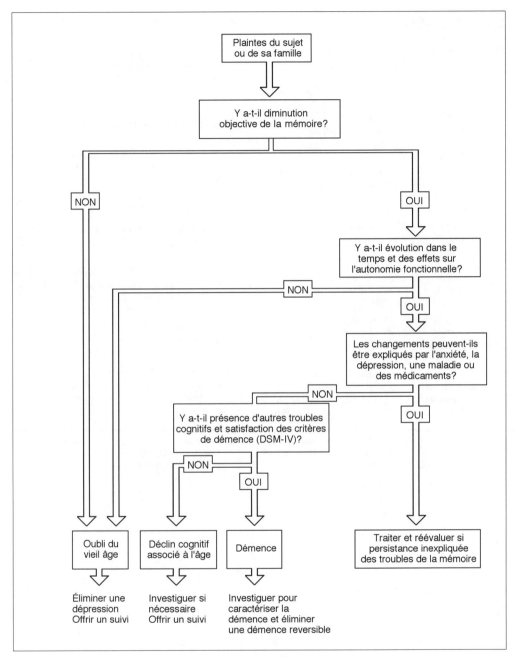

Figure 11.2 Approche clinique d'un problème de perte de mémoire

BIBLIOGRAPHIE

APPELL, J., KERTESZ, A. & M. FISMAN: A study of language functioning in Alzheimer patients. *Brain Lang,* **17**:73-91, 1982.

BERGMAN, H. & Coll.: HM-PAO (CERETEC) brain scanning in the diagnosis of Alzheimer's disease. *Neurobiology of Aging,* **13(suppl 1)**:S17, 1992.

BOLLA-WILSON, K. & M. BLEEKER: Memory complaints – dementia or depression? *The gerontologist,* **26**:142A, 1986.

Canadian Study of Health and Aging Working Group: Canadian study of health and aging: study methods and prevalence of dementia. *Can Med Assoc J,* **150**:899, 1994.

CHERTKOW, H. & D. BUB: Semantic memory loss in dementia of the Alzheimer's type: what do various measures measure? *Brain,* **113**:397-417, 1990.

DAWE, B., PROCTER, A. & M. PHILPOT: Concepts of mild memory impairment in the elderly and their relationship to dementia – a review. *Int J Geriatr Psychiatry,* **7**:473-479, 1992.

GROBER, E. & H. BUSCHKE: Genuine memory deficits in dementia. *Dev Neuropsychol,* **3**:13-36, 1987.

MORRIS, J.C. & Coll.: Very mild senile dementia of the Alzheimer type. *Neurology (NY),* **38**:227, 1988.

O'BRIEN, J.T. & Coll.: Do subjective memory complaints precede dementia? A three-year follow-up of patients with supposed «benign senescent forgetfulness». *Int J Geriatr Psychiatry,* **7**:481-486, 1992.

RUBIN, E.H. & Coll.: Very mild senile dementia of the Alzheimer type, I: clinical assessment. *Arch Neurol,* **46**:379-382, 1989.

SIU, A.: Screening for dementia and investigating its causes. *Ann Intern Med,* **115**:122-132, 1991.

SLUSS, T.K. & Coll.: Memory complaints in community residing men. *The gerontologist,* **20**:201, 1980.

LECTURES SUGGÉRÉES

BARCLAY, L.: Evaluation of dementia, in *Clinical Geriatric Neurology.* Barclay, L. (ed.), Lea & Febiger, Philadelphia, 1993.

CLARFIELD, A.M.: The reversible dementias: do they reverse? *Ann Intern Med,* **109**:476, 1988.

GORDON, M. & M. FREEDMAN: Evaluating dementia: what price testing. *Can Med Assoc J,* **142**:1367, 1990.

LEVY, R. (Chairperson, Aging-Associated Cognitive Working Party). Aging-associated cognitive decline. *International Psychogeriatrics,* **6**:63-68, 1994.

MAYEUX, R. & Coll.: The clinical evaluation of patients with dementia, in *Dementia.* Whitehouse, P.J. (ed.). F.A. Davis Company, Philadelphia, 1993.

O'CONNOR, D.W.: Mild dementia: a clinical perspective, in *Dementia and Normal Aging.* Hippert, F.A., Brayne, C. & D.W. O'Connor (eds). Cambridge University Press, Cambridge, 1994.

Organizing Committee, Canadian Consensus Conference on the Assessment of Dementia: assessing dementia: the Canadian consensus. *Can Med Assoc J,* **144**:851, 1991.

CHAPITRE 12

DÉMENCE DE TYPE ALZHEIMER

SERGE GAUTHIER, MICHEL PANISSET et JUDES POIRIER

HISTORIQUE ET DÉFINITIONS

Alois Alzheimer a publié, en 1907, l'histoire de cas d'une patiente de 51 ans avec troubles cognitifs, idées délirantes, hallucinations, qui décéda après cinq années dans un asile psychiatrique. Grâce à des colorations fournies par son collègue Franz Nissl, Alzheimer démontra les lésions pathologiques maintenant classiques: plaques séniles (PS), fuseaux neurofibrillaires (FNF) et perte neuronale. Dès 1910, Emil Kraepelin baptisait cette entité «maladie d'Alzheimer» (MA). Blessed & Coll. ont démontré une corrélation positive entre la quantité de plaques et la gravité de la démence, corrélation contestée par la suite par Terry & Coll. qui trouvèrent une meilleure corrélation avec la perte neuronale et synaptique. En 1976, Davies et Maloney démontrent le déficit cholinergique dans l'hippocampe et le néocortex. La perte de neurones cholinergiques du noyau basal de Meynert, décrite par Whitehouse & Coll. en 1981, suscita beaucoup d'intérêt mais s'avéra par la suite peu spécifique et variable (contrairement aux changements dans la substance noire associés à la maladie de Parkinson). La MA est aujourd'hui reconnue comme la plus fréquente forme de démence chez l'adulte, avec une prévalence qui augmente avec l'âge. L'explosion démographique de la population gériatrique en fait donc une priorité de recherche et de soins dans toutes les sociétés industrialisées.

HYPOTHÈSES ÉTIOLOGIQUES

Il est de plus en plus clair que l'entité clinique «MA» constitue un syndrome avec plusieurs facteurs étiologiques, certains primaires, d'autres favorisants qui convergent vers une perte des connections synaptiques essentielles à l'activité cérébrale. Le concept de «seuil critique», sous lequel une dysfonction intellectuelle peut être démontrée par des tests neuropsychologiques, a été proposé. L'expérience clinique en gériatrie démontre, de fait, que certaines personnes apparemment normales développent, après anesthésie générale, un tableau confusionnel aigu, partiellement réversible, pour évoluer ensuite vers une MA typique: le seuil a été temporairement franchi à cause de médicaments à effets anticholinergiques, d'un changement d'environnement, d'isolement sensoriel. L'éducation conférerait un seuil plus élevé: pour un niveau donné de démence, les patients plus éduqués connaîtraient une survie moindre. En d'autres termes, la maladie chez eux a dû évoluer plus longtemps avant d'atteindre ce seuil où apparaissent les premiers signes de démence.

Les facteurs étiologiques principaux actuellement à l'étude sont résumés au tableau 12.1. La composante génétique des facteurs de risque est très nette dans certaines familles où la MA apparaît précocement et de façon autosomique

---

Tableau 12.1

Mécanismes proposés de la maladie d'Alzheimer

- anomalies génétiques
  - chromosome 19 = gène de l'apolipoprotéine E
  - chromosome 21 = gène du précurseur de la β-amyloïde
  - chromosomes 1 et 14 = gènes dits «préséniles»
- accumulation de β-amyloïde insoluble
- traumatismes crâniens
- toxines exogènes
- changements vasculaires
- inflammation chronique
- dysfonctions mitochondriales

dominante, mais cela constitue l'exception par rapport à l'ensemble des patients qui présentent une MA à début tardif. La découverte de Poirier & Coll., quant au rôle du génotype de l'apolipoprotéine E (apoE) dans la MA d'apparition tardive que l'on qualifiait de «sporadique», a révolutionné le domaine (voir plus loin). Le rôle de l'accumulation de la β-amyloïde a fait l'objet de nombreux débats. Certains affirment que la précipitation de cette protéine sous une forme insoluble joue un rôle essentiel dans la MA, alors que d'autres y voient une conséquence de moindre importance. Une réduction de la forme soluble de la protéine précurseur de la β-amyloïde dans le liquide céphalo-rachidien pourrait devenir un paramètre biologique indicateur de MA. Des traumatismes crâniens répétés pourraient accélérer l'apparition de la MA, soit par altération de la barrière hémato-encéphalique, soit par formation de FNF. Le consensus actuel concernant le rôle de l'aluminium dans l'eau potable comme accélérateur de MA veut qu'il s'agisse d'un facteur de peu d'importance. L'intoxication aux moules contaminées par l'acide domoïque en 1990, avec tableau amnésique et perte neuronale au niveau des régions temporales avait stimulé l'intérêt pour des agents exogènes à action excitotoxique, mais les données épidémiologiques dans ce sens ont été négatives (voir plus loin: épidémiologie). La composante vasculaire de la «MA possible» est discutée au chapitre 13 et, comme nous le rappelle Vladimir Hachinski, offre une possibilité de prévention. La composante inflammatoire de la MA a été proposée par McGeer & Coll. depuis la fin des années 1980, sans qu'il y ait de facteurs précipitants spécifiques, tels que prions ou virus typiques. Il est possible que la perte neuronale en soi déclenche un processus inflammatoire, lui-même accélérant la MA. Cette hypothèse est étayée par un essai préliminaire de traitement de stabilisation avec un anti-inflammatoire et sera vérifiée sous peu par un traitement prolongé à la prednisone. Des lésions métaboliques impliquant les mitochondries ont été démontrées, suggérant des altérations d'origine hypoxique-oxydative, affectant de façon précoce la portion médiale du lobe temporal puis les régions bipariétales et bifrontales par dégénération transsynaptique.

CRITÈRES DIAGNOSTIQUES

Critères cliniques

Depuis la publication des critères diagnostiques du *National Institute of Neurological and Communicative Disorders and Stroke* (NINCDS) et de l'*Alzheimer's Disease and Related Disorders Association* (ADRDA) en 1984 (Tableau 12.2), la qualification de «MA probable» et «MA possible» est employée en pratique neurogériatrique. En l'absence de marqueur biologique valide, le diagnostic de MA dépend donc de critères d'exclusion basés sur des données cliniques et de laboratoire. La confirmation du diagnostic clinique de «MA probable» est de l'ordre de 85 % à l'autopsie, mais depuis peu l'entité clinico-pathologique «maladie à corps de Lewy diffus» (MCLD) dont la prévalence exacte reste à définir brouille les cartes. Jusqu'à 30 % des cas de «MA probable» souffriraient en fait de MCLD, discutée au chapitre 13. Dans la pratique gériatrique quotidienne, la fréquence de «MA possible» est de loin supérieure à la «MA probable». Le diagnostic de «MA possible» inclut les maladies concomitantes (beaucoup étant traitables) comme des infarctus cérébraux, la maladie de Parkinson, ou des maladies systémiques comme l'insuffisance respiratoire chronique ou l'hypothyroïdisme. Les autres éléments cliniques qui affectent la certitude du diagnostic sont le mode de présentation (Chap. 11) et d'évolution (voir plus loin: stades cliniques).

Critères anatomopathologiques

Les critères diagnostiques anatomopathologiques de la MA ont été progressivement définis depuis le début du siècle. Khachaturian utilise principalement le compte des PS néocorticales, ajusté selon l'âge. D'autres critères ont été proposés par le *Consortium to Establish a Registry for Alzheimer's Disease* (CERAD) qui sont basés sur une évaluation semi-quantitative des PS et sur l'histoire clinique de démence. Plus récemment, on a démontré l'importance prédominante de la perte de synapses dans les aires corticales par rapport au nombre de PS, pour expliquer la sévérité de la démence. Il faut enfin souligner la fréquence des PS et des FNF dans le cerveau de personnes décédées sans histoire de démence, donc dans une phase présymptomatique de la MA, ce qui rend le

---

Tableau 12.2

Critères pour le diagnostic clinique de la maladie d'Alzheimer (MA)
(D'après le NINCDS-ADRDA, 1984)

I. Les critères pour le diagnostic clinique de la MA PROBABLE incluent
- démence établie par examen clinique et documentée par le *Mini-Mental State Examination*, le *Blessed Dementia Scale* ou un examen similaire, et confirmée par des tests neuropsychologiques
- déficits dans deux domaines cognitifs ou plus
- détérioration progressive de la mémoire et des autres fonctions cognitives
- pas de trouble de l'état de conscience
- début entre 40 et 90 ans, le plus souvent après 56 ans
- absence de maladie systémique ou d'une autre affection cérébrale qui pourrait, en soi et d'elle-même, causer des troubles progressifs de la mémoire et de l'intellect

II. Le diagnostic de MA PROBABLE est étayé par
- une détérioration progressive de fonctions intellectuelles spécifiques comme le langage (aphasie), l'habilité motrice (apraxie) et la perception (agnosie)
- des difficultés dans les activités de la vie quotidienne et des changements de traits comportementaux
- une histoire familiale de troubles similaires, surtout si confirmée pathologiquement
- des tests de laboratoire
  - ponction lombaire normale selon les techniques reconnues
  - EEG normal ou avec changements non spécifiques, comme une augmentation de l'activité d'ondes lentes, et évidence d'atrophie cérébrale à la scanographie du cerveau avec progression documentée par examens en série

III. D'autres éléments cliniques compatibles avec le diagnostic de MA PROBABLE, après exclusion de causes de démence autres que la MA, incluent
- plateaux dans l'évolution de la progression de la maladie
- symptômes associés de dépression, insomnie, incontinence, idées délirantes, illusions, hallucinations, crises catastrophiques verbales, émotionnelles ou physiques, désordres sexuels et perte de poids
- autres anomalies neurologiques chez certains patients, surtout aux stades plus avancés de la maladie et incluant des signes moteurs comme augmentation du tonus musculaire, myoclonies, ou troubles à la marche
- crises convulsives chez les cas avancés
- scanographie du cerveau normale pour l'âge

IV. Éléments qui rendent le diagnostic de MA PROBABLE improbable ou incertain
- début soudain ou apoplectique
- déficits neurologiques focaux comme hémiparésie, perte sensorielle, défaut de champ visuel et incoordination tôt dans l'évolution de la maladie
- crises convulsives ou troubles de la marche au début ou très tôt dans l'évolution de la maladie

V. Critères diagnostiques de MA POSSIBLE
- le diagnostic peut être porté sur la base d'un syndrome démentiel, en l'absence d'autres maladies neurologiques, psychiatriques ou systémiques suffisantes pour causer une démence et en présence de variations dans le début, la présentation ou l'évolution clinique
- peut être posé en présence d'une seconde affection pathologique cérébrale ou systémique suffisante pour causer une démence, qui n'est pas considérée comme la cause de démence
- doit être utilisé dans les protocoles de recherche lorqu'un déficit cognitif isolé graduellement progressif est identifié en absence d'une autre cause

VI. Critères pour le diagnostic de MA DÉFINITIVE
- critères cliniques de MA probable
- confirmation histopathologique par biopsie ou autopsie

VII. La classification de MA pour fin de recherche devrait spécifier des éléments qui pourraient différencier des sous-types de la maladie
- histoire familiale positive
- début avant l'âge de 65 ans
- présence de trisomie 21
- coexistence d'autres affections pathologiques pertinentes comme la maladie de Parkinson

diagnostic anatomopathologique de la MA particulièrement ardu.

ÉPIDÉMIOLOGIE

Le Canada a contribué de façon importante aux connaissances sur l'épidémiologie de la MA, grâce à l'Étude canadienne sur la santé et le vieillissement: la prévalence estimée de la MA en 1991 était de 5,1 % pour la population de plus de 65 ans, avec un ratio de 3,3 par rapport à la démence vasculaire. Cette prévalence est comparable à celle que l'on retrouve dans d'autres pays industrialisés. L'étude des facteurs de risque dans la population canadienne a confirmé certaines données obtenues dans des groupes plus petits (Tableau 12.3), l'âge étant le facteur principal. Moins certains sont le sexe (féminin) et les traumatismes crâniens. Plus récemment, le génotype de l'apoE 4/3 ou 4/4 s'est avéré un facteur de risque majeur, du moins dans les populations caucasiennes. Des facteurs de protection ont été établis (Tableau 12.4): un niveau d'éducation élevé pourrait augmenter le réseau synaptique associé à l'apprentissage, l'usage d'agents anti-inflammatoires et, de façon moins certaine, le tabagisme. Le génotype apoE 2/3 a été décrit comme offrant une protection naturelle.

Une mortalité accélérée est associée à la MA, mais moindre que pour la démence vasculaire (survie moyenne de 10 ans au lieu de 8 ans).

Tableau 12.3

Facteurs de risque associés à la maladie d'Alzheimer

- âge avancé
- histoire familiale de démence
- moins de 7 ans de scolarité
- travail avec colles, pesticides et fertilisants
- génotype apolipoprotéine E 4/3 ou 4/4

Tableau 12.4

Facteurs de protection contre la maladie d'Alzheimer

- huit ans et plus de scolarité
- histoire d'arthrite
- usage prolongé de médicaments anti-inflammatoires
- génotype apolipoprotéine E 2/3

STADES CLINIQUES

La MA est un syndrome progressif présentant des composantes cognitives, fonctionnelles, comportementales et anxiodépressives auxquelles s'ajoute, en phase tardive, une détérioration motrice (Fig. 12.1). Des échelles globales ont été mises au point pour refléter le stade clinique dans cette progression. La plus connue et utilisée est celle de Reisberg & Coll., basée sur des observations phénoménologiques. Cette «échelle de détérioration globale» (EDG) propose sept stades et décrit un profil d'évolution de la MA applicable à la majorité des patients. La version de l'EDG présentée au tableau 12.5 est celle qui comporte des éléments fonctionnels (*Functional Assessment Staging*), jugée comme la plus utile en pratique gériatrique.

Des efforts considérables sont en cours pour obtenir des données plus quantitatives et fiables d'un observateur à l'autre quant à l'évolution de la MA, de façon à prouver l'efficacité thérapeutique de traitements visant à en ralentir l'évolution. «L'échelle clinique de démence»

Tableau 12.5

Gradation de l'évaluation fonctionnelle (*Functional Assessment Staging*) dans la maladie d'Alzheimer

1. Pas d'atteinte fonctionnelle, objectivement ou subjectivement

2. Déficit subjectif (ex.: trouver ses mots, se rappeler de la localisation des objets ou de l'heure des rendez-vous). Pas de déficit objectif

3. Déficits notés au travail ou en société; difficulté à se rendre dans des endroits non familiers

4. Besoin d'assistance pour les tâches complexes (finances, planification d'un repas élaboré, épicerie)

5. Besoin d'assistance pour le choix des vêtements, besoin pour se laver; incapacité de conduire un véhicule automobile

6. a) besoin d'assistance pour s'habiller
   b) besoin d'assistance pour prendre son bain/douche
   c) besoin d'assistance pour aller aux toilettes
   d) incontinence urinaire
   e) incontinence fécale

7. a) langage limité à 6 mots/phrases intelligibles dans une journée
   b) un seul mot/phrase par jour
   c) incapacité de se déplacer sans appui
   d) incapacité de s'asseoir sans appui
   e) incapacité de sourire
   f) incapacité de soutenir la tête sans appui

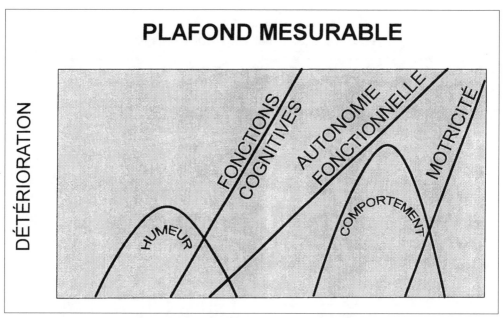

Figure 12.1 Progression de la maladie d'Alzheimer

développée par Berg & Coll. mérite d'être mentionnée (Tableau 12.6), car elle évalue séparément les aspects de mémoire, d'orientation, de jugement, d'affaires communautaires, de passe-temps et de soins personnels, pour des atteintes discrètes (0,5), légères (1), modérées (2) et importantes (3). La «somme des boîtes» donne un pointage total qui pourrait s'avérer fiable dans les essais médicamenteux à long terme (1 à 2 ans).

AVENUES DE RECHERCHE SUR L'ÉTIOLOGIE ET LE TRAITEMENT

La MA est maintenant étudiée sous son aspect longitudinal, avec une période de latence présymptomatique (EDG 1), pendant laquelle les gens à haut risque pourraient être identifiés par des marqueurs biologiques comme l'apoE 4/3 ou 4/4, puis une période prédiagnostique (EDG 2) avec changements neuropsychologiques subtils mais décelables par des tests spécifiques des fonctions exécutives, du langage et de la mémoire, et enfin une période postdiagnostique (EDG 3-7) où des troubles fonctionnels se surajoutent, respectant ainsi les critères du *DSM-IV* de démence. Une certaine réversibilité des changements neuropathologiques et neurochimiques est postulée dans les stades EDG 1 à 3 et reste à confirmer par des modèles animaux encore imparfaits (singes âgés, souris transgéniques). Des mesures préventives pourraient s'appliquer à la population en général pour les facteurs de risque modifiables, et des traitements préventifs ou de stabilisation pourraient être utiles pour les gens identifiés par des marqueurs biologiques, tels l'apoE 4.

Les traitements expérimentaux de la MA visent actuellement les symptômes, principalement cognitifs et fonctionnels, bien qu'il y ait beaucoup d'intérêt à contrôler également les troubles affectifs par des antidépresseurs à faibles effets anticholinergiques (Chap. 14) ainsi que les troubles comportementaux par les neuroleptiques à faibles effets extrapyramidaux (Chap. 16). Sauf pour la tacrine, mise sur le marché dans plusieurs pays, tous les médicaments antidémence sont actuellement à des stades divers d'essais cliniques (Tableau 12.7). Aucun agent symptomatique par lui-même n'a offert une intensité d'effet de l'ordre de celle de la lévodopa dans la maladie de Parkinson. Il est possible que des associations médicamenteuses à actions synergistiques soient plus utiles, bien que les effets secondaires (principalement sur le système nerveux autonome) risquent d'être additifs. On fait montre d'un optimisme prudent quant au succès des agents dits de stabilisation, surtout pour les patients encore aux stades précoces de MA. Enfin, il sera bientôt possible de vérifier l'efficacité de traitements préventifs sur des populations à risque.

Tableau 12.6
Échelle clinique de démence (CDR), d'après[1]

	Mémoire	Orientation	Jugement, résolution de problèmes	Habiletés sociales	Famille et loisirs	Soins personnels
Normale CDR 0	Mémoire intacte ou légers oublis occasionnels	Bonne orientation	Résout les problèmes quotidiens (et des aspects pécuniaires) sans difficulté; bon jugement en accord avec le fonctionnement passé	Autonomie inchangée pour le travail, la vie sociale	Vie à la maison, activités et intérêts maintenus	Indépendance totale
Démence incertaine CDR 0,5	Oublis légers fréquents; rappel partiel des événements; oublis «bénins»	Bonne orientation, sauf légère difficulté avec les relations temporelles	Doute quant à sa capacité de résoudre des problèmes, de retrouver des similitudes et des différences	Doute ou légère difficulté pour ces activités	Vie à la maison, activités et intérêts légèrement diminués	Indépendance totale
Démence légère CDR 1	Atteinte modérée de la mémoire; plus marquée pour les faits récents et qui interfère avec les activités de la vie quotidienne	Difficulté modérée avec les relations temporelles; orienté pour l'espace et les personnes à l'examen, mais peut présenter une désorientation géographique	Difficulté modérée à composer avec des situations complexes et avec les similitudes et des différences; jugement social conservé	Difficulté modérée pour certaines de ces activités; peut paraître superficiellement normal	Difficulté légère mais certaine avec AVQ; abandon des tâches et des passe-temps plus complexes	A besoin d'un peu d'aide à l'initiation
Démence modérée CDR 2	Atteinte importante de la mémoire; seul le matériel «surappris» est retenu; nouveau matériel rapidement perdu	Généralement désorienté dans le temps et souvent dans l'espace	Difficulté importante à composer avec des problèmes, à voir les similitudes et des différences; jugement social généralement mauvais	Ne prétend pas être indépendant; paraît suffisamment bien pour qu'on puisse croire à son indépendance hors du foyer	Maintien des activités simples seulement; intérêts très limités et peu soutenus	A besoin d'assistance pour l'habillage, l'hygiène et l'organisation des effets personnels
Démence grave CDR 3	Atteinte importante de la mémoire; seulement quelques îlots de mémoire préservés	Ne réagit qu'à son nom seulement	Incapable de porter un jugement ou de résoudre des problèmes	Ne prétend pas être indépendant; paraît trop malade pour entreprendre des activités en dehors de la maison	Aucune activité significative en dehors de sa chambre	A besoin de beaucoup d'aide pour ses soins personnels; souvent incontinent
Scores des sous-items						

1. Botez, M.I. & Coll.: *Neuropsychologie clinique et neurologie du comportement*, Presses de l'Université de Montréal, 2ᵉ éd., 1996.

Tableau 12.7
Traitements expérimentaux de la maladie d'Alzheimer

1. **Symptomatiques**
   - agonistes cholinergiques directs et indirects — exemple: tacrine, xanoméline, ENA, E2020, SKB 202026
   - facilitateurs de neurotransmission à actions mixtes — exemple: linopirdine, bésipirdine, propentophylline

2. **Stabilisation**
   - anti-inflammatoires — exemple: indométhacine, prednisone
   - inhibiteurs de la monoamine oxidase B — exemple: lazabémide, sélégiline
   - antagonistes du transport du calcium — exemple: nimodipine
   - œstrogènes
   - agents trophiques — exemple: facteur de croissance neuronale, cérébrolysine
   - modificateurs de l'apolipoprotéine E

BIBLIOGRAPHIE

BERG, L. & Coll.: Predictive features in mild senile dementia of the Alzheimer type. *Neurology (NY)*, **34**:563, 1984.

Canadian Study of Health and Aging Working Group. Canadian Study of Health and Aging: Study methods and prevalence of dementia. *Can Med Assoc J*, **150**:899, 1994.

Canadian Study of Health and Aging Workgroup. Canadian Study of Health and Aging: Risk factors for Alzheimer disease in Canada. *Neurology (NY)*, **44**:2073, 1994.

HACHINSKI, V.: Preventable senility: a call for action against the vascular dementias. *Lancet*, **340**:645, 1992.

KHACHATURIAN, Z. S.: Diagnosis of Alzheimer's disease. *Arch Neurol*, **42**:1097, 1985.

MCKHANN, G. & Coll.: Clinical diagnosis of Alzheimer's disease: report of the NINCDS-ADRDA Workgroup under the auspices of Department of Health and Human Services Task Force on Alzheimer's Disease. *Neurology (NY)*, **34**:939, 1984.

MIRRA, S.S. & Coll.: CERAD. Part II. Standardization of the neuropathologic assessment of Alzheimer's disease. *Neurology (NY)*, **41**:479, 1991.

POIRIER, J. & Coll.: Apolipoprotein E polymorphism and Alzheimer's disease. *Lancet*, **342**:697, 1993.

REISBERG, B.: Functional assessment staging (FAST). *Psychopharmacol Bull*, **24**:653, 1988.

STERN, U. & Coll.: Increased risk of mortality in Alzheimer's disease patients with more advanced educational and occupational attainment. *Ann Neurol*, **37**:590, 1995.

TEITELBAUM & Coll.: Neurologic sequelae of domoic acid intoxication due to ingestion of contaminated mussels. *N Engl J Med*, **322**:1781, 1990.

LECTURES SUGGÉRÉES

BLASS, J.P. & J. POIRIER: Pathophysiology of the Alzheimer's syndrome, in *Clinical diagnosis and management of Alzheimer's Disease*. Gauthier, S. Martin Dunitz, Londres, 1996.

GAUTRIN, D. & S. Gauthier: Alzheimer's disease: environmental factors and etiologic hypothesis. *Can J Neurol Sci*, **16**:375, 1989.

HUANG, I., SVENSON, L.W. & J. LINDSAY: Série de monographies sur les maladies liées au vieillissement: V. Maladie d'Alzheimer (démence sénile de type Alzheimer). *Maladies chroniques au Canada*, **15**:68, 1994.

CHAPITRE 13

DÉMENCES VASCULAIRES ET AUTRES DÉMENCES

HÉLÈNE MASSON et MICHÈLE MORIN

Les démences vasculaires, les démences associées à la maladie de Parkinson et les démences fronto-temporales représentent la plupart des démences non réversibles, en dehors de la maladie d'Alzheimer, auxquelles est confronté le clinicien œuvrant en milieu gériatrique de court ou long séjour. Nous leur accorderons donc plus d'importance. Les démences associées aux prions sont plus rares, mais l'intérêt d'en exposer les grandes lignes réside dans le fait qu'il s'agit de démences rapidement évolutives, souvent héréditaires, ayant un impact médical, social et familial important. Le reste du chapitre est consacré aux problèmes cliniques les plus fréquemment rencontrés en consultation neurogériatrique, soit l'hydrocéphalie à pression normale, les troubles cognitifs liés à l'alcool, la neurosyphilis, l'hypothyroïdie et les effets de la déficience en folates et en vitamine B$_{12}$. Ces entités sont fréquemment regroupées sous l'appellation «troubles cognitifs potentiellement réversibles» et constituent, selon les études, de 10 à 15 % des démences.

SYNDROME DES DÉMENCES VASCULAIRES

Généralités

On estime qu'un facteur vasculaire pourrait être en cause dans plus du tiers des démences. Le concept de démence vasculaire est encore difficile à saisir et il n'y a pas de consensus véritable quant à la signification du terme. Le mot «démence» sous-entend une détérioration cognitive et le mot «vasculaire» suggère qu'il existe des processus impliquant les vaisseaux sanguins de petite ou de grande taille et que des facteurs hémodynamiques tels que l'hypertension et l'hypotension jouent un rôle primordial. Soulignons qu'il s'agit d'un syndrome dont les étiologies sont multiples (Tableau 13.1) et les présentations cliniques hétérogènes. Le tableau 13.2 dresse le portrait type du dément vasculaire. Le début de la maladie est plus soudain que dans la maladie d'Alzheimer, l'évolution se fait par paliers plutôt que de façon progressive. L'atteinte cognitive est moins homogène et on retrouve des signes d'atteinte corticale ou sous-corticale selon la localisation des lésions vasculaires. L'imagerie cérébrale vient confirmer la clinique. Cependant, plusieurs questions restent à éclaircir : la maladie vasculaire cause-t-elle, contribue-t-elle ou coïncide-t-elle avec la démence? Comment peut-on s'assurer qu'il ne s'agit pas de démence mixte (vasculaire et dégénérative)? A partir de quand utilise-t-on le terme de démence pour décrire les atteintes cognitives secondaires aux lésions vasculaires?

Échelles de démence vasculaire

La démarche vers une description clinique générale du dément vasculaire est exactement

Tableau 13.1
Étiologie des démences vasculaires
Infarctus de grande taille multiples
Infarctus lacunaires multiples
Hypodensités sous-corticales et démence de type Binswanger
Infarctus unique à localisation stratégique
Hémorragies cérébrales hypertensives
Séquelles d'hémorragie sous-arachnoïdienne et d'hématomes sous-duraux
Angiopathie cérébrale congophile
Vasculites inflammatoires
Syndrome des anticorps anticardiolipines
Vasculites infectieuses
Vasculites toxiques
Hypoperfusion globale sévère
Angiopathies héréditaires

Tableau 13.2
Portrait type du dément vasculaire

Présence de facteurs de risque vasculaire
- hypertension artérielle
- diabète
- hyperlipidémie
- tabagisme
- fibrillation auriculaire

Présence de cardiopathie ischémique ou d'athéromatose périphérique

Antécédents d'ischémie cérébrale transitoire ou d'accident vasculaire cérébral

Évolution par paliers

Troubles urinaires et troubles de la démarche précoces

Troubles mécaniques de la parole (dysarthrie)

Dysphagie

Labilité émotionnelle avec rires et pleurs spasmodiques

Syndrome dépressif

Signes pyramidaux et extrapyramidaux

---

celle qui conduisit Vladimir Hachinski à élaborer son échelle ischémique (Tableau 13.3). Il s'agit d'un outil simple, reconnu et largement utilisé en clinique et dans les protocoles de recherche. Cependant, cet index a le défaut de ne pas inclure les anomalies neuroradiologiques et, bien que la corrélation anatomopathologique atteigne 60 à 70 % dans les diverses études, cette échelle cause une surestimation des cas de démence vasculaire. Un score de 4 et moins suggère une maladie d'Alzheimer et un score de 7 et plus permet un diagnostic de démence vasculaire. Les scores intermédiaires, de 5 à 6, réfèrent aux démences mixtes, une zone grise difficile à cerner sans l'aide de l'anatomie pathologique. En effet, on ne peut déterminer précisément jusqu'à quel point la composante vasculaire contribue à la détérioration cognitive chez les patients répondant, par ailleurs, aux critères de démence dégénérative de type Alzheimer. Récemment, deux groupes ont proposé de nouvelles échelles basées sur des critères probables, possibles et définis par analogie aux critères utilisés dans la maladie d'Alzheimer (Tableaux 13.4 et 13.5). Ces échelles divergent sur plusieurs points. Elles sont en voie de validation et, pour l'instant, demeurent des outils de recherche.

Démence par infarctus multiples de grande taille

Ce type de démence est secondaire à des infarctus corticaux multiples. L'athéromatose des grosses artères (carotides, sylviennes, cérébrales antérieures, cérébrales postérieures) de même que les embolies d'origine cardiaque (affection valvulaire, arythmie, anévrisme, hypokinésie grave) sont responsables de ces infarctus multiples.

Démence par infarctus lacunaires multiples

La lacune est une petite cavité mesurant moins de 15 mm. Elle correspond à l'occlusion des petites artères perforantes lenticulostriées, des artères thalamostriées, des petites artères pontines ou des branches médullaires longues. Les lacunes se situent donc au niveau du thalamus, du noyau caudé, du putamen, du globus pallidus, dans la capsule interne (bras antérieur ou bras postérieur), la substance blanche de la corona radiata, du centre semi-ovale et de la protubérance. La présentation clinique de ces démences est très hétérogène. On a décrit plus de 70 syndromes cliniques (accident vasculaire cérébral moteur pur, ataxie-hémiparésie, dysarthrie-main maladroite, etc.).

Souvent, le nombre de lacunes ne correspond pas au nombre d'événements cliniques, comme si plusieurs d'entre elles étaient demeurées asymptomatiques (Fig. 13.1).

Démence de type Binswanger

Ce qui caractérise ce type de démence, c'est l'atteinte étendue et prédominante de la substance blanche. C'est la catégorie la plus difficile à cerner, car elle côtoie les notions d'hypodensité sous-corticale, de lacune et d'hydrocéphalie.

Tableau 13.3
Échelle ischémique d'Hachinski

Caractéristique	Pointage
• Début subit	2
• Détérioration par paliers	1
• Évolution fluctuante	2
• Confusion nocturne	1
• Préservation relative de la personnalité	1
• Dépression	1
• Plaintes somatiques	1
• Incontinence émotionnelle	1
• Histoire d'hypertension	1
• Antécédents d'accidents vasculaires cérébraux	2
• Évidence d'athérosclérose associée	1
• Symptômes neurologiques focaux	2
• Signes neurologiques focaux	2

≤ 4: maladie d'Alzheimer
≥ 7: démence vasculaire

Tableau 13.4

Critères pour le diagnostic de démence vasculaire proposés par le *NINDS-AIREN International Workshop (National Institute of Neurological Disorders and Stroke*, Association internationale pour la recherche et l'enseignement en neurosciences)

1. DÉMENCE VASCULAIRE PROBABLE
A) Ce diagnostic clinique doit inclure tous les critères suivants
   1. Démence
     Déclin cognitif se traduisant par l'atteinte de la mémoire et de ≥ 2 autres sphères cognitives établi par l'évaluation clinique et confirmé par les épreuves neuropsychologiques
     Les déficits doivent être suffisants pour interférer avec la conduite des AVQ, ceci n'étant pas dû aux séquelles physiques de l'accident vasculaire cérébral
     Critères d'exclusion: atteinte de la vigilance, *delirium*, psychose, aphasie sévère, atteinte neurologique (telle Alzheimer) qui peuvent contribuer à la démence
   2. Maladie vasculaire cérébrale
     Définie par la présence de signes neurologiques focaux compatibles avec un accident vasculaire cérébral (avec ou sans histoire) et évidence de changements vasculaires pertinents à l'imagerie cérébrale incluant de multiples infarctus de grande taille, un infarctus unique à localisation stratégique, de nombreuses lacunes, ou des changements extensifs de la substance blanche périventriculaire
   3. Relation entre les 2 critères précédents
     a) début de la démence dans les 3 mois suivant l'accident vasculaire cérébral
     b) début abrupt ou progression par paliers du déclin intellectuel
B) Diagnostic supporté par
   1. troubles de la marche précoces
   2. histoire de chutes fréquentes
   3. incontinence urinaire précoce sans cause urologique
   4. paralysie pseudo-bulbaire
   5. changements de personnalité et/ou humeur, aboulie, labilité émotive, ralentissement psychomoteur ou autres déficits sous-corticaux
C) Éléments mettant en doute le diagnostic
   1. atteinte initiale de la mémoire et aggravation progressive de celle-ci et des autres atteintes intellectuelles, en l'absence de lésions vasculaires focales correspondant à la neuro-imagerie
   2. absence de signes neurologiques focaux autres que l'atteinte cognitive
   3. absence de lésion vasculaire à la neuro-imagerie

2. DÉMENCE VASCULAIRE POSSIBLE
Diagnostic clinique retenu, si présence de démence telle que définie plus haut avec les signes neurologiques focaux chez des sujets où la neuro-imagerie est manquante
OU
S'il n'y a pas de relation temporelle claire entre la démence et l'accident vasculaire cérébral
OU
Sujet avec évolution plutôt linéaire de l'atteinte cognitive mais ayant des évidences cliniques d'une maladie vasculaire cérébrale significative

3. DÉMENCE VASCULAIRE DÉFINITIVE
Nécessite
1. tous les critères cliniques de démence vasculaire
2. évidences histopathologiques de maladie vasculaire cérébrale
3. absence de critères histologiques de la maladie d'Alzheimer
4. absence d'autres entités cliniques ou pathologiques capables de causer une démence

Source: Neurology, **43**:250-260, 1993.

Certains la dénomment leuco-encéphalopathie ischémique sous-corticale. Soulignons tout de suite que l'hypodensité sous-corticale n'entraîne pas nécessairement une démence de type Binswanger.

Il est difficile de connaître l'incidence et la prévalence exactes de la démence de type Binswanger. Le portrait type du dément vasculaire s'applique également au Binswanger. Plus de 95% des individus sont hypertendus ou l'ont été. Encore plus importantes sont les fluctuations de la tension artérielle sur 24 heures. L'hyperperfusion (hypertension artérielle) et l'hypoperfusion chronique ou par accès (hypotension absolue ou relative) peuvent intervenir à différents degrés et à divers moments de l'évolution de l'atteinte sous-corticale.

A la scanographie cérébrale ou à la résonance magnétique nucléaire (RMN), on retrouve une atteinte importante de la substance

---

Tableau 13.5

Critères pour le diagnostic de démence vasculaire ischémique proposés par le *State of California Alzheimer's Disease Diagnostic and Treatment Centers*

1. Démence

   Détérioration du fonctionnement intellectuel suffisante pour interférer de façon significative avec la conduite des activités habituelles d'un individu et indépendante du niveau de conscience

   Cette détérioration est supportée par l'anamnèse obtenue et documentée par l'examen mental de routine ou idéalement par l'application de tests neuropsychologiques plus détaillés

2. Démence vasculaire ischémique probable

   A) Ce diagnostic clinique doit inclure tous les critères suivants
      1. démence
      2. évidence ≥ 2 accidents vasculaires cérébraux ischémiques par l'histoire, l'examen neurologique et/ou l'imagerie cérébrale

         OU

         survenue d'un accident vasculaire cérébral unique avec relation temporelle claire avec le début de la démence
      3. évidence ≥ 1 infarctus hors du cervelet à l'imagerie

   B) Diagnostic supporté par
      1. évidence d'infarctus multiples dans des régions cérébrales impliquées dans les processus cognitifs
      2. antécédents d'ischémie cérébrale transitoire (ICT) nombreux
      3. présence de facteurs de risque vasculaire
      4. résultat ≥ 7 à l'échelle d'Hachinski

   C) Éléments cliniques prétendument associés mais pour lesquels plus de recherche est nécessaire
      1. apparition relativement précoce de troubles de la marche et d'incontinence urinaire
      2. changements périventriculaires et profonds de la substance blanche en T2 à la résonance excessive pour l'âge

      3. changements focaux aux études électrophysiologiques ou à l'imagerie cérébrale dynamique

   D) Éléments neutres
      1. périodes d'évolution lentement progressive
      2. existence de troubles perceptifs ou de délire
      3. convulsions

   E) Éléments jetant un doute sur le diagnostic
      1. aphasie transcorticale sensitive ou l'absence de lésions focales correspondant à la neuro-imagerie
      2. absence de symptômes / signes neurologiques autres que l'atteinte cognitive

3. Démence vasculaire ischémique possible

   Démence + un ou plusieurs des éléments suivants
      • histoire ou évidence d'un accident vasculaire cérébral unique sans relation temporelle claire ou avec le début de la démence

      OU

      • syndrome de Binswanger incluant
         – incontinence urinaire précoce inexpliquée autrement ou troubles de la démarche sans cause périphérique
         – présence de facteurs de risque vasculaire
         – changements extensifs de la substance blanche à l'imagerie

4. Démence vasculaire ischémique définitive

   Nécessite examen histopathologique
      1. démence cliniquement évidente
      2. confirmation pathologique de nombreux infarctus cérébraux, hors du cervelet

5. Démence mixte

   Présence ≥ 1 maladie systémique ou cérébrale potentiellement liée à démence clinique ou histopathologique

Source: *Neurology*, **42**:473-480, 1992.

---

blanche, surtout au niveau des centres semiovales et de la corona radiata, avec épargne des fibres en «U». On note une prédominance frontale des anomalies. L'atteinte de la substance blanche n'est donc pas uniforme et s'explique par le mode de vascularisation (Fig. 13.2). En effet, ce sont les artères médullaires longues provenant des branches corticales des artères principales qui se rétrécissent par sclérohyalinose et sont responsables de l'atteinte de la substance blanche. Il y a donc une zone de der-

nier-pré qui constitue une région vulnérable pour l'ischémie. L'atteinte diffuse de la substance blanche amène un phénomène de disconnexion cortico/sous-corticale.

Outre l'atteinte de la substance blanche, on retrouve, dans la démence de type Binswanger, des lacunes qui peuvent être de nature ischémique ou hémorragique. Il n'est pas rare non plus d'observer une dilatation du réseau ventriculaire. Cette dilatation ventriculaire est souvent

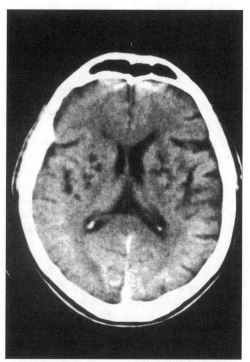

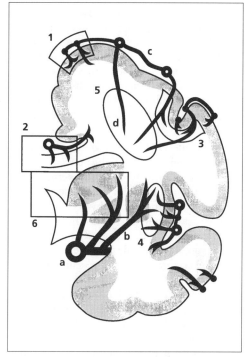

Figure 13.1 Lacunes cérébrales multiples (Gracieuseté du Docteur Jacques Lesage, neuroradiologiste, Hôpital Notre-Dame, Montréal)

Figure 13.2 Schéma de la vascularisation artérielle et artériolaire du cerveau en coupe coronale illustrant les sites des lacunes et les zones de vulnérabilité pour la leucoaraïose. 1) cortex, 2) corps calleux, 3) fibres en U sous-corticales, 4) capsule externe / claustrum / capsule extrême, 5) centre semi-ovale, 6) thalamus, capsule interne, noyaux gris centraux. a) artères carotide et sylvienne, b) artères lenticulostriées, c) branches corticales, d) artères médullaires longues. (Extrait de: Moody, D.M., Bell, M.A. & V.R. Challa. Features of the cerebral vascular pattern that predict vulnerability to perfusion or oxygenation deficiency: an anatomic study. *AJNR*, **11(3)**:431-439, 1990.)

proportionnelle au degré d'atrophie corticale et de perte de la substance blanche. Cependant, la distinction entre hydrocéphalie à pression normale et maladie de Binswanger est parfois difficile. Dans le tableau classique de l'hydrocéphalie à pression normale, toutefois, on n'observe pas, à l'imagerie, la présence de leucoaraïose diffuse sévère, telle que retrouvée dans la démence de type Binswanger. Seul l'anatomopathologiste peut poser un diagnostic de maladie de Binswanger.

Hypodensités sous-corticales

En 1987, Hachinski a proposé le terme leucoaraïose (du grec *leuko* signifiant blanc et *araïos* signifiant raréfié) pour décrire ces hypodensités sous-corticales objectivées à la scanographie cérébrale. L'avènement de la RMN, beaucoup plus sensible pour détecter les changements de la substance blanche, a compliqué l'interprétation des hypodensités et, par le fait même, le problème des démences vasculaires.

On estime qu'environ 20 à 30 % des sujets de plus de 65 ans montrent de telles hypodensi-

tés à la scanographie cérébrale. En RMN, ces hypodensités apparaissent plutôt sous la forme d'hypersignaux en temps T2. Certains changements entreraient plus dans le cadre de la normalité, tels les hypersignaux bien définis, arrondis ou triangulaires, au niveau des cornes frontales et occipitales, et les images en pinceau formant un fin liséré hyperintense autour des ventricules latéraux. Également, on note au niveau de la substance blanche, des petites images ponctiformes hyperintenses appelées «UBO» (*Unidentified Bright Objects*). La signification exacte de ces anomalies n'est pas connue (espace périvasculaire dilaté, ectasie vasculaire, plaque de démyélinisation, athéromatose, petit infarctus). Mais dans l'ensemble, les neuroradiologistes ne considèrent pas ces images comme pathologiques. Cependant, lorsque les hypodensités périventriculaires s'étendent plus profondément dans la substance blanche, on s'approche davantage d'un processus pathologique (Fig. 13.3).

La fréquence de la leucoaraïose augmente avec l'âge et on la retrouve plus souvent chez les sujets hypertendus. Au cours des dernières années, on a constaté que les patients souffrant de la maladie d'Alzheimer pouvaient également montrer des hypodensités dans une proportion de 30 à 50 %. Un malade souffrant de leucoaraïose a plus de risques de présenter un accident vasculaire cérébral, d'évoluer vers un tableau de démence et de voir sa survie diminuée qu'un sujet du même âge, sans leucoaraïose et apparié pour les autres facteurs. La majorité des études souligne que la leucoaraïose est un marqueur de détérioration cognitive. Cependant, il n'existe pas de profil neuropsychologique spécifique. Quant à la pathogenèse de la leucoaraïose, certains ont proposé des mécanismes impliquant le

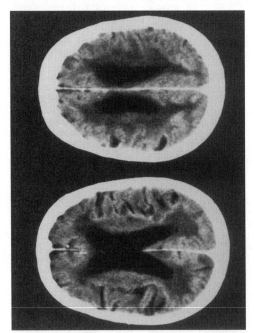

Figure 13.3 Leucoaraïose diffuse sévère périventriculaire. (Gracieuseté du Docteur Jacques Lesage, neuroradiologiste, Hôpital Notre-Dame, Montréal)

vieillissement normal, les changements hémodynamiques au niveau de la circulation systémique (hypertension, hypotension), de même que les modifications de la barrière sang-cerveau et la hyalinose des parois vasculaires.

Approche thérapeutique

Les démences vasculaires, bien que demeurant, pour l'instant, irréversibles, une fois installées sont, à tout le moins, des conditions que l'on peut potentiellement prévenir par certaines interventions relativement simples. C'est un peu ce qu'exprime Hachinski par le continuum proposé: «cerveau à risque», «stade prédémence», «stade démence». La démence vasculaire est un syndrome dynamique sur lequel on peut intervenir aux divers stades d'évolution. Ainsi, le «cerveau à risque» correspond aux personnes âgées ou à tout individu présentant des facteurs de risque cardio-vasculaire. On comprend facilement que l'intervention à ce niveau est celle de la correction des facteurs de risque et relève de la prévention primaire (saine hygiène de vie) et secondaire.

Au stade suivant de «prédémence», on retrouve les individus ayant déjà eu des manifestations neurologiques sous forme d'ischémie cérébrale transitoire ou d'accident vasculaire cérébral bien établi. Des interventions demeurent possibles à cette étape, comme la prescription d'antiplaquettaires, l'endartériectomie carotidienne, l'anticoagulation. L'efficacité de ces interventions n'a cependant pas été démontrée. Au dernier stade, la condition est irréversible.

Le contrôle de la tension artérielle est certes un des points cruciaux dans la prise en charge des démences vasculaires. Une question demeure: quelle valeur de tension artérielle systolique doit-on viser pour éviter un abaissement excessif de la perfusion cérébrale et amener quand même une démence vasculaire par ischémie relative du cerveau? On sait que le cerveau de la personne âgée est vulnérable aux variations de la tension artérielle. Les barorécepteurs des personnes âgées perdent leur sensibilité et leur acuité, de sorte qu'en présence d'une chute de tension subite, le système cardio-vasculaire ne peut procéder aux modifications nécessaires; le débit cérébral peut alors chuter de façon importante. De la même façon, l'autorégulation cérébrale de la personne âgée devient progressivement moins efficace. La vasoconstriction cérébrale, ou la vasodilatation à laquelle on s'attendrait lorsque la tension artérielle s'élève, s'abaisse peu à peu avec l'âge. De plus, en présence d'une hypertension artérielle chronique, la courbe d'autorégulation est déplacée vers la droite entraînant ainsi un débit cérébral inférieur pour toute valeur de tension artérielle. Finalement, avec l'âge, l'arbre vasculaire perd de sa compliance et ceci touche également les artères cérébrales. Tous ces changements contribuent donc à la susceptibilité particulière du cerveau vieillissant aux variations de tension artérielle. Il semblerait, d'après les études, que le chiffre de tension artérielle systolique à viser se situe entre 135 et 150 mmHg.

TROUBLES COGNITIFS ET MALADIE DE PARKINSON

Généralités

La maladie de Parkinson se caractérise par des troubles moteurs, cognitifs et affectifs. La plupart des malades, même au début de la maladie, connaissent des changements neurocognitifs subtils suggérant une dysfonction du lobe frontal. Cependant, avec le temps, ils peuvent présenter un syndrome démentiel léger, modéré ou grave. Tous ne souffriront pas de démence. Une minorité aura une atteinte légère et une minorité une atteinte grave, la majorité se situant entre les deux extrêmes de cet éventail cognitif. La fréquence de la démence est différemment appréciée selon les études, en raison de la variation des critères diagnostiques retenus, de la sélection inhomogène des patients et du manque de sensibilité des instruments utilisés pour l'évaluation cognitive. On estime que 20 à 30 % des sujets souffriront d'une démence significative invalidante.

Le risque de présenter une démence augmente avec l'âge, mais n'est pas fonction de la durée de la maladie. La réponse aux traitements est moins bonne chez les déments; la progression de l'incapacité est plus rapide et le taux de mortalité plus élevé. Ils sont évidemment plus sensibles aux effets confusiogènes des agents antiparkinsoniens et sont souvent sous-représentés dans les essais thérapeutiques. On peut distinguer quatre types d'atteinte cognitive associés au syndrome parkinsonien: changements neurocognitifs légers de type frontal, démence sous-corticale, démence mixte parkinsonienne et maladie d'Alzheimer, démence à corps de Lewy.

Changements neurocognitifs légers

Les changements neurocognitifs légers se caractérisent par une atteinte des fonctions exécutives et du contrôle actif de l'attention. Le patient éprouve des difficultés dans les tâches qui exigent une planification et une organisation stratégique de l'information. Ces fonctions sont généralement attribuées au lobe frontal et aux connexions sous-corticales. En général, ces déficits sont légers, mais la détérioration cognitive peut devenir importante lorsque les altérations pathologiques confinées aux noyaux sous-corticaux sont sévères. On observe alors le syndrome clinique de la démence sous-corticale.

Démence sous-corticale

Le concept de démence sous-corticale (DSC) fut introduit en 1974 par Albert & Coll. Bien que controversé, il permet de faire ressortir l'absence de troubles instrumentaux (aphasie, apraxie, agnosie) par opposition à la démence corticale de type Alzheimer. Les lésions sont confinées aux structures sous-corticales (système nigro-striatal et mésocortico-limbique). La déficience en dopamine jouerait un rôle dans la genèse de la démence sous-corticale, les troubles cognitifs étant secondaires à une désafférentation du cortex frontal ou, plus précisément, à une désactivation des programmes cognitifs frontaux qui, pour leur part, demeurent intacts. Le patient souffre de bradyphrénie (ralentissement dans le traitement de l'information), de troubles de mémoire (en rappel libre, mémoire procédurale, mémoire de travail), d'une accentuation des déficits des fonctions exécutives, mais avec préservation des habiletés linguistiques (Tableau 13.6).

La déficience en dopamine n'explique pas seule tous les troubles cognitifs, surtout si la démence est très sévère. Mentionnons que le traitement aux agents dopaminergiques n'améliore pas la DSC. On observe généralement une démence plus marquée quand il y a une perte neuronale cholinergique dans le noyau basal de Meynert, même en l'absence de signes pathologiques de type Alzheimer dans le cortex cérébral. Les changements de l'affect sont une autre caractéristique de la DSC, et les déficiences en noradrénaline et en sérotonine seraient impliquées dans la genèse de la dépression.

Tableau 13.6		
Comparaison entre démences corticales (DC) et sous-corticales (DSC)		
FONCTIONS COGNITIVES	**DC**	**DSC**
FONCTIONS INSTRUMENTALES (langage, perception, gestes)	atteint	préservé
MÉMOIRE • encodage • rappel libre • rappel indicé • amorçage • reconnaissance • procédurale	atteint atteint atteint atteint atteinte préservée	préservé atteint préservé préservé préservée atteinte
CALCUL	atteint	parfois atteint
FONCTIONS EXÉCUTIVES (frontales)	atteintes proportionnelles aux autres déficits	atteintes majeures par rapport aux autres déficits
VITESSE DE RAISONNEMENT	normale	inertie intellectuelle (bradyphrénie)

Démence Parkinson et maladie d'Alzheimer

Chez certains patients souffrant de DSC, on retrouve en plus une pathologie corticale de type Alzheimer. La prévalence de la maladie d'Alzheimer augmente avec l'âge et cette association peut représenter le risque d'une coexistence de deux maladies. Ces patients souffrent de démence grave mixte cortico/sous-corticale.

Démence à corps de Lewy

Au cours des dernières années, on a décrit une nouvelle entité neuropathologique chez les sujets parkinsoniens présentant une atteinte cognitive: la démence à corps de Lewy. En plus d'être retrouvés dans les localisations classiques (substance noire, tronc cérébral), les corps de Lewy (inclusions intracellulaires) sont alors retrouvés de façon diffuse dans le cortex cérébral. Cliniquement, le patient peut présenter une atteinte cognitive et des troubles neuropsychiatriques précoces (psychose, paranoïa, hallucinations), suivis de troubles parkinsoniens, ou bien un tableau de démence s'installe compliquant une maladie de Parkinson déjà établie. Ces patients ont tendance à souffrir de fluctuations importantes de leurs fonctions cognitives, des intervalles de lucidité alternant avec des périodes de confusion. Ils réagissent mal aux agents antiparkinsoniens et ont des réactions inhabituelles aux neuroleptiques (augmentation de la confusion et de l'agitation). Soulignons que les corps de Lewy corticaux

sont également notés dans 14 à 25 % des cas sporadiques de maladie d'Alzheimer. La position nosologique de la démence à corps de Lewy demeure donc controversée. Fait-elle partie du spectre de la maladie de Parkinson, est-elle une variante de la maladie d'Alzheimer ou représente-t-elle une entité clinique séparée? Actuellement, cette démence ne peut être diagnostiquée de façon certaine que par l'examen neuropathologique.

Confusion, hallucinations

En plus des atteintes cognitives, d'autres problèmes neuropsychiatriques apparaissent chez les patients souffrant de maladie de Parkinson. Il n'est pas rare que le sujet parkinsonien se plaigne d'hallucinations visuelles à type de personnages ou d'animaux «familiers». Elles sont habituellement stéréotypées pour chaque patient et non menaçantes. Elles sont plus fréquentes chez les sujets âgés, en particulier la nuit. Ces hallucinations peuvent être, en partie, dues aux médicaments et on suggère de réduire un peu les agents dopaminergiques. Les hallucinations secondaires aux anticholinergiques sont plus menaçantes et s'associent plus souvent à des états confusionnels aigus.

L'apparition de confusion oriente la recherche vers une réaction médicamenteuse, ou vers une infection ou des troubles métaboliques. Il faut cesser les anticholinergiques et l'amantadine, le cas échéant. Si la confusion persiste, on réduit les agents dopaminergiques jusqu'à un niveau minimal compatible avec une mobilité acceptable. On aboutit parfois à des états pénibles dans lesquels le patient est, soit mobile mais confus et halluciné, soit mentalement adéquat mais akinétorigide. Il s'agit de trouver un juste équilibre. On a abandonné la cessation complète des médicaments (*drug holidays*), à cause des risques de phlébite, de pneumonie d'aspiration et d'état de rigidité intense avec pyrexie qui évoquent le syndrome malin des neuroleptiques. On peut donner de petites doses de neuroleptiques (thioridazine 10 ou 20 mg) ou, si disponible, de la clozapine, qui agit sur les récepteurs D_4 et cause moins d'effets extrapyramidaux. Une agranulocytose survient parfois dans 1 à 2 % des cas avec ce médicament. Lorsque l'épisode confusionnel a régressé, on peut réaugmenter la dose d'agents dopaminergiques prudemment, si le patient le tolère.

Les phases *on-off* s'accompagnent parfois d'accès d'anxiété et de panique qui peuvent être soulagés par des benzodiazépines ou un bêta-bloquant.

DÉMENCES FRONTO-TEMPORALES

La description clinique et neuropathologique des malades souffrant d'atrophie fronto-temporale de type non Alzheimer vient principalement de Suède (Lund) et de Grande-Bretagne (Manchester). On distingue la dégénérescence du lobe frontal de type non Alzheimer (DLF) et la maladie de Pick. La sémiologie clinique à prédominance frontale est similaire dans les deux cas, mais il existe deux types histologiques différents qui partagent la même distribution anatomique dans les lobes frontaux et temporaux.

La DLF représenterait 20 % des démences dégénératives et serait la plus fréquente après la maladie d'Alzheimer. La moitié des cas ont une histoire familiale positive. La prévalence de la maladie de Pick est moins bien connue et la proportion de cas familiaux moindre (20-50 %). Le tableau 13.7 résume les caractéristiques cliniques des démences fronto-temporales. Notons qu'il est souvent difficile de faire l'évaluation cognitive de ces malades, en raison d'une perte de l'autocritique, de troubles affectifs et par le fait que les signes frontaux contaminent les autres sphères instrumentales.

L'anatomie pathologique montre, dans la DLF, une perte neuronale, des changements spongiformes, une gliose légère à modérée. Dans la maladie de Pick, on observe une gliose

---

Tableau 13.7

Caractéristiques cliniques des démences fronto-temporales

Troubles du comportement
- Début insidieux et progression lente
- Changements précoces de la personnalité et des conduites sociales, négligence dans l'habillement et l'hygiène corporelle
- Signes précoces de désinhibition, tendance aux facéties, hypersexualité, comportement violent
- Perte précoce de l'autocritique
- Rigidité mentale, inflexibilité
- Hyperoralité, changement de la diète, gloutonnerie, consommation excessive de cigarettes ou d'alcool, exploration orale d'objets
- Comportements stéréotypés et persévérants, déambulation, maniérisme, préoccupation ritualiste dans la toilette et l'habillage, accumulation d'objets
- Comportement d'utilisation et d'imitation
- Troubles de l'attention, impulsivité, impersistance

Troubles affectifs
- Dépression, anxiété, sentimentalité excessive, idées suicidaires et fixes, illusions
- Hypocondrie, préoccupations somatiques bizarres précoces et évanescentes
- Indifférence émotionnelle, perte d'empathie et de sympathie, apathie

Troubles du langage
- Réduction progressive du langage expressif
- Stéréotypie verbale, palilalie, mutisme

Autres
- Orientation spatiale et praxies préservées, troubles mnésiques moins sévères que dans la maladie d'Alzheimer

---

intense, des corps d'inclusion et des cellules de Pick caractéristiques. Aucune anomalie de type Alzheimer n'est retrouvée dans un type ou dans l'autre. Sans l'aide de la pathologie, il peut être difficile de distinguer entre une DLF, un Pick et une maladie d'Alzheimer à prédominance frontale. La tomodensitométrie axiale cérébrale et la RMN peuvent aider à différencier une démence fronto-temporale (atrophie antérieure) d'une maladie d'Alzheimer (atrophie diffuse). De même, les études en médecine nucléaire (SPECT) peuvent souligner l'hypométabolisme fronto-temporal contrastant avec l'atteinte pariéto-occipitale retrouvée dans la maladie d'Alzheimer.

DÉMENCES ASSOCIÉES AUX PRIONS
Généralités

Pendant plusieurs années, le kuru, la maladie de Creutzfeldt-Jakob (CJ), le Gerstmann-

Straüssler-Scheinker (GSS) furent appelés encéphalopathies spongiformes transmissibles ou maladies à virus lents, car elles étaient transmissibles expérimentalement aux animaux, après incubation prolongée. Mais, au cours de la dernière décennie, les progrès remarquables de la génétique moléculaire ont permis de mieux caractériser l'agent pathogène transmissible. Ces agents diffèrent des virus et, pour les distinguer, on leur a donné le nom de «prion» pour souligner leur nature protéinacée. La protéine prion (PrP) est encodée sur le bras court du chromosome 20.

Les maladies des prions peuvent se manifester comme un désordre infectieux, héréditaire ou sporadique. Le point commun serait un métabolisme aberrant de la protéine prion. La forme infectieuse résulte de la transmission horizontale des prions comme dans les cas de CJ iatrogéniques et de kuru (curiosité historique depuis la cessation des rites cannibales en Nouvelle-Guinée). Les formes héréditaires comprennent la plupart des cas de GSS et 10 % des cas de CJ. On retrouve alors des mutations au niveau du gène PrP. Finalement, 85 % des cas de CJ représentent les formes sporadiques et on pense que des mutations somatiques du gène PrP analogues aux mutations héréditaires seraient en cause.

Maladie de Creutzfeldt-Jakob

On doit y penser lorsqu'un patient présente une démence rapidement évolutive associée à des myoclonies. On retrouve souvent des signes pyramidaux, de l'ataxie cérébelleuse et des signes extrapyramidaux. La distribution mondiale serait uniforme, le pic d'incidence est à l'âge moyen. L'électroencéphalogramme montre des anomalies épileptiques périodiques caractéristiques. Le décès survient, en général, au bout de 12 à 15 mois. Alors que la transmissibilité chez l'humain des maladies associées aux prions est expérimentale, on rapporte quelques cas de transmission par du matériel de greffe (dure-mère, cornée), des extraits d'hormones de croissance dérivés de glandes pituitaires cadavériques et l'utilisation d'électrodes intracérébrales mal stérilisées. Il faut rassurer la famille et le personnel traitant sur la non-transmissibilité par les contacts usuels.

HYDROCÉPHALIE À PRESSION NORMALE

L'hydrocéphalie à pression normale, aussi connue sous l'appellation du syndrome de Hakims et Adams, représente l'une des causes rares (< 2 %) des atteintes cognitives potentiellement réversibles. Elle associe une triade clinique classique (troubles de la marche, incontinence urinaire et démence) à la présence d'une ventriculomégalie diffuse et symétrique.

Il s'agit d'une hydrocéphalie obstructive communicante qui peut avoir plusieurs causes, mais qui est le plus souvent idiopathique chez la personne âgée (Tableau 13.8). La physiopathologie demeure alors nébuleuse, mais réside essentiellement en une altération de la dynamique du liquide céphalo-rachidien. Les ventricules s'élargissent d'abord sous la pression du liquide qui s'accumule, et cette augmentation de volume permet éventuellement une normalisation de la pression dans le système (loi de Laplace). Les manifestations cliniques de l'hydrocéphalie à pression normale correspondent aux effets de la dilatation ventriculaire sur les structures avoisinantes, avec compression ou étirement des longs faisceaux passant dans la substance blanche périventriculaire frontale.

Sur le plan sémiologique, les troubles de la marche précèdent habituellement les autres manifestations de la triade. L'image à retenir est celle d'une démarche magnétique, à petits pas, les pieds paraissant collés au sol, avec élargissement du polygone de sustentation. La posture est instable et le sujet est exposé aux chutes. Lorsqu'on l'examine au lit, en décubitus dorsal, il bouge très bien les membres inférieurs et ne montre aucune faiblesse musculaire. L'incontinence urinaire est le second symptôme de l'hydrocéphalie à pression normale. La vessie est de type non inhibé. Les mictions sont urgentes, fréquentes et en petite quantité. L'incontinence

---

Tableau 13.8

Classification étiopathogénique de l'hydrocéphalie à pression normale

- Idiopathique (> 50 %)
- Postméningite
- Posthémorragie sous-arachnoïdienne
- Carcinomatose méningée
- Post-traumatique
- Maladie de Paget osseuse
- Papillome de plexus choroïde

fécale est rare. L'atteinte cognitive est de type cortical frontal bilatéral. Elle se caractérise par une altération des capacités d'attention et de concentration, des troubles mnésiques, une désorganisation du graphisme (dessin, écriture), une dyscalculie et des troubles du comportement (bradypsychie, apathie, indifférence). A noter que la mise en évidence d'un syndrome aphaso-apracto-agnosique devrait plutôt orienter vers un diagnostic de démence dégénérative avec hydrocéphalie *ex vacuo* secondaire à l'atrophie corticale.

Le diagnostic repose essentiellement sur la clinique et l'imagerie neurologique après avoir éliminé les autres causes de démence réversible (médicaments, dépression, troubles métaboliques). L'étude du liquide céphalo-rachidien est normale, ainsi que la pression d'ouverture en position couchée (16-20 cm H_2O). Soulignons cependant que malgré l'appellation «normotensive», le monitorage sur 24 heures de la pression intracrânienne révèle des augmentations intermittentes (onde B) de la pression. L'appellation «variotensive» serait plus appropriée. La ponction lombaire peut être un outil diagnostique et même pronostique lorsque, suite au retrait de 30-40 mL de liquide, le mode de marche s'améliore et le syndrome frontal régresse dans les 24 heures suivant la procédure. Cette observation constitue, pour certains auteurs, un marqueur d'évolution favorable suite à la dérivation ventriculaire. Mais une non-réponse aux ponctions lombaires ne signifie pas nécessairement un échec à la chirurgie. Pour les patients ne pouvant subir d'intervention chirurgicale en raison d'une fragilité cardiaque ou pulmonaire, ou pour les sujets de très grand âge, on peut se contenter de faire des ponctions lombaires répétées si elles s'avèrent efficaces.

La tomodensitométrie cérébrale ou l'IRM nucléaire montrent une dilatation des cavités ventriculaires, incluant les 3e et 4e ventricules (Fig. 13.4). Classiquement, il n'y a pas d'atrophie corticale, mais en pratique, on en observe. Mentionnons que l'atrophie corticale est une découverte radiologique fréquente chez les sujets âgés normaux; elle ne doit donc pas être retenue comme un facteur absolu de mauvais pronostic pour la chirurgie, si le patient présente, par ailleurs, le tableau clinique classique d'HPN (hydrocéphalie à pression normale). Le problème des hypodensités périventriculaires

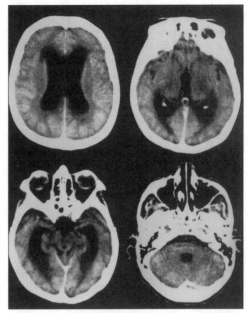

Figure 13.4 Hydrocéphalie à pression normale (Gracieuseté du Docteur Jacques Lesage, neuroradiologiste, Hôpital Notre-Dame, Montréal)

dans la substance blanche est également délicat. On retrouve, dans l'HPN, un phénomène de suffusion de liquide transépendymaire qui donne des images hypodenses autour des ventricules. Ces images sont difficiles à distinguer de la leucoaraïose «normale» retrouvée autour des cornes frontales chez les sujets âgés et de celle associée aux changements vasculaires pathologiques. Sans doute y a-t-il autant d'hydrocéphalie à pression normale, non reconnue comme telle et non traitée, qu'il y a de démence vasculaire ou de démence de type Alzheimer dérivée erronément.

La cisternographie isotopique lombaire au DTPA marqué à l'indium[111] démontre une concentration précoce du radiotraceur dans les ventricules, une stagnation de plus de 24 heures, une faible ascension à la convexité et une résorption parasagittale tardive. Nombre d'autres tests existent (monitorage de 24 heures de la pression intracrânienne, test infusion, SPECT, PET, RMN dynamique) mais demeurent, pour la plupart, non disponibles dans les milieux non spécialisés.

Le traitement chirurgical consiste en une dérivation ventriculo-cardiaque ou ventriculo-péritonéale. L'amélioration s'observe chez 50 % des patients dérivés. Le cerveau vieillissant garde une certaine plasticité et l'amélioration peut être retardée. Cependant, un fort taux de complications (30-40 %) vient obscurcir ces résultats (Tableau 13.9). La majorité des complications surviennent dans la première année après la chirurgie. Il faut informer la famille que la démence est le symptôme le moins susceptible de s'améliorer, suivi de l'incontinence urinaire. Plusieurs patients ayant une imagerie classique d'HPN ne présentent pas la triade clinique. On ne devrait pas soumettre un sujet âgé à une procédure chirurgicale à haut risque de complications pour corriger seulement un trouble de la marche. Notons que quelques études prospectives ont démontré qu'une proportion importante de patients ayant une HPN et non soumis à la chirurgie se stabilise spontanément.

La variabilité du succès thérapeutique et l'importance des complications ont poussé plusieurs auteurs à mettre en relief des facteurs pronostiques prédisant une évolution favorable après la dérivation. Les plus souvent évoqués figurent au tableau 13.10. Aucun isolément ne fait, à lui seul, l'unanimité. En pratique, la première difficulté rencontrée par le clinicien réside dans le fait qu'il ne connaît pas le niveau cognitif et moteur de base du patient. A cela s'ajoutent l'imprécision dans la durée des symptômes et la présence d'affections intercurrentes qui peuvent amoindrir les succès de la chirurgie ou nuire à la réadaptation postopératoire (arthrose sévère des genoux et de la colonne, limitation de la réserve cardio-pulmonaire, vision basse limitant la mobilité, éthylisme chronique). Finalement, très peu sont éligibles à la chirurgie. Au-delà de l'âge, les meilleurs succès sont obtenus chez les patients dont on connaît très bien les performances de base et qui développent, en peu de temps, une symptomatologie et une imagerie classiques d'HPN et chez qui une étiologie est identifiée.

NEUROSYPHILIS

Assez fréquemment, le clinicien est confronté à un sujet âgé présentant une altération cognitive et ayant un VDRL (*Venereal Disease Research Laboratory Test*) sérique positif. Très rarement, on observe la présentation classique de la méningo-encéphalite chronique progressive, autrefois appelée *dementia paralytica*. Il s'agit d'un tableau de démence corticale se manifestant 10 à 20 ans après l'infection primaire et s'accompagnant de troubles psychiatriques (euphorie, mégalomanie, paranoïa, dépression), d'anomalie pupillaire (Argyll Robertson), de dysarthrie, de tremblements de la langue et des mains. Si les épreuves de laboratoire suggèrent une neurosyphilis, on traitera le patient tout en sachant très bien que le traitement ne peut en rien modifier le tableau clinique. La figure 13.5 résume la conduite à tenir face aux résultats de laboratoire.

Rappelons que 30 % des patients ayant une neurosyphilis ont un VDRL sérique négatif. Il s'agit d'un test sérologique non spécifique pour le tréponème. Il faut donc ajouter au dépistage deux autres tests sérologiques spécifiques pour le tréponème et qui sont particulièrement sensibles pour détecter les syphilis tardives. Il s'agit du TPHA (*Treponema Pallidum Hemagglutination Assay*) et du FTA-ABS (*Fluorescent Treponemal Antibody Absorption Test*). Le TPHA a une sensibilité de 98 % et le FTA-ABS est positif chez 95 % des patients dans la syphilis tardive. Le FTA-ABS demeure positif toute la vie chez le patient traité adéquatement. Soulignons que 10 % des sujets âgés de 80 ans et plus ont un VDRL faussement positif.

Tableau 13.9
Complications de la dérivation ventriculaire

- Hématome sous-dural
- Infection
- Convulsions
- Obstruction de la dérivation (valve ou cathéter)
- Thrombose de la veine cave supérieure
- Ascite (si ventriculo-péritonéale)
- Thrombo-embolie (si ventriculo-cardiaque)

Tableau 13.10
Indices de bon pronostic pour la dérivation ventriculaire

- Étiologie connue
- Présence de la triade classique
- Troubles de la marche plus importants que la détérioration mentale
- Atteinte cognitive < 1 an
- Amélioration après une ponction lombaire
- Peu d'atrophie corticale
- Pic de pression du liquide céphalo-rachidien (monitorage de 24 h)

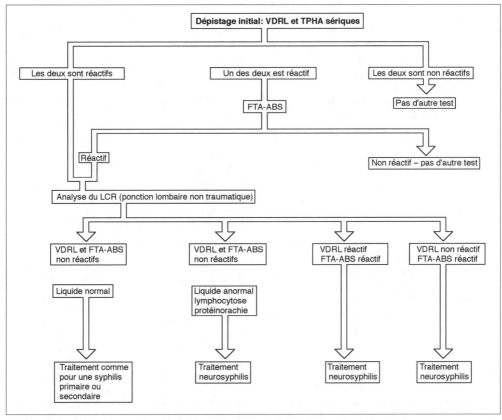

Figure 13.5   Diagnostics de laboratoire et conduite à tenir

Les maladies auto-immunes, telles que le lupus érythémateux disséminé, donnent également des faux positifs à titre faible, 1:8 ou moins. Les maladies chroniques associées aux hyperglobulinémies, l'arthrite rhumatoïde, le lupus, la cirrhose biliaire et les autres tréponématoses peuvent donner un FTA-ABS faussement positif. Si la ponction lombaire est traumatique et la sérologie dans le LCR suggestive de syphilis, il faut répéter la procédure, car il pourrait s'agir d'une contamination par le sang.

Le traitement de la neurosyphilis symptomatique ou asymptomatique est le suivant: pénicilline G cristalline aqueuse, 12 à 24 MU/24 heures (2-4 MU/4 h) pendant 10 jours. Le titre du VDRL sérique devrait diminuer progressivement en 3 à 6 mois.

TROUBLES COGNITIFS ET ÉTHYLISME CHRONIQUE

L'abus d'alcool peut entraîner une désintégration de la personnalité, des troubles du comportement et un déclin intellectuel. Au moins quatre maladies cérébrales distinctes ont une association étroite avec l'alcoolisme chronique. Chacune est caractérisée par des changements anatomopathologiques distincts et une pathogenèse établie. Il s'agit de démences alcooliques secondaires, car les dommages ne sont pas attribuables à l'alcool directement mais à d'autres facteurs: 1 – l'entité la plus connue est le syndrome de Wernicke-Korsakoff qui résulte d'une déficience en thiamine, 2 – l'encéphalopathie de la pellagre (symptômes cutanés, gastro-intestinaux et neurasthéniques) est peu fréquente et secondaire à une déficience en tryptophane, en niacine, en pyridoxine ou en une combinaison de ces facteurs, 3 – la maladie de Marchiafava-Bignami, un syndrome frontal très rare caractérisé par une dégénérescence du corps calleux, probablement secondaire à une déficience nutritionnelle, 4 – la dégénérescence hépato-cérébrale acquise dans laquelle les lésions cérébrales du malade cirrhotique sont attribuables à l'hyperammoniémie.

La question suivante demeure très controversée: existe-t-il une démence alcoolique primaire, c'est-à-dire une atteinte cognitive persistante attribuable aux effets toxiques directs de l'alcool sur les neurones corticaux? La description clinique de ce syndrome cérébral organique secondaire à l'alcool n'a jamais été bien définie. De plus, il n'y a pas de signes radiologiques distinctifs. On attribue faussement le terme neuropathologique d'atrophie à l'élargissement des sillons et des ventricules observé à la tomographie ou à la résonance magnétique chez les alcooliques. Ces changements ont été décrits même chez les alcooliques n'ayant aucune atteinte cognitive et sont potentiellement réversibles avec l'abstinence. Mais la lacune la plus sérieuse qui va à l'encontre de l'existence de la démence alcoolique primaire vient du fait qu'il n'existe pas de lésion anatomopathologique distinctive. Plusieurs études autopsiques prouvent qu'un bon nombre de ces patients présentent, en fait, les lésions classiques d'un syndrome de Wernicke-Korsakoff passé inaperçu au cours de la vie du malade.

Syndrome de Wernicke-Korsakoff

On parlera du syndrome de Wernicke-Korsakoff si les deux composantes cliniques, Wernicke et Korsakoff, sont présentes. On réservera le terme de maladie de Wernicke si seulement les symptômes oculaires, ataxiques et confusionnels sont présents et que le trouble amnésique est manquant. L'encéphalopathie de Wernicke est d'apparition aiguë ou subaiguë et se caractérise par un nystagmus, une paralysie du regard conjugué, une ataxie et un état confusionnel. Elle résulte d'une déficience en thiamine, cofacteur vitaminique de plusieurs enzymes du métabolisme neuronal. Les lésions histologiques intéressent les noyaux dorsomédians du thalamus, les corps mamillaires, le tegmentum de la protubérance et du bulbe, la portion antéro-supérieure du vermis cérébelleux. Le traitement consiste à administrer 100 mg de thiamine par voie intramusculaire ou intraveineuse pendant les cinq premiers jours ou jusqu'à ce que le patient s'alimente normalement. La plupart des patients s'améliorent en deux semaines, mais la résolution complète peut prendre plus de temps.

Le syndrome amnésique de Korsakoff peut être considéré comme une séquelle résiduelle de l'encéphalopathie de Wernicke, quoiqu'il puisse aussi apparaître insidieusement. Les deux caractéristiques essentielles de ce syndrome sont une incapacité de se rappeler les informations acquises au cours des années précédant le début de la maladie (amnésie rétrograde) et une incapacité d'acquérir de nouvelles informations (amnésie antérograde). En dépit de son nom, la mémoire n'est habituellement pas la seule fonction mentale touchée. La confabulation est un autre trait caractéristique de la maladie, mais n'est pas requise pour poser le diagnostic. On note des troubles de l'attention, de concentration, des difficultés perceptuelles et conceptuelles. L'autocritique est pauvre et le patient apparaît apathique et indifférent aux personnes et aux événements qui l'entourent. Seuls 20 % s'améliorent avec le traitement vitaminique.

HYPOTHYROÏDIE

L'hypothyroïdie, en réduisant le métabolisme de base et en induisant une hypofonction relative des systèmes corporels, peut aussi ralentir les processus cérébraux et mimer une démence. Le tableau cognitif est celui d'une bradypsychie accompagnée de troubles mnésiques, mais sans désintégration aphaso-apracto-agnosique. S'y greffe parfois un tableau psychiatrique avec des délires paranoïdes et des troubles perceptuels (hallucinations). Le tout se situe donc à l'interface démence/pseudo-démence/dépression majeure. L'hypothyroïdie est présente depuis plusieurs mois, en général. Les signes classiques de l'hypothyroïdie pourront être frustes ou être interprétés comme des changements «normaux» du vieillissement. Sous hormonothérapie de substitution avec les extraits thyroïdiens, la correction est rapide en 4 à 6 semaines. Il semble donc que l'hypothyroïdie puisse traduire une atteinte cognitive potentiellement réversible, en même temps que démasquer un cerveau à risque qui évoluera, en dépit du traitement, vers une démence, au sens strict du terme, dans les années subséquentes. Certains nient le rôle potentiellement causal de l'hypothyroïdie dans la genèse des troubles cognitifs, préconisant davantage la coexistence de deux entités fréquentes chez les sujets âgés.

TROUBLES COGNITIFS ET DÉFICIENCE EN VITAMINE B_{12} ET FOLATES

Les troubles cognitifs associés à la déficience en vitamine B_{12} ont fait couler beaucoup d'encre depuis de nombreuses années. Le tableau démentiel est rarement isolé, mais s'accompagne souvent de manifestations neuropathiques périphériques (à prédominance sensitive) ou myélopathiques (dégénérescence combinée de la moelle). Dans environ 30 % des cas, il n'y a ni anémie, ni macrocytose. Même le test de Schilling peut être faussement normal chez la personne âgée, en dépit d'une carence en facteur intrinsèque (l'anémie de Biermer étant la cause principale de carence en cyanocobalamine).

L'atteinte des fonctions mentales supérieures n'est pas caractérisée clairement, mais on rapporte souvent une bradypsychie évoquant un tableau sous-cortical. La réversibilité après traitement est la règle pour l'atteinte hématologique, mais beaucoup plus controversée pour les manifestations neurologiques. Les facteurs de bon pronostic semblent être un âge inférieur à 70 ans et un tableau neurologique évoluant depuis moins d'un an.

Le régime thérapeutique proposé figure au tableau 13.11. La déficience en vitamine B_{12} a une prévalence estimée à 3 à 10 % chez les individus de plus de 65 ans selon la valeur choisie pour indiquer cette carence (le plus souvent ≤ 150 pmol/L). Seuls 4 à 16 % des patients porteurs d'une anémie de Biermer présenteront des symptômes cognitifs en cours d'évolution.

Par analogie avec la vitamine B_{12} et s'appuyant sur quelques études peu puissantes, on attribue aux folates un rôle potentiel dans la genèse des troubles cognitifs. Cependant, pour certains auteurs, la déficience en folates sériques et intra-érythrocytaires serait plutôt une conséquence de la démence à la suite d'apports alimentaires progressivement réduits. La réversibilité du syndrome démentiel sous suppléance vitaminique est encore anecdotique. L'entité demeure donc fort contestée dans la littérature gériatrique et renvoie au dilemme des tests diagnostiques optimaux dans l'investigation des démences.

Tableau 13.11
Régime thérapeutique proposé dans l'anémie de Biermer

Vitamine B_{12} 100-1000 µg, I.M./24 h x 1 semaine
puis 100-1000 µg, I.M./sem x 1 mois
puis 100 µg, I.M./mois, à vie

Si déficience associée en folates:
acide folique 5 mg, P.O./24 h x 3-4 semaines

Monitorage étroit, au début, de la kaliémie du phosphore et du fer

---

BIBLIOGRAPHIE

CLARFIELD, A.M.: Normal-Pressure Hydrocephalus Saga or Swamp? *JAMA*, **262**:2592-2593, 1989.

DE MOL, J.: Sémiologie neuropsychologique dans l'hydrocéphalie à pression normale. *Arch. Suisses, Neurol., Neurochir, Psychiat.*, **137**:33-45, 1986.

DE MOL, J.: Facteurs pronostiques du résultat thérapeutique dans l'hydrocéphalie à pression normale. *Acta Neurol Belg*, **85**:13-29, 1985.

HACHINSKI, V.C.: Multi-infarct dementia: a reappraisal. *Alzheimer diseases and associated disorders*, **5**:64-153, 1991.

HACHINSKI, V.C.: Preventable senility: a call for action against the vascular dementias. *Lancet*, **340**:645-648, 1992.

HÉBERT, R. & C. BRAYNE: Epidemiology of vascular dementia. *Neuroepidemiology*, **14**:240-257, 1995.

MARSDEN, C.D.: Parkinson's disease. *J Neurol Neurosurg Psychiatry*, **57**:672-681, 1994.

PRUSINER, S.B. & K.K. HSIAO: Human Prion Diseases. *Ann Neurol*, **35**:385-395, 1994.

ROOS, K.l.: Neurosyphilis. *Semin Neurol*, **12**:209-212, 1992.

The Lund and Manchester Groups: Clinical and neuropathological criteria for frontotemporal dementia. *J Neurol Neurosurg Psychiatry*, **57**:416-418, 1994.

THOMSEN, A.M. & Coll.: Prognosis of dementia in normal-pressure hydrocephalus after a shunt operation. *Ann Neurol*, **20**:304-310, 1986.

TURNER, D.A. & R.E. MCGEACHIE: Normal pressure hydrocephalus and dementia, evaluation and treatment. *Clinics in Geriatric Medicine*, **4**:815-830, 1988.

VICTOR, M.: Alcoholic dementia. *Can J Neurol Sci*, **21**:88-99, 1994.

LECTURES SUGGÉRÉES

HABID, M., JOANETTE, Y. & M. PUEL: *Démences et syndrome démentiel, approche neuropsychologique*, Édisem & Masson, Saint-Hyacinthe & Paris, 1991.

SIGNORET, J.L. & J.J. HAUW: *Maladie D'Alzheimer et autres démences*, Flammarion, Paris, 1991.

HUBER, S.J. & J.L. CUMMINGS: Parkinson's disease: Neurobehavioral aspects, Oxford University Press, Oxford, 1992.

ROSSOR, M.N.: *Clinical Neurology: Unusual dementia*, Baillière Tindall. vol. 1, n° 3, 1992.

CHAPITRE 14

DÉPRESSION

PAULE HOTTIN et LOUISE CARRIER

Pharmacothérapie

Évolution et pronostic

Bibliographie

Lectures suggérées

La dépression est le diagnostic psychiatrique le plus fréquemment posé chez la personne âgée. Elle constitue un problème sérieux entraînant la souffrance et l'isolement social, un taux élevé de suicide, une augmentation de la morbidité et de la mortalité. Non traitée, elle peut diminuer l'espérance de vie ou porter atteinte au bien-être et à la qualité de vie du malade et de ses proches. La dépression est sous-diagnostiquée et sous-traitée chez la personne âgée. En effet, certains symptômes dépressifs peuvent être confondus avec des changements fonctionnels associés à l'âge ou avec des symptômes de maladie physique. L'état dépressif est trop souvent considéré comme une conséquence normale du vieillissement. De plus, sa présentation clinique parfois atypique, ses formes masquées par des plaintes somatiques ou sa coexistence avec des syndromes organiques compliquent le diagnostic. Un grand nombre de personnes âgées ne reçoivent pas les soins psychiatriques nécessaires à leur condition; elles consultent peu et sous-utilisent les services de santé mentale. Pourtant, la plupart des patients âgés déprimés réagissent favorablement aux traitements antidépresseurs, d'où l'importance de bien poser le diagnostic.

ÉPIDÉMIOLOGIE

Dans la littérature, le terme dépression est utilisé de façon non spécifique pour qualifier divers regroupements de symptômes. C'est ainsi que, selon les critères utilisés, la prévalence de syndromes dépressifs peut varier de 3 à 65 % dans le groupe des plus de 65 ans. La prévalence sera sous-estimée si les critères de dépression majeure sont appliqués rigoureusement, sans tenir compte des formes de présentation clinique particulières à ce groupe d'âge. Au contraire, certaines études englobent tous les pa-

tients présentant des symptômes dépressifs, sans en évaluer la signification clinique, surestimant ainsi la prévalence des états dépressifs. D'après les grandes études épidémiologiques, 15 % des aînés vivant dans la société présenteraient un syndrome dépressif, 3 à 5 % de ceux-ci rencontrant les critères de dépression majeure. En centre d'hébergement, les pourcentages d'états dépressifs atteignent 15 à 25 %. Ils grimpent jusqu'à 50 % en milieu hospitalier.

Le taux de suicide le plus élevé se retrouve chez les personnes de plus de 65 ans (2,6/100 000). Bien qu'elles ne représentent qu'environ 10 % de la population, elles commettent pourtant 25 % de tous les suicides réussis. Selon les estimations, 65 à 75 % de ceux qui se sont suicidés souffraient de dépression majeure au moment de l'acte suicidaire.

ÉTIOLOGIE

De nombreux modèles existent pour expliquer l'étiologie de la dépression. Bien connu, le modèle biopsychosocial intègre plusieurs hypothèses étiologiques et permet une approche globale qui tient compte à la fois de l'état physique et psychique, de la condition sociale et du fonctionnement du patient. Les facteurs biologiques à considérer sont la prédisposition génétique, le dérèglement de l'axe hypothalamo-hypophyso-surrénalien, la diminution du taux des neurotransmetteurs, les déficits sensoriels, la présence de maladies physiques et la prise de médicaments. De nombreux facteurs psychosociaux tels la retraite, la perte de revenu, le décès du conjoint, la disparition des amis et des proches, la dépendance accrue et la perte d'autonomie sont des éléments pouvant précipiter la dysphorie ou y contribuer. La dépression étant la résultante de la réaction individuelle aux facteurs de stress intrinsèques et extrinsèques, les capacités d'adaptation et les traits de personnalité jouent un rôle déterminant. Ce modèle permet de planifier un ensemble d'interventions adaptées et individualisées.

CLASSIFICATION

Il existe de nombreuses classifications des états dépressifs. Depuis plusieurs années, la majorité des cliniciens et des chercheurs utilisent la classification du DSM, publiée par l'Association américaine de psychiatrie. Dans le DSM-IV, les troubles affectifs y sont subdivisés en trois grandes catégories diagnostiques: troubles dépressifs, troubles bipolaires et troubles affectifs secondaires (Tableau 14.1).

MANIFESTATIONS CLINIQUES

Dépression majeure

Près de 10 % des dépressions chez la personne âgée rencontrent les critères du DSM-IV de dépression majeure (Tableau 14.2). Toutefois, lorsque tous les symptômes caractéristiques ne sont pas présents, une bonne connaissance de la sémiologie spécifique aux personnes âgées permet de diagnostiquer les formes moins classiques de dépression majeure. Chez le patient âgé, l'humeur dépressive est souvent moins marquée et il en est peu conscient. Il est plutôt anxieux et irritable. Il se plaint de fatigue, de perte d'énergie, de perte d'intérêt ou de plaisir. Il présente parfois des difficultés d'attention, de concentration ou de mémoire récente. Ces atteintes cognitives sont réversibles mais aisément confondues avec un début de processus démen-

tiel. Les plaintes somatiques fréquentes constituent une forme d'expression d'un vécu dépressif non avouable. La perte d'autonomie et la présence de maladies physiques favorisent la concentration des plaintes au niveau corporel. De plus, de par sa culture, la personne âgée trouve souvent plus acceptable d'exprimer sa souffrance morale par des plaintes somatiques. Elle ne consulte alors que pour des maux physiques. L'évaluation met en évidence une diminution de l'estime de soi, un sentiment d'inutilité et d'infériorité, plus rarement de la culpabilité ou des autoaccusations. Elle exprime une certaine honte de sa dépendance accrue et du sentiment d'être un embarras pour sa famille. La dépression peut entraîner un désengagement reflété par un rétrécissement de la vie affective, cognitive et sociale. Cet état apathique occasionne parfois des manifestations comportementales régressives telles la négligence de l'hygiène personnelle, l'incontinence et la dépendance excessive envers les autres pour les activités de la vie quotidienne.

Dépression atypique

Dans la dépression atypique, la symptomatologie classique de la dépression majeure et l'affect dépressif sont peu évidents. Le sujet nie être déprimé et présente peu de symptômes neurovégétatifs. La dépression peut être masquée par de nombreuses plaintes somatiques, touchant particulièrement les sphères gastro-intestinales, musculo-squelettiques et cardiaques. La douleur chronique sans étiologie précise, la fatigue intense, le début ou l'augmentation récente de prise d'alcool ou de benzodiazépines

---

Tableau 14.1
Catégories diagnostiques des troubles affectifs

I. Troubles dépressifs
   a. Trouble dépressif majeur: épisode unique ou récurrent
   b. Trouble dysthymique
   c. Trouble dépressif atypique

II. Troubles bipolaires
   a. Trouble bipolaire I: phase manie, hypomanie, mixte ou dépressive
   b. Trouble bipolaire II: dépression majeure récurrente avec épisodes d'hypomanie
   c. Trouble cyclothymique
   d. Trouble bipolaire atypique

III. Troubles affectifs autres
   a. Trouble affectif secondaire à une condition médicale
   b. Trouble affectif secondaire à une substance «X»
   c. Trouble affectif atypique

Adapté du *Diagnostic and Statistical Manual of Mental Disorders (DSM-IV)*, American Psychiatric Association, Washington, 1994.

Tableau 14.2
Critères diagnostiques d'un épisode dépressif majeur

A. Cinq des symptômes suivants doivent avoir été présents pendant au moins deux semaines et représenter un changement au niveau du fonctionnement antérieur; de plus, il doit y avoir: a) humeur dysphorique ou b) perte d'intérêt ou de plaisir.
  (1) Humeur dysphorique
  (2) Diminution marquée d'intérêt ou de plaisir
  (3) Perte de poids significative
  (4) Insomnie ou hypersomnie
  (5) Agitation ou ralentissement psychomoteur
  (6) Fatigue ou perte d'énergie
  (7) Perte d'estime de soi ou culpabilité excessive ou inappropriée
  (8) Diminution de l'aptitude à penser ou à se concentrer ou indécision
  (9) Pensées récurrentes de mort, idéation suicidaire

B. Les symptômes ne rencontrent pas les critères d'un épisode mixte.

C. Les symptômes causent une détresse significative ou une altération du fonctionnement.

D. Non dû aux effets d'une substance ou à une condition médicale.

E. Non dû à un deuil.

Adapté du *Diagnostic and Statistical Manual of Mental Disorders (DSM-IV)*, American Psychiatric Association, Washington, 1994.

---

devraient signaler la possibilité d'une dépression masquée. Le symptôme isolé (physique ou psychique) ne répondant pas aux multiples interventions et entraînant une disproportion entre l'atteinte fonctionnelle et les limitations réelles, devrait être considéré comme une possibilité d'équivalent dépressif. Face à ces manifestations atypiques, il faudra rechercher certains marqueurs.

- Un contenu idéo-affectif de préoccupations dépressives: vision pessimiste de la vie ou du futur, diminution de l'estime de soi, souhaits passifs ou actifs de mort.

- Une variation diurne des symptômes avec prédominance matinale.

- Une perturbation du sommeil avec réveils fréquents et insomnie terminale.

- L'apparition récente des plaintes somatiques, sans tendance antérieure à la somatisation.

- Des antécédents psychiatriques personnels ou familiaux de troubles affectifs.

Finalement, devant une incertitude diagnostique, il est suggéré de faire un essai thérapeutique avec un traitement antidépresseur.

Pseudo-démence

La pseudo-démence n'est ni une entité clinique ni un diagnostic, mais un terme utilisé pour désigner un trouble psychiatrique qui se manifeste par une symptomatologie suggérant une démence, l'étiologie la plus fréquente étant la dépression majeure. Le début des symptômes peut être daté avec précision et l'évolution est rapide. Le patient communique sa détresse, se plaint beaucoup de ses déficits, fait peu d'efforts pour réussir aux tests d'évaluation cognitive. Sa mémoire récente est aussi affectée que sa mémoire ancienne et ses performances sont variables pour des tâches de difficultés équivalentes. Une fois la dépression traitée, il ne subsiste plus d'atteinte cognitive; c'est la pseudo-démence telle que décrite par Wells (Tableau 14.3).

Dans un deuxième cas, le patient déprimé coopère bien à l'examen des fonctions cognitives mais ne réussit pas. Il a de véritables déficits cognitifs, aggravés et mis en relief par un trouble de l'humeur. En dépit d'une réaction adéquate aux antidépresseurs et d'une amélioration de l'affect, certains déficits cognitifs persistent. La dépression se surajoute alors à un véritable processus démentiel. La coexistence d'une dépression et d'une démence chez un même individu ne doit pas surprendre, puisqu'il s'agit de deux maladies à prévalence élevée. Il est important de reconnaître cette association, car le traitement de l'état dépressif, bien qu'il modifie peu les fonctions cognitives, améliore l'autonomie, le comportement et la qualité de vie.

DIAGNOSTIC DIFFÉRENTIEL

En gériatrie, le diagnostic de dépression majeure peut être difficile à poser, en raison d'une méconnaissance de la sémiologie spécifi-

Tableau 14.3	
Caractéristiques de la pseudo-démence et de la démence	
Pseudo-démence	**Démence**
Évolution clinique et histoire	
Début datable avec précision	Début insidieux
Évolution rapide	Progression lente
Antécédents psychiatriques fréquents	Rare
Comportements et plaintes	
Se plaint de pertes cognitives	Peu de plaintes
Met ses déficits en évidence	Camoufle ses déficits
Fait peu d'efforts pour réussir	Fait beaucoup d'efforts
Détresse soutenue	Affect labile, superficiel
Rare accentuation nocturne des déficits	Accentuation nocturne des déficits
Évaluation clinique	
«Je ne sais pas»	Réponse approximative
Perte de mémoire:	Perte de mémoire:
faits récents = faits lointains	faits récents > faits lointains
Variabilité marquée dans la performance d'une tâche similaire	Peu de variabilité
Adapté des critères de Wells (1979).	

que aux personnes âgées, de présentations atypiques, de nombreuses affections organiques simulant un état dépressif, de l'association fréquente maladies physiques – syndrome dépressif et de la frontière mal définie entre état normal et état pathologique. Toutes ces considérations commandent une plus grande circonspection en regard du diagnostic différentiel.

Dépression secondaire

Le terme dépression secondaire est utilisé lorsqu'une maladie physique ou un facteur organique engendre un état dépressif. Chez la personne âgée, un état dépressif *de novo* devrait toujours inciter le clinicien à rechercher une étiologie organique sous-jacente. Les maladies physiques les plus fréquemment en cause sont l'hypothyroïdie, la maladie de Parkinson, les démences, les syndromes infectieux et les affections cardiaques (Tableau 14.4). Les personnes âgées prennent beaucoup de médicaments dont, pour plusieurs, on ignore les effets dépressifs (Tableau 14.5). De plus, il ne faut pas sous-estimer la consommation d'alcool chez la personne âgée, car les intoxications et les sevrages sont autant de sources de symptômes dépressifs. Devant une dépression secondaire probable, il faut d'abord tenter de traiter la cause sous-jacente. Devant un trouble affectif secondaire, d'intensité modérée à grave ou lié à une maladie chronique non traitable, un traitement antidé-

Tableau 14.4
Maladies physiques pouvant causer une dépression
Anémie pernicieuse et autres déficiences vitaminiques
Troubles endocriniens
• hyper- et hypothyroïdie
• hyper- et hypoparathyroïdie
• maladie d'Addison
• maladie de Cushing
Maladies infectieuses
• encéphalite
• méningite
• neurosyphilis
• tuberculose
• pneumonie
Néoplasies et métastases
Troubles métaboliques
• hypokaliémie, hyponatrémie
• encéphalopathie hépatique
• urémie
Système cardio-vasculaire
• insuffisance cardiaque
• infarctus du myocarde
• accident vasculaire cérébral
Atteintes du système nerveux central
• maladie d'Alzheimer
• démence vasculaire
• sclérose en plaques
• maladie de Parkinson
• maladie de Huntington
• traumatisme crânien
• tumeur cérébrale

presseur sera entamé afin de soulager le malade et d'éviter la chronicisation de l'état dépressif.

Tableau 14.5
Médicaments et drogues pouvant causer une dépression
Alcool
Anti-inflammatoires / Analgésiques • ibuprofène • indométacine • opiacés • phénylbutazone
Antinéoplasiques
Antiparkinsoniens • lévodopa • amantadine
Antipsychotiques
Cardio-vasculaires • clonidine • diurétiques • guanéthidine • hydralazine • méthyldopa • propranolol • réserpine • digoxine
Cimétidine
Sédatifs / Hypnotiques • barbituriques • hydrate de chloral • benzodiazépines
Stéroïdes / Hormones
Stimulants • retrait d'amphétamines • retrait de cocaïne

Dysthymie

La dysthymie est une forme chronique (> 2 ans) et moins importante de dépression, dans laquelle le patient se plaint soit d'une augmentation soit d'une diminution de l'appétit, de troubles du sommeil, de fatigue, de manque d'énergie, de difficultés de concentration, etc. Il a une pauvre estime de soi et vient consulter pour cause de détresse ou d'altération de son fonctionnement quotidien. Il s'agit, le plus souvent, d'un patient introverti, morose, ayant tendance à se dévaloriser.

Syndrome de glissement

Le syndrome de glissement est un concept d'origine européenne. Le malade, souvent atteint de maladies multiples, renonce à vivre, à la suite d'un stress physique ou psychique. Apathique, il se désintéresse de son entourage, mange peu, se déshydrate, perd du poids et évolue vers un état confusionnel; ou bien, il reste au lit et refuse de s'alimenter, seuls moyens dont il dispose pour atteindre la mort. L'évolution peut être rapide et mortelle en l'absence de traitement adéquat. Toutefois, il ne faut pas confondre un état dépressif (syndrome de glissement) et un glissement tout à fait naturel vers une mort inévitable.

Trouble d'adaptation avec humeur dépressive

Les personnes âgées subissent plusieurs pertes importantes en vieillissant: perte d'emploi, de ressources financières, de biens matériels, de capacités physiques, d'autonomie, d'êtres chers, etc. Il n'est pas rare qu'elles aient de la difficulté à accepter et à s'adapter à ces changements et qu'elles présentent conséquemment un trouble d'adaptation avec humeur dépressive. Dans les trois mois suivant un stress psychosocial identifiable, apparaissent une détresse marquée, de la tristesse, de l'insomnie vespérale, du désespoir et des réactions inadaptées ou inappropriées altérant le fonctionnement. Toutefois, le patient réagit à son environnement et ne présente pas de perte d'estime de soi ou de culpabilité. La réaction diminue progressivement après la disparition du facteur de stress ou après l'adaptation du sujet à celui-ci. Il est donc essentiel d'identifier le facteur de stress, de mobiliser les ressources personnelles du malade et d'obtenir le soutien familial, afin de favoriser le processus d'adaptation en vue de prévenir une décompensation vers une dépression majeure.

Deuil

Le deuil est une réaction normale à la perte d'un être cher. En règle générale, la personne en processus de deuil passe par cinq étapes qui seront vécues à des degrés différents selon chaque individu. La première étape est celle du choc à la nouvelle du décès et s'accompagne d'une angoisse importante. Survient ensuite la phase de déni avec sentiment intense de révolte. La troisième étape est marquée par un état dépressif, un sentiment d'impuissance, parfois même de culpabilité et de désespoir. Au cours de la quatrième étape, l'acceptation et le détachement progressif de la personne défunte s'amorcent pour finalement permettre un réinvestissement affectif. Un deuil normal peut durer jusqu'à un an. Durant cette période, par la relation d'aide, le médecin favorise le processus de deuil en encourageant la reprise des activités, la réorganisation de la vie quotidienne, la création de liens, etc.

Le deuil sera considéré comme pathologique ou compliqué lorsque les symptômes dépressifs sont très marqués ou en présence d'éléments mélancoliques, de culpabilité excessive ou inappropriée, ou d'atteinte marquée et durable du fonctionnement psychosocial. Le deuil compliqué devrait être traité comme une dépression majeure.

Frontière entre l'état normal et pathologique

Il est parfois difficile de tracer la frontière entre l'état normal et l'état pathologique. D'un côté, il faut éviter les attitudes et les préjugés dits d'âgisme en attribuant tous les signes de repli, de passivité, de manque d'intérêt et de perte de plaisir au vieillissement normal, alors que le patient souffre d'un état dépressif traitable. Par contre, les théories sociales du vieillissement soulignent qu'il peut être tout à fait naturel que la personne du quatrième âge, qui doit s'adapter au déclin biologique et cognitif, réagisse par un retrait affectif, un état d'introspection, une diminution des activités et un désengagement matériel, dans un processus d'économie d'énergie. Cela lui permet de garder son identité et son intégrité face aux stress multiples. Certains considèrent cet état comme une caractéristique universelle et un processus essentiel précédant la mort.

La frontière doit donc être établie sur une base individuelle, en tenant compte de la personnalité du patient, du fonctionnement antérieur, de sa condition médicale, de ses capacités cognitives et de sa situation psychosociale.

TRAITEMENT

Le traitement de la dépression chez la personne âgée nécessite une évaluation contextuelle qui tienne compte des composantes biopsychosociales. L'approche doit être multidimensionnelle et faire appel aux ressources offertes par la psychothérapie, la pharmacothérapie ou la sismothérapie, de même qu'à des interventions sociales ainsi qu'au traitement des autres problèmes de santé. Le traitement n'est efficace que s'il est individualisé, adapté aux besoins de la personne et qu'il s'appuie sur une bonne relation thérapeutique.

CHOIX DU MILIEU THÉRAPEUTIQUE

Lors de l'évaluation, il est primordial de déterminer l'importance de la dépression, afin de pouvoir répondre aux besoins d'encadrement nécessaire au traitement. L'hospitalisation doit être envisagée lorsque le patient présente un risque suicidaire, si la dépression est accompagnée de symptômes psychotiques ou mélancoliques, d'une agitation psychomotrice importante ou d'une perte de poids importante. Il faut aussi tenir compte de la condition physique du malade. Si l'état général est atteint ou s'il s'avère nécessaire de procéder à une évaluation physique plus approfondie avant d'instituer le traitement, l'hospitalisation sera également indiquée.

L'hôpital de jour peut constituer une excellente alternative lorsqu'un maintien à domicile est souhaitable, mais que la condition médicale, psychiatrique ou sociale exige une supervision et un soutien plus complet.

Pour les patients traités en clinique externe, il faut tenir compte de leur milieu de vie, ainsi que de la disponibilité et du soutien des aidants naturels. Bien souvent, une intervention auprès des proches sera bénéfique. Elle leur permettra de mieux comprendre la dépression et de diminuer ainsi les attitudes qui la favorisent ou l'entretiennent telles les attentes excessives ou, au contraire, la surprotection, la dévalorisation, les décisions hâtives de placement, etc. Si l'aide appropriée leur est apportée, les proches forment un réseau de soutien naturel potentiellement très efficace.

PSYCHOTHÉRAPIE

Certains types de dépression réagissent peu à la médication mais davantage à la psychothérapie. C'est le cas, entre autres, des réactions de deuil, des troubles d'adaptation ou de certaines dépressions d'intensité légère pour lesquels toutes les formes de thérapies peuvent être utilisées, l'âge, en soi, n'étant pas un facteur limitant.

La relation thérapeutique, la psychothérapie et les interventions sociales constituent des éléments importants pour traiter avec succès la dépression, et ne doivent pas être négligés quand il y a indication de recourir à la pharmacothérapie.

PHARMACOTHÉRAPIE

Choix d'un antidépresseur

Tous les antidépresseurs ont une efficacité comparable et supérieure à celle du placebo; toutefois, la réaction à un agent spécifique peut varier d'un individu à l'autre.

Six grandes règles guident le choix d'un antidépresseur.

1. Pharmacocinétique

    Dans le corps humain, les changements structuraux et fonctionnels qui accompagnent le vieillissement ont pour conséquence de modifier la pharmacocinétique des psychotropes, dont les antidépresseurs. De ce fait, les effets secondaires, les interactions médicamenteuses et les risques de toxicité sont augmentés. Ces changements surviennent à cinq niveaux.

    *   L'absorption est peu influencée par l'âge mais elle l'est par la prise d'autres médicaments.

    *   La distribution: les antidépresseurs étant liposolubles et la masse graisseuse proportionnellement plus grande avec l'âge, il en résulte une augmentation du volume de distribution, ce qui favorise l'accumulation du médicament.

    *   La liaison aux protéines est forte pour les antidépresseurs. La diminution d'albumine et la compétition avec les autres médicaments aux sites de liaison modifient la fraction libre des antidépresseurs.

    *   Le métabolisme: le changement du métabolisme hépatique diminue la vitesse d'élimination et prolonge le temps d'action des antidépresseurs, favorisant ainsi une incidence accrue d'effets secondaires.

    *   La fonction rénale diminue avec l'âge entraînant une accumulation des métabolites actifs qui augmentent les effets secondaires.

2. Réaction antérieure

    Une réaction antérieure personnelle ou familiale positive ou négative à un antidépresseur est un bon guide. Toutefois, pour juger de l'efficacité, il faut connaître la dose reçue et la durée du traitement.

3. Cœexistence de conditions médicales

    La présence de certaines maladies physiques peut orienter le choix de l'antidépresseur. Par exemple, chez un patient à risque de rétention urinaire en raison d'une hypertrophie bénigne de la prostate, il faut éviter les amines tertiaires à cause de leurs propriétés anticholinergiques.

4. Médication globale

    Chez les sujets âgés qui prennent déjà plusieurs médicaments, il est d'abord préférable de tenter d'en diminuer le nombre, en rationalisant l'usage et de remplacer les agents à propriétés dépressives. De plus, il faut tenir compte des possibles interactions médicamenteuses.

5. Symptômes cibles

    La présence d'un ralentissement psychomoteur important ou, à l'inverse, d'une anxiété très marquée avec agitation pourrait orienter le choix en fonction des propriétés sédatives des différents antidépresseurs; toutefois, il s'agit d'un critère plus théorique que pratique.

6. Caractéristiques et effets secondaires

    Les antidépresseurs se divisent en cinq grandes classes (dont quatre sont disponibles au Canada): les tricycliques et les hétérocycliques, les triazolopyridines, les inhibiteurs de la monoamine oxydase (réversibles et non réversibles) et les inhibiteurs sélectifs de la recapture de la sérotonine. Ce sont les avantages et les inconvénients de chacun qui détermineront le choix le plus approprié en fonction de la condition du patient.

Antidépresseurs tricycliques et hétérocycliques (ATC)

Avantages. Les ATC sont connus depuis longtemps et leur efficacité à court et à long terme de même qu'en prophylaxie est bien établie. Leur utilité et leurs effets chez la personne âgée sont bien documentés. Ils peuvent être pris en dose fractionnée ou unique pour en faciliter l'usage. Leurs propriétés anxiolytiques et sédatives peuvent être un atout chez certains malades.

Inconvénients. Ils sont très toxiques voire mortels en surdosage. Les ATC, mais surtout les amines tertiaires, ont des effets secondaires (Tableau 14.7) qui peuvent être particuliè-

Tableau 14.6

Antidépresseurs tricycliques, hétérocycliques et triazolopyridines

Nom du Médicament	Dose chez l'adulte (mg)	Sédation	Hypotension orthostatique	Anticholinergique	Cardiotoxique	Autres Caractéristiques
Imipramine (Tofranil®)	75-300	++	++++	+++	+++	Métabolite actif
Amitriptyline (Elavil®)	75-300	++++	++++	++++	++++	Métabolite actif
Trimipramine (Surmontil®)	100-300	++++	++++	+++	++++	Métabolite actif
Clomipramine (Anafranil®)	75-300	++++	++++	++++	+++	
Doxépine (Sinéquan®)	75-300	+++	+++	+++	+++	
Désipramine (Pertofrane®)	75-200	+	++	+	+	Effet stimulant
Nortriptyline (Aventyl®)	20-200	++	+	++	+	
Protriptyline (Vivactil®)	15-60	++	+++	++++	+++	Longue demi-vie
Maprotiline (Ludiomil®)	75-300	+++	+++	+++	+	Abaisse le plus le seuil convulsif
Amoxapine (Asendin®)	150-600	++	+++	++	+++	Dyskinésie tardive
Trazodone (Desyrel®)	150-600	+++	+++	+	+	Priapisme

Tableau 14.7

Effets secondaires des antidépresseurs tricycliques et hétérocycliques (ATC)

Anticholinergiques

périphériques
- constipation
- vision trouble
- bouche sèche
- rétention urinaire
- tachycardie
- carie dentaire

centraux
- sédation
- diminution du seuil convulsif
- nervosité
- psychose atropinique
- *delirium*

Alpha-adrénergiques
- hypotension orthostatique

Antihistaminiques
- gain de poids
- sédation
- hypotension

Cardiotoxicité
- hypotension
- tachycardie
- trouble de conduction

rement handicapants chez le patient âgé. Par exemple, l'hypotension orthostatique peut causer des chutes entraînant une fracture de la hanche, les effets anticholinergiques centraux réduisent les performances cognitives.

Choix d'un ATC. Dans cette catégorie, les amines secondaires comme la désipramine ou la nortriptyline sont les mieux tolérées, car elles n'ont pas de métabolite actif et causent moins d'effets anticholinergiques, sédatifs ou hypotenseurs. De plus, la nortriptyline a été étudiée chez les personnes très âgées, fragiles ou ayant subi un accident vasculaire cérébral; elle s'est montrée moins toxique que les autres ATC. Les amines tertiaires comme l'amitriptyline ou l'imipramine devraient être évitées chez les patients âgés, en raison des risques liés à leurs effets secondaires.

Triazolopyridines

Avantages. La trazodone agit principalement comme bloqueur de la recapture de la sérotonine. Assez sécuritaire, en cas de surdosage, elle présente peu d'effets anticholinergiques et moins de cardiotoxicité que la majorité des ATC.

Inconvénients. A dose élevée, la somnolence peut être un effet limitant et le priapisme est à craindre.

Inhibiteurs sélectifs de la recapture de la sérotonine (ISRS)

Avantages. Ils ont une efficacité équivalente à celle des ATC, mais le risque de mortalité, en cas de surdosage, est minime. Ils n'ont presque pas d'effets secondaires anticholinergiques, hypotenseurs ou sédatifs.

Inconvénients. Ils ont été beaucoup moins expérimentés chez la personne âgée, surtout chez les patients très âgés ou fragiles. A titre d'exemple, ils ne sont pas cardiotoxiques chez l'individu en santé, mais il est prématuré d'extrapoler pour les patients souffrant de maladie cardiaque. De plus, la plupart des études d'efficacité ont comparé les ISRS aux amines tertiaires ou à un placebo, alors qu'en gériatrie l'utili-

sation des amines secondaires est nettement favorisée. Par ailleurs, ils présentent des effets secondaires (Tableau 14.9) qui peuvent avoir des conséquences néfastes; ainsi, la présence de nausées chez un patient ayant un faible appétit et déjà amaigri peut compromettre sa santé physique. Enfin, comme traitement prophylactique, leur efficacité n'est pas encore bien démontrée.

Choix d'un ISRS. Les données sont encore insuffisantes pour départager les ISRS en se basant sur leur profil respectif d'effets secondaires. Certaines études mentionnent un risque accru de sécrétion inappropriée de l'hormone antidiurétique (SIADH), de réactions extrapyramidales et de perte de poids importante avec la fluoxétine. Le choix d'un ISRS s'effectue plutôt en fonction des caractéristiques pharmacocinétiques, ce qui limite l'utilisation de la fluoxétine chez la personne âgée, car sa longue demi-vie, son métabolite actif et sa cinétique non linéaire augmenteront le temps d'élimination, les risques d'interactions médicamenteuses et la durée des effets secondaires après l'arrêt du traitement.

Inhibiteurs de la monoamine oxydase (IMAO)

Avantages. Ils sont efficaces mais surtout utilisés dans les dépressions atypiques ou comme deuxième choix. Compte tenu de l'augmentation de la monoamine oxydase avec l'âge, les IMAO peuvent être particulièrement utiles dans les dépressions réfractaires.

Inconvénients. Le patient doit suivre une diète sans tyramine, pour éviter les crises hypertensives. De plus, il faut être attentif aux risques

\multicolumn{6}{c}{Tableau 14.8 **Inhibiteurs sélectifs de la recapture de la sérotonine (ISRS)**}					
Nom du médicament	**Métabolites actifs**	**Demi-vie du composé et du métabolite actif**	**Liaison aux protéines**	**Courbe de concentration**	**Dose adulte (mg)**
Fluoxétine (Prozac®)	oui	48-168 h 96-360 h	94 %	non linéaire	20-80
Sertraline (Zoloft®)	non	26 h	98 %	linéaire	50-200
Fluvoxamine (Luvox®)	non	17-22 h	77 %	linéaire	50-300
Paroxétine (Paxil®)	non	3-65 h	95 %	non linéaire	20-50

Tableau 14.9
Effets secondaires des inhibiteurs sélectifs de la recapture de la sérotonine (ISRS)

• Anorexie	• Céphalées
• Nausées	• Palpitations
• Vomissements	• Sécheresse de la bouche
• Perte de poids	• Étourdissements
• Diarrhée	• Tremblements
• Insomnie	• SIADH
• Agitation	• Dysfonction sexuelle
• Anxiété	• Symptômes
• Fatigue	extrapyramidaux
• Sédation	• Hypoglycémie

d'interactions médicamenteuses, particulièrement dangereuses avec les ISRS. Ils présentent des effets secondaires comme la sécheresse de la bouche, les étourdissements, la constipation, la dysfonction sexuelle, le gain de poids et l'hypotension orthostatique particulièrement limitative chez la personne âgée.

Inhibiteurs réversibles de la monoamine oxydase (IRMA)

Avantages. Il n'est pas nécessaire avec les IRMA de suivre une diète, si la tyramine est prise en quantité modérée. Ils provoquent peu d'effets secondaires; il n'y a pas de dysfonction sexuelle, peu d'effet anticholinergique, d'hypotension orthostatique et de gain de poids. De plus, la toxicité, en cas de surdosage, est moindre qu'avec les IMAO.

Inconvénients. La courte demi-vie du produit actuellement disponible dans cette classe (moclobémide) oblige à des prises quotidiennes multiples, et l'efficacité dans le cas de dépression grave et en prophylaxie n'est pas bien établie. Les effets secondaires les plus fréquemment rapportés sont les nausées et l'insomnie.

Autres traitements

La sismothérapie (ECT) offre une alternative thérapeutique valable chez la personne âgée présentant une dépression psychotique, un risque suicidaire élevé ou une anorexie importante avec perte de poids et risque vital. Elle peut également être utilisée en cas de contre-indication ou d'inefficacité des traitements pharmacologiques. Le traitement est administré de la même façon que chez l'adulte plus jeune mais à une fréquence de deux au lieu de trois fois par semaine, et ceci afin de diminuer les risques de confusion. Il faudra toutefois envisager une médication d'entretien, de façon à prévenir les rechutes.

Les adjuvants. Si la dépression n'a pas répondu au traitement conventionnel après deux essais d'au moins six à huit semaines, à des doses thérapeutiques d'antidépresseurs de classes différentes ou à un essai d'antidépresseur et une série d'ECT, il faut recourir à des traitements plus spécialisés et ajouter d'autres médicaments aux antidépresseurs. Ces adjuvants ont pour rôle de potentialiser l'effet de la médication de base. Parmi ceux-ci, mentionnons le carbonate de lithium, le L-tryptophane, la triiodothyroxine, le méthylphénidate, la carbamazépine et les œstrogènes. Toutefois, ces combinaisons ne présentent pas toutes le même degré d'efficacité et de sécurité et leur utilisation commande la prudence.

ÉVOLUTION ET PRONOSTIC

Chez l'adulte de moins de 65 ans, le traitement de la dépression majeure se divise généralement en trois phases. Premièrement, le traitement aigu, axé sur la rémission des symptômes. Deuxièmement, le traitement de continuation qui dure de quatre à six mois et qui a pour but d'éviter la rechute après rémission des symptômes. Troisièmement, le traitement de maintenance, ou prophylactique, qui vise à prévenir la récurrence épisodique.

Qu'en est-il chez la personne âgée? Le traitement aigu doit être débuté en donnant de 30 à 50 % de la dose adulte et augmenté progressivement chaque semaine, jusqu'à l'obtention d'une réaction clinique satisfaisante ou d'effets secondaires incapacitants. Il est parfois nécessaire de donner l'équivalent de la dose adulte avant de pouvoir conclure à l'inefficacité du traitement. L'essai doit durer de six à huit semaines à dose thérapeutique. Le taux de réponse favorable est d'environ 70 %. En cas d'échec au traitement, il y a lieu de revoir le diagnostic, de s'assurer qu'il n'existe pas de cause médicale ou médicamenteuse sous-jacente, de vérifier la fidélité au traitement et de bien évaluer l'impact des facteurs psychosociaux sur la réaction. Par la suite, un nouvel essai sera tenté en potentialisant l'effet par l'ajout d'adjuvants ou d'un autre antidépresseur, ou en changeant la prescription pour un antidépresseur de classe différente. Une demande de consultation en psychiatrie doit alors être envisagée.

Chez la personne âgée, la deuxième et la troisième phases du traitement sont moins bien délimitées. Chez l'adulte plus jeune, l'histoire naturelle d'un épisode dépressif non traité est d'environ cinq à six mois alors qu'il peut atteindre douze à dix-huit mois, parfois même plus, chez le patient âgé. Bien qu'il existe peu d'études pour déterminer la durée optimale de traitement chez les gens âgés, il ressort qu'après quatre à six mois de traitement environ 50 % des patients sous placebo connaîtront une rechute par rapport à seulement 20 % chez ceux qui auront continué le traitement. De plus, le taux de rechute, dans les deux premières années, est d'environ 60 à 70 % chez les patients ayant eu leur premier épisode de dépression unipolaire après 60 ans. Ces quelques études tendent donc à indiquer que le traitement de continuation de six mois après rémission des symptômes ne serait pas suffisamment long pour un bon nombre de patients âgés et qu'un traitement de deux ans à dose thérapeutique devrait être envisagé. Par ailleurs, un traitement de maintien ou prophylactique serait souhaitable chez les patients âgés qui ont une histoire de dépression récurrente. Le suivi à long terme sera toujours un atout.

La dépression existe et cause une souffrance à laquelle grand nombre de personnes âgées ne peuvent échapper. Bien que le patient ne semble présenter aucune tristesse, la dépression peut se cacher sous le masque des plaintes somatiques, de la fatigue, du manque d'intérêt, de l'abus d'alcool, des déficits cognitifs, des comportements régressifs, etc. Une bonne connaissance de la sémiologie spécifique à la personne âgée et une approche biopsychosociale permettent une meilleure compréhension du problème. Ce n'est qu'après avoir bien évalué les symptômes dans leur contexte qu'un plan de traitement individualisé peut être élaboré. Pour répondre à l'ensemble des besoins du patient, un traitement multidimensionnel doit être privilégié. La pharmacothérapie s'avère d'autant plus efficace qu'elle est donnée dans le cadre d'une bonne relation thérapeutique et associée à la psychothérapie, aux interventions sociales et aux traitements des conditions pathologiques coexistantes.

En suivant certaines règles de prescription et en tenant compte des caractéristiques de chaque antidépresseur, il est possible de faire un choix judicieux, afin de traiter avec succès la plupart des états dépressifs. Il sera alors possible d'atténuer la souffrance psychique et d'améliorer la qualité de vie des personnes âgées.

BIBLIOGRAPHIE

ALEXOPOULOS, G. & Coll.: Late onset depression. *The Psychiatric Clinics of North America*, **2**(1):101-115, 1988.

BLAZER, D.G. & C.D. WILLIAMS: Epidemiology of dysphoria and depression in an elderly population. *Am J Psychiatry*, **137**(4):439-444, 1980.

BRYMER, C. & C. HUTNER WINOGRAD: Fluoxetine in elderly patients: Is there cause for concern? *JAGS*, **40**(9):902-905, 1992.

Diagnostic and Statistical Manual of Mental Disorder, American Psychiatric Association, Washington, 4th ed., 1994.

FLINT, A.J.: The optimum duration of antidepressant treatment in the elderly. *Int J Geriatr Psychiatry*, 7:617-619, 1992.

GEORGOTAS, A. & Coll.: How effective and safe is continuation therapy in elderly depressed patients? *Arch Gen Psychiat*, **45**:929-932, 1988.

GERSON, S.C., PLOTKEN, D.A. & L.F. JARVIK: Antidepressant drug studies, 1964-1986: Empirical evidence for aging patients. *J Clin Psychopharmacol*, **8**(5):311-322, 1988.

McCUE, R.E.: Using tricyclic antidepressants in the elderly. *Clinics in Geriatric Medicine*, **8**(2):323-334, 1992.

MENDELS, J.: Clinical Management of the depressed geriatric patient: Current therapeutic options. *Am J Med*, **94**(suppl):5-13, 1993.

Old age depression interest group. How long should the elderly take antidepressants? A double-blind placebo-controlled study. *Br J Psychiatry*, **162**:175-182, 1993.

PRESKORN, S.H. & M. BURKE: Somatic therapy for major depressive disorder: Selection of an antidepressant. *J Clin Psychiatry*, **53**(9):5-17, 1992.

REGIER, D.A. & Coll.: One-month prevalence of mental disorders in the United States. *Arch Gen Psychiat*, **45**:977-986, 1988.

SALZMAN, C.: Monoamine oxidase inhibitors and atypical antidepressants. *Clinics in Geriatric Medicine*, **8**(2):335-348, 1992.

WELLS, C.E.: Pseudodementia. *Am J Psychiatry*, 7:895, 1979.

LECTURES SUGGÉRÉES

ADDONIZIO, G. & G.S. ALEXOPOULOS: Affective disorders in the elderly. *Int J Geriatr Psychiatry*, **8**:41-47, 1993.

FLINT, A.J.: Recent developments in geriatric psycho-pharmacotherapy. *Can J Psychiatry*, **39**(8)(**suppl** 1):9-18, 1994.

PRESKORN, S.H.: Pharmacokinetics of antidepressants: Why and how they are relevant to treatment. *J Clin Psychiatry*, **54**(9)(**suppl**):14-34, 1993.

CHAPITRE 15

ANXIÉTÉ, HYPOCHONDRIE, TROUBLES DE LA PERSONNALITÉ ET TROUBLES DÉLIRANTS

Jean Wertheimer

ANXIÉTÉ

Définition

L'anxiété est un affect caractérisé par trois ordres de phénomènes. Le premier est le sentiment d'un danger imminent, une appréhension de quelque chose d'indéfini, d'inconnu. Le second est l'attitude d'attente devant ce danger. Le troisième est le désarroi. L'élément fondamental est certainement l'incertitude cachée dans l'expérience vécue ou anticipée. L'anxiété s'accompagne, en outre, de phénomènes somatiques, en partie de nature neurovégétative. Cette part physique de l'anxiété porte le nom d'angoisse, l'anxiété étant d'ordre plutôt psychique.

L'anxiété dispose d'une marge physiologique et fait partie de l'expérience normale de l'individu qui se défend contre le stress. Elle devient pathologique lorsqu'elle perd sa valeur défensive. Elle se retrouve dans de nombreux tableaux psychopathologiques.

L'anxiété peut être flottante, c'est-à-dire dépourvue d'un facteur déclenchant particulier, ou liée à des **phobies** définies, comme la peur persistante et irrationnelle d'un objet, d'une activité ou d'une situation qui déclenche un désir compulsif d'éviter le stimulus en cause.

On trouve également l'anxiété comme trait prédominant dans la «personnalité anxieuse» qualifiée aussi d'«évitante». Ce trouble se caractérise par un sentiment persistant de tension et d'appréhension, une tendance à se sous-estimer et à se dénigrer, une crainte d'être critiqué ou rejeté, un évitement des contacts sociaux et professionnels par peur d'être désavoué.

Étiologie

Les incertitudes de l'avancement en âge sont multiples, ce qui implique un risque potentiel marqué d'anxiété. Certains facteurs contribuent à son émergence.

1. **Personnalité**

La personnalité anxieuse est un élément favorable à des décompensations, notamment lors de situations de stress. Il en est de même des personnalités dominées par des traits obsessionnels, phobiques ou hystériques. L'histoire individuelle, l'expérience accumulée, le mode de réaction antérieur à des situations anxiogènes jouent également un rôle non négligeable.

2. **Affectivité**

L'état de l'humeur détermine le degré de résistance et de fragilité psychologique. La dépression, par exemple, peut d'une part favoriser la résurgence, dans la conscience, de thèmes de culpabilité fortement anxiogènes. Elle peut, d'autre part, induire une perception indûment pessimiste et craintive d'une situation objectivement favorable.

3. **Fonctionnement intellectuel**

La limitation innée des capacités intellectuelles est un facteur prédisposant de l'anxiété, par la vulnérabilité découlant de la restriction des ressources de compréhension et de maîtrise des situations nouvelles.

Bien que les études épidémiologiques ne mettent pas en évidence de corrélation significative entre le trouble anxieux et la démence, l'expérience clinique nous démontre l'évidence de cette association.

4. **Vie relationnelle**

L'âge avancé est souvent synonyme d'isolement progressif par la disparition du conjoint et des amis. Le sentiment de solitude survient alors, souvent accompagné d'anxiété. Cette période de la vie peut, en outre, induire des modifications anxiogènes profondes de la nature des rapports réciproques dans le ménage et avec les enfants.

5. Perception du corps

Le constat des conséquences du vieillissement sur le corps, son apparence, son fonctionnement et son efficacité peut contribuer à induire une désécurisation et à limiter potentiellement l'activité ainsi que la vie relationnelle, évitant ainsi des situations anxiogènes.

6. Maladie physique

Se trouver malade ou accidenté revient aussi à prendre conscience de sa vulnérabilité, à en éprouver de l'angoisse.

L'anxiété peut aussi être le symptôme de nombreuses maladies physiques (Tableau 15.1).

7. Vie sociale

La coupure avec la vie professionnelle, l'installation progressive possible de handicaps et de déficiences mettent en péril la visibilité sociale, l'image et l'estime de soi. Ce contexte intervient alors négativement dans la perception de l'existence et peut contribuer à accentuer un sentiment de désarroi engendré par des pertes dans d'au-

tres domaines. Un vol, une agression peuvent déclencher une désécurisation importante, avec décompensation anxieuse. Enfin, le déménagement et l'entrée en institution, qui ont en commun la perte et la nécessité de s'adapter, à une période de la vie où les facultés d'adaptation sont limitées, sont aussi anxiogènes.

8. Événements et expérience de vie

L'événement de vie concerne des stimuli internes comme la maladie, l'expérience de vie des stimuli externes comme la retraite. A l'agent déclenchant peuvent s'en associer d'autres dont la durée d'action peut être brève ou durable.

L'anxiété de la personne âgée est donc souvent d'origine plurifactorielle, par exemple déclenchée par un événement ou une expérience de vie chez une personnalité particulière présentant des problèmes dans les divers domaines qui viennent d'être inventoriés.

Manifestations cliniques

Symptomatologie générale

L'anxiété est très fréquente dans l'âge avancé, mais avec des modes de perception et d'expression d'intensités diverses et des durées variables. Sa clinique de base est identique à celle du sujet jeune, mais avec certaines particularités. On retrouve la triade constituée par les préoccupations subjectives, les symptômes somatiques et les conséquences comportementales.

Préoccupations subjectives

Elles résultent du sentiment de vulnérabilité et concernent des thèmes touchant à l'intégrité dans les domaines de la santé (souci des maladies physiques ou peur de la démence), et de la propriété et des finances (crainte d'être volé, agressé ou de manquer de ressources). L'inquiétude se tourne aussi vers la famille, souvent sous la forme d'une peur d'accident. L'anxiété est fréquemment latente derrière une plainte mémoire.

Symptômes somatiques

Ils peuvent être identiques aux troubles mentionnés le plus souvent par les patients plus jeunes et qui sont plutôt de nature neurovégétative (tachycardie, polypnée, tremblements, in-

---

Tableau 15.1
Causes physiques de l'anxiété

Cardio-vasculaires
Infarctus du myocarde
Troubles du rythme
Hypotension orthostatique

Respiratoires
Asthme
Emphysème
Broncho-pneumopathie chronique obstructive
Embolie pulmonaire

Endocrines
Hyperthyroïdie
Hypothyroïdie
Hypoglycémie

Neurologiques
Épilepsie
Troubles vestibulaires

Médicamenteuses
Sympathicomimétiques
Caféine
Sevrage médicamenteux

stabilité motrice). On relève souvent des plaintes de nausées, de dysphagie, de constipation. L'oppression thoracique, abdominale, le sentiment de gorge serrée sont aussi fréquents, comme l'impression de tête vide. Le sommeil est parfois très perturbé et constitue la préoccupation majeure: difficultés d'endormissement, éveils persomniques, cauchemars.

Les symptômes des maladies physiques objectives sont parfois amplifiés par l'angoisse, particulièrement la perception de la douleur.

Conséquences comportementales

Les comportements d'évitement prédominent. Le repli dans l'habitude, la routine font partie de ces mécanismes et évitent la confrontation avec des situations nouvelles. Les phobies spécifiques, attachées à un objet ou à une situation, sont plus rares dans l'âge avancé que l'agoraphobie.

On peut observer aussi parfois, mais plus rarement et en situation aiguë, des comportements de type «fuite en avant», marqués par une succession d'initiatives brouillonnes, stériles et épuisantes.

L'anxiété de la personne âgée se distingue en partie de celle du sujet jeune par la prépondérance de préoccupations concrètes. Le phénomène anxieux est souvent moins apparent. Certains y voient une conséquence de la résignation, l'anxiété n'existant que dans un contexte de lutte pour la maîtrise. D'autres y décèlent un signe d'habituation au stress, le sujet âgé ajoutant au dilemme entre le combat et la fuite, une troisième solution qui est celle de l'acceptation. Cette non-apparence ne paraît cependant pas synonyme d'inexistence. L'anxiété reste latente.

Tableaux cliniques avec anxiété prédominante (anxiété primaire)

La 10ᵉ Classification internationale des maladies (CIM-10) situe les troubles anxieux dans le chapitre des «troubles névrotiques». Les principales rubriques sont résumées au tableau 15.2. Elles concernent les tableaux psychopathologiques dans lesquels l'anxiété est prédominante et où la symptomatologie est, en majorité, identique chez le sujet jeune et le sujet âgé. Examinons-les sous l'éclairage de l'âge avancé.

1. Les troubles anxieux phobiques sont plus fréquents chez les femmes et leur prévalence diminue après 75 ans. Dans la majorité des cas, ils sont survenus tôt à l'âge adulte, particulièrement les phobies spécifiques, mais apparaissent dans environ un tiers des cas pour la première fois après 60 ans. C'est notamment le cas de l'agoraphobie qui est souvent la conséquence d'événements ou d'expériences de vie tels qu'une maladie, un accident ou une agression. Elle s'explique aussi parfois par une situation chronique de handicap ou de déficience. La crainte du monde extérieur et de l'éloignement du domicile va de pair, en contraste, avec la sécurité protectrice éprouvée chez soi.

2. Dans le cadre des autres troubles anxieux, le trouble panique est rare au-delà de 60 ans et affecte surtout des patients qui en souffrent depuis leur jeune âge.

   L'anxiété généralisée est probablement, avec l'agoraphobie, le plus fréquent des tableaux cliniques de ce groupe. Elle se présente, dans certains cas, comme chez l'adulte jeune, avec l'association de l'attente craintive, de la tension motrice et de troubles neurovégétatifs. Dans d'autres, l'appréhension est à l'avant-scène, les symptômes somatiques étant atténués.

3. Le trouble obsessionnel compulsif (TOC) débute rarement après 50 ans (environ 1 % des cas), ce qui ne signifie pas que ce syndrome soit absent de la psychopathologie gériatrique. La personne âgée qui en est affectée en souffre habituellement depuis qu'elle est jeune. La symptomatologie n'est pas évidente, parce que gardée secrète. D'autre part, une certaine adaptation s'est faite avec le temps. L'équilibre obtenu au cours de l'existence peut se rompre à l'occasion d'un changement, par exemple une maladie entravant l'accomplissement du rituel, ce qui déclenche de forts accès d'anxiété.

Anxiété dans les autres pathologies psychiatriques (anxiété secondaire)

L'anxiété est un des symptômes les plus présents dans la psychopathologie générale. Sa

---

Tableau 15.2

Troubles anxieux primaires (selon CIM-10)

Troubles anxieux phobiques

Groupe de troubles, dans lesquels une anxiété est déclenchée, exclusivement ou essentiellement, par des situations ou des objets bien précis (externes au sujet) sans dangerosité actuelle. Ces situations ou objets sont, de ce fait, typiquement évités ou endurés avec appréhension.

Agoraphobie

Elle n'est pas limitée à une peur des espaces découverts, mais inclut d'autres manifestations anxieuses comme la peur des foules et la peur de ne pas pouvoir se réfugier facilement en un lieu sûr (habituellement le domicile). Le terme désigne, de ce fait, un ensemble de phobies apparentées, en particulier la crainte de quitter son domicile, la peur des magasins, des foules et des endroits publics et la peur de voyager seul en train, en autobus ou en avion.

Phobies sociales

Les phobies sociales débutent souvent à l'adolescence. Elles consistent surtout en une crainte d'être exposé à l'observation attentive d'autrui, dans des groupes relativement restreints (par opposition aux foules), et sont habituellement à l'origine d'un évitement des situations sociales. L'anxiété phobique sociale peut se limiter à des situations isolées (p. ex. crainte de manger en public, de parler en public, de vomir en public, ou de rencontrer des personnes du sexe opposé). Dans d'autres cas, elle peut s'étendre à la plupart des situations sociales en dehors du cercle familial (p. ex. crainte générale de soutenir le regard, fréquente dans certaines cultures).

Phobies spécifiques (isolées)

Phobies limitées à un stimulus déterminé (objet ou situation) comme la proximité de certains animaux, les endroits élevés, les orages, l'obscurité, les voyages en avion, les espaces clos, l'utilisation des toilettes publiques, la prise de certains aliments, les soins dentaires, la vue du sang ou de blessures et la contamination par des maladies spécifiques.

Autres troubles anxieux

Troubles caractérisés essentiellement par la présence de manifestations anxieuses, qui ne sont pas déclenchées exclusivement par l'exposition à une situation déterminée.

Trouble panique (anxiété épisodique paroxystique)

Les caractéristiques essentielles de ce trouble sont des attaques récurrentes d'anxiété sévère (attaques de panique), ne survenant pas exclusivement dans une situation particulière ou dans des circonstances déterminées, et dont la survenue est, de ce fait, imprévisible. Les symptômes essentiels varient d'un sujet à l'autre, mais ils concernent habituellement la survenue brutale de palpitations, de douleurs thoraciques, de sensations d'étouffement, d'étourdissements ou de sentiments d'irréalité (dépersonnalisation ou déréalisation). Il existe souvent, par ailleurs, une peur secondaire de mourir, de perdre le contrôle de soi ou de devenir fou.

Anxiété généralisée

La caractéristique essentielle de ce trouble est une anxiété généralisée et persistante ne survenant pas exclusivement ni même de façon préférentielle dans une situation déterminée (l'anxiété est «flottante»). Les symptômes essentiels sont variables, mais ils comprennent habituellement un sentiment permanent de nervosité, des tremblements, une tension musculaire, une transpiration, une sensation de «tête vide», des palpitations, des étourdissements et une gêne épigastrique. Le sujet se fait des soucis et s'attend à des malheurs divers. Il a souvent peur que lui-même ou que l'un de ses proches tombe malade ou ait un accident. Le trouble est plus fréquent chez les femmes. Il est souvent en rapport avec un facteur de stress chronique. Son évolution, certes variable, a tendance à être fluctuante et chronique.

Trouble obsessionnel compulsif

Trouble caractérisé essentiellement par des pensées obsédantes ou des comportements compulsifs récurrents. Les pensées obsédantes sont des idées, des représentations, ou des impulsions faisant intrusion dans la conscience du sujet, de façon répétitive et stéréotypée. Les comportements et les rituels compulsifs sont des activités stéréotypées répétitives. Le comportement compulsif a souvent pour but d'empêcher un événement dont la survenue est objectivement peu probable, impliquant souvent un malheur pour le sujet, ou dont le sujet serait responsable. Le trouble s'accompagne souvent d'une anxiété neurovégétative marquée, ou d'un sentiment pénible de tension interne ou psychique sans hyperactivité neurovégétative manifeste.

---

nature varie selon la clinique à laquelle elle est associée.

Elle peut accompagner un **épisode dépressif**. Sa valeur d'angoisse, c'est-à-dire d'anxiété somatisée, domine. Dans le contexte de la maladie principale, elle existe simultanément avec la tristesse, l'inhibition, les perturbations de l'appétit et du sommeil. Elle accompagne aussi les pensées pessimistes, les idées de dévalorisation, d'autoaccusation, de culpabilité, de suicide.

Dans les **états psychotiques**, l'angoisse peut correspondre à une peur de dissociation. Elle atteint très rarement l'intensité qu'elle peut avoir dans un état aigu chez un adulte jeune. Elle prend des formes plus partielles de crainte d'intrusion dans l'idée de vol ou d'emprise lors d'idées de persécution. Les symptômes associés sont la pensée délirante, l'hallucination, la méfiance, parfois l'hostilité et l'agressivité.

L'anxiété peut apparaître au début d'une démence, simultanément avec une prise de conscience de l'apparition des troubles. Il arrive qu'elle accompagne une bonne partie de l'évolution qui sera alors marquée par une tendance à l'agitation, notamment à la déambulation. Plus souvent, elle est épisodique, manifeste par exemple à l'approche du soir.

Le *delirium* compte l'anxiété parmi ses symptômes. Elle est alors étroitement liée à la peur résultant d'une perception fragmentaire et chaotique de la réalité.

L'anxiété peut interférer avec le fonctionnement de la **mémoire**. L'oubli, la difficulté de trouver un mot déclenchent souvent une inquiétude qui freine la recherche de ce qui manque. Inversement, l'anxiété peut être à l'origine d'un fonctionnement mnésique perturbé, par la diminution de concentration qu'elle engendre, ainsi que par l'inattention à ce qui n'est pas l'objet de la préoccupation.

Approche clinique[1]

Dans la situation clinique, l'anxiété est soit exprimée d'emblée comme plainte par le malade qui veut en être soulagé, soit implicite, dans la forme du discours, de son contenu, dans l'expression mimique et gestuelle, dans l'attitude générale. On demande une description des symptômes dont la perception et le mode d'expression varient d'un sujet à l'autre, et on prend note de ces informations comme références pour les consultations suivantes. La **stratégie d'investigation** respecte 4 impératifs.

1. **Estimer si l'anxiété est primaire ou secondaire.** L'anamnèse se tourne vers les antécédents du malade, à la recherche d'un passé de troubles anxieux, phobiques, obsessionnels ou compulsifs. Elle s'intéresse aussi à la possibilité d'anciens épisodes dépressifs ou psychotiques. L'évaluation de l'affection actuelle s'appuie aussi sur la détection des symptômes dépressifs, psychotiques et démentiels.

2. **Repérer une éventuelle cause physique.** Il s'agit d'évaluer si la plainte somatique est l'expression de la simple anxiété ou si elle cache une maladie particulière. On demande aussi si le malade rattache son anxiété à la conscience qu'il a d'une maladie diagnostiquée.

3. **Analyser le contexte de vie du malade.** On cherche à saisir dans quelle mesure l'interaction des multiples facteurs étiologiques possibles peut expliquer le symptôme, analyse qui comprend les 8 domaines mentionnés sous la rubrique «Étiologie».

4. **Mesurer l'impact de l'anxiété sur la situation.** Ce symptôme varie dans son intensité subjective. Il peut être nécessaire pour se préparer à affronter une situation, comme il peut constituer un obstacle majeur dans la vie quotidienne. La question est de savoir jusqu'à quel point on doit le respecter et à quel moment il faut chercher à l'atténuer.

Abord thérapeutique

Il se construit sur 3 forces qui sont mobilisées simultanément tout en étant modulées selon la situation et l'évolution.

1. **Psychothérapie.** L'aide psychologique commence dès la première consultation, l'investigation ayant déjà valeur thérapeutique dans la mesure où elle cherche implici-

---

Tableau 15.3
Approche clinique de l'anxiété

Stratégie d'investigation
L'anxiété est-elle primaire ou secondaire?
A-t-elle une cause physique?
Quel est le contexte de vie du malade?
Quel est l'impact de l'anxiété sur la vie quotidienne?

Thérapeutique
Psychothérapie
Soutien social
Anxiolytiques
(Ces 3 modes d'intervention sont mobilisés simultanément et modelés selon la situation et l'évolution.)

---

1.   Voir tableau 15.3

tement à éclairer le malade sur ce qu'il éprouve. La forme de la psychothérapie découlera du diagnostic principal. Une psychothérapie d'inspiration analytique ou cognitivo-comportementale peut être envisagée en cas de troubles phobiques spécifiques, de troubles obsessionnels compulsifs (TOC) et de certaines agoraphobies. La psychothérapie de soutien, orientée vers la situation actuelle et aidant à résoudre les problèmes concrets, est indiquée dans la plupart des troubles anxieux. Lorsque des situations conflictuelles sont impliquées, l'approche familiale est nécessaire.

2. **Adaptation du milieu.** Le monde environnant peut être objectivement anxiogène, par les obstacles concrets qu'il dresse et qui limitent l'autonomie, ou subjectivement vécu comme hostile. Les mesures de soutien social ont donc une double valeur d'aménagement pratique nécessaire et de sécurisation psychologique.

3. **Traitement médicamenteux.** Dans l'anxiété secondaire, le traitement de l'affection causale est bien entendu crucial, ce qui n'exclut pas le recours possible, selon l'intensité de la souffrance, à des anxiolytiques. Cette dernière règle s'applique aussi aux troubles anxieux primaires, le recours médicamenteux se limitant, dans l'idéal, aux situations aiguës. Lors d'états anxieux de longue durée, la prescription sera négociée avec le malade, dans la perspective d'une maîtrise du trouble par ses propres ressources psychologiques. Les catégories de médicaments concernées sont les benzodiazépines, avec leurs risques de dépendance, et les neuroleptiques sédatifs à faible dose qui sont préférables lors de traitements à long terme.

HYPOCHONDRIE

Le trouble hypochondriaque, qui s'observe aussi bien chez l'homme que chez la femme, survient le plus fréquemment après 50 ans. Le malade est convaincu qu'il est atteint ou menacé d'une ou de plusieurs maladies graves. Il exprime des plaintes multiples, répétées, souvent alimentées par des sensations ou des signes physiques normaux ou anodins. Sa conviction est inébranlable et aucune démonstration de l'irréalité de la maladie incriminée ne le convainc.

L'anxiété et la dépression peuvent accompagner ce trouble.

Dans ses rapports avec son entourage, le patient est souvent dépendant et tyrannique. Ses plaintes innombrables déclenchent des attitudes défensives chez les proches: retrait, indifférence apparente, agressivité. Le sentiment d'être incompris s'accentue alors et une spirale risque de s'installer, avec une escalade de la souffrance.

La plainte hypochondriaque n'exclut pas qu'il y ait une ou des maladies réelles chez ces personnes âgées sujettes à la polymorbidité. Le défi pour le médecin est de garder sa vigilance. Il ne faut pas renoncer à des examens de contrôle réguliers, en pensant notamment à des affections avec symptômes multiples et atypiques: maladies systémiques, troubles thyroïdiens, cancer, maladies neurologiques telle la sclérose en plaques.

On fera une distinction entre le trouble hypochondriaque et la somatisation, l'accent étant mis, dans le premier, sur l'idée d'être atteint d'une maladie grave, alors que, dans la seconde, la préoccupation concerne des symptômes. Enfin, la crainte d'être atteint par une affection grave ou même fatale se voit parfois dans la dépression. Dans ce cas, l'anamnèse démontre que la dépression a précédé la plainte hypochondriaque.

Le traitement de l'hypochondriaque se fait dans une prise en charge à très long terme, l'affection étant chronique dans la grande majorité des cas. Une psychothérapie fidèle de soutien doit chercher à dériver l'angoisse en permettant au malade d'exprimer, dans ce cadre, ses préoccupations et ses peurs. La régularité des entretiens d'environ 20 minutes, répétés toutes les 2 à 3 semaines, apporte une sécurisation qui diminue l'anxiété et, par répercussion, les tensions familiales. Cette démarche doit s'établir en accord avec les proches qui seront éclairés sur la nature de l'affection, conseillés et soutenus dans leurs attitudes. L'appoint d'anxiolytiques ou d'antidépresseurs peut s'avérer épisodiquement nécessaire.

TROUBLES DE LA PERSONNALITÉ
Définition

La personnalité est la synthèse de tous les éléments qui concourent à la conformation mentale du sujet. Elle se caractérise par son unité et par sa continuité, ce qui permet à l'individu de rester lui-même durant son existence. On parle de trouble de la personnalité lorsque les traits prédominants et durables sont marqués par des comportements en dehors de la norme.

Quatre modèles théoriques principaux tentent d'expliquer les modifications constatées chez la personne âgée.

1. La théorie psychanalytique évoque un trouble de l'économie narcissique, avec notamment un désinvestissement de ce qui est extérieur et un surinvestissement de soi.

2. La théorie du désengagement veut que le vieillissement s'accompagne d'un retrait de l'environnement physique et social.

3. La théorie du stress assimile les pertes multiples et constantes à des agressions, entraînant une adaptation durable des modes de maîtrise.

4. La théorie de la détresse acquise: conditionné par les pertes subies, le sujet adopte une attitude de résignation à l'égard de ce que l'avenir lui réserve.

Manifestations cliniques

On distingue trois types de modifications de la personnalité dans l'âge avancé.

Modification adaptative. La personnalité normale peut se modifier dans certains de ses traits, sans que ces changements soient pathologiques. On relève en particulier une tendance à l'obsessionnalisation de la vie quotidienne qui privilégie l'habitude, l'ordre, la prudence, une certaine rigidité dans les horaires et dans le style de vie. Il faut y voir une précaution à l'égard de l'incertitude d'un avenir potentiellement dangereux.

Troubles anciens de la personnalité. Les troubles qui impliquent des problèmes dans les activités dirigées vers l'extérieur ont tendance à diminuer. Ainsi, le désengagement de la vie professionnelle s'accompagnera-t-il d'un soulagement chez l'anxieux. Au contraire, les traits de nature introvertie s'accentuent plutôt, comme la dépendance psychologique qui s'amplifie lors de maladies invalidantes.

D'autre part, des personnalités déviantes adaptées dans l'âge adulte peuvent se désadapter dans la vieillesse, par modifications situationnelles. Par exemple, la personnali-

té narcissique peut être déprimée par le vieillissement corporel et la personnalité paranoïaque basculer dans le délire à l'occasion d'un veuvage.

Troubles nouveaux de la personnalité. Ils incluent deux formes principales, celle qui concerne un mode adaptatif pathologique et celle qui est la conséquence d'une maladie psychiatrique.

– Le mode d'adaptation pathologique se manifeste par des troubles qui jusqu'alors étaient inapparents, ou qui apparaissent comme une exagération très marquée de traits de caractère antérieurs. Le comportement s'altère considérablement et pose des problèmes importants à l'entourage.

L'un est l'*altération sénile du caractère* dominée par l'égocentrisme, la rigidité, l'avarice, l'hostilité et l'agressivité. Les patients ont une tendance à négliger leur hygiène, leur alimentation et leur ménage. Pseudo-indépendants, ils ne sont pas conscients de leurs troubles et s'opposent à toute suggestion. Seule une situation de crise permet l'intervention.

Dans ce que l'on appelle «*syndrome de Diogène*», le malade anosognosique ajoute à une négligence extrême une tendance à collectionner tout ce qu'il reçoit. Les draps ne sont pas changés, les vêtements, toujours les mêmes, sont usés et souillés, l'intérieur déborde de piles de prospectus et de journaux et la cuisine, de réserves de nourriture et de détritus.

Parfois les rognures d'ongles sont précieusement conservées, comme les selles qui sont emballées dans du papier d'aluminium. Cette dérive évoque une défense contre les ravages du temps, une lutte contre la perte.

– *La personnalité peut être profondément* modifiée par le développement d'une maladie psychiatrique chronique. C'est le cas dans la dépression résistante et dans les psychoses tardives.

Dans le *syndrome frontal,* les altérations du comportement sont à l'avant-scène: passivité, manque d'initiative, désintérêt, indifférence.

Approche clinique[1]

La première question est de savoir si le trouble observé est durable (au moins un an) ou passager, dans le cadre d'une pathologie psychiatrique aiguë ou subaiguë. Dans le premier cas, on traite l'affection causale, dans le second, on s'accorde un temps supplémentaire d'observation.

S'il est durable, on s'interroge sur sa nature récente ou ancienne. Dans le premier cas, on cherche une maladie psychiatrique chronique. Si aucune affection étiologique traitable n'est décelée, on évalue, dans l'optique du traitement, le degré de souffrance du patient et de l'entourage ainsi que les répercussions du trouble sur l'environnement. La thérapeutique est adaptée à chaque situation et utilise la psychothérapie, la psychopharmacologie ainsi que le soutien social. Les médicaments principaux sont les tranquillisants mineurs et les neuroleptiques.

TROUBLES DÉLIRANTS

Définition

On réunit sous ce titre un ensemble de tableaux cliniques marqués par la présence d'idées délirantes, accompagnées ou non d'hallucinations, et par un état normal de vigilance. Le *delirium* dans lequel l'altération de la vigilance est une constante est exclu de ce groupe. L'*idée délirante* est une fausse interprétation convaincue de la réalité, le délire étant un système explicatif erroné du monde, en particulier de la vie relationnelle. L'hallucination est une perception sans objet, l'illusion une déformation de la perception. L'idée délirante et le délire peuvent survenir par la seule évidence de la conviction, ou se construire et s'alimenter sur des phénomènes hallucinatoires et illusionnels.

Les classifications internationales négligent malheureusement le thème des troubles délirants chez la personne âgée, en ne leur réservant pas de rubrique particulière, tout en soulignant au passage certaines de leurs caractéristiques.

Étiologie

L'étiologie des troubles délirants reste obscure. Les hypothèses émises à propos de la *paraphrénie tardive* sont les suivantes.

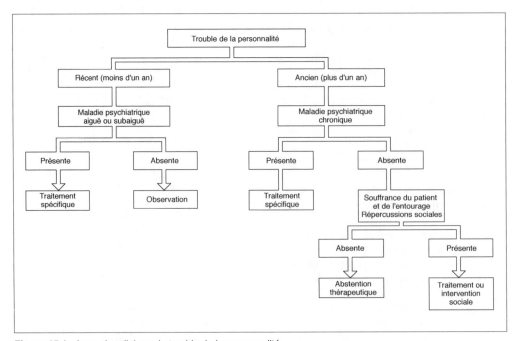

Figure 15.1 Approche clinique du trouble de la personnalité

1. Voir figure 15.1

La personnalité prémorbide est souvent dominée par des traits de méfiance, de sensibilité excessive aux contrariétés et aux déceptions et de préoccupations quant à l'opinion des autres. Elle est encline aux mécanismes de projection et de clivage.

Le risque génétique est plus marqué pour les descendants (3,4 %) que dans la population normale (1 %), mais inférieur à celui des familles de schizophrènes (5,8 %). On en déduit que la paraphrénie n'est pas une simple forme de la schizophrénie dans l'âge avancé mais s'en distingue peut-être génétiquement. Le risque est, d'autre part, plus marqué chez la femme (7/1), alors qu'il est égal entre les sexes à l'âge adulte.

La maladie cérébrale, notamment celle d'Alzheimer, est considérée comme un élément favorisant du délire. On a décrit, en outre, un léger élargissement ventriculaire dans un groupe atteint de paraphrénie tardive.

L'atteinte sensorielle, particulièrement la surdité ancienne, est plus fréquente dans la paraphrénie tardive que dans la population générale. Ce type de déficit incite à la méfiance.

L'isolement social est fréquent parmi ces malades, conséquence de leur personnalité prémorbide. Ils sont souvent célibataires, divorcés ou séparés et ont peu d'enfants.

Enfin, **les situations conflictuelles** familiales, de voisinage ou institutionnelles peuvent jouer un rôle de facteurs déclenchants du délire.

Si l'étiologie de ces troubles n'est pas évidente, on peut émettre des hypothèses quant au mécanisme pathogénique. L'idée délirante survient dans le contexte d'une perte de contrôle de la réalité. Cinq instances contribuent à assurer la maîtrise du monde: la vigilance, les fonctions sensorielles, le fonctionnement intellectuel, l'affectivité et la personnalité. Des défaillances peuvent survenir dans chacune d'entre elles et dans plusieurs simultanément, pouvant induire un trouble délirant.

Manifestations cliniques

Le trouble délirant de la personne âgée présente trois caractéristiques prédominantes, qui ne sont cependant pas des constantes: présence de thèmes délirants banals, absence de troubles formels de la pensée et préservation d'un contact authentique.

1. Les thèmes prévalents sont terre à terre, tournés vers la vie domestique, la propriété, l'espace familier (idées de vol, d'intrusion, de violation de l'intimité). Ils ont rarement des contenus mystiques, philosophiques, de pouvoir ou de filiation.

2. Les troubles formels de la pensée (écho de la pensée, pensées imposées, volées ou divulguées) sont rares.

3. Le contact reste authentique et spontané, sans que l'affectivité ne soit émoussée.

Les principales formes cliniques sont les suivantes.

a. Schizophrénie et paraphrénie tardive.

Il est rare qu'une schizophrénie constituée se manifeste après 60 ans. On parle alors de *schizophrénie tardive*, avec la présence de troubles formels de la pensée et affectivité émoussée. Les schizophrénies anciennes peuvent subir des modifications avec l'âge, allant dans le sens d'une meilleure adaptation sociale et d'une atténuation des symptômes qui restent cependant présents dans la majorité des cas. Il arrive aussi, plus rarement, qu'elles restent très actives jusqu'à la mort.

Le terme de *paraphrénie tardive* date des années 50. Il désigne un tableau clinique constitué d'idées délirantes, d'hallucinations auditives, avec une personnalité préservée, sans troubles affectifs ou cognitifs. Le délire emprunte des thèmes paranoïdes de persécution à contenu de menaces (vol, agression, intrusion, viol), de jalousie, d'empoisonnement (nourriture, gaz). Le malade entend des voix, isolées ou multiples, qui commentent, en termes insultants ou ironiques, ce qu'il fait en parlant à la troisième personne. Il peut éprouver des hallucinations cénesthopathiques (malaise interne), olfactives, gustatives, plus rarement visuelles. Le tableau clinique n'est pas toujours aussi complet. Il se limite souvent à la conviction délirante du vol et de l'intrusion. Chez la personne dépendante, l'idée d'emprise abusive de la part des soignants peut prédominer.

La paraphrénie au sens originel, telle qu'elle a été décrite au début du siècle, se rencontre rarement. Elle se caractérise par une phénoménologie coloriée, floride et variée, avec un délire fantastique à contenu persécutoire, la personnalité étant préservée.

b. La **dépression grave** peut s'accompagner d'idées délirantes avec des thèmes de négation d'organes (disparition des viscères, corps dévitalisé), de ruine, de culpabilité et de châtiment.

c. La **psychose schizo-affective** associe, dans un mode d'apparition *simultané*, troubles dépressifs et délire de type schizophrénique avec des idées de concernement et de persécution.

d. Les **déficits sensoriels** s'assortissent parfois d'hallucinations et d'illusions dans le registre perceptif carencé. Lors d'atteintes visuelles, le *syndrome de Charles Bonnet* se manifeste par des scènes hallucinatoires riches, animées, colorées et silencieuses dont l'apparition est favorisée par la pénombre. Le sujet âgé souffrant de maladies oculaires peut aussi avoir une symptomatologie perceptive visuelle moins complexe: personnages isolés ou peu nombreux, avec visages impassibles, animaux sauvages ou domestiques. Ces phénomènes purement hallucinatoires peuvent servir d'amorce à une élaboration délirante. Il en est de même de l'*hallucinose du sourd* qui croit entendre des voix accusatrices, du tapage et de la musique.

e. La **démence de type Alzheimer** peut s'accompagner d'idées délirantes et d'hallucinations, mais de façon transitoire et avec une diminution de ces symptômes contemporaine de l'aggravation de la maladie de base. Peut-être faut-il un certain niveau fonctionnel intellectuel pour élaborer un délire. Il est donc rare d'observer des délires bien structurés, et plus fréquent de constater des idées délirantes isolées, à thème de préjudice et de vol, sur un fond d'anxié-

té. L'hallucination est plus souvent visuelle qu'auditive.

f. Les épisodes confuso-oniriques du *delirium* peuvent être mal critiqués une fois la vigilance normale rétablie, les scènes hallucinatoires vécues étant estimées réelles. La conviction délirante peut soit se limiter à l'analyse rétrospective et prendre la forme d'«idées permanentes postoniriques», soit imprégner définitivement l'existence ultérieure qui est dominée par le délire ainsi déclenché.

Dans la pratique quotidienne, les troubles délirants ne cadrent pas toujours avec les formes décrites plus haut. La polymorbidité psychiatrique et somatique, l'interaction des multiples facteurs étiologiques engendrent des images cliniques souvent complexes et atypiques.

Approche clinique[1]

Le patient vient rarement consulter de lui-même. Il est signalé par l'entourage familial ou par le voisinage, à cause de troubles du comportement qui prennent deux formes principales: l'isolement avec rareté ou absence totale de contacts sociaux, ou l'attitude allant de la réserve extrême à l'agression verbale et au tapage. Le médecin est parfois alerté, dans le suivi d'un cas, par des allusions à des conflits dont la portée est nettement exagérée.

Tableau 15.4
Approche clinique des troubles délirants

Stratégie d'évaluation
Écoute du malade et de l'entourage
Estimation de la nature délirante des symptômes
Durée de l'affection
Symptômes concomitants:
    dépression
    démence
    troubles sensoriels
    altérations de la vigilance
Personnalité antérieure
Situation socio-économique
Repérage de situations conflictuelles

Démarche thérapeutique
Traitement d'un éventuel état dépressif
Neuroleptiques
Essai de résolution de conflits
Attitude cadrante
Soutien institutionnel

---

1. Voir tableau 15.4

L'anamnèse s'appuie sur les dires du malade et sur les observations de son entourage. Il s'agit d'abord de se prononcer sur la nature délirante ou réelle de propos qui peuvent être franchement extravagants ou se trouver à la limite du vraisemblable et du peu probable. On s'informe ensuite sur la durée des symptômes, leur éventuelle existence avant 65 ans. Puis l'attention se tourne vers les symptômes manifestes avant l'éclosion du trouble délirant et vers ceux qui sont concomitants: dépression, déficits intellectuels ou sensoriels, altération de la vigilance. L'intérêt se porte aussi sur les traits de la personnalité prémorbide, les conditions de vie et vers le repérage d'éventuelles situations conflictuelles.

L'entretien avec le malade respecte le délire qui doit être vu comme une construction défensive nécessaire. Il se tourne vers la situation réelle et cherche à aider le patient à trouver un meilleur équilibre dans sa vie sociale et relationnelle. La stratégie thérapeutique consiste d'abord à traiter un éventuel état dépressif. Elle recourt ensuite à la gamme des neuroleptiques, dont les dosages seront adaptés à la tolérance. Le traitement est symptomatique lors d'idées délirantes isolées. Dans le délire chronique, on adopte une attitude cadrante en aidant d'abord à résoudre les conflits. La tendance de beaucoup de ces malades à cliver, à susciter des contradictions, à monter les membres de la famille ou de l'équipe soignante les uns contre les autres, accentue indirectement leur angoisse et leur délire. Susciter une attitude unanime, sans faille, revient à les sécuriser. Cet encadrement peut se perpétuer par des mesures de soutien à domicile ou par l'hôpital de jour.

BIBLIOGRAPHIE

BERGMANN, K.: Psychiatric aspects of personality in older patients, in *Psychiatry in the Elderly*. Jacoby, R. & C. Oppenheimer (eds). 24:852-871. Oxford University Press, Oxford, 1991.

BRICKMAN, A. & C. EISDORFER: Anxiety in the Elderly, in *Geriatric Psychiatry* Busse, E.W. & D.G. Blazer (eds). 15:415-427. American Psychiatric Press, Washington, 1989.

CIM-10/ICD-10: Classification internationale des troubles mentaux et des troubles du comportement. Organisation mondiale de la santé. Masson, Paris, 1992.

GURLAND, B.J.: Personality disorders in old age, in *Handbook of Studies on Psychiatry and Old Age*. Kay, D.W.K. & G.D. Burrows, (eds). 17:303-318, Elsevier Science Publishers B.V., Amsterdam, 1984.

LINDESAY, J.: Anxiety disorders in the elderly, in *Psychiatry in the Elderly*. Jacoby, R. & C. Oppenheimer (eds). 20:735-757, Oxford University Press, Oxford, 1991.

NAGUIB, M. & R. LEVY: Paranoid states in the elderly and late paraphrenia, in *Psychiatry in the Elderly*. Jacoby, R. & C. Oppenheimer (eds). 21:758-778, Oxford University Press, Oxford, 1991.

POST, F.: Schizophrenic and paranoid psychoses, in *Handbook of studies on psychiatry and old age*. Kay, D.W.K. & G.D. Burrows (eds). 16:291-302, Elsevier Science Publishers B.V., Amsterdam, 1984.

LECTURES SUGGÉRÉES

BUSSE, E.W. & D.G. BLAZER: *Geriatric Psychiatry*, American Psychiatric Press, Washington, 1989.

FERREY, G. & G. LE GOUES: *Abrégé de Psychopathologie du sujet âgé*, Masson, Paris, 1989.

JACOBY, R. & C. OPPENHEIMER: *Psychiatry in the Elderly*, Oxford University Press, Oxford, 1991.

LÉGER, J.-M., TESSIER, J.-F. & M.-D. MOUTY: *Psychopathologie du vieillissement*. Collection de psychiatrie pratique. Doin éditeurs, Paris, 1989.

CHAPITRE 16

APPROCHE DES TROUBLES DU COMPORTEMENT CHEZ LES PERSONNES ATTEINTES DE DÉFICITS COGNITIFS

PAULE HOTTIN, MONIQUE BOURQUE et CLAIRE BONIN

Un des problèmes les plus fréquents chez les personnes âgées atteintes d'une affection psychiatrique ou neurologique est la perte progressive du contrôle volontaire des comportements, particulièrement chez celles qui présentent des déficits cognitifs. Plusieurs études rapportent, en milieu gériatrique, une incidence élevée de troubles du comportement: de 40 à 70 % selon la clientèle cible (degré des atteintes cognitives, pertes d'autonomie, etc.) et la méthodologie utilisée (temps d'observation, instruments de mesure, etc.). Il est aussi intéressant d'observer que la majorité des personnes atteintes présente plus d'un type de troubles du comportement à la fois (ex.: errance, fouille, gestes répétitifs, etc.). Toutefois, il ne faut pas voir dans ces troubles du comportement une maladie, un trouble ou un syndrome, mais plutôt un concept subjectif, polymorphe, adoptant différentes formes: agitation, agressivité, cris, errance, fouille, etc. Les troubles du comportement reflètent une problématique sous-jacente; ils en sont le mode d'expression, une façon de communiquer pour les patients démunis sur le plan cognitif, d'où l'importance de cibler le comportement perturbateur, avec la plus grande exactitude possible, afin d'individualiser l'approche et les interventions. Pour ce faire, il est proposé d'adopter une **démarche multidimensionnelle** reposant principalement sur l'observation et l'analyse du comportement, la recherche des causes sous-jacentes et l'élaboration d'un plan de traitement adapté à la situation.

OBSERVATION ET ANALYSE DU COMPORTEMENT

Une première étape consiste à observer le comportement du patient de manière à recueillir l'information pertinente à la fréquence, la durée, la nature, l'environnement ainsi que les éléments déclencheurs. Ces données, recueillies par l'équipe et consignées dans la *grille d'observation clinique* (Tableau 16.1), permettent, entre autres choses, de répondre à certaines questions. Quels sont les comportements le plus souvent observés? S'agit-il de comportements dérangeants ou dangereux? Quelle est la fréquence et la durée du comportement? A quel moment de la journée le comportement se manifeste-t-il surtout? Quel est le contexte de soins? Le comportement est-il lié à un besoin physique? Le patient est-il en privation ou en surcharge sensorielle? Existe-t-il des éléments déclencheurs qui surviennent régulièrement? Quel est l'environnement physique et humain du sujet lorsqu'il présente des comportements perturbateurs?, etc. Toutes ces informations peuvent se retrouver sur la grille d'observation clinique. Cette dernière prévoit aussi des espaces pour inscrire les interventions et les résultats. Ainsi, les soignants continuent d'intervenir de la façon habituelle et, dans certains cas, effectuent de nouvelles interventions, mais toutes ces actions doivent être rapportées et inscrites dans la grille. La grille permet de regrouper les observations en offrant aux soignants la possibilité de baser leur interprétation sur des données communes.

La période d'observation requise pour compléter la grille dure en moyenne de 48 à 72 heures et nécessite l'implication de tous les soignants (jour, soir, nuit) qui interviennent auprès du malade. Il est préférable de miser sur une observation continue de qualité, plutôt que de prolonger les temps d'observation, au risque de provoquer une démotivation ou une surcharge de travail.

Une fois la grille d'observation clinique complétée, l'analyse permet de mettre en relief

Tableau 16.1

Grille d'observation clinique

- Raison d'utilisation de la grille : agitation physique et verbale (errance, cris et propos répétitifs)
- Principaux diagnostics médicaux : démence mixte, hypertension artérielle – insuffisance cardiaque

Médication actuelle : maléate d'énalapril 5 mg/24 h, furosémide 40 mg/24 h, digoxine 0,125 mg/24 h, thioridazine 10 mg/8 h, témazépam 15 mg au coucher

HEURE	DESCRIPTION DU COMPORTEMENT PERTURBATEUR	ÉLÉMENTS DÉCLENCHEURS	CE QUI EST FAIT (INTERVENTIONS)	RÉSULTATS
6 h	La malade est au lit et tient des propos répétitifs à voix haute : « Madame, où dois-je aller ? Je veux me coucher. » Son regard est effrayé. Elle bouge sans cesse et cherche à se lever.	• La malade a été réveillée par l'arrivée de deux soignantes dans sa chambre. • Elle est désorientée dans le temps et l'espace. • A-t-elle besoin d'uriner ?	• Nous l'orientons dans les 3 sphères et l'amenons aux toilettes. • Nous la réinstallons au lit, lui offrons son chapelet et assurons une présence rassurante pendant 5 min.	• Elle a eu une miction. • Une fois installée au lit, elle s'est calmée, a fait une prière et s'est endormie à 6 h 30 jusqu'à 8 h. Calme à son réveil.
10 h 30	Début des comportements d'agitation 15 min auparavant. Elle s'introduit dans les chambres, dit qu'elle ne peut demeurer seule, recherche la présence du personnel et répète sans cesse les mêmes demandes : « Que dois-je faire ? Où dois-je aller ? »...	• Surcharge sensorielle (bruit) à cause de la période des bains et des activités. • Est-elle fatiguée parce qu'elle a subi un examen médical ce matin ? • A-t-elle besoin de s'occuper ?	• Nous la conduisons à la salle de séjour (endroit plus calme) et lui offrons un jus. • Par la suite, nous l'invitons à se bercer et à feuilleter son album de photos de famille. • Nous assurons une présence aux 20 min pour la sécuriser.	• Elle s'est calmée rapidement et nous avons observé une diminution des demandes. • Elle est demeurée au salon jusqu'au repas, y a circulé à quelques reprises puis est retournée d'elle-même se bercer.
15 h 30	La patiente circule dans le corridor et cherche à entrer au poste de travail des infirmières. Sa démarche est rapide, son regard apeuré. Elle crie « Madame, Madame! » mais ne peut préciser ses besoins.	• Surcharge sensorielle (bruit) à cause du changement de service et la fin de l'activité musicale. • La personne est désorientée dans le temps et l'espace. • Est-elle fatiguée ou a-t-elle besoin d'uriner ?	• Nous la conduisons aux toilettes puis l'installons dans un fauteuil dans sa chambre pour une sieste.	• Elle n'a pas eu de miction. • Elle s'est relevée immédiatement et est demeurée agitée (errance, cris, propos répétitifs) jusqu'à 16 h 30.
16 h 30	La patiente crie sans arrêt « Madame, Madame! ». Elle s'introduit dans les chambres et cherche à fouiller dans les effets personnels des autres patients.	• Surcharge sensorielle (bruit) à cause de la présence de nombreux visiteurs. • La patiente est désorientée dans le temps et l'espace. • A-t-elle faim ou a-t-elle besoin de s'occuper ?	• Nous lui offrons des biscuits salés. • Nous l'orientons dans les 3 sphères. • Nous l'invitons à aider un soignant pendant que celui-ci prépare la lingerie. • Nous lui donnons des explications simples.	• Elle se calme presque aussitôt et aide le soignant à placer la lingerie sur le chariot. • Elle s'est bien alimentée au repas. • Elle a été calme toute la soirée : s'est bercée au salon et a circulé dans le corridor à quelques reprises.

ANALYSE DE LA GRILLE D'OBSERVATION CLINIQUE

L'analyse de la grille permet de préciser la nature de l'agitation physique et verbale. Les comportements perturbateurs les plus fréquemment observés sont les propos répétitifs à voix haute par lesquels la patiente communique à sa façon un besoin insatisfait. Elle présente également de l'errance et, à une reprise, un comportement de fouille lié à un niveau d'anxiété important.

Ces comportements surviennent à des moments différents de la journée et sont associés à des facteurs externes (surcharge sensorielle) ainsi qu'à des facteurs internes (désorientation, besoins physiques et psychologiques tels manger, dormir, uriner, se sentir en sécurité).

La grille met également en évidence les interventions aidantes favorisant une baisse de l'anxiété et de la persévération qui en résulte. Ces interventions sont l'orientation dans les trois sphères et la sécurisation par une présence rassurante ou par une activité adaptée (prier, regarder un album de photos, se bercer, plier du linge). Par ailleurs, répondre aux besoins physiques insatisfaits est un autre moyen de diminuer les comportements perturbateurs. Il faudra donc mieux les identifier et y répondre rapidement.

Source : Soins infirmiers, Institut universitaire de gériatrie de Sherbrooke

les éléments les plus importants et d'établir des liens entre eux. De plus, les interventions d'aide notées dans la grille sont étudiées afin de comprendre les raisons de leur efficacité. Par la suite, elles pourront être proposées dans le plan de traitement. L'analyse permet également de faire ressortir le besoin d'informations supplémentaires sur certains aspects de la problématique. Enfin, le résultat de l'analyse doit être transmis à l'équipe, ce qui l'aidera grandement à comprendre la dynamique du comportement et l'orientation des approches et des interventions.

ÉTIOLOGIE SOUS-JACENTE DES TROUBLES DU COMPORTEMENT

Dans un deuxième temps, il est important de chercher des causes sous-jacentes *médicales, psychiques* ou *environnementales* du comportement perturbateur (Tableau 16.2). En effet, les troubles du comportement peuvent parfois être la manifestation d'un *delirium* dont il faut déterminer l'étiologie (problème systémique, effet des médicaments, etc.). Par ailleurs, si le patient crie, s'agite, devient agressif lorsqu'il est mobilisé ou installé dans certaines positions, la douleur sera alors envisagée comme facteur étiologique. De plus, les déficits sensoriels occasionnent une mauvaise perception de l'environnement et peuvent entraîner des comportements perturbateurs.

Les causes de nature *psychiatrique* et *psychologique* peuvent aussi être source de troubles du comportement. Une dépression grave peut provoquer des comportements régressifs. Les malades psychotiques sont souvent très souffrants, surtout si des déficits cognitifs entravent leur capacité d'expression. Leur perception de l'environnement s'en trouve altérée et les troubles du comportement prennent figure de réaction défensive. L'anxiété et les difficultés d'adaptation peuvent s'exprimer sous forme de réaction catastrophique avec agitation et agressivité. Le sujet affecté de pertes cognitives perd aussi le contrôle sur sa vie et son environnement. Sa capacité à verbaliser ses émotions, sa détresse, ses besoins se trouvant amoindrie, ce qu'il ne peut exprimer en mots sera extériorisé par ses comportements. Puisque ces derniers reflètent souvent des mécanismes de défense ou d'adaptation utilisés par le patient, la personnalité sous-jacente influencera grandement le type de réactions rencontrées.

Finalement, il faut déterminer la contribution possible de certains *facteurs environnementaux* et tenter d'établir leurs liens avec les troubles du comportement. C'est ainsi que la mise sous contention physique pour le contrôle d'un comportement comme l'errance peut engendrer d'autres comportements encore plus perturbateurs; l'entrée en institution ou les transferts vers un autre service augmentent la désorientation et, par le fait même, les risques de problèmes comportementaux; la sous-stimulation ou la surstimulation peuvent également influencer le comportement du malade qui, à cause de ses déficits cognitifs, se trouve démuni et crie pour s'autostimuler ou, inversement, devient agité, car il ne comprend plus ce qui se passe autour de lui. De plus, la méconnaissance de la démence, des déficits qu'elle provoque et des conséquences qu'elle entraîne est à la base d'attitudes et d'interventions inadéquates favorisant la manifestation de troubles du comportement.

PLAN DE TRAITEMENT

Ce n'est qu'après avoir soigneusement évalué le comportement et tenté d'en déterminer précisément les causes que le plan de traitement est élaboré. Il débute par la correction des

Tableau 16.2
Causes sous-jacentes des troubles du comportement chez les sujets atteints de déficits cognitifs

Médicales	Psychiques	Environnementales
• *delirium* • douleurs • déficits sensoriels • besoins insatisfaits	• trouble affectif • trouble d'adaptation • symptômes psychotiques • anxiété • expression d'émotions • personnalité sous-jacente	• contentions • changement d'environnement • sur- ou sous-stimulation • attitudes ou interventions inadéquates

déficits sensoriels, le soulagement de la douleur et les thérapies spécifiques aux affections sous-jacentes. Par la suite, on privilégiera les approches non pharmacologiques.

Approche non pharmacologique

La première des approches se situe dans les *interventions de nature environnementale*. Puisque les comportements perturbateurs sont involontaires, non dirigés contre autrui et hors du contrôle du patient, les actions viseront plutôt des modifications de l'environnement. Pour ce faire, le malade a besoin d'une période d'adaptation dont le processus est favorisé en «simplifiant» l'environnement et en établissant une routine sécurisante. Dans la majorité des situations de troubles comportementaux, il est souhaitable d'utiliser des repères spatio-temporels, d'éviter les contraintes physiques, de prévoir des temps d'activité alternant avec des périodes de repos, afin d'éviter la surstimulation et de permettre le sommeil nocturne. De plus, il faut favoriser la valorisation des capacités restantes au moyen d'activités bien adaptées, diminuer les tâches trop exigeantes afin de réduire la confrontation aux déficits et soustraire le sujet aux situations susceptibles d'entraîner des comportements perturbateurs. Enfin, il est important de répondre aux besoins du malade en respectant son rythme, en procédant étape par étape et en prévoyant des temps privilégiés pour les soins de base. Dans l'élaboration du plan d'intervention, il est primordial de tenir compte de la personnalité et des goûts du patient en respectant ses mécanismes de défense et ses stratégies de compensation et en gardant, bien sûr, toujours en mémoire que cette personne est très sensible au non-verbal, puisque ses capacités de compréhension et d'expression verbales sont réduites.

La seconde approche d'intervention non pharmacologique concerne l'*information*, l'*enseignement* et le *soutien* aux soignants et aux aidants naturels. Ces différentes formes d'aide visent à accroître les connaissances, à modifier les perceptions et à acquérir des aptitudes cliniques, ce qui favorise grandement la mise en place et le suivi des interventions.

L'information doit principalement porter sur la condition pathologique, la dynamique du comportement perturbateur et le plan de traitement préconisé. Il est important d'informer l'entourage sur la symptomatologie et les manifestations cliniques de l'affection, la gravité des atteintes cognitives ou le stade de la démence. Par exemple, le fait de mieux comprendre que des demandes à répétition sont souvent la manifestation d'un trouble profond de la mémoire récente ou que l'agitation physique au cours des soins est liée à un manque de compréhension de la situation s'avèrent des éléments d'information qui permettent de mieux saisir le problème. De plus, les données colligées dans la grille et l'analyse de cette grille doivent être transmises à l'équipe de soins, afin d'accroître la compréhension du comportement et de favoriser une perception plus objective des événements problématiques. L'information doit aussi aborder la nature des interventions recommandées et les attitudes à privilégier. A mesure que la situation évolue, des explications complémentaires concernant les réactions du malade et les modifications de son comportement sont nécessaires, afin d'ajuster les interventions.

Dans les cas où un traitement pharmacologique est requis, l'information doit être donnée sur les effets espérés de la médication, ses effets secondaires et les modalités d'ajustement de la posologie.

Pour leur part, les programmes d'enseignement destinés aux soignants visent essentiellement l'augmentation des connaissances théoriques et le développement d'aptitudes cliniques. Il est donc souhaitable que les formations portent sur les états démentiels, l'observation et l'évaluation des divers troubles du comportement, les modes de communication et les principes adaptés d'intervention. Plusieurs suggèrent, de plus, l'enseignement des approches gérontologiques telles l'orientation à la réalité, la stimulation sensorielle, la réminiscence et la validation. Ces approches tendent à améliorer la communication avec la personne atteinte de déficits cognitifs et à établir une relation de confiance. Elles devraient avantageusement être intégrée au plan d'intervention puisqu'elles permettent de réduire l'anxiété, précurseur fréquent de troubles du comportement.

Enfin, les groupes de soutien se révèlent une autre forme d'aide efficace pour gérer les difficultés émotionnelles liées à l'existence de troubles du comportement et rencontrées quotidiennement par les soignants. Il en existe plusieurs formes mais, dans l'ensemble, tous visent à explorer les difficultés relationnelles entre soignant et soigné et à identifier des moyens concrets pour mieux gérer ces situations problématiques. A l'intérieur de ces groupes, les soignants apprennent à exprimer leurs émotions, à identifier les obstacles à la communication, à modifier leurs perceptions, à échanger sur les stratégies d'intervention, à identifier les sources de motivation, à consolider l'entraide et à expérimenter des exercices d'imagerie mentale et de relaxation. Le soutien offert à l'équipe permet aussi de reconnaître formellement les difficultés vécues par les soignants et souvent engendrées par les troubles du comportement.

Enfin, lorsque les personnes-ressources qualifiées sont disponibles, un troisième type d'intervention non pharmacologique peut être envisagé: la *zoothérapie*, la *musicothérapie*, la *thérapie occupationnelle*, etc. peuvent contribuer au bien-être et offrir un complément précieux.

Approche pharmacologique

Le plan de traitement peut aussi nécessiter le recours aux médicaments. Il importe toutefois de déterminer au préalable si le comportement visé est susceptible de répondre à la médication. Le fait, par exemple, de poser à plusieurs reprises la même question est inhérent aux troubles de mémoire et ne peut être modifié par la médication; pénétrer dans les chambres des autres et errer sont des manifestations de la désorientation qui ne peuvent être modifiées que par des mesures environnementales. Si on pense qu'un médicament peut favoriser la modification d'un comportement, on doit bien préciser au départ les buts et les limites du traitement. Il est préférable de donner un seul médicament à la fois et, dans une classe spécifique, de privilégier celui dont la pharmacocinétique, la pharmacodynamique, les interactions médicamenteuses et les effets secondaires sont, pour nous, les mieux connus. Il faut débuter le traitement à petites doses, s'assurer que le patient prend bien son médicament, laisser s'écouler un laps de temps approprié en fonction du type de médicament et de sa demi-vie avant d'en mesurer l'efficacité et évaluer si les doses sont suffisantes, ou, au contraire, trop élevées (spirale de toxicité). L'ajustement de l'horaire de la prise de médicaments et l'évaluation régulière des besoins

médicamenteux représentent des actions nécessaires et préalables à l'augmentation de la posologie. En effet, il peut y avoir rémission spontanée du symptôme cible, suite à une progression de la démence ou à un changement environnemental. Finalement, il est essentiel de procéder à un suivi étroit et de s'interroger sur les besoins réels, avant de renouveler la prescription.

Dans l'approche pharmacologique, on dispose de plusieurs outils. Toutefois, certaines règles spécifiques de prescription permettent de faire un choix plus judicieux et plus susceptible de contribuer à régler les problèmes du comportement.

Neuroleptiques. En dépit du fait qu'il n'existe pas de traitement spécifique des troubles du comportement, certaines études considèrent les neuroleptiques comme les agents de premier choix. Une méta-analyse récente démontre que les neuroleptiques sont généralement plus efficaces que le placebo, mais s'équivalent tous au point de vue efficacité. Le choix repose donc sur les réactions antérieures du patient, le profil des effets secondaires et l'expertise clinique. Certains neuroleptiques, comme la chlorpromazine et la thioridazine, sont associés à des effets secondaires surtout anticholinergiques, sédatifs et hypotenseurs; ceux de la famille de l'halopéridol engendrent principalement des effets extrapyramidaux; quelques-uns comme la perphénazine ou la loxapine ont un profil intermédiaire d'effets secondaires et peuvent offrir une alternative valable. Quant aux neuroleptiques injectables à action prolongée, ils sont rarement indiqués. Si le comportement est assez problématique pour justifier une médication, mieux vaut ne pas la donner seulement au besoin mais plutôt sur une base régulière, afin de prévenir l'apparition des crises. Une fois le comportement contrôlé, des essais réguliers d'arrêt de médication doivent être faits, afin d'évaluer la nécessité de continuer les neuroleptiques. Enfin, les effets secondaires à long terme devront être considérés, particulièrement la dyskinésie tardive.

Anxiolytiques de type benzodiazépine. En dépit du peu d'études contrôlées à double insu, les benzodiazépines ne sont pas indiquées pour le contrôle, à long terme, des troubles du comportement, surtout en présence d'agressivité, à cause de leur potentiel désinhibiteur. De plus, ils provoquent parfois des réactions paradoxales, de la confusion, de la sédation, etc. Toutefois, ils peuvent être utiles pour contrôler les troubles du comportement sans agressivité ou ponctuels (agitation lors du bain ou d'un examen, etc.). Les anxiolytiques à privilégier sont ceux qui ont une courte demi-vie, sans métabolite actif, pour éviter l'accumulation et la toxicité (alprazolam, lorazépam, oxazépam). Pour les troubles du sommeil, il importe tout d'abord de favoriser les interventions d'hygiène. En cas de nécessité absolue de médication, les benzodiazépines à courte demi-vie sont préférables.

Anxiolytiques de type non benzodiazépine (buspirone). La buspirone peut être utile dans les troubles du comportement liés à une anxiété généralisée, mais son rôle dans le traitement des comportements perturbateurs comme l'agressivité demeure incertain. Toutefois, selon quelques études de cas et quelques études ouvertes non contrôlées, la buspirone serait significativement efficace chez un petit nombre de patients et pourrait offrir une alternative assez sécuritaire en cas d'échec des traitements conventionnels.

Antidépresseurs. Ils ne sont efficaces que si les troubles du comportement surviennent dans un contexte où une dépression sous-jacente est suspectée. Toutefois, la trazodone, seule ou combinée au tryptophane, s'est avérée efficace dans plusieurs séries de cas de troubles du comportement sans composante dépressive. Une étude comparative entre trazodone, buspirone et placebo a montré que la trazodone améliore modérément les troubles du comportement et que son effet, selon les grilles d'analyse, n'est pas lié à ses propriétés antidépressives. Le mécanisme d'action de ces médicaments n'est pas clair. Leur action serait liée à leur propriété 5-HT agoniste/antagoniste puisque la sérotonine semble impliquée dans les troubles du comportement chez l'animal et que les chercheurs ont observé l'existence de troubles sérotoninergiques chez les sujets atteints de la maladie d'Alzheimer. C'est à la suite de cette hypothèse sérotoninergique que la buspirone et la trazodone ont été utilisées et qu'éventuellement les inhibiteurs sélectifs dans la recapture de la sérotonine pourraient l'être aussi.

Antihistaminiques. Ils sont peu indiqués, car très sédatifs et causant beaucoup d'effets secondaires anticholinergiques.

Lithium. Il s'avère utile pour contrôler l'agressivité et l'irritabilité associées à des troubles psychiatriques comme la manie. Son efficacité est également décrite dans le contrôle de l'agressivité chez les patients atteints de retard mental, chez les sujets qui présentent un traumatisme crânien et chez les prisonniers. Toutefois, on manque de données sur son usage chez le patient âgé dément et, dans ce cas précis, une neurotoxicité est à craindre, même à des niveaux sanguins thérapeutiques.

Anticonvulsivants (carbamazépine). L'efficacité de la carbamazépine est reconnue dans le contrôle des troubles du comportement liés à des troubles de l'humeur et pour le traitement de l'agressivité secondaire à des problèmes épileptiques. Elle pourrait également être utilisée dans des cas de démence en présence de signes épileptiformes à l'électroencéphalogramme, mais il faudra toutefois surveiller les paramètres hématologiques et la posologie.

Bêtabloquants (propranolol). Bien qu'il n'y ait pas d'étude pour en démontrer l'efficacité, l'utilité clinique du propranolol est connue dans le contrôle de l'agressivité chronique et récurrente chez les sujets déments ou dans les cas d'agressivité résultant d'un traumatisme cérébral. Toutefois, son usage est restreint chez les malades âgés, compte tenu des contre-indications que constituent les affections souvent rencontrées dans ce groupe.

Barbituriques. Ils sont à proscrire, compte tenu de la grande fréquence des effets secondaires qu'ils entraînent.

D'autres médicaments ont également été utilisés pour traiter les troubles du comportement. Nous nous limitons ici à ceux qui sont le plus fréquemment prescrits. Le plan de traitement est résumé au tableau 16.3.

Efficacité de la démarche multidimensionnelle

Le traitement des troubles du comportement chez les personnes âgées atteintes de démence ne peut faire l'objet d'une approche unique et spécifique. De trop nombreux facteurs doivent être considérés avant d'entreprendre une intervention clinique pertinente. Il est donc souhaitable de privilégier une approche multidimensionnelle dans laquelle, dans un premier

Tableau 16.3
Résumé du plan de traitement des troubles du comportement

INTERVENTIONS DE BASE
- Satisfaire les besoins de base
- Corriger les déficits sensoriels
- Soulager la douleur
- Traiter les affections sous-jacentes

APPROCHE NON PHARMACOLOGIQUE	**APPROCHE PHARMACOLOGIQUE**
• Interventions environnementales	• Règles de prescription
– prévoir un temps d'adaptation	– évaluer s'il s'agit d'un comportement
– simplifier l'environnement	susceptible de répondre
– établir une routine sécurisante	– déterminer les buts et les limites du traitement
– utiliser les repères spatiotemporels	– donner un seul psychotrope à la fois
– éviter les contraintes physiques	– privilégier dans une classe celui qui nous est
– organiser des activités adaptées	le plus familier
– prévoir des temps de repos	– débuter à petite dose
– favoriser le sommeil nocturne	– s'assurer que le patient prend le médicament
– éviter la sur- ou sous-stimulation	– attendre suffisamment avant de mesurer
– valoriser les capacités restantes	l'efficacité
– éviter les tâches trop complexes	– évaluer si la dose est adéquate
– retirer le patient de situations stressantes	– faire attention à la spirale de toxicité
– éviter la confrontation	– ajuster les heures de prise du médicament
– respecter le rythme du patient	– réévaluer régulièrement les besoins
– prévoir des temps privilégiés pour les soins	médicamenteux
de base	– s'interroger avant de renouveler la prescription
– tenir compte de la personnalité sous-jacente	• Choix médicamenteux
– être attentif au non-verbal	– tenir compte du type de problématique
• Interventions d'enseignement et de soutien	– vérifier la réponse antérieure
– information	– prendre en considération le profil d'effets
– formation	secondaires
– soutien	– évaluer la condition physique du patient
– réminiscence	
– orientation à la réalité	
– validation	
– stimulation sensorielle	
• Thérapies alternatives	
– zoothérapie	
– musicothérapie	
– thérapie occupationnelle	

stade, l'observation, l'analyse et l'évaluation du comportement sont préconisées, afin de pouvoir identifier précisément les causes sous-jacentes. Il est ensuite possible d'entamer une intervention appropriée, individualisée et initialement non pharmacologique. Toutefois, si une approche médicamenteuse s'impose, il faudra respecter certaines règles de prescription et adapter le médicament à la situation en assurant le suivi adéquat. S'il n'existe pas de solution miracle dans le traitement des troubles du comportement chez les patients âgés, certaines études tendent toutefois à montrer que l'approche multidimensionnelle permet de contrôler environ 65 % des troubles du comportement des malades âgés présentant des déficits cognitifs. Cependant, beaucoup reste à faire au chapitre des études cliniques, afin de développer des approches plus adaptées et des interventions spécifiques qui amélioreront la qualité de vie des personnes âgées.

BIBLIOGRAPHIE

ANCILL, R.J. & Coll.: Agitation in the demented elderly: a role for benzodiazepines? *Int. Clin. psychopharmacol.*, 6(3):141-146, 1991.

BECK, C. & Coll.: Caregiver's perception of aggressive behavior in cognitively impaired nursing home residents. *Journal of neuroscience nursing*, 22(3):169-172, 1990.

COHEN-MANSFIELD, J.: Agitation in the elderly. *Adv Psychosom Med*, 19:191-113, 1989.

DEUTSCH, L.H. & B.W. ROVNER: Agitation and other non-cognitive abnormalities in Alzheimer's disease. *Psychiatric clinics of North America*, 14(2):341-351, 1991.

HERRMANN, N. & G. ERYAVEC: Buspirone in the management of agitation and aggression associated with dementia. *The American Journal of Geriatric Psychiatry*, 1:3, 249-253, 1993.

HOTTIN, P.: Pharmacothérapie pour contrôler l'agitation chez les patients ayant des déficits cognitifs. *Can J Psychiatry*, 35:270-272, 1990.

LAWLOR, B.A. & Coll.: A pilot placebo-controlled study of trazodone ans buspirone in Alzheimer's disease. *International Journal of Geriatric Psychiatry*, 9:55-59, 1994.

LECLAIR, K.J.: Behavioral disturbances, on approach to assessment. *Gériatrie*, **juin-juillet**:39-55, 1991.

LÉVESQUE, L. & Coll.: *Alzheimer: Comprendre pour mieux aider*, Éditions du Renouveau pédagogique inc., Montréal, 1990.

MALETTA, G.J.: Treatment of behavioral symptomatology of Alzheimer's disease, with emphasis on aggression: current clinical approaches. *International psychogeriatrics*, 4(1):117-130, 1992.

RAPP, M.S. & Coll.: Behavioural disturbances in the demented elderly: phenomenology, pharmaco-therapy and behavioural management. *Can J Psychiatry*, 37:651-657, 1992.

SCHNEIDER, L.S., POLLOCK, V.E. & S.A. LYNESS: A meta-analysis of controlled trials of neuroleptic treatment in dementia. *Journal of the American Geriatrics Society*, 38(5):553-563, 1990.

SCHNEIDER, L.S. & P.B. SOBIN: Non-neuroleptic treatment of behavioral symptoms and agitation in Alzheimer's disease and other dementia. *Psychopharmacol Bull*, 28(1):71-79, 1992.

YUDOFSKY, S.C., SILVER, J.M. & R.E. HALES: Pharmacologic management of aggression in the elderly. *J Clin Psychiatry*, 51(10):22-32, 1990.

LECTURES SUGGÉRÉES

ALESSI, C.A.: Managing the behavioral problems of dementia in the home. *Clin. Geriatr. Med.*, 7(4):787-801, 1991.

BONIN, C. & M. BOURQUE: Gérer les comportements perturbateurs en soins de longue durée. *Nursing Québec*, 13(2):19-26, 1993.

PATEL, V. & T. HOPE: Aggressive behaviour in elderly people with dementia: A review. *International Journal of Geriatric Psychiatry*, 8:457-472, 1993.

CHAPITRE 17

TROUBLES DU SOMMEIL

Dominique Lorrain et Diane-B. Boivin

Des perturbations du cycle veille-sommeil peuvent survenir au cours du vieillissement. La plupart des sondages, européens et américains, rapportent que les personnes âgées estiment dormir moins longtemps durant la nuit (malgré un plus grand nombre de minutes passées au lit), qu'elles ont un nombre plus élevé d'éveils et qu'elles sont moins satisfaites de la qualité de leur sommeil que les personnes plus jeunes. En conséquence, plusieurs personnes âgées se sentent plus endormies, au cours de la journée, plus fatiguées et font la sieste plus souvent.

La principale altération que subit le sommeil des personnes âgées se situe plutôt au niveau de la continuité que de l'induction. En plus des éveils complets, au cours de la nuit, on note une augmentation marquée de petits éveils transitoires. Ces perturbations, pour certaines personnes, ne sont pas problématiques, car elles apprennent à compenser le déficit nocturne par une sieste diurne. Cependant, pour d'autres, ces transformations peuvent devenir source d'inquiétude.

MODIFICATIONS DU SOMMEIL ÉLECTROPHYSIOLOGIQUE AVEC L'ÂGE

Le sommeil se compose d'une succession de stades ayant chacun ses caractéristiques électrophysiologiques: éveil, endormissement, stades 1 à 4 du sommeil et sommeil paradoxal. Les stades 3 et 4 sont aussi appelés sommeil à ondes lentes ou sommeil lent profond. Le sommeil paradoxal est caractérisé par une activité cérébrale ressemblant à celle du stade 1 ou de l'éveil, par une atonie musculaire et par des mouvements oculaires rapides.

Parmi les altérations du sommeil imputables au vieillissement, certaines se rencontrent plus fréquemment.

1. *Diminution de l'efficacité du sommeil* (pourcentage de temps passé en sommeil par rapport au temps passé au lit). Ce pourcentage est en moyenne de 95 % chez le jeune adulte tandis que, chez la personne âgée, il varie entre 77 et 88 %.

2. *Amoindrissement du sommeil lent profond.* Le pourcentage combiné des stades 3 et 4 passe de 25 % chez le jeune adulte à 11 %, en moyenne, chez le sujet âgé et à 2,4 % chez le sujet très âgé (73 à 92 ans). L'amplitude des ondes lentes de la personne âgée saine excède rarement 150 µV, tandis que des ondes de 200 µV sont fréquentes chez le sujet plus jeune. Ceci entraîne un allégement du sommeil pouvant résulter en une sensibilité accrue aux stimulations environnantes et se traduisant par des éveils nocturnes multiples.

3. *Diminution de la latence au sommeil paradoxal.* La latence au sommeil paradoxal, qui est d'environ 90 minutes chez le sujet jeune, diminue, avec l'âge, pour atteindre 60 à 70 minutes chez la personne âgée (cette diminution est surtout une conséquence de la baisse de temps passé en sommeil lent profond).

4. *Augmentation du stade 1.* De 5 % chez la personne jeune, ce stade peut passer à 7-11 % de la nuit chez la personne âgée.

5. *Stade 2 et sommeil paradoxal.* Ces stades sont relativement peu modifiés, quoique, vers la huitième décennie, tous deux tendent à diminuer légèrement. On observe en moyenne 40 % de stade 2, chez le sujet

très âgé, en regard de 50 %, chez le sujet jeune. Les périodes de sommeil paradoxal de la personne âgée ont tendance à être de durée plus ou moins égale pendant la nuit, en contraste avec la progression croissante de la durée de ce stade, au cours de la nuit, chez le sujet jeune.

A ces altérations des composantes électro-physiologiques du sommeil, peuvent s'ajouter d'autres troubles ayant des répercussions sur le processus normal du sommeil. La classification internationale des troubles du sommeil (ICSD[1], 1990) propose de regrouper les troubles du sommeil en trois catégories: dyssomnies, parasomnies, troubles médicaux ou psychiatriques. Les dyssomnies regroupent les troubles intrinsèques et extrinsèques au sommeil, de même que les troubles des rythmes circadiens. Plus spécifiquement, les troubles intrinsèques comprennent entre autres l'insomnie psychophysiologique, le syndrome des apnées du sommeil, le syndrome des jambes sans repos (SJSR), les mouvements périodiques des jambes au cours du sommeil (MPJS) et la narcolepsie. Dans les causes extrinsèques, on retrouve l'hygiène de sommeil, les facteurs environnementaux et les troubles de l'adaptation. Parmi les troubles des rythmes circadiens, le syndrome d'avance de phase sera traité de façon particulière, étant donné sa prévalence chez les personnes âgées. Dans la catégorie des parasomnies, nous verrons le trouble du comportement du sommeil paradoxal. D'autres troubles associés à des problèmes médicaux seront également abordés: maladies respiratoires, maladies cardio-vasculaires, affections vasculaires cérébrales et troubles gastro-intestinaux.

INSOMNIE

L'insomnie est plus fréquente chez la femme que chez l'homme, et chez les plus de 70 ans, cette proportion atteint le double. L'insomnie s'accroît avec l'âge et, selon l'*American Sleep Disorders Association* (ASDA, 1993), de 10 à 50 % de la population en souffrirait. Bien que les personnes âgées ne représentent que 10 à 12 % de la population, les insomniaques âgées reçoivent plus de 35 % des hypnotiques prescrits.

Il est possible d'identifier plusieurs types d'insomnie dont, par ordre décroissant du taux d'incidence: 1) l'insomnie intermittente, qui se caractérise par un endormissement facile, mais un maintien difficile du sommeil; 2) l'insomnie initiale, qui se présente comme une difficulté d'endormissement, mais sans trouble de maintien du sommeil; 3) l'insomnie de fin de nuit, qui consiste en des réveils involontaires et prolongés tôt le matin. Une même personne peut présenter plusieurs de ces formes d'insomnie, de façon concomitante.

Facteurs prédisposants

Il est reconnu que certaines personnes sont plus exposées à souffrir de troubles persistants du sommeil. Ainsi, un système de production de sommeil trop faible, une histoire de dépression récurrente et de mauvaises habitudes de sommeil, telles que couchers et levers tardifs, sont des facteurs qui prédisposent à l'insomnie. Chez ces personnes, des circonstances particulières, telles qu'un événement stressant, anxiogène, un problème médical ou l'usage de certains médicaments, peuvent déclencher une période aiguë d'insomnie. La personne âgée est d'autant plus exposée que ces situations sont fréquentes dans sa vie. Le deuil, la transition en centre d'hébergement, l'isolement, la solitude, la perte d'autonomie et la baisse d'activités, en particulier d'activités régulières, peuvent favoriser l'apparition d'une insomnie.

Une fois apparue la période d'insomnie aiguë, certaines attitudes et comportements risquent de la perpétuer. Ces facteurs sont généralement absents lorsque l'insomnie apparaît, mais se développent rapidement avec les stratégies d'adaptation utilisées qui engendrent malheureusement une mauvaise hygiène de sommeil (horaires irréguliers de sommeil ou temps passé au lit excessif), des comportements inadéquats envers le sommeil (regarder la télévision au lit, manger au lit) ou des attitudes négatives face au sommeil (appréhension d'une mauvaise nuit de sommeil, attentes inappropriées par rapport au sommeil, anxiété relative aux conséquences diverses d'une mauvaise nuit). Le recours à des substituts tels que l'alcool ou les somnifères aboutit souvent à un usage régulier qui, paradoxalement, perpétue les troubles chroniques du sommeil.

---

1. *International classification of sleep disorders*

Évolution de l'insomnie aiguë vers l'insomnie chronique

L'insomnie transitoire, aussi appelée trouble d'adaptation, est la forme d'insomnie la plus courante. Elle est due à un stress aigu ou à une modification de l'environnement. Ce type d'insomnie conduit à une hypervigilance émotive qui interfère avec un sommeil réparateur. Les symptômes surviennent lorsque la personne vit un certain stress et disparaissent lorsque le problème est résolu ou lorsque la période d'adaptation est terminée. La durée moyenne est de moins de 2 semaines. Selon l'âge, la personnalité et les événements précipitants, la perturbation du sommeil peut être caractérisée par une des conditions suivantes : insomnie initiale (difficulté à s'endormir), insomnie intermittente (périodes d'éveils au cours de la nuit), fatigue ou épuisement pendant la journée. La personne qui souffre d'insomnie aiguë ne parvient à faire la sieste malgré le manque de sommeil nocturne. Toutefois, après la résolution de la réaction émotionnelle, le sommeil redevient normal.

L'insomnie peut devenir chronique, lorsque le stress n'a pu être supprimé ou que des facteurs de perpétuation sont apparus. Pour être considérée comme chronique, l'insomnie doit persister pendant au moins 3 mois. Ce type d'insomnie, dit psychophysiologique chronique, est dû principalement à un conditionnement indésirable, alors que des efforts conscients pour s'endormir entraînent un éveil du système nerveux central. La personne s'endort, par contre, lorsqu'elle n'essaie plus consciemment de le faire (p. ex., en lisant ou en regardant la télévision). Les éléments psychologiques responsables de la perturbation initiale du sommeil sont souvent complètement disparus. Si l'insomnie découle d'une tension excessive, les stades 3 et 4 et le sommeil paradoxal diminuent, tandis que si elle dépend d'un conditionnement indésirable, les stades du sommeil ne sont pas perturbés.

L'insomnie n'est pas une maladie mais bien un symptôme pouvant être la conséquence de nombreux facteurs (Tableau 17.1). Une évaluation exhaustive est donc nécessaire pour identifier la nature du trouble du sommeil et la source de la plainte (Tableau 17.2). Les caractéristiques cliniques de quelques causes fréquentes d'insomnie sont décrites au tableau 17.3.

Tableau 17.1

Causes principales d'insomnie chez les personnes âgées

- **Insomnie psychophysiologique**
  - cause déclenchante (anxiété passagère, deuil)
  - facteurs de perpétuation (mauvais conditionnement, hygiène de sommeil)
- **Insomnie associée aux médicaments et à l'alcool**
  - tolérance aux hypnotiques (benzodiazépines)
  - utilisation chronique de stimulants (caféine)
  - sevrage d'un hypnotique, d'un tranquillisant, d'alcool
  - nycturie secondaire à un usage inapproprié de diurétiques
- **Insomnie associée à des douleurs chroniques ou répétées**
  - douleurs musculo-squelettiques
  - autres douleurs (reflux œsophagien, angine)
- **Syndrome des apnées / hypopnées du sommeil**
  - d'origine obstructive
  - d'origine centrale
  - mixte
- **Problèmes respiratoires**
  - dyspnée associée à l'asthme et aux pneumopathies chroniques obstructives
- **Problèmes cardiaques**
  - orthopnée
  - dyspnée paroxystique nocturne
  - angine nocturne
- **Mouvements périodiques des jambes au cours du sommeil (MPJS)**
- **Syndrome des jambes sans repos (SJSR)**

Évaluation

La section qui suit décrit les éléments d'une bonne anamnèse, permettant d'identifier les facteurs associés à un sommeil de mauvaise qualité.

Facteurs environnementaux

Les personnes âgées développent, avec le temps, une certaine hypersensibilité à divers stimuli : les variations de l'intensité sonore ou lumineuse, ainsi que les changements de la température ambiante, les affectent davantage, ce qui rend le sommeil plus difficile. Il peut arriver qu'une stimulation extérieure récurrente soit à l'origine d'un mauvais sommeil, sans que la personne en soit vraiment consciente. Il est alors prudent d'aborder un problème d'insomnie en s'assurant d'abord qu'il n'y a pas, dans

---

Tableau 17.2

Évaluation d'un patient ayant un trouble du sommeil

1. **Facteurs qui ont déclenché ou qui perpétuent le problème**

2. **Durée du problème et tentatives de solutions**

3. **Description du cycle veille-sommeil**
   - au cours des dernières 24 heures
   - agenda de sommeil sur plusieurs semaines

4. **Type d'insomnie**
   - initiale
   - intermittente (réveils fréquents)
   - matinale
   - présence de somnolence diurne (sommeil peu récupérateur, trouble des rythmes circadiens)

5. **Facteurs descriptifs de la qualité du sommeil**
   - environnement (bruit, lumière, température)
   - habitudes à l'heure du coucher
   - heure du coucher et latence au sommeil
   - fréquence et durée des réveils
   - heure du lever
   - impression subjective de récupération
   - siestes diurnes (heure, durée, fréquence, effet)
   - somnolence diurne
   - symptômes de troubles intrinsèques du sommeil (ronflements, apnées et mouvements périodiques des jambes)

6. **Interrogation du conjoint ou des soignants**

7. **Histoire médicale et psychiatrique complète**
   - antécédents médicaux et psychiatriques
   - revue des médicaments
   - prise d'alcool et de caféine
   - examen physique à la recherche de dépression
   - dépendance médicamenteuse
   - douleur, toux, dyspnée, orthopnée, reflux gastro-œsophagien
   - crampes ou mouvements des jambes

8. **Agenda du sommeil, si nécessaire**

---

l'environnement immédiat de la personne âgée, un élément physique extrinsèque susceptible de nuire à la qualité de son sommeil (circulation automobile, voisins bruyants, animaux domestiques, etc.).

Habitudes à l'heure du coucher

Il est souhaitable d'allouer un temps de transition et de relaxation entre la période active de l'éveil et celle du sommeil. Ainsi, la personne qui travaille jusqu'au dernier moment, qui s'inquiète ou a peur de s'endormir, peut voir apparaître une insomnie initiale. Le fait d'associer l'environnement du sommeil à d'autres activités, telles que la lecture au lit par exemple, peut, dans certains cas, mener à une phase insomniaque.

Heure du coucher et latence au sommeil

Un bon sommeil est favorisé par une routine régulière de lever et de coucher. Tout changement dans l'horaire habituel de sommeil est à noter. Il est indiqué de rechercher les symptômes vespéraux qui interfèrent avec l'endormissement. Les pensées récurrentes, la tension musculaire, les pensées angoissantes, la hantise d'une mauvaise nuit de sommeil peuvent toutes engendrer une difficulté à *faire le vide*. Par ailleurs, une difficulté d'endormissement peut aussi se retrouver chez les personnes âgées qui souffrent du SJSR et/ou des MPJS. Ces personnes ressentent, au moment du coucher, lorsque les jambes sont étendues, des sensations qui peuvent être très désagréables et qui empêchent l'endormissement. D'autres problèmes qui provoquent des douleurs chroniques peuvent également être à l'origine de l'insomnie.

Réveils nocturnes

Un sommeil efficace se caractérise par l'absence d'interruption d'origine intrinsèque et par une facilité à se rendormir, à la suite d'un réveil provoqué par une cause extrinsèque. Si tel n'est pas le cas, il faut interroger le sujet sur ses réveils nocturnes et ses retours au sommeil. Par exemple, il est pertinent de rechercher un contenu onirique associé aux réveils, des épisodes d'apnée ou des dysesthésies dans les membres inférieurs. Enfin, il faut préciser l'attitude et le comportement associés aux réveils nocturnes (voir plus loin «traitement comportemental»).

Heure du lever

Tout comme l'heure du coucher, l'heure du lever devrait être relativement régulière. Des réveils précoces, accompagnés de pensées ruminantes ou négatives, combinés à une perte de poids, doivent évoquer une dépression sous-jacente, bien que les éveils matinaux puissent aussi dépendre d'une heure de coucher trop hâtive.

Impression subjective de récupération

Si le sommeil n'a pas été récupérateur, en dépit d'un nombre adéquat d'heures passées au lit, il y a lieu de soupçonner un trouble intrinsèque, comme le syndrome des apnées du som-

Tableau 17.3	
Caractéristiques cliniques des quelques causes fréquentes d'insomnie	
Diagnostic	**Tableau clinique**
Insomnie associée à de l'anxiété	Difficulté à initier le sommeil
Insomnie associée à une dépression	Sommeil agité Insomnie matinale Parfois hypersomnolence diurne
Insomnie associée à des causes cardiaques	Orthopnée Réveil soudain avec dyspnée paroxystique nocturne Signes d'insuffisance cardiaque Hypertension artérielle Maladie valvulaire
Insomnie associée à des douleurs	Difficulté d'endormissement ou réveils fréquents
Syndrome des apnées du sommeil (SAS)	Symptômes diurnes: • céphalée matinale, fatigue excessive, troubles de concentration et de la mémoire Symptômes nocturnes: • ronflement tonitruant, sudation profuse, agitation motrice, réveils fréquents N.B. peu de difficulté d'endormissement si apnée obstructive
Syndrome des jambes sans repos (SJSR)	Difficulté d'endormissement Dysesthésie membres inférieurs
Mouvements périodiques des jambes au cours du sommeil (MPJS)	Sommeil fragmenté Somnolence diurne

meil (SAS) ou celui des mouvements périodiques des jambes au cours du sommeil (MPJS).

Siestes diurnes

L'heure, la durée et la fréquence figurent parmi les facteurs les plus importants pour évaluer l'impact des siestes sur la qualité du sommeil. Il est important de préciser si ces siestes sont intentionnelles et récupératrices. Les vieillards souffrant d'apnées du sommeil, par exemple, ne considèrent pas leurs siestes comme récupératrices, tandis que les sujets narcoleptiques, au contraire, ont de courtes siestes pleinement réparatrices. Il faut aussi différencier l'hypersomnolence, qui est un symptôme de certains troubles du sommeil, de la fatigue résultant d'un sommeil nocturne fragmenté. Les patients affectés d'insomnie psychophysiologique sont souvent fatigués et épuisés pendant la journée, mais ne réussissent pas à faire une sieste.

Il est aussi souhaitable d'avoir une idée du rendement diurne de la personne et de son niveau de vigilance. En l'absence de somnolence diurne et si la personne est bien disposée, c'est que la perte de sommeil dont elle se plaint n'est pas très grave. Toutefois, en présence de somnolence diurne, il faut déterminer les circonstances de l'endormissement: est-il volontaire ou risque-t-il de survenir dans des circonstances dangereuses? Dans tous les cas, l'hypersomnolence diurne n'est pas nécessairement symptomatique de la narcolepsie et peut simplement refléter certaines perturbations du sommeil nocturne.

Conjoint

Un entretien avec le conjoint, ou un proche qui connaît bien les habitudes de sommeil et le fonctionnement ou la somnolence diurne du patient, est particulièrement utile. Cette personne a-t-elle la même perception du délai d'endormissement que le patient? On peut ainsi mettre en évidence des problèmes sociaux ou psychologiques que le malade serait tenté de nier. Le témoignage d'un proche permet aussi d'identifier des symptômes insoupçonnés: mouvements anormaux pendant le sommeil, ronflement, etc.

Agenda du sommeil

En plus de l'entrevue, un agenda du sommeil devrait être complété pour complément d'information. En effet, la quantification des performances de sommeil est utile pour établir le diagnostic et déterminer le traitement.

L'agenda du sommeil, complété par le patient âgé, tous les matins, pendant deux semaines, fournit un profil de ses habitudes de sommeil. Parmi les points importants, on devrait retrouver la latence au sommeil, le nombre et la durée des éveils nocturnes, le temps total de sommeil, la qualité du sommeil, la sensation de repos au lever et l'horaire des siestes diurnes. Le vieillard note également les événements qui peuvent affecter son sommeil, tels que l'usage d'hypnotiques, la présence de malaises ou de douleurs, un problème émotionnel ou un événement particulier.

Bien que l'on puisse généralement se fier à l'évaluation subjective du sommeil par le patient, elle diffère souvent des observations objectives du laboratoire. En général, les sujets insomniaques surestiment leur délai d'endormissement, ce qui indique une perception erronée du temps. Certains insomniaques ont, de plus, un seuil de tolérance très bas et considèrent qu'une latence de 15 minutes est un délai trop long avant l'endormissement.

Traitement pharmacologique

Les études épidémiologiques menées dans divers pays s'accordent sur l'accroissement avec l'âge de la consommation de somnifères. Malgré les recommandations de limiter la prescription quotidienne d'hypnotiques aux cas d'insomnie transitoire, la plupart des gens âgés souffrant d'insomnie chronique consomment des hypnotiques, chaque soir, depuis de nombreuses années. De plus, la proportion d'individus âgés consommant des somnifères serait nettement plus élevée en centre d'hébergement qu'à domicile, particulièrement chez les patients plus indépendants. Les principes du traitement des personnes âgées insomniaques sont présentés au tableau 17.4.

Insomnie psychophysiologique aiguë

L'usage temporaire d'hypnotiques est recommandé dans les cas d'insomnie transitoire, particulièrement en présence de troubles du fonctionnement diurne. Le traitement idéal comporte généralement une benzodiazépine ou une cyclopyrrolone au coucher. Les barbituriques et l'hydrate de chloral, populaires autre-

Tableau 17.4
Conduite à tenir face aux personnes souffrant de trouble du sommeil

1. **Établissement d'un diagnostic complet**
2. **Traitement des causes réversibles et contrôle des facteurs qui contribuent à un sommeil de mauvaise qualité**
   (Une courte hospitalisation peut parfois être nécessaire chez certaines personnes avec dépendance médicamenteuse importante.)
3. **Information et éducation**
   (Causes du problème, hygiène du sommeil)
4. **Prescription d'un hypnotique** (Tableau 17.5)
   a) *Indication:*
   - usage temporaire (moins de 2 sem) dans le cas d'insomnie aiguë, surtout si trouble du fonctionnement diurne
   - usage intermittent (p. ex.: 2-3 fois par sem) si insomnie psychophysiologique chronique incontrôlable par approche comportementale
   b) *Contre-indications:*
   - syndrome des apnées du sommeil (SAS)
   - hypersomnolence diurne inexpliquée
   - histoire de pharmacodépendance ou alcoolisme
   - myasthénie grave
   - réactions idiosyncrasiques aux hypnotiques
5. **Traitement comportemental**
   - Améliorer l'hygiène du sommeil (Tableau 17.6)
   - Thérapies comportementales
     - contrôle par le stimulus
     - restriction du sommeil
     - techniques de relaxation
     - connaissances sur le sommeil

fois, n'offrent aucun avantage thérapeutique supplémentaire et possèdent une marge de sécurité nettement inférieure. Il n'y a, de plus, aucun avantage à substituer un hypnotique conventionnel à un antidépresseur tricyclique ou une phénothiazine, en l'absence de tableau dépressif ou démentiel, étant donné le risque accru d'effets secondaires anticholinergiques.

Le tableau 17.5 résume les propriétés pharmacocinétiques des principales benzodiazépines et cyclopyrrolones. Une posologie plus faible est naturellement recommandée chez les patients âgés, étant donné le ralentissement du métabolisme hépatique et de la clairance rénale avec l'âge. De plus, les sujets âgés seraient plus sensibles que les jeunes aux effets psychomoteurs des hypnotiques. Certaines benzodiazépines tels le triazolam, le flurazépam, le nitrazépam et le zopiclone sont commercialisées au Canada comme hypnotiques. Le zopiclone est reconnu comme sécuritaire chez les patients âgés, puisqu'on observe peu d'accumulation diurne, une bonne couverture nocturne des symptômes et peu d'interactions pharmacologiques. Par contre, le flurazépam possède un métabolite actif, le désalkyl-flurazépam, dont la demi-vie plasmatique est de 50 à 100 heures. Les sujets âgés sont plus sensibles à l'effet résiduel diurne des hypnotiques à longue durée d'action, de sorte que les somnifères à demi-vie courte ou intermédiaire sont préférables dans cette population. Une amélioration de la vigilance diurne a même été rapportée chez certains patients utilisant le triazolam, une benzodiazépine à durée d'action ultracourte. Cependant, l'observation d'effets secondaires neuropsychologiques, tels que l'amnésie antérograde, incite à la prudence. Bien que les produits mentionnés plus haut soient commercialisés comme hypnotiques, les autres benzodiazépines possèdent également des propriétés hypnotiques et anxiolytiques. Par exemple, l'oxazépam, le lorazépam et le témazépam s'avèrent utiles dans le traitement des troubles de maintien du sommeil, puisque leur durée d'action couvre la période nocturne. De plus, leur métabolisme hépatique serait peu influencé par l'âge. Leur absorption étant plus lente, ces médicaments seront administrés une heure avant le coucher. Enfin, le SAS, l'hypersomnolence diurne inexpliquée, une histoire de pharmacodépendance ou d'alcoolisme, la myasthénie grave et les réactions idiosyncrasiques aux hypnotiques constituent des contre-indications à la prescription d'hypnotiques.

Insomnie psychophysiologique chronique

L'approche pharmacologique de l'insomnie chronique ne fait pas l'unanimité. Dans l'ensemble, les auteurs favorisent un usage intermittent plutôt que quotidien (p. ex. 2 à 3 fois par sem). En effet, la consommation prolongée, pendant plus de quatre semaines, d'un hypnotique, aggrave, de façon paradoxale, les troubles de maintien du sommeil. Une diminution significative du sommeil lent profond, du sommeil paradoxal et une augmentation des périodes d'éveil intrasommeil ont été rapportées après un usage continuel d'hypnotiques. De plus, l'usage prolongé de somnifères augmente le risque de tolérance et de dépendance physique et psychologique. Il faut rappeler que l'insomnie constitue un symptôme et non un diagnostic, et que l'étiologie des troubles du sommeil doit être recherchée dans tous les cas. Lorsqu'un SJSR, des MPJS, un SAS, une autre maladie ou un trouble psychiatrique ont été éliminés, le traitement non pharmacologique de l'insomnie psychophysiologique chronique devrait constituer un objectif thérapeutique à long terme et remplacer progressivement les somnifères, chez les patients de tout âge.

Traitement comportemental de l'insomnie

Une bonne hygiène de sommeil est à la base de toute tentative pour contrer l'insomnie. Le tableau 17.6 en présente les principales règles. Celles-ci consistent à favoriser un état physique et mental propice au sommeil. Les insomniaques confondent souvent l'impression de fatigue avec celle de somnolence; en conséquence, ils vont au lit parce qu'ils sont fatigués. N'étant pas prêts à dormir, le fait de se retrouver au lit les porte à réfléchir, à ruminer leur problème d'insomnie ou à anticiper une autre mauvaise nuit. Ces pensées provoquent un éveil émotionnel qui entraîne un état incompatible avec l'endormissement. De plus, l'heure du lever étant l'un des meilleurs régulateurs du rythme veille-sommeil, l'insomniaque ne devrait jamais rester au lit plus longtemps parce qu'il a passé une mauvaise nuit. Il ne fait ainsi que perpétuer son problème. Selon certains auteurs, le besoin de sommeil chez une personne qui ne se plaint pas d'insomnie ne varie pas beaucoup entre 20 et 75 ans. Lorsqu'une personne n'a besoin que de 6 heures de sommeil pour se sentir bien, rester au lit pendant 8 heures ne fait que diminuer l'efficacité de son sommeil. On observe alors une augmentation de la proportion du sommeil de stade 1, qui ne constitue pas un sommeil très récupérateur.

Les thérapies comportementales préviennent la surconsommation de somnifères et minimisent les problèmes d'interactions médicamenteuses, ce qui convient aux personnes âgées. Cependant, il se peut que le délai nécessaire pour l'amélioration du sommeil soit plus long chez celles-ci. Comme beaucoup d'autres interventions auprès des personnes âgées, il faut répéter plus souvent les consignes et les conseils,

Tableau 17.5
Profil pharmacocinétique de divers hypnotiques disponibles

Médicament	Dose initiale suggérée soirée (mg)[1]	Pic sérique (h)	Demi-vie (h)[2]	Principaux métabolites actifs
Triazolam (Halcion®)	0,125-0,25	1-1,5	2-4	Hydroxytriazolam
Oxazépam (Serax®)	10-15	1-2	5-10	non
Lorazépam (Ativan®)	0,5-1	2	10-20	non
Témazépam (Restoril®)	15-30	2-3	9-17	non
Chlordiazépoxide (Librium®)	5-10	1-2	5-30	Desméthyldiazépam (demi-vie 30-60 h)
Bromazépam (Lectopam®)	1,5-3	1-3	8-19	Hydroxybromazépam[3]
Nitrazépam (Mogadon®)	5	1-5	16-18	non
Alprazolam (Xanax®)	0,25-0,5	0,5-2	12-19	Hydroxyprazolam
Clonazépam (Rivotril®)	0,5-1	2-4	20-80	non
Diazépam (Valium®)	2-5	1-4	20-60	Desméthyldiazépam (demi-vie 30-60 h)
Flurazépam (Dalmane®)	15	–[4]	–[4]	Désalkylflurazépam (demi-vie 50-100 h)
Zopiclone[5] (Imovane®)	3,75-7,5	1-1,5	3-7	N-oxyde zopiclone

1. La dose optimale sera individualisée selon la réponse thérapeutique et les effets secondaires encourus.
2. La pharmacocinétique des hypnotiques fut généralement documentée chez le sujet jeune et sain. Chez le sujet âgé, il faut en plus tenir compte d'une demi-vie plasmatique prolongée.
3. Éliminé plus rapidement que le bromazépam.
4. Rapidement métabolisé en désalkylflurazépam.
5. Le zopiclone est une cyclopyrrolone.

clarifier les propos et offrir un bon soutien psychologique.

Contrôle par le stimulus

La méthode du contrôle par le stimulus suppose que l'insomniaque a développé un conditionnement aversif, contingent à la situation de se coucher. Le cas typique est celui de l'insomniaque qui s'endort devant la télévision, mais se réveille complètement pendant les préparatifs de sommeil. Le lit est devenu un objet qui provoque l'éveil, plutôt que de favoriser le sommeil, et tout le rituel de préparation à la nuit devient annonciateur d'inconfort et de malaise. Dans ce cas, il est indiqué d'inverser le conditionnement, en s'assurant que les activités entourant la période de sommeil soient favorables à l'endormissement. Pour ce faire, il faut favoriser l'association entre le sommeil et le lit en ne s'y livrant à aucune activité autre que celle de dormir. Lire, téléphoner, regarder la télévision, écouter de la musique ou réfléchir sont des activités à accomplir en dehors de la chambre à coucher. De plus, elles éveillent l'esprit, et le sujet devra apprendre à diminuer son niveau d'éveil ou d'attention quelque temps avant de se coucher. En plus des consignes déjà énoncées pour une bonne hygiène de sommeil (Tableau

Tableau 17.6
Instructions pour l'hygiène de sommeil

1. Évitez les activités stimulantes en soirée.
2. Mettez-vous au lit seulement lorsque vous vous endormez.
3. Levez-vous à la même heure chaque matin. Si vous sentez réellement le besoin de vous levez plus tard le week-end, ne dépassez pas votre heure habituelle de lever de plus d'une heure.
4. Évitez les siestes diurnes (pour les personnes âgées, il est proposé de se limiter à une courte sieste, moins de 60 minutes, toujours à la même heure, ou de la substituer par une période de relaxation de 20 à 30 minutes).
5. Ne consommez pas d'alcool au moins 2 heures avant le coucher.
6. Ne prenez pas de caféine après 16 h ou 6 heures avant le coucher. Prenez soin de connaître tous les breuvages, aliments et médicaments qui contiennent de la caféine.
7. Cessez de fumer plusieurs heures avant de vous coucher.
8. Faites de l'exercice régulièrement; le meilleur temps pour le faire étant en fin d'après-midi. Éviter les exercices trop intenses après 18 h.
9. Aménagez votre chambre à coucher pour qu'elle soit dédiée au sommeil. Réglez la température ambiante à un niveau confortable, et minimiser le son, la lumière et le bruit.
10. Si vous y êtes habitué, préparez-vous un goûter léger. Ne consommez pas de chocolat ou de sucreries. Évitez de boire trop de liquide. Si vous vous réveillez au cours de la nuit, ne consommez pas de nourriture, car vous pourriez en développer l'habitude. Ceux qui souffrent de reflux gastrique devraient éliminer la nourriture en soirée.

Adapté de P. Hauri: *Case studies in insomnia*, Plenum medical Book Company, New York, 1991.

17.6), la consigne additionnelle la plus importante demeure de strictement réserver le lit au sommeil ou à l'activité sexuelle. Si le sommeil tarde à venir, le sujet doit se lever, aller dans une autre pièce et ne revenir au lit que pour y dormir. Si l'endormissement tarde encore (plus de 15 minutes pour les personnes âgées), il faut se lever de nouveau et quitter la pièce. Par cette technique du contrôle par le stimulus, l'insomniaque devrait apprendre à associer sa chambre à coucher à un endormissement rapide et à un sommeil réparateur.

Restriction du sommeil

Les insomniaques ont tendance à rester au lit, même quand ils ne dorment pas, ce qui con-

tribue à détériorer l'efficacité de leur sommeil. La limitation du temps passé au lit permet une meilleure consolidation du sommeil et favorise une plus grande régularisation du rythme veille-sommeil. Cette thérapie vise à utiliser les effets secondaires de la privation de sommeil, en vue d'augmenter la quantité de sommeil nocturne. En effet, un individu en manque de sommeil s'endormira plus rapidement et dormira plus profondément. L'inconvénient majeur de cette thérapie est d'aggraver certains troubles de la vigilance diurne. Le maintien d'un agenda de sommeil permet de déterminer le temps total qui doit être passé au lit: ce dernier est calculé en fonction du temps moyen que le patient estime dormir par nuit (jamais moins de 4,5 h). L'heure du lever est celle à laquelle le patient se réveille (ou doit se réveiller). L'heure du coucher est calculée à rebours à partir de l'heure du lever. Ceci permet de délimiter une fenêtre de sommeil et, en général, aucune sieste n'est permise en dehors de cette fenêtre. Cependant, chez la personne âgée, une sieste est souvent permise, au cours de la journée, à condition d'être à une heure régulière (en général en début d'après-midi) et de ne pas excéder une heure.

Des ajustements à l'horaire initial sont apportés par la suite. Il semble que les personnes âgées répondent mieux, si la première approche thérapeutique consiste en une réduction de leur temps passé au lit et si la correction ultérieure se limite à augmenter leur temps passé au lit plutôt que de le diminuer. Cette thérapie est donc une façon de réinstaller un nouveau cycle veille-sommeil que la personne doit apprendre à entretenir. La plus grande difficulté consiste à demeurer éveillé dans l'attente du moment de passer au lit. Certaines activités, sans toutefois être trop stimulantes, pourront permettre de retarder confortablement l'heure du coucher. A mesure que l'efficacité du sommeil s'améliore, les pensées anxieuses associées au sommeil devraient s'amenuiser.

Connaissances sur le sommeil

Il est important d'éduquer les clients sur leur sommeil et, dans le cas des personnes âgées, de leur donner les informations nécessaires pour comprendre les changements du sommeil qui apparaissent avec l'âge. Les médicaments prescrits ou en vente libre (antihistaminiques), l'alcool, la caféine (contenue notamment dans le chocolat et certaines boissons gazeuses), la nicotine, le stress, l'inactivité, les siestes prolongées et l'environnement immédiat peuvent tous contribuer à la détérioration du sommeil. Il est également utile de clarifier certains mythes à propos du sommeil, comme la nécessité de dormir 8 heures par nuit, et de rappeler que le manque de sommeil n'est pas toujours aussi désastreux qu'on le pense.

Techniques de relaxation

La relaxation est sans doute la méthode comportementale la plus utilisée dans le traitement de l'insomnie psychophysiologique. En diminuant l'éveil, les différentes techniques de relaxation (relaxation progressive de Jacobson, training autogène de Schultz) contribuent à éliminer l'hypervigilance et permettent ainsi aux mécanismes responsables du sommeil d'agir plus facilement.

Thérapie cognitivo-comportementale

Il est parfois avantageux d'utiliser une combinaison de traitements. C'est ce que vise la thérapie cognitivo-comportementale. Cette méthode éclectique comprend des aspects behavioraux, cognitifs et éducationnels. Les aspects behavioraux combinent la restriction de sommeil et le contrôle par les stimuli. Les aspects cognitifs visent à modifier les fausses croyances et les attitudes erronées, notamment par rapport aux conséquences de la privation de sommeil sur le fonctionnement diurne. Les aspects éducationnels comportent les principes d'une bonne hygiène de sommeil par l'exercice, l'alimentation et la régularité des horaires, tout en informant le sujet sur les changements physiologiques du sommeil avec l'âge. La thérapie cognitivo-comportementale a récemment rapporté de bons résultats auprès des personnes âgées.

SYNDROME DES APNÉES / HYPOPNÉES DU SOMMEIL

La plupart des études épidémiologiques rapportent un accroissement de la prévalence, avec l'âge, des troubles respiratoires pendant le sommeil. Cependant, la signification clinique d'un nombre légèrement élevé d'apnées n'est pas claire, chez la personne âgée, puisque la distinction précise entre un nombre normal et un nombre pathologique d'apnées reste à préciser.

Il est clair, par contre, que l'âge constitue un facteur de risque important des troubles respiratoires liés au sommeil et de leurs multiples complications.

Définition

Le syndrome des apnées du sommeil (SAS) se définit par la présence de pauses respiratoires de plus de 10 secondes, survenant de façon répétitive au cours de la nuit ($\geq$ 5/h de sommeil). Le terme de syndrome des apnées / hypopnées du sommeil a récemment été proposé, pour souligner l'association fréquente entre ces pauses respiratoires complètes et la réduction périodique du débit aérien à moins de 50 % des valeurs de base chez le même patient. Une apnée du sommeil sera qualifiée de centrale ou obstructive, selon l'absence ou la présence d'activité des muscles respiratoires lors de l'arrêt du débit aérien. On retrouve fréquemment, chez le même malade, un syndrome mixte comprenant des accès récidivants d'apnées obstructives, précédées de temps à autre d'une pause apnéique centrale.

Sémiologie

Typiquement, le malade souffrant d'apnées obstructives du sommeil serait décrit comme obèse et hypersomnolent, tandis que celui qui souffre d'apnées centrales serait décrit comme insomniaque et dépressif. Le ronflement quotidien et l'hypersomnolence diurne sont les symptômes les plus fréquents d'un SAS obstructif ou mixte.

Le ronflement est décrit par le partenaire comme tonitruant, irrégulier et interrompu par des pauses respiratoires. Il remonte souvent à plusieurs années. Bien que le SAS constitue la première cause d'hypersomnolence diurne, les patients apnéiques sont typiquement de pauvres évaluateurs de leurs troubles de vigilance, de sorte qu'on recommande fortement de faire l'anamnèse en présence du conjoint. La somnolence s'aggrave en situation d'inactivité physique et atteint son apogée après les repas et en fin de soirée. Le tableau caricatural du patient obèse, endormi dans la salle d'attente du médecin, n'est pas rare et doit faire soupçonner un SAS. Les siestes diurnes décrites par le patient apnéique sont non récupératrices et peuvent durer plusieurs heures, par opposition à celles que l'on observe dans la narcolepsie. On note parfois une céphalée intense au réveil d'une sieste prolongée, sans doute occasionnée par des pauses respiratoires pendant le sommeil diurne. Une altération de l'état de conscience peut également survenir à l'état d'éveil, sous forme d'épisodes dissociatifs et amnésiques qualifiés de «comportements automatiques». Le patient peut maintenir une activité élémentaire au cours de ces épisodes, mais perd la capacité de réagir à des situations inattendues.

Le classique syndrome «pickwickien», décrit par Burwell en 1956, est réservé au patient souffrant d'un SAS obstructif avec hypoventilation alvéolaire et hypercapnie diurne. Ce patient souffre typiquement d'obésité extrême, d'hypersomnolence pathologique, d'insuffisance cardiaque droite et de polycythémie. Par comparaison, une détérioration du sommeil nocturne associée à des épisodes de dyspnée inexpliquée, chez un patient de stature normale, serait plutôt évocatrice d'apnées du sommeil d'origine centrale.

Physiopathologie

Plusieurs études physiologiques ont permis de préciser que le pharynx est le site de l'obstruction dans le SAS. En période d'éveil, le système nerveux central exerce un contrôle neuromusculaire constant de l'ouverture oropharyngée. Dès l'endormissement, le contrôle nerveux des muscles dilatateurs du pharynx s'estompe et l'ouverture pharyngée tombe sous la dépendance de facteurs passifs et mécaniques. Des particularités anatomiques telles qu'une langue proéminente, un rétrécissement oropharyngé, un palais mou hypertrophié et une obésité cervicale ont été décrites chez le patient apnéique. Ces facteurs anatomiques interagiraient avec la baisse de tonus musculaire observée pendant le sommeil et débalanceraient l'équilibre des pressions transmurales oropharyngées. Un épisode d'obstruction pharyngée se termine typiquement par un éveil et un effort respiratoire pour dégager l'obstruction. Cet effort correspondrait au ronflement tonitruant du patient apnéique qui fait souvent suite à un silence respiratoire. Une baisse exagérée de la réponse centrale à la stimulation hypoxique et hypercapnique des chémorécepteurs carotidiens et médullaires serait également impliquée, particulièrement dans la physiopathologie des apnées de nature centrale.

Diagnostic

Le diagnostic clinique d'un syndrome des apnées / hypopnées du sommeil repose sur l'enregistrement polysomnographique en laboratoire de sommeil et le patient devrait être dirigé vers un centre d'étude spécialisé dans le dépistage des troubles respiratoires nocturnes. Un enregistrement ambulatoire ou, de préférence, standardisé, en laboratoire de sommeil, est nécessaire pour préciser la nature et la gravité des troubles respiratoires nocturnes et les distinguer des autres troubles de la vigilance diurne (Tableau 17.7). L'examen clinique ne constitue pas une évaluation suffisante du SAS mais permet d'éliminer des facteurs aggravants tels que la congestion nasale, l'hypertrophie amygdalienne, les tumeurs ou abcès oropharyngés, une maladie pulmonaire, une hypothyroïdie ou une acromégalie. On recherche aussi des complications telles qu'une hypertension artérielle, une insuffisance cardiaque droite ou gauche, des troubles du rythme, une hypercapnie, une polycythémie et une altération des fonctions cognitives. Cependant, un examen physique normal n'élimine, en aucun cas, un diagnostic d'apnée du sommeil.

Traitement

Le suivi thérapeutique d'un malade apnéique s'effectue préférablement dans un centre spécialisé dans le traitement des troubles

---

Tableau 17.7

Diagnostic différentiel de l'hypersomnolence diurne

- Syndrome des apnées du sommeil (SAS)
- Mouvements périodiques des jambes au cours du sommeil (MPJS)
- Narcolepsie
- Hypersomnie idiopathique
- Somnolence secondaire à la consommation de dépresseurs du système nerveux central ou d'alcool
- Atteinte hypothalamique ou du tronc cérébral: tumeur, accident vasculaire cérébral, traumatisme, encéphalite
- Troubles métaboliques: insuffisance rénale, insuffisance hépatique, hypothyroïdie, diabète mellitus
- Dépression
- Troubles des rythmes circadiens
- Privation excessive de sommeil

respiratoires nocturnes. Le patient chez qui on soupçonne un SAS devrait s'abstenir de prendre des dépresseurs du système nerveux central (alcool, benzodiazépines, narcotiques, antidépresseurs, sédatifs) en soirée, puisque ces substances aggravent l'importance des apnées nocturnes. On recommande une réduction de la masse corporelle, compte tenu de la composante restrictive imposée par une surcharge abdominale lors de l'inspiration nocturne. Quelques cas légers de SAS auraient d'ailleurs répondu favorablement à cette mesure thérapeutique isolée. Le sujet apnéique devrait également éviter de dormir en décubitus dorsal, puisque cette position peut aggraver les épisodes nocturnes d'obstruction.

Historiquement, diverses avenues thérapeutiques ont été proposées dans les cas sérieux de SAS, dont la trachéostomie. Cette option est actuellement réservée aux cas réfractaires, étant donné les risques opératoires qu'elle comporte. Dans la majorité des cas, l'usage nocturne d'un appareil de pression aérienne positive continue représente le premier choix thérapeutique. La pression positive du flot aérien est transmise par voie nasale à l'oropharynx où elle agit comme «attelle pneumatique» et prévient l'obstruction nocturne. Plusieurs semaines seraient nécessaires au rétablissement complet de la vigilance diurne. L'approche chirurgicale sera indiquée en présence de déviation septale, de polypes nasaux, d'hypertrophie adénoïdienne ou de rétrognathie. L'uvulo-palato-pharyngoplastie constitue une approche chirurgicale controversée. Elle est envisagée lorsque des mesures céphalométriques permettent d'établir un pronostic thérapeutique raisonnable. Cette méthode chirurgicale peut cependant éliminer le ronflement, malgré la persistance d'apnées nocturnes, de sorte qu'une évaluation postopératoire est indiquée. Enfin, divers stimulants respiratoires (protriptyline, progestérone, théophylline, acétazolamide) ont été proposés. L'amélioration du SAS par ces médicaments est minime et leur efficacité à long terme demeure discutable.

SYNDROME DES JAMBES SANS REPOS ET MOUVEMENTS PÉRIODIQUES DES JAMBES AU COURS DU SOMMEIL

À l'instar du SAS et de la narcolepsie, le syndrome des jambes sans repos (SJSR) et les mouvements périodiques des jambes au cours du sommeil (MPJS) appartiennent aux troubles intrinsèques du sommeil. Rarement diagnostiqués avant l'âge de 20 ans, l'incidence des MPJS atteint 22 à 45 % chez les sujets de plus de 50 ans. On les observe fréquemment dans un tableau clinique d'insomnie ou d'hypersomnolence diurne, où ils sont parfois associés à d'autres troubles intrinsèques du sommeil. Cependant, plusieurs patients âgés, asymptomatiques, présentent un nombre pathologique de MPJS. Ainsi, la répercussion clinique d'un nombre légèrement élevé de MPJS demeure controversée chez la personne âgée.

Le SJSR s'exprime à l'état d'éveil par des dysesthésies profondes, affectant principalement les membres inférieurs, et typiquement décrites comme des sensations de serrement, de fourmillements, de brûlure ou «d'impatiences» dans les jambes. Elles sont soulagées par le mouvement, la friction ou l'étirement des jambes. La plupart du temps, les symptômes culminent à l'heure du coucher et occasionnent une difficulté d'endormissement pouvant durer plusieurs heures. Les MPJS s'expriment comme des mouvements stéréotypés et involontaires des membres au cours du sommeil nocturne. On a décrit une dorsiflexion du gros orteil et/ou du pied rappelant le signe de Babinski, mais plusieurs variantes ont été observées. Le partenaire est souvent réveillé par ces mouvements répétitifs des jambes et l'anamnèse en sa présence est fortement recommandée. Parfois, le patient s'éveille en pleine nuit avec des sensations de serrement dans les jambes, sensations qui sont soulagées par la marche. Dans la majorité des cas, les MPJS entraînent des troubles du maintien du sommeil, mais on peut également observer un tableau d'hypersomnolence diurne.

Le diagnostic définitif des MPJS repose sur l'enregistrement polysomnographique en laboratoire de sommeil. Cette étape est nécessaire pour préciser la nature et la gravité des mouvements nocturnes.

Plusieurs chercheurs considèrent le SJSR et les MPJS comme deux entités pathologiques distinctes, puisque les MPJS peuvent survenir en l'absence de SJSR. Des évidences neurochimiques et neuropharmacologiques suggèrent qu'une altération de la transmission centrale de la dopamine est impliquée dans la physiopathologie du SJSR et des MPJS. En effet, l'administration d'agonistes dopaminergiques tels la

L-dopa, le précurseur immédiat des catécholamines ou la bromocriptine, un agoniste D1/D2, s'est avérée efficace pour traiter le SJSR et les MPJS.

Dans plusieurs centres spécialisés en troubles du sommeil, le traitement de premier choix des MPJS consiste en l'administration vespérale d'une benzodiazépine (clonazépam, nitrazépam ou triazolam) à dose hypnotique. Dans l'ensemble, ces benzodiazépines réduisent les éveils nocturnes secondaires aux MPJS, sans réduire de façon significative le nombre de MPJS. La prescription d'agonistes dopaminergiques (L-dopa ou bromocriptine) est souvent considérée comme premier ou deuxième choix. Contrairement aux benzodiazépines, les agonistes dopaminergiques réduisent de façon significative les MPJS. La L-dopa est généralement administrée au coucher, en association avec un inhibiteur de la décarboxylase périphérique, à la dose initiale de 50 mg. La posologie est ajustée progressivement jusqu'à un maximum de 200 mg au coucher. Étant donné la courte durée d'action de la L-dopa, un rebond de MPJS peut s'observer en fin de nuit, et il est parfois nécessaire de répéter l'administration en pleine période nocturne ou d'utiliser une préparation à action prolongée. Les narcotiques sont également efficaces pour traiter les MPJS, mais seront réservés aux cas graves, étant donné leur potentiel d'accoutumance. Enfin, les conditions aggravantes telles qu'une insuffisance rénale, l'anémie ou la consommation excessive de caféine devraient être corrigées. Un SAS devrait, de plus, être éliminé chez le patient âgé, avant de penser aux dépresseurs du système nerveux central.

TROUBLE DU COMPORTEMENT DU SOMMEIL PARADOXAL

La prévalence exacte du trouble du comportement du sommeil paradoxal (TCSP) est inconnue, mais ce problème est nettement plus fréquent chez l'homme. L'âge moyen d'apparition des symptômes tourne autour de 60 ans.

Le TCSP se caractérise par une disparition plus ou moins prolongée de l'atonie musculaire propre au sommeil paradoxal. Le malade présente par le fait même une désinhibition motrice pendant les périodes de rêves qui caractérisent le sommeil paradoxal. Des épisodes d'agitation nocturne, avec ou sans déambulation, peuvent survenir plusieurs fois par nuit, surtout dans la deuxième moitié de la nuit où l'on retrouve la plus grande proportion de sommeil paradoxal. Des comportements agressifs avec mouvements violents, tels que coups de pied ou coups de poing, s'observent et s'accompagnent de blessures plus ou moins graves, chez plus de 50 % des malades. Le patient éveillé à la suite d'un épisode rapporte, la plupart du temps, un rêve dont le contenu s'apparente aux comportements moteurs présentés. On observe alors un état de conscience normal, contrairement aux éveils confus observés à la suite d'un accès de somnambulisme ou de terreurs nocturnes. Les autres types de parasomnies surviennent en sommeil profond, stade au cours duquel le seuil d'éveil est élevé, tandis que le TCSP apparaît en sommeil paradoxal. En général, les malades souffrant de TCSP se plaignent d'un sommeil perturbé mais quand même réparateur.

Environ 60 % des cas de TCSP sont idiopathiques. La présence concomitante de certains troubles psychiatriques a été rapportée chez les patients souffrant de TCSP, alors que 15 % souffraient d'un problème de dépression et 15 % d'un problème d'alcoolisme. Toutefois, dans aucun cas ces troubles psychiatriques ne correspondaient à l'apparition des symptômes. Divers troubles du système nerveux central ont été associés au TCSP. Il s'agit de troubles vasculaires (hémorragie sous-arachnoïdienne et ischémie vasculaire cérébrale), de maladies dégénératives (démences, dégénérescence olivo-ponto-cérébelleuse, sclérose en plaques), de néoplasie (astrocytome du tronc cérébral) et de maladies inflammatoires (syndrome de Guillain-Barré).

Contrairement au TCSP qui prévaut en fin de nuit, les accès de somnambulisme s'observent principalement en début de nuit, alors que prédomine le sommeil lent, profond. L'éveil du somnambule révèle un état de confusion profond et une amnésie rétrograde plus ou moins complète de l'événement. Il se distingue également des terreurs nocturnes, qui sont généralement marquées d'un cri perçant ou de pleurs et qui s'accompagnent d'anxiété intense. En plus d'une confusion au réveil, une amnésie complète de l'événement est de règle, bien que, quelquefois, un rêve vivifiant puisse être rapporté. Le diagnostic définitif repose sur la présence d'une augmentation intermittente ou persistante de l'EMG, au cours du sommeil paradoxal (perte de l'atonie musculaire habituelle), et sur une histoire de comportement problématique (blessure ou perturbation du sommeil) ou un enregistrement en laboratoire qui démontre un comportement complexe au cours du sommeil paradoxal. Les troubles épileptiformes se distinguent du TCSP par l'électrœncéphalogramme enregistré en cours du sommeil.

Le premier choix thérapeutique est le clonazépam, à raison de 0,5 à 1,5 mg au coucher. Le résultat est bon sur les cauchemars et les comportements vigoureux qui apparaissent en sommeil paradoxal. Le médicament est généralement bien toléré et sécuritaire. Un environnement de sommeil sécuritaire pour le malade doit être aménagé.

NARCOLEPSIE

La narcolepsie représente la deuxième cause d'hypersomnolence diurne après le SAS. La prévalence de la narcolepsie, dans la population générale, se situe autour de 0,03 à 0,16 % et l'incidence de la maladie atteint son apogée entre l'adolescence et la troisième décennie. Bien qu'il soit rare d'observer la maladie après 65 ans, l'hypersomnolence des patients narcoleptiques persiste souvent jusqu'à un âge avancé.

La narcolepsie est une maladie neurologique incurable à prédisposition génétique. La nature génétique de la maladie est appuyée par l'association exceptionnelle de 95 à 100 % entre la narcolepsie et certains antigènes leucocytaires humains du complexe majeur d'histocompatibilité, soit les groupes HLA-DR2 (DRw15) et HLA-DQw1 (DQw6). Cependant, la présence de jumeaux homozygotes discordants pour la maladie suggère une étiologie multifactorielle. Une interaction entre des facteurs environnementaux, tels qu'un stress immunologique ou une privation subite de sommeil, et une prédisposition génétique a été avancée, mais les tentatives pour élucider la nature exacte de cette interaction demeurent, pour l'instant, infructueuses. Plusieurs données neurochimiques et neuropharmacologiques suggèrent qu'une altération de la transmission centrale des catécholamines serait impliquée dans la physiopathologie de la narcolepsie, ce qui pourrait expliquer l'effet thérapeutique des psychostimulants tels que les amphétamines et le méthylphénidate.

Le diagnostic clinique de narcolepsie repose sur l'association de deux symptômes majeurs, la somnolence diurne excessive (SDE) et les attaques de cataplexie. La SDE des sujets narcoleptiques se caractérise par une fluctuation diurne de la vigilance, culminant en accès impératifs de sommeil. Elle constitue le symptôme le plus invalidant et le plus réfractaire de la maladie. Les siestes involontaires rapportées par les sujets narcoleptiques se distinguent de celles des sujets apnéiques par leur caractère impératif, leur courte durée (10-20 min) et leur nature pleinement récupératrice. Les comportements automatiques décrits chez les apnéiques peuvent également survenir dans la narcolepsie humaine. La cataplexie consiste en attaques brèves (quelques secondes à quelques minutes) de paralysie bilatérale des muscles antigravité, typiquement déclenchées par des émotions inattendues telles que le rire, la colère ou la surprise. L'état de conscience est préservé au cours des attaques de cataplexie, un critère pathognomonique qui les distingue des troubles épileptiformes ou cardio-vasculaires. Une sieste, parfois directement en sommeil paradoxal, peut faire suite à une attaque de cataplexie.

Les autres symptômes de la «tétrade narcoleptique» décrite en 1957 par Yoss et Daly sont les paralysies du sommeil et les hallucinations hypnagogiques. Ces derniers surviennent à l'endormissement ou lors d'éveils nocturnes et constituent les symptômes mineurs de la tétrade narcoleptique. Plusieurs chercheurs les considèrent, avec la cataplexie, comme l'expression dissociée à l'état d'éveil de l'atonie musculaire et des perceptions oniriques normalement observées pendant le sommeil paradoxal.

L'évolution de la cataplexie se distingue de celle de la SDE, car elle tend à diminuer avec l'âge pour parfois disparaître. Enfin, la plupart des patients narcoleptiques rapportent, avec l'âge, des perturbations du sommeil nocturne, et près de 50 % présentent des MPJS.

Le diagnostic définitif de narcolepsie repose sur l'enregistrement polysomnographique en laboratoire de sommeil, par des tests nocturnes et diurnes standardisés tels que le test itératif de délai d'endormissement. Cette étape est essentielle, afin d'éliminer les autres causes d'hypersomnolence diurne présentées au tableau 17.7.

En début de maladie, plusieurs cliniciens favorisent un traitement associant un psychostimulant et un anticataplectique pour contrôler les symptômes majeurs de la narcolepsie. Comme la cataplexie disparaît fréquemment avec l'âge, l'approche pharmacologique du malade narcoleptique âgé se limite souvent au contrôle isolé de la vigilance diurne. Les amphétamines et le méthylphénidate demeurent l'approche pharmacologique la plus puissante de la SDE, chez les sujets narcoleptiques de tous âges. La pémoline, utilisée comme anorexigène, et le modafinil, un psychostimulant adrénergique indirect (commercialisé en Europe) sont également reconnus efficaces par les autorités médicales. Le traitement doit débuter à faible dose et ne pas dépasser 37,5 mg de pémoline, 30 mg de méthylphénidate et 15 mg de dextroamphétamine par jour. La posologie est ensuite ajustée progressivement et maintenue aux doses les plus faibles possible.

Les effets secondaires des psychostimulants sont variés et leur importance s'accroît en fonction de la dose. Ce sont l'insomnie, les tremblements, les céphalées, l'agitation, la perte pondérale, les troubles digestifs, les arythmies, l'hypertension artérielle et la pharmacodépendance. La présence de troubles cardio-vasculaires constitue une contre-indication relative à la prescription de psychostimulants. De plus, la pémoline peut causer des troubles hépatocellulaires. En comparaison, le modafinil, qui n'a pratiquement pas d'effet périphérique, présente peu de risques cardio-vasculaires. L'introduction de psychostimulants chez les malades âgés doit faire l'objet d'un suivi médical rigoureux, avec évaluation fréquente des fonctions cardio-vasculaire, hépatique et rénale. De plus, la prescription de stimulants n'est pas indispensable chez les sujets souffrant de somnolence légère, surtout si cette dernière n'interfère pas avec leurs activités quotidiennes. La planification de siestes diurnes est, en fait, suggérée comme traitement de remplacement ou d'appoint. Cependant, l'organisation temporelle idéale des siestes fait l'objet de discussions. En général, les patients narcoleptiques souffrent des répercussions sociales et psychologiques de leur somnolence et on suggère de les orienter vers des groupes de soutien.

Quelques malades âgés peuvent consommer, depuis de nombreuses années, un agent anticataplectique: antidépresseurs tricycliques, clomipramine, imipramine, protriptyline, inhibiteur de la recapture de la sérotonine, fluoxétine ou sel de gamma-hydroxybutyrate de sodium (consommé au coucher). Un sevrage progressif permet d'évaluer la pertinence de ce traitement, mais le retrait abrupt de la médication anticataplectique est déconseillé, en raison de l'aggravation possible de la cataplexie, qui se manifeste par des attaques prolongées et graves, qualifiées de «status cataplectique». La potentialisation des agents psychostimulants par les tricycliques ou le gamma-hydroxybutyrate de sodium peut exiger un ajustement de la posologie, lors du passage à la monothérapie.

Enfin, la fragmentation du sommeil de nuit, observée dans la narcolepsie, est particulièrement résistante aux hypnotiques conventionnels et réagit surtout à l'administration vespérale de gamma-hydroxybutyrate de sodium. Ce médicament est de prescription limitée aux centres spécialisés. Par opposition aux patients souffrant de SJSR, les MPJS ne contribueraient pas aux perturbations du sommeil nocturne observées dans la narcolepsie. Le traitement pharmacologique des MPJS n'est généralement pas nécessaire dans la narcolepsie.

TROUBLES DES RYTHMES CIRCADIENS

On a décrit un rythme diurne pour plusieurs fonctions physiologiques telles que l'alternance veille/sommeil, la courbe de température corporelle, la sécrétion de nombreuses hormones, le volume mictionnel, les électrolytes urinaires et la pression artérielle systémique. Des expériences d'isolation temporelle ont également permis d'identifier un rythme diurne du niveau de vigilance, des performances psychomotrices, de la mémoire à court terme et de l'humeur. On a de plus démontré, chez les mammifères, que plusieurs de ces rythmes sont endogènes et persistent malgré la disparition des fluctuations diurnes de l'environnement. Certains de ces rythmes sont principalement sous le contrôle d'une horloge biologique endogène (rythme diurne de sécrétion du cortisol et de la mélatonine) alors que d'autres sont principalement liés à l'alternance veille/sommeil ou aux changements posturaux diurnes (rythmes diurnes de tension artérielle et de sécrétion de l'hormone de croissance). De façon rigoureuse, un rythme diurne est qualifié de «circadien» (*circa* «autour», *diem* «jour») s'il est sous la gouverne de l'oscillateur endogène circadien. Les rythmes circadiens et endogènes sont ceux qui persistent malgré la disparition des fluctuations diurnes de l'environnement.

Chez les mammifères, l'oscillateur circadien serait localisé au niveau des noyaux suprachiasmatiques de l'hypothalamus antérieur. Un analogue de cette structure a été récemment identifié chez l'humain. Dans la plupart des espèces animales, incluant l'homme, le rythme endogène de l'oscillateur circadien dévie légèrement de 24 heures, ce qui nécessite un ajustement à l'environnement pour le maintien d'un rythme de 24 heures. L'alternance périodique lumière/obscurité constitue le synchroniseur le plus puissant de cette horloge biologique à son environnement géophysique, dans la majorité des espèces animales y compris l'être humain. Une connexion neuronale distincte, la voie rétino-hypothalamique, a été identifiée. Elle transmet à l'oscillateur circadien l'information lumineuse requise pour l'ajustement de l'organisme à son environnement.

Le tiers de la population de plus de 65 ans accuse de façon intermittente ou chronique des éveils matinaux précoces. On a évoqué un défaut d'alignement entre le rythme veille/sommeil et l'oscillateur circadien chez la personne âgée. Cette situation pourrait contribuer, de façon substantielle, à la détérioration du sommeil nocturne et de la vigilance diurne que l'on observe dans cette population. Ainsi, des études rigoureuses en isolation temporelle ont permis d'identifier une avance de phase de l'oscillateur circadien, chez certains sujets âgés. Cela signifie que l'horloge biologique de ces individus serait à l'origine d'un besoin de s'endormir et de s'éveiller à des heures plus précoces que les sujets jeunes.

Le diagnostic différentiel du patient âgé souffrant d'éveil matinal précoce persistant (3 h ou 4 h) devrait donc inclure le «syndrome d'avance de phase». Un tableau dépressif, qui se manifeste également par un éveil matinal précoce, doit auparavant être éliminé chez ces patients. L'exposition à la lumière vive, en fin de soirée, représente une approche thérapeutique élégante du syndrome d'avance de phase et agit en repoussant l'oscillation circadienne à des heures plus tardives. D'autres mesures thérapeutiques expérimentales, telles qu'une restriction des périodes de sommeil à un horaire plus acceptable et la prescription au réveil de mélatonine, ont été proposées dans les troubles des rythmes circadiens. La mélatonine est une hormone sécrétée en période nocturne chez plusieurs espèces animales. Elle serait synthétisée par la glande pinéale chez l'être humain. L'administration exogène de mélatonine s'est avérée efficace pour entraîner les rythmes circadiens et posséderait des propriétés hypnogènes. Ce traitement demeure à l'état expérimental et n'est pas encore disponible pour les cliniciens.

Enfin, on a suggéré que la détérioration marquée de l'organisation temporelle du sommeil, chez les patients souffrant de démence sénile de type Alzheimer, dépendrait d'un vieillissement accéléré de l'oscillateur circadien. L'incidence du «syndrome du coucher de soleil», décrit chez ces malades comme une exacerbation nocturne des troubles du comportement et de l'agitation psychomotrice, varierait chez certains individus de façon saisonnière. Cependant, le rôle de l'exposition lumineuse et des rythmes circadiens dans la physiopathologie de ce symptôme demeure controversé.

AUTRES MALADIES

Une insomnie peut apparaître secondairement à diverses maladies. Les syndromes douloureux en sont un exemple évident. Le traitement de l'insomnie occasionnée par des problèmes médicaux exige le contrôle de la maladie sous-jacente. A l'inverse, la symptomatologie de diverses maladies peut s'aggraver au cours du sommeil. Dans ce cas, l'ajustement du traitement doit permettre de couvrir la période nocturne.

Maladies respiratoires

Le contrôle de la respiration change de façon importante au cours du sommeil chez les sujets normaux. Il n'est donc pas surprenant de noter une détérioration nocturne des échanges respiratoires chez les malades souffrant de broncho-pneumopathies chroniques obstructives ou restrictives. Les changements physiologiques de la respiration, lors du passage de l'éveil au sommeil, consistent en une réduction de la ventilation alvéolaire, une baisse de la réponse des chémorécepteurs carotidiens et médullaires à l'hypoxie et l'hypercapnie, un accroissement de la résistance de voies aériennes supérieures et une réduction du réflexe de toux à l'irritation bronchique. Dans l'ensemble, les maladies pulmonaires chroniques s'associent à des troubles d'initiation et de maintien du sommeil et des épisodes de dyspnée paroxystique nocturne. Une altération de la vigilance diurne peut également survenir à la suite d'une privation importante de sommeil ou en présence d'hypercapnie diurne.

Entre 60 et 74 % des asthmatiques rapportent des attaques nocturnes d'asthme, particulièrement en fin de nuit. De fait, la présence d'asthme nocturne serait un indice de la gravité de la maladie et indiquerait un mauvais contrôle de la symptomatologie. Une baisse des catécholamines circulantes et une élévation du tonus du nerf vague ont été mis en cause dans la physiopathologie de la bronchoconstriction nocturne. On a, de plus, suggéré que ces facteurs interagiraient avec une réaction inflammatoire nocturne. Un ajustement de la médication est donc conseillé, en vue de couvrir la fin de la nuit. On a aussi observé que l'absorption entérique de théophylline semble ralentie en fin de soirée, ce qui favoriserait une concentration plasmatique prolongée au cours de la nuit. Par contre, la terbutaline, un bronchodilatateur bêtastimulant, serait plus efficace le matin. Plusieurs auteurs considèrent les inhalateurs stéroïdiens comme les agents antiasthmatiques les plus efficaces. Ils diminueraient également les crises nocturnes.

La bronchite chronique est généralement diagnostiquée après l'âge de 50 ans. Des épisodes nocturnes d'hypoxie sont rapportés, surtout lors des mouvements oculaires rapides du sommeil paradoxal. Plusieurs mécanismes tels qu'une hypoventilation alvéolaire, une réduction de la capacité résiduelle fonctionnelle et une altération du rapport ventilation-perfusion sont impliqués dans l'exacerbation nocturne des symptômes respiratoires. Les valeurs diurnes de saturation artérielle en oxygène seraient un indice de la gravité des épisodes d'hypoxie nocturne et du taux de survie. Certains auteurs recommandent l'administration nocturne d'oxygène, au moyen de lunettes nasales, dans les cas graves de désaturation. Des céphalées matinales pourraient alors survenir en présence d'hypercapnie nocturne, ce qui devrait faire soupçonner un SAS ou un syndrome d'hypoventilation alvéolaire. On rapporte de bons résultats avec la protriptyline qui agirait principalement en réduisant les périodes de sommeil paradoxal. Cependant, le rebond de sommeil paradoxal, observé lors du retrait de la médication, peut exacerber les symptômes respiratoires nocturnes et incite à la prudence.

Enfin, les syndromes pulmonaires restrictifs chroniques entraînent une hypoxie grave avec hyperventilation et hypocapnie. Le port nocturne ou diurne de lunettes nasales est recommandé en présence d'hypoxie grave.

Maladies cardio-vasculaires

Plusieurs études ont observé une incidence accrue d'angine, d'infarctus du myocarde et de mort subite en fin de nuit. Les changements hémodynamiques associés au sommeil et au changement de posture rapide lors du réveil matinal joueraient un rôle primordial dans ces phénomènes. Une augmentation de la tension artérielle, une accélération du rythme cardiaque et une élévation de la résistance vasculaire ont été avancées comme causes possibles de la baisse de perfusion coronarienne et de la rupture de plaques artériosclérotiques en fin de nuit et au réveil. De plus, une accélération de l'agrégation plaquettaire et une diminution du plasminogène plasmatique ont été observées à ce moment. Les mécanismes exacts impliqués dans la physiopathologie du syndrome de mort subite demeurent obscurs et pourraient faire intervenir des troubles du rythme cardiaque (fibrillation ventriculaire) ou des troubles électrolytiques (hypokaliémie). La consommation des bêtabloquants, propranolol, aténolol ou métoprolol, au coucher, diminuerait l'incidence de mort subite et d'infarctus du myocarde. L'acide acétylsalicylique exercerait également un rôle préventif, en réduisant le pic matinal d'infarctus du myocarde.

Les troubles du rythme cardiaque les plus fréquemment rencontrés pendant le sommeil sont la bradycardie, la pause sinusale et les blocs auriculo-ventriculaires. Une prédominance du tonus parasympathique, en sommeil lent profond et pendant les périodes suivant les bouffées de mouvements oculaires rapides du sommeil paradoxal, pourrait expliquer ce phénomène.

Les tachyarythmies seraient plus fréquentes chez les malades souffrant de troubles respiratoires nocturnes avec désaturation artérielle.

Maladies vasculaires cérébrales

On observe également un rythme diurne pour la survenue d'accidents vasculaires cérébraux thrombotiques. Ces derniers seraient plus fréquents en fin de nuit, entre 6 h et 8 h. Une élévation de la perfusion cérébrale a été observée lors du sommeil paradoxal associé à des fluctuations de la pression artérielle systémique. Cependant, les mécanismes exacts de la physiopathologie des accidents vasculaires cérébraux en fin de nuit demeurent obscurs.

Troubles gastro-intestinaux

Les symptômes gastro-intestinaux sont fréquents au cours de la nuit. Par exemple, les brûlures épigastriques associées à l'ulcère duodénal et à l'œsophagite de reflux s'accentuent souvent en début de nuit. Les mécanismes proposés pour expliquer ce phénomène vont d'un temps de clairance œsophagienne réduit, à une diminution nocturne du pH gastrique, en passant par une réduction du péristaltisme. Diverses avenues thérapeutiques, telles que le sommeil en position semi-couchée, la consommation au coucher d'antiacides et d'anticholinergiques ont été proposées.

BIBLIOGRAPHIE

American Sleep Disorders Association: *L'insomnie : causes et évaluations*, 1993.

BOOTZIN, R.R. & P.M. NICASJIO: Behavioral treatments for insomnia, in *Progress in behavior modification*, Vol.6. Erson, M., Eisler, R.M. & P.M. Miller (eds). New York Academic Press, New York, 1978.

GLOVINSKY, P.B. & A.J. SPIELMAN: Sleep restriction therapy, in *Cases studies in insomnia*. Hauri, P. (ed). New York Plenum Press, New York, 1991.

LACK, S.P. & K. POWLINSHTA: Improvement following behavioral treatment for insomnia: clinical significance, long-term maintenance and predictors of outcome. *Behavior therapy*, 21:117-134, 1989.

LEMMER, B.: *Chronopharmacology. Cellular and biochemical interactions*, Marcel Decker, New York, 1989.

MORGAN, K.: *Sleep and aging. A research-based guide to sleep in later life*, The Johns Hopkins University Press, Baltimore, 1987.

MORIN, C.M.: *Insomnia: Psychological assessment and management*, The Guilford Press, New York, 1993.

SHENK, C.H. & Coll.: Chronic behavioral disorders of human rem sleep: A new category of parasomnia. *Sleep*, 9:293-308, 1986.

Standards of Practice Committee of the American Sleep Disorders Association. Practice parameters for the use of stimulants in the treatment of narcolepsy. *Sleep*, 17(4):348-351, 1994.

THORPY, M.J.: *Handbook of sleep disorders,* Marcel Decker, New York, 1990.

LECTURES SUGGÉRÉES

BOIVIN, D.B.: *Docteur, je ne dors pas!* Module d'auto-formation. Fédération des médecins omnipraticiens du Québec, Montréal, 1993.

Diagnostic Classification Steering Committee: *International classification of sleep disorders: Diagnostic and coding manual*, American Sleep Disorders Association, Rochester, Minnesota, 1990.

EVANS, J.G. & T.F. WILLIAMS: *Oxford textbook of geriatric medicine.* Oxford University Press, New York, 1992.

FLEMING, J.A.E. & C.M. SHAPIRO: *Sleep solutions*, Société canadienne du sommeil, Les éditions Kommunicom, Québec, 1995.

HAURI, P.: *Case studies in insomnia*, Plenum medical Book Company, New York, 1991.

KRYGER, M.H., ROTH, T. & W.C. DEMENT: *Principles and practice of sleep medicine*, W.B. Saunders, Philadelphia, 1994.

CHAPITRE 18

DÉPENDANCE À L'ALCOOL ET AUX PSYCHOTROPES

ROGER ROBERGE

DÉPENDANCE À L'ALCOOL

Définition

Selon le DSM-IV, les «désordres reliés à l'alcool» se subdivisent en deux classes: ceux qui sont associés à l'utilisation de la substance (dépendance ou abus) et ceux qui sont induits par la substance (intoxication, sevrage, troubles anxieux, *delirium*, démence, troubles psychotiques, etc.).

La dépendance se caractérise par la perte de contrôle de la consommation et l'incapacité de s'abstenir, en dépit de conséquences dommageables. La dépendance fait appel aux notions de tolérance, de sevrage, de prise d'une substance en quantité abusive ou pendant une période prolongée. Elle est associée au désir persistant d'alcool. La réduction des activités sociales est secondaire à la consommation excessive d'alcool. Le tableau 18.1 présente les critères diagnostiques du DSM-IV permettant d'identifier la dépendance à l'alcool. Quant à l'abus d'alcool, le DSM-IV le qualifie de mode d'utilisation inadapté, sans le schéma compulsif que l'on retrouve dans la dépendance.

En dépit de l'utilisation croissante de l'appellation «dépendance à l'alcool», le terme alcoolisme continue d'être couramment employé par les professionnels de la santé et le grand public en général. C'est dans un effort d'utiliser une terminologie valide scientifiquement, utile cliniquement et compréhensible du grand public, que les membres du comité conjoint du Conseil national sur l'alcoolisme et la dépendance aux drogues ainsi que les membres de la Société américaine de médecine addictive ont formulé la définition suivante de l'alcoolisme: «Une maladie chronique primaire dont l'apparition et les manifestations sont influencées par des facteurs génétiques, psychosociaux et envi-

Tableau 18.1
Critères diagnostiques de la dépendance à l'alcool (d'après le DSM-IV)

Mode d'utilisation inadapté de l'alcool ayant des conséquences cliniques et qui se manifeste par au moins trois des symptômes suivants à l'intérieur d'une période de douze mois

A. Symptômes de tolérance

B. Symptômes de sevrage

C. Prise en quantité supérieure ou sur un laps de temps plus long que ce que la personne avait envisagé

D. Désir persistant de consommer ou efforts infructueux pour réduire la consommation

E. Temps considérable passé à faire le nécessaire pour se procurer l'alcool

F. Abandon ou réduction des activités sociales en raison de la consommation d'alcool

G. Poursuite de la consommation malgré l'exacerbation des problèmes sociaux, psychologiques ou physiques

ronnementaux, qui se caractérise par une perte de contrôle de l'utilisation d'alcool, par une préoccupation et par une poursuite de la consommation de la substance, en dépit des conséquences nuisibles et des distorsions de la pensée, notamment la négation».

Épidémiologie

Bien que l'intérêt du public pour les problèmes de toxicomanie, et plus particulièrement d'alcoolisme, soit axé sur les personnes plus jeunes, il demeure que la masse grandissante de personnes âgées et les conséquences désastreuses de ce problème dans cette clientèle retiennent l'attention. L'incidence de l'alcoolisme diminue avec l'âge. Cependant, plusieurs facteurs favorisent, chez la personne vieillissante, la dépendance à l'alcool. La retraite associée aux divers changements des rôles familiaux et sociaux, les problèmes de santé, les pertes significatives et la solitude grandissante sont des éléments associés à la dépendance à l'alcool. La prévalence de l'alcoolisme chez la personne âgée est difficile à évaluer, car les études épidémiologiques valables sont rares. La négation de la maladie, les difficultés du dépistage, les définitions nébuleuses de l'alcoolisme, l'importance accordée aux conditions médicales ainsi que les difficultés diagnostiques n'améliorent pas la situation. Néanmoins, plusieurs auteurs rapportent une prévalence variant de 5 à 10 % dans l'ensemble de la collectivité, de 15 à 20 % en centre hospitalier et jusqu'à 60 % dans les hôpitaux psychiatriques.

Diagnostic

Les changements physiologiques et leur impact sur le métabolisme de l'alcool chez l'aîné, la présentation clinique non spécifique, l'isolement social, la comorbidité et les fausses conceptions du public et des professionnels sont des facteurs susceptibles de masquer l'identification des problèmes associés à l'alcool.

Il est maintenant reconnu qu'on tolère moins bien l'alcool en vieillissant. La diminution de l'eau corporelle totale contribue à l'augmentation de l'alcoolémie. Le catabolisme hépatique par l'alcool déshydrogénase ne diminue pas avec l'âge, mais le flot sanguin hépatique décroît de 30 %, ce qui pourrait contribuer à ralentir la désintoxication.

Le médecin est susceptible de rencontrer deux types d'alcooliques. Les alcooliques primaires (60-65 %) sont des buveurs âgés qui ont pris de l'alcool toute leur vie et qui, malgré une consommation abusive, ont réussi à atteindre un âge avancé. L'alcoolique secondaire (35-40 %)

est l'individu qui débute une consommation abusive à un âge tardif, en réaction, le plus souvent, à un facteur de stress. Ces alcooliques secondaires ont eu un ajustement social adéquat, une vie familiale et un travail satisfaisants, contrairement aux alcooliques primaires (Tableau 18.2).

Plusieurs auteurs rapportent que les cliniciens ont des difficultés à identifier les patients âgés affectés d'un problème d'alcool. Il faut au médecin une attitude vigilante, une connaissance des symptômes et des signes associés à la maladie ainsi qu'un recours rationnel et ciblé aux examens de laboratoire, pour confirmer le diagnostic.

Anamnèse

L'absence de réponse à un traitement médical, l'agitation, la confusion, les pertes de mémoire, les déficits d'attention et de jugement, l'abus de médicaments, l'anxiété, la convulsion, l'infection à répétition ou encore l'inquiétude des parents et amis sont fréquemment des indices d'abus d'alcool. La malnutrition, la dépression, les chutes, l'incontinence, la diarrhée, l'hypothermie ou, de façon plus globale, la perte d'autonomie sont des modalités de présentation fréquentes de l'alcoolisme, chez la personne âgée.

De façon spécifique, le médecin doit connaître les facteurs de risque liés à l'alcoolisme (Tableau 18.3). Il interroge le client sur ses antécédents familiaux et personnels d'alcoolisme. Provient-il d'un milieu où l'alcool est fréquemment consommé? Fait-il appel à l'alcool pour se calmer ou faciliter le sommeil? A-t-il des difficultés à cesser de boire après la première consommation? Éprouve-t-il un état d'euphorie après un seul verre? Quelles sont ses habitudes quotidiennes de consommation? Ajoute-t-il de

Tableau 18.2 Comparaison entre l'alcoolisme à début précoce et l'alcoolisme à début tardif		
	Début précoce (primaire)	**Début tardif (secondaire)**
Histoire familiale d'alcoolisme	> 60 %	< 40 %
Fonctionnement psychosocial	Dysfonctionnement de longue date	Adéquat dans le passé
Troubles psychiatriques	Fréquents troubles de la personnalité	Rares
Statut socio-économique	Milieu défavorisé	Tous les milieux
Nutrition	Déficiente	Normale
Traumatismes physiques	Fréquents	Rares

Tableau 18.3
Facteurs de risque associés à l'alcoolisme
Antécédents familiaux d'alcoolisme
Boire pour se calmer
Augmentation récente de la consommation d'alcool
Diminution du contrôle dans la prise d'alcool
Absence d'interdits sociaux
Poursuite de la consommation malgré des avertissements répétés

Tableau 18.4
Le questionnaire CAGE
1. Avez-vous jamais pensé à réduire votre consommation d'alcool?
2. Avez-vous déjà été irrité par les critiques sur votre façon de boire?
3. Avez-vous déjà ressenti un sentiment de culpabilité à cause de la prise d'alcool?
4. Vous est-il déjà arrivé de boire le matin pour calmer vos nerfs ou chasser la «gueule de bois»?

l'alcool à son café? Boit-il seul ou tôt le matin? Ces questions ciblées sont généralement bien acceptées, car elles ne le culpabilisent pas. Pour savoir si les réponses sont exactes, il faut, le plus souvent, confirmer l'anamnèse auprès d'un membre de la famille, car le malade a tendance à minimiser le problème ou à ne pas en parler. Pour faciliter sa démarche diagnostique, le médecin peut aussi recourir à des questionnaires spécialement conçus pour le dépistage des problèmes alcooliques.

Questionnaires de dépistage

La majorité des auteurs proposent au clinicien, dans le but d'améliorer le diagnostic, l'utilisation de questionnaires de dépistage. Les deux plus connus sont le MAST (*Michigan Alcoholism Screening Test*) et le CAGE (acronyme anglais pour *Cut down, Annoyed, Guilty* et *Eyeopener*). Il existe peu d'études portant sur la fiabilité et la validité de ces questionnaires, chez la personne âgée. Cependant, les articles récents favorisent l'utilisation du CAGE. Ce questionnaire est bref, facile d'utilisation, non menaçant et assez précis. Il comporte quatre questions (Tableau 18.4). Une seule réponse positive indique la nécessité d'une évaluation soutenue, afin d'éliminer la dépendance alcoolique. La sensibilité du questionnaire varie de 60 à 86 % selon les auteurs. Sa spécificité varie de 78 % avec une réponse positive à 91 % avec deux réponses positives. Quant à la valeur prédictive positive, elle passe de 66 % avec une réponse positive à 94 % dans le cas de quatre réponses positives. Le CAGE possède deux désavantages. Premièrement, il ne dépiste que l'utilisation abusive d'alcool. Tel que mentionné précédemment, une quantité minime d'alcool, par exemple une à deux consommations par jour, pourrait être suffisante pour gêner l'insertion sociale de la personne âgée et avoir des conséquences médicales néfastes. Deuxièmement, le CAGE ne fait pas la distinction entre l'individu qui consomme actuellement de l'alcool et celui qui a été consommateur mais ne l'est plus.

Examen physique

Sauf en ce qui a trait à l'intoxication aiguë, les signes de prise d'alcool sont le plus souvent subtils et non spécifiques. L'usage aigu ou chronique de l'alcool se manifeste par une atteinte plurisystémique. L'alcool a non seulement des effets sur l'état général et nutritionnel de la personne âgée mais, de façon particulière, il a des répercussions sur le fonctionnement cérébral, le système cardiaque, le système digestif, le métabolisme de la vitamine D et la production hormonale. Le tableau 18.5 présente les indices cliniques qui font suspecter un problème.

Bilan paraclinique

À l'exception du dosage sanguin de l'alcool qui témoigne d'une consommation récente, il n'existe aucun test pathognomonique de l'alcoolisme. Néanmoins, le clinicien retrouvera, au bilan hépatique, à l'hémogramme, au bilan lipidique et au dosage sérique de l'acide urique, des perturbations qui résultent des effets de l'alcool sur les divers organes. Ces anomalies se rencontrent, le plus souvent, chez l'individu qui consomme de l'alcool en grande quantité.

Un indicateur sensible de consommation d'alcool est l'élévation des gammaglutamyltranspeptidases (gamma GT). Près de 70 % des individus montrant des niveaux élevés de gamma GT sont des buveurs excessifs. Il s'agit souvent de la seule anomalie au bilan hépatique. La créatinine phosphokinase (CPK), l'aspartate-aminotransférase (AST), la phosphatase alca-

Tableau 18.5
Indices cliniques d'alcoolisme

Anamnèse
- chutes, confusion, perte d'autonomie
- anxiété, dépression, insomnie
- anorexie, vomissements, diarrhées, douleurs abdominales
- refus de repas et d'aide à domicile

Examen
- état mental perturbé (inattention, déficit de la mémoire antérograde, autres troubles cognitifs)
- haleine
- hygiène personnelle déficiente
- hyperhémie conjonctivale
- glossite, stomatite, perte de poids (malnutrition)
- acné rosacée
- ecchymoses multiples (traumatismes répétés ou déficiences vitaminiques)
- hépatomégalie douloureuse à la palpation
- méléna
- ataxie tronculaire
- tremblements, tachycardie, tachypnée (sevrage)
- hypoesthésie, hyporéflexie (polyneuropathie)
- stigmates de cirrhose (érythème palmaire, contractures de Dupuytren, hémangiome stellaire, gynécomastie, ascite et jaunisse)

Bilan paraclinique
- macrocytose (effet toxique de l'alcool sur la moelle ou déficience en B_{12} ou acide folique)
- tests hépatiques anormaux (gammaglutamyl-transpeptidase)
- fractures de côtes à la radiographie pulmonaire, ostéoporose

line (PA) ne sont généralement pas utiles dans le dépistage de la maladie, parce que ces enzymes proviennent de sources diverses.

A l'hémogramme, le volume globulaire moyen (VGM) peut s'élever, chez le buveur excessif, à la suite d'une déficience en vitamines du complexe B ou en folate, mais aussi à cause de l'effet toxique direct de l'alcool sur l'érythropoïèse. Bien que le VGM soit utile pour identifier le buveur abusif, il s'agit d'une méthode douteuse pour évaluer la sobriété, à cause de la longue demi-vie du globule rouge (120 j). A l'inverse, l'abaissement du VGM alerte le médecin sur la possibilité d'une déficience en fer, car la perte sanguine, secondaire à une gastrite ou une œsophagite, est fréquente chez l'alcoolique.

L'élévation des triglycérides et du cholestérol est consécutive à la baisse de la glycogenèse associée à la prise d'alcool. Quant à l'hyperuricémie, souvent rencontrée chez le buveur chronique, elle peut résulter de plusieurs facteurs et se montre, par conséquent, peu spécifique.

En résumé, le diagnostic d'alcoolisme n'est pas facile. L'utilisation d'un questionnaire de dépistage, le recours à une anamnèse rigoureuse, à un examen physique ciblé et aux analyses de laboratoire bien choisies aideront le clinicien à mieux identifier et mieux comprendre les troubles liés à l'alcool. Le médecin doit non seulement posséder des connaissances sur les changements physiologiques de la personne âgée, sur les présentations non spécifiques de la maladie et sur les contextes sociaux particuliers, mais aussi faire preuve de vigilance constante. Trop souvent, les conséquences de l'alcoolisme sont attribuées à la vieillesse ou à ses maladies concomitantes.

Traitement

Bien que l'on soit porté à penser que le traitement du vieillard alcoolique ait une utilité restreinte, les faits nous démontrent l'inverse. Le taux de participation du patient âgé dans les programmes de désintoxication est plus élevé que dans la clientèle plus jeune, et la réussite thérapeutique est bonne. Cependant, si le patient est isolé, antisocial ou dément, ou si son entourage consomme aussi de l'alcool, le pronostic est beaucoup plus sombre.

Le but du traitement est l'abstinence d'alcool. Il est peu probable que le vieillard, une fois traité, soit en mesure de consommer socialement de l'alcool. Laisser croire à l'individu qu'il peut en prendre un petit peu est illusoire. La seule exception possible serait en institution, où une attitude plus libérale est tolérable si le sujet accepte un contrôle externe.

Les signes cliniques d'un sevrage sévère en évolution, la consommation concomitante de plusieurs agents dépresseurs du système nerveux, les maladies physiques associées, par exemple le diabète ou l'angine, ainsi que l'absence ou l'épuisement des ressources sociales ou médicales extérieures et les échecs des tentatives antérieures sont des indications qui justifient une hospitalisation. Pour le vieillard en santé, le traitement pourrait débuter en externe, en s'assurant de la collaboration du malade, de la famille et des personnes-ressources.

La désintoxication, l'abstinence et la réhabilitation constituent les trois phases des programmes de traitement. Tout au long du processus thérapeutique, une attention particulière est apportée aux conditions physiques et psychologiques associées. Enfin, l'approche multidisciplinaire maximise les chances de réussite d'un programme d'intervention.

La désintoxication est plus longue chez la personne âgée. Le risque de réaction de sevrage peut persister jusqu'à cinq jours après la suppression de l'alcool. L'hydratation, la prescription de thiamine et de multivitamines constituent le traitement de base. Les benzodiazépines demeurent la pierre angulaire du traitement de sevrage. On ne les prescrit que s'il y a des indices de dysfonction autonomique (tremblements diaphorèse), cardiaque (tachycardie, hypertension) ou cérébrale (agitation, confusion). Le chlordiazépoxide et le diazépam, à dosage réduit ($\frac{1}{2}$ à $\frac{1}{4}$ du dosage adulte), demeurent un bon choix, chez la personne âgée en assez bonne santé (fonctions hépatique et pulmonaire adéquates). Des médicaments à demi-vie courte sont à privilégier chez les sujets plus frêles. Le patient reçoit une dose de charge de benzodiazépines. A titre d'exemple, on débute par 1 à 2 mg de lorazépam, 3 à 4 fois par jour, ou 15 à 30 mg d'oxazépam, à la même fréquence. Subséquemment, la médication est administrée sur une base régulière et non au besoin. La décroissance des doses est d'au plus 25 % par jour. La surveillance clinique permet d'adapter le dosage à la condition de chaque individu. Dans les cas légers, la clonidine, *per os* ou en timbre cutané, ou encore des bêtabloquants (propranolol, aténolol) assurent le contrôle de l'hyperactivité, des tremblements et de la tachycardie. Toutefois, ces adjuvants ne diminuent pas le risque des convulsions et ne peuvent donc être utilisés seuls. On pourra, cependant, grâce à eux, réduire les doses de benzodiazépines. En terminant, il faut rappeler que l'halopéridol demeure le meilleur choix pour traiter le *delirium* et les troubles perceptuels.

Le maintien de l'état de sobriété constitue la deuxième phase du traitement. Une fois le sevrage complété, le patient ressent généralement un désir persistant d'alcool. Il présente des difficultés émotionnelles et comportementales. On intervient alors par l'éducation et le traitement de soutien. Le patient se familiarisera aux concepts d'abus et de dépendance alcoolique. Il fera face au déni et à la rationalisation. Enfin, les thérapies de groupe et les rencontres individuelles l'aideront à accepter la maladie et, plus

encore, à la contrôler. Les benzodiazépines sont relativement contre-indiquées à cette étape du traitement, même si le niveau d'anxiété est parfois élevé, car la dépendance à ces médicaments constitue un risque. La buspirone pourrait offrir une alternative, toutefois, son début d'action graduelle (2-8 semaines) et l'absence d'études chez le vieillard alcoolique portent à la prudence avec ce médicament. Du point de vue pharmacologique, le disulfirame ne serait pas recommandable, étant donné la possibilité d'interactions médicamenteuses nocives.

Après avoir complété le sevrage, avoir reconnu le problème et accepté la nécessité d'aide extérieure, le patient commence sa phase de réhabilitation. Il apprend progressivement à réorganiser son existence sans alcool. Le soutien des groupes d'entraide (alcooliques anonymes, groupes de soutien pour la famille, etc.) est des plus utiles. Les auteurs semblent favoriser un programme adapté à la clientèle âgée, mais l'expérience reste fort limitée dans ce domaine. Il n'est pas possible, à l'heure actuelle, de favoriser une thérapie particulière pour cette clientèle hétérogène. Les psychothérapies individuelles ou de groupe, les thérapies comportementales ou cognitives, les thérapies familiales et, plus encore, une relation médecin-malade empathique facilitent la réinsertion sociale.

DÉPENDANCE AUX PSYCHOTROPES

Chez la personne âgée, les psychotropes couramment prescrits sont les neuroleptiques, les antidépresseurs, les sédatifs, les hypnotiques ou les anxiolytiques. Seule la dernière catégorie de médicaments est concernée à la fois par l'abus et la dépendance. Elle comporte les benzodiazépines, les carbamates (méprobamate), les barbituriques (sécobarbital) et les substances similaires (méthaqualone). L'apparition des benzodiazépines, il y a 40 ans, est venue modifier complètement les habitudes des prescripteurs et des utilisateurs. Ces médicaments sont, maintenant, pratiquement les seules substances prescrites dans la classe des sédatifs, hypnotiques ou anxiolytiques.

Consommation des psychotropes chez la personne âgée

Toutes les études évaluant la consommation des psychotropes confirment l'utilisation très répandue des benzodiazépines par les personnes âgées. On estime que 13 à 20 % de la population âgée en consomme. Les principales indications thérapeutiques des benzodiazépines sont les troubles anxieux, l'insomnie et les troubles de panique. Elles sont aussi utilisées dans le contrôle des convulsions, lors du sevrage alcoolique, comme agents anesthésiques et comme myorelaxants.

Le clinicien rencontre fréquemment des patients âgés qui présentent des problèmes d'insomnie et d'anxiété. Un traitement rationnel repose sur un diagnostic juste. Il se déroule dans le cadre d'une prise en charge globale, comportant des mesures non médicamenteuses. Le but et le plan de traitement doivent être clairement énoncés. De plus, il est souhaitable d'en discuter avec le patient. Le traitement anxiolytique ne devrait pas se prolonger plus de 4 à 6 semaines. Quant au traitement hypnotique, il ne dépassera pas 2 à 3 semaines. Cependant, un traitement à plus long terme est justifiable lorsqu'il y a persistance de troubles invalidants et lorsque le bénéfice thérapeutique dépasse le risque d'une éventuelle dépendance. Aux visites de contrôle, le médecin s'assurera de la pertinence de la médication en répondant aux questions suivantes: la condition ayant nécessité le médicament est-elle encore présente? La réponse thérapeutique est-elle satisfaisante? Les effets néfastes sont-ils minimes et contrôlables? Enfin, l'efficacité et l'absence d'abus sont-elles confirmées par la famille ou le personnel soignant?

Il existe un groupe restreint de personnes âgées chez qui on doit envisager l'utilisation à long terme de benzodiazépines. Ce groupe se distingue par une souffrance psychique invalidante qui se manifeste par des symptômes anxieux ou dépressifs, de la dysphorie chronique, des troubles paniques ou de l'insomnie. Toutefois, certains aînés reçoivent des sédatifs, des hypnotiques ou des anxiolytiques, sans raison valable. C'est le cas des sujets qui reçoivent des prescriptions inappropriées, à la suite d'une imprécision de l'évaluation clinique, d'une prescription trop libérale ou d'un suivi inadéquat du traitement. Un autre groupe est composé de patients qui reçoivent un traitement médicamenteux qui n'est plus justifié, bien qu'il l'ait été à un moment donné. Finalement, les individus dépendants des benzodiazépines, chez qui un sevrage n'a pas été envisagé ou s'est avéré non réalisable forment le dernier groupe d'utilisateurs chroniques.

Les aînés sont plus exposés à subir les effets néfastes de la médication, comme la sédation excessive, l'augmentation du risque de chutes, les troubles de la coordination psychomotrice et les troubles cognitifs pouvant ressembler à la démence. De plus, la longue durée d'utilisation peut entraîner un état de dépendance. Par conséquent, il apparaît utile, pour le clinicien, de mieux cerner la problématique entourant la dépendance aux benzodiazépines.

Dépendance aux benzodiazépines

On parle de dépendance physique, lorsque l'organisme exige, pour conserver son homéostasie, un apport régulier de benzodiazépines, et que la suppression provoque des troubles physiques intenses. Cette accoutumance ne fait pas de doute avec les benzodiazépines. Elle se manifeste par des réactions de sevrage et n'est pas nécessairement associée à l'abus ou à la tolérance du médicament. Une posologie élevée, une longue durée d'utilisation, une personnalité dépendante, l'âge avancé ainsi qu'une histoire de dépendance à l'alcool et aux autres drogues favorisent la dépendance aux benzodiazépines. De plus, certaines caractéristiques pharmacocinétiques et pharmacodynamiques particulières de la substance (demi-vie, puissance, solubilité) favoriseraient la dépendance.

La dépendance se développe selon deux modes. Le premier, rare chez la personne âgée, est consécutif à l'utilisation à dose élevée, sur une courte période, de benzodiazépines. Le second, plus fréquent, survient chez le patient qui consomme de façon quotidienne, sur une longue période, la médication prescrite à dose thérapeutique. Habituellement, le risque de dépendance est significatif après 4 à 8 mois d'utilisation des benzodiazépines, mais des symptômes de retrait peuvent apparaître aussi précocement qu'à la quatrième semaine.

Le tableau 18.6 résume les facteurs de dépendance aux benzodiazépines.

Management du syndrome de sevrage

La fréquence des réactions de sevrage, chez la personne âgée, est tellement variable qu'il vaudrait mieux retenir qu'un syndrome de sevrage est susceptible de se manifester chaque fois qu'un patient abandonne l'utilisation d'une benzodiazépine. Ces réactions sont plus fréquentes en cas de posologie élevée. L'apparition

---

Tableau 18.6
Facteurs de dépendance aux benzodiazépines

Âge avancé

Sexe féminin

Personnalité suggestible

Posologie élevée

Longue durée de traitement

Grande vitesse d'absorption du médicament (liposolubilité)

Forte fixation aux récepteurs des benzodiazépines

Demi-vie d'élimination brève

Dépendance préalable à l'alcool et autres drogues

---

et la disparition des symptômes dépendraient plus de la pente de la courbe plasmatique des benzodiazépines que des taux sanguins. A titre d'exemple, les symptômes de sevrage peuvent survenir une journée après l'arrêt d'une benzodiazépine à action courte comme le lorazépam et, habituellement, 3 à 8 jours après l'arrêt du diazépam. Les symptômes de retrait sont classés en trois catégories: la réapparition de l'anxiété ou de l'insomnie, les dysfonctions autonomiques et les symptômes plus spécifiques du sevrage (Tableau 18.7). Les symptômes majeurs comme le *delirium* et les convulsions sont rares. Ils surviennent dans des conditions particulières, soit lors de l'arrêt subit de doses élevées de médicaments ou lorsque l'arrêt survient dans un contexte de pharmacodépendance à plusieurs drogues.

Le sevrage des benzodiazépines (surtout pour les benzodiazépines à demi-vie courte) est difficile, puisque des manifestations de retrait sont décrites, même si la réduction de la posologie est graduelle. Cependant, la diminution lente de la concentration plasmatique minimise la plupart des symptômes et, par conséquent, facilite la tâche. En comparaison avec des patients plus jeunes, les individus âgés auraient un sevrage plus facile, probablement parce que l'élimination plus lente du médicament atténuerait les symptômes.

La réduction des doses de benzodiazépines s'effectue dans un contexte global de prise en charge du malade et nécessite certains préalables. Le patient et sa famille (ou le soignant) seront informés des raisons et de l'utilité de la démarche. Ils doivent être d'accord avec la conduite thérapeutique et participer, dans la mesure du possible, aux différentes étapes du processus.

Dans l'objectif de minimiser les réactions de sevrage, il est préférable de convertir la dose quotidienne de benzodiazépines en diazépam, une benzodiazépine de puissance modérée et de longue action. Le tableau 18.8 énumère les doses des benzodiazépines fréquemment prescrites en gériatrie, équivalant à 2,5 mg de diazépam. On prescrit de préférence une seule benzodiazépine: diazépam ou chlordiazépoxide, lorazépam si insuffisance hépatique ou pneumopathie chronique graves. La réduction (environ 25 % de la dose totale) se fait sur une base hebdomadaire jusqu'à l'émergence des premiers symptômes de sevrage et, par la suite, sur une base bihebdomadaire. De quatre à huit semaines sont habituellement nécessaires pour un retrait complet de la médication. Le sujet très motivé, ayant un bon soutien social, peut généralement être traité en externe. Par contre, il est préférable d'hospitaliser le sujet chez qui la dépendance médicamenteuse est associée à une maladie physique ou psychiatrique, ou qui

---

Tableau 18.7
Symptômes associés au sevrage de benzodiazépines

Réactions de rebond	Anxiété, insomnie, irritabilité
Dysfonctions autonomiques	Palpitations, tremblements, sudation, nausées, vomissements, étourdissements
Symptômes spécifiques	Photophobie, hyperacousie, hyperosmie, sensation de dépersonnalisation, paresthésie, spasme musculaire, hypersensibilité au toucher et à la douleur

---

Tableau 18.8
Doses de benzodiazépines équivalant à 2,5 mg de diazépam

Benzodiazépines	Doses (mg)
Alprazolam	0,125
Bromazépam	1,5
Flurazépam	15
Lorazépam	0,5
Nitrazépam	1,25
Oxazépam	15
Témazépam	5
Triazolam	0,25

présente des facteurs de risque d'un sevrage difficile (utilisation chronique d'une benzodiazépine à demi-vie courte, difficulté à gérer le stress, trouble de personnalité, faible soutien psychosocial).

Il est important que le médecin rencontre le malade régulièrement, au cours du processus de sevrage. D'une part, il faut surveiller l'apparition des symptômes de retrait et, d'autre part, assurer le soutien psychologique.

En conclusion, il semble que le meilleur moyen de réduire la dépendance et, par voie de conséquence, les réactions de sevrage aux benzodiazépines soit l'utilisation optimale du médicament. Il est important de reconnaître que la prescription de psychotropes, et plus particulièrement de benzodiazépines, comporte parfois des risques qui dépassent les bénéfices espérés. Cependant, il est primordial que le malade, pour qui la prise de ce type de médicament est requise, ne soit pas privé d'une thérapie appropriée.

BIBLIOGRAPHIE

ADAMS, W.L. & Coll.: Alcohol-related hospitalizations of elderly people. *JAMA*, 270:1222-25, 1993.

Diagnostic and Statistical Manual of Mental Disorders, American Psychiatric Association, Washington, 4th ed., 1994.

BERCSI, S.J., BRICKNER, P.W. & D.C. SAHA: Alcohol use and abuse in the frail, homebound elderly. *Drug Alcohol Depend*, 33:139-49, 1993.

BOOTH, B.M. & Coll.: Age and Ethnicity among hospitalized alcoholics. *Alcoholism: Clinical and Experimental Research*, 16:1029-34, 1992.

CADIEUX, R.J.: Geriatric psychopharmacology. *Postgrad Med J*, 93:281-301, 1993.

CLOSSER, M.H. & F.C. BLOW: Special populations, women ethnic minorities and the elderly. Recent Advances in addictive disorders, in *Psychiatric Clinics of North America*, W.B. Saunders, Philadelphia, 1993.

Council on Scientific Affairs: Alcoholism in the elderly. American Medical Association. JAMA, 275:797-801, 1996.

EGBERT, A.M.: The older alcoholic. *Geriatrics*, 48:63-9, 1993.

GAMBERT, S.R.: Substance abuse in the elderly, in *Substance abuse*. Lowinson, J.H. & Coll. Williams & Wilkins, Baltimore, 2nd ed., 1992.

GORELICK, D.A.: Pharmacological treatment. *Recent Developments in alcoholism*, 11:413-27, 1993.

GRAD, R.M.: Benzodiazepines for insomnia in community-dwelling elderly: a review of benefit and risk. *J Fam Pract*, 41:473-81, 1995.

GUPTA, K.L.: Alcoholism in the elderly. *Postgrad Med J*, 93:203-6, 1993.

JOSEPH, C.L., GANZINE, L. & R.M. ATKINSON: Screening for alcohol use disorders in the nursing home. *JAGS*, 43:368-73, 1995.

JUERGENS, S.M.: Problems with benzodiazepines in elderly patients. *Mayo Clin Proc*, 68:818-20, 1993.

LABELLE, A. & Y.D. LAPIERRE: Anxiety Disorders. *Can Fam Physician*, 39:2205-13, 1993.

LAFORGE, R.G. & S.I. MIGNON: Alcohol use and alcohol problems among the elderly. *Rhode Island Medicine*, 76:21-6, 1993.

McINNES, E. & J. POWELL: Drugs and alcohol referrals: are elderly substance abuse diagnoses and referrals being missed? *BMJ*, 308:444-6, 1994.

MOOS, R.H., MERTENS, J.R. & P.L. BRENNAN: Pattern of diagnosis and treatment among late-middle-aged and older substance abuse patients. *J Studies on Alcohol*, 54:479-87, 1993.

MORSE, R.M. & D.K. FLAVIN: The definition of alcoholism. *JAMA*, 268:1012-4, 1992.

NAIK, P.C. & R.G. JONES: Alcohol histories taken from elderly people on admission. *BMJ*, 308:248, 1994.

SOLOMON, K. & Coll.: Alcoholism and prescription drug abuse in the elderly. *JAGS*, 41:57-69, 1993.

THOMSON, M. & W.A. SMITH: Prescribing benzodiazepines for noninstitutionalized elderly. *Can Fam Physician*, 41:792-8, 1995.

LECTURES SUGGÉRÉES

American Psychiatric Association: Practice Guideline for the Treatment of Patients with Substance use Disorders: Alcohol, Cocaïne, Opioïds. *Am J Psychiatry*, 152(11): 1995.

BARRY, P.B.: Chemical dependency, in *Principles of Geriatric Medicine and Gerontology*. Hazzard, R.H. & Coll. McGraw-Hill, New York, 1994.

Benzodiazepine dependence, toxicity, and abuse. American Psychiatric Association task force on benzodiazepines dependency, Washington, 1990.

Conseil consultatif de pharmacologie: *Rapport d'étude sur le remboursement des benzodiazépines dans le cadre du programme de médicaments*, Gouvernement du Québec, 1992.

CHAPITRE 19

INCONTINENCE URINAIRE ET AUTRES PROBLÈMES UROLOGIQUES

Luc Valiquette

Comme tous les autres systèmes, le système urinaire n'échappe pas au vieillissement. Certains changements physiologiques et certaines conditions pathologiques, directement ou indirectement associés au système urinaire, peuvent en modifier le fonctionnement et occasionner des symptômes spécifiques. L'incontinence, les infections, la rétention urinaire et les affections prostatiques sont des problèmes urologiques fréquents chez les personnes âgées.

INCONTINENCE URINAIRE

On définit l'incontinence urinaire comme «toute perte d'urine involontaire, en quantité suffisante pour occasionner un problème social ou hygiénique». Sa prévalence augmente avec l'âge. Chez les plus de 65 ans, elle affecte de 10 à 30 % des patients autonomes vivant à la maison et environ 50 % des personnes en institution. Ses conséquences sont multiples. Du point de vue médical, elle est souvent responsable de lésions cutanées, d'infections urinaires et parfois même de chutes avec fractures. Les répercussions psychosociales ne sont pas négligeables et comprennent l'embarras, la perte d'estime de soi, l'isolement, la dépression, l'anxiété et la crainte du placement en institution. Du point de vue économique, les coûts annuels liés au traitement de l'incontinence urinaire sont évalués à plusieurs milliards de dollars aux États-Unis et dépassent les coûts combinés de la dialyse et de la chirurgie coronarienne.

Malgré sa prévalence, l'importance de sa morbidité et son impact économique, cette condition demeure relativement négligée. D'une part, les malades hésitent souvent à avouer leur état et, d'autre part, le milieu médical a tardé à s'intéresser à ce problème. L'incontinence urinaire peut se corriger, même chez les sujets âgés. Pour atteindre ce but, une démarche clinique systématique s'impose.

Physiologie de la miction

La vessie et les mécanismes sphinctériens forment un ensemble coordonné permettant la continence en société et les mictions en privé. La vessie est un organe creux dont les parois musculaires lisses lui permettent de jouer deux rôles. D'abord, un rôle de réservoir durant le remplissage vésical. La paroi est alors inhibée et se laisse distendre pour accumuler l'urine. Par contre, durant la miction, la vessie joue un rôle de vidange, en se contractant pour expulser l'urine. Les mécanismes sphinctériens sont composés d'une part de la musculature lisse du col de la vessie et de l'urètre proximal et, d'autre part, du sphincter strié formé à la fois de fibres propres à l'urètre et de fibres appartenant aux muscles du plancher pelvien. Globalement, les mécanismes sphinctériens ont un rôle complémentaire à celui de la vessie. Lorsque la vessie est au repos, ils se contractent et favorisent le remplissage vésical. Au contraire, lorsque la vessie se contracte, ils se relâchent et favorisent la vidange.

Le contrôle neurologique de la miction relève du système nerveux central et de ses voies autonomes et somatiques. Son fonctionnement est complexe et encore sujet à controverses. Il suffit de retenir qu'en l'absence de lésion neurologique, les fonctions corticales supérieures inhibent le plus souvent la miction. Lorsque cette inhibition est levée, l'exécution de la miction s'effectue par des circuits réflexes. L'innervation de la vessie provient surtout du système parasympathique (S_2-S_4), alors que l'innervation des mécanismes sphinctériens dépend à la fois des systèmes sympathique (D_{10}-L_2) et somatique

(S_2-S_4). La coordination vésico-sphinctérienne se fait au niveau du tronc cérébral.

Le vieillissement a des répercussions sur le système urinaire. On observe une diminution de la capacité et de la compliance vésicale et une réduction de l'aptitude à inhiber la miction de façon prolongée. De plus, on observe un changement dans la régulation de l'élimination urinaire. Contrairement aux plus jeunes, les gens âgés éliminent souvent plus d'urine la nuit que le jour. Aucun de ces changements n'est à lui seul responsable de l'incontinence, mais tous y prédisposent.

Classification de l'incontinence urinaire

L'incontinence urinaire survient lorsqu'un facteur pathologique favorise une pression intravésicale supérieure à la résistance des sphincters, soit en augmentant la pression intravésicale, soit en diminuant la pression urétrale. En clinique, on classifie l'incontinence de la façon suivante: l'incontinence par besoin impérieux d'uriner, l'incontinence à l'effort, l'incontinence par regorgement et l'incontinence fonctionnelle. Cette classification est utile, car elle laisse présumer des mécanismes sous-jacents (Fig. 19.1). Il importe de se rappeler que certains malades présentent des symptômes rattachés à plus d'un type d'incontinence.

L'*incontinence par besoin impérieux d'uriner* est habituellement secondaire à la présence de contractions vésicales involontaires. Elle est fréquente, autant chez la femme que chez l'homme âgés. Un besoin pressant de se rendre aux toilettes précède souvent la fuite. Les fuites sont de modérées à graves et surviennent à des intervalles relativement rapprochés, le jour et la nuit, sans lien avec l'activité physique. On doit penser aux causes vésicales infectieuses ou tumorales et surtout aux causes neurologiques amenant des contractions vésicales involontaires (vessies neurogènes hyperréflexiques). La maladie de Parkinson, la sclérose en plaques ou les accidents vasculaires cérébraux en sont des causes fréquentes (Fig. 19.2).

L'*incontinence à l'effort* (ou de stress) survient lorsque les mécanismes sphinctériens sont affaiblis. Elle est fréquente chez la femme âgée. Une fuite se produit lorsque la pression intra-abdominale devient plus élevée que la résistance des sphincters. Elle survient à la toux, lorsque la malade se penche ou lève des objets lourds. L'incontinence est plus ou moins importante selon l'intensité de l'effort déployé et selon l'importance de l'atteinte sphinctérienne. L'affaiblissement du support pelvien observé chez les multipares en est le mécanisme le plus fréquent. Une atteinte chirurgicale des sphincters à la suite de chirurgie urologique ou gynécologique peut aussi causer ce type d'incontinence. La fuite est alors abondante et continue.

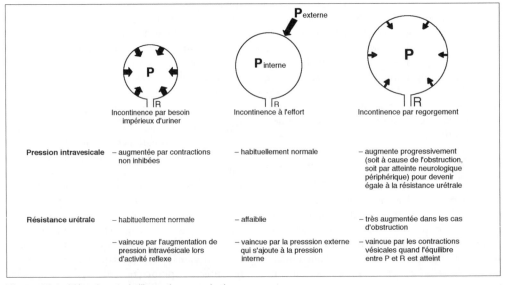

Figure 19.1 Mécanismes de l'incontinence urinaire

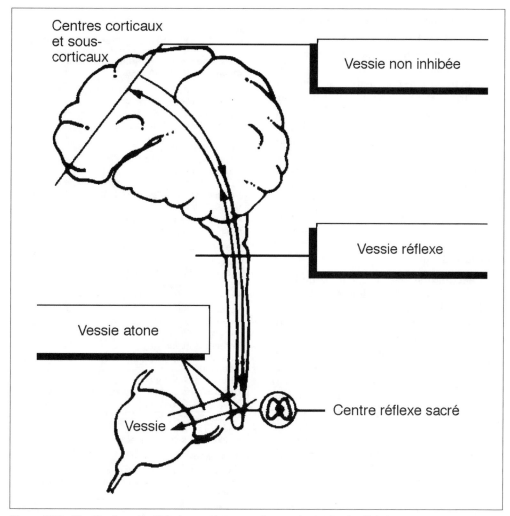

Figure 19.2 Classification *simplifiée* des vessies neurogènes, selon le site des lésions

L'*incontinence par regorgement*, aussi appelée *par trop plein* ou *paradoxale*, survient lorsque le patient est en rétention urinaire chronique, en raison d'un obstacle infravésical, comme l'hypertrophie prostatique, ou d'une atonie vésicale secondaire à une neuropathie diabétique ou à une atteinte de la moelle sacrée (vessies neurogènes atones). Elle compte pour 5 à 10 % des cas d'incontinence chez les malades âgés. Un état d'équilibre s'installe et seules quelques gouttes d'urine s'échappent, lorsque la pression intravésicale devient supérieure à la résistance urétrale.

L'*incontinence fonctionnelle* (ou *indue*) ne dépend pas de facteurs associés au système uri-naire mais plutôt de facteurs tels le manque de mobilité ou la présence de déficits cognitifs graves. Ce sont donc les caractéristiques de l'individu en relation avec son environnement qui expliquent ce type d'incontinence qui est prévalent chez les patients âgés, car les modifications physiologiques du système urinaire augmentent la vulnérabilité aux changements environnementaux ou physiques comme les médicaments et les atteintes intellectuelles ou motrices.

Il importe de reconnaître les causes transitoires et réversibles pouvant contribuer à l'incontinence. Cette règle s'applique à tous les patients, mais plus particulièrement aux patients âgés, en raison de leur fragilité, de leurs atteintes multisystémiques et de la polypharmacothérapie dont ils sont souvent victimes.

Un acronyme anglais, popularisé par Resnick, aide à dépister certaines causes non urologiques pouvant être responsables de l'incontinence urinaire. Le terme DIAPPERS a été retenu, où *D* signifie démence, *I* l'infection urinaire, *A* vaginite atrophique, *P* la prise de produits pharmaceutiques, *P* les facteurs psychologiques, *E* les causes endocriniennes, *R* la restriction motrice et *S* la présence de selles enclavées. On doit éliminer ces causes transitoires, avant d'envisager le traitement des autres causes établies d'incontinence. Les causes de l'incontinence urinaire sont énumérées au tableau 19.1.

Démarche clinique

L'interrogatoire est l'élément clé de l'évaluation (Tableau 19.2). Il doit être poursuivi avec le malade ou un proche. Il permet, dans la majorité des cas, de préciser le type d'incontinence, sans investigation plus poussée. Les antécédents neurologiques, urologiques et gynécologiques doivent être évalués. On doit préciser la chronologie, le mode de présentation et la gravité du problème. La tenue du calendrier mictionnel (Fig. 19.3) est particulièrement utile chez le sujet âgé. Il s'agit d'inscrire sur une grille l'importance et la survenue des mictions et des incontinences pour mieux décrire le problème. Une observation de 48 à 72 heures est habituellement suffisante.

L'examen physique permet d'apprécier la mobilité et le degré d'activité. Un examen neurologique sommaire peut démasquer certains signes d'atteinte neurologique. L'examen de l'abdomen peut objectiver un globe vésical et suggérer un diagnostic de rétention urinaire chronique. Chez l'homme, on évalue la prostate (potentiellement obstructive) par le toucher rectal. Chez la femme, l'examen gynécologique détermine l'état et le tonus du plancher pelvien. La présence d'une cystocèle suggère un affaiblissement du plancher pelvien. Un test de continence sur vessie pleine objective les fuites à l'effort. La mesure du résidu vésical peut se faire au chevet du malade, par cathétérisme, ou en utilisant un appareil à ultrasons.

Le plus souvent, les examens paracliniques se limitent à l'analyse et à la culture des urines, pour dépister un diabète ou une infection

---

Tableau 19.1
Causes de l'incontinence urinaire

Incontinence vraie (dérèglement des mécanismes mictionnels)

Incontinence par besoin impérieux d'uriner

Vessie non inhibée
- accident vasculaire cérébral
- hydrocéphalie à pression normale
- démence vasculaire
- maladie d'Alzheimer
- maladie de Parkinson
- tumeur frontale
- présente chez plusieurs personnes âgées sans affection neurologique évidente

Vessie réflexe
- traumatisme de la moelle
- sclérose en plaques

Incontinence par regorgement

Obstruction
- hypertrophie prostatique
- sténose urétrale
- masse pelvienne, surtout fécalome

Vessie atone
- neuropathie diabétique
- *tabes dorsalis*

Vessie autonome
- lésions de la queue de cheval (traumatisme, tumeur)
- ischémie de la moelle
- postchirurgie extensive dans la cavité pelvienne

Relaxation musculaire
- anticholinergiques
- sédatifs puissants
- bloqueurs sympathiques

Incontinence à l'effort

Relâchement du plancher pelvien
Lésion du sphincter lors de chirurgie (surtout prostatique)
Urétrite atrophique

Incontinence indue

Trouble de mobilité

Obscurcissement de l'état de conscience
- affection cérébrale ou métabolique
- médication psychotrope
- ingestion excessive d'alcool

Barrières physiques dans l'environnement
- mobilier inapproprié (lit trop haut, fauteuils)
- contentions
- inaccessibilité des toilettes

Facteurs psychogènes
- manifestation d'agressivité
- gains secondaires (maintien en institution, plus d'attention)

Facteurs précipitants
- infection urinaire
- diurétiques, surtout à action rapide
- vulvo-vaginite infectieuse
- fécalome
- polyurie (diabète, hypercalciurie, ingestion excessive de liquides)

Tableau 19.2
Évaluation d'une incontinence

Anamnèse
Détails de l'incontinence
• début, fréquence, horaire
• qualité, facteurs déclenchants, symptômes associés
Habitudes
• constipation, horaire des besoins
Liste complète des médicaments
Antécédents
• obstétricaux, manipulation urologique
• infections uro-génitales ou calculs
• diabète
• maladies neurologiques
Examen mental
Calendrier mictionnel

Examen physique
Abdomen
• globe vésical
Examen gynécologique
• cysto-rectocèle, fistule, vaginite infectieuse ou atrophique, caroncule urétral
Examen des organes génitaux chez l'homme
Test de continence à l'effort sur vessie pleine
Toucher rectal
• fécalomes, prostate
Examen neurologique complet
Examen neurologique pelvien
• sensibilité périanale
• tonus du sphincter au repos
• contraction volontaire
• réflexe bulbo-caverneux

Laboratoire
Analyse + microscopie du sédiment urinaire
Culture des urines

Évaluation complémentaire (selon l'indication clinique)
Débitmétrie
Mesure du résidu vésical (par cathétérisme ou échographie)
Cystoscopie
Cystomanométrie
Exploration urodynamique complète
Urographie intraveineuse et/ou cystographie
Échographie abdominale, pelvienne et/ou prostatique

l'urètre au repos et à l'effort pourra individualiser la responsabilité de l'urètre ou du plancher pelvien dans l'incontinence à l'effort. Dans certains cas, l'exploration radiologique ou échographique de l'appareil urinaire s'avère nécessaire.

Traitement

Une fois le type d'incontinence précisé, il faut élaborer un plan de traitement réaliste et adapté à chaque patient, car il existe plusieurs niveaux de continence possibles et plusieurs traitements pour chaque type d'incontinence. Cette notion de traitement adapté est particulièrement importante en gériatrie, car il existe de grandes variations dans la condition médicale, sociale, physique et affective des malades âgés. L'équipe soignante doit d'abord définir, avec le patient, sa famille ou son entourage, le niveau de continence à atteindre. Chez certains sujets autonomes, on désire obtenir une continence parfaite, en tout temps, et indépendante de toute assistance; pour d'autres, on recherche une continence «sociale», avec ou sans assistance, lors de certaines circonstances, comme les sorties de groupe, ou encore une continence totalement dépendante de l'assistance de l'entourage. En plus de définir un objectif réaliste pour chaque cas, il faut encourager le malade dans la poursuite de cet objectif. Plusieurs traitements sont disponibles pour l'incontinence urinaire (Tableau 19.3). Pour chaque malade, selon le niveau de continence désiré et selon le type d'incontinence dont il souffre, on dispose de 4 groupes de traitements: les traitements de rééducation, pharmacologiques, chirurgicaux et palliatifs.

La rééducation vésicale s'adresse aux patients dont la capacité vésicale est diminuée et à ceux qui souffrent d'incontinence fonctionnelle. On leur enseigne à retenir leur miction un peu plus chaque jour, pour augmenter progressivement leur capacité vésicale. Après étude du calendrier mictionnel, on peut aussi les conduire de façon préventive aux toilettes, à horaire fixe ou variable, afin de vider la vessie avant la survenue de la fuite. Dans certains cas d'incontinence par besoin impérieux d'uriner, on peut utiliser la rééducation vésicale, en combinaison avec des agents anticholinergiques.

La rééducation périnéale fait appel à des exercices périnéaux, afin de raffermir le plancher pelvien et d'augmenter la prise de

urinaire. Dans certains cas, un examen plus poussé s'impose, lorsque le diagnostic est incertain, devant l'échec d'un traitement ou avant une intervention chirurgicale. L'examen endoscopique précisera l'anatomie urétro-vésicale. Une exploration urodynamique, comprenant une évaluation cystomanométrique de la vessie lors du remplissage (Fig. 19.4) et lors de la miction, pourra mettre en évidence des contractions vésicales involontaires (vessie hyperréflexique) ou une absence de contractilité vésicale (vessie atone). Un profil manométrique de

Lors de chaque visite au malade
1) Marquez *un* des cercles à la section «URINES» correspondant à l'heure la plus rapprochée du moment de la visite
2) Faites un X dans la case appropriée de la section «SELLES», selon que le sujet a été incontinent ou a eu une évacuation intestinale normale

✒ incontinence de petit volume	Ø sec	X incontinence fécale
✒ incontinence de gros volume	✗ miction normale	X évacuation intestinale normale

Nom du sujet : _____ Chambre # : _____ Date : _____

| | URINES | | | SELLES | | | |
Heure	Incontinence d'urine	Sec	Miction normale	Incontinence fécale	Évacuation normale	Initiales	Commentaires
0	• ●	○	Δ ... cc				
1	• ●	○	Δ . cc				
2	• ●	○	Δ . . cc				
3	• ●	○	Δ ... cc				
4	• ●	○	Δ cc				
5	• ●	○	Δ . cc				
6	• ●	○	Δ cc				
7	• ●	○	Δ cc				
8	• ●	○	Δ cc				
9	• ●	○	Δ . cc				
10	• ●	○	Δ cc				
11	• ●	○	Δ cc				
12	• ●	○	Δ cc				
13	• ●	○	Δ cc				
14	• ●	○	Δ cc				
15	• ●	○	Δ . cc				
16	• ●	○	Δ cc				
17	• ●	○	Δ cc				
18	• ●	○	Δ cc				
19	• ●	○	Δ cc				
20	• ●	○	Δ cc				
21	• ●	○	Δ cc				
22	• ●	○	Δ cc				
23	• ●	○	Δ cc				
24	• ●	○	Δ cc				
TOTAUX							

Figure 19.3 Calendrier mictionnel

conscience des mécanismes sphinctériens. Ces exercices périnéaux se pratiquent soit seul ou soit avec l'aide d'un thérapeute. On utilise alors des techniques manuelles, de rétroaction biologique ou d'électrostimulation. Ces traitements sont populaires dans les cas d'incontinence à l'effort des multipares, car ils permettent souvent d'éviter le recours à la chirurgie. Chez les femmes âgées, il faut s'assurer d'une bonne collaboration pendant plusieurs mois, si on espère obtenir de bons résultats.

Les agents pharmacologiques sont souvent utilisés, seuls ou en association. Les malades âgés étant très sensibles aux médicaments, on

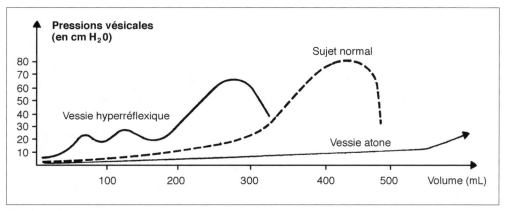

Figure 19.4 Cystomanométrie

prescrit une faible dose initiale et on ajuste la posologie selon la tolérance. En présence d'incontinence par besoin impérieux d'uriner, on suggère d'utiliser l'oxybutynine (Ditropan®), le flavoxate (Urispas®) et l'imipramine (Tofranil®), pour diminuer ou inhiber les contractions vésicales involontaires. Les effets secondaires (sécheresse de la bouche, constipation, confusion, rétention urinaire, vision embrouillée) risquent de faire diminuer l'observance et, souvent, cesser le traitement. Dans certains cas d'incontinence à l'effort, une hormonothérapie substitutive est préconisée chez les patientes souffrant d'une atrophie vaginale importante.

La chirurgie pour incontinence est rarement indiquée en gériatrie, sauf s'il existe une indication précise, comme une prostatectomie chez le patient en rétention urinaire récidivante. On essaie habituellement d'éviter la chirurgie chez les gens âgés, en raison de leur fragilité et du caractère souvent multifactoriel de leur incontinence. Pour les cas d'incontinence à l'effort chez la femme, on conseille d'abord les traitements de rééducation ou les injections périurétrales de collagène pour augmenter la résistance urétrale, avant d'envisager une suspension urétro-vésicale. Cette intervention n'est d'ailleurs utilisée que chez certaines patientes âgées encore très actives. Une évaluation urodynamique préalable aura confirmé que la vessie est stable et que les pressions urétrales au repos sont adéquates, sinon la suspension sera vouée à l'échec. Chez l'homme souffrant d'une incontinence à l'effort malgré rééducation après une chirurgie prostatique, on pourra envisager l'installation d'un sphincter artificiel. Cette pro-

thèse de silicone, formée d'un manchon entourant l'urètre bulbaire, est reliée à un système hydraulique sous-cutané. Lors de la manipulation d'une pompe intrascrotale, le patient réussira à uriner sur demande. Le coût élevé de la prothèse, la nécessité d'une dextérité manuelle préservée et d'une fonction mentale adéquate en limitent l'usage en gériatrie. Finalement, dans certains cas de vessies hyperréflexiques, réfractaires au traitement médical, on procède à une substitution ou à un remplacement de la vessie, pour corriger une symptomatologie intolérable. La morbidité de la chirurgie restreint toutefois les indications dans ce groupe d'âge.

Les moyens palliatifs sont souvent utilisés en gériatrie. Chez l'homme, le port du condom de continence permet de recueillir l'urine sans intervention sanglante. Des collecteurs urinaires sont aussi disponibles pour les femmes, mais ils sont peu efficaces. Le port de couches est très répandu et le pouvoir absorbant des couches s'est grandement amélioré. Elles coûtent cher mais permettent d'éviter les lésions cutanées. De plus, elles sont très utiles dans les cas d'incontinence combinée urinaire et fécale. Les cathétérismes intermittents permettent la vidange vésicale, sans les risques du cathétérisme continu. Ils sont indiqués dans certains cas de résidu vésical important, lorsque la chirurgie est impossible ou non indiquée. Encore une fois, une bonne compréhension de la technique et une bonne dextérité manuelle sont essentielles au succès de cette approche.

Lorsque les autres méthodes ont échoué, la sonde urinaire à demeure s'avère souvent le seul traitement possible chez certains patients âgés,

Tableau 19.3
Traitement de l'incontinence

Traitement	Remarque
Incontinence par besoin impérieux d'uriner	
Rééducation vésicale	Méthode de choix; parfois associée aux médicaments
Rééducation périnéale	Parfois utilisée pour inhiber la contraction vésicale
Pharmacologie	Pour diminuer la fréquence et la force des contractions vésicales Doses à titrer selon la réponse clinique Souvent utilisée
Oxybutynine (jusqu'à 5 mg/8 h)	Efficace mais effets secondaires anticholinergiques
Flavoxate (jusqu'à 200 mg/6 h)	Action plus localisée sur la vessie et moins d'effets secondaires
Imipramine (jusqu'à 25 mg/8 h)	Action double: diminue les contractions vésicales et augmente le tonus sphinctérien
Nifédipine (jusqu'à 10 mg/8 h)	Diminue les contractions vésicales – Souvent contre-indiquée car action vasodilatatrice
Chirurgie	Rarement utilisée en gériatrie, sauf pour certaines vessies réflexes rebelles au traitement pharmacologique
Palliatifs	Souvent utilisés en traitement d'appoint ou si échec des autres méthodes
Incontinence à l'effort	
Rééducation périnéale	Exige bonne coopération du malade Succès variable selon les méthodes utilisées
Pharmacologie	Médications destinées à augmenter le tonus sphinctérien
Imipramine (jusqu'à 25 mg/8 h)	Action double (voir plus haut)
Phénylpropanolamine (jusqu'à 25 mg/8 h)	Utilisé à l'occasion mais risque d'hypertension artérielle
Oestrogènes	Par voie orale ou en crème topique si atrophie vulvaire
Chirurgie	Rarement indiquée en général
Injections périurétrales (collagène)	Traitement cher et de courte durée mais efficace et peu invasif
Urétropexie	Traitement proposé à l'occasion aux patientes très actives
Sphincter artificiel	Nécessite dextérité manuelle et fonction mentale adéquates Peu utilisé
Palliatifs	Souvent utilisés en traitement d'appoint ou si échec des autres méthodes
Incontinence par regorgement	
Rééducation	Non indiquée
Pharmacologie	Rarement utilisée
Béthanéchol (jusqu'à 25 mg/6 h)	Parfois utile après levée de l'obstruction si atonie vésicale résiduelle
Chirurgie	Souvent utilisée chez l'homme
Prostatectomie (transurétrale ou ouverte)	Permet de lever l'obstruction
Palliatifs	Souvent utilisés en traitement d'appoint ou si échec des autres méthodes
Cathétérismes intermittents	Efficaces lorsque praticables
Sonde	Le seul traitement lorsque chirurgie et cathétérismes intermittents impossibles

particulièrement les plus débilités. Avant de choisir ce traitement, il faut bien y penser, car ce système conduit inévitablement à l'infection urinaire et aux complications associées.

INFECTIONS URINAIRES

Épidémiologie et pathogenèse

La présence de bactéries dans les urines augmente avec le vieillissement. Jusqu'à 60 ans, la prévalence de bactériurie est stable à moins de 1 % chez l'homme et 5 % chez la femme. Chez les plus de 65 ans, au moins 10 % des hommes et 20 % des femmes vivant à domicile sont bactériuriques, et on rapporte jusqu'à 50 % de bactériurie chez les vieillards en institution. Plusieurs facteurs ont été invoqués pour expliquer cette augmentation. Les changements immunitaires et endocriniens du vieillissement prédisposent aux infections et les changements génito-urinaires prédisposent au résidu vésical. C'est toutefois la fréquence augmentée de maladies débilitantes comme le diabète et les maladies neurologiques qui constitue le facteur étiologique principal de la bactériurie, car ces maladies sont souvent associées à des problèmes urinaires. La bactériurie est aussi associée avec le degré d'institutionnalisation souvent nécessaire pour les patients débilités.

Le recueil d'urine de façon stérile est difficile chez les gens âgés et encore plus chez les malades débilités. On rapporte une incidence élevée de faux positifs chez ces patients qui sont d'ailleurs souvent asymptomatiques. Les bactéries retrouvées varient selon la population étudiée. Chez les patients âgés autonomes et vivant à domicile, on retrouve les mêmes bactéries que chez les adultes de moins de 60 ans, et l'*Escherichia coli* constitue le germe le plus fréquent, à la fois chez l'homme et chez la femme. Par contre, chez les patients en institution, on retrouve souvent plusieurs germes ou des germes inhabituels et résistant aux antibiotiques usuels.

La présence de bactéries dans les urines étant fréquente et les souches impliquées variées chez les patients âgés, on doit se fier à la présence de symptômes cliniques pour déterminer qui devrait être traité. On doit donc distinguer la bactériurie isolée ou asymptomatique de l'infection urinaire.

Bactériurie asymptomatique

Le traitement de la bactériurie asymptomatique est controversé. Plusieurs facteurs militent en faveur du non-traitement de cette condition. La prévalence de la bactériurie est très élevée chez les patients âgés, alors que la morbidité associée à cette condition est très faible. En l'absence d'obstruction ou de maladie rénale associée, la plupart des études n'ont montré aucun lien entre la mortalité ou la perte de fonction rénale et la bactériurie. Lorsqu'il n'y a pas de symptômes associés, le traitement de cette condition ne change en rien le bien-être des patients. De plus, il est prouvé que la bactériurie est cyclique, même en l'absence de traitement. En effet, certains patients bactériuriques verront leurs urines redevenir stériles sans traitement. Il est aussi prouvé que les malades traités redeviennent souvent bactériuriques. Compte tenu de ce qui précède, il semble que traiter les patients bactériuriques ne fait que les exposer à des traitements antibiotiques coûteux qui, en plus d'avoir des effets secondaires, peuvent causer une sélection de souches bactériennes résistant aux antibiotiques.

Dans certaines circonstances, le traitement de la bactériurie asymptomatique est cependant recommandé. Il est prouvé que la bactériurie prédispose aux infections urinaires, même si, le plus souvent, elle demeure asymptomatique. Le traitement de tous les patients bactériuriques pour prévenir les infections est impossible et entraînerait des coûts et des effets secondaires importants. Cependant, un groupe restreint de malades âgés présente des infections urinaires à répétition et demeure bactériurique entre les épisodes infectieux. Il est prouvé que le traitement de la bactériurie, chez ces malades, diminue la fréquence des récidives. Il est aussi indiqué de traiter les patients bactériuriques qui doivent subir une intervention urologique, car le risque de bactériémie est très élevé chez eux.

En somme, il n'y a pas avantage à traiter les patients âgés bactériuriques, sauf ceux qui présentent des infections à répétition et ceux qui doivent subir des interventions urologiques. Et puisque le traitement de bactériurie n'est pas recommandé, le dépistage de la bactériurie se limite aux patients devant subir des manipulations urologiques.

Infections urinaires symptomatiques

On parle d'infection urinaire, lorsque la bactériurie s'accompagne de symptômes urinaires. Chez les patients âgés autonomes et en bonne condition, les symptômes sont les mêmes que chez les sujets plus jeunes. Les malades souffrant d'une infection de l'arbre urinaire inférieur présentent de la dysurie, de la pollakiurie, de la nycturie, un besoin impérieux d'uriner et parfois de l'incontinence. Les infections de l'arbre urinaire supérieur, dont la pyélonéphrite est la manifestation la plus fréquente, s'accompagnent de douleur lombaire, avec ou sans fièvre.

Chez les sujets débilités, les manifestations cliniques sont plus atypiques. Ils ne se plaignent pas de symptômes d'infection urinaire. Le clinicien averti suspectera une infection devant une altération de la fonction urinaire ou de l'état de conscience ou en présence de fièvre. La bactériurie étant la principale cause de bactériémie chez les patients âgés, elle doit toujours être évoquée dans ces cas.

Les malades qui présentent une infection urinaire basse méritent un traitement, à la fois pour corriger leurs symptômes et pour éviter que l'infection n'atteigne l'arbre urinaire supérieur. La réponse clinique aux antibiotiques oraux est habituelle et s'accompagne d'une disparition rapide des symptômes.

Les infections de l'arbre urinaire supérieur sont moins fréquentes, mais beaucoup plus sérieuses, et exigent le plus souvent une antibiothérapie parentérale.

Traitement

En sélectionnant un antibiotique, le clinicien doit tenir compte du niveau de l'infection, du germe suspecté et des caractéristiques du malade. Lors des infections de l'arbre urinaire inférieur, les patients âgés autonomes sont le plus souvent infectés par des germes usuels. Les femmes répondent habituellement à un traitement d'une durée de trois à cinq jours. Plusieurs auteurs préconisent l'utilisation d'un antibiotique à large spectre, de type triméthoprime-sulfaméthoxazole plutôt que l'amoxycilline. Chez l'homme, on recommande aussi un traitement oral mais d'une durée d'au moins 7 à 10 jours. Chez les patients débilités, une culture d'urine doit précéder le traitement et un antibiotique à large spectre

---

Tableau 19.4
Infections urinaires en gériatrie

Bactériurie asymptomatique
ne pas traiter sauf
- si rechutes symptomatiques fréquentes
- si manipulations urologiques

Infections de l'arbre urinaire inférieur
chez la femme
- traitement oral de 3-5 jours avec un antibiotique usuel (amoxicilline ou TMP-SMX)
- si rechutes symptomatiques fréquentes: antibioprophylaxie orale à dose filée pendant 3-6 mois

chez l'homme
- traitement oral de 7-10 jours
- si rechute symptomatique: retraiter et planifier une évaluation urologique

Infections de l'arbre urinaire supérieur
- soins de soutien et bilan microbiologique et biochimique
- antibiothérapie parentérale à large spectre pour les malades fébriles, puis antibiothérapie orale selon l'antibiogramme dès disparition de la fièvre (traitement total de 10-14 jours)
- si non-réponse au traitement après 48-72 heures, suspecter une complication urologique sous-jacente

Bactériurie en présence de sonde urinaire
ne pas traiter sauf
- si bactériémie à point de départ urinaire
- si bactériémie récidivante lors des changements de sonde
- avant une manipulation urologique

---

doit toujours être utilisé pendant au moins 7 à 10 jours, tant chez l'homme que chez la femme.

Pour les infections de l'arbre urinaire supérieur, un agent à large spectre doit être prescrit pendant au moins 10 à 14 jours. Souvent, on débute par un traitement antibiotique parentéral à large spectre et on remplace l'antibiotique parentéral par un antibiotique oral, selon l'antibiogramme, dès que le malade est afébrile. Une absence de réponse au traitement, après 48 à 72 heures, doit faire suspecter une complication urologique sous-jacente, comme une obstruction ou un abcès périrénal. L'échographie constitue l'examen de choix pour préciser la condition, avant la consultation urologique.

AFFECTIONS PROSTATIQUES

L'hypertrophie bénigne et le cancer de la prostate sont deux conditions fréquentes chez les patients âgés. Bien que non associées, ces deux affections reconnaissent des facteurs étiologiques similaires, soit le vieillissement et la présence d'androgènes.

Hypertrophie bénigne de la prostate

L'hypertrophie bénigne de la prostate (HBP) est la tumeur bénigne la plus fréquente chez l'homme. Elle touche un homme sur deux, après 50 ans, et plus de 80 % au-delà de 80 ans. A l'examen histologique, on observe une hypertrophie et une hyperplasie à la fois glandulaire et fibro-musculaire. En raison de sa localisation, la prostate hypertrophiée peut comprimer l'urètre et causer un ensemble de symptômes appelé *prostatisme*. Toutefois, cette lésion histologique ne se manifeste pas toujours par des symptômes cliniques et, lorsque ceux-ci sont présents, ils se montrent complexes, variables et souvent cycliques. On distingue les symptômes obstructifs (retard et diminution du jet, sensation de vidange incomplète, mictions en deux temps et parfois incontinence par regorgement) et les symptômes irritatifs (pollakiurie, nycturie et besoin impérieux d'uriner).

Le prostatisme des sujets âgés est secondaire à l'HBP dans la majorité des cas. Il est cependant important, à l'anamnèse, de rechercher d'autres causes susceptibles d'expliquer les symptômes. Les manipulations urologiques antérieures sont parfois responsables de sténoses de l'urètre ou du col vésical. La prise récente d'un médicament à action anticholinergique peut provoquer une diminution de la contractilité vésicale, et celle d'un médicament à action sympathomimétique (p. ex. un décongestionnant), un obstacle à l'évacuation de l'urine. La présence de maladies neurologiques, comme la maladie de Parkinson ou des antécédents vasculaires cérébraux, explique souvent les symptômes irritatifs, en raison de contractions vésicales involontaires.

A l'examen, la recherche d'un globe vésical doit être systématique. L'examen du pénis permet d'éliminer une sténose du prépuce et du méat urétral pouvant être à l'origine des symptômes. Le toucher rectal permet d'évaluer le volume et la consistance de la prostate et, parfois, de découvrir une induration évocatrice de cancer ou la présence d'un fécalome. L'analyse et la culture des urines permettent d'objectiver une infection. La détermination de la créatinémie aide à évaluer les répercussions de l'obstruction

sur la fonction rénale. Dans certains cas, on procède à la cystoscopie, à la débitmétrie ou à l'exploration urodynamique, pour préciser le diagnostic. Le dosage de l'antigène prostatique spécifique est controversé. Cet antigène est spécifique au tissu prostatique et s'élève dans certaines conditions comme l'HBP et le cancer de la prostate. Son utilisation à des fins de dépistage n'est pas souhaitable chez les malades âgés, mais plusieurs auteurs en recommandent le dosage, avant d'entreprendre un traitement médical ou chirurgical, au même titre que le toucher rectal, car la découverte d'un cancer peut modifier la conduite thérapeutique.

Une fois le diagnostic établi et avant d'envisager un traitement, on doit savoir que les complications de l'HBP (hydronéphrose, insuffisance rénale, calculs vésicaux, hématurie, infection urinaire) sont peu fréquentes et que, dans la majorité des cas, ce sont les symptômes qui dictent l'indication thérapeutique. Le suivi de nombreux patients porteurs d'HBP a permis de constater qu'environ la moitié d'entre eux voient leurs symptômes se stabiliser ou régresser, tandis que les autres les voient s'aggraver. L'utilisation d'une feuille de cotation des symptômes prostatiques aide à quantifier la symptomatologie, mais ne constitue pas un outil diagnostique.

Si les symptômes le justifient, plusieurs traitements sont disponibles. La résection transurétrale de la prostate (RTU-P) est toujours considérée comme le traitement standard auquel doivent se comparer les nouveaux traitements. Parmi ces traitements, on retiendra l'hormonothérapie, les alphabloquants, les traitements diathermiques (hyperthermie, thermothérapie et thermo-ablation), les endoprothèses urétrales, le laser et la prostatectomie transurétrale ou à ciel ouvert. Le choix définitif dépendra de la capacité du malade à subir une intervention, de ses préférences, de la disponibilité et du coût des différents traitements.

Les traitements médicaux ont montré leur capacité à réduire les symptômes et à améliorer les paramètres de la miction. Le traitement hormonal le plus utilisé est la finastéride (Proscar®) qui agit sur la composante mécanique en réduisant la taille de la prostate. Elle a peu d'effets secondaires (impuissance, diminution de la libido), mais son efficacité prend souvent de 6 à 12 mois avant de se manifester. Les alphabloquants agissent sur la composante dynamique de l'obstruction prostatique, en réduisant le tonus sympathique, sans toutefois influencer le volume prostatique. Ils agissent rapidement (en quelques semaines), mais peuvent occasionner des effets indésirables chez certains patients (asthénie, étourdissements, céphalées, somnolence, hypotension). Les traitements médicaux doivent être poursuivis à long terme, pour le maintien des bénéfices cliniques. Ils sont moins efficaces que les traitements chirurgicaux, mais la morbidité associée est moins importante. Pour cette raison, on a tendance à offrir, aux malades symptomatiques, un traitement médical et à réserver les traitements plus agressifs aux patients qui ne s'améliorent pas ou qui présentent des complications de l'HBP. Pour les sujets débilités, il est souvent difficile de préciser les symptômes, et on a tendance à agir lorsqu'ils présentent une complication de l'HBP. Dans ces cas, on doit choisir entre un traitement chirurgical ou un traitement palliatif, comme une endoprothèse urétrale au niveau de la loge prostatique ou, le plus souvent, une sonde à demeure.

Cancer de la prostate

Le cancer de la prostate est une condition très fréquente chez les sujets âgés. C'est un cancer qui évolue lentement et les malades meurent plus souvent avec leur cancer que de leur cancer. Alors que chez les patients plus jeunes la tendance est de dépister et de traiter cette condition, on s'entend, habituellement, chez les gens de plus de 70 ans, pour ne traiter le cancer de la prostate que lorsqu'il s'accompagne de symptômes cliniques.

Le cancer de la prostate est découvert, soit fortuitement, soit parce qu'il occasionne des symptômes. Même si l'utilisation de l'antigène prostatique spécifique et du toucher rectal, à des fins de dépistage, n'est pas recommandée, chez les patients âgés, il n'est pas rare que des sujets asymptomatiques subissent des examens de dépistage ou insistent pour les passer et se fassent diagnostiquer un cancer dont on ne sait pas si l'on doit le traiter. D'autres présentent des symptômes comme l'HBP, et un cancer est suspecté en raison d'un toucher rectal anormal ou d'un dosage élevé de l'antigène prostatique spécifique. Enfin, d'autres patients ont des symptômes dus à des métastases, le plus souvent osseu-

ses. La confirmation biopsique est nécessaire, avant d'envisager un traitement. Lorsque le cancer est localisé, dans de rares cas, on aura tendance à offrir un traitement de chirurgie ou de radiothérapie à visée curative. Le plus souvent, le cancer a atteint un stade plus avancé ou est symptomatique en raison de métastases. On a alors tendance à offrir un traitement hormonal, qui permet alors souvent de faire régresser le cancer et d'améliorer les symptômes. Une hormonothérapie par castration médicale ou chirurgicale est alors pratiquée. L'utilisation combinée d'antiandrogènes, par voie orale, pour bloquer les androgènes provenant des surrénales constitue le traitement de choix, mais le coût élevé de ce traitement en limite souvent l'utilisation.

Chez les patients débilités, un cancer de la prostate ne devrait être traité que s'ils sont symptomatiques, et avec les moyens les plus simples.

RÉTENTION URINAIRE

La rétention urinaire est fréquente chez les vieillards. Elle peut être aiguë ou chronique. Le tableau clinique de la rétention urinaire aiguë est caractéristique. Le patient se présente en consultation parce qu'il est incapable d'uriner depuis plusieurs heures. Il se plaint d'une douleur à la région suspubienne et demande à être soulagé. Il rapporte souvent une miction au jet diminué, depuis plusieurs mois ou plusieurs années, mais déclare qu'il n'avait pas assez de symptômes pour demander un traitement. A l'examen, on met en évidence un globe vésical douloureux et, au toucher rectal, on note une prostate le plus souvent augmentée de volume et indolore. Devant ce tableau clinique, la vidange vésicale par sonde urinaire est indiquée, pour soulager le malade et permettre la diurèse. L'introduction d'une sonde bien lubrifiée est généralement facile. Dans certains cas, si la sonde semble buter sur un obstacle au niveau du col vésical, l'utilisation d'une sonde coudée facilite la manœuvre. L'évacuation d'urine soulage rapidement le malade mais s'accompagne souvent d'hématurie, que la vessie soit vidée rapidement ou lentement.

Une fois la sonde en place, on doit surveiller l'apparition d'une diurèse postobstructive. Cette diurèse s'observe surtout lorsque la rétention est accompagnée d'une insuffisance rénale obstructive. Elle est causée par l'élimination d'une surcharge volémique et osmotique et aussi par une perte du pouvoir de concentration des tubules rénaux. Le patient doit être surveillé et avoir en place un soluté, pour éviter une déshydratation.

Après une période de drainage vésical de quelques heures, il faut tenter de sevrer le patient de sa sonde. S'il récidive, un nouvel essai de sevrage est tenté, après un drainage de quelques jours. Le plus souvent, le malade retrouve une fonction vésicale adéquate et n'a besoin d'aucun autre traitement. Dans le cas contraire, un examen prostatique et vésical permet d'envisager un traitement définitif.

Dans tous les cas de rétention aiguë, on doit tenter de trouver une explication. Un médicament à action anticholinergique pourrait avoir fait décompenser la vessie. Un décongestionnant à action sympathomimétique risque d'avoir provoqué un obstacle au niveau du col vésical. Une anesthésie générale pourrait avoir provoqué une surdistension vésicale. La prise récente de diurétiques peut aussi amener une surdistension et une rétention aiguë. Peu importe la cause, il est important d'en aviser le client pour éviter qu'une situation similaire se reproduise.

Le tableau de la rétention urinaire chronique est plus subtil et atteint plus souvent des patients en perte d'autonomie. Comme nous l'avons dit, il faut suspecter cette condition chez les patients incontinents qui ont un globe vésical palpable. Contrairement à la rétention aiguë, le globe vésical n'est pas douloureux et, parfois, s'avère difficile à identifier de façon certaine, surtout chez les obèses. D'autres malades sont évalués en raison d'un tableau d'insuffisance rénale, et l'évaluation permet de découvrir, en plus du globe vésical, une hydronéphrose bilatérale expliquant l'atteinte de la fonction rénale. Encore une fois, la mise en place d'une sonde vésicale est nécessaire mais, cette fois, un traitement définitif est indiqué après un drainage vésical suffisamment long pour permettre une récupération maximale de la fonction rénale. Comme dans la rétention urinaire aiguë, la prostate est souvent responsable de la rétention et doit être traitée, si on espère rétablir une miction adéquate. Les chances d'uriner normalement après un épisode de rétention chronique sont réduites, car la vessie a souvent été décompensée et il n'est pas rare que les malades gardent un résidu vésical significatif et persistant, malgré la levée de l'obstacle.

CATHÉTÉRISME

La mise en place, à court terme, d'une sonde urinaire comporte peu de complications, si ce n'est le risque progressif de voir apparaître une bactériurie lorsque la durée du drainage se prolonge. A 30 jours, la bactériurie est de règle. Elle est polymicrobienne et indépendante des soins infirmiers. La mise en place d'une sonde à long terme entraîne une plus grande morbidité. En plus de la bactériurie, les complications potentielles de la sonde à demeure sont la bactériémie, la septicémie, la pyélonéphrite, l'abcès scrotal ou prostatique, l'épididymite et les fistules urétrales. De plus, la sonde prédispose au reflux urétéral, à la formation de calculs vésicaux et même au cancer de la vessie. En raison de cette morbidité, il faut s'assurer, dans chaque cas, que l'indication du cathétérisme prolongé est justifiée et qu'il n'existe pas d'autre traitement possible. Il existe des indications de cathétérisme continu en gériatrie, dont la rétention urinaire, qui ne peut être traitée médicalement ou chirurgicalement, les ulcères de décubitus, dont la guérison exige un environnement sec et, dans certains cas, l'incontinence urinaire. En présence d'incontinence, il faut essayer toutes les autres modalités thérapeutiques avant d'utiliser la sonde urinaire. Chez les sujets débilités ou dont l'espérance de vie est courte, le cathétérisme à long terme facilite parfois les soins et satisfait la famille et les soignants. Une fois l'indication posée, certaines précautions doivent être prises pour diminuer les problèmes associés au cathétérisme continu. On recommande habituellement d'utiliser une sonde de calibre 16 à 20 Fr (5,3 à 6,7 mm), de façon à obtenir un calibre interne assez grand pour diminuer les obstructions, tout en conservant un diamètre extérieur assez petit pour laisser s'écouler les sécrétions urétrales. La composition de la sonde n'est qu'un des facteurs responsables de l'incrustation. Il semble que les sondes recouvertes de silicone s'obstruent moins fréquemment. On suggère de changer la sonde régulièrement, plutôt que d'attendre la survenue d'un problème. La fréquence des changements doit être ajustée pour chaque malade. Lorsqu'une sonde s'obstrue fréquemment, il faut suspecter la présence de calculs dans la vessie. Une irrigation abondante de la sonde diminue l'incidence des complications et le meilleur liquide d'irrigation est l'urine obtenue par une hydratation abondante. Dans certains cas où la sonde s'obstrue fréquemment, l'acidification des urines par la vitamine C permet d'améliorer la condition. Dans des cas plus rares, une irrigation à l'eau stérile ou à l'aide de solution G peut s'avérer utile. Pour ce qui est de l'administration prophylactique d'antibiotiques, plusieurs études ont démontré qu'elle ne modifie pas l'incidence des complications infectieuses. De plus, elle favorise l'apparition de souches bactériennes résistant aux antibiotiques et peut provoquer des réactions allergiques. Des antibiotiques à large spectre sont indiqués si le patient devient symptomatique d'une infection présumée d'origine urinaire. Les mêmes antibiotiques seront utilisés en dose unique administrée juste avant les manipulations chez certains patients qui présentent des épisodes fébriles aux changements de la sonde. Pour ce qui est de l'habitude de faire des cultures d'urine de façon prophylactique, elle est à déconseiller, car la souche bactérienne active, lorsque le rapport sera disponible, risque d'avoir changé. En effet, il a été prouvé qu'en présence d'une sonde, la flore bactérienne de la vessie se modifie continuellement. Par contre, si un malade devient symptomatique, en raison d'une bactériémie, il peut être utile de faire une culture d'urine avant l'administration d'antibiotiques, afin de réajuster au besoin le traitement entrepris.

BIBLIOGRAPHIE ET LECTURES SUGGÉRÉES

BALDASSARRE, J.S. & D. KAYE: Special problems of urinary tract infection in the elderly. *Med Clin North Am*, 75:375-390, 1991.

CATALONA, W.J.: Management of cancer of the prostate. *N Engl J Med*, 331:996-1004, 1994.

DUBEAU, C.E. & N.M. RESNICK: Evaluation of the causes and severity of geriatric incontinence. A critical appraisal. *Urol Clin North Am*, 18:243-256, 1991.

DUBEAU, C.E. & N.M. RESNICK: Controversies in the diagnosis and management of benign prostatic hypertrophy. *Adv Intern Med*, 37:55-83, 1992.

GARDNER, J. & D. FONDA: Urinary incontinence in the elderly. *Disabil Rehab*, 16:140-148, 1994.

GROSSHANS, C., PASSADORI, Y. & B. PETER: Urinary retention in the elderly: a study of 100 hospitalized patients. *J Am Geriatr Soc*, 41:633-638, 1993.

HOUSTON, K.A.: Incontinence and the older woman. *Clinics in Geriatric Medicine*, 9:157-171, 1993.

MCCUE, J.D.: Urinary tract infections in the elderly. *Pharmacotherapy*, 13:51S-53S, 1993.

NICOLLE, L.E.: Urinary tract infection in the elderly. How to treat and when? *Infection*, 20(4):S261-S265, 1992.

NICOLLE, L.E.: Urinary tract infection in the elderly. *J Antimicrob Chemother*, 33(suppl A):99-109, 1994.

NICOLLE, L.E.: Prevention and treatment of urinary catheter-related infections in older patients. *Drugs & Aging*, 4:379-391, 1994.

OESTERLING, J.E.: Benign prostatic hyperplasia: medical and minimally invasive treatment options. *N Engl J Med*, 332:99-109, 1995.

OUSLANDER, J.G.: Geriatric urinary incontinence. *Dis Mon*, 38:65-149, 1992.

PAYNE, C.K., BABIARZ, J.W. & S. RAZ: Genitourinary problems in the elderly patient. *Surg Clin North Am*, 74:401-429, 1994.

PEGGS, J.F.: Urinary incontinence in the elderly: pharmacologic therapies. *Am Fam Physician*, 46:1763-1769, 1992.

SMALL, E.J.: Prostate cancer: who to screen, and what the result mean. *Geriatrics*, 48:28-30, 35-38, 1993.

CHAPITRE 20

PROBLÈMES RÉNAUX ET TROUBLES DE L'HOMÉOSTASE

Pierre Falardeau et Judith Latour

La fonction du rein consiste essentiellement à filtrer le sang qui l'irrigue (fonction glomérulaire) puis à modifier la composition de l'ultrafiltrat ainsi obtenu (fonction tubulaire), de façon à préserver l'homéostase du milieu intérieur. Même s'il s'agit d'une tâche complexe faisant appel à de nombreux mécanismes d'autorégulation, le rein accomplit encore ces fonctions de façon adéquate chez le vieillard sain. Par exemple, l'équilibre acido-basique et les niveaux sériques des principaux ions sont maintenus dans des limites normales. De plus, malgré une diminution de l'espace intracellulaire, le vieillard conserve des volumes extracellulaire et sanguin normaux.

Avec l'âge cependant, la réserve fonctionnelle rénale diminue de façon appréciable, entraînant ainsi une plus grande vulnérabilité aux modifications du milieu (Tableau 20.1).

RÉPERCUSSIONS RÉNALES DU VIEILLISSEMENT

Entre les âges de 40 et 80 ans, on note une disparition progressive, relativement linéaire, du parenchyme rénal d'environ 30 à 50 %, résultant en une diminution à peu près proportionnelle de la réserve fonctionnelle du rein. Ce phénomène, plus marqué au niveau du cortex externe que du cortex interne et de la substance médullaire, se caractérise par une diminution progressive de la lobulation glomérulaire suivie d'une hyalinose du glomérule et de l'espace de Bowman. La disparition du glomérule ne laisse que quelques débris cellulaires et du tissu cicatriciel. Au niveau des glomérules juxtaglomérulaires, il peut parfois exister une communication directe entre l'artériole afférente et l'artériole efférente. Ailleurs, les glomérules s'atrophient. On assiste également à la hyalinose et à la sclérose progressive des petites artères et des artérioles qui irriguent le parenchyme rénal.

Le débit sanguin rénal diminue lui aussi de façon linéaire, la baisse étant beaucoup plus prononcée au niveau du cortex externe que de la substance médullaire. Cette baisse de la perfusion sanguine rénale s'explique en bonne partie par une diminution de la capacité de

Tableau 20.1	
Conséquences cliniques du vieillissement de la fonction rénale	
Modifications physiologiques	**Conséquences**
Diminution du débit sanguin rénal	Vulnérabilité à l'hypotension, hypovolémie, troubles cardiaques et, donc, risque accru d'insuffisance rénale aiguë
Diminution du taux de filtration glomérulaire et de la clairance de la créatinine (même si la créatinine plasmatique demeure normale)	Vulnérabilité à la toxicité de certains médicaments, principalement excrétés par le rein (digoxine, aminoglucosides)
Diminution de la fonction tubulaire, surtout distale, occasionnant une lenteur d'adaptation aux variations hydro-électrolytiques du milieu intérieur	Risque accru • d'hypervolémie (administration de solutés physiologiques) • d'hypovolémie (hypodipsie, manque d'apport sodique) • d'hyponatrémie grave (diurétiques, sécrétion inappropriée d'hormone antidiurétique)

dilatation de l'arborisation artérielle rénale consécutive à l'angiosclérose. Ces altérations hémodynamiques entraînent une réduction graduelle du nombre et du volume des glomérules, surtout au niveau du cortex externe et, par conséquent, une diminution du taux de filtration glomérulaire. Cette diminution est cependant moins prononcée que celle du débit sanguin rénal; il en résulte donc une augmentation de la fraction de filtration.

La diminution progressive du taux de filtration glomérulaire associée au vieillissement normal ne se traduit pas par une élévation des niveaux sériques de la créatinine: la baisse de la clairance de la créatinine, secondaire à la diminution du taux de filtration glomérulaire, est, en effet, contrebalancée par une baisse de la production de créatinine par suite de la réduction de la masse musculaire qui accompagne le vieillissement. Le vieillard conserve donc un niveau sérique de créatinine normal (100 µmol/L) malgré un taux de filtration glomérulaire réduit de moitié (0,8 – 1 mL/s). Il est indispensable de tenir compte de ce phénomène, lors de l'administration de médicaments principalement éliminés par le rein (aminoglucosides et digoxine par exemple), afin d'en modifier la posologie en conséquence. Dans ces circonstances, il faut ajuster la posologie non pas selon le niveau sérique de créatinine, mais en fonction de la clairance de la créatinine *mesurée* par collection urinaire ou *calculée* à partir de la formule suivante:

$$\text{clairance de la créatinine (mL/min)} = \frac{(140 - \hat{a}ge) \times \text{poids corporel (kg)}}{\text{créatinine plasmatique (mmol/L)} \times 0,81}\text{[1]}$$

Cette méthode de calcul permet une estimation de la filtration glomérulaire avec une approximation d'environ 35 % chez 95 % des sujets. Chez les vieillards en excellente forme physique, le calcul tend à sous-estimer la clairance de la créatinine. Chez le vieillard cachectique et grabataire, il tend à la surestimer.

Parallèlement à la diminution du nombre et du volume des glomérules, on observe, avec l'âge, une diminution relativement harmonieuse du nombre, du volume et de la longueur des tubules proximaux. L'équilibre glomérulo-tubulaire se trouve généralement préservé à ce niveau; le taux de réabsorption maximale du glucose, par exemple, s'abaisse de façon proportionnelle à la baisse du taux de filtration glomérulaire. Par ailleurs, on note une réaction de fibrose interstitielle progressive au niveau de la substance médullaire, ainsi que la présence en quantité croissante de diverticules au niveau des tubules distaux. Contrairement à ce qui se passe aux sites proximaux du néphron, l'équilibre glomérulo-tubulaire n'est pas préservé au niveau distal; les fonctions de régulation fine du milieu intérieur accomplies par les tubules distaux et collecteurs (homéostasie hydro-électrolytique et acido-basique) sont perturbées d'une façon démesurée par rapport à la baisse du taux de filtration glomérulaire.

La précarité de l'équilibre hydrique du vieillard s'explique ainsi, en grande partie, par une lenteur de libération et d'inhibition de la vasopressine (hormone antidiurétique) couplée à un défaut de dilution et de concentration maximales de l'urine associé aux perturbations de la fonction du néphron distal. Ce défaut de concentration maximale de l'urine est l'expression d'un diabète insipide néphrogénique partiel, non corrigé par l'administration de vasopressine. Ajouté à l'hypodipsie relative observée chez le vieillard, il rend ce dernier très vulnérable à la déshydratation.

Par ailleurs, le rein du vieillard, quoique fonctionnel dans des conditions physiologiques, n'en présente pas moins une lenteur d'adaptation à des variations de l'apport sodique, ce qui le rend particulièrement susceptible à l'hypervolémie (administration de solutés salins par exemple) ou à l'hypovolémie (manque d'apport sodique ou pertes secondaires à l'administration de diurétiques).

On a, de plus, remarqué que le réflexe oropharyngien d'inhibition de la vasopressine, c'est-à-dire l'inhibition hormonale au seul contact de l'eau, de préférence froide, dans la bouche est moins efficace, ce qui peut entraîner une hydratation excessive, non compensée, à cause du délai d'excrétion de l'eau libre.

ÉVALUATION DE LA FONCTION RÉNALE

L'évaluation uronéphrologique du malade âgé doit être la moins agressive possible et tenir

---

1.   0,85 chez la femme

compte de la néphrotoxicité des produits de contraste utilisés en radiologie (pyélographie endoveineuse, artériographie ou même tomographie axiale). Le vieillard présente, en effet, un risque accru d'insuffisance rénale aiguë à la suite de l'administration de substances radio-opaques, surtout s'il est déshydraté ou s'il souffre déjà d'insuffisance rénale chronique, de diabète ou de myélome multiple. Cette dernière entité constitue même une contre-indication quasi absolue à l'administration de produits radio-opaques. L'évaluation rénale doit donc s'accomplir de façon prudente, par étapes, en essayant de tirer le maximum d'informations d'examens simples et peu invasifs.

L'exploration initiale comprend une mesure de la glycémie, de l'uricémie et de la protéinémie, ainsi que des niveaux plasmatiques de la créatinine et de l'urée, un ionogramme, une mesure des gaz veineux, un hémogramme, une analyse et une culture d'urine, de même qu'une évaluation de la clairance de la créatinine (mesurée lors d'une collecte urinaire ou calculée selon la formule présentée plus haut). Les résultats indiquent s'il y a ou non dysfonction rénale et orientent la suite des examens paracliniques. Il convient ici de rappeler que, considérés isolément, les niveaux sériques de créatinine et d'urée ne sont pas des indices fiables de la fonction rénale. Les niveaux de créatinine dépendent à la fois de la masse musculaire et du taux de filtration glomérulaire, alors que les niveaux d'urée sont influencés, entre autres choses par le débit urinaire, l'apport protidique et le catabolisme azoté (fièvre, affection intercurrente, jeûne, saignement digestif, etc.).

Dans l'insuffisance rénale, un cliché simple de l'abdomen et une échographie rénale, en plus du bilan de base, fournissent souvent des indices précieux sur la cause et sur la durée de l'insuffisance rénale (taille et forme des reins, présence ou non d'hydronéphrose, de calcifications, d'encoches, de tumeurs ou de kystes rénaux, indication de pyélonéphrite, glomérulonéphrite, néphropathie diabétique, etc.). La scintigraphie rénale isotopique, examen dépourvu de risques sérieux, permet, en plus, d'évaluer la fonction des deux reins séparément et de mettre sur la piste d'une cause vasculaire du problème rénal en question (asymétrie, réduction ou absence de débit sanguin rénal, infarctus rénal, etc.). La scintigraphie au gallium

peut confirmer les diagnostics de néphrite interstitielle, allergique ou d'infection.

La découverte d'une hématurie microscopique ou macroscopique impose toujours la recherche d'un diagnostic, quel que soit l'âge du malade, dans le but d'éliminer ou de confirmer l'existence d'une affection grave et potentiellement curable (infection, obstruction, néoplasie, embolie artérielle, certaines glomérulonéphrites, etc.).

Une leucocyturie suggère en premier lieu une étiologie infectieuse. Une protéinurie massive ou une cylindrurie (granuleuse, leucocytaire ou érythrocytaire) reflète toujours l'existence d'une maladie rénale parenchymateuse importante. Une protéinurie modeste et isolée (500-700 mg/24 h) se rencontre assez fréquemment chez le vieillard et n'exige pas nécessairement une étude poussée. Une éosinophilémie se rencontre dans les néphrites allergiques.

L'interprétation judicieuse des résultats de ces examens met généralement en évidence la cause de la dysfonction rénale chez la plupart des malades. Les examens invasifs doivent être réservés aux malades pour qui l'élaboration d'un traitement approprié exige une évaluation plus approfondie du problème.

L'artériographie rénale, par exemple, peut s'avérer essentielle pour la mise en évidence d'un problème vasculaire ou être utilisée en complément de la tomodensitométrie pour caractériser une masse rénale. Cet examen n'est pas sans risques; en plus de leurs effets néphrotoxiques, les produits de contraste utilisés en angiographie provoquent une augmentation importante du volume circulant qui peut conduire le sujet âgé à la défaillance cardiaque. Des substances iso-osmolaires peuvent être utilisées si le radiologiste est informé de la fragilité du malade. Dans ce contexte, il faut maintenir le vieillard dans un état préalable d'hydratation optimale et assurer l'élimination rapide de la substance radio-opaque, au moyen de furosémide, si nécessaire, afin d'en minimiser les répercussions tant rénales que cardio-vasculaires. Il faut, en plus, souligner que le cathétérisme de l'aorte peut aussi entraîner, chez le malade athéromateux, des embolies multiples de cholestérol responsables, entre autres choses, d'une insuffisance rénale le plus souvent subaiguë et de mauvais pronostic.

La pyélographie endoveineuse, bien qu'utile, joue maintenant un moins grand rôle qu'auparavant dans l'examen uronéphrologique du malade âgé. Les renseignements obtenus par le cliché simple de l'abdomen, l'échographie et la scintigraphie rénales, couplés ou non à l'artériographie, sont souvent supérieurs à ceux que l'on peut attendre d'une pyélographie endoveineuse, que ce soit dans le cadre de l'étude d'une hydronéphrose ou d'une masse rénale, ou dans le contexte d'une hypertension néphrovasculaire.

La biopsie rénale percutanée garde sa place dans certains cas choisis: elle s'avère parfois essentielle pour caractériser la cause d'une insuffisance rénale rapidement progressive (glomérulonéphrite, vasculite, néphrite interstitielle) ou l'étiologie d'un syndrome néphrotique (glomérulopathie à changements minimes) pour lesquels un traitement spécifique peut souvent être offert.

TROUBLES HYDRO-ÉLECTROLYTIQUES

Hypovolémie

L'hypovolémie est une diminution du volume circulant, secondaire à une réduction de volume intravasculaire, associée ou non à une réduction du volume interstitiel ou intracellulaire. Les manifestations cliniques et paracliniques, de même que le traitement de l'hypovolémie, diffèrent selon que la perte de volume se limite au compartiment intravasculaire, qu'elle intéresse à la fois les compartiments intravasculaire et interstitiel (espace extracellulaire) ou bien qu'elle atteint les espaces extra- et intracellulaire (Fig. 20.1).

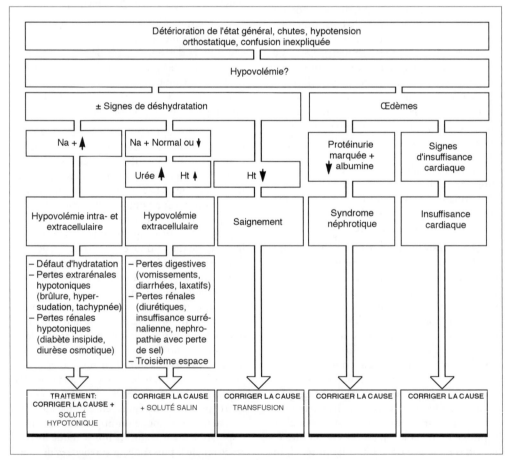

Figure 20.1 Diagnostic différentiel des hypovolémies

Perte de volume extracellulaire

La diminution globale du volume extracellulaire résulte habituellement d'une perte proportionnelle d'eau et de sel. Comme le volume extracellulaire se limite à environ 14 litres chez un individu normal pesant 70 kg, une perte relativement faible (2 ou 3 L) peut entraîner des modifications hémodynamiques importantes.

Le malade se présente souvent à l'hôpital avec des symptômes aussi peu spécifiques qu'une détérioration de l'état général, une histoire de chutes, un état confusionnel ou une asthénie progressive conduisant à un alitement prolongé. Ces présentations cliniques se retrouvent plus souvent chez les malades souffrant de troubles neurologiques tels que la démence, la maladie de Parkinson ou l'accident vasculaire cérébral.

Il faut rechercher, lors de l'interrogatoire du malade et de sa famille, toutes les causes de pertes hydrosodiques d'origine digestive (vomissements, diarrhées, laxatifs) ou rénale (diurétiques, insuffisance surrénalienne, néphropathie avec perte de sel). Il faut, de plus, envisager la possibilité d'une hypovolémie secondaire à la création d'un «troisième espace», dans le cadre d'une pancréatite, d'une maladie abdominale aiguë ou à la suite d'une intervention chirurgicale. Il faut toujours demander au patient s'il a soif, sensation, en général, diminuée chez le vieillard.

A l'examen clinique, on vérifie la pression artérielle orthostatique, le pouls et le degré de distension des veines jugulaires. On évalue également le degré de tension des globes oculaires, de même que la persistance du pli cutané au front et au sternum, deux régions anatomiques où la perte physiologique des tissus sous-cutanés est moins importante. Si le malade vit en centre d'hébergement ou s'il est suivi de près sur le plan médical, on peut obtenir son poids habituel. Une bonne hydratation des muqueuses et la présence de salive signent une hydratation acceptable.

L'examen clinique peut être trompeur. Une pression artérielle normale chez un individu souffrant d'hypertension équivaut à une hypotension. Des variations posturales de la pression artérielle de l'ordre de 20 à 30 mmHg n'ont pas toujours de signification pathologique particulière. L'accélération du pouls qui ac-

compagne l'hypovolémie est souvent moins marquée chez le vieillard que chez le jeune adulte, à cause de la diminution de sensibilité des barorécepteurs. La tortuosité des grands vaisseaux provoque fréquemment une distension jugulaire unilatérale sans signification pathologique et les muqueuses peuvent être sèches à cause d'une respiration rapide par la bouche.

Certains examens de laboratoire simples doivent confirmer l'impression clinique. L'urée plasmatique est élevée de façon disproportionnée par rapport à la créatinine. L'hématocrite et la protéinémie sont augmentés. Par contre, la natrémie est normale ou basse. En cas de pertes hydrosodiques extrarénales, les taux de sodium et de chlorure urinaires sont faibles et la densité urinaire est élevée.

Le traitement consiste à corriger la cause première et à restaurer le volume extracellulaire au moyen d'un soluté physiologique.

Perte de volume intra- et extracellulaire
(déshydratation)

La diminution des volumes intra- et extracellulaire est la conséquence d'une plus grande perte d'eau que de sel et se caractérise par une hypernatrémie. La déshydratation cellulaire qui l'accompagne peut entraîner des complications neurologiques sérieuses.

Les fonctions homéostasiques s'atténuant avec l'âge, les grands vieillards présentent des difficultés à maintenir un degré adéquat d'hydratation durant la phase aiguë d'une maladie, même d'évolution bénigne.

Une étude récente a comparé les capacités de réhydratation de deux groupes d'individus normaux: des jeunes adultes (23 ans, en moyenne) et des vieillards (71 ans, en moyenne). Après s'être privés d'eau pendant 24 heures, ces volontaires ont eu la permission de s'hydrater à volonté pendant une heure. Des mesures de l'osmolarité sérique et urinaire, du poids et des niveaux sériques de vasopressine ont été réalisées avant et après la période de réhydratation. Le degré de soif fut également évalué selon une échelle subjective. La perte de poids et l'augmentation des niveaux sériques de vasopressine furent identiques dans les deux groupes. Par contre, l'osmolarité sérique ainsi que la natrémie se sont élevées davantage chez les sujets âgés. De plus, ces derniers ont été incapables de se réhydrater adéquatement dans l'heure allouée à cet effet. Les résultats de cette étude confirment l'existence d'un défaut de conservation de l'eau d'origine rénale, mais, surtout, révèlent que les sujets âgés ne ressentent pas la soif d'une façon aussi marquée que les jeunes adultes. Certains auteurs estiment que l'hypernatrémie, lorsque rencontrée chez un vieillard vivant en institution, exempt de maladie physique importante, constitue le reflet de soins médicaux et infirmiers de moins bonne qualité. L'hypernatrémie indiquerait alors que les malades ne sont pas suffisamment hydratés.

Lorsque l'hypernatrémie se développe au cours d'une maladie aiguë, la réhydratation peut être compliquée d'une diurèse persistante, soulignant la lenteur de sécrétion de la vasopressine. On rapporte 30 à 50 % de mortalité selon la gravité de la maladie aiguë sous-jacente. Une étude récente démontre que les vieillards admis en long séjour avec une osmolarité élevée (> 308 mOsm/g) avaient une mortalité plus élevée (75 %) après deux ans.

La déshydratation se rencontre également en cas de pertes extrarénales hypotoniques associées, par exemple, à des brûlures, à une sudation abondante, à de la tachypnée, à certaines pertes digestives ou rénales (diabète insipide, diurèse osmotique).

Le traitement tente de corriger la cause et de restaurer prudemment les volumes extra- et intracellulaire au moyen de solutés hypotoniques, en se rappelant que la correction trop rapide d'une hypernatrémie grave est dangereuse, car elle peut entraîner un œdème cérébral important et des complications neurologiques mortelles.

Perte primaire de volume circulant

Le volume circulant comprend le volume plasmatique et le volume occupé par les globules rouges. La perte subite de volume circulant se manifeste par des signes d'orthostatisme et des symptômes liés à un état de choc. Si le problème est insidieux, le malade présente parfois une insuffisance cardiaque et des œdèmes importants.

Les causes les plus communes sont les saignements aigus ou chroniques ainsi que l'hypoalbuminémie associée à la dénutrition, aux maladies hépatiques ou aux pertes rénales ou digestives.

Les examens de laboratoire indiquent une diminution de la masse érythrocytaire et de l'albuminémie. La natrémie est habituellement normale et la natriurèse abaissée.

Particularités thérapeutiques chez le malade âgé

L'incidence d'hypovolémie chez les vieillards en institution est relativement élevée. Les causes les plus fréquentes sont l'hydratation inadéquate et l'usage de diurétiques. On peut facilement prévenir cette condition en cessant, par exemple, les traitements diurétiques chez les malades qui s'alimentent et boivent peu, ou encore en offrant fréquemment des liquides aux sujets alités. Lors d'une maladie intercurrente qui empêche le vieillard de boire, il faut hydrater le malade par voie intraveineuse ou, exceptionnellement, par sonde gastrique, selon la tolérance du malade et le soutien technique du milieu.

Comme ces deux méthodes sont difficilement applicables chez des malades peu coopératifs, la perfusion sous-cutanée, qui avait perdu de sa popularité au cours des vingt dernières années, reprend graduellement sa place dans l'arsenal thérapeutique du praticien, en particulier en gériatrie. La méthode suggérée est décrite au tableau 20.2. Il s'agit d'une technique de perfusion simple, facile à maîtriser, qui a l'avantage de permettre une plus grande liberté de mouvement au malade, de ne pas causer de phlébites et, surtout, d'éviter des transferts en centre hospitalier de courts séjours. Les effets secondaires potentiels (nécrose du tissu sous-cutané, infection, abcès, douleur, surcharge hydrosodique) ne sont pas à craindre lorsque la technique est utilisée correctement. Les réactions allergiques à l'hyaluronidase sont mineures et extrêmement rares.

Hyponatrémie

Le diagnostic différentiel de l'hyponatrémie est un problème classique de médecine interne. On considère généralement trois catégories d'hyponatrémie, selon que le volume extracellulaire est augmenté, normal ou diminué.

Tableau 20.2

Technique de la perfusion sous-cutanée en vue de réhydrater des malades chez qui la voie orale ou intraveineuse n'est pas possible

Équipement
1) «Papillon» ou cathéter sous-cutané, 50 mm (25 G) pour administration parentérale
2) Pansements transparents
3) Soluté avec 150 unités d'hyaluronidase/L

   Exemples de solutés:
   • Dextrose 5 % + Nacl 0,45 % + Kcl 10 à 15 mEq/L
   • Nacl 0,9 % pour réhydratation (attention à la surcharge)

N.B.: Éviter le dextrose sans électrolytes (risque d'hypotension)

Mise en place
1) Choisir un site de perfusion (surface latérale du thorax ou de l'abdomen, face interne ou externe de la cuisse)
2) Désinfecter le site
3) Installer l'aiguille ou le cathéter en sous-cutané et fixer à l'aide de pansements transparents
4) Injecter 0,5 mL (75 unités) d'hyaluronidase au site choisi
5) Raccorder l'aiguille au soluté
6) Ajuster la vitesse du soluté (ex.: 1 mL/min/site de perfusion)

Entretien
1) Surveiller l'œdème et l'inflammation locale (changer de site si nécessaire)
2) Changer quotidiennement d'aiguille et de tubulure

On a démontré que 11,3 % des malades admis dans un service de gériatrie présentent une natrémie inférieure à 130 mEq/L et 22 % des patients admis en centre d'hébergement souffriront d'une hyponatrémie dans l'année.

Les symptômes sont peu spécifiques: le malade est asthénique, il se plaint d'instabilité posturale, de chutes. L'état mental est altéré, pouvant aller jusqu'aux convulsions ou au coma. L'examen clinique doit être minutieux, à la recherche de signes d'hyper- ou d'hypovolémie pouvant mettre sur la piste de l'étiologie du syndrome.

Les malades qui présentent une hyponatrémie avec *volume extracellulaire augmenté* souffrent d'atteintes rénales, hépatiques ou cardiaques habituellement évidentes. La présence d'œdème et des signes classiques de ces maladies oriente le diagnostic. Le traitement consiste à corriger l'hypervolémie par des diurétiques combinés à une restriction hydrique.

Les principales causes de l'hyponatrémie, avec *volume extracellulaire apparemment normal ou légèrement diminué*, sont l'insuffisance surrénalienne, l'hypothyroïdie, le syndrome de sécrétion inappropriée d'hormone antidiurétique (SIADH) et l'usage de diurétiques.

L'association de diurétiques avec un apport liquidien hypotonique (*per os* ou par voie parentérale) serait responsable de 30 à 60 % des cas d'hyponatrémie retrouvés dans les services de gériatrie. Les dérivés thiazidiques, qui tous contribuent à diminuer l'excrétion urinaire d'eau libre, sont le plus souvent incriminés dans ce contexte. Il faut donc les administrer avec prudence, surtout chez les malades polydipsiques, et vérifier fréquemment la natrémie au début du traitement ou dès l'apparition de symptômes.

Le SIADH provoque souvent une hyponatrémie grave. Les quatre grands critères diagnostiques sont une hyponatrémie et une hypo-osmolarité sérique couplées à une osmolarité urinaire et à une natriurèse anormalement élevées. De plus, on note habituellement une diminution concomitante des taux sériques d'urée, de créatinine et d'acide urique, ce qui facilite le diagnostic. Ce syndrome est le plus souvent lié à une affection cérébrale, pulmonaire, infectieuse ou néoplasique. Le stress émotif des malades neuropsychiatriques et parfois même l'âge avancé peuvent aussi s'accompagner du SIADH.

De plus en plus, on reconnaît qu'un nombre croissant de médicaments interférant d'une façon ou d'une autre avec le métabolisme de l'eau sont à l'origine d'hyponatrémies symptomatiques chez le vieillard. Parmi les plus fréquemment impliqués, on retrouve les diurétiques thiazidiques, les anti-inflammatoires non stéroïdiens, la carbamazépine, les antidépresseurs, les narcotiques, les hypoglycémiants oraux et les hypolipémiants.

Le traitement de ce type d'hyponatrémie chronique (> 48 h) consiste d'abord à cesser la médication en cause, si cela est possible, puis arrêter l'apport de liquides hypotoniques. Si l'hyponatrémie est importante ou s'accompagne de signes neurologiques graves (convulsions, coma), il faut rapidement (0,5 mmol/L/h) ramener la natrémie à des valeurs plus sûres (120 mEq/L) en perfusant un soluté physiologique iso- ou hypertonique et en administrant un furosémide qui a pour effet de provoquer une perte plus grande d'eau que de sel. Une fois la natrémie parvenue à 120 mEq/L, il est prudent de corriger l'hyponatrémie plus lentement (sur une période de 24-48 h environ).

Troubles de la kaliémie

Chez le vieillard sain, les valeurs normales de la kaliémie sont les mêmes que chez l'adulte plus jeune. L'hypokaliémie purement nutritionnelle est rare. Elle est habituellement associée à des pertes digestives ou urinaires (diurétiques). Les manifestations cliniques en sont la faiblesse, les paresthésies et les arythmies cardiaques.

D'autre part, le vieillard est sensible à l'hyperkaliémie à la suite d'un apport accru de potassium. La physiopathologie de cette susceptibilité n'est pas entièrement élucidée: la contribution relative d'une diminution de l'activité du système rénine-angiotensine-aldostérone et des perturbations de l'effet des catécholamines ou de l'insuline sur la kaliémie n'est pas clairement définie. Retenons cependant que le vieillard, notamment le diabétique ou celui qui reçoit des médicaments perturbant l'homéostasie du potassium (anti-inflammatoires non stéroïdiens, bêtabloquants, captopril, amiloride, triamtérène, spironolactone, héparine), risque l'hyperkaliémie, surtout si on lui administre un supplément potassique. Signalons aussi l'incidence accrue, chez le vieillard (surtout diabétique), du syndrome d'hypoaldostéronisme hyporéninémique qui s'accompagne, entre autres choses, d'une hyperkaliémie souvent associée à une acidose hyperchlorémique de type tubulaire distal.

DÉSÉQUILIBRES ACIDE-BASE

Dans des conditions normales, l'équilibre acide-base est correctement assuré chez le vieillard. Cependant, le rein du vieillard met plus de temps que celui du jeune adulte à éliminer un excès de base ou d'acide. Le délai à excréter une charge acide provient d'un défaut de production d'ammoniaque, l'acidité titrable demeurant normale.

Les déséquilibres acide-base rencontrés en gériatrie sont les mêmes que chez l'adulte et leur traitement est semblable.

Il convient cependant de mentionner un problème que peu d'auteurs signalent mais qui peut survenir assez fréquemment chez les vieillards. Il s'agit de l'acidose métabolique hyperchlorémique secondaire à l'utilisation d'acétazolamide (inhibiteur de la formation rénale de bicarbonate) pour le traitement du glaucome. Une détérioration insidieuse de l'état général et une légère stimulation de la respiration en constituent souvent les seules manifestations cliniques. Le diagnostic est confirmé par l'analyse des gaz veineux et des électrolytes plasmatiques qui démontre une diminution des bicarbonates et une hyperchlorémie, ainsi que par l'amélioration de l'état du malade après le retrait du médicament.

INSUFFISANCE RÉNALE

L'étiologie de l'insuffisance rénale chez le vieillard, en particulier de l'insuffisance rénale aiguë, est la plupart du temps multifactorielle. D'une part, le vieillard est fréquemment atteint de maladies chroniques exerçant une influence néfaste sur le rein et nécessitant la prise de médicaments potentiellement néphrotoxiques; d'autre part, sa fonction rénale, rendue précaire par une réserve fonctionnelle diminuée, est particulièrement sensible à tout phénomène qui peut provoquer une baisse, même légère, de la perfusion sanguine rénale.

Ainsi, le vieillard hypertendu et arthritique, par exemple, souffrant de déshydratation au cours d'une pneumonie ou d'un dérangement gastro-intestinal, mais qui n'en continue pas moins de prendre le diurétique et l'indométacine prescrits antérieurement, court un risque d'insuffisance rénale aiguë, secondaire à l'hypovolémie et à une vasoconstriction rénale amplifiée par l'indométacine. La prévention d'une détérioration rénale irréversible exige donc une bonne connaissance des causes et du traitement de l'insuffisance rénale.

Insuffisance rénale aiguë

Étiologie

L'insuffisance rénale aiguë résulte généralement soit d'un défaut de perfusion sanguine, d'une réaction médicamenteuse, d'un problème obstructif ou d'une combinaison de ces entités. Les accidents vasculaires rénaux et les atteintes rénales parenchymateuses primaires ou associées à une maladie systémique demeurent des causes fréquentes (Tableau 20.3).

Tableau 20.3

**Causes les plus fréquentes
d'insuffisance rénale chez le vieillard**

Causes prérénales

Diminution du volume circulant efficace

- hypovolémie
- création d'un «troisième espace»
- hypotension artérielle
- insuffisance cardiaque
- septicémie

Défaut local de perfusion sanguine

- sténoses, thromboses, embolies des artères rénales

Causes médicamenteuses «fonctionnelles»

- agents anti-inflammatoires non stéroïdiens
- captopril
- antihypertenseurs (par hypotension marquée)
- diurétiques (par hypovolémie)
- nifédipine
- dipyridamole

Causes rénales

Nécrose tubulaire aiguë

- toutes les causes prérénales peuvent entraîner une nécrose tubulaire aiguë

Causes médicamenteuses

- toxiques
  - aminoglucosides
  - produits radio-opaques
- allergiques
  - pénicillines, rifampicine, sulfamides, céphalosporines, agents anti-inflammatoires non stéroïdiens, diurétiques, allopurinol, sulfinpyrazone

Glomérulonéphrite

- postinfectieuse
- para-infectieuse
- rapidement progressive (à croissant)
- associée à une vasculite (en particulier, granulomatose de Wegener)

Néphrite interstitielle

- infectieuse
- médicamenteuse

Causes métaboliques

- diabète
- hypercalcémie
- hyperuricémie
- protéinurie de Bence-Jones
- amyloïdose

Causes postrénales

- hypertrophie prostatique
- cancer gynécologique
- néoplasie abdominale, fibrose rétropéritonéale
- lithiase

L'insuffisance rénale aiguë de type prérénal est habituellement le résultat d'une *diminution du volume circulant efficace*, se produisant dans le cadre d'une hypovolémie franche, d'une hypotension artérielle ou d'une insuffisance cardiaque. Cette diminution entraîne une vasoconstriction rénale intense, provoquant une chute du débit sanguin rénal et de la filtration glomérulaire. Ce type d'insuffisance rénale est facilement réversible lorsque la cause est rapidement corrigée. Cependant, le vieillard est particulièrement sujet à la nécrose tubulaire aiguë, lorsque la baisse du débit sanguin rénal est trop marquée ou se prolonge dans le temps.

Les *médicaments* peuvent entraîner différents types d'insuffisance rénale aiguë.

1. Une insuffisance rénale «fonctionnelle», comme celle rencontrée lors de l'administration d'AINS à des malades dont le volume circulant efficace est diminué, ou lors de l'administration de captopril à des malades porteurs de sténoses marquées des deux artères rénales ou de l'artère d'un rein unique. Les perturbations hémodynamiques rénales induites par ces médicaments, dans ces circonstances particulières, provoquent une chute de la filtration glomérulaire. L'insuffisance rénale aiguë «fonctionnelle» qui en résulte est habituellement réversible avec l'arrêt de la médication en cause.

2. Une nécrose tubulaire, le plus souvent non oligurique, par toxicité directe. C'est le cas, par exemple, des aminoglucosides.

3. Une néphrite interstitielle allergique dont l'incidence est particulièrement élevée avec l'emploi des pénicillines, de la rifampicine et des sulfamides. D'autres médicaments fréquemment utilisés chez les vieillards, comme les céphalosporines, les AINS, les diurétiques, l'allopurinol et la sulfinpyrazone, ont aussi été impliqués. Le syndrome se manifeste classiquement par une éruption cutanée, de la fièvre, une éosinophilie, une leucocyturie (éosinophilurie) et une insuffisance rénale rapidement progressive. Dans le cas des AINS, on retrouve aussi un syndrome néphrotique associé. La fonction rénale récupère la plupart du temps de façon spontanée avec l'arrêt du médicament en cause, bien que parfois l'administration de cortisone s'avère nécessaire.

La cause la plus fréquente d'insuffisance rénale de type postrénal est l'hypertrophie prostatique chez l'homme et le cancer du col utérin ou de l'utérus chez la femme.

Diagnostic et traitement[1]

L'anamnèse indique, dès le départ, si le malade souffre déjà d'une maladie chronique (cardio-vasculaire, rénale, métabolique, etc.) et s'il prend des médicaments potentiellement néphrotoxiques. Une histoire récente de vomissements ou d'hématémèse, de diarrhées ou de rectorragies indique que l'insuffisance rénale peut s'expliquer, du moins en partie, par une perte de volume. La présence de symptômes tels que brûlures mictionnelles, pollakiurie, incontinence urinaire ou dysurie oriente vers une composante infectieuse ou obstructive basse. La notion de fièvre, surtout si elle est associée à une éruption cutanée, soulève, en plus de la possibilité d'un processus infectieux, celle d'une réaction allergique ou d'une vasculite. De même, l'apparition soudaine d'une douleur aux loges rénales peut être la manifestation d'une pyélonéphrite aiguë, d'embolies artérielles rénales ou de lithiases. On s'informera s'il n'y a pas eu une angiographie ou un traitement de la streptokinase qui aurait pu favoriser l'embolisation de plaques athéromateuses.

A l'examen clinique, on cherche les signes d'une hypovolémie, si l'histoire en est suggestive. D'autre part, la mise en évidence de gros reins palpables ou d'un globe vésical oriente vers une cause obstructive (d'où l'importance du toucher rectal et de l'examen gynécologique). Des points costo-musculaires douloureux suggèrent la présence de reins enflammés ou obstrués. La découverte de lésions au niveau de la peau ou des muqueuses (pétéchies, éruptions, ulcères) peut mettre sur la piste d'une endocardite, d'une vasculite ou d'une réaction allergique, responsables de l'insuffisance rénale. L'examen du cœur doit être attentif, puisque cet organe peut être à l'origine d'embolies artérielles rénales, dans le cadre d'une fibrillation auriculaire ou d'une endocardite par exemple. Il est aussi important de rechercher les signes d'insuffisance cardiaque, celle-ci pouvant s'avérer la cause tout aussi bien que la conséquence de l'insuffisance rénale chez le vieillard.

Il est ensuite fréquemment indiqué de mettre en place un cathéter vésical. Cette manœuvre permet de déterminer si le malade est oligurique, anurique, ou si la diurèse est conservée.

Tableau 20.4 **Diagnostic et traitement d'une insuffisance rénale**	
Anamnèse	Maladie chronique (cardio-vasculaire, rénale, métabolique) Médicaments potentiellement néphrotoxiques Hydratation et alimentation Vomissements, hématémèse, diarrhée ou rectorragie Brûlures mictionnelles, pollakiurie, dysurie, incontinence Fièvre, éruption cutanée
Examen physique	Fièvre Signes d'hypovolémie (hypotension, perte de poids) Lésions de la peau ou des muqueuses Cœur: troubles du rythme, souffle, insuffisance Reins palpables Toucher rectal et examen gynécologique
Examens paracliniques	Azotémie, créatinine, gaz veineux Glycémie, calcémie, ionogramme, hémogramme Analyse du sédiment urinaire Radiographie simple de l'abdomen
Sonde urinaire	Pour mesurer la diurèse
Traitement initial	Réhydrater Corriger les déséquilibres électrolytiques Traiter la cause si possible Faire appel au spécialiste consultant si le diagnostic fait problème ou s'il faut des examens paracliniques plus complets ou un traitement plus vigoureux

L'ensemble des informations obtenues par l'évaluation clinique permet, la plupart du temps, d'identifier avec assez de précision l'étiologie ou les étiologies de l'insuffisance rénale (Tableau 20.5).

Par exemple, chez un malade hypovolémique (par saignement, déshydratation, pertes digestives ou rénales), l'insuffisance rénale sera vraisemblablement de type prérénal et, en l'absence de nécrose tubulaire aiguë, se corrige par le remplacement du volume perdu. Chez le malade souffrant d'une obstruction basse, l'installation d'un cathéter vésical permet de vidanger la vessie, ce qui devrait favoriser la récupération

---

1.   Voir tableau 20.4

	Tableau 20.5 Étiologies les plus fréquentes de l'insuffisance rénale aiguë chez le vieillard, classifiées selon la diurèse		
Anurie	**Oligurie**		**Diurèse conservée**
	Volume extracellulaire cliniquement normal ou diminué	**Volume extracellulaire cliniquement augmenté**	
1. Arrêt total de perfusion sanguine rénale (accident vasculaire) 2. Obstruction postrénale complète 3. Nécrose corticale	1. Hypovolémie 2. Hypotension (médicament, septicémie, etc.) 3. Hypoperfusion rénale locale (sténose d'artères rénales et hypotension) 4. Nécrose tubulaire aiguë	1. Insuffisance cardiaque 2. Présence d'un «troisième espace» (cirrhose avec ascite, condition postopératoire, obstruction intestinale, etc.) 3. Glomérulonéphrite 4. Nécrose tubulaire aiguë 5. Néphrite interstitielle	1. Obstruction partielle 2. Toxicité rénale 3. Embolies 4. Nécrose tubulaire, glomérulonéphrite, pyélonéphrite

d'un certain degré de fonction rénale. La mise en évidence d'une anurie totale signe la présence d'un accident vasculaire (thrombose ou dissection des artères des deux reins ou de l'artère d'un rein fonctionnel unique) ou d'une obstruction complète des deux uretères ou de l'uretère d'un rein fonctionnel unique. Enfin, la notion d'une prise médicamenteuse quelconque oblige toujours à considérer la possibilité d'une réaction toxique ou allergique.

A ce stade-ci, on aura pu confirmer ou exclure les causes suivantes de l'insuffisance rénale:

* diminution du volume circulant efficace;

* obstruction partielle ou complète des voies urinaires;

* absence totale de perfusion sanguine rénale.

Si aucune de ces étiologies n'est en cause, on peut alors soupçonner, selon le contexte clinique, l'une ou l'autre des étiologies suivantes:

* réaction médicamenteuse;

* atteinte rénale (glomérulonéphrite, néphrite interstitielle) primaire ou secondaire à une maladie systémique (endocardite, vasculite, infection bactérienne ou virale,

myélome multiple, problème métabolique);

* embolies rénales.

Un bilan paraclinique simple permet alors de préciser les impressions diagnostiques premières.

L'azotémie et la créatininémie donnent une idée de la gravité de l'insuffisance rénale. De plus, en l'absence de saignement digestif, une élévation disproportionnée de l'urée par rapport à la créatinine sérique suggère une cause prérénale. Une natrémie et un hématocrite élevés confirment un état de déshydratation. Par contre, un hématocrite bas peut résulter d'une spoliation, d'une dilution, ou encore d'une anémie associée à un myélome multiple, par exemple. La présence d'une leucocytose suggère d'abord l'existence d'un processus infectieux alors qu'une éosinophilie doit évoquer un phénomène allergique.

L'analyse d'urine est un examen des plus importants, puisque la mise en évidence d'une protéinurie ou d'une cylindrurie indique toujours une atteinte parenchymateuse: une leucocyturie associée à une cylindrurie suggère une pyélonéphrite aiguë ou une néphrite interstitielle, alors qu'une protéinurie marquée, ou la présence de cylindres érythrocytaires, signent, la plupart du temps, une glomérulonéphrite.

La radiographie simple de l'abdomen indique le nombre, la position et la taille des reins, de même que la présence ou l'absence de calcifications rénales ou urétérales. La découverte de petits reins, par exemple, oriente vers une insuffisance rénale chronique, alors que celle de gros reins suggère l'existence d'une hydronéphrose ou d'une infiltration parenchymateuse rénale.

Couplé à l'évaluation clinique du malade, ce bilan paraclinique simple permet de déterminer si l'insuffisance rénale est de type prérénal ou postrénal et s'il existe une atteinte rénale parenchymateuse (nécrose tubulaire aiguë, glomérulonéphrite, néphrite interstitielle, pyélonéphrite). Dans ce dernier cas, l'information recueillie permet aussi, bien souvent, de déterminer si l'affection rénale est primaire ou si elle résulte d'une réaction médicamenteuse ou d'une maladie systémique. Un bilan ultérieur plus poussé, orienté en fonction des résultats de l'évaluation de base, permet, si nécessaire, de déterminer la nature exacte de l'affection rénale ou de la maladie systémique sous-jacente, le cas échéant. Le traitement varie, bien sûr, selon l'étiologie. Les mesures d'appoint comprennent la réhydratation et la correction des déséquilibres électrolytiques.

Insuffisance rénale chronique

Étiologie

Le diabète, les maladies vasculaires, les problèmes infectieux ou obstructifs et les phénomènes néphrotoxiques médicamenteux ou métaboliques constituent les principales causes d'insuffisance rénale chronique chez le vieillard. En plus, le rein du vieillard peut aussi être le siège des affections parenchymateuses retrouvées chez le jeune adulte.

La *néphro-angiosclérose bénigne*, le plus souvent associée à l'hypertension artérielle, figure parmi les causes les plus fréquentes d'insuffisance rénale chronique légère ou modérée chez le vieillard. Par contre, la *maladie athéromateuse de l'aorte abdominale et des artères rénales* (sténoses, thromboses, embolies artérielles rénales) constitue une cause beaucoup plus importante d'insuffisance rénale chronique grave.

La sténose significative d'une ou des deux artères rénales entraîne une diminution de la taille et de la fonction du (des) rein(s) atteint(s) et une hypertension artérielle habituellement importante. La thrombose d'une artère rénale provoque une perte complète de la fonction du rein ischémique. Le diagnostic de ces deux entités se pose à la rénoscintigraphie et à l'angiographie.

Les embolies artérielles rénales peuvent être microscopiques ou macroscopiques. Ces dernières proviennent généralement du cœur gauche (thrombus mural, endocardite, myxome) ou de l'aorte abdominale (plaque d'athérome). Elles se caractérisent, cliniquement, par une douleur lombaire accompagnée d'hypertension artérielle ou d'hématurie et, au laboratoire, par une élévation des LDH et de la rénine plasmatique, ainsi que par la présence d'encoches triangulaires non perfusées à la scintigraphie rénale.

Les embolies microscopiques sont des embolies multiples de cholestérol, généralement associées à une maladie athéromateuse aortique grave. Ces pluies de fines embolies se produisent habituellement dans le cadre d'une chirurgie ou d'un cathétérisme de l'aorte, bien qu'elles puissent aussi se produire spontanément. On a récemment rapporté des cas survenant après une thrombolyse pour infarctus du myocarde. Le syndrome se manifeste par une insuffisance rénale aiguë ou subaiguë, souvent associée à une hypertension artérielle marquée (soutenue ou paroxystique), des douleurs lombaires et de la fièvre, le tout accompagné ou non de signes d'embolies périphériques (embolies de cholestérol au niveau de la rétine, *livedo reticularis*, gangrène au niveau des membres inférieurs, etc.). Du point de vue paraclinique, le syndrome se caractérise par une leucocytose, une éosinophilie, une élévation des LDH, de la vitesse de sédimentation et de la rénine plasmatique (souvent très marquée) ainsi que par une hématurie et une protéinurie. Le tableau clinique peut mimer une endocardite, une vasculite, des embolies plaquettaires ou athéromateuses ou un myxome de l'oreillette. L'insuffisance rénale est habituellement irréversible et le pronostic global très mauvais, la manifestation même du syndrome signifiant l'existence d'une maladie athéromateuse systémique très grave.

L'incidence et la prévalence d'*infections urinaires* augmentent avec l'âge. Ce phénomène semble principalement lié à la vidange inadéquate de l'appareil urinaire et aussi, peut-être, à la présence de nombreux diverticules au niveau du néphron distal, dans lesquels peuvent s'accumuler bactéries et débris cellulaires. Les répercussions rénales d'infections urinaires, hautes ou basses, sont toutefois difficiles à quantifier précisément.

La *pyélonéphrite chronique*, une entité qui reconnaît diverses étiologies, demeure encore une cause importante d'insuffisance rénale chronique chez la personne âgée.

Parce que relativement fréquente chez le vieillard et potentiellement curable, une cause *obstructive* doit toujours être recherchée, dans le cadre d'une insuffisance rénale aiguë ou chronique. L'hypertrophie prostatique est la cause la plus fréquente de néphropathie obstructive chez l'homme. Chez la femme, une maladie gynécologique est habituellement à l'origine de la néphropathie obstructive (prolapsus utérin, carcinome du col utérin, tumeurs de l'utérus, etc.). Les lithiases, la fibrose rétropéritonéale, l'envahissement ou la compression des uretères par un processus néoplasique intra-abdominal sont des causes moins fréquentes de néphropathie obstructive.

Les *atteintes glomérulaires* rencontrées chez le jeune adulte peuvent aussi se rencontrer chez le vieillard. L'incidence de certaines maladies rénales se trouve même augmentée: il s'agit, en particulier, de la glomérulonéphrite membraneuse, de la granulomatose de Wegener et de la glomérulonéphrite rapidement progressive (à croissants) de type idiopathique.

Notons aussi que le syndrome néphrotique est souvent (dans 10 % environ des cas) associé à une néoplasie. La glomérulonéphrite membraneuse, en particulier, peut constituer une manifestation paranéoplasique d'un carcinome (poumon, sein, côlon, pancréas) ou d'un lymphome non hodgkinien, alors que la glomérulopathie à changements minimes est plutôt associée à la maladie de Hodgkin. Le syndrome néphrotique du vieillard exige donc une investigation adéquate, en plus d'une biopsie rénale.

Traitement

L'approche thérapeutique de l'insuffisance rénale chronique est la même chez le vieillard que chez le jeune adulte. Les modalités des traitements, tous palliatifs, sont le traitement médical conservateur et la dialyse.

La pierre angulaire du traitement médical est le régime à teneur réduite en protides, phosphates, sodium et potassium. Il semble, de plus en plus, que la restriction en protéines ou en phosphates, en plus de diminuer les symptômes liés à l'urémie, puisse ralentir la progression de l'insuffisance rénale chronique, à tout le moins chez l'adulte d'âge moyen. Le traitement diététique doit habituellement être associé à:

- l'addition de calcium, de vitamine D et d'hydroxyde d'aluminium dans le but de corriger les troubles du métabolisme phosphocalcique;

- l'utilisation de furosémide, souvent nécessaire au maintien de l'équilibre hydrosodique;

- l'administration de polystyrène sulfonate (Kayexalate®), lorsque la restriction en potassium ne suffit pas à assurer une kaliémie normale;

- l'administration de bicarbonate de sodium lorsque les bicarbonates sanguins sont à des niveaux inférieurs à 15 mEq/L et d'allopurinol lorsque les taux sériques d'acide urique sont supérieurs à 12 mg/dL ou que le malade souffre d'arthrite goutteuse.

En l'absence de contre-indication, l'utilisation judicieuse d'un inhibiteur de l'enzyme de conversion de l'angiotensine peut aussi ralentir la progression de l'insuffisance rénale chronique.

Ce traitement médical conservateur permet au malade de demeurer asymptomatique aussi longtemps que la clairance de la créatinine se situe entre 0,2 – 0,8 mL/s. Lorsque le taux de filtration glomérulaire s'abaisse en deçà de 0,2 mL/s, la dialyse s'impose. Les diverses possibilités sont l'hémodialyse itérative, la dialyse péritonéale intermittente et la dialyse péritonéale ambulatoire continue. Cette dernière modalité, qui exige cependant une participation active du malade à son traitement, est en pleine évolution. La décision d'entreprendre un traitement par dialyse chez le vieillard doit tenir compte, en premier lieu, de l'état général du malade, de son espérance de vie en fonction des autres maladies qui l'assaillent, le cas échéant, et de sa capacité de fonctionner de façon autonome. Le dialysé âgé doit être suivi de près et réadapté en cas de pertes fonctionnelles.

La mortalité à 5 ans est de 68 % chez les greffés de plus de 60 ans par rapport à 87,8 % chez les plus jeunes. Il y aurait moins de rejet de la greffe chez les plus âgés mais plus de décès liés à la comorbidité.

BIBLIOGRAPHIE

BOOKER, J.A.: Severe symptomatic hyponatremia in elderly outpatients. The role of thiazide therapy and stress. *J Am Geriatr*, **32**:107-111, 1984.

COCKROFT, D.W. & M.H. GAULT: Prediction of creatinine clearance serum creatinine. *Nephron*, **16**:31-41, 1976.

Editorials. Dialysis, old age and rehabilitation. *JAMA*, **27**:67, 1994.

GOLDSTEIN, C.D., BRAUNSTEIN & S. GOLDFARB: Idiopathic syndrome of inappropriate antidiuretic hormone secretion possibly related to advanced age. *Ann Intern Med*, **99**:185-188, 1983.

GROSS, C.R.: Clinical indicators of dehydration severity in elderly patients. *J Emerg Med*, **10**:267, 1992.

HIMMELSTEIN, D., JONES, A.A. & S. WOODHANDLER: Hypernatremic dehydration in nursing home patients: an indicator of neglect. *J Am Geriatr Soc*, **31**:466-471, 1983.

KINGSWOOD, J.C. & Coll.: Renal biopsy in the elderly: clinicopathologic correlations in 143 patients. *Clin Nephrol*, **22**:183-187, 1984.

MOORTHY, A.V. & S.W. ZIMMERMAN: Renal disease in the elderly: clinicopathologic analysis of renal disease in 115 elderly patients. *Clin Nephrol*, **14**:223-229, 1980.

O'NEIL, P.A. & Coll.: Reduced survival with increasing plasma osmolality in elderly continuing care persons. *Age Ageing*, **19**:68, 1990.

PHILLIPS, P.A. & Coll.: Reduced thirst after water deprivation in healthy elderly men. *N Engl J Med*, **311**:753-759, 1984.

SOLOMON, R.L. & M. LYE: Hypernatremia in the elderly patient. *Gerontology*, **36**:171, 1990.

TESI, J.R. & Coll.: Renal transplantation in older people. *Lancet*, **343**:461, 1994.

LECTURES SUGGÉREES

GOLDMAN, R.: Aging of the excretory system: kidney and bladder, in *Handbook of the Biology of Aging*. Finch, C.R. & L. Hayflick. Van Nostrand Reinhold Company, New York, 1989.

MOLLOY, D.N. & A. CUNJE: Hypodermoclysis in the care of older adults. *Can Fam Physician*. **38**:2038-43, 1992.

PHILLIPS, P.A. & Coll.: Disturbed fluid and electrolyte homœstasis following dehydration in elderly people. *Age Ageing*, **22**:526, 1993.

CHAPITRE 21

LA FIÈVRE

Daniel Tessier

La température du corps humain est maintenue de façon très précise par un équilibre entre les mécanismes de production et de dispersion de la chaleur. Le centre de thermorégulation se situe dans la région préoptique de l'hypothalamus antérieur. Les principaux mécanismes en jeu sont la production de chaleur par le métabolisme et la perte de chaleur résultant de l'échange entre l'organisme et l'environnement par 4 mécanismes: radiation (transfert d'énergie électromagnétique), convection (réchauffement de l'air adjacent qui circule par la suite), conduction (transfert d'énergie de la peau aux éléments adjacents) et évaporation de la sueur.

L'homéostasie thermique dépend de mécanismes endocriniens, autonomiques, comportementaux, cardio-vasculaires et cutanés. Ces différents paramètres peuvent être altérés par le vieillissement normal, les maladies associées au vieillissement ou les médicaments tels que les bêtabloquants (diminution du débit sanguin au niveau cutané) ou les médicaments à activité anticholinergique (réduction de la sudation).

La température normale chez l'adulte se situe à 37 °C. Chez le sujet âgé, le métabolisme basal peut diminuer et certaines études ont montré que la température buccale peut varier de 35,8 °C à 36,8 °C (la température rectale varie de 36,8 °C à 37,2 °C). De même, dans la population générale, la température de l'organisme varie durant la journée: elle est au plus bas avant l'aurore (~36,1 °C) et à son plus haut dans l'après-midi (~37,4 °C). L'évaluation d'un syndrome fébrile implique donc que la température habituelle du sujet et le moment de la journée soient pris en compte.

PHYSIOPATHOLOGIE

La fièvre est le résultat d'une réaction de l'organisme à divers médiateurs (cytokines pyrogènes: interleukines, TNF [*tumor necrosis factor*], interféron bêta et gamma, prostaglandines E_2) sécrétés par les cellules inflammatoires de l'hôte. Ces médiateurs sont sécrétés en réaction à un stimulus d'un agent infectieux, de complexes immuns ou de débris tissulaires et vont stimuler les régions de l'hypothalamus responsables de la thermorégulation.

Dans l'hyperthermie, la température corporelle augmente à cause d'un déséquilibre entre la production et l'élimination de la chaleur corporelle, comme dans la tempête thyroïdienne ou le coup de chaleur.

La fièvre s'observe chez plusieurs types d'êtres vivants et son rôle peut être bénéfique dans certaines situations et nuisible dans d'autres: l'augmentation de la température faciliterait la résistance à certains microorganismes; par contre, la présence d'endotoxines circulantes au cours d'une hyperthermie peut s'accompagner de lésions cellulaires.

La définition de la fièvre varie d'un auteur à l'autre. Certains la définissent comme la présence d'une température supérieure à 40 °C pendant une heure. Cette définition est probablement trop stricte pour le sujet âgé. D'autres considèrent que toute température rectale supérieure à 37,5 °C devrait être considérée comme anormale. Avec la baisse du métabolisme basal, la température rectale peut être normale jusqu'à 36,8 °C chez certains sujets âgés. On a proposé qu'une augmentation de la température de 1,3 °C au-dessus de la température habituelle du sujet (plutôt qu'un chiffre absolu) constitue un critère plus fiable de la présence d'une infection. Il faut cependant noter que 20 à 25 % des sujets âgés chez qui une infection est raisonnablement suspectée ne rencontrent pas ce critère;

l'absence de fièvre n'élimine donc pas un problème infectieux dans cette population.

ÉTIOLOGIES

Les diverses causes de fièvre peuvent être regroupées en 3 catégories: infectieuses, non infectieuses endogènes et secondaires à une exposition à une chaleur excessive (Tableau 21.1).

Les agents infectieux les plus fréquemment rencontrés chez le sujet âgé sont d'origine bactérienne ou virale. Les causes fongiques ou parasitaires (sauf en région endémique pour les parasites) sont rares chez le sujet âgé normal: ces agents infectieux pourront être suspectés en présence d'une immunosuppression ou dans un contexte épidémique suggestif.

Les sites infectieux les plus fréquents sont énumérés au tableau 21.2 avec le type d'infection qui les accompagne. Parmi les causes non infectieuses endogènes, les néoplasies doivent être suspectées après l'élimination d'une étiologie infectieuse (hyperthermie paranéoplasique). Diverses néoplasies ont été signalées comme associées à cette entité: néoplasies hématologi-

---

Tableau 21.1
Classification des causes de la fièvre

1. **Causes infectieuses**
   - bactériennes
   - fongiques
   - tuberculose
   - parasitose (malaria ou en cas d'immuno-suppression)

2. **Principales causes non infectieuses endogènes**
   - néoplasies
     solides ou hématologiques
   - vasculites
     artérite temporale
     autres vasculites profondes
   - collagénoses
     lupus érythémateux disséminé
     polyarthrite rhumatoïde
     arthrite cristalline
   - thrombose ou infarcissement tissulaire
     embolie pulmonaire
     infarcissement musculaire
   - fièvre médicamenteuse
   - certains troubles métaboliques
     maladie d'Addison
     hyperthyroïdie
   - maladies granulomateuses
     sarcoïdose
     maladie de Crohn

3. **Exposition excessive à la chaleur**
   - coup de chaleur

Tableau 21.2
Sites infectieux fréquents chez le sujet âgé (types d'infections)

1. **Pulmonaire**
   parenchyme (pneumonie, abcès pulmonaire)
   bronches (bronchiectasies surinfectées, bronchite)
   espace pleural (pleurite, empyème)

2. **Voies urinaires**
   rein (pyélonéphrite, abcès rénal)
   vessie (cystite)
   prostate (prostatite)

3. **Tissus mous**
   peau (cellulite)

4. **Os**
   ostéomyélite

5. **Cavité abdominale**
   voies biliaires (cholangite)
   foie (hépatite, abcès hépatique, abcès sus- et sous-hépatique)
   diverticules coliques (diverticulite)
   cavité péritonéale (péritonite)
   tube digestif (gastro-entérite)

6. **Système vasculaire**
   valves cardiaques (endocardite)
   système lymphatique (lymphangite)

7. **Système nerveux central**
   espace sous-arachnoïdien (méningite)
   parenchyme cérébral (encéphalite)

8. **Sphère ORL**
   voies hautes (laryngite, pharyngite, rhinite)
   épiglotte (épiglottite)
   sinus (sinusite)
   oreille moyenne (otite moyenne)

---

ques (leucémies, lymphomes), certaines tumeurs solides (cancer du côlon), etc. Dans les vasculites avec hyperthermie, l'artérite temporale doit être mentionnée en premier lieu chez le sujet âgé, mais on ne doit pas oublier les vasculites profondes de type périartérite noueuse. Les produits de la coagulation peuvent amener une réaction hyperthermique: une coagulation intravasculaire disséminée primaire ou secondaire de même qu'un processus thrombo-embolique doivent être éliminés chez le sujet âgé. Occasionnellement, une arthrite cristalline (goutte ou pseudo-goutte) peut amener une réaction fébrile chez le sujet âgé: le clinicien veillera à ponctionner l'articulation avec coloration de Gram, culture du liquide et numération cellulaire sur le prélèvement, pour éliminer une arthrite septique.

Chez le sujet âgé sous polymédication, une fièvre relativement bien tolérée, en l'absence de foyer infectieux, doit évoquer une fièvre d'origine médicamenteuse. Les agents les plus souvent en cause sont les antibiotiques, les antihypertenseurs et les anticonvulsivants. La liste est cependant beaucoup plus longue et l'indication de chaque médicament devrait être réévaluée.

L'hyperthermie maligne (HM) a été décrite après une anesthésie générale avec des agents comme l'halothane et la succinylcholine. La température dépasse 40 °C et s'accompagne de rigidité musculaire (parfois accompagnée de myonécrose avec augmentation des CPK), d'acidose métabolique, d'arythmies cardiaques et de collapsus vasculaire dans les cas graves. Le taux de mortalité peut atteindre 30 %. Dans la même famille, le syndrome neuroleptique malin (SNM) fait parfois suite à l'emploi des neuroleptiques. Il s'accompagne d'hyperthermie et de rigidité musculaire.

Les critères classiques de la fièvre d'étiologie indéterminée (FEI) sont une température supérieure à 38,3 °C se répétant pendant au moins 3 semaines, des examens négatifs après une semaine d'hospitalisation ou d'investigation intensive en clinique externe. Les causes les plus fréquentes sont, chez le sujet âgé, les infections (avec attention particulière à la tuberculose), les vasculites (surtout l'artérite temporale) et les collagénoses ainsi que les néoplasies (solides ou hématologiques). Un virus ou une fièvre factice sont des causes rares de FEI chez le sujet âgé.

Les sites infectieux à suspecter se retrouvent surtout au niveau abdominal haut (abcès hépatique, sous-phrénique, sous-hépatique, cholangite ascendante), rénal (abcès rénal ou périrénal) ou abdominal bas (abcès périappendiculaire ou péridiverticulaire). L'investigation de la FEI devrait suivre les recommandations énoncées au tableau 21.3.

FIÈVRE CONSÉCUTIVE À UNE EXPOSITION PROLONGÉE À LA CHALEUR

La population âgée est vulnérable à l'exposition prolongée à une chaleur excessive. Les manifestations cliniques peuvent varier de mineures à mortelles. Les syndromes associés à la chaleur sont donc classés en mineurs et majeurs. Dans les syndromes mineurs, on retrouve la syncope isolée, l'œdème des extrémités et, finalement, la tétanie associée à l'hyperventilation secondaire à la température. Dans leur définition, ces syndromes ne sont pas accompagnés d'hyperthermie.

Dans les syndromes majeurs, mentionnons l'épuisement dû à la chaleur. Le sujet atteint présente des malaises abdominaux vagues, une baisse de la tension artérielle, une sensation de malaise généralisé. La température peut être normale ou s'élever jusqu'à 39 °C. Une hypo- ou une hypernatrémie peuvent être présentes, dépendant des apports et pertes en sel et en eau. Le sujet âgé qui présente une atteinte cognitive est exposé à ne pas remplacer de façon adéquate ses pertes en sel et en eau. Dans cette entité, la conscience est habituellement préservée.

Le coup de chaleur est l'entité la plus sérieuse et survient habituellement après une vague de chaleur soutenue. La température corporelle dépasse 39 °C et le sujet présente une altération de la conscience, une hyperventilation et des déficits multiples au laboratoire (insuffisance cardiaque, rénale, nécrose hépatique, etc.). Les interleukines et l'interféron-γ ont été associés à cette entité. Les sujets placés en institution sont particulièrement exposés à cette maladie qui exige un examen et un traitement immédiats.

ÉVALUATION D'UN SUJET ATTEINT D'HYPERTHERMIE

La première étape est la vérification de l'hyperthermie. La prise de température rectale est plus sensible que la mesure sublinguale ou axillaire pour la détection d'une température anormalement élevée. La fièvre est soit intermittente (épisodes fébriles avec retour de la température à la normale entre les épisodes), en plateau (température persistante avec peu de variation) ou rémittente (variation quotidienne de la température sans retour à la normale).

La deuxième étape de l'évaluation d'un malade fébrile est une anamnèse minutieuse qui devrait inclure les antécédents médicaux, les médicaments employés, un changement de l'état fonctionnel, la température habituelle (surtout en institution) ainsi que les fluctuations observées, l'exposition à une chaleur excessive et les diverses interventions pratiquées par la famille (incluant l'administration de médicaments). Le clinicien relèvera les éléments

<table>
<tr><td colspan="2" align="center">Tableau 21.3
Tests utiles dans l'investigation d'une fièvre</td></tr>
<tr><td colspan="2">**A. Épreuves initiales**
hémogramme avec formule leucocytaire
analyse et culture d'urine
radiographie pulmonaire
mesure des enzymes hépatiques
(transaminases, phosphatase alcaline)</td></tr>
<tr><td>**B. Épreuves complémentaires**</td><td>**Commentaires**</td></tr>
<tr><td>1. Culture d'un site infectieux</td><td>– peut identifier bactéries, virus, mycobactéries, fungi

– recherche systématique des anaérobies dans les hémocultures, cavité abdominale et abcès pulmonaires

– inclut la ponction de liquide dans une cavité comme un abcès, un espace pleural, sous-arachnoïdien, articulaire, etc.</td></tr>
<tr><td>2. Épreuves sanguines

• sérologie

• frottis sanguin

• vitesse de sédimentation

• acide urique

• bilan de vasculite

• VDRL

• enzymes musculaires (créatinine phosphokinase – CPK)</td><td>

– utile dans les maladies virales, l'amibiase, la malaria, la fièvre Q, les hépatites A, B et C

– lorsque la formule sanguine est anormale
– recherche de la malaria

– peu spécifique – très élevée dans l'artérite temporale

– peut être élevé dans la goutte mais le diagnostic vient de la ponction articulaire

– lorsqu'une collagénose ou une vasculite est suspectée : facteur antinucléaire, facteur rhumatoïde, complément, c et p-ANCA (anticorps anticytoplasmique des neutrophiles)

– peut indiquer une syphilis présente ou ancienne – (faux + dans le lupus érythémateux disséminé, le syndrome anticardiolipine ou à faible titre dans le vieillissement normal)

– augmentées lors de myonécrose de compression, infectieuse ou associée à l'hyperthermie maligne</td></tr>
<tr><td>3. Techniques d'imagerie

• radiographies simples

• échographie abdominale

• tomographie axiale</td><td>

– peut aider dans le diagnostic d'une infection dans des sites comme le poumon, les sinus, l'os, etc.

– surtout si douleur abdominale ou anomalies des enzymes hépatiques

– pour préciser une image radiologique est parfois utilisée (comme l'échographie) pour la ponction et culture d'un site infectieux.</td></tr>
<tr><td>4. Biopsie tissulaire</td><td>– utile lorsqu'une néoplasie est suspectée (organe, ganglion, moelle osseuse, liquide dans une cavité)

– pour une vasculite (ex. artère temporale dans l'artérite à cellules géantes)

– pour une infection viscérale (ex. hépatite)</td></tr>
<tr><td>5. Médecine nucléaire</td><td>– scintigraphie au gallium dans une lésion suspecte d'infection ou de néoplasie</td></tr>
<tr><td>6. Intradermoréactions</td><td>– utilisées pour évaluation de la réactivité à la tuberculine (PPD ou test de Mantoux) ou, plus généralement, l'état de l'immunité cellulaire

– un PPD négatif n'élimine pas une tuberculose active</td></tr>
</table>

suggestifs d'un site infectieux: apparition ou aggravation d'une toux avec ou sans expectorations, changements des habitudes urinaires, présence d'une plaie de décubitus connue, etc.

L'examen physique comprend, en plus des signes vitaux complets, l'évaluation des fonctions mentales supérieures, l'examen de la peau avec attention particulière aux points de pression, l'examen de la sphère oto-rhino-laryngologique, du système cardio-pulmonaire, de l'abdomen au complet, des organes génitaux et des articulations. L'évaluation de la raideur de la nuque chez le sujet âgé est souvent difficile, à cause des problèmes dégénératifs cervicaux. Il est important d'établir, chez le sujet âgé, si on observe des changements par rapport aux examens antérieurs.

BILAN PARACLINIQUE

L'évaluation de base d'un malade fébrile devrait comprendre un hémogramme avec formule différentielle, le dosage des enzymes hépatiques (transaminase et phosphatase alcaline), une analyse et une culture d'urine ainsi qu'une radiographie pulmonaire (Tableau 21.3). La décision de pratiquer des hémocultures dépend de la situation clinique. Lorsque la majorité des hémocultures sont positives, un diagnostic d'endocardite doit être évoqué. La vitesse de sédimentation augmente dans plusieurs maladies et est relativement peu spécifique.

En examen complémentaire, l'échographie abdominale est utile, surtout en présence d'anomalies des enzymes hépatiques. Elle permet l'évaluation du parenchyme hépatique, de l'arbre biliaire, des reins et de l'abdomen inférieur. Lorsqu'une lésion est suspectée, une tomographie axiale (TA) de l'abdomen peut aider à préciser une lésion. En présence de signes ou symptômes neurologiques en foyer, une TA du cerveau peut démontrer une lésion comme un abcès cérébral. La TA devrait être pratiquée avant de procéder à la ponction lombaire, sauf lorsqu'une raideur de nuque est évidente et que le diagnostic de méningite doit être posé de façon urgente.

Tout liquide décelé en quantité anormale (p. ex. dans une articulation ou dans la cavité pleurale) ou situé dans une cavité fermée (liquide céphalo-rachidien) peut être le signe d'une infection, d'une néoplasie ou d'une réac-tion à un cristal (goutte ou pseudo-goutte) provoquant de la fièvre.

Les examens radio-isotopiques sont utiles dans certaines situations: mentionnons l'usage de la scintigraphie osseuse en présence de lésions osseuses multicentriques (métastase ou abcès) et la scintigraphie au gallium qui capte au niveau d'un site infectieux actif ou d'une néoplasie.

L'échocardiographie est parfois nécessaire lorsqu'une endocardite est présente, afin d'évaluer la présence d'une insuffisance valvulaire (*de novo* ou aggravée) et pour évaluer la présence de végétations sur les valvules.

La biopsie peut être utile dans certaines situations: par exemple, au niveau d'une artère temporale lorsqu'on suspecte une artérite à cellules géantes, au niveau osseux ou ganglionnaire dans le cas d'une néoplasie hématologique ou au niveau du foie dans le cas d'une maladie granulomateuse comme la tuberculose disséminée.

TRAITEMENT

Le traitement de la fièvre dépend de sa cause. Une cause infectieuse doit être éliminée dans chaque cas. Le choix de l'antibiotique et la durée de l'antibiothérapie dépendent de la susceptibilité de l'agent pathogène isolé. Si l'agent infectieux causal n'a pas été isolé mais que le site infectieux est déterminé (pneumonie, par exemple), le clinicien devra se référer à la flore habituelle du milieu dans lequel a été contractée l'infection pour le choix de l'antibiotique.

Dans le cas où la fièvre est secondaire à un processus non infectieux, la cause doit être identifiée et corrigée. Par exemple, dans une fièvre médicamenteuse, l'utilisation du médicament en cause doit être réévaluée; si le médicament ne peut être abandonné, une alternative thérapeutique doit être envisagée. Le diagnostic de fièvre médicamenteuse est parfois difficile chez le sujet âgé qui consomme plusieurs médicaments. Dans le cas d'une vasculite comme l'artérite temporale, le traitement aux stéroïdes est indiqué. En présence d'une arthrite goutteuse aiguë, la colchicine, combinée ou non à des AINS, peut contrôler la fièvre.

Dans les cas où l'hyperthermie est secondaire à une exposition excessive à la chaleur (coup de chaleur), le traitement inclut le refroidissement du malade et le maintien de la volémie au moyen de solutés. Le refroidissement, qui peut s'effectuer avec des sacs de glace, un bain tiède ou un matelas réfrigérant, doit être fait avec prudence chez le sujet âgé pour éviter un refroidissement excessif (hypothermie). On peut administrer un antipyrétique, comme l'acétaminophène ou l'acide acétylsalicylique, à une dose de 325-650 mg/6 heures (dose antipyrétique). Lors du refroidissement, les liquides ont tendance à se redistribuer de façon centrale et les liquides administrés initialement pour corriger l'hypotension provoquent parfois une surcharge cardiaque. Le recours à une ligne de mesure de la tension veineuse centrale se révèle utile dans certaines circonstances, surtout lors de fluctuations de la tension artérielle et du débit urinaire. Dans les complications possibles du coup de chaleur, notons le syndrome de détresse respiratoire de l'adulte, la coagulation intravasculaire disséminée, l'œdème cérébral et la rhabdomyolyse.

En présence d'une HM, le dantrolène peut être administré à raison de 1-2 mg/kg/10 minutes. La dose totale varie habituellement autour de 2,5 mg/kg, avec une dose maximale possible de 10 mg/kg. On traite parfois le SNM par le dantrolène ou la bromocriptine après suspension de la médication antipsychotique.

CONCLUSION

La fièvre est un symptôme fréquent chez le sujet âgé. Le clinicien qui est appelé à évaluer cette anomalie doit procéder à une approche systématique de la situation basée sur une anamnèse détaillée, un examen physique complet et des analyses de laboratoire appropriées. On débutera le traitement symptomatique de la fièvre après avoir éliminé toute cause spécifique pouvant nécessiter une intervention dirigée.

BIBLIOGRAPHIE

BOUCHAMA, A. & Coll.: Elevated pyrogenic cytokines in heatstroke. *Chest*, **104**:1498-1502, 1993.

KNOCKAERT, D.C., VANNESTE, L.J. & H.J. BOBBAERS: Fever of unknown origin in elderly patients. *JAGS*, **41**:1187-1192, 1993.

RAHMAN, M.U., SHENBERGER, K.N. & H.R. SCHUMACHER: Initially unrecognized calcium pyrophosphate dihydrate deposition disease as a cause of fever. *Am J Med*, **89**:115-116, 1990.

SAPER, C.B. & C.D. BREDER: The neurologic basis of fever. *N Engl J Med*, **330**(26):1880-1886, 1994.

SMITH, K.Y., BRADLEY, S.F. & C.A. KAUFFMAN: Fever of unknown origin in the elderly: lymphoma presenting as vertebral compression fractures. *JAGS*, **42**:890-92, 1994.

LECTURE SUGGÉRÉES

BRODY, G.M.: Hyperthermia and hypothermia in the elderly. *Clinics in Geriatric Medicine*, **10**(1):213-229, 1994.

CASTLE, S.C. & Coll.: Fever response in elderly nursing home residents: are the older truly colder? *JAGS*, **39**:853-857, 1991.

MacKOWIAK, P.A.: Fever: blessing or curse? An unifying hypothesis. *Ann Intern Med*, **120**(12):1037-1040, 1994.

CHAPITRE 22

SYNDROME D'IMMOBILISATION

RÉJEAN HÉBERT

L'immobilisation est un état auquel aboutissent de nombreuses affections du vieillard. Elle a souvent des conséquences désastreuses et constitue toujours une menace à la santé du sujet âgé. Si l'immobilité ne peut pas toujours être évitée, ses conséquences nocives, elles, peuvent être prévenues. La mobilisation du malade, si minime soit-elle, diminue notablement l'incidence et la gravité des complications.

La majorité des données physiologiques et physiopathologiques sur l'immobilité proviennent de la recherche aérospatiale des années cinquante. L'application de ces travaux à la gériatrie est plus récente. En 1973, Grumbach faisait une entité nosologique particulière du syndrome d'immobilisation du vieillard, qu'elle définissait comme «l'ensemble des symptômes physiques, psychiques et métaboliques résultant de la décompensation de l'équilibre précaire du vieillard, par le seul fait de l'interruption ou de la diminution des activités quotidiennes habituelles».

ÉPIDÉMIOLOGIE

Peu d'études épidémiologiques ont été réalisées sur l'immobilisation des personnes âgées. Une étude sur 100 malades atteints du syndrome d'immobilisation révèle que les causes sont médicales dans 56 % des cas (infection, cardiopathie, maladies rhumatologiques ou neurologiques). Les causes chirurgicales (20 %), psychiatriques (12 %) et sociales (4 %) sont moins souvent incriminées. Toutefois, d'autres travaux montrent que les causes sont souvent multiples et que l'immobilisation résulte d'une interaction de facteurs organiques, psychologiques et sociaux. Dans près de 25 % des cas, notamment, un maintien indu à domicile est en cause.

Ces études montrent, de plus, que le degré de l'atteinte est proportionnel à la durée de l'alitement, mais que certains syndromes graves d'immobilisation apparaissent parfois après une immobilité de courte durée. L'âge, en soi, ne joue un rôle dans la physiopathologie du syndrome que lorsque le sujet dépasse les 80 ans. Les sujets anxieux, maladifs ou présentant des affections psychosomatiques sont plus à risque.

ÉTIOLOGIE

Plusieurs affections peuvent engendrer un syndrome d'immobilisation (Tableau 22.1). Les *maladies invalidantes chroniques* offrent souvent un terrain favorable à l'installation de l'immobilité par le biais de la douleur (osseuse, articulaire, musculaire), de la faiblesse, de la rigidité ou des restrictions qu'elles imposent au malade.

Les *affections aiguës* précipitent souvent l'installation du syndrome d'immobilisation. La réserve fonctionnelle du vieillard étant faible, la maladie induit souvent, chez lui, un état d'asthénie important qui mène à l'alitement. La personne âgée a tendance à perdre la motivation à recouvrer son autonomie, après une affection aiguë, ce qui prolonge indûment la durée de l'alitement.

La *dépression* peut entraîner une immobilisation, surtout si elle s'accompagne d'une régression importante, comme dans le syndrome de glissement (Chap. 14). Les malades victimes de chutes à répétition présentent souvent une *anxiété* importante à l'idée de tomber de nouveau. Cette peur peut obséder l'individu au point de le clouer au lit ou au fauteuil.

Plusieurs syndromes d'immobilisation sont iatrogéniques par le biais de *médicaments* qui entraînent une sédation excessive, un parkinsonisme, une hypotension orthostatique ou

Tableau 22.1	
Étiologies du syndrome d'immobilisation	
Maladies invalidantes chroniques	**Maladies aiguës intercurrentes**
Affections musculo-squelettiques	Infections (pulmonaire-urinaire)
Arthrite et arthrose	Déshydratation
Ostéomalacie et ostéoporose	Fracture (hanche)
Maladie de Paget	Accident vasculaire cérébral
Néoplasies	Décompensation cardiaque ou respiratoire
Polymyalgia rheumatica	Infarctus du myocarde
Polymyosite	Embolie pulmonaire
Affections des pieds	**Troubles psychologiques**
Séquelles de traumatismes	Dépression grave
Affections neurologiques	Anxiété (peur de tomber)
Maladie de Parkinson	**Affections iatrogéniques**
Séquelles d'accidents vasculaires cérébraux	Sédatifs et hypnotiques
Affections cérébelleuses	Neuroleptiques (parkinsonisme)
Neuropathies périphériques	Hypotenseurs (hypotension orthostatique)
Affections métaboliques	Diurétiques (hypokaliémie)
Endocrinopathies	Repos au lit prescrit
Malnutrition	**Attitude des soignants**
Hémopathies	Rejet
Affections cardio-pulmonaires	Maternage
Insuffisance cardiaque grave	
Cardiopathie ischémique grave	
Claudication	
Pneumopathie grave	
Atteinte sensorielle importante	
Cécité	
Maladie systémique grave	
Néoplasie métastatique	

une faiblesse importante (hypokaliémie secondaire aux diurétiques). L'ordonnance excessive du *repos au lit* est responsable de certaines immobilisations. Le repos au lit est l'un de ces traitements non spécifiques dont l'efficacité n'a pas été rigoureusement démontrée. S'il peut être utilisé sans danger chez le jeune, parfois pour son effet placebo, il en est tout autrement chez le vieillard, pour lequel il présente des effets secondaires importants et même des contre-indications formelles. Les indications et le dosage de ce traitement méritent d'être précisés en gériatrie.

Certains facteurs liés aux soignants eux-mêmes[1] peuvent aussi favoriser l'immobilisation par deux mécanismes opposés. Le *rejet* du vieillard malade s'observe parfois dans certains services hospitaliers. Ce malade qui accapare un personnel infirmier déjà insuffisant ou qui bloque des lits est «oublié» jusqu'à ce qu'il devienne grabataire et soit transféré dans un hôpital pour malades chroniques. A l'opposé, le *maternage* intempestif de la personne âgée peut nuire à l'expression de son autonomie et engendrer des dépendances inutiles.

MANIFESTATIONS CLINIQUES

Les manifestations cliniques du syndrome d'immobilisation sont multiples et touchent la plupart des organes et systèmes (Tableau 22.2). Certains éléments surviennent précocement alors que d'autres nécessitent une immobilisation prolongée. La vitesse d'installation et la gravité des manifestations dépendent aussi du degré d'immobilisation et de l'état du malade. Le tableau 22.3 donne un aperçu de l'évolution clinique du syndrome. Les conséquences de l'immobilisation sur la peau (escarres de décubitus) sont traitées séparément au chapitre suivant.

---

1. Les Américains utilisent l'appellation «nursigenic» pour désigner ces facteurs.

Tableau 22.2
Manifestations cliniques du syndrome d'immobilisation

Cardio-vasculaires

  Hypotension orthostatique
  ↑ travail cardiaque
  ↓ tolérance à l'effort
  Thrombophlébites

Respiratoires

  Atélectasie
  Pneumonie
  ↓ volume courant
  ↓ ventilation: décompensation respiratoire
  Embolies pulmonaires

Digestives

  Anorexie
  Constipation (fécalome)

Urinaires

  Rétention urinaire
  Résidu postmictionnel
  Incontinence
  Infection
  Lithiase

Locomotrices

  Ostéoporose (fractures spontanées)
  Amyotrophie
  Contractures
  Troubles neuromoteurs

Cutanées

  Escarres de décubitus

Métaboliques

  Catabolisme protéique (balance azotée négative)
  Catabolisme calcique (balance calcique négative)
  ↓ métabolisme de base
  ↓ tolérance au glucose
  Adipsie
  Déshydratation

Psychologiques

  Instabilité émotionnelle
  Névrose
  Dépression
  Carence sensorielle

Manifestations cardio-vasculaires

L'alitement a des conséquences importantes sur le système cardio-vasculaire, en altérant les mécanismes de régularisation de la pression artérielle, en affectant l'efficacité du travail cardiaque et en favorisant la survenue de thrombophlébites.

Hypotension orthostatique

La figure 22.1 montre les effets hémodynamiques de l'orthostatisme, chez de jeunes adultes normaux soumis à une immobilisation forcée de 6 semaines. Les mécanismes de compensation sont incapables de maintenir la pression artérielle et le volume sanguin, ce qui provoque une hypotension marquée entraînant une chute. Cette hypotension orthostatique résulte de la perte de tonus musculaire entraînant un «pooling» veineux aux membres inférieurs, lors de l'orthostatisme. De plus, l'immobilité altère l'efficacité des réflexes neurovasculaires impliqués dans l'orthostatisme, par adaptation des récepteurs périphériques aux conditions vasculaires du décubitus. Enfin, l'alitement provoque une diminution précoce d'activité rénine plasmatique, de l'aldostéronémie et de la sécrétion de l'hormone antidiurétique, entraînant une augmentation de la diurèse et une diminution des volumes plasmatiques et interstitiels.

Chez le vieillard, ces effets sont plus prononcés, ce qui entraîne l'apparition plus précoce et plus marquée de l'hypotension orthostatique après une immobilisation. Les affections veineuses (varices) et la perte de tonus musculaire aux membres inférieurs, de même que la perte de sensibilité des barorécepteurs carotidiens, expliquent cette amplification des conséquences hémodynamiques de l'immobilisation.

Des séances précoces au fauteuil diminuent la gravité de l'hypotension orthostatique, en stimulant les barorécepteurs carotidiens. La mobilisation active des membres inférieurs permet de conserver le tonus musculaire et veineux aux membres inférieurs. Dans certains cas, la stimulation musculaire externe, par des influx électriques, est utilisée. Lorsque l'hypotension orthostatique est installée, on doit s'assurer qu'elle n'est pas amplifiée par un traitement hypotenseur qu'il faut alors cesser. L'utilisation de bas de soutien et la rééducation sur planche basculante permettent en général au malade de retrouver progressivement la capacité de s'adapter à l'orthostatisme.

Travail cardiaque

Le décubitus produit une augmentation de 30 % du travail cardiaque, par rapport à la position assise. Cette augmentation est due à la redistribution du volume sanguin, qui entraîne un accroissement du débit cardiaque (24 %), du volume d'éjection (41 %) et de la fréquence cardiaque (0,5 batt/min/24 h d'alitement). La position semi-assise (45°) atténue ces effets, sans toutefois les corriger complètement.

Tableau 22.3

Évolution du syndrome d'immobilisation

Manifestations	Première semaine	Premier mois	Conséquences tardives
Cardio-vasculaires	Hypotension orthostatique ↗ travail cardiaque---→	↙ capacité cardiaque à l'effort Thrombophlébites	
Respiratoires	↙ volume courant----→	Décompensation respiratoire	
	Encombrement bronchique-------------→	Atélectasies, pneumonies Embolies pulmonaires	
Digestives	Anorexie-----------------→ Constipation--------------→	Malnutrition---------------→ Fécalome	Cachexie
Urinaires	↗ excrétion de minéraux-----------------→ ↗ résidu postmictionnel-----------→ Rétention urinaire-------→	------------------------------→ Infection urinaire Incontinence	Lithiase
Cutanées	Érythème-----------------→	Plaies de pression-------→	Surinfections
Locomotrices	↙ tonus et force musculaire---------------→	Amyotrophie ↙ amplitudes articulaires-----------------→	Contractures
	Balance calcique négative-----------------→ Marche instable--------→	Ostéoporose-------------→ Apraxies à la marche----→	Fractures spontanées Alitement définitif
Métaboliques	Catabolisme-------------→ Balance azotée négative-----------------→ Adipsie-----------------→	Perte de poids-----------→ Déficit protéique Déshydratation	Cachexie
Psychiques	Anxiété-----------------→	Désorientation, délire, hallucination---------------→	État démentiel
	Troubles de l'humeur- →	Dépression---------------→	Syndrome de glissement
	Instabilité émotionnelle------------→	États névrotiques	
		Risque de décès	

La capacité cardiaque à l'exercice est aussi affectée. De jeunes adultes soumis à une immobilisation de trois semaines présentent une augmentation de 40 batt/min lors d'un exercice modéré, par rapport à l'accélération cardiaque observée auparavant, lors du même exercice. Il faut 5 à 10 semaines d'entraînement pour retrouver la condition physique initiale.

L'immobilisation peut donc entraîner, chez un vieillard atteint de cardiopathie, une décompensation ou une diminution de sa tolérance à l'effort après la période d'immobilité. On aura donc soin de garder ces malades en position semi-assise et de prévoir une période d'entraînement, une fois l'immobilisation terminée.

Phénomènes thrombo-emboliques

La stase sanguine et l'augmentation de la viscosité sanguine expliquent l'incidence marquée des thrombophlébites des membres inférieurs et d'embolies pulmonaires parfois fatales. Les vieillards alités doivent donc recevoir de l'héparine en prophylaxie (5000 U/12 h, S.C. ou héparine de faible poids moléculaire), surtout s'ils souffrent d'affections veineuses ou d'insuffisance cardiaque. Cette mesure préventive

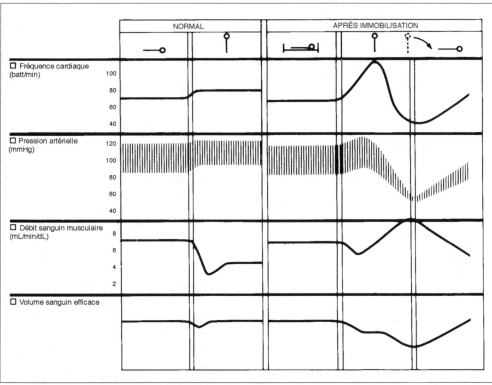

Figure 22.1 Conséquences hémodynamiques de l'orthostatisme chez de jeunes adultes soumis à 6 semaines d'immobilisation (Browse, N.L.: *The physiology and pathology of bed rest*, Charles Thomas Publishers, Springfield, 1985.)

est indiquée même lors d'intervention chirurgicale.

Manifestations respiratoires

La pneumonie est la cause de décès la plus fréquente chez les malades immobilisés. Elle résulte de la conjugaison de plusieurs conséquences de l'immobilisation.

L'amplitude des mouvements respiratoires diminue chez l'individu alité. Le matelas exerce une résistance à l'expansion postérieure de la cage thoracique. La pression abdominale limite l'excursion diaphragmatique. La perte de tonus musculaire affecte aussi les muscles impliqués dans le travail respiratoire. Ces trois facteurs entraînent une diminution du volume courant. De plus, les inspirations profondes sont moins fréquentes, ce qui empêche la ventilation des alvéoles collabées et favorise l'apparition d'atélectasies.

On observe aussi une *stase des sécrétions bronchiques* dans les parties déclives du poumon. La déshydratation relative de l'alité, de même que l'emploi de médicaments anticholinergiques ou antitussifs amplifient cette stase des sécrétions. Ces malades sont aussi plus enclins aux aspirations bronchiques, lors de l'ingestion d'aliments ou de la régurgitation du contenu gastrique.

On voit donc apparaître des *pneumonies* chimiques ou infectieuses dans les zones tributaires des bronchioles orientées vers le bas, en position de décubitus. Les segments apical du lobe inférieur et postérieur du lobe supérieur sont les plus souvent touchés par ces pneumonies hypostatiques.

La réduction de l'amplitude des mouvements respiratoires, la stase des sécrétions bronchiques, la survenue de pneumonies et d'embolies pulmonaires altèrent les fonctions de ventilation du poumon. L'hypoxie et l'acidose respiratoire ainsi induites peuvent provoquer une insuffisance respiratoire chez un malade atteint d'une bronchopneumopathie chronique.

Afin de prévenir ces conséquences, on doit assurer une hydratation adéquate et éviter tout médicament à action anticholinergique (psychotropes, antiparkinsoniens) ou antitussive (narcotiques). Les exercices respiratoires spirométriques et le drainage postural permettent de prévenir les atélectasies et la stase des sécrétions.

Manifestations digestives

L'immobilisation affecte l'ingestion de nourriture et l'excrétion des résidus de la digestion, mettant ainsi le malade à risque de malnutrition et de constipation.

Ingestion

L'immobilité réduit la demande énergétique de l'organisme. On observe, après 6 à 10 jours d'immobilisation, une inversion de la balance azotée qui devient négative (Fig. 22.2). Cette situation de *catabolisme* s'accompagne d'une fuite protéique. On observe aussi une diminution de l'appétit chez ces malades qui sont ainsi susceptibles de présenter des carences protéiques.

Excrétion

La *constipation* du malade alité résulte de l'action conjointe de plusieurs facteurs. On observe d'abord une diminution générale du péristaltisme. Ensuite, plusieurs phénomènes

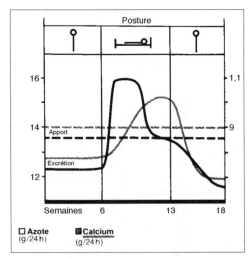

Figure 22.2 Effets de l'immobilisation sur le métabolisme azoté et calcique (Browse, N.L.: *The physiology and pathology of bed rest*, Charles Thomas Publishers, Springfield, 1985.)

tendent à supprimer le réflexe normal de défécation: changement des habitudes de vie, délais de la réponse des soignants au besoin et accumulation de selles dans l'ampoule rectale. Ajoutons à cela l'inconfort psychologique du malade qui doit déféquer dans une chambre avec, comme seule intimité, un rideau qui ne coupe ni les bruits ni les odeurs associés aux fonctions émonctoires. La perte de puissance des muscles de la défécation et la position non naturelle dans laquelle cette défécation s'effectue sont d'autres facteurs qui entravent le fonctionnement intestinal. L'accumulation de selles dans l'ampoule rectale puis dans l'ensemble du côlon aboutit au «syndrome du réservoir terminal», dans lequel l'ensemble du côlon est empli de matière fécale. Ce syndrome s'accompagne parfois d'un tableau de subocclusion intestinale avec nausées, vomissements et anorexie.

La réabsorption hydrique dans le rectum provoque un durcissement progressif des selles et la formation d'un *fécalome*. Celui-ci se manifeste souvent par de fausses diarrhées, résultant de la sécrétion de mucus, par irritation de la paroi, et de l'écoulement latéral des selles liquides retenues en amont de la masse. Le fécalome peut entraîner un *delirium*, une incontinence urinaire (regorgement) et même une occlusion intestinale et des thrombophlébites pelviennes par compression du système veineux.

La prévention du fécalome et le traitement de la constipation exigent un ensemble de mesures simples mais efficaces. On doit veiller à l'hydratation du malade et répondre rapidement au besoin de défécation. On doit profiter du réflexe gastro-colique en privilégiant la période postprandiale pour induire la défécation. La chaise-bassine est de loin préférable à la bassine de lit et doit être utilisée dès que la condition du malade le permet.

Chez les malades immobilisés, il faut éviter les laxatifs de volume (mucilloïdes) et les quantités excessives de fibres alimentaires, qui ne font qu'augmenter démesurément le volume fécal. On doit préférer les laxatifs émollients (docusate) et l'utilisation périodique du stimulus digital, des suppositoires à la glycérine ou du lavement salin pour provoquer la défécation. Les laxatifs purgatifs ou irritants sont à proscrire pendant de longues périodes. Les laxatifs osmotiques (lactulose) peuvent parfois être efficaces chez certains malades.

L'évacuation au doigt d'un fécalome risque de traumatiser le sphincter anal. Un lavement huileux, suivi d'un lavement évacuant, sont habituellement suffisants pour dégager le fécalome. Si nécessaire, on peut broyer la masse à l'aide du doigt ou lors d'une proctoscopie, avant de l'extraire par lavement.

Manifestations urinaires

La position de décubitus favorise la stase urinaire dans le système pyélocaliciel rénal, puisque les hiles sont orientés vers le haut, entravant l'écoulement libre de l'urine vers l'uretère (Fig. 22.3). Cette position altère également l'efficacité de la miction, en rendant plus difficile la coordination de la contraction vésicale avec le relâchement du périnée et du sphincter externe. Il en résulte un résidu postmictionnel et, parfois, une *rétention urinaire* avec atonie vésicale et incontinence par regorgement. L'*infection urinaire* est aussi favorisée par cette stase urinaire.

De plus, la composition de l'urine se modifie lors de l'immobilisation. On observe une alcalinisation et une excrétion accrue de calcium, d'azote, de soufre, de phosphore, de sodium et de potassium qui témoignent du catabolisme accompagnant l'immobilité. Ces modifications physicochimiques combinées à la stase, à l'infection et à la concentration urinaire (déshydratation) favorisent la *lithiase calcique*.

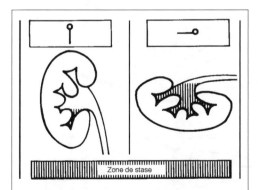

Figure 22.3 Effets du décubitus sur la stase urinaire dans le système pyélocaliciel du rein (Browse, N.L.: *The physiology and pathology of bed rest*, Charles Thomas Publishers, Springfield, 1985.)

Le vieillard immobilisé présente donc souvent une *incontinence urinaire* qui peut être due soit à un regorgement, soit à une vessie rendue instable par l'infection ou un calcul, soit, enfin, au délai de réponse du personnel infirmier, lorsque le besoin se fait sentir.

La prévention de ces conséquences exige une attention particulière du personnel infirmier à l'hydratation et à l'excrétion. La détection et le traitement précoce d'un fécalome, d'une infection urinaire ou d'une atonie vésicale contribuent à réduire les effets nocifs de l'immobilité sur le système urinaire.

Manifestations locomotrices

L'immobilité entrave considérablement le fonctionnement du système locomoteur par ses effets au niveau des os (ostéoporose), des muscles (amyotrophie), des articulations (contractures) et du contrôle neurologique de la locomotion.

Ostéoporose

L'activité des ostéoblastes dépend des forces exercées sur l'os par la mobilisation et la mise en charge. L'immobilité réduit l'activité de ces cellules chargées de la calcification de la matrice osseuse. On observe alors une prépondérance relative de l'activité des ostéoclastes, avec résorption de calcium et de phosphore du tissu osseux. Cet équilibre phosphocalcique négatif (Fig. 22.2) entraîne une excrétion accrue de ces minéraux dans l'urine, prédisposant à la lithiase urinaire et à une ostéoporose qui cause une fragilité osseuse excessive. Cette ostéoporose d'immobilisation s'observe plus rapidement et plus intensément dans l'os trabéculaire ou spongieux, l'os cortical ne subissant des changements significatifs qu'après trois ou quatre mois d'immobilité. Des fractures spontanées surviennent alors et peuvent atteindre les côtes, les vertèbres et même le col fémoral et les os longs.

Amyotrophie et contractures

L'absence de mouvement et d'exercice entraîne rapidement une fonte musculaire avec atrophie progressive. On estime que 10 à 15 % du tonus musculaire est perdu pour chaque semaine d'immobilisation. Cette faiblesse musculaire a des effets importants sur la respiration et sur l'excrétion. Elle provoque aussi des tensions excessives sur les articulations et les ligaments, ce qui cause souvent des douleurs, notamment à l'épaule et au dos.

Au niveau articulaire, l'immobilité entraîne une ankylose progressive avec limitation des amplitudes. Il en résulte des rétractions tendineuses, ligamentaires ou musculaires qui provoquent des contractures, d'abord réversibles puis rigides. Celles-ci sont favorisées par la présence d'affections neurologiques s'accompagnant de spasticité. On observe souvent de telles contractures au niveau des coudes (flexion), des hanches (flexion et adduction), des genoux (flexion) et des pieds (équinisme).

Un positionnement adéquat du malade (Fig. 22.4) et le recours précoce à la mobilisation passive puis active préviennent l'apparition des contractures et réduisent l'atrophie musculaire.

Troubles neuromoteurs

Le vieillard victime d'une immobilisation présente rapidement une perte des réflexes posturaux nécessaires aux transferts, à la station debout et à la marche. Ces altérations ne proviennent pas d'un déficit moteur périphérique mais de la perte de la capacité d'utiliser le système locomoteur de façon coordonnée. Ces déficits sont donc plutôt d'ordre praxique, c'est-à-dire au niveau du «mode d'emploi». Leur apparition

sera encore plus précoce, si une affection dégénérative cérébrale existe déjà.

Ainsi, lorsque le vieillard essaie de se lever de sa chaise, il balance le torse d'avant en arrière sans soulever ses fesses et sans utiliser adéquatement les bras; le poids du corps est alors poussé vers l'arrière et les pieds sont soulevés du sol. Le tout est totalement inefficace pour atteindre la station debout. A un degré moins avancé, on observe parfois un balancement du tronc avec appui sur les bras. Le vieillard réussit alors à se lever de la chaise, mais demeure à mi-chemin et a besoin d'une poussée pour compléter le transfert, sans quoi il retombe en position assise.

Si on l'aide à se mettre debout, il néglige de verrouiller les genoux et les hanches, ce qui augmente considérablement les efforts pour conserver la position verticale. A la marche, on observe souvent une accentuation de la démarche sénile qui tend à devenir franchement parkinsonienne: festination, petits pas, cyphose exagérée.

On observe parfois une apraxie à la marche, de type frontal, avec agrippement des pieds au plancher (*grasping*). Le malade, après plusieurs dandinements, réussit à décrocher ses pieds et fait alors des pas de plus en plus longs. Dans les cas avancés, les jambes restent croisées l'une sur l'autre, en ciseau, rendant toute marche impossible.

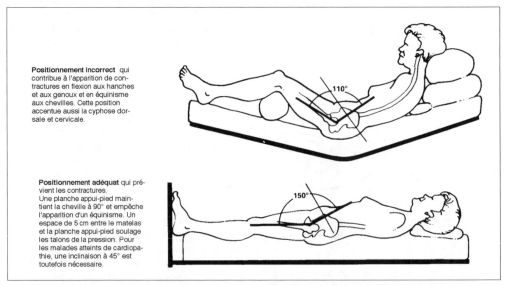

Positionnement incorrect qui contribue à l'apparition de contractures en flexion aux hanches et aux genoux et en équinisme aux chevilles. Cette position accentue aussi la cyphose dorsale et cervicale.

Positionnement adéquat qui prévient les contractures. Une planche appui-pied maintient la cheville à 90° et empêche l'apparition d'un équinisme. Un espace de 5 cm entre le matelas et la planche appui-pied soulage les talons de la pression. Pour les malades atteints de cardiopathie, une inclinaison à 45° est toutefois nécessaire.

Figure 22.4   Positionnement du malade alité (Kottle, F.J.: Deterioration of the bedfast patient. *Public Health Rep*, **80(5)**:437-457, 1965.)

Tavernier-Vidal et Mourey ont décrit un syndrome de régression psychomotrice qui rassemble les conséquences neuromotrices et psychiques de l'immobilisation du vieillard.

La gravité de ces troubles dépend de la durée de l'immobilisation. Ils sont, pour la plupart, réversibles par un entraînement intensif. Les chances de réussite sont d'autant améliorées que la rééducation est plus précoce.

Soulignons enfin que des compressions nerveuses périphériques peuvent survenir, particulièrement aux nerfs cubital, radial et sciatique poplité externe.

Manifestations métaboliques

On observe rapidement, chez l'individu immobile, une diminution du *métabolisme de base*, avec accélération du catabolisme. La balance azotée devient négative, avec fuite des protéines, ce qui favorise l'apparition de plaies de pression et retarde leur guérison. Une *perte de poids* graduelle s'ensuit et aboutit à un état cachectique. L'immobilisation entraîne aussi une *anorexie* relative et une diminution de la *tolérance au glucose*.

La *déshydratation* est fréquente et découle de plusieurs facteurs. Le décubitus entraîne une transpiration excessive avec perte d'eau et d'électrolytes. L'ingestion de liquide diminue, par suite d'une relative adipsie et des difficultés d'accès aux liquides. Enfin, on observe une diminution de la sécrétion des hormones corticosurrénales. La déshydratation se manifeste par des perturbations électrolytiques et par une réduction du volume plasmatique, ce qui modifie la pharmacocinétique de plusieurs médicaments.

Manifestations psychologiques

L'immobilisation constitue un stress psychologique par la blessure narcissique et les changements de l'image de soi qu'elle entraîne. Les *réactions émotionnelles* ont tendance à être exagérées ou inappropriées: apathie, mutisme, colère, plaintes multiples, agressivité, régression. Les traits de caractère apparaissent avec moins de nuances, allant même dans certains cas jusqu'à des états franchement *névrotiques* (phobie, paranoïa, obsessions).

Une *réaction dépressive* accompagne souvent l'immobilisation. Le vieillard présente moins d'énergie, d'espoir, de motivation et de goût de vivre. On observe parfois un désinvestissement et une régression (syndrome de glissement). Le malade refuse alors de se lever, de s'asseoir, de manger; il se cantonne dans un retrait et un mutisme marqués et adopte parfois une position fœtale.

La *carence sensorielle* de l'immobilisation modifie la perception spatiotemporelle du malade. On assiste alors à des réactions d'anxiété, d'agitation et de panique, avec parfois désorientation, délires et hallucinations. Le vieillard apparaît alors confus, voire dément. Cette réaction, similaire à celle observée chez des malades en soins intensifs, est plus fréquente chez les vieillards atteints de cécité, de surdité ou de maladie cérébrale dégénérative.

Le malade immobilisé requiert un soutien émotionnel adéquat du personnel soignant. La collaboration de la famille est précieuse, mais il faut s'assurer que l'intervention de celle-ci est positive et n'engendre pas de conflits. Ces malades ont besoin d'être motivés et stimulés à retrouver leur autonomie. Pendant la période d'immobilisation, on doit assurer une stimulation sensorielle constante à ces malades, en évitant de les isoler, en utilisant de la musique d'ambiance et en leur rappelant fréquemment les repères spatiotemporels (date, jour, lieu).

ÉVALUATION CLINIQUE

L'évaluation du vieillard atteint de syndrome d'immobilisation exige une anamnèse et un examen physique pertinents, pour détecter les diverses conséquences de l'immobilité. L'interrogatoire et la révision du dossier renseignent sur la durée et le degré de l'immobilisation, de même que sur les conditions qui l'ont favorisée ou précipitée. L'inventaire des médicaments est là encore essentiel. La motivation du malade, les facteurs psychosociaux en cause ainsi que ses réactions émotives et ses capacités cognitives doivent être évaluées.

A l'examen, l'inspection de la peau doit comprendre les zones de pression, notamment le dos, la région présacrée et les talons, à la recherche d'érythème ou de plaies déjà constituées. La tension artérielle debout-assis-couché permet de détecter la présence et le degré de l'hypotension orthostatique. L'état cardiorespiratoire doit être évalué avec soin. Une attention particulière est portée à l'examen locomoteur et neurologique. On note le tonus et la force musculaire, l'amplitude articulaire, les difformités et les troubles perceptuels ou sensitifs. La recherche d'un globe vésical et le toucher rectal complètent l'examen.

L'évaluation fonctionnelle de la mobilité fournit des indications sur les capacités de mouvement au lit, de transfert, d'équilibre en station debout et sur la démarche. On évalue, au besoin, la capacité du malade d'utiliser un fauteuil roulant.

La surveillance clinique du malade immobilisé demande aussi des examens paracliniques réguliers, pour évaluer la tolérance au glucose (glycémie), la fonction rénale (créatininémie), l'état d'hydratation (hématocrite, urée), et pour détecter des déséquilibres électrolytiques. L'analyse des urines permet de vérifier sa concentration ou la présence d'infection. Une radiographie pulmonaire détecte les zones d'atélectasies ou les foyers pneumoniques. Dans certains cas, une cystomanométrie est requise pour préciser le type d'incontinence.

PRÉVENTION ET TRAITEMENT

La prévention de l'immobilisation et de ses conséquences est cruciale en gériatrie et constitue une des exigences fondamentales des services hospitaliers de gériatrie (Tableau 22.4). Elle nécessite un travail d'équipe concerté de tous les intervenants.

Pour réduire la période d'immobilité, il importe de minimiser les délais de diagnostic et de traitement de la maladie. L'homéostasie précaire du vieillard résiste mal aux agressions et exige une intervention rapide et efficace pour son rétablissement. Il faut, bien sûr, limiter le repos au lit aux cas où il est absolument nécessaire et pour une durée minimale. Pendant cette période, on aura soin de débuter des mobilisations passives, de tourner régulièrement le malade et d'éviter les positions vicieuses. Il faut, de plus, veiller de très près aux fonctions de nutrition, d'hydratation et d'excrétion.

Dès que possible, le malade est assis pendant des séances de plus en plus longues et de plus en plus fréquentes. La mobilisation active, la mise en charge assistée et la rééducation à la marche demandent souvent l'intervention du physiothérapeute ou de l'ergothérapeute.

Tableau 22.4
Prévention des conséquences de l'immobilisation

Mesures générales
Corriger la cause rapidement
Mobilisation dès que possible (passive et active)
Éviter les positions vicieuses
Séances au fauteuil

Mesures cardio-vasculaires
Bas de soutien
Planche basculante
Héparine en prophylaxie
Inclinaison à 45°

Mesures respiratoires
Hydratation
Éviter les médicaments à effets anticholinergiques ou antitussifs
Drainage postural
Exercices respiratoires spirométriques

Mesures digestives
Régime adéquat en calories et en protéines
Hydratation
Utiliser la chaise-bassine
Stimuler le réflexe gastro-colique
Émollient fécal
Stimulus digital, suppositoire ou lavement périodique

Mesures urinaires
Hydratation
Surveiller la rétention

Mesures locomotrices
Positionnement
Exercices passifs (amplitude articulaire)
Exercices actifs isométriques et isotoniques
Rééducation aux transferts et à la marche

Mesures cutanées
Surveiller l'apparition des escarres de décubitus
Changement fréquent de position
Éviter la macération
Éviter sédatifs et hypnotiques

Mesures métaboliques
Hydratation
Surveiller glycémie, électrolytes et fonction rénale

Mesures psychiques
Stimulation sensorielle
Soutien émotionnel
Rassurer le malade

Le soutien psychologique et la stimulation du malade sont très importants dans la prévention et la réadaptation du syndrome d'immobilisation. Certains malades exigent beaucoup d'énergie de la part du personnel, pour les stimuler à recouvrer leur autonomie. L'intervention du psychologue, de l'intervenant social ou du psychiatre est parfois nécessaire et bénéfique, non seulement pour le malade, mais aussi pour soutenir l'équipe soignante dans son intervention.

Lorsque la cascade des conséquences de l'immobilisation est enclenchée, une rééducation active s'impose. Celle-ci doit idéalement prendre place dans des services à vocation gériatrique, dans lesquels les techniques utilisées conviennent bien à ce type d'affection. Cette rééducation dépend de l'état du malade et du degré du syndrome d'immobilisation. L'expérience de Grumbach montre qu'elle dure, en général, de deux à trois mois et donne 40 % de bons résultats. Grumbach a noté 7 % de décès et 32 % de réponses insuffisantes ou nulles.

En conclusion, le syndrome d'immobilisation est une affection fréquente qui peut avoir des conséquences variées, parfois mortelles. Il exige un traitement vigoureux mais, surtout, une prévention de tous les instants chez le vieillard malade.

BIBLIOGRAPHIE

AGATE, J.: Special hazards of illness in later life, in *Clinical geriatrics*. Rossman, I. J.B. Lippincott, Philadelphia, 1979.

BALIER, C. & P. JUNOD: *Le lit et le fauteuil*, Session du Centre pluridisciplinaire de gérontologie, Grenoble, avril 1981.

BERTHAUX, P.: Les états grabataires et leur prévention. *La santé de l'homme*, **187**:15-17, 1973.

CARNEVALI, D. & S. BRUECKNER: Immobilisation: reassessment of a concept. *Am J Nursing*, **70**(7):1502-1507, 1970.

CONI, N., DAVISON, W. & S. WEBSTER: Immobility, in *Lecture notes on geriatrics*, Blackwell Scientific Publications, Oxford, 1977.

GRUMBACH, R. & A. BLANE: Le syndrome d'immobilisation du vieillard. *Nouv Presse Med*, **2**(30):1989-1991, 1973.

GRUMBACH, R. & A. BLANE: Point sur le syndrome d'immobilisation. *Nouv Presse Med*, **5**(26):1649, 1976.

HUGONOT, R.: La montée des grabataires. *Revue des C.H.U.*, **14**:27-30, 1970.

KANE, R.L., OUSLANDER, J.G. & I.B. ABRASS: Immobility, in *Essentials of clinical geriatrics*, McGraw-Hill, New York, 1984.

MILLER, M.B.: Iatrogenic and nursigenic effects of prolonged immobilisation of the ill aged. *J Am Geriatr Soc*, **23**(8):360-369, 1975.

ROSENBERG, G.M.: Dangers of prolonged immobility in the elderly. *Medicine North America*, **July**:27-32, 1983.

LECTURES SUGGÉRÉES

BROWSE, N.L.: *The physiology of bed rest*, Charles Thomas Publishers, Springfield, 1965.

KOTTLE, F.J.: Deterioration of the bedfast patient. *Public Health Rep*, **80**(5):437-451, 1965.

OLSON, E.V.: The hazards of immobility. *Am J Nursing*, **67**(4):781-797, 1967.

YELNICK, A.: Conséquences de l'immobilisation. *La revue de gériatrie*, **15**(10):475-481, 1990.

TAVERNIER-VIDAL, B. & F. MOUREY: *Réadaptation et perte d'autonomie physique chez le sujet âgé: la régression psychomotrice*, Éditions Frison-Roche, Paris, 1991.

CHAPITRE 23

PLAIES DE PRESSION

PIERRE-MICHEL ROY et BRUNO FLUET

DÉFINITION

Une plaie de pression se définit comme une lésion tissulaire causée par la pression et provoquant une lésion des structures sous-jacentes.[1] Certains auteurs insistent autant sur la perte de la fonction barrière de la peau que sur le bris cutané. La plaie est habituellement située au-dessus d'une proéminence osseuse et peut être classifiée selon l'étendue des lésions tissulaires observées.

Plusieurs grands noms de la médecine (Paget, Charcot, Marie) ont abordé le sujet. Dès 1841, John Hunter reconnaissait que les plaies de pression étaient provoquées par une «répartition inégale du poids corporel».

ÉPIDÉMIOLOGIE

Chez les malades admis dans les hôpitaux de soins prolongés, la prévalence des plaies de pression s'établit à environ 11 %. Parmi ceux qui ne présentent pas de plaie à l'admission, 13 % en voient apparaître une au cours de la première année et ce pourcentage atteint 21 % au cours des 2 premières années. Une étude suggère que 7,7 % des patients confinés au lit ou au fauteuil roulant présenteront une plaie. Plus de la moitié des plaies surviennent chez des personnes de plus de 70 ans; cette population est donc très exposée. Une étude longitudinale des malades en centres d'accueil a démontré que la majorité des plaies guérissent en moins d'un an. Toutefois, cette même étude montre que 20 % des plaies de pression n'étaient pas guéries ou améliorées après un an de traitement.

PATHOGENÈSE

Une pression uniforme sur des tissus mous n'engendre pas nécessairement une plaie de pression (Fig. 23.1). Cependant, la pression appliquée sur une proéminence osseuse est dommageable pour les tissus sous-jacents. En effet, la pression locale dépasse alors la pression de remplissage capillaire. La pression engendrée cause ainsi une extravasation tissulaire, un œdème et une autolyse cellulaire.

Remarquons aussi que le gradient de pression se distribue selon une configuration conique, dont la base repose sur l'os. Cette distribution de pression explique qu'une lésion, en apparence petite et superficielle, puisse rapidement dégénérer en un ulcère de fort volume (Fig. 23.2).

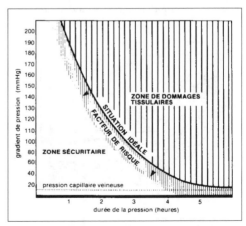

Figure 23.1 Relation entre le gradient et la durée de la pression dans la genèse de la nécrose tissulaire

---

1. Nous préférons le terme plaie de pression à celui d'escarre de décubitus, car il correspond mieux à la réalité de la situation gériatrique.

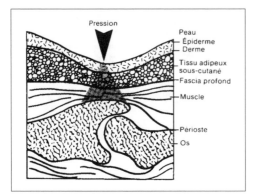

Figure 23.2 Effet de cône dû à la pression sur les tissus

D'autres forces mécaniques contribuent au bris tissulaire (Fig. 23.3). La friction provoquée par les changements de position ou le glissement du malade dans le lit (par exemple, lorsque la tête du lit est surélevée de plus de 30 °), sur des draps rugueux, peut causer des abrasions de l'épiderme, des phlyctènes et des érosions superficielles ouvrant la porte à des lésions plus sérieuses. Les mêmes forces qui sont à l'origine de la friction, lorsqu'elles sont transmises aux plans profonds, provoquent un cisaillement qui accroît le traumatisme tissulaire. Enfin, l'humidité, souvent accrue par les enveloppes imperméabilisées qui recouvrent les matelas d'hôpitaux, provoque une macération, un bris de l'intégrité de la peau et une susceptibilité aux infections. Cette macération sera d'autant plus accentuée que le malade est incontinent.

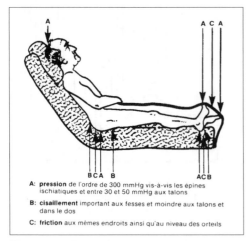

A: **pression** de l'ordre de 300 mmHg vis-à-vis les épines ischiatiques et entre 30 et 50 mmHg aux talons

B: **cisaillement** important aux fesses et moindre aux talons et dans le dos

C: **friction** aux mêmes endroits ainsi qu'au niveau des orteils

Figure 23.3 Forces de pression, de cisaillement et de friction chez un individu en position semi-assise

En considérant la pathogenèse des plaies de pression, on comprend facilement leur répartition corporelle. La majorité des plaies de pression apparaissent à la partie inférieure du corps. Les endroits les plus susceptibles sont le sacrum, les trochanters, les talons, les ischions et les malléoles externes. D'autres sites peuvent aussi présenter des plaies de pression, bien que moins fréquemment (occiput, coudes, genoux) [Fig. 23.4].

ÉVALUATION DES FACTEURS DE RISQUE ET DÉPISTAGE

Plusieurs facteurs de risque ont été évoqués dans la littérature médicale (Tableau 23.1). Ceux que l'on reconnaît principalement sont l'immobilité, la malnutrition, l'inactivité, l'incontinence urinaire et fécale et la diminution du niveau de conscience. Plusieurs outils de dépistage permettent d'identifier les risques de plaie de pression (Norton, Braden, Gosnell). L'échelle de Braden est celle dont on connaît le mieux la validité et la fiabilité dans diverses situations. Elle a été étudiée en soins prolongés, en centre d'accueil et même à domicile. Un personnel expérimenté peut évaluer un malade en moins d'une minute (Tableau 23.2).

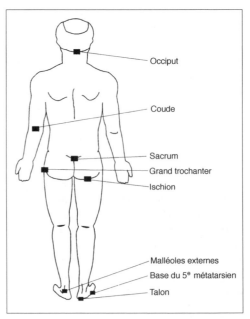

Figure 23.4 Régions fréquemment touchées par les plaies de pression

Tableau 23.1
Physiopathologie de la plaie de pression

Facteurs primaires
1. Pression
2. Cisaillement
3. Friction

Facteurs de risque
1. Conditions neurologiques
   - diminution de l'état de conscience
     - coma
     - sédatifs et hypnotiques
   - troubles moteurs
     - paralysies centrales et périphériques
2. Déficience de l'oxygénation tissulaire
   - problèmes cardio-vasculaires
     - choc
     - œdème
     - artérite (diabète, athéromatose)
   - problèmes respiratoires
     - hypoxie (insuffisance respiratoire)
   - problèmes sanguins
     - anémie
3. Problèmes métaboliques
   - cachexie
   - diabète
   - éthylisme
   - malnutrition (hypoprotéinémie, hypovitaminose)
   - fièvre
4. Facteurs externes
   - humidité
   - corps étranger (sonde, orthèses)

D'autres facteurs de risque sont propres à certains groupes particuliers (fractures, maladies chroniques, éthylisme, etc.). Après identification des facteurs de risque, la première intervention vise à offrir des soins infirmiers d'excellente qualité. Les soins de base comprennent l'hydratation optimale (1,5 à 2 L/24 h), les soins cutanés (laver avec un savon doux et bien assécher la peau) et une nutrition adéquate. On évite que le malade demeure immobile pendant plus de deux heures, en alternant les positions. On enseigne aux personnes en fauteuil roulant à se lever le plus souvent possible, au cours de la journée, en s'aidant des appuie-bras, d'un trapèze ou d'une barre d'appui. Une consultation en physiothérapie ou en ergothérapie s'avère souvent utile, pour assurer un bon positionnement en fauteuil roulant et au lit. On prendra également des mesures pour atténuer la pression sur les proéminences osseuses. La plupart des coussins et des appareils pour diminuer la pression sont insuffisants pour prévenir les plaies, lorsqu'ils sont employés seuls. Les lits «fluidisés» (Clinitron®) peuvent abaisser la pression au-dessous du seuil critique. Cependant, ils comportent plusieurs inconvénients: ils coûtent cher, sont bruyants et rendent difficiles les déplacements au lit. Ils ont aussi tendance à assécher la peau et peuvent engendrer une déshydratation. Leur usage n'est pas souvent recommandé.

APPROCHE CLINIQUE

Lorsqu'un malade présente une plaie de pression, il convient de procéder initialement à une évaluation globale. L'histoire précisera d'abord l'étiologie de la plaie. Quelle est la cause? Il peut s'agir d'un malade qui a subi un accident vasculaire cérébral et qui est demeuré dans la même position pendant plusieurs heures, ou encore, d'un malade en soins prolongés pour lequel les mesures préventives (changement régulier de position, hydratation, soins cutanés) ont été mal assurées. Ces précisions permettent parfois de corriger la situation et de prévenir de nouvelles plaies. Les antécédents médicaux sont de première importance. On portera attention aux problèmes vasculaires et neurologiques. Le diabète constitue aussi une condition fréquemment associée et exige un bon contrôle. L'alcoolisme revêt un caractère particulier chez la personne âgée et s'accompagne souvent de malnutrition. L'examen physique confirmera les soupçons de l'anamnèse. La palpation des pouls périphériques, l'évaluation de la sensibilité superficielle et profonde ainsi que la motricité sont des éléments clés de l'examen. Après cette évaluation, on optimisera le traitement des maladies aiguës ou chroniques.

L'état nutritionnel mérite aussi qu'on s'y attarde. Plusieurs études ont établi un lien circonstanciel entre la malnutrition et les plaies de pression. Même si la plupart de ces études comportent des biais méthodologiques, on reconnaît que la malnutrition s'accompagne d'un ralentissement de la guérison des plaies. A l'inverse, une diète adéquate laisse présager une évolution favorable. L'évaluation de base comprend la recherche des indices de malnutrition. L'enquête alimentaire, idéalement complétée par la diététiste, la prise du poids, l'hémogramme (une hémoglobine inférieure à 120 g/L ou une lymphocytose inférieure à 1200/mm^3 constituant des indices de malnutrition) et le dosage de l'albumine sont habituellement

Tableau 23.2
Échelle de Braden de prédiction des plaies*

Nom du malade: _____ Date: _____

Critère	Observation	Pondération
Perception sensorielle (capacité à réagir à un inconfort secondaire à la pression)	Complètement limitée Très limitée Légèrement limitée Intacte	4 3 2 1
Humidité (degré d'exposition de la peau à l'humidité)	Constamment humide Souvent humide Occasionnellement humide Rarement humide	4 3 2 1
Degré d'activité physique	Confiné au lit Confiné au fauteuil roulant Marche occasionnelle Marche fréquente	4 3 2 1
Mobilité (capacité de changer de position)	Complètement immobile Mobilité très limitée Mobilité légèrement diminuée Aucune limitation de mobilité	4 3 2 1
Nutrition	Mauvaise Probablement inadéquate Suffisante Excellente	4 3 2 1
Friction et cisaillement	Situations souvent présentes Situations potentiellement présentes Pas de problème de positionnement	3 2 1

* Un score inférieur à 18 sur 23 représente un risque de plaie de pression.

suffisants pour identifier les problèmes courants et recommander un apport optimal.

Une albuminémie inférieure à 30 g/L est associée à une baisse de la pression oncotique et à un œdème interstitiel, provoquant une hypoxie tissulaire et jouant ainsi un rôle important dans la pathogenèse des plaies de pression. D'autre part, les pertes protéiques au site même de la plaie peuvent atteindre un niveau élevé.

Dans le passé, la déficience en zinc a souvent été incriminée comme facteur de risque des plaies de pression. Cependant, la littérature médicale n'apporte pas de preuve convaincante que la déficience provoque une plaie ou qu'un supplément accélère la guérison. Certains soutiennent même qu'un taux sanguin élevé en zinc pourrait retarder la cicatrisation. Quant à la vitamine C (acide ascorbique), on connaît son action sur le collagène, d'où son intérêt pour la guérison des plaies. Mais encore une fois, les études d'efficacité sur le traitement des plaies de pression souffrent de biais méthodologiques importants. Tous les auteurs s'entendent malgré

tout pour recommander les suppléments vitaminiques lors de carences.

Enfin, l'évaluation du malade sera complétée par l'identification des facteurs de risque locaux: pression, friction, cisaillement, humidité. Chacun de ces facteurs doit faire l'objet d'une surveillance étroite et d'une correction aussi complète que possible. On doit recourir à tous les moyens à notre disposition comme les changements fréquents de position, les positionnements au lit ou au fauteuil roulant, avec des coussins de densités variables, l'utilisation d'orthèse, etc.

ÉVALUATION DE LA PLAIE

Traditionnellement, on classifie une plaie de pression selon son stade clinique. A cet égard, la classification la plus citée dans la littérature est celle de la *National Pressure Ulcer Advisory Panel* (NPUAP), elle-même basée sur la classification de Shea (Fig. 23.5).

Mais le stade d'une plaie de pression est insuffisant pour l'évaluation et le suivi de la

	I Plaque érythémateuse	
	La peau intacte présente un érythème qui ne blanchit pas à la vitropression. Peut aussi se manifester par une décoloration de la peau, de la chaleur, ou une induration.	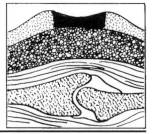

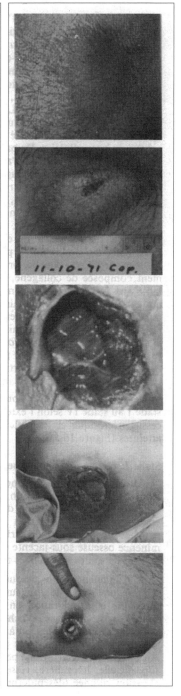

	II Ulcère superficiel	
	Altération superficielle de la peau touchant l'épiderme ou le derme. La plaie se présente comme une abrasion, une phlyctène ou une ulcération.	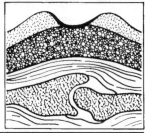

	III Ulcère constitué	
	Atteinte complète de la peau atteignant le tissu sous-cutané jusqu'au fascia. La plaie se présente comme une ulcération profonde avec ou sans envahissement des tissus environnants.	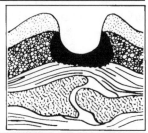

	IV Invasion osseuse ou articulaire	
	Toute l'épaisseur de la peau est touchée avec destruction et nécrose importante atteignant les muscles, les os, les tendons ou les articulations. On retrouve souvent des fistules associées.	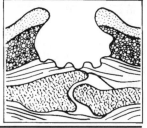

	Plaie de pression fermée	
	Nécrose encapsulée dans le tissu sous-cutané, avec fistule cutanée (variante du stade IV).	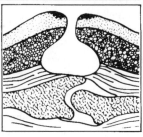

Figure 23.5 Classification des plaies de pression

guérison. Il ne s'agit que d'un élément parmi plusieurs autres pour objectiver les progrès. Cette classification a le mérite de mettre de l'ordre dans la façon de décrire les plaies et de préciser la profondeur des tissus atteints. Malheureusement, elle n'est pas sans problème. Par exemple, pour certaines plaies de stade II, la pression n'est pas le principal facteur étiologique; c'est plutôt la friction, la macération ou le cisaillement. Or, la classification ne rend pas compte de ces distinctions. Plus importante encore est la conception erronée, suggérée par la classification, et qui laisse croire qu'une plaie s'aggrave selon une progression bien ordonnée allant du stade I au stade IV. Pourtant, on sait que certains tissus comme le muscle tolèrent moins bien la pression que la peau elle-même. Il est donc possible que les lésions soient très importantes dans les couches profondes, alors qu'elles sont difficiles à objectiver en surface. A ce moment, on observe d'emblée la formation d'une escarre noire qui témoigne d'une plaie de stade avancé. Finalement, la classification par stades est très souvent utilisée pour suivre la guérison des plaies. Cela suppose qu'une plaie de stade IV guérit en remplaçant toutes les structures détruites (muscle, fascia, graisse sous-cutanée) en passant par le stade III, II et enfin, le stade I, avant d'atteindre une guérison complète. Or, il est établi que les plaies profondes ne guérissent pas en reconstituant toutes les structures anatomiques détruites. En effet, la plaie guérit en formant du tissu de granulation composé principalement de cellules endothéliales, de fibroblastes, de collagène et de matrice extracellulaire. De plus, il se produit une contraction importante de la plaie. C'est pour ces raisons que le stade d'une plaie de pression est actuellement considéré comme un élément parmi d'autres paramètres d'évaluation de la guérison d'une plaie. Il faut donc s'attarder aux autres caractéristiques de la plaie. On comprend d'emblée l'importance de mesurer la plaie. La mesure des deux plus grands diamètres (longueur et largeur) suffit habituellement. On porte aussi attention aux lèvres de la plaie et à la peau du pourtour. Le type d'exsudat, sa quantité et son apparence sont notés. L'abondance du tissu de granulation et les îlots d'épithélisation sont des signes encourageants de guérison. Pour faciliter la tâche, certains outils sont à notre disposition, comme celui que propose le tableau 23.3.

TRAITEMENT

L'étape initiale du traitement consiste à débrider la plaie, pour enlever les tissus nécrosés propices à la prolifération bactérienne. Selon les circonstances, on a le choix entre les méthodes chirurgicale, enzymatique, mécanique ou autolytique. Chacune comporte des avantages et des inconvénients. La méthode chirurgicale est la plus rapide et s'avère efficace pour débrider une grande quantité de tissu. Elle nécessite toutefois une certaine expertise et quelques instruments. Le débridement enzymatique, à l'aide de pommades (Elase® ou Travase®) est plus lent. Il faut se conformer aux recommandations du fabricant, pour éviter d'altérer la peau saine au pourtour de la plaie. Cette méthode s'emploie surtout en présence d'une petite quantité de tissu nécrosé. Quant aux méthodes mécaniques, elles comprennent les pansements «humides à sec» (gaze humidifiée avec du salin et qu'on laisse sécher avant de la retirer), les irrigations sous pression et l'hydrothérapie. Il faut se garder d'exercer une trop grande pression et d'endommager les tissus nouvellement formés (tissu de granulation). Finalement, la méthode autolytique consiste en une «autodigestion» de la nécrose lorsque la plaie est recouverte par un pansement synthétique et soumise à un environnement humide.

Après le débridement, on procède au nettoyage de la plaie. Ceci implique un bon agent désinfectant et une méthode efficace. Il est important de ne pas traumatiser la plaie. La plupart des antiseptiques d'usage courant sont cytotoxiques aux concentrations habituelles. C'est vrai tant pour les composés iodés (Proviodine®) que pour la chlorhexidine (Hibitane®). Les composés hypertoniques sont à bannir (p. ex.: le peroxyde de benzoyle). On recommande de s'en tenir au sérum physiologique (NaCl 0,9 %) pour irriguer la plaie. On appliquera cette solution à une pression de 4 à 15 psi. Une pression de 8 psi est produite au moyen d'une seringue de 30 mL, munie d'une aiguille ou d'un cathéter de calibre 19 Fr. Cette pression ne comporte pas de danger pour les tissus et s'avère efficace. L'utilisation d'une baignoire à remous peut offrir une option intéressante.

Suite au débridement et au nettoyage de la plaie, l'application d'un pansement est nécessaire. Il est établi qu'un environnement humide favorise la guérison des plaies. Toutefois, la peau

Tableau 23.3
Description de la plaie de pression

Description de l'ulcère

Nom du malade: _____ Date: _____

Localisation: _____
Stade: _____
Dimensions (cm): _____
    Longueur: _____
    Largeur: _____
    Profondeur: _____

	Oui	Non
Fistule	☐	☐
Extension sous-cutanée	☐	☐
Tissu nécrotique	☐	☐
non adhérent	☐	☐
adhérent (escarre)	☐	☐
Exsudat	☐	☐
séreux	☐	☐
sérosanguinolent	☐	☐
purulent	☐	☐
Granulation	☐	☐
Épithélialisation	☐	☐
Douleur	☐	☐
Peau environnante:		
Érythème	☐	☐
Macération	☐	☐
Induration	☐	☐

Autres éléments, description:
_____
_____

au pourtour de la plaie doit demeurer sèche, afin d'éviter la macération et l'infection. On choisit le pansement en fonction des caractéristiques de la plaie telles que nous les avons décrites. Aucun pansement synthétique n'a démontré sa supériorité par rapport aux autres, au cours d'études contrôlées. Chaque pansement comporte ses avantages et ses inconvénients qu'il faut connaître pour faire un choix éclairé (Tableau 23.4). Les principaux objectifs recherchés seront le maintien de l'hydratation, le contrôle de l'exsudation et la protection de la peau saine environnante. La facilité d'utilisation et le coût sont également à considérer. Enfin, il n'est pas recommandé de laisser la plaie à l'air libre,

avant qu'elle ne soit complètement épithélisée. Le traitement des plaies de pression est schématisé à la figure 23.6.

CONTRÔLE DES COMPLICATIONS

Le débridement et le nettoyage de la plaie suffisent habituellement à contrôler la croissance bactérienne. L'apparition de sécrétions purulentes ou nauséabondes évoque la possibilité d'une surinfection. Dans ces circonstances, on augmente la fréquence des nettoyages et on surveille attentivement l'évolution. Les écouvillonnages ne sont pas d'une grande utilité, parce que toutes les plaies sont colonisées, et les bactéries identifiées ne sont pas nécessairement celles qui causent l'infection. L'aspiration à

Tableau 23.4
Types de pansement*

Capacité d'absorption	Type de pansement	Présentation	Marques commerciales	Avantages	Inconvénients	Fréquence des changements
0	non adhésif	sec	ETE MELOLITE RELEASE TELFA	• utile sur une plaie superficielle • s'enlève facilement	• maintient peu l'humidité • sèche et adhère à la plaie	BID à 3 j
		imprégné	ADAPTIC JELONET MEPITEL	• n'adhère jamais à la plaie • ne lèse pas le tissu de granulation	• usage difficile • certains contiennent des antibiotiques (à éviter)	BID à 3 j
0	adhésif	feuille	BIOCLUSIVE OPSITE POLYSKIN-II TEGADERM UNIFLEX	• maintient humide • transparent • favorise le débridement autolytique • isole la plaie des contaminants	• inutile si l'exsudat est abondant • adhère mal dans certaines conditions • à éviter sur une plaie infectée ou ischémique	1 à 3 j
+	hydrogel	gel amorphe	CURAFIL INTRASITE RESTORE	• maintient la plaie humide • remplit bien l'espace mort • s'applique bien • se nettoie facilement	• peu utile si l'exsudat est abondant • nécessite un recouvrement	TID à 3 j
		gel hypertonique	HYPERGEL	• utile pour débrider une escarre très adhérente	• nécessite un recouvrement	
		feuille	AQUASORB CURAGEL TIELLE	• autoadhésif • application facile	• peu utile si l'exsudat est abondant	
++	hydrocolloïde	feuille	COMFEEL CURADERM DUODERM METODERM RESTORE TEGASORB	• isole la plaie des contaminants externes • favorise le débridement autolytique • utilisation facile • améliore le confort	• odeur désagréable • collection d'exsudat ressemble à du pus • ne pas utiliser sur une plaie infectée ou ischémique	2 à 7 j
		pâte poudre	COMFEEL DUODERM			
+++	charbon activé	feuille	ACTISORB	• absorbe le pus • élimine l'odeur • propriété hémostatique	• application difficile sur une plaie profonde	TID à ID
+++	dextranomère	billes	DEBRISAN	• peut être utilisé sur une plaie nécrotique infectée • nettoie bien • maintient l'humidité	• manipulation difficile des billes (danger au sol) • fréquence des changements de pansements	TID à BID
		pâte	DEBRISAN			
		tampon	DEBRISAN			
++++	alginate	feuille	ALGODERM CURASORB FIBRACOL KALTOSTAT	• peut être utilisé sur une plaie infectée • remplit bien l'espace mort • favorise l'autolyse • utilisation facile	• nécessite un recouvrement • peut déshydrater la plaie si l'exsudat est peu abondant	BID à 4 j
+++++	mousse hydrophile	feuille	ALLEVYN CURAFOAM HYDRASORB NUDERM	• isole la plaie des contaminants externes • maintient humide • utilisation facile	• nécessite un recouvrement • non indiqué sur une plaie sèche ou infectée	1 à 5 j

* Certaines marques de commerce sont mentionnées pour information.

l'aiguille et surtout la biopsie semblent des techniques plus appropriées, quoique rarement nécessaires. Les pathogènes les plus fréquemment rencontrés sont *B. fragilis, P. mirabilis* et *S. aureus*. Mais, le plus souvent, on retrouve une flore polymicrobienne.

Lorsqu'une plaie tarde à montrer des signes de guérison ou qu'elle produit un exsudat purulent qui ne cède pas aux nettoyages répétés, il est justifié d'amorcer un traitement empirique avec un antibiotique topique à large spectre (par exemple, la sulfadiazine d'argent). Si la plaie ne guérit pas avec ce traitement, on poursuit les examens. Selon les signes cliniques, on doit exclure une ostéomyélite, une cellulite, un abcès ou une fistule. La scintigraphie osseuse au technétium permet d'exclure une ostéomyélite. Cependant, les faux positifs sont nombreux, d'où la nécessité d'une bonne interprétation de cet examen. On doit aussi surveiller les signes d'atteinte systémique (fièvre, hypotension, choc) qui pourraient signaler une septicémie.

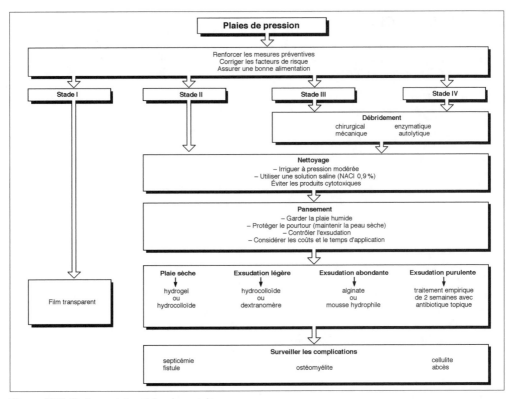

Figure 23.6 Traitement des plaies de pression

Finalement, on peut considérer la chirurgie chez certains malades qui ont une condition médicale stable et une plaie qui ne répond à aucun traitement médical. On prendra en considération la qualité de vie du malade, son opinion sur le traitement, les buts visés, les possibilités de réadaptation et les risques de rechute.

BIBLIOGRAPHIE

ALLMAN, R.M.: Pressure ulcers among the elderly. *N Engl J Med*, **320**:850-853, 1989.

ALLMAN, R.M. & Coll.: Pressure sores among hospitalized patients. *Ann Intern Med*, **105**:337-342, 1986.

BERGSTROM, N. & Coll.: Pressure ulcer treatment: Quick Reference Guide for Clinicians. *Advances in Wound Care*, **8(2)**:22-44, 1995.

BRADEN, J.B. & N. BERGSTROM: Clinical utility of the Braden Scale for predicting pressure sore risk. *Decubitus*, **2(3)**:44-51, 1989.

BRANDEIS, G.H. & Coll.: The epidemiology and natural history of pressure ulcers in the elderly nursing home residents. *JAMA*, **264**:2905-2909, 1990.

BRESLOW, R.: Nutritional status and dietary intake of patients with pressure ulcers: review of research literature 1943 to 1989. *Decubitus*, **4(1)**:16-24, 1991.

GOODE, P.S. & R.M. ALLMAN: The prevention and management of pressure ulcers. *Med Clin North Am*, **73(6)**:1511-1524, 1989.

KAMINSKI, M.V., PINCHCOFSKY-DEVIN, G. & S.D. WILLIAMS: Nutritional management of decubitus ulcers in the elderly. *Decubitus*, **2(4)**:20-30, 1989.

PETERSEN, N.C. & S. BITTMAN: The epidemiology of pressure sores. *Scand J Plast Reconstr Surg*, **5**:62-67, 1971.

REULER, J.B. & T.G. COONEY: The pressure sore: pathology and principles of management. *Ann Intern Med*, **107**:641-648, 1987.

SHEA, D.J.: Pressure sores: classification and management. *Clin Orthop*, **112**:89-100, 1975.

The National Pressure Ulcer Advisory Panel: Pressure ulcers prevalence, cost and risk assessment: consensus development conference statement. *Decubitus*, **2(2)**:24-28, 1989.

YOUNG, J.B. & S. DOBRANSKI: Pressure Sores: Epidemiology and current management concepts. *Drugs & Aging*, **2**:42-57, 1992.

LECTURES SUGGÉRÉES

BERGSTROM, N. & Coll.: Pressure ulcer treatment: Quick Reference Guide for Clinicians. *Advances in Wound Care*, **8**(2):22-44, 1995.

GRENIER, L.: L'approche thérapeutique des ulcères de pression. *Pharmactuel*, **26**:100-110, 1993.

Proceedings from the Fourth National NPUAP. Pressure ulcer Healing: Controversy to consensus. *Advances in Wound Care*, **8**(4):28-1 à 28-58, 1995.

CHAPITRE 24

TROUBLES VISUELS

JEAN de MARGERIE

DÉSAFFÉRENTATION VISUELLE

Les voies afférentes qui informent l'individu sur les conditions de son environnement subissent des perturbations secondaires à la sénescence ou à certaines affections qui accompagnent le vieillissement, ce qui se traduit par une réduction des stimuli sensoriels. C'est l'ensemble de ce processus que nous appelons désafférentation[1]. Cette désafférentation relative représente, pour la personne âgée, un risque d'isolement sensoriel dont les effets ont été démontrés lors d'expériences spéléologiques ou astronautiques, ou encore par les réactions de certains malades hospitalisés aux soins intensifs ou opérés pour cataractes ou décollements de rétine (syndrome du bandeau). Chez les individus ainsi privés de leurs stimuli sensoriels habituels, on peut observer une diminution des performances intellectuelles, des troubles de la perception allant de la déformation des objets aux hallucinations, une désorientation spatio-temporelle, des perturbations du schéma corporel, des troubles affectifs (anxiété, agressivité), des somatisations ainsi qu'une fatigue résiduelle qui peut persister longtemps après la période de privation sensorielle. La désafférentation peut aussi aggraver les symptômes d'une maladie cérébrale dégénérative, notamment la désorientation spatio-temporelle et les troubles du comportement.

Les problèmes visuels sont une cause importante de désafférentation, de perte d'autonomie et de perte de jouissance de la vie chez les personnes âgées. Ils entraînent souvent des conséquences fâcheuses, voire désastreuses. On estime que 3,6 % des personnes de plus de 65 ans sont atteintes d'une déficience visuelle (de 20/70 ou moins) et que ce taux atteint 11,4 % chez les plus de 80 ans.

Ces données témoignent de la nécessité d'utiliser au mieux, voire d'améliorer, les mesures de prévention et de traitement des pertes de la vision. Dans ce contexte, pour un sujet donné dont l'état général peut être mauvais et le pronostic vital relativement limité, il est parfois indiqué, par exemple, de pratiquer une chirurgie unilatérale de cataracte, si c'est là un moyen prometteur de restaurer, avec la vision, la qualité de vie; souvent, la vision sera suffisamment améliorée pour ne pas avoir à intervenir sur le second œil.

Mais, bien en deçà des affections oculaires les plus débilitantes, des mesures aussi usuelles qu'une vérification de l'acuité visuelle de chaque œil, de loin et de près, avec et sans lunettes, suivie, au besoin, d'un test de réfraction avec prescription de lunettes, peuvent parfois améliorer le confort, la confiance et le contact avec le milieu ambiant, et contribuer ainsi à améliorer l'autonomie. Il est toujours surprenant de constater combien la négligence à consulter contribue souvent, pour la personne âgée, à sa propre désafférentation et à sa dépendance; l'entourage doit, au besoin, susciter les consultations appropriées. Il y a également lieu de diriger parfois une personne atteinte d'une condition irréversible, telle une dégénérescence maculaire sénile, vers un centre de réadaptation fonctionnelle pour malvoyants, afin d'obtenir un système de grossissement qui puisse lui redonner la possibilité de lire lentement.

SÉNESCENCE DE L'ŒIL

Un nombre considérable de personnes âgées conservent une excellente vision. Tout au

---

1. Privation sensorielle, déficience sensorielle, *sensory deprivation*

plus se plaignent-elles d'irritation ou de séche-resse des yeux, de larmoiement intermittent, d'éblouissement accru, de mouches volantes dans leur champ visuel, d'éclairs lumineux ou d'adaptation plus lente à la noirceur. Ces symp-tômes justifient des examens ophtalmologiques occasionnels.

Système lacrymal

Il ne fait aucun doute que les yeux devien-nent plus sensibles et plus irritables en vieillis-sant. Le seuil de tolérance est variable. Souvent, cette irritabilité s'explique par un **manque réel ou relatif de larmes** que le test de Schirmer et l'examen ophtalmologique confirmeront. Un manque grave de larmes peut faire partie du syndrome de Sjögren et favoriser l'apparition d'ulcères cornéens rebelles et d'autres affections oculaires, d'où le nécessaire suivi par un ophtal-mologiste. L'instillation fréquente de larmes ar-tificielles peut soulager l'irritabilité des «yeux secs» et prévenir l'aggravation de l'assèchement. En hiver, l'humidification adéquate des lieux d'habitation réduit en partie le problème, en diminuant l'évaporation des larmes.

Quant au *larmoiement*, s'il est *intermit-tent*, il est le plus souvent imputable à l'irritabi-lité accrue des yeux au vent, au froid, à l'air climatisé, à la fumée de cigarette, etc.; des me-sures préventives peuvent être suggérées. Il peut aussi être causé par l'assèchement relatif de la surface oculaire, d'où le larmoiement paradoxal des yeux manquant habituellement de larmes, mais encore capables de larmoiement réflexe; les larmes artificielles seront alors utiles pour prévenir l'assèchement.

Si le *larmoiement* est presque *constant*, il faut examiner avec soin les voies lacrymales, no-tamment la position du punctum inférieur con-tre le globe oculaire. Un ectropion, même mi-nime, de la paupière inférieure interne empêche le drainage des larmes, d'où stagnation et ris-ques accrus d'infection, surtout de conjoncti-vite chronique. Pour prévenir un tel ectropion, il faut enseigner aux gens de plus de 60 ans comment essuyer leurs larmes, en utilisant le mouchoir pour éponger le surplus de larmes *sans déplacer la paupière vers la joue*, ce qui, à la longue, eu égard au manque de tonicité des tissus, favoriserait l'apparition et la consolida-tion irréversible d'un ectropion. Si un léger ec-tropion du punctum inférieur existe déjà, il faut tenter de restaurer la position normale en pres-sant le mouchoir contre le canthus interne cha-que fois qu'on essuie l'œil. Si la situation ne se normalise pas, il faut consulter en ophtalmolo-gie (voir, en fin de chapitre, «ectropion sénile»).

Phénomènes visuels

L'*éblouissement* accru à la lumière est habi-tuellement imputable à une sclérose des cristal-lins et peut être réduit par le port de lunettes de soleil. Une cataracte exagérera le phénomène.

Les mouches volantes apparaissant dans le champ visuel sont plus nombreuses chez les gens âgés; tous ne les observent pas toutefois. Ces taches sombres, plutôt grisâtres si vues sur fond blanc, multiformes, viennent de la forma-tion progressive, involutive, de «corps flottants» dans le vitré. Si la personne qui s'en inquiète tente de les fixer, elles se déplacent avec l'œil puisqu'elles sont dans l'œil. Leur rapport avec l'axe visuel est à peu près constant, même si elles disparaissent parfois avec le temps et sont rem-placées par d'autres. Il s'agit là d'une variante du vieillissement normal de l'œil qui ne doit pas susciter d'inquiétude.

Il arrive toutefois qu'un nombre incalcula-ble de mouches volantes apparaissent soudain. Il faut alors procéder à un examen ophtalmolo-gique méticuleux du vitré et de la rétine. L'exa-men révèle souvent l'effondrement d'un vitré liquéfié par l'âge (et la myopie), effondrement qui peut exercer des tractions sur la rétine, là où la membrane externe du vitré, l'hyaloïde, adhère à celle-ci. Ces tractions déchireront par-fois la rétine, causant une hémorragie réti-nienne ou intravitréenne avec sa cohorte de mouches volantes, voire un trou perforant de-vant provoquer un décollement rétinien.

Le phénomène d'**éclairs lumineux** (phos-phènes) inhabituels, sans cause externe à l'œil et non associé à la migraine, précède ou accompa-gne souvent l'effondrement involutif du vitré, par traction sur les cônes et bâtonnets de la ré-tine. Les éclairs lumineux naissent de cette sti-mulation. Enfin, on ne peut rien contre l'**adap-tation ralentie à la noirceur** imputable à une légère dysfonction des bâtonnets liée à l'âge.

Presbyopie

Sans exception, toutes les personnes âgées sont atteintes de presbyopie (presbytie). Le vieillard réputé être demeuré jeune parce qu'il peut encore lire sans lunettes en est aussi atteint mais, dans son cas, c'est habituellement sa myopie qui lui permet cet exercice sans porter de verres correcteurs. Toutefois, sans ses lunettes, la myopie l'empêche de bien voir au loin. La presbyopie, due à la diminution progressive de l'amplitude d'accommodation par sclérose du cristallin, se manifeste par une difficulté croissante à lire, habituellement à partir de 40 à 45 ans. Elle peut être corrigée optiquement par des lunettes, à double foyer si la vision au loin a aussi besoin d'être corrigée. Dans la quarantaine, la puissance ajoutée dans le foyer du bas (foyer de lecture) est d'environ une dioptrie. Au début de la soixantaine, la presbyopie est habituellement totale et les lunettes de lecture doivent être de force maximale (puissance ajoutée d'environ trois dioptries). Aujourd'hui, on peut obtenir, à un coût plus élevé, des verres à double foyer «invisible», invisible par ce que les contours de la lentille de lecture sont graduels ou progressifs et non tranchés. L'avantage de ce type de lunettes est surtout esthétique.

Il existe aussi des lentilles cornéennes à double foyer, mais pour des raisons d'instabilité relative sur la cornée, il est souvent difficile de s'y adapter; certaines personnes très motivées y parviennent toutefois. Même la lentille cornéenne usuelle à foyer unique perd de sa vogue au-delà de la quarantaine; ceci est dû à la nécessité croissante de porter en plus des lunettes pour corriger la presbytie. Il devient parfois plus simple, résignation aidant, de porter des lunettes à double foyer.

Chirurgie réfractive de la cornée

Qu'en est-il pour la personne âgée de la chirurgie réfractive: kératoplastie radiale ou chirurgie d'ablation au *laser Excimer*, dont l'objectif est d'éliminer la myopie et l'astigmatisme en modifiant la courbure cornéenne? Même si l'objectif est atteint, ce qui n'est pas garanti, la personne de 45 ans ou plus devra nécessairement porter des lunettes pour corriger une presbytie qui se prolonge après la chirurgie. Ainsi, l'avantage escompté sera partiel, au mieux. C'est donc un pensez-y bien, d'autant qu'il y a risque d'effets indésirables à court et à long terme. Ces risques seront mieux appréciés quand les résultats de l'étude clinique multicentrique américaine en cours seront connus.

Arc sénile cornéen et xanthélasma palpébral

Le vieillissement de l'œil et de ses annexes s'accompagne de plusieurs autres changements des tissus, mais comme ils sont habituellement asymptomatiques et sans conséquence clinique, ils ne sont pas traités ici. Qu'il suffise de dire que l'arc sénile de la cornée (gérontoxon) ne signe habituellement pas une anomalie systémique telle une hypercholestérolémie, alors que le xanthélasma palpébral le fait. Sauf exception, l'excision chirurgicale de celui-ci est inutile parce que la récidive est de règle.

Hémorragie sous-conjonctivale spontanée

L'hémorragie sous-conjonctivale spontanée survient plus souvent chez la personne âgée. Dans la plupart des cas, elle est attribuable à la plus grande fragilité des vaisseaux, durcis par la sclérose, qu'un frottement de l'œil aura coincés. Elle est sans conséquence et disparaît dans les quinze jours. Si l'hémorragie survient fréquemment, il faut alors chercher une cause systémique, sanguine notamment.

PERTES SUBITES DE VISION

Toute perte importante et subite de vision justifie un examen médical immédiat qui doit cerner la cause: cérébrale ou oculaire.

Amaurose fugace

L'amaurose fugace, à savoir une perte subite mais transitoire de la vision d'un œil, impliquant tout ou une partie de son champ visuel, suggère l'ischémie du nerf optique ou de la rétine et est le plus souvent associée à une anomalie grave de la circulation carotidienne homolatérale, avec ou sans embolie plaquettaire. Aussi faut-il consulter d'urgence l'ophtalmologiste pour confirmer le diagnostic, ou le neurologue, surtout si l'amaurose s'accompagne d'une hémiplégie controlatérale.

Accident vasculaire cérébral

L'accident vasculaire cérébral, par occlusion artérielle ou hémorragie, cause un déficit visuel bilatéral hémianopsique homonyme, partiel ou total, s'il empiète sur les voies optiques rétrochiasmatiques.

Les causes oculaires de perte subite, importante, de vision sont les mêmes chez les personnes âgées que chez les autres adultes. Les décollements de la rétine, les névrites optiques et les uvéites ont une incidence à peu près comparable.

Par contre, les neuropathies optiques ischémiques et les accidents vasculaires rétiniens sont plus fréquents, surtout s'il y a déjà artériosclérose importante, hypertension artérielle ou diabète sucré. Il en va de même pour le glaucome par fermeture d'angle. Les pertes subites de vision peuvent aussi être associées aux dégénérescences maculaires et aux rétinopathies vasculaires diabétiques ou autres, sujets qui sont abordés plus loin.

Décollement de la rétine

Le décollement de la rétine est particulièrement grave pour la personne âgée, parce qu'il nécessite une chirurgie avec, souvent, alitement prolongé et pansement binoculaire, d'où le danger de désafférentation. Aussi faut-il tenter de le prévenir par un examen ophtalmologique méticuleux de la rétine et du vitré chaque fois que le malade se plaint de nouveaux phosphènes ou d'un nombre inhabituel de nouvelles mouches volantes. Une déchirure rétinienne observée précocement, avant que la rétine ne décolle, peut être scellée en clinique externe par cryothérapie ou par laser, prévenant ainsi un problème oculaire majeur.

Neuropathie optique ischémique

La neuropathie optique ischémique avec perte soudaine de vision, partielle ou complète, s'accompagne de papillœdème et, souvent, de quelques hémorragies proximales et d'un déficit des champs visuels (l'atteinte est unilatérale, atteignant principalement le champ visuel supérieur ou inférieur et ne respecte pas la ligne médiane). Il appartient à l'ophtalmologiste de cerner la cause: artérite temporale (avec taux de sédimentation habituellement élevé) ou athéromatose (avec antécédents d'amaurose fugace).

Occlusion vasculaire rétinienne

L'occlusion de l'artère ou de la veine centrale de la rétine, ou d'une de leurs branches, s'accompagne d'une perte instantanée de vision correspondant au territoire atteint. Perte totale si l'artère centrale est obstruée; perte importante, rarement absolue et parfois progressive, si la veine centrale est bouchée; perte sectorielle correspondant au territoire atteint si une branche est atteinte. La perte sectorielle peut passer inaperçue si elle est petite ou si elle implique le champ visuel périphérique. Elle est, bien sûr,

plus incapacitante si le vaisseau touché est une branche temporale ou ciliomaculaire irriguant la macula.

Toute occlusion artérielle peut être causée par une embole en provenance de la carotide ou du cœur. De même, toute occlusion artérielle ou veineuse peut être facilitée par une anomalie de la coagulation sanguine ou encore, et plus souvent, par une hypertonie oculaire, c'est-à-dire un glaucome insoupçonné ou mal contrôlé. D'où la nécessité d'une évaluation ophtalmologique au moment du diagnostic, mais aussi dans le but de prévenir un accident similaire dans l'autre œil.

L'apparence du fond d'œil est très différente s'il s'agit d'une occlusion artérielle ou veineuse. Dans le cas d'une thrombose veineuse, on retrouve des hémorragies rétiniennes de stase, parfois abondantes dans le territoire atteint, autour de la veine distendue et sinueuse. A l'opposé, dans l'occlusion artérielle classique, l'artériole est difficile à voir puisque vidée ou presque de son contenu et entourée, et partiellement cachée, par une rétine œdématiée et blanchâtre.

Les possibilités thérapeutiques sont limitées puisqu'il faudrait pouvoir intervenir efficacement dans les minutes qui suivent l'occlusion artérielle, pour espérer prévenir une lésion irréversible de la rétine, en utilisant des dilatateurs des artérioles périphériques ou en abaissant chirurgicalement la pression de l'œil, dans l'espoir de voir l'embole se déplacer vers la périphérie. Dans les occlusions veineuses, l'utilisation d'anticoagulants peut être indiquée, mais les résultats sont souvent décevants. Dans les mois et années qui suivent l'occlusion artérielle ou veineuse, des néovaisseaux rétiniens sont susceptibles d'apparaître, d'où la nécessité d'examens ophtalmologiques périodiques. Dès l'apparition de néovaisseaux, il y a lieu de les détruire et de détruire la rétine ischémique par photocoagulation au laser. On prévient ainsi la croissance continue des néovaisseaux et l'apparition d'hémorragies vitréennes ou de glaucome vasculaire secondaire.

Glaucome par fermeture de l'angle

Le glaucome par fermeture de l'angle est une autre cause de perte subite de vision. En vieillissant, l'angle irido-cornéen se rétrécit à cause de l'épaississement progressif du cristallin. Quand iris et cornée se touchent dans l'angle au pourtour de la chambre antérieure, la sortie de l'humeur aqueuse est bloquée et la pression intra-oculaire augmente, d'où glaucome par fermeture de l'angle. Initialement, des épisodes subaigus de ce type de glaucome peuvent survenir : subaigus parce que la pression élevée se normalisera par la réouverture spontanée de l'angle. Mais à la longue, l'épisode devient irréversible ; il s'agit alors d'un glaucome aigu. Dans ce cas, l'œil est dur comme une bille, la douleur est atroce (parfois avec nausées et vomissements), la pupille est en semi-mydriase et, côté vision, il y a brouillage marqué (plus ou moins 20/200) et apparition de halos aux couleurs de l'arc-en-ciel autour des lumières. Ces halos sont causés par l'œdème cornéen.

Le traitement est habituellement du ressort de l'ophtalmologiste, sauf en cas de nécessité absolue. Il consiste à normaliser rapidement la pression intra-oculaire à l'aide de myotiques (pilocarpine, ésérine), d'inhibiteurs de l'anhydrase carbonique (acétazolamide, méthazolamide) et d'agents osmotiques hypotenseurs (mannitol, glycérol). Dans les jours qui suivent, une iridectomie périphérique s'impose, préférablement au *laser argon ou YAG*.

Il est possible de prévenir l'épisode de glaucome subaigu ou aigu et de l'empêcher définitivement par iridectomie prophylactique, préférablement au laser. Le dépistage se fait par l'anamnèse et surtout par l'examen de l'angle de la chambre antérieure (gonioscopie). Avec un peu de pratique, le médecin peut évaluer la profondeur de l'angle à l'aide d'un faisceau lumineux dirigé depuis le côté temporal pour effleurer la surface de l'iris : si l'angle est très étroit, l'iris le plus distal, côté nasal, est dans un croissant d'ombre à cause de l'interposition de l'iris bombé. Tout cas suspect doit être envoyé à l'ophtalmologiste pour diagnostic définitif et traitement prophylactique éventuel.

Grâce à ces mesures préventives, l'incidence de ce type de glaucome a fortement diminué, du moins dans les populations âgées bien encadrées du point de vue médical.

PERTES GRADUELLES DE VISION

Chacun des tissus « transparents » de l'œil peut, s'il s'opacifie progressivement, être responsable d'une diminution graduelle de la vision centrale ou périphérique. Ainsi, les dystrophies et les dégénérescences cornéennes, les cataractes et les diverses affections du vitré, dont les hémorragies, peuvent, selon le cas, expliquer une détérioration progressive de la vision. De même, la détérioration progressive du fonctionnement ou des relations anatomiques du système nerveux rétinien, du nerf optique et des voies optiques, par rétinopathies vasculaires, inflammatoires ou iatrogènes, ou par ischémie (vasculaire ou secondaire au glaucome ou à une compression tumorale), s'accompagne d'une diminution progressive de la vision centrale ou périphérique.

Cornea guttata ; dystrophie cornéenne de Fuchs

La *cornea guttata* est une dégénérescence de l'endothélium cornéen avec réduction du nombre de cellules, pléomorphisme de celles-ci et apparition d'excroissances hyalines sur la membrane de Descemet. Dans sa forme avancée, elle réduit l'efficacité de la pompe endothéliale, responsable de la déturgescence de la cornée, et entraîne un œdème cornéen. Dès lors, il s'agit d'une **dystrophie cornéenne de Fuchs** qui peut s'accompagner d'une baisse de vision importante par perte de la transparence de la cornée.

Cette condition lentement évolutive survient surtout chez les personnes âgées opérées de cataractes. Elle est due soit au traumatisme chirurgical, soit à la lentille intra-oculaire implantée en cours de chirurgie.

Cataracte

Il y a cataracte quand la transparence du cristallin diminue par suite de l'apparition d'opacités plus ou moins denses ; la vision centrale est diminuée si les opacités empiètent sur la zone pupillaire. Les manuels spécialisés présentent les nombreuses formes et les nombreuses causes de cataractes. La plus fréquente est la cataracte dite **sénile**, changement involutif associé à l'âge, survenant habituellement après 50 ans. Le plus souvent, les opacités se forment soit dans le noyau de cristallin (cataracte nucléaire), soit dans le cortex antérieur ou postérieur autour du noyau (cataracte corticale), soit encore sous la capsule postérieure du cristallin (cataracte sous-capsulaire postérieure) ; les formes mixtes sont fréquentes. La plus précocement débilitante, surtout pour la lecture, est la cataracte sous-capsulaire postérieure centrale. Une tendance à la myopie accompagne souvent la formation d'une cataracte, d'où la nécessité de répéter périodiquement le test de réfraction pour améliorer au mieux la vision avec lunettes et reporter, si possible, l'échéance chirurgicale. L'éblouissement accru à la lumière est attribuable au manque d'homogénéité du tissu du cristallin en voie de s'opacifier. La fluctuation dans la qualité de la vision est imputable à la position des opacités par rapport à la pupille et à la dimension changeante de celle-ci à la lumière ambiante et à l'accommodation. Plus petite est la pupille, plus nuisibles sont les opacités situées autour du centre optique du cristallin. Il y a donc avantage, pour assurer une dilatation relative des pupilles, à maintenir les yeux à l'ombre par le port d'un chapeau à large bord, de lunettes teintées ou fumées, et aussi à s'assurer, pour la lecture par exemple, que l'éclairage ambiant vienne de l'arrière plutôt que de face.

Le seul traitement connu des cataractes est l'extraction chirurgicale. Celle-ci est recommandée quand la personne impliquée, aidée au besoin par ses proches, estime que son handicap visuel justifie une chirurgie majeure avec tous les inconvénients qu'elle comporte. Entrent aussi en ligne de compte les besoins visuels de l'individu, en fonction de ses occupations, de son état sanitaire général, de son âge, de ses perspectives d'avenir et des prévisions raisonnables d'amélioration postchirurgicale de la vision, eu égard aux autres affections dont l'œil peut être atteint. Il n'est qu'exceptionnellement justifié d'opérer un œil capable d'une vision corrigée de 20/40 et 0,75 M ou mieux, pour vision de loin et de près respectivement. Si un œil atteint de cataracte n'a que 20/60 alors que l'autre a 20/40 ou mieux, il faut bien peser avantages et inconvénients d'une chirurgie sur l'œil le plus atteint avant d'en décider.

L'extraction de cataracte avec implantation intra-oculaire de lentille s'est rapidement généralisée et est devenue la règle. Le cristallin opacifié peut être retiré *in toto* de l'œil (extraction intracapsulaire) et, dans ce cas, la lentille est implantée dans la chambre antérieure. Ou encore, et c'est là la technique largement préférée aujourd'hui, le contenu opacifié du cristallin est extrait chirurgicalement, préférablement par phacoémulsification, à travers une ouverture dans la capsule antérieure, alors que la capsule postérieure demeure (extraction extracapsulaire). La lentille est alors insérée dans le sac capsulaire et maintenue en place par celui-ci et le ligament suspenseur naturel du cristallin. L'avantage de la phacoémulsification est de pouvoir se faire à travers une incision limbique de seulement 3 mm, réduisant ainsi le danger d'astigmatisme postopératoire et permettant une convalescence abrégée. De son côté, la lentille artificielle placée dans le sac a l'avantage de restaurer des conditions optiques très près de celles de l'œil normal, tout en agissant comme barrière contre le passage d'humeur vitrée vers la chambre antérieure.

Il peut arriver qu'en cours d'opération le chirurgien doive passer de la technique extracapsulaire à l'intracapsulaire, et même qu'il ne puisse pas implanter de lentille intra-oculaire.

L'immense avantage d'une lentille intra-oculaire est de corriger, en bonne partie, l'erreur de réfraction inhérente à l'aphaquie. L'œil opéré, au lieu d'être aphaque (c'est-à-dire sans cristallin), devient pseudophaque (c'est-à-dire avec un pseudo-cristallin). Grâce à cette correction permanente, l'œil, sans lunettes, voit raisonnablement bien et les lunettes qui sont éventuellement portées sont minces et esthétiquement acceptables. De plus, les distorsions visuelles en regard oblique, imputables aux lunettes épaisses de l'aphaquie, sont éliminées. En somme, dans la plupart des cas, la qualité de la vision, la binocularité et l'aspect esthétique sont meilleurs, et la satisfaction de la personne opérée est beaucoup plus grande.

Comme la plupart des chirurgies oculaires chez les personnes âgées, l'exérèse de cataracte peut être faite sous anesthésie locale, avec un minimum de sédation, pour peu que le malade puisse demeurer couché sur le dos avec un seul oreiller pendant une heure ou deux et qu'il puisse coopérer sans trop d'appréhension.

La sophistication des techniques, la petitesse de l'incision intra-oculaire, la qualité des matériaux (par exemple, la lentille pliable insérée «dans le sac» par la lumière d'un trocart de 3 mm) et la qualité des techniques de fermeture des plaies chirurgicales permettent habituellement la mobilisation de la personne opérée le jour même ou au plus tard le lendemain. La «chirurgie d'un jour» devient progressivement la règle. L'alitement postchirurgical est réduit au minimum, l'œil opéré seul est recouvert d'un pansement et, ainsi, même les personnes âgées et en mauvais état de santé général ne présentent qu'exceptionnellement des complications telles un *delirium*, en période postopératoire.

Dégénérescence maculaire

Les maculas peuvent être impliquées dans un processus pathologique affectant toute la rétine, comme dans les rétinopathies diabétiques, ou peuvent l'être sélectivement, comme c'est le cas des maculopathies séniles et des œdèmes cystiques maculaires. Les maculopathies séniles (ou dégénérescences maculaires liées à l'âge) sont responsables d'une perte de vision centrale à progression très variable, pouvant atteindre 20/400 ou moins, habituellement sans atteinte de la vision périphérique. Elles sont, le plus souvent, bilatérales mais non symétriques. Elles peuvent être accélérées par une sclérose vasculaire rétinienne ou choroïdienne, primaire ou associée à l'hypertension artérielle, au diabète, aux néphroses ou à une autre affection vasculaire. Même si des lunettes ne ramènent pas la vision centrale à la normale, un test de réfraction périodique est néanmoins indiqué pour s'assurer de la meilleure vision possible par correction des erreurs de réfraction.

Si la vision périphérique n'est pas diminuée, la personne âgée peut continuer à se déplacer sans frapper les meubles ou les chambranles, même si ses scotomes centraux l'empêchent de lire, de manipuler sans danger certains appareils, de reconnaître les gens ou de regarder la télévision. Mais si la vision périphérique est diminuée par une condition traitable, par exemple par une cataracte dense, il est parfois utile d'extraire celle-ci, malgré le scotome central, pour restaurer la vision périphérique et, ainsi, la possibilité de se déplacer.

La prévalence de maculopathies séniles avec vision de 20/30 ou moins est très élevée, pouvant atteindre 11 % entre 65 et 74 ans et 28 % entre 75 et 85 ans. Le plus souvent, la souffrance de la macula se manifeste par une baisse progressive de la vision centrale, par un remaniement plus ou moins discret de l'épithélium pigmentaire qui signe cette souffrance et par un nombre plus ou moins grand de drusen (excroissances hyalines sur la membrane de Bruch située entre l'épithélium pigmentaire et la choroïde). La progression de la maladie involutive s'accompagne d'une perturbation accrue de l'épithélium pigmentaire et, parfois, d'effusion séro-hémorragique entre la rétine sensorielle et l'épithélium pigmentaire ou entre celui-ci et la choroïde. Cette évolution, qui peut être rapide sur un fond chronique progressif, est grave parce qu'elle mène le plus souvent à la formation d'un tissu cicatriciel en forme de plaque (dégénérescence maculaire disciforme) avec scotome central profond irréversible.

Jusqu'à récemment cette condition n'était pas traitable. Elle l'est aujourd'hui, mais seulement dans les cas (environ 10 %) où l'évolution séro-hémorragique est due à l'apparition, à travers la membrane de Bruch, de néovaisseaux fragiles d'origine choroïdienne. Seul un examen ophtalmologique avec angiographie fluorescéinique peut permettre ce diagnostic et, selon la position plus ou moins éloignée des néovaisseaux par rapport à la fovea, leur destruction par photocoagulation au laser.

C'est dire que toute maculopathie exige un examen ophtalmologique méticuleux et que toute détérioration soudaine de vision dans un œil atteint de cette maladie, détérioration pouvant signer l'apparition d'un phénomène séro-hémorragique, justifie un examen semi-urgent.

D'autres types d'anomalies vasculaires, surtout capillaires ou précapillaires, peuvent aussi exister dans la rétine maculaire, en association avec une dégénérescence maculaire sénile, et l'aggraver. Il appartient à l'ophtalmologiste d'en préciser le caractère. Elles se prêtent rarement à un traitement efficace.

En plus de prescrire au patient des lunettes appropriées, l'ophtalmologiste, l'optométriste ou le personnel du centre de réadaptation visuelle, devront l'aider à trouver le système de magnification le plus approprié à son handicap, tant pour la vision de près que pour la vision de loin: loupe monoculaire, ou binoculaire, télescope sur lunettes, système vidéo sur écran, etc.

Oedème cystique de la macula

Toute chirurgie intra-oculaire, surtout si elle s'avère traumatisante et s'accompagne d'une perte de vitré, peut provoquer ce type d'œdème. C'est une des principales complications de la chirurgie de la cataracte qui peut empêcher l'œil de bien voir, même si le résultat chirurgical semble, d'autre part, excellent. Aucun traitement efficace de cette condition n'est connu. Il faut savoir la prévenir. Parfois, elle se résorbe spontanément, avec amélioration consécutive de la vision centrale, si la distension cystique des éléments nerveux fovéolaires et périfovéolaires a été d'assez courte durée pour ne pas en avoir détruit la fonction. Encore là, c'est une angiographie fluorescéinique qui confirme le mieux la présence de cette affection.

Rétinopathie diabétique

Les rétinopathies diabétiques apparaissent beaucoup plus en fonction de la durée du diabète qu'en fonction de l'âge ou de tout autre paramètre. Par contre, la rétinopathie du jeune diabétique tend à évoluer vers une forme proliférative pouvant entraîner la cécité, alors que celle du diabétique âgé (de type II) évolue habituellement lentement, sans composante proliférative. Elle est, cependant, parfois compliquée d'accidents vasculaires rétiniens.

La rétinopathie diabétique des personnes âgées est constituée, sur fond de sclérose vasculaire rétinienne et choroïdienne exacerbée par le diabète, de micro-anévrismes, d'hémorragies profondes ou en flammèche, d'œdème rétinien diffus surtout dans la région maculaire, d'exsudats cireux, parfois de corps cotonneux (micro-infarctus de la rétine) et, dans les cas les plus graves, de distorsions vasculaires surtout veineuses, de zones avasculaires rétiniennes et même choroïdiennes, et, plus rarement, de néovaisseaux rétiniens. La région maculaire n'est pas épargnée; au contraire, elle semble être un territoire de prédilection pour cette affection vasculaire évolutive. En somme, la fréquence et la gravité des maculopathies semblent augmenter nettement chez les diabétiques âgés, avec possibilité d'évolution lente ou rapide. Les occlusions veineuses et artérielles de la rétine sont également plus fréquentes, comme d'ailleurs certaines conditions involutives telles que les cataractes et le glaucome chronique.

Le plus souvent, la rétinopathie diabétique de la personne âgée n'a pas à être traitée, sauf si l'angiographie fluorescéinique révèle des néovaisseaux ou une fuite à travers une paroi vasculaire, surtout dans la région maculaire. Un traitement par photocoagulation peut alors être indiqué. Quant aux maculopathies associées aux rétinopathies diabétiques généralisées, elles doivent être étudiées avec le même soin que toute autre maculopathie, dans l'espoir que, dans certains cas, une photocoagulation puisse ralentir le processus.

Glaucome chronique à angle ouvert

Le glaucome chronique à angle ouvert est une maladie insidieuse, longtemps asymptomatique, habituellement bilatérale, d'étiologie inconnue mais à dimension familiale, dont l'incidence augmente progressivement avec l'âge à partir de 40 ans, ce qui suggère qu'elle pourrait être de nature involutive. Ses signes essentiels, au fur et à mesure de sa progression, sont une élévation chronique de la pression intra-oculaire, une excavation particulière dite «glaucomateuse» de la papille, avec pâleur croissante de celle-ci, s'accompagnant d'une diminution progressive et caractéristique du champ visuel.

Au début, seule la pression peut être élevée. C'est à ce stade précoce que le diagnostic doit être posé, avant que le dommage à l'œil n'ait commencé. D'où l'importance de faire un dépistage de routine chez les personnes de 40 ans et plus. Ce dépistage porte sur l'histoire familiale, sur la mesure de la pression intra-oculaire au tonomètre de Schiotz ou, mieux, au tonomètre par aplanation, et sur l'évaluation de l'excavation papillaire à l'ophtalmoscope direct. Toute pression de 20 mmHg ou plus ou toute excavation douteuse sera adressée à l'ophtalmologiste, surtout s'il existe une histoire familiale de glaucome ou de cécité mal expliquée.

Le traitement peut être médical (inhibiteur bêta-adrénergique, myotique, épinéphrine, inhibiteur de l'anhydrase carbonique) tant que la pression est normalisée et que la perte de champ visuel est enrayée. Dans les cas où le contrôle médical est insatisfaisant malgré une thérapie maximale, il faut avoir recours au traitement chirurgical. Celui-ci consiste initialement en un traitement au laser, par lequel des brûlures minuscules sont espacées le long du trabéculum, au pourtour de l'angle de la chambre antérieure. Si ce traitement s'avère insatisfaisant, il faut alors, en dernier recours, procéder à une chirurgie fistulisante (par exemple à une trabéculectomie), tout en sachant que cette intervention est souvent cataractogène.

Existent aussi des glaucomes chroniques secondaires: à l'occlusion de la veine centrale de la rétine ou aux rétinopathies diabétiques graves avec ischémies rétiniennes, par formation d'une membrane fibro-vasculaire dans l'angle de la chambre antérieure; aux uvéites et autres inflammations intra-oculaires chroniques; aux tumeurs du segment antérieur de l'œil. Diagnostic, suivi et traitement sont du ressort de l'ophtalmologiste.

DIPLOPIE

La diplopie nouvelle, d'apparition soudaine, chez la personne âgée, doit être dirigée rapidement à l'ophtalmologiste et peut-être au neurologue. A l'ophtalmologiste, pour cerner une décompensation possible d'un strabisme latent ou intermittent, ou encore, plus fréquemment, une complication périphérique du diabète sucré, de l'hypertension artérielle, d'une dysfonction thyroïdienne ou autre affection orbitaire touchant le fonctionnement d'un ou de plusieurs muscles externes de l'œil. Au neurologue, car il peut s'agir d'une affection intracrânienne à manifestation complexe ou limitée à la diplopie.

ENTROPION ET ECTROPION DES PAUPIÈRES

Deux affections des paupières sont fréquentes chez le vieillard: les entropions et les ectropions «séniles», par spasticité ou par laxité des tissus. L'un et l'autre surviennent sur fond de laxité relative des tissus palpébraux (muscles, collagènes et autres). Ils doivent préalablement être corrigés avant toute chirurgie intra-oculaire, de cataracte par exemple, pour minimiser les risques d'infection.

L'**entropion sénile** affecte presque exclusivement la paupière inférieure. Il s'agit d'une inversion du bord palpébral, de sorte que les cils, frottant sur la cornée, irritent l'œil. Un blépharospasme s'ensuit qui exacerbe la condition et l'irritation, d'où instauration d'un cercle vicieux. La cause immédiate de l'inversion est habituellement un spasme des fibres du muscle orbiculaire près du rebord palpébral, suite à une irritation oculaire (par trichiasis, blépharite, poussière, corps étranger, traumatisme, chirurgie). Pour briser le cercle vicieux il faut, après confirmation du diagnostic, enlever si possible l'irritant initial et, de toute façon, contrer la tendance spasmodique. Très souvent, il suffit, pour briser cette tendance, d'expliquer sa condition au malade et de l'inviter à renverser la paupière inversée dès qu'il s'aperçoit que ses cils sont en contact avec la cornée. Il doit, pour ce faire, relaxer au mieux tout blépharospasme, regarder vers le haut pour tendre les tissus de la paupière inférieure et, simultanément, avec un doigt, exercer une légère traction latérale sur la paupière inférieure pour la replacer normalement. Il lui faut répéter cette technique chaque fois qu'il note que ses cils sont en contact avec l'œil. Habituellement, après quelques heures ou quelques jours, la paupière se normalise. Un peu d'onguent ophtalmique peut être prescrit pour lubrifier la cornée et les cils et ainsi réduire l'irritation oculaire initiale, à la base du processus. Toute situation plus complexe doit être envoyée à l'ophtalmologiste rapidement, avant l'apparition de lésions permanentes cornéennes et palpébrales. Le traitement définitif peut être chirurgical.

L'**ectropion sénile**, plus fréquent, n'affecte que la paupière inférieure et consiste en une bascule, vers l'avant, de la paupière, par relâchement des tissus. Il peut être plus ou moins marqué, commençant habituellement près du canthus interne. Lorsqu'il est prononcé, la conjonctive palpébrale exposée s'assèche et devient rouge par inflammation. Le globe oculaire aussi, mal protégé par la paupière, s'assèche et devient enflammé. Le tout est fort disgracieux et le larmoiement est continu.

L'ectropion léger du rebord nasal peut souvent être contré par la technique d'essuyage des larmes décrite précédemment ou encore par une cautérisation légère de la conjonctive palpébrale sous le punctum. Les ectropions plus marqués ou permanents doivent être dirigés au plus tôt à l'ophtalmologiste pour traitement chirurgical. La chirurgie a pour but de raccourcir la paupière pour qu'elle épouse de nouveau les contours du globe oculaire, et de tendre de façon appropriée les fibres musculaires de l'orbiculaire pour empêcher la bascule du tarse.

BIBLIOGRAPHIE

COSCAS, G.: Dégénérescence maculaire liée à l'âge et néovaisseaux sous-rétiniens. Première cause de cécité acquise chez l'adulte en France. *Rev Prat (Paris)*, **41**(**23**):2320-2322, 1991.

DE LA SAYETTE, V. & Coll.: Amblyopie sévère et maladie d'Alzheimer. *Rev Neurol (Paris)*, **147**(**110**):747-751, 1991.

MENDEZ, M.J. & Coll.: Complex visual disturbances in Alzheimer's disease. *Neurology (NY)*, **40**:439-443, 1990.

ROULIER, D. & Coll.: Impact psychologique de l'opération de la cataracte chez le patient âgé. *J Fr Ophtalmol*, **14**(**1**):5-11, 1991.

LECTURES SUGGÉRÉES

GRAHAM, P.A.: The Eye, **in** *Principles and Practice of Geriatric Medicine*. Pathy, M.S.J. John Wiley and Sons, New York, 2nd ed., 1991.

KUPFER, C.: Ophtalmologic Disorders, **in** *The Merck Manual of Geriatrics*. Abrams, W.B. & R. Berkow (eds). MSF Laboratories, N. Jersey, 1990.

CHAPITRE 25

TROUBLES DE L'AUDITION, ÉTOURDISSEMENTS ET VERTIGES

MICHEL ROULEAU et MARCEL ARCAND

TROUBLES DE L'AUDITION

Environ 30 % des personnes de 65 ans et plus souffrent d'une baisse significative de l'audition. Ce taux atteint 60 % chez les sujets de plus de 85 ans. Non seulement la surdité affecte-t-elle la capacité de communiquer, mais encore favorise-t-elle l'isolement. De plus, certains auteurs ont noté une association significative entre la surdité et la psychose paranoïde, que l'on rencontre assez fréquemment chez le vieillard. Les causes de surdité sont nombreuses (Tableau 25.1), mais il ne sera fait mention ici que des plus fréquentes.

Presbyacousie

La presbyacousie est de loin la cause la plus fréquente de surdité et correspond au vieillissement, apparemment inévitable, de l'appareil auditif. Elle débute dans la quatrième décennie, mais n'occasionne de véritable problème fonctionnel que 30 à 40 ans plus tard. Il s'agit d'une atteinte nerveuse qui peut se situer au niveau périphérique ou au niveau des terminaisons centrales. Ces deux composantes peuvent être affectées à des degrés divers et non proportionnels, réalisant ainsi différents tableaux cliniques.

Généralement, l'individu perçoit bien les sons mais éprouve de la difficulté à les décoder et donc à comprendre. Il s'agit d'une surdité neurosensorielle qui atteint surtout les hautes fréquences. En plus de cette incapacité, on note parfois l'apparition d'un phénomène de recrutement du son, pouvant expliquer la difficulté de certains vieillards à tolérer un environnement bruyant ou les discussions en groupe. Plusieurs personnes se plaignent aussi d'acou-

Tableau 25.1	
Causes de surdité	
Surdité de conduction	**Surdité neurosensorielle**
Canal auditif externe	**Cochlée**
• cérumen	• presbyacousie
• otite externe	• exposition au bruit
• corps étranger	• ototoxicité (salicylates, quinine, furosémide,
• tumeurs	aminoglucosides)
• exostoses	• maladie de Ménière
• sténose	• traumatisme crânien
• atrésie	• traumatisme chirurgical
Oreille moyenne	• labyrinthite
• otite moyenne aiguë ou chronique	• syphilis
• perforation tympanique	• accident vasculaire
• tympanosclérose	• rupture de la fenêtre ronde
• otosclérose	• cause congénitale ou héréditaire
• traumatisme	**Nerf auditif ou cortex**
• tumeur	• presbyacousie
• cholestéatome	• neurinome acoustique
• malformation congénitale	• traumatisme
	• compression (maladie de Paget)
	• AVC
	• tumeur cérébrale

phènes associés à ce type de surdité. Il convient également de souligner que la presbyacousie est souvent plus prononcée chez les hommes, à la suite de traumatismes sonores répétés, en particulier chez les individus ayant travaillé en industrie.

Le diagnostic de presbyacousie en est pratiquement un d'exclusion, lorsque les autres causes d'atteintes neurosensorielles ont été éliminées. Comme la presbyacousie est généralement bilatérale et symétrique, *il faut se méfier, en particulier, des atteintes unilatérales de l'audition.*

On a tendance à penser que les prothèses auditives sont peu utiles dans les cas de presbyacousie; tous les médecins connaissent d'ailleurs des vieillards qui possèdent un appareil mais ne l'utilisent pas. Cependant, même quand la discrimination auditive est faible, la prothèse peut être d'un certain secours. Le sujet doit cependant être motivé, bien comprendre le fonctionnement de l'appareil et faire un essai de quelques semaines avant l'achat. Il faut aussi bien expliquer au patient qu'il entendra mieux, mais qu'il y aura toujours des mots qu'il ne saisira pas.

Bouchon de cérumen

L'accumulation de cire dans le conduit auditif externe est une cause fréquente de surdité, surtout lorsqu'elle se surajoute à une presbyacousie. Chez le vieillard, la cire a tendance à durcir et son élimination spontanée et naturelle est moins facile.

L'exérèse de ces bouchons est relativement facile, si l'on a pris soin de les ramollir, au moyen d'une préparation huileuse appliquée localement, quelques jours avant le traitement. Si l'on est certain qu'il n'y a pas de perforation tympanique, on peut procéder à un lavage d'oreille. Dans le cas contraire, il est préférable d'utiliser une curette ou un appareil à succion. En prévention, il faut aviser les gens de ne pas utiliser de cure-oreilles, car ils risquent de pousser la cire vers l'intérieur du canal. De plus, les cure-oreilles assèchent inutilement le conduit auditif, pouvant ainsi occasionner des démangeaisons.

Otites moyennes

Les otites séreuses se rencontrent chez les gens âgés comme chez les plus jeunes. Cependant, il faut noter que les atteintes bilatérales, fréquentes chez les enfants, sont rares chez les adultes de tout âge. L'otite moyenne peut, bien sûr, survenir à la suite d'une infection des voies respiratoires supérieures ou d'un barotraumatisme mais, dans le cas d'une atteinte unilatérale, on doit *éliminer la possibilité d'un cancer de la région nasopharyngienne.*

Otosclérose

Cette maladie, vraisemblablement héréditaire, débute normalement chez le jeune adulte. On doit la suspecter chez la personne âgée porteuse depuis longtemps d'une surdité de conduction uni- ou bilatérale. On rapporte également une incapacité d'origine neurosensorielle liée à la progression de la maladie. La perte de conduction peut être corrigée chirurgicalement par la stapédectomie, mais celle-ci est souvent mal tolérée chez les vieillards (étourdissements et vertiges prolongés). De plus, avec la progression de la surdité neurosensorielle associée à cette maladie, la chirurgie peut s'avérer inefficace.

Tumeurs

Les tumeurs du canal auditif externe et de l'oreille moyenne, bien que rares, se rencontrent surtout chez les personnes âgées. Elles sont à rechercher, quand la baisse d'audition s'accompagne d'une otalgie et d'une otorrhée chroniques. Ces deux derniers symptômes précèdent d'ailleurs la surdité.

Une surdité unilatérale progressive ou soudaine avec acouphènes persistants doit faire penser au neurinome acoustique. Les tests au diapason (Rinne et Weber) démontrent une atteinte neurosensorielle. Le diagnostic sera confirmé par une évaluation audiométrique plus poussée et par la démonstration de la lésion à la tomodensitométrie ou par résonance magnétique nucléaire (RMN).

Toxicité médicamenteuse

Certains médicaments sont reconnus pour leur toxicité sur les cellules de l'oreille interne. Les plus importants sont les salicylates, la quinine, le furosémide et les aminoglucosides. La toxicité de ces derniers survient lors d'administration parentérale, particulièrement dans l'insuffisance rénale. La perte auditive est habituellement bilatérale et symétrique. Généralement, l'arrêt du médicament met fin à l'atteinte, mais le déficit peut progresser pendant quelques semaines. Afin de prévenir ce problème, il faut éviter le surdosage (vérification régulière des taux sériques) et cesser le médicament dès qu'on note une atteinte auditive.

La toxicité aux salicylates est cependant temporaire et généralement réversible en quelques jours après l'arrêt du médicament. Le furosémide, quant à lui, peut parfois entraîner un déficit permanent de l'audition avec vertiges, mais là encore, surtout chez les insuffisants rénaux.

Évaluation et traitement

A l'histoire, on doit déterminer s'il s'agit d'une atteinte uni- ou bilatérale, d'apparition soudaine ou graduelle, et s'il y a otalgie, otorrhée, vertiges et acouphènes. Une infection des voies respiratoires supérieures ou un barotraumatisme, la prise de certains médicaments ototoxiques, des antécédents familiaux de surdité, une tuberculose ancienne traitée par la streptomycine, une syphilis, une exposition prolongée au bruit constituent autant d'éléments qui orientent d'emblée le clinicien vers une étiologie particulière.

L'examen physique doit comprendre, bien sûr, l'inspection du conduit auditif externe et du tympan (perforation, cholestéatome). L'absence de mouvement tympanique (otoscopie pneumatique) suggère la présence de liquide dans l'oreille moyenne. Une atteinte des nerfs crâniens (particulièrement le V et le VII) oblige à une évaluation neurologique complète. Certains éléments de cette évaluation et les tests de Rinne et Weber permettent de distinguer la surdité de conduction de la surdité neurosensorielle (Tableau 25.2), ce qui facilite considérablement le diagnostic différentiel. Un audiogramme tonal et vocal donne un résultat semblable, quoique plus détaillé, et peut aider à déterminer le meilleur appareillage à prescrire. La figure 25.1 résume l'approche diagnostique de la surdité.

En présence de surdité récente unilatérale et d'atteinte de nerfs crâniens, il faut faire une évaluation particulièrement complète et demander l'aide du spécialiste qui jugera de la pertinence d'examens plus poussés.

Le traitement de la surdité varie selon la cause mais, tel que déjà mentionné, la chirurgie est souvent plus risquée et moins efficace chez les vieillards. La majorité des personnes âgées malentendantes peuvent bénéficier d'une réadaptation auditive, au moyen d'une prothèse ou d'autres appareils tels qu'un amplificateur portatif muni d'un casque d'écoute (Fig. 25.2). Une bonne discrimination de la parole et une cognition intacte sont cependant nécessaires pour que ces appareils soient utilisés efficacement. Idéalement, un examen audiologique doit être fait avant la prescription d'une prothèse. Une personne qui porte déjà une prothèse auditive et n'entend pas bien devrait être

Tableau 25.2 **Distinction entre surdité de conduction et surdité neurosensorielle**		
	Surdité de conduction	**Surdité neurosensorielle**
Volume de la voix	Normal ou plus faible (surdité masque les bruits de fond)	Plus élevé (crie pour s'entendre)
Endroits bruyants	Bien tolérés	Mal tolérés (phénomène de recrutement)
Discrimination de langage	Assez bonne si amplification du son	Faible
Test de Rinne	Négatif (conduction osseuse meilleure qu'aérienne)	Positif (on peut avoir un faux négatif si l'oreille testée est sourde, car la conduction osseuse peut être perçue à l'autre oreille)
Test de Weber	Latéralisé à l'oreille plus sourde	Latéralisé à l'oreille qui entend mieux
Examen du conduit auditif externe et du tympan	Présence assez fréquente de lésions	Pas de lésion
N.B.	On doit utiliser des diapasons aux fréquences de 512 ou 1024 cycles par seconde pour les tests de Rinne et Weber.	

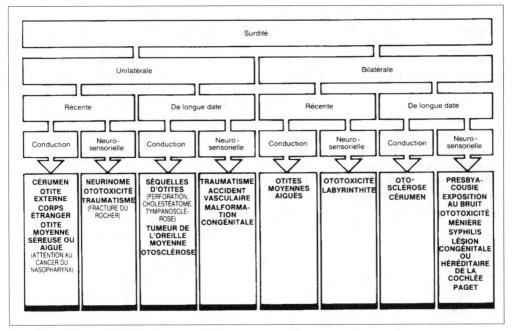

Figure 25.1 Diagnostic différentiel de la surdité

réévaluée, car la prothèse est peut-être mal utilisée. Par ailleurs, lorsqu'on entend un sifflement causé par la prothèse, cela signifie souvent que l'appareil est mal inséré dans l'oreille. Le sifflement provient du fait que le message amplifié qui pénètre dans l'oreille peut ressortir et franchir à nouveau le circuit d'amplification. Il faut, dans ce cas, replacer l'embout dans l'oreille ou fabriquer un nouvel embout, si nécessaire, plutôt que de baisser le volume de l'appareil.

La réadaptation auditive comprend plus que la prescription d'une prothèse (Tableau 25.3) et exige l'enseignement de certaines stratégies comportementales. Certains appareils peuvent également permettre une augmentation du volume du téléphone et du téléviseur, améliorant ainsi la qualité de vie de la personne malentendante.

Le personnel soignant et les membres de la famille peuvent aussi apprendre à communiquer de façon efficace avec une personne sourde, au moyen de certaines techniques telles que celles décrites au tableau 25.4 et à la figure 25.2.

ACOUPHÈNES

Les consultations pour acouphènes sont fréquentes en gériatrie. Le bruit, généralement décrit comme un bourdonnement ou un sifflement, est perçu au niveau d'une ou des deux oreilles, ou parfois dans la tête. Habituellement, l'acouphène est subjectif, car seule la personne qui s'en plaint peut l'entendre. Lorsque l'examinateur peut le percevoir, il est habituellement

---

Tableau 25.3
Réadaptation de la surdité

Augmentation spécifique de certains sons
- amplificateur pour le téléphone
- augmentation du volume de la sonnerie de la porte et du téléphone
- écouteurs pour la télévision et décodeurs pour malentendants

Appareils auditifs
- mieux vaut se les procurer au début que d'attendre (handicap social)
- améliorations récentes: plus petits, plus d'ajustements possibles, meilleure protection contre les bruits de fond et les sons trop forts
- possibilité d'utiliser l'amplification biauriculaire
- période d'adaptation nécessaire
- essai de 30 jours souhaitable avant l'achat

Stratégies comportementales
- se placer en périphérie d'un groupe plutôt qu'au centre
- s'assurer de bien voir le visage de l'interlocuteur
- s'éloigner des sources de bruit qui dérangent la conversation
- ne pas craindre de demander aux autres de parler plus fort ou de répéter

Tableau 25.4
Comment communiquer avec une personne sourde

- Trouver un endroit tranquille
- Se placer de telle sorte que la personne puisse lire sur les lèvres (cependant, les personnes devenues sourdes durant leur vieillesse ont rarement appris à lire sur les lèvres)
- Parler clairement et lentement
- Ne pas élever la voix, sauf si le sujet le demande
- Vérifier si l'appareil auditif est utilisé correctement: il est parfois avantageux de parler directement dans le microphone, mais sans crier
- Faire des phrases courtes
- Utiliser les gestes pour faciliter les explications
- Écrire les questions si nécessaire
- S'aider d'un amplificateur portatif muni d'un casque d'écoute (Fig. 25.2)

pulsatile et d'origine vasculaire. Une auscultation des artères majeures de la tête et du cou peut aussi objectiver un acouphène pulsatile.

Les acouphènes subjectifs sont beaucoup plus fréquents que les acouphènes objectifs, et leur prévalence augmente avec le vieillissement. Cela reflète probablement, quoique partiellement, la fréquence accrue de la surdité, notamment de la presbyacousie. A cause de la diminution des bruits ambiants, l'acouphène

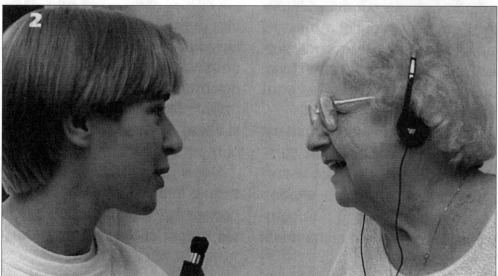

Figure 25.2 Amplificateur portatif muni d'un casque d'écoute (*Pocket Talker*®) [1] et son utilisation pour communiquer avec une personne malentendante [2] (Tiré de: *Le Médecin du Québec*, F.M.O.Q., **Septembre**:37, 1992.)

occasionne des problèmes, surtout en soirée et durant la nuit, qui s'exacerbent également en cas de stress et d'anxiété et après un séjour dans un milieu bruyant.

Les causes de l'acouphène sont nombreuses (Tableau 25.5). Ils peuvent résulter d'un blocage du conduit auditif externe ou des altérations du tympan, de l'oreille moyenne, de l'oreille interne, du nerf auditif et des centres de l'audition. Bien que le plus souvent accompagnés de surdité, ils peuvent la précéder. En présence d'un acouphène persistant, unilatéral, il faut d'ailleurs veiller à éliminer des problèmes graves comme un neurinome acoustique ou une tumeur de l'angle ponto-cérébelleux. Lorsqu'une personne entend des mots plutôt que des sons, il faut envisager une étiologie psychiatrique.

Le traitement dépend de la mise en évidence d'une étiologie spécifique. Cependant, il est rare qu'on puisse soulager ce problème de manière efficace. L'exclusion de lésions graves et le simple réconfort constituent l'approche initiale. Le traitement de la surdité au moyen d'une prothèse auditive, si indiqué, peut, en amplifiant les bruits ambiants, masquer les effets de l'acouphène. Aux sujets qui ont de la difficulté à s'endormir à cause d'un acouphène, on peut conseiller de s'endormir en écoutant de la musique. Les anxiolytiques ou des techniques de relaxation peuvent également être utiles. Heureusement, même en l'absence d'un traitement efficace, la plupart des sujets souffrant d'acouphènes finissent par tolérer cet inconvénient.

ÉTOURDISSEMENTS ET VERTIGES

Le diagnostic différentiel des étourdissements et vertiges en gériatrie exige d'abord une description aussi claire que possible des symptômes. Les vertiges «vrais», avec sensation de rotation de l'environnement ou encore du sujet lui-même, impliquent une atteinte du système vestibulaire. Dans ces situations, l'examen physique met souvent en évidence la présence d'un nystagmus. Lorsqu'il s'agit plutôt d'un étourdissement, d'une sensation de tête légère ou de déséquilibre, il n'y a pas de nystagmus et la cause est habituellement d'ordre systémique ou encore liée à une atteinte du système nerveux central, excluant le système vestibulaire.

Malheureusement, le tableau clinique est souvent imprécis et il importe donc de compléter l'évaluation initiale par une anamnèse et un examen physique complet, y compris différentes manœuvres visant à reproduire le symptôme (Tableau 25.6).

Étant donné que les étourdissements ont été discutés ailleurs (Chap. 8), nous ne nous attarderons ici qu'aux vertiges vrais. Ceux-ci peuvent être secondaires à des lésions centrales ou périphériques de l'appareil vestibulaire. Les atteintes périphériques donnent généralement des symptômes marqués qui laissent peu de doute au clinicien (facteurs déclenchants facilement précisé par le malade), alors que la symptomatologie centrale est très variable. En cas de doute, ou pour confirmer une lésion, des examens spéciaux peuvent être indiqués tels l'évaluation audiométrique, l'électronystagmographie, la tomodensitométrie ou la résonance magnétique nucléaire et les potentiels évoqués auditifs (Fig. 25.3).

Bien que le diagnostic différentiel des vertiges soit assez vaste, quelques causes sont à retenir en raison de leur fréquence en gériatrie.

Le **vertige paroxystique de position** (vertige de position bénin) est déclenché par l'extension et, surtout, la rotation de la tête. Il peut se répéter plusieurs fois par jour, mais ne dure, en moyenne, que de 10 à 20 secondes. Il

---

Tableau 25.5
Étiologie des acouphènes

Acouphènes subjectifs

Oreille
- Accumulation de cérumen
- Otite moyenne aiguë ou séreuse (pulsatile)
- Otosclérose
- Presbyacousie
- Maladie de Ménière
- Labyrinthite
- Médicaments ototoxiques
  - salicylates
  - quinine
  - aminoglucosides
- Tumeur glomique (pulsatile)

Cérébrale
- Neurinome acoustique
- Tumeur cérébrale

Psychogène (mots ou phrases plutôt que sons)

Acouphènes objectifs
- Lésion vasculaire extra- ou intracrânienne ou intra-auriculaire

Tableau 25.6

Approche clinique initiale d'un problème d'étourdissements ou de vertiges

Anamnèse

- Description du symptôme (vertiges vrais ou simples étourdissements)
- Fièvre, frisson (infection?)
- Acouphène, surdité, otalgie, otorrhée, apparition des symptômes aux mouvements de la tête (atteinte labyrinthique?)
- Traumatisme crânien (fracture du rocher) surtout si perte de conscience (traumatisme vestibulaire, hématome sous-dural)
- Instabilité chronique de la démarche et peur de tomber (maladie de Parkinson, AVC, diminution de l'acuité visuelle, neuropathie périphérique, arthrite ou fractures anciennes)
- Hypertension (ICT, ancien AVC, hypotension secondaire à la médication)
- Insuffisance coronarienne, ancien infarctus (arythmies cardiaques, embolies cérébrales)
- Dysphagie, dysarthrie, hypoesthésie faciale (atteinte des nerfs crâniens, insuffisance vertébrobasilaire)
- Diabète (atteinte visuelle avec neuropathie périphérique, crises d'hypoglycémie, atteinte vasculaire)
- Médicaments (dysfonction labyrinthique secondaire aux salicylates, anticonvulsivants, aminoglucosides, ou diminution de la vigilance secondaire à la prise de tranquillisants ou d'alcool)
- Troubles psychiatriques (hyperventilation, hypochondrie)

Examen physique

- Évaluer les systèmes cardiaque, circulatoire, otologique et neurologique
- Tenter de reproduire les symptômes
  - mesurer la pression artérielle en position couchée, assise et debout
  - faire hyperventiler le sujet
  - évaluer la démarche et la capacité de tourner, les yeux ouverts, puis fermés
  - faire une rotation de la tête en position assise et, si l'état du sujet le permet, le faire coucher rapidement en provoquant une hyperextension de la tête (45° environ), d'abord tournée d'un côté, puis de l'autre, puis en position centrale (manœuvre de Dix-Hallpike). Le sujet doit garder les yeux ouverts, afin que l'on puisse démontrer la présence d'un nystagmus. Ces manœuvres peuvent être contre-indiquées chez certains sujets âgés.

provoque une sensation rotatoire accompagnée de nausées. Les vomissements sont rares. Le nystagmus peut être provoqué; il est de type périphérique. Il peut survenir après un traumatisme crânien, une infection virale ou spontanément. En l'absence de signes ou symptômes suggestifs d'autres atteintes périphériques ou centrales, le traitement consiste simplement à rassurer le malade. Les symptômes disparaissent habituellement en moins de six semaines. Des exercices de position, visant à reproduire le symptôme, amènent une amélioration progressive de la situation. Il s'agit de la cause la plus fréquente de vertige en gériatrie.

La **paralysie vestibulaire brusque** (neuronite vestibulaire) résulte probablement d'une atteinte virale ou postinfectieuse du nerf vestibulaire. La crise initiale peut durer des heures ou même des jours. Le début est brutal; il y a souvent des nausées et des vomissements mais pas de diminution de l'audition ni d'acouphènes. Le nystagmus spontané et unidirectionnel est typique d'une lésion périphérique. Malgré l'amélioration progressive du sujet, un traitement symptomatique avec des sédatifs ou des antihistaminiques s'impose souvent. Il est à noter que la phase aiguë est fréquemment suivie de vertiges de position bénins.

La neuronite peut être récurrente et on doit alors la distinguer de la **maladie de Ménière** (hydrops labyrinthique). Cette maladie débute généralement à l'âge moyen et occasionne une sensation de plénitude dans l'oreille, des acouphènes, des nausées et des crises importantes de vertige pouvant durer de quelques minutes à plusieurs heures. La périodicité de ces crises est très variable, pouvant aller de 1 à 2 crises par semaine, jusqu'à des intervalles de plusieurs années entre les crises. Le dommage causé par la répétition de ces épisodes entraîne une surdité neurosensorielle progressive, le plus souvent unilatérale, qui peut être démontrée par l'audiométrie. On prescrit un traitement symptomatique lors des crises mais, si le handicap est important, une intervention chirurgicale peut être envisagée.

Pour que les vertiges soient attribués à une **insuffisance vertébro-basilaire**, il faut retrouver d'autres manifestations d'atteinte du tronc cérébral, telles que des troubles visuels et un engourdissement facial.

L'**ototoxicité** associée à l'usage des aminoglucosides, des anticonvulsivants, de la quinidine et de la quinine peut également occasionner des vertiges en plus des acouphènes et de la surdité.

Les vertiges peuvent finalement résulter de lésions intracrâniennes, mais ce sont là des causes beaucoup plus rares et la présentation en est

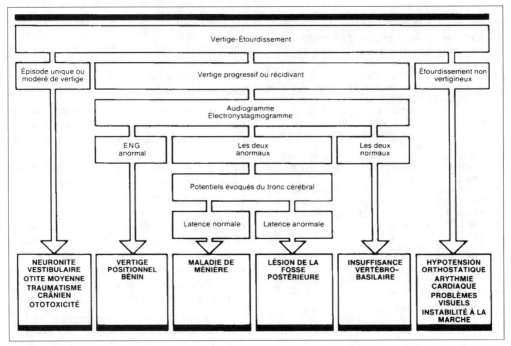

Figure 25.3 Diagnostic différentiel des vertiges et étourdissements

des plus variables. Si l'on suspecte un neurinome acoustique, les potentiels évoqués auditifs seront d'une grande utilité. Pour toutes les lésions intracrâniennes, la tomodensitométrie et la résonance magnétique nucléaire permettent maintenant un diagnostic beaucoup plus simple.

BIBLIOGRAPHIE

BONIKOWSKI, F.P.: Differential diagnosis of dizziness in the elderly. *Geriatrics*, 38(2):89-104, 1983.

DE AJURIAGUERRA, J.: *Désafférentation expérimentale et clinique*, Symposium Bel-Air II, Georg & Cie, S.A. & Masson, Genève & Paris, 1965.

GOODHILL, V.: Deafness, tinnitus and dizziness in the aged, in *Clinical Geriatrics*. Rossman, I. J.B. Lippincott, Philadelphia, 1986.

GOUDREAU, A.: Parler pour se comprendre. *Le Médecin du Québec*, **Septembre**:35-39, 1992.

KLOTCH, D.W.: Otolaryngology in the geriatric patient. *Primary Care*, 9(1):167-172, 1982.

MCSHANE, D.P. & Coll.: Hearing Impairment: diagnostic and therapeutic measures. *Geriatric Medicine*, 2(1):32-36, 1986.

NOYEK, A.M. & Coll.: Hearing loss in the elderly. Troubleshooting for the family practicioner. *Can J CME*, **February**:99-108, 1994.

LECTURES SUGGÉRÉES

KATSARKAS, A. & H. AYAKAWA: Hearing Loss due to Aging. *J Otolaryngol*, 15(4):239-244, 1986.

MCLURE, V.A.: Vertigo and imbalance in the elderly. *J Otolaryngol*, 15(4):255, 1986.

ROBY, R.R.F.: Conductive hearing loss in the elderly. *J Otolaryngol*, 15(4):245-252, 1986.

CHAPITRE 26

PERTES DE CONNAISSANCE, CONVULSIONS ET COMAS

Nadine Larente et Guy Lacombe

Globalement, l'approche clinique des pertes de connaissance, crises convulsives et états comateux, chez les personnes âgées, est similaire à celle que l'on utilise pour les adultes jeunes et d'âge moyen, mais l'importance et la complexité du diagnostic différentiel sont souvent beaucoup plus marquées.

SYNCOPE

La syncope se définit comme une perte subite et transitoire de conscience, associée à une perte du tonus postural. La récupération est spontanée et n'exige pas de cardioversion. Elle doit être distinguée de la crise convulsive, des étourdissements et vertiges, de la narcolepsie et des états comateux.

La syncope représente 1 à 6 % des causes d'hospitalisation. La prévalence augmente avec l'âge et on estime à près de 6 % le taux annuel chez les individus de plus de 75 ans. Les complications telles les fractures, les hématomes sous-duraux, les pneumonies d'aspiration, la perte d'autonomie, sont à craindre. Dans les cas de syncope d'origine cardiaque, la mortalité à 1 an varie de 18 à 30 %, selon les études.

Étiologie

La syncope s'explique, le plus souvent, par une diminution soudaine de la perfusion cérébrale, particulièrement au niveau de la formation réticulée. Une interruption transitoire du flot cérébral de 8 à 10 secondes est suffisante pour entraîner une perte de conscience. Lorsque l'ischémie se prolonge plus de 15 secondes, il peut en résulter quelques secousses cloniques généralisées, qui s'associent parfois à une incontinence (convulsions syncopales). Une chute de la tension artérielle moyenne, d'environ 30 à 40 mmHg, résulte généralement en une perte de conscience.

Quatre mécanismes principaux peuvent être impliqués dans la survenue de syncope, isolément ou en association

1) l'instabilité vasomotrice, telle qu'observée dans les neuropathies autonomes et la prise de vasodilatateurs;

2) l'obstruction du flot sanguin, au niveau cardiaque ou pulmonaire, telle qu'observée dans la sténose aortique ou l'embolie pulmonaire;

3) la réduction du débit associée aux arythmies cardiaques;

4) la réduction du débit associée aux affections vasculaires cérébrales.

Les individus âgés sont plus susceptibles aux syncopes, en raison de changements physiologiques qui diminuent leur capacité de s'adapter à une soudaine chute de tension. Parmi les changements contributifs associés au vieillissement normal, mentionnons

1) la perte de sensibilité des barorécepteurs, avec pour conséquence la diminution de la réponse chronotrope lors des stimuli hypotensifs;

2) la régulation volémique moins efficace, en raison d'une diminution du taux basal de rénine et d'aldostérone et d'une réduction de la capacité rénale de conserver le sodium.

Les sujets âgés présentent également une pluripathologie qui les rend particulièrement susceptibles aux syncopes. Parmi les conditions chroniques associées à une diminution de la perfusion et de l'oxygénation cérébrales, on retrouve

1) l'anémie ;

2) l'insuffisance cardiaque ;

3) la diminution de l'autorégulation cérébrale associée aux affections vasculaires cérébrales et à l'hypertension artérielle ;

4) l'hypoxémie associée aux maladies pulmonaires.

Plusieurs médicaments consommés par les personnes âgées contribuent à abaisser le « seuil syncopal », dont

1) les vasodilatateurs, les diurétiques, les bêta-bloquants, les nitrates et autres agents hypotenseurs ;

2) les antiarythmiques, principalement ceux qui allongent l'intervalle QT, comme la quinidine ;

3) la digoxine ;

4) les psychotropes ;

5) les dépresseurs du SNC, comme les barbituriques et l'alcool.

Quand plusieurs conditions s'additionnent pour atteindre le niveau critique de perfusion cérébrale, la moindre atteinte subséquente, même mineure, risque d'entraîner une syncope. Cette dernière peut ainsi se présenter comme une manifestation atypique d'une variété de conditions (pneumonies, bronchites, infarctus myocardiques, etc.) et de stress mineurs de la vie quotidienne (changements posturaux, toux, Valsalva, etc.).

Comme on peut le constater, les causes de la syncope, chez les gens du troisième âge, sont très variées. Le tableau 26.1 propose une vue d'ensemble des étiologies de la syncope.

Approche clinique

Chez 30 à 50 % des patients présentant une histoire de syncope, la cause n'est pas identifiée. Malgré tout, il est important de tenter d'obtenir un diagnostic spécifique pour trois raisons principales

1) la syncope est associée à un taux de récidive annuel qui pourrait atteindre 30 % chez la personne âgée, et l'identification précise de la cause permettrait de sélectionner un traitement diminuant la morbidité associée aux récidives ;

2) les causes cardiaques et arythmiques sont associées à une mortalité élevée et on pré-

Tableau 26.1 **Étiologie des syncopes**
Vasodépressives ou vaso-vagales
Circonstancielles (vasodépressives, précédées d'une circonstance précipitante bien définie) Syncopes postmictionnelles, postdéfécation, postprandiales, postdéglutition, post-Valsalva, postinstrumentation, post-toux, etc.
Hypotension orthostatique
Médicamenteuses
Arythmies Bradyarythmies (maladie du nœud sinusal, bloc AV des 2e et 3e degrés, dysfonction de pacemaker) Tachyarythmies (TV et TSV, torsades de pointes)
Cardiaques Obstruction à l'éjection ventriculaire gauche (sténose aortique ou mitrale, cardiomyopathie hypertrophique) Obstruction au flot pulmonaire (sténose, hypertension, embolies pulmonaires) Insuffisance de la pompe (infarctus myocardique, angine, tamponnade cardiaque)
Autres causes plus rares Maladies vasculaires cérébrales (ischémie vertébro-basilaire) Hypersensibilité du sinus carotidien Métaboliques (hypoxie, hypoglycémie) Vol de la sous-clavière
Psychogènes
Inexpliquées

sume qu'avec un traitement spécifique, on pourrait en améliorer le pronostic ;

3) l'identification précise d'une cause permet de limiter les bilans subséquents lors des récidives.

L'approche diagnostique est schématisée à la figure 26.1. Il faut d'abord établir qu'il s'agit d'une syncope et non pas d'une chute accidentelle ou secondaire à des vertiges, des convulsions ou une *drop attack*. Ceci est parfois difficile à établir chez la personne âgée, lorsqu'il n'y a pas de témoin de l'événement paroxystique.

Ce sont l'anamnèse et l'examen physique qui permettent, dans la plupart des cas, de poser un diagnostic spécifique. Il faut toutefois mentionner qu'avec l'âge, l'importance de ces éléments, comme facteurs contribuant à la détermination de l'étiologie, diminue, alors que s'accroît l'importance d'examens tels l'ECG et le Holter.

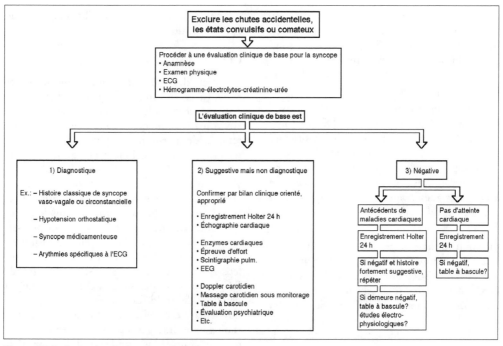

Figure 26.1 Approche diagnostique de la syncope

Il faut d'abord demander au malade de fournir une histoire détaillée des circonstances entourant l'épisode actuel et les épisodes antérieurs. Des circonstances précipitantes, comme les changements posturaux, la toux, la miction ou la défécation orientent vers un diagnostic de syncope vaso-vagale circonstancielle, surtout lorsque des situations similaires ont tendance à se répéter. La présence de symptômes prodromiques doit être recherchée. Les syncopes vaso-vagales sont, la plupart du temps, précédées de symptômes tels des troubles visuels, des étourdissements, une sensation de tête légère ou des nausées. Il faut tenter d'obtenir, auprès d'un témoin, une description de l'état du sujet, au moment de la perte de conscience (tonus, mouvements associés, incontinences, signes vitaux). Une hypotension associée à une bradycardie plaide en faveur d'une origine vagale ou médicamenteuse. Il faut demander au témoin d'estimer la rapidité d'installation et la durée de la phase de recouvrement. Une perte de conscience subite, sans phase prémonitoire, entraînant une chute avec blessure, porte plus à rechercher une origine arythmique. Une récupération rapide est typique de la syncope vaso-dépressive ou arythmique, alors qu'une période de confusion prolongée s'observe avec les étiologies neurogènes. Il faut toutefois mentionner qu'il n'est pas rare de voir, chez les malades plus âgés et plus compromis, une récupération plus lente associée à de la confusion.

A l'examen physique, il faut s'attarder aux signes vitaux, dont la prise de tension artérielle en position couchée, puis debout à une (1), trois (3) et cinq (5) minutes, et aux examens cardio-vasculaire, pulmonaire et neurologique complets. Lorsque jugés pertinents, suite à l'anamnèse, des gestes spécifiques tels le massage carotidien (sous monitorage seulement) ou la manœuvre de Allen (pour le vol de la sous-clavière) pourront compléter l'examen.

Le bilan paraclinique de base doit comporter, en plus de l'électrocardiogramme, un hémogramme et un dosage des électrolytes, de la créatinine et de l'urée, dans le but d'éliminer une anémie ou une déshydratation.

A cette étape, lorsque l'examen clinique de base a identifié une cause spécifique, il n'est pas nécessaire de pousser plus loin l'investigation. Il s'agira, le plus souvent, d'une syncope vaso-vagale ou secondaire à une hypotension orthostatique (médicamenteuse le plus souvent). Il faut rassurer le patient, cesser la médication, lorsque possible, expliquer au malade la nature bénigne de cette condition, tout en lui soulignant l'importance de reconnaître les symptômes prémonitoires, afin qu'il puisse s'allonger à temps pour prévenir la syncope.

Occasionnellement, l'examen clinique suggère une ou plusieurs causes, qu'il faudra toutefois confirmer par une investigation orientée, plus poussée, telle que suggérée à la figure 26.1. Il est important de remarquer que l'EEG et le Doppler carotidien sont rarement utiles en l'absence de signes d'appel neurologiques ou de confusion prolongée.

Lorsque l'histoire, l'examen et le bilan paraclinique de base ne permettent pas d'identifier une cause, on se doit d'éliminer une arythmie par un enregistrement électrocardiographique continu de 24 heures. Ceci revêt encore plus d'importance, lorsque le patient a déjà souffert de problèmes cardiaque ou pulmonaire ou que l'ECG de référence démontre des anomalies. La prolongation de l'enregistrement Holter pendant plus de 24 heures est rarement utile. Toutefois, lorsque l'anamnèse est fortement suggestive, il peut être indiqué de poursuivre avec un enregistrement de 48 à 72 heures. Certains milieux ont recours à des appareils d'enregistrement prolongé, qui sont mis en route par le patient lui-même, au moment de la phase prodromique ou immédiatement après la survenue de la syncope. Également, il est parfois indiqué de recourir à des études électrophysiologiques. Ces examens sont toutefois limités aux milieux spécialisés, pour les patients souffrant de syncopes récidivantes, et prescrits par le cardiologue.

Ces dernières années, certains milieux spécialisés ont vanté les mérites de la table à bascule (*tilt table*), pour le diagnostic des syncopes neurocardiogéniques (vaso-vagales). L'introduction de cet examen aurait permis, selon certaines études, d'expliquer jusqu'à 70 % des syncopes récidivantes, chez les malades sans atteinte cardiaque. L'introduction d'un traitement spécifique comme les bêtabloquants, dans ces conditions, permettrait de diminuer le taux élevé de récidives. Par contre, cette table à bascule demeure réservée aux milieux spécialisés, le lien de causalité est incertain, le taux de faux positifs est inconnu et il n'existe, à l'heure actuelle, aucune étude prospective randomisée à grande échelle

qui permette d'en évaluer l'utilité diagnostique et thérapeutique.

CONVULSIONS

Bien des médecins croient que les crises convulsives sont moins fréquentes chez le sujet âgé que chez l'adulte jeune. Il n'en est rien: environ 25 % des crises convulsives sont décrites chez des personnes de plus de 65 ans. Chez les plus de 60 ans, l'incidence annuelle varie entre 25 et 151 nouveaux cas par 100 000 individus, selon les études. Il faut toujours rechercher une cause sous-jacente, l'épilepsie essentielle ou idiopathique débutant dans le grand âge étant extrêmement rare. La période postcritique est souvent prolongée (plus de 24 h dans 14 % des cas). Une autre particularité de l'épilepsie de la personne âgée est la plus grande fréquence de la parésie postcritique focale ou paralysie de Todd. Le traitement de l'épilepsie du vieillard est délicat, étant donné la pluripathologie, les interactions médicamenteuses fréquentes et une plus grande sensibilité aux effets secondaires.

Étiologie

L'épilepsie, par définition, implique des crises convulsives, non provoquées, récidivantes. La classification est la même que chez l'adulte jeune et est exposée au tableau 26.2. Dans la population âgée, plus de 70 % des crises convulsives ont une origine partielle (cliniquement ou électriquement).

Les causes de convulsions du sujet âgé sont présentées au tableau 26.3. Les accidents vasculaires cérébraux expliquent la plus grande proportion des épilepsies du sujet âgé, soit 30 à 50 % (jusqu'à 75 % dans les cas où une cause est identifiée). Plus l'investigation est minutieuse, meilleure est la chance de retrouver une cause précise. La moitié des individus souffrant d'une épilepsie secondaire à une maladie vasculaire cérébrale présentent une tomographie axiale anormale, sans signe focalisateur à l'examen physique. L'incidence des crises convulsives dans les accidents vasculaires cérébraux varie entre 7 et 40 % des cas. Les convulsions peuvent survenir dans la phase aiguë, dans les semaines suivantes ou plus d'un an après l'accident. La taille du ramollissement semble être le facteur le plus important pour prédire la surve-

---

Tableau 26.2

Classification des convulsions

I Partielles (focales, locales)

  A) Crises partielles simples (pas d'altération de l'état de conscience)

    1. Avec signes moteurs
    2. Avec symptômes somatosensoriels
    3. Avec symptômes ou signes autonomiques
    4. Avec altérations des fonctions cérébrales supérieures
    5. Avec illusions
    6. Avec hallucinations structurées

  B) Crises partielles complexes (avec altération de l'état de conscience)

    1. Crises partielles simples suivies d'une altération de l'état de conscience
    2. Altération de l'état de conscience dès le début de la crise

  C) Crises partielles évoluant vers des crises convulsives généralisées

II Généralisées (convulsives ou non)

  A) Absences

    1. Avec seulement altération de l'état de conscience
    2. Avec mouvements cloniques légers
    3. Avec composante atonique
    4. Avec automatismes
    5. Avec signes autonomiques

  B) Crises myocloniques

  C) Crises cloniques

  D) Crises toniques

  E) Crises tonico-cloniques

  F) Crises atoniques

III Non classifiées

---

nue d'une épilepsie vasculaire. Le taux de récidive est très élevé en l'absence de traitement.

Bien des cliniciens craignent que l'épilepsie débutant après 60 ans soit fortement suggestive de tumeur cérébrale. En fait, la cause tumorale explique une minorité seulement des épilepsies du patient âgé (2-22 % selon les études). L'hématome sous-dural constitue une cause relativement fréquente et sur laquelle on peut intervenir. Il n'y a pas suffisamment de données pour établir la réelle fréquence de l'épilepsie associée aux causes dégénératives.

On estime que pour environ 10 % des convulsions *de novo* chez la personne âgée, on retrouve une cause métabolique ou toxique sous-jacente, les plus fréquentes étant l'hypoglycémie, l'hyponatrémie, les médicaments (aminophylline, psychotropes) et les syndromes de retrait (alcool, benzodiazépines). Occasionnellement, le clinicien fait face à un malade consultant pour la première fois pour une histoire de crises convulsives de longue date. Sans cette histoire, on doit toujours remettre en question

le diagnostic d'épilepsie essentielle ou idiopathique.

Le *status epilepticus* non convulsif à manifestations confusionnelles est une entité particulière, rencontrée presque exclusivement chez les patients âgés, plus spécialement chez les femmes de plus de 65 ans. Il est aussi appelé *état crépusculaire épileptique prolongé*. Il se présente comme un état confusionnel aigu, souvent fluctuant, avec retrait, mutisme et autres troubles du langage, idées délirantes et hallucinations. C'est l'électroencéphalogramme en période critique qui permet de poser le diagnostic.

Approche clinique

L'approche diagnostique est schématisée à la figure 26.2. Comme pour la syncope, il faut tenter d'établir l'anamnèse la plus détaillée possible. L'examen neurologique doit être poussé, à la recherche de signes focalisateurs même discrets. L'électroencéphalogramme est essentiel dans l'évaluation d'une première crise. Le bilan métabolique vise à exclure une cause précipitante. La tomographie axiale devrait être

Tableau 26.3

Principales causes de l'épilepsie chez le sujet âgé

Lésions structurales

Accidents vasculaires cérébraux
Tumeurs primaires ou secondaires
Infectieuses ou postinfectieuses (méningites, encéphalites, abcès)
Post-traumatiques (contusions, hémorragies intracérébrales)
Hématomes sous-duraux
Démence de type Alzheimer et autres atteintes dégénératives
Encéphalopathies postanoxiques

Convulsions syncopales métaboliques

Insuffisance rénale
Insuffisance hépatique
Hypoglycémie
État hyperosmolaire
Hypocalcémie ou hypercalcémie
Hyponatrémie ou hypernatrémie
Myxœdème ou thyrotoxicose
Hypoxie ou hypercapnie

Toxiques

Médicaments ou retraits médicamenteux
Alcool ou retrait alcoolique
Intoxication au monoxyde de carbone

Idiopathiques

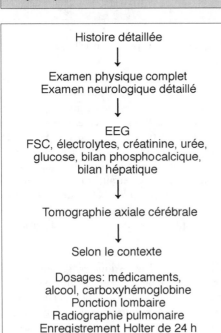

Histoire détaillée

↓

Examen physique complet
Examen neurologique détaillé

↓

EEG
FSC, électrolytes, créatinine, urée, glucose, bilan phosphocalcique, bilan hépatique

↓

Tomographie axiale cérébrale

↓

Selon le contexte

Dosages: médicaments, alcool, carboxyhémoglobine
Ponction lombaire
Radiographie pulmonaire
Enregistrement Holter de 24 h
Etc.

Figure 26.2 Approche diagnostique de la crise convulsive *de novo*

pratiquée chez la plupart des patients, en vue d'exclure une cause structurale traitable, telle une tumeur ou un hématome sous-dural. Ce concept est toutefois controversé lorsqu'on invoque l'argument coûts-bénéfices puisque, même si les deux tiers des convulsions du sujet âgé s'expliquent par une cause structurale, seulement une minorité justifiera une intervention neurochirurgicale.

Pour ce qui est du traitement de l'épilepsie du malade âgé, la littérature est très pauvre. Les sujets âgés sont nettement sous-représentés dans les essais cliniques. Les recommandations actuelles en matière de traitements anticonvulsivants sont extrapolées des données s'appliquant aux patients jeunes ou d'âge moyen. Il est possible qu'elles soient mal adaptées au cerveau vieillissant ou à la plus grande prévalence de lésions focales.

Il existe une controverse à savoir si l'on doit traiter la première crise convulsive. Les cliniciens qui sont en faveur d'un traitement dès que les causes métaboliques et toxiques ont été exclues évoquent deux raisons principales, soit le risque plus élevé de complications à la suite d'une crise convulsive généralisée (fractures, état postcritique prolongé) et le taux de récidive élevé, étant donné la fréquence des causes structurales sous-jacentes. D'autres n'optent pour un traitement anticonvulsivant qu'après récidive, en raison de la plus grande incidence des effets secondaires de la médication dans cette population.

Il n'existe pour l'instant aucune recommandation ferme relativement au choix de l'anticonvulsivant. La thérapie doit être individualisée en fonction du type de crise (Tableau 26.4), de l'apparition d'effets secondaires et d'interactions médicamenteuses. Plusieurs nouveaux anticonvulsivants sont maintenant sur le marché, mais leur utilité chez la personne âgée n'est pas établie. Avec l'âge, la variabilité interindividuelle de la réponse au traitement augmente. Lorsqu'on débute un traitement, on doit toujours tenir compte de certains principes.

1)   **Débuter à des doses plus faibles**: les modifications pharmacocinétiques et pharmacodynamiques associées au vieillissement entraînent souvent une augmentation de la

Tableau 26.4	
Choix thérapeutique en fonction du type de crise convulsive	
Type de crise convulsive	**Médicament**
Crise simple et complexe	Carbamazépine Phénytoïne Primidone Phénobarbital
Crise secondairement généralisée	Carbamazépine Phénytoïne Primidone Phénobarbital
Crise primairement généralisée tonico-clonique	Valproate Carbamazépine Phénytoïne Phénobarbital
Absence	Éthosuximide Valproate
Crise myoclonique	Valproate Clonazépam
Crise atonique	Valproate Clonazépam Éthosuximide

fraction libre de plusieurs anticonvulsivants.

2) **Privilégier la monothérapie**: l'addition d'un second médicament apporte, en général, peu de bénéfices et ajoute beaucoup d'effets secondaires.

3) **Vérifier l'observance**: lorsque des erreurs se produisent, les conséquences apparaissent souvent plus rapidement chez les personnes âgées.

4) **Ajuster la posologie selon la réponse thérapeutique et l'apparition des effets secondaires**: plusieurs malades peuvent être bien contrôlés avec des dosages sériques nettement «infrathérapeutiques», alors qu'à l'inverse certains souffrent d'effets secondaires incommodants, même avec des dosages compris à l'intérieur de l'intervalle thérapeutique.

5) **Monitorer les fonctions cognitives**: la polythérapie, les taux sériques élevés et certains médicaments, en particulier la phénytoïne, ont été associés à une détérioration cognitive.

COMA

Le coma et les altérations de l'état de conscience sont des urgences neurologiques fréquemment rencontrées dans la population âgée. Elles représentent un défi particulier, étant donné la réduction des réserves cérébrales et la pluripathologie dans cette clientèle. Ces facteurs compromettent le pronostic de récupération neurologique, à la suite d'atteintes prolongées. Une intervention rapide est donc essentielle.

Étiologie

L'état d'éveil est maintenu par l'activation des hémisphères cérébraux grâce à des groupes de neurones localisés dans la substance réticulée ascendante du tronc cérébral. Le coma peut donc être le résultat de quatre types d'atteintes principales

1) des lésions structurales **bilatérales** corticales ou sous-corticales;

2) une lésion hémisphérique unilatérale, se compliquant d'une **hernie** avec, par conséquent, compression du tronc;

3) une lésion structurale comprimant ou détruisant directement la formation réticulée au niveau du **tronc cérébral**;

4) une atteinte **non structurale, diffuse**, du «système activateur ascendant» dans le cortex ou de la formation réticulée dans le tronc.

Tableau 26.5

Classification des principales étiologies du coma

A) Lésions structurales bilatérales

1. Ischémies ou infarcissements hémorragiques bilatéraux aux niveaux hypothalamique, thalamique, cortical ou sous-cortical
2. Démyélinisation extensive bilatérale de la substance blanche
3. Traumatismes crâniens avec lésions bilatérales

B) Effet de masse par hernie

1. Hémorragies intracérébrales, sous-durales, épidurales
2. Infarcissements avec œdème
3. Tumeurs parenchymateuses
4. Abcès intracérébraux, sous-duraux, épiduraux
5. Traumatismes crâniens avec œdème

C) Lésions structurales du tronc cérébral

1. Infarcissements ou hémorragies au niveau du tronc
2. Infarcissements cérébelleux avec œdème ou hémorragies cérébelleuses avec compression du tronc
3. Hémorragies sous-durales de la fosse postérieure
4. Tumeurs cérébelleuses ou du tronc
5. Abcès cérébelleux ou du tronc

D) Processus diffus

1. Encéphalopathies anoxiques ou hypoxémiques
2. Encéphalopathies métaboliques
   Hypo- ou hyperglycémies
   Troubles électrolytiques
   Urémie
   Insuffisance hépatique
   Myxœdème
   Wernicke
   Médicamenteuses (intoxications volontaires ou involontaires)
   Toxiques (monoxyde de carbone, substances organiques)
3. Épilepsies (*status epilepticus* non convulsif)
4. Encéphalites infectieuses ou para-infectieuses
5. Méningites infectieuses, néoplasiques ou chimiques
6. Encéphalites paranéoplasiques
7. Hypothermie

E) Psychogènes

Le tableau 26.5 propose une classification des principales étiologies du coma. On estime que les causes structurales (supra- ou sous-tentorielles) sont responsables du tiers des comas dans la population adulte. Les deux tiers restants résultent de processus diffus. Un certain nombre de causes sont plus particulières au sujet âgé, comme l'hypoglycémie, les états hyperosmolaires, l'hyponatrémie, les intoxications médicamenteuses involontaires et les causes vasculaires.

Approche clinique

Contrairement aux deux conditions précédentes, la recherche d'une étiologie ne débutera qu'après l'instauration des manœuvres thérapeutiques et préventives de base. Ainsi quatre principes sont à considérer, dans l'ordre

1) maintien de la vie (en assurant une ventilation et une circulation efficaces);

2) préservation de la fonction cérébrale restante;

3) prévention des atteintes additionnelles, telles la déshydratation et les perturbations métaboliques diverses;

4) identification de l'étiologie en vue d'instaurer un traitement spécifique définitif.

L'approche globale du patient âgé comateux ne diffère pas de celle du patient jeune ou d'âge moyen et est résumée au tableau 26.6.

Le pronostic de récupération dépend de la cause sous-jacente, de la durée du coma, des réserves cérébrales préalables et des autres conditions associées. La prolongation d'un état comateux ou végétatif entraîne une réflexion d'ordre éthique et des discussions avec les proches sur la pertinence de poursuivre certains soins telles une ventilation mécanique ou une alimentation artificielle.

Tableau 26.6
Approche globale du malade comateux

A) Manœuvres initiales

1. Assurer une ventilation et une circulation efficaces
2. Installer de bonnes voies veineuses
   Prélever du sang et envoyer immédiatement pour les analyses suivantes:
   hémogramme, électrolytes, créatinine, urée, glycémie, bilans phosphocalcique et hépatique
   Des échantillons additionnels seront envoyés ultérieurement selon le contexte
   Prélever du sang artériel pour analyse des gaz
3. Obtenir immédiatement une glycémie capillaire: si le taux est bas, donner 25 g de glucose (50 mL de sérum dextrosé à 50 %)
4. Chaque malade âgé comateux devrait recevoir en même temps que le sérum dextrosé, 100 mg de thiamine I.V., pour prévenir (ou traiter) une encéphalopathie de Wernicke (pour les patients chez qui on suspecte l'alcoolisme et la dénutrition)
5. Administrer 0,4 à 2 mg de naloxone I.V., pour tenter de renverser un état comateux possiblement secondaire aux narcotiques

B) Examen clinique

1. Obtenir une anamnèse détaillée auprès des proches et/ou de témoins
2. Procéder à un examen physique complet, à la recherche d'indices étiologiques

C) Examen neurologique

1. Déterminer l'état de conscience: échelle de Glasgow ou autre, ou mieux encore, le détailler au dossier pour un meilleur suivi lors des examens subséquents
2. Examen fundoscopique: hémorragies sous hyaloïdes, en flammèche ou papillœdème
3. Examen des pupilles: sauf lors d'intoxications médicamenteuses, d'atteintes du système nerveux autonome ou d'anomalies oculaires telles les cataractes, les anomalies pupillaires orientent vers une cause structurale
4. Examen des mouvements oculaires (réflexes oculo-céphaliques et oculovestibulaires): il permet de distinguer l'atteinte tronculaire de l'atteinte corticale et permet d'identifier les faux comas
5. Examen du réflexe cornéen et des mouvements spontanés et provoqués des membres: noter que chez la personne âgée les signes focaux moteurs peuvent être trompeurs en raison de la fréquence élevée d'anomalies préalables ou de paralysie de Todd

D) Bilan paraclinique

1. Tomographie axiale ou EEG: devraient toujours être obtenus en présence de signes focalisateurs ou qu'aucune cause métabolique ou toxique n'est évidente
2. Autres examens selon le contexte:
   - dosages toxicologiques urinaires et sériques
   - ponction lombaire
   - ammonium et lactates sériques, osmolarité sérique
   - ECG, enzymes cardiaques
   - Radiographie pulmonaire, etc.

BIBLIOGRAPHIE

DAYA, M. & YOUNG, G.: Coma and Cerebrovascular Syndromes, in *Geriatric emergency medicine*, Baker & Coll. Mosby – Year Book, Chicago, 1990.

KAPOOR, W.N.: Diagnostic Evaluation of Syncope. *Am J Med*, 91(1):91-106, 1991.

LIPSITZ, L.A.: Syncope in the Elderly. *Ann Intern Med*, 99:92-105, 1983.

TALLIS, R.: Epilepsy, in *Geriatric medicine and gerontology*. Brocklehurst, J.C. Churchill Livingstone, Edinburgh, 4th ed., 1992.

ULDRY, P.A. & F. REGLI: *Épilepsie, Neurologie du sujet âgé*, Masson, Paris, 1992.

LECTURES SUGGÉRÉES

KAPOOR, W.N. & Coll.: Upright Tilt Testing in Evaluation Syncope: A Comprehensive Literature Review. *Am J Med*, 97(1):78-88, 1994.

SCHEUER, M.L. & COHEN, J.: Seizures and Epilepsy in the Elderly. *Neurologic Clinics*, 11(4) November 1993.

SAMUELS, M.A., The Evaluation of Comatose Patients. *Hospital Practice*, **March 15**, 1993.

CHAPITRE 27

ACCIDENT VASCULAIRE CÉRÉBRAL

RÉMI W. BOUCHARD et ARIANE MACKEY

L'accident vasculaire cérébral (AVC) est caractérisé par l'installation plus ou moins rapide d'un déficit neurologique à la suite d'une perturbation de la circulation sanguine dans un territoire cérébral, soit par occlusion artérielle: accident ischémique cérébral (AIC), ou par extravasation sanguine du lit vasculaire: hémorragie intracrânienne (HIC).

Dans la plupart des cas, le déficit fonctionnel prend la forme d'un syndrome hémicorporel sensori-moteur, mais il peut se manifester de multiples autres façons selon les territoires vasculaires impliqués, au niveau des hémisphères ou du tronc cérébral, et selon qu'il s'agisse d'une étiologie ischémique ou hémorragique. Sur le plan pratique, l'AVC signifie habituellement thrombose cérébrale (ou carotidienne), embolie cérébrale, hémorragie intraparenchymateuse (HIP) ou hémorragie sous-arachnoïdienne (HSA). Compte tenu de la difficulté de poser un diagnostic étiologique précis en phase aiguë, on préfère souvent décrire l'AVC clinique par le territoire cérébral affecté, par exemple AVC sylvien dans le cas d'une hémiparésie brachio-faciale. Traiter des AVC serait incomplet sans aborder la question des accidents ischémiques transitoires (AIT) qui sont caractérisés par un déficit neurologique pouvant durer de quelques minutes à quelques heures, sans laisser de séquelles. Ces accidents sont secondaires à une diminution brutale transitoire du débit sanguin dans un territoire vasculaire. On doit attacher une attention particulière à ces AIT, car ils requièrent souvent une investigation et une attitude thérapeutique différentes de l'AVC constitué.

ÉPIDÉMIOLOGIE

Les AVC constituent la troisième cause de décès dans la plupart des pays industrialisés et figurent parmi les principales causes d'invalidité lourde. L'incidence varie selon l'origine ethnique et selon les pays. Elle augmente toujours avec l'âge et est estimée à au moins 12 pour 1000 après 75 ans. Toutefois, l'incidence réelle demeure incertaine. En effet, certains AVC ne sont pas répertoriés parce que les malades ne consultent pas toujours ou ne sont pas hospitalisés. Il y a aussi l'accident mineur, qui peut ne pas être reconnu chez des patients déjà débilités ou placés en institution, comme la petite aphasie, l'amnésie ou le léger déficit moteur. L'incidence est environ deux à trois fois plus élevée chez l'homme que chez la femme entre 55 et 65 ans. Cette différence s'atténue graduellement pour disparaître après 85 ans. Environ 75 % des patients ont plus de 65 ans. L'impact familial et socio-économique des séquelles d'AVC est majeur, d'autant que le taux de survie après la phase aiguë a tendance à s'accroître depuis quelques années. Parmi les survivants, 17 % demeurent en institution et entre 25 et 50 % ont besoin d'assistance pour les activités de la vie quotidienne. Ces chiffres augmentent également avec l'âge.

Les proportions relatives des types d'AVC varient légèrement selon les registres hospitaliers. Environ 75 à 85 % des AVC sont ischémiques (principalement thrombotiques ou emboliques) et 15 à 25 % sont hémorragiques, incluant les HIP et les HSA (Fig. 27.1). Chez les vieillards, les AVC sont, le plus souvent, dus à des infarctus non hémorragiques et la fraction des AIC cardioemboliques est nettement plus élevée. Dans l'étude de Framingham, plus du tiers de tous les AVC chez les patients de 80 ans et plus étaient liés à la *fibrillation auriculaire*.

FACTEURS DE RISQUE

Les principaux facteurs de risque d'AVC peuvent être classés en facteurs non modi-

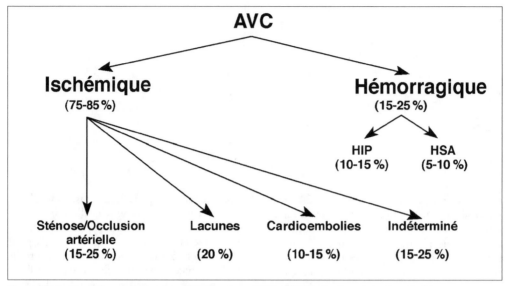

Figure 27.1 Proportions relatives des différents types d'AVC selon plusieurs registres hospitaliers

fiables, car inhérents à l'individu (âge, sexe, hérédité, race) et en facteurs possiblement modifiables ou traitables comme l'hypertension artérielle (HTA), le diabète, l'hypercholestérolémie, les maladies du cœur et le mode de vie (Tableau 27.1). Les facteurs de risque moins bien établis sont l'obésité, le type de personnalité, l'alimentation et les facteurs socioéconomiques.

L'**HTA** est, de loin, le principal facteur de risque modifiable d'AVC dans toutes les tranches d'âge. Le risque d'AVC augmente avec le degré d'HTA mais il n'existe pas de niveau critique en deçà duquel le risque est aboli. Les pressions artérielles (PA) systolo-diastolique ou systolique isolée sont toutes les deux associées à un risque plus élevé d'AVC athérothrombotique. Des études ont démontré que le contrôle adéquat de l'HTA chez les personnes âgées était associé à une diminution importante de l'incidence des AVC; il s'agit donc d'une priorité en matière de prévention (Chap. 30). Le *tabagisme* a une influence nette mais décroissante avec l'âge sur l'incidence des AVC. Comme c'est le cas pour l'HTA, l'arrêt du tabagisme entraîne une diminution rapide du risque d'AVC et d'infarctus du myocarde. Le *diabète* prédispose aux maladies vasculaires, en général, et le risque d'AVC augmente avec la glycémie. De plus, le diabète est souvent associé à d'autres facteurs de risque comme l'HTA, l'obésité et les

coronaropathies. Par ailleurs, il n'est pas démontré qu'un traitement optimal peut prévenir un AVC. La relation entre *l'hypercholestérolémie* et la maladie coronarienne est bien connue, mais le rôle des lipides et des lipoprotéines sanguines dans la survenue des AVC demeure incertain, particulièrement dans la population gériatrique. L'impact de l'*alcool* sur l'incidence des AVC est complexe. A forte dose, il semble que l'alcool augmente le risque d'AIC alors qu'à faible dose, il pourrait avoir un rôle préventif.

Les *maladies cardiaques* s'accompagnent d'un risque accru d'AVC. Selon la dernière analyse des données de l'étude de Framingham, la maladie coronarienne double le risque d'AVC et l'insuffisance cardiaque congestive multiplie ce risque par quatre. La présence d'une fibrillation auriculaire, retrouvée chez 2 à 5 % des individus de plus de 60 ans, multiplie le risque d'AVC par cinq. Il est démontré également que la présence d'hypertrophie ventriculaire gauche à l'électrocardiogramme est associée à une incidence plus élevée d'événements vasculaires cérébraux. Les malades qui subissent une chirurgie cardiaque de revascularisation ont une incidence d'AVC périopératoire de 1 à 5 % et ce risque est plus élevé en présence d'une sténose carotidienne. Toutefois, l'étiologie de l'AVC est, le plus souvent, cardiœmbolique et le territoire atteint n'est pas nécessairement celui de l'artère rétrécie. Finalement, les valvulopathies responsables d'AVC par embolie cérébrale sont moins

Tableau 27.1

Principaux facteurs de risque modifiables ou possiblement traitables d'AVC

- Maladies cardiaques
- Antécédents d'accident ischémique cérébral
- Sténose carotidienne asymptomatique
- Hypertension artérielle
- Tabagisme
- Alcool
- Diabète
- Hypercholestérolémie
- Fibrinogène élevé
- Hématocrite élevé
- Sédentarité

fréquentes chez les personnes âgées que chez les plus jeunes. Les *antécédents d'ischémie cérébrale* constituent un risque significatif. Selon des études de population, le risque d'AVC est d'environ 30 % dans les cinq années suivant un AIT ou un AIC «mineur» (laissant peu ou pas de séquelles). Le risque est plus élevé durant la première année de l'événement et en cas de sténose carotidienne homolatérale. Lorsque l'AIT touche un territoire rétinien (amaurose fugace) ce risque est moins important. A noter toutefois que la majorité des AVC ne sont pas précédés de symptômes précurseurs. La *présence d'un souffle cervical* est considérée comme un indice d'artériosclérose diffuse. Le risque d'AVC (et aussi d'infarctus myocardique ou de décès vasculaire) est proportionnel au degré de sténose carotidienne, bien que le territoire atteint ne soit pas nécessairement ipsilatéral à la sténose. Il s'agit donc d'un facteur de risque plutôt global que territorial.

ÉTIOLOGIE ET PHYSIOPATHOLOGIE

Accidents ischémiques cérébraux (AIC)

Deux mécanismes de base sont responsables de la plupart des AIC: les phénomènes occlusifs, le plus souvent thrombotiques et/ou emboliques et les phénomènes fondamentalement hémodynamiques (Tableau 27.2). L'interruption du débit sanguin entraîne une hypoxie et une diminution des métabolites essentiels à la survie tissulaire, causant l'infarctus cérébral ou ramollissement. Par la suite, le relargage de diverses substances biochimiques peut altérer davantage le parenchyme cérébral avoisinant. La topographie et l'étendue du dommage cérébral dépendent principalement de la rapidité d'installation de l'ischémie, de sa durée, du site de l'occlusion et de la disponibilité de la circulation collatérale. L'hexagone de Willis représente à cet égard un dispositif fondamental, couplé à d'autres comme les anastomoses extra-intracrâniennes par l'artère ophtalmique et les anastomoses corticales et leptoméningées. Plus l'occlusion des troncs artériels est proximale, plus il y a possibilité de collatérales, de sorte qu'il n'est pas rare de découvrir une thrombose carotidienne chez un patient peu ou pas symptomatique. D'autres facteurs influencent également le degré d'ischémie tels l'altération de l'autorégulation cérébrale, l'hémorhéologie sanguine, le contenu sanguin en oxygène et en glucose.

Phénomènes occlusifs (thrombo-emboliques)

Le processus embolique est maintenant reconnu comme le mécanisme le plus souvent impliqué dans la pathogénie de l'AIC aigu (Tableau 27.2). L'embolie cérébrale provient, le plus souvent, de la carotide interne ou du cœur, moins fréquemment de la crosse aortique, de l'origine des carotides communes et des vertébrales. L'embole se destine de façon préférentielle à l'artère cérébrale moyenne (ACM) ou à la rétine, expliquant le déficit brachio-facial controlatéral ou la perte de vision monoculaire homolatérale (amaurose fugace). Les embolies d'artère à artère peuvent être formées uniquement de plaquettes, d'agrégats fibrinoplaquet-

Tableau 27.2

Principales causes d'AIC chez le sujet âgé

Thrombo-embolies: anomalies des artères à destinée cérébrale	Cardioembolies	Perturbations hémodynamiques (rare)
• Athéromatose: cause la plus fréquente • Dissections • Angéites • Lésions postradiques	• Fibrillation auriculaire • Infarctus du myocarde récent • Valvulopathie • Cardiomyopathie dilatée	• Hypotension artérielle • Arythmies cardiaques • Arrêt cardiaque • Hyperviscosité sanguine

taires avec ou sans globules rouges ou de maté-riel athéromateux (esters du cholestérol) prove-nant de la désintégration d'une plaque d'athé-rome. Les embolies d'origine cardiaque sont fréquemment formées de thrombi avec prédo-minance de fibrine ou de plaquettes selon la pathologie sous-jacente et sont principalement liées à la *fibrillation auriculaire* chez les person-nes âgées. Les petites embolies plaquettaires ont tendance à occlure les branches distales des ar-tères cérébrales ou ophtalmiques et à se désagré-ger rapidement, causant le plus souvent un AIT ou AVC mineur. Les embolies composées de thrombi rouges ou embolies mixtes sont plus volumineuses et moins friables, en raison de la présence de fibrine. Elles peuvent donc occlure des artères de plus gros calibre telles l'origine de l'ACM ou de ses branches. Dans le cas d'une lésion sténosante de la carotide interne extracrâ-nienne (Fig. 27.2A), il peut y avoir formation d'un thrombus mural souvent riche en plaquet-tes, avec ou sans embolisation distale (Fig. 27.2B). Si le thrombus devient occlusif, il y aura formation d'un thrombus de stagnation riche en fibrine et en globules rouges (Fig. 27.2C) qui peut s'étendre distalement et occlure les bran-ches intracrâniennes ou provoquer des emboles dans la circulation intracérébrale. Les sites pré-férentiels pour la formation de plaques athéro-mateuses sont la bifurcation carotidienne, l'ori-gine des carotides communes et des vertébrales, le siphon carotidien, le tronc basilaire et l'aorte.

La pathologie artérielle hypertensive, appe-lée lipohyalinose, explique souvent les petits ra-mollissements dans les territoires profonds du cerveau, appelés lacunes. Fréquentes chez les gens âgés, les hypertendus et les diabétiques, ces lacunes résultent de l'occlusion des branches pénétrantes de l'ACM, de l'artère cérébrale an-térieure (ACA) ou du tronc basilaire. Excep-tionnellement, ces lacunes sont causées par des microlésions athéromateuses ou micro-embo-lies d'origine artérielle ou cardiaque. D'autres anomalies artérielles telles une angéite, une dis-section, des modifications associées à la radio-thérapie cervicale ou cérébrale peuvent entraî-ner un rétrécissement luminal avec occlusion artérielle par la formation d'un thrombus local.

Phénomènes hémodynamiques

Parfois un AIC fait suite à une baisse de perfusion cérébrale, qui peut survenir dans le cadre d'une sténose critique ou d'une occlusion de l'artère carotide interne (hypoperfusion fo-cale), ou lors d'une altération systémique de la circulation (hypoperfusion globale). Dans le cas d'une affection occlusive extracrânienne (p. ex. sténose carotidienne), la survenue de symptô-mes causés par une baisse du flux sanguin céré-bral requiert une réduction importante de la lumière artérielle (70 % ou plus) entraînant une diminution du débit sanguin en aval. Tou-tefois, il n'existe pas toujours de relation directe

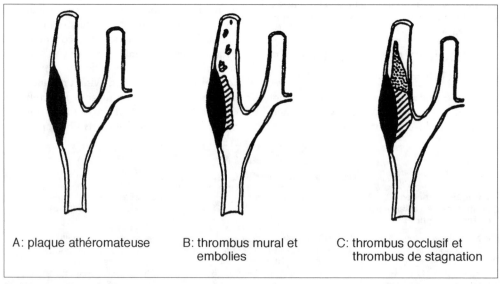

A: plaque athéromateuse   B: thrombus mural et embolies   C: thrombus occlusif et thrombus de stagnation

Figure 27.2 Plaque athéromateuse de la carotide interne

entre le degré de sténose carotidienne et l'état hémodynamique cérébral homolatéral, la circulation collatérale étant le principal facteur qui détermine le niveau de pression de perfusion cérébrale et le flux sanguin régional. Lors d'une hypotension artérielle aiguë ou d'une insuffisance cardiaque importante, la pression de perfusion cérébrale peut diminuer et le débit sanguin devient alors tributaire des anastomoses intracrâniennes. Dans le cas d'une chute modérément importante de la PA, l'atteinte cérébrale peut être limitée aux zones les plus vulnérables à l'hypoperfusion (zones limitrophes entre les territoires artériels causant des infarctus dits jonctionnels), tandis qu'une chute plus marquée de PA, par exemple à l'occasion d'un arrêt cardiaque prolongé, cause le plus souvent une destruction plus diffuse du tissu cérébral. Dans ce genre de situation, on ne parle pas d'AVC mais d'encéphalopathie axono-ischémique.

Dans le cas d'AIT dans le territoire vertébro-basilaire, l'étiologie est souvent multifactorielle. Bien que l'athéromatose des gros vaisseaux nourriciers (a. vertébrales, a. basilaire) et des branches tributaires soit en cause, les patients ne deviennent souvent symptomatiques que dans des situations dynamiques comme le fait de se lever rapidement ou de regarder au plafond. La vulnérabilité de la circulation vertébro-basilaire est liée à plusieurs facteurs dont l'hypoplasie fréquente d'une artère vertébrale, le cheminement des artères vertébrales le long d'une colonne cervicale arthrosique, l'insuffisance de suppléance du polygone de Willis, l'athéromatose des troncs proximaux aux vertébrales (artère sous-clavière voleuse) et la diminution de l'autorégulation amenant un retard de correction des phénomènes orthostatiques.

Hémorragies intracrâniennes

Le principal mécanisme menant à une extravasation sanguine à partir du lit vasculaire est une anomalie de la paroi artérielle. Les micro-anévrismes au niveau des petites artères perforantes intracrâniennes sont fréquemment observés chez le vieillard chroniquement hypertendu. La rupture de ces petits vaisseaux rendus fragiles explique l'HIP. L'hémorragie intéresse principalement les ganglions de la base, la capsule interne, le cervelet, la protubérance et le thalamus. Dans d'autres cas, la paroi vasculaire est altérée par des dépôts amyloïdes au niveau

des artères corticales et leptoméningées (angiopathie amyloïde ou congophile) entraînant des HIP à distribution superficielle ou sous-corticale, parfois multiples ou récidivantes (Fig. 27.3). L'angiopathie amyloïde est d'ailleurs la cause la plus fréquente d'hémorragie spontanée chez les plus de 65 ans. D'autres anomalies vasculaires, plus rares en gériatrie, peuvent causer des HIC: anévrismes sacciformes, malformations artério-veineuses, cavernomes, anévrismes mycotiques et lésions inflammatoires (Tableau 27.3). Finalement les AIC peuvent parfois se transformer en accident hémorragique, par suite de la destruction tissulaire ou à la faveur de conditions hémodynamiques ou hématologiques particulières, et certaines HIC demeurent de cause indéterminée.

L'*hématome sous-dural* (HSD) est beaucoup moins fréquent qu'on ne le suspecte cliniquement. Malgré cela, à cause de sa présentation polymorphe et de données cliniques parfois insuffisantes, l'HSD peut s'avérer une découverte fortuite au cours des examens paracliniques ou du *post mortem*. Il s'installe à la suite d'une rupture des vaisseaux dans l'espace sous-dural par traction des structures, lors d'un traumatisme crânien souvent banal. Le saignement est probablement facilité par les mouvements du cerveau atrophique à l'intérieur de la boîte crânienne. L'hématome dit spontané est souvent lié à un contexte hématologique, médicamenteux ou encore à un traumatisme crânien méconnu. Le sang d'origine veineuse diffuse dans l'espace sous-dural, formant une nappe d'épaisseur variable sur une grande surface. Cela explique pourquoi la symptomatologie est

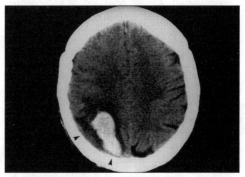

Figure 27.3 Hémorragie cérébrale due à une angiopathie amyloïde. Scanner sans contraste.

Tableau 27.3	
Principales causes d'hémorragies intracrâniennes chez le sujet âgé	
Intracérébrales	**Extracérébrales**

• Angiopathie amyloïde
• HTA
• Hémopathies – anticoagulants
• Anévrismes sacciformes
• Tumeurs cérébrales malignes
• Malformations artério-veineuses (rare)
• Anévrismes mycotiques (rare)
• Cavernomes (rare)
• Lésions inflammatoires (rare)
	• HSA
	   • Anévrismes
	   • Traumatismes
	   • Hémopathies – anticoagulants
	   • Sans cause démontrée
	• HSD
	   • Traumatismes
	   • Hémopathies – anticoagulants
	   • Spontané
	• HED
	   • Fracture du crâne

HTA: hypertension artérielle HED: hématome extradural HSD: hématome sous-dural HSA: hémorragie sous-arachnoïdienne	

souvent fruste et non spécifique au début, et pourquoi le syndrome devient chronique.

L'*hématome extradural* (HED) est presque exclusivement post-traumatique et habituellement causé par une rupture artérielle (artère méningée moyenne) qui, en décollant la dure-mère, produit une collection sanguine qui exerce rapidement un effet de masse, expliquant le tableau clinique évolutif.

MANIFESTATIONS CLINIQUES

Depuis l'avènement de l'imagerie cérébrale, il est devenu apparent, contrairement à ce que l'on pensait jadis, que le mode d'installation du déficit neurologique et son type d'évolution ne sont pas toujours suffisants pour distinguer une thrombose d'une embolie ou d'une hémorragie cérébrale. En terme d'implications thérapeutiques, il est surtout important de distinguer cliniquement un AIC dans le territoire carotidien d'un AIC dans le territoire vertébro-basilaire.

AIC: territoire carotidien

Dans le cas d'un ramollissement dans le territoire carotidien (lobe frontal, pariétal ou temporal latéral (Tableau 27.4, Fig. 27.4), le malade présente un *déficit hémicorporel sensori-moteur* controlatéral, le plus souvent brachio-facial (territoire sylvien ou de l'ACM). Dans le syndrome hémicorporel *droit*, le malade droitier peut présenter diverses formes de troubles du langage (aphasie) selon la région lésée, ou des difficultés d'écriture, de calcul, de reconnaissance des doigts et d'orientation droite-gauche (syndrome de Gerstmann). Dans le syndrome hémicorporel *gauche*, le malade peut manifester une indifférence ou une négation de sa maladie (anosognosie), une hémiasomatognosie, une négligence de l'hémiespace gauche (agnosie spatiale unilatérale), des difficultés d'orientation spatiale et une apraxie de l'habillage, tout cela réalisant le syndrome pariétal mineur. Les infarctus dans le territoire de l'ACA se manifestent par un déficit à prédominance crurale et, selon la taille de l'infarctus, par différentes composantes du syndrome frontal touchant la personnalité, l'activité motrice et les fonctions cognitives.

AIC: territoire vertébro-basilaire

L'hémianopsie, la cécité bilatérale d'origine occipitale et l'amnésie sont les principales manifestations supratentorielles d'AVC d'origine vertébro-basilaire. Au niveau du tronc cérébral, on retrouve une sémiologie riche et variée selon la localisation rostro-caudale et médiolatérale des lésions (Tableau 27.5). Le tableau clinique varie selon les atteintes des nerfs crâniens et des grands faisceaux sensorimoteurs impliqués. Le syndrome peut être unilatéral ou bilatéral, allant jusqu'à la quadriplégie avec altération de la vigilance, par suite de l'atteinte de la formation réticulée. Signalons enfin l'importance de la *déviation de la tête et des yeux* comme critère de localisation cérébrale en phase aiguë de l'AVC. L'hémiparétique droit avec lésion hémisphérique

Tableau 27.4

Principales manifestations cliniques des AIC dans le territoire carotidien

Manifestations	Région impliquée
A) Déficit hémicorporel sensori-moteur à prédominance brachio-faciale, avec parfois atteinte partielle du champ visuel controlatéral	Territoire de l'ACM: région fronto-pariétale et partie du lobe temporal
Aphasie (expressive, réceptive ou mixte) Syndrome de Gerstmann: difficulté d'écriture, de calcul, de reconnaissance des doigts et d'orientation droite-gauche	Territoire de l'ACM *gauche*
Syndrome pariétal mineur • Anosognosie: indifférence ou négation de la maladie • Hémiasomatognosie: négligence ou inconscience de l'hémicorps paralysé • Agnosie spatiale unilatérale: négligence de l'hémiespace gauche • Difficultés d'orientation spatiale • Apraxie de l'habillage	Territoire de l'ACM *droite*
B) Déficit sensori-moteur à prédominance crurale Syndrome frontal: modification de la personnalité, de l'activité motrice et des fonctions cognitives	Territoire de l'ACA

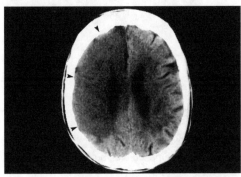

Figure 27.4 Accident ischémique récent. Scanner sans contraste: hypodensité dans tout le territoire de l'ACA et de l'ACM (thrombose de la carotide interne)

gauche regarde à gauche (et vice versa). Cette déviation du regard ne dure habituellement pas plus de 24 à 48 heures et sa persistance au-delà de cette période est un indice de moins bon pronostic. L'hémiparétique droit avec lésion protubérantielle gauche regarde à droite et cette déviation des yeux dure plus longtemps. L'infarctus cérébelleux étendu, qui représente moins de 5 % des AIC, commande un tableau aigu de vertiges, nausées, ataxie, céphalées, dysarthrie et altération de la conscience et requiert une imagerie cérébrale d'urgence pour éliminer une hémorragie ou un œdème causant une hydrocéphalie, ce qui pourrait exiger une intervention neurochirurgicale. En l'absence d'at-

teinte des nerfs crâniens, certains infarctus de la fosse postérieure (protubérance surtout) ne peuvent être distingués cliniquement des infarctus hémisphériques, par exemple ceux causant une hémiparésie pure ou une hémiparésie ataxique. Dans ces cas, il s'agit le plus souvent d'infarctus lacunaires.

Lacunes et syndrome pseudo-bulbaire

Cliniquement les infarctus lacunaires peuvent se distinguer des autres AIC par des déficits relativement purs réalisant des syndromes classiques (Tableau 27.6). Ces syndromes ne sont toutefois pas spécifiques aux lacunes, bien qu'une hémiparésie proportionnelle isolée facio-brachio-crurale soit fort suggestive d'un infarctus lacunaire. Les syndromes lacunaires se distinguent, par ailleurs, par l'absence d'altération de la vigilance et de troubles visuels. L'atteinte cognitive est rare sauf en cas de lacunes multiples. Une petite lacune peut être asymptomatique et, lorsque survient une deuxième lésion (lacunaire ou autre) controlatérale, il s'installe alors un syndrome pseudo-bulbaire, toujours indicatif de lésions bilatérales; il est caractérisé par une dysarthrie, une dysphagie, une perturbation du contrôle émotionnel, un syndrome pyramidal bilatéral, une démarche lente à petits pas avec bradykinésie. Un tableau démentiel peut se développer à la suite d'infarctus cérébraux multiples par atteinte des structures

Tableau 27.5	
Principales manifestations cliniques des AIC dans le territoire vertébro-basilaire	
Manifestations	**Région impliquée**
Hémianopsie isolée Cécité bilatérale Amnésie	Artère(s) cérébrale(s) postérieure(s): lobe occipital et lobe temporal inférieur
Atteinte motrice et proprioceptive controlatérale	Tronc basilaire: perforantes médianes
Déficit thermoalgésique controlatéral et cérébelleux homolatéral	Tronc basilaire: branches circonférentielles
Diplopie verticale (3e nerf crânien) Parésie du regard vertical Mydriase	Mésencéphale
Diplopie horizontale (6e nerf crânien) Parésie du regard latéral Myosis Hypœsthésie faciale Vertige	Protubérance
Dysphagie Dysarthrie Hoquet Myosis Hypœsthésie faciale Vertige	Bulbe

Tableau 27.6	
Syndromes lacunaires classiques	
Manifestations	**Région impliquée**
Déficit moteur pur: proportionnel hémicorporel ou parfois brachio-facial	Capsule interne (le plus souvent), *corona radiata* ou protubérance
Hémiparésie ataxique: déficit moteur et atteinte d'allure cérébelleuse dans le membre parétique	Capsule interne, *corona radiata* ou protubérance
Dysarthrie et main maladroite, souvent avec parésie faciale centrale	Protubérance le plus souvent, capsule interne parfois
Déficit sensitif isolé: touche généralement l'hémicorps	Thalamus
Déficit sensori-moteur: parésie et hypœsthésie isolée d'emblée	Capsule interne

corticales ou sous-corticales impliquées dans les processus cognitifs (Chap. 13).

Accident ischémique transitoire (AIT)

Le diagnostic d'AIT se fait à l'anamnèse. Les symptômes durent généralement de une à trente minutes mais peuvent durer jusqu'à 24 heures. Les AIT hémisphériques du territoire *carotidien* provoquent habituellement une faiblesse ou un engourdissement de l'hémicorps controlatéral souvent brachio-facial ou encore une dysphasie ou une dysarthrie. Au niveau de la *rétine*, les manifestations consistent en une diminution ou une perte transitoire de la vision d'un œil. Si le patient n'a pas masqué alternativement un œil puis l'autre, il peut être difficile d'exclure à l'anamnèse une hémianopsie latérale homonyme transitoire. *Il est très important de rechercher ces symptômes à l'interrogatoire, car le malade âgé a souvent tendance à en minimiser l'importance ou omet tout simplement d'en parler.*

Les manifestations cliniques de l'AIT dans le territoire vertébro-basilaire sont plus polymorphes que dans le territoire carotidien. Le diagnostic d'insuffisance vertébro-basilaire (IVB) est proposé trop fréquemment chez les personnes âgées et on y rattache une foule de symptômes souvent vagues dont les causes peuvent être multiples, comme les étourdissements, les vertiges, l'instabilité posturale, la perte de conscience, la vision embrouillée, les acouphènes. Non pas que ces symptômes excluent une IVB mais, pris isolément, ils doivent évoquer différentes étiologies possibles qui commandent une évaluation médicale, neurologique et oto-labyrinthique. Les caractéristiques plus spécifiquement vertébro-basilaires incluent les symptômes suivants: ataxie, chutes brusques (*drop attack*), trouble de coordination, faiblesse uni- ou bilatérale, dysarthrie, dysphagie, diplopie, perte de vision bilatérale, totale ou partielle, amnésie.

L'*amnésie globale transitoire (AGT)* est une entité clinique bien connue se rencontrant surtout chez les gens de plus de 50 ans. Le malade devient subitement amnésique, apparaît anxieux, agité, ne reconnaît pas son entourage, pose sans cesse les mêmes questions, est désorienté, mais demeure alerte et redevient normal après quelques heures. Actuellement, l'AGT n'est pas considérée comme un AIT par la majorité des auteurs, le mécanisme physiopathologique précis demeurant inconnu et l'investigation étant souvent négative. Même si les récidives sont plus fréquentes qu'on ne le proposait jadis, le pronostic s'avère bon, ce qui n'est pas le cas pour les AIT. Par ailleurs, il existe des amnésies transitoires symptomatiques d'ischémie au niveau des régions temporales mais, dans ces cas, les symptômes s'inscrivent dans un cadre clairement vasculaire, associés à d'autres déficits et, en général, chez des patients avec facteurs de risque connus. D'autres troubles neurologiques transitoires doivent être distingués des AIT, tels que l'épilepsie focale, la migraine avec aura, l'hypoglycémie, le vertige paroxystique bénin, certaines tumeurs et malformations vasculaires. Dans le cas de symptômes visuels transitoires, il faut éliminer une artérite gigantocellulaire (artérite temporale), une hypertension artérielle maligne, un glaucome ou d'autres affections ophtalmologiques non vasculaires.

Hémorragies intracrâniennes

La présentation clinique de l'*hémorragie cérébrale hémisphérique* hypertensive est relativement stéréotypée lorsque l'hématome est volumineux. Le patient présente un déficit hémicorporel sensori-moteur progressif avec céphalées, agitation, altération de la vigilance, HTA importante, nausées, vomissements et autres signes d'hypertension intracrânienne pouvant aller jusqu'à la dilatation pupillaire et le coma. Lorsque l'hématome est petit, il est parfois difficile de le distinguer cliniquement d'un AIC. L'HIP liée à l'angiopathie amyloïde, rencontrée presque exclusivement chez les personnes âgées normotendues, est moins dramatique et parfois récidivante (Fig. 27.3). Les *hémorragies de la fosse postérieure* ont une prédilection pour le cervelet ou la protubérance, pouvant provoquer dans ce dernier cas une altération de la conscience voire un coma, des troubles respiratoires et des pupilles très petites, en plus de la paralysie uni- ou bilatérale des membres et de la paralysie du regard latéral. L'apparition de céphalée postérieure, avec nausées, troubles d'équilibre, atteinte de nerfs crâniens et somnolence, mais sans paralysie franche des membres, suggère la possibilité d'hémorragie cérébelleuse, ce qui nécessite une investigation urgente (voir plus haut).

Le diagnostic d'*HSA* doit être évoqué en face d'un malade qui présente une céphalée brutale (survenue spontanément ou à la suite d'un effort) suivie ou accompagnée de confusion, agitation, nausées, vomissements et chez qui on trouve des signes d'irritation méningée et/ou d'hémorragie prérétinienne au fond d'œil, avec ou sans déficit focal. Toutefois, *l'absence de raideur de la nuque n'élimine pas une HSA ou une méningite chez le malade âgé présentant un syndrome confusionnel aigu avec agitation et céphalées.* De plus, la rupture d'un anévrisme artériel peut parfois causer une HIP en plus d'une HSA, donnant alors un tableau ressemblant à une HIP hypertensive. La céphalée aiguë d'effort sans HSA n'est pas rare et se démarque cliniquement par l'absence de signes méningés et de symptômes d'encéphalopathie (confusion, agitation). Dans le doute, la scanographie et/ou la ponction lombaire établissent le diagnostic. Le malade qui présente une céphalée variable, récente, avec confusion, fluctuation de la vigilance, trouble d'équilibre,

discret déficit focal, hypertension intracrânienne avec histoire de traumatisme, peut avoir
un *hématome sous-dural*. L'apparition de signes
neurologiques rapidement évolutifs, avec altération de la vigilance et signes d'hypertension intracrânienne chez un traumatisé crânien récent,
suggère fortement le diagnostic d'*hématome extradural*, surtout s'il y a fracture du crâne.

DIAGNOSTIC ET TRAITEMENT EN PHASE AIGUË

Évaluation médicale, neurologique et cardiaque

Bien que la présentation clinique de l'AVC
soit variable selon la localisation et la taille de la
lésion, l'installation rapide d'un déficit neurologique, en quelques secondes ou quelques minutes, évoque d'emblée un problème vasculaire.
Lorsque l'histoire n'est pas claire ou l'installation du déficit atypique, le diagnostic différentiel doit inclure l'épilepsie avec paralysie de
Todd, une encéphalite, une tumeur ou un
HSD. L'évaluation en phase aiguë inclut l'examen de l'état général, l'examen neurologique et
cardio-vasculaire de même que certains examens paracliniques (Tableau 27.7). L'évolution
et la gravité du déficit neurologique, la distinction entre atteinte du territoire carotidien ou
vertébro-basilaire ainsi que la distinction entre
un processus hémorragique ou ischémique seront les principaux éléments déterminant le
type d'investigation à faire et la stratégie thérapeutique. L'histoire et l'examen permettront
habituellement de distinguer un AIT d'un AVC
en évolution ou d'un AVC constitué (*completed
stroke*). L'AVC en évolution n'est pas rigoureusement défini. Il s'agit, en général, d'un déficit
neurologique focal qui augmente en gravité ou
envahit d'autres territoires vasculaires après la
période initiale d'observation. La rapidité de détérioration est variable, de quelques minutes à
quelques heures, et peut être progressive ou par
à-coups. La détérioration neurologique en cas
d'AIC peut être due à la progression d'une
thrombose dans une artère de gros calibre, à
l'œdème péri-infarctus, à une contribution hémorragique ou simplement à des perturbations
métaboliques, locales ou systémiques. L'AVC
constitué est celui qui atteint son déficit maximal en moins d'une heure et dure plus de 24
heures; il réfère donc à la stabilité du déficit et
non à sa gravité. Bien entendu, si le patient est

Tableau 27.7
Évaluation d'un patient ayant un AVC en phase aiguë

- **Évaluation rapide de l'état général**
  - Signes vitaux
  - État nutritionnel
  - Hydratation
- **Anamnèse:** facteurs de risque, mode d'installa-
  tion, évolution du déficit
- **Examen neurologique**
  - Évaluation de l'état de conscience
  - Recherche de signes méningés
  - Examen du fond d'œil à la recherche d'œ-
    dème, hémorragie, ischémie rétinienne
  - Recherche de signes focaux: déficits latérali-
    sés, déviation des yeux et de la tête, asymétrie
    pupillaire, atteinte des nerfs crâniens, réflexes,
    etc.
- **Examen cardio-vasculaire**
  - Pression artérielle aux deux bras
  - Pouls périphériques
  - Auscultation de la région cervicale et orbitaire
  - Examen cardiaque, principalement recherche
    d'arythmie
  - Palpation des artères temporales
- **Examens paracliniques**
  - Hémogramme complet, ionogramme, glycé-
    mie, urée, créatinine, coagulogramme, électro-
    cardiogramme
  - Scanographie si possible selon l'état du ma-
    lade et si l'orientation thérapeutique en dépend,
    surtout pour éliminer une hémorragie
  - Ultrasonographie des vaisseaux du cou selon
    l'état du malade et si candidat éventuel à la
    chirurgie

---

examiné immédiatement après le début des
symptômes, on ne peut dire à ce moment s'il
s'agira d'un AIT, d'un AVC en évolution ou
d'un AVC constitué. Tel que mentionné plus
haut, les données cliniques permettant de différencier les HIP des AIC sont peu fiables, particulièrement pour les petits hématomes. Le
scanner sans contraste s'avère donc indiqué si
l'on envisage un traitement spécifique (chirurgie ou anticoagulants). Une hyperdensité parenchymateuse est évocatrice d'une hémorragie
(Fig. 27.3).

En général, on considère qu'un malade
souffrant d'AIT ou d'AVC doit être examiné en
milieu hospitalier. Toutefois, l'IVB récidivante
déjà «investiguée» et traitée n'a pas toujours besoin d'une réévaluation, et l'AVC du vieillard
peut être traité dans son milieu dans certains cas
(Tableau 27.8).

Tableau 27.8

Conditions à rencontrer pour le traitement d'un AVC à domicile

- Déficits mineurs secondaires à l'AVC
- État relativement stable
- État de conscience bon, pas de céphalée grave
- Pas de traitement chirurgical ou anticoagulant envisagé
- Peu de doute sur le diagnostic
- Pas de condition cardiaque aiguë
- Antécédents cardiaques et vasculaires bien connus
- Surveillance et soins adéquats dans le milieu, incluant la physiothérapie
- Suivi médical possible à domicile

Après l'évaluation initiale du patient (Tableau 27.7), le clinicien décide de l'utilité et de la pertinence des examens de laboratoire et d'imagerie en urgence. Les examens paracliniques de base sont: hémogramme complet, ionogramme, glycémie, dosage de l'urée et de la créatinine, coagulogramme et électrocardiogramme. Les examens plus spécifiques comprennent principalement le scanner cérébral et/ou l'imagerie par résonance magnétique ainsi que l'ultrasonographie vasculaire cervicale, l'angiographie cérébrale, l'échographie cardiaque transthoracique ou transœsophagienne. Bien sûr, le degré d'investigation et l'urgence de le faire vont dépendre de l'ensemble des problèmes médicaux, de l'importance du déficit et du pronostic vital et fonctionnel. En phase aiguë, c'est *le scanner qui s'avère le plus utile en urgence pour l'orientation thérapeutique*, surtout pour éliminer une hémorragie. Dans un AIC ischémique, le scanner est souvent négatif au début, l'hypodensité se manifestant dans les jours suivants (Fig. 27.4).

Approche clinique et thérapeutique de l'AIT

La survenue d'un AIT dans le territoire *carotidien*, chez un patient ayant un pronostic vital et fonctionnel acceptable, nécessite des examens visant à préciser l'étiologie (carotidienne ou cardiaque) et la mise en œuvre d'un traitement médical et/ou chirurgical (Fig. 27.5). L'ultrasonographie permet d'estimer le degré de sténose des carotides et l'échographie cardiaque aide à déterminer s'il existe une source cardiaque d'embolie. Parfois, l'investigation révèle plus d'une cause potentielle, comme la fibrillation auriculaire et une sténose caroti-

dienne importante chez le même malade. L'endartériectomie carotidienne du côté symptomatique est suggérée dans les cas de sténose de 70 % et plus (Fig. 27.6) si l'état général du patient est bon et si le milieu chirurgical est très qualifié. Pour les lésions sténosantes de 30 à 69 %, la conduite thérapeutique optimale est encore à l'étude. Pour les lésions de moins de 30 %, la chirurgie n'est d'aucune utilité. Avant une chirurgie, une angiographie est encore nécessaire dans le but de préciser le degré de sténose et d'éliminer une lésion carotidienne intracrânienne causant un rétrécissement égal ou plus marqué qu'en extracrânien (lésion en tandem que l'on retrouve dans environ 10 % des cas). Les risques de complications de l'angiographie et de la chirurgie combinées sont de l'ordre de 4 % et moins chez les patients sélectionnés.

L'évaluation de l'AIT du territoire *vertébro-basilaire* (Fig. 27.5) est sensiblement la même que celle du territoire carotidien. Il faut porter une attention particulière au pouls et à la PA dans les deux bras et rechercher, à l'anamnèse, une possible relation entre les symptômes et l'activité physique des bras (syndrome de vol). Toutefois, comme aucun traitement chirurgical vasculaire n'est envisagé dans la plupart de ces cas, l'étude de la vasculature cérébrale par ultrasonographie et/ou angiographie est moins utile. Elle est toutefois indiquée si l'on suspecte un syndrome d'hémodétournement ou encore si on désire évaluer la contribution du circuit carotidien à la circulation postérieure.

Le traitement médical est axé principalement sur la prévention de la survenue d'AVC ou d'autres événements vasculaires. Il s'agit d'identifier et de traiter les facteurs de risque, principalement l'HTA et le tabagisme. Dans le cas d'IVB, des conseils liés à la verticalisation et aux mouvements du cou peuvent être utiles. Sur le plan des médicaments, les antiplaquettaires ont maintenant fait la preuve de leur efficacité pour la prévention secondaire des événements vasculaires. L'acide acétylsalicylique (AAS) est encore l'agent le plus utilisé. La dose la plus efficace pour un patient ayant fait un AIT non cardioembolique est encore débattue et varie selon les études de 30 à 1300 mg par jour. Une dose de 325 mg par jour est acceptable, car il faut considérer le fait que l'usage chronique de l'AAS implique un risque accru de complications hémorragiques proportionnel à la dose et plus

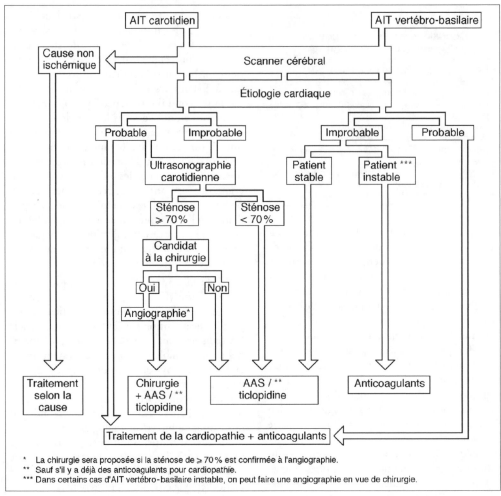

Figure 27.5 Approche pratique d'un AIT. L'investigation doit être individualisée à chaque cas. Un candidat non chirurgical signifie un patient qui refuse la chirurgie, qui a une sténose de < 70 % ou dont l'état général est précaire. Chez tous les patients, l'approche thérapeutique inclut le traitement des facteurs de risque et des maladies associées.

élevé chez les vieillards. La ticlopidine est un autre antiplaquettaire relativement nouveau. Son rôle dans la prévention des AVC a été étudié dans deux grandes études: la *Canadian American Ticlopidine Study* (CATS) et la *Ticlopidine Aspirin Stroke Study* (TASS). Les données indiquent que la ticlopidine est efficace dans la prévention secondaire après un AIC constitué (CATS) et légèrement plus efficace que l'AAS dans la prévention secondaire après un AIT ou un AIC mineur (TASS). La ticlopidine est plus coûteuse et a plus d'effets secondaires que l'AAS, dont le plus important est la neutropénie qui peut survenir dans les premiers

mois dans environ 1 % des cas. Il est donc impératif de surveiller l'hémogramme aux deux semaines pendant les trois premiers mois de traitement. La neutropénie est réversible après arrêt de la médication. Les autres effets secondaires sont, entre autres, la diarrhée et l'éruption cutanée. Il est de pratique courante pour plusieurs médecins de prescrire la ticlopidine aux patients qui sont allergiques ou intolérants à l'AAS ou à ceux qui ont fait un AIT ou un AVC sous AAS (échec à l'AAS). L'héparinothérapie à court terme est parfois utilisée en cas d'AIT dû à une lésion athéroscléreuse grave inopérable (sténose du siphon carotidien ou du

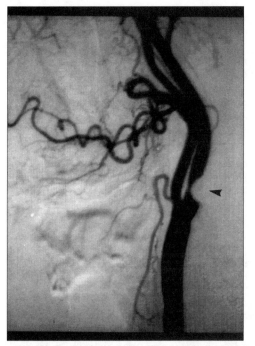

Figure 27.6 Sténose «chirurgicale» de > 70 % de la carotide interne. Angiographie carotidienne chez un patient symptomatique

> ### Tableau 27.9
> **Conduite pratique proposé devant un AIC**
>
> - Évaluation initiale et investigation de base selon le tableau 27.7
> - Traitement de soutien général: maintenir signes vitaux, hydratation, PA, etc. Si PA très élevée en phase aiguë, ne pas l'abaisser trop rapidement sauf si hémorragie, encéphalopathie hypertensive ou PA > 220/130
> - Si l'état du patient est instable ou évolutif, consultation neurologique pour discuter de l'indication d'anticoaguler ou de l'opportunité d'une investigation urgente plus poussée en milieu spécialisé
> - Mesures visant la prévention des complications (phlébite, embolie pulmonaire, infections pulmonaires et urinaires, escarres de décubitus)
> - Médicaments antithrombotiques à titre préventif
>   Antiplaquettaires: AAS 325 mg/24 h ou ticlopidine 250 mg 2 fois par jour aux repas si allergie, intolérance ou échec à l'AAS
>   Anticoagulants: héparine I.V., si étiologie cardiaque et après avoir éliminé une lésion hémorragique (voir texte), et plus tard anticoagulants oraux sous réserve des contre-indications décrites au tableau 27.10
> - Physiothérapie précoce
> - Traitement des facteurs de risque et des maladies associées
> - Si l'état du patient ne justifiait pas de scanner en urgence pour orientation thérapeutique, le faire après quelques jours si diagnostic incertain ou évolution inhabituelle

tronc basilaire par exemple) ou dans les sténoses carotidiennes serrées en attente d'intervention. L'anticoagulothérapie par voie orale à long terme peut être appropriée chez certains malades qui ont des récidives d'ischémie cérébrale sous antiplaquettaires, particulièrement chez les malades avec évidence d'artériosclérose grave, mais ce traitement demeure empirique.

Traitement de l'AIC

Les objectifs du traitement de l'AIC aigu (Tableau 27.9) incluent d'abord des mesures d'ordre général, soit le maintien des signes vitaux, d'un état nutritionnel adéquat, la prévention des aspirations bronchiques et des infections, la correction des paramètres biologiques s'il y a lieu, le traitement des maladies associées (infarctus du myocarde, arythmie, anémie importante, diabète déséquilibré, HTA, etc.). Toutefois, une PA élevée en phase aiguë d'un accident non hémorragique ne doit pas être abaissée abruptement, sauf s'il y a évidence d'encéphalopathie hypertensive ou si la PA est > 220/130. Souvent elle se stabilise d'elle-même en quelques jours. La physiothérapie commence après l'investigation initiale et après stabilisation médicale et neurologique.

Les traitements à visée curative en phase aiguë de l'AIC non hémorragique (thrombolyse et cytoprotecteurs) ainsi que l'utilité du traitement antithrombotique sont encore à l'étude.

Une étude américaine récente contrôlée avec placebo a démontré que l'alteplase (t-PA) administrée par voie intraveineuse, moins de *trois heures* après le début des symptômes d'AVC ischémique, réduisait de façon significative la proportion de patients demeurant avec un déficit modéré ou majeur à trois mois sans augmenter le taux de mortalité. Toutefois, le taux d'hémorragies cérébrales symptomatiques était nettement augmenté dans le groupe qui a reçu l'alteplase. A l'heure actuelle, l'alteplase dans l'AVC ischémique aigu est approuvé par le *Food and Drug Administration* (FDA) aux États-Unis et est en attente d'approbation par la Direction générale de la protection de la santé (DGPS) au Canada; néanmoins certains centres canadiens ont approuvé son utilisation localement avec des critères de sélection très stricts.

En ce qui concerne les antithrombotiques, des essais sont actuellement en cours pour déterminer l'efficacité de l'AAS administré durant les premières 48 heures d'un AIC présumé athérothrombotique. L'AAS ou la ticlopidine sont quand même suggérés à titre préventif (Tableau 27.9). L'héparine prévient la propagation du thrombus intravasculaire et la formation de nouveaux thrombi. Elle est parfois justifiée dans le cadre d'un AIC aigu, surtout s'il s'agit d'un déficit dans le territoire vertébro-basilaire ou d'un accident en évolution. Certains l'administrent également en cas de sténose carotidienne importante responsable de l'événement, si le déficit est mineur ou en attente de chirurgie de cette carotide. A noter toutefois que l'efficacité ainsi que la non-efficacité de l'anticoagulothérapie intraveineuse dans le contexte d'un AIC aigu n'ont jamais été démontrées et que *les anticoagulants doivent être utilisés avec beaucoup de prudence en gériatrie*, car les risques de complications sont plus élevés (Tableau 27.10). Par ailleurs si le déficit neurologique est majeur, l'héparinothérapie n'est pas utile.

Dans le cas d'une étiologie cardiaque présumée, il faut évaluer les chances de prévenir une récidive précoce, en traitant avec des anticoagulants contre le risque potentiel de favoriser une hémorragie secondaire qui survient dans 10 à 20 % des cas. De façon générale, l'anticoagulothérapie est différée pendant environ 48 heures. Après cette période, si un scanner de contrôle ne démontre pas de signe d'hémorragie, il y a lieu de débuter l'héparine. Toutefois,

---

Tableau 27.10

Contre-indications relatives des anticoagulants en gériatrie

- Diathèse hémorragique ou certaines hémopathies
- Ulcère peptique actif
- Atteinte hépatique ou rénale grave
- HTA modérée ou grave
- Problème locomoteur prédisposant à de nombreuses chutes
- Impossibilité d'un suivi médical adéquat
- Non-fiabilité du malade quant à la prise des médicaments
- Éthylisme important
- État dément
- Âge très avancé

---

si la lésion est volumineuse, s'il y a de l'œdème ou si la PA est très élevée, on suggère d'attendre encore 7 à 10 jours. Ce délai de prudence est justifié puisque, selon certaines études, le risque de récidive d'AVC dans les deux premières semaines n'est pas plus élevé pour les AIC cardioemboliques que pour les AIC thromboemboliques.

Après la phase aiguë de l'AIC, si le patient redevient fonctionnel et que son état général demeure bon, la démarche est celle de l'AIT. Dans le cas d'amélioration lente ou de déficit important, l'accent est mis sur le traitement général de soutien, la réadaptation (physiothérapie, ergothérapie, orthophonie, réadaptation cognitive), les mesures visant à prévenir les phlébites et les infections (Chap. 22), le traitement des autres maladies et la correction, si possible, des facteurs de risque.

Traitement des hémorragies intracrâniennes

Comme dans tous les AVC, il faut corriger s'il y a lieu les paramètres biologiques, les dyscrasies sanguines et cesser les médicaments possiblement en cause. Dans les cas d'HIP spontanée ou hypertensive, l'évacuation de l'hématome est rarement indiquée, sauf s'il s'agit d'un hématome cérébelleux menaçant, tel que mentionné plus haut. L'HSA, avec ou sans déficit neurologique focal, nécessite toujours une expertise neurologique ou neurochirurgicale. La présentation clinique est assez typique et, à l'aide du scanner, il est généralement facile de distinguer une HSA d'une HIP primaire. La ponction lombaire est indiquée si le scanner est négatif. L'angiographie cérébrale est nécessaire pour visualiser l'anévrisme ou la malformation artério-veineuse. Si l'état du malade le permet, la chirurgie est précoce. Le traitement en phase aiguë de l'HSA, en attendant la chirurgie, et de l'HIP non chirurgicale comprend, outre les mesures de soutien général, la correction de l'HTA, le traitement de la céphalée, la mise au repos, l'ordonnance de mesures visant à réduire la tension intracrânienne (éviter la toux et la constipation) et la vérification fréquente des paramètres biologiques. Certains centres utilisent couramment la nimodipine contre le vasospasme dans l'HSA en phase aiguë. Une surveillance clinique et paraclinique étroite est requise, car une détérioration rapide à court terme n'est pas rare, due à une nouvelle hémorragie, au vasospasme, à la survenue de convulsions ou d'autres complications comme un syndrome de sécrétion inappropriée de l'hormone antidiurétique (SIADH) ou une hydrocéphalie. L'HSD et l'HED sont des conditions souvent d'emblée chirurgicales, si l'état du malade apparaît satisfaisant au moment de la confirmation du diagnostic.

COMPLICATIONS

Les complications neurologiques surviennent surtout à la phase aiguë ou dans les premiers jours: transformation hémorragique d'un AIC, accentuation du déficit par œdème, etc. L'œdème cérébral péri-infarctus est à son maximum environ deux à quatre jours après l'occlusion artérielle et régresse spontanément par la suite. L'utilisation de corticostéroïdes n'est, en général, pas efficace dans ce contexte. Les patients qui se détériorent cliniquement (somnolence, asymétrie pupillaire, respiration irrégulière) peuvent être traités par hyperventilation et agents diurétiques osmotiques. Les crises d'épilepsie sont également plus fréquentes en phase aiguë d'AVC, surtout s'il s'agit d'accident hémorragique, si la lésion est volumineuse et touche le cortex cérébral. Le traitement de ces crises est le même que pour les crises comitiales en général.

Après la phase aiguë, ce sont les complications médicales qui sont fréquentes, affectant environ 50 % des survivants. Les principales sont la *phlébite*, l'*embolie pulmonaire* et les *infections pulmonaires* et *urinaires*. Le médecin doit être particulièrement vigilant au sujet de la possibilité de phlébite, parce qu'elle passe parfois inaperçue chez le malade âgé plus ou moins conscient, le malade avec déficit sensitif grave ou encore le malade anosognosique ou qui néglige son membre affecté. L'incidence de ces complications augmente avec l'âge, avec le degré de déficit, avec la diminution de l'état de vigilance, avec le retard de l'amorce de récupération sensitivo-motrice, avec le degré d'atteinte de l'état général au moment de l'AVC et avec l'altération des fonctions cérébrales supérieures. Ces paramètres définissent également le pronostic fonctionnel des survivants. Les complications à moyen terme ou long terme, dont les problèmes d'ankylose et de douleur, font partie du syndrome d'immobilisation (Chap. 22). La dépression n'est pas rare suite à un AVC et certains antidépresseurs (nortriptyline, trazodone) se sont avérés efficaces dans ce contexte.

ÉVOLUTION ET PRONOSTIC

Entre 25 et 35 % des malades victimes d'AVC décèdent au cours du premier mois, surtout par HIP. A l'instar des complications, les décès précoces sont de cause neurologique et les décès tardifs de cause cardiaque ou médico-infectieuse. La plupart des survivants d'AVC hémisphérique s'améliorent à des degrés divers, mais beaucoup restent avec de lourds handicaps. Les survivants d'accident tronculaire non hémorragique ont souvent une évolution favorable après la phase aiguë (syndrome latéral du bulbe), avec parfois des troubles résiduels touchant l'équilibre. La thrombose basilaire avec quadriparésie, avec ou sans altération de la vigilance (donnant parfois le syndrome de «déefférentation» motrice), demeure de mauvais pronostic à cause de la totale dépendance du malade et de sa vulnérabilité aux complications. Toutefois, le malade conscient qui montre des signes précoces de récupération motrice exige le maximum de mesures de soutien, car il peut atteindre un niveau de récupération surprenant. L'hémorragie tronculaire est souvent mortelle ou, de toute façon, de mauvais pronostic. L'hémorragie cérébelleuse évolue favorablement si elle est petite et le diagnostic a été précoce et dans les cas chirurgicaux si le malade était en bon état au moment de la chirurgie évacuatrice.

En général, on considère que les survivants d'AVC bénéficient d'une approche thérapeutique multidisciplinaire, ce qui permet de diminuer les risques de complications et d'orienter vers un programme de réadaptation adapté. Cela contribue grandement à améliorer le degré d'autonomie de ces patients, quel que soit leur déficit.

BIBLIOGRAPHIE

Antiplatelet Trialists' Collaboration: Collaborative overview of randomised trials of antiplatelet therapy-I: Prevention of death, myocardial infarction, and stroke by prolonged antiplatelet therapy in various categories of patients. *BMJ*, **308**:81, 1994.

BARNETT, H.J.M. & V.C. HACHINSKI: Cerebral Ische-mia: Treatment and Prevention, in *Neurologic Clinics*, W.B. Saunders, Philadelphia, 1992.

GENT, M. & Coll.: The Canadian-American Ticlopidine Study (CATS) in thromboembolic stroke. *Lancet*, 1:1215, 1989.

Cerebral Embolism Task Force: Cardiogenic brain embolism: second report of the Cerebral Embolism Task Force. *Arch Neurol*, 46:727, 1989.

FELDMAN, E.: Intracerebral Hemorrhage. *Stroke*, 22:684, 1991.

HASS, W.K. & Coll.: A randomized trial comparing ticlopidine hydrochloride with aspirin for the prevention of stroke in high-risk patients. *N Engl J Med*, 321:501, 1989.

HUMPHREY, P.: Stroke and transient ischemic attacks. *J Neurosurg Psychiatry*, 57:534, 1994.

The National Institute of Neurological Disorders and Stroke rt-PA Stroke Study Group: Tissue plasminogen activator for acute ischemic stroke. *N Engl J Med*, 333:1581, 1995.

North American Symptomatic Carotid Endarterectomy Trial Collaborators: Beneficial effect of endarterectomy in symptomatic patients with high-grade carotid stenosis. *N Engl J Med*, 325:445, 1991.

ROTHROCK, J.F. & R.G. HART: Antithrombotic Therapy in Cerebrovascular Disease. *American College of Physicians*, 115:885, 1991.

SHEP Cooperative Research Group: Prevention of stroke by antihypertensive drug treatment in older persons with isolated systolic hypertension: final results of the Systolic Hypertension in the Elderly Program (SHEP). *JAMA*, 265:3255, 1991.

WOLF, P.A., ABBOTT, R.D. & W.B. KANNEL: Atrial fibrillation: A major contributor to stroke in the elderly. The Framingham Study. *Arch Intern Med*, 147:1561, 1987.

LECTURES SUGGÉRÉES

ADAMS, H.P. Jr. & Coll.: Guidelines for the Management of Patients With Acute Ischemic Stroke. *Stroke*, 25:1901, 1994.

BILLER, J.: Cerebrovascular Disorders in the 1990s, in *Clinics in Geriatric Medicine*, W.B. Saunders, Philadelphia, 1991.

BOGOUSSLAVSKY, J., BOUSSER, M.-G & J.-L. MAS: *Accidents Vasculaires Cérébraux*, Les Presses de l'Université de Montréal & Doin Éditeurs, Montréal & Paris, 1993.

FEINBERG, W.M. & Coll.: Guidelines for the Management of Transient Ischemic Attacks. *Stroke*, 25:1320, 1994.

SHUAIB, A. & V.C. HACHINSKI: Mechanisms and management of stroke in the elderly. *Can Med Assoc J*, 145(5):433, 1991.

CHAPITRE 28

MOUVEMENTS INVOLONTAIRES ET MALADIE DE PARKINSON

JACQUES DE LÉAN

Le diagnostic de la maladie de Parkinson et des autres mouvements involontaires fait appel aux notions de sémiologie neurologique plutôt qu'aux examens complémentaires. Le traitement exige, de plus, une connaissance précise des mécanismes d'action des médicaments, de leurs effets secondaires et des interactions médicamenteuses.

La maladie de Parkinson constitue, après les accidents vasculaires cérébraux, la seconde cause d'invalidité neurologique, dans les sociétés postindustrielles. On estime que 75 % des parkinsoniens voient apparaître les premiers symptômes de leur maladie entre 50 et 65 ans. L'apparition de la lévodopa, au début des années 70, a permis d'augmenter d'au moins 7 ans l'espérance de vie des parkinsoniens.

TREMBLEMENTS

Diagnostic différentiel

La première démarche consiste à établir s'il s'agit vraiment d'un tremblement. Les tremblements sont des mouvements oscillatoires, involontaires, résultant de l'activité de muscles antagonistes (flexion/extension, supination/pronation). Les tremblements se distinguent aisément par l'observation des conditions particulières déterminant leur apparition (Fig. 28.1 et Tableau 28.1).

Le *tremblement de repos* est pathognomonique de la maladie de Parkinson. Il est présent lorsque le membre atteint est en position de repos et disparaît lors du mouvement volontaire. Ce tremblement, surtout distal, est souvent dissymétrique et prédomine au membre supérieur. Avec une fréquence de 4 à 6 par seconde, il atteint particulièrement le pouce et l'index, reproduisant des mouvements d'émiettement. Il est aggravé par la fatigue, les émotions et la marche. Il disparaît pendant le som-

---

Tableau 28.1

Diagnostic différentiel des tremblements

Tremblement de repos
　Maladie de Parkinson

Tremblement d'action
　Tremblement idiopathique familial
　Tremblement sénile idiopathique
　Hyperthyroïdie
　Anxiété
　Alcool
　Médicaments
　• sympathicomimétiques
　　– isoprotérénol
　　– salbutamol
　　– terbutaline
　• antipsychotique
　　– carbonate de lithium
　• antiépileptique
　　– acide valproïque

Tremblement d'intention
　Atteinte cérébelleuse
　Déficit proprioceptif
　Lésion d'un lobe pariétal

---

meil. L'examen neurologique permet de démontrer, la plupart du temps, de la rigidité parkinsonienne «en tuyau de plomb» et le phénomène de la roue dentée.

Quand le tremblement se manifeste au maintien volontaire d'une posture qui s'oppose à l'effet de la gravité, on parle de *tremblement d'action*. Ce tremblement atteint surtout la partie distale du membre supérieur et gêne le malade lorsqu'il doit tenir un objet dans sa main, au moment d'écrire ou de manger par exemple. Les muscles du cou sont parfois atteints, ce qui donne lieu à des mouvements de flexion et d'extension (tremblement «affirmatif») ou encore de rotation (tremblement «négatif»). Avec une fréquence de 7 à 11 par seconde, le tremblement d'action est plus rapide que le tremblement de repos parkinsonien. A l'examen

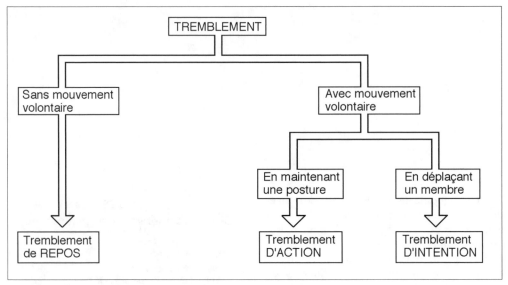

Figure 28.1 Classification des tremblements

clinique, on peut retrouver le phénomène de la roue dentée, associé à un tonus musculaire normal. Le tremblement idiopathique familial et le tremblement sénile idiopathique appartiennent à cette classe de tremblements. Certains médicaments suscitent ou exagèrent le tremblement d'action. L'anxiété et l'hyperthyroïdie doivent également être considérées, dans le diagnostic différentiel, surtout en présence d'un tremblement fin.

Le *tremblement d'intention* est déclenché par le déplacement volontaire d'un membre. Le tremblement d'intention est une manifestation d'incoordination causée par un déficit cérébelleux, pariétal ou proprioceptif. Il consiste en une oscillation irrégulière (3-5 mouvements par seconde) provenant des muscles proximaux et s'exagérant lorsque l'extrémité du membre approche de sa destination (c'est le *end-point tremor* des auteurs anglo-saxons). L'examen neurologique met en évidence un tonus musculaire normal ou diminué.

On peut distinguer le tremblement d'action du tremblement d'intention, par la «manœuvre du poignet aidé». Cette manœuvre consiste d'abord à pratiquer une épreuve doigt-nez conventionnelle. Puis, on fait une seconde épreuve, en soutenant le poignet du malade. Le tremblement d'action, surtout distal, demeure inchangé, alors que le tremblement d'intention, qui provient des muscles proximaux, diminue considérablement.

Tremblement sénile idiopathique

Le tremblement sénile idiopathique appartient à la classe des tremblements d'action. Étant 15 fois plus fréquent que le tremblement parkinsonien, c'est le plus souvent rencontré en gériatrie. Le tremblement débute souvent insidieusement dans la troisième ou quatrième décennie et il n'est pas rare de découvrir une histoire familiale. Plusieurs malades rapportent une amélioration de leur tremblement après ingestion d'alcool. La plupart des malades (50-70 %) voient leur état s'améliorer par le propranolol (120-240 mg/24 h) ou le métoprolol (100-200 mg/24 h). La primidone (125 mg au coucher) peut aussi se montrer efficace.

Certains parkinsoniens ont un second type de tremblement qui s'apparente au tremblement sénile idiopathique. En plus du tremblement de repos classique, ils présentent, au maintien de la posture, un véritable tremblement d'action d'une fréquence de 7 à 11 mouvements par seconde.

AUTRES MOUVEMENTS INVOLONTAIRES
Hyperkinésies

Plusieurs types d'hyperkinésie s'observent en gériatrie. L'athétose, la chorée, l'hémiballisme et la dyskinésie tardive ont chacune leurs caractéristiques propres (Tableau 28.2) et leurs causes spécifiques.

Tableau 28.2
Aspects cliniques des hyperkinésies

	Caractères	Localisation	Composition
Athétose	Sinueux, ondulant, tordu, soutenu	Portion distale des membres, face, cou, tronc	Flexion, extension, abduction, pronation, supination
Chorée	Saccadé, bref, explosif, précipité	Portions distale et proximale des membres, tronc, face, langue, larynx	Constamment changeant
Hémiballisme	Violent, étrange, rapide, énergique	Portion proximale des membres	Coup de poing, balancement, torsion, roulement, lancement
Dyskinésie tardive	Bref, délicat, répétitif	Face, lèvres, langue	Grimace, succion, protrusion

L'*athétose* de l'infirmité motrice cérébrale persiste souvent à l'âge adulte et peut se retrouver chez le vieillard. Les formes acquises chez la personne âgée sont d'origine vasculaire ou infectieuse. La physiopathologie de l'athétose est mal connue et, jusqu'à maintenant, le traitement médicamenteux s'est avéré décevant.

En gérontologie, la *chorée* est parfois due à des effets secondaires médicamenteux (Tableau 28.3) ou à un syndrome d'étiologie, apparemment dégénérative, que l'on nomme chorée sénile et qui ne s'accompagne habituellement pas de démence. Les autres formes de chorée retrouvées à l'âge adulte ne font plus partie, chez la personne âgée, du diagnostic différentiel.

Les mouvements choréiques semblent résulter d'une hyperactivité de la dopamine des ganglions de la base et sont atténués par l'administration d'antidopaminergiques. Les anticholinergiques sont contre-indiqués chez ces malades.

L'*hémiballisme* résulte, la plupart du temps, d'un infarctus ou d'une hémorragie dans le noyau sous-thalamique, le thalamus ou le striatum du côté opposé. Les mouvements involontaires ont tendance à s'estomper avec le temps et peuvent répondre à une médication antidopaminergique. Les principaux médicaments réduisant l'activité dopaminergique et cholinergique sont présentés au tableau 28.4.

Dyskinésie tardive

Les *dyskinésies tardives* apparaissent, en général, après une à deux années d'exposition aux neuroleptiques ou à la métoclopramide; on observe aussi des dyskinésies spontanées, sans évidence de prise de neuroleptiques. Les personnes âgées ont un risque plus élevé de dyskinésie tardive, et on observe aussi moins de rémission spontanée chez elles. La prévalence de ces troubles atteint 5 à 10 % dans une population de sujets de plus de 60 ans et dépasse 50 % chez des sujets de même âge, sous traitement neuroleptique. Comme la région buccale est la plus souvent atteinte, on parle de «dyskinésie facio-bucco-linguale». Toutefois, comme le montre le tableau 28.5, la dyskinésie tardive ne se limite pas exclusivement à la partie inférieure de la face, mais peut affecter aussi le tronc, les membres et la respiration.

La dyskinésie tardive semble attribuable à un phénomène d'hypersensibilité des récepteurs dopaminergiques, à la suite d'une administration prolongée d'agents antipsychotiques.

La prévention de la dyskinésie tardive consiste à n'administrer chroniquement des neuroleptiques qu'à ceux dont l'état requiert une telle mesure. Les doses de neuroleptiques doivent être aussi faibles que possible. A la lumière des connaissances actuelles, il semble possible que le recours à certains neuroleptiques atypiques,

Tableau 28.3
Étiologie médicamenteuse de la chorée

Antiparkinsoniens
  Bromocriptine
  Lévodopa
Antiépileptiques
  Phénytoïne
  Primidone
  Carbamazépine
Stimulants du SNC
  Dexamphétamine
  Méthylphénidate
Antihistaminiques

Tableau 28.4

Médicaments modifiant l'activité dopaminergique ou cholinergique cérébrale

Médicaments améliorant le parkinsonisme		Mécanisme
Par augmentation de l'activité dopaminergique	Lévodopa	Précurseur de la dopamine
	Bromocriptine	Agoniste de la dopamine
	Pergolide	Agoniste de la dopamine
	Lisuride	Agoniste de la dopamine
	Amantadine	Favorise l'activité dopaminergique
	Sélégiline	Bloque la dégradation de la dopamine
Par diminution de l'activité cholinergique	Atropine	Bloque l'acétylcholine
	Benzatropine	Bloque l'acétylcholine
	Trihexyphénidyle (et autres anticholinergiques)	Bloque l'acétylcholine
	Diphénhydramine (et autres antihistaminiques)	Bloque l'acétylcholine
	Antidépresseurs tricycliques	Bloque l'acétylcholine
Médicaments exagérant le parkinsonisme		**Mécanisme**
Par augmentation de l'activité cholinergique	Déanol	Précurseur de l'acétylcholine
	Choline	Précurseur de l'acétylcholine
	Lécithine	Précurseur de l'acétylcholine
	Physostigmine	Anticholinestérasique
Par diminution de l'activité dopaminergique	Butyrophénones	Bloque la dopamine
	Phénothiazines	Bloque la dopamine
	Métoclopramide	Bloque la dopamine
	Réserpine	Vide les réserves présynaptiques
	Tétrabénazine	Vide les réserves présynaptiques
	Méthyldopa	Faux transmetteur

Tableau 28.5

Aspects cliniques de la dyskinésie tardive

Localisation		Composition du mouvement
Face	Langue	Mouvements latéraux
	Lèvres	Moues, succion, plissement
	Joues	Rétraction, gonflement
	Mâchoires	Mastication, mouvements latéraux
	Paupières	Blépharospasmes cloniques ou toniques
Tronc		Balancements rythmiques
Membres		Entortillement, extension, tapotement des doigts et des orteils, tapement du pied, piétinement
Respiration		Tachypnée périodique, fréquence respiratoire irrégulière

comme la clozapine ou la rispéridone, puisse réduire le risque de dyskinésie tardive. En effet, cette nouvelle classe de médicaments semble exercer moins d'effets sur le système extrapyramidal.

Le traitement consiste d'abord à abandonner lentement les neuroleptiques et les anticholinergiques. Des benzodiazépines peuvent aider à réduire la dyskinésie. Si un neuroleptique est requis, le thioridazine est le médicament de choix. Lorsque la dyskinésie persiste, la réserpine peut être introduite, avec la dose de départ de 0,25 mg/24 heures. Par la suite, la dose est accrue de 0,25 mg/24 heures jusqu'à un maximum de 6 mg, si nécessaire.

Le diagnostic différentiel de la dyskinésie tardive comprend, entre autres, la dyskinésie bucco-faciale idiopathique, fréquemment associée à démence sénile de type Alzheimer. Les autres entités à considérer sont la chorée, sénile ou médicamenteuse, la schizophrénie et diverses encéphalopathies (Tableau 28.6).

MALADIE DE PARKINSON

Étiologie

La maladie de Parkinson est causée par une *diminution de l'activité de la dopamine*, un neurotransmetteur indispensable au fonctionnement des ganglions de la base. La dopamine provient de la substance noire, un noyau pigmenté du tronc cérébral. Dans la maladie de Parkinson, les neurones de la substance noire dégénèrent, entraînant ainsi une déficience en dopamine. La cause exacte de cette dégénérescence n'est pas encore élucidée.

On retrouve une histoire familiale chez 15 % des malades et ce pourcentage s'élève à 35 % chez les parkinsoniens dont la maladie débute avant 40 ans. On ne rencontre plus maintenant la maladie de Parkinson postencéphalitique consécutive à l'épidémie d'encéphalite léthargique de 1918-1926. On a décrit un syndrome parkinsonien chronique, chez des narcomanes s'étant injecté du MPTP (1-méthyl-4-phényl-1,2,3,6-tétrahydropyridine), un produit analogue à la mépéridine ou péthidine. Ce syndrome clinique appuie la possibilité d'une étiologie toxique, et on peut le reproduire chez les animaux de laboratoire. Le MPTP détruit les neurones de la substance noire du tronc cérébral et reproduit assez fidèlement les manifestations cliniques de la maladie de Parkinson. Grâce à ce modèle, on a observé que les effets toxiques du MPTP pouvaient être bloqués par la sélégiline, un inhibiteur de la monoamine oxydase (IMAO).

Tableau 28.6
Diagnostic différentiel de la dyskinésie tardive en gériatrie

Dyskinésie bucco-faciale idiopathique

Chorée sénile

Chorée d'étiologie médicamenteuse

Mouvements stéréotypés de la schizophrénie

Maladies neurologiques dégénératives

Infarctus cérébraux

Encéphalopathies postanoxiques

On sait que la dopamine cérébrale est métabolisée par des réactions oxydatives capables de produire des radicaux libres. Il est possible que ces radicaux libres puissent endommager des membranes cellulaires par un phénomène de peroxydation des lipides et ainsi détruire les neurones de la substance noire. A la lumière des connaissances actuelles, la maladie de Parkinson pourrait être due à une déficience enzymatique, héréditaire ou acquise, qui réduirait la capacité des neurones de la substance noire de se défendre contre des radicaux libres ou contre des substances toxiques de l'environnement. La possibilité d'une infection ou d'une perturbation du système immunitaire fait aussi l'objet d'études.

Physiopathologie

Les ganglions de la base du cerveau sont étroitement associés aux mécanismes régissant la posture et le mouvement volontaire. On croit que la diminution de l'activité dopaminergique dans les ganglions de la base, chez les parkinsoniens, contribue de façon déterminante à la symptomatologie extrapyramidale. En plus, la *réduction de l'activité dopaminergique* cérébrale s'accompagne d'un *accroissement de l'activité de l'acétylcholine* dans le cerveau. Ainsi, le traitement de la maladie de Parkinson vise-t-il à protéger les neurones de la substance noire, à accroître l'activité de la dopamine et à diminuer celle de l'acétylcholine.

La dopamine cérébrale, comme celle que l'on retrouve dans les autres organes, provient de la décarboxylation de la lévodopa. La lévodopa traverse la barrière hémato-encéphalique et peut être administrée pour remplacer, dans le cerveau, la dopamine endogène déficiente. Toutefois, seule une faible proportion de la dopamine administrée peut se transformer en dopamine cérébrale, puisque la décarboxylation de la lévodopa s'effectue aussi en dehors du cerveau. La dopamine extracérébrale ainsi produite provoque des effets secondaires (nausées, vomissements, etc.). Ce problème peut être contrôlé en administrant, en même temps que la lévodopa, un bloquant de la décarboxylase ne traversant pas la barrière hémato-encéphalique. De cette façon, la lévodopa est surtout métabolisée dans le cerveau, sans causer d'effets secondaires périphériques. On reconnaît plusieurs types de récepteurs dopaminergiques dans le cerveau. Le récepteur D_1 est associé à l'adénylcyclase, alors que le récepteur D_2 ne l'est pas. La stimulation des récepteurs D_2 semble être importante pour diminuer les symptômes de la maladie de Parkinson. Le déficit en dopamine cérébrale peut être compensé par quatre stratégies différentes

1) en administrant le précurseur de la dopamine, la lévodopa, avec un bloquant de la décarboxylase;

2) en stimulant directement les récepteurs dopaminergiques, par un agoniste de la dopamine, comme la bromocriptine, le pergolide et le lisuride; de ces trois médicaments, seuls les deux premiers sont commercialisés;

3) en favorisant l'action de la dopamine, au moyen de l'amantadine;

4) en bloquant la dégradation de la dopamine, par la sélégiline.

Manifestations cliniques

James Parkinson décrivit, en 1817, sous le terme de *Shaking Palsy*, un syndrome touchant les gens âgés et comprenant des tremblements de repos, de la faiblesse, une tendance à se pencher vers l'avant et à accélérer le pas, le tout sans détérioration cognitive ou intellectuelle.

Encore aujourd'hui, le diagnostic de la maladie de Parkinson demeure essentiellement clinique et repose sur la démonstration des éléments caractéristiques du syndrome, soit le *tremblement de repos, la bradykinésie et la rigidité*. Les symptômes sont souvent dissymétriques, au stade précoce.

En plus de la forme «tremblante», on observe également une forme «akinétique», sans tremblement visible. Cette forme est plus difficile à diagnostiquer précocement, parce que les symptômes de l'akinésie parkinsonienne sont plus facilement attribuables au «vieillissement».

La recherche de l'akinésie se fait d'abord par l'observation du visage. L'*akinésie faciale* se manifeste par un clignement moins fréquent des paupières et une diminution de l'expression du regard. La mise en évidence de *micrographie* parkinsonienne est aussi utile pour détecter précocement l'akinésie parkinsonienne.

La *démarche parkinsonienne* se reconnaît à une réduction du balancement des bras, une tendance à tourner «en bloc», une rigidité tron-

culaire et une propension à soudainement accélérer le pas (festination) ou à reculer sans raison (rétropulsion). Ces signes sont pathognomoniques et ne se retrouvent pas chez la personne âgée normale. La démarche peut être facilitée par un stimulus visuel.

La *rigidité* est démontrable par une résistance constante et égale à la mobilisation passive du poignet, de l'avant-bras, ou du coude. La *manœuvre du poignet figé* peut aider à mettre en évidence cette rigidité caractéristique de la maladie de Parkinson. Cette manœuvre consiste à mobiliser passivement le poignet ou l'avant-bras; en présence de parkinsonisme, la résistance à la mobilisation s'accroît lorsque le malade lève le membre supérieur de l'autre côté. Le signe de *l'oreiller fantôme* est souvent démontrable en présence d'akinésie; le malade étant en décubitus dorsal, on retire l'oreiller, et le cou demeure en flexion, comme supporté par un oreiller fantôme. Le réflexe glabellaire est la plupart du temps vif et inépuisable, dans la maladie de Parkinson: c'est le *signe de Myerson*.

Il convient de distinguer l'hypertonie d'opposition des malades déments de la rigidité parkinsonienne. Chez les malades déments, la résistance à la mobilisation passive est normale ou légèrement augmentée au début. Au cours de mobilisations répétées, on voit apparaître une hypertonie fluctuante, induite par la mobilisation elle-même.

Le phénomène de la «roue dentée» est distinct de la rigidité parkinsonienne et résulte d'un tremblement occulte. Ce phénomène ne constitue pas en soi un signe de la maladie de Parkinson et se retrouve chez des malades souffrant simplement de tremblement postural.

Le terme *pseudo-parkinsonisme* recouvre tous les syndromes dont le tableau clinique ressemble à celui de la maladie de Parkinson. Les syndromes pseudo-parkinsoniens sont causés soit par des maladies dégénératives cérébrales ou encore par les effets secondaires de certains médicaments (Tableaux 28.7 et 28.8).

Traitement

Le traitement de la maladie de Parkinson ne peut être stéréotypé. La décision thérapeutique doit tenir compte de l'état des facultés cognitives, de l'âge du malade, de la forme et du degré de gravité de la maladie; la présence de maladies associées et d'effets médicamenteux secondaires influencent aussi considérablement

Tableau 28.7
Maladies responsables du pseudo-parkinsonisme

La *dégénérescence striato-nigrique* a beaucoup de similitudes cliniques avec la maladie de Parkinson, sauf qu'elle débute généralement à un âge plus précoce (40-50 ans) et avec un tableau surtout akinétique, sans tremblement, réagissant peu à la lévodopa.

La *paralysie supranucléaire progressive* (syndrome de Steele-Richardson) se reconnaît à une paralysie de la verticalité du regard, associée à un syndrome parkinsonien surtout akinéto-rigide.

Des *infarctus cérébraux multiples* ou des syndromes lacunaires à la période d'état peuvent mimer l'akinésie et la démarche parkinsonienne; on les reconnaît à des signes neurologiques non parkinsoniens (pyramidaux et autres) fréquemment rencontrés dans les maladies vasculaires cérébrales.

Le *syndrome de Shy-Drager* se caractérise par des manifestations du système nerveux autonome dont une hypotension orthostatique grave.

L'*hydrocéphalie communicante* se manifeste par une apraxie à la marche d'allure parkinsonienne. Toutefois, contrairement à ce que l'on observe habituellement dans la maladie de Parkinson, le tableau initial comprend également une démence et une incontinence urinaire.

Tableau 28.8
Pseudo-parkinsonisme d'origine médicamenteuse

Antipsychotiques
  Butyrophénones
    • Halopéridol
  Phénothiazines
    • Trifluopérazine
    • Fluphénazine
    • Prochlorpérazine
    • Thiopropérazine
    • Perphénazine
    • Chlorpromazine

Modificateur de la motilité des voies digestives supérieures
    • Métoclopramide

Antihypertenseur
    • Réserpine

Inhibiteur de recapture de la sérotonine
    • Fluoxétine

la conduite thérapeutique. Les principaux médicaments antiparkinsoniens sont présentés au tableau 28.9. La stratégie médicamenteuse est schématisée à la figure 28.2.

La *sélégiline*, un inhibiteur de la monoamine oxydase de type B, semble retarder, de façon significative, le recours à la lévodopa et pourrait possiblement protéger les neurones de la substance noire. On a tendance à traiter les premières manifestations de la maladie de Parkinson avec la sélégiline, même si ses effets neuroprotecteurs n'ont pas été définitivement prouvés. La valeur thérapeutique de la sélégiline aux stades plus avancés de la maladie n'est pas établie. Quand on ajoute la sélégiline à la lévodopa, il est préférable de réduire la dose de lévodopa de 20 à 30 %.

Les *anticholinergiques* améliorent le tremblement, surtout au début de la maladie. Chez le malade âgé dont la maladie évolue depuis plusieurs années, ces médicaments produisent moins d'effets thérapeutiques et entraînent souvent de la confusion. Il faut aussi éviter d'en arrêter brusquement l'utilisation. La *diphénhydramine* possède des effets anticholinergiques et s'avère utile dans les formes tremblantes surtout. Son utilisation est parfois limitée par des effets secondaires (somnolence).

L'*amantadine* convient bien au stade initial de la maladie et peut être associé à la lévodopa. Ses effets thérapeutiques sont parfois transitoires et peuvent réapparaître après un congé temporaire.

La *lévodopa*, associée à un bloquant de la décarboxylase périphérique, demeure le principal agent thérapeutique de la maladie de Parkinson. Il est préférable de ne débuter la lévodopa que quand les malades sont gênés dans l'accomplissement des activités de la vie quotidienne, à cause d'une bradykinésie croissante. La *lévodopa à action prolongée* permet une administration plus régulière.

On peut associer la lévodopa à un *agoniste de la dopamine* (bromocriptine ou pergolide), quand la dose de lévodopa requise dépasse 600 mg/24 heures. Cette association permet de maintenir ces deux médicaments à faible dose et ainsi de diminuer la fréquence de leurs effets secondaires respectifs. En plus, les agonistes de la dopamine, avec une demi-vie plus longue, aident à stabiliser les effets thérapeutiques de la lévodopa. Avant de commencer la bromocriptine ou le pergolide, il est préférable de réduire d'abord la dose de lévodopa. Les agonistes de la dopamine sont introduits à dose initiale faible, augmentée lentement par la suite. La dompéridone est utile pour réduire les effets dopaminer-

Tableau 28.9
Médicaments antiparkinsoniens

Médicament	Indications	Contre-indications	Effets secondaires	Posologie
Sélégiline	Stade précoce	Démence	Dyskinésies Nausées Étourdissements	2,5 mg au petit déjeuner et 2,5 mg au repas du midi
Anticholinergiques comme le trihexyphénidyle	Forme tremblante, stade initial En association	Démence Glaucome non traité Obstruction urinaire	État confuso-onirique Sécheresse de la bouche Vue brouillée	1 mg/12 h, jusqu'à 2 mg/8 h
Amantadine	Au début de la maladie	Démence Insuffisance cardiaque	État confuso-onirique *Livedo reticularis* Oedème des chevilles	100 mg/24 h, la 1re sem; ne pas excéder 200 mg/24 h
Diphénhydramine	Utile pour le tremblement Au début de la maladie	Démence Confusion due aux effets anticholinergiques	Somnolence Sécheresse de la bouche	Débuter avec 25 mg 2 ou 3 fois par jour
Lévodopa lévodopa + carbidopa ou lévodopa + bensérazide	Traitement définitif au stade d'incapacité à accomplir les activités de la vie quotidienne	Démence Précaution avec cardiopathie ischémique grave ou aiguë, ou mélanome récent	Dyskinésies État confuso-onirique Efficacité fluctuante Nausées et vomissements	Initialement lévodopa (50 mg) + carbidopa (12,5 mg) ou lévodopa (50 mg) + bensérazide (12,5 mg) 2 fois par jour, après les repas; accroître de 50 mg/24 h, aux 5-7 jours, jusqu'à (100 + 25 mg) 3 fois par jour
Lévodopa à action prolongée	Mêmes que ceux de la lévodopa	Mêmes que ceux de la lévodopa	Mêmes que ceux de la lévodopa	200 + 50 mg aux 4 à 8 h, selon la réaction
Bromocriptine	Fluctuations motrices; habituellement en association avec la lévodopa	Démence Cardiopathie ischémique grave ou aiguë ou insuffisance vasculaire périphérique	État confuso-onirique Nausées et vomissements Hypotension Accroissement des dyskinésies (lévodopa à diminuer)	Pour débuter, 1,25 mg/12 h, aux repas; augmenter de 1,25 mg toutes les 1-2 sem, jusqu'à 15 à 30 mg/24 h
Pergolide	Mêmes que ceux de la bromocriptine	Mêmes que ceux de la bromocriptine	Mêmes que ceux de la bromocriptine	Pour débuter, 0,05 mg/24 h; augmenter de 0,05 mg à 0,15 mg toutes les 3 sem, puis de 0,25 aux 3 j, jusqu'à 2-4 mg/24 h

giques périphériques (nausées et vomissements) provoqués par les agonistes de la lévodopa. Les effets secondaires de la lévodopa et leurs traitements sont détaillés au tableau 28.10. Divers problèmes rencontrés dans le traitement des parkinsoniens sont présentés au tableau 28.11.

Au cours des dernières années, on a greffé, à des parkinsoniens, des cellules dopaminergiques, dans les ganglions de la base. Ces greffes semblent bénéfiques. Nos connaissances actuelles ne nous permettent pas encore de détermi-

ner précisément la valeur et les indications de cette nouvelle forme de traitement.

L'arsenal thérapeutique moderne permet à de nombreux parkinsoniens de mener une vie plus proche de la normale, pendant plusieurs années. Une meilleure compréhension des mécanismes d'action des neurotransmetteurs dans les ganglions de la base permettra de meilleures interventions thérapeutiques, chez les malades atteints de la maladie de Parkinson.

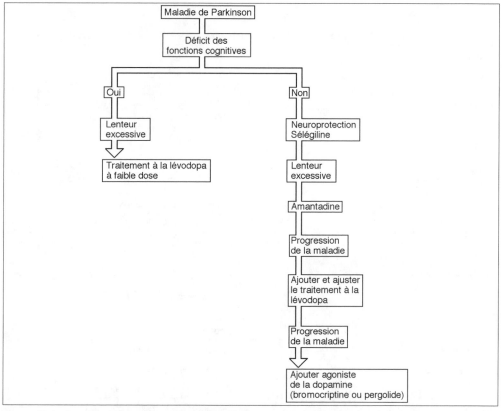

Figure 28.2 Stratégie thérapeutique de la maladie de Parkinson chez la personne de plus de 60 ans (Chez les sujets de moins de 60 ans qui présentent des tremblements importants, les anticholinergiques et la diphénhydramine ont encore leur place.)

Tableau 28.10		
Effets secondaires du traitement à la lévodopa		
Description clinique		**Conduite à tenir**
Dyskinésies	Mouvements d'allure choréique	Réduire la dose de lévodopa ou celle de l'agoniste de la dopamine Cesser la sélégiline
Akinésie de fin de dose	Disparition progressive (après 2-3 h) des effets thérapeutiques avant chaque nouvelle prise de lévodopa	Lévodopa à action prolongée Associer un agoniste de la dopamine
Phénomène du commutateur	Périodes transitoires de bradykinésie (de 30 min à 4 h) à début et fin brusques	Peut répondre aux mesures utilisées contre l'akinésie de fin de dose
Diminution de l'efficacité thérapeutique	Survient en général après plusieurs années de traitement	Augmenter la dose de lévodopa Associer un agoniste de la dopamine
Altérations psychiques	Psychose Hallucinations	Cesser les anticholinergiques, la sélégiline et l'amantadine Réduire la lévodopa Réduire ou cesser les agonistes de la dopamine
Myoclonies	Secousses myocloniques du tronc ou des extrémités	Associer du méthysergide

Tableau 28.11
Problèmes thérapeutiques divers rencontrés chez les parkinsoniens

Problèmes	Conduite à tenir
Nausées et vomissements	Avec les agonistes de la dopamine, associer la dompéridone (20 mg/8 h ou aux 6 h)
Constipation	Régime alimentaire riche en liquide, en fibres Accroître le niveau d'activité physique Cesser les anticholinergiques Émollient fécal Lactulose Cisapride Laxatifs doux Lavements
Rétention urinaire	Éliminer les causes obstructives
Nycturie	Diminuer l'ingestion liquidienne en soirée
Impuissance	Cesser les bêtabloquants Réviser le reste de la médication
Hypotension orthostatique	Réviser la médication antihypertensive NaCl *per os* Bas compressifs Fludrocortisone Indométacine Midodrine
Sueurs profuses	Propranolol (60-120 mg/24 h)
Salivation excessive	Propanthéline (7,5-45 mg/24 h)
Dépression	Amitriptyline (25-50 mg) au coucher
Insomnie	Oxazépam (15-30 mg, au coucher), ou amitriptyline (25-50 mg), [à administrer avec précaution chez les malades confus]
Confusion et agitation grave	Anxiolytique Neuroleptique à effet court (thioridazine de préférence) Arrêt transitoire des antiparkinsoniens
Tremblement d'action	Propranolol (120-240 mg/24 h) Primidone 125 mg, au coucher
Crampes et dystonie matinales et de fin de doses	Lévodopa à action prolongée, au coucher Agoniste de la dopamine, au coucher Lévodopa à courte action, au réveil
Interventions chirurgicales majeures concomitantes	Arrêt de la lévodopa la soirée précédente et reprise dès que le malade peut avaler

BIBLIOGRAPHIE ET LECTURES SUGGÉRÉES

KOLLER, W.C., SILVER, D.E. & A. LIEBERMAN: An Algorithm for the management of Parkinson's Disease. *Neurology (NY)*, **44(suppl 10)**:S1-S52, 1994.

CALNE, D.B.: Treatment of Parkinson's disease. *N Engl J Med*, **329**:1021-1027, 1993.

BRION, S. & Coll.: Dyskinésies séniles et dyskinésies tardives. *Encephale*, **XIV**:215-219, 1988.

LAJEUNESSE, C. & A. VILLENEUVE: Les dyskinésies tardives. Après plus de deux décennies. Encephale, **XV**:471-485, 1989.

CHAPITRE 29

FAIBLESSE MUSCULAIRE DES MEMBRES INFÉRIEURS

SYLVIE GOSSELIN

GÉNÉRALITÉS

La faiblesse d'un ou des deux membres inférieurs est une plainte fréquente dans la population âgée. Cependant, dans plusieurs cas, la faiblesse musculaire n'est pas réelle; elle est plutôt associée à un problème de douleur d'origine articulaire ou périarticulaire, ou même à un trouble de la marche, la force musculaire étant préservée. Nous nous attacherons ici à l'approche clinique du patient présentant une faiblesse musculaire objective d'un ou des deux membres inférieurs. Nous n'aborderons pas la faiblesse survenant de façon aiguë, en relation avec un traumatisme direct du système nerveux central ou périphérique.

Face à ce type de problème, une approche systématique incluant un interrogatoire neurologique et systémique détaillé, ainsi qu'un examen neurologique complet, permettra d'établir un diagnostic anatomique (par exemple, atteinte cérébrale, myélopathique, neuropathique ou myopathique), puis d'élaborer un diagnostic différentiel selon l'étiologie sous-jacente et de procéder à une évaluation appropriée.

L'interrogatoire initial est orienté sur le mode d'apparition de la faiblesse musculaire: aiguë (moins de deux jours), subaiguë (quelques jours à quelques semaines) ou chronique (plusieurs mois). La recherche de symptômes associés, comme la douleur, de symptômes sensitifs (paresthésies ou perte de sensibilité) ainsi qu'une atteinte sphinctérienne (rétention urinaire ou urgence mictionnelle avec ou sans incontinence, etc.) pourra aussi, dans plusieurs cas, être très utile pour localiser la lésion. Il est aussi primordial de rechercher des symptômes évocateurs d'une atteinte des membres supérieurs ou d'une atteinte cranio-bulbaire, car, très fréquemment, quoique présents, ceux-ci ne

constituent pas la plainte principale du patient, mais orientent le diagnostic. Finalement, une revue détaillée des systèmes et des antécédents (cancer, diabète, collagénose, problèmes vasculaires, etc.), une histoire d'exposition à des agents potentiellement toxiques (chimiothérapie ou autres médicaments) orientent vers les facteurs étiologiques possibles d'une faiblesse musculaire des membres inférieurs.

L'examen neurologique complet permet de confirmer si la faiblesse musculaire est limitée à un ou aux deux membres inférieurs ou s'il s'agit d'un problème plus diffus. L'examen des réflexes ostéo-tendineux permet d'établir si la lésion est d'origine centrale (réflexes vifs) ou périphérique (réflexes ostéo-tendineux souvent diminués ou absents dans les lésions affectant le système nerveux périphérique et réflexes ostéo-tendineux habituellement normaux dans des conditions affectant la jonction neuromusculaire et les muscles). L'examen sensitif permet de différencier les problèmes affectant le système nerveux central ou périphérique de ceux qui touchent la jonction neuromusculaire et les muscles. De plus, en cas d'atteinte myélopathique, la distribution du déficit sensitif permet souvent d'établir avec précision la localisation du processus lésionnel. Les figures 29.1 et 29.2 schématisent le parcours diagnostique d'un problème de faiblesse musculaire.

LÉSIONS CÉRÉBRALES

La faiblesse isolée d'un ou des deux membres inférieurs, à la suite d'une lésion cérébrale, est relativement rare. Cependant, lorsque le malade présente une monoparésie isolée d'un membre inférieur, d'installation aiguë, on doit toujours évoquer la possibilité d'un **accident vasculaire cérébral** dans le territoire de l'artère

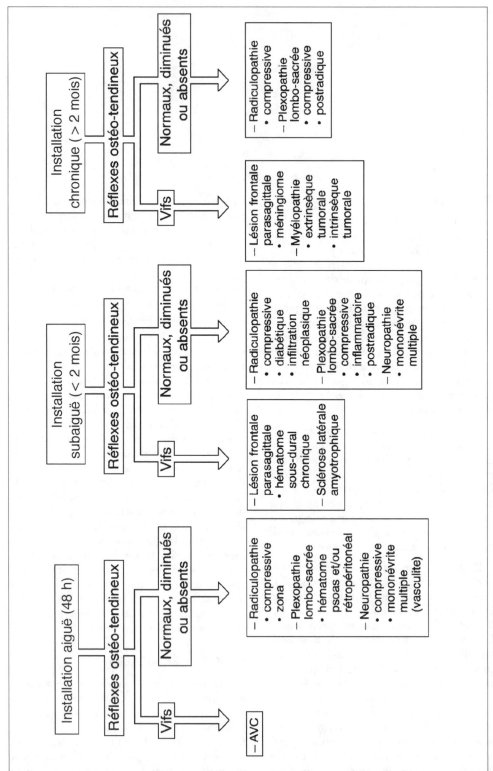

Figure 29.1 Diagnostic différentiel de la parésie d'un membre inférieur (monoparésie)

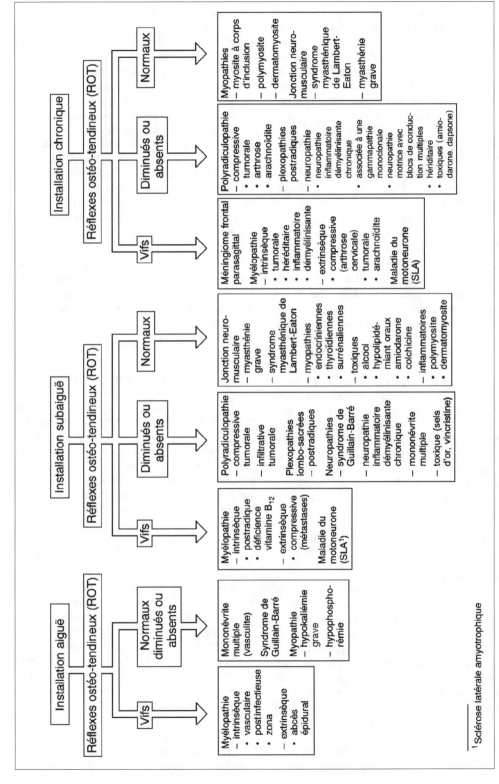

Figure 29.2 Diagnostic différentiel d'une parésie des deux membres inférieurs (paraparésie)

cérébrale antérieure. A ce moment, on peut aussi retrouver un déficit sensitif affectant, à un degré variable, les diverses modalités sensitives (tactile, thermoalgésique, vibratoire et proprioceptive). On retrouve aussi un syndrome pyramidal avec hyperréflexie du membre inférieur parétique et un réflexe cutané plantaire en extension. Un accident vasculaire cérébral lacunaire au niveau des branches pénétrantes de l'artère basilaire peut aussi entraîner un déficit moteur pur d'un membre inférieur, avec présence de signes pyramidaux ipsilatéraux. Dans ce cas, on peut aussi retrouver un signe de Babinski bilatéral.

Chez le malade présentant une monoparésie spastique lentement évolutive, avec ou sans déficit sensitif du membre inférieur parétique, il faut évoquer la possibilité d'un **méningiome parasagittal frontal**. De plus, à l'occasion, celui-ci peut entraîner un effet de masse, de façon bilatérale, au niveau du cortex moteur parasagittal, entraînant ainsi une paraparésie spastique lentement évolutive. Encore une fois, on peut aussi retrouver un déficit sensitif distal affectant toutes les modalités sensitives. De plus, le patient peut présenter une urgence mictionnelle et de l'incontinence urinaire. Un **hématome sous-dural chronique parasagittal frontal** peut entraîner un tableau similaire mais d'évolution subaiguë. L'absence de niveau sensitif permet de différencier cliniquement une lésion parasagittale d'une atteinte de la moelle épinière. Lorsqu'une lésion cérébrale est suspectée, l'examen paraclinique de choix est la tomographie axiale du cerveau.

LÉSIONS DE LA MOELLE ÉPINIÈRE

Les atteintes de la moelle épinière se caractérisent par la présence d'une parésie d'un ou des deux membres inférieurs, accompagnée de signes pyramidaux: hyperréflexie ostéo-tendineuse, signe de Babinski, absence de réflexes cutanés abdominaux si la lésion touche la moelle cervicale ou thoracique, spasticité et déficit sensitif variable selon qu'il y a atteinte des faisceaux spino-thalamiques (déficit thermoalgésique) ou des cordons postérieurs (déficit vibratoire et proprioceptif). De façon classique, on retrouve un niveau sensitif thermoalgésique à l'abdomen ou au thorax et, finalement, des symptômes vésicaux qui se manifestent le plus souvent sous forme d'urgence mictionnelle,

avec ou sans incontinence urinaire. De plus, lors des atteintes myélopathiques, il est fréquent de retrouver des douleurs locales au rachis, le plus souvent au niveau de la lésion, ainsi qu'une douleur d'allure radiculaire dans le territoire de la racine affectée par le processus lésionnel sous-jacent. Souvent le malade se plaint aussi de paresthésies des membres inférieurs ou d'autres symptômes sensitifs telle une sensation d'engourdissement ou une hypersensibilité cutanée. On peut aussi retrouver un signe de Lhermitte, lorsqu'il y a une lésion des cordons postérieurs de la moelle cervicale (sensation de chocs électriques progressant du cou vers la région lombaire et même parfois jusqu'aux membres inférieurs lors de la flexion cervicale).

Plusieurs types d'atteinte myélopathique peuvent survenir chez les sujets âgés et se manifester par une faiblesse d'un ou des deux membres inférieurs. Le diagnostic différentiel varie selon la rapidité d'installation du déficit neurologique.

Myélopathie aiguë (évoluant en moins de deux jours)

La myélopathie non traumatique d'installation aiguë est un problème relativement peu fréquent, chez la personne âgée. Lorsqu'elle se présente, il faut penser alors à un problème vasculaire (ischémique le plus souvent, rarement hémorragique), une myélite postvirale, une myélite associée à un zona et, finalement, un processus infectieux, tel un abcès épidural ou une myélopathie compressive secondaire à une ostéomyélite d'un corps vertébral ou une infection d'un disque intervertébral.

A noter que s'il s'agit d'une myélopathie grave qui s'installe très rapidement, souvent, au début, on ne retrouve aucun signe d'atteinte du motoneurone supérieur, en raison du choc spinal. A ce moment, le malade présente une paraplégie flasque avec aréflexie ostéo-tendineuse. Les réflexes cutanés plantaires peuvent être totalement indifférents. Il y a aussi rétention urinaire, en raison d'une atonie vésicale. Cependant, la présence d'un niveau sensitif au thorax ou à l'abdomen, avec déficit sensitif affectant fréquemment toutes les modalités sensitives en dessous de ce niveau, permet de localiser la lésion de la moelle épinière.

La **myélopathie ischémique** est une condition rare. Lorsqu'elle survient, elle se situe, le plus souvent, au niveau thoracique moyen. Elle peut survenir dans un contexte de complication d'une chirurgie vasculaire de l'aorte thoracique ou abdominale ou, encore, lors de la rupture spontanée d'un anévrisme de l'aorte thoracique ou abdominale, entraînant une occlusion à l'origine d'une ou plusieurs artères spinales segmentaires. Dans ce contexte, le patient présente une douleur abdominale ou thoracique aiguë, rapidement suivie d'une paraplégie flasque, avec déficit sensitif important et niveau sensitif correspondant à la localisation de la lésion médullaire. Très souvent, on retrouve aussi des signes d'ischémie des membres inférieurs.

Parmi les autres causes, beaucoup plus rares, de myélopathie ischémique, mentionnons l'athérosclérose aortique, l'embolie d'origine cardiaque, la vasculite, l'hypotension grave et prolongée ou, encore, un contexte d'angiographie des vaisseaux thoraciques ou abdominaux. Le saignement d'une malformation artério-veineuse intramédullaire ou périmédullaire intrathécale se manifeste très rarement en gériatrie.

La **myélopathie postvirale** peut survenir à n'importe quel âge. Elle se déclare, habituellement, quelques jours à quelques semaines après une infection virale et s'installe en quelques heures ou quelques jours. Sa gravité et son degré de récupération sont variables. Le plus souvent, elle débute par une paraparésie spastique assez symétrique des membres inférieurs, un déficit sensitif variable pouvant affecter, de façon plus ou moins prononcée, les sensibilités thermoalgésiques, vibratoires et proprioceptives et une vessie neurogène spastique. Le tableau est généralement celui d'une myélite partielle.

Le **zona** peut, en de rares occasions, se compliquer d'une myélite partielle ou même totale. Dans ces cas, les symptômes de myélopathie se manifestent habituellement quelques jours après l'apparition de lésions cutanées et évoluent, le plus souvent, en quelques heures. Le malade présente, à ce moment, une faiblesse rapidement progressive et de gravité variable des membres inférieurs, des symptômes sensitifs, sous forme de paresthésies ou sensation d'engourdissement, ou même douleur aux membres inférieurs et un déficit sensitif variable pouvant toucher toutes les modalités sensitives. On retrouve, fréquemment, un niveau sensitif thermoalgésique correspondant au dermatome affecté par les lésions cutanées.

Finalement, un processus infectieux bactérien peut se localiser dans l'espace épidural ou dans les structures vertébrales (vertèbre ou disque intervertébral) et provoquer une myélopathie compressive. Ces atteintes se manifestent par une douleur rachidienne, souvent importante, accompagnée de fièvre. Après quelques jours, on voit souvent apparaître une douleur radiculaire suivie de céphalées parfois accompagnées de raideur de la nuque. S'installe un tableau de paraparésie rapidement progressive avec déficit sensitif et troubles sphinctériens. Lorsqu'il s'agit d'une myélopathie aiguë et grave, la présentation clinique est fréquemment celle d'un choc spinal.

Myélopathie subaiguë

Chez les personnes âgées, on rencontre principalement trois types de myélopathie d'installation subaiguë, c'est-à-dire évoluant en deux mois ou plus. Celle qui est nettement la plus fréquente est la myélopathie compressive secondaire à une métastase épidurale. Les autres formes de myélopathie subaiguës sont la dégénérescence combinée de la moelle secondaire à une déficience en vitamine B_{12} et la myélopathie postradique.

Les **métastases épidurales** sont assez fréquentes et les néoplasies primaires les plus souvent responsables sont le cancer du sein, du poumon, de la prostate ainsi que le lymphome non hodgkinien et le myélome multiple. Elles débutent habituellement par un envahissement du corps vertébral qui atteint progressivement l'espace épidural. Chez la majorité (95 %) des malades, la première manifestation est une douleur locale axiale, s'accompagnant d'une douleur radiculaire d'installation rapide. Après quelques semaines, apparaît une parésie spastique d'un ou des deux membres inférieurs, évoluant en quelques jours ou quelques semaines. On retrouve aussi, presque toujours, des symptômes et déficits sensitifs sous le niveau de la lésion médullaire.

Une métastase épidurale peut être la première manifestation de la néoplasie primaire ou d'un lymphome. Il est important de poser le diagnostic rapidement et d'entreprendre un traitement approprié, le plus souvent une radiothérapie locale, car environ 80 % des patients qui sont encore ambulants au moment du traitement le resteront, alors que seulement environ 10 % des malades non ambulants au moment du traitement récupèrent suffisamment pour pouvoir marcher à nouveau.

La **dégénérescence combinée de la moelle**, secondaire à une déficience en vitamine B_{12}, est une condition rare, mais tout de même importante, car il s'agit d'une des rares formes de myélopathie traitable. Elle se manifeste habituellement par des paresthésies, souvent localisées d'abord aux mains, puis progressant vers les bras, le thorax et les membres inférieurs. Par la suite, le malade montre une ataxie proprioceptive, puis une faiblesse avec spasticité des membres inférieurs. On retrouve des réflexes ostéotendineux vifs aux membres inférieurs, avec des réflexes cutanés plantaires en extension. Occasionnellement, les réflexes achilléens peuvent être diminués ou même disparaître, en raison d'une polyneuropathie associée. Le tableau de myélopathie évolue habituellement en quelques semaines. Un tableau de démence rapidement progressive, avec ou sans atrophie optique, peut survenir de façon concomitante, précéder ou suivre le tableau de myélopathie, chez certains malades. L'examen de la formule sanguine révèle, dans la majorité des cas, une anémie macrocytaire mais, chez 20 % des patients, le syndrome neurologique précède l'anémie de quelques mois, voire d'un an. Chez les malades présentant une myélopathie rapidement progressive, non douloureuse, il faut donc toujours suspecter cette possibilité et procéder à un dosage de la vitamine B_{12}, même si la formule sanguine est normale.

La **myélopathie postradique** est une complication peu fréquente de la radiothérapie. Elle survient, le plus souvent, après l'irradiation de cancers pulmonaires, de tumeurs médiastinales, d'un cancer primaire ou métastatique des régions cervicales ou supraclaviculaires. Cette complication peut survenir un mois à plusieurs années après le traitement de radiothérapie. Les symptômes initiaux sont, le plus souvent, une sensation de paresthésies progressives d'un ou des deux membres inférieurs, avec ou sans douleur dans les dermatomes correspondant au segment spinal atteint. Par la suite, on note une faiblesse progressive d'un ou des deux membres inférieurs, puis des symptômes associés à une dysfonction des sphincters. Le début des symptômes est habituellement rapide, puis l'évolution se poursuit pendant quelques semaines à quelques mois, suivie d'une stabilisation ou d'une détérioration beaucoup plus lente. Il n'est pas rare que la myélopathie postradique se manifeste par une atteinte d'une hémimoelle. Elle donne alors lieu à un syndrome de Brown-Séquard ou à une myélite partielle. Le syndrome de Brown-Séquard se manifeste par une parésie spastique d'un membre inférieur, pouvant s'accompagner d'un déficit des sensibilités vibratoires et proprioceptives du membre parétique. En plus, on retrouve un déficit des sensibilités thermoalgésiques du membre inférieur controlatéral, avec un niveau sensitif se situant deux à quatre segments en dessous du site de l'atteinte médullaire.

Finalement, il faut mentionner qu'une spondylose cervicale accompagnée de myélopathie secondaire peut se manifester de façon subaiguë. Dans la majorité des cas cependant, il s'agit d'une myélopathie chronique.

Myélopathie d'installation chronique

Dans la population gériatrique, la forme de myélopathie chronique entraînant une parésie spastique progressive des membres inférieurs la plus fréquente est la myélopathie secondaire à une **spondylose cervicale**. Cette entité se manifeste habituellement par une triade de symptômes: douleurs cervicales, douleurs radiculaires (d'un ou des deux membres supérieurs) et paraparésie spastique, avec ataxie à la fois spastique et proprioceptive. Le début est progressif, évoluant en plusieurs mois à quelques années, mais souvent avec des exacerbations subaiguës. Un traumatisme, même léger, peut entraîner une décompensation rapide des symptômes et des signes. La faiblesse des membres inférieurs peut être asymétrique. Les réflexes ostéo-tendineux sont augmentés aux membres inférieurs et on note un signe de Babinski, généralement bilatéral. Le malade présente souvent des paresthésies aux pieds et, parfois, un signe de Lhermitte. On retrouve une diminution des sensibilités vibratoires et proprioceptives distales aux membres inférieurs et, plus rarement, un déficit thermoalgésique. Plus avant dans l'évolution du processus myélopathique, le sujet peut présenter une urgence mictionnelle avec incontinence urinaire. D'autres maladies rhumatologiques, telles l'arthrite rhumatoïde, la maladie de Paget ou la maladie de Forestier, peuvent provoquer une myélopathie cervicale compressive donnant une symptomatologie tout à fait similaire à celle de la spondylose de la colonne vertébrale.

Les patients âgés souffrent aussi, parfois, de myélopathie lentement évolutive, secondaire à des tumeurs intradurales et extramédullaires: méningiomes, neurinomes ou neurofibromes.

Les lésions tumorales intramédullaires sont rares, chez les patients gériatriques. Elles se manifestent par une atteinte progressive des tractus spinaux sensitivo-moteurs, par un syndrome radiculaire associé à une myélopathie ou par un syndrome syringomyélique.

Une autre entité aussi rare est l'**arachnoïdite**, aussi appelée méningo-myélopathie chronique, lorsque celle-ci est en relation avec la moelle épinière, ou méningo-radiculopathie, lorsqu'elle est localisée au niveau lombo-sacré. L'arachnoïdite est une inflammation méningée focale initiale suivie, après plusieurs mois ou même plusieurs années, d'une fibrose progressive des méninges, entraînant une constriction de la moelle susceptible de compromettre la vascularisation médullaire. Elle se manifeste habituellement par des douleurs rachidiennes locales, fréquemment associées à des douleurs radiculaires, puis une myélopathie avec atteinte sensitivo-motrice, lentement évolutive, se manifestant par une parésie spastique, la plupart du temps assez symétrique, des deux membres inférieurs.

La **paraparésie spastique familiale** est une maladie autosomique dominante, se manifestant par une ataxie spastique et une parésie légère ou modérée des membres inférieurs, sans atteinte sensitive. Cette condition s'installe de façon insidieuse au cours des deuxième et troisième décennies et progresse lentement. Il est donc possible que des patients consultent pour la première fois, pour ce problème, après 60 ans. Le tableau est assez caractéristique et l'histoire familiale permet d'établir le diagnostic.

La **sclérose en plaques** n'est pas une maladie qui se manifeste initialement à l'âge gériatrique. Il arrive cependant que des patients présentant, depuis plusieurs années, des symptômes de sclérose en plaques puissent avoir une poussée se traduisant par une myélite avec parésie spastique des membres inférieurs, avec ou sans déficit sensitif associé. De plus, la sclérose en pla-

ques peut aussi se manifester par une myélopathie progressive, pouvant débuter au cours des quatrième et, rarement, cinquième décennies, pour laquelle le patient peut consulter, pour la première fois, à un âge plus avancé. Fréquemment, on retrouve une histoire antérieure suggestive de poussée de sclérose en plaques, ce qui facilite le diagnostic.

Lorsqu'on suspecte un processus myélopathique, l'imagerie par résonance magnétique nucléaire (RMN) de la moelle épinière est l'examen paraclinique le plus utile pour évaluer à la fois la moelle et les structures avoisinantes. Si cet examen n'est pas possible, la myélographie suivie d'une tomographie axiale du rachis, au niveau de l'atteinte médullaire, permet de confirmer ou d'éliminer un processus compressif extramédullaire. Cependant, cet examen ne permet pas d'évaluer la moelle épinière comme telle.

MALADIE DU MOTONEURONE

La **sclérose latérale amyotrophique** est une maladie du motoneurone inférieur et supérieur, qui se manifeste souvent après 60 ans. Il n'est pas rare que cette maladie se présente par une faiblesse progressive d'un ou des deux membres inférieurs et, au début, elle est souvent asymétrique. Le malade se plaint fréquemment de crampes musculaires. A l'examen, on retrouve une faiblesse musculaire qui peut être dans le territoire d'un ou de plusieurs myotomes avec, très fréquemment, une atrophie des muscles parétiques. De façon caractéristique, les réflexes ostéotendineux sont vifs, bien qu'occasionnellement certains puissent être diminués ou même absents. On retrouve habituellement des réflexes de Babinski dans l'évolution de la maladie. Un examen attentif des muscles permet, dans une forte majorité des cas, d'observer des fasciculations, ce qui témoigne de l'atteinte du motoneurone inférieur. De plus, il faut rechercher la présence de symptômes et de signes d'atteinte bulbaire: dysphagie, dysarthrie parétique ou spastique et fasciculations de la langue.

L'étude électromyographique, incluant les vitesses de conductions nerveuses, et l'étude à l'aiguille permettent de confirmer le diagnostic clinique, dans la plupart des cas.

ATTEINTES RADICULAIRES

Plusieurs processus pathologiques peuvent occasionner un tableau d'atteinte monoradiculaire ou polyradiculaire, chez la personne âgée. La plus fréquente est certainement l'ostéoarthrose, avec ou sans hernie discale, qui se manifeste, habituellement, par des douleurs chroniques de la colonne lombo-sacrée, irradiant vers un membre inférieur, et par l'apparition d'une faiblesse progressive, le plus souvent dans les territoires L_5 et S_1, car ce sont les espaces intervertébraux L_4-L_5 et L_5-S_1 qui sont les plus souvent affectés. Le réflexe achilléen est habituellement diminué et on peut aussi noter un déficit sensitif au niveau des dermatomes affectés. Une hernie discale peut apparaître de façon subite, à l'occasion d'un traumatisme souvent léger, et entraîner alors l'apparition ou la détérioration des symptômes et déficits sensitivo-moteurs.

Dans certains cas, les atteintes ostéoarthrosiques peuvent être suffisamment importantes pour entraîner une sténose du canal lombaire. Il en résulte alors un déficit sensitivo-moteur progressif des membres inférieurs avec diminution ou absence des réflexes ostéo-tendineux. Ces malades présentent aussi, fréquemment, un phénomène de claudication neurogène, qui se manifeste par l'apparition ou l'augmentation des symptômes sensitivo-moteurs, lorsque le patient reste longtemps debout ou marche, et la diminution ou même le soulagement complet des symptômes, lorsque le malade est assis ou couché avec flexion des hanches.

Un zona peut s'accompagner d'une faiblesse des muscles du myotome correspondant au dermatome affecté par l'éruption cutanée. Cette faiblesse, de dégré variable, s'installe en même temps ou quelques jours après l'apparition des lésions cutanées et atteint son maximum en quelques heures ou quelques jours. On observe, habituellement, une récupération fonctionnelle ou même complète de la force musculaire, pendant une période qui peut aller jusqu'à deux ans. Cependant, environ 20 % des malades gardent des séquelles graves et permanentes. Une atteinte motrice associée à un zona constitue une indication de traiter le patient à l'aciclovir, pendant une période de 10 jours.

La **polyradiculopathie diabétique lombo-sacrée**, aussi connue sous le nom de plexopathie lombo-sacrée diabétique, amyotrophie diabétique, neuropathie diabétique proximale, neuropathie fémorale diabétique ou syndrome de Bruns-Garland, survient habituellement au cours des sixième ou septième décennies, chez des sujets présentant un diabète souvent léger et bien contrôlé. Elle peut même être la première manifestation du diabète. Chez bon nombre de patients, on relève une histoire de perte de poids récente de 15 à 20 kg, avant l'apparition des symptômes. Cette atteinte radiculaire affecte le plus souvent les racines lombaires supérieures et se manifeste par des douleurs très importantes, à la région antérieure de la cuisse et de la hanche, qui apparaissent en quelques jours ou quelques semaines. En même temps, apparaît une faiblesse unilatérale au niveau des territoires radiculaires lombaires (le plus souvent L_2-L_3-L_4). Si elle est bilatérale, cette faiblesse est très asymétrique et prédomine nettement dans un membre. La faiblesse musculaire se manifeste surtout dans les muscles psoas, quadriceps et adducteurs de la cuisse, et on retrouve une atrophie, souvent importante, du quadriceps. Le réflexe rotulien est diminué ou absent et l'examen sensitif est souvent normal ou ne démontre qu'une légère diminution de la sensibilité de la face antérieure de la cuisse. L'ensemble des symptômes apparaît habituellement en quelques semaines ou quelques mois. On note ensuite un plafonnement du déficit neurologique pendant quelques semaines, puis une amélioration progressive. Environ 70 % des malades bénéficient d'une récupération fonctionnelle en six à vingt-quatre mois. A noter qu'il n'est pas rare de retrouver en même temps des signes d'une polyneuropathie sensitive ou sensitivo-motrice diabétique.

Une autre cause d'atteinte polyradiculaire, se manifestant fréquemment par une faiblesse progressive des membres inférieurs, est la **carcinomatose** ou **lymphomatose méningée**. Celle-ci consiste en une infiltration néoplasique des méninges craniospinales, avec infiltration ou dépôts néoplasiques dans les racines. Initialement, les patients peuvent montrer des symptômes suggérant l'atteinte d'une seule racine ou de deux racines lombo-sacrées contiguës mais, dans la majorité des cas, on retrouve des signes évocateurs d'une atteinte polyradiculaire avec faiblesse musculaire souvent asymétrique des deux membres inférieurs, déficit sensitif dans plusieurs dermatomes et diminution des réflexes ostéo-tendineux. En cas d'atteinte importante des racines sacrées, on observe parfois des troubles sphinctériens. Chez certains malades, l'atteinte radiculaire peut demeurer localisée au niveau lombo-sacré pendant plusieurs semaines, mais dans la majorité des cas, on retrouve éventuellement une atteinte des racines cervicales et des nerfs crâniens ainsi que l'apparition de céphalées et même un tableau confusionnel reflétant l'atteinte méningée intracrânienne. Les cancers primaires accompagnés de carcinomatose méningée les plus fréquents sont le cancer du sein, du poumon et le mélanome. Les lymphomes non hodgkiniens et les leucémies peuvent aussi donner un ensemencement méningé. On parle alors de lymphomatose méningée ou de leucémie méningée. Le diagnostic définitif repose sur l'étude du liquide céphalo-rachidien qui révèle, dans la majorité des cas, une augmentation de la protéinorachie, une hypoglycorachie et la présence de cellules néoplasiques. La résonance magnétique avec contraste (gadolinium) permet d'observer un rehaussement des méninges et, occasionnellement, des dépôts nodulaires sur les racines. La myélographie permet aussi, dans certains cas, de démontrer des dépôts nodulaires sur les racines, mais cette étude est beaucoup moins sensible que la RM. Finalement, la tomographie axiale du cerveau, avec infusion endoveineuse d'un produit de contraste, peut mettre en évidence des changements caractéristiques avec la présence d'une dilatation ventriculaire et un rehaussement périventriculaire ainsi que des méninges.

Les **métastases vertébrales** de la colonne lombo-sacrée se traduisent habituellement par une douleur locale, suivie d'une douleur radiculaire uni- ou bilatérale et d'une faiblesse musculaire. Avec la progression du processus tumoral, on observe fréquemment l'atteinte d'autres racines lombo-sacrées plus distales, ce qui risque de provoquer un syndrome de la queue de cheval. Celui-ci se caractérise par une faiblesse des membres inférieurs avec diminution ou abolition des réflexes ostéo-tendineux, diminution de la sensibilité des membres inférieurs, des fesses et des régions périanales et périnéales et atteinte sphinctérienne, urinaire et anale. L'ensemble du tableau peut apparaître rapidement en quelques jours ou quelques semaines.

D'autres processus pathologiques peuvent entraîner un syndrome de la queue de cheval, chez la personne âgée, dont la hernie discale

lombaire centrale, la spondylose marquée du canal lombaire, l'arachnoïdite ou, rarement, un processus tumoral comme un épendymome.

ATTEINTES DU PLEXUS LOMBO-SACRÉ

Le plexus lombo-sacré peut être divisé en deux parties: la partie supérieure (plexus lombaire), formée par les racines L_1 à L_4, est localisée principalement dans le muscle psoas majeur et la partie inférieure (plexus sacré), formée par les racines L_5 à S_3, est située antérieurement à l'articulation sacro-iliaque. Une lésion de la partie supérieure du plexus entraîne principalement une faiblesse des muscles fléchisseurs de la hanche, extenseurs de la jambe et adducteurs de la cuisse, un déficit sensitif des faces antérieure et médiane de la cuisse, ainsi qu'une diminution ou une disparition du réflexe rotulien. Une lésion de la partie inférieure s'accompagne d'une faiblesse des muscles extenseurs de la hanche, abducteurs de la cuisse, fléchisseurs de la jambe et des muscles dorsifléchisseur, inverteur, éverteur et fléchisseurs plantaires du pied. On retrouve une diminution de la sensibilité sur les faces postérieure de la cuisse, antérolatérale et postérieure de la jambe et sur l'ensemble du pied (face dorsale et plantaire). Le réflexe achilléen est diminué ou disparu. Il est souvent difficile de différencier cliniquement une atteinte radiculaire ou polyradiculaire d'une plexopathie lombo-sacrée. L'absence de douleur locale à hauteur du rachis lombo-sacré, ainsi que la présence d'une douleur à la région inguinale, peut orienter vers une lésion du plexus plutôt qu'une atteinte polyradiculaire. Dans plusieurs cas, c'est l'étude électromyographique qui permet de préciser le site de la lésion.

Lorsqu'un patient présente un tableau de plexopathie lombo-sacrée aiguë, il faut toujours éliminer un processus hémorragique. Un **hématome localisé du psoas** provoque un tableau de plexopathie lombaire avec atteinte sensitivo-motrice et présence de douleurs, habituellement aiguës, à l'aine et irradiant vers la cuisse et la face interne de la jambe. Classiquement, le malade adopte une position antalgique avec une flexion et rotation interne de la hanche. Si l'hématome est plus important et s'étend rétropéritonéalement vers le petit bassin, le tableau est alors celui d'une atteinte de la totalité du plexus lombo-sacré.

L'**hématome rétropéritonéal** et l'**hématome du psoas** peuvent survenir particulièrement chez les sujets anticoagulés, de façon spontanée ou après un traumatisme parfois minime. Ils peuvent aussi être secondaires à la rupture d'un anévrisme de l'aorte abdominale. Un hématome du psoas ou de l'espace rétropéritonéal peut être rapidement diagnostiqué par la tomographie axiale de l'abdomen et du petit bassin.

Chez un patient présentant une plexopathie lombo-sacrée d'évolution subaiguë, il faut toujours considérer la possibilité d'un processus néoplasique entraînant une compression ou une infiltration du plexus. Dans environ 75 % des cas, cette situation est secondaire à une invasion directe par une néoplasie intra-abdominale et, dans 25 % des cas, il s'agit plutôt d'un lymphome ou d'une métastase. Dans ces cas, le tableau clinique identifie une plexopathie lombaire, une plexopathie sacrée ou une plexopathie lombo-sacrée. Le début se manifeste habituellement par une douleur au niveau de l'aine, irradiant au membre inférieur et s'accompagnant, après quelques semaines, de paresthésies, d'une perte de sensibilité et d'une faiblesse progressive du membre inférieur.

La **plexopathie lombo-sacrée postradique** survient parfois chez des patients ayant subi une radiothérapie du petit bassin (le plus souvent pour un cancer de la prostate). Elle se déclare de un à trente ans après la radiothérapie (moyenne, 5 ans). Le début est unilatéral mais, fréquemment, l'atteinte devient bilatérale. Il s'agit d'un tableau assez caractéristique de faiblesse et de sensations progressives d'engourdissement du membre inférieur, surtout distalement dans le territoire du plexus sacré, avec diminution ou absence de réflexes ostéo-tendineux et plus particulièrement du réflexe achilléen. On note peu ou pas de douleur.

Le diagnostic différentiel se fait principalement entre une plexopathie secondaire à un envahissement néoplasique et une plexopathie postradique. L'absence de douleur oriente, habituellement, vers le dernier diagnostic et la tomographie axiale ou la RMN du plexus lombosacré permettent, habituellement, de poser le diagnostic définitif. De plus, à l'étude électromyographique, on retrouve fréquemment des myokimies (trémulations fasciculaires) lorsqu'il s'agit d'une plexopathie postradique, alors que ce type d'anomalie ne se retrouve que rarement dans les plexopathies néoplasiques.

Une **plexopathie lombo-sacrée inflammatoire idiopathique** peut survenir chez les patients d'âge gériatrique. Elle présente un tableau assez caractéristique de douleur d'installation rapide, habituellement très importante à la région inguinale et à la hanche, douleur irradiant au membre inférieur. La douleur persiste de quelques jours à quelques semaines. Ensuite, s'installe une faiblesse du membre inférieur. Le déficit sensitif est souvent absent ou léger et les réflexes ostéo-tendineux sont habituellement diminués ou absents. Dans environ 50 % des cas, l'atteinte est assez diffuse dans l'ensemble du plexus lombo-sacré, alors que dans 40 % des cas, il s'agit d'une atteinte plus isolée du plexus lombaire et dans 10 % des cas, du plexus sacré. La récupération se fait sur une période de quelques mois à deux ans; elle est souvent incomplète.

ATTEINTES DES NERFS PÉRIPHÉRIQUES

Les atteintes neuropathiques peuvent être classifiées de plusieurs façons: selon leur début et leur évolution (aiguë, subaiguë ou chronique), selon l'atteinte prédominante de la neuropathie (sensitive, motrice, autonomique ou mixte), selon le type d'atteinte pathologique (démyélinisante ou axonale) ou encore selon la distribution (polyneuropathie distale et symétrique, mononeuropathie ou mononévrite multiple, polyradiculoneuropathie reflétant une atteinte à la fois proximale et distale dans la majorité des cas). Chez la plupart des malades atteints de polyneuropathie, on retrouve, à l'examen neurologique, une faiblesse musculaire de gravité très variable qui, la plupart du temps, est surtout distale, un déficit sensitif distal aux extrémités (en gant et en chaussette) qui peut prédominer, soit pour les sensibilités thermoalgésiques (petites fibres non myélinisées) ou pour les sensibilités vibratoires et proprioceptives (grosses fibres myélinisées) ou affecter toutes les modalités sensitives. Les réflexes ostéo-tendineux sont diminués ou absents, surtout distalement. Très fréquemment, les symptômes et déficits sensitivo-moteurs prédominent aux membres inférieurs.

Chez le malade âgé, les trois causes principales de neuropathie, se présentant par une faiblesse musculaire d'installation aiguë ou subaiguë des membres inférieurs, sont la polyradiculonévrite démyélinisante aiguë ou subaiguë (syndrome de Guillain-Barré), la neuropathie compressive ou la mononévrite multiple (secondaire à une vasculite systémique ou isolée du système nerveux périphérique).

Le **syndrome de Guillain-Barré** est une polyradiculoneuropathie à prédominance motrice qui s'installe en quelques jours ou quelques semaines et entraîne une faiblesse musculaire qui débute souvent distalement et suit une évolution ascendante. Au début, l'atteinte peut être isolée ou prédominer aux membres inférieurs, mais éventuellement, dans la majorité des cas, on note une faiblesse musculaire des quatre membres et une atteinte de l'appareil respiratoire et des nerfs crâniens. Les patients se plaignent assez fréquemment de sensations de paresthésies aux extrémités, mais l'examen sensitif peut être complètement normal ou révéler principalement une diminution distale des sensibilités vibratoires et proprioceptives des membres. Les réflexes ostéo-tendineux des quatre membres sont diminués ou plus souvent absents et les réflexes cutanés plantaires sont en flexion. Il est très rare d'observer une atteinte sphinctérienne en association avec un syndrome de Guillain-Barré. Les études de conduction nerveuse montrent des changements compatibles avec une polyradiculoneuropathie démyélinisante avec présence de blocs de conduction. L'étude du liquide céphalo-rachidien révèle, de façon caractéristique, l'augmentation de la protéinorachie, une glycorachie normale et moins de 10 globules blancs/mL.

La neuropathie compressive des membres inférieurs la plus fréquente est la **neuropathie du nerf sciatique poplité externe**. La compression touche surtout la tête du péroné à la face externe du genou. Le malade consulte habituellement pour un pied tombant et l'examen révèle une faiblesse des muscles dorsifléchisseurs et éverteurs du pied ainsi que des extenseurs du gros orteil. Les réflexes ostéo-tendineux sont tous normaux et l'examen sensitif peut être normal ou révéler un déficit de la sensibilité cutanée dans le territoire du nerf sciatique poplité externe. Ce type de neuropathie survient souvent après que le patient se soit croisé les jambes

de façon prolongée, ait travaillé en position accroupie ou soit resté alité longtemps, surtout en décubitus latéral, ce qui occasionne une pression prolongée sur la face externe du genou.

Une **mononévrite multiple** peut survenir dans un contexte de vasculite systémique, comme la polyartérite noueuse ou la granulomatose de Wegener, lors d'une vasculite associée à une collagénose ou encore, de façon isolée, toucher le système nerveux périphérique. Elle est parfois la première manifestation d'une vasculite systémique. Elle se présente par l'installation aiguë d'un déficit sensitivo-moteur, dans le territoire d'un nerf périphérique, souvent d'abord aux membres inférieurs. Rapidement, apparaît un nouveau déficit sensitivo-moteur, soit au même membre ou au membre controlatéral. Les lésions se succèdent ensuite une à une, donnant, de façon caractéristique, un tableau d'évolution subaiguë, «en escalier», pendant quelques jours à quelques semaines. Après un certain temps, le tableau peut évoquer celui d'une polyneuropathie sensitivo-motrice, distale et relativement symétrique. L'étude des conductions nerveuses et électromyographiques permet de confirmer l'asymétrie des lésions des nerfs périphériques et le caractère axonal de la neuropathie. Le diagnostic final repose sur la biopsie du nerf sural avec la démonstration d'une vasculite.

Il faut mentionner que certains médicaments, plus particulièrement les sels d'or et la vincristine, peuvent provoquer une polyneuropathie subaiguë à prédominance motrice.

Il existe de multiples causes de polyneuropathies d'évolution chronique, pouvant entraîner une faiblesse d'importance très variable des membres inférieurs, chez la personne âgée (Tableau 29.1). Cependant, la très nette majorité de ces atteintes polyneuropathiques se manifestent par des symptômes et un déficit sensitif; l'atteinte motrice est beaucoup plus tardive et souvent même demeure subclinique. Quelques formes de polyneuropathie d'évolution chronique se révèlent cependant par des manifestations principalement motrices; ce sont la neuropathie inflammatoire démyélinisante chronique, les neuropathies associées aux gammapathies monoclonales de signification indéterminée ou à une macroglobulinémie de Waldenström, la neuropathie motrice avec blocs de conduction multiples (très rare).

Tableau 29.1

Causes de polyneuropathies chroniques sensitivo-motrices ou motrices dans la population gériatrique

1. **Polyneuropathies «primaires»***
   - polyradiculoneuropathie démyélinisante chronique
   - polyneuropathie associée à une gammapathie monoclonale de signification indéterminée
   - polyneuropathie sensitivo-motrice héréditaire (démyélinisante ou axonale)

2. **Polyneuropathies associées à une maladie systémique**
   - a) trouble métabolique
     - urémie
   - b) trouble endocrinien
     - diabète
     - hypothyroïdie
   - c) paraprotéinémie
     - macroglobulinémie de Waldenström
     - myélome multiple
     - amyloïdose primaire systémique
     - cryoglobulinémie
   - d) collagénose
     - polyarthrite rhumatoïde
     - lupus érythémateux
     - syndrome de Sjögren
   - e) néoplasies
     - carcinome
     - lymphome
   - f) déficiences vitaminiques
     - vitamine B_{12}
     - thiamine
   - g) intoxications
     - alcool
     - médicaments: phénytoïne, INH, hydralazine, amiodarone, vincristine

*   Polyneuropathies non associées à une maladie systémique

Occasionnellement, des patients présentant une **polyneuropathie sensitivo-motrice héréditaire** consultent pour la première fois après 60 ans. Ce type de neuropathie est de gravité variable et les patients peuvent devenir symptomatiques pour la première fois à un âge avancé, bien que la neuropathie soit présente depuis l'enfance. L'absence de symptômes sensitifs comme la douleur et les paresthésies, la présence d'une atrophie musculaire importante et de déformations des pieds (pieds creux), reflétant la chronicité de l'atteinte neuropathique, orientent le diagnostic. Les antécédents familiaux et même parfois l'examen d'autres membres de la famille permettent de poser un diagnostic définitif. Chez la plupart des patients présentant ce type de tableau clinique à un âge avancé, les études de conduction nerveuse démontrent des vitesses de conduction très lentes, caractéristiques d'une neuropathie démyélinisante (neuropathie sensitivo-motrice héréditaire type I). Finalement, certains médicaments comme l'amiodarone et le dapsone peuvent entraîner une polyneuropathie chronique à prédominance motrice.

Chez les sujets qui présentent une polyneuropathie chronique à prédominance motrice, les examens paracliniques doivent comporter la glycémie à jeun en plus de l'hémogramme, la vitesse de sédimentation, l'analyse d'urine, la créatinine plasmatique et l'électrophorèse des protéines sériques. D'autres examens peuvent être indiqués, lorsque certaines maladies spécifiques sont suspectées cliniquement telle l'analyse du liquide céphalo-rachidien, particulièrement lorsqu'on suspecte une neuropathie inflammatoire démyélinisante chronique. L'étude électromyographique permet aussi de caractériser le type d'atteinte polyneuropathique (démyélinisante ou axonale).

ATTEINTES DE LA JONCTION NEUROMUSCULAIRE

Une **myasthénie grave** peut occasionnellement se manifester par une faiblesse musculaire affectant surtout les membres inférieurs. Fréquemment, le sujet se plaint de fatigue à la marche avec augmentation de la faiblesse musculaire. L'examen révèle une faiblesse musculaire, proximale ou distale, symétrique ou asymétrique des membres inférieurs. L'examen sensitif et les réflexes ostéo-tendineux sont normaux. Dans la très nette majorité des cas, un examen attentif permet de mettre en évidence une faiblesse des muscles extra-oculaires entraînant une ptose ou de la diplopie, de la musculature bulbaire, ou des membres supérieurs. Le diagnostic définitif de myasthénie grave repose sur le tableau clinique, la présence d'anticorps anti-récepteurs d'acétylcholine et l'étude des stimulations répétitives des nerfs moteurs qui montre, de façon caractéristique, une réponse décrémentielle. Chez le malade atteint de myasthénie grave, il faut toujours procéder à une radiographie pulmonaire et à une tomographie axiale du thorax, à la recherche d'un thymome.

Le **syndrome myasthénique de Lambert-Eaton** est une maladie auto-immunitaire rare, se manifestant par de la faiblesse musculaire et une dysfonction autonomique cholinergique, avec sécheresse de la bouche et diminution de l'érection chez l'homme. Cette maladie peut survenir à n'importe quel âge, mais le plus souvent, elle débute au cours de la sixième décennie. Les symptômes sont habituellement d'installation lentement progressive, bien qu'occasionnellement ils puissent être d'installation subaiguë. Les patients se plaignent de faiblesse musculaire et de fatigue, particulièrement aux membres inférieurs. L'examen révèle presque toujours une faiblesse musculaire de la ceinture pelvienne et des muscles proximaux des membres inférieurs. On retrouve parfois une faiblesse musculaire proximale aux membres supérieurs, mais elle est souvent asymptomatique. Les muscles extra-oculaires et bulbaires sont beaucoup moins fréquemment et moins gravement atteints que dans la myasthénie grave. Enfin, on observe souvent une hyporéflexie ostéotendineuse et une sécheresse de la muqueuse buccale. Le diagnostic clinique est étayé par les études électrophysiologiques de stimulation répétitive de nerfs moteurs qui permettent de mettre en évidence une réponse crémentielle. Dans plus de 50 % des cas, le syndrome myasthénique de Lambert-Eaton est associé à un carcinome à petites cellules du poumon et peut même précéder l'apparition de la tumeur de quelques années. Il faut donc procéder à la recherche d'un cancer pulmonaire chez tous ces malades et, si l'investigation est négative, on doit périodiquement répéter la radiographie pulmonaire et la tomographie axiale du poumon et même, dans certains cas, la bronchoscopie.

ATTEINTES MUSCULAIRES

Il n'est pas rare que des patients âgés présentant divers types d'atteintes myopathiques se plaignent principalement d'une faiblesse des membres inférieurs. Cependant, un interrogatoire complet et un examen attentif permettent, dans la très nette majorité des cas, de mettre en évidence, en plus de la faiblesse des membres inférieurs, certains symptômes et signes de faiblesse musculaire des membres supérieurs et même de la musculature bulbaire et parfois respiratoire.

On évoquera un processus myopathique, lorsque les patients présentent une faiblesse musculaire isolée, c'est-à-dire sans symptômes ni signes sensitifs et avec une préservation des réflexes ostéo-tendineux. La plupart des atteintes myopathiques entraînent une faiblesse des muscles proximaux des membres.

Lorsqu'un malade présente un tableau de myopathie d'installation aiguë, il faut suspecter un déséquilibre électrolytique tel qu'une hypokaliémie grave, pouvant entraîner une nécrose musculaire aiguë. Ceci peut survenir lors d'utilisation des diurétiques, des minéralocorticoïdes, du lithium, en cas d'abus de laxatifs ou en association avec certaines maladies rénales. On retrouve alors une augmentation souvent importante de la créatine kinase (CK) et une myoglobinurie. Une hypophosphorémie importante peut provoquer un tableau similaire.

Chez le patient âgé présentant une faiblesse musculaire d'origine myopathique d'installation subaiguë, il faut penser aux causes toxiques comme on peut en retrouver avec les traitements utilisés contre l'hyperlipoprotéinémie (clofibrate, gemfibrosil, lovastatine, pravastatine et acide nicotinique), l'hypervitaminose E ou lors de l'utilisation d'autres médicaments, comme l'amiodarone et la colchicine. La consommation chronique d'alcool peut aussi causer une myopathie toxique nécrosante. Diverses maladies endocriniennes dont l'hyper- ou l'hypocorticisme (syndrome de Cushing et maladie d'Addison), ainsi que l'hyper- ou l'hypothyroïdie peuvent s'accompagner d'une faiblesse musculaire des membres à prédominance proximale. Cette faiblesse s'installe habituellement de façon subaiguë. Fréquemment, dans les myopathies associées aux troubles endocriniens, les CK sont normales, sauf dans l'hypothyroïdie où l'on peut retrouver une augmentation, parfois importante, des CK.

La corticothérapie, particulièrement à hautes doses quotidiennes, peut entraîner une faiblesse musculaire, à prédominance proximale, beaucoup plus marquée aux membres inférieurs, et qui s'installe fréquemment en quelques semaines, puis s'améliore progressivement après l'arrêt de la cortisone ou la diminution des doses. Le dosage des CK est normal et l'étude électromyographique montre des changements myopathiques, particulièrement dans les muscles proximaux.

Chez les patients âgés présentant une myopathie d'installation plus insidieuse et d'évolution plus chronique, il faut penser aux divers types de myopathie inflammatoire telle que la **polymyosite** et la **dermatomyosite**, qui se différencient cliniquement par l'atteinte cutanée que l'on retrouve seulement dans la dermatomyosite. La faiblesse est habituellement à prédominance proximale aux membres supérieurs et inférieurs. Symétrique, elle s'accompagne assez fréquemment de douleurs musculaires, principalement aux membres supérieurs. Plus tardivement, on retrouve de la dysphagie et de la faiblesse des muscles du cou et, occasionnellement, des muscles respiratoires. Les CK sont habituellement augmentées et l'étude électromyographique montre des changements caractéristiques d'atteinte myopathique. Le diagnostic définitif repose sur la biopsie musculaire.

Un autre type de myopathie inflammatoire lentement évolutive, qui évolue pendant plusieurs mois ou plusieurs années, est la **myosite à corps d'inclusion**. Elle peut débuter entre 16 et 81 ans mais, chez environ la moitié des patients, elle débute au cours de la cinquième ou de la sixième décennie. On retrouve une faiblesse musculaire avec une atrophie habituellement proportionnelle au degré de faiblesse, faiblesse qui peut affecter surtout la musculature proximale ou distale des membres supérieurs et inférieurs. La faiblesse des muscles cervicaux et faciaux est moins fréquente que dans la polymyosite et l'atteinte bulbaire est rare. Les réflexes ostéo-tendineux sont normaux au début mais, avec l'évolution de la maladie, on peut retrouver une diminution des réflexes ostéotendineux. Sur le plan paraclinique, on observe habituellement une vitesse de sédimentation normale avec des CK normales ou légèrement augmentées. Le diagnostic définitif repose sur la biopsie musculaire.

Exceptionnellement, des malades souffrant de certains types de dystrophies musculaires peuvent consulter pour la première fois à un âge avancé, se plaignant d'une faiblesse musculaire des membres inférieurs. En effet, la **dystrophie oculo-pharyngée** peut s'accompagner de faiblesse proximale des membres inférieurs, mais dans presque tous les cas, l'existence conjointe d'une ptose et d'un problème de dysphagie permettent de poser le diagnostic. Certains types rares de dystrophie des ceintures des membres peuvent aussi débuter à un âge avancé. Les sujets atteints de **dystrophie myotonique de Steinert** peuvent montrer tardivement des symptômes de faiblesse musculaire des membres inférieurs. L'examen permet alors de mettre en évidence un faciès myopathique, une faiblesse et une atrophie musculaire à prédominance distale des membres inférieurs. Dans la très forte majorité des cas, cette faiblesse affecte aussi les membres supérieurs, accompagnée d'une myotonie qui se traduit par une difficulté de décontraction musculaire.

La faiblesse musculaire d'un ou des deux membres inférieurs est un problème fréquent de la personne âgée. Les sites d'atteinte possibles du système nerveux qui peuvent causer cette faiblesse musculaire sont multiples. Cependant, l'approche systématique du problème par un examen clinique complet permet de localiser le site de la lésion et de procéder à un examen plus spécifique pour arriver à un diagnostic précis dans un bref délai.

BIBLIOGRAPHIE

ADAMS, R.D. & M. SALAM-ADAMS: Chronic Nontraumatic Diseases of the Spinal Cord, in *Neurologic Clinics: Disorders of the Spinal Cord*, Vol. 9, Number 3. Woosley, R.M. & R.R. Young. W.B. Saunders, Philadelphia, 1991.

BOSCH, E.P. & H. MITSUMOTO: Disorders of Peripheral Nerves, in *Neurology in Clinical Practice: Principles of Diagnosis and Management*, Vol. II. Bradley, W.G. & Coll. Butterworths – Heinemann, Boston, 2nd ed., 1996.

BYRNE, T.N. & S.G. WAXMAN: Paraplegia and Spinal Cord Syndromes, in *Neurology in Clinical Practice: Principles of Diagnosis and Management*, Vol. I. Bradley, W.G. & Coll. Butterworths – Heinemann, Boston, 2nd ed., 1996.

CHAD, D.A.: Disorders of Nerve Roots and Plexuses, in *Neurology in Clinical Practice: Principles of Diagnosis and Management*, Vol. II. Bradley, W.G. & Coll. Butterworths – Heinemann, Boston, 2nd ed., 1996.

DAWSON, D.M. & F. POTTS: Acute non Traumatic Myelopathies, in *Neurologic Clinics: Disorders of the Spinal Cord*, Vol. 9, Number 3. Woosley, R.M. & R.R. Young. W.B. Saunders, Philadelphia, 1991.

ENGEL, A.G., HONEFELD, R. & B.Q. BANKER: The polymyositis and Dermatomyositis Syndromes, in *Myology*, Vol. II. Engel, A.G. & C. Franzini-Armstrong. McGraw-Hill, New York, 2nd ed., 1994.

FREEMAN, F.R.: Hemiplegia and Monoplegia, in *Neurology in Clinical Practice: Principles of Diagnosis and Management*, Vol. I. Bradley, W.G. & Coll.

Butterworths – Heinemann, Boston, 2nd ed., 1996.

KAMINSKI, H.J. & R.L. RUFF: Endocrine Myopathies (Hyper- and Hypofunction of Adrenal Thyroid, Pituitary, and Parathyroid Glands and Iatrogenic Corticosteroid Myopathy, in *Myology*, Vol. II. Engel, A.G. & C. Franzini-Armstrong. McGraw-Hill, New York, 2nd ed., 1994.

McEVOY, K.M: Diagnosis and Treatment of Lambert-Eaton Myasthenic Syndrome, in *Neurologic Clinics: Myasthenia Gravis and Myasthenic Syndromes*, Vol. 12, Number 2. Sanders, Donald B. W.B. Saunders, Philadelphia, 1994.

MIKOL, J. & A.G. ENGEL: Inclusion Body Myositis **in** *Myology*, Vol. II. Engel, A.G. & C. Franzini-Armstrong. McGraw-Hill, New York, 2nd ed., 1994.

VICTOR, M. & J.P. SIEB: Myopathies due to Drugs Toxins and Nutritional Deficiency, in *Myology*, Vol. II. Engel, A.G. & C. Franzini-Armstrong. McGraw-Hill, New York, 2nd ed., 1994.

CHAPITRE 30

HYPERTENSION ARTÉRIELLE DU SUJET ÂGÉ

MICHÈLE MORIN, PIERRE BERT et FRANÇOISE FORETTE

Définition et diagnostic

Classification de l'hypertension artérielle

Particularités de la physiologie vasculaire au cours du vieillissement

Données épidémiologiques

Prévention primaire de l'hypertension artérielle

Prévention secondaire de l'hypertension artérielle

Prévention tertiaire de l'hypertension artérielle

Arsenal thérapeutique actuel

DÉFINITION ET DIAGNOSTIC

C'est essentiellement la même démarche que chez le sujet jeune qui précède l'établissement du diagnostic d'hypertension artérielle chez la personne âgée. Elle nécessite la même rigueur, les mêmes précautions, mais aussi la connaissance additionnelle de certaines particularités du vieillissement qui accroissent le défi diagnostique. Le tableau 30.1 en résume les principaux éléments. Le contexte de découverte est, la plupart du temps, fortuit puisque l'hypertension est, hors de certaines situations exceptionnelles, une condition tout à fait asymptomatique.

Le clinicien veillera tout d'abord à ce que le brassard utilisé soit de la bonne taille pour la circonférence brachiale du sujet examiné, de façon à éliminer les mésestimations de la pression artérielle. Le bras sera soutenu au niveau du cœur et le brassard lentement dégonflé, geste singulièrement important dans cette population où prévalent plusieurs troubles du rythme. Il convient d'espacer deux mesures consécutives au même membre d'au moins deux minutes, pour éviter la congestion veineuse qui risque de masquer les bruits de Korotkoff et de fausser la lecture.

Un diagnostic de certitude ne sera porté qu'après un minimum de trois visites, établissant chaque fois des chiffres tensionnels élevés. Plusieurs raisons légitiment cette attitude. D'abord, l'hétérogénéité du vieillissement concourt à de fortes variations intra-individuelles des valeurs tensionnelles. De plus, le sujet âgé s'est démontré, dans quelques études, particulièrement sensible au stress généré par l'examen médical, le tout se traduisant par une augmentation transitoire, réactionnelle, de sa pression artérielle. Cette réponse exagé-

Tableau 30.1
Précautions préalables au diagnostic d'hypertension artérielle chez la personne âgée
• Au moins trois visites de confirmation, à intervalles déterminés par la gravité de l'hypertension.
• Idéalement, obtenir des mesures à domicile pour minimiser le «phénomène de l'uniforme blanc».
• Utiliser un brassard adéquat et le dégonfler lentement, surtout en présence d'arythmies cardiaques.
• Obtenir des mesures aux deux bras et retenir la valeur la plus élevée comme référence.
• Rechercher systématiquement la pseudo-hypertension par la manœuvre d'Osler.
• Rechercher systématiquement l'hypotension orthostatique par des mesures debout à 1 et 3 minutes.
• Se méfier du trou auscultatoire.

rée figure dans la littérature médicale sous le vocable fort descriptif du «phénomène de l'uniforme blanc» et s'observerait chez un tiers des personnes âgées normotendues. Le tout incite donc à la circonspection avant de qualifier un aîné d'hypertendu et d'en faire désormais «un sujet à risque». Dans la majorité des situations, il n'y a aucune urgence à confirmer le diagnostic, et le médecin peut, sans préjudice défavorable pour son patient, espacer chacune de ses vérifications de quatre à six semaines. Il est intéressant, dans l'intervalle, d'obtenir des lectures complémentaires, si possible à des heures différentes, à domicile.

Tout comme chez l'adulte plus jeune, le médecin prend chaque fois la pression artérielle aux deux bras pour exclure une affection obstructive, la valeur tensionnelle la plus élevée étant retenue comme référence. La coarctation de l'aorte constituant un phénomène anecdotique dans ce segment de population, l'obtention d'une mesure au membre inférieur n'est pas indispensable.

Le diagnostic d'hypertension artérielle du sujet âgé doit tenir compte de trois réalités supplémentaires. La première concerne l'existence d'une fausse hypertension à la lecture auscultatoire, en raison du durcissement progressif des artères brachiales qui surestime la systolique et la diastolique. La prévalence réelle de cette **pseudo-hypertension** est mal connue mais semble inférieure à ce qu'on avait d'abord pensé, étant plutôt de l'ordre de 10 % ou moins. Lors des comparaisons par canulation intra-artérielle, mesure trop invasive pour être transposée en pratique quotidienne, plusieurs sujets se montrent quand même de véritables hypertendus. La pseudo-hypertension se suspecte cliniquement sur la base de trois indices:

• l'absence d'atteinte des organes cibles en dépit de chiffres tensionnels élevés soutenus;

• l'apparition de manifestations hypotensives sous traitement antihypertenseur adéquat, malgré des valeurs tensionnelles toujours hautes;

• la présence d'une manœuvre d'Osler positive, manœuvre qui consiste à regonfler le brassard du sphygmomanomètre à 20-30 mmHg au-dessus de la pression systolique auscultatoire et à vérifier la disparition du pouls radial ipsilatéral. La persistance de la pulsation suggère une artère brachiale rigide incompressible et évoque la possibilité d'une pseudo-hypertension, sans toutefois en apporter la preuve formelle. La manœuvre d'Osler est alors dite positive.

Une seconde particularité est la fréquence élevée d'**hypotension orthostatique**, même avant tout traitement antihypertenseur. Environ 15-20 % de la population gériatrique ambulatoire présente une telle hypotension, définie par une réduction, en position debout, de la tension systolique de > 20 mmHg ou de la diastolique de > 10 mmHg. Plus récemment décrite, l'hypotension orthostatique postprandiale suscite aussi de l'intérêt. Ces hypotensions sont le plus souvent asymptomatiques mais n'en constituent pas moins une menace réelle pour l'autonomie de l'aîné. Nul doute que leur prévalence au sein de clientèles âgées hospitalisées ou placées en institutions est encore plus grande, d'où la nécessité d'une recherche systématique chez tous les patients évalués pour hypertension artérielle potentielle. La présence d'hypotension orthostatique a notamment des implications sur l'indication thérapeutique, comme nous le verrons ultérieurement. En conséquence, la pression artérielle doit, à chaque visite, être établie après un minimum de dix minutes de repos en décubitus dorsal, puis en position debout, au même bras, après une et trois minutes, puisque le phénomène est parfois tardif chez le vieillard. L'apparition de symptômes compatibles avec l'hypotension doit également être notée.

Finalement, une troisième caractéristique de la personne âgée est l'existence plus fréquente du **trou auscultatoire** qui risque de provoquer un sous-diagnostic de l'hypertension artérielle.

A l'heure actuelle, le recours à l'enregistrement ambulatoire continu de la pression artérielle se limite à quelques situations cliniques ou au domaine de la recherche, mais n'est pas systématique.

La définition de l'hypertension artérielle, pour tout groupe d'âge, relève d'un certain empirisme puisque la variable «pression artérielle» est continue, de distribution normale, et qu'aucune valeur ne ramène le risque cardio-vasculaire à un. Selon les dernières recommandations de 1992 de la conférence canadienne de consensus, recommandations applicables à la population gériatrique, est hypertendue toute personne ayant une tension artérielle systolique (phase 1 de Korotkoff) ≥ 160 mmHg ou une diastolique (phase 4 ou 5 de Korotkoff) ≥ 90 mmHg en position assise. L'OMS utilise, quant à elle, 95 mmHg comme limite supérieure pour la diastolique.

Une fois le diagnostic étayé, l'évaluation du nouvel hypertendu comprendra l'identification des facteurs associés de risque cardio-vasculaire, la reconnaissance de l'atteinte des organes cibles, la recherche de symptômes ou signes orientant vers une cause secondaire et, détail très pertinent chez la personne âgée, la considération des comorbidités qui influeront sur les décisions thérapeutiques.

Concrètement, le bilan paraclinique initial comprend simplement: azote uréique, créatininémie, électrolytes, glycémie, acide urique, hématocrite, examen sommaire des urines, électrocardiogramme et radiographie pulmonaire. La pertinence du bilan lipidique après 75 ans demeure controversée.

CLASSIFICATION DE L'HYPERTENSION ARTÉRIELLE

Rappelons uniquement que l'hypertension artérielle peut être **systolique isolée** ou **systolo-diastolique**, laquelle se subdivise en légère, modérée ou grave (Tableau 30.2).

Par ailleurs, elle se répartit en **primaire** (essentielle) ou **secondaire** si reliée à une étiologie spécifique telle qu'une maladie néphrovasculaire, une endocrinopathie, etc. Finalement, elle est dite **compliquée** ou non selon la présence ou l'absence d'atteinte des principaux organes cibles (cerveau, rétine, cœur, reins).

PARTICULARITÉS DE LA PHYSIOLOGIE VASCULAIRE AU COURS DU VIEILLISSEMENT

De très nombreuses observations confirment qu'avec l'âge la pression artérielle augmente, surtout la pression différentielle. Ce phénomène s'amorce dès la cinquième décennie et se poursuit toute la vie pour la pression systolique alors que la pression diastolique connaît un plateau au début de la soixantaine. Ces modifications sont globalement non différentielles pour le sexe mais ne se retrouvent pas dans les sociétés en voie de développement, ce qui indique un facteur environnemental dans cette évolution du profil tensionnel. L'ethnie (et par conséquent l'hérédité) intervient également, les gens de race noire étant encore plus concernés par l'hypertension que les caucasiens.

Plusieurs changements physiologiques du vieillissement prédisposent à cette hypertension.

1. La diminution progressive de l'élasticité des parois artérielles (surtout les gros troncs) avec remplacement graduel de l'élastine par du collagène et l'apparition de liaisons interfibrillaires au sein de celui-ci, abaisse la compliance du lit artériel et accroît la postcharge.

2. Hypothétiquement, le gain de tissu adipeux qui survient avec l'âge aurait des relations virtuelles avec un hyperinsulinisme qui, lui-même, possède des effets présumés sur les facteurs de croissance tissulaires et donc sur l'hypertrophie des muscles lisses artériels (analogie avec le syndrome pathologique du «X» fragile).

3. La réduction de la réponse des récepteurs β-adrénergiques alors que la fonction des récepteurs alpha est inaltérée, résultant en un accroissement des résistances périphériques.

4. En condition basale, un niveau circulant de norépinéphrine supérieur, créant un état d'hyperadrénergisme, du moins apparent.

5. L'amoindrissement de l'efficience des barorécepteurs, intervenant certainement dans la genèse de l'hypotension orthostatique.

6. Paradoxalement, à première vue, modifications de l'axe rénine-angiotensine-aldostérone à la faveur d'une hyporéninémie par rapport à la population plus jeune, ce qui devrait, en théorie, «protéger» de l'hypertension. Les quelques travaux publiés sur le sujet tendent à établir que, nonobstant une réduction de la valeur absolue de l'activité rénine plasmatique, les sujets âgés sont quand même en hyperréninémie relative pour leurs besoins. De plus, la reconnaissance récente de systèmes rénine-angiotensine tissulaires éveille des intérêts nouveaux, et il est désormais admis qu'une mesure plasmatique de rénine n'est pas nécessairement le reflet fidèle d'une concentration tissulaire donnée.

Tableau 30.2	
Classification de l'hypertension artérielle du sujet âgé	
Définition	**Valeurs tensionnelles**
Hypertension systolique isolée	systolique ≥ 160 mmHg *et* diastolique < 90 mmHg
Hypertension systolo-diastolique légère modérée grave	systolique > 160 mmHg *ou* diastolique 90-104 mmHg diastolique 105-114 mmHg diastolique > 115 mmHg

La voie finale commune expliquant la si forte prévalence d'hypertension chez le sujet âgé se résume donc en une élévation des résistances périphériques, sans changements significatifs du débit cardiaque, contrairement à l'état d'hyperdynamie qui qualifie habituellement l'hypertension de l'adulte jeune.

DONNÉES ÉPIDÉMIOLOGIQUES

Compte tenu du caractère universel des modifications physiologiques exposées plus haut, l'épidémiologie de l'hypertension dépend évidemment de la valeur choisie pour trancher entre normalité et pathologie.

Telle que précédemment définie, l'hypertension affecte 50 % de la population gériatrique. Elle arrive au deuxième rang des maladies chroniques chez les aînés, après les problèmes ostéo-articulaires. Sa prévalence augmente avec l'âge et devient, après cinquante ans, supérieure chez la femme, bien qu'un biais de survie sélective puisse expliquer ce fait. De par la stabilisation de la pression diastolique dans la soixantaine, l'incidence d'hypertension systolique isolée est plus substantielle. On estime que 10 % des individus de 70 ans et plus présentent une hypertension systolique isolée alors que ce chiffre double après 79 ans. Par ailleurs, un tiers des gens de 65 ans et plus souffre d'une hypertension systolo-diastolique.

Nombre d'études soutiennent maintenant l'affirmation selon laquelle l'hypertension demeure un facteur de risque cardio-vasculaire puissant, même à un âge très avancé. Ceci s'avère encore plus vrai pour la tension artérielle systolique que pour la diastolique, avec toutes les implications de cette observation sur le traitement. A titre d'exemple, l'hypertension multiplie par trois le risque d'accident vasculaire cérébral et par cinq celui de mort par cardiopathie ischémique. Le risque est directement proportionnel aux valeurs tensionnelles, la systolique et la diastolique se comportant de façon indépendante. A valeur tensionnelle identique, ce risque pour le sujet âgé est toujours supérieur à celui d'un adulte plus jeune. Dans l'étude MRFIT (*Multiple Risk Factor Intervention Trial*), une tension systolique de 160 mmHg équivaut, pour le taux de mortalité coronarienne, à une diastolique de 105 mmHg. Soulignons également la relation étroite de l'hypertension systolique avec l'hypertrophie ventriculaire gauche, elle-même facteur de risque significatif des complications cardio-vasculaires.

Dans 95 % des cas, l'hypertension du sujet âgé est essentielle. La cause secondaire de loin la plus fréquente (1-2 %) est néphrovasculaire, induite par la présence de lésions athérosclérotiques à l'origine des artères rénales, produisant des obstructions fixes qui entravent la perfusion rénale et ainsi mettent en péril la fonction de ces organes.

PRÉVENTION PRIMAIRE DE L'HYPERTENSION ARTÉRIELLE

Malgré les connaissances actuelles, il demeure impossible de prévenir l'apparition d'une hypertension artérielle. Certains conseils, relevant d'une saine hygiène de vie, méritent tout de même d'être prodigués: pratiquer une activité physique régulière, ne pas abuser de sel, éviter le gain pondéral, cesser le tabac et restreindre la consommation d'alcool. Autant de mesures qui, sans avoir été prouvées efficaces en prévention primaire de l'hypertension, pourront de toute façon bénéficier aux autres facteurs de risque cardio-vasculaire (diabète sucré, obésité, sédentarité, etc.).

PRÉVENTION SECONDAIRE DE L'HYPERTENSION ARTÉRIELLE

Les activités de prévention secondaire réfèrent au dépistage et à la prise en charge précoce de l'hypertension, avant la survenue des complications. Le Groupe canadien sur l'examen médical périodique recommande la vérification annuelle de la tension artérielle dans la clientèle gériatrique. Il s'agit aussi, bien naturellement, d'identifier et de corriger les autres facteurs de risque cardio-vasculaire modifiables.

PRÉVENTION TERTIAIRE DE L'HYPERTENSION ARTÉRIELLE

Abordons maintenant les considérations thérapeutiques de l'hypertension du sujet âgé.

Qui traiter?

A ce chapitre, il est plus facile de déterminer qui ne pas soumettre au traitement antihypertenseur. Les sujets présentant spontanément une hypotension orthostatique importante sont trop vulnérables pour profiter d'un tel traitement. Certains contextes cliniques doivent également refréner l'enthousiasme et faire reporter à plus tard la décision d'introduire un antihypertenseur, s'il est toujours indiqué: dépression majeure, état confusionnel aigu, immobilisation prolongée, perte d'autonomie inexpliquée. Une espérance de vie de quelques mois modère également l'indication thérapeutique, puisque les avantages ne se quantifient qu'à long terme. L'âge en soi ne peut être retenu comme critère déterminant s'il est pris seul en compte. C'est la globalité de l'individu qui guide le jugement du clinicien, appuyée sur la littérature pertinente.

Quand traiter?

Les recommandations théoriques de la conférence canadienne de consensus de 1992 sont les suivantes:

- sujets de 60 ans et plus ayant une pression systolique ≥ 160 mmHg: **traitement**

- sujets de 60 à 80 ans ayant une pression diastolique ≥ 105 mmHg: **traitement**

- sujets de 60 à 80 ans ayant une pression diastolique entre 90 et 104 mmHg: **selon l'atteinte des organes cibles**

- sujets de plus de 80 ans, peu importe la valeur de la pression diastolique: **incertitude, mais...** une tendance en faveur du traitement des octogénaires relativement en bonne santé se dégage de la littérature la plus récente sur ce sujet, tel que nous l'exposerons à la section suivante. La figure 30.1 illustre ces nouvelles recommandations.

Pourquoi traiter?

Puisque la pression artérielle représente un facteur de risque d'autant plus considérable que le sujet est âgé, il apparaît souhaitable de la contrôler. Du strict point de vue statistique, ce sont même les hypertensions légères qu'il faudrait davantage contrôler car, en raison de leur prévalence supérieure, ce sont elles qui causent le plus grand risque attribuable d'événements cardio-vasculaires. Cependant, jusqu'au début des années 80, les personnes âgées étaient sous-représentées, voire exclues, des principaux essais thérapeutiques de l'hypertension artérielle, limitant l'extrapolation des résultats de ces travaux à la population gériatrique.

Heureusement, depuis, d'abondantes publications sont venues combler ce vide. D'une façon générale, soulignons que des différences méthodologiques entravent les comparaisons directes des études entre elles mais qu'une récente méta-analyse est parvenue à des résultats fort éloquents résumés dans le tableau 30.3.

Dans l'étude EWPHE, les auteurs rapportent des bénéfices thérapeutiques moindres après 80 ans mais expliquent cette disparité par le trop petit nombre de sujets dans cette fourchette d'âge. Il semble exister peu d'avantages à traiter les pressions diastoliques de l'ordre de 90-95 mmHg, alors qu'un gain est noté pour toute valeur de pression systolique à l'entrée dans l'étude.

L'étude SHEP fait état des bienfaits du traitement de l'hypertension systolique isolée même après 80 ans, mais il faut mentionner que la cohorte enrôlée était hautement sélectionnée (1 % de l'échantillon initial seulement fut inclus et à peine 14 % de la cohorte ainsi constituée avaient 80 ans ou plus), ce qui limite la validité externe d'une telle étude et la généralisation des résultats. Fait digne de mention, les conclusions s'appliquent indistinctement aux sujets sous traitement diurétique avec ou sans modifications électrocardiographiques.

L'essai STOP-H démontre, lui aussi, l'efficacité du traitement jusqu'à 84 ans, pour l'hypertension systolo-diastolique cette fois. Ici encore, la population étudiée a été «épurée». Observation intéressante, 78 % des sujets à l'étude, sous bêtabloquants au début, ont exigé l'ajout du diurétique, alors que l'inverse est vrai pour 46 % seulement des patients sous diurétique d'abord.

Pour sa part, l'originalité de l'étude du MRC réside dans la démonstration de la supériorité des diurétiques sur les bêtabloquants chez la personne âgée.

Concernant la tolérance de la médication dans ces essais cliniques, retenons que, dans l'étude SHEP, l'incidence rapportée d'effets indésirables dans le groupe traité excédait d'un tiers celle du groupe placebo; l'étude EWPHE démontre nettement plus de perturbations métaboliques dans le groupe traité; enfin, le groupe du MRC révèle, à cinq ans, 1/6 chances d'effets secondaires importants pour 1/11 chances de tirer un bénéfice du traitement. Le traitement pharmacologique semble donc améliorer la survie, mais pas pour autant la qualité de vie.

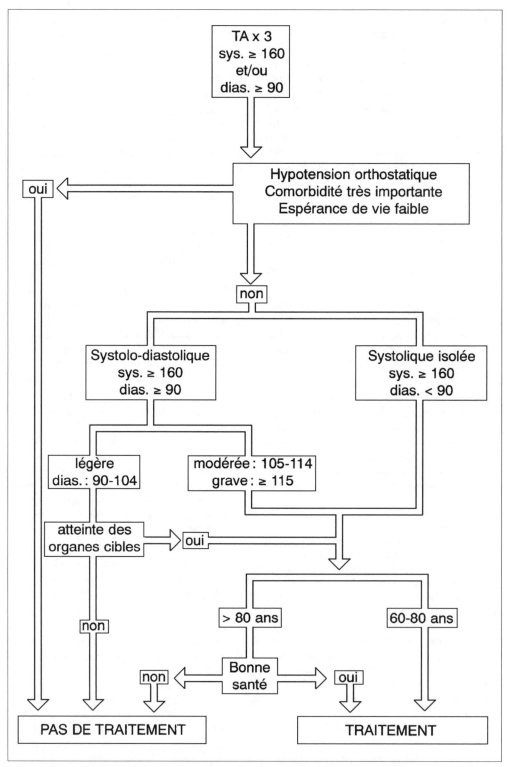

Figure 30.1   Recommandations pour le traitement de l'hypertension artérielle du sujet âgé

Tableau 30.3				
Résultats d'une récente méta-analyse sur le traitement pharmacologique de l'hypertension artérielle chez le sujet âgé				
Issue étudiée	**Réduction du risque (%)**	**Risque relatif**	**Intervalle de confiance (95 %)**	**Valeur – p (seuil = 0,05)**
Mortalité totale	12	0,88	0,80 – 0,97	= 0,0092
Mortalité par AVC	36	0,64	0,49 – 0,82	= 0,0005
Mortalité cardio-vasculaire	25	0,75	0,64 – 0,88	= 0,00055
Morbidité par AVC	35	0,65	0,55 – 0,76	< 0,00001
Morbidité cardio-vasculaire	15	0,85	0,73 – 0,99	= 0,0360

D'après Insua, J.T. & Coll.: Drug Treatment of Hypertension in the Elderly: A Meta-analysis. *Ann Intern Med*, **121**:355-362, 1994.

Dimension récente de la prise en charge de l'hypertendu, c'est précisément un des aspects sur lequel l'étude actuelle SYST-EUR centre ses préoccupations et dont les conclusions seront à surveiller.

Comment traiter?

Énonçons d'abord les principes de base. Les mesures non pharmacologiques ne doivent jamais être méprisées. En toutes circonstances, le traitement pharmacologique débutera à petites doses, souvent la moitié de ce qui s'utilise chez l'adulte plus jeune. La titration se fera lentement, par petits paliers, chaque majoration s'espaçant de plusieurs (4-6) semaines, et en s'assurant qu'il n'existe pas d'hypotension orthostatique significative. Les urgences hypertensives sont rares chez la personne âgée, alors que les dangers d'un traitement intempestif sont, quant à eux, bien réels. Dans l'optique de faciliter l'observance du traitement, une monothérapie, efficace chez 60 % des sujets, avec le moins de prises quotidiennes possible, sera privilégiée. Face à l'échec thérapeutique, le médecin devrait préférer, le plus souvent, la substitution à l'addition.

La sélection de l'agent pharmacologique repose sur des considérations de comorbidités et d'interactions médicamenteuses potentielles, puisque la plupart des classes d'antihypertenseurs ont une efficacité grossièrement comparable pour abaisser la tension artérielle, par rapport au placebo. Une connaissance suffisante des modifications pharmacocinétiques et pharmacodynamiques du vieillissement favorise un choix judicieux. Le traitement doit être individualisé, conséquence prévisible de l'hétérogénéité de la sénescence. Le coût du médicament a aussi un impact sur l'option du prescripteur.

Le but ultime du traitement est évidemment de réduire au minimum l'incidence globale des complications cardio-vasculaires de l'hypertension, au prix d'un minimum d'effets secondaires. Favoriser les agents qui entraînent la régression de l'hypertrophie ventriculaire gauche est une attitude dont on ne peut actuellement quantifier l'impact en gériatrie.

L'objectif du traitement doit être modeste. Il vise essentiellement à ramener les chiffres tensionnels sous **160/90 mmHg**, donc d'améliorer ceux-ci et non de les normaliser à tout prix.

Plusieurs raisons justifient la prudence dans l'approche. Premièrement, l'**autorégulation cérébrale**, en hypertension artérielle chronique, subit des modifications qui rendent le cerveau vulnérable aux baisses de pression artérielle. La courbe pression/débit est déplacée vers la droite, ce qui signifie que, pour une valeur tensionnelle donnée, l'encéphale de l'hypertendu est moins bien perfusé que celui du normotendu. La présence additionnelle de lésions athéromateuses accentue le phénomène. De plus, on note une efficacité moindre des réponses vasomotrices aux fluctuations de la pression de perfusion cérébrale, rendant le cerveau spécialement sensible à l'hypotension systémique. Pour des motifs semblables, on doit éviter de diminuer l'hypertension artérielle aiguë, souvent réactionnelle, en postramollissement cérébral, ce qui, autrement, risquerait d'étendre la zone en souffrance.

Deuxièmement, la découverte d'une **courbe J**, décrivant l'association entre la tension artérielle diastolique et les événements coronariens, impose aussi la modération. Ce type de relation entre ces deux variables propose des réponses partielles à l'absence de bénéfices du traitement antihypertenseur sur la morbidité et la mortalité des coronaropathies, dans plusieurs des premières études sur le sujet, puisqu'une baisse trop drastique de la pression diastolique produirait, selon ce modèle, une hypoperfusion néfaste du sous-endocarde.

Pour toutes ces explications, il est généralement admis qu'en aucun cas, la pression artérielle du sujet âgé ne doit être abaissée sous le seuil critique de **130-150/85-90 mmHg**.

La littérature mentionne qu'après un an de bon contrôle et de stabilité, un sevrage lent de la médication peut être envisagé et que, souvent, elle pourra même être complètement suspendue, à condition de faire un contrôle au long cours de la pression artérielle.

ARSENAL THÉRAPEUTIQUE ACTUEL

Mesures non pharmacologiques

Bien que n'ayant pas fait l'objet d'études rigoureuses dans la population gériatrique, les mesures non pharmacologiques ne doivent pas pour autant être négligées chez l'aîné hypertendu, mais plutôt être utilisées à bon escient. Elles sont remarquablement utiles pendant les trois à six premiers mois de surveillance d'un nouvel hypertendu léger. Il faut éviter les diètes trop draconiennes (l'indice de masse corporelle visé se situant entre 20-27 kg/m^2), ainsi que les restrictions sodiques trop sévères, qui ont souvent pour résultat, chez la personne âgée, l'apparition de carences alimentaires encore plus dangereuses. Tous les hypertendus ne réagissent pas de la même façon à la diète hyposodée (4-6 g/24 h), mais elle permet parfois de limiter l'hypokaliémie sous diurétique. Le rôle des suppléments potassiques et calciques dans la prise en charge de l'hypertension du vieillard demeure nébuleux. L'activité physique aérobique, isotonique, à raison de trente minutes trois fois par semaine, sous supervision si nécessaire, est bénéfique à plusieurs égards et indépendamment de la perte pondérale induite; les activités isométriques sont à proscrire puisqu'elles élèvent de façon brusque la pression artérielle. Réduire la con-

sommation de tabac, agent vasoconstricteur, et d'alcool (< 30 mL/24 h) complètent ces recommandations. En complément d'un traitement pharmacologique, ces mesures permettent souvent d'utiliser de plus faibles doses du principe actif. Le principal obstacle à ces conseils demeure toutefois la motivation de l'individu et donc l'observance.

Traitement pharmacologique

Un vaste arsenal thérapeutique s'offre maintenant au clinicien en matière d'antihypertenseurs, et de nouvelles molécules ne cessent d'être proposées. Avant toute chose, le médecin ne doit pas omettre de vérifier la médication concomitante, à la recherche d'agents pouvant interférer avec le traitement prévu, soit en augmentant la probabilité d'effets secondaires, soit en annulant certains des bénéfices escomptés (Tableau 30.4).

Diurétiques

Ce sont les médicaments antihypertenseurs pour lesquels nous possédons le plus de données, puisqu'ils ont fait partie des grands essais thérapeutiques de l'hypertension, et pour lesquels nous disposons d'un recul suffisant pour connaître au mieux leurs propriétés. Leur efficacité comme traitement de première ligne, tant dans l'hypertension systolo-diastolique que dans l'hypertension systolique isolée, ne fait plus aucun doute et ce, même à faible dose (p. ex. 12,5-25 mg d'hydrochlorothiazide/24 h). Ils sont généralement bien tolérés par la population âgée et provoquent peu de perturbations métaboliques importantes du bilan lipidique et de la glycémie aux doses utilisées, si ce n'est l'hypokaliémie, qui peut être contrôlée par une diète hyposodée. En cas d'hypokaliémie réfractaire même à l'introduction des suppléments, il convient de vérifier la magnésémie, souvent abaissée par ces agents. L'hyponatrémie, si elle doit apparaître, est habituellement précoce et exige donc une surveillance en début de traitement.

Les dérivés thiazidiques sont les plus couramment employés en gériatrie. Dans l'insuffisance rénale modérée à grave ou s'il existe une insuffisance cardiaque congestive, on leur préfère le furosémide. Les diurétiques épargnant le potassium sont de trop faibles hypotenseurs pour être utilisés seuls et ne seront donc

Tableau 30.4			
Guides pour un choix thérapeutique			
Type d'hypotenseur	**Bénéfices secondaires**	**Contre-indications**	**Interactions potentielles**
Diurétiques	Insuffisance cardiaque congestive	Diabète sucré non stabilisé Anomalies ischémiques à l'ECG Goutte	AINS = perte d'efficacité de l'antiHTA Digitale = toxicité si hypokaliémie Lithium = risque accru de toxicité
Bêtabloquants	Dysfonction diastolique Cardiopathie ischémique Tachycardie supraventriculaire Tremblements essentiels	Trouble de la conduction cardiaque Insuffisance cardiaque Claudication vasculaire Diabète sucré insulinotraité Asthme	IC = bloc cardiaque
Inhibiteurs calciques	Dysfonction diastolique Cardiopathie ischémique Tachycardie supraventriculaire	Rétention urinaire et constipation Insuffisance veineuse marquée Trouble de la conduction cardiaque	Bêtabloquants = bradycardie Digitale = toxicité avec Vérapamil® Quinidine = trouble de la conduction
Inhibiteurs enzyme de conversion	Insuffisance cardiaque congestive Néphropathie diabétique	Sténose bilatérale de l'artère rénale	AINS = insuffisance rénale Diurétiques épargnant le potassium = hyperK+
AINS = anti-inflammatoires non stéroïdiens ; AntiHTA = antihypertenseurs ; IC = inhibiteurs calciques ; HyperK+ = hyperkaliémie			

introduits qu'en complément des thiazides, pour compenser une hypokaliémie dont la correction sera étroitement surveillée.

Parmi les avantages supplémentaires des diurétiques figurent leur faible coût et la prise monoquotidienne. Les réserves face à leur prescription concernent les patients avec une hyperuricémie marquée et ceux avec des anomalies significatives à l'électrocardiogramme, bien que les résultats de l'étude SHEP puissent rassurer pour ces derniers. Les diurétiques peuvent aussi parfois être à l'origine de la décompensation d'une incontinence urinaire chez certains sujets âgés fragiles.

Bêtabloquants

Sachant les changements physiologiques du vieillissement, il peut paraître paradoxal d'utiliser les bêtabloquants chez l'aîné hypertendu. Leur efficacité est néanmoins indéniable, par l'intermédiaire de la rénine ou par leurs effets sur les récepteurs β-1-adrénergiques du cœur. Ils sont particulièrement avantageux en présence de conditions associées telles les tremblements essentiels invalidants, la cardiopathie ischémique, la tachycardie supraventriculaire et

la dysfonction diastolique, pouvant alors constituer d'excellents premiers choix, en dépit des conclusions des études STOP-H et MRC.

Les contre-indications relatives sont les mêmes que chez l'adulte jeune : insuffisance cardiaque congestive, trouble de la conduction cardiaque, claudication vasculaire, asthme, diabète sucré insulinotraité. A long terme, ces agents perturbent le profil lipidique, bien que les conséquences d'une telle observation chez la personne âgée demeurent imprécises. Les bêtabloquants les plus liposolubles sont à proscrire puisqu'ils traversent la barrière hémato-encéphalique et entraînent plus d'effets secondaires de type central : dépression, confusion, somnolence, cauchemars, irritabilité, fatigue.

Les plus étudiés dans la littérature ont été l'aténolol (Tenormin®), le métoprolol (Lopresor®, Seloken®) et le pindolol (Visken®). Les besoins de cardiosélectivité et d'activité agoniste intrinsèque dictent le choix du médecin, bien qu'il ne faille pas oublier que ces propriétés disparaissent à fortes doses. Un ajustement posologique est nécessaire dans l'insuffisance hépatique ou rénale. La bradycardie doit être assidûment recherchée après l'instauration du traitement. Enfin, le malade sera impérativement informé de ne jamais cesser brusquement la médication, en raison du risque de sevrage subséquent.

Inhibiteurs calciques

On ne dispose, pour l'instant, d'aucune étude longitudinale assez longue pour cette catégorie d'agents thérapeutiques. La physiologie de la personne âgée les situe, par contre, en bonne position comme alternative aux diurétiques. Ils agissent sur les muscles lisses vasculaires en abaissant les résistances périphériques, sans interférer sur le profil lipidique. Ils sont également dépourvus d'effets secondaires centraux. Certaines distinctions existent entre eux quant à la puissance vasodilatatrice et aux propriétés d'inotropisme et de chronotropisme, mais ce sont tous de bons hypotenseurs. Leurs activités au niveau cardiaque peuvent précisément légitimer leur choix, en présence de cardiopathie ischémique, dysfonction diastolique ou tachyarythmie supraventriculaire. Les principaux inconvénients chez la personne âgée sont l'œdème des membres inférieurs, surtout avec la nifédipine (Adalat®) et l'amlodipine (Norvasc®), ainsi que les effets sur les muscles lisses de certains viscères, avec constipation et rétention urinaire, ce qui concerne principalement le diltiazem (Cardizem®) et le vérapamil (Isoptin®). De récentes formulations à longue action autorisent la prise mono- ou biquotidienne, mais ont été peu étudiées chez le sujet âgé. L'avantage proclamé des molécules de dernière génération serait une meilleure sélectivité vasculaire. Malgré tout, le coût de ces médicaments contraint le prescripteur à envisager d'abord les autres avenues thérapeutiques.

Inhibiteurs de l'enzyme de conversion de l'angiotensine

A nouveau, contre toute logique physiologique, ces médicaments s'avèrent efficaces dans le traitement de l'hypertension de l'aîné, appuyant en cela les hypothèses que leur action puisse être transmise par d'autres axes que celui de la rénine-angiotensine-aldostérone, tels le système des bradykinines et celui des prostaglandines.

Leur usage sera le plus souvent de deuxième intention, sauf dans le contexte d'une dysfonction systolique du ventricule gauche où ils améliorent la survie des classes fonctionnelles III et IV, ou encore d'une néphropathie diabétique puisqu'ils réduisent la protéinurie et stabilisent la fonction rénale, permettant donc des gains supplémentaires pour le patient. Leur usage est limité par leur coût élevé et par le risque omniprésent d'hyperkaliémie chez la personne âgée, surtout si s'associent diabète mellitus, insuffisance rénale chronique, prise d'anti-inflammatoires non stéroïdiens et de diurétiques épargnant le potassium. De plus, le recours à ces produits contraint à un monitorage étroit de la fonction rénale et des électrolytes. Face à la détérioration de ces paramètres, il faudra suspecter la sténose bilatérale des artères rénales et cesser la médication. La toux est un effet secondaire beaucoup moins fréquent avec les agents de dernière génération qui trouvent un avantage additionnel dans leur affinité tissulaire spécifique. La dysgueusie est aussi une plainte fréquemment rencontrée en gériatrie et certes non négligeable. Le traitement débute à très petites doses et on préfère les agents ayant une demi-vie courte. L'étude SYST-EUR sera l'une des premières à publier des résultats concernant l'usage prolongé d'un tel inhibiteur dans un contexte d'hypertension artérielle.

Agents centraux

Constituée de la clonidine (Catapres®) et de l'alphaméthyldopa (Aldomet®), cette classe présente les inconvénients d'un risque non négligeable d'hypotension orthostatique et d'effets secondaires centraux nombreux: dépression, confusion, somnolence, xérostomie. La clonidine orale doit faire l'objet d'un sevrage lent, même chez le sujet âgé, en raison de la possibilité d'hypertension rebond, danger que la formulation transdermique ne présente pas. Ces médicaments constitueront, en général, une troisième étape dans l'algorithme thérapeutique.

Agents alphabloquants

Également comme traitement d'appoint, la prazosine (Minipress®) et la térazosine (Hytrin®) sont des hypotenseurs puissants ayant les défauts de leurs qualités, soit un grand danger d'hypotension orthostatique et de syncope de première dose, d'où la prescription au coucher au début. Ils agissent en s'opposant à l'hyperadrénergisme de la personne âgée, abaissant ainsi les résistances périphériques. Ils ont l'avantage théorique d'améliorer le profil lipidique en réduisant les LDL et en augmentant les HDL. Ils trouveront peut-être leur place plus facilement chez les hommes âgés présentant une incontinence urinaire de type obstructif, par leur action sur les récepteurs alpha-adrénergiques du col vésical.

Le labétalol (Trandate®) possède des propriétés à la fois alpha- et bêtabloquantes, mais les premières prédominent. Son usage est plutôt réservé aux urgences hypertensives qu'au traitement d'entretien.

Agents désuets

Les ganglioplégiques, la réserpine et les vasodilatateurs directs du type hydralazine (Apresoline®) sont dorénavant difficilement justifiables comme agents thérapeutiques chez la personne âgée, supplantés par le profil pharmacologique plus favorable de toutes les autres classes médicamenteuses.

ÉTUDE DE L'HYPERTENSION ARTÉRIELLE CHEZ LA PERSONNE ÂGÉE

Chez toute personne âgée connue hypertendue mais normalement contrôlée, devant des valeurs tensionnelles inhabituellement hautes de façon ponctuelle, on s'appliquera à exclure des conditions simples mais souvent oubliées: anxiété, douleur mal soulagée, fécalome, rétention urinaire, introduction récente d'AINS.

En fait, la question d'intérêt est plutôt: «Chez qui doit-on pousser davantage les examens?» Les réponses à cette question sont les mêmes que chez le sujet plus jeune:

- pression diastolique > 100 mmHg malgré un triple traitement;

- perte de contrôle récent d'une hypertension auparavant stabilisée;

- apparition d'une hypertension accélérée ou détérioration rapide de la fonction rénale;

- souffle abdominal, hypokaliémie spontanée ou autres éléments évocateurs d'une cause secondaire.

De plus, on ne soumet à l'examen que les individus qui peuvent supporter les mesures consécutivement indiquées. Comme chaque fois en gériatrie, le tout est d'adopter une conduite proportionnée.

CONCLUSION

L'hypertension artérielle est l'une des maladies chroniques les plus fréquentes en gériatrie. L'hypertension systolique isolée a autant sinon plus d'impact sur les plans morbidité et mortalité cardio-vasculaires que l'hypertension systolo-diastolique.

Cette hypertension est l'un des facteurs de risque modifiables par l'intervention. Le traitement doit être individualisé et tenir compte des avantages et des inconvénients pour un sujet donné. Il existe de plus en plus d'évidences, dans la littérature disponible, de bénéfices thérapeutiques jusqu'à 80 ans. Les diurétiques de type thiazidique continuent d'être un bon premier choix.

On commence à voir poindre également, dans les écrits récents, la notion que le contrôle des chiffres tensionnels limites (140-160/80-89 mmHg) présenterait des avantages du point de vue de la santé publique. Reste à bien démontrer les gains pour l'individu, mettant en relief la distinction fondamentale entre traiter des chiffres et prendre en charge un malade. De plus, cela signifierait soumettre un nombre très élevé de sujets à un régime thérapeutique non dépourvu d'effets indésirables et un accroissement inévitable des coûts de santé.

On devra attendre quelques années encore pour avoir une meilleure perspective de l'importance des agents de dernière génération dans la classe des antagonistes calciques et celle des inhibiteurs de l'enzyme de conversion de l'angiotensine. Cependant, leurs propriétés de meilleure sélectivité tissulaire en font des produits fort intéressants, conformes à la physiopathologie de l'hypertension du sujet âgé, à ne pas ignorer.

BIBLIOGRAPHIE

AMERY, A. & Coll.: Mortality and Morbidity results from the European Working Party on High Blood Pressure in the Elderly Trial. *Lancet*, **1**:1349-1354, 1985.

BEAULIEU, M.D.: En quoi devrait consister l'examen médical périodique d'une personne âgée? *Actualité Médicale*, **28 avril**:18-21, 1993.

CUSHMAN, W.C. & Coll. Treatment of Hypertension in the Elderly: III. Response of isolated systolic hypertension to various doses of hydrochlorothiazide: results of a Department of Veterans Affairs Cooperative study. *Arch Intern Med*, **151**:1954-1960, 1991.

DAHLOF, B. & Coll.: Morbidity and mortality in the Swedish Trial in Old Patients with Hypertension. *Lancet*, **338**:1281-1285, 1991.

Hypertension Detection and Follow-up Program Cooperative Group: Five year findings of the Hypertension Detection and Follow-up Program. *JAMA*, **259**:2113-2122, 1988.

KANNEL, W.B., DAWBER, T.R. & D.L. McGEE: Perspectives on Systolic Hypertension. The Framingham Study. *Circulation*, **61**:1179-1182, 1980.

LAROCHELLE, P. & Coll.: Recommendations from the Consensus Conference on Hypertension in the Elderly. *CMAJ*, **135**:741-745, 1986.

MRC Working Party: Medical Research Council trial of treatment of hypertension in older adults: Principal Results. *BMJ*, **304**:405-412, 1992.

Multiple Risk Factor Intervention Trial Research Group: Multiple Risk Factor Intervention Trial. Risk Factor Changes and Mortality Results. *JAMA*, **248**:1465-1477, 1982.

STAESSEN, J. & Coll.: SYST-EUR. A multicenter trial on the treatment of isolated systolic hypertension in the elderly: first interim report. *J Cardiovasc Pharmacol*, **19(1)**:120-125, 1992.

The Management Committee: Treatment of mild hypertension in the elderly. A study initiated and administered by the National Heart Foundation of Australia. *Med J Aust*, **2**:398-402, 1981.

The Systolic Hypertension in the Elderly Program (SHEP) Cooperative Research Group: Prevention of stroke by antihypertensive drug treatment in older persons with isolated systolic hypertension: final results of SHEP. *JAMA*, **265**:3255-3264, 1991.

TUCK, M.L. & Coll.: UCLA Geriatric Grand Rounds: Hypertension in the Elderly. *JAGS*, **36**:630-643, 1988.

Veterans Administration Cooperative Study Group on antihypertensive agents: Effects of treatment on morbidity in Hypertension. III. Influence of age, diastolic pressure and prior cardiovascular disease: further analysis of side effects. *Circulation*, **45**:991-1004, 1972.

LECTURES SUGGÉRÉES

APPLEGATE, W.B.: Managing the Older Patient with Hypertension. *AJH*, **6(7)**:277S-282S, 1993.

Conseil Consultatif de Pharmacologie, Gouvernement du Québec. *Info-médicament*, **Août 1994**: numéro 3.

HAZZARD, A., BIERMAN, B.: *Principles of Geriatric Medicine and Gerontology*, McGraw-Hill, New York, 2nd ed., 1990.

INSUA, J.T.: Drug Treatment of Hypertension in the Elderly: A Meta-analysis. *Ann Intern Med*, **121**:355-362, 1994.

CHAPITRE 31

PROBLÈMES CARDIAQUES

MICHÈLE MORIN, JACQUES MORIN, GUY LACOMBE et MARCEL ARCAND

«Quand on aime, on a toujours vingt ans.»
«Le cœur ne vieillit pas.»
«Le cœur n'a pas d'âge.»

En dépit de ces affirmations véhiculées par le folklore, force est de reconnaître que le cœur subit, comme tout autre organe, l'effet du passage des ans. De nombreux changements anatomophysiologiques, non sans conséquence sur le plan hémodynamique, ont d'ailleurs été rapportés.

En fait, peu de modifications sont observables au repos. Le débit cardiaque, dans cette condition, serait inchangé. Il n'y aurait aucune différence significative du volume télésystolique, télédiastolique, de même que de la fraction d'éjection en vieillissant. La perfusion des organes demeure donc adéquate, en situation de repos. Cependant, à l'effort, la réserve cardiaque est nettement diminuée (Tableau 31.1).

Les changements associés au vieillissement du système circulatoire entraînent également des modifications de certains paramètres de l'évaluation clinique et paraclinique du sujet âgé (Tableau 31.2).

CARDIOPATHIE ISCHÉMIQUE

La cardiopathie ischémique, manifestation clinique d'une coronaropathie plus ou moins importante, existe aussi chez la personne âgée. Ce qui apparaît particulier dans cette catégorie d'âge est la forte prévalence d'ischémie silencieuse, c'est-à-dire la survenue de changements ischémiques à l'électrocardiogramme, sans symptôme d'accompagnement. Les changements ischémiques électriques sont définis par un sus-décalage ou un sous-décalage transitoire du segment ST d'au moins 1 mm, à 0,08 seconde après le point J et ayant une durée d'au moins une minute. Cette ischémie silencieuse est une entité réelle du continuum ischémique et s'accompagne d'anomalies métaboliques, hé-

---

Tableau 31.1

Modifications du cœur au cours du vieillissement normal

Macroscopiques
- diminution de la masse cardiaque (proportionnellement à la masse corporelle totale)
- apparition d'une hypertrophie ventriculaire gauche

Microscopiques
- accumulation de lipofuscine dans les myocytes
- apparition de dépôts amyloïdes
- fibrose avec dégénérescence du collagène, accumulation de lipides et calcification des valves mitrale et aortique
- accumulation graisseuse et réduction considérable du nombre des cellules du nœud sinusal
- réduction du nombre de cellules du nœud auriculo-ventriculaire, du faisceau de His et des branches droite et gauche

Physiologie au repos
- augmentation de la durée de la contraction
- allongement de la période réfractaire mécanique
- altération de la phase de relaxation
- diminution de l'activité des récepteurs β-adrénergiques avec réduction de l'effet inotrope des catécholamines
- diminution de récepteurs alpha-adrénergiques
- diminution de la réaction inotrope aux glucosides

Physiologie à l'effort
- réduction de la fréquence cardiaque maximale
- augmentation des volumes télésystolique et télédiastolique
- réduction du volume d'éjection et de la fraction d'éjection
- diminution de la consommation maximale d'oxygène

---

modynamiques et fonctionnelles du cœur. On ignore toujours ce qui détermine la présence ou non de douleurs au cours des événements ischémiques. Certains soulèvent l'importance de la durée et de la gravité (étendue) de l'ischémie, alors que d'autres imputent à une élévation du seuil de perception de la douleur la forte préva-

---

Tableau 31.2

Modifications de certains paramètres de l'évaluation cardiaque chez le sujet âgé normal

Examen cardio-vasculaire
* apparition possible d'un quatrième bruit qui peut être sans signification pathologique
* fausse impression d'une jugulaire gauche distendue à cause du déroulement de la crosse aortique

Électrocardiogramme
* apparition «normale» de signes électriques d'hypertrophie ventriculaire gauche avec modification de l'axe ventriculaire
* allongement du segment PR qui peut être considéré normal jusqu'à 24 ms

Radiographie pulmonaire
* changement de conformation de la cage thoracique avec modification possible de l'index cardio-thoracique (normale jusqu'à 0,60)

---

lence des événements silencieux chez les sujets âgés.

Épidémiologie

La cause principale de mortalité chez les personnes âgées demeure les maladies cardio-vasculaires, principalement les coronaropathies. Leur incidence est toutefois à la baisse, probablement en raison d'un meilleur contrôle des facteurs de risque.

A tout âge, l'homme est plus touché par la cardiopathie ischémique que la femme. Celle-ci, atteinte plus tardivement, n'est cependant pas épargnée par cette maladie. On note une augmentation d'incidence chez la femme en postménopause, sans doute en raison des changements hormonaux propres à cette période qui entraînent une augmentation du LDL cholestérol et une baisse du HDL cholestérol.

L'angor symptomatique ne représente que 10 à 50 % de la prévalence réelle des manifestations ischémiques cardiaques, selon plusieurs études. La présence de changements ischémiques à l'électrocardiogramme, chez un patient asymptomatique, augmente de 3,8 fois la prévalence d'événements coronariens subséquents, indépendamment des autres facteurs de risque. Certains auteurs suggèrent une moyenne de 3 à 7 épisodes silencieux d'ischémie pour un épisode symptomatique, chez la personne âgée. L'ischémie silencieuse justifie une prise en charge au même titre que la cardiopathie ischémique symptomatique. Les bases physiopatho-logiques de cette ischémie silencieuse ont fait l'objet d'études. On sait que l'angor symptomatique correspond habituellement à une augmentation de la demande myocardique en oxygène. A l'opposé, l'ischémie silencieuse survient, quant à elle, surtout au repos, sans augmentation du pouls ni de la tension artérielle. En angiographie, les deux hypothèses avancées pour expliquer l'ischémie silencieuse sont la présence de plaques instables avec thrombi plaquettaires qui agissent comme des lésions obstructives transitoires, évoquant un peu un phénomène de claudication coronarienne. L'autre hypothèse fait appel à des lésions mécaniques avec libération de peptides vasoactifs dans la circulation coronarienne et changements vasomoteurs sans obstruction fixe réelle. Le pic des manifestations ischémiques, qu'elles soient symptomatiques ou non, survient entre 6 h du matin et midi, chez la personne âgée comme chez la personne plus jeune.

Les facteurs de risque cardio-vasculaires ne changent pas avec l'âge. Ainsi, le tabagisme, l'obésité, le diabète, l'hyperlipidémie, la sédentarité, l'hypertension artérielle demeurent des facteurs importants. Cependant, la littérature indique dans la population âgée des rapports de risque inférieurs à ceux que l'on observe dans la population plus jeune. Il demeure toutefois important d'agir sur ces facteurs, dans la prévention primaire et secondaire de la cardiopathie ischémique (voir section sur l'hyperlipidémie en fin de chapitre).

Tableau clinique

La présentation de la cardiopathie ischémique peut varier avec l'âge. Ainsi, les présentations atypiques sont de plus en plus fréquentes, l'angine pouvant se manifester sans douleur, avec simple dyspnée d'effort. Les auteurs rapportent qu'en présence de symptômes angineux classiques chez la personne âgée, il faut presque toujours suspecter l'atteinte de plusieurs vaisseaux coronaires.

L'infarctus aigu du myocarde se présente aussi différemment en gériatrie. Selon une étude, 75 % des infarctus aigus du myocarde surviennent sans douleur chez la personne âgée. Vingt-cinq à trente pour cent de ces infarctus ne sont pas reconnus: la moitié sont asymptomatiques et l'autre moitié se présente de façon atypique sous forme de syncope, dyspnée, nausées, vomissements ou *delirium*. Les complications, avec défaillance cardiaque grave, sont également plus fréquentes en gériatrie.

Investigation

L'épreuve d'effort, lorsqu'elle est possible, demeure un outil précieux chez la personne âgée. La sensibilité rapportée de cet examen est de 60 % pour la maladie des trois vaisseaux, avec une spécificité de 70 %. Avec l'âge, la sensibilité augmente à 85 %, au prix d'une diminution de la spécificité. Puisque la prévalence augmente en vieillissant, la valeur prédictive négative de l'examen diminue. Le prérequis à cet examen est un électrocardiogramme de repos normal. L'épreuve d'effort se poursuit jusqu'à l'apparition des symptômes ou jusqu'à l'atteinte de la fréquence cardiaque maximale pour l'âge.

Le thallium d'effort présente les mêmes limitations que l'épreuve d'effort, c'est-à-dire la capacité de réaliser l'effort. La sensibilité est de 80 % pour la maladie des trois vaisseaux avec une spécificité de 90 %. Ce test est cependant beaucoup plus coûteux que l'épreuve d'effort standard. Le thallium-dypiramidole peut être utile dans les cas où le patient est incapable de réaliser un effort suffisant pour les examens précédents.

L'échographie et la ventriculographie sont précieuses en gériatrie pour évaluer la fonction ventriculaire gauche en postinfarctus. La coronarographie, quant à elle, est beaucoup moins souvent pratiquée, puisque le traitement chirurgical chez le malade très âgé est rarement considéré. Il importe, en gériatrie, de bien hydrater les patients avant la coronarographie pour éviter une insuffisance rénale aiguë secondaire au matériel de contraste.

Traitement

Nous avons déjà évoqué l'importance de contrôler les principaux facteurs de risque de la maladie coronarienne. Le traitement de l'hypertension diastolique fait l'objet de controverse, étant donné la possibilité d'une courbe en J et une mortalité accrue avec une pression diastolique trop basse. L'aspirine en prévention primaire est très utile. Il n'existe pas de preuve formelle pour justifier son utilisation en prévention secondaire, mais elle est quand même souvent utilisée. Les posologies recommandées varient de 160 à 325 mg par jour.

Les nitrates agissent par veinodilatation et diminuent l'après-charge et donc le travail du cœur. Ils diminuent également la congestion pulmonaire. Ils sont bien étudiés chez la personne âgée et présentent les mêmes bénéfices et les mêmes effets secondaires que dans la population plus jeune.

Les β-bloquants en postinfarctus du myocarde paraissent diminuer le taux de réinfarcissement et la mortalité. Les études ayant démontré des effets favorables portaient sur le timolol, le propranolol, l'aténolol, le sotalol et le métoprolol. Ces études, pour la plupart, introduisaient les β-bloquants en moyenne deux semaines après l'infarctus du myocarde. Certains auteurs suggèrent une action bénéfique même si on les prescrit plus de 6 mois après l'infarctus. Les β-bloquants ayant une activité sympathique intrinsèque tels que l'oxprénolol et le pindolol ne semblent présenter aucun avantage dans ce contexte. Les β-bloquants agissent vraisemblablement par diminution du rythme cardiaque et donc de la demande cardiaque en oxygène. L'utilisation des β-bloquants en gériatrie présente les mêmes contre-indications que dans la population plus jeune. Des bénéfices ont également été décrits dans l'ischémie silencieuse avec le métoprolol, l'aténolol et le labétalol.

Les inhibiteurs calciques sont aussi utilisés en postinfarctus du myocarde, si la fraction d'éjection est supérieure à 40 %. Lorsque celle-ci est inférieure à 40 %, on préfère les inhibiteurs de l'enzyme de conversion de l'angiotensine. L'administration de ces médicaments débute 3 à 15 jours après l'infarctus aigu du myocarde.

Beaucoup de débats ont eu lieu à propos du recours à la thrombolyse en gériatrie. L'étude ISIS 2 a démontré que la thrombolyse avec streptokinase et aspirine diminuait de 30 à 20 % la mortalité postinfarctus aigu du myocarde. Les résultats de l'étude ISIS 3 sont venus confirmer que le taux de complications hémorragiques sous thrombolyse était le même en gériatrie que dans la population plus jeune. On ne devrait plus maintenant rejeter cette approche thérapeutique sur la seule base de l'âge, si aucune autre des nombreuses contre-indications de la thrombolyse n'est présente. L'angioplastie, comme le pontage aorto-coronarien, présente une mortalité et une morbidité accrues chez la personne âgée. Ainsi, le pontage aorto-coronarien aurait une mortalité de 5 % après 65 ans et de 8 % après 85 ans.

Par ailleurs, la prise en charge d'un malade présentant un infarctus aigu du myocarde n'est pas différente chez le sujet âgé, mais les protocoles thérapeutiques doivent être adaptés. Chez les grands vieillards, les questions d'éthique (réanimation, cessation de traitement) doivent être clairement discutées avec les malades et leur famille.

La mortalité par infarctus aigu du myocarde augmente nettement avec l'âge. Variant de 5 à 10 % à la cinquième décennie, cette mortalité grimpe à 30 % après 75 ans. La morbidité augmente elle aussi avec 60 % d'insuffisance cardiaque congestive postinfarctus.

VALVULOPATHIES

Tout comme chez la personne plus jeune, le cœur gauche âgé est soumis à des pressions intracavitaires plus importantes que le cœur droit, ce qui explique la prévalence plus élevée des affections des valves mitrale et aortique. Face à un problème valvulaire, le cœur peut compenser par dilatation ou hypertrophie, ces compensations augmentant les besoins en oxygène du myocarde. A la longue, le débit cardiaque finit par chuter, avec diminution de la perfusion coronaire et systémique, d'où décompensation.

En gériatrie, on retrouve souvent les conséquences de lésions valvulaires présentes depuis de nombreuses années. Ainsi, on a identifié les stigmates d'un ancien rhumatisme articulaire aigu, au niveau des valvules cardiaques, dans 5 % des autopsies réalisées chez des sujets à la sixième et septième décennies. L'examen clinique garde toute son importance, dans l'évaluation des valvulopathies chez la personne âgée. Il faut cependant rappeler la forte prévalence de sclérose valvulaire aortique et la présence d'un souffle cardiaque systolique chez environ 50 % des gens âgés. L'évaluation des maladies valvulaires se fait avec les mêmes moyens paracliniques que chez les patients plus jeunes. Le but de cette évaluation est de détecter la valvulopathie, d'en évaluer l'impact sur la fonction cardiaque, d'identifier les conditions associées et de préciser l'indication opératoire. L'électrocardiogramme et la radiographie pulmonaire demeurent des façons simples d'évaluer les conséquences de la maladie valvulaire sur le cœur. L'échographie cardiaque avec Doppler est de plus en plus utile pour mesurer l'aire valvulaire résiduelle et estimer les gradients de pression. Ultimement, les cathétérismes cardiaques permettront la mesure des gradients de pression, l'évaluation fonctionnelle du ventricule gauche et la présence de coronaropathie associée.

Sténose aortique

Dans la population générale, la cause la plus fréquente de sténose aortique est une bicuspidie congénitale de la valve alors que, chez les patients âgés, la principale étiologie est de nature dégénérative. La prévalence de la sténose aortique augmente avec l'âge (4 à 6 % lors des autopsies chez les plus de 65 ans) et serait 15 fois plus grande entre 60 et 80 ans que chez les moins de 30 ans. Elle est présente surtout chez les hommes, bien que l'on rapporte une plus grande fréquence chez la femme après 80 ans.

Les conséquences hémodynamiques de cette sténose aortique sont une augmentation de la postcharge du ventricule gauche, entraînant une hypertension systolique à l'intérieur de cette cavité, éventuellement compensée par une hypertrophie concentrique de la paroi ventriculaire. A la longue, la contractilité diminue et une dilatation ventriculaire gauche apparaît. L'augmentation de la pression intracavitaire du ventricule gauche et de la masse du ventricule gauche augmente la demande en oxygène du myocarde. De plus, si la sténose est importante, elle nuira à la perfusion du myocarde, d'où l'apparition d'ischémie sous-endocardique. Ce processus sera aggravé par une chute secondaire de la fraction d'éjection. L'élévation de la pression télédiastolique du ventricule gauche entraîne également une hypertension veineuse pulmonaire. Rappelons que s'il y a coexistence d'une coronaropathie, la survenue d'ischémie en sera facilitée.

Sur le plan clinique, on retrouve fréquemment une histoire typique de douleur angineuse à l'effort. Cependant, chez le sujet âgé, l'ischémie peut être silencieuse, surtout si l'activité physique est peu importante. On note parfois des palpitations reflétant les arythmies engendrées par l'ischémie du myocarde. On retrouve également des syncopes, parfois en orthostatisme, en raison de l'incapacité du cœur d'augmenter son débit. Ces syncopes sont un mode de présentation fréquent de la sténose aortique en gériatrie. Éventuellement, apparaissent des signes classiques de défaillance cardiaque et des morts subites sont également rapportées, particulièrement chez les personnes très âgées. Il faut toutefois mentionner que 15 % des sujets avec sténose aortique découverte à l'autopsie n'avaient jamais montré de symptômes.

A l'examen, le classique pouls carotidien en plateau sera difficile d'interprétation, puisqu'il peut être retrouvé normalement au cours du vieillissement. Une tension artérielle différentielle pincée peut constituer un indice précieux. Le choc apical sera de pression s'il peut être localisé à l'examen du thorax. En fin d'évolution, au stade de la dilatation ventriculaire gauche, le choc apical devient de volume. La présence du B_4 sera également peu informative, puisque très fréquente chez les sujets vieux en bonne santé. On peut retrouver, en gériatrie, les mêmes signes auscultatoires de sténose aortique que chez les patients plus jeunes, soit un clic d'éjection, un deuxième bruit diminué et un souffle systolique *crescendo decrescendo* qui sera d'autant plus télésystolique que le gradient de pression est important. On peut également retrouver un léger roulement diastolique associé, en présence d'une composante d'insuffisance aortique. Toutefois, des cas confirmés de sténose aortique ont été rapportés avec une auscultation cardiaque sans particularité.

L'électrocardiogramme démontre la présence d'une hypertrophie ventriculaire gauche. Au stade de l'hypertrophie ventriculaire gauche, la radiographie pulmonaire n'est pas utile. Cependant, avec la dilatation du ventricule, une cardiomégalie finit par apparaître. On retrouve parfois une dilatation aortique poststénotique associée à la turbulence dans l'aorte. Les calcifications de la valve sont parfois visibles à la radiographie. Les signes habituels de congestion pulmonaire par hypertension veineuse peuvent également être retrouvés en fin d'évolution. L'échocardiographie démontre une hypertrophie ventriculaire gauche non spécifique, mais met surtout en évidence l'épaississement des feuillets valvulaires et la présence de calcifications. Jumelé au Doppler, cet examen permet une estimation assez précise du gradient systolique dans la valve. Le cathétérisme permettra de quantifier l'importance du gradient, l'aire val-

vulaire et les répercussions sur le débit cardiaque, ainsi que la présence d'une coronaropathie associée.

Le traitement médical est celui de l'insuffisance cardiaque. Il faut rappeler l'importance de la prophylaxie d'endocardite, en présence d'une sténose aortique. La digoxine continue d'être un excellent choix pour contrôler les tachyarythmies supraventriculaires. Il faut user prudemment des nitrates et des diurétiques qui diminuent le remplissage du cœur, et donc la perfusion des coronaires et des autres organes. Il faut conseiller aux patients d'éviter les exercices violents et procéder sans délai à une cardioversion, s'il y a apparition de fibrillation auriculaire rapide. Le traitement chirurgical est quant à lui indiqué en présence d'un gradient plus grand que 50 mmHg ou si l'aire valvulaire est inférieure à 0,8 cm². La mortalité opératoire générale du remplacement valvulaire est de 2 à 3 % mais varie de 5 à 10 % chez le sujet âgé. Cette mortalité est nettement augmentée si on doit procéder en même temps à un pontage aortocoronarien. La littérature indique par ailleurs que, même en présence d'une défaillance ventriculaire gauche, la mise en place d'une prothèse valvulaire aortique peut améliorer la fonction de ce ventricule. S'il s'agit d'une valve mécanique, il faut procéder à une anticoagulothérapie à vie. En général, chez le sujet âgé où l'anticoagulothérapie est souvent contre-indiquée, on préfère les valves porcines. La durée de vie de celles-ci est d'une dizaine d'années. Dans quelques rares cas où le candidat ne peut être soumis à une chirurgie en raison de son âge, de l'importance de la dysfonction ventriculaire gauche ou des conditions morbides associées, une valvuloplastie peut être tentée, mais cette procédure semble cependant donner jusqu'ici peu de résultats positifs chez la personne âgée.

Le pronostic de la sténose aortique est le même chez le sujet âgé que chez la personne plus jeune, à savoir une survie de 2 à 5 ans après l'apparition des manifestations ischémiques et des syncopes et une survie inférieure à 2 ans à l'apparition de l'insuffisance cardiaque.

Sclérose valvulaire aortique

Un mot pour décrire cette entité extrêmement fréquente en gériatrie. La sclérose valvulaire aortique consiste en une calcification de la valve et produit un souffle qui peut ressembler à celui de la sténose aortique à l'examen. Cependant, elle ne cause une obstruction que dans moins de 5 % des cas. Elle est très fréquente après 70 ans, et un patient sur deux après 90 ans serait porteur de sclérose valvulaire. Elle peut être reconnue facilement à l'échocardiographie. La sclérose valvulaire aortique a peu de signification pathologique et la plupart des porteurs sont totalement asymptomatiques. Aucune mesure thérapeutique n'est nécessaire.

Insuffisance aortique

L'insuffisance aortique isolée est rare chez le sujet âgé. Elle peut être produite par deux mécanismes principaux: présence de feuillets valvulaires incompétents ou dilatation de l'anulus. Les causes principales sont l'hypertension artérielle, la syphilis, les maladies du collagène, la dissection aortique, l'endocardite, le rhumatisme articulaire aigu et la dégénérescence myxomateuse. Dans le contexte du rhumatisme articulaire aigu, l'atteinte est rarement isolée.

La présence d'une insuffisance de la valve aortique impose une surcharge de volume au ventricule gauche avec élévation progressive de la pression télédiastolique du ventricule. Il y a compensation initiale par hypertrophie qui permet de supporter le grand volume à l'intérieur du ventricule et de maintenir une fraction d'éjection supérieure à 50 %. Cependant, le tout se fait au prix d'une augmentation de la demande en oxygène du myocarde. A cause de la régurgitation, la pression diastolique dans l'aorte diminue, ce qui réduit également la perfusion du myocarde, d'où l'apparition d'ischémie sous-endocardique. Le cœur peut tolérer la surcharge du volume pendant des années mais finit par perdre sa contractilité. Les pressions de remplissage du ventricule gauche augmenteront donc encore plus avec l'apparition progressive d'une congestion pulmonaire veineuse.

L'insuffisance aortique peut demeurer asymptomatique pendant plusieurs années, jusqu'à 10 ou 15 ans chez le sujet âgé. Il finira par y avoir apparition d'angor et de défaillance cardiaque. On rapporte de rares syncopes. La tachycardie, souvent associée dans ce contexte, est bénéfique puisqu'elle diminue le remplissage du ventricule gauche. La mort subite est fréquente.

A l'examen, la tension artérielle différentielle sera nettement élargie. On retrouve les stigmates classiques chez le sujet âgé, soit des pouls bondissants (bien que les artères non compliantes des vieillards puissent donner des faux positifs à cet examen), un apex hyperdynamique et de volume, la présence d'un 3e et 4e bruits, un souffle diastolique *decrescendo* de haute tonalité et ronflant au foyer aortique, souffle dont la durée témoigne de la gravité de l'insuffisance.

L'hypertrophie ventriculaire gauche est apparente à l'électrocardiogramme. La radiographie pulmonaire est utile au stade de la dilatation ventriculaire gauche avec cardiomégalie. On peut mettre en évidence une aorte proéminente et des calcifications de la valve. La congestion veineuse pulmonaire, lorsqu'elle est présente, est également facile à objectiver à la radiographie pulmonaire. L'échocardiogramme avec Doppler permet de quantifier l'importance de la régurgitation, la dimension du ventricule gauche et la présence d'hypertrophie. Le cathétérisme confirme la régurgitation.

Le traitement médical englobe les vasodilatateurs dans l'insuffisance cardiaque. Le traitement digitalo-diurétique est également utile. Il faut aussi penser à la prophylaxie de l'endocardite. Sur le plan du traitement chirurgical, la mortalité est nettement accrue chez le sujet âgé, passant de 3-5 % chez les jeunes à 5-15 %. Il sera indiqué, chez les sujets symptomatiques avec insuffisance cardiaque classe 3 et 4, avant que la dimension du ventricule gauche, en fin de systole, n'atteigne 55 mm. Le choix de la prothèse se fera à nouveau en fonction de l'âge et de la contre-indication relative à l'anticoagulothérapie.

Sténose tricuspidienne

Cette entité est très rare en gériatrie, puisque la majorité des sujets touchés décède à la quatrième et cinquième décennies. La cause principale est le rhumatisme articulaire aigu. Des causes plus rares sont la tumeur carcinoïde, la fibro-élastose, le myxome de l'oreillette droite. La sténose tricuspidienne se manifeste par une asthénie et une dyspnée. On peut retrouver un souffle diastolique au bord sternal gauche, qui augmente à l'inspiration. L'échographie cardiaque sera également diagnostique et le traitement sera symptomatique.

Insuffisance tricuspidienne

Cette valvulopathie est le plus souvent secondaire à la dilatation du ventricule droit. Elle se manifeste par des symptômes de congestion hépatique, d'œdème périphérique et se complique souvent de fibrillation auriculaire. On retrouve une proéminence des ondes C et V à l'examen des jugulaires et la présence d'un souffle holosystolique plus marqué à l'inspiration. L'échographie cardiaque est diagnostique et le traitement est celui de la cause sous-jacente.

Insuffisance et sténose pulmonaire

Cette valvulopathie est secondaire à l'hypertension pulmonaire grave due à une sténose mitrale, une embolie pulmonaire, une broncho-pneumopathie chronique obstructive, etc. On retrouve les signes classiques chez le sujet âgé et peu de choses la distingue de l'insuffisance pulmonaire du sujet plus jeune. La sténose pulmonaire est, quant à elle, très rare après 50 ans, puisque presque toujours congénitale.

Sténose mitrale

Même chez le patient âgé, le rhumatisme articulaire aigu demeure la cause la plus importante de sténose de la valvule mitrale. Il est à noter que la calcification de cette valvule est fréquente, sans toujours causer un phénomène de sténose. Des lésions plus rares, comme un myxome de l'oreillette gauche ou un volumineux thrombus, peuvent aussi agir comme des lésions sténosantes de la valvule. On retrouve une sténose mitrale lors des autopsies chez 10 % des sujets de 50 ans et plus et cette prévalence augmente avec l'âge. Elle touche en moyenne 4 femmes pour un homme.

La sténose mitrale réalise une obstruction au flot diastolique dans le ventricule gauche. L'aire mitrale normale est de 4 à 6 cm². Les phénomènes de turbulence apparaissent lorsque la sténose diminue l'aire valvulaire à 2 cm². Un gradient diastolique se développe à l'effort, lorsque l'aire valvulaire varie entre 1,5 et 2 cm², et au repos, lorsqu'elle est inférieure à 1,5 cm². La pression augmente peu à peu dans l'oreillette gauche et dans la circulation pulmonaire. L'hypertension pulmonaire devient significative quand l'aire mitrale est réduite à moins de 1 cm². La dilatation progressive de l'oreillette gauche amène une fibrillation auriculaire qui diminue la période de remplissage du cœur gauche et augmente la congestion pulmonaire.

L'apparition des symptômes cliniques suggère une aire mitrale inférieure à 2 cm². On note au début une dyspnée d'effort, des palpitations (la fibrillation auriculaire survenant plus fréquemment chez les personnes âgées), une asthénie importante et des phénomènes d'embolie systémique. On peut également noter une toux, par effet local de la grosse oreillette gauche sur la bronche souche gauche, de même que des changements de la voix, par compression du nerf récurrent laryngé. Plus tardivement, apparaissent les signes du cœur droit. La découverte d'une sténose mitrale est souvent fortuite, chez une personne âgée traitée depuis des années pour une présumée maladie pulmonaire obstructive chronique qui se révèle être, en fait, une sténose mitrale.

A l'examen, l'apex est normal. On retrouve cependant une hyperdynamie du ventricule droit. Le premier bruit cardiaque est augmenté. Le claquement d'ouverture classique de la sténose mitrale chez les sujets jeunes est beaucoup plus rare chez les personnes âgées, étant donné la perte de souplesse de la valvule avec l'âge. Le roulement diastolique, mieux perçu en décubitus latéral gauche à l'apex, est un souffle de basse tonalité, présent en l'absence de fibrillation auriculaire. On peut retrouver également le renforcement présystolique correspondant à la contraction de l'oreillette gauche. Les jugulaires sont distendues, avec les autres signes de cœur droit, en cas d'insuffisance du ventricule droit.

L'électrocardiogramme démontre une déviation axiale droite. La radiographie pulmonaire peut mettre en évidence la dilatation de l'oreillette gauche avec phénomènes de double contour et déplacement de la bronche souche gauche. L'hypertension veineuse pulmonaire sera apparente. On peut également deviner la proéminence du ventricule droit. L'hypertension artérielle pulmonaire qui succède à l'hypertension veineuse s'accompagne d'une augmentation des hiles pulmonaires. Les lignes de Kerley B signalent l'engorgement des lymphatiques.

L'échographie cardiaque combinée au Doppler démontre des changements caractéristiques. Cet examen permet d'évaluer la mobilité des feuillets, la présence de calcifications, la fonction ventriculaire gauche, le gradient valvulaire et l'aire mitrale. Il met également en évidence le myxome ou le thrombus s'il est à l'origine de la sténose.

Le traitement médical consiste à contrôler la fibrillation auriculaire et fait appel à l'anticoagulothérapie en sa présence ou si une insuffisance cardiaque congestive se surajoute. Le traitement de l'insuffisance cardiaque se fait de façon conventionnelle et il ne faut pas oublier la prophylaxie de l'endocardite.

Sur le plan chirurgical, une valvuloplastie peut être considérée si l'aire valvulaire est inférieure à 1,2 cm^2, en présence de symptômes, surtout si la valvulopathie est due à un rhumatisme articulaire et en l'absence de calcifications. On considère également la valvuloplastie chez le sujet âgé très symptomatique et inopérable. La commissurotomie peut s'avérer une technique de choix, si la valvule n'est pas calcifiée. Cette technique a une durée d'efficacité de 5 à 20 ans et une mortalité opératoire inférieure à 1 % chez le sujet jeune mais de 5 % chez le sujet âgé. Le remplacement valvulaire entraîne lui aussi une mortalité de 5 % dans la population générale et de plus de 10 % chez les 80 ans et plus. La valvule porcine a une durée de vie de 10 ans, mais les complications thrombo-emboliques sont plus rares. La chirurgie améliore les symptômes et la survie.

Insuffisance mitrale non aiguë

L'étiologie principale demeure la dilatation du ventricule gauche, le plus souvent en rapport avec une cardiopathie ischémique. La dégénérescence myxomateuse, l'endocardite, la calcification de l'anneau de la valvule sont également des causes importantes.

L'insuffisance mitrale peut être longtemps asymptomatique, chez le sujet âgé. On retrouvera, au fil du temps, une asthénie par faible débit, de la dyspnée, des palpitations par fibrillation auriculaire et une insuffisance cardiaque. L'insuffisance mitrale s'accompagne de moins de phénomènes emboliques périphériques que la sténose mitrale.

Le souffle holosystolique apical classique de l'insuffisance mitrale est souvent confondu avec un souffle de sclérose valvulaire aortique. On ne retrouve pas toujours, chez le sujet âgé, le roulement diastolique. Le précordium est hyperdynamique, avec diminution, voire absence, du premier bruit et apparition du troisième bruit cardiaque.

L'électrocardiogramme démontre une hypertrophie ventriculaire gauche. La radiographie pulmonaire témoigne de l'hypertrophie du ventricule et de l'oreillette gauches. L'échocardiogramme confirme la présence d'une régurgitation qu'il peut quantifier.

Le traitement médical peut suffire pendant plusieurs années dans l'insuffisance mitrale. La digoxine est indiquée en présence de fibrillation auriculaire. Les vasodilatateurs sont utiles pour diminuer la postcharge. Dans l'insuffisance cardiaque, les inotropes avec diurétiques forment une excellente combinaison. En cas de fibrillation auriculaire, il faut penser à l'anticoagulothérapie et à la prophylaxie de l'endocardite. Le traitement chirurgical est indiqué dans l'insuffisance cardiaque avant la classe fonctionnelle IV (symptômes présents au repos). Son indication demeure encore peu claire chez le sujet âgé. La mortalité du remplacement valvulaire chez le patient symptomatique varie autour de 10 %. En présence d'une fraction d'éjection inférieure à 20 %, la mortalité atteint 25 %. On a tendance à recommander le traitement chirurgical, si la pression du ventricule gauche en diastole est supérieure à 45 mmHg.

Prolapsus mitral

Cette valvulopathie est maintenant devenue la plus fréquente. Elle touche 5 % de la population adulte, lors de séries par échographie sériée, et affecte 6 à 8 % des personnes âgées. On retrouve une incidence familiale et la femme est plus souvent atteinte que l'homme. Il s'agit d'une dégénérescence myxomateuse avec redondance des feuillets, plus souvent postérieure qu'antérieure. La plupart des cas sont asymptomatiques. La personne âgée est plus exposée à associer une régurgitation importante au prolapsus mitral que le sujet jeune. Une minorité de malades exige quand même un traitement chirurgical, en raison d'une progression vers une insuffisance mitrale réelle. Le diagnostic se fait à l'échocardiographie et il n'y a pas de traitement, sauf en cas d'apparition de symptômes d'insuffisance mitrale.

TROUBLES DU RYTHME

Les arythmies cardiaques sont fréquentes en gériatrie. Les extrasystoles et les troubles de conduction augmentent avec l'âge. Souvent mises à jour lors d'examens périodiques, les arythmies sont, à première vue, asymptomatiques et posent le difficile problème de la distinction entre le normal et l'anormal au cours du vieillissement. Elles peuvent être évoquées dans des situations cliniques floues (étourdissement, fatigue, perte d'autonomie), alors qu'elles ne sont que concomitantes. Elles peuvent représenter des risques de syncope et de mort subite.

Comme chez tous les malades cardiaques, les arythmies sont souvent la conséquence d'une mauvaise fonction ventriculaire dont dépendent le pronostic et le traitement. En gériatrie, elles tirent leur particularité des affections cardiaques et systémiques associées, de la diminution généralisée de la réserve fonctionnelle et de la modification de réponse pharmacologique.

Présentation clinique

De façon générale, la présentation clinique des arythmies n'est pas différente chez le vieillard. Elles sont souvent asymptomatiques. Parfois, le patient se plaint de palpitations qui le plus souvent indiquent une tachyarythmie. Une syncope ou un étourdissement peuvent être provoqués par une bradyarythmie, tout comme par une tachyarythmie. Celles-ci peuvent également exacerber une maladie cardiaque ischémique ou une insuffisance cardiaque. Les bradyarythmies et, occasionnellement, les tachyarythmies peuvent entraîner des chutes inexpliquées.

Puisque les arythmies sont plus fréquentes chez les sujets souffrant d'une maladie cardiaque, on doit rechercher à l'anamnèse des symptômes de maladie coronarienne ou de dysfonction ventriculaire gauche. On doit également porter attention à divers problèmes tels que l'anémie, les maladies thyroïdiennes, les pneumopathies ou encore l'utilisation de certaines substances comme l'alcool, la caféine et la digoxine.

L'électrocardiographie ambulatoire (Holter) montre que les arythmies augmentent avec l'âge. On retrouve une incidence élevée d'arythmies sinusales, d'extrasystoles auriculaires et ventriculaires ou de tachycardies supraventriculaires. En l'absence de maladie cardiaque, ces conditions n'exigent aucun traitement.

Lorsqu'on utilise l'électrocardiographie ambulatoire pour poser un diagnostic ou suivre un traitement, il est important de conseiller au malade d'essayer de provoquer l'apparition des symptômes et de noter l'horaire de ceux-ci, pendant l'utilisation du moniteur. Les décisions diagnostiques et thérapeutiques ne sont valables que si elles s'appuient sur une bonne corrélation clinico-électrocardiographique, c'est-à-dire sur l'apparition simultanée du symptôme et de l'arythmie.

Bradyarythmie

Les bradyarythmies peuvent être la conséquence de troubles de la conduction ou d'un ralentissement spontané du fonctionnement du nœud sinusal. Avant tout, il faut se rappeler que la personne âgée peut être extrêmement sensible aux doses de médicaments anti-arythmiques ou bloqueurs de l'activité sino-auriculaire ou atrio-ventriculaire. Ces médicaments comprennent la digoxine, tous les β-bloquants, le diltiazem, le vérapamil, tous les anti-arythmiques et les anticholinergiques.

A l'exception des blocs auriculo-ventriculaires graves, les troubles de la conduction ne causent habituellement aucun symptôme. Certains sont cependant associés à un mauvais pronostic: c'est le cas du bloc de branche droit combiné à un bloc fasciculaire gauche antérieur ou du bloc de branche gauche avec déviation axiale gauche. Ces anomalies sont importantes, parce qu'elles sont habituellement associées à une maladie cardiaque.

Les anomalies sinusales (bradycardie, arrêt ou pause sinusale, bloc sino-auriculaire) constituent un syndrome très fréquent chez les personnes âgées. La maladie du sinus déborde la terminologie et recouvre des accès de tachycardie supraventriculaire, des alternances de tachycardie et de bradycardie ou encore une incapacité du rythme cardiaque de s'ajuster au cours d'un exercice. Les dysfonctions sinusales sont souvent associées à des troubles de conduction diffus, et l'utilisation de certains agents qui bloquent l'activité auriculo-ventriculaire peut aggraver ou même démasquer les bradyarythmies.

Les dysfonctions sinusales symptomatiques ou le bloc auriculo-ventriculaire de 2e degré (Mobitz type II) ou de 3e degré se traitent par l'implantation permanente d'un stimulateur cardiaque.

Tachyarythmie

Les tachyarythmies peuvent être auriculaires ou ventriculaires. La plus fréquente est la fibrillation auriculaire. Comme pour les bradyarythmies, le pronostic des tachyarythmies dépend de la présence ou de l'absence d'une maladie cardiaque associée.

La tachycardie sinusale n'est pas véritablement un trouble du rythme mais plutôt une réaction physiologique à un état pathologique causant de la douleur, de la fièvre, de l'anémie ou de la déshydratation.

La prévalence de la fibrillation auriculaire augmente énormément avec le vieillissement et peut toucher plus de 10 % des sujets de plus de 75 ans. Il est important de dépister la fibrillation auriculaire pour plusieurs raisons. Premièrement, le rythme rapide et irrégulier cause fréquemment des palpitations. Deuxièmement, les effets hémodynamiques peuvent entraîner des symptômes de fatigabilité et des étourdissements chez les malades souffrant d'une atteinte de la fonction ventriculaire. Troisièmement, elle est associée à un risque élevé de thrombose et d'embolie avec une morbidité et une mortalité accrues.

Le traitement initial vise à contrôler la réaction ventriculaire avant de rechercher la conversion en rythme sinusal. Les médicaments utiles pour ralentir la réaction ventriculaire sont la digoxine, les β-bloquants ou les inhibiteurs calciques. Lorsque la réaction ventriculaire est sous contrôle, on peut tenter une cardioversion à l'aide de certains médicaments tels la quinidine, la procaïnamide, le sotalol, etc. Si le malade présente de l'instabilité hémodynamique, on préférera la cardioversion électrique. Après conversion, les mêmes médicaments peuvent être utilisés pour maintenir le rythme sinusal, et le traitement sera individualisé.

De nombreuses recherches ont démontré de manière non équivoque l'utilité de la prophylaxie par la warfarine pour réduire le risque d'un accident vasculaire cérébral, chez les patients qui n'ont pu reprendre un rythme sinusal. Chez ces malades, on tentera de maintenir un INR entre 2 et 3 ou un peu plus bas, afin de diminuer le risque de complications hémorragiques.

Pour les malades de plus de 75 ans, le bénéfice de l'anticoagulothérapie prophylactique est moins bien démontré et le risque de complications hémorragiques est plus grand, ce qui en rend l'indication plus controversée. Chez ces malades de même que chez ceux ayant une contre-indication aux anticoagulants, l'aspirine, bien que moins efficace, représente une alternative valable.

La fibrillation auriculaire est souvent associée à la maladie coronarienne, à l'hypertrophie ventriculaire et à l'abus d'alcool. On devrait rechercher ces entités chez tous les patients chez qui l'on dépiste une fibrillation auriculaire. Par ailleurs, l'hyperthyroïdie peut se manifester initialement par l'apparition d'une fibrillation auriculaire. Le diagnostic doit être posé, car le contrôle de la fibrillation auriculaire est difficile, en l'absence d'un traitement de l'hyperthyroïdie.

Les arythmies ventriculaires sont fréquentes en gériatrie, mais ne sont habituellement pas accompagnées de symptômes. Elles sont généralement de bon pronostic et ne requièrent aucun traitement, si elles ne sont pas associées à une maladie cardiaque. Elles peuvent être associées à une maladie coronarienne, une dysfonction ventriculaire gauche, de l'hypertension et des anomalies métaboliques telles qu'une hypoglycémie et une hypomagnésémie. Si les extrasystoles ventriculaires causent des symptômes, il est probablement adéquat de limiter le traitement à l'utilisation des β-bloquants et, s'il y a dysfonction ventriculaire gauche, aux inhibiteurs de l'enzyme de conversion de l'angiotensine.

Les tachycardies ventriculaires soutenues surviennent le plus souvent dans le contexte d'une maladie coronarienne grave. Le traitement en est complexe et ces malades devraient être confiés à un cardiologue. Le tableau 31.3 résume l'importance et le traitement principal des arythmies les plus fréquemment rencontrées en gériatrie.

Tableau 31.3
Principaux troubles du rythme et de la conduction en gériatrie

TACHYARYTHMIES			
Type	**Prévalence > 65 ans chez les sujets normaux**	**Risque de mortalité**	**Traitement**
Extrasystoles auriculaires	↑	Aucun	Aucun
Tachycardie supraventriculaire paroxystique	↑	?	β-bloquant, digoxine ou inhibiteur calcique
Fibrillation auriculaire	↑	↑	Digoxine, β-bloquant ou inhibiteur calcique Cardioversion Anticoagulation à vie
Extrasystoles ventriculaires isolées	↑	Aucun, chez les sujets normaux	Aucun, chez les sujets normaux
Tachycardie ventriculaire	↑	↑	Envoi en milieu spécialisé
BRADYARYTHMIES ET TROUBLES DE LA CONDUCTION			
Bloc AV 1er degré	↑	Aucun	Aucun
Bloc AV complet	↑	↑	Cardiostimulation
Dysfonction sinusale	↑	Aucun	Stimulateur cardiaque si bradycardie symptomatique
Déviation axiale gauche	↑↑	Aucun, si pas de maladie cardiaque associée	Aucun
Bloc de branche gauche	↑	↑	Aucun
Bloc de branche droit	↑	Aucun, sauf si associé à bloc fasciculaire antérieur gauche	Aucun

INSUFFISANCE CARDIAQUE

L'insuffisance cardiaque survient lorsque le cœur n'a pas un débit suffisant pour répondre aux besoins métaboliques tissulaires. Il s'agit d'un problème extrêmement fréquent en gériatrie et sa prévalence augmente de façon exponentielle à partir de la sixième décennie. Au cours des dix dernières années, la compréhension de la physiopathologie de l'insuffisance cardiaque a progressé avec la reconnaissance de la dysfonction diastolique et celle des phénomènes neuro-endocriniens. Au fil des années, les progrès du traitement de l'hypertension artérielle et de l'infarctus du myocarde ont fait en sorte que la maladie cardiaque artériosclérotique est devenue la cause la plus fréquente d'insuffisance cardiaque, avant l'hypertension artérielle. Bien que l'insuffisance

cardiaque droite et gauche puissent exister de façon isolée, on rencontre habituellement, en clinique, une combinaison des deux. Dans cette section, il sera surtout question de l'insuffisance cardiaque gauche.

Étiologie

Les principales causes de l'insuffisance cardiaque sont, premièrement, un problème d'éjection du sang vers la circulation périphérique (postcharge), deuxièmement, des difficultés de remplissage des ventricules cardiaques (précharge), troisièmement, une surcharge en volume circulant et, quatrièmement, une insuffisance du muscle cardiaque (contractilité). La maladie cardiaque artériosclérotique, qui mène à l'insuffisance du myocarde, et l'hypertension artérielle, qui fait résistance à l'éjection du sang dans la circulation, constituent les deux causes les plus fréquentes en gériatrie. L'insuffisance cardiaque à haut débit associée à une thyréotoxicose, une anémie, une fistule artério-veineuse ou une fièvre est beaucoup plus rare. La sclérose calcifiante aortique devance, par ailleurs, la bicuspidie comme valvulopathie causant une insuffisance cardiaque après l'âge de 70 ans. L'insuffisance mitrale et la cardiomyopathie idiopathique font également partie des causes possibles (Tableau 31.4).

Physiopathologie

Une plus grande compréhension de la physiopathologie a permis un meilleur contrôle symptomatique de l'insuffisance cardiaque sans toutefois augmenter la survie. Les traitements par les inhibiteurs de l'enzyme de conversion de l'angiotensine ont récemment prouvé leur efficacité pour réduire non seulement la morbidité mais aussi la mortalité. Au point de vue physiopathologique, on divise l'insuffisance cardiaque en dysfonction systolique, dysfonction diastolique et insuffisance à haut débit. Cette dernière étant beaucoup plus rare en gériatrie, nous nous attarderons plutôt à présenter les caractéristiques des dysfonctions systoliques et diastoliques.

La dysfonction systolique du cœur gauche est connue depuis longtemps et correspond à une diminution de la capacité contractile du myocarde. Le problème est habituellement associé à une hypertrophie cardiaque. La dysfonction systolique réduit la capacité du ventricule gauche à éjecter le sang à haute pression dans l'aorte.

Depuis une dizaine d'années, on reconnaît une autre forme de dysfonction du cœur gauche appelée dysfonction diastolique. Elle correspond à une perte de la relaxation active et de la compliance passive du ventricule gauche. Le remplissage est donc lent, retardé ou incomplet, à moins que la pression auriculaire n'augmente, provoquant parfois un quatrième bruit cardiaque à l'examen si le rythme est sinusal. S'il n'y a pas augmentation de la pression auriculaire, le malade risque la congestion pulmonaire ou systémique et manifeste des symptômes d'insuffisance cardiaque. On retrouve une haute incidence d'hypertension artérielle et de cardiopathies ischémiques dans le contexte de la dysfonction diastolique. Cette dysfonction s'améliore rapidement par le recours aux β-bloquants ou aux inhibiteurs calciques qui facilitent la relaxation cardiaque. La condition des malades peut se détériorer si l'on utilise des vasodilatateurs. Il n'y a, bien sûr, aucune place, dans ce contexte, pour le traitement par des inotropes, et le recours aux diurétiques peut également être dangereux, puisque le cœur a besoin d'un remplissage suffisant. Les différences entre les dysfonctions systolique et diastolique du cœur sont résumées au tableau 31.5.

Présentation clinique et démarche diagnostique

Les symptômes et signes habituels de l'insuffisance cardiaque peuvent être semblables chez tous les malades, mais des présentations atypiques surviennent plus souvent chez les vieillards. Certains signes non spécifiques de maladie comme la somnolence, la confusion et la fatigabilité peuvent en constituer la première manifestation. Une histoire de dyspnée peut faire défaut, surtout si le patient est incapable de répondre adéquatement à l'anamnèse. Les malades qui présentent une dysfonction systolique ont tendance à se détériorer de façon progressive, alors que ceux qui souffrent de dysfonction diastolique présentent souvent une détérioration aiguë associée à une ischémie ou une hypertension importante.

A l'examen, l'œdème périphérique ne constitue pas un signe aussi valable que la distension veineuse des jugulaires ou le réflexe hépato-jugulaire. La présence d'un troisième bruit correspond habituellement à une insuffisance cardiaque systolique, alors qu'un quatrième bruit n'a pas toujours de signification clinique. On retrouve souvent des râles inspiratoires aux bases pulmonaires. La distinction entre une insuffisance cardiaque systolique et diastolique ne repose habituellement pas sur l'examen clini-

---

Tableau 31.4

Causes de l'insuffisance cardiaque en gériatrie

Athérosclérose coronarienne
Hypertension
Valvulopathie
Cardiomyopathie
Maladie du péricarde
Cœur pulmonaire, embolie
Insuffisance cardiaque à haut débit

Tableau 31.5

Différences dans la présentation clinique et le traitement de la dysfonction systolique et diastolique chez les malades atteints d'insuffisance cardiaque

	Dysfonction systolique	Dysfonction diastolique
Antécédents	Hypertension, infarctus du myocarde, diabète, valvulopathies chroniques	Hypertension, diabète, sténose aortique, coronaropathie
Présentation	Souvent moins de 65 ans, dyspnée progressive	$\geq$ 65 ans, œdème aigu du poumon
Examen physique	Choc apical déplacé vers la gauche, 3e bruit cardiaque	Choc apical non déplacé 4e bruit cardiaque
Radiographie pulmonaire	Congestion, cardiomégalie	Congestion, cœur de taille normale
Échocardiographie	Fraction d'éjection au ventricule gauche < 35 % Cardiomyopathie dilatée, parois amincies	Fraction d'éjection normale ou augmentée Cardiomyopathie hypertrophiée
Traitement	IECA* Diurétiques Digoxine	Inhibiteurs calciques Diurétiques Éviter digoxine et nitrates IECA potentiellement utile pour réduire l'hypertrophie ventriculaire gauche

* Inhibition de l'enzyme de conversion de l'angiotensine

que. On peut cependant suspecter un dysfonctionnement diastolique, si l'examen clinique ou la radiographie thoracique montrent que le volume du cœur n'a pas augmenté. L'échographie cardiaque avec Doppler et la ventriculographie isotopique permettent la distinction entre dysfonction diastolique et systolique. De façon caractéristique, les sujets atteints de dysfonction diastolique ont une bonne fraction d'éjection mais éprouvent des difficultés au niveau de la relaxation et du remplissage ventriculaire gauche. Ceux qui présentent une dysfonction systolique ont un bon remplissage ventriculaire mais une diminution de la fraction d'éjection avec des anomalies de la paroi ventriculaire.

Dans l'évaluation de l'insuffisance cardiaque, il ne faut pas oublier de rechercher les facteurs étiologiques tels qu'une maladie coronarienne mal contrôlée, une hypertension artérielle chronique, une cardiomyopathie associée à la prise d'alcool et des problèmes valvulaires cardiaques. Certains facteurs précipitants comme la présence de tachycardie ou d'arythmie, une forte consommation de sel ou d'eau, une infection ou une anémie doivent également être mis en évidence (Tableau 31.6).

Tableau 31.6

Facteurs susceptibles de déclencher ou d'aggraver l'insuffisance cardiaque

Surcharge hydrosodée

Changement de la médication (p. ex.: ajout d'un AINS, arrêt des diurétiques, etc.)

Ischémie myocardique aiguë

Arythmie

Infection

Embolie pulmonaire

Abus d'alcool

Endocardite

Pour décrire les répercussions fonctionnelles de l'insuffisance cardiaque, l'*American Heart Association* a publié une classification fréquemment utilisée dans les articles scientifiques et en clinique (Tableau 31.7).

Traitement

Le traitement de l'insuffisance cardiaque requiert d'abord l'identification des facteurs étiologiques réversibles et l'élimination des facteurs précipitants. Le traitement médicamenteux doit tenir compte de la physiopathologie

---

Tableau 31.7

Classification fonctionnelle de la
New York Heart Association
pour l'insuffisance cardiaque

Classe I	Aucun symptôme lors d'activités courantes
Classe II	Symptômes présents lors d'activités plus exigeantes
Classe III	Confort au repos, mais symptômes lors d'efforts légers
Classe IV	Symptômes présents au repos et aggravés par l'activité

---

de l'insuffisance cardiaque et vise surtout à améliorer la qualité de vie.

Le traitement de l'insuffisance cardiaque fait appel à trois classes de médicaments: les agents inotropes, les diurétiques et les vasodilatateurs. La digoxine demeure, pour le moment, le seul agent inotrope d'utilisation courante. Son utilisation est encore controversée, mais il semble qu'elle ait sa place dans le traitement des sujets atteints d'insuffisance cardiaque congestive, surtout si elle est grave. Elle n'a pas sa place dans le cas de dysfonction diastolique.

Les diurétiques ont une importance considérable dans le traitement de l'œdème pulmonaire aigu. Dans le traitement de l'insuffisance cardiaque chronique, on les utilise souvent en conjonction avec les inhibiteurs de l'enzyme de conversion de l'angiotensine en surveillant étroitement fonction rénale et électrolytes.

Le traitement vasodilatateur réduit la postcharge et améliore le volume d'éjection. Les vasodilatateurs les plus souvent prescrits sont les inhibiteurs de l'enzyme de conversion de l'angiotensine. Ces médicaments semblent offrir des bienfaits supplémentaires par rapport aux anciens vasodilatateurs tels que l'hydralazine et les nitrates. Des études comparatives ont montré qu'ils réduisent davantage la mortalité. Ils sont devenus le traitement de choix, dans la dysfonction ventriculaire gauche et l'insuffisance cardiaque globale.

D'autres médicaments peuvent également être utiles. C'est le cas des β-bloquants et de certains anti-arythmiques, mais l'usage de ces médicaments est controversé et leur prescription doit être réservée aux cas d'insuffisance cardiaque grave, dans le cadre d'une consultation spécialisée. La figure 31.1 illustre

l'approche préférée, à l'heure actuelle, dans le traitement médicamenteux de l'insuffisance cardiaque.

Peu importe le traitement de l'insuffisance cardiaque, le malade a habituellement besoin d'un suivi périodique avec vérification du poids, du statut nutritionnel, de la créatinine et des électrolytes plasmatiques, de même qu'un dosage de la digoxine sérique s'il y a lieu.

HYPERCHOLESTÉROLÉMIE ET MALADIE CORONARIENNE

Les études épidémiologiques, cliniques, génétiques expérimentales et pathologiques ont clairement établi le rôle primordial des lipoprotéines dans l'athérogenèse. L'abaissement des concentrations du cholestérol plasmatique par divers moyens incluant la diète et un traitement médicamenteux retarde la progression des plaques coronariennes.

Chez les sujets porteurs de maladie coronarienne, l'abaissement du cholestérol plasmatique réduit la mortalité par maladies cardio-vasculaires artériosclérotiques (MCAS) et de toutes causes. En prévention, il est probable, quoique moins évident, que l'abaissement du cholestérol plasmatique dans la population générale réduit l'incidence des maladies cardio-vasculaires et leur mortalité. Pour les sujets hypercholestérolémiques traités par une diète hypolipidémiante et un régime médicamenteux, on note une réduction substantielle de la mortalité associée aux MCAS, mais sans évidence, pour le moment, d'une réduction de la mortalité de toutes causes.

L'extrapolation de ces données aux sujets âgés est hasardeuse, car il existe peu d'études cliniques randomisées dans cette population. Certaines études suggèrent même que le risque de maladie coronarienne associé à des niveaux élevés de cholestérol LDL est atténué et peut même disparaître après quatre-vingts ans. En dépit du fait que le risque relatif soit plus faible, la prévalence des maladies coronariennes est élevée dans ce groupe d'âge, et le potentiel de réduction de la morbidité et de la mortalité, tant en prévention que chez les malades athéroscléreux, est donc élevé.

En **prévention**, les essais cliniques médicamenteux, chez les hommes d'âge moyen, ont montré une réduction du risque de maladie

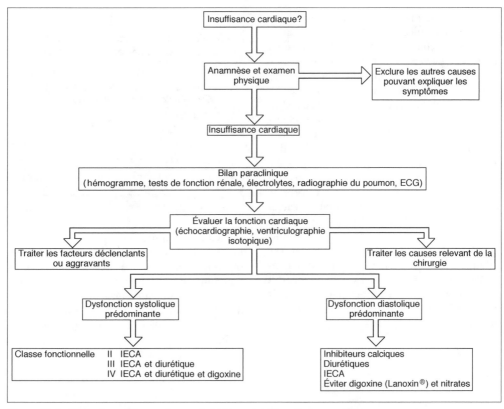

Figure 31.1 Choix des médicaments pour le traitement de l'insuffisance cardiaque

cardio-vasculaire après deux ans de traitement. Les effets d'une diminution des taux de lipides chez les coronariens sont tangibles au bout de quelques mois. Le patient de moins de 75 ans ne devrait donc pas être privé d'un traitement potentiellement bénéfique. Il est évident que beaucoup de personnes âgées ne sont pas candidats à un traitement visant à diminuer leur cholestérol LDL plasmatique. Les sujets d'âge chronologique ou physiologique avancé et souffrant de maladies concomitantes (par exemple, insuffisance cardiaque chronique, démence, maladies vasculaires cérébrales ou cancer) doivent probablement être traités de façon conservatrice. De même, pour toute personne de plus de 75 ans sans MCAS, il n'est pas recommandé pour l'instant de traiter une hypercholestérolémie, ni même de doser le cholestérol en prévention primaire (Chap. 64).

Par contre, les **malades ayant une MCAS établie** peuvent profiter d'un traitement incluant les agents hypocholestérolémiants. Ceux qui jouissent d'une bonne santé et qui ont une espérance de vie assez longue doivent être évalués en fonction des facteurs de risque cardio-vasculaires et pourraient probablement bénéficier d'une diète et d'un programme d'exercices appropriés.

Avant de débuter un traitement, la recherche des causes secondaires de l'hyperlipidémie comme le diabète, l'hypothyroïdie, les néphropathies et l'utilisation de certains médicaments demeurent pertinentes chez les sujets âgés comme chez les plus jeunes.

La correction des autres facteurs de risque cardio-vasculaires présents doit être privilégiée.

La diète demeure le traitement initial en prévention primaire. Elle doit toutefois être proposée avec prudence. La population âgée est exposée à la malnutrition, en raison de conditions associées telles que pauvreté, isolement social et dépression. Il est souvent difficile de modifier une diète dans une population dont les habitudes alimentaires sont souvent peu variées et bien ancrées.

Les médicaments sont utilisés lorsque la diète s'avère inefficace, insuffisante ou irréalisable. Dans un contexte de MCAS, le malade âgé ne devrait pas être exclu d'une thérapie plus agressive. La décision doit être basée sur une évaluation exhaustive des facteurs de risque (Tableau 31.8), de l'espérance de vie, de l'état général et des maladies concomitantes. La prudence toutefois est de mise. En effet, en plus de leur coût élevé, certains médicaments ont des effets secondaires indésirables. Les résines peuvent entraîner de la constipation et ont plusieurs interactions médicamenteuses (↓ absorption warfarine, digoxine, lévothyroxine) et l'acide nicotinique est mal toléré. Les statines se sont avéré tout aussi efficaces chez les personnes âgées que chez les individus plus jeunes et sont habituellement bien tolérés. On doit noter, cependant, que la plupart des cas de myopathie grave ont été signalés chez des sujets plus âgés, surtout ceux qui souffrent de maladies concomitantes.

Tableau 31.8

Facteurs de risque de maladie cardio-vasculaire artériosclérotique

- Âge ≥ 45 ans (hommes) et ≥ 55 ans (femmes)
- Antécédents familiaux de maladie cardio-vasculaire artériosclérotique prématurée
- Tabagisme
- Hypertension
- Diabète sucré
- Cholestérol HDL < 0,9 mmol/L

N.B. Si le cholestérol HDL ≥ 1,7 mmol/L, enlever 1 au total des facteurs de risque
Risque modéré à élevé si ≥ 2 facteurs de risque, risque faible si < 2 facteurs de risque

---

Chez la femme, les suppléments œstrogéniques, en plus de leurs avantages pour combattre l'ostéoporose, ont des effets favorables sur les fonctions endothéliales, vasculaires et les taux de lipides ce qui peut rendre inutile l'utilisation d'un hypolipidémiant. La figure 31.2 résume la conduite à tenir en face d'une hypercholestérolémie.

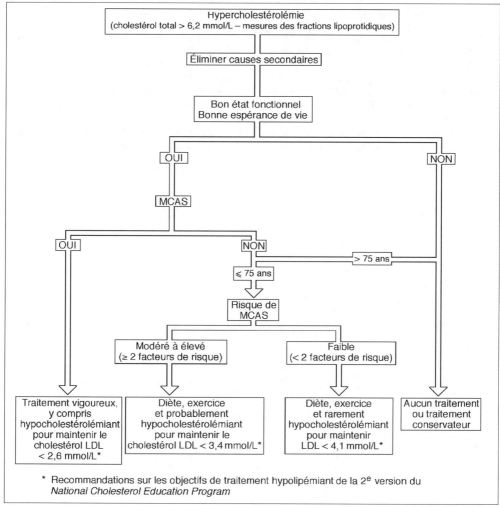

Figure 31.2 Traitement de la personne âgée souffrant d'hypercholestérolémie

BIBLIOGRAPHIE

Adult Treatment Panel II. National Cholesterol Education Program: second report of the expert panel on detection, evaluation, and treatment of high blood cholesterol in adults. *Circulation*, **89**:1333-1445, 1994.

BYINGTON, R.P. & Coll.: Reduction in Cardiovascular Events During Pravastatin Therapy. Polled Analysis of Clinical Events of the Pravastatin Atherosclerosis Intervention Program. *Circulation*, **92**:2419-2425, 1995.

FLEG, J.L.: Arythmias and conduction disorders, **in** *Merck Manual of Geriatrics*, Merck, Whitehouse Station, 2nd ed., 1995.

GHALI, J.K.: Heart failure and non compliance in the elderly. *Arch Intern Med*, **28**:154(4):433-437, 1994.

GREENWOOD, P.V.: Congestive heart failure: practical management guidelines. *Can J of CME*, July:25-34, 1994.

HOLME, I. Relation of coronary heart disease incidence and total mortality to plasma cholesterol reduction in randomised trials. *Br Heart J*, **69**(suppl): S42-S47, 1993.

JENSEN, G.A. & D.S. MILLER: The heart of aging: special challenges of cardiac ischemic disease and failure in the elderly. *AACN Clin Issues*, **6**(3):471-481, 1995.

KRONMAL, R.A. & Coll.: Total Serum Cholesterol Levels and Mortality Risk as a function of Age: a

PRÉCIS PRATIQUE DE GÉRIATRIE

report Bases on the Framingham Data. *Arch Intern Med* **153**:1065-1073, 1993.

L'hypercholestérolémie chez la personne âgée. Info-médicament. Conseil consultatif de pharmacologie. Gouvernement du Québec, avril 1996.

PITT, B.: Importance of Angiotensin converting enzyme inhibitors in myocardial infaction and congestive heart failure: implications for clinical practice. *Cardiology,* **86(suppl)1**:41-45, 1995.

RENARD, M.: Traitement de l'insuffisance cardiaque du sujet âgé. *Rev Med Brux,* **15(3)**:102-103, 1994.

Scandinavian Simvastatin survival Study Group. Randomised trial of cholesterol lowering in 4444 patients with coronary heart disease: the Scandinavian Simvastatin Survival Study (4S). *Lancet,* **344**:1383-1389, 1994.

THRESCH, D.D. & M.F. McGOUGH: Heart failure with normal systolic function: a common disorder in old people. *J Am Geriatr Soc,* **43**:1035-1042, 1995.

VALACIO, R. & M. LYE: Heart failure in the elderly patient, *Br J Clin Pract,* **49(4)**, 1995.

CHAPITRE 32

RÉANIMATION CARDIO-RESPIRATOIRE

JUDITH LATOUR et NADINE LARENTE

En 1960, Kowenhoven décrivait une technique de massage cardiaque utilisée sur 20 malades. Le succès immédiat fut de 100 %, et 70 % des patients quittèrent l'hôpital sans séquelle neurologique. Malheureusement, ces résultats exceptionnels n'ont jamais pu être répétés. Depuis, on estime, dans la population générale, que le taux de succès immédiat est de 45 % et qu'environ 15 % des patients vont quitter l'hôpital vivants. Il est généralement conseillé de ne pas appliquer cette technique aux patients en phase terminale, souffrant de maladies irréversibles dans lesquelles la mort est prévisible à court terme.

Dans les années 70, on note, du point de vue de l'éthique médicale, un courant en faveur de la «qualité de vie» basée sur le droit à l'autodétermination et la dignité de la personne, plutôt que le «maintien de la vie à tout prix». Dans plusieurs pays, on reconnaît maintenant aux patients et à leur famille le droit de choisir, après explication appropriée, de subir ou non une réanimation cardio-respiratoire (RCR), le cas échéant. Cette question se pose particulièrement dans la population gériatrique.

L'implication du malade et de sa famille dans la décision de réanimer ne résulte pas seulement des abus d'actes de réanimation. On a également décrit des décisions de non-réanimation discutables, relevant du statut social (alcoolique, sans-abri), ou encore de décisions médicales unilatérales. Un procès relié à cette pratique a fortement influencé la création d'une législation coercitive, dans l'État de New York, qui oblige un médecin à réanimer tout patient qui n'a pas signé un formulaire de non-réanimation. Aucune législation de ce type n'existe au Québec ou en France.

TAUX DE SUCCÈS DE LA RÉANIMATION

Depuis 1970, et plus particulièrement depuis dix ans, plusieurs groupes ont étudié, dans diverses circonstances, la survie à une réanimation cardio-respiratoire. Les différentes études sont difficilement comparables, étant donné les variations de la définition de l'arrêt cardiaque, l'endroit de survenue de l'arrêt, les temps de réponse de l'équipe de réanimation, le type de population étudiée, etc. Les résultats, en terme de survie immédiate, varient entre 8 et 71 %. La véritable efficacité d'une réanimation se mesure plutôt en pourcentage de patients qui quittent l'hôpital; ce taux n'est que de 0 à 29 %.

Le laps de temps compris entre l'arrêt cardio-respiratoire et le début des manœuvres de réanimation influence grandement la survie, tout comme le lieu de survenue (collectivité ou hôpital), la localisation des ambulanciers et la présence de témoins. Le tableau 32.1 présente les résultats selon le lieu où se produit l'arrêt cardio-respiratoire.

Les résultats publiés par les milieux institutionnels (centres d'hébergement de longue durée par exemple) nous apprennent que les succès de la réanimation sont à peu près nuls, à moins que l'arrêt cardiaque ne se produise en présence de témoins. Devant des résultats aussi médiocres, les centres d'hébergement doivent s'interroger sur l'utilité de former des équipes de réanimation.

RÉANIMATION DES PERSONNES ÂGÉES

Le sujet de la réanimation des aînés est controversé. Des multiples études publiées, on peut cependant retenir certaines conclusions générales.

Tableau 32.1

Survie selon l'endroit où se produit l'arrêt cardio-respiratoire
(Données regroupées de 53 études)

	Survie immédiate	Survie à l'hospitalisation
Arrêts survenant dans la collectivité	8 à 30 %	0 à 13 %
Arrêts survenant à l'hôpital (pouvant inclure les soins intensifs)	19 à 71 %	0 à 29 %
Arrêts survenant aux soins intensifs	18 à 68 %	4 à 22 %

1) Bien qu'en général, les personnes âgées aient une survie moindre que les plus jeunes, il existe un sous-groupe de malades âgés pour qui la probabilité de succès d'une réanimation est relativement élevée. La survie à long terme cependant a été insuffisamment étudiée.

2) Un facteur déterminant pour la survie des patients âgés semble être le type d'arythmie au moment de l'arrêt; environ 15 à 20 % des malades subissant une réanimation, à la suite d'une tachycardie ou d'une fibrillation ventriculaire, survivent et quittent l'hôpital.

3) Comme chez les malades jeunes et d'âge moyen, le laps de temps entre l'arrêt et le début des manœuvres de réanimation est un facteur majeur de pronostic.

La différence de survie entre les aînés et les patients plus jeunes est-elle l'effet de l'âge ou reflète-t-elle l'influence d'autres facteurs? Les études montrent des résultats contradictoires mais, dans l'ensemble, l'âge ne serait pas, en soi, un facteur indépendant de mauvais pronostic. Il existe plusieurs hypothèses pour expliquer le taux moins élevé de survie des patients âgés à une réanimation, entre autres,

1) le plus grand nombre de maladies chroniques et un état fonctionnel dégradé;

2) la plus grande proportion d'insuffisants cardiaques et de sujets souffrant de dyspnée plutôt que de douleurs thoraciques avant l'arrêt;

3) la plus grande proportion de sujets porteurs d'arythmies de mauvais pronostic (autres que tachycardie ou fibrillation ventriculaire).

De plus, beaucoup d'études sur les sujets âgés concernent des malades en institution et donc probablement plus vulnérables.

La durée de la réanimation est un facteur de pronostic important; les réanimations de moins de 15 minutes annoncent une bien meilleure survie. A l'inverse, la survie à une réanimation de plus de 30 minutes est exceptionnelle.

Les protocoles de réanimation des personnes âgées ne sont pas différents de ceux qu'on applique aux sujets plus jeunes. Certains auteurs font cependant remarquer que le massage cardiaque externe expose la personne âgée, plus que toute autre, à des fractures de côtes et qu'il faut le pratiquer sans violence, en veillant à ce que les deux mains restent sur le sternum et non sur les cartilages costaux, sous peine d'inefficacité. Par ailleurs, les risques et les séquelles de la réanimation sont bien connus (Tableau 32.2).

SÉLECTION DES MALADES SUSCEPTIBLES DE BÉNÉFICIER DE LA RCR

Plusieurs auteurs ont examiné les caractéristiques des patients et tenté de préciser les indices de mauvais pronostic, en vue de déterminer une sous-population qui ne devrait pas subir de réanimation cardiaque. Plusieurs facteurs de mauvais pronostic ont ainsi été identifiés. Malheureusement, aucun de ces facteurs ne permet de prédire la survie à une réanimation chez un individu donné. Cependant, un instrument tel que l'index de morbidité préréanimation de George (Tableau 32.3) précise les facteurs qui sont associés à un faible taux de survie à la réanimation. Cet index peut servir de guide

Tableau 32.2
Risques et séquelles de la réanimation

• Détérioration cognitive	0 à 40 %
• Détérioration motrice	8 à 15 %
• Détérioration fonctionnelle	jusqu'à 100 %
• Besoin d'être placé en institution	12 à 48 %

Tableau 32.3			
Index de morbidité préréanimation*			
Hypotension (systolique < 90 mmHg)	3	Galop prédiastolique (B_3)	1
Urémie	3	Oligurie (< 300 mL/24 h)	1
Cancer	3	Septicémie	1
Pneumonie	3(2) **	Ventilation mécanique	1
Confinement au domicile	3(2) **	AVC récent	1(2) **
Angor	1	Coma	1
Infarctus	1	Cirrhose	1(0) **
Ins. card. (NYHA *** III, IV)	1	Démence avancée	2**

> 7 = moins de chance de survie
> 9 = survie nulle
*   Index proposé par George, A.L. & Coll.: *Am J Med*, **87**:28, 1989.
**   Index modifié, réf.: Dantzenberg, P.L. & Coll.: *Age Ageing*, **22(6)**:472, 1993.
*** Classification de la *New York Heart Association*.

au médecin, dans les discussions relatives au choix de réanimer ou non en cas d'arrêt cardiaque.

CONNAISSANCES ET ATTITUDES DES MÉDECINS

Les connaissances des médecins sur les chances de survie à la réanimation sont très variables. En général, ils ont tendance à en surestimer les résultats. La littérature démontre qu'ils sont mauvais juges de la qualité de vie, de l'autonomie et de l'état fonctionnel de leurs patients. Ils sous-estiment la qualité de vie globale, le confort physique et la mobilité. Ils surestiment les éléments dépressifs et anxieux. Ils ont tendance à croire que leurs patients âgés ont des relations familiales plus faibles qu'elles ne le sont en réalité. Malgré tout, les médecins sont généralement plus en faveur de la réanimation que ne le seraient leurs patients âgés eux-mêmes.

CONNAISSANCES ET ATTITUDES DES MALADES

Une étude américaine rapporte que 248 patients ont été interrogés sur leur connaissance de la réanimation cardio-respiratoire et ont donné leur opinion sur certains cas types de patients à réanimer. Ces personnes interrogées surestiment par 300 % les succès de la réanimation. La moitié des sujets interrogés n'avaient pas réfléchi sur leur désir d'être ou non réanimé, et 27 % croyaient que le médecin seul devait prendre la décision. Quelques études récentes ont fait ressortir l'effet de l'enseignement sur les désirs des malades en matière de réanimation. Après avoir reçu de l'information quant au succès de la réanimation dans diverses situations, plusieurs individus changent d'opinion et ne désirent plus être réanimés le cas échéant. Il a également été démontré qu'un grand nombre de personnes âgées ayant été réanimées ne souhaitent plus l'être à nouveau en cas de second arrêt.

Une étude québécoise a démontré que 13 % des patients de plus de 65 ans, admis dans des services de soins aigus, ne désiraient pas être réanimés, alors que 67 % ne se sentaient pas prêts à prendre la décision. Seulement 7 % des patients en avaient discuté avec leur médecin. Cette étude et d'autres études américaines ont fait ressortir la volonté d'un grand nombre de sujets âgés de discuter de ces questions avec leur médecin; la plupart attendent que ce dernier amène la discussion. La forte majorité des patients en ayant discuté disent avoir apprécié la discussion et très peu rapportent que cette discussion a provoqué des émotions négatives.

LIGNES DIRECTRICES SUGGÉRÉES PAR LES ASSOCIATIONS MÉDICALES

La plupart des associations médicales accordent une place primordiale à l'opinion des patients, alors que l'avis de la famille n'est considéré que lorsque le patient est jugé inapte à prendre la décision. Cependant, le désir de réanimation d'un patient n'est pas toujours considéré comme absolu et inviolable. On observe, dans la littérature nord-américaine, une nette tendance à considérer que la réanimation ne devrait être offerte qu'aux patients chez qui on envisage une chance de succès. Ainsi, on considère que le médecin est en droit de décider unilatéralement de ne pas réanimer un patient chez qui la réanimation est jugée disproportionnée et futile (par exemple, les malades en phase terminale d'une néoplasie pour qui il n'y a plus de traitement curatif et les patients souffrant de démence avancée).

Ces questions devraient quand même toujours être abordées avec les malades et leur famille et, heureusement, peu nombreux sont ceux qui exigent des traitements disproportionnés, après avoir eu une discussion franche avec le médecin traitant et l'équipe multidisciplinaire. Pour les cas limites, on estime que la décision doit être prise par le patient lui-même, après une discussion appropriée. Lorsque ce dernier est jugé inapte, la famille devrait prendre la décision, en tenant compte des volontés exprimées antérieurement par le patient (testament biologique, mandat à la personne, opinions exprimées verbalement, valeurs et cheminement tout au long de la vie). Pour une discussion plus détaillée de cet aspect, le lecteur se reportera au chapitre 48.

APPROCHE SUGGÉRÉE

La réanimation cardio-respiratoire est indiquée s'il existe une chance minimale de succès et de retour à un niveau fonctionnel acceptable pour le malade. En tout temps, il faut examiner la question de l'accès à la réanimation d'une manière aussi objective que possible, à partir des données de la littérature, et prendre en considération l'opinion du patient et de sa famille (Tableau 32.4 et Fig. 32.1). Au moment de la discussion, il est primordial de faire preuve de tact et de sens commun.

Une discussion s'impose, particulièrement lorsque le patient présente un problème de santé sérieux qui menace sa qualité de vie. Le pa-

Tableau 32.4
Facteurs à prendre en considération pour l'ordonnance ou non de réanimation en cas d'arrêt cardio-respiratoire
1) Fardeau pathologique sous-jacent et estimation du pronostic vital du patient
2) Addition d'indices de mauvais pronostic en cas d'arrêt
3) État fonctionnel et estimation par le patient lui-même de sa qualité de vie
4) Opinion du patient lorsque la réanimation est jugée médicalement possible
5) Désirs antérieurement exprimés par le patient
6) Opinion de la famille (seulement lorsque le patient est jugé inapte)

tient et sa famille doivent être informés du pronostic de la maladie et on doit leur conseiller de préciser le niveau d'intervention souhaité, en cas d'hospitalisation du malade.

Le sujet doit être abordé au moment de l'admission à l'hôpital, pour dépister les patients qui ne désirent pas de réanimation, pour donner de l'information et expliquer s'il y a lieu, au patient et à sa famille, les raisons médicales et éthiques qui font de la réanimation un traitement disproportionné.

S'il y a divergence d'opinions entre le médecin et le patient, on peut consulter un collègue ou le comité d'éthique pour en arriver à une décision. Toute décision concernant la réanimation ou le niveau d'intervention doit être révisée périodiquement et faire l'objet de nouvelles discussions, lorsqu'il y a changement dans la condition clinique du patient.

Bien que la discussion à propos de la réanimation cardio-respiratoire soit systématique dans plusieurs services de gériatrie, elle est plus rare dans les services de médecine et de chirurgie où sont admises la plupart des personnes de 65 ans et plus. Un travail d'information auprès des médecins et des malades est nécessaire pour rendre la prescription de réanimation plus rationnelle.

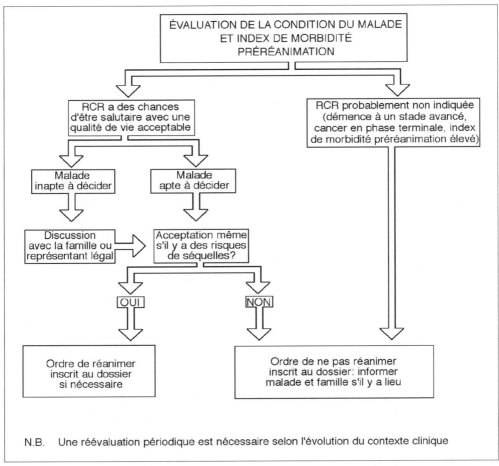

Figure 32.1 Réanimer ou ne pas réanimer? Discussion préalable au cabinet ou à l'hôpital

BIBLIOGRAPHIE

BAYER, J., ANG, C. & J. PATHY: Cardiac arrests in a geriatric unit. *Age Ageing*, **14**:271, 1985.

DANTZENBERG, P.L. & Coll.: Patient related predictors of cardiopulmonary resuscitation of hospitalized patients. *Age Ageing*, **22(6)**:464-475, 1993.

GEORGE, A.L. & Coll.: Pre arrest morbidity and other correlates of survival after in hospital cardiopulmonary arrest. *Am J Med*, **87**:28, 1989.

GRAY, W.A., CAPONE, R.J. & A.S. MOST: Unsuccessfully emergency medical resuscitation. Are continued efforts in the emergency department justified? *N Engl J Med*, **325**:1393, 1991.

MILLER, D.L. & Coll.: Cardiopulmonary resuscitation: How useful attitudes and knowledge of an elderly population. *Arch Intern Med*, **152**:578, 1992.

MURPHY, D.J. & Coll.: Outcomes of cardiopulmonary resuscitation in the elderly. *Ann Intern Med*, **111**:199, 1989.

PRAS, P. & F. BERTRAND: Urgences du sujet âgé, Masson, Paris. 1993.

TORIAN, L.V. & Coll.: Decisions for and against resuscitation in an acute geriatric medicine unit serving the frail elderly. *Arch Intern Med*, **152**:561, 1992.

TRESCH, D.D. & Coll.: Outcomes or cardiopulmonary resuscitation in nursing homes. Can we predict who will benefit? *Am J Med*, **95**:123, 1993.

WACTHER, R.M. & Coll.: Decision about resuscitation iniquities among patients with different diseases but similar prognosis. *Ann Intern Med*, **111**:525, 1989.

CHAPITRE 33

PROBLÈMES VASCULAIRES PÉRIPHÉRIQUES

ALAIN FRANCO, PATRICK HENRI CARPENTIER, PASCAL COUTURIER,
JEAN-LUC BOSSON et CÉCILE RICHAUD

La prise en charge des problèmes vasculaires du malade âgé bénéficie des progrès de la médecine, de la chirurgie, de la radiologie et de la biologie vasculaires et de leurs techniques nouvelles non traumatisantes pour le diagnostic et endovasculaires ou endoscopiques pour le traitement. La précision du diagnostic n'est plus un luxe chez le sujet âgé et permet de meilleurs choix thérapeutiques, en particulier dans les situations difficiles de la polypathologie et de la perte d'autonomie.

La pathologie artérielle n'est cependant pas vaincue et peut encore donner lieu à des complications douloureuses, invalidantes et vitales. Les maladies veineuses, en particulier la maladie thrombo-embolique, sont tout autant redoutables et de diagnostic difficile et tardif chez le malade âgé. Le lymphœdème, longtemps négligé, peut être responsable d'un désavantage indu ou de complications infectieuses. Les acrosyndromes vasculaires peuvent révéler une maladie de système ou alerter sur l'état cardio-vasculaire ou le déséquilibre homéostatique. Macro- et microcirculation se partagent, de part et d'autre du réseau capillaire des tissus, la physiopathologie vasculaire, et leur connaissance par le praticien lui facilite l'explication des symptômes et l'adaptation du traitement à chaque malade.

ARTÉRIOPATHIES ET ISCHÉMIE PÉRIPHÉRIQUES

Sous l'angle épidémiologique, les artériopathies périphériques touchent 5 % des hommes de plus de 50 ans, et l'ischémie critique (grave, prégangréneuse) 5 à 10 % des artériopathies. Le diabète multiplie par 5 le risque d'ischémie critique. L'amputation majeure concerne 120 à 320 personnes par million et par an. Le pronostic à 1 an de l'ischémie critique est le décès pour 25 % et l'amputation pour 25 % des malades. L'avancement en âge égalise le rapport homme/femme (*sex-ratio*) et aggrave le pronostic.

En termes de physiopathologie, à l'échelle macrocirculatoire, s'ajoutent aux lésions artériopathiques des parois artérielles, plaques, sténoses et ulcérations, la thrombose et la vasoconstriction pour induire, en aval, une chute de la pression artérielle. Cette chute modérée au repos s'accentue à l'effort par l'augmentation du débit sanguin des muscles en action, créant ainsi une véritable fuite du sang, par les capillaires et les anastomoses artério-veineuses, vers le retour veineux. La pression artérielle du lit d'aval s'effondre alors jusqu'à 0 mmHg dans les vaisseaux musculaires où se met en route un métabolisme énergétique anaérobie, facteur rapide de la crampe à l'origine de la claudication. C'est l'ischémie d'effort, *compensée* au repos. Lorsque la pression de repos du lit d'aval est inférieure à 50 mmHg, la vitalité des tissus peut être compromise. C'est l'ischémie de repos, ou décompensée, ou *critique*. La microcirculation du lit d'aval représente le lieu de cette décompensation en spirale «vicieuse» de l'artériopathie, par acidose métabolique, détérioration rhéologique, activation plaquettaire, activation leucocytaire, attaque radicalaire, altération endothéliale, hyperperméabilité capillaire, œdème tissulaire, microthromboses capillaires, dérégulation vasomotrice, réduction puis disparition des échanges gazeux et énergétiques, acidose, etc., jusqu'à la nécrose ou gangrène responsable de souffrances et de la perte du membre, ou de la vie.

Ainsi, c'est l'ischémie qui motive, en fonction de sa gravité, l'essentiel de la thérapeutique. Les moyens médicaux, d'intervention ou chirurgicaux visent à sa suppression ou sa compensation, et la thérapeutique antithrombotique ou la correction d'une artériopathie à risque visent à sa prévention. C'est également sur l'ischémie que repose l'essentiel du pronostic fonctionnel et vital des artériopathies périphériques.

Clinique

L'évaluation clinique reste fondamentale et fiable, si le praticien respecte une démarche systématique. La claudication intermittente, signe d'appel cardinal, est d'apparition brutale ou progressive. Elle se manifeste à la marche par la survenue d'une douleur ischémique (périmètre de marche initial: apparition de douleurs qui ne force pas l'arrêt de la marche) du mollet (70 %), ou plus rarement de la cuisse ou de la plante du pied, à type de gêne, s'accentuant à la marche, provoquant alors une claudication. Lorsqu'un certain seuil de tolérance est atteint, le patient arrête la marche. La distance parcourue alors représente le périmètre de marche (final). A l'arrêt, la douleur s'estompe et disparaît (temps de récupération). La douleur ischémique dépend aussi de la pente et de la vitesse de la marche ou du refroidissement de la température ambiante.

La douleur de décubitus, à un stade plus avancé de la maladie, touche les extrémités (orteils, pied, jambe), réveille le malade en pleine nuit, ou tôt le matin, et l'oblige à s'asseoir au bord du lit, ou à se lever pour obtenir une sédation. Après endormissement, la douleur récidivera, provoquant des troubles du sommeil mal tolérés et contribuant à l'aggravation rapide de l'état du malade.

L'inspection permet d'évaluer les troubles trophiques. L'hypohémie chronique se traduit par des troubles des phanères: chute des poils, pousse lente et déformation des ongles, hypotrophie cutanée. Des plages de cyanose localisée à type de livedo racemosa, de zones cyanosées plantaires ou d'orteils bleus s'associant à des douleurs évoquent des embolies de cholestérol. Une ulcération, provoquée ou spontanée, d'une extrémité ou une gangrène distale d'un orteil, voire d'une extrémité, correspondent, sauf cas particulier, aux stades d'ischémie les plus avancés.

A la palpation, la chute de la température cutanée des extrémités est peu spécifique. Elle

ne prend de la valeur que dans un contexte d'ischémie, lorsqu'elle est unilatérale et en l'absence de pouls. Les pouls doivent être recherchés systématiquement, de façon symétrique et simultanée, dans une ambiance thermique confortable pour le patient. Les pouls sont soit présents, soit absents. L'hésitation n'est pas permise. En cas de doute, une vérification par Doppler s'impose. L'hyperpulsatilité est un signe important qu'il faut rechercher systématiquement chez le sujet âgé, en particulier dans la région aortique ou poplitée, car elle peut révéler un anévrisme, en particulier chez l'octogénaire actif.

L'auscultation systématique de l'aorte aux artères poplitées, sans négliger les artères rénales et carotides, recherche un souffle évoquant une sténose jusqu'à la nécessaire confirmation paraclinique. Il faut rappeler, cependant, qu'on peut avoir les plus graves sténoses sans souffle.

L'examen clinique dynamique permet d'évaluer la valeur hémodynamique des artères. Le signe de Leriche est défini par un délai à la recoloration de la pulpe digitale d'un orteil que l'examinateur a comprimé manuellement. La durée de la pâleur ischémique peut être mesurée. La manœuvre de Ratschow, comme le signe de Leriche, concerne des stades avancés de l'artériopathie. Elle consiste en une surélévation des membres inférieurs, pendant deux minutes. Après avoir demandé au patient de s'asseoir au bord du lit, l'examinateur mesure le temps de recoloration des orteils. La pâleur fera place à un rosissement puis à une érythrocyanose des orteils, puis du pied et de la jambe, marquant l'hyperhémie cutanée que la tradition clinique française a retenu comme le signe de la chaussette de Vaquez. Lorsque le début de la recoloration dépasse 20 secondes, l'ischémie chronique est jugée comme grave.

Les exercices de mise en charge sur un seul pied ou sur les deux pieds et l'inspection de la marche peuvent également contribuer à évaluer la tolérance hémodynamique.

Diagnostic

Le diagnostic positif d'une ischémie ou d'une artériopathie périphérique repose, à 90 %, sur la clinique. Les formes frustes ou asymptomatiques ou trompeuses, fréquentes chez le malade âgé, et surtout l'évaluation de la topographie, de l'étendue, de la compensation, de la gravité, de la possibilité d'opérer et du pronostic justifient une exploration paraclinique dans tous les cas.

Diagnostic clinique et suivi de l'évolution

Les stades de l'artériopathie chronique oblitérante des membres inférieurs, décrits par Fontaine et Leriche, sont traditionnels. Ils sont présentés au tableau 33.1. On remarquera que la limite entre les stades IIa et IIb est subjective et ne correspond pas à une distance de marche. Elle fait appel uniquement à la tolérance du malade vis-à-vis de sa déficience et intervient sur sa qualité de vie. Le stade III correspond aux douleurs et paresthésies de l'ischémie de décubitus, et le stade IV à celui des troubles trophiques ou gangrènes distales. A ce titre, il peut exister des cas qui présentent un trouble trophique distal, alors que l'irrigation du membre, bien qu'altérée par l'artériopathie, est suffisante pour permettre une cicatrisation des lésions trophiques. Il s'agit alors d'un «faux stade IV» que l'exploration fonctionnelle identifiera aisément.

Chez le malade âgé, la perte d'autonomie modifie l'expression des stades. L'absence de déambulation active fait perdre au malade le signal de la claudication, clé de voûte du diagnostic chez l'adulte autonome. La maladie artérielle ne se manifestera chez le malade dépendant ou grabataire qu'aux stades III (douleurs de repos ou de décubitus) et IV (troubles trophiques et gangrènes) de l'ischémie critique. Il

faudra savoir évoquer le stade IV devant une escarre d'évolution péjorative. De plus, chez le malade âgé en voie de désafférentation ou en perte de communication, la douleur de décubitus est difficile à déceler et l'ischémie souvent découverte au stade de la gangrène.

L'ischémie critique du membre représente un sous-groupe d'atteintes graves au sein du groupe B de F. Becker. La définition du Second consensus européen sur l'ischémie critique des membres repose sur deux critères: a) des douleurs de décubitus, persistantes et récidivantes, et nécessitant l'administration d'analgésiques pendant plus de deux semaines et/ou une ulcération ou gangrène du pied et des orteils, associés à b) une pression artérielle à la cheville inférieure à 50 mmHg (peu fiable cependant chez les diabétiques, à cause du durcissement artériel).

L'exploration paraclinique peut comprendre de nombreux tests dont la plupart seront effectués en milieu spécialisé. L'ergométrie sur tapis roulant est le meilleur critère d'évaluation de la claudication intermittente, mais présente certaines limites chez le malade âgé coronarien ou instable à la marche. L'étude de la macrocirculation peut être réalisée au moyen de diverses techniques pléthysmographiques, de la mesure des pressions artérielles distales à la cheville ou à l'orteil et par le Doppler. La capillaroscopie, le laser Doppler et la mesure transcutanée d'oxygène (TcPO$_2$) évaluent la microcirculation en aval des lésions. L'imagerie vasculaire est en

Tableau 33.1
Stades de l'artériopathie et de l'ischémie des membres inférieurs

Stades de Fontaine et Leriche	Clinique	Lésion artérielle	Stades de F. Becker	Ischémie	Pression systolique cheville*
0	asymptomatique	pariétale	A	absente	≥ bras
I	asymptomatique	luminale	A	absente	≥ bras
IIa	claudication sans désavantage	luminale	A	effort	< bras et ≥ 50 mmHg
IIb	claudication avec désavantage	luminale	A	effort	< bras et ≥ 50 mmHg
III	douleurs de décubitus	luminale	B	permanente/ critique	< 50 mmHg
IV	gangrène	luminale	B	permanente/ critique	< 50 mmHg

*   malade non diabétique

pleine évolution (échographie, tomodensito-métrie, imagerie magnétique), mais l'artériographie reste la référence de l'exploration morphologique.

Diagnostic différentiel

La claudication intermittente chez le malade âgé peut faire discuter le diagnostic de *claudication médullaire* ou de canal lombaire étroit. Dans ce cas, les antécédents d'arthrose lombaire sont, en général, présents. La claudication médullaire est marquée par une faiblesse bilatérale des membres inférieurs survenant après quelques pas. Le caractère douloureux est moins typique. L'examen de la marche sur tapis roulant et la prise des pressions distales, avant et après effort, ne révéleront pas de chute de pression. Les formes mixtes de claudication peuvent être de diagnostic délicat et requièrent des avis spécialisés.

Les extrémités froides sont à lier à une *acrorhigose* (variante de la normale), si les pouls périphériques sont présents. La prise des pressions distales peut être nécessaire pour confirmer la normalité de l'hémodynamique macrocirculatoire.

Douleurs et *crampes nocturnes* sont souvent liées à une insuffisance veineuse fonctionnelle ou variqueuse, accentuée par l'immobilisation ou la station assise trop prolongée, ou à des problèmes rhumatologiques. En cas de doute, la mesure de pressions artérielles distales normales sera déterminante. Le sulfate de quinine demeure un traitement largement utilisé et probablement efficace, lorsque les crampes nocturnes sont fréquentes.

Diagnostic étiologique

L'athérosclérose est de loin l'étiologie la plus courante. Les antécédents familiaux et personnels d'accidents cardiaques et vasculaires et la présence des facteurs de risque orientent d'emblée le diagnostic. Chez le malade âgé, plus que le tabagisme passé, c'est l'hypertension ou le diabète qui sont le plus souvent présents, l'hypercholestérolémie étant plus difficile à prendre en compte.

Chez les malades, et en particulier les femmes très âgées, il est fréquent d'observer des calcifications radiologiques importantes de l'aorte et des grosses artères, tranchant avec un certain degré d'ostéoporose et qu'en gériatrie on peut considérer comme de l'artériosclérose. Média-calcose de Mönckeberg, hyperparathyroïdie et diabète représentent d'autres causes de calcification des artères.

Enfin, l'artérite à cellules géantes ou maladie de Horton peut toucher les membres inférieurs. En dehors de la survenue d'une claudication ou d'une ischémie des membres inférieurs, au cours d'une poussée évolutive de la maladie, son diagnostic est difficile, car les signes ne sont pas spécifiques. L'absence d'antécédents cardiovasculaires ou de facteurs de risque, ainsi qu'un contexte inflammatoire, peuvent orienter le diagnostic.

Une thrombose peut compliquer chacune des artériopathies précédentes et expliquer l'obstruction artérielle. Elle peut également survenir sans étiologie précise, et sera considérée comme idiopathique jusqu'à preuve du contraire, ou à l'origine de la découverte d'une étiologie systémique, en particulier thrombophilique (hémopathie, polyglobulie, syndrome antiphospholipide).

L'embolie artérielle peut se révéler typique par la survenue brutale d'une ischémie sur un membre préalablement indemne d'artériopathie, d'autant plus qu'existe une cardiopathie emboligène (échographie cardiaque). Chez le malade âgé, les signes sont parfois moins nets : survenue imprécise, cardiopathie rythmique non connue (Holter), foyer emboligène sur une plaque ulcérée, à rechercher sur l'aorte thoracique (échographie transœsophagienne) ou abdominale (échographie).

Les risques de morbidité et de mortalité dépendent du diagnostic étiologique de l'artériopathie. Dans l'athérosclérose, étiologie de loin la plus fréquente, le contrôle des facteurs de risque augmente pour le malade les chances de stabiliser les lésions artérielles. Il aura alors la possibilité de compenser l'insuffisance hémodynamique par l'exercice et les traitements médicaux, chirurgicaux, d'intervention ou thermaux. Les risques coronariens et/ou carotidiens associés prennent le pas sur ceux des lésions des membres inférieurs.

Le risque de décompensation de l'artériopathie des membres inférieurs est lié à l'évolution de la maladie. Il peut dépendre aussi de facteurs morphologiques d'amont (lésions sténotiques menaçantes du trépied fémoral, ou anévrisme poplité emboligène par exemple). L'altération progressive du lit d'aval fait le pronostic de la survie du membre et justifie une surveillance clinique et fonctionnelle régulière.

Traitement

Chez le malade âgé, il faut distinguer le traitement de l'artériopathie compensée des membres inférieurs et celui de l'artériopathie décompensée ou ischémie critique.

Artériopathie compensée des membres inférieurs

Comme pour toute affection chronique, le traitement de l'artériopathie périphérique comporte le contrôle des symptômes, la recherche d'une stabilisation de la maladie et la prévention des complications. Traiter les symptômes consiste ici à réduire la claudication chez un malade âgé autonome et capable de marcher. L'entraînement quotidien à la marche, spontanément ou dans le cadre d'un programme de rééducation, réduit valablement la claudication, et les gains en termes de périmètre de marche sont appréciables et ont pu atteindre 150 à 500 % selon les auteurs. Mais chez le sujet âgé, la tolérance cardiaque et coronarienne doit être suffisante pour la mise en route du traitement. Aussi, c'est le plus souvent un traitement vasoactif anticlaudicant qui sera préféré. Au stade IIb, le recours à l'angioplastie, à la recanalisation ou au pontage peut être préconisé.

La thrombose et l'ischémie critique qu'elle peut entraîner seront prévenues par un traitement antiagrégant voire, pour certains, anticoagulant à long terme, en respectant toutes les règles d'administration et de suivi. Parfois, en cas de risque morphologique élevé d'occlusion (sténose serrée sur un axe essentiel sans possibilité de collatérales), une correction d'intervention ou chirurgicale sera préconisée. Toute découverte d'anévrisme doit donner lieu à une correction chirurgicale, sauf contre-indication formelle.

Rechercher la stabilisation de la maladie c'est proposer le meilleur contrôle possible des facteurs de risque d'athérosclérose: arrêt du tabac quel que soit l'âge, contrôle prudent et très progressif de l'hypertension, traitement raisonnable du diabète et, éventuellement, de l'hypercholestérolémie, contrôle de l'hyperuricémie et de la surcharge pondérale. C'est aussi éviter les situations à risque induites par les plaies cutanées distales ou la podologie imprudente.

Ischémie critique des membres inférieurs

Les principes thérapeutiques de l'ischémie critique des membres inférieurs sont les mêmes en gériatrie que chez l'adulte plus jeune. Cependant, les caractéristiques des patients âgés (polypathologie, désafférentation, déficit cognitif entraînant une diminution de l'expression des plaintes) imposent une prise en charge globale du malade et une adaptation de chacun de ces traitements. La prise en charge gériatrique implique une prise en compte du contexte de vie du malade, un rétablissement des grandes fonctions somatiques et le traitement de la douleur, y compris par les opioïdes si nécessaire. Les douleurs ischémiques sont éprouvantes et responsables, lorsqu'elles perdurent, d'un syndrome dépressif qu'il faut déceler et traiter.

Prise en charge angiologique

De compétence commune aux infirmières de médecine et chirurgie vasculaires et aux infirmières gériatriques, les soins locaux quotidiens associent l'antisepsie au débridement des tissus nécrosés, après installation confortable du malade. L'utilisation préalable d'un antalgique morphinique à demi-vie courte ou d'un anesthésique local est le plus souvent nécessaire.

• L'hémodilution vise à augmenter la fluidité du sang mais n'est pas toujours possible, du fait d'un taux d'hémoglobine abaissé initialement ou en raison de problèmes d'abord veineux. Elle présente un intérêt si l'hématocrite initial est égal ou supérieur à 38 %. Mise en route, l'hémodilution isovolumique est utile si l'hématocrite est abaissé au moins à 32 % (ce traitement est rarement utilisé au Canada).

• Les antithrombotiques (héparine, anticoagulants oraux, antiagrégants plaquettaires) doivent être employés en tenant compte des affections sous-jacentes (risque hémorragique). L'héparine non fractionnée ou de faible poids moléculaire représente l'antithrombotique de choix pour prévenir ou contenir la thrombose artérielle, veineuse ou microcirculatoire responsable ou contingente de l'ischémie critique du membre.

- Outre les vasoactifs conventionnels, dont certains sont validés en perfusion intraveineuse, les prostanoïdes sont caractérisés par leur effet pharmacologique antiagrégant plaquettaire et surtout vasodilatateur et font l'objet de travaux de plus en plus nombreux. L'analogue stable de la prostacycline (PGI_2) paraît plus efficace, mais générateur de plus d'effets secondaires (céphalées, flushs, gastralgies) que la prostaglandine E_1 (PGE_1). Les vasoactifs sont à utiliser avec prudence, en cas de troubles de la conduction ou d'insuffisance cardiaque et d'hypotension orthostatique. Ces médicaments ne sont pas actuellement disponibles au Canada.

- Les thrombolytiques sont préconisés *in situ*, par perfusion artérielle isolée ou associée à des procédures d'intervention ou chirurgicales. Protocoles, produits et posologies sont variables mais mettent l'accent sur les voies d'administration locales chez le sujet âgé. Ces traitements sont encore expérimentaux au Canada.

- Les antibiotiques intraveineux ou intra-artériels sont souvent utiles, en cas de troubles trophiques infectés.

Prise en charge chirurgicale

La revascularisation reste la priorité absolue si elle est possible. Si les explorations fonctionnelles confirment le diagnostic positif et permettent d'évaluer la gravité de l'ischémie et son pronostic, c'est en fonction des données de l'artériographie, complétée par l'échographie des trépieds (bifurcation au niveau poplité), que le chirurgien évaluera les possibilités techniques. L'angioplastie transluminale percutanée représente une option de choix, si les lésions sont courtes, au niveau iliaque ou fémoral. Les résultats sont meilleurs au niveau iliaque que fémoral ou distal, et meilleurs pour les dilatations que pour les recanalisations.

Mais en cas d'ischémie critique chez le sujet âgé, les lésions artérielles souvent diffuses font préférer le traitement chirurgical. Les pontages extra-anatomiques à l'étage proximal et surtout à l'étage médial, le pontage veineux autologue et *in situ* représentent l'indication dominante. Dans la logique du sauvetage de membre, le site de l'anastomose d'aval peut être très distal, comme le suggèrent les travaux actuels portant sur les artères de la cheville, voire du pied. Si aucune veine n'est disponible, les chirurgiens s'orientent vers une transplantation de veine, voire d'artère conservée, de préférence au pontage prothétique. Certains travaux innocentent l'âge en tant que facteur pronostic de la perméabilité. Les résultats sont d'autant meilleurs que le pontage est plus proximal et semblent significativement plus favorables chez l'homme que chez la femme. La mobilité du malade est un facteur important de bon pronostic.

Une sympathectomie chirurgicale ou percutanée, sous contrôle cœlioscopique ou tomodensitométrique, peut se discuter pour améliorer la circulation du lit d'aval, en jouant sur la réserve collatérale.

En ultime recours, il faut savoir prendre rapidement une décision d'amputation de topographie adaptée, avant que la dégradation de l'état général n'autorise plus un geste salvateur. La technique du glaçage préalable du membre ne doit pas être délaissée. Elle réduit la douleur et l'infection, et contribue notablement à améliorer l'état général du futur amputé âgé. Les problèmes éthiques de l'amputation du malade âgé souffrant d'artériopathie sont toujours difficiles à résoudre, mais il apparaît aussi important de justifier le renoncement à l'amputation que la décision d'amputer. La décision sera prise par le médecin et le chirurgien, après avis éclairé de la famille et discussion avec l'équipe soignante. Une amputation est parfois préférable à une décision irréaliste en faveur d'un pontage.

La qualité de la prise en charge médicale chez le malade âgé donnera toutes ses chances de succès au traitement chirurgical. Ainsi, en matière d'ischémie critique chez le malade âgé, les décisions ne peuvent se prendre que dans le cadre d'une discussion multidisciplinaire dans laquelle le chirurgien vasculaire joue un rôle important.

PROBLÈMES VEINEUX ET LYMPHATIQUES DES MEMBRES

Thromboses veineuses

Thromboses veineuses profondes aiguës

La thrombose veineuse profonde (TVP) des membres inférieurs est indissociable de sa complication immédiate qu'est l'embolie pulmonaire (EP), ce qui justifie le concept de maladie thrombo-embolique veineuse (MTE). Plus de 80 % des EP sont dues à une TVP des membres inférieurs. La TVP aiguë présente un risque immédiat potentiellement vital d'EP, alors qu'à distance de l'épisode aigu le risque est lié au développement d'une maladie post-thrombotique et, plus rarement, à l'évolution vers une pathologie pulmonaire chronique.

Les estimations concernant l'incidence de la MTE sont très imprécises, faute d'éléments diagnostiques fiables, puisque même le diagnostic *post mortem* est soumis à discussion.

La MTE s'inscrit le plus souvent en comorbidité, c'est-à-dire qu'elle vient compliquer l'évolution d'une autre pathologie médicale et/ou chirurgicale. De ce fait, elle se déclare très fréquemment en milieu hospitalier. La moitié des patients présentant une MTE ont une espérance de vie de l'ordre de 1 an, la mortalité étant liée à la pathologie initiale. La mortalité due à une MTE non traitée est de l'ordre de 30 %.

Les facteurs à l'origine d'une TVP sont résumés par la triade de Virchow: facteur pariétal, hypercoagulabilité et, surtout, stase veineuse. Le thrombus naît dans un nid valvulaire. Il est alors asymptomatique et peut le rester plusieurs jours. Lorsque les capacités de lyse physiologique du patient sont dépassées, il y a un risque d'extension vers l'amont, et surtout l'aval, d'un thrombus non adhérent à la paroi, avec alors un risque important d'EP. Cette extension atteint rapidement l'axe veineux jusqu'au premier confluent veineux, le flux de la veine adjacente limitant dans un premier temps l'extension à ce niveau. Secondairement, le thrombus adhère à la paroi et obstrue complètement la lumière vasculaire, entraînant un syndrome obstructif responsable d'une hyperpression d'amont qui engendre des phénomènes douloureux, de l'œdème et le développement d'une suppléance par le réseau veineux superficiel. L'évolution se fait ensuite, en plusieurs semaines ou mois, vers une recanalisation plus ou moins complète et le développement d'une circulation veineuse collatérale. La lyse du thrombus peut s'accompagner d'une lyse des valvules qu'il inclue et dont la perte est à l'origine de la maladie post-thrombotique par incontinence valvulaire. La migration embolique concerne le plus souvent la partie proximale du thrombus qui, après avoir transité par le réseau cave inférieur et les cavités cardiaques droites, s'arrête dans l'arbre artériel pulmonaire. Au moment du diagnostic, on constate très souvent la présence de plusieurs emboles d'âge, de taille et de topographie différents.

Diagnostic clinique

La douleur spontanée ou provoquée par la palpation est présente dans 60 % des cas. L'œdème est ferme, ne prenant pas le godet et s'accompagne d'une perte de ballottement et d'un empâtement du mollet. Une élévation de la température cutanée et une fébricule complètent le tableau des formes typiques. Les TVP les plus fréquentes siègent au niveau des veines jambières (ou surales) [40 % des cas]. L'existence d'un œdème du membre inférieur traduit l'atteinte proximale (tronc collecteur poplitéo-fémoro-ilio-cave). En cas de TVP iliaque, qui prédomine à gauche, on observe un œdème débutant à la racine de la cuisse et une douleur inguinale, puis le développement d'une collatéralité veineuse proximale, inguinale et sus-pubienne.

Parmi les formes cliniques, il faut retenir la phlébite bleue, ou thrombose veineuse ischémiante, dans laquelle le caractère très obstructif de la TVP est responsable d'un arrêt circulatoire avec ischémie du membre. Il s'agit alors d'une urgence médico-chirurgicale.

Le diagnostic différentiel clinique concerne les œdèmes de cause générale ou locale. Le lymphœdème apparaît progressivement, spontanément ou après un épisode infectieux de lymphangite ou d'érysipèle. Il est marqué par l'absence de douleurs, de signes de stase veineuse, de pigmentation, et touche volontiers la distalité, le dos du pied et des orteils. Le diagnostic différentiel concerne, par ailleurs, les tableaux douloureux de membre inférieur. La rupture d'un kyste poplité se traduit par une douleur brutale de la région poplitée et du mollet. L'échographie a révélé sa fréquence. La douleur peut aussi évoquer une sciatalgie tronquée, un hématome, une névrite, voire une ischémie aiguë. Le plus souvent, si le diagnostic de TVP est évoqué, seuls les examens complémentaires peuvent apporter un diagnostic de certitude.

Examens complémentaires

Il s'agit, en première intention, des examens non traumatisants angiologiques. L'échographie associée au Doppler pulsé est devenue l'examen de référence pour le diagnostic des TVP, à condition d'appliquer une méthodologie stricte (examen complet de l'ensemble du réseau veineux des membres inférieurs jusqu'au système cave), par un examinateur entraîné. Par rapport à la phlébographie, la sensibilité est de 98 % et la spécificité de 97 % pour les thromboses symptomatiques du tronc collecteur. La fiabilité est moins bonne au niveau jambier ou sus-inguinal.

La rhéopléthysmographie ou pléthysmographie par impédance permet de définir et de quantifier le syndrome obstructif veineux. Elle est utile au suivi des patients. La phlébographie bilatérale au fil de l'eau, avec temps cavographique, doit permettre une visualisation de l'ensemble du réseau veineux profond. Elle nécessite une injection iodée (risque d'intolérance iodée et d'insuffisance rénale). Réalisée de plus en plus rarement, elle n'est indispensable qu'en cas d'embolie pulmonaire avec des explorations veineuses négatives et avant un traitement chirurgical ou thrombolytique.

La biologie peut contribuer au diagnostic positif avec l'élévation des D-dimères (méthode ELISA), témoins d'une activation de la coagulation. Cette élévation, très sensible mais peu spécifique, prend toute sa valeur pour écarter le diagnostic de MTE en cas de dosage normal.

Dépistage systématique

Les signes cliniques de TVP ne sont pas fiables, entraînant autant de diagnostics par excès que par défaut (sensibilité et spécificité inférieures à 50 %). C'est donc de plus en plus souvent la notion de patient à risque de TVP qui, en présence de signes minimes, doit faire pratiquer des examens complémentaires, seuls capables de confirmer le diagnostic. L'écho Doppler veineux, non traumatisant, représente l'examen de choix pour de telles stratégies systématiques. Celles-ci doivent toutefois être réservées à des situations à très haut risque de MTE (chirurgie de la hanche ou du genou) et appliquées dans le cadre d'une évaluation précise des résultats et des conduites thérapeutiques qui en découlent.

- **Diagnostic étiologique**

C'est la conjonction d'un facteur déclenchant (situation à risque) et de facteurs de risque (propres au patient) qui est à l'origine d'une MTE. Les principaux éléments étiologiques sont résumés au tableau 33.2. Chez le sujet âgé, on s'oriente vers une pathologie néoplasique, sans qu'il n'y ait de localisations spécifiquement révélées par une MTE. Lorsque facteur déclenchant et facteurs de risque sont réunis, il est inutile d'envisager des investigations étiologiques, en dehors d'une orientation clinique qu'un examen complet, comprenant les touchers pelviens, aura pu mettre en évidence. Lorsqu'un seul de ces deux facteurs est présent, des examens biologiques simples, une radiographie pulmonaire et une échographie abdomino-pelvienne sont nécessaires. S'il n'existe ni facteur déclenchant ni facteur de risque connu, il est indispensable d'entreprendre un examen complet de médecine interne. Ceci est d'autant plus nécessaire qu'il s'agit de récidives et particulièrement si la récidive survient sous anticoagulant.

Traitement

- Les anticoagulants doivent être entrepris rapidement (Tableau 33.3). Classiquement, on utilise l'héparine non fractionnée, initiée par un bolus intraveineux d'héparine (100 UI/kg/24 h), suivi par un traitement intraveineux continu au pousse-seringue, avec une posologie initiale adaptée au poids du malade (500 UI/kg/24 h), puis en fonction du temps de céphaline activée (TCA ou PTT entre 1,5 et 2,5 fois le témoin). Actuellement, les héparines de faible poids moléculaire (HFPM) ont une efficacité au moins aussi bonne que l'héparine non fractionnée. Elles ont l'avantage d'une plus grande stabilité et d'une meilleure résorption. On peut donc les prescrire par voie sous-cutanée, à la posologie de 100 UI/kg, matin et soir. Un seul contrôle biologique de l'activité anti-Xa (antifacteur X activé) est recommandé, 3 heures après l'injection. Le risque de thrombopénie à l'héparine impose, dans tous les cas, une surveillance du taux de plaquettes deux fois par semaine. En l'absence de contre-indication, les anticoagulants oraux (antivitamines K) sont prescrits en relais simultané dès les premiers jours de traitement (1 à 5), avec un relais très progressif jusqu'à l'obtention de deux INR consécutifs entre 2 et 3, à 24 heures d'intervalle, avant l'arrêt de l'héparine.

- La contention élastique par bande, puis par bas, permet d'obtenir une amélioration rapide des symptômes et limite le risque de

Tableau 33.2	
Éventail étiologique de la maladie thrombo-embolique veineuse chez le malade âgé	
Facteurs déclenchants	**Niveau de risque**
Chirurgie	+++ Orthopédie, neurochirurgie, polytraumatisme ++ Urologie, gynécologie + Chirurgie générale
Traumatisme et abords vasculaires	+++ Cathétérisme et thrombose du membre supérieur
Stase veineuse aiguë	++ Décubitus prolongé, plâtre + Voyage, effort inhabituel
Facteurs de risque	**Niveau de risque**
Âge	+++ risque X par 2,5 après 60 ans
Antécédents de MTE	+++ risque X par 2 à 3
Varices	++
Obésité	+
Oestrogènes de synthèse	+++ risque X par 3 à 4
Tabac	±
Affections médicales fréquemment compliquées de MTE	+++ cancer ++ insuffisance cardiaque, hémiplégie
Maladies immunologiques	Lupus érythémateux Syndrome des anticorps antiphospholipides
Anomalies de l'hémostase	Déficit en protéine C, protéine S, résistance à la protéine C activée, antithrombine III, fibrinolyse
Stase locale – membre supérieur – membre inférieur	Syndrome de la traversée thoraco-brachiale Syndrome de May-Cokett (compression de la veine iliaque G par l'artère iliaque D pouvant être responsable d'une thrombose veineuse chronique)

maladie post-thrombotique. En phase aiguë, le membre doit être surveillé et la contention replacée régulièrement toutes les 8 heures, du pied à la jarretière pour les thromboses jambières, et jusqu'en racine de cuisse pour les thromboses proximales. Une contention préventive controlatérale est recommandée.

- Le décubitus reste la règle mais ne doit pas dépasser 2 à 3 jours. Le lever immédiat est possible si le thrombus apparaît adhérent à l'échographie et qu'il n'existe pas de phénomène douloureux ou inflammatoire important.

- La rééducation, lors des thromboses veineuses, a pour objectif d'accélérer la reprise fonctionnelle veineuse et de réduire les séquelles. Elle associe des techniques de mobilisation douce, puis de plus en plus active, des séances de drainage lymphatique, de la musculation.

Des traitements complémentaires peuvent être envisagés.

- L'interruption partielle de la veine cave inférieure, par filtre endocave, interrompt la migration des emboles et les soumet à l'activité fibrinolytique du flot sanguin cave. Les indications reconnues comportent les échecs avérés du traitement anticoagulant et ses contre-indications. Plus rarement, devant une TVP à haut risque d'EP (TVP cave par exemple), un contexte pathologique particulier, une difficulté prévisible du suivi anticoagulant, on peut discuter un filtre cave, sans tenir compte de l'âge du malade.

- Une thrombectomie veineuse devient impérative, en cas de phlébite bleue.

- Enfin, lors d'une thrombose superficielle extensive de la grande veine saphène, il faut envisager une ligature de crosse, si la thrombose l'atteint ou la dépasse.

La durée du traitement anticoagulant varie de 3 à 6 mois ou plus, en fonction du contexte et de la persistance du syndrome obstructif veineux. Seules les thromboses limitées aux veines

Tableau 33.3

Guide d'anticoagulothérapie pour thrombose veineuse profonde et embolie pulmonaire

I.   AVANT DE DÉBUTER

A) Confirmer le diagnostic de façon appropriée
    TVP (écho Doppler phlébographie)
    EP (scintigraphie-ventilation-perfusion, angiographie pulmonaire)

B) Vérifier les contre-indications (relatives ou absolues)
    • saignement actif
    • diathèse hémorragique
    • HTA non contrôlée
    • hypersensibilité connue à l'héparine
    • endocardite bactérienne

C) Obtenir les données hématologiques de base
    • PT (INR) – (PTT/TCA)
    • hémogramme
    • décompte plaquettaire

II. TRAITEMENT AVEC L'HÉPARINE

Quatre options sont disponibles

A) héparine non fractionnée IV en perfusion continue avec pompe

B) héparine non fractionnée sous-cutanée aux 12 h

C) héparine non fractionnée IV en bolus aux 4 h

D) héparine de faible poids moléculaire sous-cutanée

L'**option A** est la seule recommandée dans le cas d'embolie pulmonaire. Les quatre options peuvent être employées dans les thrombophlébites profondes. L'**option C** devrait être considérée en dernier lieu, à cause des risques de complications hémorragiques associés à cette thérapie. L'**option D** est utilisée en Europe pour la TVP mais n'est pas encore approuvée pour cet usage au Canada.

A. Héparine IV en perfusion continue avec pompe

1. Dose de charge: héparine 50 à 100 UI/kg, I.V.

2. Débuter ensuite une perfusion d'héparine, avec pompe, à raison de 15 à 20 UI/kg/h (dilution suggérée: 25 000 UI/250 mL de dextrose 5 % ou sérum salé)

3. Surveillance
    a) Temps de céphaline activée (TCA ou PTT) 4 à 6 h après le début de la perfusion (ou après toute modification de la dose), puis 2 ou 3 fois par jour jusqu'à l'obtention de l'intervalle thérapeutique désiré – TCA tous les jours par la suite
    b) Décompte plaquettaire: 2 fois par semaine (risque de thrombocytopénie)

4. Avec les données actuelles, l'intervalle thérapeutique pour le TCA se situe entre 50 et 80 secondes (patient = 1,5 à 2,5 × témoin)

Ajustement de la dose d'héparine

• Si TCA/PTT > 100 secondes
   – s'assurer que le prélèvement a été fait adéquatement. Si oui, diminuer la perfusion de 100 UI/h (1 mL/h)
• Si TCA/PTT entre 35 et 45 secondes
   – augmenter la perfusion de 100 UI/h (1 mL/h)
• Si TCA/PTT < 35 secondes
   – s'assurer que la pompe n'est pas bloquée et que le patient reçoit bien l'héparine
   – répéter un bolus de 2 000 UI (une seule fois) et augmenter la perfusion de 100 UI/h (1 mL/h)

B. Héparine sous-cutanée

1. Dosage: héparine 250 UI/kg/dose sous-cutanée/12 h. Utiliser l'héparine à haute concentration (10 000 UI/mL). Ne pas dépasser un maximum de 35 000 UI/24 h

2. Surveillance
    a) TCA/PTT, 5 h après la première dose, puis 1 fois par jour
    b) décompte plaquettaire: 2 fois par semaine (risque de thrombocytopénie)

C. Héparine IV en bolus aux 4 heures

1. Dosage: héparine 4 000 à 5 000 UI, I.V./4 h (max de 36 000 UI/24 h)
2. Surveillance
   a) TCA/PTT, 3 h après la première dose, puis 1 fois par jour
   b) décompte plaquettaire: 2 fois par semaine (risque de thrombocytopénie)

D. Héparine de faible poids moléculaire (HFPM) sous-cutanée

1. Dosage: HFPM 100 UI/kg matin et soir
2. Surveillance
   a) contrôle de l'activité anti-Xa (antifacteur X activé), 3 h après l'injection
   b) décompte plaquettaire, 2 fois par semaine

III. PRÉCAUTIONS

- Éviter toute injection intramusculaire pendant la durée du traitement
- Les risques hémorragiques sont augmentés dans les situations suivantes
  - insuffisance rénale ou hépatique
  - prise d'AINS, ASA ou dipyridamole
- En cas de TCA/PTT très élevé, s'assurer que la ponction veineuse a bien été faite dans le bras opposé à la pompe
- Si le patient présente des pétéchies, faire immédiatement un dosage des plaquettes. Si < 100 000, cesser l'héparine et demander une consultation en médecine spécialisée

IV. Chevauchement avec les anticoagulants oraux (warfarine)

A) Débuter la warfarine au deuxième ou troisième jour, lors d'une thrombose veineuse profonde, et au cinquième jour lors d'une embolie pulmonaire

B) Chevauchement de 4 ou 5 jours d'héparine-warfarine

C) Dose recommandée de warfarine
   Jour 1 : 7,5 mg
   Jour 2 : 5 mg
   Jour 3 : selon INR

D) Surveillance de warfarine: répéter l'INR quotidiennement jusqu'à l'obtention de l'intervalle thérapeutique désiré, selon les résultats

E) Intervalles thérapeutiques recommandés pour la warfarine
   - thrombose veineuse profonde et embolie pulmonaire: INR entre 2 et 3
   - valve mécanique: INR entre 2,75 et 4

F) Durée de la prise de warfarine (anticoagulothérapie orale)
   - thrombophlébite en dessous du genou: 4 à 6 semaines
   - thrombophlébite au-dessus du genou: 3 à 6 mois
   - embolie pulmonaire: 6 mois

Ces durées sont arbitraires. Si le facteur qui a conduit à l'accident thrombotique est encore présent, la durée de l'administration de warfarine peut être prolongée.

du mollet sans EP peuvent bénéficier d'un traitement plus court (un mois). En dehors de ce cas précis, des traitements trop courts exposent à un risque important de récidives de MTE. Après une période de 3 à 6 mois de traitement, c'est le retour à une fonction veineuse normale qui, en l'absence d'antécédents thrombophiliques particuliers, autorise l'arrêt des anticoagulants. Néanmoins, chez le malade ayant perdu l'autonomie de marche, le retour à une fonction veineuse normale est exclu, et l'arrêt prudent et très progressif des anticoagulants sera décidé si la clinique est normale et que l'écho Doppler confirme l'organisation du thrombus. La contention élastique sera maintenue autant que possible.

- **Traitement préventif de la maladie thrombo-embolique**

En postopératoire, il repose dans tous les cas sur un lever précoce, une mobilisation rapide des patients et le suivi des règles d'hygiène veineuse: activité musculo-articulaire, surélévation et contention élastique des membres, exercices respiratoires. La contention élastique réduit de plus de 50 % l'incidence des thromboses veineuses postopératoires. En fonction du risque de MTE qui doit être estimé individuellement, on peut adjoindre un traitement médicamenteux. Il s'agit actuellement, le plus souvent, d'une HFPM, en une injection par jour, avec une posologie adaptée au risque de TVP. Les antivitamines K à faible dose (2 mg de warfarine) semblent avoir une efficacité équivalente et un coût très faible. Les protocoles de prévention ont fait l'objet de recommandations précises en milieu chirurgical. Il n'en est pas de même en *milieu médical et gériatrique* où, en dehors de quelques situations pathologiques, hémiplégie, insuffisance cardiaque et cancer évolutif, le risque de MTE est mal connu. Il convient donc alors de faire une estimation de ce risque, adaptée à chaque malade, et de réévaluer périodiquement la justification de cette prévention, compte tenu de son risque et de son coût.

Thromboses veineuses superficielles

Dans la pratique, on distingue les thromboses variqueuses, les thromboses superficielles non variqueuses et les veinites.

Les thromboses variqueuses compliquent des varices déjà connues chez le malade âgé, à l'occasion d'un facteur déclenchant traumatique, d'une immobilisation prolongée en position de stase veineuse, d'un épisode inflammatoire local ou distant (goutte, infection urinaire ou respiratoire), d'une déshydratation. La recherche d'une extension du thrombus vers les veines profondes peut justifier un examen écho Doppler, en particulier lorsque le thrombus gagne l'abouchement des veines vers un ostium ou une perforante. Le traitement est local, associant des anti-inflammatoires et une contention élastique prudente, chez le sujet âgé et mobile. En cas de thrombose volumineuse ou hyperalgique, l'évacuation du caillot, par une petite incision de la veine, soulage d'emblée le patient et raccourcit l'évolution. Les anticoagulants ne sont requis qu'en cas d'extension profonde ou à titre préventif d'une thrombose profonde.

Les thromboses superficielles non variqueuses isolées («phlébite fil de fer» des anciens auteurs) ou multiples (maladie de Mondor) peuvent révéler une maladie de système (auto-immune), une hémopathie ou un cancer.

Les veinites sont attribuées à l'agression endothéliale d'un perfusat ou d'un cathéter et s'accompagnent d'une inflammation douloureuse, et parfois extensive, de la paroi veineuse, sans qu'il y ait toujours une thrombose associée. Comme pour les thromboses superficielles non variqueuses, les soins locaux anti-inflammatoires sont suffisants, mais la veine évolue souvent vers l'occlusion et la sclérose.

Maladies veineuses chroniques

Elles sont regroupées dans le cadre fonctionnel de l'*insuffisance veineuse chronique*. Liée à l'insuffisance chronique du retour veineux qui engendre une hypertension veineuse, l'insuffisance veineuse chronique est particulièrement fréquente chez le malade âgé et touche essentiellement les tissus de la moitié distale de la jambe, là où la pression veineuse est la plus forte.

Étiologie

Varices

Fortement liées à l'hérédité, les varices primaires (ou essentielles) apparaissent au cours de la vie dans certaines circonstances reconnues comme la croissance, la grossesse et la multiparité, les métiers exposés à l'orthostatisme prolongé, à la chaleur et au piétinement. La thrombose veineuse, en détruisant les valvules profondes, perforantes ou superficielles peut déterminer un reflux générateur de varices secondaires (ou post-thrombotiques) et d'hypertension veineuse.

Maladie post-thrombotique

Lors du développement d'une thrombose veineuse profonde, la veine concernée est le plus souvent totalement occluse, forçant ainsi le sang à trouver des voies collatérales pour le retour vers le cœur. La suite des événements dépend de la combinaison variable de deux syndromes: le *syndrome obstructif*, lié à l'extension de la thrombose et à l'obstacle résiduel d'une part, et le *syndrome de reflux*, le plus fréquent, lié au développement de l'incontinence valvulaire d'autre part.

Lorsque l'occlusion concerne le segment fémoro-iliaque, les signes associent un œdème, une douleur et une cyanose de la cuisse lors de la marche (claudication veineuse). Cette douleur ne survient qu'en cas d'efforts vigoureux et ne représente pas un problème fréquent chez le sujet âgé qui ne pratique que rarement un niveau d'exercice provoquant l'obstruction dynamique nécessaire.

Plus fréquent est le problème lié au développement de l'incontinence valvulaire des veines poplitée et distales, suite à la sclérose et à la rétraction des valvules engluées dans le thrombus recanalisé. Il existe alors un reflux du sang lors de la contraction des masses musculaires du mollet, avec hypertension veineuse rétrograde, aggravée par l'orthostatisme et la présence de varices post-thrombotiques.

Insuffisance veineuse chronique fonctionnelle

La mobilisation des membres inférieurs lors de la marche et de l'exercice active la pompe musculo-veineuse du mollet et réduit la pression veineuse de stase. Or, il est fréquent, en gériatrie, que cette pompe ne soit plus activée par insuffisance d'exercice actif. Les problèmes neurologiques, orthopédiques, les troubles de l'équilibre, ou la seule crainte de la marche et de la chute confinent le sujet au piétinement ou au fauteuil, favorisant ainsi l'hypertension veineuse chronique.

Clinique

La tolérance clinique et esthétique et l'expression des complications des *varices* sont très variables selon les personnes. Aussi, il est fréquent de découvrir, chez un patient âgé, de très volumineuses varices qui n'ont jamais donné lieu à aucun traitement. Le développement de l'angiologie et l'accès plus facile à la thérapeutique devraient réduire l'incidence de telles situations, encore fréquentes en gériatrie.

L'insuffisance veineuse chronique détermine un œdème, une douleur et le développement de *troubles trophiques* avec hypodermite et pigmentation cutanée (ou dermite ocre, ou angiodermite purpurique et pigmentée), sur la face interne de la jambe, là où s'expriment les plus fortes pressions de stase veineuse. Si l'hypertension veineuse n'est pas traitée, les troubles trophiques évolueront vers l'ulcère de jambe purement veineux ou mixte, difficile à guérir sans traitement.

Traitement

Chez le sujet âgé, il faut bien insister sur la marche avec déroulement du pas sur une distance aussi longue que possible, afin d'obtenir que l'effet de pompage draine efficacement les veines et réduise l'hypertension veineuse. Sinon, le piétinement ou la position assise trop prolongée aboutiront à l'effet inverse par persistance de la stase veineuse.

Les varices doivent être traitées à tout âge, si elles sont à l'origine d'une souffrance tissulaire. La chirurgie et l'angiologie offrent une palette de possibilités compatibles avec la diversité des situations cliniques et des terrains. L'éveinage des axes saphènes, le contrôle des fuites perforantes, la phlébectomie ambulatoire ou la sclérose doivent pouvoir être discutés.

Le traitement conservateur des troubles trophiques de l'insuffisance veineuse chronique doit être bien connu et mis en pratique en médecine gériatrique. Celui-ci comporte surtout la contention élastique semi-rigide (ou double contention, associant une bande de coton et une bande élastique) installée prudemment de la base des orteils au sommet de la cuisse ou, à défaut, au jarret. La cicatrisation d'un ulcère veineux sera obtenue dans la majorité des cas et accélérée par la marche.

Après cicatrisation, le bandage sera remplacé par un bas élastique adapté (force II ou III), du pied à la cuisse, parfois sur mesure, et nécessitant le plus souvent l'aide d'une tierce personne pour sa mise en place, et cela pour une durée prolongée. L'aide d'un kinésithérapeute formé aux techniques de rééducation de la pathologie vasculaire peut être précieuse.

Enfin, les traitements locaux sur l'ulcère doivent, autant que possible, se résumer au lavage, à l'antisepsie et à la protection vaselinée.

Problèmes lymphatiques des membres

Longtemps méconnue ou considérée comme exotique, sans doute parce qu'elle est censée, à tort, ne pas impliquer de risque vital, la pathologie lymphatique est source de complications, de déficiences et d'incapacité. Elle concerne les malades que le gériatre prend en charge et qui présentent un *lymphœdème*.

Le lymphœdème est défini par l'association d'un œdème et d'une insuffisance lymphatique. Lorsqu'il est volumineux et permanent, il prend le nom d'éléphantiasis.

Chez le sujet âgé, le lymphœdème primitif ou héréditaire n'est que rarement en cause, mais c'est essentiellement le lymphœdème secondaire au cancer ou à ses thérapeutiques qui, dans les suites immédiates ou parfois de longues années plus tard, viendra invalider le malade.

Évolution clinique et diagnostic

Le lymphœdème survient spontanément ou à la suite d'un traumatisme, d'une infection (érysipèle, lymphangite), d'un traitement chirurgical, ou d'une radiothérapie régionale, cas le plus fréquent pour le «gros bras» postmastectomie. Parfois, c'est dans les suites d'un cancer pelvien qu'apparaît une grosse jambe uni- ou bilatérale.

L'œdème sous-cutané est blanc et mou, indolore. Il siège à l'extrémité du membre, touchant les doigts ou les orteils et la face dorsale de la main ou du pied. Il peut aussi, à l'inverse, débuter à la racine du membre et s'étendre progressivement vers la distalité, souvent de façon imprévisible ou après un épisode infectieux ou traumatique intercurrent. Il peut devenir volumineux et source d'invalidation physique, psychique, sociale, ou de complications infectieuses (streptococciques), cutanées, articulaires ou statiques vertébrales.

Son diagnostic est avant tout clinique. Pourtant, il faut impérativement éliminer, par un examen écho Doppler, une thrombose veineuse sous-jacente, en particulier au membre inférieur. La lymphoscintigraphie confirme, si besoin, le diagnostic, en mettant en évidence l'insuffisance lymphatique.

L'évolution du lymphœdème est chronique, mais l'amélioration et la stabilisation de la maladie par la prise en charge thérapeutique permet la reprise d'une vie aussi normale que possible. La surveillance est indispensable pour le traitement immédiat des poussées infectieuses et, bien entendu, le suivi carcinologique dont le pronostic est indépendant pour le membre supérieur. Pour le membre inférieur, le pronostic vital est en jeu à 1 an, en cas de lymphœdème massif accompagnant un cancer pelvien évolutif.

Traitement

Le traitement est toujours possible, quel que soit l'âge, et associé à l'éducation du malade, à une réduction de l'œdème par une kinésithérapie très spécifique et essentielle, à une contention adaptée et à des médicaments. L'ensemble peut avantageusement débuter par un séjour hospitalier programmé d'une semaine qui permet l'indispensable personnalisation des conseils et du traitement.

La kinésithérapie comporte un *drainage lymphatique manuel,* selon les méthodes de Voder et Leduc, nécessitant un apprentissage spécifique de gestes très doux alternant stimulation ou appel et résorption. Les techniques de compression mécanique à l'effet très fugace doivent être évitées, car elles ne sont ni utiles ni anodines. Par ailleurs, le kinésithérapeute institue des cures déclives du membre (pour le membre supérieur pratique la correction des troubles de la statique du dos et de l'épaule) et éduque le malade au port de la contention.

Pendant la première période de réduction de l'œdème, il mettra en place une double *contention* superposée, associant une bande anti-œdème, inextensible, en coton, et une bande élastique en largeur et en longueur. Après stabilisation du volume, le port d'un manchon (ou d'un bas) de contention forte, adapté au patient, parfois sur mesure, nécessitant une éducation, voire une aide externe pour sa mise en place, est indispensable. La tolérance de ce traitement d'entretien irremplaçable passe par un temps d'adaptation, de fractionnement du temps de port et d'aide au malade, faute d'un échec ou d'un abandon précoces. La séance est quotidienne pendant les 10 à 20 premiers jours et une série consécutive de 10 à 20 séances quotidiennes d'entretien peut être bénéfique, 2 à 3 fois par an, en ambulatoire ou à domicile.

Les *médicaments* sont utiles. Le traitement antibiotique (bêtalactamines, ou macrolides) est prescrit sans tarder devant la moindre poussée infectieuse locale, voire à distance si elle est présumée streptococcique. Une antibioprophylaxie par pénicilline retard (2,4 MU, I.M., une fois par mois pendant un an, en veillant à respecter les contre-indications) peut venir à bout d'infections récidivantes. Un traitement diurétique à la spironolactone, de durée limitée à 4 à 6 jours, contribue à l'amorçage de la réduction volumique.

ACROSYNDROMES VASCULAIRES

Le **phénomène de Raynaud** est un accès d'ischémie des doigts et parfois des orteils déclenché par le froid et complètement réversible en quelques minutes, accompagné d'hypoesthésie et de sensation de doigts morts. Typiquement, il évolue en trois phases: pâleur (syncope digitale), puis cyanose (phase asphyxique) et, enfin, rougeur hyperhémique.

Le phénomène de Raynaud est fréquent (prévalence 5 à 15 % selon le climat), surtout chez la femme (*sex ratio* = 3/2). Sa fréquence croît avec l'âge, alors que classiquement il a tendance à s'estomper. Ce paradoxe est peut-être lié à un accroissement de sa tolérance par des patients habitués à se protéger les mains.

Le phénomène de Raynaud est le plus souvent primaire. L'apparition après 40 ans, la gravité fonctionnelle et l'asymétrie sont des arguments en faveur d'une forme secondaire, dont l'existence justifie une enquête étiologique systématique.

L'**érythermalgie** relève, à l'inverse, d'une crise de vasodilatation déclenchée par l'exposition à la chaleur. Elle prédomine aux membres inférieurs et associe chaleur locale, rougeur très marquée et douleurs très intenses à type de brûlures. Cet acrosyndrome rare peut révéler ou compliquer un syndrome myéloprolifératif, une vascularite, une intoxication aux métaux lourds ou un diabète. Les formes primaires (40 %) sont particulièrement graves.

L'**hématome paroxystique** des doigts, ou apoplexie veineuse digitale, se manifeste par une sensation vive et inopinée de type «piqûre de guêpe» à la face palmaire d'un doigt, suivie de l'apparition d'un œdème local puis d'une ecchymose profonde. Il touche quasi exclusivement la femme (prévalence 8 à 10 %) à partir de 40 ans. Il est toujours primaire, ne nécessitant aucun examen complémentaire. Chez le sujet âgé, il peut être rapproché des hématomes spontanés ou du **purpura de Bateman**.

L'**acrorhigose**, inconfort plus que maladie, est la banale sensation permanente et symétrique de mains ou de pieds froids.

L'**acrocyanose** est l'association d'une acrorhigose et d'une cyanose des extrémités. Il s'agit d'un acrosyndrome chronique, primaire et bénin chez le sujet ambulatoire. Néanmoins, chez le sujet âgé, sa survenue inhabituelle au cours d'une altération de l'état général peut révéler une hypovolémie, une déshydratation ou une dénutrition.

Les **livedos** sont des marbrures violacées. Il faut en distinguer deux formes :

- les livedos réticulaires, en mailles de filet régulières, plus ou moins marqués, symétriques, indolores, influencés par le froid et l'orthostatisme, sont fréquents, primaires, bénins et souvent associés à l'acrocyanose ;

- les livedos racemosa, à l'inverse, irréguliers, évoluant par poussées et parfois douloureux, témoignent d'une vascularite artériolaire que l'on trouve dans le lupus systémique, le syndrome antiphospholipide, la périartérite noueuse et les embolies de cholestérol.

Les **engelures** surviennent après exposition au froid humide et durent plusieurs semaines. Elles peuvent se compliquer d'ulcérations ou de bulles hémorragiques. Elles sont presque toujours primaires mais, dans certains cas, peuvent accompagner un lupus systémique ou une vascularite.

L'**acrocholose** est la simple sensation permanente d'extrémités désagréablement chaudes. Primaire, elle peut être aggravée par une insuffisance veineuse chronique, un diabète ou un traitement par inhibiteurs du calcium. Le tableau 33.4 propose une classification clinique des acrosyndromes vasculaires.

Tableau 33.4		
Classification clinique des acrosyndromes vasculaires		
En italique, acrosyndromes qui peuvent nécessiter une recherche étiologique		
	Vasoconstriction : froideur ± cyanose	**Vasodilatation chaleur ± rougeur**
Paroxystique	*Phénomène de Raynaud*	*Érythermalgies* Hématome paroxystique
Permanent	Acrorhigose, acrocyanose *Livedo, engelures*	Acrocholose

BIBLIOGRAPHIE

BECKER, F.: Comment quantifier le degré d'ischémie? Comment évaluer l'ischémie critique tissulaire? in *Explorations Vasculaires*. Boccalon, H. Masson, Paris, 1991.

BOUCHET, J.Y., PLAS, F. & A. FRANCO: *Rééducation en Gériatrie*. Collection Bois-Larris 34, Masson, Paris, 1995.

BOUCHET, J.Y., RICHAUD, C. & A. FRANCO: *Rééducation en pathologie vasculaire périphérique*. Dossiers de Kinésithérapie. Monographie. Masson, Paris, 1989.

European working group on critical leg ischemia. Second European consensus document on chronic critical leg ischemia. *Circulation*, 4(**suppl.**)**IV**:1, 1991.

LEBLANG, S.D. & Coll.: Low-dose urokinase regimen for the treatment of lower extremity arterial and graft occlusions: experience in 132 cases. *J Vasc Interv Radiol*, **3/3**:475-83, 1992.

TUNIS, S.R. & Coll.: Variation in utilization of procedures for treatment of peripheral arterial disease. A look at patient characteristics. *Arch Intern Med*, **153/8**:991-8, 1993.

VERSTRAETE, M.: *Methods in Angiology*, Martinus Nijhoff ed., Den Haag, 1980.

CHAPITRE 34

PROBLÈMES PULMONAIRES

Claude Gallinari et Bernard Coll

La population âgée actuelle présente une fréquence élevée de maladies respiratoires. Rappelons-nous que les vieillards d'aujourd'hui ont vécu avant l'ère des antibiotiques, dans des conditions sociosanitaires souvent difficiles et à une époque de forte prévalence du tabagisme. Ils ont, de plus, connu le pic de l'épidémie occidentale de tuberculose.

Le vieillissement modifie la structure et le fonctionnement du système respiratoire, ce qui entraîne des variations importantes des symptômes et signes classiques des maladies pulmonaires dans ce groupe d'âge. Il s'accompagne également d'atteintes multisystémiques, rendant ainsi le défi diagnostique et thérapeutique encore plus complexe.

SÉMIOLOGIE

Toux

La toux correspond à un mécanisme réflexe caractérisé par une contraction brutale des muscles expiratoires. Il s'agit d'un mécanisme de défense pulmonaire, tout comme la clairance mucociliaire et les mécanismes immunitaires.

Le réflexe de toux diminue avec le vieillissement, en raison, d'une part, de la diminution de la sensibilité de l'arbre trachéo-bronchique et, d'autre part, d'une réduction des capacités musculaires ainsi que d'une modification de la compliance pulmonaire et thoracique.

Il s'agit d'un symptôme très fréquent d'étiologie variée (Tableau 34.1). Lorsque la toux fait partie d'un syndrome clinique bien connu, le diagnostic est souvent évident. Lorsqu'elle est récidivante, prolongée ou chronique, la recherche étiologique représente un défi clinique parfois difficile. Une toux qui dure plus de 3 à 6 semaines, sans étiologie évidente, est qualifiée de chronique ou persistante. Le tableau 34.2 présente les principales causes de

Tableau 34.1
Étiologie de la toux

Augmentation des sécrétions trachéo-bronchiques
- bronchite (aiguë ou chronique)
- pneumonies
- bronchectasies
- abcès pulmonaires

Aspiration de sécrétions (ORL ou digestives)

Stimulation des récepteurs de l'épithélium bronchique
- inhalation de substances nocives
- infection virale
- inflammation de la muqueuse (asthme)
- lésions endobronchiques
- corps étranger

Stimulation réflexe ou centrale
- stimulation ORL (pharynx, larynx, conduit auditif externe)
- adénopathies

Tableau 34.2
Causes principales des toux chroniques

- Écoulement nasal postérieur
- Asthme
- Reflux gastro-œsophagien
- Insuffisance ventriculaire gauche
- Autres causes plus rares
  - lésion endobronchique
  - maladie interstitielle au stade précoce
  - médicaments
    - inhibiteur de l'enzyme de conversion de l'angiotensine
    - fluoxétine

toux chronique. L'identification du processus étiologique permet une prise en charge adaptée. Le recours aux antitussifs, comme traitement symptomatique, n'est ici acceptable qu'après l'identification du mécanisme sous-jacent. Le tableau 34.3 présente certains indices cliniques pouvant orienter vers l'étiologie de la toux.

Tableau 34.3	
Indices cliniques pouvant orienter vers une étiologie particulière de la toux	
Toux aux changements de position	Liquide pleural
Toux au décubitus dorsal	Écoulement nasal postérieur, insuffisance ventriculaire gauche
Toux et raclement continuel de la gorge	Écoulement nasal postérieur
Toux, modification de la voix, hémoptysies	Néoplasme du larynx ou pulmonaire
Toux à l'exercice	Asthme
Toux aux repas Toux après un repas Toux nocturnes	Aspiration, fausse route Reflux, diverticule œsophagien Insuffisance ventriculaire gauche, asthme, reflux gastro-œsophagien
Toux au rire ou émotion	Rhinite vasomotrice et rhinorrhée postérieure
Toux associée à embarras laryngé	Écoulement nasal postérieur
Toux saisonnière	Rhinite ou asthme
Râles crépitants bilatéraux avec toux à l'exercice et cardiopathie connue	Insuffisance ventriculaire gauche
Râles crépitants en foyer et syndrome infectieux	Pneumopathie
Prise d'inhibiteur de l'enzyme de conversion de l'angiotensine	Toux médicamenteuse
Toux et expectoration 3 mois par an, 2 années consécutives	Bronchite chronique

Dans la plupart des cas, cependant, l'examen clinique devra être suivi de tests paracliniques et parfois même d'un essai de traitements empiriques.

Dyspnée

La dyspnée est une sensation subjective de gêne respiratoire. En gériatrie, elle n'est pas toujours ressentie ou exprimée. Souvent, le sujet âgé adapte son activité à sa gêne et ne s'en plaint pas. L'interrogatoire est donc essentiel.

La dyspnée est à différencier des anomalies ou des types de respiration observés telles la tachypnée, la polypnée, la respiration de Kussmaul ou de Cheyne-Stokes... Il s'agit alors de signes physiques que l'on observe et qui ne sont pas nécessairement ressentis par le patient. Il ne faut jamais oublier l'hyperventilation, dans le diagnostic différentiel de la dyspnée du malade âgé. Il s'agit d'un diagnostic d'exclusion qui doit être posé avec prudence et qui est souvent associé à d'autres conditions pathologiques. Le fait de souffrir d'insuffisance cardiaque par exemple n'exclut pas un phénomène d'hyperventilation concomitant. L'utilisation d'une

échelle permettant la gradation de la gravité de la dyspnée est très utile pour l'évaluation et le suivi du malade (Tableau 34.4).

En gardant à l'esprit que les étiologies de la dyspnée sont le plus souvent pulmonaires et cardiaques, mais parfois d'origine neurologique ou hématologique, l'interrogatoire détaillé et l'examen médical minutieux permettent le plus souvent de préciser le diagnostic (Tableau 34.5).

On doit d'abord préciser l'évolution du problème dans le temps, s'enquérir des antécé-

Tableau 34.4	
Échelle de gradation de la dyspnée	
Stade I	Dyspnée à la course ou pour monter rapidement un escalier
Stade II	Dyspnée à la marche rapide (plus marquée que pour un sujet du même âge)
Stade III	Dyspnée lors de la marche à vitesse normale sur terrain plat
Stade IV	Dyspnée à la marche lente, sur moins de 100 mètres et aux efforts légers
Stade V	Dyspnée au repos ou à l'effort de parler ou manger

Tableau 34.5
Diagnostic différentiel de la dyspnée

- Cœur et vaisseaux
  - insuffisance cardiaque
  - embolie pulmonaire
  - valvulopathies
- Pulmonaire
  - voies aériennes supérieures: obstruction, œdème
  - voies aériennes inférieures: néoplasme, asthme, BPCO
  - maladies pulmonaires interstitielles
    - pneumoconiose
    - fibrose
    - alvéolite
  - maladies pleurales: épanchement, pneumothorax
- Cage thoracique
  - maladies neuro-musculaires: myasthénies, scolioses
  - restrictions externes: corsets, ceintures, plâtres
- Obésité
- Anémie
- Thyrotoxicose
- Hyperventilation

dents (exposition professionnelle, atopie...) et rechercher les symptômes associés tels toux, expectoration, douleurs thoraciques et hémoptysie. Les facteurs déclenchant ou aggravant la dyspnée et les symptômes nocturnes doivent être recherchés de façon systématique.

L'examen physique renseigne sur le rythme respiratoire et la présence d'une dyspnée inspiratoire ou expiratoire. Il faut savoir reconnaître les signes de gravité tels que le tirage, la fatigue musculaire et les troubles de la conscience. Certains éléments de l'examen clinique constituent des indices étiologiques fort utiles (Tableau 34.6).

Le bilan de base devrait inclure une radiographie pulmonaire, un électrocardiogramme et une formule sanguine. Par la suite, selon

l'orientation diagnostique, d'autres tests peuvent s'avérer nécessaires tels les études de la fonction respiratoire, l'étude de la fonction cardiaque, la scintigraphie ventilation-perfusion pulmonaire. Les épreuves d'effort effectuées en cardiologie ou en pneumologie sont des outils précieux d'évaluation, dans les situations plus difficiles. Ces tests peuvent facilement se faire chez des clientèles âgées en modifiant les niveaux d'effort et les protocoles.

Hémoptysies

Les hémoptysies amènent souvent une consultation précoce, en raison de l'anxiété que crée la vue du sang. Il est primordial, dans un premier temps, de s'assurer qu'il s'agit bien de sang «craché» et non de sang provenant du tube digestif ou de la sphère ORL telles les hémoptysies secondaires à un saignement de nez. Cela peut sembler évident à première vue, mais il est souvent difficile de faire la part des choses, même après observation clinique. Le sang peut être aspiré lors d'hématémèse ou avalé lors d'hémoptysies. Ce problème se rencontre souvent chez les patients âgés avec atteintes des fonctions cognitives et constitue un défi diagnostique.

Les hémoptysies doivent être considérées comme un signal d'alarme pouvant suggérer un problème sérieux (Tableau 34.7). L'hémoptysie massive (> 600 mL/24 h) est rare de nos jours.

Les infections, les néoplasies et l'embolie pulmonaire sont responsables de ce symptôme, dans la grande majorité des cas. On doit rechercher plus particulièrement, à l'interrogatoire et à l'examen, des signes ou symptômes associés: antécédents pulmonaires et tabagisme, contexte infectieux, douleur thoracique, facteurs de risque d'embolie.

L'investigation débute par une radiographie pulmonaire simple. Par la suite, selon la clinique, elle est complétée par une scintigraphie

Tableau 34.6	
Indices cliniques orientant vers une cause spécifique de dyspnée	
Râles crépitants	Insuffisance cardiaque
Râles sibilants de haute tonalité	Asthme, bronchospasme
Stridor	Obstruction haute
Sensibilité aux irritants	Asthme ou BPCO
Matité et baisse du murmure vésiculaire	Épanchement pleural
Douleur pleurétique, hémoptysies	Embolie pulmonaire
Incapacité d'emplir à fond les poumons	Hyperventilation

Tableau 34.7	
Causes les plus fréquentes d'hémoptysie	
• **Infections:**	bronchites, pneumonies, bronchectasies, tuberculose
• **Néoplasies:**	primaires ou secondaires
• **Embolie pulmonaire**	
• **Autres:**	insuffisance cardiaque, sténose mitrale, malformations artério-veineuses, vasculite, traumatisme, hémosidérose, inhalation toxique

ventilation-perfusion en médecine nucléaire, si l'on soupçonne une embolie, ou par une bronchoscopie. Certaines études suggèrent que la tomographie axiale du thorax pourrait être complémentaire à ce bilan, mais cette conduite n'est pas encore généralement acceptée. Il faut mentionner la grande utilité de la bronchoscopie dans l'évaluation de ce problème. Beaucoup de néoplasies pulmonaires des gros troncs bronchiques se manifestent par des hémoptysies avec une radiographie tout à fait normale. L'investigation complète est souvent achevée, sans qu'aucun problème précis ne soit retrouvé (> 20 %). Le pronostic est alors excellent, mais un suivi de quelques mois est suggéré pour s'assurer qu'il n'y a ni récidive, ni apparition de lésions sur la radiographie.

Douleur thoracique

La douleur thoracique, en raison de son association fréquente avec un problème cardiaque, est souvent source d'anxiété majeure et cause de consultation fréquente chez les patients âgés. L'interrogatoire doit être systématique et inclure en détail la localisation et la description de la douleur, son caractère, son intensité, les facteurs précipitants ou de soulagement. Il faut être prudent quant à la relation causale qu'établissent les patients avec des traumatismes possibles.

Il faut se rappeler que les douleurs viscérales sont souvent vagues et difficiles à décrire, et que les organes comme le poumon, la trachée, les bronches et la plèvre viscérale n'ont pas de «sensibilité», ce qui explique les présentations tardives des néoplasies pulmonaires avancées qui ne se manifestent que lorsque la tumeur touche à la paroi ou à une autre structure sensible.

Après avoir caractérisé le type de douleur, l'examen doit comprendre la vérification des signes vitaux, l'auscultation de la zone douloureuse ainsi que la palpation.

Les études paracliniques initiales incluent la radiographie pulmonaire et l'électrocardiogramme. Par la suite, le choix des examens complémentaires s'effectue selon les indices recueillis. Le tableau 34.8 présente certaines caractéristiques des douleurs thoraciques et peut aider à orienter les examens paracliniques.

MÉTHODES DIAGNOSTIQUES ET DE LABORATOIRE

Radiographie pulmonaire

En ce qui concerne le cliché standard de face et de profil, la technique est bien connue et

Tableau 34.8	
Caractéristiques des douleurs thoraciques d'étiologies diverses	
Douleurs rétrosternales	
En serres	angor, spasme œsophagien
Oppressive	embolie massive, asthme
Transperçante	anévrisme disséquant
Pleurétique	péricardite, lésion médiastinale
Sensibilité à la palpation	costochondrite
Douleur thoracique latéralisée	
Pleurétique	embolie pulmonaire, pleurodynie, pneumothorax, pleurésie
Pariétale	fractures de côtes, contusion, zona débutant

grandement utilisée. Pour les gens âgés qui ont été soumis à beaucoup «d'agressions» pulmonaires au cours de leur vie, la comparaison du cliché avec les radiographies antérieures est essentielle avant de faire appel à des techniques plus poussées comme la tomographie axiale. On doit éviter le plus possible les clichés antéro-postérieurs qui sont beaucoup moins précis et comparables. Les variations techniques peuvent facilement entraîner une surinterprétation. Les techniques de décubitus latéral et les clichés obliques ont encore leur utilité dans certaines situations spécifiques.

Tomographie axiale

Les techniques de tomographie simple ont cédé beaucoup de place aux techniques assistées par ordinateur. Dans certaines situations spécifiques, comme l'évaluation des hiles pulmonaires ou de la trachée et des bronches souche, les images obtenues peuvent répondre aux questions, aussi bien que les techniques plus sophistiquées. La tomographie simple est probablement meilleure que les techniques informatisées, pour évaluer le contenu calcique d'une lésion.

La tomodensitométrie ou tomographie assistée par ordinateur est l'outil de choix pour les études du médiastin. Son utilité est donc primordiale pour la stadification des néoplasies. Elle permet aussi de bien visualiser des régions obscures sur le film simple, telles la région rétrocardiaque ou les segments postéro-basaux. De nouvelles techniques d'étude du parenchyme pulmonaire par des procédés de coupe mince à haute résolution sont en plein développement et offriront des possibilités diagnostiques qui provoqueront sûrement une modification importante de l'approche diagnostique habituelle des maladies pulmonaires.

Autres techniques radiologiques

L'échographie du thorax est très utile pour l'évaluation des épanchements pleuraux. On peut observer la présence de liquide, vérifier s'il existe des petites poches liquidiennes et guider pour la ponction. La résonance magnétique semble avoir une supériorité indéniable pour l'évaluation de l'aorte. Son utilité dans les autres maladies pulmonaires reste à préciser. La bronchographie a maintenant une utilisation très marginale. La tomodensitométrie avec coupes minces est maintenant la technique de choix pour le diagnostic des bronchectasies.

Bronchoscopie

Depuis l'avènement de la bronchoscopie flexible, au début des années 1970, l'utilisation des bronchoscopes rigides a presque disparu. Ils ne sont maintenant utilisés que pour les hémoptysies massives, l'extraction de certains corps étrangers ou pour procéder à des traitements palliatifs endobronchiques par laser. La bronchoscopie flexible est un examen très utilisé. La mortalité et la morbidité sont minimes (< 1 %), le problème tenant beaucoup plus à l'inconfort et à l'anxiété du malade. Cette technique, associée aux biopsies, lavages et brossages qui peuvent être effectués simultanément, a une utilité inégalée dans l'évaluation des problèmes d'hémoptysies, atélectasies, image pulmonaire anormale ou maladie interstitielle. Il ne s'agit cependant pas de l'examen initial de l'évaluation des toux chroniques. Il s'agit d'une technique étonnamment bien tolérée par la population gériatrique, même chez la clientèle avec baisse des fonctions cognitives. Il n'existe plus maintenant de contre-indications absolues, il faut cependant être prudent en présence de diathèse hémorragique ou d'asthme non contrôlé.

Fonctions respiratoires

Les épreuves d'évaluation fonctionnelle respiratoire ont beaucoup évolué, au cours des dernières décennies. Elles sont devenues, grâce surtout à l'informatique, des techniques faciles d'accès et d'utilisation. Ces tests exigent quand même une collaboration du patient et sont extrêmement difficiles pour ne pas dire impossibles à réaliser chez les patients souffrant d'une baisse des fonctions cognitives. Les tests les plus couramment utilisés sont la mesure des volumes pulmonaires et de la capacité de diffusion au repos, la courbe débit-volume (appelée souvent spirométrie), les tests de provocation bronchique et les épreuves d'effort. A cela viennent s'ajouter les tests spécialisés, comme les études de mécanique respiratoire, l'évaluation des centres respiratoires, des échanges gazeux à l'exercice et les études du sommeil.

Ces tests servent à poser le diagnostic, à évaluer l'atteinte fonctionnelle, à vérifier la réponse au traitement et à s'assurer de la réserve pulmonaire dans le cas d'une chirurgie de résection pulmonaire ou autre.

On ne doit pas oublier que tous les résultats sont comparés à ceux de gens de même âge, de même taille et de même sexe. Donc, tous les patients, même à un âge très avancé, devraient avoir 100 % des valeurs prédites. Étant donné que le facteur d'âge est considéré dans l'analyse des résultats, tout résultat anormal est pathologique et ne doit pas être attribué au vieillissement. Pour la clientèle âgée, les meilleurs résultats sont obtenus lorsqu'on permet des périodes de repos entre les tests.

Ponction et biopsie pleurales

L'analyse du liquide pleural est d'une importance vitale dans l'évaluation des maladies de la plèvre. Trop souvent, des diagnostics présomptifs sont posés, alors qu'une simple ponction effectuée au chevet du malade aurait pu préciser le problème. Lorsque la technique est faite selon les règles de l'art et, au besoin, guidée par échographie, le risque de complication est négligeable et sûrement contrebalancé par les bénéfices de l'analyse biochimique (transsudat ou exsudat), cytologique et microbiologique. Les techniques de biopsies à l'aveugle sont maintenant supplantées par la vidéothoracoscopie qui est en plein développement.

Pour les épanchements pleuraux secondaires à l'insuffisance cardiaque réfractaire, la ponction pleurale évacuatrice peut devenir thérapeutique.

BRONCHO-PNEUMOPATHIES CHRONIQUES OBSTRUCTIVES

Définition

Il existe beaucoup de confusion quant à l'inclusion sous le vocable de maladie pulmonaire obstructive chronique (MPOC) ou broncho-pneumopathie chronique obstructive (BPCO) de certaines maladies pulmonaires. Malgré de multiples tentatives de consensus, plusieurs s'objectent à inclure l'asthme, les bronchectasies et les maladies des petites voies aériennes sous cette appellation. Le problème débute par celui de la définition de chacune des entités.

Bronchite chronique: il s'agit d'une définition clinique, c'est-à-dire une toux ayant une durée de trois mois par année au moins deux années consécutives.

Emphysème: il s'agit d'une définition pathologique ou anatomique qui présume d'une destruction des acini pulmonaires.

Asthme: il s'agit d'une définition physiologique qui fait appel aux épreuves d'exploration fonctionnelle respiratoire, soit un syndrome obstructif réversible qui s'accompagne d'une hyperréactivité bronchique.

Bronchectasies: le diagnostic est soupçonné cliniquement mais établi par des techniques radiologiques telle la tomodensitométrie.

Les *maladies des petites voies aériennes* se définissent, le plus souvent, par étude de spécimen pathologique et de variations au niveau des fonctions respiratoires.

Il est difficile d'inclure dans une même catégorie des maladies avec des définitions si différentes. Les manifestations cliniques de toux, expectorations, dyspnée et les traitements étant semblables, cela ajoute à la confusion. Un certain consensus semble néanmoins se dessiner, qui est représenté à la figure 34.1.

A propos des BPCO, plusieurs éléments sont à retenir pour la clientèle gériatrique.

- Il est primordial de comprendre que si l'on additionne le phénomène de vieillissement physiologique des poumons avec une diminution des réserves et la perte irréversible secondaire au tabagisme, il est fréquent que les symptômes de BPCO apparaissent longtemps après l'arrêt du tabac.

- Bien que plus de 50 % des diagnostics d'asthme soient posés dans l'enfance, l'ap-

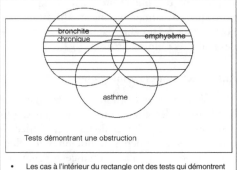

- Les cas à l'intérieur du rectangle ont des tests qui démontrent une pneumopathie obstructive.
- Le terme BPCO ou MPOC devrait être réservé aux cas inclus dans la zone hachurée.

Figure 34.1 Diagramme illustrant le spectre des BPCO ou MPOC

parition tardive de la maladie est bien connue, même après 70 ans. Il est important, à ce moment, de s'assurer qu'il n'y a pas de problème cardiaque, d'effet médicamenteux ou de phénomène d'aspiration chronique sous-jacents.

- Les variations pharmacocinétiques bien connues du vieillissement sont toujours à garder en tête, lorsqu'on doit établir un traitement bronchodilatateur ou traiter les exacerbations des MPOC.

- Contrairement à la croyance populaire, il a été démontré qu'il y a avantage à cesser de fumer à tout âge. Cet arrêt améliore la qualité de vie et la longévité.

Traitement

Après avoir établi le diagnostic de par le tableau clinique, les tests de fonction respiratoire et la radiologie, un plan thérapeutique à court et moyen terme doit être établi. On passe trop souvent directement au traitement médicamenteux, en oubliant la base.

- L'arrêt du tabac est essentiel et tous les moyens doivent être pris pour y arriver.

- Un programme d'exercice doit être établi, en tenant compte de l'intensité de la maladie et des ressources du milieu. Un simple programme de marche est souvent suffisant.

- Une évaluation soignée de l'état nutritionnel est importante. L'apparition de la «cachexie pulmonaire» est souvent un événement terminal de la maladie alors, qu'au contraire, le surplus de poids engendré par la baisse d'activité contribue à la dyspnée de façon importante.

- L'évaluation des besoins en oxygène, physiothérapie respiratoire et aérosolthérapie, doit être fait au début et reprise après stabilisation et traitement optimal.

- La vaccination antipneumococcique et antigrippale est recommandée.

- Le traitement médicamenteux de première ligne comprend

Les bêta-2 agonistes. Le mode d'administration le plus courant est la voie inhalée, soit par aérosol-doseurs ou dispositifs à poudre sèche. *Une bonne technique est indispensable à l'efficacité et représente la*

difficulté majeure pour la clientèle gériatrique. Les effets secondaires sont minimes. Certains patients peuvent bénéficier de traitements avec nébuliseurs, en cas d'échec des autres moyens. Les voies orale et parentérale sont pratiquement abandonnées, compte tenu des effets secondaires importants.

Les théophyllines. Cette classe de médicament, de par son index thérapeutique étroit, est devenue d'utilisation marginale dans l'asthme mais demeure utile pour la BPCO. La forme orale à libération prolongée est la plus utilisée et un dosage est recommandé après environ 7 jours de traitement. Le métabolisme hépatique du produit doit être considéré lors d'insuffisance cardiaque congestive ou de problème hépatique. Les effets secondaires sont bien connus: difficultés digestives, confusion, arythmies et convulsions.

Les anticholinergiques. Présentés sous formes d'aérosols, ces médicaments sont administrés simultanément avec les bêta-2 agonistes et ajoutent à la bronchodilatation. Leur seul effet secondaire notable est le danger de glaucome en cas de contact avec les yeux.

Le traitement de deuxième ligne avec stéroïdes est à considérer, si le patient demeure symptomatique. On doit donc toujours prendre en considération le risque d'effets secondaires.

Les corticostéroïdes. Les inhalateurs à haute concentration, qui ont un effet remarquable dans l'asthme, n'ont que des effets limités pour ce qui est des BPCO. Ils doivent donc être réservés à ceux qui ont une composante bronchospastique (asthme) et qui ont déjà démontré une réponse dans le passé. Pour ce qui est de l'essai stéroïdien par voie orale, on doit procéder à des tests de fonction respiratoire avant et après deux semaines de stéroïdes *per os* à dose élevée (> 1 mg/kg/24 h). Si aucune amélioration objective n'est démontrée, il n'y a pas d'avantage à continuer la médication à long terme.

Traitement des exacerbations

Malgré l'utilisation libérale des antibiotiques pour le traitement des exacerbations, il n'est pas certain que tous ces épisodes représentent des infections. Il est possible que d'autres facteurs tels les irritants respiratoires, la fatigue, les émotions puissent contribuer à déclencher des crises. La plupart de ces épisodes se manifestent par de la **toux**, une augmentation du volume et, parfois, de la purulence des expectorations et de la **dyspnée**. Sur une base ambulatoire, des antibiotiques peuvent être prescrits et les bronchodilatateurs augmentés temporairement. La réaction est attendue dans les 24-48 heures, sinon l'antibiothérapie doit être modifiée. Dans l'insuffisance respiratoire, l'hospitalisation pour surveillance, oxygénothérapie et traitement maximal est nécessaire.

Bronchectasies

Les personnes âgées ayant vécu au pic de l'incidence de la tuberculose et à l'ère préantibiotiques sont souvent marquées par des séquelles postinfectieuses et éléments de bronchectasies. L'incidence des bronchectasies a cependant diminué, de façon drastique, au cours des dernières années.

Asthme et patient âgé

Tel que déjà mentionné auparavant, l'asthme est un diagnostic négligé chez la personne âgée. La maladie peut débuter à tout âge et se prouve facilement par des tests de fonction respiratoire. L'utilisation de bêtabloquants, même par gouttes ophtalmiques, peut provoquer l'apparition de la maladie chez un patient prédisposé. L'insuffisance cardiaque subclinique qui provoque de l'œdème péribronchiolaire peut aussi déclencher des symptômes, tout comme les phénomènes d'aspiration chroniques. Lorsque le diagnostic est établi, le traitement diffère peu des autres clientèles.

Il faut quantifier les symptômes, réviser les conditions de l'environnement et établir le traitement médicamenteux selon l'intensité des symptômes

Stade 1 (asthme maîtrisé)	β-2 agonistes seulement
Stade 2 (asthme déclenché facilement)	ajout d'un anti-inflammatoire de base (stéroïde en inhalation)
Stade 3 (essoufflement ou oppression)	stéroïdes *per os*
Stade 4 (symptômes au repos)	hospitalisation et traitement bronchodilatateur maximal

Les théophyllines et les anticholinergiques ont leur place dans les schémas posologiques tout dépendant des contre-indications à l'utilisation des stéroïdes.

INFECTIONS RESPIRATOIRES BASSES

Les infections respiratoires basses (non ORL) comprennent la trachéite, la bronchite et la pneumonie (infection du parenchyme pulmonaire). Le plus souvent, il s'agit d'un mélange de ces entités, d'où les termes trachéo-bronchite et broncho-pneumonie.

La susceptibilité des personnes âgées s'explique par la prévalence élevée de maladies chroniques, la baisse des réflexes de toux (aspiration), associée ou non à des maladies neurologiques, l'affaiblissement des défenses immunitaires, les facteurs nutritionnels et la colonisation ORL à bactéries Gram négatif. Étant donné que la pneumonie représente un événement terminal dans beaucoup de situations, des considérations éthiques entrent en ligne de compte pour déterminer la conduite thérapeutique la plus appropriée.

Approche des infections pulmonaires basses chez les gens âgés

1) **Soupçonner le diagnostic selon la clinique**

   - toux et expectorations, frissons, douleur thoracique
     fièvre, râles crépitants à l'auscultation

   Chez les personnes âgées, les symptômes sont souvent frustes et moins importants que chez les plus jeunes. La pneumonie peut se présenter par des chutes ou des changements cognitifs. Certaines études ont démontré de la fièvre initialement chez seulement 80 % des patients. La constellation de signes toux, fièvre, dyspnée n'était pas présente chez 56 % de ceux-ci. A l'examen, dans un contexte d'altération de l'état général, l'existence d'une asymétrie auscultatoire, d'un foyer de râles crépitants retrouvé à la fin d'une inspiration profonde ou d'une matité unilatérale peuvent tous orienter le diagnostic.

2) **Étayer le diagnostic**

   Techniques radiologiques

   - présence de nouveaux infiltrats sur la radiographie

   Une infiltration pulmonaire radiologique est essentielle pour poser un diagnostic de pneumonie. Une toux avec expectorations et dyspnée, mais sans image radiologique, suggère une bronchite. Certains retards radiologiques ont été décrits, associés à des états de déshydratation avancée, des neutropénies profondes ou des infections à *Pneumocystis carinii*. Ces situations sont rares et l'absence d'infiltration radiologique va à l'encontre du diagnostic. La situation inverse est plus fréquente en gériatrie. Des infiltrations radiologiques anciennes sont faussement attribuées à des pneumonies récentes. Il est essentiel de retourner aux clichés antérieurs.

La tomodensitométrie est plus sensible que la radiographie simple et surtout utile pour la détection des images interstitielles, d'empyème, de cavité et d'adénopathies.

3) **Identification de l'agent pathogène**

• coloration de Gram, cultures, sérologie

Pour les pneumonies acquises dans la communauté, la distribution des agents étiologiques est bien connue, ainsi que leur patron de résistance aux antibiotiques (Tableau 34.9).

En ce qui concerne les pneumonies acquises en milieu hospitalier, la distribution des germes est quelque peu différente. On constate une augmentation de la proportion de bactéries Gram négatif et très peu de germes qui donnent des tableaux atypiques. Le problème actuel est surtout de savoir si les institutions publiques, les centres d'accueil et les centres de convalescence sont plus près de la communauté que du milieu hospitalier.

Le diagnostic repose donc sur les hémocultures, les cultures d'expectorations, avec examen direct et, plus rarement, les sérologies, dans des contextes épidémiologiques. L'examen cytobactériologique des crachats n'a pas beaucoup de valeur pour rechercher les bactéries usuelles. Il nécessite une véritable expectoration, rarement obtenue et souvent souillée par la flore oropharyngée qui fausse ses résultats. Les hémocultures ne sont positives que dans 10 % des cas. La fibroscopie optique avec prélèvement est une méthode invasive qui permet l'aspiration de sécrétions dont l'analyse peut assurer le diagnostic de l'infection. Elle peut être très bénéfique en cas d'encombrement trachéo-bronchique, mais n'est pas toujours facilement disponible.

Par la suite, il faut évaluer la gravité de la pneumonie, afin d'établir la nécessité d'admission en milieu hospitalier, le besoin de soins intensifs et de choisir le traitement antibiotique. La présence d'une insuffisance respiratoire, même légère, chez une personne âgée, est un critère d'admission reconnu.

Tout épanchement pleural important doit être ponctionné, afin de s'assurer qu'il ne s'agit pas d'un épanchement parapneumonique compliqué nécessitant un drainage.

Tableau 34.9		
Principaux agents responsables des pneumonies acquises dans la communauté (population générale et personnes âgées)		
Agent causal	**Prévalence**	
	Amérique du Nord	**Europe**
Pneumocoque	20-60 %	60-75 %
H. influenzae	3-10 %	4-5 %
S. aureus	3-5 %	1-5 %
Bacille Gram négatif	3-10 %	rare
Autres...	3-5 %	–
Agent atypique Legionella	10-20 %	–
M. pneumoniae	1-6 %	5-18 %
Chlamydia pneumoniae	4-6 %	–
Virus	2-15 %	
Aspiration	6-10 %	–

Source: Bartlett, J.G. & L.M. Mundy: Current concepts: community acquired pneumonia. *N Engl J Med*, **333**(24):1618-1624, 1995.

Traitement

Il existe une controverse quant au choix des antibiotiques, controverse illustrée par le fait que les organismes nord-américains et européens, après avoir étudié les mêmes données, en arrivent à des recommandations différentes. Le choix des antibiotiques est beaucoup plus facile quand l'agent étiologique est connu. Tous s'accordent pour dire que les patients âgés hospitalisés doivent recevoir un traitement empirique à large spectre jusqu'au résultat des cultures. Le choix d'une céphalosporine de seconde ou troisième génération est adéquat, jusqu'à l'obtention des cultures, et la voie intraveineuse maintenue, jusqu'à une période d'au moins 24 heures sans fièvre. Pour les patients externes, l'amoxicilline ou une céphalosporine représentent un choix correct en première ligne. Un macrolide est la solution de rechange, en cas d'allergie à la pénicilline. La controverse à propos du choix de l'antibiotique est de savoir si l'on doit au départ utiliser les antibiotiques à très large spectre (ce qui implique des antibiotiques coûteux, favorisant l'émergence de résistances et augmentant le risque d'effets secondaires) ou débuter le traitement avec une possibilité d'erreur, quitte à le modifier selon la réponse et le résultat des cultures.

Les autres mesures du traitement de base ne doivent pas être oubliées: hydratation, prévention des complications thrombo-emboliques, bronchodilatation.

La prévention demeure le meilleur traitement. Elle doit s'orienter vers la prévention des risques d'aspiration, chez les sujets présentant des facteurs de risque, la vaccination contre l'influenza et le pneumocoque, la prévention des immobilisations prolongées et la surveillance du statut nutritionnel.

TUBERCULOSE

Malgré les chiffres récents d'augmentation d'incidence de la tuberculose, cette maladie n'occupe plus la place qu'elle avait autrefois. L'avènement des antituberculeux efficaces ainsi que l'amélioration des conditions sociosanitaires ont réduit de façon drastique l'incidence de la maladie. Il n'en demeure pas moins que les personnes âgées ayant vécu à des époques de grande prévalence font partie d'un groupe à très

haut risque, au même titre que les immunosupprimés. D'autres facteurs peuvent favoriser la réactivation: la dénutrition, l'éthylisme, le diabète, une néoplasie, une BPCO, la corticothérapie et l'affaiblissement des défenses immunitaires secondaires au vieillissement.

La mortalité est élevée chez le sujet âgé et tient souvent au retard diagnostique et à l'importance des maladies associées. Les symptômes bien connus de toux, hémoptysies, perte de poids, asthénie orientent souvent le clinicien vers une hypothèse de néoplasie. Les signes généraux sont plus fréquents (anorexie, asthénie, fébricule) mais non spécifiques. La perte de poids est le signe le plus fréquent, alors que les sueurs nocturnes sont très rares chez le sujet âgé. En général, la radiographie suggère le diagnostic par la topographie habituelle des lésions. Le diagnostic se confirme par la découverte de bacilles alcooloacidorésistants sur les expectorations ou le lavage bronchique. La culture peut prendre plusieurs semaines. Le traitement doit donc être débuté, dans l'attente, de façon empirique.

Le traitement est aujourd'hui bien établi et il existe des recommandations des organismes de santé publique qui sont révisées périodiquement. Le traitement associe au moins deux antituberculeux bactéricides et la durée est de 6 mois minimum. Il est recommandé d'avoir une bonne connaissance de ces médications et de leur utilisation pour connaître les effets secondaires potentiels et assurer le succès du traitement.

MALADIES PULMONAIRES INTERSTITIELLES

Il s'agit d'un chapitre de la pneumologie où il existe peu de données relatives à la clientèle gériatrique. Il est évident que cette population exposée à de multiples agresseurs pendant des années a sûrement une grande incidence de «fibrose». Il faut cependant garder à l'idée qu'il existe une incidence non négligeable de maladies interstitielles ou infiltratives aiguës chez la personne âgée et que l'on peut intervenir pour améliorer les symptômes et éviter une progression vers la fibrose et l'insuffisance respiratoire.

Le tableau 34.10 résume les principales étiologies des processus interstitiels. Il y a plus de 160 causes répertoriées présentement et la

Tableau 34.10	
Principales étiologies des maladies pulmonaires interstitielles	
Processus connus	**Processus inconnus**

Maladies occupationnelles et environnementales
    poussières organiques (amiante, silice)
    poussières inorganiques (alvéolite
    extrinsèque) gaz, fumées, aérosols
Médicaments
    agents chimiothérapie, nitrofurantoïne
Infections (virus, legionella, mycoplasme)
Insuffisance cardiaque
	Sarcoïdose
	Fibrose pulmonaire idiopathique ± associée à
	    collagénose
	Histiocytose X
	Hémorragies pulmonaires chroniques
	Maladies veino-occlusives
	Spondylite ankylosante

liste augmente rapidement. L'approche proposée est la suivante: en présence de dyspnée et d'une image radiologique suggérant un processus interstitiel, on doit éviter de conclure hâtivement à un problème d'insuffisance cardiaque. L'histoire doit être revue, surtout en ce qui concerne les antécédents professionnels, la prise antérieure de médicaments, la possibilité d'inhalation toxique, la présence d'oiseaux à la maison (alvéolite extrinsèque) ainsi que l'existence d'un contexte infectieux. Si l'incertitude persiste, des études de la fonction cardiaque peuvent s'avérer très utiles.

Si la maladie interstitielle est confirmée et que la cause n'est pas évidente, il sera probablement nécessaire de procéder à des examens spécialisés, comme les fonctions respiratoires à l'exercice, la tomodensitométrie à haute résolution et la bronchoscopie avec lavage bronchoalvéolaire et biopsies transbronchiques. Chez les gens âgés, la nécessité d'obtenir un diagnostic histologique précis plutôt que d'exclusion est une question encore controversée. On doit tenir compte de plusieurs facteurs dont la capacité du malade à tolérer une biopsie pulmonaire ouverte même par vidéo-endoscopie.

NÉOPLASIES PULMONAIRES

Le cancer du poumon est un problème plus que fréquent chez les gens âgés. Leur exposition au tabac dans des années de haute prévalence (67 % des hommes en 1950) et leur longue exposition aux autres carcinogènes les rend susceptibles aux développements de tumeurs, ce qui explique que plus de la moitié des cas apparaissent après 65 ans et que le pic d'incidence est atteint vers l'âge de 75 ans. Cette néoplasie demeure associée à un haut taux de mortalité, malgré l'amélioration des connaissances et l'évolution technologique.

Étant donné la forte relation tabac-cancer du poumon, on ne répétera jamais assez que la prévention est le meilleur traitement. Malheureusement, ce type de néoplasie est précédé d'une phase silencieuse très longue et il se présente cliniquement alors que plus des trois quarts de son développement est déjà fait. Il est généralement accepté que le dépistage de routine (radiographie ou analyse cytologique), dans la population générale, n'est pas justifié cependant.

On doit se rappeler que plus de 70 % des lésions radiologiques nouvelles, en dehors d'un contexte infectieux, représentent des néoplasies chez les plus de 70 ans. Plusieurs considèrent cependant que l'on doive limiter l'investigation selon la possibilité de traitement et ne pas procéder à une recherche entêtée du diagnostic. L'approche clinique d'une néoplasie pulmonaire est schématisée à la figure 34.2.

Il a été bien démontré que les malades de 70 ans tolèrent bien les traitements, autant chirurgicaux que chimio- ou radiothérapeutiques. L'hésitation à donner des traitements et même d'inclure ces patients dans des protocoles de recherche doit être logiquement basée sur la présence de maladies systémiques concomitantes et des chances de complications et non sur l'âge seulement.

Certaines études tendaient à démontrer que les cancers pulmonaires évoluaient moins vite chez les groupes très âgés (> 75 ans). Cela a été contredit et cet argument ne permet pas de justifier en soi des différences de conduite quant aux modalités de traitement.

ÉPANCHEMENTS PLEURAUX

La présence de liquide dans l'espace pleural représente un problème pulmonaire courant.

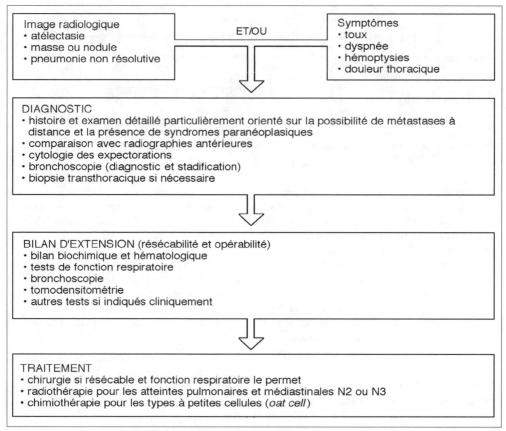

Figure 34.2 Approche clinique en cas de suspicion d'une néoplasie pulmonaire

Les étiologies les plus fréquentes ont bien changé depuis quelques décennies, en raison de la baisse d'incidence de la tuberculose et de l'avènement des antibiotiques. Les causes sont multiples mais correspondent soit à une maladie de la plèvre elle-même, soit à une maladie pulmonaire ou à une affection systémique.

Les néoplasies, infections, embolies pulmonaires et l'insuffisance cardiaque expliquent la très grande majorité des cas, les autres causes étant beaucoup plus rares. Il arrive, dans environ 20 % des cas, qu'aucune étiologie n'est retrouvée. Lorsque ces épanchements régressent, le pronostic est bon. La ponction diagnostique est l'outil d'investigation principal. Elle doit être faite dans tous les cas, sauf lorsqu'il s'agit d'insuffisance cardiaque évidente ou d'un épanchement habituel en postopératoire de chirurgie abdominale. Cette technique est facile, le taux de complications est très bas, surtout si l'on fait appel à l'échographie pour les épanchements petits ou loculés. L'approche clinique de ce problème est schématisée à la figure 34.3.

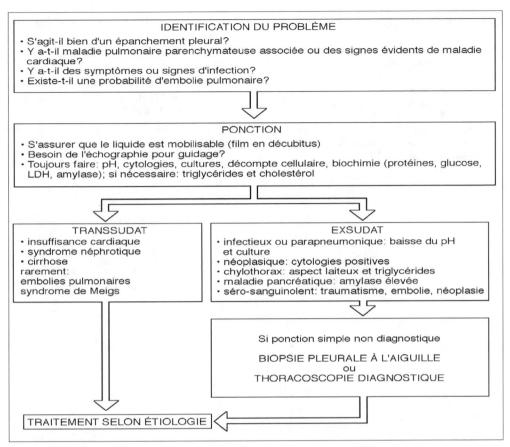

Figure 34.3 Approche clinique d'un épanchement pleural

BIBLIOGRAPHIE

ALLEN, S.C. & D. HARRIES: Which inhaler for the elderly asthmatic? *Geriatr Med*, **19(6)**:61-63, 1989.

ARMITAGE, J.M. & S.J. WILLIAMS: Inhaler technique in the elderly. *Age Ageing*, **17**:275-278, 1988.

BANNERJEE, D.K. & Coll.: Underdiagnosis of asthma in the elderly. *Br J Dis Chest*, **81**:23-29, 1987.

BARTLETT, J.G.: Anaerobic bacterial pneumonitis. *Am Rev Respir Dis*, **119**:19-23, 1979.

BENTLEY, D.W.: Pathogenesis of bacterial pneumonia in the elderly: the effects of normal aging process, in *Geriatric Education*. Steel, K. (ed). Heath, Lexington, Massachusetts, 1982.

BURR, M.L. & Coll.: Asthma in the elderly: an epidemiological survey. *Br Med J*, **i**:1041-1044, 1979.

FLETCHER, C.M. & N.B. PRIDE: Definitions of emphysema, chronic bronchitis, asthma and airflow obstruction. *Thorax*, **39**:81-85, 1984.

FOX, W.: Short course chemotherapy for tuberculosis, in *Advanced medicine 19*. Saunders, K.B. (ed). Pitman, London, 1983.

MACFARLANE, J.T. & Coll.: Safety, usefulness and acceptability of fibreoptic bronchoscopy in the elderly. *Age Ageing*, **10**:127-131, 1981.

MARRIE, T.J., DURRANT, H. & C. KWAN: Nursing home acquired pneumonia. A case controlled study. *J Am Geriatr Soc*, **34**:697-702, 1986.

NIEDERMAN, M.S. & A.M. FEIN: Pneumonia in the elderly. *Geriatr Clin North Am*, **2**:20-40, 1986.

VERGHESE, A. & S.L. BERK: Bacterial pneumonia in the elderly. *Medicine*, **62**:271-285, 1983.

WIMBERLEY, N.N.: Use of a bronchoscopic protected catheter brush for the diagnosis of pulmonary infections. *Chest*, **81**:556-582, 1982.

LECTURES SUGGÉRÉES

BARTLETT, J.G. & L.M. MUNDY: Current concepts: community acquired pneumonia. *N Engl J Med*, **333**(24):1618-1624, 1995.

British Thoracic Society: A controlled trial of 6 months chemotherapy in pulmonary tuberculosis. *Br J Dis Chest*, **78**:330-336, 1984.

BROCKLEHURST, R.C., TALLS, H.M. & I.T. FILL: *Geriatric, Medicine and Gerontology*, Churchill Livingstone, Edinburgh, 1993.

DAUTZENBERG, B.: *Décision en pneumonologie*, Éditions Vigot, Paris, 1992.

NIEDERMAN, M.S.: *Respiratory infections in the elderly*, Raven Press, New York, 1991.

RODRIGUES, J.D. & J.S. ILOVITE: Pulmonary Rehabilitation in the Elderly Patient. *Clinics in chest Medicine*, **14**(3):429-436, 1993.

Standard for diagnosis and Care of Patients with COPD. American Thoracic Society statement. November 1995.

CHAPITRE 35

PROBLÈMES DIGESTIFS

Laurent Teillet

Le système digestif semble moins vieillir, ou de façon moins perceptible en tout cas pour le clinicien, que le système nerveux, le cœur ou les vaisseaux. Il n'en est pourtant rien, même si les recherches sur le sujet, tant cliniques que fondamentales, demeurent peu avancées. Les anomalies et maladies du tube digestif sont fréquentes, présentes à quelque titre que ce soit, chez 20 à 25 % des patients âgés hospitalisés. Il paraît donc important, pour qui souhaite prendre en charge de façon globale et optimale un vieillard malade, de bien connaître les principaux problèmes qui se posent en matière de pathologie digestive.

TROUBLES DE LA MOTRICITÉ DIGESTIVE

Les anomalies motrices, au sens le plus large, sont sans doute, lorsqu'on sait y prendre garde, parmi les principales sources de plaintes et d'inconfort que peut exprimer ou ressentir le patient âgé, à domicile comme en institution. Ces anomalies sont nombreuses, touchent tous les étages du tube digestif, et si certaines sont facilement améliorables par une prise en charge adaptée, pour d'autres, l'arsenal thérapeutique est des plus limités. Certains de ces troubles sont parfois le seul signe d'alarme d'une grave et préoccupante affection sous-jacente qu'il conviendrait de dépister tôt.

Dysphagie et troubles de la déglutition

Les troubles de la déglutition, dont les signes d'appel sont toujours évidents (difficultés à faire progresser le bol alimentaire vers l'œsophage, régurgitations de liquides par le nez, fausses routes), sont fréquents. Ils représentent une préoccupation constante pour l'entourage ou le personnel soignant. Bien qu'ils soient une source non négligeable d'augmentation de la mortalité et de la morbidité par la baisse des ingesta, la dénutrition et la déshydratation, et par la fréquence des pneumopathies de déglutition, rares sont encore les études les concernant.

Quelques séries récentes, utilisant les techniques manométriques, scintigraphiques ou de radio-cinéma, ont mis en évidence, chez le sujet normal, un ralentissement global du processus complexe de la déglutition au cours du vieillissement. Ce ralentissement affecte aussi bien la phase orale que la phase pharyngée, avec un retard à la protection des voies aériennes supérieures lors de l'arrivée du bol alimentaire et une diminution de la clairance du pharynx. Si ces simples modifications, qui semblent l'apanage du vieillissement, n'entraînent pas de trouble à proprement parler, il en va tout autrement en cas de maladies surajoutées (Tableau 35.1), en particulier neurologiques ou musculaires. Chez de tels patients, ayant souffert d'épisodes d'inhalation bronchique, les principales anomalies notées ont été, lors de la phase orale de la déglutition, l'ingestion d'une trop volumineuse bouchée qui ne pouvait être correctement contrôlée et délivrée au pharynx, l'insuffisance de rétention buccale avec «fuite» de la bouchée vers le pharynx et le larynx non protégé, ou encore l'arrivée prématurée de la bouchée avant la protection complète des voies aériennes. Au cours de la phase pharyngée de la déglutition, un défaut de fermeture laryngée (mauvaise apposition de l'épiglotte sur les masses aryténoïdes) ou une déglutition incomplète avec rétention d'une partie de la bouchée pouvaient conduire à la fausse route. Chez un même patient, plusieurs types d'anomalies pouvaient coexister ou se succéder.

Ces études préliminaires ne nous éclairent malheureusement pas encore quant à la

Tableau 35.1
Diagnostic différentiel de la dysphagie en gériatrie
Troubles neurologiques ou musculaires s'accompagnant d'anomalies de la déglutition
Atteinte de la paroi œsophagienne • Inflammation ou sans sténose (dysphagie avec pyrosis chronique) • Cancer (dysphagie progressive aux solides avec perte de poids) • Infection (p. ex.: mycose chez le sujet à l'immunité affaiblie) • Spasme diffus (dysphagie intermittente avec douleur thoracique) • Causes rares: anneau membranaire, achalasie
Compression ou envahissement de l'œsophage, de l'extérieur • Diverticule de Zenker • Cancer avoisinant • Anévrisme de l'aorte
Lumière œsophagienne • Corps étranger

meilleure façon de prendre en charge et de rééduquer de tels patients; les aliments semi-liquides ou l'eau gélifiée ont sans doute un intérêt, mais qui reste empirique et demanderait à être mieux évalué. La sonde naso-gastrique ou la sonde de gastrostomie, classiquement proposées lorsque le tableau est préoccupant, permettent d'apporter des liquides et des nutriments en quantité suffisante, mais ne semblent pas protéger contre le risque de reflux et d'inhalation.

A ces anomalies du carrefour aérodigestif peuvent s'associer des anomalies de l'œsophage et une dysphagie de cause plus bas située. Le dépistage de telles anomalies implique de recourir très facilement à l'endoscopie. Cet examen simple et souvent rapide, gênant certes, reste indolore et bien toléré dans la majorité des cas chez le sujet âgé, d'autant que le réflexe nauséeux est souvent émoussé ou absent. A côté de la pathologie liée au reflux gastro-œsophagien, l'endoscopie peut permettre de découvrir un diverticule de Zenker, dont la physiopathologie reste incertaine (des anomalies motrices seraient en cause), mais sur lequel la myotomie du cricopharyngien, intervention bénigne, donne souvent d'excellents résultats fonctionnels. Chez le sujet âgé dément, la gastroscopie peut mettre en évidence un corps étranger enclavé dans l'œsophage et qu'il sera souvent facile d'extraire avec

une pince adaptée, dans le même temps. La gastroscopie dépiste parfois une atteinte œsophagienne mycotique, qui n'est pas rare dans notre pratique, paraissant affecter avec prédilection des sujets dénutris, à l'immunité affaiblie et ayant reçu récemment une antibiothérapie. Enfin, autre cause de dysphagie, la gastroscopie peut permettre la découverte d'un cancer de l'œsophage. L'endobrachyœsophage (œsophage de Barrett) représente un facteur de risque certain, mais dont l'importance pratique est discutable, car c'est le cancer qui le plus souvent le révèle. Le traitement, chaque fois possible, doit encore être chirurgical, car c'est lui qui semble offrir à l'heure actuelle les meilleures chances de survie à long terme.

Constipation

La constipation est un problème banal et fréquent, loin d'être toujours facile à prendre en charge. Elle peut être définie par moins de 2 selles par semaine et/ou par des selles dures et d'émission difficile. Dans les pays occidentaux, sa prévalence est estimée à 20 % des sujets bien portants de plus de 65 ans, et sans doute à plus de 50 % des sujets vivant en institution. Il convient de rappeler cependant que toute constipation, récente en particulier, doit faire éliminer un obstacle organique, au premier rang duquel figure le cancer colique. Ailleurs, la constipation devient souvent un problème chronique, grande source d'inconfort et de dépenses, et qui résiste volontiers à une prise en charge efficace. Les déterminants de cette résistance sont multiples. Il s'agit souvent de contraintes subies et d'habitudes prises tout au long de la vie: la constipation s'apprend plus facilement qu'elle ne s'oublie. Il s'agit également de l'utilisation prolongée de laxatifs qui tous, plus ou moins, ont des effets délétères sur le tube digestif. Il s'agit enfin des interactions avec la pathologie, souvent multiples dans les classes d'âge les plus élevées, ou des interactions avec les simples modifications de la motricité colique au cours du vieillissement qui restent, curieusement, très mal connues. Ces raisons font que le traitement de la constipation ne peut pas être univoque et que la démarche thérapeutique comporte plusieurs étapes (Tableau 35.2).

Une des ces étapes, ardue lorsqu'elle est nécessaire, réside dans l'éradication de tous les laxatifs irritants qui, à long terme, peuvent conduire à des anomalies motrices majeures. Ces substances induisent progressivement une hypertrophie de la musculaire muqueuse et des lésions de l'innervation intrinsèque du tube digestif. Elles sont également source de déséquilibres hydro-électrolytiques graves comme l'hypokaliémie. Ces produits conservent cependant, sous contrôle médical et en cures courtes, des indications tout à fait licites. Il s'agira par exemple d'une constipation récente liée à une maladie ou un alitement, de l'atrophie musculaire pariétale abdominale, de la prescription d'un traitement indispensable mais qui ralentit le transit, ou de la perte du réflexe de défécation pour laquelle ces produits constituent un adjuvant bien utile.

Il faut ensuite dépister les périodes propices de motilité digestive (le matin par exemple, après le café) et maintenir une activité motrice et physique aussi intense que l'envie et les possibilités du patient le permettent.

Tableau 35.2
Prise en charge de la constipation chronique du sujet âgé

1. Élimination formelle d'une lésion organique (surtout si constipation récente, perte de poids, anémie)

2. Arrêt, si possible, des médicaments constipants
   - anticholinergiques
   - narcotiques
   - antiacides contenant aluminium et calcium
   - sucralfate
   - suppléments de fer
   - inhibiteurs calciques

3. Élimination des laxatifs irritants
   - cascara
   - huile de ricin

4. Maintien, si possible, de l'activité physique

5. Dépistage des périodes propices de motricité colique (p. ex.: après le petit déjeuner)

6. Fibres alimentaires et diète hydrique

7. Mucilages (lest)
   - son, psyllium, méthylcellulose
   - laxatifs tensioactifs
   - docusate

8. Et, si insuffisant,
   - agents osmotiques (lactulose)
   - agents irritants (sels de magnésium, séné, cascara, bisacodyl et huile de ricin) sous surveillance clinique et biologique

---

On doit aussi s'assurer que le sujet boit une quantité suffisante de liquides et consomme assez de fibres. L'apport adapté de fibres, à doses progressives pour éviter tout inconfort digestif, est simple à réaliser actuellement, grâce aux nombreuses préparations agroalimentaires disponibles. Il convient de maintenir une bonne ration de fer et de calcium, dont l'absorption peut être entravée par les fibres.

Si l'ensemble de ces préceptes élémentaires est respecté, encouragé, maintenu, la constipation peut s'améliorer. Bien souvent cependant, il conviendra de s'aider de prescriptions complémentaires.

Cette étape requiert une approche plus individualisée et nécessairement quelques tâtonnements. On peut utiliser les mucilages, souvent rapprochés des fibres, car l'effet laxatif tient à leur pouvoir hygroscopique et gonflant, les laxatifs tensioactifs qui favorisent la pénétration d'eau dans le bol fécal ou les antispasmodiques musculotropes non anticholinergiques qui s'adressent aux sujets âgés porteurs d'une constipation associée à des douleurs abdominales pouvant correspondre à des contractions coliques non propulsives (ce type de médicament n'est pas disponible au Canada).

La dernière étape concerne les patients victimes d'une constipation grave, ancienne, et qui consomment parfois depuis fort longtemps des laxatifs irritants. Elle concerne également les patients alités ou ceux dont la mobilité est très réduite. Les mesures précédentes doivent, bien sûr, être appliquées, mais les résultats risquent d'en être nuls alors qu'il faut essayer de maintenir un transit aussi régulier que possible, pour contribuer à préserver une certaine sensation de bien-être et pour prévenir les principales complications que sont le fécalome, l'incontinence, voire un syndrome occlusif franc. Outre les laxatifs irritants, les agents osmotiques peuvent être facilement utilisés. Ces produits sont souvent associés aux agents locaux principalement représentés par les lavements, dont les recettes sont multiples, ou les suppositoires à dégagement gazeux. L'échec régulier ou intermittent de ces traitements conduit vers l'emploi «à la demande» des laxatifs irritants: sels de magnésium en première intention, rapidement remplacés en cas d'échec par des dérivés anthraquinoniques (cascara ou séné) ou des diphénylméthanes.

Pour ces catégories de produits qui rendent de grands services, il convient de rappeler la nécessaire surveillance ionique et leur proscription en cas d'obstacle ou de lésion organique de la muqueuse colique.

Au sein de cet arsenal thérapeutique, la place de la chirurgie dans ces constipations est sans doute très mince: la seule certitude est celle de l'efficacité de la colectomie dans les inerties coliques graves, irréversibles, et dont le diagnostic a été dûment étayé par des examens complémentaires spécialisés.

Diarrhée

Qu'elles soient aiguës (Tableau 35.3) ou chroniques, les problèmes posés par les diarrhées du sujet âgé sont moins de diagnostic, car on retrouve à peu de variantes près les mêmes étiologies dans toutes les strates de la population adulte, que de prise en charge, car la déshydratation et les troubles ioniques peuvent rapidement venir altérer le pronostic vital, même si la maladie causale est initialement bénigne.

Il convient, en tout premier lieu, d'éliminer une fausse diarrhée liée à un fécalome et surtout d'éviter la prescription encore trop fréquente d'un ralentisseur du transit qui ne fera qu'aggraver la situation. Le toucher rectal, éventuellement la radiographie abdominale sans préparation, en cas de fécalome haut situé, assureront en règle le diagnostic. Des lavements souvent répétés, l'extraction manuelle, la prise de laxatifs osmotiques, suffiront la plupart du temps à normaliser le transit. Le risque de récidive, élevé, incite à surveiller de près le transit et à poursuivre un traitement laxatif à long terme.

Il convient également d'éliminer les fausses diarrhées glaireuses des tumeurs villeuses rectales, source d'hypokaliémie, facilement dépistées par l'irremplaçable toucher rectal ou le simple examen proctologique avec rectoscopie. La résection, possible dans la majorité des cas par les voies naturelles, même en cas de lourde polypathologie associée, permettra la guérison de la «diarrhée».

Il convient enfin d'éliminer les fausses diarrhées liées à l'abus et entretenues par les laxatifs irritants. Les dépister n'est pas toujours une affaire simple, car il s'agit souvent de médications inavouées ou considérées à tort comme de simples produits de confort, extraits de végétaux, et donc totalement anodins. La recherche, au laboratoire, des substances suspectées dans les selles peut faciliter le diagnostic.

Ailleurs, il conviendra d'être particulièrement attentif aux diarrhées de cause iatrogène, provoquées par les digitaliques, les quinidines, la colchicine, les anti-inflammatoires non stéroïdiens, et aux diarrhées liées à l'antibiothérapie. Il semble que les diarrhées associées à l'antibiothérapie soit l'un des effets secondaires les plus fréquents des chimiothérapies antibactériennes, affectant 5 à 30 % des malades traités, avec une prédilection particulière pour les sujets âgés et hospitalisés. Toute diarrhée survenant au cours ou au décours d'un traitement antibiotique exige la réalisation d'une coproculture avec recherche du *Clostridium difficile* dont on pourra également rechercher les toxines dans les

Tableau 35.3	
Conduite à tenir devant une diarrhée aiguë chez le sujet âgé	
Évaluer le retentissement	Examens clinique et paracliniques
	Hospitalisation? (fréquente chez le sujet âgé polypathologique)
	Réhydratation? (orale ou parentérale)
	Poursuite des traitements indispensables?
Déterminer la cause	Contexte «épidémique»
	Fièvre, syndrome grippal associé
	Antibiothérapie préalable (clostridium)
	Athérome étendu
Traiter	Hydratation (glucose et électrolytes)
	Mesures diététiques
	• Antidiarrhéiques
	• Anti-infectieux digestifs
	• Produits absorbants
	• *Saccharomyces boulardii* (non disponible au Canada)

selles. Ce germe peut entraîner, habituellement après un traitement par les céphalosporines, la clindamycine ou le triméthoprime-sulfaméthoxazole, une diarrhée d'allure bénigne, mais dont les risques inhérents au déséquilibre hydro-électrolytique doivent toujours être soigneusement évalués, ou une colite pseudomembraneuse vraie, grevée d'une lourde mortalité chez le patient âgé, avec diarrhée hydrique, douleurs abdominales, fièvre et altération de l'état général. Le diagnostic endoscopique est aisé et le traitement étiologique doit être mis en œuvre rapidement, à base de métronidazole d'abord, de vancomycine en cas de récidive et de *Saccharomyces boulardii* (non disponible au Canada), sensé rétablir l'équilibre de l'écosystème intestinal. Enfin, chez le sujet âgé hospitalisé, un certain nombre de diarrhées liées à l'antibiothérapie semblent dues aux champignons du genre candida: elles répondraient alors favorablement à de fortes doses de nystatine.

Vomissements

Si bien des vomissements restent inexpliqués et sans suite, ce symptôme peut, chez le vieillard polypathologique, être le premier et unique signe d'une affection gravissime, abdominale ou extra-abdominale. Il commande ainsi une attention toute particulière (Tableau 35.4).

Le vomissement peut annoncer la pathologie abdominale «chirurgicale». En premier lieu, il convient d'éliminer les syndromes occlusifs et péritonéaux. La palpation des orifices herniaires, la recherche d'une cicatrice ancienne et effacée par les ans, le toucher rectal, l'auscultation abdominale, la réalisation d'une radiographie abdominale sans préparation font alors partie des gestes à pratiquer très rapidement. Les diagnostics les plus souvent en cause demeurent l'étranglement herniaire, les accidents de la lithiase biliaire, les complications de la sigmoïdite, l'appendicite, la dilatation aiguë du côlon, la maladie ulcéreuse peptique, les affections néoplasiques de l'estomac, du pancréas, du côlon ou même du grêle (qui toutes peuvent induire une sténose de la filière digestive). L'échographie, l'endoscopie, l'opacification digestive haute ou basse constituent alors souvent des examens très rentables pour le diagnostic. Il faut savoir les demander et les obtenir, car ni l'âge ni l'état psychique ne représentent des contre-indications à l'exploration diagnostique et à l'éventuelle sanction chirurgicale: en termes de morbidité et de mortalité, tout retard se payera plus cher ici que dans d'autres classes de la population, moins vulnérables. Notons que le volvulus du sigmoïde ou l'obstruction liée à un fécalome seraient moins volontiers immédiatement émétisantes.

Le vomissement est également présent en cas de maladies abdominales et digestives plus

Tableau 35.4 **Principales causes des vomissements du sujet âgé**	
Maladies abdominales «chirurgicales»	Syndromes occlusifs Péritonites Complications de la lithiase biliaire et pancréatites
Maladies abdominales «médicales»	Gastro-entérites Maladie ulcéreuse gastro-duodénale Accidents d'intolérance et de surcharge médicamenteuse Affections urologiques (rétention aiguë)
Maladies ORL et neurologiques	Syndromes méningés et hypertension intracrânienne Labyrinthite, maladie de Ménière
Maladies cardio-vasculaires	Infarctus du myocarde
Maladies pulmonaires	Pneumopathies aiguës
Maladies métaboliques	Hyperhydratation cellulaire (hyponatrémie) Hypercalcémies Insuffisance surrénale Insuffisance rénale aiguë Acidose diabétique (rare)

«médicales». Les accidents d'intolérance (ou de surcharge) médicamenteuse sont alors sûrement parmi les étiologies les plus fréquentes. La liste des produits potentiellement en cause est importante mais peut-être se doit-on de rappeler les digitaliques, en particulier en cas d'intoxication, et de nombreuses classes d'antibiotiques au premier rang desquels certains macrolides. Ailleurs, on portera volontiers le diagnostic de gastro-entérite devant l'association à une diarrhée et l'existence d'autres cas similaires. Enfin, piège très classique, il faut également avoir à l'esprit la survenue de vomissements en cas de rétention aiguë d'urine.

Le vomissement peut enfin être symptomatique de certaines affections médicales extradigestives, avec l'urgence qu'il y a à reconnaître un infarctus du myocarde ou une pneumopathie aiguë: l'ECG doit être systématique chez un vieillard qui vomit, et la moindre petite toux doit faire penser à l'atteinte pulmonaire infectieuse, même sans foyer clinique ou radiologique bien franc. Les affections neurologiques avec œdème cérébral, les atteintes méningitiques, certaines affections ORL et labyrinthiques peuvent également induire des vomissements. Enfin, mais souvent les vomissements ne sont pas isolés, des maladies endocriniennes et métaboliques peuvent s'accompagner de vomissements. Il en est ainsi de l'acidose diabétique, de l'insuffisance surrénale, de l'hypercalcémie ou de l'insuffisance rénale aiguë. Il en est de même pour les hyponatrémies qu'induisent volontiers les diurétiques.

Quelle que soit l'étiologie du vomissement chez le sujet âgé, et même si celui-ci reste sans suite, ce qui représente fort heureusement la majorité des cas, on doit se préoccuper rapidement de maintenir une hydratation correcte en recourant, selon les cas, à la voie veineuse ou aux substances antiémétisantes comme le métoclopramide qui n'a que fort peu de chance de masquer une pathologie abdominale grave. On se préoccupera également rapidement des moyens de poursuivre les traitements indispensables, si la voie orale n'est plus utilisable. Enfin, il convient de se souvenir que chez le vieillard qui a des troubles de la conscience et/ou de la déglutition, le vomissement peut être l'occasion d'une inhalation gravissime de liquide gastrique.

Incontinence

L'incontinence fécale paraît moins fréquente que l'incontinence urinaire à laquelle elle peut, bien entendu, s'associer. Elle reste un handicap très traumatisant, qui conditionne dans bien des cas le placement en institution: une récente étude épidémiologique a montré que si la prévalence restait stable, de l'ordre de 10 %, dans la population générale après 45 ans, elle atteignait un tiers des patients résidant en institution et augmentait régulièrement avec l'âge, l'intensité des troubles cognitifs ou la perte de l'autonomie motrice. Ce handicap n'est pourtant pas inéluctable et l'on peut souvent tenter de l'améliorer par une prise en charge attentive et réfléchie.

Les rares études sur le vieillissement de la sphère ano-rectale, chez le sujet normal, semblent montrer qu'il existe une difficulté à maintenir une continence optimale, avec une diminution de la compliance du rectum et un abaissement de la pression du canal anal et de la tension du sphincter strié volontaire. Si ces altérations ne sont pas suffisantes à elles seules pour induire l'incontinence, les modifications neuromusculaires, anatomiques ou fonctionnelles, surajoutées par les ans, vont pouvoir la permettre. Il s'agira alors sûrement de l'incompétence sphinctérienne, favorisée en particulier par des anomalies de la statique périnéale s'aggravant de longue date, ou de l'incompétence du rectum à jouer son rôle de réservoir compliant. Enfin, avec prédilection chez le sujet âgé dont l'autonomie motrice est limitée, la constipation et le fécalome vont pouvoir aggraver ou démasquer l'incontinence.

La prise en charge de cette incontinence exige d'abord un examen local attentif. L'incontinence à rectum plein représente la principale cause d'incontinence fécale du sujet âgé. Les selles peuvent être dures avec hypersécrétion réactionnelle. En présence d'une constipation distale constante (même avec des selles molles), l'incontinence peut survenir par diminution du tonus du sphincter avec pertes de petites quantités de selles semi-solides plusieurs fois par jour.

L'incontinence à rectum vide peut justifier quelques explorations proctologiques dans le but surtout d'éliminer des lésions rectocoliques. En l'absence de lésion traitable par chirurgie, le traitement va reposer en premier lieu sur la régularisation du transit et le traitement de la constipation que nous avons déjà envisagé. Cette partie de la prise en charge est longue et astreignante, mais réalisable chez tous les patients. La mise en pratique des autres modalités thérapeutiques dépend non seulement des anomalies qui ont pu être constatées, mais également du degré et des possibilités de compréhension et de participation des patients. Ainsi, la rééducation pratiquée en cas d'insuffisance sphinctérienne ou de difficulté de défécation ne se conçoit utilement que chez un patient lucide et coopérant. Il en est de même pour les techniques chirurgicales proposées dans certains cas d'anomalies de la statique périnéale.

DOULEURS ABDOMINALES

Il s'agit là d'un motif extrêmement fréquent de consultation et qui, pour être banal, n'en reste pas moins d'approche difficile, car la pathologie grave et préoccupante peut se résumer, au début, à un minimum de signes. A côté de l'examen clinique bien mené et qui ne doit pas omettre le toucher rectal et la palpation des orifices herniaires, quelques examens simples sont bien souvent utiles au diagnostic. Il en est ainsi de la numération et du ionogramme sanguin, du bilan hépatique (bilirubine, γGT, phosphatases alcalines, ASAT et ALAT, taux de prothrombine) et de l'amylasémie, du dosage plasmatique de la calcémie et de la glycémie. Il en est de même des explorations morphologiques avec souvent dans un premier temps l'échographie, véritable prolongement de l'examen clinique, puis les explorations endoscopiques, que ni l'âge ni les altérations physiques ou psychiques ne contre-indiquent, parfois suivies des explorations radiologiques, transit œso-gastro-duodénal ou lavement opaque.

Un certain nombre de cadres pathologiques nécessitent notre attention chez le sujet âgé.

Oesophagites

Si elle peut être typiquement symptomatique, une œsophagite grave peut se résumer, chez le vieillard, à une anorexie, un amaigrissement ou une anémie ferriprive, voire constituer une découverte «fortuite» lors d'un examen endoscopique. Ces œsophagites sont le plus souvent causées par un reflux gastro-œsophagien acide pathologique, que de nombreux facteurs peuvent favoriser ou pérenniser dans le grand âge. La hernie hiatale, dont la prévalence serait supérieure à 50 % après 70 ans, associée à certaines anomalies du péristaltisme œsophagien pourraient être en cause. Avec le vieillissement, il semble en effet que l'efficience de la clairance œsophagienne soit altérée: une diminution de l'amplitude des contractions, une réduction de la vitesse de propagation des ondes contractiles, une augmentation de la fréquence des contractions synchrones et non propagées ou des non-réponses contractiles aux déglutitions, associées à une insuffisance de relaxation du sphincter inférieur, ont ainsi été décrites. Ces anomalies de relaxation du sphincter inférieur sont volontiers majorées par un certain nombre de médicaments courants comme les inhibiteurs calciques, le diazépam ou la théophylline. Les troubles de la clairance de l'œsophage risquent de se trouver amplifiés par la réduction de la sécrétion salivaire parfois d'origine iatrogène, ou certains facteurs anatomiques tels les déformations rachidiennes et de la cage thoracique, l'hypotonie ou l'atrophie du muscle diaphragmatique. La réduction de l'autonomie physique, l'alitement, la réduction des apports alimentaires vont sans doute également concourir à la clairance ralentie de l'œsophage et à l'augmentation du nombre, de la durée ou de l'intensité des épisodes de reflux.

L'œso-gastroscopie doit être envisagée dès la moindre suspicion d'œsophagite, car elle seule en permettra le diagnostic de certitude. La tolérance de cet examen, entre des mains entraînées, et pratiqué avec l'aide d'une équipe compétente en soins gériatriques, est régulièrement excellente.

A coté des mesures hygiéno-diététiques et médicales classiques (Tableaux 35.5 et 35.6), les inhibiteurs de la pompe à protons ont une place thérapeutique de choix chez le sujet âgé, en particulier en cas d'œsophagite grave. Au stade de la sténose, les dilatations instrumentales peuvent prendre place de façon relativement sûre et efficace chez le sujet âgé. Enfin, pour éviter la récidive presque inéluctable à l'arrêt du traitement, et rarement justifiable d'une sanction chirurgicale chez le vieillard, la prescription à long terme d'un prokinétique comme le cisapride en cas de lésion initiale peu intense, ou même celle d'un inhibiteur de la pompe à protons en cas de lésion initiale grave ou après dilatations, nous paraissent tout à fait licites, compte tenu de la gravité potentielle des récidives sur ce fragile terrain.

Tableau 35.5
Traitement des facteurs pathogènes du reflux gastro-œsophagien

Facteurs pathogènes	Traitements
Position courbée ou allongée	Mesures posturales, position assise ou semi-assise, élévation de la tête du lit (10-15 cm)
Hyperpression abdominale	Suppression des ceintures, corsets Lutte contre la constipation
Remplissage de l'estomac	Fractionnement des repas, collations
Vidange de l'estomac	Médicaments prokinétiques
Relaxation du sphincter inférieur de l'œsophage	Médicaments prokinétiques Mesures diététiques (réduction des graisses, de l'alcool, du tabac, du chocolat, de la caféine) Mesures pharmacologiques (suppression des inhibiteurs calciques, des dérivés nitrés, de la théophylline, des α-bloquants, des anticholinergiques)
Acidité du reflux	Médicaments antiacides, anti H_2 et antisécrétoires (inhibiteurs de la pompe à protons)
Reflux biliaire	Sucralfate?

Tableau 35.6
Traitement pharmacologique du reflux gastro-œsophagien

Symptômes légers • pyrosis de faible intensité • moins d'une fois par semaine	Antiacides Alginates
Symptômes modérés • pyrosis présent > 2 fois/sem depuis plusieurs mois	Anti-H_2 par exemple: ranitidine 150 mg/12 h, pendant 4-6 sem ou Prokinétique par exemple: cisapride 10 mg qid
Symptômes graves • pyrosis à tous les jours • douleur forte • complication œsophagienne • absence de réaction aux autres traitements	Inhibiteur de la pompe à protons par exemple: oméprazole 20 à 40 mg/24 h, pendant 4-6 sem
Prévention des récidives • 70 à 90 % des cas	Inhibiteur de la pompe à protons par exemple: oméprazole 20 mg/24 h Prokinétique par exemplel: cisapride 20 mg/24 h

Ulcères

Bien que soient maintenant disponibles des médicaments antisécrétoires puissants, les ulcères gastro-duodénaux représentent encore, chez le vieillard, une source de morbidité et de mortalité qui ne se tarit pas. Les formes rigoureusement asymptomatiques et révélées par la complication hémorragique ou la perforation ne sont pas l'exception. De la même manière que chez le patient de réanimation (soins intensifs), il semble que des ulcères de stress puissent survenir rapidement chez le patient âgé hospitalisé en situation aiguë. Les patients âgés représentent aussi une population particulièrement susceptible aux accidents ulcéreux gastro-duodénaux des AINS. On considère ainsi qu'un quart des traitements prescrits entraîne des lésions digestives. La gravité des lésions induites par cette classe thérapeutique pourrait tenir au fait qu'ils sont capables d'entraîner une analgésie, tant locale que générale. Le misoprostol a montré son efficacité dans la prévention des ulcères gastriques liés aux AINS après 3 mois de traitement.

La gastroscopie est ici encore l'examen qu'il faut rapidement obtenir, dès la moindre suspicion clinique. Elle seule permet, grâce aux biopsies, d'affirmer la bénignité d'un ulcère de l'estomac, car il n'est pas rare de trouver de larges lésions, sans doute assez chroniques, qui macroscopiquement peuvent poser de difficiles problèmes de diagnostic différentiel. La gastroscopie permet aussi de déterminer la cause d'une dysphagie basse ou d'une douleur thoracique pseudo-angineuse liée à une ulcération de la région cardiale : ces ulcères géants et ces ulcères de la région cardiale semblent en effet plus fréquents chez le sujet âgé.

Ailleurs, les lésions ulcéreuses, qu'elles soient gastriques ou duodénales, répondent en général favorablement aux divers produits antisécrétoires disponibles sur le marché, et dont l'efficacité est comparable. Les anti-H$_2$, en raison de leur coût plus raisonnable, constituent le traitement de première ligne alors que l'oméprazole est le médicament de choix pour les cas réfractaires. La prévention des rechutes doit être assurée par la prescription d'anti-H$_2$ à long terme. La véracité de cette affirmation, bien réelle dans des classes d'âge moins élevé, doit être vérifiée chez le sujet âgé. En cas d'ulcère duodénal, et surtout s'il est préoccupant ou s'il s'est compliqué, il convient d'obtenir l'éradication de l'*Helicobacter pylori*, dont la persistance est un facteur de récidive ; à l'antisécrétoire, le traitement peut alors associer, pendant une quinzaine de jours, ampicilline et métronidazole ou ampicilline et clarithromycine (à noter que les recommandations changent très rapidement dans ce domaine).

Lithiase biliaire

Il s'agit d'une maladie fréquente, dont l'incidence augmente avec l'âge. Si elle peut rester totalement asymptomatique, ses complications sont graves chez le vieillard, et parfois mortelles. Il s'agit initialement de la présence de calculs dans les voies biliaires. Ces calculs ont pris naissance dans la vésicule, ou parfois dans les voies biliaires, et peuvent secondairement migrer.

La douleur biliaire, liée à la mise en tension des voies biliaires, est le seul symptôme qui soit imputable réellement à la maladie lithiasique. La sémiologie perd malheureusement souvent de sa richesse et de sa spécificité au cours du vieillissement, et de petits signes ou des signes d'emprunt doivent savoir alerter : anorexie et vomissements passagers, simple rictus lors de la palpation de l'hypocondre droit, irradiations résumant la douleur ou inflation sémiologique attirant l'attention vers le cœur, le pancréas, la plèvre ou le rein. La cholécystite aiguë s'accompagne volontiers d'une fièvre, dont on connaît l'inconstance au cours d'états septiques chez le sujet âgé, et de frissons. On palpe parfois un plastron du quadrant supérieur droit de l'abdomen. L'apparition d'un ictère doit faire craindre la survenue d'une angiocholite, souvent gravissime. Il faut savoir que la triade symptomatique classique «douleurs, fièvre, ictère» est inconstante, présente dans un tiers des cas, et que la présence d'un ou de deux signes isolés ne récuse en rien le diagnostic. Les décharges bactériémiques sont constantes au cours de l'angiocholite, avec risque de septicémie, d'insuffisance rénale et de choc.

Quelques explorations simples permettent de se sortir de la majorité des problèmes diagnostiques : il s'agit, outre l'ECG et la radiographie du thorax, des données du bilan hépatique et surtout de l'échographie du foie et des voies biliaires. La sensibilité et la spécificité de ce dernier examen en cas de cholécystite aiguë sont proches de 100 %, avec augmentation du volume vésiculaire, épaississement de la paroi de plus de 5 mm, image en double contour de la paroi, douleur au passage de la sonde, éventuel calcul enclavé dans le collet et collection périvésiculaire. Cet examen, comme la tomodensitométrie, est moins performant en cas d'angiocholite sur lithiase de la voie biliaire principale, pour laquelle on doit recourir aux procédés de cholangiographie, le plus souvent par voie endoscopique rétrograde, ailleurs par voie transcutanée transhépatique. Ces procédés vont permettre, le plus fréquemment lors du même acte, la libération de la voie biliaire et le drainage de la bile infectée, nécessaires en urgence lorsque l'antibiothérapie seule ne suffit pas.

La migration transpapillaire d'un calcul ou son enclavement peuvent provoquer une pancréatite aiguë, souvent préoccupante chez le sujet âgé. Les syndromes biliaires aigus avec hyperamylasémie, fréquents chez le vieillard, correspondent sans doute à des pancréatites aiguës *a minima*, et doivent inciter à une plus grande surveillance en raison des risques de récidive.

ANÉMIES D'ORIGINE DIGESTIVE

Les anémies, qui ne sont jamais normales au cours du vieillissement, sont souvent multifactorielles chez le sujet âgé. Un certain nombre d'entre elles répondent cependant à une étiologie purement ou presque exclusivement digestive. Il en est ainsi des anémies ferriprives du sujet âgé dans lesquelles un saignement digestif chronique et occulte est bien plus souvent en cause qu'une authentique carence d'apport. La principale crainte est alors celle d'un cancer digestif et en particulier d'une néoplasie colique, dont l'incidence ne cesse de croître avec l'âge. Si les symptômes sont prédictifs du site lésionnel dans la population générale, l'expression souvent asymptomatique des maladies au cours du vieillissement rend plus utile qu'ailleurs l'examen endoscopique des deux extrémités de l'appareil digestif. La gastroscopie et la coloscopie peuvent être réalisées en un seul temps anesthésique, ce qui rend la tolérance de l'exploration tout à fait acceptable en limitant les douleurs de la coloscopie et en réduisant le souvenir de la pénibilité de l'examen, du fait des produits amnésiants souvent utilisés. On débute en général par l'examen du côlon, la gastroscopie étant réalisée à la levée de l'anesthésie. Le principal écueil reste celui de la préparation colique; la vacuité du côlon est en effet nécessaire à l'examen correct de la muqueuse et au dépistage des anomalies qui peuvent y siéger. Il convient de bien stopper, au moins 10 jours avant l'examen, toutes les prises orales de fer qui aura pu être prescrit comme mesure symptomatique d'attente: celui-ci tapisse la muqueuse et interdit tout examen. Un régime sans résidu devra être institué avant la coloscopie, ni trop précocement pour ne pas réduire avec excès les ingesta, ni trop tardivement pour être efficace: 5 à 7 jours paraissent un délai moyen raisonnable. Enfin, la vidange du côlon sera assurée, sous surveillance médicale, par des breuvages iso-osmolaires à base de polyéthylène-glycol dans les 6 à 18 heures avant l'examen. On peut faire précéder la prise de ces solutions par des laxatifs irritants, ce qui semble en optimiser l'efficacité, et s'aider de prokinétiques tel le cisapride pour en améliorer la tolérance. Les lavements évacuateurs auront également un rôle adjuvant en cas de besoin. Une telle préparation, dont les diverses modalités devraient être comparées, n'est évidemment pas toujours simple à mettre en œuvre chez le sujet âgé. Outre l'inconfort et la diarrhée qu'elle provoque obligatoirement, elle peut être source de déséquilibres hydro-électrolytiques.

À l'étage colique, les principales lésions dépistées seront certes les néoplasies, volontiers coliques droites, mais également les polypes, bénins, et les ectasies vasculaires angiodysplasiques que l'endoscopie permet le plus souvent de traiter. À l'étage œso-gastrique, il s'agira bien plus souvent de lésions bénignes: œsophagites ou ulcères gastriques et duodénaux, principalement. Lorsque la double endoscopie ne retrouve aucune anomalie, dans un peu moins de 40 % des cas, l'exploration radiologique de l'intestin grêle semble n'avoir aucun intérêt supplémentaire. L'attente et la surveillance armée sont alors de règle.

L'endoscopie nous semble également utile pour rechercher une atrophie des villosités duodénales, lorsqu'on suspecte un trouble de l'absorption du fer ou des folates par exemple, ou en cas de carence en vitamine B_{12}, pour rechercher la classique atrophie gastrique de la maladie de Biermer. Des biopsies antrales et fundiques sont alors nécessaires, car il n'existe pas obligatoirement de parallélisme entre l'histologie et l'aspect macroscopique.

ICTÈRE

La toute première préoccupation en cas d'ictère reste de ne pas passer à côté d'un obstacle, qui peut être lithiasique, mais qui peut aussi résulter d'une tumeur de la région oddienne (ampullome ou cancer du pancréas), ou d'autres causes plus anecdotiques. Il faut ensuite penser au cœur, aux médicaments, au virus et... à l'alcool.

Le foie cardiaque peut ainsi tout à fait simuler une authentique hépatopathie, avec hépatalgies, cytolyse à 5, 10 ou 20 fois la normale, cholestase et baisse du taux de prothrombine. Les signes associés prennent alors toute leur importance, et une échographie doit être pratiquée au moindre doute: la dilatation des veines sus-hépatiques est ici un très bon signe. Il faut également se méfier du vieillard chez qui va survenir une cholécystite aiguë de stress lors d'un épisode aigu intercurrent.

En cas d'ictère, comme en cas de cholestase non ictérique, il convient de passer en revue tous les traitements reçus. La liste des produits en cause est longue, mais on peut citer la paracétamol, l'isoniazide, l'acide tiénilique, les phénothiazines, les antidépresseurs tricycliques, les sulfamides, la phénylbutazone, la valproate, le méthyldopa. Cette liste de produits couramment prescrits chez le sujet âgé n'est malheureusement pas limitative.

Il faut aussi savoir penser aux hépatites virales chez le sujet âgé, en particulier en milieu institutionnel. Quelle qu'en soit la cause, la mortalité des hépatites aiguës est voisine de 10 %, favorisée par un déficit nutritionnel ou immunitaire associé.

BIBLIOGRAPHIE

ASSOULINE, Y. & Coll.: Résultats actuels de la spinctérotomie endoscopique pour lithiase de la voie biliaire principale. *Gastrœnterol Clin Biol*, **17**:251, 1993.

CASTLE, M.D.: Constipation: endemic in the elderly? *Med Clin North Am*, **73**:1497, 1989.

CHÉRIÉ-CHALLINE, L., POTHIER, L. & M. GIGNOUX: Épidémiologie descriptive du cancer de l'œsophage dans le département du Calvados: 520 cas (1978-1982). *Gastrœnterol Clin Biol*, **12**:126, 1988.

COT, F. & Coll.: *La dysphagie oro-pharyngée chez l'adulte*, Edisem et Maloine, Saint-Hyacinthe et Paris, 1996.

DANNA, P.L. & Coll.: Role of candida in pathogenesis of antibiotic-associated diarrhœa in elderly inpatients. *Lancet*, **337**:511, 1991.

DENIS, P. & Coll.: Étude de la prévalence de l'incontinence anale chez l'adulte. *Gastrœnterol Clin Biol*, **16**:344, 1992.

FEINBERG, M.J. & O. EKBERG: Videofluoroscopy in elderly patients with aspiration: importance of evaluating both oral and pharyngeal stages of deglutition. *Am J Rœntgenol*, **156**:293, 1991.

PERMUTT, R.P. & J.P. CELLO: Duodenal ulcer disease in the hospitalized elderly patient. *Dig Dis Sci*, **27**:1, 1982.

ROCKEY, D.C. & J.P. CELLO: Evaluation of the gastrointestinal tract in patients with iron-deficiency anemia. *N Engl J Med*, **329**:1691, 1993.

LECTURES SUGGÉRÉES

BARTOLO, D.C.C.: Diagnostic procedures for incontinence, constipation, in *The Large Intestine: Physiology, Pathophysiology and Disease*. Phillips, S.F., Pemberton, J.H. & R.G. Shorter. Raven Press, New York, 1991.

BOWEN, J.C. & Coll.: Gallstone disease. Pathophysiology, epidemiology, natural history, and treatment options. *Med Clin North Am*, **76**:1143, 1992.

KITANI, K. & Coll.: *Liver and Aging*, Excerpta Medica, Amsterdam, 1991.

CHAPITRE 36

OSTÉOPOROSE

Josée Verdon

L'ostéoporose est une maladie squelettique caractérisée par la diminution de la masse osseuse et l'atteinte de la micro-architecture du tissu osseux, ayant pour conséquence une fragilité osseuse accrue et une susceptibilité aux fractures. Ainsi, dans l'ostéoporose, l'os est «porotique» c'est-à-dire moins dense, bien que normalement calcifié, au contraire de l'ostéomalacie. Le terme ostéopénie est parfois utilisé pour désigner une diminution de la masse osseuse sans fracture. On distingue l'ostéoporose dite primaire ou d'involution (type I) qui survient en postménopause et l'ostéoporose sénile (type II). Les deux types présentent des atteintes et des symptômes distincts (Tableau 36.1).

ÉPIDÉMIOLOGIE

L'ostéoporose constitue un énorme problème de santé publique, responsable d'une morbidité et d'une mortalité grandissantes.

L'incidence des fractures varie grandement entre les différentes ethnies et populations. Ainsi, le taux rapporté de fractures de la hanche est très élevé chez les Scandinaves, les Néo-Zélandais et les Américains, moyen en Angleterre, en Europe du Sud et en Asie et très bas chez certaines peuplades comme les Bantous d'Afrique du Sud. Les fractures semblent plus fréquentes parmi les personnes vivant en milieu urbain, probablement en raison d'une inactivité relative et de modifications de la diète.

L'incidence de fractures ostéoporotiques, ajustée pour l'âge, semble augmenter dans certains pays, notamment en Europe, bien qu'elle se montre stable aux États-Unis. La prévalence de la maladie augmente de façon quasi exponentielle avec l'âge. Ainsi, près d'un tiers des femmes de plus de 65 ans souffrent d'écrasement vertébral, condition 8 fois plus fréquente que chez les hommes. L'ostéopénie radiologique se retrouve chez 65 % des femmes de 60 ans et plus et chez presque 100 % des femmes de plus de 90 ans. Les fractures de la hanche affectent deux fois plus de femmes que d'hom-

Tableau 36.1		
Ostéoporose involutive		
	Type I **(postménopausique)**	**Type II** **(sénile)**
Âge	51-75	70+
Ratio femme/homme	6:1	2:1
Type d'os atteint	trabéculaire	trabéculaire et cortical
Taux de remodelage	accéléré	normal
Sites de fracture	vertèbres	vertèbres
	(écrasement)	(affaissement)
	radius	hanche
Fonction de la parathyroïde	diminuée	augmentée
Absorption de calcium	diminuée	diminuée
Métabolisme de la vitamine D	diminution	diminution
	secondaire	primaire
Cause primaire	diminution des œstrogènes	vieillissement

Adapté de Riggs, B.L. & L.J. Melton III: Involutional osteoporosis. *N Engl J Med*, **314**:1676, 1988 (avec permission).

mes et le taux quadruple à chaque décennie après cinquante ans chez la femme.

PHYSIOPATHOLOGIE

Les facteurs étiologiques de l'ostéoporose sont nombreux à provoquer une diminution variable de la masse osseuse. La régulation de la masse osseuse est un processus dont la dynamique est mieux comprise depuis quelques décennies. Elle dépend de l'équilibre entre formation et résorption osseuse. Tout au long de la vie, l'os ne cesse de se remodeler. La masse osseuse semble suivre une évolution universelle avec l'âge, peu importe la race. Ainsi, après la période de croissance du squelette jusqu'à l'adolescence, il existe une période de consolidation de la masse osseuse qui atteint son maximum vers l'âge de 35 ans (Fig. 36.1). Par la suite, la masse osseuse diminue progressivement. Cette perte est cependant plus rapide chez les femmes durant la périménopause et se poursuit plus lentement par la suite. On a récemment démontré que la masse osseuse maximale est un très bon indice de prédiction de la masse osseuse subséquente et du risque de fractures.

La masse osseuse maximale semble influencée par l'hérédité, la race et le sexe. Ainsi, une concordance dans la masse osseuse a été décrite chez les jumeaux homozygotes. De plus, on observe une densité osseuse réduite parmi les membres des familles atteints d'ostéoporose. Par ailleurs, la masse osseuse à l'âge adulte est plus importante chez les sujets de race noire que chez les Caucasiens ou les Asiatiques. Elle est

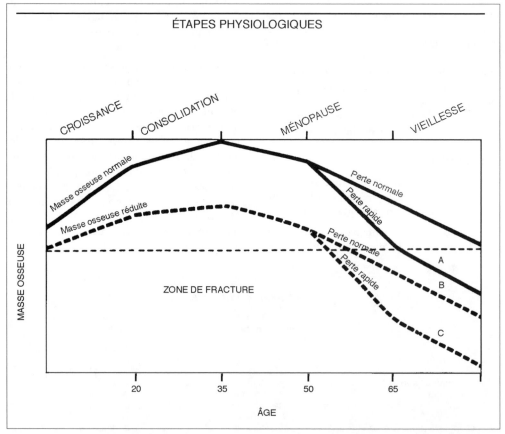

Figure 36.1 Les différentes étapes de l'évolution de la masse osseuse d'un individu sont résumées schématiquement. Trois façons d'arriver à une masse osseuse sous le seuil de fracture (ostéoporose) sont illustrées, à savoir une perte rapide sur une masse osseuse initiale optimale (A), une perte normale sur une masse osseuse maximale suboptimale (B) ou une combinaison de ces 2 facteurs (C). (Ste-Marie, L.-G. & Coll.: Ostéoporose: approche clinique et perspectives. *Union Med Can*, **116(1):**144, 1987.)

plus importante chez les hommes, indépendamment de la race.

L'apport calcique a une influence déterminante sur la masse osseuse à maturité. La consommation régulière d'alcool ou un régime très riche en protéine (par son interaction au niveau de l'absorption du calcium) semblent entraîner une diminution de la masse osseuse, tout comme le tabagisme. L'obésité semble exercer un effet protecteur sur la masse osseuse, les femmes maigres étant plus exposées aux fractures et ayant une densité osseuse plus faible que les femmes obèses.

L'activité physique est un facteur non négligeable dans le maintien de la masse osseuse. On a décrit une relation entre le stress au niveau du squelette par la mise en charge, l'exercice et la densité osseuse. On a aussi établi une corrélation entre masse musculaire et osseuse. Ainsi, on retrouve une densité osseuse supérieure chez les athlètes, chez les femmes postménopausées actives, et on a démontré l'effet bénéfique d'un programme d'activité physique régulier dans le traitement de l'ostéoporose après la ménopause.

APPROCHE CLINIQUE

L'ostéoporose est, le plus souvent, asymptomatique et découverte fortuitement à l'occasion d'une radiographie. Il est à noter qu'il faut une perte de la masse osseuse d'au moins 30 % avant d'observer une ostéopénie radiologique. Chez la personne âgée, l'ostéoporose est souvent compliquée par des fractures et des difformités. Les fractures, parfois spontanées, peuvent survenir après un traumatisme quelquefois aussi minime qu'un épisode de toux ou d'éternuement. Les fractures peuvent aussi se manifester par des signes de compression neurologique accompagnée de névralgie et de douleurs irradiées. Le mal de dos, la cyphose dorsale progressive conséquente à l'affaissement des corps vertébraux et la diminution de la taille peuvent en constituer l'unique manifestation. Les symptômes systémiques sont ordinairement absents, sauf en présence de fractures compliquées, comme celle de la hanche dans laquelle on note une morbidité et une mortalité accrues.

L'atteinte osseuse spécifique varie grandement selon le type d'ostéoporose. Dans l'ostéoporose postménopausique (type I), l'atteinte est surtout au niveau de l'os trabéculaire (fractures vertébrales par écrasement) et appendiculaires distales (poignets). Au contraire, dans l'ostéoporose sénile (type II), l'os cortical est atteint aussi fréquemment que l'os trabéculaire. Ceci cause autant des affaissements des corps vertébraux que des fractures de la hanche, de l'humérus et du bassin.

L'ostéoporose peut aussi être secondaire à des affections concomitantes. Les causes les plus fréquentes incluent les endocrinopathies, les médicaments (corticostéroïdes, héparine, anticonvulsivants) et les atteintes néoplasiques (Tableau 36.2). En cas d'ostéopénie localisée, on doit penser à l'ostéomyélite et à la dystrophie réflexe. Chez l'homme, l'ostéoporose secondaire est très fréquente, en particulier celle associée à l'hypogonadisme, à l'alcool et aux néoplasies.

Il est souvent difficile de différencier l'ostéoporose de l'ostéomalacie. Cette dernière cause des douleurs osseuses plus généralisées et des fractures des os longs plutôt que des vertèbres. On peut la suspecter s'il y a évidence de défi-

---

Tableau 36.2
Ostéoporose secondaire

Endocrinopathies
   hyperparathyroïdie
   hyperthyroïdie
   syndrome de Cushing
   hypogonadisme

Maladies de la moelle osseuse
   myélome multiple
   lymphome
   anémie hémolytique

Maladie métastatique

Atteintes digestives et hépatiques
   gastrectomie
   malabsorption
   cirrhose ou hépatite chronique

Maladie des tissus conjonctifs
   osteogenesis imperfecta
   syndrome d'Ehlers-Danlos
   syndrome de Marfan
   homocystinurie

Médicaments
   glucocorticoïde
   héparine
   thyroxine (en excès)
   anticonvulsivants
   furosémide

Autres
   immobilisation
   apesanteur
   alcoolisme

cience en vitamine D. Parfois, l'ostéomalacie n'est confirmée qu'à la biopsie osseuse.

L'investigation de l'ostéoporose inclut un bilan biologique et une analyse radiologique. La mesure de la densité osseuse et la biopsie osseuse sont les mesures de référence lorsqu'elles peuvent être réalisées (Tableau 36.3).

Le bilan paraclinique aide à éliminer les causes secondaires ou aggravantes. Dans l'ostéoporose primaire, le bilan reste dans les limites de la normale. Une anomalie du bilan phospho-calcique et de la phosphatase alcaline peut suggérer la présence d'ostéomalacie. La découverte d'une anémie force à éliminer une métastase ou un myélome multiple. On doit rappeler qu'une insuffisance rénale légère chez les personnes âgées ne cause pas d'atteinte osseuse importante. Les troubles thyroïdiens doivent être recherchés, compte tenu de leur présentation souvent atypique chez la personne âgée.

L'aspect radiologique classique inclut la présence d'ostéopénie diffuse, d'affaissement progressif des corps vertébraux et de fractures typiques au niveau des hanches, du radius, etc.

Le diagnostic de l'ostéoporose dépend ultimement de la mesure de la densité osseuse et de la détermination du seuil fracturaire individuel. Au cours des dernières décennies, de nombreuses techniques non invasives ont été mises au point dont l'absorptiométrie à simple ou double énergie. Plus récemment, le développement de l'absorptiométrie radiologique à double énergie (DEXA) a permis la mesure de la densité osseuse, tant au niveau de la colonne vertébrale, de la hanche que du squelette entier. La tomographie axiale quantitative permettant des mesures très exactes de la densité osseuse en trois dimensions pourra sans doute aussi fournir un complément d'information sur l'architecture osseuse. Son coût et le taux de radiation encourue en limitent cependant l'usage. D'autres méthodes en cours de développement telles que l'ultrasonographie et la résonance magnétique quantitative s'annoncent prometteuses.

On a tenté de proposer des critères pour l'indication de la mesure de la densité osseuse dans la population postménopausée, mais aucun critère n'est disponible pour la population

Tableau 36.3
Présentation clinique

Anamnèse

fractures antérieures
histoire de chute
liste de médicaments: stéroïdes, héparine, anticonvulsivants
histoire nutritionnelle: apport calcique, vitamine D
alcool / cigarettes / exercice physique
antécédents familiaux

Examen physique

stature
cyphose dorsale, lordose cervicale, abdomen déformé
difformités à la suite de fractures anciennes
douleur
examen complet: thyroïde (goitre), seins (néoplasie), poumon (néoplasie), foie (cirrhose), abdomen (masse),
                  prostate (néoplasie), gonade (hypogonadisme), peau (site d'ostéomyélite)
arthrite associée neurologique (douleur avec irradiation)

Bilan de base

hémogramme, vitesse de sédimentation
fonction rénale
calcium, phosphates, phosphatase alcaline
électrophorèse des protéines
TSH
urines de 24 heures pour calcium et créatinine
examen radiologique: localisation de la fracture ou bilan squelettique

Bilan diagnostic de l'ostéoporose

absorptiométrie à double énergie (radiologique ou photonique)
biopsie osseuse (rarement nécessaire)

âgée. En général, l'usage de l'absorptiométrie est limité par la disponibilité de la technologie. L'absorptiométrie est souvent réservée aux personnes âgées avec présentation atypique ou dans le but de suivre l'effet d'un traitement. Son rôle en prévention primaire est loin d'être établi chez la personne âgée.

La biopsie osseuse transiliaque non décalcifiée permet, par l'étude morphométrique, d'éliminer toute autre ostéopathie, incluant l'ostéomalacie dont le diagnostic est manqué dans près de 5 % des cas d'ostéopénie et d'étudier la physiopathologie de la perte osseuse par le marquage à la tétracycline. Son utilisation est limitée, à l'heure actuelle, aux centres spécialisés en recherche ou à la confirmation diagnostique.

PRÉVENTION ET TRAITEMENT

Étant donné qu'il n'y a pas vraiment de traitement de l'ostéoporose établie, la prévention revêt un caractère primordial.

La prévention primaire commence, bien sûr, auprès des adolescents et jeunes adultes chez qui l'on doit promouvoir de saines habitudes de vie incluant l'exercice physique et une diète appropriée. Chez les adultes, on doit contrôler les facteurs de risque (réduction de l'alcool et du tabac) et éliminer autant que possible les causes d'ostéoporose secondaire. A tout âge, des suppléments de calcium et de vitamine D peuvent être bénéfiques si l'apport diététique est insuffisant.

La combinaison exercice-calcium semble à un certain degré ralentir la perte osseuse en période postménopausique immédiate, mais pas autant que l'administration d'œstrogènes. Les œstrogènes agissent sur l'os en ralentissant le taux de remodelage et en rétablissant l'équilibre entre formation et résorption.

Certains auteurs prônent l'œstrogénothérapie pour toutes les femmes à la ménopause et au cours des 15 années suivantes, à moins d'histoire de cancer du sein ou d'objection personnelle au traitement. Outre le bénéfice certain au niveau de la prévention de l'ostéoporose, il semble que les œstrogènes réduisent le risque cardio-vasculaire. D'autres auteurs recommandent plutôt l'administration d'œstrogènes aux femmes qui présentent des facteurs de risque d'ostéopénie.

Les facteurs de risque présentement identifiés incluent une ménorrhée tardive, une ménopause précoce, un faible poids, le tabagisme, une consommation protéique élevée et des antécédents familiaux. La mesure de la densité osseuse peut aussi être utile pour identifier la population exposée et convaincre les femmes potentiellement à risque qui seraient réticentes à l'hormonothérapie.

Les effets secondaires de l'œstrogénothérapie à court et à long terme en limitent cependant l'utilisation. L'augmentation du risque de néoplasie utérine semble cependant inhibée par la prescription concomitante d'un progestatif. Les craintes relatives au cancer du sein ont été atténuées par la publication de quelques études qui ne démontrent pas d'augmentation du risque.

Néanmoins, l'examen gynécologique périodique et l'examen des seins, incluant une mammographie, sont recommandés pour toutes les femmes qui prennent des œstrogènes. Les saignements utérins intermittents demeurent une des causes fréquentes d'arrêt de traitement. Les œstrogènes diminuent également le risque de maladies cardio-vasculaires chez ces personnes. Les posologies actuellement recommandées sont indiquées au tableau 36.4. Les doses d'œstrogènes recommandées sont moindres qu'il y a 10 ans. Ainsi on suggère 1 à 2 mg de 17 bêta-œstradiol ou 0,625 mg d'œstrogènes conjugués quotidiennement. L'emploi de timbres cutanés ou de gel pour absorption parentérale d'œstrogènes semble aussi efficace, bien que l'effet cardioprotecteur ne semble pas aussi important. On recommande l'ajout de progestérone pour diminuer les risques de cancer de l'endomètre.

Le rôle de la vitamine D dans la prévention et le traitement de l'ostéoporose a été mieux apprécié au cours des dernières années, surtout dans l'ostéoporose sénile. Malgré de nombreuses études sérieuses, son efficacité n'est pas prouvée dans le traitement postménopausique. Par contre, les déficits en vitamine D fréquemment observés chez les personnes âgées sont souvent dus à un apport limité et une absorption réduite. Selon deux études récentes, la supplémentation en vitamine D corrigerait cet état déficitaire et freinerait l'hyperparathyroïdie secondaire chez les vieillards en centres d'héber-

Tableau 36.4	
Traitement de l'ostéoporose	
Recommandations actuelles pour la femme postménopausée	
Exercice Calcium	 1200-1500 mg/24 h
hystérectomisées	
Oestrogènes	0,625 mg/24 h d'œstrogènes conjugués ou 50 µg/24 h d'œstrogènes transdermiques
non hystérectomisées	
Oestrogènes 28/28 Progestérone 12/28 Traitement continu pouvant minimiser les saignements utérins	0,625 mg d'œstrogènes conjugués 5-10 mg médroxyprogestérone ou équivalent 0,625 mg d'œstrogènes conjugués 2,5 mg de médroxyprogestérone tous les jours
si contre-indications aux œstrogènes	
Calcitonine Autres modalités	50-100 UI S.C./24 h
Suggestions thérapeutiques pour la femme plus âgée	
Exercice Calcium Vitamine D Oestrogènes/progestatifs	 1200-1500 mg/24 h 400-800 UI/24 h comme pour la femme postménopausée
Suggestions thérapeutiques pour l'homme âgé*	
Exercice Calcium Androgènes	
* Aucun traitement spécifique connu	

gement ou isolés. Les doses quotidiennes actuellement recommandées de vitamines D_2 sont de 400 à 800 UI, mais certains suggèrent que des doses de 500 à 1000 UI seraient encore plus bénéfiques. Un apport suffisant de calcium doit être assuré, tout en surveillant les risques d'hypercalcémie.

L'efficacité du calcitriol ou des autres métabolites de la vitamine D est controversée et son emploi de routine n'est pas recommandé.

Calcitonine

La calcitonine agit en inhibant la résorption osseuse. Des études prospectives et rétrospectives semblent démontrer une diminution de l'incidence des fractures chez les personnes traitées avec la calcitonine. Son emploi est indiqué surtout dans les cas d'ostéoporose à haut taux de remodelage, bien que son utilisation dans les fractures aiguës soit assez répandue (Tableau 36.5). Son emploi dans l'ostéoporose secondaire aux corticostéroïdes semble se répan-

dre et des études sont présentement en cours. La calcitonine, en plus d'être sécuritaire, a aussi des propriétés analgésiques. L'intolérance digestive est fréquente mais souvent passagère et peut être réduite par une administration vespérale. Seule la forme injectable est utilisée au Canada; une formule pour application intranasale est disponible dans de nombreux pays. Les doses sont de 50 à 100 U par jour. L'administration concomitante de calcium est recommandée.

Bisphosphonates

Les bisphosphonates sont des analogues du pyrophosphate qui inhibent la résorption osseuse. A haute dose, ils semblent même inhiber la minéralisation osseuse. L'effet de maintien de la masse osseuse par l'emploi de bisphosphonates a été démontré tant dans l'ostéoporose postménopausique que dans l'ostéoporose associée aux stéroïdes. La prévention des fractures n'a pas encore été prouvée. De nouvelles formes de bisphosphonates semblent prometteuses, en

Tableau 36.5

Utilisation de la calcitonine contre les douleurs secondaires à des écrasements vertébraux

Si soupçon d'hypersensibilité à la calcitonine (rare)
- Test cutané avant le traitement
  1 UI S.C. et surveiller réaction locale et systémique après 15-20 min

Traitement de la douleur
- 50 UI S.C./24 h x 1 sem
  puis
  100 UI S.C./24 h x 1 à 2 sem
  puis
  50 UI S.C./24 h x 1 sem
  ou
- 50-100 UI S.C. 3 fois par sem pendant 1 mois*

* Cette deuxième approche est plus pratique, surtout pour un traitement à domicile.

particulier l'alendronate. Pour l'instant, les bisphosphonates sont réservés aux femmes postménopausées présentant des contre-indications à l'hormonothérapie, et aux formes d'ostéoporose résistant aux traitements habituels.

Fluor

Le fluorure est un stimulant très puissant de la formation osseuse qui cause une augmentation importante de la masse osseuse trabéculaire. Son effet bénéfique sur la densité osseuse, démontré par de nombreuses études et mis en doute par d'autres, s'exerce contre les fractures au niveau de l'os cortical et les anomalies de la micro-architecture. De plus, il semble que 30-40 % des individus soient résistants au traitement. La dose-réponse reste donc à déterminer et la limite entre dose thérapeutique et dose toxique à mieux définir. Son rôle dans le traitement et la prévention de l'ostéoporose demeure controversé.

L'approche préventive et thérapeutique actuellement recommandée chez la femme postménopausée est schématisée à la figure 36.2.

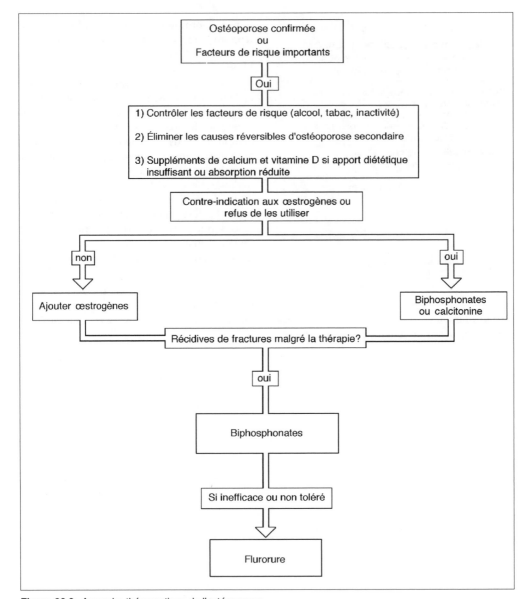

Figure 36.2 Approche thérapeutique de l'ostéoporose

BIBLIOGRAPHIE

AVIOLI, L.V.: Osteoporosis syndromes: Patient selection for calcitonin therapy. *Geriatrics*, **47**:58, 1992.

CHRISTIANSEN, C. & Coll: Consensus Development Conference on Osteoporosis. *Am J Med*, **95**:5A-1S, - 2S, - 6S, - 11S, - 17S, - 22S, - 29S, - 34S, - 37S, - 40S, - 44S, - 48S, - 53S, - 62S, - 69S, - 75S, 1993.

GRAMPP, S. & Coll: Radiologic Diagnosis of Osteoporosis. *Endocrine Radiology*, **31**(5):1133, 1993.

LUFKIN, E.G. & Coll: Treatment of Postmenopausal Osteoporosis with Transdermal Estrogen. *Ann Intern Med*, **117**:1, 1992.

OLBRICHT, T. & G. BENKER: Glucocorticoid-induced osteoporosis: pathogenesis, prevention and treatment, with special regard to the rheumatic diseases. *Journal of Internal Medicine*, **234**:237, 1993.

PECK, W.A. & Coll: Consensus Development Conference: Diagnosis, Prophylaxis, and Treatment of Osteoporosis. *Am J Med*, **94**:646, 1993.

PRINCE, R.L. & Coll: Prevention of Postmenopausal Osteoporosis. *N Engl J Med*, **325**:354, 1991.

RIGGS, B.L. & L.J. MELTON III: Involutional osteoporosis. *N Engl J Med*, **314**:1676, 1986.

ROSS, P.D. & Coll: Pre-Existing Fractures and Bone Mass Predict Vertebral Fracture Incidence in Women. *Ann Intern Med*, **114**:919, 1991.

STE-MARIE, L-G., D'AMOUR, P. & M. GASCON-BARRÉ: Ostéoporose: approche clinique et perspectives. *Union Med Can*, **116**(1):144, 1987.

YENDT, E.R: Vitamine D et ostéoporose. *Ostéoporose: un bulletin aux médecins*, **2**(4):1, Société canadienne de l'ostéoporose, 1994.

LECTURES SUGGÉRÉES

AVIOLI, L.V: *The osteoporotic syndrome: detection, prevention and treatment*, Grune & Stratton, New York, 1987.

LORRAIN, J. & Coll.: *La ménopause: prise en charge globale et traitement*, Edisem, Saint-Hyacinthe, 1995.

Ostéoporose: un bulletin aux médecins, Société canadienne de l'ostéoporose.

WOOLF, A.D. & A. ST. JOHN Dixon: *Osteoporosis: a clinical guide*, J.B. Lippincott, Philadelphia, 1988.

CHAPITRE 37

ARTHRALGIES ET DOULEURS DE L'APPAREIL LOCOMOTEUR

Manon Chevalier

Utilisation des anti-inflammatoires non stéroïdiens en gériatrie

Conclusion

Bibliographie

Lectures suggérées

En médecine gériatrique, particulièrement chez les grands vieillards, les affections touchant l'appareil locomoteur ont une importance considérable. Elles représentent, avec les démences, une des plus fréquentes causes de la perte d'autonomie. Dans cette clientèle, elles dépassent de beaucoup en importance l'hypertension artérielle, les maladies cardio-vasculaires et le diabète. Et s'il est vrai qu'il s'agit de maladies la plupart du temps non fatales, il est aussi vrai qu'elles sont souvent incurables, entraînant conséquemment de lourdes dépendances bio-psychosociales.

VIEILLISSEMENT DE L'APPAREIL LOCOMOTEUR

Avec le vieillissement, on assiste à des modifications dites physiologiques de l'appareil locomoteur. On note, en effet, une augmentation du collagène au niveau musculaire, accompagnée d'une diminution du nombre et du calibre des fibres musculaires de type II. Conséquemment, on observe une diminution de la masse musculaire et de la force musculaire, les membres supérieurs étant moins affectés que les membres inférieurs.

Par ailleurs, à partir de 30 ans, on observe progressivement une diminution de la masse osseuse. Peu de changements s'opèrent au niveau du cartilage, si ce n'est un amoindrissement de la résistance cartilagineuse aux fissures.

Malgré ces quelques transformations, il importe de ne jamais considérer les maladies ostéo-articulaires comme un processus normal du vieillissement.

APPROCHE DIAGNOSTIQUE

Le diagnostic des affections de l'appareil locomoteur est souvent rendu plus difficile en raison de certaines particularités propres à la personne âgée:

- difficultés mnésiques;
- troubles dépressifs;
- troubles de la parole;
- acceptation de la maladie comme un phénomène normal du vieillissement;
- augmentation du seuil de la douleur;
- polypathologie;
- polypharmacologie;
- présentation particulière de certaines maladies (chutes et diminution de la mobilité).

L'examen physique est aussi plus complexe en raison de la plus grande fatigabilité du sujet âgé, du manque de collaboration et de l'interférence de certains changements physiques spécifiques du vieillissement avec des signes franchement pathologiques tels les déformations des interphalangiennes proximales (IPP) et des interphalangiennes distales (IPD), la cyphose dorsale et les crépitements articulaires. Pour ces raisons, il est préférable de procéder à un examen fonctionnel plutôt qu'anatomique.

Ainsi, pour les extrémités supérieures, on vérifie l'habileté à tenir des objets comme des ustensiles, des crayons, et la capacité à lever les bras au-dessus de la tête. Pour le dos, on observe la capacité de ramasser un objet sur le plancher et de mettre des souliers. La fonction des extrémités inférieures s'évalue en demandant au patient de se lever d'une chaise, de se tenir debout, de marcher, de se retourner et finalement de se rasseoir. On vérifie l'endurance en faisant marcher le malade pendant quelques minutes.

L'interprétation des examens de laboratoire doit, elle aussi, prendre en considération les changements liés à l'âge:

- les radiographies mettent fréquemment en évidence les changements ostéoarthritiques sans qu'il n'y ait nécessairement de corrélation clinique;

- la vitesse de sédimentation augmente avec l'âge, sans que cela soit spécifique ou pathologique;

- les valeurs d'hémoglobine propres aux personnes âgées sont encore mal définies (bien qu'il soit de plus en plus accepté qu'une valeur en deçà de 120 g/L soit anormale);

- les anticorps antinucléaires sont positifs chez plus de 15 % des personnes âgées;

- le facteur rhumatoïde est positif chez plus de 25 % des patients âgés.

Conséquemment, il importe de constater que les tests de laboratoire utilisés seuls représentent de mauvais outils de dépistage. La figure 37.1 schématise l'approche diagnostique d'une douleur articulaire.

AFFECTIONS OSTÉO-ARTICULAIRES

Incidence

Dans ce groupe d'âge, plus du tiers des consultations médicales est motivé par des affections de l'appareil locomoteur. La prévalence de l'arthrose augmente avec l'âge: 80 % des plus de 65 ans présentent des signes cliniques, dont les deux tiers sont symptomatiques. Certains auteurs suggèrent que l'incidence de la polyarthrite rhumatoïde augmente considérablement, au point de toucher 24 % des femmes et 14 % des hommes après 75 ans; la réalité étant probablement beaucoup moindre. La goutte, pour sa part, représente une affection ostéo-articulaire qui touche une population habituellement un peu plus jeune. Il faut cependant savoir que la première crise survient après 60 ans, chez 11 % des malades. Finalement, la pseudo-goutte est présente à la radiologie chez 50 % des sujets de plus de 90 ans. Le tiers des patients a une présentation abrupte semblable à celle de la goutte.

Arthrose

L'atteinte articulaire la plus fréquente chez la personne âgée est l'arthrose. La majorité des patients de plus de 75 ans en sont affligés.

Elle touche typiquement les grosses articulations comme la hanche, les genoux et la co-

lonne lombaire et cervicale. Quant aux petites articulations, ce sont surtout les phalanges distales et proximales, les premiers métacarpo-phalangiens et les premiers métatarso-phalangiens qui sont atteints. Les épaules, les coudes, les poignets et les chevilles sont rarement touchés et leur atteinte suggère davantage un processus arthropathique inflammatoire.

Cliniquement, on note la présence d'algies articulaires et d'une certaine raideur matinale durant moins de trente minutes.

L'examen physique révèle des crépitements, des déformations, des limitations d'amplitude, des épanchements articulaires et de la douleur à la palpation. Plus particulièrement au niveau des mains, on remarque la présence de nodules d'Heberden (phalange distale) et de nodules de Bouchard (phalange proximale). Chez la femme en postménopause, l'arthrose peut occasionnellement présenter certains caractères inflammatoires (chaleur, rougeur et gonflement), particulièrement au niveau des mains. Les examens de laboratoire montrent un liquide synovial clair, avec peu de globules blancs (< 1000/mm^3). La vitesse de sédimentation, la numération globulaire et le facteur rhumatoïde sont habituellement normaux, alors que la radiologie démontre des pincements de l'interligne articulaire, des ostéophytes marginaux, une ostéosclérose sous-chondrale et des kystes sous-chondraux adjacents à l'espace articulaire.

Sur le plan thérapeutique, l'arthrose douloureuse non inflammatoire et non limitante du point de vue fonctionnel peut être traitée avec un analgésique simple uniquement. Si, en dépit de l'acétaminophène, la douleur persiste ou que des signes inflammatoires apparaissent, un anti-inflammatoire non stéroïdien (AINS) peut alors être prescrit.

Lorsque l'atteinte est monoarticulaire, inflammatoire, douloureuse et facile à ponctionner, une infiltration de corticostéroïdes est alors préférable à un anti-inflammatoire non stéroïdien. On ne devrait pas dépasser trois infiltrations d'une même articulation par année. Dans le cas d'une arthralgie incontrôlable, entraînant une diminution importante de la mobilité, une chirurgie doit être envisagée, l'âge en soi n'étant jamais un critère d'exclusion chez un individu par ailleurs en bonne santé.

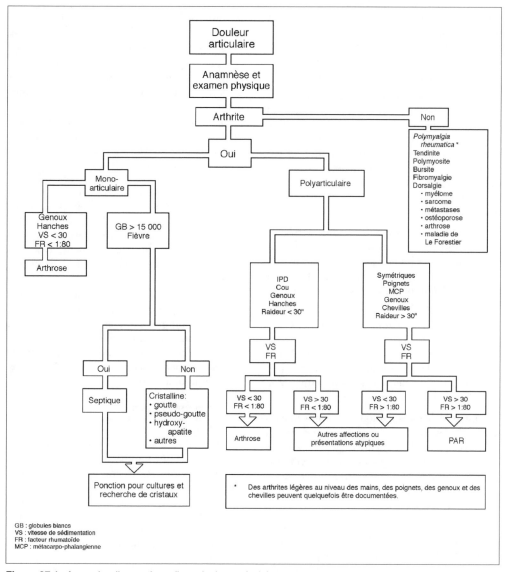

Figure 37.1 Approche diagnostique d'une douleur articulaire

Finalement, n'oublions surtout pas l'aide de la physiothérapie et de l'ergothérapie qui, avec des exercices progressifs, l'application de chaleur, de glace, de paraffine ainsi qu'avec l'enseignement de consignes de protection articulaire et d'ajustement d'attelles, pourront permettre de maintenir l'autonomie.

Polyarthrite rhumatoïde à début tardif

La polyarthrite rhumatoïde (PAR) affecte, tel que mentionné précédemment, une proportion importante des personnes âgées. Certaines sont porteuses d'une PAR ayant débuté avant 65 ans et, dans ce groupe, le diagnostic et le traitement sont habituellement bien établis. Par contre, un certain nombre présentent une forme d'arthrite à début plus tardif, dont le diagnostic, et conséquemment le traitement, sont plus complexes, en raison de certaines particularités qui méritent d'être mentionnées.

Ainsi, la proportion hommes-femmes a tendance à s'équilibrer, contrairement à ce que l'on note à la quatrième décennie de la vie, alors que la proportion se situe à 2,5 femmes pour 1 homme.

De plus, bien que le quart des patients ait une présentation à début subit, la plupart présente des symptômes et des signes plus subtils qui se superposent à d'autres maladies (ex. l'arthrose), compliquant ainsi le diagnostic.

Il s'agit, tout comme chez le sujet plus jeune, d'une arthrite symétrique touchant les mains, les poignets, les pieds et les chevilles. Cependant, l'atteinte initiale de l'épaule, rare chez les plus jeunes, est fréquente chez les patients âgés, rendant plus difficile le diagnostic différentiel avec une *polymyalgia rheumatica*, un syndrome épaule-main ou une arthrite rhumatoïde séronégative.

Les érosions osseuses, les nodules, les gonflements articulaires, les déformations, la raideur matinale et les vasculites sont moins fréquents dans ce groupe d'âge et, de façon générale, l'évolution en est plus lente. Il en résulte souvent une maladie d'allure plus bénigne.

Le facteur rhumatoïde, fréquemment présent chez les patients âgés, n'indique pas nécessairement, malgré certains signes et symptômes, la présence d'une polyarthrite rhumatoïde. D'autre part, l'incidence d'arthrite rhumatoïde séronégative est plus élevée en gériatrie.

Le modèle thérapeutique conventionnellement proposé aux plus jeunes répond moins bien aux besoins de la clientèle âgée, chez qui le délai d'entrée en action du médicament importe, si l'on veut limiter au minimum le risque du syndrome d'immobilisation, difficile à surmonter une fois installé.

Le premier objectif thérapeutique, dans cette clientèle, est souvent le maintien de l'autonomie, aux dépens quelquefois de la prévention des complications, tant de la maladie que du traitement à long terme.

La figure 37.2 illustre le modèle thérapeutique proposé à la clientèle gériatrique affectée de polyarthrite rhumatoïde à début tardif.

Bien que les AINS ne soient pas sans effets secondaires sérieux chez la personne âgée, ils demeurent quand même, dans la majorité des cas, le médicament de premier choix. S'il s'avère que les AINS sont inefficaces ou contre-indiqués, on pourra alors utiliser un agent de rémission (Tableau 37.1) dans la mesure où il s'agit d'un patient chez qui il n'existe pas de contre-indication et chez qui le suivi est fiable. Sans ces conditions, le peu de données sur l'utilisation de la corticothérapie à petites doses et à long terme nous permet cette avenue thérapeutique.

Les stéroïdes à petites doses sont des agents pharmacologiques qui semblent pouvoir, selon certains auteurs, altérer la maladie en diminuant l'érosion articulaire. Ils ont l'avantage d'agir rapidement et d'éviter que le patient âgé ne développe des complications liées à l'immobilité. Ils ont un effet palliatif en attendant qu'un traitement d'entretien avec un agent de rémission soit efficace. Il importe cependant de garder en tête les effets secondaires potentiellement engendrés par la cortisone: ostéoporose, syndrome de Cushing, diabète, maladie ulcéreuse digestive, cataractes, myopathies, atrophie cutanée, troubles du comportement, hypertension, infections et troubles hydro-électrolytiques.

Le suivi recommandé chez le patient sous stéroïdes comprend les électrolytes, la glycémie, la numération globulaire et la prise de tension artérielle aux trois mois environ. Il va sans dire que les interventions en kinésithérapie et en ergothérapie apparaissent essentielles, afin de prévenir l'immobilisation.

Goutte et pseudo-goutte

Goutte

Bien que la goutte se présente classiquement comme une monoarthrite, elle peut, chez les personnes âgées, devenir chronique et toucher plusieurs articulations, tout en étant moins destructrice. Dans ce groupe d'âge, elle touche surtout les femmes et est souvent associée à la prise d'un diurétique ou d'acide acétylsalicylique, à un traumatisme ou à une intervention chirurgicale.

Le diagnostic final est confirmé par la ponction articulaire qui met en évidence les cristaux d'urate monosodique négativement biréfringents sous la lumière polarisée.

Dans la crise de goutte aiguë, l'objectif initial du traitement vise à diminuer l'inflammation. Il est donc important de débuter un traitement aussitôt que la crise se manifeste. L'utilisation judicieuse d'un AINS demeure, en phase aiguë, le premier choix thérapeutique.

La colchicine peut être une solution de remplacement et, dans ce groupe d'âge, on la prescrit en phase aiguë à raison de 0,6 mg, *per os*, aux 12 heures, en évitant de l'utiliser en cas

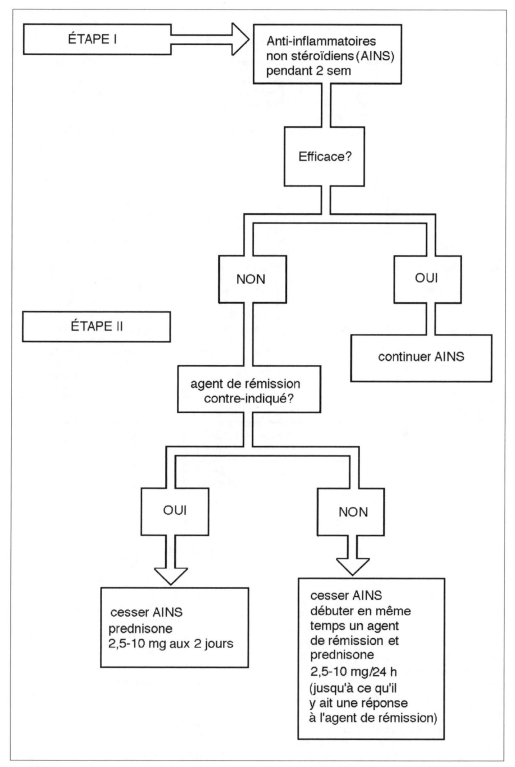

Figure 37.2 Modèle thérapeutique de la PAR à début tardif

Tableau 37.1
Agents de rémission

Médicament	Dosage	Effets secondaires	Suivi recommandé
sels d'or I.M.	10 mg la 1re sem, 25 mg la 2e sem, puis 50 mg/sem × 20 sem puis diminuer	éruption cutanée, ulcères buccaux, suppression médullaire, colite	FSC et analyse d'urine avant chaque injection
sels d'or oraux	3 mg/12 h	diarrhée + ci-dessus	FSC et analyse d'urine aux 2 sem initialement, puis 1 fois par mois
hydroxychloroquine	200 mg/12 h	atteinte maculaire, nausées, vomissements	examen ophtalmologique initial et aux 6 mois par la suite
D-pénicillamine	250 mg/8 h	éruption cutanée, néphropathie, suppression médullaire, neuropathie, manifestations auto-immunes	FSC et analyse d'urine aux 1-2 sem, puis aux 4-6 sem, CPK aux 4-6 mois
sulfasalazine	1-3 mg/24 h en doses divisées	éruption cutanée, symptômes gastro-intestinaux, suppression médullaire, hémolyse, hépatotoxicité	FSC, analyse d'urine et tests de fonction hépatique aux 2 sem, puis aux 1-3 mois
méthotrexate	5-15 mg/sem	ulcères buccaux, anomalies hépatiques, suppression médullaire, pneumonite	FSC, analyse d'urine, tests de fonction hépatique aux 1-2 sem, puis aux mois; tests de fonctions pulmonaires et radio. pulmonaire aux 6-12 mois
azathioprine	50 mg/8 h	nausées, vomissements, toxicité hépatique, suppression médullaire, néoplasme, infection	FSC, analyse d'urine aux 1-2 sem, puis aux mois, enzymes hépatiques aux 2-4 sem, puis aux 1-2 mois
cyclophosphamide	1-2 mg/kg/24 h	nausées, cystite, hématurie, SIADH, suppression médullaire, néoplasie	FSC, analyse d'urine après 1-2 sem, puis aux mois

d'insuffisance rénale modérée à grave. Finalement, on considère l'analgésie simple, pour tout patient dont les risques liés à l'utilisation d'un AINS ou de la colchicine dépassent les bénéfices.

Une fois la crise maîtrisée, on détermine le besoin d'un traitement à long terme. Deux crises sont habituellement nécessaires pour que ce traitement soit opportun. On peut choisir, si les crises sont peu fréquentes et espacées, de ne traiter qu'en phase aiguë, selon les modalités précédemment mentionnées, ou envisager une thérapie suppressive avec de petites doses d'AINS. Le traitement hypo-uricémique demeure le meilleur choix chez les patients présentant fréquemment des crises et, bien qu'il soit généralement admis que la plupart des personnes âgées excrètent moins d'acide urique que la normale

(moins de 900/24 h) et qu'elles devraient idéalement recevoir un agent uricosurique tel le probénécide, on favorise l'utilisation de l'allopurinol (inhibiteur de la xanthine oxydase), souvent mieux toléré. Il importe cependant d'être prudent et de diminuer les doses dans l'insuffisance rénale. Un syndrome d'hypersensibilité peut se manifester dès les premières semaines suivant la prise du médicament. Il se manifeste par un rash, de la fièvre, une hépatite et une insuffisance rénale.

On débute ce médicament à raison de 100 à 300 mg/24 heures selon la fonction rénale, jumelé à un AINS pendant quelques semaines, afin d'éviter la précipitation de crises de goutte en cascades.

Le tableau 37.2 résume l'approche thérapeutique de la goutte.

Tableau 37.2
Approche thérapeutique de la goutte

Traitement en phase aiguë

AINS pendant 10 jours
    Dose : la moitié de la dose adulte usuelle, à augmenter selon la réponse clinique

OU

Colchicine
    Dose : 0,6 mg/12 h *per os*, pendant 10 jours

OU

Analgésique simple

Traitement à long terme

AINS ou colchicine au moment des crises

OU

Traitement suppresseur avec petites doses d'AINS ou de colchicine

OU

Thérapie hypo-uricémique
    • AINS pendant 1-2 mois

+

    • Allopurinol, 100-300 mg/24 h, selon la fonction rénale

Pseudo-goutte

La pseudo-goutte résulte du dépôt de cristaux de pyrophosphate de calcium sur le cartilage articulaire. Elle touche principalement les genoux, les poignets, les épaules et les chevilles. Elle se manifeste de façon aiguë ou chronique. Une crise aiguë touche habituellement une seule articulation et se caractérise par de la douleur aiguë, un gonflement, de la rougeur et de la chaleur locale. La durée moyenne de la crise sera d'environ 10 jours. L'immobilité entraînée par une chirurgie, un traumatisme ou une maladie aiguë constitue un facteur de risque. Sur le plan systémique, on peut retrouver de la fièvre, des frissons, une leucocytose et une élévation de la vitesse de sédimentation. Par ailleurs, la pseudo-goutte peut aussi entraîner des manifestations plus chroniques, évoquant le tableau clinique de l'arthrose.

Le diagnostic repose essentiellement sur la présence, dans le liquide synovial, de cristaux faiblement positivement biréfringents. Le liquide articulaire, en phase aiguë, peut contenir 2 000-80 000 globules blancs/mm^3 dont 80 à 90 % de polymorphonucléaires. Radiologiquement, on voit les dépôts de pyrophosphate de calcium, principalement au niveau des genoux, des poignets et de la symphyse pubienne.

Le traitement consiste, en phase aiguë, à administrer un AINS ou, s'il s'agit d'une articulation facile à ponctionner, on peut procéder à une injection de corticostéroïdes. La colchicine orale, bien que moins efficace que dans la goutte, peut quand même être utile. A long terme, elle est efficace pour prévenir les récidives. Les patients porteurs d'une pseudo-goutte chronique sont habituellement soulagés par de petites doses d'AINS.

POLYMYALGIA RHEUMATICA[1] ET ARTÉRITE TEMPORALE

Polymyalgia rheumatica

La *polymyalgia rheumatica* est un syndrome survenant chez l'adulte de plus de 50 ans. En fait, 85 % des malades sont âgés de plus de 60 ans. La *polymyalgia rheumatica* est principalement caractérisée par des douleurs et des raideurs matinales touchant principalement les ceintures scapulaire et pelvienne. On retrouve aussi, chez certains patients, des douleurs plus distales avec, occasionnellement, des gonflements des genoux, des poignets et des articulations métacarpo-phalangiennes.

---

1. Pseudo-polyarthrite rhizomélique

La vitesse de sédimentation se situe autour de 60-80 mm/heure et une anémie de type inflammatoire peut être présente. Les enzymes hépatiques et les plaquettes peuvent s'élever légèrement. On ne note habituellement aucun changement radiologique. Le diagnostic repose donc sur la clinique et le laboratoire, sans qu'aucun de ceux-ci ne soit tout à fait pathognomonique. On comprend donc que le diagnostic puisse quelquefois être difficile et impliquer que l'on ait à trancher entre une polyarthrite rhumatoïde séronégative du vieillard, un syndrome épaule-main ou une artérite temporale (15 % des PMR).

La PMR dure rarement plus de 1 à 2 ans et réagit miraculeusement à la cortisone à des doses inférieures à 20 mg/24 heures. Seule la présence d'une artérite temporale oblige à utiliser des doses plus importantes, voire à ajouter ou à utiliser un autre immunosuppresseur.

Artérite temporale

L'artérite temporale, pour sa part, se caractérise par des céphalées, de la claudication des masséters, l'induration et l'inflammation de l'artère temporale, des malaises généraux, une perte de poids, un risque de cécité monoculaire subit, de la fièvre et, dans 50 % des cas, des symptômes de PMR classique.

La vitesse de sédimentation est habituellement très élevée et la biopsie de l'artère temporale confirme le diagnostic.

Une corticothérapie journalière, à raison de 1 mg/kg de prednisone, doit être rapidement instituée. Un autre immunosuppresseur pouvant être utilisé si la réaction à la cortisone est insatisfaisante. Une diminution lentement progressive du traitement peut être amorcée après que se soient normalisés la clinique et le laboratoire. Un sevrage complet de la médication est habituellement possible après 2 à 5 ans.

AFFECTIONS NON ARTICULAIRES

Épaule

Déchirure de la coiffe des rotateurs

La rupture partielle ou totale de la coiffe des rotateurs survient habituellement après un effort relativement modeste. Le sus-épineux est le tendon le plus fréquemment lésé et, conséquemment, l'incapacité d'accomplir l'abduction gléno-humérale sera relevée à l'examen physique. Lors d'une déchirure partielle, une immobilisation en abduction suivie de kinésithérapie peut apporter des résultats favorables. Une rupture complète exige cependant une chirurgie. Les résultats d'une telle intervention chez la personne âgée sont malheureusement souvent mauvais.

Capsulite rétractile

La capsulite rétractile peut survenir spontanément ou encore résulter d'une douleur à l'épaule d'étiologie quelconque. La douleur est mal localisée et les mouvements fortement limités. L'intervention mérite d'être la plus précoce possible afin d'éviter la perte fonctionnelle chronique. L'approche thérapeutique consiste en une combinaison de kinésithérapie, d'analgésiques et d'AINS. Si après 2 ou 3 semaines les symptômes persistent, on peut alors envisager d'administrer un stéroïde intra-articulaire.

Tendinite bicipitale

La tendinite bicipitale cause une douleur de la portion antérieure de l'épaule qui irradie classiquement dans le bras et à la partie proximale de l'avant-bras. L'examen révèle un tendon douloureux à la palpation. La douleur peut aussi être provoquée par une supination contre résistance de l'avant-bras (signe de Yergason) ou lors d'une flexion contre résistance. L'approche thérapeutique consiste en kinésithérapie, médication analgésique et AINS. Pour les cas réfractaires, une infiltration pourra être justifiée.

Dystrophie sympathique réflexe (syndrome épaule-main)

La dystrophie sympathique réflexe est une condition sérieuse qui peut se développer à la suite d'un traumatisme ou d'une pathologie touchant le bras, d'un AVC avec hémiparésie, ou d'un infarctus du myocarde. La physiopathologie est mal connue. Cliniquement, le patient décrit une douleur mal caractérisée au bras accompagnée d'un gonflement, d'une hypersensibilité et de changements vasomoteurs (hyperhidrose). Plus tard, on voit apparaître des changements trophiques au niveau des téguments: atrophie de la peau et modifications de la pilosité et des ongles. Finalement, après un an environ, les symptômes s'estompent pour ne laisser que des séquelles telles les contractures et l'atrophie cutanée et sous-cutanée. Radiologiquement, on observe parfois une ostéopénie du membre affecté et, durant la première phase, la scintigraphie osseuse montre une hypercaptation diffuse. Le traitement nécessite l'intervention de la kinésithérapie jumelée à une analgésie adéquate. Souvent, on doit ajouter soit un bêta-bloquant, de la calcitonine, des AINS ou une infiltration de l'épaule. Occasionnellement, un bloc au niveau du ganglion stellaire est nécessaire.

Mains et poignets

Syndrome du canal carpien

Ce syndrome qui se manifeste par des paresthésies, surtout nocturnes, de la face palmaire des trois premiers doigts résulte d'une compression du nerf médian dans le canal carpien. Éventuellement, les malades se plaignent de faiblesse lors de la manipulation de certains objets tels une tasse ou un verre. On retrouve ce syndrome associé à certaines maladies tels le diabète, l'hypothyroïdie, la polyarthrite rhumatoïde et l'amyloïdose. Le traitement repose d'abord sur l'infiltration. Éventuellement, une chirurgie de décompression est nécessaire.

Bassin et hanches

Bursite trochantérienne

Les patients présentant ce type de bursite se plaignent d'une douleur, localisée latéralement au niveau du grand trochanter, qui les empêche de s'étendre sur le côté affecté. L'examen révèle habituellement une hanche normale mais une douleur exquise à la palpation du grand trochanter. L'infiltration locale de stéroïdes demeure le traitement de choix.

UTILISATION DES ANTI-INFLAMMATOIRES NON STÉROÏDIENS EN GÉRIATRIE

Dans les maladies ostéo-articulaires, les AINS sont les agents les plus souvent utilisés pour leurs effets anti-inflammatoires et analgésiques. Soixante-quinze pour cent (75 %) des prescriptions d'AINS sont destinées à des personnes de plus de 65 ans et l'acide acétylsalicylique (Aspirine®) est de loin le plus ancien et le plus utilisé des AINS.

Les AINS agissent comme inhibiteurs de la cyclo-oxygénase et viennent ainsi interférer avec la transformation de l'acide arachidonique en prostaglandines. Les prostaglandines sont considérées comme des médiateurs importants de l'inflammation au niveau du liquide synovial.

Outre leur effet anti-inflammatoire, ils sont bien connus pour leurs effets analgésique, antipyrétique et anti-agrégant.

Chez les personnes âgées, trois raisons font que l'utilisation des AINS peut être problématique:

- malgré les doses conventionnelles, un effet toxique peut se manifester en raison des concentrations sériques trop élevées provoquées par des altérations de la pharmacocinétique;

- un effet toxique peut aussi survenir à des concentrations normales du médicament en raison d'une sensibilité accrue des organes récepteurs;

- et, finalement, un effet toxique peut résulter d'une interaction avec des médicaments administrés pour d'autres affections.

Ces effets secondaires toxiques s'observent au niveau gastro-intestinal, rénal, cardio-vasculaire, nerveux central et hématologique.

La diminution de la résistance de la muqueuse gastrique à la production d'acide et de pepsine ainsi que de la diminution de la production de suc gastrique sont des facteurs qui prédisposent à des risques de gastropathie consécutive à l'administration d'AINS.

Les vieillards dépendent en partie des prostaglandines vasodilatatrices pour assurer une irrigation rénale adéquate. Les AINS nuisent à la production rénale de cette prostaglandine, ce qui peut entraîner une insuffisance fonctionnelle du rein qui se manifeste par une insuffisance rénale.

La rétention du sodium est l'effet secondaire le plus fréquent de l'emploi des AINS. Elle entraîne une rétention secondaire d'eau qui, chez les personnes âgées, peut entraîner l'apparition ou l'exacerbation de l'insuffisance cardiaque ou d'autres affections œdémateuses. De plus, ces médicaments atténuent l'effet des diurétiques et d'autres antihypertenseurs.

L'acide acétylsalicylique peut causer des pertes auditives bilatérales réversibles ainsi que des acouphènes. L'indométacine et d'autres dérivés de l'acide propionique peuvent provoquer une altération de la fonction cognitive, des pertes de mémoire, des modifications de la personnalité et de la confusion. L'indométacine peut aussi causer des céphalées et des étourdissements.

Mise à part l'anémie associée à la spoliation digestive, les AINS engendrent plus rarement des problèmes hématologiques. La phénylbutazone peut produire une aplasie médullaire et l'on peut, avec tous les AINS, observer une augmentation du temps de saignement et une diminution de l'agrégation plaquettaire, les deux phénomènes étant réversibles. Ces effets sont cependant irréversibles avec l'acide acétylsalicylique.

Chez les personnes âgées, on évite donc de prescrire des AINS comme simple analgésique. On prescrit plutôt de l'acétaminophène, avec ou sans codéine selon l'intensité de la douleur.

Lorsque le sujet souffre d'insuffisance cardiaque, d'hypertension, d'autres états œdémateux, ou lorsqu'il prend des anticoagulants oraux, on évite tout simplement de prescrire des AINS. S'il faut absolument les utiliser chez un sujet qui présente des antécédents de gastrite, d'ulcère ou chez la femme de plus de 75 ans, il faut s'assurer de le faire de concert avec un agent cytoprotecteur. Le misoprostol est actuellement considéré comme le médicament de choix, bien qu'il soit souvent mal toléré en raison de la diarrhée qu'il occasionne.

S'il s'avère essentiel de prescrire des AINS, il faut utiliser ceux dont la demi-vie est courte afin d'éviter l'accumulation. L'ibuprofène, le naproxen et l'acide tiaprofénique prescrits à la moitié des doses habituelles chez l'adulte sont des choix judicieux. En présence d'un état œdémateux, le sulindac est un choix intéressant puisqu'il n'a que très peu d'effet sur la synthèse des prostaglandines rénales. Il faut éviter à tout prix de prescrire de la phénylbutazone aux personnes âgées.

Il faut éviter l'emploi concomitant de diurétiques avec les AINS afin de préserver une fonction rénale adéquate. Si le patient est déshydraté, il faut interrompre tout traitement aux AINS.

CONCLUSION

Les affections de l'appareil locomoteur ont une importance considérable en gériatrie, en raison de leurs conséquences diverses et indirec-

tes sur l'autonomie de cette clientèle. On ne saurait trop insister sur les caractéristiques épidémiologiques, diagnostiques et thérapeutiques propres aux grands syndromes rhumatologiques touchant les personnes âgées.

Une approche judicieuse permet souvent le maintien d'une qualité de vie essentielle au bien-être de ces patients.

BIBLIOGRAPHIE

BROOKES, P.M.: Problems of antiarthritic therapy in the elderly. *J Am Geriatr Soc*, **32(3)**.

CAMPBELL, S.: Gout: How presentation, diagnosis and treatment differ in the elderly. *Geriatrics*, **43(11)**, 1988.

COHEN, M.D. & W.W. GINSBURG: Polymyalgia Rheumatica. *Rheumatic Disease Clinics of North America*, **16(2)**:325-339, 1990.

DIEPPE, P.A.: Investigation and management of gout in the young and the elderly. *Ann Rheum Dis*, **50**:263-266, 1991.

DUBOST, J.J.& B. SAUVEZIE: Actualités des rhumatismes inflammatoires du sujet âgé. *Rev Rhum Mal Osteoartic*, **59(6 bis)**:37-42S, 1992 (résumé).

GOODE, J.D.: Anti-rheumatic treatment in the elderly. *Z Gerontol*, **26**:39-43, 1993.

HÄNTZSCHEL, H. & Coll.: Polymyalgia rheumatica and rheumatoid arthritis of the elderly: a clinical, laboratory, and scintigraphic comparison. *Ann Rheum Dis*, **50**:619-622, 1991.

HEALEY, L.A. & P.K. SHEETS: The Relation of Polymyalgia Rheumatica to Rheumatoid Arthritis. *J Rheumatol*, **15(5)**:750-752, 1988.

HUNDER, G.G., GORONZY, J. & C. WEYLAND: Is seronegative ra in the elderly the same as polymyalgia rheumatica? *Bull Rheum Dis*, **43(1)**, February, 1994.

JONES, M.P. & M.L. SCHUBERT: What Do You Recommend for Prophylaxis in an Elderly Woman with Arthritis Requiring NSAIDs for Control? *Am J Gastrœnterol*, **86(3)**:264-268, 1991.

NESHER, G., MOORE, T.L. & J. ZUCKNER: Rheumatoid Arthritis in the Elderly. *JAGS*, **39**:284-294, 1991.

NESHER, G. & T.L. MOORE: Rheumatoid Arthritis in the Aged: Incidence and Optimal Management. *Drugs & Aging*, **3(6)**:487-500, 1993.

SCHAARDENBURG, D.V. & Coll.: Rheumatoïd arthritis in a population of persons aged 85 years and over. *British Journal of Rheumatology*, **32**:104-109, 1993.

STANASZEK, W.F.: Arthritis in the elderly: Presentation, treatment and monitoring aspects. *Journal of Geriatric Drug Therapy*, **4**, 1989.

WEISS, M.: Corticosteroïds in rheumatoïd arthritis. *Semin Arthritis Rheum*, **19**, août, 1989.

LECTURES SUGGÉRÉES

KARPMAN, R.R. & J. BAUM: Aging and Clinical Practice: Musculoskeletal Disorders (A Regional Approach). IGAKU & SHOIN, New York & Tokyo, 1988.

WOOD, P.H.: Oxford Textbook of Geriatric Medicine, Section 13: Joints and connective tissue, Oxford Medical Publications, Oxford – New York – Tokyo, 1992.

FRACTURES DE LA HANCHE

RÉJEAN DUMAIS

Les fractures constituent un problème très important dans la population âgée. Elles sont fréquemment secondaires à des traumatismes mineurs et, la plupart du temps, associées à l'ostéoporose et aux chutes. Étant donné l'augmentation de prévalence des néoplasies, les fractures pathologiques constituent également un problème fréquent que nous traiterons rapidement, car la présentation clinique en est habituellement très différente. Les principales fractures chez le vieillard sont la fracture de la hanche, la fracture du radius distal (fracture de Colles), la fracture du bassin, la fracture du col chirurgical de l'humérus, les fractures vertébrales et la fracture du plateau tibial. Nous nous attarderons uniquement aux fractures de la hanche, car elles sont non seulement fréquentes mais aussi lourdes de conséquences pour la personne âgée.

GÉNÉRALITÉS

L'incidence des fractures de la hanche serait d'environ 70 à 100/100 000/année. Les femmes en sont victimes plus souvent que les hommes, dans une proportion variant de 2 à 8 pour 1. Les femmes noires semblent relativement protégées. Cette situation serait due à la masse osseuse qui serait nettement diminuée chez les femmes caucasiennes. La fracture intertrochantérienne et la fracture du col fémoral se présentent avec la même fréquence et dans la même tranche d'âge, selon les études les plus récentes. Avec le vieillissement constant de la population, on prévoit que le nombre actuel de fractures de la hanche triplera au cours des prochaines décennies. La prévention des chutes et de l'ostéoporose pourra peut-être contribuer à réduire la fréquence de cette fracture, qui occasionne des coûts astronomiques, en raison des soins qu'elle nécessite et des complications qu'elle engendre, dont la perte d'autonomie qui entraîne souvent le placement en institution.

PRÉSENTATION CLINIQUE

Il faut porter une attention particulière aux patients qui souffrent d'une atteinte des fonctions cognitives, car l'histoire de la chute n'est pas toujours claire. Il n'est pas rare que des fractures soient identifiées plusieurs jours, ou même plusieurs semaines, après qu'elles se soient produites. Normalement cependant, l'anamnèse révèle un traumatisme récent.

Le signe clinique le plus constant est la douleur à la mobilisation de la hanche concernée. On peut observer la position classique: jambe en rotation externe, raccourcie et en légère abduction. Néanmoins, cette position classique ne vaut que pour une fracture déplacée. On peut avoir un aspect tout à fait normal de la jambe en cas de fracture non déplacée.

FRACTURE INTERTROCHANTÉRIENNE

Comme son nom l'indique, cette fracture se situe entre le grand et le petit trochanter. Une classification de ces fractures est proposée à la figure 38.1. Ce qu'il faut retenir de cette classification, c'est que plus il y a de comminution, particulièrement en médial, plus il devient difficile pour le chirurgien de tout reconstruire solidement. Ces fractures se consolident pratiquement toutes, très rapidement parce que les fragments sont tous bien vascularisés, avec une grande surface d'os spongieux. Elles guérissent en 8 à 12 semaines, à condition que le patient reste immobilisé. Or, les complications de l'immobilisation sont extrêmement graves dans ce groupe d'âge, ce qui justifie d'emblée la chirurgie.

Le traitement chirurgical des fractures intertrochantériennes se fait par l'enclouage de la hanche. Il peut sembler paradoxal de parler d'enclouage alors qu'on utilise maintenant une

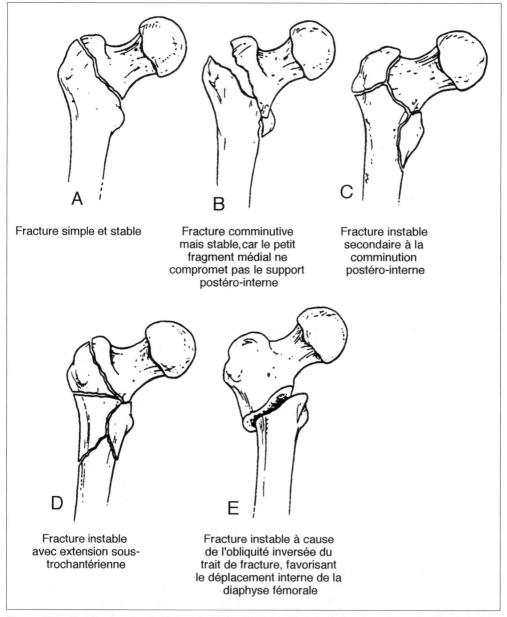

A
Fracture simple et stable

B
Fracture comminutive mais stable, car le petit fragment médial ne compromet pas le support postéro-interne

C
Fracture instable secondaire à la comminution postéro-interne

D
Fracture instable avec extension sous-trochantérienne

E
Fracture instable à cause de l'obliquité inversée du trait de fracture, favorisant le déplacement interne de la diaphyse fémorale

Figure 38.1 Classification des fractures intertrochantériennes (Tiré de Zuckerman, J.D., ed.: *Comprehensive Care of Orthopedic Injuries in the Elderly*, Urban & Schwarzenberg, Baltimore, 1990.)

vis, mais le terme a été consacré en raison du premier implant utilisé. On utilise maintenant une vis coulissante pour obtenir la compression (Fig. 38.2).

La principale complication est une perte de réduction due à l'échec de l'ostéosynthèse à maintenir une réduction stable et une fixation solide. L'implant peut aussi plier, se briser, s'arracher ou traverser l'os, car il est souvent plus solide que l'os dans lequel il est enfoui.

FRACTURES DU COL FÉMORAL

Le traitement de ces fractures pose un problème chirurgical non entièrement résolu.

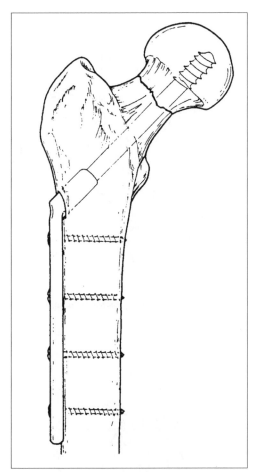

Figure 38.2 Représentation schématique d'un enclouage d'une fracture du col fémoral
(Tiré de McCollister Evarts, C.: *Surgery
of the muscoskeletal system*, Churchill
Livingstone, Edinburgh, 2nd ed. 1990.)

Malgré la fréquence de la condition, on ne sait toujours pas avec certitude quel traitement donne le meilleur résultat et quel patient peut bénéficier d'une approche spécifique.

La fracture du col fémoral porte différents noms selon sa localisation. Elle est sous-capitale lorsqu'elle se trouve juste sous la tête fémorale, transcervicale au milieu du col fémoral et basi-cervicale près de la jonction avec la région inter-trochantérienne. On utilise la classification de Garden, qui permet de classer ces fractures selon leur déplacement, et d'estimer le pronostic (Fig. 38.3). Le diagnostic peut être très difficile lorsque la fracture est peu déplacée. Un bris de continuité du trajet des trabéculations osseuses

de la tête fémorale au cotyle, tel que démontré dans la figure 38.4, peut aider à mettre en évidence la fracture. Ce type de fracture présente des différences importantes avec la fracture intertrochantérienne. Il s'agit d'abord d'une fracture intra-articulaire, dont les surfaces osseuses baignent dans le liquide synovial, ce qui retarde déjà la guérison. Il n'y a qu'une petite surface osseuse et il s'agit d'os cortical qui guérit beaucoup plus lentement que l'os spongieux. Le périoste est fin, pour ne pas dire inexistant, à ce niveau, ce qui élimine un autre facteur de guérison. Enfin, la vascularisation est d'emblée précaire et risque d'être détruite par le moindre déplacement. Toutes ces différences expliquent la fréquence beaucoup plus élevée de la nécrose avasculaire dans ce type de fracture et les changements dégénératifs qu'elle engendrera plus tard, sans compter le risque de pseudarthrose, pratiquement inexistant dans les fractures intertrochantériennes.

Comme dans le cas des fractures intertrochantériennes, il existe des facteurs pronostiques intrinsèques (âge, ostéoporose, déplacement de la fracture) sur lesquels l'orthopédiste n'a aucune influence. Mais il existe d'autres facteurs que l'on peut tenter de modifier. Il est bien évident que la réduction du délai préopératoire augmente les chances de vascularisation de la tête fémorale. Pour cette raison, on tente toujours de précipiter les interventions chirurgicales chez ce genre de patient. Cependant, les études récentes montrent qu'à cause des conditions morbides associées (cardiopathies, vasculopathies, diabète), les patients opérés dans un délai d'une semaine montrent beaucoup moins de morbidité et de mortalité, car on réussit à optimaliser le traitement médical. Par contre, si l'on attend trop longtemps avant de procéder à l'intervention, on accumule les risques de l'immobilisation prolongée (thrombophlébite, embolie pulmonaire, pneumonie, infection urinaire, plaies de pression). L'orthopédiste tente d'obtenir la réduction la plus anatomique possible, ce qui assure la stabilité, alors que la solidité de l'ostéosynthèse dépend de la compression au foyer de fracture, et la mise en charge est un facteur qui peut accentuer cette compression. Chez des patients ostéoporotiques cependant, la mise en charge peut déplacer la réduction obtenue.

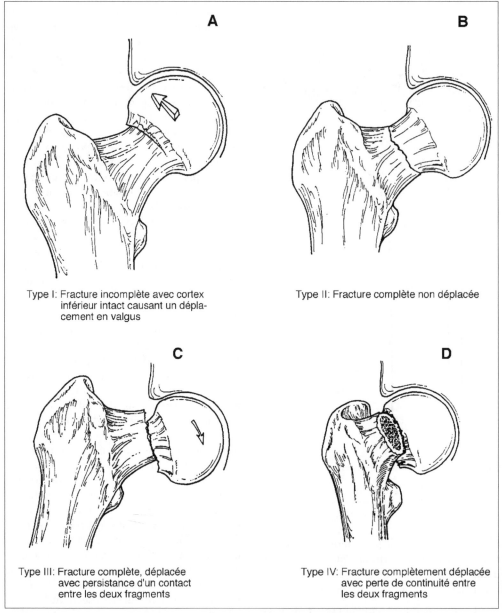

A

Type I: Fracture incomplète avec cortex inférieur intact causant un déplacement en valgus

B

Type II: Fracture complète non déplacée

C

Type III: Fracture complète, déplacée avec persistance d'un contact entre les deux fragments

D

Type IV: Fracture complètement déplacée avec perte de continuité entre les deux fragments

Figure 38.3 Classification des fractures du col fémoral selon Garden (Tiré de McCollister Evarts, C.: *Surgery of the muscoskeletal system*, Churchill Livingstone, Edinburgh, 2nd ed. 1990.)

Les moyens chirurgicaux dont on dispose pour traiter ces fractures sont l'enclouage et l'hémiarthroplastie. L'enclouage est très utile dans le cas de fractures non déplacées ou lorsqu'on réussit à obtenir une réduction véritablement anatomique. L'ostéosynthèse ainsi réalisée a l'avantage de préserver la tête fémorale, ce qui demeure la solution la plus naturelle. Il s'agit d'une intervention beaucoup plus simple techniquement, entraînant moins de complications périopératoires, et qui peut facilement être transformée en arthroplastie plus tard, au besoin. Cependant, il persiste des risques significatifs de nécrose avasculaire, pseudarthrose, perte de réduction et perforation de la tête fémorale par l'implant, le tout entraînant une augmentation

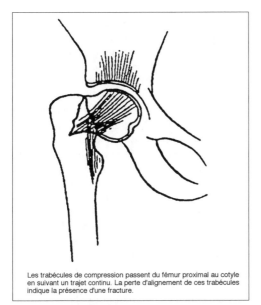

Les trabécules de compression passent du fémur proximal au cotyle en suivant un trajet continu. La perte d'alignement de ces trabécules indique la présence d'une fracture.

Figure 38.4 Continuité du trajet des trabécules osseuses (Tiré de Zuckerman, J.D., ed.: *Comprehensive Care of Orthopedic Injuries in the Elderly*, Urban & Schwarzenberg, Baltimore, 1990.)

du taux de réopération à long terme. A propos de la nécrose avasculaire de la tête fémorale, il faut réaliser que celle-ci ne s'accompagne pas nécessairement de symptômes immédiats. En effet, la charpente osseuse peut supporter le poids pendant une période plus ou moins prolongée mais, éventuellement, elle s'écrase et provoque des changements dégénératifs sur le versant acétabulaire, ce qui nécessite alors une arthroplastie totale de la hanche.

Lorsque la fracture est complètement déplacée et que l'on sait qu'il n'y a aucune chance de revascularisation, on procède à une hémiarthroplastie (prothèse de Moore) qui permet de remplacer cette tête fémorale. L'arthroplastie totale de la hanche a été utilisée dans les cas de fracture de la hanche mais montre de façon uniforme de mauvais résultats, à cause du taux élevé de descellement, de luxation et d'infection, sans qu'on ait jamais pu préciser la raison de cet état de fait. Cette solution est envisageable dans le cas où il y a une atteinte du cotyle tel que retrouvé avec une arthrose avancée, une polyarthrite rhumatoïde, une maladie de Paget ou une maladie néoplasique métastatique au fémur proximal, alors que l'on peut et que l'on doit supposer que le bassin est probablement atteint lui aussi.

Le tableau 38.1 illustre les avantages et les désavantages des deux approches chirurgicales pour la fracture du col fémoral. L'orthopédiste devra évaluer les caractéristiques spécifiques de chaque patient, avant de choisir l'intervention chirurgicale qui lui semble la plus appropriée, car l'approche idéale demeure controversée.

SUIVI PÉRIOPÉRATOIRE

Le suivi périopératoire comprend le traitement préopératoire optimal des conditions médicales, la prévention de l'infection par une antibiothérapie prophylactique et la prophylaxie antithrombotique pour la prévention de la thrombophlébite profonde et de l'embolie pulmonaire. Pour le traitement médical, l'orthopédiste travaille de concert avec le médecin traitant. Pour la prévention de l'infection, on donne habituellement une dose préopératoire de céfazoline, de façon à obtenir une bonne protection lors de l'incision cutanée. Les taux

Tableau 38.1		
Comparaison des approches chirurgicales pour la fracture du col fémoral		
	Ostéosynthèse **(ex.: enclouage)**	**Hémiarthroplastie** **(ex.: prothèse de Moore)**
Avantages	• préservation de la tête fémorale • chirurgie plus simple • diminution des complications périopératoires • reprise de chirurgie plus facile	• mise en charge immédiate • diminution de la reprise des chirurgies
Désavantages	• nécrose avasculaire (10 %) • pseudarthrose (30 %) • perte de réduction • perforation de la tête fémorale (20 %) • augmentation de la fréquence des réopérations	• chirurgie plus invasive • augmentation des complications périopératoires • mortalité (20 %) • érosion acétabulaire • luxation, infection

d'infection sont de l'ordre de 1 à 2 %, ce qui est excellent. Par ailleurs, le corps médical est de plus en plus sensibilisé à l'importance de la prophylaxie antithrombotique. Dans le cas particulier des fractures de la hanche, les méthodes habituelles (acide acétylsalicylique, héparine sous-cutanée, etc.) sont inefficaces. En Amérique du Nord, la seule modalité thérapeutique franchement reconnue est l'utilisation de la warfarine de façon à maintenir un INR entre 2 et 3. Cependant, on hésite à l'utiliser régulièrement, à cause du risque de saignement chez des patients âgés ayant chuté, en raison surtout du risque d'hématome sous-dural. En Europe, les héparines de faibles poids moléculaires (énoxaparine) sont largement utilisées et semblent être au moins aussi efficaces, quoique coûteuses; un consensus de plus en plus large émerge maintenant en Amérique pour reconnaître la supériorité de ce type de prophylaxie.

D'autres complications peuvent survenir à moyen et long terme telles l'infection et le désassemblage du montage orthopédique, plus particulièrement chez une patiente très ostéoporotique. La luxation tardive survient parfois avec les prothèses de Moore. Quand le membre inférieur est raccourci, en adduction et en rotation interne, il faut donc soupçonner une luxation plutôt qu'une nouvelle fracture.

RÉADAPTATION

Il est sûr que la mise en charge précoce favorise une guérison plus rapide en accélérant l'impaction de la fracture. Encore faut-il que l'os soit adéquat et l'implant assez solide. Une solution mitoyenne serait la mise en charge partielle, mais une bonne collaboration du patient est essentielle. Ceci n'est pas toujours facile; le malade est parfois confus, présente des troubles d'équilibre, une atteinte neurologique, des troubles visuels, ou craint de sautiller sur un seul pied. Même sans mise en charge, il faut savoir que l'installation de la bassine au lit et les exercices de renforcement isométrique du quadriceps représentent une force de quatre fois le poids corporel sur l'articulation de la hanche. A la reprise de la marche, on doit se rappeler que la montée des escaliers représente une force de sept fois le poids corporel, et doit donc être pratiquée plus tardivement durant la phase de réadaptation. Chaque patient représente un cas particulier et l'on peut recommander soit la mise en charge totale immédiate, soit l'absence

totale de mise en charge pendant une période de 6 à 12 semaines, soit la mise en charge partielle (*toe touch*) pour les patients qui coopèrent le mieux. A la reprise de la marche, on doit encourager le malade à s'entraîner à avancer la jambe, même lorsqu'il utilise des béquilles, et surtout à utiliser sa canne dans la main controlatérale à la jambe atteinte. On doit s'assurer que le patient dispose d'un siège de toilette surélevé pour éviter la flexion exagérée de la hanche. Le malade doit toujours se lever et s'asseoir en plaçant la jambe opérée en avant pendant qu'il s'appuie sur la jambe non opérée. Idéalement, il ne doit pas ramasser d'objets par terre. S'il doit absolument le faire, il gardera la jambe opérée étendue derrière lui. Il ne peut pas prendre son bain, car il lui est impossible de fléchir suffisamment pour s'y asseoir et en ressortir aisément. Il doit utiliser une chaise, dans la cabine de douche, ou un banc conçu à cet effet pour s'appuyer sur le rebord du bain. Toutes ces recommandations sont particulièrement importantes pour les porteurs d'une prothèse de Moore ou d'une prothèse totale de la hanche, en vue de prévenir une luxation (Fig. 38.5). Enfin, pour les déplacements dans les escaliers, on suggère au client d'utiliser la bonne jambe (jambe non opérée) en premier à la montée et la mauvaise jambe (jambe opérée) en premier à la descente.

PRONOSTIC

Il est important, dès le début de l'hospitalisation, d'établir le pronostic fonctionnel, afin que le milieu commence à se préparer au retour du patient. Pour établir un tel pronostic, il faut considérer certains facteurs spécifiques. L'âge est certainement un facteur très important, et les plus jeunes récupèrent beaucoup plus rapidement et complètement. Les hommes présentent un taux de décès plus important au cours de la première année, à cause des conditions morbides associées, mais ils évoluent mieux que les femmes en l'absence de ces maladies systémiques. Un patient actif, ambulatoire chez lui et tenant toujours maison, présente de bien meilleures chances de récupération qu'un patient déjà en fauteuil roulant et venant d'une institution d'hébergement. Le moment de la chirurgie peut s'avérer crucial, si les conditions médicales n'ont pas été stabilisées avant l'intervention. Le risque de complications postopératoires est alors plus élevé, ce qui peut entraîner une cascade d'événements morbides avec une

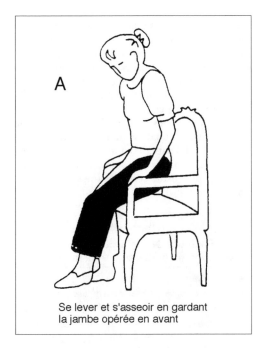

A

Se lever et s'asseoir en gardant
la jambe opérée en avant

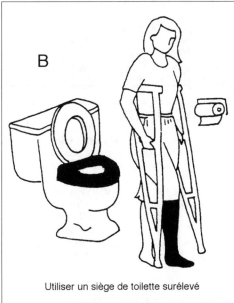

B

Utiliser un siège de toilette surélevé

C

Prendre une douche plutôt qu'un bain

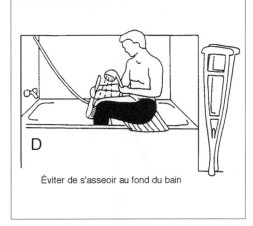

D

Éviter de s'asseoir au fond du bain

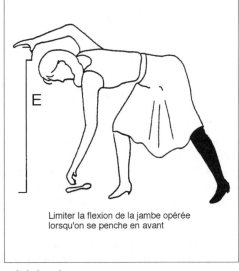

E

Limiter la flexion de la jambe opérée
lorsqu'on se penche en avant

Figure 38.5 Conseils pour la convalescence d'une fracture de la hanche

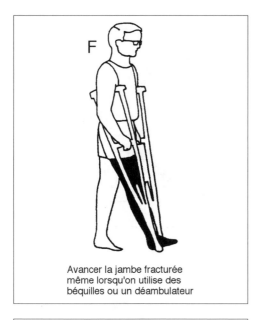

Avancer la jambe fracturée
même lorsqu'on utilise des
béquilles ou un déambulateur

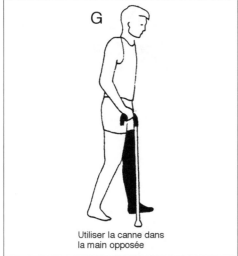

Utiliser la canne dans
la main opposée

Figure 38.5 Conseils pour la convalescence d'une fracture de la hanche (suite)

réserve fonctionnelle pratiquement nulle. L'absence de démence en phase préopératoire et d'épisodes de *delirium* en postopératoire assure une meilleure chance de retour à domicile par la suite, d'où l'importance de l'approche multidisciplinaire, avec une bonne évaluation psychosociale qui permet au patient de reprendre au plus tôt ses activités de la vie quotidienne.

La mortalité après une fracture de la hanche est de l'ordre de 20 à 25 % à six ou douze mois. Les facteurs associés à un risque plus élevé de mortalité sont la démence, la pneumonie postopératoire, l'existence d'une néoplasie ou d'une infection du matériel d'ostéosynthèse. La littérature confirme que seulement 25 à 50 % des patients sont en mesure de reprendre la marche à un niveau comparable à celui d'avant la fracture. Les autres ont besoin d'une nouvelle aide à la marche ou d'assistance physique. Entre 20 et 30 % des patients sont incapables de marcher un an après la fracture. Les facteurs de mauvais pronostic sont résumés au tableau 38.2.

Tableau 38.2
Facteurs de mauvais pronostic fonctionnel après fracture de la hanche
• Âge avancé
• Faible capacité de marche avant la fracture
• Vie en institution avant la fracture
• Morbidité préopératoire (démence, problèmes cardio-pulmonaires, etc.)
• Morbidité postopératoire (*delirium*, pneumonie, etc.)
• Complications chirurgicales (luxation, désassemblage du montage orthopédique, infection de la plaie, etc.)
• Problèmes psychosociaux (dépression, démotivation, faible soutien social)

BIBLIOGRAPHIE

KOVAL, K.J. & J.D. ZUCKERMAN: Hip fractures I. Overview and Evaluation and Treatment of femoral neck fractures. *J Am Acad Orthop Surg*, 2:141-149, 1994.

KOVAL, K.J. & J.D. ZUCKERMAN: Hip fractures II. Evaluation and treatment of intertrochanteric fractures. *J Am Acad Orthop Surg*, 2:150-156, 1994.

KOVAL, K.J. & J.D. ZUCKERMAN: Current Concepts Review: Functional Recovery after fracture of the hip. *J Bone Joint Surg (Am)*, 76-A; 5:751-758.

LECTURES SUGGÉRÉES

KYLE, R.F. & Coll.: Fractures of the proximal part of the Femur, in *Instructional Course Lectures*, Vol. 44. American Academy of Orthopaedic Surgeons, Rosemont (Il), 1995.

STEIN, B.D. & G. FELSENTHAL: Rehabilitation of fractures in the geriatric population, in *Rehabilitation of the aging and elderly patient*. Williams & Wilkins, Baltimore, 1994.

CHAPITRE 39

DIABÈTE

Daniel Tessier

EFFET DU VIEILLISSEMENT SUR LES VALEURS GLYCÉMIQUES

Des études chez des sujets âgés normaux ont montré qu'en général la glycémie à jeun varie peu avec le vieillissement. Par contre, la glycémie 2 heures après le repas (PC) tend à augmenter avec l'âge: à partir de 50 ans, la glycémie 2 heures PC augmente de 0,3 à 0,5 mmol/L par décennie. Les niveaux d'insulinémie sont habituellement comparables ou augmentés par rapport à une population d'âge moyen. L'augmentation de la glycémie est donc secondaire à un phénomène appelé «résistance» à l'action de l'insuline. Plusieurs facteurs entrent en ligne de compte: mentionnons, entre autres, des changements de la composition corporelle en faveur de la masse adipeuse, une baisse de l'activité physique ainsi que des modifications de la diète.

DÉFINITION ET ÉPIDÉMIOLOGIE

L'Organisation mondiale de la santé a décrété que les critères diagnostiques des valeurs glycémiques pour le diabète sucré sont une glycémie à jeun supérieure à 7,8 mmol/L ou une glycémie 2 heures PC supérieure à 11,1 mmol/L (Tableau 39.1). Au moins deux analyses anormales doivent être obtenues avant de poser le diagnostic de diabète.

Lorsque la glycémie à jeun est inférieure à 7,8 mmol/L et que la mesure 2 heures PC varie entre 7,8 et 11,1 mmol/L, ce profil est compatible avec une intolérance au glucose (IG). Pour les diagnostics d'IG ou de diabète, il faut tenir compte de l'augmentation «normale» de la glycémie 2 heures PC avec le vieillissement ainsi que des affections intercurrentes (Tableau 39.2) qui peuvent modifier les valeurs glycémiques de façon aiguë, comme une infection active, la

Tableau 39.1	
Critères de l'OMS pour un diagnostic de diabète	
1. Glycémie au hasard	> 11,1 mmol/L*
ou	
2. Glycémie à jeun	≥ 7,8 mmol/L*
ou	
3. Durant l'hyperglycémie provoquée orale, glycémie à 2 heures	> 11,1 mmol/L
+ 1 autre valeur entre 0-2 heures	> 11,1 mmol/L
* Au moins deux analyses anormales devraient être mesurées.	

Tableau 39.2
Facteurs pouvant contribuer à l'hyperglycémie chez le vieillard
• Changement de la composition corporelle
• Baisse de l'activité physique
• Modifications de la diète
• Maladies aiguës
• stress infectieux
• immobilisation
• Médicaments pouvant augmenter les valeurs glycémiques
• stéroïdes
• diurétiques à haute dose

prise de médicaments pouvant augmenter les valeurs glycémiques (stéroïdes) ou une immobilisation. L'IG représente un état intermédiaire qui peut évoluer, dans un certain pourcentage de cas, vers un diabète sucré.

La majorité des sujets de plus de 65 ans atteints de diabète sont porteurs d'un diabète dit non insulinodépendant (DNID) ou de type 2. Une grande proportion de ces sujets sont obèses et asymptomatiques. L'étude du *National Health and Nutrition Examination Survey* (NHANES) a montré que 15 à 20 % des sujets de plus de 65 ans, choisis au hasard dans la population, rencontrent les critères de DNID et que seulement la moitié sont au courant de leur problème. Cette donnée est d'autant plus importante que ce segment de la population sera en forte croissance au cours des prochaines années. Il faut donc anticiper une augmentation de la prévalence du diabète dans un proche avenir.

Une minorité de sujets âgés évolue rapidement vers l'insulinothérapie, habituellement sans acidocétose. L'obésité est moins prédominante dans ce groupe, le diabète insulinonécessitant (DIN) étant un état intermédiaire entre le diabète de type 2 et de type 1 (insulinodépendant ou juvénile).

PHYSIOPATHOLOGIE

Le DNID du sujet d'âge moyen est caractérisé par des niveaux sanguins variables d'insuline, une résistance tissulaire à l'action de l'insuline et une production excessive de glucose par le foie. Le vieillissement normal est accompagné d'une augmentation de la résistance à l'insuline qui peut contribuer au phénomène hyperglycémique. La sécrétion de l'insuline par le pancréas est un phénomène dynamique influencé par le niveau sanguin de glycémie; l'hyperglycémie chronique, après une phase initiale de stimulation de la sécrétion insulinique, augmente la résistance à cette hormone et en inhibe la sécrétion par le pancréas. Ce dernier phénomène est appelé «toxicité du glucose». En abaissant les valeurs glycémiques, le pancréas peut, dans certains cas, augmenter la sécrétion de l'insuline.

En résumé, le diabète sucré de type 2 ou diabète non insulinodépendant peut être secondaire à une combinaison variable de résistance périphérique à l'insuline, de déficit absolu ou relatif de sécrétion de l'insuline par le pancréas et de sécrétion exagérée de glucose par le foie.

MANIFESTATIONS CLINIQUES

Le DNID est caractérisé par une période asymptomatique de durée variable. Il n'est pas inhabituel de diagnostiquer cette maladie à l'occasion d'un bilan de routine, par une complication comme une maladie coronarienne, une infection qui ne guérit pas ou une insuffisance artérielle des membres inférieurs. Les manifestations cliniques peuvent également être atypiques chez le sujet âgé: mentionnons entre autres

une perte de poids inexpliquée, l'apparition de nycturie, avec ou sans incontinence, des changements inexpliqués de l'acuité visuelle ou du status cognitif. Le DNID peut également se manifester chez le sujet âgé par un coma avec valeurs glycémiques élevées (> 20 mmol/L) sans acidose; ce tableau clinique est appelé coma hyperosmolaire. L'acidocétose diabétique demeure un événement rare chez le sujet âgé.

Le type de complications du diabète chez le sujet âgé est superposable à celui du diabète juvénile. Mentionnons une prévalence importante de l'atteinte macrovasculaire (membres inférieurs, artères coronaires, circulation cérébrale) chez le sujet âgé. L'hypertension artérielle est présente chez un nombre important de ces malades et aggrave l'atteinte vasculaire. L'atteinte autonomique est fréquente et associée à une vulnérabilité accrue aux agents antihypertenseurs (hypotension orthostatique), et on note une prévalence importante de dysfonction sexuelle. La gravité de la rétinopathie diabétique est habituellement proportionnelle à la durée du diabète. Les complications du diabète peuvent fragiliser le maintien à domicile du sujet âgé.

ENTREVUE INITIALE

Les points suivants devraient être évalués lors d'une entrevue initiale chez un diabétique:

- présence de symptômes associés à l'hyperglycémie;
- présence de complications au niveau ophtalmologique, cardio-vasculaire, neurologique ou dermatologique;
- poids actuel, poids antérieur et habitudes alimentaires;
- autres maladies diagnostiquées;
- tabagisme;
- traitements antérieurs, incluant la médication orale et l'insulinothérapie;
- revue des autres médicaments;
- autocontrôle des glycémies capillaires;
- connaissance des symptômes d'hypoglycémie;
- éducation reçue sur le diabète;
- statut socio-économique et disponibilité du soutien par les proches.

Un examen physique détaillé doit suivre l'interrogatoire avec attention particulière aux systèmes mentionnés dans ce dernier.

BILAN ET TRAITEMENT

Après la mesure des glycémies, le bilan initial devrait comprendre une évaluation de la fonction rénale (analyse d'urine et créatinine plasmatique), un électrocardiogramme, un dosage de l'hémoglobine glycosylée. Si l'analyse d'urine ne démontre pas de protéinurie, une collecte urinaire doit être faite pour mesurer la microalbuminurie. Si l'analyse d'urine démontre une protéinurie, un dosage quantitatif des protéines urinaires et une clairance de la créatinine des 24 heures devraient être demandés. Le dosage des lipides est controversé, étant donné l'absence d'études démontrant un impact sur le traitement de la dyslipidémie associée au diabète chez le sujet de plus de 65 ans.

Le patient atteint de DNID devrait, lors du diagnostic, subir une évaluation ophtalmologique. Un suivi périodique devrait être envisagé par la suite. La perte de l'acuité visuelle est un élément qui met sérieusement en danger l'autonomie du sujet âgé.

Le but du traitement est d'optimaliser les valeurs glycémiques. L'objectif doit tenir compte de la qualité de vie et du pronostic vital du malade âgé atteint de diabète. Étant donné l'absence d'étude prospective de durée raisonnable chez le sujet âgé, le niveau optimal du contrôle glycémique demeure un sujet de controverse. De façon générale, les valeurs glycémiques devraient se situer autour des chiffres suivants:

- À jeun: ≤ 8 mmol/L
- 2 heures PC ≤ 10 mmol/L

Le contrôle des glycémies capillaires chez le sujet âgé, à domicile ou en institution, peut être utile dans certaines circonstances comme l'instauration ou la modification d'un traitement, un diabète contrôlé de façon suboptimale ou lorsque l'insuline est utilisée comme agent pharmacologique. Le réflectomètre à lecture digitale doit être préféré à la lecture des bandelettes avec échelle colorimétrique, à cause des erreurs associées à la vision des couleurs chez le sujet âgé. Cet enseignement peut être dispensé par un centre de traitement pour diabétiques: l'âge, pris de façon isolée, ne doit pas être un obstacle pour y diriger un patient diabétique.

L'étape initiale du traitement est habituellement non pharmacologique et touche la diète (Tableau 39.3) et l'exercice. Étant donné que l'obésité et l'inactivité sont en partie responsables du problème, il s'agit d'une étape obligatoire.

La diète doit être équilibrée en glucides, protides et lipides. Les glucides sous forme complexe seront préférés. En présence d'obésité, la perte de poids visée doit être graduelle (environ 0,25-0,5 kg/sem). La restriction en calories sera suivie par une personne compétente pour éviter la malnutrition.

La prescription d'un programme d'activité physique chez un sujet âgé doit se faire avec prudence et de façon graduelle. Les restrictions sont nombreuses, dont un handicap visuel, une cardiopathie symptomatique, un problème rhumatologique, un accident vasculaire cérébral. L'exercice physique est également un facteur qui peut provoquer des symptômes d'hypoglycémie. Une augmentation de l'activité physique doit aussi correspondre aux désirs de la personne intéressée. En résumé, l'approche non pharmacologique du diabète chez la personne âgée est intéressante, mais son application est limitée par certains facteurs.

L'approche pharmacologique est habituellement considérée après un échec du traitement non pharmacologique. Le clinicien doit également réévaluer les autres médicaments utilisés par le malade comme les diurétiques (p. ex., l'hydrochlorothiazide utilisé à 50 mg et plus par jour), les stéroïdes et les bêtabloquants.

Dans la médication diabétique orale (Tableau 39.4), notons d'abord les sulfonylurées qui sont des dérivés des sulfamides. Leur emploi est à éviter en présence d'allergie établie aux sulfamides. Leur mode d'action se caractérise surtout par une augmentation de la sécrétion de l'insuline au niveau du pancréas (ainsi que par une augmentation légère de la sensibilité à l'insuline).

Tableau 39.3
Diète recommandée en cas de diabète
- Glucides: 50 % des calories sous forme d'hydrates de carbone, complexes de préférence
- Protides: 20 % des calories 0,8-1 mg/kg/24 h
- Lipides: 30 % des calories sous forme mono- et polyinsaturé et moins de 250 mg de cholestérol/24 h

Tableau 39.4
Hypoglycémiants oraux

	Dose initiale chez le sujet âgé (mg/24 h)	Dose maximale (mg/24 h)	Nombre de doses/ 24 h	Voies métaboliques principales
SULFONYLURÉE **1re génération**				
Acétohexamide	125	1500	1-2	hépatique et rénale
Chlorpropamide	non recommandé chez le sujet âgé			
Tolbutamide	500	3000	2-3	hépatique
Tolazamide	100	1000	1-2	hépatique et rénale
2e génération*				
Gliclazide	40	320	1-2	hépatique et rénale
Glipizide	2,5	40	1-2	hépatique
Glyburide (glibenclamide)	1,25	20	1-2	hépatique et rénale
BIGUANIDES				
Metformine	500	2000	2-3	rénale

*   Moins de problème d'interactions médicamenteuses avec les sulfonylurées de 2e génération

Leur principal effet secondaire est l'hypoglycémie qui survient dans 5 à 10 % des cas (cet effet secondaire a été rapporté surtout avec le glyburide ou glibenclamide et le chlorpropamide) chez le sujet âgé. Le gliclazide est associé à une moindre incidence d'hypoglycémie que le glyburide, dans cette population. Parmi les autres effets secondaires des sulfonylurées, mentionnons l'intolérance digestive (nausées et vomissements, augmentation des enzymes hépatiques) dans environ 3 % des cas. Les problèmes hématologiques (anémie hémolytique ou aplastique) et cutanés (urticaire, érythème noueux) sont rares.

Les sulfonylurées sont classées en 1re et 2e génération. Les agents de la 2e génération se distinguent par une demi-vie plus longue et un pouvoir hypoglycémiant accru. Le chlorpropamide a une demi-vie très longue et des effets métaboliques indésirables comme l'hyponatrémie par sécrétion inappropriée de l'hormone antidiurétique et l'intolérance à l'alcool (réaction semblable à celle associée au disulfirame); l'usage de cette sulfonylurée est déconseillé chez le sujet âgé. Les sulfonylurées de 1re génération peuvent être potentialisées par le déplacement de l'albumine par des médicaments comme les salicylates, la phénylbutazone et les sulfamides antibactériens. De façon générale, le métabolisme des sulfonylurées est hépatique et rénal et l'atteinte d'un de ces organes implique une surveillance accrue de l'effet thérapeutique. Les sulfonylurées sont initialement efficaces dans 80 à 90 % des cas. A long terme, 30 à 50 % des sujets traités avec une sulfonylurée connaîtront un échec thérapeutique; la cause exacte de ce problème demeure à déterminer.

La metformine fait partie de la classe des biguanides. Son mode d'action est principalement au niveau de la sensibilité à l'insuline, de l'absorption du glucose et de la diminution de l'appétit. Ce médicament est utile lorsque l'obésité prédomine. Le mode d'élimination de la metformine est rénal et, en cas de détérioration de la fonction rénale, l'usage de ce médicament devrait être restreint. Bien qu'étant un événement très rare, l'accumulation de metformine peut entraîner une acidose lactique. A dose thérapeutique, le principal effet secondaire de ce médicament est l'intolérance digestive haute ou basse. Une titration lente du médicament permet de contrôler ce problème. Les problèmes hypoglycémiques sont rares avec la metformine. Ce médicament peut être combiné avec une sulfonylurée dans le cas d'une réaction incomplète avec un seul agent à la dose maximale tolérée.

La fenfluramine, dérivé lointain des psychostimulants, possède une action hypoglycémiante parfois utile lorsque l'obésité est importante ou que la metformine n'est pas tolérée. Pour ces deux médicaments (fenfluramine et metformine), peu de données spécifiques sont disponibles pour le sujet âgé.

L'insulinothérapie est habituellement réservée aux cas d'échec ou d'intolérance aux hypoglycémiants oraux (initialement ou au cours de l'évolution du diabète) ou de diabète qui se complique. Le traitement initial doit être ajusté au degré d'hyperglycémie. On débute par une dose d'insuline à action intermédiaire le matin (NPH ou Lente). Si les glycémies capillaires en fin d'avant-midi demeurent élevées, on peut ajouter de l'insuline à courte action (Toronto) à la dose matinale. Si les glycémies capillaires demeurent élevées en fin de journée, une dose d'insuline NPH, associée ou non à de l'insuline Toronto, peut être ajoutée en fin d'après-midi. Lorsque le sujet âgé a des difficultés à mélanger les insulines, l'emploi d'insulines prémélangées peut s'avérer utile. Dans le cas de handicap visuel, les seringues peuvent être préparées quelques jours d'avance et laissées au réfrigérateur, aiguille vers le haut. L'âge à lui seul ne devrait pas être un critère pour retenir le traitement avec l'insuline. La prescription de l'insulinothérapie doit être accompagnée d'un enseignement sur le mode d'utilisation de ce médicament ainsi que sur la reconnaissance et le traitement des réactions hypoglycémiques.

La combinaison insuline-hypoglycémiant oral n'a pas été étudiée de façon systématique chez le sujet âgé; son utilisation devrait être réservée à certaines situations telles un échec partiel à la médication orale.

L'**acarbose** est un inhibiteur réversible des α-glucosidases de la bordure en brosse de la paroi du petit intestin. Ce médicament n'est pas absorbé et agit en inhibant l'absorption des monosaccharides. Sur un nombre limité de sujets âgés, l'acarbose a montré un effet sur l'abaissement des valeurs glycémiques postprandiales. Les avantages de ce médicament sont l'absence d'hypoglycémie et la possibilité de le combiner avec n'importe quel autre traitement pour le diabète. La prévalence des effets secondaires digestifs est mal connue chez le sujet âgé.

Le traitement de l'hypertension artérielle ou de la maladie coronarienne athérosclérotique devrait revêtir autant d'importance que le traitement du diabète. Le lecteur est renvoyé aux chapitres qui traitent spécifiquement de ces problèmes.

SUIVI DU PATIENT ÂGÉ DIABÉTIQUE

Des études sont en cours pour déterminer un traitement optimal du DNID qui pourrait prévenir ou retarder l'apparition des complications. Ces études devraient faciliter les décisions concernant le traitement du diabète de type 2 chez le sujet âgé. Entre temps, le clinicien devra se fixer des objectifs thérapeutiques qui tiennent compte de la capacité du malade de collaborer au traitement et de son potentiel de longévité. Chaque visite permettra de revoir les valeurs glycémiques, l'état des complications de la maladie et les effets secondaires du traitement avec attention particulière aux hypoglycémies.

De façon générale, un examen clinique périodique doit être pratiqué chez le sujet âgé diabétique, avec attention spéciale aux pieds. Le dosage de l'hémoglobine glycosylée (A_{1C}) devrait être pratiqué aux 3 mois, en cas d'instauration ou de modification du traitement. Lorsque la glycémie est stable, le dosage peut être répété une à deux fois par an. Le niveau optimal d'hémoglobine A_{1C}, chez la personne âgée diabétique, demeure un sujet de controverse; l'étude du DCCT (*Diabetes Control and Complication Trial*) a suggéré qu'un niveau inférieur à 7 % prévient les complications chez de jeunes diabétiques de type 2. L'application de cette observation à une population diabétique vieillissante, surtout de type 2, pose certains problèmes.

Le dosage de la microalbuminurie et de la créatinine plasmatique devrait être pratiqué annuellement de même que l'examen par un ophtalmologiste.

En conclusion, le diabète est une maladie fréquente chez le sujet âgé. La morbidité qui s'y rattache peut mettre en péril le maintien à domicile. Le traitement doit être ajusté à la gravité de la maladie, au potentiel de longévité et à la capacité du sujet à coopérer. Le sujet âgé est exposé aux effets secondaires des interventions proposées mais l'âge, en lui-même, ne devrait pas priver le patient du traitement de sa maladie.

Tableau 39.5
Principes thérapeutiques du diabète du sujet âgé

1. Évaluer les causes réversibles de l'augmentation de la glycémie
2. Fixer les objectifs du contrôle glycémique au début du traitement
3. Débuter le traitement avec la diète et l'exercice
4. Si les valeurs glycémiques ne sont pas optimales après (3), débuter un hypoglycémiant oral
5. Un hypoglycémiant oral devrait être débuté à la dose la plus faible et augmenté graduellement
6. En cas d'échec à la médication orale ou de complication du diabète, envisager l'insulinothérapie

L'approche du diabète chez le sujet âgé doit intégrer le milieu dans le plan de traitement. Les principes du traitement sont résumés au tableau 39.5.

BIBLIOGRAPHIE

COSCELLI, C., CALABRESE, G. & D. FEDELE: Use of premixed insulin among the elderly: reduction of errors in patient preparation mixture. *Diabetes Care*, 15:1628-1630, 1992.

GILDEN, J.L. & Coll.: The effectiveness of diabetes education programs for older patients and their spouses. *JAGS*, 37:1023-1030, 1989.

HARRIS, M.I. & Coll.: Prevalence of diabetes and impaired glucose tolerance and plasma glucose levels in U.S. population aged 29-74 Yr. *Diabetes*, 36:523-534, 1991.

MORLEY, J.E. & H.M. PERRY, III: The management of diabetes mellitus in older individuals. *Drugs*, 41(4):548-565, 1991.

SCHWARTZ, R.S.: Exercise training in treatment of diabetes mellitus in elderly patients. *Diabetes Care*, 13(suppl.2):77-85, 1990.

TESSIER, D.& Coll.: Glibenclamide vs gliclazide in type 2 diabetes of the elderly. *Diabetic Medicine*, 11:974-980, 1994.

LECTURES SUGGÉRÉES

HARRIS, M.I.: Undiagnosed NIDDM: Clinical and public Health issues. *Diabetes Care*, 16(4):642-652, 1993.

LIPSON, L.G.: Diabetes in the elderly: Diagnosis, pathogenesis and therapy. *Am J Med*, 80(suppl.5A):10-21.

MORLEY, J.E. & Coll.: Diabetes mellitus in elderly patients-is it different? *Am J Med*, 83:533-544, 1987.

CHAPITRE 40

PROBLÈMES THYROÏDIENS

Daniel Tessier

VIEILLISSEMENT ET FONCTION THYROÏDIENNE

Dans l'approche d'un problème thyroïdien, le clinicien doit être familier avec les changements associés au vieillissement normal (Tableau 40.1) et connaître l'influence des maladies non thyroïdiennes sur les tests de la fonction thyroïdienne.

L'effet de l'âge sur le volume de la glande thyroïde est variable. La palpation de cette glande peut être compliquée par une accentuation de la cyphose cervicale qui déplace la trachée postérieurement et vers le bas. La captation de l'iode radioactif au cours d'une cartographie thyroïdienne diminue graduellement avec l'âge; dans le groupe des 80 ans et plus, les valeurs dites normales se situent à environ 60 % des valeurs d'un groupe d'âge moyen. Cette variation doit être prise en considération lors de l'interprétation d'une captation thyroïdienne chez le sujet âgé.

Dans la population adulte normale, la glande thyroïde sécrète environ 80 µg de thyroxine (T_4) par jour. Cette sécrétion diminue graduellement avec l'âge mais le catabolisme diminue également. Les niveaux de T_4 (totale ou libre) ne sont donc pas modifiés de façon importante par le vieillissement normal. Chez un adulte, 70 à 80 % de la triiodothyronine (T_3) en circulation provient de la conversion périphérique de la T_4 par la 5-monodésiodase et le reste (20-30 %) est sécrété directement par la glande thyroïde. La sécrétion de T_3 et la conversion de T_4 en T_3 diminuent graduellement avec l'âge, de sorte que le niveau sérique de la T_3 totale peut diminuer avec le vieillissement.

Les niveaux sériques de l'hormone thyréotrope (TSH) sont peu modifiés par le vieillissement. Le dosage de la TSH «ultrasensible» est

Tableau 40.1			
Changements de la fonction thyroïdienne liés au vieillissement			
Volume	—	⇑	⇓
Production de T_4			⇓
Métabolisme de T_4			⇓
T_4 sérique (libre ou totale)			—
Conversion de T_4 en T_3			⇓
T_3 sérique			⇓
TSH sérique			
Réponse de la TSH à la TRH		—	⇓
Captation à l'iode-131			⇓

— : inchangé
⇓ : diminué
⇑ : augmenté

actuellement recommandé pour obtenir des résultats comparables à ceux de la littérature (Tableau 40.2). Un certain pourcentage de patients montrent une TSH légèrement augmentée (<10 µU/L) et sont cliniquement euthyroïdiens; cette situation sera discutée plus loin au paragraphe traitant de l'hypothyroïdie subclinique.

La réponse de la TSH à la TRH (*thyrotropin releasing hormone*) est normale ou légèrement diminuée par l'âge (chez l'homme et la femme). Cette légère baisse n'est habituellement pas significative mais doit être prise en considération dans l'interprétation d'un test de stimulation à la TRH, dans un cas où l'on suspecte une dysfonction thyroïdienne.

HYPOTHYROÏDIE

Étiologie

La cause la plus fréquente de l'hypothyroïdie chez le sujet âgé est la thyroïdite auto-immune associée à la présence d'anticorps antimicrosomiaux et une infiltration lymphocytaire de la glande. Bien que ces anticorps puissent

Tableau 40.2
Épreuves de laboratoire pour l'évaluation de la fonction thyroïdienne

Épreuve de laboratoire	Commentaires
Hormone thyréotrope (TSH)	Test de choix pour l'évaluation de la fonction thyroïdienne (hypo- et hyperthyroïdie)
Dosage de la T_4 libre	Mesure directe de la T_4 libre non influencée par le niveau de TBG (*thyroxin binding globulin*)
Dosage de la T_4 totale	Résultat influencé par le niveau de TBG ainsi que les médicaments en compétition pour les sites de liaison
Résine-T_3 (RT_3)	Évalue de façon indirecte le niveau de T_4 libre par une résine
Index de T_4 libre	Produit des 2 tests précédents; moins fiable que la mesure directe du niveau de T_4 libre
T_3 sérique	Hormone thyroïdienne active; résulte en partie de la transformation périphérique de la T_4 (ne pas confondre avec RT_3)
rT_3	Résulte de la conversion périphérique de T_4 en rT_3; hormone peu active biologiquement (ne pas confondre avec RT_3)
Captation thyroïdienne à l'iode radioactif	Utile dans l'évaluation d'une hyperthyroïdie ou de l'état fonctionnel d'un goitre multinodulaire (exprimé en %)
Scintigraphie thyroïdienne	Évaluation de la morphologie fonctionnelle de la glande
Échographie thyroïdienne	Évalue le(s) nodule(s) thyroïdien(s) (solides ou kystiques)
Anticorps antithyroïdiens	Présents à un titre significatif dans la thyroïdite chronique de Hashimoto

se retrouver dans le vieillissement normal, l'augmentation de leur titre est associée à une probabilité plus grande d'hypothyroïdie. Il faut mentionner que jusqu'à 30 % des sujets âgés avec hypothyroïdie documentée ont un résultat négatif pour la détection des anticorps antimicrosomiaux.

Certains médicaments peuvent entraîner une hypothyroïdie: mentionnons que jusqu'à 15 % des patients sous lithium à long terme et 6 % des patients sous amiodarone souffriront d'hypothyroïdie clinique (Tableau 40.3).

L'hypothyroïdie provenant de l'axe hypothalamo-hypophysaire (avec TSH diminué) est rare et doit être suspectée en présence d'hypothyroïdie associée à d'autres endocrinopathies ou en association avec des symptômes neurologiques d'origine centrale.

Prévalence et manifestations cliniques

La prévalence de l'hypothyroïdie chez le sujet âgé varie beaucoup d'une étude à l'autre, selon les critères diagnostiques employés et les variations régionales (possiblement liées aux variations du contenu en iode de la diète). De façon générale, 10 à 15 % de la population âgée ont une TSH supérieure à 5 µU/L et, chez la moitié de ces individus, elle se situe entre 5 et 10 mU/L. De 3 à 4 % de la population âgée rencontre les critères diagnostiques pour l'hypothyroïdie.

Les symptômes d'hypothyroïdie sont variables d'un individu à l'autre. Mentionnons les symptômes classiques comme la fatigue (très fréquente), la frilosité, la constipation, le gain pondéral, la raucité de la voix, la sécheresse cutanée et le syndrome du canal carpien. D'autres symptômes sont moins fréquents mais doivent être pris en considération: atteinte cognitive, tableau psychiatrique inexpliqué, altération de la conscience pouvant aller jusqu'au coma, perte de poids ou trouble de la démarche.

Les symptômes de l'hypothyroïdie chez le sujet âgé sont très variés et la clé du diagnostic est un indice de suspicion élevé. La présence d'une autre maladie auto-immune telle que l'anémie pernicieuse fait augmenter l'indice de suspicion clinique d'une hypothyroïdie. A l'examen physique, le goitre peut être absent chez 30 à 50 % des patients hypothyroïdiens.

L'hypothyroïdie subclinique est définie comme une augmentation de la TSH en l'ab-

Tableau 40.3
Médicaments pouvant influencer l'évaluation de la fonction thyroïdienne

Médicaments	Commentaires
Agents de contraste radiographique	Diminuent la conversion de T_4 en T_3 et la captation de l'iode radioactif par la glande thyroïde
Amiodarone	Contenu élevé en iode; peut causer une hyper- ou une hypothyroïdie; diminue la conversion de T_4 en T_3
Dopamine	Inhibe la sécrétion de TSH
Glucocorticostéroïdes	Inhibent la conversion de T_4 en T_3; à forte dose, diminuent la concentration de *thyroxin binding globulin* (TBG)
Lithium	Peut causer une augmentation du volume de la glande thyroïde et une hypothyroïdie
Oestrogènes	Augmentent le niveau sérique de TBG; augmentent le niveau de T_4 totale sans changer le niveau de T_4 libre
Phénytoïne, carbamazépine	Compétition avec la T_4 pour les sites de liaison sur la TBG sans affecter le niveau de T_4 libre
Propranolol	Diminue les symptômes d'hyperthyroïdie et la conversion de T_4 en T_3

sence de symptômes cliniques. Cette définition est parfois difficile à considérer dans le contexte du sujet âgé souffrant d'affections multiples. L'augmentation de la TSH est habituellement modeste (5-10 μU/L) et la T_4 libre est normale. Les sujets répondant à cette définition sont soit dans les limites extrêmes de la normalité ou en évolution vers une hypothyroïdie clinique. La présence d'anticorps antimicrosomiaux à un titre significatif oriente le clinicien vers une hypothyroïdie en évolution et l'aide à prendre une décision sur le traitement. Le dosage des anticorps antimicrosomiaux est plus sensible que celui des anticorps antithyroglobuline. Le premier devrait être préféré au second. Pour ce qui est de l'évaluation d'un titre significatif, le clinicien devrait consulter les valeurs de référence du laboratoire utilisé.

Diagnostic

Le dosage de la TSH est le premier test à demander si on suspecte une hypothyroïdie (Fig. 40.1). Une TSH normale exclut une hypothyroïdie dans la très grande majorité des cas. En présence d'une TSH supérieure à la normale, le clinicien demandera un dosage de la T_4 libre et, dans certaines situations, des anticorps antimicrosomiaux.

Le dosage de la T_4 totale pose certains problèmes; les résultats sont influencés par le niveau sérique de la TBG (*thyroxin binding globulin*) et par la disponibilité des sites de liaison pour les hormones thyroïdiennes. Certains médicaments comme les œstrogènes peuvent augmenter les niveaux sanguins de TBG et amener une augmentation de la T_4 totale, sans changer le niveau de T_4 libre. D'autres médicaments comme le phénytoïne occupent les sites de transport sur la TBG et peuvent abaisser le niveau de T_4 totale sans changer le niveau de $T4$ libre. En présence d'une anomalie de la T_4 totale, un dosage de la T_4 libre devrait être réalisé.

Le dosage de la T_4 libre se fait généralement de deux façons (Tableau 40.2). La première consiste à calculer l'**index de T_4 libre**, en tenant compte du niveau sérique de T_4 totale et de la captation de la triiodothyronine (T_3) par une résine mise en contact avec le sérum (résine T_3 ou RT_3). La deuxième consiste à mesurer directement la **T_4 libre**. Cette dernière mesure est généralement plus fiable que la première et doit être préférée par le clinicien, surtout dans les valeurs extrêmes de la T_4 libre.

Dans une situation limite, on peut demander un test de stimulation à la TRH. Lors d'une hypothyroïdie, la TSH devrait augmenter de façon exagérée au-dessus du niveau basal (plus de 2 à 3 fois). Le clinicien doit tenir compte de la diminution possible de la réponse de la TSH avec le vieillissement normal dans l'interprétation du résultat.

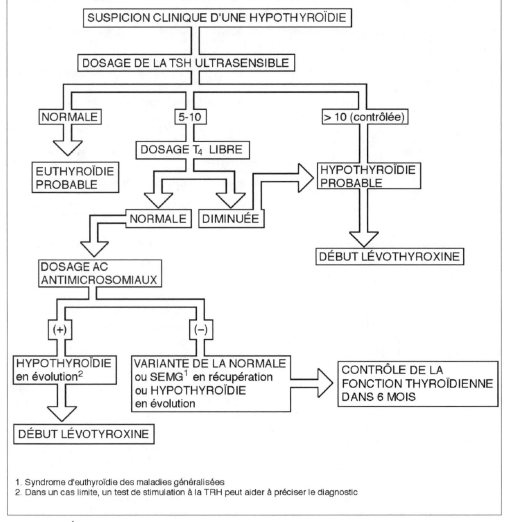

Figure 40.1 Évaluation d'une hypothyroïdie

La captation thyroïdienne à l'iode radioactif n'est pas utile dans l'investigation d'une hypothyroïdie. Le résultat peut être dans les limites de la normale pour l'âge en présence d'une hypothyroïdie documentée ou diminué en présence d'un état euthyroïdien.

Parmi les autres anomalies possibles retrouvées avec l'hypothyroïdie, mentionnons l'hypercholestérolémie. En présence de faiblesse musculaire proximale, un dosage de l'enzyme musculaire créatine phosphokinase (CPK) doit être demandé. Si le niveau de CPK est élevé, en l'absence de traumatisme musculaire direct, et que le fractionnement n'est pas en faveur d'une

lésion myocardique (vous référer aux valeurs normales de votre laboratoire), une myopathie hypothyroïdienne est probable.

Traitement

Le médicament de choix pour le traitement de l'hypothyroïdie est la lévothyroxine. Les extraits thyroïdiens desséchés doivent être abandonnés à cause de variations de la biodisponibilité selon les comprimés.

La dose initiale devrait se situer entre 25 et 50 µg par jour. La dose est augmentée très graduellement aux 6 semaines environ, après avoir dosé la TSH. Le but du traitement est de ramener le niveau de la TSH dans les limites de la normale. Les besoins en hormones thyroïdiennes diminuent avec l'âge, de sorte que la dose de remplacement est habituellement plus basse chez le sujet âgé que chez l'individu d'âge moyen.

Des études ont montré qu'environ 10 % des sujets sous lévothyroxine prennent ce médicament pour des raisons inappropriées (obésité) et environ 20 % des patients souffrant d'hypothyroïdie documentée ont encore une TSH > 10 µU/L, malgré une thérapie de substitution. Lors d'une supplémentation en hormone thyroïdienne, même à dose adéquate, une maladie coronarienne, jusque-là asymptomatique, peut devenir symptomatique à cause de l'augmentation des besoins en oxygène du myocarde. La symptomatologie coronarienne doit être surveillée à chaque ajustement de dose de la lévothyroxine. Le surdosage d'hormone thyroïdienne ne va pas non plus sans complications et est associé à long terme à une accélération de l'ostéoporose.

INFLUENCE DES MALADIES NON THYROÏDIENNES SUR LES TESTS THYROÏDIENS – SYNDROME D'EUTHYROÏDIE DES MALADIES GÉNÉRALISÉES

Dans l'évaluation des tests de la fonction thyroïdienne, le clinicien doit déterminer si la ou les anomalies détectées au laboratoire sont dues à un problème thyroïdien primaire ou à des répercussions d'une autre maladie sur les tests thyroïdiens.

L'anomalie la plus courante des tests de fonction thyroïdienne en présence de maladie systémique est une diminution de la T_3 sérique. La T_3 totale ou libre a tendance à diminuer lors d'une maladie aiguë, par suite d'une baisse de la conversion périphérique de T_4 en T_3 par la 5-monodésiodase. On observe habituellement une augmentation de la reverse-T_3 (rT_3), biologiquement peu active. La T_4 totale et la T_4 libre peuvent être normales ou légèrement augmentées et la TSH devrait être dans les limites de la normale.

Une autre forme de SEMG consiste en un abaissement de la TSH, de la T_4 et de la T_3 au cours d'une maladie sérieuse aiguë. Dans cette forme d'atteinte, la TBG et la préalbumine por-

teuse de thyroxine (TBPA) sont abaissées. Dans cette circonstance, la réaction à la TRH peut également être diminuée. Une hypothyroïdie d'origine centrale fait partie du diagnostic différentiel. Pendant la récupération, le niveau de TSH monte parfois transitoirement au-dessus de la normale avant d'y revenir. Donc, dans le cadre d'une maladie aiguë, la valeur diagnostique d'une TSH anormale est relativement faible. Dans le doute, le clinicien peut décider de recontrôler les tests de fonction thyroïdienne en dehors de l'événement aigu.

Certains médicaments administrés dans une situation aiguë peuvent modifier les tests de fonction thyroïdienne: la sécrétion de la TSH peut être diminuée par la dopamine, les glucocorticostéroïdes inhibent la conversion de T_4 en T_3 et, à forte dose, abaissent le niveau de TBG.

HYPERTHYROÏDIE

Étiologie

Chez les sujets âgés, la cause la plus fréquente d'hyperthyroïdie demeure la maladie de Graves. Dans cette maladie auto-immune, des anticorps de type TSI (*thyroid stimulating immunoglobulin*) se fixent sur les récepteurs de la TSH présents sur la surface de la cellule thyroïdienne et les activent. La deuxième cause en importance est le nodule thyroïdien toxique autonome, solitaire ou faisant partie d'un goitre multinodulaire. La fréquence des nodules thyroïdiens (solitaire ou multiples) augmente avec l'âge.

Parmi les causes moins fréquentes, notons la thyroïdite subaiguë de de Quervain, l'hyperthyroïdie suite à l'ingestion d'iode (agent de contraste iodé, médicament du genre amiodarone, supplément vitaminique contenant des algues marines, etc.). Lorsque l'exposition à l'iode est de courte durée, cette forme d'hyperthyroïdie est transitoire. Mentionnons la thyrotoxicose factice qui peut être secondaire à un surdosage de lévothyroxine. L'hyperthyroïdie secondaire à une adénome hypophysaire sécrétant de la TSH est plus rare.

Prévalence et manifestations cliniques

L'hyperthyroïdie touche entre 1 et 3 % de la population âgée. Cette maladie atteint surtout les femmes (10 femmes pour 1 homme). Le sujet âgé présente habituellement une symptomatologie moins floride que le sujet plus jeune. Le goitre est absent dans 20 à 30 % des cas. La perte de poids peut être associée à une augmentation ou une perte d'appétit. La diarrhée ou la constipation constituent parfois le symptôme initial. L'ophtalmopathie thyroïdienne est moins fréquente chez le sujet âgé, de même que le tremblement et la tachycardie.

La fibrillation auriculaire, l'insuffisance cardiaque et l'aggravation d'une insuffisance coronarienne sont plus fréquentes chez le sujet vieillissant et peuvent être des manifestations isolées d'une hyperthyroïdie. Les deux premières conditions exposent le sujet aux accidents thrombo-emboliques.

L'hyperthyroïdie associée à des manifestations psychiatriques et le ralentissement psychomoteur font quelquefois partie d'un tableau de thyrotoxicose dite «apathique» qui a été décrit chez le sujet âgé.

Diagnostic

Le dosage de la TSH ultrasensible est le premier test à demander lorsqu'une hyperthyroïdie est suspectée (Fig. 40.2). A noter qu'on rencontre parfois une TSH basse, de façon isolée, chez un sujet âgé euthyroïdien. Donc, si le dosage montre une TSH abaissée, la prochaine étape est le dosage de la T_4 libre qui devrait être augmentée. Si la T_4 libre est normale, le clinicien examinera la possibilité que l'anomalie de la TSH ne soit pas secondaire à une maladie non thyroïdienne.

Un tiers des patients âgés hyperthyroïdiens ont un taux normal de T_3. Cependant, en présence d'un nodule toxique, on observe parfois un tableau de thyrotoxicose à T_3 par sécrétion directe probable. En face d'une hyperthyroïdie clinique avec TSH diminuée et T_4 normale, un dosage de la T_3 doit être demandé.

La captation thyroïdienne à l'iode radioactif peut être dans les limites normales chez environ 30 % des patients âgés et chez les deux tiers des patients ayant un nodule toxique. Dans la thyroïdite subaiguë ou lors d'une ingestion excessive d'hormones thyroïdiennes, la captation thyroïdienne à l'iode radioactif devrait être diminuée. Une histoire clinique détaillée et une vitesse de sédimentation élevée dans la thyroïdite subaiguë aideront le clinicien à vérifier ces hypothèses.

Finalement, dans un cas limite, un test de stimulation à la TRH peut être pratiqué: une suppression de la riposte de la TSH orientera le clinicien vers une hyperthyroïdie, en tenant compte d'une diminution possible de la réponse de la TSH accompagnant le vieillissement normal.

Traitement

Les principales modalités thérapeutiques de l'hyperthyroïdie incluent l'iode radioactif, les médicaments antithyroïdiens de synthèse et la chirurgie. Dans une thyroïdite subaiguë, un traitement symptomatique (pouvant comprendre un bêtabloquant ou un anti-inflammatoire non stéroïdien) est prescrit et, subséquemment, la fonction thyroïdienne devrait se rétablir dans la majorité des cas. L'usage de stéroïdes par voie orale doit être réservé aux cas qui s'accompagnent d'une inflammation très symptomatique de la glande thyroïde.

L'iode radioactif est utilisé pour le traitement des autres formes d'hyperthyroïdie depuis environ 50 ans. Les complications possibles à long terme de l'iode radioactif ne sont pas pertinentes chez le sujet âgé. Une controverse existe sur l'association de l'iode radioactif et d'une exacerbation de l'ophtalmopathie thyroïdienne; mentionnons que l'ophtalmopathie thyroïdienne est moins fréquente chez le sujet âgé. Après traitement, les symptômes d'hyperthyroïdie s'améliorent en 4 à 6 semaines et les tests de laboratoire reviennent à la normale en 10 à 12 semaines. L'iode radioactif peut être utilisé si l'hyperthyroïdie récidive après l'arrêt des antithyroïdiens de synthèse. A long terme, un pourcentage important des patients (50-80 % dans une population variée) souffrira d'hypothyroïdie qui exige un remplacement hormonal à vie. Cette complication est moins fréquente dans le cas d'un nodule toxique, car le tissu sain initialement hypocaptant prend la relève par la suite.

Les antithyroïdiens de synthèse sont le propylthiouracile (100-200 mg/8-12 h) et le méthimazole (10-20 mg/12 h). Ces médicaments agissent principalement en bloquant la synthèse de la T_4 au niveau de la glande thyroïde mais aussi en diminuant la transformation périphérique de la T_4 en T_3. L'efficacité des antithyroïdiens de synthèse peut être moindre dans le cas d'un nodule toxique. Une allergie antérieure aux sulfamidés en rend l'utilisation contre-indiquée. Après quelques semaines de traite-

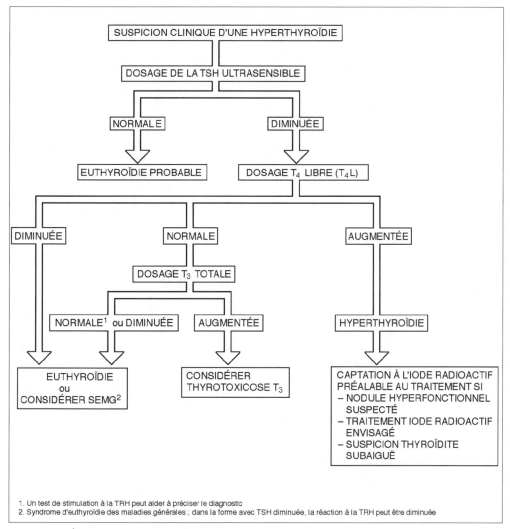

Figure 40.2 Évaluation d'une hyperthyroïdie

ment, la dose est ajustée pour normaliser la T_4 libre. La suppression de la TSH peut persister quelque temps après la normalisation de la T_4 libre. Après un traitement de 6 à 18 mois, 14 à 80 % des patients demeureront euthyroïdiens à l'arrêt du traitement. Environ 5 % des patients auront des effets secondaires: goût amer, nausées, éruptions cutanées, etc. L'agranulocytose survient dans 0,5 % des cas et, habituellement, en début de traitement, sans prodrome: une hospitalisation immédiate est nécessaire avec retrait du médicament. Les changements hématologiques rentrent dans l'ordre en 7 à 10 jours.

Une exacerbation temporaire de l'hyperthyroïdie peut survenir après un traitement à l'iode radioactif. Dans un cas léger, l'emploi d'un bêtabloquant permet de contrôler les symptômes aigus. Si l'hyperthyroïdie est grave, celle-ci peut être contrôlée initialement par un antithyroïdien de synthèse qui est enlevé 3 à 5 jours avant l'administration de l'iode radioactif.

La fibrillation auriculaire (FA) survient chez 10 à 25 % des patients souffrant de thyrotoxicose. Un contrôle de la fréquence cardiaque peut être tenté avec un bêtabloquant (utilisé avec prudence en présence d'une insuffisance cardiaque). Cette anomalie du rythme est associée à un risque d'accident thrombo-embolique. L'anticoagulothérapie avec héparine suivie de warfarine sodique (Coumadin®) est suggérée chez le patient avec FA et maladie valvulaire antérieures ou insuffisance cardiaque. Si la FA persiste après 3-4 mois, une cardioversion électrique sous anticoagulothérapie devrait être envisagée.

Finalement, la chirurgie (thyroïdectomie) est réservée aux cas de thyrotoxicose réfractaire au traitement médical. Un traitement préalable par un bêtabloquant et une solution d'iodure de potassium durant quelques jours diminuera la vascularisation de la glande thyroïde. Cette forme de traitement est exceptionnelle chez le sujet âgé.

NODULE THYROÏDIEN

La présence de nodules thyroïdiens augmente avec l'âge. Cinq pour cent de la population adulte présente un nodule palpable. La condition est plus fréquente chez la femme que chez l'homme (3:1). Souvent un nodule unique à la palpation fait partie d'un goitre multinodulaire. Environ 10 % des nodules uniques palpés cliniquement sont malins.

Les facteurs qui orientent vers un nodule malin sont la croissance rapide, la présence de symptômes compressifs, une consistance très ferme, la présence d'adénopathies satellites et une histoire antérieure de radiothérapie cervicale (pour une condition maligne ou bénigne, et ceci excluant l'iode radioactif).

La conduite à tenir face à un nodule thyroïdien chez un sujet âgé diffère peu de la conduite chez le jeune. La décision d'intervenir doit tenir compte de la condition générale de l'individu. Si une hyperthyroïdie est suspectée cliniquement et biologiquement, la captation thyroïdienne à l'iode est demandée pour détecter un nodule hyperfonctionnel. Si le patient est biologiquement euthyroïdien, l'échographie aidera à préciser la localisation du nodule et la présence éventuelle d'autres nodules. Cet examen peut démontrer le contenu du nodule palpé cliniquement; si celui-ci est solide ou mixte et qu'une croissance récente est documentée (soit pour un nodule unique ou pour un nodule suspect dans un goitre multinodulaire), une cytoponction sera demandée. Chirurgicale ou médicale, l'intervention dépendra du résultat de la cytoponction.

Le cancer thyroïdien chez le sujet âgé a tendance à être histologiquement plus agressif et on remarque une plus grande proportion de cancers de type médullaire et anaplasique. Par conséquent, le pronostic tend à être moins bon.

L'incidence de dysfonction thyroïdienne augmente avec l'âge. Le clinicien doit connaître les variantes, à la fois normales et pathologiques, qui caractérisent la maladie thyroïdienne du sujet âgé. Le dosage de la TSH est le test de laboratoire le plus utile pour une évaluation initiale de la fonction thyroïdienne. Un indice de suspicion clinique élevé est la première étape d'une évaluation thyroïdienne. Le sujet âgé souffrant d'affections multiples est particulièrement exposé aux anomalies des tests thyroïdiens secondaires à une ou plusieurs maladies non thyroïdiennes.

BIBLIOGRAPHIE

KLEIN, I., BECKER, D.V. & G.S. LEVEY: Treatment of hyperthyroid disease. *Ann Intern Med*, **121**(4):281-288, 1994.

ROSENTHAL, M.J. & Coll.: Thyroid failure in the elderly – microsomal antibodies as dicriminant for therapy. *JAMA*, **258**(2):209-213, 1987.

RUNNELS, B.L. & Coll.: Thyroid function in healthy elderly population: implications for clinical evaluation. *J Gerontol*, **46**(1):839-844, 1991.

SAWIN, C.T. & Coll.: Aging and the thyroid-decreased requirements of thyroid hormone in older hypothyroid patients. *Am J Med*, **75**:206-209, 1983.

SAWIN, C.T. & Coll.: The aging thyroid – the use of thyroid hormone in older persons. *JAMA*, **261**:2653-2655, 1989.

SUNBECK, G. & Coll.: Incidence and prevalence of thyroid disease in elderly women: results from the longitudinal population study of elderly people in Gotheburg, Sweden. *Age Ageing*, **20**:291-298, 1991.

SUNBECK, G. & Coll.: Thyroid dysfunction in 85-year-old men and women. Influence of non-thyroidal illness and drug treatment. *Acta Endocrinol (Copenh)*, **125**(5):475-486, 1991.

LECTURES SUGGÉRÉES

MOKSHAGUNDAM, S. & U.S. BARZEL: Thyroid disease in the elderly. *JAGS*, **41**(12):1361-1369, 1993.

SAWIN, C.T.: Thyroid dysfunctions in older persons. *Adv Intern Med*, **37**:223-248, 1991.

CHAPITRE 41

ANÉMIES

Guy Lacombe et Bernard Longpré

Vieillissement de la lignée érythrocytaire
Présentation clinique
Approche diagnostique
Anémie ferriprive
    Étiologie
    Diagnostic
    Traitement
Anémies secondaires aux maladies chroniques
    Anémie secondaire sidéropénique
    Anémie secondaire non sidéropénique
    Insuffisance rénale
    Hypothyroïdie
    Insuffisance hépatique
    Néoplasies
Anémie macrocytaire mégaloblastique
    Étiologie et physiopathologie
    Examen clinique
    Examens paracliniques
    Traitement
Anémie sidéroblastique
Anémie hémolytique
Anémies aplastiques ou hypoplastiques
Érythropoïétine
Transfusion
Bibliographie
Lectures suggérées

L'anémie est une affection caractérisée essentiellement par une diminution de la quantité d'hémoglobine dans le sang circulant. Peu fréquente chez l'adulte, sa prévalence augmente chez les personnes de plus de 65 ans. L'anémie secondaire aux maladies chroniques rejoint presque, en fréquence, l'anémie ferriprive. Les anémies par carence d'apport, les anémies auto-immunes (pernicieuses) et hémolytiques sont aussi peu fréquentes. Quant aux anémies secondaires aux myélodysplasies, myélome multiple et leucémie lymphoïde chronique, elles touchent principalement les personnes âgées.

VIEILLISSEMENT DE LA LIGNÉE ÉRYTHROCYTAIRE

Plusieurs études ont tenté de déterminer l'existence d'une anémie physiologique des personnes âgées. Il est clair, aujourd'hui, que le frottis sanguin, la valeur et la concentration de l'hémoglobine, la durée de vie érythrocytaire et les qualités des cellules souche et pluripotentielles ne se modifient pas de façon significative avec le vieillissement.

Les valeurs corpusculaires, la fragilité osmotique et la vitesse de sédimentation augmentent, mais sans conséquences cliniques. La réserve en fer est favorablement majorée. La diminution de l'incorporation du fer dans les érythroblastes serait principalement liée à l'augmentation des maladies chroniques plutôt qu'à l'âge. Comme dans plusieurs autres systèmes, c'est la réserve érythropoïétique et la réponse au stress biologique qui sont le plus affectées. La cellularité médullaire peut être réduite à 30 % chez les sujets de 80 ans. On note, de plus, une diminution de la réaction à l'érythropoïétine et à l'hypoxie de même qu'une correction plus lente de l'hémoglobine en cas d'anémie. Certai-

nes anomalies caryotypiques augmentent avec l'âge et ont un lien avec l'apparition des anémies réfractaires, plus fréquemment rencontrées dans la population âgée. Ainsi, 20 % des hommes entre 80 et 90 ans ont un caryotype 45X avec disparition du chromosome Y dans les tissus hématopoïétiques.

PRÉSENTATION CLINIQUE

Les symptômes et signes classiques de l'anémie peuvent encore être présents, mais ils sont trop souvent interprétés comme une conséquence normale du vieillissement. Donnons pour exemple la dyspnée, les palpitations, les étourdissements, la fatigabilité, l'anorexie, la perte de concentration, la pâleur, la dilatation ventriculaire ou le souffle cardiaque. L'âge atténue par contre l'intensité de certaines manifestations. L'angor est plus souvent silencieux, la tachycardie moins importante. La perte d'autonomie devient souvent le symptôme de présentation de l'anémie. Son installation plus rapide peut résulter en syncopes, chutes ou état confusionnel. Dans certains cas, le diagnostic d'anémie est posé chez les gens encore bien portants, à l'occasion d'un bilan de santé. Dans ce cas, le diagnostic permet parfois de retracer un cancer localisé encore curable. Les multiples manifestations cliniques de l'anémie exigent donc une évaluation systématique de l'hémoglobine, devant toute modification du tableau clinique chez un sujet âgé.

APPROCHE DIAGNOSTIQUE

Il s'agit, premièrement, d'établir la présence de l'anémie. Dans les années 70, l'Organisation mondiale de la santé a fixé arbitrairement la valeur normale inférieure de l'hémoglobine à 120 g/L, chez les gens de 70 ans, 110 g/L à 80 ans et 100 g/L chez ceux de

90 ans et plus. Plusieurs auteurs ont démontré que, chez les aînés en santé, les valeurs de l'hémoglobine étaient similaires à celles des adultes d'âge moyen et que l'utilisation de valeurs plus basses risquait d'empêcher l'identification rapide des maladies curables. Il faut se rappeler que la déshydratation élève la valeur de l'hémoglobine et peut masquer une anémie. La surcharge en volume a l'effet inverse.

L'identification de la cause d'une anémie est grandement facilitée par la connaissance et la classification morphologique (Tableau 41.1). Il faut noter, cependant, que certains types d'anémie se retrouvent dans plusieurs classes morphologiques. Ainsi, les anémies chroniques et inflammatoires seront microcytaires ou normocytaires, les anémies dysplasiques normocytaires ou macrocytaires. L'approche morphologique permet de limiter rapidement le nombre de diagnostics possibles, à la lumière de données facilement et économiquement disponibles et avec des techniques relativement peu invasives. Un algorithme permet de bien systématiser cette démarche clinique (Fig. 41.1). Il faut se rappeler que certaines anémies peuvent être secondaires à plus d'un facteur étiologique. Le frottis sanguin, le décompte des réticulocytes, des globules blancs et des plaquettes font partie de toute investigation initiale. Nous aborderons maintenant les différents types d'anémie rencontrés chez les sujets âgés, par ordre de fréquence décroissante (Tableau 41.2).

Tableau 41.1
Classification morphologique des anémies

Microcytaires
Ferriprive
Sidéroblastique
Thalassémie
Maladies chroniques (sidéropéniques)
Normocytaires
Déficit hématinique précoce ou mixte
Saignement aigu
Insuffisance médullaire primaire
Insuffisance médullaire secondaire
Maladies chroniques (+/– sidéropéniques)
Macrocytaires
Mégaloblastique
Réticulocytose
Insuffisance médullaire primaire
Myélodysplasie
Maladies chroniques (non sidéropéniques)

Tableau 41.2
Principales causes d'anémie par ordre de fréquence

1. **Ferriprive**
   • Saignement occulte
   • Carence alimentaire
2. **Secondaire à une maladie chronique**
   • Sidéropénique
     – infections chroniques
     – inflammations
   • Non sidéropénique
     – maladie hépatique
     – hypothyroïdie
     – néoplasie
3. **Macrocytaire**
   • Mégaloblastique
     – déficience en vitamine B_{12}
     – déficience en acide folique
   • Non mégalobastique
4. **Sidéroblastique**
   • Secondaire
   • Primaire et myélodysplasie
5. **Hémolytique**
   • Mécanique
   • Médicamenteuse
   • Auto-immunitaire
6. **Aplastique ou hypoplastique**
   • Médication
   • Radiations

ANÉMIE FERRIPRIVE

La déficience en fer est la cause la plus fréquente d'anémie chez les gens âgés. Elle est le plus souvent secondaire à des hémorragies, souvent peu abondantes, mais répétées, qui épuisent les réserves de fer. Plus rarement, elle est la conséquence d'un apport insuffisant.

Étiologie

L'anémie par carence en fer d'origine alimentaire est rare chez les aînés bien portants. Toutefois, la fréquence augmente chez ceux qui ont un budget alimentaire restreint, des difficultés d'approvisionnement, ou une diminution de l'appétit par suite de problèmes psychosociaux. Certains problèmes de mastication et le végétarisme peuvent contribuer également à une déficience martiale. Un déficit d'apport peut, enfin, résulter d'une malabsorption ou d'une achlorhydrie présente chez bon nombre de personnes âgées, de façon spontanée ou suite à une gastrectomie. Signalons que la déficience martiale sans anémie a été rapportée chez 10 % des vieillards en Angleterre.

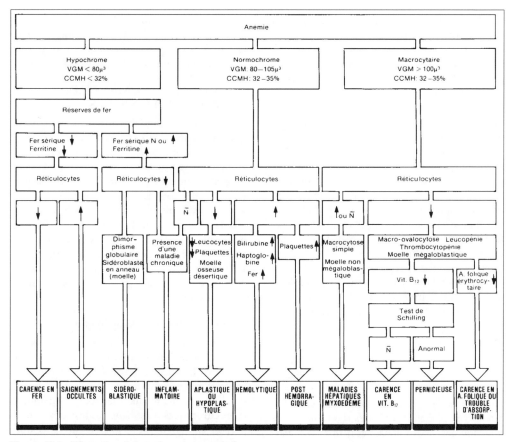

Figure 41.1 Démarche clinique devant une anémie

Les réserves de fer augmentent avec l'âge et sont normalement suffisantes pour une période de 5 ans. Les besoins quotidiens sont évalués à 10 mg. Les saignements occultes sont à l'origine de la majorité des anémies ferriprives. Comme 1 mL de sang contient 0,5 mg de fer, on comprendra que les saignements répétés, au cours d'une période prolongée, épuisent rapidement les réserves de fer.

Le méléna suggère un saignement digestif haut et la rectorragie une origine distale. La microcytose ne se développe que si les saignements sont répétés. Il arrive que la réticulocytose secondaire au saignement puisse même engendrer un volume globulaire moyen à la limite supérieure. La prise d'AINS, les ulcères peptiques et les œsophagites, les saignements hémorroïdaires chroniques, les cancers, de même que les maladies inflammatoires et les angiodysplasies du côlon sont les principales causes des saignements digestifs occultes. Les saignements secon-

daires à l'anticoagulothérapie ne font, en général, que démasquer une lésion jusque-là silencieuse. Les pertes sanguines d'origine rénale, pulmonaire ou gynécologique sont plus rares chez les aînés.

Diagnostic

L'interrogatoire permet de rechercher les saignements ou les symptômes digestifs. Les signes physiques liés à une déficience prolongée en fer, stomatite, glossite et koïlonychie, font, le plus souvent, défaut.

La valeur globulaire moyenne (VGM) est inférieure à la normale, de même que la concentration corpusculaire moyenne d'hémoglobine. L'examen du frottis sanguin révèle l'hypochromie et la microcytose. On peut voir, en même temps, des signes de régénération active de la moelle en cas de saignement: augmentation du nombre de globules rouges polychromatophiles, des plaquettes et des réticulocytes.

Le dosage du fer sérique n'est pas fiable. Le fer lié à la transferrine n'est pas un bon témoin des réserves réelles en fer, parce qu'il est soumis à l'action de nombreux facteurs régulateurs. En présence d'une anémie ferriprive, le fer sérique est généralement diminué à 100 µg/L et la transferrine augmentée aux environs de 4000 µg/L (pourvu que l'état de nutrition du malade soit bon). Le coefficient de saturation de la transferrine qui se situe normalement à 33 % est alors inférieur à 10 %. Le dosage de la ferritine sérique est un excellent marqueur de la réserve en fer. Peu coûteux, il confirmera l'origine sidéropénique, sans avoir à recourir à la biopsie médullaire dans la très grande majorité des cas. A noter que la ferritine peut parfois être augmentée par une maladie hépatique, inflammatoire ou néoplasique, masquant ainsi la déficience en fer. Lors de la recherche de l'étiologie du saignement, un examen radiologique et endoscopique du tube digestif s'impose souvent.

Traitement

La dose quotidienne de fer recommandée chez le vieillard est de 300 à 600 mg de sulfate de fer (60 à 120 mg de fer élémentaire). Les effets secondaires de ce traitement sont fréquents: inappétence, brûlures d'estomac, nausées, douleurs abdominales, constipation. Le fer est mieux toléré par les personnes âgées, s'il est administré en plusieurs prises au cours de la journée, ou sous forme de solution pédiatrique de sulfate de fer qui contient 15 mg de fer par 0,6 mL. Le traitement provoque une réticulocytose entre le 7e et le 12e jour. Cette augmentation des réticulocytes est suivie d'une hausse de l'hémoglobine d'environ 20 g/L par semaine et s'accompagne d'une correction de toutes les autres anomalies sanguines. Il est important de poursuivre le traitement pendant 3 ou 6 mois, après la correction de l'anémie, afin de reconstituer complètement les réserves martiales.

Si le taux d'hémoglobine ne s'élève pas entre la 2e et la 4e semaine après le début du traitement martial, il faut envisager une erreur de diagnostic, une persistance des saignements ou un manque de fidélité au traitement. La cause de la déficience en fer doit être identifiée et corrigée, bien sûr, mais l'utilisation de moyens d'investigation plus invasifs peut ne pas être appropriée (refus du malade, pronostic vital limité, etc.). Enfin, les transfusions sanguines doi-

vent être réservées aux malades qui saignent activement, aux malades pour qui l'anémie grave constitue un risque vital et à ceux qui doivent subir une intervention chirurgicale d'urgence.

ANÉMIES SECONDAIRES AUX MALADIES CHRONIQUES

L'anémie secondaire aux maladies chroniques augmente en fréquence avec l'âge. Elle est le plus souvent modérée, avec un taux d'hémoglobine qui se situe entre 70 et 110 g/L. Il existe, en général, une certaine corrélation entre la gravité de l'affection causale et l'intensité de l'anémie, qui est le plus souvent normochrome, normocytaire. Le nombre des polynucléaires neutrophiles et des plaquettes peut être augmenté en présence de processus inflammatoires. La physiopathologie de ce type d'anémie est complexe, mais deux grands groupes peuvent être reconnus.

Anémie secondaire sidéropénique

Ce groupe, le plus important, est associé à un trouble de l'utilisation du fer par les érythroblastes de la moelle osseuse. Il est appelé sidéropénique ou inflammatoire classique. L'anémie est alors secondaire aux infections et inflammations chroniques ou subaiguës ainsi qu'aux néoplasies. L'interleukine 1 libérée par les cellules inflammatoires stimule la production d'une protéine liant le fer, appelée apolactoferrine, et qui compétitionne avec l'apotransferrine. Le fer forme alors la lactoferrine qui est recueillie par les macrophages et n'est plus disponible pour l'érythropoïèse. Le fer sérique et la transferrine sont bas, et le pourcentage de saturation de la transferrine peut aussi être abaissé, mais la ferritine élevée marque l'absence de déficit des réserves en fer. Normo- ou microcytaire, il s'agira de la différencier de l'anémie ferriprive qui montre une transferrine élevée et une ferritine basse.

La coexistence de ces deux types d'anémie n'est pas rare. Dans le doute, si la ferritine est à la limite inférieure, un essai thérapeutique avec un supplément de fer, pendant une courte période pour éviter la surcharge martiale, sera indiqué. Les réticulocytes signeront la réponse au traitement.

En général, l'affection responsable de l'anémie peut être décelée après un bilan sanguin et des examens radiologiques sélectifs. On doit toutefois reconnaître qu'il n'est pas toujours facile d'identifier la cause de l'anémie inflammatoire, chez les personnes âgées. Il faut se rappeler que l'anémie, dans un contexte de néoplasie, peut résulter aussi d'un envahissement médullaire, d'une hémolyse ou d'une aplasie paranéoplasique. Le traitement de l'anémie inflammatoire est celui de l'affection causale.

Anémie secondaire non sidéropénique

Ce groupe réunit les anémies liées à la déficience d'un organe qui entraîne soit un déficit absolu en érythropoïétine, soit une diminution possiblement multifactorielle de la réponse à celle-ci. L'insuffisance rénale chronique est liée au premier phénomène. Les insuffisances hépatique, thyroïdienne, surrénalienne et gonadique se rapportent au second. Ces anémies seront normo- ou macrocytaires. Certaines maladies inflammatoires, par le biais de l'interleukine ou du facteur de nécrose tissulaire alpha, peuvent aussi inhiber la réponse à l'érythropoïétine.

Insuffisance rénale

L'insuffisance rénale aiguë peut causer des anémies de causes aussi diverses que celles de l'insuffisance rénale. L'insuffisance rénale chronique est constamment associée à l'anémie, lorsque la clairance de la créatinine est inférieure à 40 mL/min. La gravité de l'anémie est liée à l'intensité et à la durée de la rétention azotée. L'anémie, dans ce cas, résulte d'une insuffisance de la sécrétion d'érythropoïétine par le glomérule. La sécrétion hépatique d'érythropoïétine assure le minimum d'érythropoïèse observée dans les insuffisances rénales avancées. L'examen du frottis sanguin révèle la présence de schistocytes ou de globules rouges à spicules. Le dosage de la créatinine sérique confirme rapidement le diagnostic. L'administration d'érythropoïétine a complètement transformé la vie des insuffisants rénaux. Elle peut être administrée avec succès aux personnes même très âgées.

Hypothyroïdie

L'insuffisance thyroïdienne, fréquente chez les personne âgées, ne s'accompagne pas fréquemment d'anémie. Toutefois, 50 % des personnes atteintes d'hypothyroïdie peuvent présenter une anémie légèrement macrocytaire, suite à la modification du métabolisme des lipides combinée à la diminution d'élimination de l'eau libre. De plus, l'hypothyroïdie peut s'associer à l'anémie pernicieuse par un processus auto-immutaire.

Insuffisance hépatique

Elle peut occasionner une anémie légèrement macrocytaire, suite à la modification du métabolisme des lipides combinée à une rétention volémique. L'hypoérythropoïétinémie s'ajoute aux saignements, hémolyses, hypersplénisme, déficit en folate nutritionnel et autres effets de l'alcool. Celle-ci entraîne une forme particulière de suppression de la production des globules rouges marquée par la formation de sidéroblastes en anneau.

Néoplasies

Certains cancers localisés (lymphomes) et métastatiques peuvent se manifester par une anémie. L'anémie peut être le premier signe de la maladie ou survenir au cours de la phase terminale. La gravité de l'anémie est variable, mais elle peut être très marquée et atteindre 30 à 40 g/L. L'association d'une ostéoporose et de l'anémie, avec formation de rouleaux au frottis, doit évoquer le myélome multiple rencontré surtout chez les aînés.

ANÉMIE MACROCYTAIRE MÉGALOBLASTIQUE

Étiologie et physiopathologie

L'anémie macrocytaire mégaloblastique est liée à une déficience en vitamine B_{12} ou en acide folique. La diminution de l'apport calorique chez les gens âgés n'est pas nécessairement compensée par la qualité du régime alimentaire. Les besoins quotidiens en vitamine B_{12} sont évalués à 2 µg/24 heures et ceux de l'acide folique à 200-400 µg/24 heures. Les réserves de vitamine B_{12} suffisent pour de longues périodes (3 à 6 ans) alors que celles d'acide folique s'épuisent en 2 à 4 mois seulement.

L'apport en vitamine B_{12} est variable chez les gens âgés. Une carence en vitamine B_{12} se rencontre chez les vieillards en milieu défavorisé, chez ceux qui s'abstiennent de manger de la viande ou, tout simplement, chez ceux qui ont une mauvaise dentition. Par contre, plusieurs facteurs peuvent entraver l'absorption de la vitamine B_{12}: défaut de synthèse de facteur intrinsèque, achlorhydrie notée chez plus de 20 % des personnes âgées et gastrectomie subtotale. La signification de la diminution du taux de B_{12}, en l'absence d'anémie et de signes neurologiques, n'est pas clairement élucidée.

La carence en acide folique d'origine alimentaire n'est pas rare. Elle se retrouve chez ceux qui ne consomment pas suffisamment de légumes verts. Elle peut également résulter de manipulations fautives des aliments (cuisson prolongée, mélange des légumes avec d'autres aliments, oxydation à la lumière, introduction des légumes dans des bouillons) qui entraînent une déperdition de 50 à 90 % de cette vitamine. L'absorption de l'acide folique au niveau du jéjunum est favorisée par la présence d'acide ascorbique ou, au contraire, ralentie par l'alcool ou par différents médicaments comme la diphénylhydantoïne, les œstrogènes et la triméthoprime.

La déficience de l'une ou l'autre de ces vitamines produit un défaut de synthèse des acides nucléiques dans les cellules en division rapide, notamment celles des lignées hématopoïétiques et du tube digestif. Le ralentissement de la maturation nucléaire provoque un asynchronisme de développement entre le noyau et le cytoplasme et entraîne le gigantisme cellulaire (mégaloblastose) et une diminution de la survie globulaire. Par ailleurs, le phénomène de polysegmentation des granulocytes polynucléaires n'est pas expliqué.

Certains agents chimiothérapeutiques qui inhibent la synthèse du DNA (hydroxyurée, cytarabine) produisent directement une anémie mégaloblastique. Les anémies macrocytaires non mégaloblastiques sont discutées plus loin, selon le diagnostic spécifique. Soulignons la réticulocytose, principalement associée à l'hémolyse, les myélodysplasies et les anémies réfractaires.

Examen clinique

L'anémie, même grave, est parfois bien tolérée. L'examen clinique ne révèle souvent qu'une pâleur des téguments et un subictère des sclérotiques. Parfois, certains signes cliniques plus spécifiques sont présents: fièvre modérée (inhabituelle dans toutes les autres formes d'anémie), langue douloureuse, rouge et «dépapillée» et atteinte du système nerveux. Celle-ci se manifeste par une neuropathie périphérique (paresthésies des extrémités inférieures) et des changements de la personnalité qui peuvent aller jusqu'à la psychose. On retrouve, plus rarement, une modification du goût et de l'odorat, une incontinence urinaire ou une névrite optique.

Examens paracliniques

Au laboratoire, l'anémie est normochrome et macrocytaire. Le volume globulaire moyen se situe entre 120 et 130. Le nombre des granulocytes et des plaquettes est normal ou diminué. La réduction du taux des réticulocytes témoigne de l'inefficacité de l'érythropoïèse. L'examen du frottis sanguin révèle la présence des macroovalocytes et de quelques polynucléaires multisegmentés.

Le dosage de la vitamine B_{12}, dans le sérum, et de l'acide folique érythrocytaire, au moyen de méthodes isotopiques, permet de confirmer les déficiences de l'une ou l'autre de ces vitamines, quand les valeurs sont inférieures à 150 pg/mL pour la vitamine B_{12} sérique et 125 ng/mL pour l'acide folique érythrocytaire. Toutefois, il faut savoir que ces valeurs ont été établies chez des sujets plus jeunes et qu'elles ne s'appliquent pas automatiquement à toutes les personnes âgées.

Le diagnostic d'anémie pernicieuse peut être confirmé par l'épreuve de Shilling qui mesure l'excrétion urinaire de la vitamine B_{12}, avant et après l'administration du facteur intrinsèque. La recherche des auto-anticorps antifacteur intrinsèque permet également de confirmer le diagnostic et est souvent plus facile à pratiquer chez le vieillard. Le test thérapeutique, rarement utilisé à l'hôpital, consiste à administrer une toute petite dose de l'une ou l'autre des vitamines, puis à observer la réticulocytose entre le 5e et le 10e jour. Ce test peut avoir son utilité dans les régions éloignées.

Traitement

Pour corriger la déficience en vitamine B_{12}, on peut administrer la cyanocobalamine à raison de 30 µg/24 heures, pendant 1 semaine, puis 1000 µg par semaine, pendant 6 semaines. La correction de l'anémie s'amorce vers le 8e ou le 10e jour et se termine entre la 8e et la 12e semaine. Une dose d'entretien est administrée pendant le reste de la vie du malade, à raison de 1000 µg d'hydroxycobalamine tous les 3 mois ou de 1000 µg de cyanocobalamine tous les mois (en raison de sa moins grande stabilité).

Pour corriger la déficience en acide folique, il est recommandé d'administrer cette vitamine à raison de 5 mg par jour, pendant 3 à 4 semaines, plus longtemps si nécessaire. Si l'anémie résulte d'un défaut d'apport, il conviendra de corriger le régime alimentaire.

ANÉMIE SIDÉROBLASTIQUE

L'anémie sidéroblastique est une affection rare qui atteint surtout les personnes âgées. Dans sa forme secondaire, elle survient au décours d'une maladie inflammatoire ou d'un hématosarcome, ou encore à la suite de l'absorption de médicaments (antinéoplasiques surtout). Dans sa forme primaire ou idiopathique, elle fait partie de la famille des myélodysplasies.

La physiopathologie n'est pas très bien connue. On sait cependant qu'il y a un blocage de la synthèse de l'hème au niveau de l'ALA-synthétase. Le fer non utilisé pour la synthèse de l'hémoglobine s'accumule dans les sidérophages et les normoblastes où il se dépose, notamment au pourtour des mitochondries, pour former des sidéroblastes en couronne. L'érythropoïèse dans ce cas est inefficace.

On ne retrouve pas de symptômes ou de signes cliniques spécifiques. Au laboratoire, l'anémie est hypochrome ou dimorphique (présence de deux populations de globules rouges, normochromes et hypochromes). Le VGM est diminué, normal ou augmenté. Les populations de globules rouges retrouvées dans le sang dépendent du nombre des érythroblastes touchés dans la moelle osseuse. Le nombre des réticulocytes est diminué. La moelle osseuse prélevée par aspiration est riche et montre des signes de dysérythropoïèse. La coloration au bleu de Prusse révèle la présence des sidéroblastes en couronne et l'augmentation des sidérophages.

L'administration de la vitamine B_6 (pyridoxine) à dose pharmacologique (100 à 150 mg/24 h) peut corriger l'anémie de façon partielle ou complète, temporaire ou permanente. Le traitement peut comporter également l'administration de culots globulaires pour maintenir le taux d'hémoglobine entre 80 et 100 g/L.

L'évolution est chronique, la survie moyenne dépasse 10 ans. Chez un faible pourcentage de malades, l'affection évolue vers une leucémie.

La forme primaire est une des **myélodysplasies**. Celles-ci se regroupent en 5 syndromes. Les anémies réfractaires, les anémies réfractaires avec sidéroblastes, les anémies réfractaires avec excès de blastes, les anémies avec excès de blastes en transformation et finalement la leucémie myéloïde chronique. Ce sont des troubles des cellules pluripotentielles médullaires caractérisés par des mono-, bi- ou pancytopénies en présence d'une moelle riche, hypercellulaire et dysplasique. Elles touchent près de 1:1000 personnes de 65 ans et plus.

Le VGM est supérieur à la normale et l'atteinte des différentes lignées entraîne les infections ou saignements qui expliquent le mauvais pronostic de survie associé à ces affections: 6 mois à 5 ans. La biopsie médullaire précise le diagnostic: des anomalies karyotypiques doivent être recherchées. En présence de transformation leucémique, la cure chimiothérapeutique pourra être envisagée. L'anémie, présente dans 90 % des cas, répond parfois à l'érythropoïétine. D'autres traitements pour les formes intermédiaires sont à l'étude.

ANÉMIE HÉMOLYTIQUE

L'anémie hémolytique chez les personnes âgées n'est pas fréquente. Elle peut résulter de divers mécanismes physiopathologiques: mécanique (prothèse valvulaire cardiaque), médicamenteux (sensibilisation à un médicament ou à un de ses dérivés), immunitaire, affections spléniques (hypersplénisme).

Les anémies hémolytiques d'origine immunitaire résultent d'une réaction entre un antigène situé à la surface du globule rouge et un anticorps spécifique. Le pic de fréquence est plus élevé dans la tranche d'âge de 65 à 75 ans et particulièrement chez la femme. Ces anémies peuvent être associées à des affections bénignes, bactériennes ou virales ou à des affections malignes du système lymphoïde et réticulaire (leucémie lymphoïde chronique, lymphome non hodgkinien). L'absorption de médicaments peut en être la cause, notamment l'alphaméthyldopa, utilisé pour le traitement de l'hypertension chez les personnes âgées, qui peut produire une auto-immunisation dans 10 % des cas (décélée à l'épreuve de Coombs direct), mais l'anémie est rare (1 %) et pas toujours corrigée par arrêt de la médication. Enfin, cette forme d'anémie peut survenir sans cause apparente dans 20 à 30 % des cas.

L'origine de la synthèse des anticorps anormaux est inconnue. Cependant, la réactivité des anticorps à des températures différentes au laboratoire détermine deux types d'anémie sur le plan clinique et sérologique.

Dans le premier cas, les globules rouges sont recouverts par des anticorps chauds, puis éliminés au niveau de la rate par un mécanisme de phagocytose. Dans le deuxième cas, les globules rouges sont hémolysés dans le courant sanguin, après accolement des anticorps froids et du complément sur la membrane érythrocytaire. L'auto-immunisation anti-érythrocytaire chez les sujets âgés représente, dans la majorité des cas, un aspect limité d'un dysfonctionnement immunitaire beaucoup plus global.

La gravité de l'anémie dépend essentiellement de la cause, de l'intensité et de la durée de la réaction. La réaction hémolytique ne s'accompagne pas nécessairement d'une anémie, si le pouvoir de récupération de la moelle osseuse est satisfaisant.

Le tableau clinique est peu caractéristique. Toutefois, la pâleur, l'ictère des sclérotiques et la présence d'une splénomégalie peuvent orienter le diagnostic et faciliter le choix des épreuves diagnostiques.

Au laboratoire, l'anémie est normochrome. La microsphérocytose est habituelle. Le VGM est normal ou augmenté. Le nombre des granulocytes et des plaquettes est élevé. Les réticulocytes sont toujours augmentés. Enfin, le diagnostic repose, une fois la preuve de l'hémolyse faite, sur le test de Coombs direct. Cette analyse confirme la présence d'une immunoglobuline ou du complément à la surface des globules rouges. L'anticorps a souvent une spécificité anti-Rh.

Le pronostic de l'anémie hémolytique immune secondaire rejoint celui des affections secondaires. Dans le cas d'une anémie hémolytique par auto-anticorps chauds, l'administration de 1 à 2 mg/kg/24 heures de deltacortisone, pendant 3 ou 4 semaines, constitue un traitement efficace. Une rémission partielle ou complète surviendra chez 50 à 70 % des malades. L'utilité de la splénectomie est controversée et les résultats de cette opération sont moins probants, car elle doit souvent être pratiquée chez des sujets débilités. L'anémie hémolytique par autoanticorps froids a une évolution chronique. Aucun traitement spécifique n'est efficace.

ANÉMIES APLASTIQUES OU HYPOPLASTIQUES

Les anémies aplastiques ou hypoplastiques sont rares. Elles surviennent surtout chez des sujets âgés soumis à des traitements anti-inflammatoires, antinéoplasiques ou antimicrobiens. L'anémie, dans ces cas, est la conséquence d'une raréfaction des cellules souche et des cellules intermédiaires de la moelle osseuse. La liste des agents qui ont été incriminés est longue (Tableau 41.3). On distingue d'abord ceux qui entraînent une lésion de la moelle osseuse de façon prévisible et pour une dose déterminée (agents antinéoplasiques). Dans ce cas, la lésion est le plus souvent réversible après l'arrêt du traitement. Il y a aussi les agents qui produisent des lésions de la moelle après une cure prolongée. Dans ce deuxième cas, les malades sont génétiquement prédisposés et l'arrêt du traitement n'entraîne pas toujours la correction de l'anémie.

Les radiations ionisantes peuvent aussi produire des changements au niveau de la moelle irradiée, changements qui dépendent de la dose, de la rapidité d'administration et de l'étendue de la moelle osseuse irradiée. L'anémie aplastique est rarement idiopathique chez le sujet âgé.

Tableau 41.3
Liste des agents qui peuvent produire une insuffisance médullaire

À doses prévisibles
antinéoplasiques
agents ionisants

Après utilisation prolongée

Agents plus souvent impliqués
anticonvulsivants
chloramphénicol
or colloïdal
oxyphenbutazone
phénylbutazone

Agents plus rarement mis en cause
diurétiques (chlorothiazide)
antihistaminiques
hypoglycémiants oraux
phénothiazines
quinidine
sulfamides
anti-inflammatoires non stéroïdiens

L'apparition des symptômes cliniques dépend de la gravité du mal et du nombre des lignées myéloïdes touchées. Si le nombre des granulocytes est inférieur à 500/mm³, les microorganismes envahissent rapidement les muqueuses et les viscères et provoquent des infections graves, souvent fatales. Si le nombre des plaquettes est inférieur à 20 000/mm³ et, à plus forte raison, inférieur à 10 000/mm³, des saignements surviennent au niveau des muqueuses et des viscères, mettant ainsi la vie du malade en danger.

Au laboratoire, l'anémie est normochrome et normocytaire. Le VGM est normal ou légèrement augmenté. Le nombre des granulocytes, des plaquettes et des réticulocytes est diminué. La biopsie osseuse est essentielle au diagnostic et permet, entre autres choses, d'éliminer le remplacement de l'espace médullaire par des néoplasies ou la myélofibrose et de préciser la gravité de la lésion sous-jacente. La moelle osseuse est désertique et remplacée par du tissu adipeux.

L'anémie aplastique d'origine médicamenteuse est une complication hautement redoutée, parce que souvent irréversible. Si le malade prend plusieurs médicaments, il faut consulter la liste des agents qui peuvent produire de telles lésions, puis cesser le ou les médicaments qui peuvent être en cause. Les perfusions de culots globulaires sont administrées à intervalles réguliers, pour maintenir le niveau de l'hémoglobine entre 80 et 100 g/L.

La greffe de moelle osseuse est rarement envisagée, chez les gens âgés. Les autres formes de traitement (androgènes, immunosuppresseurs) doivent être réservées à des candidats bien sélectionnés.

ÉRYTHROPOÏÉTINE

La production de l'érythropoïétine humaine et le dosage de l'érythropoïétine ont permis de percevoir d'une façon différente la physiopathologie de l'anémie et de remettre en question certaines de nos attitudes. Par exemple, l'anémie de l'insuffisance rénale était, dans la pratique, considérée comme incurable, alors que son traitement par l'érythropoïétine a permis de récupérer la qualité de vie et l'autonomie auparavant niées à ces patients. L'interprétation du dosage sérique est en développement et son coût ne sera pas prohibitif. L'anémie associée aux maladies dégénératives du système autonome, 50 % de celles associées aux néoplasies, certaines myélodysplasies, certaines anémies secondaires à des insuffisances d'organe et à des maladies inflammatoires répondent également à ce traitement. Son utilisation est limitée par l'administration sous-cutanée qui doit être répétée en général 2 fois par semaine, à raison de 50 à 100 unités par kg/semaine et par son coût élevé.

TRANSFUSION

Aux risques habituels des transfusions, doivent s'ajouter, chez les aînés, le risque augmenté de surcharge en fer et la surcharge volumique. En effet, chaque culot globulaire apporte un supplément de 250 mg de fer. Une centaine de culots suffiront à produire une surcharge touchant les organes cibles. L'augmentation avec l'âge des cardiomyopathies restrictives séniles (amyloïdes) et l'insuffisance diastolique qui en résulte rendent difficilement tolérable les 300 à 400 mL de volume intravasculaire qui l'accompagnent. Une dose minime et unique de diurétique peut corriger ou prévenir cette complication. Le risque de transmission d'infection ne doit pas être ignoré. Le pronostic vital d'un homme de 80 ans est suffisant pour permettre le développement clinique de ces infections, sans compter le risque de transmission éventuelle vers son entourage immédiat.

En résumé, en présence d'une anémie chez la personne âgée, un diagnostic étiologique doit être recherché. Le tableau 41.4 résume les modifications biologiques dans chacun des types d'anémie. La figure 41.1 suggère une démarche systématique pour arriver à un diagnostic précis. Le traitement doit être spécifique (Tableau 41.5).

Tableau 41.4

Paramètres biologiques des différents types d'anémies

	Valeurs normales (N)	Ferriprive	Secondaire à une maladie chronique	Mégaloblastique	Sidéroblastique	Hémolytique	Aplastique
Hémoglobine	120 g/L 110 g/L (> 80) 100 g/L (> 90)		70-110				
VGM	80-100 µ³	↓ < 80	N ou ↓	↑ (> 120)	N	N	N ↑
CCMH	32-35 %	↓ < 32	N	N	N	N	N
Réticulocytes	1-2 %	N ou ↑	N ou ↓	↓	↓	↑	↓
Frottis		Hypochromie Microcytose Polychromato-philie	Schistocytes Érythrocytes à spicules (Ins. rénale)	Macroovalocytes Polynucléaires Polysegmentés	Dimorphisme	Microsphéro-cytose Polychromato-philie	Leucocytes ↓ Plaquettes ↓
Fer sérique	75-195 µg/dL	(< 10)	↓	—	—	—	—
Ferritine	42-313 mg/dL	↓	↑	↑	↑	↑	↑
Transferrine	168-343 mg/dL	(> 400)	↓	—	—	—	—
% saturation	33 %	(< 10 %)	N	↓	—	—	—
Vit. B$_{12}$	> 150 pg/mL	—	—	↓	—	—	—
Acide folique érythrocytaire	> 125 µg/mL	—	—	↓	—	—	—

Tableau 41.5	
Traitement des anémies	
A. ferriprive	Sulfate ferreux 300-600 mg/24 h (60-120 mg de fer élémentaire)
A. par déficience en vit. B_{12}	Cyanocobalamine 30 µg/24 h × 1 sem puis 1 000 µg/sem × 6 sem puis 1 000 µg/mois (ou hydroxycobalamine 1 000 µg/3 mois)
A. par déficience en acide folique	Acide folique 5 mg/24 h
A. sidéroblastique	Pyridoxine (vit. B_6) 100-150 mg/24 h Transfusions
A. hémolytique	Deltacortisone 1-2 mg/kg/24 h (3-4 sem) Splénectomie
A. aplastique ou hypoplastique	Cesser le médicament en cause Transfusion Androgènes et immunosuppresseurs

BIBLIOGRAPHIE

ANIA, B.J.: Prevalence of anemia in medical practice: community vs referral patients. *Mayo Clin Proc*, **69**(8):730-735, 1994.

BIAGGIONI, I.: The anemia of primary autonomic failure and its reversal with recombinant erythropoietin. *Ann Intern Med*, **121**(3):181-186, 1994.

CHALLAND, G.S.: Distribution of haemoglobin in patient presenting to their general practitioner and its correlation with serum ferritin. *Ann Clin Biochem*, **27**:15-20, 1990.

FALKSON, C.I.: Recombinant human erythropoietin in the treatment of cancer-related anaemia. *Oncology*, **51**(6):497-501, 1994.

GOODNOUGHT, L.T. & T.H. PRICE: The endogenous erythropoietin response and the erythropoietic response to blood loss anemia: the effects of age and gender. *J Lab Clin Med*, **126**(1):57-64, 1995.

INELMEN, E.M. & Coll.: Descriptive analysis of the prevalence of anemia in a randomly selected sample of elderly people living at home: an Italian multicentric study. *Age Ageing*, **6**(2):81-89, 1994.

KIRKEBY, O.J., FOSSUM, S. & C. RISCOE: Anemia in elderly patients. Incidence and causes of low hemoglobin concentration in a city general practice. *Scandinavian Journal of Primary Health Care*, **9**:167-171. 1991.

ROSE, E.H. & Coll.: The use of r-HuEpo in the treatment of anaemia related to myelodysplasia. *Br J Haematol*, **89**(4):831-837, 1995.

LECTURES SUGGÉRÉES

DAMON, L.E.: Anemias of chronic disease in the aged: diagnosis and treatment. *Geriatrics*, **47**(4):47-54, 57, 1992.

MURPHY, T. PHILLIP & R. HUTCHINSON: Identification and Treatment of Anaemia in Older Patients, *Drugs and Aging*, **4**(2):113-127, 1994.

LONGPRÉ, B.: Les anémies. Les Presses de l'Université de Montréal, Montréal, 2e éd., 1994.

CHAPITRE 42

ONCOLOGIE GÉRIATRIQUE

Mariette Lépine-Martin, Rachel Bujold et Jean-Marc Pépin

Le cancer est une cause majeure de morbidité et constitue la deuxième cause de mortalité, suivant de près les maladies cardio-vasculaires. La population gériatrique s'avère particulièrement affectée, en raison de l'augmentation considérable de l'incidence de plusieurs cancers avec l'âge et d'une moindre réponse à certains traitements.

Même si les recherches cliniques et les nouvelles thérapeutiques en oncologie s'adressent le plus souvent aux malades de moins de 65 ans, la littérature médicale des dernières années reconnaît l'importance de la maladie cancéreuse pour la personne âgée et fournit quelques résultats d'étude qui peuvent orienter le clinicien.

INCIDENCE

Les cancers du sein, du poumon et du côlon représentent les trois cancers les plus fréquents dans la population féminine du Québec (Fig. 42.1A). Chez les hommes, le cancer du poumon est le plus fréquent, suivi du cancer de la prostate puis du cancer du côlon (Fig. 42.1B). A l'exception de quelques néoplasies comme la maladie de Hodgkin et le cancer du testicule qui affectent les adultes jeunes et le cancer mammaire déjà fréquent à l'âge de la ménopause, l'incidence des cancers augmente de façon exponentielle avec le vieillissement. Près de 60 % des cancers sont diagnostiqués après l'âge de 65 ans. Au Québec, en 1992, on diagnostiquait 1100 nouveaux cas de cancer par 100 000 habitants masculins pour le groupe d'âge de 55 à 65 ans, par rapport à 3700 par 100 000 pour le groupe d'âge de 75 à 85 ans (Fig. 42.2). Cette année-là, au Québec, le cancer était responsable de 31 % des décès des hommes et de 30 % des décès des femmes. Dans tous les pays caractérisés par le vieillissement de leur population, le nombre de patients requérant des soins à cause de la maladie cancéreuse continue d'augmenter.

Les causes de cette relation étroite entre l'âge avancé et le cancer demeurent hypothétiques. Cependant, la cellule sénescente possède certaines caractéristiques qui pourraient la rendre plus vulnérable au développement du cancer: une capacité de réparation réduite par suite d'une déficience en glutathion, des expositions répétées à un ou plusieurs carcinogènes ayant déjà mis en route le processus de cancérisation et une moins bonne surveillance du système immunitaire.

DÉPISTAGE

En théorie, le dépistage semble le meilleur moyen de réduire la morbidité et la mortalité du cancer et devrait, avec les développements futurs, s'avérer utile dans une population à risque élevé. Actuellement, même pour les patients plus jeunes, les techniques de dépistage, à l'exception de la mammographie et de la cytologie du col utérin, n'ont pas fait la preuve de leur efficacité pour prolonger la survie ou sont encore considérées trop complexes et trop coûteuses. Il n'existe pas de consensus sur l'utilité de la cytologie cervicale après 70 ans. Il n'est pas clair qu'il faille continuer le dépistage par mammographie pour les femmes de plus de 70 ans. Devrait-on se limiter à l'examen médical annuel associé à l'autoexamen des seins? De même, le dépistage du cancer de la prostate basé sur le dosage sanguin de l'antigène spécifique de la prostate et les coloscopies périodiques à la recherche de néoplasies coliques demeurent controversés. En attendant des directives plus précises quant au dépistage, il faut certainement viser un diagnostic précoce, d'autant que plusieurs

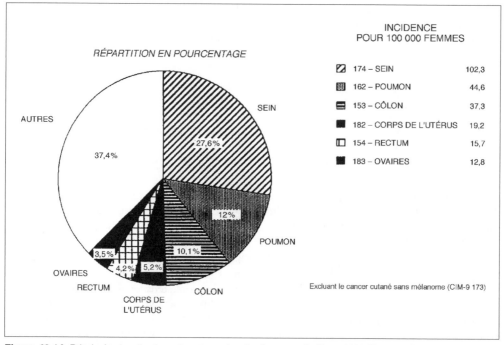

Figure 42.1A Principales localisations du cancer chez les femmes, Québec, 1992 (**Source:** Fichier des tumeurs du Québec, 1992. Janvier 1995)

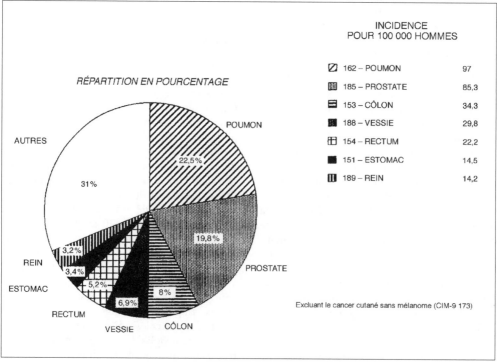

Figure 42.1B Principales localisations du cancer chez les hommes, Québec, 1992 (**Source:** Fichier des tumeurs du Québec, 1992. Janvier 1995)

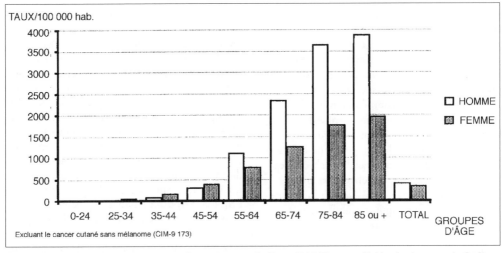

Figure 42.2 Incidence du cancer selon l'âge et le sexe, Québec, 1992 (**Source:** Fichier des tumeurs du Québec, 1992. Janvier 1995)

études montrent que le stade de la maladie cancéreuse au moment du diagnostic est généralement plus avancé chez la personne âgée.

PRÉSENTATION

Le mode de présentation du cancer chez la personne âgée est souvent modifié ou obscurci par les conditions médicales associées. Les symptômes initiaux dus au cancer peuvent être considérés, par le malade et sa famille, comme une manifestation banale du vieillissement. Cette observation se vérifie encore plus fréquemment lorsque les premières manifestations sont d'ordre systémique: anorexie, perte de poids, fatigue. Il n'est donc pas surprenant que le diagnostic soit souvent tardif. Par conséquent, l'interrogatoire et l'examen physique du vieillard doivent être particulièrement détaillés pour détecter des signes précoces de néoplasie.

DIAGNOSTIC

Il est souvent difficile de décider jusqu'où pousser les procédures diagnostiques. Une sous-évaluation pourrait priver le malade d'une chance de guérison. Une surévaluation n'est pas sans inconvénients ni danger pour le vieillard. L'accès plus facile aux techniques de tomodensitométrie ou de résonance magnétique et à certains tests sanguins comme les marqueurs tumoraux permet souvent une bonne évaluation du stade de la maladie cancéreuse, sans inconvénient majeur pour la personne âgée. Parti-culièrement pour ce groupe d'âge, le choix des tests diagnostiques comme celui des tests de dépistage doit tenir compte des conditions médicales associées, de la possibilité d'un traitement efficace et de la volonté du malade.

TRAITEMENT

Plusieurs facteurs sont à considérer quand on planifie le traitement du cancer chez une personne âgée. D'abord, les cancers ne sont pas nécessairement moins agressifs dans ce groupe d'âge; ils peuvent même évoluer plus rapidement. De plus, le ou la malade de plus de 70 ans jouit encore d'une bonne espérance de vie. Par ailleurs, alors que la présence d'un cancer représente, en général, la seule menace à la survie d'un patient jeune, chez le vieillard coexistent souvent plusieurs conditions médicales potentiellement dangereuses. En plus d'une tolérance diminuée aux effets systémiques du cancer, la personne âgée présentera une tolérance diminuée aux effets secondaires des diverses thérapeutiques. Les patients de tout âge devraient recevoir l'information suffisante pour participer à la décision de traitement; ils devraient aussi bénéficier du traitement de soutien limitant le plus possible les symptômes d'inconfort et les dérangements psychologiques.

Chirurgie

La chirurgie du cancer constitue un acte thérapeutique efficace, indépendamment de l'âge du patient. Pour plusieurs cancers fréquents comme le cancer du côlon et le cancer pulmonaire autre que le cancer à petites cellules, la chirurgie demeure le principal traitement et le seul offrant une possibilité de guérison. Par ailleurs, plusieurs centres spécialisés ont rapporté des taux accrus de complications secondaires à la chirurgie pour les patients de plus de 70 ans, le risque de complication étant davantage associé à l'état fonctionnel de la personne qu'à son âge chronologique. La procédure chirurgicale chez le vieillard exclut, en général, les chirurgies radicales et exige une bonne évaluation préopératoire ainsi qu'un support technique adéquat au moment de l'intervention.

Radiothérapie

La radiothérapie peut avoir un dessein curatif ou palliatif; elle peut s'administrer seule ou en association avec la chimiothérapie ou la chirurgie. Elle constitue également un important outil palliatif des symptômes associés à la néoplasie tels la douleur, le saignement, la compression et l'obstruction. L'irradiation externe transcutanée, l'irradiation endocavitaire ou interstitielle (brachythérapie) et l'irradiation métabolique (^{131}I) constituent les diverses modalités du traitement, le but recherché étant le contrôle local ou régional de la néoplasie.

Chez la personne âgée, la place de la radiothérapie demeure sensiblement la même que chez la personne plus jeune, mais une attention particulière doit être portée aux conditions médicales associées. Chez le vieillard, l'indication de la radiothérapie se rencontre principalement dans le cancer du poumon, du sein, de la prostate, de la sphère ORL, du rectum, des lymphomes et des tumeurs cérébrales.

La personne âgée possédant un bon indice de performance tolère bien les effets secondaires de la radiothérapie. Ces effets dépendent du terrain irradié, des volumes et des doses administrées ainsi que de l'étalement de la dose dans le temps. En général, la personne âgée éprouve plus de difficultés à compenser la dysfonction temporaire d'un système ou d'un organe, d'où l'importance de lui assurer le soutien nécessaire afin qu'elle puisse compléter les traitements sans détérioration importante de son état fonctionnel.

Les traitements de radiothérapie s'administrent le plus souvent sur une base externe et comportent habituellement plusieurs semaines de séances quotidiennes, ce qui soulève le problème du transport du malade. Certaines maladies associées peuvent aussi rendre l'administration de la radiothérapie plus difficile. Par exemple, la personne atteinte de la maladie d'Alzheimer ou d'une détérioration vasculaire cérébrale sera moins susceptible de comprendre et de participer activement au traitement de radiothérapie qui exige toujours la collaboration du malade. Dans ces cas, la participation de l'équipe gérontologique est précieuse si l'on veut obtenir les meilleurs résultats. L'irradiation d'une tumeur intrathoracique (lymphome, œsophage, poumon) chez le patient porteur d'une maladie pulmonaire chronique sera plus délicate lorsqu'on veut éviter une détérioration de la fonction pulmonaire. Les volumes irradiés et les doses administrées doivent donc en tenir compte. L'arthrose, relativement fréquente chez le vieillard, peut quelquefois rendre difficile le positionnement quotidien du malade en vue du traitement.

Chimiothérapie

La chimiothérapie constitue, avec l'hormonothérapie, le principal mode de traitement systémique du cancer. Plusieurs classes d'agents sont disponibles (Tableau 42.1) qui permettent un meilleur contrôle de la maladie cancéreuse des jeunes patients. Les personnes âgées peuvent aussi bénéficier des traitements de chimiothérapie qui provoquent généralement la même réaction tumorale que chez les plus jeunes mais avec un risque accru de toxicité. Avec l'âge, la population de cellules souches de la moelle osseuse diminue, la réponse aux facteurs de croissance exogènes est altérée, l'élimination des médicaments peut être retardée à cause de modifications de la fonction hépatique ou rénale. Par ailleurs, la toxicité médicamenteuse sur certains organes comme le poumon ou le cœur risque d'être amplifiée par la présence d'affections préexistantes.

Le tableau 42.2 résume les principales indications de la chimiothérapie chez la personne âgée. Les chimiothérapies adjuvantes comprennent surtout la combinaison 5-fluorouracile-lévamisole dans le cancer du côlon et la combinaison CMF (cyclophosphamide, mé-

Tableau 42.1
Principaux agents de chimiothérapie en gériatrie

CLASSE	AGENTS
1. Alkylants	cyclophosphamide (Procytox®, Endoxan®) chlorambucil (Leukeran®, Chloraminophène®) melphalan (Alkeran®)
2. Antimétabolites	méthotrexate 5-fluoro-uracile 6-thioguanine cytarabine hydroxyurée
3. Antibiotiques	doxorubicine (Adriamycine®)
4. Dérivés des plantes	vincristine (Oncovin®) VP-16 (Étoposide®)
5. Autres	mitoxantrone

Tableau 42.2
Chimiothérapie en gériatrie

1. Chimiothérapie adjuvante	Cancer du côlon Cancer du sein?

2. Chimiothérapie à visée curative ou palliative
    rémission prolongée
 	
    réponse objective avec amélioration
    possible de la survie
	Maladie de Hodgkin
	Lymphome
	Cancer de l'ovaire
	Cancer du sein
	Leucémie aiguë
	Cancer pulmonaire à petites cellules
	Syndromes myéloprolifératifs
	Cancer du côlon (adjuvant)
	Leucémie lymphoïde chronique
	Myélome multiple

thotrexate, 5-fluoro-uracile) dans le cancer du sein, en raison de leur toxicité acceptable. La chimiothérapie orale, en général peu toxique, contrôle efficacement, pour des périodes variables, les syndromes myéloprolifératifs (hydroxyurée), la leucémie lymphoïde chronique (chlorambucil) et le myélome multiple (melphalan et prednisone), même chez des patients très âgés. Le traitement des lymphomes hodgkiniens et non hodgkiniens, le traitement du cancer pulmonaire à petites cellules et du cancer de l'ovaire exigent des régimes de chimiothérapie modérément aplasiants; dans ces conditions, on observe en général de bonnes réactions tumorales mais une survie nettement diminuée chez la personne âgée par rapport aux patients plus jeunes. Finalement, la majorité des patients de plus de 65 ans ne tolèrent pas les régimes de traitement très aplasiants recommandés pour traiter les leucémies aiguës, les lymphomes agressifs ou précédant les greffes de moelle osseuse.

La myélosuppression constitue le principal effet toxique de la plupart des agents de chimiothérapie, ce qui prédispose la personne âgée traitée à plusieurs types d'infections dont les infections à germes opportunistes. La fièvre signalera, dans la plupart des cas, l'apparition de cette complication qui nécessite un diagnostic et un traitement rapides. Parmi les autres effets indésirables, l'asthénie que présentent plusieurs personnes âgées après les traitements de chimiothérapie intraveineuse risque de nuire à leur autonomie, du moins temporairement.

Traitement palliatif

Le traitement palliatif occupe une place importante dans l'ensemble des soins de la personne âgée atteinte de cancer. Cependant, il s'avère souvent difficile parce que le malade ne veut pas ou ne peut pas révéler précisément ses symptômes et parce que la médication visant à pallier les symptômes peut elle-même entraîner des effets secondaires majeurs comme la constipation ou la perturbation de l'état de conscience. Des études récentes font malheureusement le constat d'une palliation déficiente de la souffrance et de la détresse psychologique chez plusieurs vieillards souffrant de cancer métastatique. En plus des approches de traitement global, à l'occasion, une procédure palliative comme la correction d'une occlusion intestinale, l'immobilisation d'une fracture ou l'irradiation d'une métastase osseuse douloureuse contribuera grandement au mieux-être du malade.

CANCERS SPÉCIFIQUES

Un aperçu du traitement des cancers les plus fréquents chez le vieillard est présenté au tableau 42.3.

Sein

Le cancer du sein est un cancer important en gériatrie à cause de sa prévalence (environ 1 femme sur 10) et de son évolution prolongée (variable, mais habituellement sur plusieurs années). Il n'existe aucune justification à modifier le traitement chirurgical primaire en fonction de l'âge. Ainsi la tumorectomie, associée à une radiothérapie du sein, ou une mastectomie radicale modifiée, sans radiothérapie, donnent des résultats semblables.

Dans le sous-groupe des malades de stade 2 (tumeur de moins de 5 cm de diamètre et sans métastases à distance) présentant un cancer hormonosensible (la majorité dans ce groupe d'âge), l'administration d'un antiœstrogène (tamoxifène) comme adjuvant contribue à allonger la survie sans rechute. L'addition d'une chimiothérapie de type CMF dans ce sous-groupe n'apporte aucun bénéfice supplémentaire. La chimiothérapie, avec ou sans anthracyclines, demeure une option pour certaines patientes en bon état présentant des risques élevés de métastases et dont le cancer n'exprime pas les récepteurs d'œstrogènes ou de progestérone.

Dans un contexte métastatique, et en présence de récepteurs œstrogéniques, ce qui devient de plus en plus fréquent à mesure qu'on s'éloigne de la ménopause, les manipulations hormonales peuvent offrir des rémissions objectives dans plus de 50 % des cas, et il n'est pas rare d'obtenir une deuxième et même une troisième rémission successive avec des combinaisons hormonales différentes, et cela avec un minimum d'effets secondaires. Le traitement

		Tableau 42.3		
		Traitement des cancers les plus fréquents chez le vieillard		
	Chirurgie	**Radiothérapie**	**Hormonothérapie**	**Chimiothérapie**
Sein	curative?	curative adjuvante à la chirurgie palliative (métastases)	tamoxifène mégestrol (Megace®) formestane (Lentaron®) (récepteurs positifs)	palliative adjuvante (occasionnellement)
Poumon	curative si localisé	si chirurgie trop risquée ou si cancer anaplasique à petites cellules (avec chimio)	–	forme anaplasique à petites cellules
Prostate	curative palliative orchidectomie	curative palliative (locale ou métastase)	antiandrogènes agonistes LH-RH	peu efficace
Côlon-rectum	curative palliative	rectum (adjuvante avec chimio)	–	adjuvante
Ovaire	curative si localisé	palliative	–	efficace

hormonal ajouté au traitement de radiothérapie des métastases osseuses symptomatiques permet souvent de contrôler la maladie pendant des périodes prolongées et de retarder l'utilisation d'une polychimiothérapie. Une telle chimiothérapie peut inclure la doxorubicine ou l'épirubicine et permet, dans au moins 30 % des cas, d'ajouter quelques mois de contrôle de la maladie avec des effets secondaires acceptables.

Par ailleurs, le cancer évolutif du sein se complique régulièrement d'hypercalcémie et de compression neurologique qu'il est souvent avantageux de traiter.

Prostate

Depuis que le dosage de l'antigène prostatique spécifique est utilisé comme moyen de dépistage, l'incidence du cancer de la prostate a augmenté de façon dramatique. C'est le cancer le plus fréquent chez l'homme, représentant environ 20 % des néoplasmes. Il se retrouve rarement avant 50 ans, l'âge moyen au moment du diagnostic étant de 73 ans.

Il n'existe aucun facteur de risque démontré pour ce cancer. Le toucher rectal annuel, le dosage de l'antigène prostatique spécifique et l'échographie transrectale constituent actuellement les moyens de dépistage. Il n'est toutefois pas clair qu'un diagnostic précoce, en particulier chez un homme asymptomatique de plus de 65 ans, diminue le risque de mortalité par cancer.

Lorsque le cancer de la prostate est confiné à la glande (stade A ou B) au moment du diagnostic, un traitement par chirurgie ou par radiothérapie peut permettre un taux de survie allant jusqu'à 85 % à long terme (10-15 ans). Le potentiel de guérison est grandement réduit lorsque la capsule prostatique est envahie par la tumeur (stade C) ; il est pratiquement nul dans la tumeur métastatique.

Une fois le diagnostic posé, la détermination du stade de la maladie, du grade histologique de la tumeur, de la présence ou non de symptômes et l'espérance de vie doivent orienter le choix du traitement. La prostatectomie radicale et la radiothérapie offrent les mêmes probabilités de contrôle chez un patient atteint d'un cancer localisé et une espérance de vie de 10 ans ou moins. La chirurgie sera surtout envisagée chez le sujet de moins de 65 ans ou chez

le patient plus âgé mais ayant une espérance de vie d'au moins 10 ans. Dans le cas où il y a dépassement capsulaire par la tumeur, la radiothérapie devient préférable à la chirurgie, alors que dans les stades métastatiques ou chez les patients incapables de supporter la chirurgie ou la radiothérapie, la manipulation hormonale devient la thérapeutique de choix.

L'hormonothérapie consiste à rechercher l'abolition de la stimulation androgénique. L'orchidectomie, les agonistes de la LH-RH (leuprolide ou goséréline) et les antiandrogènes (acétate de cyprotérone, flutamide) sont présentement disponibles. Le diéthylstilbœstrol (œstrogènes), à cause des risques de complication thrombo-embolique et cardio-vasculaire, est de moins en moins utilisé. Dans les cas de maladie évolutive en dépit de l'hormonothérapie, la radiothérapie peut procurer au malade un palliatif efficace des symptômes, tout en étant généralement bien tolérée, même en phase avancée. Le strontium 89, un radio-isotope ayant une affinité pour le tissu osseux, semble prometteur dans le traitement palliatif des métastases osseuses du cancer de la prostate.

Poumon

Le cancer du poumon constitue la principale cause de mortalité par cancer chez l'homme et dépasse maintenant le taux de mortalité par cancer du sein chez la femme. Malgré tous les efforts, le taux de survie à 5 ans ne s'est que peu amélioré au cours des vingt dernières années, passant de 7 % en 1963 à 13 % actuellement. L'incidence du cancer du poumon augmente avec l'âge et, chez la personne âgée, la tumeur se présente plus souvent à un stade localisé que dans les autres cancers.

Lorsque la maladie est localisée et que la condition du malade le permet, la chirurgie demeure le traitement de choix et le seul porteur d'espoir de guérison complète. Toutefois, une maladie pulmonaire ou cardiaque contre-indique souvent toute chirurgie à visée curative chez la personne âgée. L'irradiation thoracique définitive devient alors une alternative valable mais doit prendre en compte la fonction pulmonaire afin d'éviter les complications. La radiothérapie reste un traitement important des tumeurs localement avancées et non résécables ainsi que comme palliatif des symptômes tels que ceux associés aux métastases osseuses ou cérébrales, aux hémoptysies et à la compression de la veine cave supérieure.

La chimiothérapie du cancer pulmonaire est réservée avant tout aux cas de carcinome indifférencié à petites cellules dans lesquels elle procure une amélioration certaine de la survie. Bien qu'elle ait su démontrer une efficacité dans les autres types de cancers bronchogéniques non à petites cellules, la chimiothérapie n'a pas encore permis de prolonger la survie de façon significative.

Côlon et rectum

Le cancer colo-rectal représente 14 % des cancers chez les femmes et 13 % chez les hommes. L'incidence la plus élevée se retrouve dans les groupes d'âge de 60 à 75 ans. Les études récentes suggèrent que les tumeurs coliques acquièrent leur caractère de malignité à partir de lésions bénignes qui auraient eu avantage à être dépistées.

L'âge ne modifie pas l'efficacité de la chirurgie à visée curative dans ce type de cancer. L'évolution du cancer du côlon de stade C (avec envahissement ganglionnaire) semble améliorée par une chimiothérapie adjuvante incluant le 5-fluoro-uracile et le lévamisole. Des patients d'âge gériatrique peuvent tolérer ce traitement relativement peu toxique. Le traitement adjuvant pour le cancer du rectum, comprenant plusieurs jours de 5-fluoro-uracile et de la radiothérapie locale, risque d'être plus mal toléré par le patient âgé.

Leucémie lymphoïde chronique

La leucémie lymphoïde chronique est la leucémie la plus fréquemment rencontrée en gériatrie. Les hommes sont deux fois plus atteints que les femmes et l'âge au moment du diagnostic est supérieur à 50 ans dans 90 % des cas. Les symptômes de présentation varient, l'asthénie et les adénopathies étant les plus fréquents. Dans certains cas, l'hémogramme permet de découvrir la lymphocytose absolue et oriente vers ce diagnostic. L'examen du frottis sanguin suggère déjà fortement le diagnostic à cause du nombre de petits lymphocytes et de la présence de cellules dégénérées. Les techniques immunologiques disponibles dans plusieurs laboratoires, montrent, dans cette maladie, une augmentation des lymphocytes B ayant pour origine un même clone.

La leucémie lymphoïde chronique évolue, en général, lentement pendant plusieurs années. Le traitement au chlorambucil est indiqué chez un patient symptomatique, de stade avancé ou dont la maladie se développe rapidement.

Les principales complications associées à la leucémie lymphoïde chronique sont l'infection, la thrombopénie ou l'anémie auto-immune et, après plusieurs années d'évolution, l'infiltration de plusieurs organes et la pancytopénie grave.

Myélome multiple

Le myélome multiple se retrouve surtout chez les patients de plus de 60 ans. Encore maintenant, la survie moyenne se situe entre 3 et 4 ans. Les douleurs osseuses, l'anémie normochrome, l'insuffisance rénale, les infections bactériennes et la présence d'une gammapathie monoclonale évoquent le diagnostic. Il est important de différencier cette condition d'une gammapathie monoclonale de signification indéterminée que l'on retrouve fréquemment dans la population gériatrique. Devant un diagnostic de myélome multiple, plusieurs personnes âgées peuvent tolérer le traitement oral avec melphalan et prednisone. Ils peuvent aussi bénéficier des traitements de radiothérapie locale pour le contrôle des douleurs.

Cancer métastatique

Le cancer métastatique constitue un problème fréquemment observé en oncologie gériatrique. Même si, le plus souvent, l'attention se porte sur le traitement primaire du cancer, 60 à 70 % des cancéreux vont présenter éventuellement des métastases et requérir des soins médicaux. Le traitement vigoureux de ces métastases, surtout quand elles sont sensibles à la chimiothérapie, peut non seulement améliorer la qualité de vie, mais aussi prolonger la survie globale.

Chez le malade âgé, les **métastases cérébrales** résultent, le plus souvent, d'une néoplasie du poumon ou du sein. La chimiothérapie est alors peu utile, car les agents disponibles ne traversent pas, en général, la barrière hémato-méningée. La radiothérapie, en association avec les corticostéroïdes, peut amener une amélioration symptomatique appréciable. Dans un cas de métastase unique située dans une région accessible, l'excision chirurgicale pourra être considérée, compte tenu de la condition générale du malade, de la rapidité d'évolution de son cancer, de la nature et de l'importance du déficit neurologique et de l'absence d'autres métastases.

Durant la dernière décennie, certains centres oncologiques ont adopté une attitude agressive face aux **métastases pulmonaires** et recommandé leur résection chirurgicale; cette méthode trouve peu d'applications chez les malades âgés. En pratique, la chimiothérapie a peu à offrir aux porteurs de métastases pulmonaires, excepté dans les néoplasies du sein, où la chimiothérapie systémique combinée aux traitements hormonaux peut donner des résultats fort valables.

Les **métastases hépatiques** représentent l'atteinte néoplasique qui, par elle-même, cause le plus grand nombre de décès. La chimiothérapie, intra-artérielle ou systémique, contribue peu au traitement, sauf dans les cas de cancer du sein. Ces métastases sont habituellement multiples et ne permettent pas la résection chirurgicale; d'ailleurs, ce type de chirurgie est associé, chez les malades âgés, à une mortalité et une morbidité inacceptables.

Les **métastases osseuses** proviennent habituellement du sein, du poumon et de la prostate. Elles mettent rarement en danger la vie du malade et leur présence est souvent compatible avec une survie prolongée. Le traitement systémique peut avoir des effets palliatifs intéressants dans les cas où le cancer primaire est mammaire ou prostatique. Dans les autres cas, l'analgésie et l'irradiation de la région douloureuse peuvent ajouter au confort du malade. Ces métastases peuvent causer des fractures qui doivent être réduites avant l'immobilisation.

Les **épanchements pleuraux** métastatiques proviennent, dans 85 % des cas, du sein, du poumon ou d'un lymphome. La survie dépend surtout de l'aptitude du traitement systémique à contrôler la néoplasie sous-jacente. S'il s'agit d'un lymphome ou d'un cancer du sein, le traitement systémique permet souvent de contrôler l'épanchement pleural. Après drainage thoracique, plusieurs agents peuvent être injectés dans la cavité pleurale: méchloréthamine, fluorouracile, thiotépa, bléomycine, quinacrine, tétracycline, or et phosphore radioactifs. Ces agents sont efficaces dans environ la moitié des cas; ils évitent la répétition des thoracentèses et permettent une survie de plusieurs mois, parfois de quelques années.

L'**épanchement péricardique** néoplasique est habituellement secondaire à un cancer du sein ou du poumon. Il présente une gravité accrue du fait qu'en provoquant une tamponnade, il met rapidement en danger la vie du malade. La péricardiocentèse peut amener une amélioration temporaire, mais une fenêtre péricardique est nécessaire pour obtenir un soulagement plus long. Elle doit s'accompagner d'un traitement systémique si le cancer y est sensible. L'expérience de l'instillation intrapéricardique des agents déjà mentionnés est beaucoup plus limitée que dans les cas d'épanchements pleuraux.

L'**ascite néoplasique** se rencontre surtout avec le lymphome et les cancers de l'ovaire, de l'endomètre, du sein, du côlon, de l'estomac et du pancréas. Dans les cas où il existe un traitement systémique efficace (lymphome, sein, ovaire), ce traitement doit être utilisé au début et on peut en attendre des résultats intéressants. Dans les autres cas, l'administration intrapéritonéale des agents déjà mentionnés peut parfois s'avérer bénéfique. Dans les cas d'ascite maligne réfractaire, une dérivation dite de Le Veen (cavité péritonéale – veine cave supérieure) entraîne des résultats variables.

BIBLIOGRAPHIE

BALDUCCI, L. & Coll.: Prostate cancer: a model of cancer in the elderly. *Arch Gerontol Geriatr*, **8**(2):165, 1989.

FERRELL, B.R., RHINER, M. & B.A. FERRELL: Development and Implementation of a pain education program. *Cancer*, 72:3426-32, 1993.

KANE, R.A.: Psychological and social Issues for older people with cancer. *Cancer*, **68**:2514-2518, 1991.

LIPSCHITZ, D.A.: Age-related declines in hematopoietic reserve capacity. *Sem Oncol*, **22**(1):3-5, 1995.

MC KENNA, Sr R.J.: Clinical aspects of cancer in the elderly. Treatment decisions, treatment choices and follow-up. *Cancer*, 74(7):2107, 1994.

MUSS, H.B.: Chemotherapy of breast cancer in the older patient. *Sem Oncol*, **22**(1):14-16, 1995.

NEWELL, G.R., SPITZ, M.R. & J.G. SIDER: Cancer and age. *Sem Oncol*, **16**(1):3-9, 1989.

PATTERSON, W.B.: Surgical Issues in Geriatric Oncology. *Sem Oncol*, **16**(1):57-65, 1989.

RICHIE, J.P. Jr: The role of Glutathione in aging and cancer. *Exp Gerontol,* **27**:615-626, 1992.

SMALL, E.J.: Prostate cancer: Who to screen, and what the results mean. *Geriatrics,* **48(12)**:28, 1993.

YANCIK, R. & I.G. RIES: Cancer in the aged. *Cancer,* **68**:2502-2510, 1991.

LECTURES SUGGÉRÉES

BALDUCCI, L. & Coll.: *Geriatric Oncology,* J.B. Lippincott, Philadelphia, 1992.

BEAUPRÉ, M.: *Rapport annuel des nouveaux cas de cancer déclarés au fichier des tumeurs du Québec, année 1992,* MSSS, Gouvernement du Québec, Québec, 1992.

DE VITA, V.T. Jr., HELLMAN, S. & S.A. ROSENBERRG: *Cancer. Principles and Practice of oncology,* J.B. Lippincott, Philadelphia, 4ᵗʰ ed., 1993.

CHAPITRE 43

AFFECTIONS DU PIED

NAJMI NAZERALI

L'importance des affections du pied en gériatrie est sous-estimée. Dans l'étude classique sur les maladies non déclarées par les vieillards, Williamson rapporte que 43 % des personnes interrogées affirment souffrir d'un problème aux pieds et que la plupart n'ont jamais consulté un médecin à ce sujet, estimant que ces malaises sont une conséquence inévitable de l'âge. Plus récemment, une étude des personnes de 80 ans et plus, vivant à domicile, démontre que seulement 6 % n'ont pas d'affections ou douleurs du pied. De plus, les problèmes de pied, malgré leurs répercussions fonctionnelles importantes, sont très souvent négligés par les médecins. Une meilleure connaissance de la physiopathologie des affections courantes du pied devrait permettre de diminuer l'inconfort, de réduire les risques de chute et d'éviter l'immobilisation progressive que ces affections entraînent.

PHYSIOPATHOLOGIE

Les microtraumatismes subis au cours des années expliquent en grande partie l'augmentation de l'incidence des affections du pied avec l'âge, que ce soit au niveau des ongles, de la peau ou même de la forme du pied.

Bien que la plupart soient inévitables, certains de ces problèmes sont néanmoins aggravés par une hygiène inadéquate et par le port de chaussures mal adaptées. Il n'est pas surprenant de noter, par exemple, que les femmes sont plus souvent victimes de déformations du pied, quand on sait que le choix de leurs chaussures relève davantage des exigences de la mode que de considérations de confort et d'hygiène.

Les changements physiologiques au niveau du pied sont de plusieurs ordres. Ainsi, les déformations osseuses congénitales ou acquises, flexibles et asymptomatiques chez l'adulte, deviennent, avec l'âge, rigides et symptomatiques. Ces déformations, majeures ou mineures (telles les exostoses), favorisent l'apparition de callosités et de cors douloureux aux points de pression.

Au niveau cutané, le vieillissement provoque une tendance à la déshydratation, en raison de la diminution du nombre de glandes sudoripares, de l'amincissement de la peau et de l'atrophie des coussins adipeux, particulièrement à la surface plantaire. Il occasionne également, par altération de la formation du collagène, une diminution de l'élasticité et de la résilience cutanées et, donc, de la fonction protectrice de la peau. Quant aux ongles, ils deviennent plus épais, plus durs et s'incurvent, favorisant ainsi l'incarnation du bord latéral.

Les modifications vasculaires entraînent une réduction de la circulation périphérique. Cela contribue à rendre les pieds plus vulnérables aux traumatismes et plus lents à guérir. La sensibilité des membres inférieurs a aussi tendance à s'émousser, altérant une fois de plus la fonction protectrice de la peau. De nombreuses maladies systémiques (Tableau 43.1) peuvent également contribuer à accélérer ces changements

Tableau 43.1
Affections systémiques s'accompagnant d'affections du pied
Insuffisance vasculaire (athérosclérose, maladie de Buerger, maladie de Raynaud, insuffisance veineuse)
Diabète
Arthrite (dégénérative, rhumatoïde, goutte)
Psoriasis
Insuffisances nutritionnelles
Immobilisation avec plaie de pression

ou même engendrer d'autres problèmes difficiles à résoudre.

Le pied diabétique mérite une considération spéciale et sera traité à la fin de ce chapitre.

Enfin, les vieillards sont quelquefois incapables de prendre soin de leurs pieds en raison de troubles visuels, de difficulté à se pencher ou de perte de dextérité manuelle.

PRINCIPES DE BASE DES SOINS DU PIED

L'examen des pieds doit toujours faire partie de l'examen général. Éduquer le sujet âgé et prévenir l'apparition des problèmes sont des principes à suivre. Même en l'absence de lésions, le médecin donne aux personnes âgées des conseils sur la lubrification de la peau, sur la façon de tailler les ongles et sur le choix des chaussures.

En présence d'affection, l'intervention doit être prompte et efficace. L'âgisme est à éviter. Il n'y a aucune raison, par exemple, de surseoir à une intervention chirurgicale en présence de troubles biomécaniques qui réduisent la mobilité ou la qualité de vie. Plus on retarde le traitement, plus on risque de faire face à des difficultés accrues et d'en être réduit à des mesures palliatives.

En principe, il est préférable de dissuader les vieillards d'utiliser les coussinets à base d'agents chimiques (acide salicylique), surtout lorsqu'ils sont employés de manière occlusive. Ces produits peuvent provoquer des irritations localisées, occasionnant des brûlures et des ulcérations cutanées.

Dans l'insuffisance vasculaire, il est préférable d'adopter une attitude conservatrice ou d'avoir recours à un spécialiste. Ainsi, il est recommandé d'éviter l'anesthésie locale ou les préparations chimiques puissantes et de suivre de près l'évolution des lésions, afin d'intervenir rapidement en cas d'infection. Chez le diabétique, l'éducation, la prévention et l'intervention immédiate en cas de condition pathologique sont de mise (voir plus loin).

Finalement, il convient de mentionner que, même si de nombreuses affections simples du pied peuvent être traitées efficacement par l'omnipraticien, il est souvent conseillé de faire appel au podiatre (podologue), que ce soit pour le traitement de maladies des ongles, de cors et

de callosités ou pour la prescription d'orthèses et de chaussures adaptées en cas de problèmes biomécaniques. L'ergothérapeute peut fabriquer des adaptations, souvent peu coûteuses, aux souliers avec amélioration significative du confort pour le vieillard. Enfin, le chirurgien, général ou orthopédique, fait partie de l'équipe potentielle de consultants.

AFFECTIONS COURANTES DU PIED

Maladies des ongles

Les affections de l'ongle sont, de loin, les affections du pied les plus fréquentes en gériatrie. Pour l'ongle normal, la croissance se fait à partir de la matrice située sur le lit de l'ongle (Fig. 43.1). La direction de la croissance semble aller en diagonale, de la matrice vers la portion distale; les cellules basales de la matrice s'aplatissent et s'énucléent à mesure qu'elles quittent la zone de la matrice pour former le plateau unguéal.

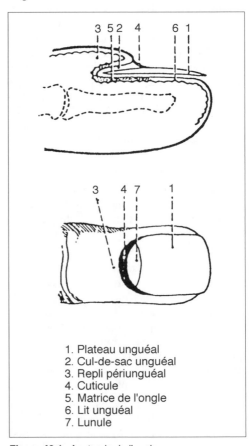

1. Plateau unguéal
2. Cul-de-sac unguéal
3. Repli périunguéal
4. Cuticule
5. Matrice de l'ongle
6. Lit unguéal
7. Lunule

Figure 43.1 Anatomie de l'ongle

L'**onychose** et l'**onychogryphose** sont deux manifestations d'hypertrophie de l'ongle. Dans l'onychose (Fig. 43.2), le plateau unguéal s'épaissit et perd son lustre. Les débris s'accumulent dans la zone sous-unguéale. Avec le temps, la portion distale de l'ongle se détache (onycholyse). Dans l'onychogryphose, l'altération se produit au niveau de la matrice et du lit de l'ongle. L'hypertrophie du tissu sous-unguéal fait obstacle à la croissance normale, l'ongle tend alors à surmonter l'obstruction et se déforme (Fig. 43.3).

Ces deux affections sont causées par la répétition des microtraumatismes, des ongles négligés et une vascularisation insuffisante. Il y a peu de symptômes liés à ces troubles, autres que ceux d'ordre esthétique ou une certaine douleur à la pression.

Le traitement de l'onychose consiste à débrider périodiquement l'ongle, à enlever les débris sous-unguéaux et à conseiller au malade le port de bonnes chaussures minimisant la répétition du traumatisme. Quant au traitement de l'onychogryphose, il se résume à rogner l'ongle à l'aide d'un coupe-ongles renforcé et à limer régulièrement par la suite pour éviter la croissance exagérée. Lorsque la matrice est affectée,

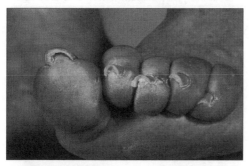

Figure 43.2 Onychose

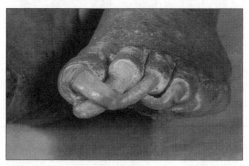

Figure 43.3 Onychogryphose

la croissance continue de se faire de façon anormale, malgré le limage fréquent. On recommande l'application locale d'une substance kératolytique douce (gel d'acide salicylique ou crème à 20 % d'urée). Ici encore, il est indispensable d'insister sur l'importance de bonnes chaussures.

L'**onychocryptose** (onyxis latéral, ongle incarné) est favorisée par la taille trop courte des ongles, particulièrement aux coins, et par l'accentuation de la courbure transversale avec l'âge (Fig. 43.4). Une chaussure trop serrée accroît cette tendance.

L'incarnation du bord latéral de l'ongle dans l'orteil provoque une inflammation qui peut dégénérer en abcès périunguéal. L'ongle incarné occasionne une douleur vive à la pression et peut limiter la mobilité. En phase aiguë, la portion incarnée de l'ongle doit être soigneusement excisée, afin de permettre une diminution de l'inflammation. Par la suite, on a recours aux bains de pieds et aux antibiotiques par voie systémique en cas d'infection. Dans les cas d'onychocryptose chronique avec inflammation minimale, on peut insérer un petit morceau de coton sous le coin de l'ongle incarné, afin d'encourager la croissance de l'ongle vers le haut et l'extérieur. Il n'y a pas lieu de couper en V la partie distale de l'ongle.

En cas de récidive, il faut insérer une barre métallique pour soulever les coins incarnés de l'ongle à mesure qu'il pousse (orthonyxie) ou, selon l'état vasculaire du malade, procéder, sous anesthésie locale, à l'exérèse chirurgicale, partielle ou totale, de l'ongle. Des podiatres recommandent une application de 89 % de phénol à la matrice de l'ongle après résection de l'ongle pour effectuer une destruction chimique des

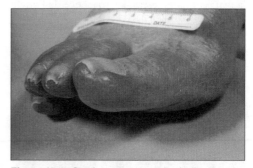

Figure 43.4 Courbure transversale de l'ongle avec l'âge

cellules de croissance anormales. Le résultat de cette phénolisation de la matrice est une guérison complète de l'onychocryptose.

Il faut montrer au malade comment couper l'ongle droit et pas trop court.

L'inflammation des replis périunguéaux (**paronychie**) est occasionnée par un traumatisme localisé, quelquefois provoqué par une mauvaise utilisation de préparations commerciales. Il peut exister une infection bactérienne secondaire (Fig. 43.5). En phase aiguë, la cause la plus courante est une infection à staphylocoque. Le traitement comporte des bains de pieds réguliers et une antibiothérapie appropriée. En cas d'infections graves et localisées, le drainage chirurgical est quelquefois nécessaire.

La paronychie chronique peut être associée à une ostéomyélite ou, lorsqu'elle atteint plusieurs orteils, à une infection fongique par *Candida albicans*, quelquefois associée au diabète.

Les ongles des personnes âgées font souvent l'objet d'infections fongiques appelées **onychomycoses**. Ces infections sont causées soit par *Trichophyton rubrum*, *Trichophyton mentagrophytes* ou, rarement, *Candida albicans*. Les deux premiers dégagent une odeur caractéristique de moisissure et produisent des lésions sèches et épaisses qui rendent l'ongle jaune brunâtre (Fig. 43.6). Dans le cas d'une lésion à *Candida albicans*, l'ongle est jaunâtre, granulaire, humide et on note souvent une inflammation périunguéale.

Ces infections fongiques proviennent de la répétition de microtraumatismes, d'un excès d'humidité dans une chaussure fermée et d'une diminution de la vascularisation. A partir du plateau unguéal, l'infection peut se propager à la matrice; dans ce cas, la croissance de l'ongle

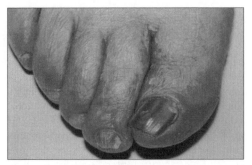

Figure 43.6 Onychomycose

sera anormale et la guérison impossible, à moins de destruction de la matrice.

Le diagnostic d'infection fongique est confirmé par l'identification d'hyphes, selon la technique décrite au tableau 43.2. La prise en charge de l'onychomycose dépend de l'objectif poursuivi, à savoir la guérison ou le contrôle de l'infection. La guérison de l'onychomycose exige un traitement antifongique de la matrice, soit par voie orale ou de façon locale après phénolisation de la matrice (voir plus haut). L'emploi de griséofulvine est controversé et généralement déconseillé, en raison de la durée du traitement, particulièrement chez le vieillard dont les ongles poussent lentement. De plus, il y a une réticence à prescrire un médicament non dénué d'effets secondaires et qui s'ajoute à ceux que le sujet âgé consomme déjà. Plus récemment, l'antifongique terbinafine semble plus acceptable par sa durée de traitement réduite (de deux à trois mois) et ses effets secondaires moins graves.

Quant à la guérison par traitement local, il s'agit d'abord de procéder à l'exérèse, préférablement totale, de l'ongle suivie de la phénoli-

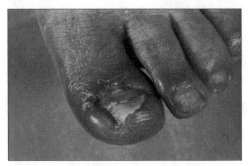

Figure 43.5 Paronychie

Tableau 43.2
Diagnostic des affections fongiques
Gratter les débris douteux (débris sous-unguéaux ou peau)
Les étaler sur une lame en ajoutant une goutte de solution à 20 % d'hydroxyde de potassium (KOH)
Chauffer doucement la lame pendant cinq minutes afin d'accélérer la dissolution de la kératine par le KOH
Recouvrir d'une lamelle et observer au microscope avec l'objectif 10X: la présence d'hyphes confirme le diagnostic

sation de la matrice et l'application d'un fongicide topique. Certains proposent l'avulsion chimique du plateau unguéal (Tableau 43.3) si l'exérèse chirurgicale s'avère impossible. La phénolisation de la matrice et l'application de l'antifongique topique se suivent.

Plutôt que de viser la guérison de l'onychomycose chez des grands malades âgés, on se satisfait de l'objectif du contrôle de l'infection. Ainsi le traitement de l'onychomycose consiste à débrider régulièrement le plateau unguéal, particulièrement les zones d'onycholyse, et à appliquer deux fois par jour, sur l'ongle, un fongicide topique tel que le clotrimazole ou le terbinafine. Ce traitement contrôle l'odeur et les débris sous-unguéaux et, bien qu'il ne détruise pas l'organisme pathogène logé dans la matrice, il contribue à contrôler l'infection et à en limiter la propagation.

Les **lignes de Beau** et l'**onychorrhexie** sont deux manifestations cliniques de problèmes trophiques qui n'exigent aucun traitement. Les lignes de Beau sont des lignes transverses représentant une interruption de la croissance de l'ongle au niveau de la matrice. L'onychorrhexie indique l'augmentation des fissures longitudinales fixant la tablette unguéale au lit de l'ongle. Les ongles se fendillent alors quelquefois dans le sens longitudinal.

Il existe d'autres affections moins courantes: l'**onychomadésis**, ou luxation proximale de l'ongle, associée à un traumatisme ou à des changements trophiques, et l'**hématome sous-unguéal**. Ce dernier se manifeste par une coloration bleu-noir sous l'ongle, apparaissant à la suite d'un traumatisme ou de la rupture de néovaisseaux associés au diabète. En phase aiguë, lorsque l'affection est secondaire à un traumatisme, le malade ressent une douleur vive et pénétrante, en raison de la pression qui se développe. Le traitement consiste à libérer l'accumulation de sang en perforant l'ongle. Dans le cas d'un hématome sous-unguéal chronique qui ne cause pas de douleur, aucun traitement n'est recommandé, car le sang se résorbe de lui-même avec le temps. Le mélanome fait partie du diagnostic différentiel.

En présence d'une douleur dont le site est particulièrement bien localisé et qui se manifeste lorsque l'ongle subit une pression, il faut songer à l'**exostose sous-unguéale**, mise en évidence par un cliché latéral de la phalange distale. La résection chirurgicale de l'exostose est le traitement de choix lorsque l'état vasculaire le permet. Sinon, le traitement consiste à amincir l'ongle périodiquement et à éliminer toute cause extérieure de pression sur l'ongle (découper la chaussure ou utiliser des coussinets de mousse). Un **cor sous-unguéal** peut se développer sous l'ongle et causer une douleur identique. Lorsque l'état vasculaire le permet, le cor est excisé sous anesthésie locale, après résection partielle de l'ongle. En cas d'insuffisance vasculaire, on a recours au traitement conservateur. Finalement, le même type de douleur peut être causé, quoique très rarement, par une néoplasie sous-unguéale que l'on doit, bien sûr, exciser.

Affections cutanées

La lésion cutanée la plus courante chez les personnes âgées est l'**hyperkératose**. Quand la friction accompagne la pression, la réaction naturelle de protection de la peau est de former des lésions d'hyperkératose, notamment des cors et des callosités. La fréquence de ces lésions chez les vieillards augmente en raison de l'atrophie des tissus protecteurs sous-cutanés, ainsi que de la perte de lubrification et de résilience cutanées. De plus, l'âge rend les déformations osseuses rigides et il se forme un coussin de tissu d'hyperkératose destiné à servir de tampon contre la friction et la pression.

Tableau 43.3

Avulsion chimique du plateau unguéal dans certains cas d'onychomycose

1. Protéger les tissus sains entourant l'ongle atteint à l'aide d'un ruban de tissu. Celui-ci adhère mieux si l'on applique d'abord sur la peau de la teinture de benjoin.

2. Appliquer généreusement sur l'ongle un onguent à base d'urée (40 %), de lanoline anhydre (20 %), de cire blanche (5 %) et de vaseline (35 %).

3. Recouvrir l'ongle d'une feuille de plastique et d'un gros pansement. Garder au sec dans un doigtier de caoutchouc fixé par un ruban adhésif.

4. Après une semaine, enlever doucement la tablette unguéale en la coupant derrière le repli cutané proximal de l'ongle. (Si l'ongle ne se détache pas, rogner les parties qui adhèrent et répéter le traitement.)

Après cette intervention, appliquer un fongicide sur le lit de l'ongle.

L'hyperkératose comprend la **callosité** (tylome), une lésion diffuse d'hyperkératose, et le **cor**, une lésion plus localisée. Ces lésions occasionnent surtout de la douleur.

Les callosités, bien qu'elles puissent apparaître à n'importe quel endroit du pied, se situent le plus souvent sous la tête des métatarsiens (Fig. 43.7) et à la bordure du talon. La callosité remplace quelquefois l'espace formé lors de l'atrophie tissulaire.

Le cor peut être dur ou mou. Le *cor dur* est plus fréquent et se forme généralement à la partie dorsale d'une articulation interphalangienne, à la portion distale des trois orteils médians, sur le bord externe du cinquième orteil et sur des exostoses. Il peut aussi s'installer à l'intérieur d'une callosité. Un cor dur et douloureux se forme souvent sur la face dorsale d'un orteil en marteau et accompagne parfois une bursite sous-jacente.

Le *cor mou* (œil-de-perdrix) apparaît le plus souvent entre deux orteils; il est fréquemment provoqué par un alignement anormal des orteils qui cause la friction entre la tête d'un orteil et l'articulation interphalangienne de l'orteil voisin. Le cor mou qui apparaît sur cette articulation, souvent associé à l'agrandissement condylien de l'articulation, est très douloureux.

Les principes du traitement d'une lésion d'hyperkératose, qu'il s'agisse d'un cor ou d'une callosité, sont d'éliminer la pression et la friction qui la causent. On peut utiliser des coussinets, mais il faut aussi généralement ajuster la chaussure. Si les lésions proviennent d'une déformation osseuse permanente, il est parfois nécessaire d'avoir recours à une orthèse. Il existe des orthèses de plastazote qui équilibrent les déformations rigide et contribuent à maintenir en position adéquate les difformités flexibles.

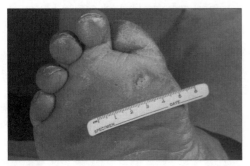

Figure 43.7 Callosités

La lésion d'hyperkératose peut être réduite au moyen d'une ponce mouillée ou en débridant méticuleusement les tissus au scalpel, après avoir fait tremper le pied pour les ramollir. Il faut s'abstenir de gratter jusqu'aux tissus sains pour éviter la formation d'une plaie douloureuse. On applique ensuite, de façon non occlusive, une crème kératolytique douce à base d'urée (20 %) ou de la vaseline salicylé (20 %).

Les feutres adhésifs, la moleskine et le caoutchouc mousse, découpés en formes diverses et vendus en pharmacie, peuvent, le cas échéant, servir de coussinet. Pour guérir un cor mou, on peut placer, entre les orteils, un coussinet qui empêche la friction.

Les **verrues** sont moins fréquentes chez les vieillards que chez les adultes plus jeunes, mais aussi douloureuses. Il est possible de les confondre avec des cors. Néanmoins, les verrues produisent des hémorragies ponctiformes lors du débridement, ce qui les distingue des cors. Chez les personnes âgées, un bon traitement des verrues est l'application quotidienne d'un collodion d'acide lactique et d'acide salicylique (Duofilm®). Le traitement de cryothérapie ou de laser sont les plus définitifs.

La sécheresse de la peau (**anhidrose**) se manifeste par du prurit et peut être aggravée par les bains chauds. Les *fissures du talon* sont également une conséquence de l'anhidrose et prédisposent à l'infection bactérienne et à l'ulcération. Le meilleur traitement, pour ces deux affections, est la lubrification au moyen de crèmes à base d'urée (20 %).

L'**hyperhidrose**, assez rare chez les personnes âgées, se manifeste par une sudation abondante qui peut favoriser l'apparition d'une infection fongique. L'hyperhidrose accompagnée de vésicules prurigineuses multiples constitue la **dyshidrose**. La **bromhidrose** est une sudation abondante accompagnée d'une odeur désagréable. L'hyperhidrose et la bromhidrose se soignent au moyen de poudre appliquée entre les orteils méticuleusement lavés et séchés. Si la sudation demeure abondante, on peut faire tremper les pieds, tous les trois mois environ, dans une solution de formol à 10 %. Il peut être utile de recommander des désodorisants ou d'essayer une crème à base de néomycine. La dyshidrose se guérit généralement par les bains de pieds dans une solution de Burow et par l'application locale de stéroïdes. Pour toute cette catégorie d'affections, il est suggéré de porter des bas de coton, changés fréquemment, et des chaussures bien aérées.

Les infections fongiques (**dermatophytoses**) des pieds sont regroupées sous l'appellation de *tinea pedis*. Les agents pathogènes rencontrés sont *Trichophyton rubrum, Trichophyton mentagrophytes, Epidermophyton floccosum* et *Candida albicans*. Les infections fongiques sont causées par l'humidité, la chaleur et l'obscurité que favorise le port de chaussures fermées et par la difficulté qu'éprouvent les personnes âgées à se pencher pour bien assécher la peau entre les orteils. L'onychomycose peut être la source de la propagation de *tinea pedis*. Le *tinea pedis* peut se présenter sous diverses formes de lésions d'hyperkératose chroniques, sèches, squameuses, jusqu'à la formation de vésicules (Fig. 43.8). Il existe aussi une forme interdigitale chronique. *Trichophyton rubrum* provoque la formation de vésicules jaunâtres, qui deviennent brunâtres en séchant. La candidose cause l'apparition de dépôts blanchâtres entre les orteils. Le prurit est le symptôme le plus courant. Le *tinea pedis* peut être accompagné d'une infection bactérienne secondaire.

Le diagnostic est confirmé par l'identification des hyphes (Tableau 43.2). Le diagnostic différentiel se fait avec l'érythrasma, le psoriasis, la dermite de contact ou les réactions eczémateuses.

Le traitement dépend du stade de l'infection: bains d'eau froide pour l'inflammation aiguë, suivis de l'application d'haloprogine à 1 % ou de clotrimazole à 1 %, deux fois par jour. Lors d'infection bactérienne, il faut traiter avec des antibiotiques.

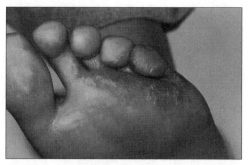

Figure 43.8 *Tinea pedis* (gracieuseté du Dr R. Forsey)

Dès l'amélioration, on suggère d'employer, à titre prophylactique, une poudre antifongique du tolnaftate (Tinactin®). De plus, on recommande une bonne hygiène et des chaussures bien aérées.

Problèmes biomécaniques

Les problèmes biomécaniques constituent un défi considérable chez les vieillards. Il est cependant possible d'obtenir des résultats satisfaisants. Les problèmes biomécaniques résultent de nombreuses années de stress et de surcharge des muscles, des ligaments et des os. Il sont associés avec la marche et compliqués par des maladies et des déformations osseuses.

Ces problèmes sont la cause la plus courante de douleur des pieds chez les personnes âgées. Le traitement est multiforme.

1. Ajustement des chaussures au moyen de diverses modalités (semelles, cales, orthèses flexibles et rigides) destinées à remédier à la contrainte anormale causée par le poids, à redistribuer la pression et à stabiliser les articulations.

2. Intervention orthopédique (injection locale de stéroïdes ou même chirurgie correctrice) dans certains cas, alors qu'il n'est pas possible de soulager les symptômes par des soins conservateurs ou palliatifs.

3. Fabrication de chaussures spéciales, moulées sur le pied, lorsque la chirurgie est contre-indiquée et en présence de déformation considérable. Ces soins sont coûteux mais extrêmement utiles, surtout lorsqu'ils favorisent une amélioration de la mobilité.

Une méthode pratique d'aborder le diagnostic différentiel de ces affections est de les diviser selon le site de la douleur: partie antérieure du pied, partie moyenne ou talon.

La douleur dans la partie antérieure du pied est la plus courante. Elle peut être causée par l'hallux valgus, une déformation accompagnée d'un oignon ou d'un chevauchement des orteils (Fig. 43.9). D'autres déformations, telles que l'*orteil en marteau*, la *griffe distale*, l'*hallux rigidus*, l'*orteil en griffe* ou la *rotation varus du cinquième orteil*, peuvent entraîner des douleurs de l'avant-pied et des callosités. La métatarsalgie peut provenir de l'atrophie du coussin adipeux plantaire, de fractures de stress ou d'un neurinome de Morton. Cette dernière affection se

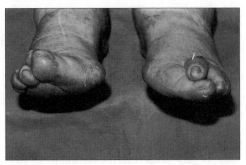

Figure 43.9 Chevauchement des orteils et hallux valgus

présente sous forme de brûlure localisée au 4ᵉ métatarsien et provient de l'irritation d'un nerf périphérique. L'excision chirurgicale du neurinome est généralement nécessaire.

La douleur dans la partie moyenne du pied provient, en général, des tissus mous (muscles et ligaments) et peut souvent être soulagée par la mise en place d'un support sous la voûte plantaire.

Les douleurs au talon sont causées par la fasciite plantaire, la bursite du calcanéum, la déformation de Haglund ou, très couramment, l'exostose sous-calcanéenne (épine de Lenoir). Lors de **fasciite plantaire**, l'inflammation de l'aponévrose provoque des douleurs soit à son insertion sur le calcanéum, soit le long de son trajet dans la voûte plantaire. Le traitement consiste à stabiliser les os du talon et la voûte plantaire au moyen d'orthèses. En phase aiguë, une injection locale de stéroïdes au point douloureux, bien localisé, peut soulager la douleur.

La **déformation de Haglund** est caractérisée par la présence de saillies anormales sur la portion postéro-supérieure du calcanéum. Cette déformation entraîne une douloureuse bursite qui exige une ponction en phase aiguë. La physiothérapie locale (chaleur, ultrasons) soulage souvent la douleur. Le port de chaussures confortables est essentiel.

L'**épine de Lenoir** se révèle fréquemment à l'examen radiographique latéral, mais n'est pas toujours douloureuse. Lorsque le malade ressent beaucoup de douleur, il s'agit vraisemblablement d'une traction anormale sur le tubercule calcanéen, entraînant l'inflammation localisée et la rupture de petits morceaux de périoste qui forment une épine osseuse. Cette affection se soigne par des méthodes conserva-

trices: repos, bandages et physiothérapie locale. Le port de chaussures ajustées est indispensable.

Les douleurs au talon sont souvent dues à la perte des coussins adipeux, causant une pression excessive sur la surface plantaire du calcanéum. Un coussinet placé au talon de la chaussure peut soulager la douleur.

PIED DIABÉTIQUE

Le diabète peut entraîner des altérations ischémiques et neuropathiques aux membres inférieurs. Le résultat chez le vieillard diabétique est une vulnérabilité accrue à des affections du pied.

Physiopathologie

La micro-angiopathie chez le diabétique résulte en la démyélinisation des *vasa nervorum* menant à la neuropathie diabétique. Cette dernière a trois conséquences au niveau des pieds: la perte de sensibilité pouvant entraîner une lésion suite à un traumatisme mécanique, chimique ou thermique; la perturbation du système nerveux autonome et sympathique avec une baisse de la sudation et donc une sécheresse de la peau et apparition de fissures qui facilitent l'infection; l'arthropathie et des changements de la structure osseuse, incluant l'effondrement de l'arche plantaire qui redistribue des points de pression et en facilitent l'ulcération.

L'ischémie (micro- et macroangiopathie) s'ajoute à la neuropathie diabétique et entraîne une détérioration de l'intégrité de la peau de même qu'une guérison réduite. Les anomalies métaboliques et l'immunopathologie diabétique ajoutent à leur tour à la physiopathologie du pied diabétique.

Affections du pied diabétique

En plus des affections du pied déjà décrites, des malades diabétiques tendent à montrer des affections spécifiques au niveau des pieds, d'où le terme de «pied diabétique». Ces lésions incluent les ulcères du pied (retrouvés chez 15 % des diabétiques), les neuropathies diabétiques, l'ischémie artérielle surtout au niveau des orteils et du talon, les ostéites parfois très douloureuses, les infections (paronychie, ulcère surinfecté, cellulite) et l'arthropathie neuropathique ou de Charcot. Cette dernière est due à la perte de sensation qui entraîne une relaxation des structures supportant l'articulation. Le résultat est l'instabilité chronique de l'articulation et des déformations surtout à la cheville et au pied antérieur.

Le médecin de première ligne doit se méfier de la rapidité de détérioration des affections du pied diabétique. Non soignées, de simples rougeurs par pression sur la peau du pied peuvent dégénérer rapidement en ulcération. Des infections mineures des tissus mous, non traitées par l'antibiothérapie, se transforment rapidement en infections profondes, en abcès ou encore en ostéomyélite. Lorsqu'il s'agit du pied diabétique, l'intervention immédiate peut prévenir la gangrène.

Soins du pied diabétique

On ne pourrait jamais mettre assez l'accent sur la place critique de la prévention des affections du pied diabétique. Il incombe non seulement au médecin mais aussi au malade diabétique un rôle précis à jouer dans la prévention (Tableau 43.4).

Les principes du traitement par le médecin se résument à : vigilance à l'apparition de la condition pathologique, rapidité d'intervention en présence d'une affection, suivi étroit de l'affection traitée et connaissance du moment approprié pour l'hospitalisation.

Le **pied diabétique infecté** mérite une mention toute particulière. La tendance est à l'infection polymicrobienne de bactéries aérobies et anaérobies. Néanmoins, certaines études démontrent que les infections mineures et non compliquées sont souvent causées par les *cocci* à Gram positif uniquement, et le médecin peut tenter un seul antibiotique, à condition d'assurer un suivi méticuleux. En cas de doute, l'antibiothérapie à large spectre, contre bactéries aérobies et anaérobies, est indiquée.

La classification du pied diabétique infecté de Wagner est une des plus utiles pour adapter la conduite aux stades d'infection (Tableau 43.5). Le débridement peut être plus facile suite à l'hydrothérapie et certains auteurs conseillent la prescription du zinc pour favoriser la guérison de la peau. En général, des infections mineures à modérées sont traitées en externe à condition qu'un suivi de deux à trois jours soit

---

Tableau 43.4
Rôle du malade et celui du médecin à propos des soins du pied du diabétique

Rôle du malade diabétique

- Inspecter quotidiennement les pieds incluant les espaces interdigitaux. Utiliser un miroir si nécessaire ou le faire faire par un tiers.
- Laver les pieds tous les jours à l'eau tiède (on vérifie la température de l'eau avec la main et non avec le pied). Bien les sécher.
- Utiliser une crème lubrifiante non parfumée, sauf entre les orteils.
- Aviser le médecin de toute anomalie retrouvée à l'inspection des pieds.
- Utiliser des chaussettes de coton ou de laine pure.
- Porter des chaussures de taille appropriée, pour éviter les points de pression. Inspecter les chaussures, pour détecter les corps étrangers, tous les jours et les changer au moins deux fois par jour.
- Garder les pieds au chaud, éviter les températures extrêmes.
- Ne pas marcher pieds nus.
- Ne jamais porter de nouvelles chaussures plus de 30 minutes par jour au début. Éviter les sandales avec lanière interdigitale.
- Ne pas utiliser de produits chimiques pour les pieds. Éviter le ruban adhésif sur les pieds.
- Cesser de fumer et viser le contrôle optimal du diabète.
- Aviser le podiatre soignant et tout médecin consulté que l'on est diabétique.
- Demander au médecin d'examiner ses deux pieds à chaque visite ou au moins tous les trois mois.

Rôle du médecin

- Enseigner au patient diabétique les soins optimaux du pied. Insister pour qu'il vous rapporte toute anomalie.
- Inspecter les pieds à chaque visite ou au moins tous les trois mois. (Cette pratique renforce l'importance des soins du pied.)
- Traiter toute condition pathologique promptement et la suivre méticuleusement.
- Connaître l'aide que peuvent apporter le podiatre et l'ergothérapeute.

---

possible. En cas de détérioration, ou absence d'amélioration, l'hospitalisation est de mise. En tout temps, le médecin vise le meilleur contrôle des glycémies de son malade diabétique.

Tableau 43.5
Traitement du pied diabétique adapté selon la classification de Wagner

Stade	Affection	Conduite
0	Cellulite avec peau intacte	Antibiothérapie *per os*; élévation et protection du pied. Traitement en externe. Suivi chaque 2-3 jours.
1	Ulcère superficiel, surinfecté, cellulite	Antibiothérapie spécifique à la culture; évaluation pour ostéomyélite et pour infection des tissus mous; traitement local de la plaie incluant le débridement. Hospitalisation à considérer. Suivi quotidien par le malade, la famille ou le médecin.
2	Ulcère profond	Conduite du stade 1 plus débridement plus complet; évaluation osseuse poussée; évaluation chirurgicale. Hospitalisation en l'absence d'amélioration.
3	Ostéomyélite ou abcès	Antibiothérapie intraveineuse spécifique à la culture profonde de la plaie ou biopsie de l'os, pendant au moins 4 semaines. Évaluation chirurgicale pour débridement et/ou amputation. Hospitalisation.
4	Gangrène de l'avant-pied	Antibiothérapie et considérer l'amputation.
5	Gangrène du pied entier	Antibiothérapie et amputation.

BIBLIOGRAPHIE

BEAN, W.B.: Nail growth. *Arch Intern Med*, **140**:73, 1980.

CALHOUN, J.H. & Coll.: Treatment of diabetic foot infections: Wagner classification, therapy, and outcome. *Foot and Ankle*, **9**:101, 1988.

HELFAND, A.E.: *Clinical Podogeriatrics*, Williams & Wilkins, Baltimore, 1981.

LAINE, W.: Foot problems in the elderly patient, **in** *Management of Common Problems in Geriatric Medicine*. Ebaugh, F.G. Addison-Welsey Publishing Company, California, 1981.

LIPSKY, B.A. & Coll.: Outpatient management of uncomplicated lower-extremity infections in diabetic patients. *Arch Intern Med*, **150**:790, 1990.

NAZERALI, N. & H. CHARTRAND: Troisième âge et podiatrie. *Le Médecin du Québec*, **19**:85, 1984.

WHITE, E.G.& G.P. MULLEY: Foot care for very elderly people: A community survey. *Age and Ageing*, **18**:275, 1989.

WILLIAMSON, J. & Coll.: Old people at home: Their unreported needs. *Lancet*, **1**:1117, 1964.

LECTURES SUGGÉRÉES

BEAUCHEMIN, J.P.: A propos du pied diabétique infecté. *Le Médecin du Québec*, **Mars**:59, 1991.

BOTTOMLEY, J.M. & H. HOLLIS: Making simple inexpensive changes for the management of foot problems in the aged. *Top Geriatr Rehabil*, 7:62, 1992.

COLLET, B.S.: Foot problems, **in** *Merck Manual of Geriatrics*. Abrams, W.B. & Coll. Merck & Co Inc., Rahway, 1990.

JAHSS, M.H.: Geriatric aspects of the foot and ankle, **in** *Clinical Geriatrics*. Rossman, I. J.B. Lippincott, Philadelphia, 3rd ed., 1986.

HELFAND, A.E.: Foot health for the elderly patient, **in** *Clinical Aspects of Aging*. Reichel, W. Williams & Wilkins, Baltimore, 3rd ed., 1988.

HOGAN-BUDRIS, J.: Choosing foot materials for the elderly. *Top Geriatr Rehabil*, 7:49, 1992.

LAINE, W.: Foot problems, **in** *Geriatric Dermatology*. Newcomer, V.D. & Coll. Igatu-Shoin Press, New York, 1989.

CHAPITRE 44

CHIRURGIE GÉRIATRIQUE

Michel Bussone

La chirurgie du vieillard a toujours présenté des problèmes supplémentaires par rapport à celle de l'adulte jeune, en partie en raison de la polypathologie et des handicaps fréquents à cet âge. La traditionnelle bonne pratique médicale n'est pas une réponse suffisante à ces problèmes, puisque la chirurgie a une tendance naturelle à demeurer essentiellement technique. Or, les progrès de la gériatrie montrent que l'essentiel est peut-être de considérer des critères différents: placer le patient dans un environnement de soins adéquat, associer une prise en charge globale médico-socio-psychologique, motiver l'équipe à une communication véritable avec le patient et son entourage. C'est cet équilibre entre technique chirurgicale et réflexion gériatrique qui doit prévaloir à tous les stades de la dynamique périopératoire. La chirurgie gériatrique, au sens réel du terme, est donc tout autre chose que le fait d'opérer une personne âgée. L'indispensable pluridisciplinarité demande à chacun des intervenants, médecins, chirurgiens, soignants, paramédicaux, de s'impliquer dans une discussion collégiale. Elle seule permet la prise de décision sur des bases gériatriques.

C'est en ce sens que les progrès techniques auxquels le vieillard a droit, au même titre qu'un sujet plus jeune, peuvent exercer leur action bénéfique en ne ramenant pas «un malade guéri à une vie impossible». (J.P. Junod)

ÉVALUATION PRÉOPÉRATOIRE

On ne peut passer sous silence certaines cotations du risque opératoire telles que celle de l'ASA (*American Society of Anaesthesiologists*) dont la gravité est évaluée de 1 à 5 et qui prend en compte la polypathologie (Tableau 44.1) ainsi que l'évaluation du risque cardiaque associé à la chirurgie (Tableau 44.2). Pourtant, bien

Tableau 44.1
Classification du risque opératoire (selon l'*American Society of Anaesthesiologists*)
Classe 1: sujet normal, en santé
Classe 2: sujet atteint d'une maladie systémique légère
Classe 3: sujet atteint d'une maladie systémique grave mais non incapacitante
Classe 4: sujet atteint d'une maladie incapacitante qui menace la survie
Classe 5: sujet moribond dont la survie ne dépassera pas 24 heures, avec ou sans chirurgie
N.B. Les urgences sont indiquées en ajoutant la lettre E (*Emergency*) à la classe numérique

qu'intéressantes, ces échelles n'ont pas été établies pour un vieillard de 80 ans handicapé. Le problème du risque opératoire doit être reconsidéré en gériatrie pour englober, au-delà des éléments purement médicaux et polypathologiques, des éléments d'origine gériatrique sur lesquels il est maintenant absolument indispensable de s'appuyer également, afin de moduler le caractère trop abrupt des échelles classiques de risque.

Sur le plan de l'**évaluation médicale pure**, il faut évidemment essayer de faire le bilan des grandes fonctions, notamment rénale, cardiaque et respiratoire. Les examens courants, tels l'hémogramme, la glycémie, l'urée et la créatinine ainsi que l'ionogramme sanguin et le dosage des protides et de l'albumine, permettent d'avoir une idée de la **fonction rénale**, d'une part mais, d'autre part, de l'**hydratation** et de l'état de **nutrition** très importants à considérer. Ce dernier peut également être facilement évalué par le MNA (*Mini Nutritional Assessment*) [Tableau 53.4].

Tableau 44.2

Évaluation du risque cardiaque associé à une chirurgie

Facteurs de risque		% complication cardiaque	% mortalité cardiaque	pondération
Anamnèse:	âge > 70 ans	11	5	5
	infarctus du myocarde < 6 mois	37	23	10
Examen:	signes d'insuffisance cardiaque (B$_3$ ou distension jugulaire)	34	20	11
	sténose aortique importante	17	13	3
ECG:	rythme non sinusal	19	9	7
	extrasystoles ventriculaires > 5/min	30	14	7
État général:	PO$_2$ < 60 ou PCO$_2$ > 50 mmHg K < 3 ou HCO$_3$ < 20 mEq/L urée > 50 ou créatinine > 3 mg/dL ↑ transaminase ou insuffisance hépatique, état grabataire	11	4	3
Chirurgie intrapéritonéale, thoracique		9,5	2,5	4
Chirurgie aortique ou urgence		13	5	4

Interprétation du résultat
* risque faible: 0 à 5 points
* risque impératif: 6 à 12 points
* risque modéré: 13 à 25 points
* risque élevé: ≥ 26 points

Source: Goldman, L. & Coll.: Multifactorial index of cardiac risk in non-cardiac surgical patients. *N Engl J Med*, **297**:845, 1977.

Sur le plan **cardiologique**, c'est l'électrocardiogramme qui est l'élément de base, mais en cas d'antécédent cardiologique, une échographie est systématiquement pratiquée avec mesure de la fraction d'éjection (fonction systolique) et plus exceptionnellement, si les précisions n'étaient pas suffisantes, une scintigraphie myocardique (ventriculographie isotopique).

En présence d'éléments d'angor importants, avec pontage coronarien antérieur éventuel, l'épreuve d'effort peut être utile, voire la coronarographie si une intervention lourde est envisagée. C'est dans le même esprit qu'avant une chirurgie mineure, il faut pratiquer un écho Doppler cervical à la recherche d'une sténose très serrée d'une carotide interne. Celle-ci, en effet, peut demander, par elle-même, une intervention à type d'endartériectomie sur la carotide intéressée, afin de ne pas risquer une thrombose et l'accident vasculaire cérébral en cas de chute tensionnelle. Cette possibilité, pour être exceptionnelle n'en doit pas moins être envisagée.

En ce qui concerne **la fonction ventilatoire**, elle est surtout appréciée par la radiographie du thorax et par la gazométrie sanguine, plus que par les épreuves fonctionnelles respiratoires. Enfin, il faut, à l'interrogatoire, établir les antécédents pathologiques, les traitements et les **médicaments**.

L'évaluation des **critères gériatriques** entre à arme égale dans l'évaluation du patient en préopératoire. L'**autonomie** du patient, tant motrice que psychique, doit être évaluée ainsi que la réalisation des activités de la vie quotidienne et des tâches domestiques (échelle SMAF, Fig. 6.1). L'évaluation **sociale** renseigne sur les relations du patient avec son entourage et son contexte de vie, que ce soit à domicile ou au sein d'une institution pour personnes âgées. On en profite pour étudier les caractéristiques de la vie journalière (habitation au rez-de-chaussée ou à l'étage, etc.). L'évaluation des **fonctions cognitives** au moyen d'un instrument standardisé tel le 3MS (Fig. 6.3) permet, d'une part, de dépister un problème éventuel d'inaptitude et de cerner les difficultés de l'interrogatoire et, d'autre part, de fournir une donnée de base qui servira à apprécier l'état psychique en postopératoire.

La **communication** avec le patient et son entourage est cruciale, afin de savoir quelles sont leurs motivations concernant une intervention éventuelle et quel est le retentissement de l'affection sur la vie quotidienne du malade et de sa famille. Il est évident qu'une gêne importante causée par la pathologie en cause, remettant en question le maintien à domicile, par exemple, est un élément important de la discussion préopératoire.

Enfin, une évaluation doit être faite par l'**équipe soignante**, dès l'arrivée du patient. Elle comporte, en plus de l'évaluation de l'autonomie et de l'hydratation, une étude globale de l'état cutané, avec évaluation du risque de plaies de pression (échelle de Braden, Tableau 23.2), afin d'en suivre l'évolution.

Ce recueil de renseignements, résumé au tableau 44.3, permet d'aller plus loin dans la connaissance du patient et forme la base des discussions lors des réunions d'équipes multidisciplinaires, regroupant certes les chirurgiens et les anesthésistes, mais également tous les soignants: thérapeute en réadaptation, diététicienne, nutritionniste, psychiatre et intervenant social. Cela permet de dégager l'équivalent d'un âge corrigé, voire d'une évaluation gériatrique standardisée qui permettra au chirurgien de prendre des décisions parfaitement motivées en vue de l'indication opératoire.

INDICATION OPÉRATOIRE

Fruit d'une réflexion générale, l'indication opératoire s'appuie sur le fait que chaque patient âgé doit être considéré comme un cas particulier. Certes, la polypathologie propre à chaque patient est un facteur essentiel à considérer, mais une grande importance sera donnée également à l'amélioration que peut apporter l'intervention sur l'autonomie, la qualité de vie, les relations sociales du patient. Elle tient compte, à l'évidence, du désir du patient pour lequel les explications données permettent un consentement éclairé. La communication avec l'entourage et la famille permet également de recueillir les avis, tout en évitant qu'ils prennent la place décisionnelle du patient si celui-ci est encore apte. En définitive, le rapport bénéfice/risque doit absolument être revu en fonction des critères gériatriques. Le bénéfice inclut l'impact sur la qualité de vie et l'autonomie alors que le risque est estimé à la lumière du désir et de la motivation du patient à subir l'intervention.

Tableau 44.3
Évaluation préopératoire

ÉVALUATION MÉDICALE CLASSIQUE

Interrogatoire
- Antérogatoire pathologiques (infarctus de moins de 6 mois)
- Traitements en cours
- Dyspnée d'effort ou douleur angineuse (si la motricité est suffisante)

Examen clinique
- Hypertension artérielle instable
- Trouble du rythme cardiaque non contrôlé
- Nutrition (*Mini Nutritional Assessment*: Tableau 53.4)

Bilan paraclinique
- Formule sanguine (anémie?)
- Glycémie (diabète?)
- Ionogramme sanguin (hydratation)
- Urée – créatinine (fonction rénale)
- Protides, albumine (nutrition)
- ECG, échographie cardiaque avec fraction d'éjection (fonction cardiaque)
- Radiographie du thorax, gazométrie sanguine (fonction ventilatoire)
- Écho Doppler cervical (chirurgie lourde)

ÉVALUATION GÉRIATRIQUE

Évaluation de l'autonomie (SMAF: Fig. 6.1)

Évaluation sociale
- Entourage
- Insertion sociale
- Milieu de vie

Fonctions cognitives (3MS: Fig. 6.3)

Désir du patient et de l'entourage
- Retentissement de l'affection sur la vie quotidienne

ÉVALUATION INFIRMIÈRE
- Habitudes alimentaires
- Continence
- Aides à la marche
- Repères psychiques
- Hydratation
- État cutané et risque de plaies de pression (échelle de Braden: Tableau 23.2)

PRÉPARATION À LA CHIRURGIE

Sur le plan gériatrique, elle repose sur une communication et une prise en charge différentes. Des explications claires permettent d'apporter une aide psychologique au patient et de calmer l'angoisse en prévenant une décompensation anxieuse postopératoire. Par ailleurs, il faut motiver toute l'équipe au projet thérapeutique et l'entraîner à des situations difficiles. Par exemple, en face d'un patient très agressif, l'équipe a souvent du mal à intervenir. Il faut alors se demander si l'agressivité n'est pas une conséquence de l'angoisse du patient ou, éventuellement, d'un effet paradoxal de la prémédication.

La préparation chirurgicale est également médicale. Un état des **traitements** a été fait, afin de les poursuivre pendant la période périopératoire. En effet, un traitement au long cours correspondant à une affection stabilisée ne sera presque jamais arrêté avant une intervention, mais il est également des médications dont il faut connaître l'existence et tout particulièrement les antiagrégants plaquettaires (aspirine par exemple) qui doivent être théoriquement arrêtés 8 jours avant une intervention chirurgicale et dont l'action est évaluée sur le temps de saignement. Évidemment des anticoagulants oraux seront arrêtés et remplacés par la voie sous-cutanée, et l'insuline, plus maniable, prendra le relais d'un traitement diabétique oral. Le tableau 44.4 résume la conduite à tenir face aux médicaments en phase périopératoire.

Sur le plan **cardio-vasculaire**, il faut équilibrer une hypertension artérielle mal contrôlée ou un angor instable. Sur le plan **respiratoire**, plutôt que la rééducation respiratoire intensive qui n'aura pas d'action efficace rapidement, il faut tenter de choisir le meilleur moment pour la chirurgie, en dehors de la période hivernale ou des poussées infectieuses et d'expectoration purulente. De la même façon, si l'état **nutritionnel** est déficient, il faudra assurer une nutrition suffisante en postopératoire par la voie la plus adaptée à la pathologie. L'hypovolémie fréquente devra être corrigée en tenant compte d'une fonction rénale rarement normale.

Dans le cadre de l'**urgence** fréquente, la préparation est rarement possible et de toute façon doit être effectuée rapidement. Dans tous les cas, la réanimation hydro-électrolytique doit être correcte et effectuée comme chez un adulte jeune, en tenant compte, là encore, des insuffisances. Cela n'est pas toujours facile, notamment dans le cas d'un diabète complètement déséquilibré par la pathologie infectieuse qui conduit à l'intervention. Il n'en reste pas moins que c'est dans ce contexte d'urgence que la désadaptation de la personne âgée sera la plus criante. Négliger la communication et une préparation psychologique, même succincte, serait dans ce cadre encore plus durement ressenti par le patient.

AU BLOC OPÉRATOIRE

Sur le plan de l'**anesthésie**, il faut rappeler qu'en ce qui concerne l'anesthésie générale ou locorégionale, aucune étude n'a montré la supériorité de l'une sur l'autre. Il faut donc privilégier la meilleure anesthésie en fonction du patient et de l'intervention. En cas d'anesthésie générale, il faut préférer les anesthésiques entraînant un endormissement lent et ayant une élimination rapide. Le réveil qui exige un travail myocardique important sera particulièrement surveillé et monitoré. En cas d'anesthésie locorégionale, péridurale en particulier, il faut se méfier de la vasoplégie entraînée par ce type d'anesthésie. Pour certaines interventions, on a largement prôné l'anesthésie locale, alors que généralement le problème n'est pas là. En effet, le risque d'une hernie inguinale, par exemple, n'est pas dû à l'anesthésie elle-même mais à la douleur postopératoire qui doit être combattue, car elle va limiter l'autonomie, la toux, et donc être génératrice de complications.

Sur le plan **technique**, un chirurgien expérimenté fera d'autant mieux l'affaire. Les règles classiques sont encore plus applicables au vieillard qu'à un autre opéré: minimiser les décollements et leur risque infectieux, éviter un saignement imprévu et rapide que le cœur du vieillard supporte moins bien qu'un adulte jeune, éviter les prouesses chirurgicales inopportunes en pensant qu'un pourcentage de réussite ne se fait pas sur un cas.

Tableau 44.4
Précautions se rapportant aux médicaments en phase périopératoire

- Supprimer les médicaments non indispensables
- Maintenir la plupart si l'état est stable
  - HTA
  - coronaropathie
  - troubles du rythme
- Changer certains pour des plus maniables
  - anticoagulants oraux en héparine sous-cutané
  - antidiabétiques oraux en insuline
- Diurétiques: rechercher des troubles métaboliques
- Prévoir l'arrêt 8 jours avant l'intervention
  - ticlopidine
  - aspirine
- Seul arrêt obligatoire: inhibiteurs de l'enzyme de conversion (surtout ceux à demi-vie longue)

Sur le plan de la **prise en charge**, il existe là encore des règles de fondement gériatrique. Il faut penser aux troubles de la thermorégulation du vieillard et éviter l'hypothermie. Il importe de considérer que bon nombre de plaies de pression débutent sur un patient inerte et dans la même position, parfois pendant plusieurs heures, sur la table d'opération. Des dispositions s'imposent par rapport aux points de pression, sous lesquels seront apposés des matelas de gel de polyuréthane ou éventuellement des coussins d'eau. Ces moyens simples changent parfois complètement la qualité des suites opératoires.

LE «POSTOPÉRATOIRE»

Tous les moyens doivent être utilisés pour éviter d'être dépassé par une cascade de complications. Les techniques d'assistance et de réanimation doivent être employées si cela est nécessaire, en particulier en cas de chirurgie lourde parfaitement adaptable à la personne âgée. Pour éviter les atélectasies, les pneumopathies nosocomiales, il ne faut pas hésiter à ventiler un patient âgé, 48 voire 72 heures après l'intervention. Cela permet des aspirations endobronchiques et une bonne expansion alvéolaire. En effet, la personne âgée n'a généralement pas une musculature suffisante pour éviter ces complications infectieuses respiratoires, d'autant qu'en chirurgie abdominale par exemple, la laparotomie abaisse les capacités respiratoires. La distension de l'abdomen liée à l'iléus paralytique en postopératoire ne facilite pas non plus le jeu diaphragmatique.

L'autre écueil important est celui d'une pathologie cardio-vasculaire pour laquelle il faut assurer un apport liquidien adéquat avec des règles adaptées à la personne âgée, mais également effectuer une bonne surveillance monitorée de l'électrocardiogramme, car les troubles du rythme sont fréquents en postopératoire. En particulier, un passage en arythmie complète doit être traité rapidement. Enfin, la prévention des accidents thrombophlébitiques ne se limite pas à la prescription d'anticoagulants mais doit s'accompagner d'une aide efficace à la reprise d'activité.

Quel que soit le type de chirurgie, il est indispensable de ne pas méconnaître les complications spécifiques à la personne âgée qui peuvent constituer un véritable cercle vicieux à elles seules et entraîner une issue fatale. Ce sont le syndrome dépressif, le *delirium*, la dénutrition et le syndrome d'immobilisation.

Le **syndrome dépressif** est assez fréquent, quelle que soit l'intervention chirurgicale. Il entraîne un désintérêt, une immobilisation, une inappétence, et nécessite souvent l'intervention du psychologue ou du psychiatre, associée à un soutien de l'équipe et éventuellement à un traitement médicamenteux adéquat. Le *delirium postopératoire* se présente sous forme d'obscurcissement de l'état de conscience, avec désorientation temporospatiale (Chap. 10). Cet épisode confusionnel doit être expliqué à l'entourage, car il est angoissant mais se résout généralement en quelques jours sans laisser de séquelles. Il est parfois nécessaire de recourir à une contention, chez la personne âgée, pendant cette période, mais celle-ci ne doit absolument pas gêner les soins de prévention de plaies de pression et doit permettre les changements de position (toutes les 2 ou 3 heures, si nécessaire).

La **dénutrition** est latente en préopératoire. La déperdition calorique du «postopératoire» précipite le patient vers une fonte musculaire, un retard de cicatrisation ainsi que d'autres complications secondaires. Dans les cas où l'alimentation orale ne peut être utilisée, la voie parentérale doit suppléer la voie orale qui sera reprise dès que possible. Pourtant, cette dernière peut être insuffisante, même supplémentée avec des produits hypercaloriques, et il ne faut pas hésiter à recourir à des méthodes d'assistance nutritionnelle directe: sonde naso-gastrique ou jéjunale voire gastrostomie percutanée.

Le **syndrome d'immobilisation** est un risque majeur en postopératoire (Chap. 22). Il doit être combattu par les précautions précédentes, par la verticalisation précoce, une reprise assistée de la marche dès que possible et, évidemment, une éradication des plaies de pression. Il peut être exacerbé par la douleur postopératoire dont le traitement doit être pris en charge de façon efficace.

La surveillance postopératoire d'un patient âgé doit être plus longue que celle d'un sujet jeune, sous la forme d'une surveillance continue plus précise, car des complications, même à type d'abcès pariétal, peuvent se produire avec un délai plus long par rapport à l'intervention. La prévention des complications postopératoires est résumée au tableau 44.5.

Tableau 44.5

Prévention des complications postopératoires

- Atélectasie: ne pas hésiter à ventiler 48-72 heures en postopératoire
- Problème cardio-vasculaire
  - assurer apport liquidien adéquat
  - monitorage (troubles du rythme)
- Accidents thrombo-emboliques
  - anticoagulants
  - verticalisation dès que possible
- Prévenir les complications spécifiques
  - assistance nutritionnelle si besoin
  - reprise rapide de l'autonomie
  - dépister un syndrome dépressif
  - prévenir l'immobilisation
- Surveillance plus longue
- Préparer la sortie

Malgré toutes les précautions, une évolution peut être défavorable. Cela se produit plus fréquemment que chez le sujet jeune. En chirurgie gériatrique, il faut aussi savoir assumer ce moment de fin de vie par un soutien du patient et de son entourage. Le patient doit pouvoir rester dans le service où il se sent le mieux et même «s'il n'y a plus rien de chirurgical!»

La sortie du patient chirurgical âgé doit être parfaitement bien préparée. Cela peut être évoqué avec l'équipe médicale de l'institution d'origine, vérifiant ensemble si les soins encore nécessaires au patient âgé peuvent y être dispensés mais surtout, pour le retour à domicile, avec le médecin traitant et l'équipe de soutien à domicile. Cela nécessite quelquefois le passage dans des services de convalescence (moyen séjour, hôpital de jour).

MISE AU POINT SUR CERTAINES AFFECTIONS PARTICULIÈRES

La pathologie abdominale, surtout dans un contexte d'urgence, est d'approche clinique difficile chez la personne âgée. La notion de **syndrome de «dysfonctionnement intra-abdominal»** est plus appropriée chez la personne âgée que la notion classique de «subocclusion» qui limite la symptomatologie à un problème intestinal. Ce syndrome de dysfonctionnement intra-abdominal peut se caractériser par quelques signes et symptômes. A l'interrogatoire, on recherche patiemment de vagues douleurs abdominales, difficiles à localiser, des troubles du transit, réalisant rarement une occlusion complète mais souvent un arrêt des selles depuis plus de 48 heures, avec persistance de quelques gaz, de même qu'un ou des vomissements, dont la présence est importante, car rarement isolés.

L'examen clinique doit être effectué patiemment, doucement, sans geste brusque, afin de ne pas entraîner de réaction de repli de la personne âgée. Il exige également d'examiner plusieurs fois le patient, à intervalles réguliers, afin de saisir une variation dans la symptomatologie permettant de définir un peu mieux le diagnostic. La plupart du temps, il est difficile de localiser exactement la douleur et seul un léger ballonnement abdominal est noté. Le toucher rectal permet de retrouver la vacuité éventuelle de l'ampoule rectale. Il ne faut pas méconnaître une rétention d'urine, tout en gardant à l'esprit que celle-ci peut être la cause ou la conséquence de la symptomatologie. Une fièvre à 38 °C peut être présente, mais une température normale n'élimine pas une pathologie infectieuse abdominale. Il en est de même de l'augmentation du nombre des globules blancs. Des troubles ioniques sont souvent précoces à l'ionogramme sanguin. Au total, ce syndrome signe une pathologie en évolution dans l'abdomen, mais son diagnostic étiologique précis est difficile. Cela explique le retard souvent fréquent du diagnostic et du traitement chez une personne âgée. Pourtant, il faut rester attentif, ne pas se laisser déborder par la pathologie et se reposer certaines questions à intervalles réguliers (Tableau 44.6).

Pathologies des voies biliaires et pancréatiques

Nous insisterons peu sur l'ictère secondaire à un **cancer de la tête du pancréas**. Certes, le diagnostic est souvent tardif et seul un traitement palliatif peut être envisagé. Cependant, chez une personne âgée en bon état général, il faut savoir qu'une intervention lourde de type duodéno-pancréatectomie céphalique n'est pas à exclure lorsque cette intervention paraît parfaitement possible à l'exploration chirurgicale. C'est également une des raisons qui fait préférer la dérivation chirurgicale à la pose d'une endoprothèse, dans les formes évoluées ne comportant pas évidemment de métastases hépatiques ou d'ascites. Les suites opératoires de cette intervention palliative permettent, en moyenne, 18 mois de vie normale, alors qu'une prothèse

Tableau 44.6

Syndrome de «dysfonctionnement intra-abdominal»

- Interrogatoire
  - douleurs abdominales vagues
  - troubles du transit (gaz conservés souvent)
  - vomissement (1 seul suffit)
- Examen clinique difficile répété
  - douleur mal localisée
  - ballonnement abdominal
  - ampoule rectale vide
  - ne pas oublier les orifices herniaires
  - fièvre inconstante
- Examens paracliniques
  - hyperleucocytose inconstante
  - troubles ioniques fréquents
  - radiographie d'abdomen sans préparation (éliminer une rétention d'urine)
  - ECG
- Il reste à trouver l'étiologie orientée par
  - radiographie du thorax: pneumopathie
  - antécédents de laparotomie (bride)
  - radiographie de l'abdomen sans préparation: pneumopéritoine, étage d'une occlusion
  - échographie abdominale: cholécystite, appendicite, sigmoïdite
  - lavement baryté aux hydrosolubles si orienté vers le côlon
  - éventuellement: cœlioscopie diagnostique

se bouche et entraîne des hospitalisations itératives tous les deux à trois mois, ce qui altère évidemment la qualité de vie.

La **pathologie lithiasique des voies biliaires** est de loin la plus fréquente. En effet, 30 % des patients de plus de 75 ans présentent une lithiase vésiculaire; parmi ceux-ci, 30 à 50 % sont porteurs d'une lithiase de la voie biliaire principale. Nous ne connaissons pas encore de signes prémonitoires de complications et malheureusement ce sont encore la moitié des personnes âgées qui sont opérées en urgence. Les signes les plus fréquents sont ceux d'une cholécystite aiguë, souvent peu clairs, prenant l'aspect d'un dysfonctionnement intra-abdominal, beaucoup moins fréquemment un ictère cholestatique, très rarement des signes d'angiocholite et exceptionnellement un iléus biliaire. Chez la personne âgée, il faut savoir retrouver d'autres signes que la douleur: une restriction alimentaire, un vomissement, un épisode fébrile inexpliqué par une infection urinaire. Il faut savoir poser une indication sur ces signes frustres, sachant que la mortalité par cholécystectomie simple, hors urgence, est presque nulle, même

après 80 ans. Le diagnostic s'est simplifié avec l'échographie, examen peu agressif mais pas toujours très facile à réaliser chez les personnes âgées peu coopérantes, mais également avec l'opacification rétrograde des voies biliaires et surtout, depuis peu, l'écho-endoscopie.

Le traitement a évolué également en ce qui concerne l'endoscopie opératoire avec la sphinctérotomie endoscopique pour l'extraction des calculs cholédociens, mais également avec l'avènement de la cœliochirurgie dont la cholécystectomie est la meilleure indication. Actuellement, une écho-endoscopie devrait être pratiquée au moindre signe de la série cholédocienne ou si le diamètre du cholédoque est augmenté à l'échographie. Celle-ci indiquera si l'opacification rétrograde est nécessaire. Dans le cas d'une lithiase cholédocienne, la sphinctérotomie endoscopique aura lieu préalablement à l'intervention chirurgicale. En effet, chez la personne âgée, il n'est pas nécessaire d'ouvrir chirurgicalement ou cœlioscopiquement un cholédoque en peropératoire, la sphinctérotomie endoscopique étant faite soit préalablement, soit quelques jours après l'intervention si la lithiase cholédocienne a été découverte en peropératoire. Dans ce cas, la cholécystectomie simple est associée à un drainage transcystique. La cholécystectomie cœlioscopique est maintenant une intervention de routine et bien codifiée. La chirurgie par laparotomie ne vit plus, même chez la personne âgée, que des contre-indications cardio-respiratoires de la cœliochirurgie. La ponction transpariétale ne peut, à notre avis, être envisagée que devant un état général extrêmement précaire et lorsqu'il existe à l'évidence une collection suppurée. Elle doit rester exceptionnelle.

Nos résultats sur les techniques nouvelles de la chirurgie, chez les personnes de plus de 80 ans, indiquent que la sphinctérotomie endoscopique a fait baisser la mortalité de 40 % (de 11,5 % à 7,5 %). Quant à la cœliochirurgie, elle a, pour le moment, eu peu d'effet sur la mortalité globale (6,5 % associant cœliochirurgie et chirurgie classique), dans la mesure où elle n'est peut-être réservée qu'aux meilleurs cas, mais elle a fait chuter la morbidité de 40 % (33 % à 19 %). Une meilleure connaissance de la physiopathologie des conséquences de la cœliochirurgie permettra vraisemblablement son élargissement à des personnes âgées, actuellement jugées, sur le plan général, non justiciables de cette technique. Ceci devrait améliorer encore les suites opératoires.

Pathologie appendiculaire

L'appendicite, chez le sujet âgé, est rare, et plus encore dans sa forme habituelle de syndrome appendiculaire qui inviterait plutôt, à cet âge, à éliminer une autre affection abdominale. Les signes en sont le plus souvent ceux d'un dysfonctionnement intra-abdominal, même s'il existe déjà un abcès. En cas de doute sur la pathologie, la cœlioscopie de diagnostic est maintenant d'une aide précieuse, même chez la personne âgée.

Problèmes de paroi (hernie et éventration)

Les problèmes de paroi sont très fréquents. Hernie et éventration ne doivent pas être prises à la légère chez la personne âgée et doivent être opérées, car elles représentent, d'une part, une gêne à l'autonomie par le handicap de volume et la douleur qu'elles entraînent et, d'autre part, une possibilité de complications graves nécessitant une intervention en urgence dont les risques sont beaucoup plus importants. En effet, ce sont des interventions superficielles dont le traitement doit rester classique avec, dans la plupart des cas, renforcement de la paroi par une prothèse afin d'éviter la récidive. Les suites sont généralement très simples. Dans ces conditions, il semble que le bandage, qui d'ailleurs n'évite pas un étranglement, doive être complètement prohibé. Soulignons qu'il faut prêter une extrême attention à l'examen du patient âgé, car, lors d'un dysfonctionnement intra-abdominal avec iléus paralytique, on peut parfaitement retrouver une douleur au niveau d'une hernie connue, voire une irréductibilité pouvant simuler un étranglement. Il ne faut pas se laisser abuser par cette pathologie surajoutée et rechercher attentivement l'affection intra-abdominale causale.

Ulcère gastro-duodénal

L'ulcère gastro-duodénal est souvent découvert à l'occasion d'une complication iatrogène (anti-inflammatoires, anticoagulants) par une hémorragie ou une perforation. L'indication opératoire doit être portée précocement chez un patient dont l'état général s'altère rapidement et le geste sera minimal (en particulier, simple suture de la perforation et drainage).

Anévrisme de l'aorte abdominale sous-rénale

L'anévrisme de l'aorte abdominale sous-rénale est le plus fréquent, les autres formes plus hautes restant exceptionnelles chez la personne âgée et, de toute façon, d'un traitement trop agressif. Pour l'anévrisme sous-rénal, les résultats en matière de mortalité ne sont pas différents avant et après 80 ans. La mortalité est de 5 % en chirurgie élective et passe obligatoirement à 50 % ou plus en urgence et à plus de 80 % s'il existe déjà un état de choc associé.

Tous les anévrismes de l'aorte abdominale ne sont évidemment pas chirurgicaux et l'on considère qu'un diamètre de 4 cm à l'examen tomodensitométrique (l'échographie a tendance à minimiser le diamètre) devient une indication opératoire. Auparavant, il est certain que des échographies successives, tous les 6 mois environ, permettront de surveiller un petit anévrisme de l'aorte abdominale, afin de ne pas passer à côté d'une augmentation de volume. Il faut tout de même mettre deux choses en évidence : d'une part, on a tendance à parler d'intervention préventive en ce qui concerne l'anévrisme de l'aorte abdominale ; ce caractère préventif ne peut s'exercer que contre les complications et n'est pas valable sur un anévrisme déjà constitué (représentant donc un traitement curatif de cet anévrisme) ; d'autre part, il ne faut pas minimiser non plus le problème des embolies distales qui peuvent s'échapper de l'alluvionnement des parois de l'anévrisme et ce dépôt visible sur le scanner peut également constituer une indication chirurgicale. De toute façon, il s'agit d'une affection qui, sauf contre-indication majeure, doit être traitée avant l'urgence.

CONCLUSION

La chirurgie gériatrique ne supporte pas la médiocrité, et si la bonne technique chirurgicale est absolument indispensable au vieillard, elle ne suffit pas. Les critères classiques d'évaluation restent évidemment valables, mais utilisés seuls ils n'ont plus aucun pouvoir de décision. La chirurgie gériatrique exige l'association de données gérontologiques, concernant le patient, qui interviennent de droit dans l'indication opératoire. L'avis du patient doit devenir également un critère essentiel, car un vieillard qui a une grande expérience de la vie doit avoir le droit de prendre le risque de sa mort en vue de vivre mieux. En chirurgie gériatrique, au vrai sens du terme, cette relation à la mort ne doit pas être ignorée et cela exige, en équipe, de savoir risquer et d'agir, mais aussi de savoir faire le point et s'arrêter, ou également quelquefois de savoir ne pas commencer et accompagner. Cela exige à l'évidence une formation à une gériatrie adaptée au milieu chirurgical de tous les intervenants auprès du vieillard en chirurgie.

BUSSONE, M. & Coll.: La gastrostomie percutanée endoscopique: intérêt dans l'alimentation assistée du sujet âgé dénutri. *Ann Chir*, 46:59-66, 1992.

BUSSONE, M. & J. SIMONNET: Gérontochirurgie, in *Éthique et pratique médicale*. Assistance publique, Hôpitaux de Paris, Doin éditeurs, Paris, 1995.

ROBSON, A.K. & Coll.: Abdominal aortic aneurysm repair of the over eighties. *Br J Surg*, 76:1018-1020, 1989.

SIMONNET, J.: Le consentement aux soins en chirurgie gérontologique. *Soins chirurgie*, 154-155:15-19, 1993-94.

BIBLIOGRAPHIE

BUSSONE, M.: L'âge, une contre-indication chirurgicale? Éditorial. *Gazette médicale*, 97, 1990.

BUSSONE, M.: Les particularités de la chirurgie gérontologique, in, *Gérontologie fondamentale, clinique et sociale*. Maugourd, M.F. & B. Duportet. Sauramps Médical Éditeur, Montpellier, 1993.

BUSSONE, M. & J. GORDIN: La lithiase biliaire, in *Gérontologie fondamentale, clinique et sociale*. Maugourd, M.F. & B. Duportet. Sauramps Médical Éditeur, Montpellier, 1993.

LECTURES SUGGÉRÉES

SERVIN, F., STEIB, A. & J.P. HABERER: *Anesthésie et sujet âgé*, Publication du laboratoire JANSSEN – CILAG SA. Boulogne Billancourt (France), 1995.

CROSBY, D.L., REES, G.A.D. & D.G. SEYMOUR: The ageing surgical patient (Anaesthetic, operative and medical management), John Wiley and Sons, New York, 1992.

MEAKINS, J.L. & J.C. McCLARAN: Surgical care of the elderly. Year Book Medical Publ., Chicago, 1988.

PROBLÈMES GYNÉCOLOGIQUES

Suzanne Gosselin

On situe l'âge moyen de la ménopause naturelle à 51 ans. Avec l'accroissement de la longévité, on peut présumer que plusieurs femmes auront une période postménopausique plus longue que leur période de vie reproductive. Les affections gynécologiques demeurent très fréquentes après 65 ans. Elles sont surtout liées à la diminution des taux œstrogéniques et à l'augmentation du risque de néoplasies. Il faut également tenir compte du fait que les femmes qui ont aujourd'hui plus de 65 ans ont souvent été mères de familles nombreuses et subissent les séquelles des complications rattachées à la multiparité.

Les femmes âgées sont souvent réticentes à discuter de leurs problèmes gynécologiques, soit par timidité, soit qu'elles considèrent que leurs symptômes font partie du vieillissement normal. En relevant l'histoire gynécologique d'une femme âgée, le médecin a avantage à utiliser une approche plus directe. Il doit poser des questions spécifiques sur la présence de brûlures ou de prurit vulvaire, de sécheresse vaginale, de leucorrhée, de saignements vaginaux, de dyspareunie ou de prolapsus pelvien (qui passe facilement inaperçu au cours de l'examen couché).

Les médecins sont souvent moins portés à procéder à un examen gynécologique régulier chez leurs patientes âgées. Cette tendance a plusieurs explications. Tout d'abord, les recommandations pour le dépistage du cancer du col s'arrêtent à 70 ans, enlevant ainsi le prétexte de la cytologie pour procéder à un examen complet. Ensuite, étant donné la réticence des femmes âgées à discuter de leurs symptômes gynécologiques, elle vont moins souvent s'en plaindre spontanément à leur médecin. Finalement, les problèmes de mobilité des patientes et la configuration de la majorité des tables d'examens font que certains examens relèvent d'une performance acrobatique!

En procédant à l'examen gynécologique, on peut observer de nombreux effets de la chute du taux des œstrogènes. Au niveau de la vulve, la peau et la muqueuse deviennent pâles et amincies. On peut parfois y observer des pétéchies, surtout si la patiente a une vie sexuelle active. La pilosité et l'épaisseur du panicule adipeux sous-cutané diminuent. On note une disparition de l'architecture vulvaire avec atrophie des petites lèvres. Toute lésion vulvaire qui ne guérit pas commande une biopsie en vue d'éliminer une néoplasie. Le vagin raccourcit avec l'âge. L'épithélium du col utérin est aminci et la jonction squamocylindrique non visible. On observe parfois une sténose du canal cervical. L'utérus est atrophique et les annexes non palpables. L'endomètre conserve cependant sa capacité de réagir à une stimulation œstrogénique. En présence d'un utérus augmenté de volume, il faut rechercher les antécédents de léiomyomes puisque ceux-ci s'atrophient après la ménopause mais ne disparaissent pas.

L'examen des seins se pratique en position debout ou assise et couchée, en prenant soin de bien palper la queue du sein et les aisselles. Si une pression sur le mamelon provoque un écoulement, une goutte de liquide doit être déposée sur une lamelle, fixée puis envoyée en cytologie. Toute masse palpable mérite une investigation, puisque la maladie fibrokystique du sein est rare après la ménopause. En effet, la diminution de la stimulation œstrogénique entraîne une involution et un affaissement des seins avec disparition des structures lobulaires et alvéolaires.

AFFECTIONS VULVO-VAGINALES

Prurit vulvaire

Le prurit vulvaire est l'un des symptômes gynécologiques le plus fréquemment rencontré chez la femme âgée. Plusieurs pathologies peuvent l'expliquer (Tableau 45.1).

Tableau 45.1

Diagnostic différentiel du prurit vulvaire

- Vulvo-vaginite atrophique
- Vulvo-vaginite infectieuse
- Dermatite de contact
- Dystrophie vulvaire
- Néoplasie vulvaire
- Maladies dermatologiques:
    psoriasis
    dermatite séborrhéique
- Maladies systémiques:
    diabète
    insuffisance rénale chronique
    maladies hépatiques et hématologiques

La vulvo-vaginite atrophique résulte de la déficience œstrogénique. On observe alors une atrophie et une pâleur des tissus, avec ou sans pétéchies associées. Elle peut également être responsable d'une leucorrhée blanchâtre parfois confondue avec une vaginite à candida. L'application locale quotidienne d'œstrogènes, pendant deux à trois semaines, provoque généralement une amélioration rapide des symptômes. Si l'application d'œstrogènes par voie vaginale devient nécessaire pendant une plus longue période, il faudra considérer l'utilisation concomitante d'un progestatif, en raison de l'absorption systémique des œstrogènes. En cas d'échec du traitement, la biopsie précise le diagnostic. Parmi les vulvo-vaginites infectieuses, le candida est l'agent étiologique le plus fréquemment rencontré.

Dystrophies vulvaires

Les dystrophies vulvaires, récemment rebaptisées troubles épithéliaux non néoplasiques, sont également connues sous le nom de leucoplasies vulvaires ou lichen scléreux atrophique. Elles se manifestent fréquemment par un prurit résistant au traitement conventionnel. Leur étiologie est inconnue. L'*International Society for the study of vulvar diseases* (ISSVD) en a proposé une classification révisée en trois types selon les critères anatomopathologiques: hyperplasie épithéliale, lichen scléreux, autres dermatoses.

L'**hyperplasie épithéliale** (dysplasie hyperplasique) est une entité qui se caractérise cliniquement par la présence d'un érythème vulvaire accompagné de lésions blanchâtres et d'excoriations. Il est bien connu que la peau de la vulve transpire plus et est plus sensible aux irritants. Il serait alors possible que ce type de dystrophie résulte de l'exposition chronique à plusieurs stimuli de nature physiologique (exercice) ou synthétique (nylon, produits de lessive, etc.) provoquant une prolifération de l'épiderme vulvaire. Histologiquement, l'hyperplasie se caractérise par une prolifération épithéliale accompagnée d'acanthose, d'hyperkératose et d'un infiltrat inflammatoire. Le traitement consiste d'abord à éliminer tout facteur irritant. La vulve doit être lavée et bien asséchée au moins une à deux fois par jour. Le port de sous-vêtements en coton blanc est recommandé. Il faut éviter le savon, le parfum ou la poudre. A ces mesures d'hygiène, s'ajoute l'application d'un stéroïde plus ou moins puissant selon la gravité de la maladie, pendant plusieurs semaines, avec ou sans utilisation concomitante de crotamiton pour soulager le prurit.

Le **lichen scléreux** est une maladie cutanée peu fréquente pouvant toucher toutes les régions de la peau. Il semble cependant avoir une prédilection pour la vulve et la région périnéale. Il se manifeste par l'apparition de papules blanchâtres ou légèrement rosées et de l'hyperkératose. Il entraîne une modification de l'architecture vulvaire résultant en une fusion des petites et des grandes lèvres dans les cas les plus avancés. L'épithélium devient atrophique, la peau est mince et blanchâtre, revêtant parfois l'apparence de papier à cigarette. En plus des mesures d'hygiène déjà mentionnées, le traitement consiste en l'application d'un stéroïde puissant (dipropionate de bétaméthasone ou 17-propionate de clobétasol) au coucher pendant 2 mois. Le traitement peut être repris au besoin par la suite. Il faut cependant demeurer vigilant quant aux effets secondaires potentiels de ces corticostéroïdes.

Si on évoque un diagnostic de trouble épithélial, il est indiqué de procéder à une colposcopie avec biopsie des lésions suspectes. La présence d'atypie cellulaire entraîne une surveillance plus étroite. Cependant, contrairement à ce que l'on croyait autrefois, le potentiel de transformation néoplasique des dystrophies vulvaires est évalué à moins de 5 % et n'est envisagé qu'en présence d'atypie cellulaire.

Néoplasie vulvaire

Les néoplasies vulvaires représentent seulement 4 % des cancers gynécologiques. Par contre, il s'agit d'une maladie de la femme âgée, car le pic d'incidence se situe entre 70 et 80 ans. Bien que la cause soit inconnue, plusieurs facteurs de risque ont été suggérés (Tableau 45.2).

Le mode de présentation est très variable. Les principaux symptômes sont le prurit, un écoulement, un saignement et, parfois, de la douleur. A l'examen, on retrouve de la rougeur, une lésion blanchâtre, une ulcération, une tuméfaction ou une excroissance verruqueuse. Devant cette diversité de présentation, une biopsie est indiquée pour toutes les lésions suspectes ou persistantes. Quatre-vingt-dix pour cent des néoplasies sont épidermoïdes. Le traitement est le plus souvent chirurgical. La radiothérapie et la chimiothérapie sont réservées aux stades plus avancés. La survie à 5 ans varie de 90 %, lorsque la lésion est confinée à la vulve, à 18 % en présence de métastases à distance.

AFFECTIONS UTÉRINES

Léiomyomes

Les léiomyomes du corps utérin ont tendance à s'atrophier après la ménopause. Ils sont parfois responsables de saignements en raison de changements dégénératifs.

Néoplasies du col

Après 40 ans d'utilisation du test de Papanicolaou, on a pu assister à une baisse très marquée de la morbidité et de la mortalité par cancer du col chez les femmes jeunes. Cette diminution est beaucoup moins importante chez les femmes âgées. En effet, 25 % des nouveaux cas et 41 % des décès de cette maladie surviennent chez les femmes de plus de 65 ans. On attribue ce phénomène au fait que plusieurs femmes âgées (environ 40 % aux États-Unis)

n'ont jamais subi de test de dépistage. Il n'y a actuellement pas consensus sur l'utilité du test de PAP après 70 ans parmi les différents organismes impliqués. Cependant, lorsqu'on suggère une limite supérieure d'âge, il faut que le clinicien prenne en considération l'histoire antérieure des cytologies et de leur interprétation.

En présence d'une cytologie anormale, la conduite est la même que chez la femme plus jeune. La colposcopie sera parfois moins efficace puisque la jonction squamocylindrique est souvent moins accessible chez la femme âgée. Face à une lésion cervicale suspecte, il faut procéder à une biopsie, même si la cytologie est normale.

Néoplasie de l'endomètre

Le cancer de l'endomètre est la néoplasie gynécologique la plus fréquente chez la femme âgée. Son pronostic est souvent plus mauvais chez elle, probablement parce qu'il est habituellement diagnostiqué à un stade plus avancé. On a identifié plusieurs facteurs de risque (Tableau 45.3).

L'hyperplasie adénomateuse de l'endomètre, secondaire aux œstrogènes, n'est pas considérée comme une condition prémaligne en l'absence d'atypie. Son traitement consiste en l'administration d'acétate de médroxyprogestérone (Provera®) à raison de 10 mg/24 heures, 10 jours par mois, durant 3 à 4 mois. Une biopsie de l'endomètre, un curettage ou une hystéroscopie devront être répétés après 6 à 12 mois, afin de s'assurer de la régression. En présence d'une hyperplasie adénomateuse avec atypie, le traitement de choix est l'hystérectomie, puisque le risque de transformation néoplasique ou de présence d'un carcinome *in situ* concomitant est élevé. Si la chirurgie est impossible, on recommande l'administration d'un progestatif de

Tableau 45.2
Facteurs de risque des néoplasies vulvaires
• Âge avancé • Dystrophie vulvaire (avec atypie cellulaire) • Antécédents d'infection génitale par le virus du papillome humain (VPH) • Antécédents de condylomes acuminés • Antécédents de maladie granulomateuse de la vulve ou de syphilis • Autre néoplasie gynécologique • Tabagisme • Immunosuppression

Tableau 45.3
Facteurs de risque des néoplasies de l'endomètre
• Prise d'œstrogènes sans progestatifs • Ménopause tardive • Nulliparité • Obésité • Antécédents d'ovaires polykystiques ou d'anovulation chronique • Diabète • HTA

façon continue avec contrôle histologique après 3 à 6 mois.

L'adénocarcinome est le type histologique le plus fréquent parmi les cancers de l'endomètre. Il se présente comme un saignement vaginal anormal dans 90 % des cas. Son traitement est essentiellement chirurgical. La radiothérapie et la chimiothérapie peuvent être utilisées à des fins palliatives. Le pronostic dépend du stade, du degré de différenciation et de la profondeur d'invasion du myomètre. La survie passe de 90 % à 5 ans pour un stade 1 à moins de 5 % pour un stade 4. Actuellement, il n'existe aucun bon test de dépistage de masse. La biopsie de l'endomètre est indiquée en cas de prise d'œstrogènes sans progestatif ou de saignements postménopausiques.

SAIGNEMENT VAGINAL POSTMÉNOPAUSIQUE

L'apparition d'un saignement vaginal plus de 12 mois après l'arrêt des menstruations doit alerter le médecin sur la possibilité d'une néoplasie de l'endomètre sous-jacente. L'origine du saignement est le plus souvent bénigne (endomètre atrophique, vaginite atrophique, polype cervical, etc.). Cependant, le risque de cancer de l'endomètre augmente avec l'âge: 9,3 % entre 50 et 59 ans, 16,3 % entre 60 et 69 ans, 27,9 % entre 70 et 79 ans et 60 % chez les plus de 80 ans. Le volume du saignement ne reflète pas nécessairement la gravité de la lésion. L'évaluation d'un saignement postménopausique doit faire l'objet d'une approche systématique (Fig. 45.1).

La biopsie de l'endomètre a modifié l'approche du saignement postménopausique. Elle a une bonne sensibilité et une bonne spécificité. Cependant, on obtient un spécimen inadéquat dans 15 % des cas, soit en raison d'une sténose du canal cervical, soit par insuffisance de tissu prélevé.

L'échographie transvaginale semble prometteuse comme moyen d'investigation. En effet, si l'endomètre a une épaisseur de moins de 5 mm, la probabilité de découvrir une néoplasie est à peu près nulle. L'utilisation de l'hystéroscopie représente également une alternative de plus en plus utilisée.

PROLAPSUS PELVIEN

Le prolapsus pelvien se caractérise par la présence d'une cystocèle, d'une rectocèle, d'un entérocèle ou d'un prolapsus utérin survenant de façon isolée ou en association. Les facteurs prédisposants sont la multiparité, le retrait des œstrogènes qui entraîne une diminution de la tonicité des tissus de soutien, ainsi que toute condition entraînant une augmentation de la pression intra-abdominale. On parle de prolapsus utérin de premier degré lorsque le col se situe vis-à-vis les épines ischiatiques, de deuxième degré lorsqu'il atteint l'*introitus* et de troisième degré lorsqu'il est situé à l'extérieur du vagin (Fig. 45.2). Les femmes se plaignent d'une sensation de lourdeur au niveau pelvien, d'une masse vaginale apparaissant surtout en position debout. Elles peuvent également présenter de la dysurie, des cystites à répétition, une incontinence urinaire, une vidange incomplète de la vessie ou une difficulté à déféquer. Le traitement de choix est chirurgical. La technique utilisée dépend du type de prolapsus, de la sexualité et du risque chirurgical de la malade. Les exercices de renforcement du plancher gagnent en popularité, surtout en Europe.

L'utilisation de pessaires constitue une alternative satisfaisante pour plusieurs femmes âgées, soit parce qu'elles refusent la chirurgie, soit parce que le risque chirurgical est trop élevé. Leur usage remonte à l'Antiquité. Il en existe plusieurs types conçus pour corriger les divers types de prolapsus (Fig. 45.3). Les matériaux employés pour leur fabrication sont très variés (caoutchouc, plastique, silicone). L'ajustement d'un pessaire doit être fait par une personne expérimentée. S'il est trop grand, il peut provoquer une obstruction au niveau de l'urètre ou du rectum. On recommande de l'enlever et de le nettoyer une fois par mois. Si la patiente ne peut le faire elle-même, ce qui est souvent le cas, cette opération doit être effectuée par le médecin ou l'infirmière. Lorsque la muqueuse est atrophique et friable, on peut envisager les œstrogènes en complément de traitement. Les complications liées à la présence d'un pessaire sont les vaginites, les ulcères de pression et l'incarcération d'un pessaire oublié. On a également rapporté une augmentation de l'incidence des cancers du vagin à long terme. C'est pourquoi toute lésion vaginale ulcérée qui ne guérit pas commande une biopsie.

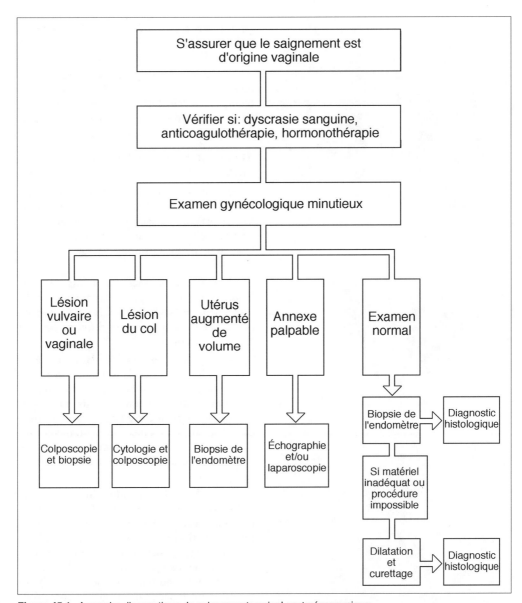

Figure 45.1 Approche diagnostique du saignement vaginal postménopausique

AFFECTIONS TUBO-OVARIENNES

Le **cancer de l'ovaire** constitue la néoplasie gynécologique la plus mortelle, même s'il n'est que le quatrième en fréquence, après l'utérus, le col et la vulve. Cela s'explique par le fait que, chez les femmes de plus de 65 ans, le diagnostic est posé dans 75 % des cas alors que le cancer en est au stade III ou IV. Il se manifeste le plus souvent par des malaises digestifs non spécifiques ou par une masse pelvienne. La présence

d'un ovaire palpable après la ménopause doit être considérée comme anormale et faire l'objet d'un examen plus poussé. Environ 50 % des kystes ovariens retrouvés après la ménopause sont néoplasiques.

Le cancer de l'ovaire est le plus souvent d'origine épithéliale chez la femme ménopausée. Il peut atteindre les deux ovaires dans une proportion de 30 à 60 % des cas. Le traitement, d'abord chirurgical, vise à réduire le plus possible le volume tumoral afin de maximiser la

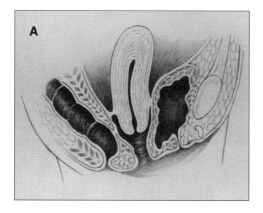

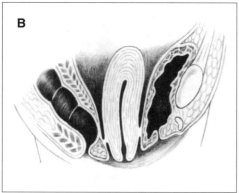

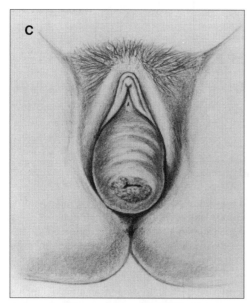

Figure 45.2 Classification des prolapsus utérins –
A) 1er degré – **B)** 2e degré – **C)** 3e degré
(Courtoisie de Milex Products Inc.,
Chicago)

réponse à la chimiothérapie ou à la radiothérapie. On estime la survie à cinq ans à 10 % pour un stade III et à 5 % pour un stade IV.

Le **cancer des trompes** est beaucoup plus rare et peut provoquer une leucorrhée ou un saignement vaginal. Il faut le rechercher en présence d'une cytologie suggérant un adénocarcinome sans autre origine connue.

AFFECTIONS DES GLANDES MAMMAIRES

La **maladie fibrokystique du sein**, étant hormonodépendante, tend à régresser après la ménopause, ne laissant que des vestiges fibroadipeux. Elle peut, cependant, être réactivée à l'occasion d'une hormonothérapie combinée séquentielle.

Les **fibroadénomes**, fréquents chez la femme jeune, sont rares après la ménopause. Ils deviennent involués, fibreux et souvent calcifiés. Ils ne présentent aucun risque et peuvent être laissés en place.

Le **papillome intracanaliculaire** est une tumeur maligne localisée dans un des canaux galactophores majeurs, près du mamelon. Il peut occasionner un écoulement séreux ou sanguinolent. Son traitement est chirurgical. Cependant, l'apparition d'un écoulement, même sans masse palpable, devrait toujours évoquer une néoplasie sous-jacente, surtout chez la femme âgée.

La **maladie de Paget du sein** est une extériorisation, au niveau du mamelon, d'un carcinome intracanaliculaire ou infiltrant plus profond. Ce diagnostic devrait être évoqué en présence de lésions eczémateuses sur un mamelon, avec ou sans atteinte de l'aréole, lésions qui sont réfractaires au traitement local. Une biopsie du mamelon et une mammographie sont alors indiquées.

Le **cancer du sein** demeure la néoplasie la plus fréquente chez la femme âgée. En effet, son incidence augmente jusqu'à 85 ans et même après. Pour cette raison, l'apparition d'une masse au niveau d'un sein, chez une patiente âgée, doit toujours faire suspecter ce diagnostic.

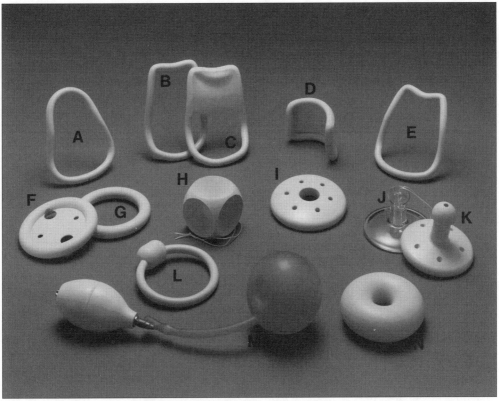

Figure 45.3 Types de pessaires – **A**) Smith silicone – **B**) Hodge silicone sans support – **C**) Hodge silicone avec support – **D**) Gehrung silicone – **E**) Risser silicone – **F**) Anneau de silicone avec support – **G**) Anneau de silicone sans support – **H**) Cube de silicone – **I**) Shaatz silicone – **J**) Gellhorn rigide – **K**) Gellhorn flexible silicone – **L**) Anneau d'incontinence de silicone – **M**) Beigne de latex gonflable – **N**) Beigne de silicone – (Courtoisie de Milex Products Inc., Chicago)

BIBLIOGRAPHIE

BOISNIC, S.: Dystrophies vulvaires. *Annales de patholo-gie,* **12**(4-5):281-294, 1992.

BORNSTEIN, J., PASCAL, B. & H. ABRAMOVICI: The common problem of vulvar pruritus. *Obstet Gyne-col Surv,* **48**(2):111-118, 1993.

FAHS, M. & Coll.: Cost effectiveness of cervical cancer screening for the elderly. *Ann Intern Med,* **117**(6):520-527, 1992.

FELDMAN, S., BERKOWITZ, R.S. & A.N.A. TOSTESON: Cost effectiveness of strategies to evaluate post-menopausal bleeding. *Obstet Gynecol,* **81**(6):968-975, 1993.

FRIEDRICH, E.G. Jr: Vulvar dystrophy, *Clin Obstet Gy-naecol,* **28**(1):178-187, mars 1985.

GRANDBERG, S.: Sonography of the endometrium in the post-menopausal woman. *Annals of medicine,* **126**(2):81-83, 1994.

HAWWA, Z.M., NAHHAS, W.A. & E.H. COPENHAVER: Post-menopausal bleeding. *Lahey clinic foundation bulletin,* **19**:61-70, 1970.

LAMOTHE-GUAY, M.: Maladies bénignes du sein, in *La Santé des femmes.* Bélanger, H. & L. Charbon-neau. Edisem-FMOQ-Maloine, St-Hyacinthe & Paris, 1994.

SOPER, J.T. & W.T. CREASMAN: Vulval dystrophies. *Clin Obstet Gynecol,* 2, juin 1986.

WILKINSON, E.J.: The 1989 Presidential Address, In-ternational Society for the Study of Vulvar Disea-se. *J Reprod Med,* **35**(11):981-990, 1990.

ZEITLIN, M.P. & T.B. LEBHERZ: Pessaries in the geria-tric patient. *J Am Geriatr Soc,* **40**(6):635-639, 1992.

LECTURES SUGGÉRÉES

LEUNG, Y. & A.D. DEPETRILLO: Etiology, epidemiology, risk factors, screening and imaging of gynecologic cancer. *Current opinion in Oncology*, 5:869-876, 1993.

McGONIGLE, K.F., LAGASSE, Leo D. & B.Y. KARLAN: Ovarian, uterine and cervical cancer in the elderly woman. *Clinics in geriatric medicine*, 9(1):115-130, 1993.

MERCER, L.V.: Gynecology, in *Geriatric medicine*. Cassel, C.K. & Coll. Springer-Verlag, New York, 2nd ed., 1990.

CHAPITRE 46

SEXUALITÉ ET DYSFONCTIONS SEXUELLES

Pierre Alarie et Richard Villeneuve

Dysfonctions sexuelles

    Troubles du désir sexuel
    Troubles de l'excitation sexuelle
    Troubles de l'orgasme
    Troubles sexuels douloureux

Évaluation des problèmes sexuels des personnes âgées

Diagnostic et traitement

Lectures suggérées

La dénégation de la sexualité aux hommes et aux femmes qui vieillissent est un des mythes sexuels les plus tenaces. Il est répandu dans toutes les classes de la société et dans toutes les professions. Il se manifeste de façon franche comme de façon subtile et insidieuse. Un médecin peut dire à son patient de 65 ans qui se plaint d'une dysfonction érectile malgré le maintien d'un bon désir sexuel: «Vous avez eu du bon temps. Oubliez cela maintenant!» Un autre peut faire montre d'un malaise net à aborder la sexualité avec sa patiente de 75 ans, ou de très peu de collaboration active à résoudre les difficultés sexuelles dont elle se plaint.

ACTIVITÉ SEXUELLE DES PERSONNES ÂGÉES

On observe généralement, chez les hommes et les femmes après l'âge de 50 ans:

- une diminution de la fréquence des activités sexuelles;
- une diminution, à un degré moindre, de leur intérêt sexuel;
- une augmentation de la prévalence des dysfonctions sexuelles.

Le degré de la diminution de l'intérêt et des activités sexuelles, ainsi que les variables qui la favorisent, restent à être déterminés avec précision. Malheureusement, il n'existe à l'heure actuelle que très peu de données provenant d'échantillons vraiment représentatifs de la population.

A notre connaissance, la seule étude qui propose un tel échantillon est suédoise. Elle porte sur des hommes et des femmes de 70 ans. Les résultats montrent que 46 % des hommes et seulement 16 % des femmes ont encore des relations coïtales à cet âge. L'auteur craignant d'être trop «provocateur» n'a pas interrogé les sujets sur les activités oro-génitales ni sur les activités de masturbation.

Cependant, chez ceux et celles qui sont en bonne santé, ces diminutions paraissent moins remarquables. En effet, selon les études et les sondages américains des quarante dernières années et selon les constatations de la pratique clinique, soixante-dix pour cent des gens de 70 ans en bonne santé sont sexuellement actifs sur une base régulière. Ces activités réfèrent principalement aux activités coïtales mais comprennent également les activités oro-génitales mutuelles. De plus, un homme sur deux et une femme sur trois rapportent pratiquer la masturbation.

VIEILLISSEMENT DE LA FONCTION SEXUELLE

Les organes sexuels n'échappent pas au vieillissement des systèmes endocrinien, nerveux et vasculaire, et la réponse sexuelle en est affectée d'une façon différente chez l'homme et la femme et selon les diverses phases de cette réponse. Le cycle de la réponse sexuelle se subdivise en trois phases, gouvernées par des composantes distinctes:

- la phase de désir sexuel;
- la phase d'excitation sexuelle;
- la phase d'orgasme.

Les processus impliqués dans le désir sexuel sont sous le contrôle des androgènes, dont le plus important est la testostérone. Selon les observations, il y a des hommes et des femmes qui maintiennent le désir sexuel jusqu'à un âge très avancé, sans diminution notable. D'autres en accusent une baisse significative ou le perdent totalement. Ce serait là une conséquence de l'abaissement de la testostérone (biodisponible) et de l'élévation du seuil d'activation des récepteurs des androgènes centraux situés dans l'hypothalamus et le système limbique.

La phase d'excitation sexuelle est caractérisée par la tumescence du pénis chez l'homme et par la lubrification vaginale et la congestion de la vulve et du bassin chez la femme. Ces phénomènes congestifs dépendent exclusivement de mécanismes vasculaires et neurologiques.

Avec le vieillissement, c'est l'érection de l'homme qui est la plus touchée.

- Elle est plus longue à obtenir et moins ferme. Cette baisse graduelle de la capacité érectile due au processus de vieillissement a été nommée «presbyrectie».

- Pour provoquer ou maintenir l'érection, l'homme vieillissant, à cause de la baisse de sensibilité pénienne, a besoin de plus de stimulation physique ou génitale et, de façon concomitante, de plus de stimulation psychique ou érotique.

- La durée de maintien de l'érection diminue avec l'âge.

- L'érection est plus sensible aux émotions et au stress.

- Chez un certain nombre d'hommes vieillissants, il existe une période réfractaire dite «paradoxale». L'homme perdant l'érection avant d'avoir connu l'orgasme devient alors réfractaire à toute nouvelle stimulation.

Chez la femme, il est permis d'observer une atrophie et une sécheresse vaginales, provoquées par une déficience œstrogénique et, chez celle qui a accouché, une laxité vaginale, associée à un cystocèle et un rectocèle. Le temps est plus long pour obtenir une lubrification.

Au cours de l'orgasme, l'homme vieillissant émet moins de liquide séminal et accuse une période réfractaire beaucoup plus longue. L'homme de 70 ans qui connaît un orgasme peut avoir besoin de 48 heures ou plus avant de pouvoir en avoir un autre. Certains auteurs rapportent les changements suivants:

- la force de l'éjaculation est diminuée;

- le processus éjaculatoire a lieu en un seul temps; l'émission et l'éjaculation surviennent sans distinction nette de l'une et de l'autre dans le temps;

- la durée de l'éjaculation est plus courte.

La femme ne présente pas de changements significatifs au niveau de l'orgasme quoique certains soulignent que les contractions orgasmiques sont plus faibles et moins longues. Quelques femmes peuvent souffrir de contractions utérines douloureuses dues aux modifications hormonales après la ménopause. Elles peuvent durer une minute ou plus. La douleur est perçue dans la région abdominale inférieure. A l'occasion, elle irradie au vagin, aux grandes lèvres et même aux jambes.

Andropause

Selon Lunenfeld et Berezin, l'andropause se définit comme un ensemble de symptômes cliniques de vieillissement associés à une baisse significative du niveau des androgènes plasmatiques (surtout la testostérone libre), le tout associé à des troubles sexuels. Les symptômes rencontrés dans l'andropause sont une fatigabilité accrue, une baisse de la force musculaire, quelquefois de la gynécomastie, des bouffées de chaleur, une sudation accrue, de l'irritabilité, de la faiblesse, une perte d'appétit, une atrophie cutanée, un manque de concentration, de la dépression, de l'anxiété et des troubles du sommeil.

Du côté sexuel, l'andropause amène une baisse du désir sexuel et de la capacité érectile. Du côté hormonal, il se produit un hypogonadisme hypergonadotrophique avec baisse de testostérone libre et augmentation compensatoire de la FSH et de la LH. Lunenfeld et Berezin posent le diagnostic d'andropause si la testostérone totale est de 30 % inférieure aux taux moyens normaux, ou si la testostérone libre est abaissée de 50 %, le tout associé à un taux de LH doublé.

Pour le **traitement** de l'andropause, Lunenfeld et Berezin suggèrent l'administration de gonadotrophine chorionique (hCG avec effet LH) si le testicule réagit à cette stimulation par une augmentation de testostérone totale ou libre de plus de 50 %. Si les niveaux de testostérone n'augmentent pas sous stimulation par l'hCG, ils suggèrent l'utilisation d'androgènes, soit par voie orale (décanoate de testostérone) avec des résultats positifs dans 60 % des cas, soit par voie intramusculaire, ou l'utilisation de testostérone retard (énanthate/cypionate) à la dose de 250 mg, par voie intramusculaire, toutes les 2 à 4 semaines.

L'hormonothérapie substitutive est cependant controversée et généralement non recommandée pour les hommes qui présentent un taux de testostérone normal. Elle n'est pas sans danger, car après un certain temps de remplacement androgénique, il se manifeste une atrophie testiculaire, un arrêt de la spermatogenèse et une hausse du nombre des globules rouges (polyglobulie). Le remplacement androgénique peut aussi causer une hyperplasie prostatique, la croissance d'un cancer de la prostate non diagnostiqué, une hausse de la cholestérolémie, de l'hypertension artérielle, de l'acné, des apnées du sommeil et, par voie orale, la possibilité de lésions hépatiques.

Ménopause

Chez la femme, le vieillissement de la fonction sexuelle ne serait pas associé à une baisse des œstrogènes urinaires mais plutôt à des facteurs psychogènes. McCoy et Davidson, dans leur étude longitudinale, ont noté une baisse importante de la fréquence coïtale et des pensées sexuelles en postménopause. La baisse de la fréquence coïtale serait plus associée aux taux de testostérone qu'aux taux d'œstrogènes.

A la ménopause, l'atrophie ovarienne cause une baisse de la production des œstrogènes et, éventuellement, de l'atrophie vaginale. Celle-ci entraîne à son tour de la dyspareunie, des fissures vaginales et des saignements postcoïtaux. Le clitoris diminue légèrement de volume, le capuchon rétrécit, ce qui expose davantage le gland du clitoris et peut entraîner des douleurs. Les lèvres deviennent plus mince et atrophiées, la circonférence du vagin diminue ainsi que son expansion, ce qui risque de rendre l'insertion du pénis difficile. A la ménopause, l'utérus est parfois le siège de contractions spastiques par manque d'œstrogènes. Le relâchement de la paroi antérieure du vagin peut produire un cystocèle et la paroi postérieure un rectocèle. Leiblum et Bachman (1983) ont observé que l'activité sexuelle régulière, durant et après la ménopause, amène une réduction de l'atrophie vaginale. La masturbation constituerait un remplacement efficace du coït.

Le **traitement** de la ménopause par hormonothérapie substitutive aux œstrogènes, par voie orale, par timbre cutané ou par des crèmes vaginales, améliore la lubrification vaginale, favorise l'expansion du vagin et produit l'augmentation du flot de sang vers le vagin. Cet effet, pour être optimal, peut exiger une période de 18 à 24 mois. La progestérone prévient l'hyperplasie de l'endomètre.

On peut aussi adjoindre des lubrifiants hydrosolubles aux traitements mentionnés antérieurement. En cas de dysfonction sexuelle persistante après ces manipulations thérapeutiques, la sexothérapie peut parfois s'imposer pour rétablir la fonction sexuelle. Depuis quelques années, on suggère d'adjoindre des androgènes aux œstrogènes en cas de baisse du désir sexuel. La testostérone et l'œstradiol combinés induiraient une hausse du désir sexuel, une hausse de l'excitation sexuelle et une augmentation de la fréquence des coïts, des orgasmes et des fantaisies sexuelles.

Causes de mésadaptation sexuelle

Méconnaissance des changements de la réponse sexuelle avec l'âge

Une interprétation erronée chez l'un(e) ou l'autre partenaire d'un couple est souvent à l'origine d'une mésadaptation. L'homme, par exemple, peut considérer sa presbyrectie, la faiblesse de son éjaculation ou son incapacité d'éjaculer une seconde fois dans sa limite de temps habituelle comme les premières manifestations d'un trouble sexuel. L'inquiétude, parfois partagée par sa partenaire, peut de fait entraîner un trouble de l'érection qui se maintient ensuite par lui-même.

Usage chez l'homme de la stimulation physique et psychique concomitante

Le besoin chez l'homme vieillissant d'une stimulation physique (génitale) et psychique (érotique) concomitante commande souvent, chez les deux partenaires, un changement psychosexuel d'importance. L'homme doit accepter de se soumettre à la stimulation érotique en présence de sa partenaire et à la stimulation pénienne par sa partenaire. Celle-ci doit, pour sa part, accepter de collaborer activement à cette double stimulation, sinon, le même résultat érectile n'est plus possible.

Façons de faire face au stress et aux émotions

Étant donné la diminution de la tolérance au stress, il est recommandé, pour un meilleur fonctionnement sexuel, d'éviter la pression sexuelle d'un des partenaires, d'encourager l'expression délicate des sentiments et de procéder aux activités sexuelles à des périodes particulièrement appropriées pour les deux.

Attentes culturelles

Partageant le mythe que l'asexualité est inévitable avec les années, un certain nombre de personnes vieillissantes confirment leurs anticipations en s'abstenant graduellement de toute activité sexuelle. Leur prophétie «s'autoactualise».

Répertoire sexuel

Un certain nombre de personnes ont un répertoire sexuel très restreint. Il peut se limiter à quelques caresses seulement de la part du partenaire masculin, dans l'obscurité, suivi d'un coït pendant lequel l'homme est seul à être actif. Il s'agit en quelque sorte d'analphabètes sexuels. Un plus grand nombre ont un répertoire un peu plus étendu mais s'imposent des limites (par exemple le sexe oral) par pudeur, honte, gêne, culpabilité ou pour se conformer à la religion à laquelle elles adhèrent. Ces répertoires plus ou moins restreints n'ont peut-être pas entraîné de mésadaptation sexuelle jusqu'à l'âge de 30 ou 40 ans. Mais à compter de la cinquantaine, ils risquent de ne pas suffire à compenser le vieillissement et de provoquer des dysfonctions sexuelles souffrantes.

Relation

Selon les nombreuses observations cliniques d'Helen S. Kaplan, «les couples qui s'aiment et ont un mariage harmonieux, qui jouissent d'une relation intime et de tendresse comprenant un engagement mutuel au plaisir de l'autre et qui sont sexuellement ouverts et sans conflit important, s'adaptent intuitivement et graduellement aux changements physiques avec l'âge sans le moindre raté».

En revanche, «si ces changements surviennent chez un couple qui partage une hostilité latente ou chez un couple détaché qui manque d'intimité et d'empathie mutuelle et communique mal, de simples diminutions physiques peuvent engendrer très rapidement des incapacités sexuelles graves. Des dysfonctions sexuelles similaires peuvent se développer, si l'un ou l'au-

tre partenaire a des sentiments puritains de honte et de culpabilité sexuelles, ou si le ralentissement physique touche les anxiétés sexuelles ou les conflits névrotiques préexistants»[1].

MALADIES CHRONIQUES ET SEXUALITÉ

Diabète sucré

La principale maladie susceptible d'atteindre la fonction sexuelle des aînés est le **diabète sucré**, car il peut altérer de multiples façons les mécanismes de la réponse sexuelle (Tableau 46.1). Le diabète de type 2 cause plus d'atteinte de la fonction sexuelle que celui de type 1. Il est à noter que chez les diabétiques jeunes, l'atteinte neurologique prédomine, alors que chez les diabétiques âgés, on retrouve plus d'atteintes vasculaires. Le tabagisme et l'abus d'alcool augmentent le risque de vasculopathies et de neuropathies chez les diabétiques.

La déficience androgénique est rare chez les diabétiques âgés, sauf s'ils utilisent des hypoglycémiants oraux. Cette déficience en testostérone est due à l'action inhibitrice des sulfonylurées sur la synthèse de la testostérone. On note quelquefois, chez les diabétiques âgés, une hyperprolactinémie avec baisse secondaire du désir sexuel.

Le **traitement** vise à optimiser le contrôle du diabète par une surveillance étroite de la glycémie (glycémies capillaires) et du poids. Le diabétique devrait aussi cesser l'usage du tabac et de l'alcool. Les difficultés érectiles seront traitées par l'utilisation d'auto-injections intracaverneuses ou par les implants péniens; les pompes d'aspiration-constriction constituent aussi une excellente alternative. La thérapie sexuelle, quant à elle, s'attaquera aux facteurs psychosexuels impliqués dans la genèse et le maintien des difficultés sexuelles.

Maladies cardio-vasculaires

Au second rang des maladies chroniques ayant des répercussions négatives sur la sexualité, on retrouve les maladies cardio-vasculaires dues à l'artériosclérose. Il est, en effet, bien connu que l'activité sexuelle diminue chez 40 à 70 % des sujets après un infarctus du myocarde, après un pontage coronarien et un arrêt cardia-

Tableau 46.1

Facteurs physiopathologiques impliqués dans les troubles sexuels chez les diabétiques

- Atteinte macrovasculaire et microvasculaire des vaisseaux artériels pelviens qui diminue l'afflux de sang vers le vagin ou le pénis
- Présence de neuropathies diabétiques sensitives, motrices et autonomes causant une diminution de la sensibilité, de la douleur et une atteinte des fibres sympathiques et parasympathiques
- Fuite de sang vers les veines pelviennes par suite de la fibrose progressive des corps caverneux
- Diminution des neurotransmetteurs (noradrénaline) dans les tissus érectiles
- Changements hormonaux (rares):
  - diminution de la testostérone chez les diabétiques consommant des hypoglycémiants oraux
  - diminution de la réponse à la LH-RH (rare)
  - diminution des gonadotrophines urinaires (rare)
  - augmentation de la prolactine (rare)
- Vulvo-vaginite à candida à l'origine de la dyspareunie
- Déficience en zinc (rare)

que. Les dysfonctions sexuelles sont, en particulier, la perte du désir dans les deux sexes, les difficultés érectiles et la difficulté de parvenir à l'orgasme chez l'homme.

De plus, la médication peut entraîner des atteintes de la fonction sexuelle: diurétiques (atteinte du désir sexuel, de l'excitation), antihypertenseurs (atteinte de l'érection et de l'orgasme), digoxine (atteinte du désir sexuel), bêtabloquants (atteinte du désir sexuel, de l'érection, de la lubrification et de l'orgasme) et antiarythmiques comme la disopyramide (troubles de l'érection).

La sécurité de l'activité sexuelle demeure une préoccupation constante pour les malades cardiaques. Les demandes cardiaques dans l'activité sexuelle ont été évaluées et le pic du rythme cardiaque lors de l'activité sexuelle se situe autour de 120 battements/minute, ce qui représente la dépense énergétique d'une situation légèrement stressante au travail. Notons que la consommation d'oxygène et la respiration sont moins hypothéquées si le ou la partenaire joue un rôle plus actif, et les activités non

coïtales sont moins exigeantes que les activités coïtales. Le coït peut être risqué chez les patients souffrant d'insuffisance cardiaque congestive ou chez ceux qui ont un seuil ischémique inférieur à 115 battements/minute à l'ECG d'effort. Si l'angine se manifeste entre 115 et 125 battements/minute, la nitroglycérine précoïtale minimise l'inconfort et les craintes des malades.

Le plus grand risque dans l'activité coïtale demeure la mort subite par fibrillation ventriculaire se manifestant lors de l'orgasme. L'utilisation de bêtabloquants peut réduire significativement le rythme cardiaque, le pic de tension artérielle et le risque de fibrillation ventriculaire au cours de l'activité sexuelle. Il importe cependant de considérer l'impact de ces agents sur le désir sexuel, l'excitation et l'orgasme.

Pour le counseling des malades cardiaques, il existe deux règles qu'on peut appliquer à l'activité sexuelle.

1. Si le sujet peut monter deux séries d'escaliers sans malaises thoraciques, il peut pratiquer des activités sexuelles.

2. Si le rythme cardiaque augmente à 120 battements/minute sans angine, sans dyspnée, sans hypotension et sans changements de l'ECG, l'activité sexuelle est sécuritaire.

Accidents vasculaires cérébraux

Les maladies vasculaires cérébrales entraînent les difficultés sexuelles suivantes:

- troubles de l'érection chez l'homme;
- baisse du désir sexuel dans les deux sexes;
- baisse des activités sexuelles dans les deux sexes. Il est difficile de préciser le rôle des lésions organiques dans ces phénomènes. Par contre, on sait que de nombreux facteurs psychologiques peuvent affecter significativement la fonction sexuelle des aînés atteints de maladies vasculaires cérébrales. Ces facteurs sont:
  - la peur que l'activité sexuelle n'aggrave la maladie présente;
  - la peur que l'activité sexuelle ne cause une mort subite;
  - une baisse de l'estime de soi par changement de l'image corporelle et par modification des rôles sexuels;

- une dépression résultant d'un accident vasculaire cérébral ;
- des difficultés conjugales ;
- des problèmes de communication par limitation de la parole.

A cela s'ajoutent des facteurs comme la faiblesse musculaire, l'atteinte de la sensibilité et les troubles sphinctériens.

Pneumopathies obstructives chroniques

L'emphysème, la bronchite chronique et l'asthme chronique peuvent atteindre indirectement la fonction sexuelle en raison de l'hypoxie et de la dyspnée incapacitante qui réduisent le désir et l'excitation sexuelle. On a de plus décrit dans les maladies pulmonaires obstructives chronique un amoindrissement des capacités perceptuelles et motrices. Les médicaments utilisés peuvent également contribuer aux problèmes sexuels.

Le counseling sexuel visera à :

- moduler l'utilisation des bronchodilatateurs avec l'activité sexuelle et suggérer des positions alternatives ou des activités sexuelles de substitution au coït, comme la masturbation mutuelle, les baisers, etc. ;
- adapter l'activité sexuelle à la présence de neuropathies en augmentant l'intensité de la stimulation sexuelle.

Arthrite

De nombreux aînés souffrant d'arthrite se plaignent de problèmes d'excitation et de satisfaction sexuelle. Les facteurs responsables de ces troubles sexuels sont :

- la réduction de la mobilité nécessaire aux activités sexuelles ;
- la douleur ;
- l'appréhension ;
- la fatigue ;
- la faiblesse.

Parmi les **solutions** envisagées chez les aînés souffrant d'arthrite et de douleurs chroniques, il convient de programmer l'analgésie pour qu'elle coïncide avec l'activité sexuelle et de suggérer des alternatives aux positions coïtales habituelles :

- positions latérales (couché sur le côté) ;

- positions postérieures (l'homme est debout derrière la partenaire).

On suggère aussi de prendre un bain chaud avant l'activité sexuelle.

Séquelles chirurgicales

La chirurgie peut avoir un effet nuisible sur la fonction sexuelle des aînés soit **directement** :

- en enlevant un organe ou une partie d'organe responsable d'une phase de la réponse sexuelle ;
- en interrompant les voies nerveuses sensitives ou motrices ;
- en interrompant l'afflux sanguin vers les organes génitaux ;
- en nuisant aux mécanismes véno-occlusifs de l'érection par de la fibrose ;
- en enlevant la source des hormones (orchiectomie/ovariectomie) ;

ou **indirectement** :

- en amenant une anxiété situationnelle importante ;
- en déclenchant un état dépressif ;
- en faisant naître un trouble dans le couple ;
- par l'utilisation de médicaments pouvant nuire à la fonction sexuelle. (La LH-RH et les œstrogènes chez l'homme ayant un cancer de la prostate causent une baisse du désir sexuel et des troubles de l'érection pendant quelques mois.)

Lors du traitement des cancers pelviens ou génitaux, la **radiothérapie** peut produire des neuropathies (n. radiques) des nerfs pelviens et génitaux. On rapporte également, chez plusieurs femmes, une baisse ou un arrêt complet de l'activité sexuelle, à cause de la dyspareunie secondaire aux sténoses vaginales ou à cause d'un déficit hormonal entraînant une baisse de désir sexuel.

La **chimiothérapie** peut aussi influencer la sexualité des aînés en tarissant parfois la source des hormones (androgènes/œstrogènes).

Les principales **chirurgies** de maladies bénignes qui peuvent atteindre la fonction sexuelle des aînés sont :

- l'hystérectomie avec ou sans ovariectomie ;
- les chirurgies aorto-iliaques (pontages) pour athéromatose ou anévrismes ;

- le traitement d'un priapisme par shunt artério-veineux;
- la résection transurétrale de la prostate.

Les hystérectomies pour maladies bénignes telles que les saignements dysfonctionnels, les fibromes utérins, les salpingites aiguës et les relâchements pelviens (prolapsus utérin, cystocèle, rectocèle) ont des effets variables sur la sexualité, et il existe de nombreuses variations individuelles. Les réactions à cette chirurgie vont d'une amélioration notable de la sexualité, si l'opération amène un soulagement de la douleur ou des saignements, jusqu'à une détérioration de la fonction sexuelle; cette détérioration étant liée à des **facteurs psychologiques** comme l'anxiété et la dépression. La détérioration peut être due aussi à des **facteurs physiologiques** comme le tarissement de la source des œstrogènes et des androgènes lors de la chirurgie (hystéro-ovariectomie). Certaines femmes notent que l'exérèse de l'utérus et du col utérin peut entraîner un arrêt ou un changement de l'orgasme.

Du côté masculin, la résection transurétrale de la prostate, contrairement à ce que l'on pensait antérieurement, peut entraîner, chez 12 % des hommes, des troubles de l'érection. L'atteinte organique de l'érection est plus fréquente si la cautérisation de la prostate aux sites postéro-latéraux est plus extensive.

La chirurgie aorto-iliaque peut entraîner des troubles sexuels par section des nerfs hypogastriques ou par interruption du flot sanguin dans les artères hypogastriques. Ces deux phénomènes entraînent des troubles de l'érection ou de l'orgasme. Cependant, si le flot sanguin dans les artères honteuses internes est conservé, le taux d'impuissance postopératoire est presque nul.

La chirurgie d'un priapisme par dérivation (shunt) caverno-spongieuse entraîne des troubles temporaires de l'érection, car la dérivation se referme spontanément; toutefois, il arrive que certaines dérivations restent perméables, entraînant un trouble de l'érection et nécessitant une ligature ultérieure.

Après les cancers génitaux ou pelviens chez la femme âgée, les dysfonctions sexuelles les plus fréquentes sont:

- une baisse du désir sexuel;
- des troubles de l'orgasme;
- de la dyspareunie;
- des troubles de la phase d'excitation sexuelle (manque de lubrification).

Chez les femmes atteintes de cancers génitaux, on retrouve une baisse de l'estime de soi et des changements profonds de l'image corporelle, surtout après vulvectomie et mastectomie.

Après la chirurgie des cancers pelviens et génitaux, il existe des solutions alternatives aux malaises et aux troubles sexuels. En présence d'une baisse de la capacité vaginale on suggère:

- de procéder à des coïts plus légers;
- d'adopter une position chevauchante pour la femme;
- d'augmenter la lubrification vaginale par des gelées;
- de pratiquer des activités sexuelles autres que la pénétration;
- parfois, d'opter pour des corrections chirurgicales mineures, si la dyspareunie est importante.

MÉDICAMENTS ET SEXUALITÉ

Les médicaments peuvent causer une atteinte de la réponse sexuelle chez les aînés; cette atteinte se fait **directement**, aux dépens des mécanismes de la réponse sexuelle normale et au niveau des structures reproductrices, ou **indirectement**, par une atteinte globale des fonctions corporelles.

Les principaux *médicaments cardio-vasculaires* impliqués dans les troubles sexuels des aînés sont les diurétiques, les antihypertenseurs (sympatholytiques, vasodilatateurs, bêtabloquants), la digoxine et quelques antiarythmiques et hypolipidémiants.

Les principaux *agents psychotropes* impliqués sont les anxiolytiques, les neuroleptiques, les antidépresseurs, certains sédatifs et les agents hypnotiques.

Du côté des *agents analgésiques et antipyrétiques*, nous retrouvons surtout les opiacés et les anti-inflammatoires non stéroïdiens (AINS) qui, à doses élevées, peuvent théoriquement agir en inhibant les prostaglandines du pénis et nuire ainsi à l'érection.

Finalement, divers autres médicaments sont aussi susceptibles d'affecter la fonction sexuelle des aînés; ce sont: les anticonvul-sivants, les bloqueurs des récepteurs H_2 de l'histamine et la métoclopramide, les agents anticholinergiques et les agents chimiothéra-peutiques (Tableau 46.2).

HABITUDES DE VIE ET SEXUALITÉ

Les trois habitudes de vie les plus suscepti-bles d'affecter la fonction sexuelle des aînés sont la malnutrition, l'alcoolisme et le tabagisme.

La déficience en protéines et en calories peut causer une insuffisance testiculaire et, chez certains sujets, une dysfonction de l'axe hypo-thalamo-hypophyso-gonadique. Certaines dé-ficiences en zinc peuvent nuire à la synthèse de la testostérone.

L'alcool peut nuire à la fonction sexuelle en présence ou non d'une maladie hépatique al-coolique. A petites doses, l'alcool produit un effet désinhibiteur et peut ainsi augmenter l'ex-citation sexuelle en facilitant l'expression de la sexualité. L'abus chronique d'alcool peut, par contre, entraîner des difficultés érectiles (neuro-pathie alcoolique) et une baisse du désir sexuel. Cette baisse du désir sexuel peut être secondaire aux effets hormonaux de l'alcool (baisse de la testostérone plasmatique, hausse de la prolacti-némie, hausse des produits œstrogéniques).

Finalement, le tabagisme (abus chronique) exerce son effet négatif sur la fonction sexuelle des aînés en atteignant surtout la phase d'exci-tation sexuelle (érection/lubrification). Il n'est pas rare, en effet, de voir apparaître des problè-mes sexuels d'origine vasculaire chez des hom-mes souffrant de maladies coronariennes et d'artériosclérose cérébrale d'origine tabagique. La nicotine agit sur les artères du pénis en pro-duisant une vasoconstriction des artères hon-teuses et caverneuses et en causant une fuite à travers les veines du pénis; ces ceux phénomè-nes résultent en une incapacité érectile chez l'homme et probablement en une baisse de lu-brification vaginale chez la femme. L'usage chronique abusif du tabac produit une artério-sclérose des petites artères du pénis et cause des difficultés d'érection.

DYSFONCTIONS SEXUELLES

Troubles du désir sexuel

On parle ici de troubles du désir sexuel hypoactif et d'aversion sexuelle. Les causes peu-vent être psychologiques (anxiété de perfor-mance, dépression, etc.) ou organiques, mais elles ont le plus souvent une origine mixte. Par-mi les causes organiques, on note la déficience en testostérone, l'hyperprolactinémie, l'abus d'alcool et de narcotiques, les douleurs chroni-ques, l'utilisation de médicaments antihyper-tenseurs ou psychotropes, antiandrogènes, do-paminergiques ou sérotoninergiques.

Troubles de l'excitation sexuelle

Chez la femme, les causes psychologiques sont rares et les causes organiques mieux identi-fiées. La vulvo-vaginite atrophique en est la cause la plus commune. Les maladies ou trau-matismes du système nerveux central ou péri-phérique sont des causes plus rares, tout comme les atteintes endocriniennes et vasculaires.

Chez l'homme, les dysfonctions érectiles ont elles aussi des causes psychologiques, orga-niques ou mixtes. Les atteintes organiques con-cernent surtout le système vasculaire (artériel et veineux), le système nerveux (autonome et somatique), la structure même du pénis (indu-ration fibreuse progressive) et, très rarement, le système endocrinien. L'atteinte vasculaire est la cause organique la plus fréquente des troubles de l'érection. Il s'agit surtout des macroan-giopathies (artères aorto-iliaques ou hypogas-triques) ou des micro-angiopathies (artères honteuses et caverneuses). L'artériosclérose, l'hypertension artérielle, l'hypercholestérolé-mie, le diabète sucré et le tabagisme en sont principalement responsables. La littérature uro-logique décrit depuis quelques années la pré-sence d'une nouvelle cause d'impuissance: la fuite veineuse, occasionnée par une défaillance des mécanismes véno-occlusifs de l'érection. Elle augmente progressivement avec l'âge et chez les diabétiques.

Plusieurs médicaments peuvent également nuire à la capacité érectile, notamment certains antihypertenseurs, les antidépresseurs, les anti-convulsivants, les anxiolytiques et les anorexi-gènes.

Sur le plan psychologique, la cause la plus commune est l'anxiété de performance. La perte de la conjointe peut également être en cause, entraînant ce que Masters a appelé le «syndrome du veuf». Suite à la mort de sa conjointe, l'homme est subitement frappé d'inaptitude sexuelle. Selon Masters, les hommes

Tableau 46.2
Médicaments susceptibles d'affecter la fonction sexuelle

AGENTS CARDIO-VASCULAIRES	↓ désir	↓ excitation	↓ orgasme / éjaculation	Gynécomastie	Priapisme	Éjaculation douloureuse
ANTIHYPERTENSEURS						
• diurétiques						
– thiazidiques	?	+	−			
– spironolactone	+	+	−			
• méthyldopa	−	+	+			
• clonidine	+	+	?			
• réserpine	+	+	+			
• bêtabloquants	+	+	+			
• hydralazine	−	+	−			
• bloqueurs alpha	−	+	−		+	
AUTRES AGENTS CARDIO-VASCULAIRES						
• digoxine	+ ?	+	−	+		
• disopyramide	−	+	−			
• clofibrate	+	+	−			
• héparine	−	+	−		+	

AGENTS PSYCHOTROPES	↓ désir	↓ excitation	↓ orgasme / éjaculation	Gynécomastie	Priapisme	Éjaculation douloureuse
ANXIOLYTIQUES						
• benzodiazépines	+ ?	−	+			
– chlordiazépoxyde						
– lorazépam						
– alprazolam						
– diazépam						
NEUROLEPTIQUES						
• chlorpromazine (Largactil®)	−	+	+		+	
• thioridazine (Mellaril®)	+	+	+		+	+
• fluphénazine	+	−		+	+	
• halopéridol (Haldol®)		+	+		+	+
• trifluopérazine	−	−	+			+
ANTIDÉPRESSEURS						
• tricycliques	+	+	+		+	
• IMAO	+	+	+			
• trazodone	−	−	−		+	
• lithium	+	+	−			
• inhibiteurs de la recaptation de la sérotonine	+	+	−			
SÉDATIFS	+	−	+			
HYPNOTIQUES	+	−	−			

MÉDICAMENTS DIVERS	↓ désir	↓ excitation	↓ orgasme / éjaculation	Gynécomastie	Priapisme	Éjaculation douloureuse
BLOQUEURS DES RÉCEPTEURS H₂ DE L'HISTAMINE	+	+	−	+		
• cimétidine						
• ranitidine						
MÉTOCLOPRAMIDE	+	+	−			
ANTIANDROGÈNES	+	?	+			
ANTICONVULSIVANTS						
• carbamazépine		+				
• phénytoïne		+				
• phénobarbital		+				
• primidone		+				
ACÉTAZOLAMIDE	+	−	−			
OPIACÉS / NARCOTIQUES (utilisation chronique) héroïne / méthadone	+	+	+			
AGENTS CHIMOTHÉRAPEUTIQUES	+	+	−			
AGENTS ANTICHOLINERGIQUES	−	+	−			
ALCOOL	+	+	+	+		
NICOTINE	−	+	−			
AINS	−	+	−			

+   Peut occasionner le trouble sexuel

−   Ne cause pas le trouble sexuel

?   Cause peut-être un trouble sexuel

N.B.   Les inhibiteurs calciques, les inhibiteurs de l'ECA et les vasodilatateurs causent rarement des troubles sexuels.

chez qui il a observé ce syndrome sont des hommes qui ont vécu une monogamie intense et privilégiée avec leur conjointe, sans jamais connaître une seule relation extramaritale. Ils se sentent infidèles et sont envahis par une culpabilité paralysante.

Troubles de l'orgasme

Chez la femme, les causes sont le plus souvent psychologiques. On pense, en particulier, à l'autoobservation obsessive durant l'activité sexuelle qui interfère avec le déclenchement du réflexe orgasmique. Le manque de stimulation clitoridienne adéquate est aussi une cause fréquente.

Chez l'homme, les troubles de l'orgasme le plus souvent rapportés sont l'éjaculation retardée et l'éjaculation précoce. Là encore, les causes sont surtout psychologiques. On doit mentionner cependant le problème particulier de l'éjaculation rétrograde après une section des nerfs sympathiques ou du sphincter interne de la vessie; après une section des nerfs honteux (portion motrice), on trouve souvent une éjaculation «baveuse». Parfois, c'est une absence d'émission ou une anéjaculation secondaire qui en résulte. Divers troubles de l'orgasme peuvent survenir après des interventions comme les chirurgies vasculaires aorto-iliaques, les chirurgies colo-rectales et les chirurgies pelviennes radicales.

Troubles sexuels douloureux

La caractéristique essentielle de la dyspareunie est une douleur génitale associée à la relation coïtale. Cette douleur est vécue le plus souvent durant le coït mais survient parfois avant ou après la pénétration. Ce problème est plus fréquent chez la femme mais peut aussi survenir chez l'homme. Chez la femme, la dyspareunie peut être localisée à la vulve, au canal vaginal ou être profonde. Elle est la plupart du temps associée à un problème organique atteignant soit les organes sexuels, soit les structures adjacentes.

ÉVALUATION DES PROBLÈMES SEXUELS DES PERSONNES ÂGÉES

L'évaluation initiale d'un problème sexuel comprend l'histoire sexuelle, la revue des plaintes, l'examen psychiatrique, l'inventaire de la médication, l'examen physique spécifique et certains tests de laboratoire appropriés.

Le bilan sexuel de chaque partenaire du couple est l'élément clé du diagnostic sexuel. Il comprend l'évaluation de chaque phase de la réponse sexuelle – désir, excitation, orgasme – et l'évaluation de la douleur sexuelle. Il est facilité par la participation de chaque partenaire à la description détaillée d'un échantillon représentatif d'échanges sexuels récents.

A l'anamnèse, on recherche surtout des éléments pouvant indiquer des anomalies endocriniennes, vasculaires ou neurologiques, de même que les antécédents médicaux et chirurgicaux pertinents. Les habitudes de vie (tabac et alcool) et les médicaments utilisés sont passés en revue.

A l'examen, chez l'homme âgé, on recherche surtout des signes d'hyperprolactinémie (céphalées, gynécomastie/galactorrhée), d'hypogonadisme (baisse de la pousse de la barbe, atrophie testiculaire), de maladie neurologique ou vasculaire. On fait également une évaluation des organes génitaux et des structures adjacentes.

Dans le cas d'érections douloureuses ou de douleur à la pénétration, on éliminera d'abord des lésions du pénis, alors que des douleurs à l'éjaculation évoqueront plutôt la prostatite, l'urétrite, l'épididymite, les hernies inguino-scrotales, les orchites et les cancers testiculaires.

Chez la femme, on recherche surtout des signes d'hypo-œstrogénisme et d'hyperprolactinémie. Dans le cas de dyspareunie localisée à l'activité vulvaire ou au canal vaginal, on éliminera la présence de lésion douloureuse, d'infection ou d'allergie et l'on évaluera la gravité de l'atrophie vulvaire et vaginale. Pour la dyspareunie, il faut en plus examiner l'utérus et ses annexes et éliminer la présence de cystocèle, rectocèle, diverticulite et cancer du rectum.

Des examens de laboratoire appropriés peuvent servir à éliminer la présence d'une maladie systémique insoupçonnée. Un bilan hormonal peut également être utile, qui pourrait inclure une évaluation de la testostérone et de la prolactine si l'on soupçonne une hyperprolactinémie ou un hypogonadisme.

Pour les problèmes de dysfonction érectile, il existe des cliniques spécialisées pouvant évaluer plus précisément les atteintes circulatoires ou nerveuses du pénis ou encore la présence de plaques cicatricielles (maladie de La Peyronie).

DIAGNOSTIC ET TRAITEMENT

Une bonne évaluation des plaintes sexuelles des sujets âgés oriente le clinicien vers un diagnostic différentiel comprenant 1) des changements normaux associés au vieillissement, 2) des symptômes liés à l'abstinence sexuelle, 3) des problèmes psychologiques, 4) des dysfonctions organiques ou 5) la présence de causes iatrogènes.

Le traitement varie, bien sûr, en fonction de la cause et comprend des interventions telles que:

- le contrôle d'une maladie systémique (maladie rénale, diabète, etc.);
- le traitement des problèmes locaux;
- l'arrêt de l'abus de certaines substances (alcool, anxiolytiques);
- l'arrêt ou la substitution médicamenteuse dans le cas de traitement potentiellement nuisible;
- le traitement de l'hyperprolactinémie (bromocriptine, chirurgie);
- le traitement de l'hypogonadisme (ex.: androgènes injectables aux 2-3 semaines pour les hommes, remplacement œstrogénique et androgénique, si nécessaire, pour les femmes).

Pour les dysfonctions érectiles chez les personnes âgées, les traitements chirurgicaux, dont l'implantation de prothèses péniennes, sont rarement utilisés. Par contre, depuis quelques années, de nombreuses études sont venues confirmer que les prothèses externes (appareils aspiration/constriction) sont un moyen efficace, relativement peu coûteux à long terme et non chirurgical de traiter les personnes âgées souffrant de troubles de l'érection. Les hommes traités et leur partenaire acceptent bien cette modalité de traitement qui produit une érection fonctionnelle et adéquate.

L'auto-injection de substances vasoactives intracaverneuses (papavérine, prostaglandine E_1) est surtout indiquée dans les cas d'une impuissance neurologique (lésions médullaires et diabète).

Peu importe la nature de la dysfonction sexuelle et le traitement suggéré, il faut presque toujours y adjoindre une thérapie psychosexuelle appropriée.

Le clinicien exempt de préjugés négatifs à l'égard de la sexualité des vieillards pourra, en améliorant ses connaissances sur ce sujet et avec l'aide de consultants experts, favoriser la restauration d'une vie sexuelle satisfaisante pour ses clients âgés dans une période de leur vie où nombre de pertes sont malheureusement irrécupérables.

LECTURES SUGGÉRÉES

ALARIE, P. & R. VILLENEUVE: *L'impuissance. Évaluations et solutions*, Les Éditions de l'Homme, Montréal, 1992.

CLinics in Geriatric Medicine, **in** *Geriatric Sexuality*. Lanyard K. Dial (Guest Editor). W.B. Saunders, Philadelphia, 1991.

Diagnostic and Statistical Manual of Mental Disorders (DSM-IV), American Psychiatric Association, Washington, 4th ed. 1994.

KAPLAN, H.S.: Sex, Intimacy and the Aging Process. *Journal of the American Academy of Psychoanalysis*, **18**(2):185-205, 1990.

MASTERS, W.H.: Sex and Aging. Expectations and Reality. *Hospital Practice*, **August 15**:175-177, 182-198, 1986.

National Institutes of Health: NIH Consensus Statement. *Impotence*, **10**(4), December 7-9, 1992.

SCHOVER, L. & S.B. JENSEN: *Sexuality and Chronic Illness. A comprehensive Approach*, The Guilford Press, New York, 1988.

CHAPITRE 47

AFFECTIONS DERMATOLOGIQUES

SOLANGE BEAUREGARD

Sénescence cutanée

Soins préventifs

Lésions bénignes

Lésions prémalignes et malignes

Dermatites

Lésions bulleuses

Lésions des muqueuses

Prurit

Ulcères des jambes

Infections cutanées

Principes thérapeutiques

Bibliographie

Des illustrations en couleurs des principales lésions cutanées chez les personnes âgées sont présentées à la fin de l'ouvrage.

SÉNESCENCE CUTANÉE

Le vieillissement cutané se définit comme l'ensemble des changements qui surviennent pendant la période allant de la maturité à la mort. C'est un processus déterminé génétiquement (intrinsèque) et influencé par divers facteurs extrinsèques tels les rayons ultraviolets, les maladies, les changements hormonaux, la diète, le tabagisme, etc., les rayons ultraviolets étant de loin les plus importants. Sur le plan physiologique, le vieillissement cutané se traduit par le déclin ou l'altération des fonctions suivantes: régénération cellulaire, processus de guérison, fonction barrière, perceptions sensorielles, sécrétions sudorales et sébacées, production de vitamine D, fonction immunologique et thermorégulation.

Cliniquement, la peau s'amincit, devient sèche et présente, à des degrés variables, des rides superficielles et profondes, de l'élastose (la peau perd son élasticité, s'épaissit et devient jaunâtre) [Fig. 47.1], une pigmentation irrégulière et des télangiectasies. Les lésions tumorales et les problèmes dermatologiques sont plus fréquents avec l'âge et leur expression se trouve modifiée.

SOINS PRÉVENTIFS

A plusieurs points de vue, la peau devient plus vulnérable en vieillissant. Les problèmes sont souvent rebelles et exigent un traitement plus long. C'est pourquoi l'aspect préventif est particulièrement pertinent dans la population gériatrique.

Une hygiène quotidienne qui évite les séances prolongées, l'eau trop chaude, les savons purs alcalins ou trop parfumés et les substances irritantes (alcool méthylique, bicarbonate, etc.) est préférable. Pour les peaux sensibles ou sèches, on recommande un savon gras ou un lait nettoyant. Les plis cutanés doivent être gardés secs, en utilisant une poudre si nécessaire. Un shampoing approprié au type de cheveux devrait être fait une à deux fois par semaine. Les ongles qui poussent plus lentement ont besoin d'être coupés moins souvent. L'hydratation cutanée prévient le prurit et les sensations cutanées désagréables, surtout pendant l'hiver.

La protection contre les ultraviolets est de rigueur pour tous, avec un facteur de protection d'au moins 15, une protection contre les UVA et, si possible, un écran physique tel le dioxyde de titane, appliqué aux trois heures à longueur d'année. Certaines personnes âgées passent plusieurs heures en plein air, au golf ou dans les pays chauds. Finalement, un autoexamen mensuel, avec supervision médicale au besoin et enseignement des critères de malignité, assure un dépistage plus précoce des cancers. L'examen cutané complet, incluant le cuir chevelu, les muqueuses, les ongles, les plis (fessiers et rétro-auriculaires) et surtout les pieds, doit faire partie de l'examen physique complet.

LÉSIONS BÉNIGNES

Une multitude de changements cutanés bénins sont observés au cours du vieillissement. Certains sont liés à des facteurs connus tels les rayons ultraviolets (UV) et peuvent être prévenus, d'autres sont inévitables, dont certains possiblement héréditaires. L'**élastose**, la **kératose séborrhéique**, les **angiomes séniles** et le **lentigo bénin** sont illustrés aux figures 47.1, 47.2 et 47.3. Le traitement des lésions bénignes est résumé au tableau 47.1.

LÉSIONS PRÉMALIGNES ET MALIGNES

Les **kératoses actiniques** sont les lésions prémalignes les plus fréquentes. Elles peuvent

Tableau 47.1
Lésions cutanées bénignes associées au vieillissement

	Liés aux UV	Traitement
Acrochordons (plis)		Excision, électrodessiccation
Angiokératomes du scrotum		Électrocoagulation, laser
Angiomes séniles (taches rubis)		Électrocoagulation, laser
Anomalies pileuses (moins de cheveux, plus de poils au menton, aux narines, aux oreilles, aux sourcils)		Crème dépilatoire, électrolyse
Atrophie	+	Trétinoïne
Cicatrices pseudo-stellaires	++	
Élastose	+++	
Hyperplasies sébacées (visage)	+	Électrodessiccation superficielle, laser
Kératoses séborrhéiques		Azote, excision par rasage, laser, électrodessiccation
Lacs veineux (doigts, lèvres)		Électrocoagulation, laser
Lentigo, lentigines	+++	Azote, crème trétinoïne, hydroquinone 2-4 %, AHA[1]
Purpura sénile de Bateman	++	Trétinoïne
Ridules superficielles	++	Trétinoïne, protection UV, laser
Rides profondes	+++	Injections de collagène, chirurgie
Rosacée (télangiectasies linéaires du visage)	+	Électrocoagulation, laser
Varicosités sublinguales		Électrocoagulation, laser

1. AHA (acides alpha-hydroxy tels l'acide lactique, l'acide glycolique)

aussi indiquer un patient susceptible de présenter des néoplasies cutanées et peuvent se transformer dans l à 20 % des cas en épithéliomas spinocellulaires. Toujours en zone chroniquement exposées aux UV, elles sont plus nombreuses chez les personnes au teint pâle et chez celles qui ont beaucoup été exposées. Il s'agit de papules érythémateuses hyperkératosiques (Fig. 47.4) qui peuvent se traiter par l'azote liquide ou l'excision chirurgicale, si elles sont peu nombreuses, ou par le 5-fluoro-uracile ou la trétinoïne topique ou le laser CO_2, si elles sont en grand nombre.

Les **lentigos malins** (sans mélanome) arrivent ensuite. Ils se distinguent des lentigos bénins par un diamètre supérieur à 1 cm, des contours et une pigmentation irréguliers (Fig. 47.5). Ils doivent être suivis et excisés ou biopsiés, s'ils présentent des zones plus foncées et surélevées, car ils comportent un risque de transformation en mélanome pouvant aller jusqu'à 30 %.

Les zones de **leucoplasie** persistante (plaque blanche sur une muqueuse) commandent une biopsie, car un carcinome épidermoïde risque d'apparaître dans 20 à 30 % des cas.

Le **kérato-acanthome** (Fig. 47.6), les pseudo-lymphomes cutanés et les naevi dysplasiques ont aussi été associés à un risque de cancer cutané.

L'**épithélioma basocellulaire** est le plus fréquent des cancers en général. Il se présente surtout sous forme nodulaire et ulcérée (Fig. 47.7), pigmentée (ressemblant au mélanome) ou superficielle (lésion «psoriasiforme»). L'**épithélioma spinocellulaire** (Fig. 47.8) est le deuxième en fréquence et comporte un risque métastatique. La forme la plus fréquente est un nodule couleur chair souvent hyperkératosique, mais il peut se présenter aussi sous la forme *in situ* (maladie de Bowen pour la peau et érythroplasie de Queyrat pour les muqueuses) et verruqueuse. Le **mélanome** n'épargne aucun groupe d'âge et se présente sous 4 formes: à extension superficielle, nodulaire (Fig. 47.5), à partir d'un lentigo malin et sous forme de mélanome acrolentigineux (Fig. 47.9). Le traitement de choix pour ces trois néoplasies est chirurgical. Vient ensuite la radiothérapie pour les épithéliomas, surtout chez les malades âgés en mauvaise condition générale et prenant des anticoagulants.

Plus rares sont les **sarcomes de Kaposi** (forme classique limitée aux membres inférieurs) et les **lymphomes cutanés**. La peau est aussi un site fréquent de **métastases** chez le sujet âgé. Ces métastases d'un cancer du sein, d'un cancer gynécologique, pulmonaire ou gastro-intestinal sont toujours de sombre pronostic.

DERMATITES

Certains changements associés au vieillissement, telle la sécheresse cutanée, prédisposent à l'**eczéma craquelé** (astéatosique) [Fig. 47.10] qui peut parfois prendre la forme d'**eczéma nummulaire** avec plaques érythématosquameuses arrondies. Le meilleur traitement est la prévention en hydratant bien la peau et en évitant les irritants (Tableau 47.5). L'inflammation sera éliminée au moyen d'un corticostéroïde faible (onguent à l'hydrocortisone, 1 %) ou moyen (bêtaméthasone, 0,1 %) en couche mince pendant 4 à 6 semaines, rarement plus.

La **dermatite de stase** en phase chronique se manifeste par de l'hyperpigmentation du tiers inférieur de la jambe, avec ou sans pétéchies. Elle peut prédisposer à une dermatite aiguë suintante ayant, particulièrement chez la personne âgée, tendance à se généraliser (phénomène d'autoeczématisation). Cette peau doit donc être considérée comme irritable et, surtout en présence d'ulcère, il faut éviter les traitements agressifs, certains antibiotiques topiques et les produits contenant des allergènes potentiels (Tableau 47.9).

La **dermatite séborrhéique**, sous forme légère squameuse ou grave inflammatoire, est aussi un problème fréquent et le traitement de choix est le kétoconazole. On ajoutera, au besoin, l'hydrocortisone à 1 % pour le visage ou l'acide salicylique, le sulfure de sélénium, le pyrithione zincique ou le goudron pour le cuir chevelu.

La **dermatite des plis** ou **intertrigo** mérite une attention particulière, car on peut facilement la prévenir par une bonne hygiène et de la poudre de talc et la traiter avec de la crème à l'hydrocortisone 1 % ou un agent plus spécifique en cas de signe d'infection (culture bactérienne, KOH, lampe de Wood, lésions satellites pour le candida). Des compresses humides avec une solution saline ou une combinaison d'acétate d'aluminium et de chlorure de benzéthonium (Buro-Sol®) permettent de traiter les cas aigus suintants.

Finalement, un mot sur la **rosacée** dont la forme télangiectasique se traite par électrocoagulation ou laser et la forme papulo-pustuleuse, l'acné rosacée, par le métronidazole topique (Metrogel®, Flagyl®, Noritate®), avec ou sans tétracycline, 500 mg à 1 g, *per os*, ou minocycline 100 mg/24 h, pendant un à deux mois.

LÉSIONS BULLEUSES

Parmi les maladies bulleuses, certaines sont plus fréquentes chez les personnes âgées (Tableau 47.2). La recherche de virus ou de bactéries dans le liquide et la biopsie sont souvent nécessaires pour préciser le diagnostic. Le traitement sera celui de la condition sous-jacente: compresses, anti-inflammatoires, antibiotiques ou immunosuppresseurs (pour la pemphigoïde

---

Tableau 47.2
Maladies bulleuses chez la personne âgée

Fréquentes

- Dermatites aiguës (de contact, par exemple à un médicament ou herbe à puce, de stase, piqûres)
- Pemphigoïde bulleuse (la plus fréquente des bulloses auto-immunes, bulles, plaques urticariennes, prurit)
- Réactions médicamenteuses (érythème polymorphe, «fixed-drug» sulfas, furosémide, phototoxiques, captopril, AINS, pénicillamine, barbituriques, etc.)
- Bulles associées à une infection (cellulite, impétigo, *Herpes simplex* et *zoster*)

Occasionnelles

- Bullose des diabétiques (jambes, pieds)
- Bulles de pression (traumatisme, chute, coma)
- Porphyrie cutanée tardive (mains)
- Bulles urémiques
- Épidermolyse bulleuse acquise ou EBA (articulations, sites de traumatisme, cicatrices et milia)
- Pemphigus vulgaire, dermatite herpétiforme

bulleuse, le pemphigus, l'épidermolyse bulleuse acquise et la dermatite herpétiforme).

LÉSIONS DES MUQUEUSES

Plusieurs conditions pathologiques affectent la peau et les muqueuses (lichen plan, lichen scléroatrophique, allergies, carences en fer, vitamines ou zinc, syndrome de Gougerot-Sjögren, lupus, bulloses auto-immunes, candidiase, réactions médicamenteuses). Les douleurs au niveau de la bouche sont une plainte fréquente; elles peuvent être associées à une prothèse mal ajustée, une diète carentielle, une infection à candida et, occasionnellement, à une stomatite irritative ou allergique, à une néoplasie (leucoplasie, ulcère, leucémie) ou à un problème systémique (reflux, anémie, diabète, prise récente d'antibiotiques).

La **chéilite angulaire** ou perlèche est souvent d'étiologie mixte (prothèse mal ajustée, pli trop humide, infection secondaire à candida ou infection bactérienne). Elle se traite par la correction de la malocclusion, l'assèchement et une crème à base d'hydrocortisone l %, avec ou sans antifongiques (nystatine ou azole) ou antibiotiques (mupirocine, acide fusidique).

PRURIT

Le prurit est le symptôme le plus fréquent en dermatologie et chez les patients âgés. Il peut être débilitant lorsqu'il est grave et chronique. Les causes en sont multiples (Tableau 47.3). Chez la personne âgée, il est souvent associé à des conditions dermatologiques variées, à la sécheresse cutanée, à des soins cutanés inappropriés (lavages fréquents, savon alcalin, eau trop chaude, etc.). On ne trouve parfois aucune cause identifiable. Les cas non résolus devraient être réévalués périodiquement. Le prurit justifie une approche diagnostique planifiée (Tableau 47.4) et son traitement demeure un défi (Tableau 47.5).

ULCÈRES DES JAMBES

Chez le patient âgé, les ulcères des jambes sont le plus souvent liés à une **insuffisance veineuse**, avec hyperpigmentation du tiers inférieur des jambes, varices, histoire de thrombophlébite, œdème et, dans les cas plus avancés, peau indurée, scléreuse, avec déformation «en bouteille inversée» appelée lipodermatosclérose.

Tableau 47.3
Causes de prurit

- **Associé à des lésions primaires (spécifiques)**
  Dermatites, eczémas, boutons de chaleur (miliaires), lichen plan, urticaire, névrodermite, prurigo nodulaire, tinea, piqûres, psoriasis, lichen scléreux vulvaire, pemphigoïde bulleuse

- **Associé à des lésions occultes**
  Xérose (atopique, ichthyoses, lavages excessifs), sida, mastocytoses, parasitoses (gale, poux), amyloïdose, dermatite avec fibres de verre

- **Associé à des lésions de grattage seulement, ou sans lésion**
  Éliminer la cause systémique (maladie hépatique obstructive, insuffisance rénale chronique, hyperthyroïdie, lymphome, polyglobulie, médicaments[1]) avant de penser à un prurit idiopathique

1. Cocaïne, morphine, stimulants du SNC, antidépresseurs, barbituriques, hépatotoxiques

---

Tableau 47.4
Approche diagnostique du prurit

- Anamnèse détaillée:
  gravité, durée, distribution, circonstances, facteurs provocants, antécédents dermato-allergiques, activités, habitudes d'hygiène, médicaments familiaux, famille

- Examen physique:
  cutané complet toujours, à la recherche de lésions primaires diagnostiques ou occultes comme un sillon de gale; **physique complet** si prurit généralisé sans cause cutanée évidente, avec attention particulière aux aires ganglionnaires, conjonctives, angiomes stellaires, hépato-splénomégalie, glande thyroïde

- Laboratoire de base:
  numération globulaire avec différentielle, fonction rénale, hépatique, thyroïdienne, radiographie des poumons et recherche de parasites et de sang dans les selles

---

Les ulcères peuvent aussi être causés par une **insuffisance artérielle** en zone de peau pâle, cyanosée, froide, atrophique et sans poils. Ils peuvent être **post-traumatiques**, **infectieux**, **mixtes**, ou secondaires à d'autres causes (Tableau 47.6).

Un ulcère qui ne guérit pas doit évoquer une **néoplasie** et commande une biopsie.

L'approche diagnostique et thérapeutique des ulcères des jambes est présentée aux tableaux 47.7 et 47.8.

Tableau 47.5
Approche thérapeutique du prurit

- Traiter la cause sous-jacente
- Éliminer les agents provocants (surchauffage, air trop sec, laine, vêtements serrés, bains trop fréquents ou trop longs, eau trop chaude, savons alcalins, alcool, café, épices, stimulants)
- Éviter de perpétuer le cycle «prurit-grattage» (ongles courts, gants la nuit, occlusions pour zones localisées, compresses froides)
- Améliorer l'environnement (humidificateur, fraîcheur, coton, soie, vêtements amples)
- Mesures topiques
  - douche ou bain quotidien tiède de 10 minutes avec savon doux surgras ou neutre[1]
  - bain avec farine d'avoine (Aveeno® surgras) ou huile (Oilatum®)
  - bien hydrater la peau à la sortie du bain (émollient régulier ou avec urée ou acide alpha-hydroxy. si peau très sèche[2])
  - lotions antiprurigineuses (ajouter menthol 0,25 à 0,5 % avec ou sans camphre 0,5 %, avec ou sans pramoxine, HC à un émollient[3])
- Mesures systémiques
  - anti-histaminiques anti-H_1, l'ancienne génération (Atarax® ou Panectyl®) étant plus efficace que la nouvelle, en raison de l'effet central sédatif

---

1. Savons recommandés: Dove® blanc, neutre d'Allenbury's, Pétrophyllic®, Neutrogena®, Lowila®, Roche-Posay®.
2. Les émollients sont tous des mélanges d'huile et d'eau, ceux qui contiennent plus d'huile étant plus efficaces, car plus occlusifs. Ils sont plus efficaces si on ajoute de la glycérine (10 %) de l'urée (4-25 %) ou de l'acide lactique (5-12 %) [Lachydrin®] et de l'acide glycolique (NéoStrata®) pour les peaux très sèches.
3. Préparations commerciales disponibles: Sarna®, Sarna HC®, Sarna P®, PrameGel®, Pramox HC®.

Tableau 47.6
Causes des ulcères des jambes chez la personne âgée

- Maladies vasculaires (insuffisance veineuse ou artérielle, embolies de cholestérol, anticoagulant lupique, vasculites d'hypersensibilité, périarthrite noueuse)
- Traumatismes (chute, brûlure, engelure, radiothérapie, fracture)
- Infections (cellulites bactériennes, ecthyma, infection fongique ou mycobactérienne, syphilis tertiaire, embolies septiques)
- Neuropathiques (diabète, AVC, myélopathie)
- Néoplasiques (carcinome basocellulaire ou spinocellulaire, sarcome de Kaposi, lymphomes cutanés, métastases)
- Autres (*Pyoderma gangrenosum*, érythème induré de Bazin)

Tableau 47.7
Approche diagnostique des ulcères des jambes chez la personne âgée

- Anamnèse (HTA, diabète, tuberculose, anémie, insuffisance vasculaire, thrombophlébites, collagénose, médicaments, effet des traitements antérieurs)
- Examen physique
  - Localisation médiane et latérale, dermatite, varices (veineuses)
  - Localisation distale ou postérieure, absence de pouls, douleur, signes trophiques (artériels)
  - Localisation atypique, douleur, purpura, collagénose (vasculite)
  - Point de pression, neuropathie, hyperkératose (mal perforant)
  - Bordure inflammée, exsudat purulent, douleur (infectieuse)
- Paramètres pour évaluation et suivi (diamètre, bordure, quantité et qualité du tissu de granulation et de l'exsudat)
- Examens complémentaires (en fonction de l'anamnèse et de l'examen, Doppler artériel)

INFECTIONS CUTANÉES

Les infections fongiques, les cellulites et le zona sont fréquents en gériatrie. Le *Tinea pedis* (pied d'athlète) interdigital, fissuré, chronique (Fig. 47.11) et «en mocassin» est asymptomatique et passe inaperçu pendant des années. Il est cependant la porte d'entrée de cellulites et le facteur précipitant des gangrènes chez les diabétiques, sans oublier qu'il est aussi à l'origine des onychomycoses. Une crème fongicide (terbinafine) ou fongistatique (kétoconacole, clotrimazole, miconazole) contrôle les formes localisées; par contre, les atteintes diffuses et unguéales exigent l'administration orale de ces médicaments. Le premier choix étant la terbinafine (Lamisil ®) orale, 250 mg/24 heures pendant un à trois mois. L'itraconazole (Sporanox®) représente une alternative intéressante.

Le diagnostic **d'onychomycose** doit exclure les onychodystrophies (traumatiques du 5e orteil, ischémiques, onychogryphose) et les maladies cutanées affectant les ongles (psoriasis, eczéma, lichen plan, pelade). L'agent étiologique doit être identifié par culture pour éviter les échecs thérapeutiques dans les cas causés par des levures ou des saprophytes.

Chez les personnes âgées, les **cellulites** affectent le plus souvent les membres inférieurs. Dans le traitement, il ne faut pas oublier les

---

Tableau 47.8
Traitement des ulcères des jambes chez la personne âgée

- **Mesures générales**
  - Traiter la **maladie sous-jacente** (diabète, insuffisance vasculaire, œdème, anémie, HTA, carence en protéines, vitamine C, zinc et fer, infection, etc.)
  - **Repos** et **élévation** des jambes (veineux), de la tête (artériel)
  - Éviter les **traumatismes** (traitements agressifs, eau > 32 °C, chaussures mal adaptées, pression)
  - **Médicaments** (certains retardent la guérison tels les stéroïdes, les antinéoplasiques et les anticoagulants, certains favoriseraient la vascularisation telle la pentoxifylline)

- **Mesures locales**
  - Traiter les **dermatites** aiguës avec compresses (sérum salin, Aveeno®, Buro-Sol®) et stéroïdes moyens à puissants pendant 4 semaines, chronique avec hydrocortisone à 1 % en crème, aux 12 heures
  - Diminuer l'**œdème** (médication *per os*, élévation, bas de soutien, botte d'Unna, bandages élastiques, chirurgie, compressions pneumatiques)
  - **Nettoyer** l'ulcère (irrigation, compresse, trempettes ou baignoire à remous avec sérum salin, eau stérile, chlorhexidine, Aveeno®, soluté de Dakin® ou Buro-Sol®)
  - **Débrider** (compresses «wet to dry», tourbillon, chirurgie, enzymes, Debrisan®, certains pansements occlusifs)
  - Favoriser la formation du tissu de **granulation** (bonne vascularisation, bon apport O_2, protéines, technique de Pace avec peroxyde de benzoyle 20 %, oxygène hyperbare)
  - Favoriser la **réépithélisation** (lorsque l'ulcère est propre, la deuxième étape est d'utiliser le moins d'agents désinfectants possible, car ils sont cytotoxiques, et de diminuer la fréquence des interventions locales afin d'éviter de traumatiser les nouvelles cellules)
  - Choisir un **pansement** approprié au stade de guérison de l'ulcère (aigu et suintant: éviter occlusion, gaze vaselinée simple; propre et en bonne voie de granulation: semi-occlusif ou hydrocolloïde[1]).
  - Pour le suivi (diamètre de l'ulcère, bordure, tissu de granulation, exsudat)
  - **Greffes** (à évaluer si guérison lente ou grand ulcère)

1. Les semi-occlusifs à l'O_2 et vapeur d'eau (Omiderm®, Opsite®, Tegaderm®, Biocclusive®), les hydrocolloïdes et hydrogels (Duoderm®, Comfeel®, Vigilon®), les alginates (non adhérents), ceux à base de charbon pour réduire les odeurs et l'exsudat comme Actisorb® et le nouveau-né, le bandage de compression Duoderm®

Tableau 47.9
Substances sensibilisantes disponibles sans ordonnance

Benzocaïne (Auralgan®, Solarcaïne®, Topicaine®, onguents pour les hémorroïdes, etc.)

Néomycine (Néo-Medrol®, Myciguent®, Néosporine®, etc.)

Lanoline

Vitamine E topique

Chlorhydrate de diphenhydramine simple (Benadryl®) ou combiné à la calamine (Caladryl®)

---

portes d'entrée (*tinea pedis*, dermatite, ulcère, excoriations, traumatisme) et contrôler les facteurs prédisposants (maladie vasculaire, diabète, œdème, mauvaise hygiène des pieds et des ongles).

Pour les patients immunocompétents, les antibiotiques doivent couvrir le *Staphylococcus aureus* et le streptocoque β-hémolytique du groupe A et peuvent être administrés *per os*. Par contre, si l'atteinte est grave ou survient chez un diabétique immunosupprimé, très malade, ou si elle se localise au visage ou fait suite à un ulcère de pression, il faudra traiter par voie intraveineuse et couvrir les bactéries anaérobies et Gram négatif.

La fréquence du **zona** augmente avec l'âge et les complications (algie postzostérienne et complications oculaires) aussi. Il affecte, le plus souvent, la région thoracique et se complique parfois de paralysie motrice ou d'encéphalite. Chez le patient immunocompétent, l'aciclovir est plus utile s'il est administré dans les premières 72 heures chez le patient souffrant ou présentant encore des lésions à tendance vésiculeuses (800 mg cinq fois par jour, *per os*, pendant 7 à 10 jours). Il est recommandé dans le zona ophtalmique, car il diminue les complications et peut être administré jusqu'à 7 jours après le début. L'aciclovir diminue les douleurs pendant la phase aiguë mais son effet sur les algies postzostériennes au-delà de six mois est inconnu. Chez le patient immunosupprimé, il doit être prescrit *per os* ou intraveineux, selon la gravité de la maladie et l'état du malade et, si possible, dans les premières 48-72 heures. En phase aiguë, les compresses humides (sérum salin, Aveeno®, Buro-Sol®), la calamine et le PrameGel®

Tableau 47.10	
Classification des corticostéroïdes topiques selon leur puissance	
Nom commercial	**Dénomination commune**
1A. Pommade Dermovate 0,05 %	Propionate de clobétasol
Crème Dermovate 0,05 %	Propionate de clobétasol
1B. Pommade Diprolene 0,05 %	Dipropionate de bétaméthasone
Crème Diprolene 0,05 %	Dipropionate de bétaméthasone
1C. Ultravate	Propionate d'halobétasol
II. Pommade Cyclocort 0,1 %	Amcinonide
Pommade Diprosone 0,05 %	Dipropionate de bétaméthasone
Pommade Florone 0,05 %	Diacétate de diflorasone
Crème Halog 0,1 %	Halcinonide
Crème Lidex 0,05 %	Fluocinonide
Pommade Lidex 0,05 %	Fluocinonide
Crème Topicort 0,25 %	Desoximétasone
Pommade Topicort 0,25 %	Desoximétasone
Gel Topsyn 0,05 %	Fluocinonide
III. Pommade Betnovate 0,1 %	Valérate de bétaméthasone
Pommade Celestoderme 0,1 %	Valérate de bétaméthasone
Crème Lidemol 0,05 %	Fluocinonide
Crème Diprosone 0,05 %	Dipropionate de bétaméthasone
Crème florone 0,05 %	Diacétate de diflorasone
IV. Pommade Élocom 0,1 %	Furoate de mométasone
Crème Élocom 0,1 %	Furoate de mométasone
Pommade Aristocort 0,1 %	Triamcinolone
Pommade Kenalog 0,1 %	Acétonide de triamcinolone
Pommade Drenison 0,05 %	Flurandrénolide
Crème Synalar (HP) 0,025 %	Acétonide de fluocinolone
Pommade Synalar 0,025 %	Acétonide de fluocinolone
Crème Topicort LP 0,05 %	Désoximétasone
Pommade Nerisone 0,1 %	Valérate de diflucortolone
Pommade Westcort 0,2 %	Valérate d'hydrocortisone
V. Crème Betnovate 0,1 %	Valérate de bétaméthasone
Crème Celestoderm 0,1 %	Valérate de bétaméthasone
Gel Beben 0,025 %	Benzoate de bétaméthasone
Crème Drenison 0,05 %	Flurandrénolide
Crème Aristocort 0,1 %	Triamcinolone
Crème Synalar 0,025 %	Acétonide de fluocinolone
Crème Synamol 0,025 %	Acétonide de fluocinolone
Crème régulière Nerisone 0,1 %	Valérate de diflucortolone
Crème huileuse Nerisone 0,1 %	Valérate de diflucortolone
Crème Westcort 0,2 %	Valérate d'hydrocortisone
VI. Crème Eumovate 0,05 %	Butyrate de clobétasone
Pommade Eumovate 0,05 %	Butyrate de clobétasone
Crème Tridesilon 0,05 %	Désonide
Pommade Tridesilon 0,05 %	Désonide
Crème Locacorten 0,03 %	Pivalate de fluméthasone
VII. Préparations avec hydrocortisone, dexaméthasone, fluméthasone, prednisolone, méthylprednisolone (Medrol)	

soulagent. L'analgésie doit correspondre au degré de douleur, en évitant si possible les opiacés, à cause de leurs effets secondaires. Pour la douleur chronique, les antidépresseurs, comme le chlorhydrate d'amitriptyline (Elavil®) à petites doses initiales de 10 à 25 mg au coucher, sont les plus utilisés avec la crème à la capsaïcine (Zostrix®) aux 6 heures localement. Les cas graves doivent être dirigés vers une clinique de la douleur.

PRINCIPES THÉRAPEUTIQUES

Mis à part les nouveautés en cosmétologie, en chirurgie esthétique et l'aspect préventif déjà discuté, l'approche du patient âgé doit être plus personnalisée, en fonction de sa condition générale, de ses capacités et de son environnement.

Les maladies cutanées sont souvent faussement autodiagnostiquées et souvent autotraitées de façon non appropriée. Plusieurs substances retrouvées dans les produits se vendant sans ordonnance peuvent provoquer une réaction allergique (Tableau 47.9).

L'usage des corticostéroïdes topiques devrait se limiter aux moins puissants (classe VII ou VI) pour le visage et les plis, et aux modérément puissants (classes II à V) pour les zones moins vulnérables (cuir chevelu, paumes, coudes, genoux) et les dermatoses aiguës ou récalcitrantes (Tableau 47.10). Il ne faut pas oublier que la peau des personnes âgées est déjà atrophique, que la rétention des produits topiques est probablement prolongée et que le traitement est, en général, plus long que chez un sujet plus jeune. Un stéroïde plus faible, une posologie de deux fois par jour pendant 4 à 8 semaines, suivie d'une recherche d'effets secondaires sont généralement suffisants.

BIBLIOGRAPHIE

BEAUREGARD, S.: Dermato-gériatrie: acquérir une attitude préventive. *Le Clinicien*, **6(3)**: 89-98, 1991.

BEAUREGARD, S. & B.A. GILCHREST: A survey of skin problems and skin care regimens in the Elderly. *Arch* Dermatol, **123**:1638-1643, 1987.

GILCHREST, B.A.: *Skin and Aging Processes,* CRC Press Inc., Boca-Raton, 1984.

KLIGMAN, A.M. & A.K. BALIN: *Aging and the skin,* Raven Press, New York, 1989.

LÉVÈQUE, J.-L. & P.G. AGACHE: *Aging skin, properties and functional changes,* Marcel Decker, New York, 1993.

NEWCOMER, V.D. & E.M. YOUNG: *Geriatric Dermatology,* IGAKU & SHOIN, New York & Tokyo, 1989.

CHAPITRE 48

SANTÉ BUCCO-DENTAIRE

NATHALIE BLOUIN, PAUL MASSICOTTE et JEAN-ROBERT VINCENT

La santé bucco-dentaire occupe une place privilégiée dans la vie quotidienne de tout individu, mais particulièrement de la personne âgée. La santé de l'appareil bucco-dentaire est le gage d'un sourire chaleureux, d'une meilleure apparence, d'une meilleure estime de soi, d'une meilleure élocution, d'une mastication adéquate, d'une perception gustative satisfaisante, d'une meilleure haleine et, de fait, d'une sensation de bien-être général.

Une personne âgée peut facilement s'isoler, soit à cause d'édentation, de décoloration dentaire permanente ou de prothèses inadéquates qui rendent son sourire moins esthétique. Cet isolement peut également être attribuable à la mauvaise haleine causée par un manque d'hygiène bucco-dentaire. Une prothèse inadéquate, de la xérostomie peuvent aussi contribuer à des troubles d'élocution chez la personne âgée. Une bouche en santé exerce un rôle primordial dans l'alimentation en permettant de mieux goûter la nourriture, de mieux la mastiquer et ainsi de bien préparer le bol alimentaire pour la phase de déglutition. Toute mastication douloureuse à cause de la présence de caries (couronne ou racine), de maladie parodontale ou de douleurs musculaires peut rendre l'alimentation très désagréable. En plus de rendre la mastication douloureuse, une prothèse mal ajustée, une malocclusion dentaire ou la présence de dents mobiles peuvent la rendre inefficace.

Peut-on aider les personnes affectées et diminuer leurs symptômes? Doit-on nécessairement changer la consistance de la nourriture pour pallier les symptômes? Existe-t-il des moyens simples et peu coûteux pour restaurer la santé bucco-dentaire chez ces patients?

Depuis l'étude québécoise de Simard, Brodeur, Kandelman et Lepage (1982), nous savons qu'en moyenne, les personnes âgées n'ont pas consulté de thérapeute dentaire depuis plus de 13 ans. Les dentiers sont rarement ajustés, datent de plus de 5 ans chez 75 % des patients et l'hygiène bucco-dentaire est généralement déficiente. Les personnes âgées évoquent plusieurs raisons pour ne pas consulter, entre autres l'état des finances, le manque de fierté, la négation de l'importance des problèmes bucco-dentaires par suite d'une diminution de la perception. Il existe beaucoup de discordance entre les symptômes perçus par les patients et les problèmes diagnostiqués par les thérapeutes dentaires. On peut également évoquer des mythes attachés aux soins dentaires et le manque d'accessibilité de la profession dentaire. Ces croyances et les schèmes personnels de valeurs ne permettent souvent pas au thérapeute dentaire de se classer en haut de l'échelle des valeurs des personnes âgées.

A cause de la présence concomitante de nombreuses maladies, le médecin occupe une place privilégiée dans le dépistage des affections bucco-dentaires, leur prise en charge et leur suivi. Il est important de reconnaître, au niveau de l'appareil bucco-dentaire, les changements associés au vieillissement et de noter l'impact des diverses maladies et médicaments sur la santé bucco-dentaire.

APPAREIL BUCCO-DENTAIRE

L'appareil bucco-dentaire se compose des éléments retrouvés dans le tableau 48.1 et se divise en tissus durs, tissus mous et fluides.

Tissus durs

Dent

Comme le montre la figure 48.1, la dent se divise en 2 portions, la couronne et la racine, et

Tableau 48.1		
Divisions de l'appareil bucco-dentaire		
Tissus durs	**Tissus mous**	**Fluides**
dent	muqueuse buccale	salive
os alvéolaire	langue	fluide
articulation	gencive	créviculaire
temporo-	ligament	
mandibulaire	péridentaire	
(ATM)	palais	

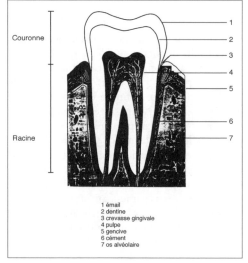

1 émail
2 dentine
3 crevasse gingivale
4 pulpe
5 gencive
6 cément
7 os alvéolaire

Figure 48.1 Anatomie de la dent

se compose d'**émail**, de **dentine**, de **pulpe** et de **cément**.

Le vieillissement de la dent se caractérise par une perte progressive de tissus et par l'attrition, ou usure graduelle de la surface dentaire. L'abrasion et l'érosion sont deux facteurs supplémentaires d'usure. Ces trois dernières entités, comme nous le verrons plus loin, reconnaissent des étiologies différentes mais ont pour conséquence d'user la dent et d'exposer graduellement les couches plus profondes qui assurent la vascularisation et l'innervation.

L'**attrition** est un phénomène de friction occasionné par la mastication et les contacts répétitifs avec les dents opposées (partie occlusale). C'est le principal mécanisme d'usure lié au vieillissement. Cette usure se situe particulièrement à la portion occlusale de la dent. Ce phénomène normal peut s'accélérer chez les patients souffrant de bruxisme (mouvements répétitifs des dents). Ceux qui consomment de la nourriture abrasive ont des dents moins dures ou un nombre restreint de dents.

L'**abrasion** fait référence à l'usure occasionnée par des causes autres que la mastication. On pense ici aux brossages dentaires intempestifs, à l'utilisation de pâte dentifrice abrasive, à l'inhalation de poussières abrasives dans les usines, etc.

L'**érosion** correspond à la perte de la surface dentaire par l'action de vapeur d'acides ingérés ou régurgités. Les lésions sont habituellement douloureuses et peuvent être causées par l'ingestion exagérée d'agrumes ou de leur jus, de boissons gazeuses, etc. Le contact avec le chlore et la régurgitation de sucs digestifs au cours de problèmes de la motilité gastro-œsophagienne peuvent également être une cause d'érosion.

Chaque portion de la dent présente ses modifications propres lors du vieillissement (Tableau 48.2). En vieillissant, la dent présente une coloration plus jaunâtre, s'affaisse graduellement, devient plus friable, se carie plus facilement, est moins sensible et se fracture davantage en cas d'extraction.

Plusieurs facteurs peuvent accentuer les phénomènes mentionnés plus haut. Beaucoup sont liés aux habitudes de vie comme la cigarette et l'alcool qui tachent l'émail, à l'ingestion abondante d'agrumes ou de leur jus qui induisent l'érosion dentaire. L'ingestion de nourriture abrasive ou l'utilisation de dentifrice abrasif accélèrent aussi parfois l'abrasion dentaire. D'autres facteurs ont trait au travail ou aux habitudes sportives (poussières, chlore). Les médicaments sont un phénomène très important chez la personne âgée en regard de la santé bucco-dentaire, car, dans plusieurs cas, ils modifient la coloration de l'émail (tétracyclines) et sont une cause de xérostomie. Celle-ci accélère l'usure dentaire, amplifie le phénomène de carie, augmente l'adhérence de la nourriture, altère la mastication, allonge le temps des repas, diminue la stabilité des prothèses et affecte la sensation de bien-être.

Os alvéolaire

On note, avec le vieillissement, une raréfaction de l'os alvéolaire. La résorption est accélérée lors de maladies parodontales ou d'édentation, et accentuée dans les premières années suivant une extraction dentaire. La résorption

Tableau 48.2 Vieillissement de la dent		
	Modifications au cours du vieillissement	**Conséquences**
Émail	↓ épaisseur ↓ perméabilité, ↑ sécheresse ↑ attrition	Couleur plus foncée ↓ hauteur des dents
Dentine	↑ épaisseur (dépôt dentine secondaire) ↑ dureté	↓ diamètre de pulpe Dents plus jaunâtres
Pulpe	↓ diamètre (dépôt dentine secondaire) ↓ vascularisation ↑ tissus fibreux	↓ sensibilité dentaire Caries moins douloureuses
Cément	↑ épaisseur	↑ fractures lors de l'extraction

excessive est la cause d'une diminution de la hauteur de la crête alvéolaire qui supporte les prothèses.

Articulation temporo-mandibulaire (ATM)

Les changements musculaires chez la personne âgée se caractérisent par une atrophie qui s'accentue à cause de l'édentation ou de la faible utilisation des dents. Cette atrophie musculaire contribue à une diminution de la force masticatoire et à l'allongement de la durée des repas.

Au niveau de l'ATM, on assiste à des changements dégénératifs qui entraînent des douleurs, des céphalées, des limitations de l'ouverture de la bouche, des bruits masticatoires et des luxations.

Tissus mous

Muqueuse buccale

On observe une atrophie graduelle de l'épithélium et une diminution de la régénération tissulaire. Les lèvres s'amincissent et le repli angulaire s'accentue. On remarque, par contre, une kératinisation des joues alors que l'ensemble de la muqueuse orale s'atrophie. Le problème d'atrophie se trouve d'emblée augmenté par la diminution naturelle du flot salivaire et, encore une fois, les nombreuses causes de xérostomie peuvent accentuer le phénomène.

Langue

Avec l'âge, on note une atrophie des papilles gustatives et l'apparition de fissures sur la langue. Celle-ci prend parfois un aspect chevelu chez les fumeurs à cause d'une hypertrophie papillaire. On sait que les changements gustatifs sont probablement dus à un manque d'hygiène bucco-dentaire, à une atrophie des papilles et à une diminution de l'olfaction.

Gencives (parodonte)

Le tissu gingival s'atrophie graduellement avec l'âge et les problèmes à ce niveau semblent plutôt associés à une déficience de l'hygiène bucco-dentaire, au port de prothèses dentaires inadéquates, à la résorption de l'os alvéolaire, à la rupture du ligament parodontal et aux maladies parodontales, à la malnutrition et, enfin, à l'utilisation de médicaments.

Fluides

Salive

La salive a un rôle essentiel dans la sensation de bien-être d'une personne âgée et dans la protection de la muqueuse buccale. Elle permet la rétention des prothèses dentaires, la mastication et le bon déroulement de la première phase digestive.

Il ne semble pas y avoir, avec l'âge, de diminution marquée de la production salivaire mais peut-être une atrophie glandulaire. Les glandes salivaires sont particulièrement sensibles aux médicaments, aux facteurs environnementaux et aux maladies. Leur inflammation ou infection occasionnelles rendent parfois l'alimentation douloureuse. La diminution de la production salivaire peut faire problème.

HYGIÈNE BUCCO-DENTAIRE

L'hygiène bucco-dentaire consiste en l'application de techniques de nettoyage pour enlever la plaque bactérienne des dents naturelles, des prothèses dentaires partielles ou complètes et des tissus mous adjacents. Elle constitue une étape essentielle d'une bonne santé bucco-dentaire.

En 24 heures, la plaque dentaire, constituée de nombreuses bactéries, s'organise et forme un **dépôt mou** qui est un mélange de ces bactéries, d'une matrice de salive et de débris alimentaires. Cette plaque bactérienne se dépose sur les surfaces dentaires, linguales et gingivales. Elle modifie l'homéostasie bactérienne buccale et est la source de multiples affections dont les caries de couronne et de racine, la surinfection mycotique, l'halitose. Elle contribue aussi à aggraver la maladie parodontale. Il est impératif de la déloger régulièrement et efficacement pour prévenir ces problèmes. Si cette étape est négligée, avec le temps, la plaque se transforme en **dépôt dur** (tartre), plus difficile à déloger.

L'enseignement de la prévention en santé dentaire est relativement récent et les personnes âgées n'ont souvent pas été informées de ces nouveaux développements. Les personnes âgées porteuses de prothèses dentaires n'ont souvent reçu que de l'information verbale de la part de leur thérapeute dentaire, lors de la mise en place de leurs prothèses. Ce phénomène engendre la fausse croyance qui veut que les problèmes buccaux cessent avec la perte des dents.

Les grandes étapes d'une hygiène bucco-dentaire adéquate sont le brossage, l'utilisation de la soie dentaire, l'entretien des muqueuses et le rince-bouche.

Brossage

Tel que résumé dans le tableau 48.3, le brossage adéquat des dents se fait selon la technique de Bass, à l'aide d'une brosse à dents à poils de nylon souples que l'on tient à un angle de 45° sur la dent. Le brossage s'effectue par des mouvements de va-et-vient et de rotation. Ceci permet un nettoyage complet des dents et du rebord gingival (à la jonction du collet de la dent et de la gencive). Préférablement, ce brossage s'effectue à l'aide d'une pâte dentifrice non abrasive et fluorée. L'efficacité du fluorure est reconnue depuis longtemps dans la prévention de la carie dentaire en ralentissant le processus de déminéralisation. Le brossage des prothèses dentaires diffère légèrement, car la morphologie de la brosse à prothèse s'adapte à la forme des prothèses et la pâte dentifrice doit être moins abrasive pour ne pas strier l'acrylique des prothèses.

Soie dentaire

La soie dentaire est essentielle pour enlever la plaque dentaire et les débris alimentaires qui se logent entre les dents ou en dessous du rebord de la gencive, endroits que la brosse à dent ne peut atteindre. L'utilisation de la soie dentaire qui devrait suivre le brossage des dents est souvent difficile à effectuer. Il existe des instruments simples et peu coûteux, comme le porte-soie, qui en rendent l'utilisation plus facile.

Entretien des muqueuses

Le massage quotidien des gencives et de la langue est un exercice peu connu mais très important pour assurer une bonne circulation sanguine. Cet exercice s'avère essentiel chez les personnes âgées porteuses de prothèses.

La langue est souvent la grande oubliée de l'hygiène, et son mauvais entretien et la persistance de la plaque linguale contribuent grandement à l'halitose et à la diminution de la perception gustative. Il existe maintenant des gratte-langues, conçus pour déloger cette plaque souvent enfouie jusqu'au fond des papilles. A défaut de gratte-langue, une petite cuiller mince peut servir à nettoyer la langue.

Rince-bouche

On recommande de rincer la bouche avec de l'eau après le brossage et d'utiliser de la soie dentaire pour éliminer la plaque et les particules de nourriture qui demeurent en suspension dans la bouche. L'utilisation de rince-bouche complète l'hygiène bucco-dentaire et aide à prévenir l'halitose. Seuls les rince-bouche contenant de la chlorhexidine auraient une activité antibactérienne reconnue, mais ils présentent quelques inconvénients: coût plus élevé, taches sur les dents et la langue, formation accrue de dépôt dur, goût amer.

La personne âgée éprouve parfois des difficultés à assurer son hygiène bucco-dentaire de façon appropriée, à cause de plusieurs facteurs: handicap physique, déficit cognitif, troubles visuels, fausses croyances qui contribuent à négliger cet aspect de la santé.

Brosses à dents adaptées

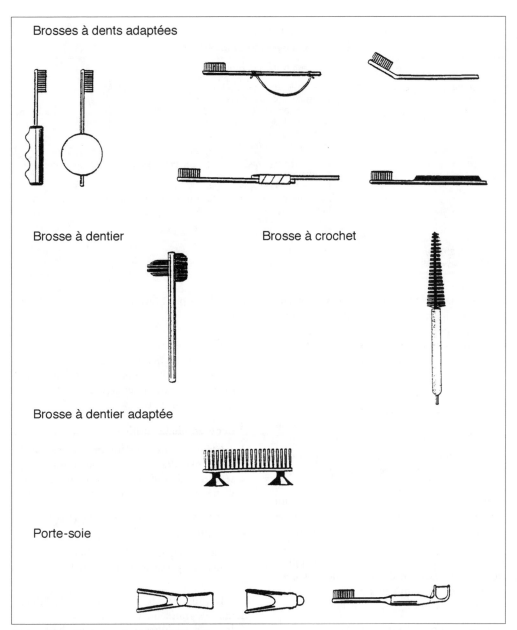

Brosse à dentier

Brosse à crochet

Brosse à dentier adaptée

Porte-soie

Figure 48.2 Quelques exemples d'adaptation

L'ergothérapeute, de concert avec le dentiste, est une ressource importante dans l'adaptation d'instruments en vue d'aider les personnes âgées ou leurs aidants à assurer une hygiène bucco-dentaire adéquate de façon autonome. Nous pensons ici, par exemple, aux modifications de la brosse à dents: augmentation du diamètre du manche par l'utilisation d'une poignée de bicyclette, succion pour stabiliser une brosse à dentier ou utilisation d'une brosse à ongles pour permettre aux personnes hémiplégiques ou handicapées d'effectuer seules le brossage de leurs prothèses dentaires (Fig. 48.2).

Dans chaque cas, la personne âgée devrait être évaluée selon sa capacité à assurer son hygiène bucco-dentaire. Toutes les adaptations pouvant augmenter son autonomie doivent être envisagées.

Tableau 48.3 Étapes de l'hygiène bucco-dentaire	
	Hygiène bucco-dentaire
Personnes âgées avec dents naturelles	– Technique de Bass modifiée (voir texte) sur toutes les surfaces dentaires après chaque repas – Soie dentaire (avec ou sans porte-soie) – Grattage de la langue – Massage gingival – Rinçage de la bouche
Personnes âgées avec prothèses totales	– Brosser après chaque repas avec brosse à dentier et pâte à dentier – Gratter la langue – Retirer les prothèses la nuit Faire tremper les prothèses la nuit (eau tiède ou pastille effervescente dans l'eau) – Rincer la bouche – Rincer la prothèse avant sa réinsertion
Personnes âgées avec prothèses partielles	– Utilisation des 2 techniques ci-dessus – Utilisation d'une brosse à crochet conique

L'enseignement de l'hygiène bucco-dentaire est essentiel tant pour la personne âgée autonome que pour l'aidant naturel ou le soignant qui apporte une supervision ou de l'aide à la personne âgée non autonome ou semi-autonome.

Une visite annuelle chez le dentiste pourrait faciliter cet enseignement aux personnes vivant à domicile ou en pension. Pour les personnes âgées vivant en centre d'hébergement, la présence du dentiste au sein de l'équipe multidisciplinaire permet de mettre sur pied un programme quotidien personnalisé d'hygiène bucco-dentaire, basé sur les capacités du résidant, l'évaluation de son état buccal, les contraintes de temps et de personnel et l'importance du problème. Un examen périodique par le dentiste permet de déceler les problèmes d'application d'un programme d'hygiène bucco-dentaire et d'y remédier avant l'apparition de complications pathologiques.

PROBLÈMES PARTICULIERS

Patient non coopératif

Peu importe la cause de ce problème de comportement, le patient non coopératif présente un défi pour l'application de l'hygiène bucco-dentaire. Certaines adaptations (p. ex. abaisse-langue entourés de sparadrap) peuvent permettre de maintenir la bouche ouverte lorsque les soins d'hygiène doivent être effectués. Dans de rares cas bien précis, on peut recourir à des sédatifs pour faciliter l'hygiène bucco-dentaire.

Dysphagie

Pour les patients dysphagiques, il est recommandé d'utiliser une brosse à dents à succion et on évite d'utiliser la pâte dentifrice pour en prévenir l'aspiration.

Patients en phase terminale

L'hygiène bucco-dentaire est essentielle pour ces malades et elle vise une diminution de la sensation de soif et un sentiment de mieux-être en réduisant l'assèchement des muqueuses.

PROBLÈMES BUCCO-DENTAIRES SPÉCIFIQUES

Les principaux problèmes bucco-dentaires retrouvés en gériatrie sont présentés au tableau 48.4.

Depuis 30 ans, la prévalence de la **carie dentaire** a grandement diminué chez les enfants et les jeunes adultes, grâce aux méthodes préventives d'hygiène bucco-dentaire et à l'utilisation du fluor. Cette évolution récente permettra de voir, dans un avenir rapproché, une proportion accrue de personnes âgées ayant des dents saines et donc susceptibles de présenter des caries.

La carie dentaire peut s'attaquer à la couronne de la dent (carie coronaire) ou à sa racine (carie radiculaire). La carie de racine se retrouve, le plus souvent, chez la personne âgée. La carie

Tableau 48.4 Problèmes bucco-dentaires		
Tissus durs	**Tissus mous**	**Fluides**
Caries de racine	Lésions buccales blanchâtres	Xérostomie
Dent mobile	• lichen plan	Néoplasie des glandes salivaires
Fracture dentaire	• leucoplasie	Syndrome de Sjögren
Dysfonction de l'articulation temporo-mandibulaire (ATM)	• néoplasie • moniliase	
Néoplasie osseuse	Ulcère aphteux	
	Blessure gingivale	
	Hyperplasie fibreuse	
	Maladie parodontale	
	Chéilite angulaire	
	Langue géographique	
	Langue atrophique	
	Macroglossie	
	Langue chevelue et noire	

coronaire est plus rare, car, apparue plus tôt, elle a souvent déjà été réparée. La carie de racine se développe à la suite d'une résorption osseuse et gingivale, de la rupture du ligament péridentaire qui contribuent à l'exposition du cément et à la formation de poches parodontales dans lesquelles s'accumulent la plaque bactérienne et les débris alimentaires. A cause de la diminution du diamètre pulpaire, les dents cariées sont, en général, moins douloureuses et la personne âgée rapporte peu de symptômes. Un examen dentaire minutieux s'avère essentiel pour les détecter et, le cas échéant, pour dépister les personnes âgées susceptibles d'en présenter. Mentionnons quelques facteurs pouvant favoriser le développement de caries de racine: la xérostomie, le manque d'hygiène bucco-dentaire et la maladie parodontale.

Le phénomène des **dents mobiles** est souvent le résultat d'une résorption osseuse accrue ou accélérée. Il ne devrait jamais être minimisé, car il peut être l'indice d'une néoplasie osseuse sous-jacente.

La **fracture dentaire** est un phénomène peu fréquent mais très problématique. La principale cause en est la calcification du cément avec l'os alvéolaire qui rend toute extraction dentaire chez la personne âgée techniquement difficile.

La **dysfonction de l'ATM** est un problème fréquent, caractérisé par des craquements ou des crépitements, des céphalées ou, dans les cas extrêmes, des pertes d'équilibre. Cette dysfonction peut être diagnostiquée par la palpation ou au stéthoscope. Elle se retrouve, en grande majorité, chez les personnes âgées édentées portant des prothèses dentaires inadéquates. Elle est associée à la diminution de la hauteur d'occlusion (dimension verticale entre le nez et le menton) qui provoque une usure exagérée de l'ATM. On peut remédier à ce problème en confectionnant des prothèses dentaires adéquates.

Les **lésions buccales blanchâtres** sont nombreuses et importantes à dépister. Certaines sont faciles à traiter (moniliase) tandis que d'autres peuvent être précurseurs de lésions néoplasiques.

L'**hyperplasie fibreuse par prothèse** se produit lorsque le rebord de la prothèse dentaire s'appuie sur les tissus muqueux du vestibule de la bouche, à la suite d'une résorption osseuse alvéolaire importante. Les ulcérations et leur cicatrisation secondaire favorisent la formation d'un tissu mou hyperplasique qui, d'abord localisé, a tendance à régresser si l'irritation disparaît. Si cette dernière persiste, ce tissu peut s'étendre et donner lieu à des déformations muqueuses assez importantes pouvant limiter le port des prothèses dentaires. L'ajustement des prothèses dentaires et une hygiène buccale rigoureuse peuvent quelquefois contrôler la situation. Dans les cas plus graves, une chirurgie buccale s'avère nécessaire pour supprimer ce tissu.

La **maladie parodontale** englobe la gingivite et la maladie péridentaire. Les gencives sont souvent hyperhémiées, sensibles au brossage et ont tendance à saigner spontanément lors du nettoyage. La maladie parodontale favorise l'accumulation de la plaque dentaire et la formation de caries de racine. Une hygiène buccodentaire minutieuse peut limiter les infections.

La **chéilite angulaire** est commune chez les personnes âgées porteuses de prothèses. Cette condition se localise aux coins des lèvres (repli angulaire) qui deviennent asséchés et fissurés. Elle est due à des prothèses dentaires mal ajustées ou à une macération de la salive. Cette rétention de salive est souvent infectée par le candida.

Les **cancers buccaux**, dont l'incidence ne dépasse pas 5 %, sont des affections agressives dont le taux de mortalité à 5 ans approche 50 %. Leurs localisations les plus fréquentes sont, par ordre décroissant, la langue, la lèvre, le plancher de la bouche, le palais, les joues et les glandes salivaires. Il existe une relation de cause à effet entre l'exposition directe au soleil et l'apparition du cancer de la lèvre de même qu'entre l'usage du tabac à chiquer et le cancer de la langue. La consommation d'alcool et l'inhalation du tabac sont reconnues comme facteurs de risque dans le développement des cancers buccaux. Le type de cancer le plus fréquent est le carcinome squameux. Sa présentation clinique est diverse: lésion blanchâtre, irritation localisée, érosion, induration, etc. L'examen buccal annuel demeure essentiel dans le dépistage précoce de ces maladies et leur prise en charge.

La **xérostomie** (sensation de bouche sèche) est un phénomène important, dont les causes sont multiples (Tableau 48.5). Elle peut être temporaire ou permanente. La salive est un fluide important pour le maintien de l'homéostasie buccale par son effet lubrifiant et son action bactériostatique. La muqueuse buccale devient plus fragile et ainsi des fissures et des ulcères peuvent apparaître. Les blessures gingivales dues au port de prothèses dentaires augmentent et le scellement des prothèses peut en être affecté, entraînant la perte de la prothèse au cours de la mastication ou de la conversation. La xérostomie favorise l'apparition de caries dentaires et aggrave la maladie parodontale par une adhérence accrue de la plaque dentaire.

La xérostomie peut être associée à la prise de médicaments. Les classes de médicaments pouvant causer la xérostomie sont nombreuses (Tableau 48.6).

En présence d'une xérostomie, une analyse des médicaments s'impose. On peut également utiliser de la salive artificielle ou des stimulateurs locaux de la production salivaire: gomme à mâcher sans sucre, bonbons surs, etc.

Tableau 48.5
Causes de xérostomie

Facteurs buccaux locaux	respiration buccale utilisation de tabac
Atteinte des glandes salivaires	aplasie obstruction infection irradiation syndrome de Sjögren néoplasie
Atteinte métabolique	diabète déshydratation insuffisance cardiaque
Atteinte du système nerveux autonome	anxiété tumeurs neurologiques médication

---

Tableau 48.6
Médicaments causant la xérostomie

Anxiolytiques

Antipsychotiques

Amphétamines

Anticholinergiques

Antiparkinsoniens

Anticonvulsivants

Antihistaminiques

Antidépresseurs (tricycliques surtout)

Décongestionnants

Diurétiques

Hypotenseurs (bloqueurs ganglionnaires)

Narcotiques (relaxants musculaires)

Sympathicomimétiques

PROBLÈMES ASSOCIÉS À L'UTILISATION DES PROTHÈSES DENTAIRES

Entretien

Peu d'informations écrites sont fournies à une personne porteuse de prothèses dentaires lors de l'installation de celles-ci. L'entretien des prothèses et des tissus mous sous-jacents est un facteur primordial à la sensation de bien-être et à la diminution des complications dues au port prolongé de prothèses.

Certains points doivent être rappelés à propos de l'entretien des prothèses dentaires :

- l'eau trop chaude risque de déformer les prothèses dentaires ;

- l'eau javellisée brûle, blanchit et rend mat l'acrylique des prothèses dentaires ;

- la pâte à dentier et la brosse à prothèse dentaire doivent être utilisées quotidiennement – ne jamais employer des nettoyeurs abrasifs qui pourraient égratigner les surfaces d'acrylique ;

- on doit nettoyer les prothèses dentaires plusieurs fois par jour, préférablement après chaque repas, avec une brosse à dentier de dureté moyenne et une pâte à dentier non abrasive, préférablement au-dessus d'un lavabo rempli d'eau, afin d'éviter qu'elles ne se brisent si on les échappe ;

- certains médicaments, la cigarette et le café, entre autres choses, peuvent tacher les prothèses dentaires ;

- le brossage de la prothèse dentaire, à l'aide d'une brosse à dentier et d'une pâte à dentier non abrasive précède le trempage ;

- il n'est pas obligatoire de laisser tremper sa prothèse dentaire avec une pastille effervescente – l'eau suffit ; dans tous les cas, il est nécessaire de brosser à nouveau la prothèse avant de la reporter, pour enlever les débris alimentaires ramollis, ou de rincer la solution nettoyante ;

- il est également recommandé de retirer sa prothèse dentaire pour la nuit dans le but d'oxygéner les gencives et le palais ;

- pour enlever le tartre dur d'une prothèse dentaire, il suffit de mélanger moitié/moitié, eau et vinaigre blanc ou d'utiliser un appareil à ultrasons ; dans les deux cas, il faut toujours bien brosser la prothèse après avoir fait ramollir le tartre pour l'enlever de la prothèse dentaire avant de remettre celle-ci en bouche ;

- ne jamais laisser les prothèses à l'air libre pour éviter qu'elles ne dessèchent.

Tissus mous sous-jacents

Il faut masser tous les jours les tissus mous sous-jacents à la prothèse dentaire et la langue avec les doigts ou une gaze enroulée autour du doigt, afin d'assurer une bonne circulation sanguine.

Pour des gencives rendues douloureuses par le port de dentiers, il faut rincer la bouche à l'eau salée tiède (une demie cuillerée à thé de sel dans un demi-verre d'eau tiède) plusieurs fois par jour.

Identification

Dans les centres d'hébergement qui regroupent des personnes âgées en perte d'autonomie et dont la plupart sont édentées (> 80 %), les prothèses dentaires sont souvent égarées. Chaque prothèse dentaire doit être identifiée de façon permanente et simple.

Ajustements et réparation

Au bout de quelques années, le tissu osseux peut avoir tendance à se résorber, car il n'est plus stimulé par la présence des dents et du ligament péridentaire. La prothèse dentaire peut alors perdre sa stabilité. Ce problème se rencontre fréquemment au maxillaire inférieur. Le dentiste peut alors effectuer un rebasage de la prothèse dentaire, c'est-à-dire rajouter de la résine dans les zones où le tissu osseux est résorbé. Il est également possible de réparer une prothèse dentaire qui s'est fracturée ou de remplacer une ou plusieurs dents si elles sont usées.

Durée d'une prothèse dentaire

Une prothèse dentaire surveillée régulièrement et entretenue très soigneusement peut rendre un service durable, mais après cinq ou six ans, la résine a vieilli et les dents se sont usées.

Si on doit dépendre des adhésifs, des coussins ou autres produits de rétention, c'est le meilleur signe qu'il est temps de faire réparer ou ajuster ses prothèses dentaires, ou d'en avoir de nouvelles. Les adhésifs en poudre ou en gel sont tolérables sur une base temporaire, mais les autres adhésifs plus permanents, comme les coussins, sont à éviter à long terme.

Il est donc normalement recommandé de refaire les prothèses dentaires tous les cinq à dix ans pour les raisons citées plus haut et à cause de la résorption progressive de la gencive et des tissus osseux.

Problèmes alimentaires

Des prothèses dentaires inadéquates causent des retards de digestion et une mastication incomplète. Non seulement les personnes qui portent des prothèses dentaires inadéquates ne mastiquent pas bien leurs aliments, mais elles ne mangent pas de tout et ne goûtent pas à tous les aliments, ce qui a pour effet de restreindre la variété des aliments consommés.

Problèmes buccaux associés aux prothèses

Les prothèses mal ajustées sont souvent à l'origine de nombreux problèmes mentionnés précédemment: dysfonction de l'ATM, chéilite angulaire, hyperplasie fibreuse par prothèse (Tableau 48.7).

La **stomatite prothétique** est une affection fréquente qui se localise principalement au palais et se caractérise par une inflammation de la muqueuse directement en contact avec la prothèse. De nombreuses hypothèses ont été avancées pour expliquer ce phénomène. La stomatite prothétique se retrouve plus souvent chez les personnes ayant des prothèses mal ajustées, un manque d'hygiène bucco-dentaire et portant leurs prothèses pendant des périodes prolongées. Ce phénomène peut s'accentuer en présence de candida.

L'**hyperplasie papillaire** peut se retrouver chez les personnes porteuses de prothèses dentaires et, quelquefois, chez les personnes avec dents naturelles ayant un palais très arqué. Elle prend la forme de nombreuses petites projections hyperhémiées de tissu conjonctif du palais. La pression négative (succion) exercée par la prothèse ou la langue serait possiblement un facteur étiologique. Un examen des prothèses dentaires et leur ajustement, de même que la révision de l'hygiène bucco-dentaire sont des étapes importantes de la prise en charge. Une consultation en chirurgie buccale peut s'avérer nécessaire pour remédier à cette situation.

CONCLUSION

Les méthodes préventives et thérapeutiques, mises de l'avant par la médecine dentaire depuis les années 1950 (fluor, hygiène, etc.), ont contribué à la diminution de la carie dentaire. Dans les prochaines décennies, nous aurons à traiter des sujets âgés ayant une dentition plus saine. La présence d'un thérapeute dentaire au sein de l'équipe multidisciplinaire s'avérera essentielle pour leur assurer des soins préventifs et curatifs de qualité.

BIBLIOGRAPHIE

BATES, J.-F., ADAMS, D. & G.D. STAFFORD: *Odontologie gériatrique*, Masson, Paris, 1991.

BECK, J. & C. WATKINS: Epidemiology of Non Dental Oral Disease in the Elderley. *Clinics in Geriatric Medicine*, **8**(3):461-483, 1992.

BREX, M. & Coll.: Efficacy of Listerine, Meridol and Chlorhexidien Mouthrinses on Plaque, Gingivitis and Plaque Bacteria Vitality. *Clin. Perodontal.*, **17**:292-297, 1990.

BURT, B.: Epidemiology of Dental Diseases in the Elderly. *Clinics in Geriatric Medicine*, **8**(3):461-483, 1992.

ELLEN, R.: Considerations for Physicians Caring for Older Adults with Peridontal Disease, *Clinics*, **8**(3):599-617, 1992.

FOREST, DUQUETTE, MICHAUD: *Médecine buccale: méthodologie du diagnostic*, Éd. Préfontaine, 1983.

KRONDL, Magdalena: *S'accomoder des pertes sensorielles: le goût et l'odorat*, Conseil consultatif national sur le troisième âge, mars 1990.

MARSH, P.D.: The Significance of Maintaining the Stability of the Natural Microflora of the Mouth. *Br Dent J*, **September**:174-177, 1991.

MEZL, Z.: Abrégé de pathologie dentaire, Masson, Paris, 1980.

Tableau 48.7
Problèmes buccaux associés au port de prothèses dentaires

- Diminution de perception gustative
- Chéilite angulaire
- Résorption osseuse
- Blessure gingivale
- Hyperplasie fibreuse
- Stomatite prothétique
- Hyperplasie papillaire
- Troubles de mastication
- Mauvaise identification

MILLER, M. & T. TRUKE: Fluoride: An update for the year 2000. *Dentistry Today*, **October**, 1994.

SILVERMAN, S. Jr: Pre Cancerous Lesions and Oral Cancer in the Elderly. *Clinics*, **8(3)**, 529-543, 1992.

SIMARD, P.L. & Coll.: Conclusion de l'étude sur la santé bucco-dentaire des Québécois de 65 ans et plus. *Journal Dentaire du Québec*, **mars**:7-9, 1982.

SIMARD, P.L. & Coll.: Comportements et états reliés au port de prothèses chez des Québécois édentés âgés de 60 ans et plus. *Journal Dentaire du Québec*, **27**:17-22, 1990.

SIMARD, F.& R.G. LANDRY: Les rince-bouche comme adjuvants antibactériens dans le traitement parodontal. **60(10)**:906-910, 1994.

STEPHEN, K.W.: Fluoride Toothpastes, Rinses and Tablets. *Adv. Dent. Res.*, **8(2)**:185-189, 1994.

TRYON, A.F.: Oral Health and Aging and Interdisciplinary Approach to Geriatric Dentistry, 1986.

WINKLER, S.: Symposium on complete dentures. *Dental clinics of North America*, **21**(2):409-423, W.B. Saunders, Philadelphia, 1977.

LECTURES SUGGÉRÉES

BAUM, B.J.: Oral and Dental Problems in the Elderly. *Clinics in Geriatric Medicine*, **8(3)**, W.B. Saunders, Philadelphia, 1992.

SIMARD, P.L.: Conclusion de l'étude sur la santé bucco-dentaire des Québécois de 65 ans et plus. *Journal dentaire du Canada*, **novembre**, 1982.

CHAPITRE 49

ASPECTS JURIDIQUES

Suzanne Philips-Nootens

Recherche auprès des personnes âgées

Distinction entre expérimentation et soins innovateurs

Exigences particulières du consentement éclairé

Personne âgée apte à décider: consentement écrit

Personne âgée inapte: décision prise par autrui

Absence de risque sérieux

Absence d'opposition du majeur

Approbation du projet de recherche

Conclusion

Bibliographie

Lectures suggérées

Le respect des droits garantis à tout être humain dans notre société doit se manifester avec une déférence particulière à l'égard des personnes âgées. Deux écueils, notamment, sont à éviter. Le premier serait la méconnaissance de leur vulnérabilité, car beaucoup d'entre elles sont craintives et ressentent une grande anxiété face aux événements qui perturbent leur quotidien. A l'autre extrême, un paternalisme excessif tendrait à les considérer comme inaptes à prendre des décisions en raison de leur âge. En réalité, le groupe des aînés est aussi hétérogène que le reste de la société, et si certaines tendances lui sont propres, l'approche doit cependant toujours être *individuelle*. Il faut éviter toute *discrimination fondée sur l'âge*. *La personne âgée jouit, comme tout majeur, du plein exercice de ses droits* et elle peut donc poser tout acte et prendre toute décision la concernant, ou concernant ses biens, *à moins qu'un régime de protection n'ait été ouvert à son égard par le tribunal.*

Le nouveau *Code civil du Québec*, entré en vigueur le 1er janvier 1994, consacre un chapitre spécifique à l'intégrité de la personne. Réitérant le principe de l'inviolabilité déjà inclus dans la *Charte des droits et libertés de la personne* et dans le Code antérieur, il est beaucoup plus explicite en matière de consentement aux soins, précisant entre autres choses les critères du consentement donné pour autrui. Il ouvre la porte à l'expérimentation chez les majeurs inaptes, traite de l'examen psychiatrique et de la garde en établissement. Le recours au tribunal s'impose dans de nombreuses situations. Le présent texte aborde ces différents aspects. L'accent est mis sur le droit québécois, mais diverses évocations du droit français s'y retrouvent également.

NOTION DE CONSENTEMENT VALIDE EN MATIÈRE MÉDICALE

L'inviolabilité de la personne humaine et le respect de son autonomie fondent l'obligation d'obtenir son consentement pour lui administrer des soins et traitements médicaux ou chirurgicaux, ou des mesures préventives, ou encore pour pratiquer des prélèvements, expérimentations, transplantations... L'argument du bien recherché n'est pas, en soi, une justification à une intervention non consentie ou refusée, et celle-ci est susceptible d'entraîner des recours en responsabilité civile, voire des sanctions pénales.

Pour être *valide*, rencontrer les exigences de la loi et de la déontologie médicale, le consentement à un acte médical, thérapeutique ou non, doit remplir trois conditions fondamentales: être *libre*, être *éclairé* et être *donné par une personne apte* à prendre une décision. Cette notion est très importante pour le médecin, non seulement pour la qualité de sa relation avec son patient, mais aussi sur le plan légal: celui qui donne un consentement ayant les qualités requises assume les risques inhérents à l'acte médical ainsi accepté (mais non les conséquences d'une faute du médecin), tandis que s'il n'y a pas consentement valide, c'est le médecin qui endosse les risques, sauf dans les situations d'urgence.

Consentement libre

Le **consentement libre** implique qu'aucune contrainte ne pèse sur le malade, ou qu'un acquiescement ne lui est pas soutiré dans un état de semi-conscience. Les personnes âgées en institution sont particulièrement vulnérables à cet égard: crainte de ne plus recevoir de soins appropriés, ou plus de soins du tout, si on refuse des modalités d'intervention, insistance plus ou moins subtile du médecin ou du personnel soignant, intervention de la famille... La frontière est parfois bien ténue entre le conseil ou la persuasion amicale et le sentiment de coercition.

Consentement éclairé

Le **consentement éclairé** suppose que la personne a au préalable été correctement **informée** des enjeux de la décision à prendre et de ses implications dans les circonstances. Les explications doivent porter sur la nature de l'intervention ou du traitement projeté, les risques prévisibles, les choix possibles, et il faut tenir compte des circonstances propres à chaque individu. Les termes doivent être à la portée du malade, on doit s'assurer de sa compréhension et répondre à ses questions. Plus qu'avec tout autre, le médecin doit faire preuve de tact et de patience avec la personne âgée, franchir les barrières physiques ou mentales qui peuvent exister, choisir le moment propice à la conversation. Le recours au *privilège thérapeutique* est une mesure d'exception: cette notion permet de ne pas révéler des informations susceptibles de nuire (anxiété accrue par exemple), alors qu'on se trouve dans une situation d'urgence. Seul l'intérêt du patient doit dicter cette conduite, et non la convenance du médecin ou encore le fait qu'une information adéquate pourrait entraîner le refus de l'intervention proposée.

Consentement par une personne apte à décider

Le **consentement** doit être donné **par une personne apte à décider**. L'adulte bien portant a trop tendance à assimiler âge et inaptitude, âge et incapacité, confusion qui ne se justifie aucunement, ni sur le plan légal, ni sur le plan éthique. Il faut bien distinguer ici la situation légale de la personne et son état physique ou mental réel, au moment où la décision doit être prise. La **capacité légale** permet d'exercer soi-même, en pleine liberté, les droits civils que le législateur attribue à tout être humain, dont le droit à l'autonomie. Contrairement au mineur, le majeur est pleinement capable aux yeux de la loi: il n'y a pas de limite d'âge à cet égard, pas de «retraite» légale. L'*incapacité légale* ne peut résulter que d'un jugement du tribunal ouvrant à son égard un régime de protection ou homologuant un mandat donné en prévision de l'inaptitude. L'**aptitude**, comme le mot compétence utilisé par ailleurs, désigne, quant à elle, la possibilité effective d'exprimer sa volonté en comprenant la portée de ce que l'on fait. Elle implique également un minimum de capacité physique pour communiquer à l'entourage cette volonté. Tout majeur est également présumé apte: celui qui invoque l'*inaptitude* de son interlocuteur devra donc être à même de la prouver.

Évaluation de l'aptitude à consentir: approche des tribunaux

Le législateur ne précise pas les critères selon lesquels il faut évaluer l'aptitude à consentir. La doctrine et les tribunaux québécois retiennent essentiellement les éléments suivants.

- La personne comprend-elle qu'elle est malade et réalise-t-elle la nature de la maladie pour laquelle on lui propose un traitement? Ou encore, sa capacité de comprendre est-elle affectée par sa maladie?

- La personne comprend-elle la nature et le but du traitement à partir des informations qui lui sont fournies?

- La personne comprend-elle les avantages et les risques du traitement proposé?

- La personne comprend-elle les risques et les conséquences de ne pas subir le traitement?

- La personne est-elle capable de communiquer sa décision?

- Le processus menant à la décision est-il perçu comme rationnel par l'évaluateur?

Les cas d'inaptitude mentale flagrante ou de maladie mentale connue ne posent pas de problème. Pour les personnes qui sont sous le coup d'un jugement de protection, l'inaptitude générale a déjà été évaluée, puisque cette preuve est nécessaire pour obtenir un tel jugement. Nous verrons, par ailleurs, que cette situation ne dispense pas pour autant d'associer le malade au processus de décision. Mais l'on peut se trouver en face de personnes dont l'aptitude à consentir est douteuse et qui ne bénéficient d'aucune mesure de protection légale. Dans ces cas, il appartient au médecin de procéder ou de faire procéder à une évaluation avant toute autre démarche, à moins, bien sûr, qu'il n'y ait urgence. L'évaluation psychiatrique est le processus normal. Le médecin traitant doit prendre garde d'être tenté, en toute bonne foi, de décréter inapte un malade, pour le seul motif qu'un refus de traitement lui semble déraisonnable. Par ailleurs, la déclaration d'inaptitude déclenche souvent, chez la personne encore à même d'en prendre conscience, des réactions de type agressif ou paranoïde et, dans ces circonstances, il peut devenir très difficile, pour le médecin qui a établi le certificat, de continuer à entretenir avec elle des relations thérapeutiques.

RÉGIMES DE PROTECTION DU MAJEUR INAPTE

Motifs de protection

Les **motifs** donnant lieu à l'ouverture d'un régime de protection sont analogues en droit québécois et en droit français: il s'agit d'une altération des facultés mentales ou physiques rendant la personne inapte à exprimer une volonté lucide, à la suite d'une maladie, d'une infirmité ou d'un *affaiblissement lié à l'âge*. Une autre cause serait la présence d'une prodigalité maladive, poussant l'individu à disperser ses biens sans raison valable, au détriment du conjoint ou de ses enfants mineurs. Mais, en dehors de cette dernière hypothèse, il faut toujours garder bien présent à l'esprit l'objectif des régimes de protection. Seul l'intérêt du majeur doit guider toutes les démarches: protection de sa personne, exercice de ses droits civils, administration de son patrimoine s'il y a lieu. Un juge a déjà déclaré avec raison qu'il ne faut pas confondre avec l'ouverture d'une succession! Les biens que le majeur possède doivent servir avant tout à assurer son bien-être, et le médecin, les infirmières ou l'intervenant social ont leur mot à dire s'ils constatent des conflits d'intérêt au sein de la famille.

Régimes de protection au Québec et en France

Les **régimes de protection** sont nuancés et permettent à présent une véritable adaptation selon le degré d'inaptitude de la personne, à la suite des réformes effectuées en France en 1968, et en 1989 au Québec. Le nouveau *Code civil du Québec*, entré en vigueur le premier janvier 1994, consacre dans ce domaine la réforme de 1989.

Assistance: conseiller au majeur ou curateur

Une personne considérée comme *généralement apte* peut seulement avoir besoin d'une **assistance** dans l'*administration de ses biens*: le juge québécois la dote alors d'un **conseiller au majeur,** et le juge français d'un **curateur**. Le jugement précise les actes pour lesquels le majeur pourra agir seul ou ceux, plus risqués pour son patrimoine, pour lesquels il aura besoin de la participation de son assistant. Une telle mesure est moins frustrante que les autres pour la personne âgée, puisqu'elle participe au premier chef à toutes les décisions. Il y aurait sans doute lieu de la considérer et de la recommander plus souvent. Mais cette forme de protection *ne concerne que les biens*, et l'assistant ne peut prendre *aucune décision concernant la personne même du majeur*. Le consentement de ce dernier est donc requis pour les actes médicaux, et il donne lui-même les autorisations ou refus de traitement.

Représentation: tutelle et curatelle

Lorsque le degré d'inaptitude est plus prononcé, le majeur aura besoin d'un **représentant**. Le représentant, en vertu des pouvoirs que la loi lui confère, *agit pour et au nom de l'incapable*. **Au Québec,** on nomme au majeur frappé d'une *inaptitude totale et permanente* un **curateur,** qui s'occupe de sa personne et de ses biens et le représente dans les actes de la vie civile. Si, par contre, l'inaptitude est *partielle*, ou encore totale mais prévue comme *temporaire*, on lui nomme un **tuteur** qui peut être soit à la personne et aux biens, soit à la personne, soit aux biens seulement, suivant les besoins. L'intérêt de la tutelle est qu'elle peut être réellement adaptée «sur mesure», car le juge peut indiquer les actes que la personne protégée peut néanmoins faire elle-même ou avec la simple participation de son tuteur (il pourrait, par exemple, décider que le tuteur administre le patrimoine, les propriétés, mais que le majeur peut gérer comme il l'entend le montant de sa pension mensuelle). En matière de *soins médicaux*, il faut que le représentant ait *pouvoir sur la personne* (ou sur la personne et les biens) pour être habilité à consentir à la place de celle-ci.

Les procédures peuvent être entreprises par un proche du malade: conjoint, parent ou allié, personne démontrant pour le majeur un intérêt particulier (ami), ou encore mandataire désigné par le majeur (voir plus loin). Mais souvent, les familles répugnent à faire constater judiciairement l'inaptitude d'un de leurs membres. Ou elles n'en voient pas la nécessité, s'étant accommodées d'une administration *de facto* des biens de la personne âgée. Ou tout simplement, il y a absence de famille. Le législateur québécois a donc apporté une attention particulière à **la**

personne en institution, ou même **qui reçoit simplement des soins d'un établissement** de santé ou de services sociaux (en clinique externe ou centre de jour par exemple), afin d'éviter qu'elle reste sans protection. S'il estime que cette personne a besoin d'être assistée ou représentée pour prendre soin d'elle-même, gérer ses affaires ou exercer ses droits, le directeur de l'établissement, avisé, bien sûr, par un médecin ou autre membre du personnel, *doit* agir : à partir des évaluations médicale et psychosociale, il établit un rapport en ce sens qu'il transmet au curateur public. Ce rapport est également transmis au majeur lui-même et à ses proches, le cas échéant. Sur réception de ce document, **le curateur public** fait sa propre évaluation de la situation, et si les proches ne bougent toujours pas, il peut alors lui-même prendre l'initiative de demander au tribunal l'ouverture d'un régime de protection. Contrairement au droit antérieur, il n'est plus possible de mettre un majeur sous protection simplement en envoyant au curateur public un certificat d'incapacité à la suite d'un examen clinique psychiatrique.

Lorsque le tribunal prononce l'ouverture d'un régime de protection, il nomme en même temps le tuteur ou le curateur (ou le conseiller). S'il n'est pas possible de trouver un tuteur ou curateur privé qui remplisse les conditions requises, en particulier un intérêt pour la personne protégée, la charge est alors confiée au **curateur public**. Celui-ci, tout en restant le responsable en titre, peut déléguer la garde du majeur protégé et la charge de consentir aux soins de santé à une personne qu'il désigne. Si le majeur est en institution, ce délégué ne peut être un employé de l'établissement, à moins d'être lui-même un proche du majeur, ceci afin d'éviter les conflits d'intérêt.

Le *Code civil du Québec* prévoit toutes les obligations du tuteur ou curateur, tant en matière d'administration des biens qu'à l'égard de la personne du majeur inapte, qui doit être traité avec le plus d'égards possible. Son représentant légal doit notamment assurer son bien-être moral et matériel, en tenant compte de ses moyens évidemment, maintenir une relation personnelle avec lui, obtenir son avis, chaque fois que cela est possible, et le tenir informé des décisions prises à son sujet. L'accent est mis également sur le respect de son environnement : conservation de ses meubles dans la mesure du

possible, et en tous cas, même en institution, de ses souvenirs personnels.

Des révisions périodiques obligatoires du régime de protection (3 ans pour la tutelle et 5 ans pour la curatelle) sont prévues, afin d'éviter que les personnes restent frappées d'incapacité légale pour la seule commodité d'autrui, ou à cause de négligence. Cependant, la révision peut avoir lieu en tout temps, à l'initiative du représentant ou du directeur de l'établissement, si l'on constate un changement appréciable dans la situation du majeur. Elle peut amener la modification du régime (par exemple le passage d'une tutelle partielle à une tutelle complète, ou vice-versa), ou la fin du régime (mainlevée) si la personne recouvre suffisamment ses moyens.

En **droit français**, le seul régime de représentation est la **tutelle**, destinée à une personne atteinte d'une altération grave et habituelle de ses facultés mentales. Le certificat du psychiatre est indispensable. Le juge peut cependant autoriser la personne sous tutelle à faire elle-même certains actes, seule ou avec l'assistance de son tuteur, si elle bénéficie d'intervalles lucides. Il peut aussi confier simplement aux proches **l'administration légale** des biens, voire désigner comme **gérant de tutelle** un membre du personnel de l'établissement de traitement ou un autre administrateur, quand le patrimoine est peu important. La **sauvegarde de justice** est une protection temporaire, palliant un trouble passager ou limité des facultés, ou encore édictée en attendant l'ouverture d'une tutelle ou d'une curatelle. Ce processus résulte de l'initiative du médecin traitant qui constate qu'une personne, notamment celle hospitalisée sans son consentement pour des troubles mentaux, a besoin de protection et la déclare au procureur de la République. Le juge des tutelles, qui constate ce besoin au cours des procédures, peut également agir. La personne conserve néanmoins, pendant ce temps, l'exercice de ses droits, mais peut attaquer les actes qu'elle aurait posés pendant cette période.

Mandat donné en prévision de l'inaptitude

Le **mandat donné en prévision de l'inaptitude** est, au Québec, un régime hybride relevant à la fois du contrat, comme le mandat ordinaire, et du régime de protection par certains aspects. Il permet à l'individu de choisir celui ou celle qui s'occupera de ses biens, de sa personne, ou des deux. Le mandant a toute liberté quant au contenu du mandat, pourvu qu'il n'exige rien qui soit prohibé par la loi. Ainsi, il peut y exprimer ses volontés de fin de vie (*living will*), mais il ne pourrait, par exemple, exiger l'euthanasie active. Lorsque le mandant est effectivement devenu inapte, ce qu'il faut prouver de la même manière que lors de l'ouverture d'un régime de protection, le mandataire doit prendre l'initiative de faire *homologuer le mandat* par le tribunal. Si le mandat est insuffisant ou incomplet, surtout lorsque fait sous seing privé, sans conseil juridique, il peut être nécessaire de recourir quand même à un régime de protection. Le mandat n'est pas une panacée: la personne âgée peut ne plus avoir de proches, ou ceux-ci ne s'en occupent pas, ou encore le mandataire désigné n'agit pas, est décédé, installé au loin...

En droit français, tout comme au Québec, le **mandat conventionnel** peut être maintenu jusqu'à l'ouverture d'un régime de protection. Il existe également le **mandat judiciaire** que le juge attribue pour administrer un patrimoine laissé à l'abandon.

Seule la personne nommée par le tribunal lors de l'ouverture du régime, ou le mandataire ayant un mandat homologué, est véritablement un représentant légal, et il faut se garder d'appliquer ce terme à toute personne accompagnant simplement la personne âgée. Le tableau 49.1 résume les caractéristiques des régimes de protection légale au Québec et en France.

CONSENTEMENT AUX SOINS REQUIS PAR L'ÉTAT DE SANTÉ

Les atteintes à l'intégrité de la personne peuvent relever de motifs thérapeutiques ou non thérapeutiques, par exemple l'expérimentation.

Notion de soins requis par l'état de santé

Les soins thérapeutiques visent la restauration ou l'amélioration de l'état de santé de la personne, ou de sa qualité de vie. Ils relèvent avant tout du jugement médical. Le praticien pose son diagnostic et propose un traitement, ou des alternatives s'il y en a, en fonction de l'évaluation des risques et inconvénients, d'une part, et des bienfaits attendus, d'autre part, en tenant compte des moyens à sa disposition. L'âge et le coût ne peuvent entrer en ligne de compte pour proposer des soins de moindre qualité ou renoncer à faire un diagnostic précis. Mais le médecin n'est pas tenu d'offrir des traitements qui, selon son opinion, ne sont plus véritablement utiles. Cette affirmation doit néanmoins être nuancée pour tenir compte de bénéfices psychologiques, même s'il n'y a plus d'espoir d'amélioration physique (temps de mettre ses affaires en ordre, attente de l'arrivée d'un être cher...). On peut, à cet égard, être l'objet de pressions marquées de la part du malade ou, plus souvent encore, de sa famille. Il ne faut jamais oublier que le bien de la personne, ou l'absence de souffrances indues, a préséance

		Tableau 49.1	
	Sommaire des régimes de protection		
Portée du régime	**Droit québécois**	**Droit français**	**Consentement aux soins**
Protection temporaire (actes juridiques)	Curateur public	Sauvegarde de justice	Personne même ou proches
Assistance (biens seulement)	Conseiller au majeur	Curatelle	Personne même ou proches
Représentation			
Biens seulement	Tutelle	Gérant de tutelle administrateur légal	Personne même ou proches
Personne seulement	Tutelle	Tutelle	Représentant légal
Personnes et biens (partiel ou temporaire)	Tutelle	Tutelle	Représentant légal
Personnes et biens (total et permanent)	Curatelle	Tutelle	Représentant légal
Mandat en cas d'inaptitude, homologué	Biens seuls Personne et biens	Mandat ordinaire biens seuls	Proches Mandataire

sur le désir des proches. C'est ici que la qualité de la communication joue un rôle majeur. Dans le doute sur la décision à prendre, le médecin serait bien avisé de soumettre le cas au comité d'éthique clinique de l'hôpital. De plus, la décision de cesser un traitement à visée curative ne peut jamais signifier l'abandon du patient et l'absence de suivi médical. Les soins palliatifs, s'il y a lieu, seront continués ou mis en œuvre. L'accompagnement social, psychologique et spirituel doit trouver ici sa pleine signification. Lorsqu'une décision de cessation de traitement est prise, il est important qu'elle soit clairement documentée et inscrite au dossier, tout comme l'ordre de ne pas réanimer, qui en est le corollaire naturel.

Avant de porter atteinte à l'intégrité de la personne âgée, il faut, en principe, obtenir son consentement ou celui d'un tiers habilité à le donner pour elle.

Personne âgée apte à décider: consentement et droit de refus

La personne âgée en possession de ses facultés mentales est entièrement libre, comme tout adulte, d'accepter, ou non, des soins ou traitements, *pour des motifs dont elle est seule juge*. Dûment mise au courant des avantages et inconvénients d'un traitement, d'un plan de soins ou de réadaptation, elle est maîtresse de sa décision. Elle dispose donc du même **droit de refus** que tout malade, et ce droit peut s'exercer soit pour des soins ordinaires, soit en situation d'urgence, soit en phase terminale d'une maladie, ou encore dans un état chronique stable (par exemple paraplégie). L'essentiel est que le refus rencontre les mêmes qualités que le consentement, c'est-à-dire qu'il soit *libre et éclairé*. Il importe ici de souligner encore la tentation trop répandue d'assimiler un refus qui peut sembler déraisonnable à un signe d'inaptitude.

Le droit de refuser des soins implique le droit de refuser de s'alimenter. Après bien des hésitations, les tribunaux ont assimilé à un traitement l'alimentation artificielle. Quant à l'alimentation naturelle, la forcer est également une atteinte à la personne. Par contre, l'insistance et la persuasion font partie des attitudes courantes, à condition de ne pas dépasser certaines bornes.

Le patient âgé peut également se prémunir contre un traitement ultérieur non désiré, s'il

exprime par anticipation sa volonté à cet effet, pour le moment où il ne sera plus en état de décider lui-même. Le *testament de vie* (*living will*) concrétise cette expression de volonté, qu'il soit inclus dans un mandat ou fasse l'objet d'un document spécifique, plus facile d'utilisation. Il vise le plus souvent la phase terminale d'une maladie ou un état neurovégétatif persistant, situations où il n'y a pas d'espoir raisonnable de récupération. Rien n'empêche de prévoir aussi, par exemple, le stade avancé d'une maladie d'Alzheimer. Plus les instructions anticipées sont spécifiques, plus il sera aisé d'en tenir compte au moment opportun. Mais c'est loin d'être toujours le cas, et ce document ne dispense en aucune façon le médecin d'exercer son jugement professionnel, notamment pour établir si le patient se trouve effectivement dans la situation qu'il a envisagée. Le testament de vie bien compris peut contribuer à une approche plus paisible de la fin et libérer la famille du poids moral de la décision, lui permettant d'arriver plus facilement à un consensus avec le médecin. Sans qu'il ait fait l'objet d'une consécration légale formelle, il joue à présent un rôle certain, puisque le *Code civil du Québec* prescrit de tenir compte des volontés que la personne a pu manifester.

Personne âgée inapte: décision prise par autrui

Lorsque la personne âgée est inapte à donner un consentement aux soins requis par son état de santé, la décision sera nécessairement prise par un tiers. On parle souvent à cet égard de «consentement substitué» ou encore d'«autorisation», terme sans doute plus exact que le premier. Il faut d'abord déterminer **qui est habilité** à prendre une telle décision. Si la personne âgée est soumise à un régime de protection, ou si son mandat en prévision de l'inaptitude a été homologué, son *tuteur*, *curateur* ou *mandataire*, selon le cas, peut alors décider pour elle. Si elle n'a *pas de représentant légal*, le législateur québécois prévoit que, par ordre décroissant, le *conjoint*, un *proche parent* ou encore une *personne démontrant* pour elle un *intérêt particulier*, peut agir. Il en est de même en droit français pour les proches, appelés les «protecteurs naturels». Le médecin doit fournir toutes les informations nécessaires à celui dont le consentement est requis.

Meilleur intérêt et volontés du majeur inapte

Celui qui décide pour autrui est tenu d'agir toujours dans **le meilleur intérêt** de cette personne. Le législateur donne maintenant des guides à cet égard, consacrant ce qui avait déjà été retenu par les tribunaux. Ainsi, il faut établir que les bienfaits espérés du traitement l'emportent sur les risques encourus, que les soins seront bénéfiques et qu'ils sont opportuns dans les circonstances. En effet, même s'il existe un bienfait médical, les inconvénients pour la personne âgée doivent être pris en considération et, parfois, il vaudra mieux ne pas traiter ou ne pas recourir à des méthodes diagnostiques invasives. Il faut également tenir compte, dans la mesure du possible, des **volontés que la personne a pu exprimer**, soit verbalement, soit par le biais d'un testament de vie, tel que dit plus haut. En toute logique, la volonté exprimée en connaissance de cause relativement à une situation donnée doit avoir préséance sur ce que les proches, voire le médecin, estiment être le meilleur intérêt du malade au moment où la décision doit effectivement être prise.

Opposition catégorique du majeur inapte

Le fait que la personne âgée ait été mise sous protection en raison de son inaptitude n'autorise pas pour autant à la tenir à l'écart des décisions qui la concernent. Ainsi, il faut toujours s'efforcer d'obtenir son adhésion au traitement envisagé. Sa collaboration est importante, chaque fois que la chose est possible. Le nouveau droit prévoit même l'hypothèse dans laquelle la personne inapte, représentée ou non, oppose un **refus catégorique** au traitement proposé. Le refus ainsi qualifié doit consister en une forme d'expression de la volonté, même si celle-ci ne peut alors être considérée comme saine. Il ne peut s'agir d'un simple mouvement de retrait ou d'un réflexe biologique. Même si le représentant ou proche, lui, consent aux soins, il faut alors *s'adresser au tribunal*, sauf pour les simples soins d'hygiène.

Recours au tribunal

Le recours au tribunal est exigé dans deux types de situations. La première est celle du **refus catégorique** du majeur inapte, dont il vient d'être fait état. On peut s'interroger sur le bien-fondé de cette disposition, lorsqu'il y a un représentant légal, dont on limite ainsi les pouvoirs. Par contre, lorsque la personne inapte n'est pas représentée et manifeste un tel refus, la démarche est logique.

La seconde situation vise la décision prise par le représentant légal ou le proche, et qui ne serait **pas dans le meilleur intérêt du malade**, en vertu des critères énoncés plus haut. Il peut s'agir aussi bien d'un refus de traitement que d'une exigence de traitement ou de poursuite du traitement. Dans ce cas, le médecin, par l'intermédiaire de l'institution, doit s'adresser au tribunal, car *il ne peut passer outre de sa propre initiative* à une décision légalement exprimée. Il revient dès lors au juge de trancher. Cette démarche doit être un *recours ultime*: il faut au préalable avoir tout tenté, avec la famille et l'équipe soignante, pour en arriver à un consensus.

Situation d'exception: urgence

En présence d'une **situation d'urgence**, c'est-à-dire une *menace immédiate pour la vie ou l'intégrité de la personne*, si le représentant ou proche exprime un consentement, on ne tiendra pas compte du refus catégorique du majeur inapte. Si la personne ressource ne peut être rejointe en temps utile, le médecin peut alors procéder sans aucun consentement, sauf, dit le *Code*, si «les soins sont inusités ou devenus inutiles ou que leurs conséquences pourraient être intolérables pour la personne»: cette réserve vise notamment des types de traitements extraordinaires ou encore rejetés par certaines catégories de personnes (transfusion sanguine chez un témoin de Jéhovah). Le refus injustifié du répondant impose encore le recours au tribunal, si le temps le permet.

La figure 49.1 résume la marche à suivre pour l'obtention d'un consentement aux soins.

MALADIE PSYCHIATRIQUE: EXAMEN CLINIQUE ET GARDE EN ÉTABLISSEMENT

Critère du danger appréhendé

Le *Code civil du Québec* intègre certaines dispositions de la *Loi sur la protection du malade mental*, et renvoie à celle-ci pour le reste. Le seul critère d'intervention demeure l'existence, soutenue par des motifs sérieux, d'un **danger appréhendé** pour la *personne elle-même* ou pour *autrui en raison de son état mental*. Il ne peut être question de convenance pour l'entourage ni de facilité de traitement face à un refus jugé déraisonnable. Le *droit français*, sous une formulation différente, retient une approche analogue, soit celle d'un état qui nécessite des soins immé-

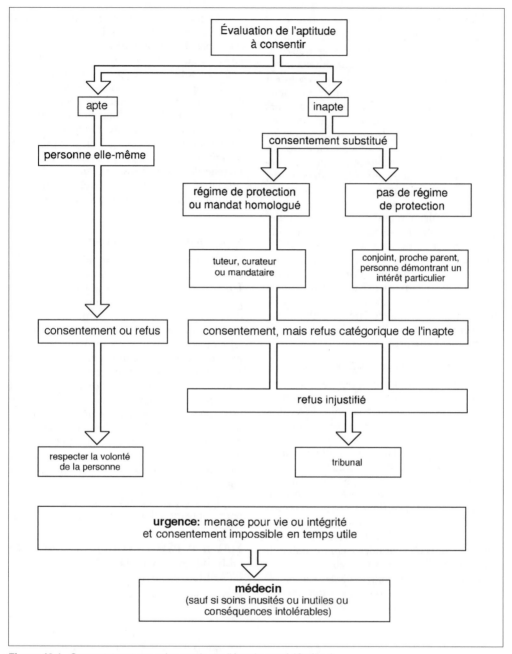

Figure 49.1 Consentement aux soins requis par l'état de santé (Québec)

diats et une surveillance constante en milieu hospitalier.

Consentement et absence d'opposition du malade

Qu'il s'agisse de l'examen clinique psychiatrique ou de la garde en établissement (l'ancien «internement» ou cure fermée), il faut soit le **consentement** de *la personne elle-même*, soit celui de son *représentant légal* (tuteur, curateur ou mandataire); il faut bien noter que dans ce cas, les simples proches n'ont plus juridiction. Même s'il y a un représentant légal, le consentement de celui-ci n'est valide qu'**en l'absence**

d'opposition du malade: le législateur québécois favorise ici encore le respect de l'autonomie de la personne. Dans le contexte de la maladie mentale, cette disposition suscite maintes critiques, en raison des difficultés et des coûts qu'elle entraîne. En effet, à défaut de l'un des consentements sus-mentionnés ou si le malade s'oppose à la mesure, le **recours au tribunal** devient nécessaire. Or, les patients les plus réfractaires sont ceux qui sont très malades et nient leur maladie, soit, le plus souvent, des schizophrènes.

Si le tribunal a ordonné l'examen psychiatrique, le rapport doit lui en être remis dans les 7 jours, indiquant si la personne doit être gardée en établissement ou non, si elle est apte à prendre soin d'elle-même et à administrer ses biens et si l'ouverture d'un régime de protection est indiquée. Ce rapport est également transmis au curateur public. *En France*, la demande d'hospitalisation sans consentement est présentée au directeur de l'établissement ou à un officier public par un membre de la famille du malade ou par toute personne soucieuse de son bien-être et n'étant pas en conflit d'intérêt. La demande est accompagnée de deux certificats médicaux récents et indépendants.

La situation d'**urgence psychiatrique** constitue une exception à la règle, et permet le maintien sous garde sans ordonnance pendant une période de 48 heures (24 h en France) si, en raison de son état mental, la personne représente un péril grave pour elle-même (tendances suicidaires, mutilation...) ou pour autrui (agressivité). Passé ce délai, il faut le consentement ou l'autorisation du tribunal, sur production de l'examen clinique psychiatrique.

La figure 49.2 schématise le consentement aux soins pour les malades psychiatriques.

Distinction de la garde et des soins

Contrairement à la loi française, le droit québécois ne permet *pas automatiquement le traitement* forcé d'une personne gardée en établissement. Si celle-ci refuse catégoriquement de se faire traiter, une *nouvelle demande à cet effet* doit être présentée au tribunal, selon les règles expliquées ci-dessus pour le consentement aux soins requis par l'état de santé de la personne inapte. Il est regrettable que le législateur n'ait pas profité de la réforme pour simplifier le processus, la nécessité de traiter un patient interné relevant de la simple logique. Tous les cas notés

dans la jurisprudence mettent en cause la catégorie de patients décrite plus haut, à savoir ceux qui nient leur maladie.

RECHERCHE AUPRÈS DES PERSONNES ÂGÉES

La recherche auprès des personnes âgées, qui représentent une fraction sans cesse grandissante de la population, s'impose comme une nécessité, si l'on veut améliorer leur état de santé et leur qualité de vie, tributaires de meilleures connaissances en gérontologie et en gériatrie. Cependant, des précautions particulières s'imposent, car il s'agit d'une population souvent qualifiée de vulnérable, surtout en institution.

Distinction entre expérimentation et soins innovateurs

Il faut d'abord bien distinguer, sur le plan du vocabulaire, la recherche véritable des nouveautés thérapeutiques, car cette distinction a des conséquences légales et éthiques importantes. Pour ce faire, il importe de considérer comme déterminant l'**objectif principal poursuivi** par la démarche, et non les procédures employées. La **recherche, ou expérimentation vraie**, a pour objectif premier l'*acquisition de connaissances nouvelles*. Elle ne fait appel à des sujets humains, après d'autres étapes préalables, que si la nécessité en est bien établie. Le vocabulaire lui-même est significatif: on parle de «sujet» et non de patient, de «chercheur» et non plus de médecin traitant. Le fait que la recherche ou l'expérimentation puisse, à titre secondaire et non assuré, procurer un bénéfice au sujet ne change en rien sa qualification. L'expression ambiguë de recherche thérapeutique est à éviter, de façon à ne pas laisser croire au participant que la démarche est faite dans son intérêt à lui, alors qu'il n'en est rien. Si, par contre, l'objectif visé est l'*amélioration de la santé ou du bien-être du patient*, au moyen d'une technique nouvelle ou insuffisamment éprouvée pour répondre aux normes de la pratique médicale courante, on parle de **thérapie innovatrice**. A celle-ci se mêle inévitablement une dimension plus ou moins grande d'acquisition de connaissances, mais la démarche reste centrée avant tout sur le patient et s'inscrit dans la relation patient-médecin. Les règles du consentement aux soins requis par l'état de santé reprennent dès lors leur place. Cependant, si une thérapie innovatrice s'écarte considérablement de la pratique acceptée, rien n'empêche, pour la

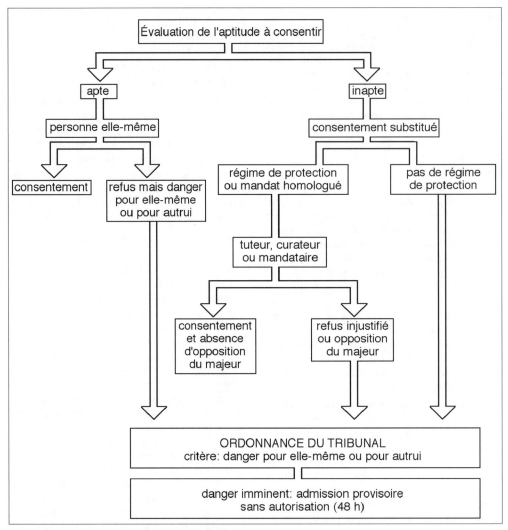

Figure 49.2 Examen psychiatrique et garde en établissement (Québec)

protection des patients, de la soumettre éventuellement aux *procédures* propres à la recherche. Cette exigence n'en change pas pour autant la signification. C'est le comité d'éthique du centre hospitalier qui se prononce ultimement sur la qualification de l'intervention projetée.

Le droit français, quant à lui, emploie les termes de recherches biomédicales *avec bénéfice individuel direct* ou *sans bénéfice individuel direct*, pour désigner les deux catégories ci-dessus.

Exigences particulières du consentement éclairé

En matière de recherche, l'obligation de renseigner est beaucoup plus exigeante. Puisque

l'atteinte à la personne n'est pas faite dans son intérêt, on ne peut rien lui cacher des risques, même rares ou éloignés, qu'elle encourt, surtout si ceux-ci sont graves, ni des incertitudes de la démarche. Le principe général, en vertu de la loi, établit que le risque couru ne doit pas être hors de proportion avec le bienfait que l'on peut raisonnablement espérer de la recherche. Il ne faut cependant jamais perdre de vue que le risque est assumé par le participant, tandis que le bénéfice ira à d'autres. Cette évaluation doit donc être d'autant plus stricte. On entend dire parfois que si l'on révèle tous les risques connus, les personnes refuseront de participer. La position des tribunaux est claire à cet égard : ce serait là un moindre mal. Si un médecin ne dévoile pas un risque connu et que celui-ci se réalise, sa responsabilité est à coup sûr engagée. Le sujet ne peut pas non plus, comme en matière thérapeutique, renoncer à recevoir l'information. La divulgation doit donc être complète: nature, objectifs et pertinence de l'étude; risques et inconvénients possibles, physiques et psychologiques; avantages espérés pour la science ou pour d'autres individus; description du processus (procédures, durée, obligations pour le sujet); possibilité pour le sujet de se retirer en tout temps; fait que le refus de participer n'affectera en rien les soins ou l'attention à la personne; existence de personnes ressources; utilisation des données et leur confidentialité s'il y a lieu; données nouvelles apparaissant en cours de réalisation, etc.

Personne âgée apte à décider: consentement écrit

Avant d'obtenir le consentement, il revient au chercheur d'établir que le risque encouru est raisonnable dans les circonstances, et c'est à lui également qu'incombe l'obligation de donner toute l'information requise. La personne âgée physiquement et mentalement apte prend *elle-même* sa décision, aucune contrainte ne doit peser sur elle, elle n'a pas à se justifier. Si elle consent à participer, elle peut néanmoins changer d'avis, notamment si les inconvénients ou perturbations s'avèrent plus importants que prévus.

Le *Code civil du Québec* exige que le **consentement** à l'expérimentation soit **donné par écrit**. Les formulaires de consentement devraient être adaptés pour être lisibles et compréhensibles par la personne âgée, sans rien perdre de leur précision. Le législateur n'a pas envisagé, à ce chapitre, comme il l'a fait pour le mandat ou le testament par exemple, l'*incapacité physique de signer* le document. Sans doute pourrait-on procéder par analogie et faire signer par un tiers, en présence de la personne et de deux témoins majeurs, ou encore recourir à un enregistrement sur cassette audio ou vidéo. Le *Code de la santé publique*, en *France*, prévoit, pour sa part, en cas d'impossibilité pour le sujet, l'attestation du consentement par un tiers totalement indépendant. Il se peut aussi que la personne âgée, par méfiance, **refuse de signer** la formule de consentement tout en désirant participer à la

recherche. *Personne dans ce cas ne peut procéder à sa place.* Le chercheur doit alors agir avec respect et discernement, en favorisant, par exemple, la présence d'un membre de la famille ou d'une connaissance en qui le sujet a confiance.

Personne âgée inapte: décision prise par autrui

Lorsque le majeur est inapte à donner un consentement valide, le *Code civil du Québec* prévoit l'autorisation de son *représentant légal seulement* (tuteur, curateur ou mandataire avec mandat homologué). Le conjoint ou les proches ne peuvent, en principe, agir en pareille matière, et encore moins le directeur général de l'établissement. Le curateur public n'a pas davantage juridiction, sauf s'il a été nommé tuteur ou curateur. Cependant, on pourrait probablement faire preuve de souplesse pour les recherches ou enquêtes ne comportant aucune intervention physique sur la personne, ni risque de séquelles psychologiques ou d'atteinte à la vie privée (par exemple une investigation sur les habitudes alimentaires). Une extrême prudence s'impose, car une autorisation signée par les proches n'aurait pas de valeur légale, elle les mettrait simplement en position précaire s'ils voulaient ensuite se plaindre du processus.

Absence de risque sérieux

Lorsque la recherche met à contribution des personnes inaptes, le législateur, tant québécois que français, impose une exigence supplémentaire. Il ne suffit pas que le risque soit raisonnable, comme pour la personne apte: on exige l'*absence de risque sérieux* pour la santé, et il appartient au chercheur d'évaluer cet aspect en fonction de chaque personne concernée avant de l'inclure dans le groupe de sujets.

Absence d'opposition du majeur

Tout en ouvrant la porte à la recherche sur les personnes inaptes, le législateur québécois prohibe l'exercice d'une coercition indue à leur égard. Déjà pour les soins de santé, il prend en compte le refus catégorique du majeur. Pour l'expérimentation, la simple *opposition du majeur qui comprend la nature et les conséquences de l'acte* fait obstacle à la poursuite de la démarche. Cette exigence implique que le majeur, même sous régime de protection, soit consulté et que

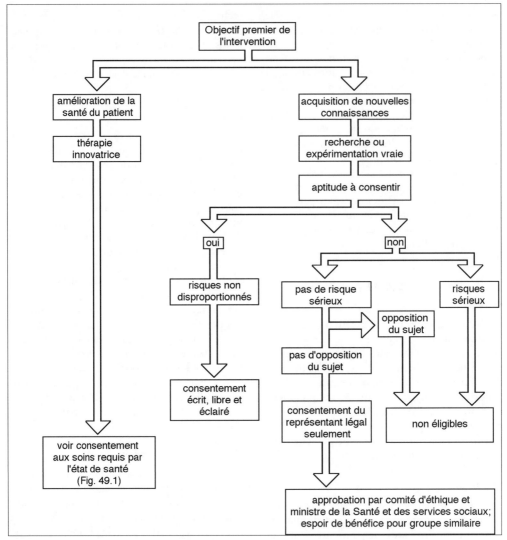

Figure 49.3 Participation d'une personne âgée à une activité de recherche (Québec)

la recherche lui soit expliquée. De plus, puisqu'ici il ne s'agit pas de soins bénéfiques pour lui, il n'est pas permis de recourir au tribunal pour passer outre à son refus. Il est cependant étonnant que le droit d'opposition soit réservé au majeur qui a une certaine compréhension de la situation.

Approbation du projet de recherche

Lorsque le projet de recherche inclut un *groupe de majeurs inaptes,* ce qui sera souvent le cas (les recherches sur la maladie d'Alzheimer par exemple), il doit être approuvé non seulement par le *comité d'éthique* du centre hospitalier, mais aussi par le *ministre de la Santé et des services sociaux,* qui reçoit l'avis dudit comité. Des dispositions analogues existent en France, où le contrôle est toutefois plus rigoureux, les comités de protection des personnes dans la recherche biomédicale étant eux-mêmes régis par la loi et soumis au contrôle de l'État. Il faut également démontrer que la recherche en question bénéficiera vraisemblablement à des personnes du même âge, ou souffrant d'une maladie ou d'un handicap analogue: ici encore, le droit québécois et le droit français utilisent les mêmes termes. La figure 49.3 résume la marche à suivre pour le consentement d'une personne âgée à participer à une activité de recherche.

CONCLUSION

Le respect de la personne âgée dans son intégrité physique et psychologique commande un souci constant du juste milieu, à distance égale d'un paternalisme excessif et de la méconnaissance des besoins particuliers associés à cette période de la vie. La considération pour la personne, toute la personne, avec ses acquis, ses valeurs, ses forces et ses faiblesses, bien au-delà du droit positif, relève de l'éthique et de l'humanisme.

BIBLIOGRAPHIE

ALLARD, P. & S. PHILIPS-NOOTENS: *Le formulaire de consentement à l'expérimentation chez les personnes âgées: une problématique particulière*, Document de travail, non publié, Centre de recherche Hôpital d'Youville, Sherbrooke, 1994.

AUBY, J.M.: *La loi du 20 décembre 1988 relative à la protection des personnes qui se prêtent à des recherches biomédicales*, J.C.P. 1989, I. 3384.

Charte canadienne des droits et libertés, Loi constitutionnelle de 1982, art. 7, et Charte des droits et libertés de la personne, Québec, L.R.Q., c. C-12, art. 1 et 48 al. 1.

Code civil du Québec, art. 10 à 31 (consentement aux soins, examen psychiatrique et garde en établissement); art. 256 à 297 (régimes de protection du majeur); art. 2166 à 2174 (mandat en prévision de l'inaptitude).

Code civil, France, art. 490 à 514 (régimes de protection du majeur); *Code de la santé publique*, France, art. L. 326-1 à 330, 333 à 354 (maladie mentale); art. L. 209-1 à L. 209-21 (recherches biomédicales).

Commission de réforme du droit du Canada: *L'expérimentation biomédicale sur l'être humain*, Document de travail 61, Ottawa, 1989.

Conseil de recherches médicales du Canada, *Lignes directrices concernant la recherche sur des sujets humains*, Ottawa, Ministre des Approvisionnements et services Canada, 1987.

DELEURY, E. & D. GOUBAU: *Le droit des personnes physiques*, Éditions Yvon Blais, Cowansville, 1994.

HAUSER, J.: La protection par l'incapacité des personnes âgées dépendantes. *Revue de droit sanitaire et social*, **28**:467, 1992.

Institut Philippe-Pinel de Montréal c. *A.G.*, [1994] R.J.Q. 2523 (C.A.); *Institut Philippe-Pinel de Montréal* c. *Blais*, [1991] R.J.Q. 1969 (C.S.); *Cité de la santé de Laval* c. *Lacombe*, [1992] R.J.Q. 58 (C.S.); *Hôpital Charles-Lemoyne* c. *Forcier*, [1992] R.D.F. 257 (C.S.); *Douglas Hospital Center* c. *C.T.*, [1993] R.J.Q. 1128 (C.S.).

LESAGE-JARJOURA, P.: *La cessation de traitement: au carrefour du droit et de la médecine*, Éditions Yvon Blais, Cowansville, 1990.

LESAGE-JARJOURA, P., LESSARD, J. & S. PHILIPS-NOOTENS: *Éléments de responsabilité civile médicale*, Éditions Yvon Blais, Cowansville, 1995.

Loi sur la protection du malade mental, Québec, L.R.Q., c. P-41; *Loi sur le curateur public*, Québec, L.R.Q., c. C-81.

LECTURES SUGGÉRÉES

MÉNARD, J.P.: L'exercice des droits par les personnes inaptes, in *Le droit des personnes inaptes*. Service de la formation permanente du Barreau du Québec (en faisant les adaptations nécessaires en raison de l'entrée en vigueur du nouveau *Code civil du Québec*), Éditions Yvon Blais, Cowansville, 1992.

WHITE, J.: La personne âgée et l'exercice de ses droits personnels, in *Les personnes âgées et le droit* (prix Charles-Coderre 1986) [en faisant les adaptations nécessaires en raison de l'entrée en vigueur du nouveau *Code civil du Québec*], Éditions Yvon Blais, Cowansville, 1986.

CHAPITRE 50

ÉTHIQUE CLINIQUE

GILLES VOYER

Le titre de ce chapitre pourra en étonner certains. D'abord, pourquoi éthique clinique et non pas éthique tout court ou encore bioéthique? Ce choix n'est pas le fruit du hasard. Il repose sur la conviction qu'entre la clinique et l'éthique, existe une affinité «naturelle». Certes, une telle affirmation s'écarte du discours généralement entendu. Le plus souvent, l'éthique est présentée comme plus proche du droit que de la clinique, au point que, parfois, l'on ne sait plus très bien s'il existe une différence entre les deux. Le concept d'éthique clinique est donc ici un appel à découvrir que l'éthique et la clinique sont des savoirs de même nature, des savoirs non pas théoriques mais pratiques. Le savoir pratique est différent de la théorie; il sert, non pas à déduire la solution des cas particuliers à partir d'une connaissance générale, mais à guider l'exercice du jugement pratique. Ce jugement se pose cas par cas; il est circonstancié, opportun et jamais final. Les jugements clinique et éthique sont pratiques. Lorsqu'on les conjugue, cela donne un jugement pratique d'un type nouveau, celui de l'éthique clinique. De ces jugements pratiques, il est possible d'induire un nouveau savoir pratique que nous appellerons: savoir de l'éthique clinique. Étant issu de l'expérience, il s'exprime sous forme de maximes. Voilà, à grands traits, ce qui est développé dans la première section de ce chapitre. Les autres sections présentent une partie de ce savoir, la partie en lien avec différents problèmes rencontrés en gériatrie. Sous forme de maximes, six thèmes sont abordés: la prise de décision, le risque, les inscriptions au dossier, l'alimentation et l'hydratation, la douleur et, finalement, la réanimation (Tableau 50.1).

LES PRATIQUES

La clinique

Le jugement clinique est ce qui permet au médecin ou à tout autre professionnel de la san-

Tableau 50.1
Les maximes de l'éthique clinique
L'évaluation du malade appelle à la rigueur, à la retenue et à l'écoute.
La compétence mentale s'évalue ici et maintenant.
Le choix des objectifs appelle au raisonnable et à un regard global.
L'information du malade est l'occasion du dialogue.
L'accord du malade est l'expression de sa dignité.
Le respect des personnes est aux antipodes de l'indifférence.
La suppression de tous les risques peut être une manière inadéquate de répondre aux besoins.
Les inscriptions au dossier reflètent les discussions et les décisions.
Le respect des habitudes prime le respect des normes de la bonne alimentation et de la bonne hydratation.
L'alimentation et l'hydratation par voie artificielle sont à envisager selon leur pertinence.
Le traitement adéquat de la douleur est plus qu'une affaire de médicaments.
Le soulagement adéquat de la douleur l'emporte généralement sur les effets secondaires.
La réanimation cardio-respiratoire appelle, en certains cas, à la réflexion plus qu'au réflexe.

té de prendre, en matière de soins, des décisions cas par cas. Il se pose à l'occasion d'une situation donnée. Il s'exerce lorsque le clinicien doit dire: ce patient, *ici et maintenant*, souffre de cette maladie. Il s'exerce aussi lorsqu'on doit dire le traitement. Ces «dire» ne sont jamais la simple application des savoirs de la science ou de la technique. Si la maladie était rigoureusement soumise à des lois imperturbables et universelles, tous les cas particuliers pourraient être résolus par déduction. Il n'en est rien. C'est pourquoi les savoirs de la science ou de la technique ne peuvent fournir aucune certitude en regard des cas particuliers. Les manifestations de la maladie et sa réaction aux traitements sont soumis aux aléas de la contingence. Chaque cas a donc un caractère unique. C'est pourquoi, en regard de ceux-ci, les savoirs théoriques sont toujours déficients. Non qu'ils soient en eux-mêmes déficients, mais parce qu'en regard du foisonnement du réel, ils restent nécessairement en défaut et, en conséquence, ne permettent pas une application sans la médiation du jugement clinique. Dire la maladie ou dire le traitement n'est donc jamais quelque chose de final. Il est toujours possible de réviser un jugement clinique, car c'est un jugement pratique, c'est-à-dire circonstancié et opportun.

Cela ne veut pas dire pour autant que l'exercice du jugement clinique soit purement arbitraire. Le savoir de la clinique lui sert de guide. Ce savoir est très différent de ceux de la science et de la technique, parce qu'il ne suffit pas de connaître d'abord et d'appliquer ensuite. Du savoir de la clinique, il n'est pas possible de déduire ce qui est applicable à chaque cas. Non pas que les cas n'obéissent à aucune règle; ils ont, *grosso modo*, un comportement prévisible, mais ils ne le suivent pas rigoureusement. C'est pourquoi le savoir de la clinique ne peut établir que le plus probable, non le résolument certain. Ce plus probable, c'est l'expérience qui le détermine. Mais il ne s'agit pas de la seule expérience individuelle. Chaque clinicien participe à l'expérience «communautaire» de l'ensemble des cliniciens. Le savoir de la clinique se crée selon un processus de généralisation. C'est donc dire qu'il provient d'une vue d'ensemble qui est plus que la simple juxtaposition du particulier. C'est en comparant les cas semblables qu'il est possible de l'induire. Mais une fois constitué, le savoir de la clinique ne permet pas de résoudre par déduction les cas particuliers; il ne peut que servir de guide. C'est pourquoi, il se présente sous forme de modèles ou de schèmes qui servent de référence à l'exercice du jugement clinique.

L'éthique

Poser un jugement éthique, c'est prendre une décision en regard d'une action. Ce jugement n'est pas l'application d'une connaissance préalable. Il ne déduit pas le particulier du général. Plus modestement, il se veut utile, opportun et efficace. Il se met en action dans l'immédiateté de la situation. Le jugement éthique s'exerce lorsqu'il s'agit de choisir la règle appropriée à cette situation. Ce choix est pénétré d'une raison plus raisonnable que rationnelle. Mais il s'agit bien de raison, non de sa forme spéculative, mais de cette autre forme que l'on nomme raison pratique. C'est pourquoi l'éthique peut être qualifiée d'intellectualisme pratique. Il n'y a pas d'exercice du jugement éthique sans intellect et sans pensée. Cette pensée est pratique parce que médiatisée par ce qui est de l'ordre du possible. Ce qui est éthiquement possible se situe sur la voie moyenne suivie par l'homme raisonnable qui n'est ni tout à fait ignorant, ni tout à fait savant et pour qui, si tout n'est pas possible, tout n'est pas impossible. Poser un jugement éthique, c'est poser un jugement pratique, c'est-à-dire choisir la voie de l'homme prudent.

Ce choix n'est pas purement arbitraire. Le savoir de l'éthique lui sert de guide. Ce savoir est pratique et peut être défini comme le savoir de ce qui est constitutif de la dignité humaine. Il n'est pas possible de définir *a priori* la dignité. Ce que l'on peut en dire, c'est qu'elle concerne ce qui convient aux humains. Elle n'est pas quelque chose au-dessus des humains mais s'incarne en chaque personne. Elle s'identifie donc au respect des aspirations de chacun, sans toutefois signifier l'absence totale de règles. En effet, il y a des règles mais elles ne sont pas des lois impératives. Ce sont plutôt des images directrices, des modèles sur lesquels l'homme a le regard fixé. Ces images directrices ne sont pas d'abord connues pour ensuite être appliquées. Elles servent simplement de référence à l'exercice du jugement éthique. Elles nous viennent de l'expérience, non seulement individuelle, mais aussi communautaire. Cette expérience se trouve cumulée au sein des traditions et des cultures. C'est par là qu'elle se transmet.

En tant que fruit de l'expérience, le savoir de l'éthique est limité et conscient de ses limites. Malgré cela, il est plus qu'une simple collection de conventions. Par la voie de l'expérience humaine, le savoir de l'éthique est indissociablement lié à la nature de l'agir humain. Il est aussi plus que la simple répétition indéfinie du particulier. Sans être de l'ordre de l'universel, il est sur la voie de celui-ci. Il est une sorte de généralisation empirique de la sagesse des gens et des âges. Certes, l'expérience humaine est foisonnement; mais à travers ce foisonnement, une constante se dégage: trouver ce qui convient aux humains implique un rapport à l'autre. Et tant qu'il entretient un rapport à l'autre, le savoir de l'éthique, que, n'était la désuétude du terme, nous n'hésiterions pas à appeler comme Aristote «savoir de la prudence» est constitué des règles de référence qui aident à décider ce qu'il convient de faire pour répondre aux besoins des humains si l'on veut qu'ils puissent vivre en toute dignité.

L'éthique clinique

Lorsque l'on conjugue l'exercice des jugements clinique et éthique, cela donne le jugement pratique de l'éthique clinique. De tels jugements sont posés tous les jours par ceux qui, dans leur travail, cherchent à joindre dignité et soin. Les comités d'éthique clinique sont aussi des lieux où s'exprime cette jonction. De ces jugements, il est possible de tirer un certain nombre de maximes. Ces règles générales, issues de l'expérience, ne permettent pas de déduire ce qu'il faut faire. Elles n'indiquent pas «ce qui est requis», «ce qu'il faut» ou «ce qu'on doit». Elles permettent uniquement de dire ce que l'expérience signale comme étant «ce qui est préférable», «ce qui est probable», «ce qui est convenable», «ce qui est prudent» ou d'une manière générale «ce qu'il est raisonnable de faire», toutes ces expressions, que nous retrouvons dans ce chapitre, étant plus ou moins équivalentes. Trouver ce «raisonnable», c'est, en gériatrie peut-être plus qu'ailleurs, conjuguer dignité et soin.

Celui qui acquiert le savoir de l'éthique clinique et qui exerce le mieux possible le jugement pratique, nous l'appellerons le praticien. En conséquence, et malgré l'usage qui réserve habituellement cette expression à celui qui maîtrise l'art ou la technique, c'est le vocable qui sera retenu pour le reste du chapitre. Plus particulièrement, c'est l'expression «les praticiens» que l'on retrouvera le plus souvent, voulant par là identifier l'équipe soignante dans son ensemble. Ces praticiens, ce sont ces soignants prudents qui s'inspirent de leur expérience, de celle des autres et de l'ensemble de la communauté humaine. Ce sont eux qui demandent l'aide d'autrui si nécessaire, les comités d'éthique clinique pouvant servir à cette fin. Ces soignants prudents sont capables de voir que ce qu'ils peuvent dire n'est que «le préférable». Ils le font

en sachant que ce qui est préférable aujourd'hui ne le sera pas nécessairement demain, que ce qui l'est pour l'un ne l'est pas pour l'autre, que ce qui l'est en certaines circonstances ne le sera pas nécessairement en d'autres.

Comme toute initiative comporte un risque, les praticiens sont ceux qui, se laissant guider par le savoir de l'éthique clinique, évaluent si ce risque est, en toute prudence, moindre que celui encouru si l'on ne faisait rien. Cette évaluation repose sur la situation particulière du malade. Conscient qu'ils peuvent modifier le cours des choses, les praticiens ne déterminent leur action qu'en relation avec le malade. Cette union sert de médiation dans la recherche du raisonnable. Cette médiation vient de l'intelligence, de celle-là même qui permet de se placer dans la situation de l'autre. C'est par «intelligence avec son patient» que le praticien arrive à penser en union avec lui. Il en découle une volonté commune dans laquelle la situation particulière du malade s'impose au regard du praticien. Ils sont alors coïmpliqués. C'est pourquoi, en éthique clinique, le jugement se manifeste non par l'ordonnance mais par le conseil, le savoir de l'éthique clinique nous aidant à le trouver. N'étaient les aléas de la langue, cette union, nous l'aurions appelée comme Aristote, amitié. Nous nous contenterons de l'appeler «recherche d'une pensée commune» ou encore dialogue. C'est par elle que se crée le lieu de rencontre. C'est cela l'éthique clinique que nous aurions aimé appeler «l'éthique-clinique», le trait d'union désignant métaphoriquement ce lieu où se rejoignent, dans l'agir, dignité et soin.

LA PRISE DE DÉCISION EN GÉNÉRAL

Le savoir de l'éthique clinique éclaire l'exercice du jugement pratique. Les maximes qui le constituent sont des images qui servent de référence au processus de prise de décision. Ces maximes ne sont pas de simples moyens en vue d'une fin. Elles sont à la fois moyen et fin et manifestent ce que l'expérience indique comme conjuguant le mieux dignité et soin.

L'évaluation
L'évaluation du malade appelle à la rigueur, à la retenue et à l'écoute.

Cette maxime signale qu'il n'y a pas d'agir qui puisse conjuguer dignité et soin, sans une évaluation appropriée du malade. Cette évaluation permet d'établir, le plus précisément possible, le diagnostic et le pronostic. Elle invite à la rigueur. Toutefois, elle incite aussi à faire preuve de retenue dans l'utilisation des moyens d'investigation. L'exercice du jugement pratique accepte que l'incertitude relative d'un diagnostic ou d'un pronostic fasse aussi partie du processus décisionnel. Les praticiens visent donc une utilisation des techniques qui fournissent le plus d'informations pertinentes pour le minimum d'inconvénients. L'évaluation du malade permet aussi de connaître l'ensemble de ses besoins en mettant en lumière les incapacités qui découlent des déficits et les facteurs environnementaux qui, liés aux incapacités, produisent les handicaps. La connaissance du malade s'acquiert en cherchant les informations pertinentes, sans toutefois faire pression de manière indue sur ceux qui ne désirent pas révéler certains aspects de leur vie personnelle. Par ailleurs, l'évaluation n'est pas uniquement à la remorque de l'initiative des praticiens. Elle est l'occasion, pour le malade, d'exprimer les besoins qu'il ressent et, pour les praticiens, de les entendre.

L'évaluation permet de connaître le point de vue du malade sur sa propre situation. Il est éminemment utile de savoir ce que lui-même sait de sa condition, la manière dont il la perçoit et la vision qu'il a de son propre avenir. Ce qui a façonné la conduite de sa vie fait aussi partie des choses à connaître. Même s'il est frappé d'un certain degré d'incompétence mentale, il convient d'encourager le malade à s'exprimer et de porter attention à ce qu'il dit. L'évaluation invite aussi à connaître le point de vue de la famille. En gériatrie, cette dernière a souvent un rôle important à jouer; il est donc préférable de connaître ce qu'elle sait de la condition du malade et la vision qu'elle a de son avenir. Ce rôle est encore plus important si le malade est mentalement incompétent.

La compétence mentale

La compétence mentale s'évalue ici et maintenant.

Cette maxime exhorte à ne pas oublier l'importance d'évaluer la compétence mentale du malade, si cela est nécessaire, sans jamais négliger le fait que le malade est toujours présumé compétent. Seules des raisons sérieuses permettent de mettre en doute cette compétence. Il faut toutefois dire qu'évaluer cette compétence n'est pas chose facile, car il n'y a pas de consensus en la matière. Cependant, il est raisonnable d'affirmer que le malade n'a pas besoin d'être mentalement apte en toute chose pour prendre la décision requise *ici et maintenant*. La compétence n'est pas une question de tout ou rien. Compte tenu de la décision à prendre, elle peut être partielle et malgré tout, satisfaisante. Toutefois, plus les effets de cette décision sont sérieux, plus le malade doit être compétent et les praticiens rigoureux dans leur évaluation.

Établir la compétence ou l'incompétence n'est pas non plus une question d'étiquette mais bien une question d'évaluation des fonctions mentales. Compte tenu de la nature de la décision, un malade chez qui a été posé un diagnostic d'ordre psychiatrique, de retard mental ou de démence peut conserver suffisamment de compétence pour être encore en mesure de donner son accord *ici et maintenant*. Même lorsque le malade est considéré inapte à donner son accord, il est toujours préférable d'encourager, dans la mesure du possible, sa participation à la prise de décision. Toutefois quelqu'un d'autre aura à fournir un accord à sa place.

Le choix des objectifs

Le choix des objectifs appelle au raisonnable et à un regard global.

Cette maxime incite à choisir des objectifs thérapeutiques raisonnables. Le processus d'évaluation complété, il est alors possible de déterminer le ou les objectifs qui peuvent être, soit de guérir la maladie, soit de traiter la déficience, soit de rétablir la fonction, soit de compenser la perte, soit de pallier les symptômes, soit d'accompagner dans la souffrance ou dans la mort. Le choix de l'objectif dépend de ce qui est raisonnablement possible. Une fois l'objectif précisé, les options thérapeutiques propres à l'atteindre sont sélectionnées de manière rigoureuse. Pour chaque option, les probabilités d'atteindre, en tout ou en partie, l'objectif sont déterminées ainsi que les risques et les inconvénients prévisibles.

Lorsqu'une option ne présente qu'une faible chance de succès, mais que, dans l'hypothèse où elle réussirait, les avantages obtenus pourraient être considérables, il est légitime d'en envisager l'essai. Il est alors à propos d'offrir au malade un type de traitement dont l'efficacité n'est pas reconnue. L'offre précise alors qu'il s'agit d'un essai pour une période déterminée. Il est préférable d'essayer quelque chose et de l'arrêter si elle n'offre pas les bénéfices escomptés que de ne pas l'offrir de peur de ne pouvoir l'arrêter, une fois son inefficacité constatée. L'offre d'un essai pour une période déterminée a l'avantage de réduire le stress lié à une éventuelle décision d'arrêt. Si aucune option ne permet de guérir la maladie, de rétablir la fonction perdue ou de compenser la perte, il ne reste qu'à pallier les symptômes ou à accompagner le malade dans sa souffrance et éventuellement sa mort. L'élément clé des soins palliatifs est le contrôle adéquat de la douleur. A cette étape, le maintien de l'alimentation ou de l'hydratation par voie artificielle est rarement une source de confort. Ces deux questions reviendront plus loin.

Dans le choix des objectifs, il est raisonnable de ne pas retenir l'âge comme facteur décisionnel. Priver quelqu'un, du seul fait de son âge avancé, d'un traitement utile que son état général lui permettrait de subir, n'est pas raisonnable. C'est le tableau clinique dans son ensemble qui oriente le choix des objectifs thérapeutiques. Certes, l'âge peut contribuer à modifier ce tableau et, de ce fait, influencer le processus de prise de décision, mais alors ce n'est pas ce qui oriente la décision. Ainsi, l'âge avancé d'une personne peut s'accompagner d'un état cardiaque ne lui permettant pas de subir une chirurgie qui, par ailleurs, serait tout à fait indiquée. Ce n'est pas l'âge qui est ici le facteur déterminant mais l'état cardiaque. Il peut en être de même lorsque le métabolisme affaibli d'un vieillard fait en sorte que l'usage d'un médicament particulier soit plus risqué ou moins efficace. Là non plus, ce n'est pas l'âge qui prive la personne du traitement, mais plutôt son état physiologique. Dans ces exemples, ce n'est pas l'âge «en soi» qui est le facteur déterminant, mais ce facteur en influence d'autres qui eux sont déterminants.

L'information

L'information du malade est l'occasion du dialogue.

Cette maxime implique que le résultat des évaluations, la sélection des objectifs et le choix des options thérapeutiques soient discutés avec le malade. Il convient que ce dernier connaisse le portrait que se font les praticiens de sa situation et qu'il soit informé des choix possibles. Il convient aussi que ces renseignements soient donnés dans un langage compréhensible, s'assurant que le malade a réellement compris. A la personne incompétente, sont transmises les informations qu'elle est en mesure de comprendre, sans oublier que cette capacité est toujours présumée. Toutes les données n'ont pas besoin d'être transmises en bloc. De fait, il est souvent préférable de donner l'information par étapes. On choisit alors les moments où l'état de conscience, l'humeur, les capacités d'attention et de compréhension du malade sont adéquats. Informer n'est pas un processus unidirectionnel. La transmission de l'information se situe plutôt dans une dynamique d'échange. Si l'on veut que s'installe une compréhension mutuelle entre le malade et les praticiens et que les intentions et les attentes du malade et des praticiens s'en trouvent clarifiées, il est préférable qu'informer soit dialoguer. Les demandes du malade méritent attention. Bien que les praticiens ne soient pas obligés d'entreprendre ou de maintenir des traitements inutiles, même lorsqu'ils sont réclamés par le malade, il est à propos que, de leur côté, les praticiens prennent garde de considérer comme futiles tous les traitements qui sont, à leur avis, sans bénéfice physiologique.

Le plus souvent, le patient souhaite que sa famille participe au dialogue. Toutefois, s'il ne le souhaite pas, il y a lieu de respecter ce choix. Chez celui qui est incompétent, le dialogue s'établit avec la personne qui le représente, sans pour autant exclure complètement le malade lui-même. De plus, il est souhaitable qu'un praticien soit plus particulièrement chargé de la transmission de l'information et du maintien du dialogue. Ce praticien est choisi en fonction de la qualité du lien qu'il entretient avec le patient.

L'accord

L'accord du malade est l'expression de sa dignité.

Cette maxime invite à obtenir un accord du malade. Une fois informé, celui-ci est bon juge des avantages et des inconvénients des traitements et de la façon dont, pour lui, les uns surpassent les autres. Bien que chacun diffère dans la façon d'apprécier avantages et inconvénients, la plupart des gens considèrent comme des inconvénients la douleur et l'inquiétude de leurs proches et comme des avantages l'amélioration d'une fonction vitale, le soulagement de la douleur ou la chance de vivre plus longtemps. C'est pourquoi, les malades ont, généralement, tendance à considérer que les traitements offerts présentent plus d'avantages que d'inconvénients. Parfois, ils pourront estimer que, pour eux, les inconvénients de certains traitements dépassent les avantages et, en conséquence, choisir de ne pas les recevoir. Il convient de respecter ce choix.

Requérir un accord ne consiste pas seulement à le solliciter. C'est aussi donner au patient la possibilité de nuancer, d'enrichir, d'élargir les possibilités. L'accord n'est pas simplement un oui ou un non. Sa recherche appelle à un véritable échange au cours duquel une communication est établie. Lorsque l'accord ne peut venir du malade lui-même, il vient alors de celui qui peut le donner à sa place. Il est raisonnable d'établir que la personne qui en premier lieu peut donner cet accord est celle que le patient a lui-même désignée à l'avance pour remplir cette tâche. A défaut, il est raisonnable d'établir que sont le mieux placés pour accomplir cette tâche, son conjoint ou encore un proche parent ou encore une personne significative.

Il convient que la personne qui donne l'accord pour autrui le fasse de la manière suivante. En premier lieu, suivre les indications que le malade aurait pu antérieurement laisser. Il est en effet possible que ce dernier ait fait savoir à l'avance la façon dont il souhaite que l'accord soit donné ou non. Par exemple, un malade souffrant d'une maladie chronique dont il connaît le diagnostic, le pronostic, les possibilités thérapeutiques et leurs effets sur le pronostic, a pu laisser des indications quant à la manière dont il souhaite que soit donné un accord à telle ou telle possibilité thérapeutique, si telle ou telle situation se présentait. Il est raisonnable de respecter ses instructions. En deuxième lieu, si le patient n'a pas laissé d'instructions, il est possible qu'il ait exprimé au cours de sa vie des souhaits suffisamment indicatifs quant à la façon dont il espère être traité. Il convient de tenir compte le plus possible de ses souhaits. En troisième lieu, si le malade n'a laissé aucune indication en rapport avec la façon dont il souhaite être traité, la personne qui a charge de donner

un accord le fait en s'assurant que les soins sont bénéfiques et opportuns dans les circonstances et que les risques ne sont pas hors de proportion avec les bienfaits escomptés. En somme, elle fait le choix que ferait une personne raisonnable placée dans les mêmes circonstances.

La «non-indifférence»

Le respect des personnes est aux antipodes de l'indifférence.

Face à un refus, cette maxime suggère d'éviter l'indifférence. Comme on l'a déjà signalé, il convient de respecter le choix du malade qui en vient à refuser un traitement. Toutefois, face à un refus manifestement déraisonnable, la maxime indique d'éviter de se cantonner dans l'indifférence. Il est alors légitime de se faire persuasif. Certes le respect de la dignité des personnes écarte la coercition, mais il est, en même temps, aux antipodes de l'indifférence. Devant un tel refus, les praticiens s'assurent que le malade a vraiment bien compris la situation, explorent les raisons du refus et corrigent toute mauvaise compréhension des faits. Il est tout à fait souhaitable que les praticiens échangent avec le malade et lui manifestent leur désarroi. Au cours d'un tel échange, les praticiens pourront par exemple découvrir que le refus est dû à une appréhension injustifiée ou encore à un mauvais contrôle de la douleur. Dans le premier cas, l'approche sera de calmer l'appréhension; dans le second, de mieux traiter la douleur, ce qui pourrait amener le malade à modifier son point de vue. Si le refus est, malgré tout, maintenu, il y a lieu d'examiner les autres choix possibles.

Il faut souligner la difficulté que soulève la décision prise par la personne à un moment où, à cause d'un état mental temporairement perturbé, elle n'est pas en mesure d'en appréhender toutes les conséquences. En ces circonstances, il est légitime de se demander si un traitement de la condition mentale ne devrait pas être d'abord offert au malade. Si cette affection pathologique est telle qu'elle affecte gravement sa capacité de jugement, il y a lieu d'évaluer si cette perturbation ne rend pas le malade incompétent.

En ce qui concerne celui qui donne l'accord pour autrui, on s'attend à ce qu'il agisse dans le meilleur intérêt du malade. Ses avis jouissent d'une légitimité indéniable. Toutefois, s'il advenait qu'il exprime un refus manifestement contraire aux volontés de la personne qu'il représente ou encore manifestement déraisonnable, il est légitime pour les praticiens de ne pas rester indifférents à ce refus. Un refus est injustifié lorsqu'il est exprimé à propos du traitement d'une maladie principale potentiellement réversible, lorsque subsiste un doute non négligeable quant au caractère irréversible d'un état ou encore lorsque le refus met le malade dans un état de douleur ou d'inconfort inacceptable. En ces circonstances, il convient que les praticiens s'assurent du respect de la dignité du malade.

LE RISQUE

La suppression de tous les risques peut être une manière inadéquate de répondre aux besoins.

Tout praticien essaie, autant que possible, de minimiser les risques. Toutefois, cette maxime indique qu'il y a lieu de prendre garde lorsque l'atténuation des risques prend toute la place, au détriment du choix du malade. Prendre des risques fait partie de ses choix. Les supprimer tous équivaut, en pratique, à supprimer la possibilité de choisir. C'est pourquoi, il convient de respecter le choix du malade qui accepte de courir un risque, car il est tout à fait légitime d'éprouver un tel besoin. Les supprimer peut donc être une manière inadéquate de répondre aux besoins du malade. Ce n'est certes pas là une invitation à la négligence, mais bien davantage une invitation à parler ouvertement avec lui de l'équilibre acceptable entre risque et sécurité.

Autant il est souhaitable que les proches jouent un rôle important dans la prise de décision, autant il est clair qu'ils ne peuvent faire courir de risques déraisonnables au malade qui n'est pas en mesure de les apprécier. Lorsqu'une famille met en péril la sécurité d'une personne âgée, la prudence invite les praticiens à protéger la personne menacée. Inversement, lorsque les proches surestiment les risques réels et réclament des mesures de sécurité exagérées, il est souhaitable que les praticiens prennent le temps de discuter avec ceux-ci afin qu'ils ne se rendent pas complices de mesures de sécurité susceptibles de brimer la personne âgée.

LES INSCRIPTIONS AU DOSSIER

Les inscriptions au dossier reflètent les discussions et les décisions.

Cette maxime signale qu'il est de première importance que les ordonnances et les notes professionnelles qui figurent au dossier du malade reflètent le contenu des discussions et des décisions prises avec lui. La mise en place d'un traitement conduit à une ordonnance écrite précise; il convient que les motifs en soient tout aussi clairement inscrits. La décision d'arrêter un traitement ainsi que celle de ne pas l'entreprendre appelle à la même rigueur. Rien ne justifie la crainte, encore trop souvent observée, d'inscrire le contenu des discussions ayant conduit à ces choix. Bien au contraire, inscrire clairement toutes ces informations permet non seulement de protéger les intérêts de toutes les parties, mais surtout d'assurer que l'information pertinente soit disponible à tous les praticiens.

A cet effet, certains milieux de soins utilisent, comme moyen de transmission de l'information, un système de codification qui indique l'intensité des soins convenus. Cette manière de faire peut, en effet, présenter certains avantages pratiques, mais il faut prendre garde que le système de codification ne devienne une fin en soi et conduise à une attitude rigide dans l'interprétation des codes. Dans la mesure où elle est vue comme un moyen de communication, notamment à l'intention de ceux qui auraient des décisions à prendre rapidement sans connaître véritablement le malade (par exemple le médecin de garde qui remplace un confrère), l'utilisation d'un système de codification, indiquant le niveau d'intensité thérapeutique choisi, est acceptable. Le tableau 50.2 en est un exemple.

L'ALIMENTATION ET L'HYDRATATION

Les habitudes

Le respect des habitudes prime le respect des normes de la bonne alimentation et de la bonne hydratation.

Dans la vie courante, chacun d'entre nous s'hydrate et s'alimente à sa manière. Toutefois, en milieu de soins hospitaliers ou d'hébergement, l'alimentation et l'hydratation sont susceptibles de perdre leur caractère d'activités naturelles. C'est pourquoi en ces milieux, être

---

Tableau 50.2
Niveaux d'intensité thérapeutique

Niveau I – (Soins de phase terminale)

1) Soins associés à l'hygiène générale
2) Positionnement corporel confortable
3) Soins buccaux
4) Contrôle de la douleur et de l'inconfort
5) Soutien émotionnel

Niveau II – (Soins de phase palliative)
Inclut les mesures du niveau précédent, plus

1) Maintien ou restauration de l'intégrité cutanée (peut inclure pansements, antibiotiques topiques, traitements de thérapie physique)
2) Soins de la mécanique corporelle (aide à la mobilisation, positionnements, transferts, exercices)
3) Contrôle de l'élimination (laxatifs, lavements, sondes)
4) Hydratation et nutrition par des moyens normaux (inclut programme d'hydratation et de stimulation de l'alimentation; exclut usage de solutés ou de gavages)
5) Contrôle de symptômes spécifiques (tels dysphagie, nausées, vomissements, diarrhées, fièvres), si non obtenu par les mesures de contrôle de la douleur et de l'inconfort. Peut inclure antibiothérapie *per os* ou même parfois l'intervention chirurgicale si cela est nécessaire au contrôle des symptômes.

Niveau III (Soins de phase intermédiaire)
Inclut les mesures des deux niveaux précédents, plus

1) Mesures diagnostiques usuelles (radiologie, test de laboratoire) disponibles facilement et peu envahissantes
2) Mesures thérapeutiques médicales usuelles (médication, antibiothérapie, solutés, gavages temporaires)
3) Mesures thérapeutiques chirurgicales usuelles (lors de pathologie intercurrente risquant de limiter encore davantage une capacité déjà restreinte)

Niveau IV – (Soins de phase optimale)
Inclut toutes les mesures précédentes, plus

1) Toutes les mesures nécessaires à la précision diagnostique
2) Toutes les mesures thérapeutiques conformes au standard optimal (inclut transfert en établissement surspécialisé, usage de soins intensifs, etc.)

---

soucieux de répondre aux besoins des personnes âgées implique le souci de leur fournir une alimentation et une hydratation qui soient de bonne qualité et en quantité suffisante pour répondre à leurs besoins énergétique, hydrique et nutritif. Pour ce faire, il est préférable que les milieux de soins favorisent la fourniture d'une alimentation et d'une hydratation qui, par son aspect visuel et gustatif, se rapproche le plus possible de l'alimentation et de l'hydratation courantes. Ce souci est d'autant plus important en milieu de soins de longue durée. Toutefois, lorsque l'alimentation courante ne permet plus un apport adéquat en qualité et en quantité, l'ajout de suppléments nutritifs est la façon la plus appropriée d'y pourvoir.

En milieu de soins hospitaliers ou d'hébergement, les praticiens ont un rôle important à jouer auprès des personnes âgées, afin de les encourager à prendre la meilleure alimentation et la meilleure hydratation possible. La transmission d'une information adéquate est importante afin que ces personnes comprennent les avantages qu'elles peuvent en tirer. Cependant, il convient d'être sensible au fait que la plupart des gens ont acquis, au cours de leur vie, certaines habitudes qui peuvent contrecarrer les efforts mis en œuvre pour atteindre un tel but. Ces habitudes font partie intégrante de la personne et n'ont pas à être écartées de façon intempestive. Le respect de la dignité des personnes invite à établir que le respect des habitudes prime celui des normes de la bonne alimentation et de la bonne hydratation. Répondre aux besoins des personnes qui n'ont plus leur lucidité implique de leur fournir, à elles aussi, une alimentation et une hydratation adéquates. Plus que la coercition, l'encouragement des praticiens et surtout leur patience prennent ici toute leur place.

La voie artificielle

L'alimentation et l'hydratation par voie artificielle sont à envisager selon leur pertinence.

Il existe des circonstances où persister à alimenter ou à hydrater par voie normale risque de causer des inconvénients importants (régurgitation, aspiration). Il est alors approprié de considérer la pertinence de la mise en place ou du maintien d'une alimentation ou d'une hydratation par voie artificielle. Il est toujours préférable d'en discuter avec la personne elle-même ou son représentant. Il convient d'envisager une telle mise en place ou son maintien lorsqu'on vise à: 1) permettre d'alimenter ou d'hydrater une personne qui n'est temporairement plus capable de le faire par voie normale, mais qui pourra y revenir éventuellement; 2) permettre d'alimenter ou d'hydrater une personne pour qui subsiste un doute important en regard du diagnostic ou du pronostic; 3) assurer un plus grand confort. Il est toutefois rare qu'une telle procédure assure un plus grand confort, surtout si le malade ne peut collaborer et qu'il est nécessaire de le contraindre. Conjuguer dignité et soin s'accommode mal d'une telle contrainte, notamment en phase terminale où peu de choses justifient une telle pratique.

Lorsque le malade lui-même demande ou refuse la mise en place d'une alimentation ou d'une hydratation par voie artificielle ou son maintien, il est raisonnable de respecter son désir. Lorsque celui qui parle au nom de la personne incompétente demande ou refuse une telle mise en place ou son maintien, il est aussi raisonnable de respecter son désir à moins qu'il ne soit manifestement pas compatible avec la dignité de la personne incompétente. De prime abord, ne respecte pas la dignité de la personne incompétente, un refus ayant l'une des quatre caractéristiques suivantes: 1) un refus qui aurait pour conséquence d'amener la détérioration d'une condition de base potentiellement réversible; 2) un refus exprimé alors que subsiste un doute réel sur le diagnostic ou le pronostic; 3) un refus qui aurait pour effet de causer de l'inconfort à la personne incompétente; 4) un refus exprimé à l'encontre d'une volonté déjà manifestée antérieurement par la personne incompétente. Il en serait de même, pour une demande qui aurait pour effet de causer un inconfort intolérable et prolongé à la personne incompétente. Dans toutes ces situations, la discussion avec celui qui représente le malade est la voie à privilégier afin de clarifier les motifs sous-jacents. Si le désaccord persiste, les praticiens ont ultimement à s'assurer de la préservation de la dignité de la personne incompétente.

LA DOULEUR

Traitement non médicamenteux

Le traitement adéquat de la douleur est plus qu'une affaire de médicaments.

Dans tous les milieux de soins, la douleur est un phénomène courant. C'est une réalité à laquelle les praticiens ont à faire face quotidiennement. Les praticiens considèrent généralement qu'il est de leur devoir de chercher à la soulager par des moyens appropriés. Cette re-

cherche se fait sans trop de difficulté lorsque la douleur est aiguë, car celle-ci est d'apparition récente, limitée dans le temps et le plus souvent liée à une cause identifiable. Il en va autrement de la douleur chronique. Celle-ci dure depuis longtemps et souvent sa cause n'est pas identifiable; elle est plus une situation qu'un événement; elle va souvent en augmentant et on ne peut en prédire la fin. C'est surtout ce type de douleur qui pose problème, car il met en jeu les perceptions de chacun. Ainsi, elle peut être perçue comme un châtiment, une épreuve ou une bénédiction; elle peut susciter la révolte, la résignation ou l'acceptation. Chaque personne a sa propre vision et chaque vision mérite le respect. De plus, le niveau de sensibilité à la douleur varie d'un individu à l'autre. Ce seuil dépend autant de facteurs physiologiques que de facteurs psychologiques, culturels et environnementaux. Il n'y a donc pas nécessairement de proportion entre l'ampleur de la manifestation douloureuse et la gravité de l'atteinte.

Le traitement de la douleur a de multiples facettes. Traitements physiques (tels des exercices de physiothérapie), intervention psychologique et activités de loisir y contribuent. Connaître la place que la douleur occupe dans l'univers spirituel de la personne ainsi que sympathiser avec elle, sont aussi des facettes importantes. En phase terminale, les soins de confort (soins d'hygiène générale, positionnement corporel confortable, soins buccaux, etc.) viennent s'y ajouter. C'est pourquoi, la recherche d'un traitement adéquat de la douleur appelle à une évaluation globale de la personne. En comprendre les causes et les différentes manifestations et en mesurer l'intensité permettent une meilleure approche de la douleur, car l'information joue un rôle important dans le traitement. En général, plus la personne elle-même a une bonne connaissance des causes de sa douleur, plus elle est en mesure de la contrôler.

Médicaments

Le soulagement adéquat de la douleur l'emporte généralement sur les effets secondaires.

Le traitement pharmacologique de la douleur est une modalité thérapeutique à ne pas négliger. Les praticiens ont donc besoin d'une connaissance adéquate des effets réels de la médication. Trop souvent, le traitement pharmacologique de la douleur est l'objet de préjugés.

Son emploi appelle un usage à bon escient, car l'arsenal pharmacologique inclut des produits dont les effets secondaires peuvent être importants et, dans certains cas, particulièrement sérieux. Les risques de créer de la dépendance, d'abréger la vie ou de diminuer la lucidité commandent la prudence. Toutefois, lorsque le seul moyen de soulager efficacement le malade est l'usage de produits à effets secondaires majeurs, il est légitime de considérer que le soulagement de la douleur l'emporte sur ces effets secondaires.

Le traitement pharmacologique de la douleur est aussi lié à ce que nous savons du diagnostic. Il est légitime de ne pas viser immédiatement un traitement optimal de la douleur si cela peut nuire au processus d'évaluation. D'autre part, la douleur est parfois prévisible. Il est donc aussi légitime d'administrer un produit dans le but de prévenir son apparition lorsqu'elle peut être anticipée. Face à la personne qui réclame un meilleur traitement de sa douleur, conjuguer dignité et soin appelle à une attitude d'ouverture. Certes, il peut y avoir une différence notable entre les manifestations constatées et ce qu'en dit le patient qui souffre. Lorsque cet écart est important, il convient de prendre le temps nécessaire à une analyse attentive. Si les dires du malade jouissent indéniablement d'une présomption, il peut arriver toutefois que les praticiens, après avoir minutieusement analysé la situation, en viennent à la conclusion que ses dires ne sont pas crédibles. En ces cas d'exception, il est raisonnable de s'en tenir à ce que l'on croit suffisant, tout en ayant à l'esprit qu'il est légitime de supprimer ou, si cela s'avère impossible, de diminuer la douleur que le malade, en toute connaissance de cause, n'accepte pas de supporter.

RÉANIMATION

La réanimation cardio-respiratoire appelle, en certains cas, à la réflexion plus qu'au réflexe.

Le respect des personnes invite à porter secours à quiconque est en situation d'urgence. L'arrêt cardio-respiratoire est une de ces situations. En médecine moderne, la réanimation cardio-respiratoire est pratique courante. Toutefois, il y a des situations dans lesquelles la décision d'entreprendre la réanimation doit quitter le domaine du réflexe quasi automatique au profit d'une plus ample réflexion. En effet, s'il

est raisonnable de reconnaître comme une présomption la sauvegarde de la vie humaine, il existe des situations dans lesquelles la décision de ne pas réanimer s'avère la plus adéquate. C'est le cas lorsque les praticiens, ayant évalué l'état de la personne, constatent une condition irréversible, des lésions irréparables, une courte espérance de vie ou un état de souffrance important. Toutefois, en cette matière, le malade lui-même est probablement le mieux placé pour juger de ce qui est de son meilleur intérêt. C'est pourquoi il est important que les praticiens abordent cette question à l'avance, soit avec le patient lui-même, soit avec la personne qui parle en son nom s'il est incapable de le faire lui-même. Il convient alors de respecter le désir exprimé, de consigner au dossier un sommaire des discussions à ce sujet avec le patient ou ses proches et d'inscrire l'ordonnance de ne pas réanimer si c'est là la décision retenue. Il est aussi fort utile que l'ensemble des praticiens soit informé de cette décision ainsi que des raisons qui la motivent. Il convient également de la réviser périodiquement ainsi que de respecter toute requête à cet effet, de la part du malade ou de ses proches.

CONCLUSION

Les maximes de l'éthique clinique sont, rappelons-le, la synthèse de l'expérience. Elles ne sont pas des règles impératives; elles sont là pour aider le praticien et l'inviter à la mesure. Dans cette perspective, dire le raisonnable a un côté terre à terre qui pourra sembler terne à certains. Certes, le vertige du savoir scientifique est grisant, mais en regard de l'agir, le savoir de l'homme, c'est celui des limites, de la médiation, du détour et de l'approximation. Le praticien est donc celui qui sait autant qu'il est possible de savoir. C'est cet «autant qu'il est possible» qui défie chaque jour ceux qui veulent agir en union avec le malade. La certitude ne leur appartient pas; ne leur appartiennent que la chance et le risque de la pensée humaine. Il revient à cette pensée de repousser sans cesse les limites du possible. Mais ne s'agit-il pas là de la quête enivrante de «l'excellence»? De manière paradoxale, cette quête de la mesure peut donc être, pour ceux qui veulent y participer avec cœur, une sorte de démesure, de griserie et de vertige, car elle «invite l'homme à vouloir tout le possible, mais seulement le possible, et à laisser le reste aux dieux».

BIBLIOGRAPHIE

ARISTOTE: *Éthique à Nicomaque*, Librairie philosophique J. Urin, Paris, 1990.

AUBENQUE, P.: *La prudence chez Aristote*, Presses Universitaires de France, Paris, 1993.

BILLING, J.A.: Comfort Measures of the Terminally Ill. *J Am Geriatr Soc*, **33**(11), 1985.

Hasting center: *Guidelines on the Termination of Life Sustaining Treatment and the Care of the Dying*, Indiana University Press, Bloomington, 1988.

ROY, J.D.: *Soins palliatifs et éthique clinique*, Les défis, Collection Amaryllis, Les annales de soins palliatifs, Centre de bioéthique, Montréal, 1992.

LECTURES SUGGÉRÉES

Avis du Comité d'éthique de l'Hôpital d'Youville de Sherbrooke, Hôpital d'Youville, Sherbrooke, 1995.

ARRAS, J.D.: Getting down to cases: the revival of casuistry in bioethics. *The Journal of Medicine and Philosophy*, **16**:21-51, 1991.

HOTTOIS, G.: *Le paradigme bioéthique*, De Bœck-Wesmael, Bruxelles, 1990.

JONSEN, A.R. & TOULMIN, S.: *The abuse of Casuistry*, University of California Press, Berkeley, 1988.

MALHERBE, J.F.: *Pour une éthique de la médecine*, Larousse, Évreux, 1987.

MILO, R.D.: *Aristote on practical knowledge and weakness of will*, Mouton & Co, The Hague, 1966.

PARIZEAU, M.H.: *Les fondements de la bioéthique*, De Bœck-Wesmael, Bruxelles, 1992.

VEATCH, R.M.: Clinical Ethics, Applied Ethics and Theory, **in** *Clinical Ethics: Theory and Practice*. Humana Press, Clifton, 1989.

CHAPITRE 51

ETHNOGÉRIATRIE

CATHERINE KISSEL

Conception de la vieillesse, de la souffrance et de la mort en fonction de certains aspects religieux
> Religion juive
> Religion musulmane
> Hindouisme et bouddhisme
> Autres traditions

Conception de la maladie

Problèmes rencontrés par les personnes âgées dans leur milieu
> Langue
> Déception et solitude

Problèmes d'accès aux fournisseurs de soins et de services
> Bureaucratie
> Compréhension du rôle des intervenants et de leurs exigences
>> Médication
>> Rôle des intervenants sociaux
>> Problèmes de communication avec les intervenants

Problèmes du milieu des intervenants vis-à-vis des personnes âgées d'origine ethnique
> Problèmes de langue
> Problèmes d'approche

Solutions possibles
> Écoute
> Explication et reconnaissance
> Recommandation et explication
> Formation du personnel
> Programmes spécifiques

Rites funéraires

Conclusion

Bibliographie

Dans tous les pays occidentalisés, une partie des personnes âgées est constituée d'immigrants. Ce qui est particulièrement vrai pour des pays comme le Canada, pays classique d'immigration, se retrouve aussi dans la majorité des pays de la CÉE.

En Europe occidentale, l'immigration provenait traditionnellement d'Europe du Sud et d'Algérie. Les immigrants plus récents viennent plutôt de la péninsule Indochinoise et d'Afrique du Nord. En France, 98 % des personnes âgées immigrées seraient d'origine européenne, contre 1 % d'origine africaine et 0,5 % asiatique.

Au Canada, en 1981, 27 % des personnes âgées appartenaient à un groupe ethnoculturel autre que les deux groupes souches. Parmi les personnes ne parlant aucune des deux langues officielles, 24 % avaient plus de 65 ans et, pour les deux tiers, étaient des femmes. Parmi les nouveaux immigrants de plus de 65 ans qui arrivent au Canada chaque année, une grosse proportion provient des Philippines, de l'Inde ou encore, dans l'Ouest canadien, de la Chine.

Au Québec, les principaux groupes retrouvés chez les personnes âgées sont les Italiens, les Grecs, les Portugais, les Juifs, les peuples d'Europe de l'Est et les Chinois.

Les Italiens représentent le troisième groupe de la population du Québec, avec autant d'hommes que de femmes. Il ont souvent immigré avant 1970, et leur revenu est relativement faible. Les Grecs et les Portugais sont à 90 % fixés à Montréal; il s'agit d'une immigration très récente, surtout depuis 1970. Quatre pour cent des Portugais ont plus de 65 ans. Il y a une très forte proportion de femmes du 3e âge, malgré une forte masculinité lors de l'immigration. Soixante pour cent des personnes âgées n'ont pas eu d'emploi rémunéré. Beaucoup ne

parlent pas les langues officielles. Leur revenu est très faible après 65 ans. Il s'agit probablement d'une immigration de personnes âgées dans le cadre de la réunification des familles.

Les Juifs sont fixés dans la région de Montréal, dans 100 % des cas; il existe un clivage entre les ashkénases et les séfarades. Il s'agit d'une immigration de longue et moyenne date, avec peu d'immigration récente au Québec. Dans la communauté, 18 % sont des personnes âgées, surtout de plus de 75 ans, avec une forte proportion d'hommes. Ils ont le meilleur revenu au 3e âge et sont relativement bien organisés avec leurs hôpitaux, services sociaux et centres d'accueil spécifiques.

Les groupes provenant de l'Europe de l'Est comprennent les Polonais, les Ukrainiens et les Hongrois. On retrouve beaucoup de personnes de plus de 75 ans, avec 20 % de personnes âgées dans ces communautés. Beaucoup sont des hommes. Ils sont faiblement représentés au Québec, par rapport au reste du Canada; la langue parlée est l'anglais, même à la maison. Les revenus sont plutôt élevés.

Les Chinois sont venus en plusieurs vagues d'immigration, la première étant très ancienne et représentant une population de gens pauvres, souvent d'hommes seuls. Les femmes qui ont pu rejoindre leur mari s'occupaient non seulement de leur propre foyer mais aussi, en général, de l'accueil des autres hommes célibataires. Ces femmes, maintenant âgées, souvent illettrées, sont restées dans des ghettos et ne parlent souvent aucune des deux langues officielles. Peu d'hommes ont survécu. Récemment, dans le cadre de la réunification des familles, l'immigration a amené des personnes, souvent âgées, ne parlant que leur dialecte. Elles attendent beaucoup des enfants qui les ont parrainées.

L'immigration des personnes âgées à un âge avancé est un effet récent de la politique de réunification des familles ou des conflits mondiaux, avec leurs flots de réfugiés. Ces immigrants âgés ne représentent pas des quantités importantes en nombre, mais leurs problèmes sont fondamentalement différents et extrêmement importants du point de vue de la morbidité et de l'aspect social. Ce sont des déracinés qui, pour beaucoup, n'ont pas choisi d'immigrer.

CONCEPTION DE LA VIEILLESSE, DE LA SOUFFRANCE ET DE LA MORT EN FONCTION DE CERTAINS ASPECTS RELIGIEUX

L'immigration, avant 1970, était essentiellement constituée de populations judéo-chrétiennes. Depuis peu, les personnes âgées immigrées sont issues d'un tout autre contexte religieux. Or, la religion joue un rôle très important chez la personne âgée: certaines études américaines montrent que les deux tiers des Asiatiques, des Noirs et des Hispaniques âgés fréquentent un lieu de culte.

La religion influence les décisions quant aux questions d'éthique. Le sens de la vie, de la mort, de la souffrance, du vieillissement, dans l'attitude globale de la personne âgée par rapport aux soins et aux services qui lui sont offerts, résulte souvent de ses croyances religieuses et culturelles, mais aussi de la façon dont elle les aura intégrées à sa propre vie (Tableau 51.1). Examinons brièvement la situation par rapport à quelques grandes traditions religieuses.

Religion juive

Toutes les religions judéo-chrétiennes prônent le respect de la personne âgée: «Tu honoreras ton père et ta mère» est l'un des dix commandements dictés à Moïse. Dans la tradition juive, il est impératif de se faire traiter si l'on est malade, car «l'homme ne possède pas sa vie, elle appartient à Iahvé». De ce fait, un traitement médical s'impose s'il peut prolonger la vie, même sans escompter une amélioration de l'autonomie. Par contre, la souffrance doit être combattue chez le malade en phase terminale, car elle n'est pas considérée comme rédemptrice. La personne âgée juive s'attend à ce que son médecin lui fournisse des soins quand et

---

Tableau 51.1

Difficultés potentielles des soins aux immigrants

A. Question d'éthique

Exemples: (à ne pas généraliser cependant)

- Religion juive
  - Un traitement médical s'impose s'il peut prolonger la vie, même sans espoir d'une amélioration de l'autonomie.
- Religion musulmane
  - La poursuite d'un traitement n'est pas obligatoire s'il n'y a pas d'espoir de guérison. L'euthanasie est cependant interdite.
- Hindouisme et bouddhisme
  - L'euthanasie tant passive qu'active est permise chez les malades en phase terminale ou en coma irréversible, avec leur autorisation ou celle de la famille.

B. Conception différente de la maladie

- La maladie est naturelle
  - défaut intrinsèque (karma ou destin résultant d'une vie antérieure, hérédité)
  - mauvaise constitution secondaire ou non à des habitudes personnelles
- La maladie est surnaturelle
  - induite par un autre
  - venant des dieux

C. Problèmes dans l'abord des services et des intervenants

- Difficultés bureaucratiques
  - manque d'information
  - refus de demander des services
- Incompréhension de l'intervention proposée
  - rôle des médicaments (inobservance de la prescription)
  - rôle des intervenants sociaux
  - problème de communication (langue, sens des mots)
- Interventions culturellement peu acceptables

D. Problèmes psychosociaux des immigrants âgés à l'intérieur même de leur famille

- Problèmes de langue (les jeunes ne parlent plus la langue traditionnelle)
- Perte des traditions et de l'autorité morale
- Dépendance financière vis-à-vis des enfants

---

comme elle lui demande; d'ailleurs, la loi juive oblige le médecin à les fournir.

Religion musulmane

Par la voix de son prophète Mahomet, il fut dit: «Ton Seigneur a prescrit la bonté à l'égard de vos père et mère, ne les repousse pas, adresse leur des paroles respectueuses». Dans la tradition islamique, il est important de demeurer en santé, et la personne âgée recherchera un traitement médical, puisque «pour chaque maladie, Allah a créé un remède déjà connu ou encore inconnu». Cependant, la poursuite du traitement n'est pas obligatoire s'il n'y a pas d'espoir de guérison, les mesures prolongeant l'agonie, mais non la vie, ne sont pas nécessaires. L'euthanasie est cependant interdite. La souffrance doit être soulagée tant sur le plan physique que psychologique, mais elle est considérée comme rédemptrice, et la mort est le couronnement de la vie.

Le médecin est un personnage important du point de vue religieux, puisque c'est par son intermédiaire «qu'Allah témoigne de sa compassion envers les hommes». Le contrat médecin-malade n'implique pas que le médecin guérisse à tout prix, mais exige que les soins soient dispensés avec diligence et compétence.

Hindouisme et bouddhisme

Le point de vue sur la médecine est ici holistique. La maladie est liée à la notion de déséquilibre, résultat d'une vie antérieure ou d'un conflit psychosocial. Ceci ne signifie pas qu'il faille accepter la maladie et s'y soumettre. Il faudra plutôt chercher à y remédier, car la guérison peut être obtenue grâce au mérite des bonnes actions. Le vieillissement commande le respect mais est aussi vu avec beaucoup de pragmatisme. L'euthanasie, tant passive qu'active, est permise chez les patients en phase terminale ou en coma irréversible, avec leur autorisation ou celle de la famille. Le médecin doit faire preuve de sollicitude et de dévouement pour sauver le maximum de vies. C'est d'ailleurs ce qui déterminera son propre avenir.

Autres traditions

En Afrique noire, dans certaines tribus, le vieillard est censé communiquer avec les esprits, qu'il rejoindra bientôt. Il est donc vénéré pour cela et aussi, d'une certaine façon, craint, puisqu'il pourrait les influencer. Le dément est particulièrement respecté dans ces traditions, puisqu'il est proche des esprits et parle déjà leur langage.

Chez les Amérindiens, la personne âgée (Aîné Vénéré ou Vieillard Vénéré) est aussi bien homme que femme. Elle transmet les coutumes, la langue, la connaissance, mais surtout elle est l'image de l'intégration harmonieuse entre le côté masculin et féminin qu'apporte l'expérience de la vie. Cependant, dans cette économie de subsistance, le côté pragmatique est important et la personne âgée conçoit bien qu'on puisse la sacrifier, comme membre affaibli, pour le bien général de la tribu.

CONCEPTION DE LA MALADIE

En dehors de l'appartenance religieuse et des traditions culturelles, la maladie peut être conçue comme naturelle ou surnaturelle. Les maladies naturelles peuvent affecter les individus qui présentent un défaut intrinsèque (karma ou destin résultant d'une vie antérieure, hérédité) ou une mauvaise constitution secondaire ou non à des habitudes personnelles; elles peuvent être la conséquence d'un déséquilibre avec l'extérieur (yin-yang / chaud-froid / femelle-mâle), d'une dysharmonie des humeurs du corps comme dans les médecines tibétaine et indienne ayurvédique, ou encore d'un mauvais rapport avec la nature, notamment chez les Amérindiens.

A l'opposé, la maladie peut être surnaturelle, induite par un autre (le sorcier, le «mauvais œil») ou par les dieux (punition d'une action, esprits malins). Certaines maladies peuvent d'ailleurs être à la fois naturelles et surnaturelles, c'est-à-dire qu'elles sont considérées comme naturelles au début des symptômes puis surnaturelles par la suite, lorsqu'elles se prolongent et ne guérissent pas avec les moyens habituels.

PROBLÈMES RENCONTRÉS PAR LES PERSONNES ÂGÉES DANS LEUR MILIEU

Dans tous les groupes de personnes âgées, il y a, superposées aux problèmes interethniques, des différences intra-ethniques: celles-ci dépendent de plusieurs facteurs tels que l'éducation, l'emploi dans le pays d'accueil, mais surtout de la date d'immigration. Était-ce avant la Deuxième Guerre mondiale, après celle-ci, après les années 1970, ou dans un cadre d'accueil des vagues récentes de réfugiés politiques? Plus l'immigration est récente, plus grands sont, en général, les problèmes rencontrés.

Langue

Fréquemment, les personnes âgées vont, dans leur propre milieu, faire l'expérience des problèmes de langue, surtout avec la troisième génération qui a cessé d'apprendre la langue d'origine ou la parle mal. Ce problème se rencontre chez toutes les personnes qui immigrent tardivement et ne parlaient, chez elles, aucune des langues officielles du Canada, et chez la plupart des femmes âgées qui sont restées à la maison.

Déception et solitude

Dans la plupart des ethnies, les aînés ont une place privilégiée à l'intérieur de la famille: au Maroc, le vieillard est à la place d'honneur à la maison comme dans les fêtes, en Chine, c'est lui qui distribue et gère l'argent gagné par la famille, en Inde, les brus servent les belles-mères, au Portugal les personnes âgées occupent la maison ancestrale avec le fils aîné ou la fille cadette, selon les régions et les traditions d'héritage.

La nécessité culturelle de prendre soin de leurs parents a conduit un certain nombre d'immigrants à faire venir au Québec leurs parents âgés, ce qui ne va pas sans problèmes pour ces immigrants arrivés tardivement. Ces personnes s'attendent à pouvoir contribuer au bien-être de la famille en continuant à effectuer des tâches à la mesure de leurs possibilités: travail de la terre, jardinage, soins des animaux, couture et activités domestiques, mais surtout éducation des petits-enfants, ce dernier rôle permettant d'assurer la continuité de la tradition. Or, ce rôle de gardien des traditions n'est plus considéré comme indispensable dans la jeune famille où les enfants cherchent à s'adapter et quelquefois à s'assimiler à leur nouveau pays. La personne âgée perd ainsi l'autorité morale qu'elle considérait comme normale. De plus, peuvent se greffer des problèmes d'exploitation, les parents âgés devant assumer la plupart des tâches domestiques, pendant que le reste de la famille travaille pour subvenir aux besoins de leur entourage.

Des problèmes de logement peuvent aussi se poser: on a constaté que lorsque les Chinois ou les Sud-Américains arrivent en Amérique du Nord, la tradition de loger les parents et de prendre soin d'eux perd de l'importance aux yeux des jeunes immigrés qui tendent à rejeter cette contrainte. La personne âgée isolée ressent cet abandon comme un affront qu'elle n'ose même pas révéler pour chercher de l'aide. La personne âgée peut aussi se trouver financièrement à la charge de ses enfants, du fait que ceux-ci l'ont parrainée. Cette dépendance vis-à-vis de leurs enfants n'est pas sans créer des conflits.

PROBLÈMES D'ACCÈS AUX FOURNISSEURS DE SOINS ET DE SERVICES

Bureaucratie

La bureaucratie est quelque chose de difficile pour la personne âgée, sauf, peut-être, pour celles qui ont vécu sous des régimes communistes où elles avaient l'habitude de ce type de relations avec l'État.

Le manque d'information est flagrant, dû en grande partie à des problèmes de communication. Les services ne sont pas demandés par des personnes qui y auraient droit et en auraient besoin. Cependant, notons que le manque de connaissances n'est pas le seul facteur explicatif de la non-utilisation des services: ce peut être, en effet, une stratégie utilisée par la personne âgée pour garder à tout prix le contrôle de sa vie.

Compréhension du rôle des intervenants et de leurs exigences

Médication

Pour beaucoup de personnes âgées, la médication doit faire effet immédiatement. Lorsque celle-ci n'est pas efficace au bout de quelques mois, c'est que la maladie est plutôt surnaturelle et qu'il faut envisager une autre approche. Cette attitude conditionne l'observance thérapeutique.

Certaines habitudes doivent être prises en compte: une personne d'origine chinoise peut refuser de prendre des médicaments si on les lui offre avant les repas ou avec un verre d'eau froide, puisque, d'après la tradition, la maladie doit être traitée avec des corps chauds et les médicaments pris pendant les repas. D'autres personnes ont l'habitude d'utiliser des plantes ou des préparations d'herboristerie qui ne sont pas toujours dénuées d'effets secondaires: certains Noirs américains utilisent des herbes contenant beaucoup de sodium, pour le traitement de l'hypertension artérielle. Ces médicaments traditionnels sont souvent perçus comme des toniques, des rééquilibreurs des substances intérieures (yin, yang, etc.) et sont pris largement; or, plusieurs peuvent contenir des substances toxiques (mercure, entre autres). Il est donc bon de surveiller cet aspect.

Rôle des intervenants sociaux

La personne âgée perçoit fréquemment les intervenants sociaux comme des décideurs qui risquent de choisir pour elle des types de service dans lesquels elle ne se reconnaît pas; la vision nord-américaine qu'on semble leur imposer doit être tempérée par une approche multiculturaliste (c'est-à-dire reconnaissant la diversité de l'autre et de son vécu) même à l'intérieur d'un groupe monoculturel. Le concept d'institutionnalisation est inaccoutumé: ou bien on est malade et le médecin soigne, hospitalise, ou bien on a seulement besoin de soins personnels et c'est la famille qui doit les assurer, sous peine de déshonneur. Le placement en institution correspond, pour la personne âgée, à une perte de la famille, ressentie comme un abandon, mais aussi à une perte de sa culture et de sa communauté. Par contre, dans la plupart des familles, il est clair qu'il n'appartient pas à ses membres d'annoncer aux personnes âgées les mauvaises nouvelles, et les décisions fondamentales devront être prises par le pourvoyeur de soins. Il est très difficile, par exemple, pour une famille vietnamienne, philippine ou indienne, d'annoncer au père ou à la mère qu'il faut le placer en institution, car, dans leur tradition culturelle, il est hors de question que la famille décide de ce genre de situation: dans le contexte socioculturel québécois où la famille doit annoncer elle-même à la personne âgée qu'elle doit être placée, l'intervenant social se trouve donc en état de conflit.

Problèmes de communication avec les intervenants

La langue parlée par un individu sous-tend sa façon de penser. Certains mots, certaines périphrases n'ont pas leurs équivalents en français ou en anglais. Au centre de certaines langues, se trouvent des mots dont la signification peut échapper à un traducteur ou à un intervenant ne parlant que partiellement la langue du patient. Comme exemple, prenons la langue orégon; le cœur est au centre de tout le vocabulaire. La traduction littérale créerait donc un surcroît de maladies cardio-vasculaires dans ce groupe amérindien! D'autre part, dans certaines traditions linguistiques, il n'y a pas de mots pour exprimer la dépression; celle-ci va devoir apparaître sous forme physique. La non-reconnaissance de cette réalité diminue la possibilité de traiter ces groupes particuliers. En Asie du Sud-Est par exemple, où il faut «sauver la face» à tout prix, des symptômes d'étourdissement, d'étouffement, d'engourdissement peuvent être des équivalents à l'expression de la dépression.

PROBLÈMES DU MILIEU DES INTERVENANTS VIS-À-VIS DES PERSONNES ÂGÉES D'ORIGINE ETHNIQUE

Problèmes de langue

Dans certains établissements de la région de Montréal, la population desservie parle plus de 40 langues différentes. Les services ne peuvent donc pas être offerts aux personnes âgées dans leurs langues respectives. Ceci est difficile à faire admettre par certaines personnes âgées qui considèrent que recevoir des services dans leur langue est un dû. La présence d'un traducteur ne suffit pas toujours. Les intervenants se trouvent frustrés devant leur impossibilité de se faire comprendre et accepter.

Problèmes d'approche

Certaines approches fonctionnent avec certains groupes ethniques et pas avec d'autres. Proposer un centre de jour à des Hindous âgés sera peu efficace, car cette personne âgée a traditionnellement conçu le temps de la vieillesse comme celui de la recherche spirituelle et non celui de la récréation, du divertissement et de la socialisation. Par contre, pour des Haïtiens, des Jamaïcains ou des vieillards d'Amérique du Sud, les centres de jour seront des lieux privilégiés, surtout s'ils sont associés à des centres religieux. Les conceptions différentes des besoins de la personne âgée peuvent aussi être un obstacle: une enquête réalisée aux États-Unis révèle que, chez les Chinois, la personne âgée doit être prise en charge par la famille si elle est grabataire, car seule la famille peut «prendre bien soin d'elle», alors qu'elle pourrait fort bien aller en centre d'accueil si elle est autonome. C'est le contraire pour les Coréens qui préfèrent aller en centre d'accueil, «pour sauvegarder leur dignité» lorsqu'ils sont grabataires, mais veulent vivre dans leur famille s'ils sont autonomes.

SOLUTIONS POSSIBLES

La diversité qui existe dans le groupe des personnes âgées exige que l'on distingue entre les besoins communs et les besoins particuliers des individus de ce groupe d'âge.

Écoute

L'écoute est extrêmement importante et doit faire place au langage de la personne âgée. Il faudra rechercher ce que représente la maladie pour cette personne (est-elle naturelle ou magique?), poser des questions qui permettront de mettre en relief la culture de la personne âgée et son implication sur la santé (Tableau 51.2).

Explication et reconnaissance

Il faut expliquer les causes probables de la maladie et les stratégies d'intervention; par ailleurs il faut reconnaître les modèles explicatifs et les dynamiques sociofamiliales, pour résoudre certains conflits et les régler adéquatement.

Recommandation et explication

Il faut recommander un plan de traitement et avoir l'accord de la personne âgée pour l'instaurer. Il faut négocier le traitement.

Formation du personnel

Pour atteindre cette capacité d'écoute, des ateliers de sensibilisation dans les milieux d'intervention doivent être organisés: la décentration, c'est-à-dire le phénomène qui permet à l'intervenant de prendre de la distance par rapport à lui-même et de mieux cerner ainsi sa propre identité culturelle, permet ensuite de comprendre le système de l'autre et donc de négocier les interventions. L'apprentissage de modes de communication non verbale et de mots clés permet de mieux communiquer avec la personne âgée. Le temps passé à l'écoute est souvent en facteur essentiel.

Tableau 51.2

Questions pouvant aider à explorer les différences culturelles

Que pensez-vous qui va mal?

Quelle est la cause de votre problème?

Pourquoi cela vous arrive-t-il à vous?

Pourquoi pensez-vous que cela a commencé?

Qui d'autre que moi pourrait vous aider?

Y a-t-il quelque chose qui pourrait vous aider?

Quel est le résultat le plus important que vous escomptez du traitement?

Avez-vous pensé à d'autres personnes ou à des traitements traditionnels pour guérir votre maladie? Les avez-vous essayés?

Programmes spécifiques

Ils peuvent venir de la communauté et n'avoir rien d'officiel tels que, par exemple, les regroupements dans les centres commerciaux ou les clubs d'âge d'or et les bénévolats (les Vietnamiens s'arrangent pour pouvoir accompagner les personnes âgées à l'hôpital et leur fournir des repas lorsqu'elles sont hospitalisées).

Les programmes pourraient aussi provenir des organismes comme des Centres locaux de services communautaires (CLSC), dont plusieurs, à Montréal, ont des plans d'accessibilité. On y relève la présence d'intervenants de même provenance ethnique, ce qui améliore la confiance des personnes âgées dans les traitements.

Au niveau de l'hébergement, il peut exister des lieux privilégiés pour certaines ethnies, sans que ce soit des ghettos, comme les centres d'accueil polonais, italiens, chinois, ou des familles d'accueil pour les communautés plus restreintes (Hongrois, Allemands, etc.).

Ces lieux d'hébergement peuvent aussi être des centres d'expertise pour les autres établissements; ce type d'approche est celui qui s'est développé par rapport à des handicaps physiques spécifiques (visuels, auditifs, verbaux,...). L'application à des groupes ethniques se ferait sur le même modèle.

Au niveau des ministères, des lignes téléphoniques en plusieurs langues ont été mises en service récemment, afin de pallier ce problème de communication qui empêchait un abord approprié des demandes de services.

RITES FUNÉRAIRES

Dans les centres d'accueil où de nombreux groupes ethniques sont représentés, une étude et un respect des rites funéraires et *post mortem* associés aux différentes religions devraient être assurés. La présence de ministres du culte est très importante dans certaines religions (juive, musulmane, bouddhiste). Les mobilisations des corps, immédiatement après la mort, peuvent être dérangeantes pour certains. Des rituels de lavage sont nécessaires pour les Musulmans par exemple. Des lieux appropriés pour les soins des corps doivent être prévus pour les familles et les ministres du culte. Enfin, si l'on sait qu'il est à peu près impossible pour un Musulman ou un Juif d'accepter une autopsie, il n'est peut-être pas nécessaire de la demander, en dehors de circonstances exceptionnelles.

CONCLUSION

La personne âgée d'une origine ethnique différente ne doit pas être enfermée dans un ghetto culturel. En améliorant le contact individuel avec la personne âgée, la solution des problèmes de communication est facilitée. C'est par l'éducation des intervenants et l'apprentissage des différences que l'on connaîtra mieux ces personnes qui nous côtoient. De ces traditions qui nous sont inconnues, émergent parfois des remèdes pour l'avenir et des perspectives nouvelles.

Côtoyer une personne âgée de culture différente est une occasion d'enrichissement culturel qui nous permet de mieux définir nos propres valeurs. La personne âgée ne doit cependant pas abuser de sa différence pour s'octroyer des privilèges. C'est dans le respect mutuel et la tolérance que seront apprivoisées les disparités culturelles.

BIBLIOGRAPHIE

MACLEAN, M.J. & R. BONAR: The Ethnic Elderly in a Dominant Culture Long-Term Care Facility. *Canadian Ethnic Studies*, **XV(3)**:51-59, 1983.

COHEN EMERIQUE, M.: Choc culturel et relations interculturelles dans la pratique des travailleurs sociaux. *Cahier de sociologie économique et culturelle (Ethnopsychologie)*, **2**:183-218.

GREEN, J.: Death with Dignity. *Nursing Times*, **85(5)**:56-7, **(6)**:50-1, **(7)**:56-57, **(8)**:64-5, **(9)**:40-1, **(10)**:50-1, 1989.

HATHOUT, H.: Islamic Basis for Biomedical Ethics et GLICK, S.: A view from Sinaï: a Jewish Perspective of Biomedical Ethics. Presented at the *Fidia Research Foundation Symposium*. National Academy of Sciences, Washington, 1990.

LAROQUE, R.: L'autopsie: une attaque au respect de la dépouille mortelle. *Frontières*, hiver 1993.

SANTERRE, R.: Les vieillesses ethniques. *Le Gérontophile*, **13(2)**:2-6.

CHAPITRE 52

PHARMACOLOGIE

LISE GRENIER et GILLES BARBEAU

L'utilisation des médicaments par les personnes âgées présente aux professionnels de la santé un défi majeur. Un vaste choix de médicaments puissants et spécifiques pour le traitement d'une variété de maladies aiguës ou chroniques étant actuellement disponible, il est difficile d'éviter la polypharmacie. Les médicaments sont importants au bien-être des personnes âgées, lorsqu'ils sont utilisés de façon adéquate. Il s'agit là d'une forme de traitement relativement peu coûteuse et efficiente.

Les changements physiologiques et biochimiques associés au vieillissement et la sensibilité accrue de la réaction au traitement s'ajoutent aux changements pathologiques induits par les maladies dont souffrent les personnes âgées. La pharmacocinétique (devenir du médicament dans le corps) et la pharmacodynamie (réponse au traitement) sont ainsi conditionnées bien plus par le statut physiologique de chaque individu que par l'âge chronologique.

Par ailleurs, la plupart des informations dont nous disposons sur la pharmacocinétique sont tirées d'études contrôlées réalisées dans des conditions très strictes et idéales, bien souvent chez des adultes jeunes. Ces études tiennent peu compte des facteurs environnementaux, génétiques, physiologiques et pathologiques de la personne âgée. Il n'est donc pas étonnant de constater, dans la pratique quotidienne, un nombre croissant d'effets indésirables, d'interactions et de maladies iatrogènes, puisque les malades âgés ne répondent pas, en général, à des critères parfaits de sélection. La connaissance des paramètres pharmacocinétiques est néanmoins indispensable au clinicien qui recherche une prescription de qualité et sécuritaire pour les personnes âgées.

PHARMACOCINÉTIQUE

Les changements physiologiques, même modestes, qui se produisent au cours du vieillissement peuvent entraîner des modifications importantes de la cinétique des médicaments. Il est cependant difficile de faire des généralisations sur l'ordre de grandeur et l'importance de ces changements, exception faite pour les médicaments éliminés exclusivement par le rein.

Ces modifications pharmacocinétiques résultent surtout de l'augmentation de la masse relative des lipides, de la diminution ou de l'augmentation du taux de liaison aux protéines plasmatiques, de l'effet de premier passage hépatique et de la diminution de la capacité d'excrétion. En fait, ce sont les fonctions de distribution, de métabolisme et d'élimination qui sont principalement affectées et qui modifient les actions des médicaments dans l'organisme. Les substances les plus touchées par ces changements sont celles dont l'index thérapeutique est faible: antiarythmiques, cardiotoniques, anticonvulsivants, antidépresseurs tricycliques, aminosides, lithium, théophylline, warfarine.

Absorption

Plusieurs adaptations physiologiques du vieillissement peuvent modifier l'absorption par diffusion passive ou par transport actif de certains médicaments. On pense généralement que les médicaments sont moins bien absorbés par la personne âgée, mais il existe très peu d'études qui le démontrent clairement. Pour les formulations orales traditionnelles, l'absorption est peu modifiée par l'âge. Pour les préparations à libération lente ou contrôlée, les préparations pour absorption transdermique, transbuccale ou rectale, il existe des variations de la vitesse d'absorption et de la quantité absorbée, mais on ne saurait imputer ces variations au seul vieillissement.

La sénescence du système gastro-intestinal affecte, de façon très variable, l'absorption d'une grande partie des médicaments consommés par les gens âgés, car l'absorption des médicaments est sensible aux modifications de pH et à la vitesse de vidange gastrique. Toutefois, cela a peu de conséquences cliniques. Par exemple, une muqueuse gastrique moins bien perfusée pourrait nuire au passage des médicaments absorbés par transport actif à travers la membrane digestive. D'un autre côté, cette situation pourrait être compensée par l'allongement du temps de transit. Ainsi, on considère, la plupart du temps, que l'absorption des médicaments n'est pas altérée chez la personne âgée ayant une muqueuse gastrique normale, malgré les modifications observées du pH gastrique ou de la motilité, à quelques exceptions près.

Le tableau 52.1 présente les principales modifications liées au vieillissement et relatives à l'absorption des médicaments. Les quelques exemples cliniques connus et significatifs d'une altération de l'absorption chez la personne âgée y sont aussi décrits.

Bien plus que le vieillissement ou les conditions pathologiques rares (gastrectomie, déficience en facteur intrinsèque) qui peuvent affecter le taux d'absorption des médicaments, ce sont les interactions médicamenteuses qui devraient préoccuper le clinicien. A cause d'une interaction, un médicament peut annuler ou modifier les propriétés physicochimiques d'un autre médicament dont l'absorption sera diminuée ou augmentée. Cette situation peut être contournée en modifiant les horaires d'administration.

Biodisponibilité et effet de premier passage hépatique

La fraction du médicament qui atteint la circulation systémique intacte réfère à la notion de biodisponibilité. Par définition, un médicament administré par voie intraveineuse a une biodisponibilité de 100 %. La prise d'un médicament par voie orale comporte des variations de la biodisponibilité pour les différentes molécules et pour les divers individus.

Deux éléments conditionnent la biodisponibilité des médicaments: la quantité absorbée (selon les propriétés physicochimiques du produit) et la quantité éliminée avant même d'avoir atteint la circulation générale. Le métabolisme présystémique des médicaments est ce qu'on appelle communément l'effet de premier passage hépatique. Il s'agit d'une perte de médicament, surtout par l'action des enzymes du foie lors de la perfusion portale. L'effet de premier passage hépatique est affecté par l'âge, même chez les sujets en bonne santé. Cet effet est plus prononcé chez les sujets âgés fragiles. L'activité enzymatique étant moins efficace, il en résulte une augmentation de la biodisponibilité des médicaments qui subissent habituellement un effet important de premier passage au foie (Tableau 52.2). En conséquence, il faut diminuer les doses de ces médicaments chez les sujets âgés.

Tableau 52.1

Modifications physiologiques susceptibles de modifier l'absorption des médicaments chez les personnes âgées

1. Élévation du pH gastrique (achlorhydrie)
   ↓ absorption du clorazépate
   ↓ absorption du kétoconazole
   ↑ absorption de la lévodopa
2. Diminution de la motilité gastro-instestinale
   ↓ absorption de la prazosine
   ↑ absorption de la vitamine C
3. Diminution de l'absorption par transport actif
   ↓ absorption du fer, du calcium, de la thiamine
4. Diminution du débit sanguin splanchnique
   ↓ efficacité du processus de premier passage au foie

Tableau 52.2

Principaux médicaments qui subissent un effet de premier passage au foie

Antidépresseurs tricycliques
désipramine, imipramine, nortriptyline

Antiarythmiques
lidocaïne, propafénone

Inhibiteurs calciques
vérapamil, diltiazem, les dihydropyridines (nifédipine, félodipine, nicardipine, nimodipine)

Bêtabloquants
acébutolol, labétalol, métoprolol, oxprénolol, propranolol, timolol

Stupéfiants
morphine, pentazocine, propoxyphène, mépéridine

Autres
diclofénac,
clorazépate, buspirone, pimozide, sertraline, bromocriptine, sumatriptan, aciclovir, diphenhydramine

Distribution

Au cours du vieillissement, se produisent plusieurs changements qui peuvent affecter la distribution des médicaments. Parmi ceux-ci, les modifications de la composition corporelle jouent un rôle important. On observe, chez les individus vieillissants, une augmentation de la proportion des graisses et une diminution de l'eau corporelle totale et de la masse musculaire. Théoriquement, ces changements sont suffisants pour affecter, de façon importante, le volume de distribution des médicaments.

Le volume de distribution (Vd) est un concept fondamental en pharmacologie. Ce paramètre reflète un compartiment hypothétique où se distribue le médicament. On le nomme aussi volume de distribution apparent. D'un point de vue pharmacocinétique, le volume de distribution d'un médicament est déterminé par le poids moléculaire de celui-ci, par ses propriétés acides ou basiques, mais surtout par sa capacité de liaison aux protéines plasmatiques ou tissulaires et par sa solubilité.

Solubilité des médicaments

Avec les changements observés au niveau de la partition gras(↑)/eau(↓) chez les personnes âgées, il faut s'attendre à ce que le comportement cinétique de nombreux médicaments soit affecté. Les médicaments très liposolubles qui sont énumérés au tableau 52.3 seront plus largement distribués chez la personne âgée dont la masse adipeuse est significativement augmentée. Au contraire, les médicaments hydrosolubles comme l'acétaminophène, la digoxine et l'éthanol verront leur volume de distribution diminuer, ce qui aura pour conséquence d'augmenter la concentration totale du médicament.

Le concept de volume de distribution est particulièrement important pour les médicaments qui requièrent une dose de charge.

Dose de charge = Concentration plasmatique désirée × Vd

Ainsi, le traitement d'une personne âgée exige une charge de diazépam égale ou supérieure à celle d'un adulte jeune lors d'un *status epilepticus*, parce que le volume de distribution de cette benzodiazépine est augmenté chez le vieillard. L'équilibre homéostatique permet de comprendre qu'une faible concentration du médicament se retrouve dans la circulation générale lors d'une dose unique, étant donné sa forte distribution. En cas de doses répétées, c'est la demi-vie du médicament qui sera affectée. Pour les raisons inverses, la personne âgée qui consomme la même quantité d'alcool qu'un adulte jeune atteindra l'état d'ivresse plus rapidement. Lorsqu'on calcule la dose de charge d'un médicament très liposoluble chez une personne obèse, on utilise son poids réel comme référence. Par contre, pour calculer la dose d'un médicament hydrosoluble chez un patient obèse, le poids idéal devrait être utilisé comme estimation de la masse maigre (Tableau 52.4). Cependant, cette règle ne s'applique plus en traitement de maintien, car il faut alors tenir compte de la capacité de l'organisme à éliminer le médicament.

Liaison des médicaments aux protéines

Outre les changements physiologiques qui affectent la composition corporelle, un autre élément est important dans les variations du volume de distribution: la liaison aux protéines.

Tableau 52.3
Médicaments dont le volume de distribution (Vd) est modifié par le vieillissement
Médicaments liposolubles: Vd augmenté benzodiazépines phénothiazines barbituriques phénytoïne propranolol antidépresseurs tricycliques
Médicaments hydrosolubles: Vd réduit digoxine acétaminophène aminoglycosides théophylline vérapamil éthanol

Tableau 52.4
Calcul du poids idéal
(Utile pour le calcul de la dose de charge d'un médicament hydrosoluble chez un malade obèse)
(Taille du patient [en cm] − 152) × 0,92 + 50 kg chez les ♂ + 45 kg chez les ♀
(Taille du patient [en po] − 60) × 2,3 + 50 kg chez les ♂ + 45 kg chez les ♀

Le sang est un véhicule pour les médicaments, surtout grâce aux protéines circulantes: albumines, α_1-glycoprotéines acides, gammaglobulines, lipoprotéines. La liaison aux protéines est le résultat de la rencontre du médicament et des protéines circulantes. La liaison aux protéines dépend de la quantité de protéines plasmatiques, quantité qui diminue, en général, à mesure que l'on vieillit. Les études indiquent que la diminution de l'albumine est minime chez la personne âgée en santé et sans conséquence importante en clinique. Toutefois, la réduction observée est accentuée par les maladies chroniques, la malnutrition et les nombreux processus inflammatoires fréquemment rencontrés chez les sujets âgés. D'un autre côté, en présence d'une maladie inflammatoire, comme une tumeur néoplasique ou une maladie aiguë comme un infarctus, l'α_1-glycoprotéine acide vient partiellement contrebalancer la perte d'albumine.

Une diminution du taux de liaison aux protéines peut être le résultat d'une diminution de l'albumine sérique ou encore d'un changement de l'affinité de la liaison dû à l'âge. Ainsi, la fixation des médicaments acides tels de nombreux anti-inflammatoires non stéroïdiens (AINS) qui ont habituellement une affinité élevée pour l'albumine est réduite avec l'âge (Tableau 52.5). L'α_1-glycoprotéine acide lie davantage les médicaments faiblement basiques, bêtabloquants, lidocaïne, quinidine, mais on connaît encore peu les effets de l'âge à ce niveau. Seule la fraction non liée du médicament est pharmacologiquement active et disponible pour diffusion tissulaire, biotransformation et excrétion. Une diminution du taux de liaison

---

Tableau 52.5

Médicaments dont la liaison aux protéines plasmatiques est diminuée chez le vieillard

Acétazolamide
Barbituriques
Ceftriaxone
Indométhacine
Kétoprofène
Naproxen
Pénicilline
Phénytoïne
Salicylates
Tolbutamide
Warfarine

---

aux protéines peut donc, en théorie, intensifier l'effet du médicament. Cependant, en cas d'augmentation de la fraction libre d'un médicament, il se produit généralement une redistribution dans l'organisme (nouvel équilibre entre la distribution et l'élimination) qui, en fin de compte, diminue la concentration totale du médicament et ramène la fraction libre près de la normale. Pour la majorité des médicaments, ces changements ont peu d'importance clinique, mais pour les médicaments à index thérapeutique faible, une augmentation, même mineure, de la fraction libre peut avoir des conséquences graves. Chez l'adulte, des concentrations sériques d'albumine de 35 g/L ou plus sont considérées comme normales, alors que des valeurs de 28 à 35, de 21 à 27 et celles inférieures à 21 g/L représentent un déplétion faible, modérée et grave. Une réduction de 20 % de l'albumine disponible, soit une nouvelle valeur à 28 g/L, triplerait la fraction libre d'un médicament habituellement lié à plus de 90 % à l'albumine. Pour des médicaments fortement liés aux protéines, la réduction des albumines plasmatiques peut entraîner une modification de la distribution ou une augmentation de l'effet, ou encore un accroissement de l'élimination, selon les caractéristiques du médicament et de l'individu.

Avec la phénytoïne, médicament habituellement lié à plus de 95 % aux protéines, une diminution du taux de liaison aux protéines plasmatiques, lors d'une dose **unique**, entraîne a) une augmentation de la fraction libre, b) une augmentation de la réponse thérapeutique ou même une toxicité associée à l'augmentation temporaire de la fraction libre du médicament, c) une augmentation de la clairance, puisque plus de phénytoïne sous forme libre est disponible aux sites d'élimination, d) finalement, une augmentation du volume de distribution et un abaissement des concentrations plasmatiques, parce que la phénytoïne est très liposoluble.

En cas de doses **répétées**, un nouvel équilibre homéostatique s'instaure. Pour mieux apprécier ce qui se passe lorsqu'on modifie le taux de liaison aux protéines, il faut connaître deux formules très simples illustrées plus loin. La première formule montre que la concentration plasmatique à l'équilibre (C_{ss}) est directement proportionnelle à la quantité de médicament administré et inversement proportionnelle à la clairance. L'autre formule montre les relations entre la demi-vie ($T^1/_2$), la clairance et le volume de distribution.

$$C_{ss} = \frac{dose}{clairance} \qquad T^1/_2 = \frac{0,693 \times Vd}{clairance}$$

On comprend bien que lorsqu'on augmente le volume de distribution (Vd) (en diminuant par exemple le taux de liaison aux protéines d'un médicament très liposoluble), on augmente la demi-vie. Lorsqu'on diminue la clairance (hépatique ou rénale), on augmente à la fois la demi-vie d'élimination et la concentration plasmatique. On note cependant que, du point de vue clinique, une augmentation du volume de distribution n'a pas autant d'importance qu'une diminution de la clairance, puisque cette augmentation affecte peu la concentration sérique. Tout au plus, observe-t-on une augmentation de la demi-vie du médicament; il n'y a pas nécessairement accumulation, si on ajuste, par exemple, l'intervalle entre les doses. Mais attention, lorsqu'on augmente la proportion de la fraction libre et le volume de distribution, l'effet du médicament peut parfois être accru, si le site d'action du médicament se trouve à l'intérieur des tissus.

Métabolisme hépatique

Le vieillissement s'accompagne d'une altération de la capacité intrinsèque du foie à métaboliser certains médicaments. Le métabolisme hépatique permet une modification chimique de la structure des médicaments. Pour exercer leur effet thérapeutique, plusieurs principes actifs sont liposolubles. Par la suite, ils doivent subir une biotransformation hépatique, afin de devenir plus hydrosolubles et d'être finalement éliminés de l'organisme. Cette étape pharmacocinétique produit des métabolites.

À l'image des reins, on parle ici de clairance hépatique. La clairance hépatique de la plupart des médicaments ne permet pas l'élimination de ceux-ci de l'organisme. Il s'agit d'une inactivation du médicament, souvent préparatoire à l'excrétion rénale ou biliaire. Bien sûr, certaines voies métaboliques permettent la transformation d'un promédicament en molécule active (énalapril → énalaprilate) ou d'une substance déjà active en un ou plusieurs métabolites actifs (fluoxétine → norfluoxétine). Ce qui nous intéresse plus particulièrement, c'est de savoir comment l'organisme épurera le système de ces molécules actives et potentiellement toxiques. La clairance totale d'un médicament est la somme des clairances de tous les organes.

$$Cl_{totale} = Cl_{rénale} + Cl_{non\ rénale}$$

L'excrétion des médicaments peut se faire en partie par les poumons, la peau ou la salive, mais principalement par les reins et le foie.

La clairance des médicaments par le foie est dépendante du nombre d'hépatocytes fonctionnels, de l'activité des enzymes microsomiques et du flot sanguin au foie. La notion de clairance hépatique est plus complexe que la notion de clairance rénale et beaucoup moins prévisible d'un individu âgé à l'autre. La clairance hépatique de nombreux médicaments peut être anticipée, mais son étendue ne peut être précisément quantifiée.

Les réactions métaboliques que subit un médicament peuvent se classer en deux catégories: les réactions de phase I et les réactions de phase II. Les réactions dites de phase I, les oxydations (hydroxylation, désalkylation), les réductions et les hydrolyses se produisent à l'intérieur des microsomes hépatiques. Ces réactions d'oxydation sont généralement catalysées par le système enzymatique du cytochrome P 450, ce qui produit souvent des métabolites encore actifs. Des résultats obtenus à partir du modèle animal ont été extrapolés chez l'homme et amènent à la conclusion que le nombre d'enzymes responsables de l'oxydation hépatique des médicaments diminue avec l'âge. Cette hypothèse ne semble pas se vérifier en tout temps *in vivo*. L'âge n'est qu'un des facteurs qui affectent le métabolisme enzymatique. Il faut considérer aussi le polymorphisme génétique qui déterminerait la présence de cytochrome P 450. L'isoenzyme 2D6, par exemple, est absente chez 7 à 10 % des individus de race blanche. D'autres facteurs comme le sexe, le stade de la maladie et l'environnement influenceraient le métabolisme enzymatique et permettraient de catégoriser les individus à métabolisme lent ou rapide. De façon générale, on reconnaît que le métabolisme de nombreux médicaments empruntant les voies oxydatives est abaissé chez les sujets âgés (Tableau 52.6).

Les réactions de phase II, quant à elles, se caractérisent par la conjugaison du médicament à une autre molécule (glucuronate, acétate, sul-

Tableau 52.6

Métabolisme enzymatique des médicaments

Phase I OXYDATION	Phase II CONJUGAISON
Analgésiques et anti-inflammatoires	
Mépéridine	Acétaminophène
Codéine	
Diclofénac	Acide tiaprofénique
Ibuprofène	Flurbiprofène
Indométhacine	Kétoprofène
Piroxicam	Naproxen
Psychotropes	
Alprazolam	Lorazépam
Bromazépam	Oxazépam
Chlordiazépoxide	Témazépam
Clorazépate	
Diazépam	
Flurazépam	
Antidépresseurs tricycliques	
Fluoxétine	
Paroxétine	
Venlafaxine	
Médicaments cardio-vasculaires	
Amlodipine	
Nifédipine	
Diltiazem	
Vérapamil	
Quinidine	
Propranolol	
Métoprolol	
Timolol	
Flécaïnide	
Mexilétine	
Autres	
Astémizole	
Terfénadine	
Dextrométhorphane	
Oméprazole	
Warfarine	
Diphenhydramine	

dont l'impact clinique est important. Il n'existe, toutefois, aucun médicament dont la clairance hépatique soit totalement dépendante du flot sanguin hépatique.

Le débit sanguin hépatique diminue en grande partie à cause d'une baisse du débit cardiaque avec l'âge. Il en résulte une diminution de la perfusion hépatique de l'ordre de 40 à 45 % entre 25 et 90 ans. A ceci viennent s'ajouter des changements anatomiques telle la diminution de la masse ou du volume hépatique, tant en valeur absolue que par rapport au poids total du sujet. Cette seule réduction de poids pourrait expliquer les changements attribués au vieillissement dans la clairance hépatique des médicaments. Cependant, toutes ces modifications entraînent une diminution de la capacité du foie à métaboliser les médicaments et une augmentation du temps de demi-vie. On reconnaît les médicaments ayant une clairance intrinsèque élevée au fait qu'ils subissent, lorsque pris par voie orale, un effet de premier passage hépatique important (Tableau 52.2).

On comprend mieux maintenant qu'il devient capital de veiller à ne pas amplifier une situation déjà précaire chez les gens âgés fragiles. De nombreuses interactions s'expliquent par ces théories. Par exemple, il faut éviter de donner un inhibiteur du cytochrome P 450 2D6 (fluoxétine) avec un substrat de cet isoenzyme (métoprolol) ou avec un médicament qui diminue le débit sanguin (bêtabloquant).

Excrétion rénale

L'excrétion rénale est une étape pharmacocinétique importante qui permet aux médica-

fate), rendant le métabolite ainsi produit inactif, la plupart du temps. Les voies métaboliques de conjugaison ne sont pas modifiées par le vieillissement. Parmi les réactions de phase II, on reconnaît aussi l'acétylation, et là, par contre, on observe un ralentissement avec l'âge.

Mentionnons que le bilan hépatique habituel, même normal, ne reflète pas toujours la capacité de métaboliser des médicaments.

On dit des médicaments dont la clairance hépatique est dépendante de l'activité enzymatique qu'ils ont une clairance intrinsèque faible. D'un autre côté, pour les médicaments ayant une clairance intrinsèque élevée, leur métabolisme est dépendant du flot sanguin hépatique (Tableau 52.7). Il s'agit là d'une observation

Tableau 52.7

Clairance intrinsèque des médicaments

Faible (Métabolisme dépendant de l'activité enzymatique d'oxydation)	Élevée (Métabolisme dépendant de la perfusion au foie)
Alprazolam	Amitriptyline
Chlordiazépoxide	Désipramine
Diazépam	Imipramine
Desméthyldiazépam	Nortriptyline
Morphine	Bêtabloquants
Naproxen	Inhibiteurs calciques
Acide valproïque	Nitrates
Phénytoïne	Lidocaïne
Théophylline	

ments et à leurs métabolites actifs ou inactifs de quitter l'organisme. La fonction rénale diminue avec l'âge et certaines affections, fréquemment rencontrées chez les personnes âgées, comme l'hypertension artérielle, le diabète et l'athérosclérose contribuent à amplifier le degré d'insuffisance rénale. D'autre part, de nombreux médicaments tels les AINS et les inhibiteurs de l'enzyme de conversion de l'angiotensine (IECA) compromettent parfois l'intégrité précaire de la fonction rénale des malades âgés fragiles. Malgré une diminution de la masse musculaire, les taux sériques de créatinine demeurent souvent inchangés chez les sujets âgés en bonne santé, en raison d'une diminution de la clairance de la créatinine. La clairance de la créatinine fournit davantage d'informations sur la capacité des reins à excréter un médicament que la créatinine sérique. Pour ajuster, chez une personne âgée, la posologie d'un médicament excrété par le rein, il faut connaître l'état de la fonction rénale (clairance de la créatinine) et la constante d'élimination, laquelle nous renseigne sur la demi-vie de ce médicament. Pour obtenir la clairance de la créatinine, il est difficile de recueillir les urines de 24 heures chez le vieillard. Il existe une formule relativement fiable et facile d'emploi, dont le résultat se compare très bien à la méthode de calcul de la clairance de la créatinine par la collecte des urines de 24 heures. Une seule condition est nécessaire cependant: le taux de créatinine sérique doit être stable.

$$\text{Clairance de la créatinine (mL/s)} = \frac{(140 - \text{âge}) \times \text{poids idéal (kg)}}{49 \times \text{créatinine sérique (mmol/L)}}$$

(pour les femmes, le résultat est multiplié par 0,85)

Comme il ne s'agit là que d'un estimé, une surveillance constante des dosages plasmatiques doit tout de même s'exercer pour les médicaments toxiques ou dont l'index thérapeutique est étroit.

La constante d'élimination (k) permet d'établir une relation entre la fonction rénale et l'élimination du médicament par le rein. La constante d'élimination se calcule à partir d'une courbe sur laquelle apparaissent les différentes concentrations du médicament en fonction du temps. Cette méthode est peu pratique pour le clinicien et il est plus commode de retrouver cette constante k dans les ouvrages spécialisés.

Lorsqu'on a trouvé la constante **k** pour un médicament donné et pour une clairance de la créatinine donnée, on peut calculer la demi-vie d'élimination du médicament selon la formule suivante:

$$T\frac{1}{2} = \frac{0,693}{k}$$

L'ajustement posologique des médicaments chez l'insuffisant rénal est possible sous certaines conditions. S'il n'y a pas de changement dans le taux de liaison aux protéines du médicament ni dans la réponse pharmacodynamique chez la personne âgée, et ce pour les médicaments éliminés sous forme inchangée et sous forme de métabolites inactifs, on peut adapter la posologie comme suit (1) faire le calcul de la clairance de la créatinine; (2) établir le rapport (Fr) avec la clairance de la créatinine normale; homme = 2 mL/s, soit 120 mL/min; femme = 1,76 mL/s, soit 105 mL/min; (3) à l'aide d'un volume de référence, rechercher la fraction du médicament éliminée par les reins sous forme inchangée (Tableau 52.8) et appliquer l'équation de Dettli:

$$Cl_{\text{totale du patient}} = Fr \bullet Cl_{\text{rénale}} + Cl_{\text{non rénale}};$$

(4) finalement, ajuster la dose ou l'intervalle posologique du médicament. Par exemple, chez un homme dont la clairance de la créatinine est de 36 mL/min (Fr = 36/120 = 30 %) la clairance totale pour un médicament éliminé à 50 % par le rein serait: Fr (30 %) × Cl rénale (50 %) + Cl non rénale (50 %) = 65 %. Il faudrait donc réduire la dose ou ajuster l'intervalle posologique de telle manière que le sujet reçoive 65 % de la dose quotidienne recommandée.

Selon l'équation proposée par Dettli, le facteur d'ajustement est régi par une règle de proportionnalité. Pour les médicaments à index thérapeutique étroit, on y réfère seulement pour calculer la première dose, car on préfère ensuite, si possible, un monitorage des concentrations plasmatiques.

PHARMACODYNAMIE

Beaucoup moins bien comprise que la pharmacocinétique, la pharmacodynamie chez les personnes âgées est tout de même un phénomène pour le moins intéressant. Le vieillissement influence la pharmacodynamie, principa-

Tableau 52.8 **Médicaments principalement éliminés par voie rénale**	
	% éliminé sous forme inchangée
Antibiotiques et antifongiques	
Aminosides	>> 95
Quinolones:	
ofloxacine	80
ciprofloxacine	> 50
Aciclovir parentéral	60-90
Pipéracilline, carbénicilline et ticarcilline	60
Tétracycline	60
TMP-SMX	TMP:50 et SMX:40
Fluconazole	80
Médicaments cardio-vasculaires	
IECA:	
lisinopril	100
énalaprilate	100
ramipril	60
captopril	50
quinalaprilate	50
fosinopril	50
Bêtabloquants:	
aténolol	85-100
nadolol	70
sotalol	75
pindolol	40
Digoxine	50-70
Antiarythmiques:	
procaïnamide	50-60
disopyramide	50
flécaïnide	30
quinidine	10-50
Clonidine	40-60
Diurétiques	
Furosémide	> 80
Hydrochlorothiazide	100
Amiloride	20-50
Autres	
Amantadine	90
Acétazolamide	90-100
Allopurinol	70
Lithium	80-90
Méthotrexate	80-90
Métoclopramide	80
Acide tiaprofénique	90
Baclofène	80
Étidronate	50

ponse cellulaire est parfois ralenti, voire absent, ce qui contribue à affaiblir les mécanismes de contrôle homéostatique. C'est au niveau du système nerveux central et du système cardio-vasculaire que l'on retrouve les plus importantes modifications pharmacodynamiques dues au vieillissement.

Modification des récepteurs

On observe, chez les personnes âgées, une diminution du nombre des récepteurs bêta-adrénergiques fonctionnels, ce qui entraîne une diminution de la réponse aux agonistes adrénergiques (stimulants) et une augmentation de la réponse aux antagonistes (bloquants). La perte de sensibilité aux bronchodilatateurs (agonistes bêta-adrénergiques) est cliniquement significative dans cette population.

On possède moins d'information sur les récepteurs cholinergiques, mais il semble que le contrôle du système parasympathique devienne moins efficace avec l'âge. L'expérience clinique montre que les anticholinergiques sont délicats d'utilisation et qu'ils présentent beaucoup d'inconvénients à des doses très bien tolérées chez les plus jeunes.

Système nerveux central

On observe une diminution de la masse cellulaire du système nerveux central, une modification du temps de conduction de l'influx nerveux sensitif, une diminution du flot sanguin cérébral et, probablement, une augmentation de perméabilité de la barrière hémato-méningée. Plusieurs travaux cliniques permettent de penser qu'il existe une relation entre ces changements et la prévalence accrue de confusion, d'incontinence urinaire et de chutes. Tout médicament qui agit sur le SNC ou y diffuse engendre une réaction beaucoup plus importante chez la personne âgée.

La sensibilité des personnes âgées aux barbituriques est connue depuis très longtemps. Les effets secondaires observés avec ce type de médicament vont de l'agitation nocturne au délire et à l'état psychotique. L'incidence des fractures est plus élevée chez les personnes qui prennent des barbituriques. De plus, les barbituriques sont à l'origine de plusieurs interactions médicamenteuses. Ils sont donc réservés au traitement de l'épilepsie.

Les benzodiazépines sont très utilisées par les personnes âgées. Il existe, entre la sensibilité

lement à cause d'une diminution du nombre de récepteurs et d'une altération de leur sensibilité. De plus, le signal de transmission pour une réaux benzodiazépines et l'âge, une corrélation étroite démontrée par des études en laboratoire et par des études cliniques. Ainsi, le nombre et la fréquence des effets indésirables du flurazépam augmentent avec la dose utilisée et avec l'âge. Les personnes âgées qui utilisent régulièrement le flurazépam souffrent fréquemment d'ataxie, de somnolence diurne, de confusion et, quelquefois, d'incoordination motrice. On a également observé une augmentation similaire de la sensibilité due à l'âge avec le témazépam et le nitrazépam.

Système cardio-vasculaire

Le vieillissement modifie la compliance des vaisseaux, ce qui entraîne probablement une augmentation de la pression artérielle et des modifications des barorécepteurs. Les changements électriques, mécaniques et biochimiques du cœur font qu'il répond moins bien à l'action des catécholamines. La sensibilité des personnes âgées à la digoxine est bien connue. Outre les facteurs cinétiques (augmentation des taux sériques, augmentation de la demi-vie d'élimination), d'autres facteurs rendent la digoxine plus toxique. Cependant, on les connaît peu et seuls quelques travaux expérimentaux montrent que la dose létale diminue avec l'âge. Du point de vue clinique, on peut cependant souligner que les manifestations de toxicité sont souvent différentes de celles que l'on observe chez les plus jeunes.

Mécanismes homéostatiques de contrôle ou compensatoires

Les réserves homéostatiques sont réduites chez la personne âgée. Le vieillissement des organes cibles conduit à la détérioration progressive de la capacité fonctionnelle de réserve. Dès l'âge de 30 ans, cette capacité diminue à un taux de 0,8 à 0,9 % par année. Le point critique n'est pas atteint à la même vitesse pour chaque organe, mais quand la personne âgée a un ou plusieurs organes qui ont atteint ce point critique, elle devient susceptible de présenter des effets indésirables médicamenteux. Les médicaments ajoutent un stress supplémentaire qui fait franchir le seuil critique.

L'étude de la pharmacodynamie a permis l'identification de nombreux mécanismes homéostatiques vulnérables et parfois compromis chez les sujets âgés. La réponse des barorécep-teurs du système nerveux autonome dont la sensibilité diminue progressivement et de façon importante avec l'âge rend les personnes âgées plus sensibles à l'hypotension orthostatique, à la perte du contrôle vésical et au ralentissement de la vidange gastrique. On note aussi des déficits du contrôle de la thermorégulation, de la soif, de la stabilité posturale, de l'équilibre électrolytique, de la régulation volumique, des réserves des fonctions cognitives et de la vigilance (Tableau 52.9).

UTILISATION DES MÉDICAMENTS

Effets indésirables

Selon l'OMS, la définition d'un effet indésirable médicamenteux (EIM) se lit comme suit : « Toute réponse nuisible et non recherchée qui se manifeste à des doses utilisées chez l'homme à des fins prophylactiques, thérapeutiques et diagnostiques ». Il s'agit donc d'une réaction nuisible, non intentionnelle, faisant suite à l'emploi d'un médicament dans le but d'aider.

Les EIM se divisent principalement en effets secondaires, effets toxiques, hypersensibilité et idiosyncrasie. Les deux dernières catégories étant imprévisibles, le clinicien doit exercer ses aptitudes à prévenir surtout les effets toxiques et les effets secondaires.

Les risques d'EIM sont de deux à sept fois plus élevés chez les plus de 65 ans que chez les plus jeunes. Le fait que l'on sous-estime l'importance des EIM au troisième âge est peut-être en partie responsable du nombre élevé d'hospitalisations (15 à 20 %) d'origine médicamenteuse.

Pour des raisons encore obscures, les femmes âgées de race blanche sont les plus susceptibles de présenter un EIM. Cette variable est probablement une des plus significatives et fait actuellement consensus dans toutes les études publiées à ce jour. Les personnes âgées de 65 ans et plus représentent environ 11 % de la population générale. Pourtant, les données disponibles nous apprennent que 40 % de toute la médication prescrite l'est chez cette clientèle. Cette polymédication, doublée fréquemment d'une polypathologie, sont deux autres facteurs de risque d'EIM. Lorsque plus de 3 médicaments sont utilisés, le taux des effets indésirables atteint 20,5 %, alors qu'il n'est que de 12,5 % chez

Tableau 52.9

Médicaments affectant l'équilibre homéostatique de la personne âgée

Atteinte	Médicaments	Conséquences
Fonction cognitive	Benzodiazépines Antipsychotiques Anticholinergiques Analgésiques narcotiques Anti-inflammatoires non stéroïdiens	*Delirium* ↓ mémoire
Stabilité posturale	Psychotropes	Chutes
Réponse orthostatique	Antihypertenseurs Diurétiques Antipsychotiques Antidépresseurs tricycliques Barbituriques Antihistaminiques Analgésiques narcotiques Antiparkinsoniens	Hypotension orthostatique
Thermorégulation	Phénothiazines Barbituriques Benzodiazépines Antidépresseurs tricycliques Analgésiques narcotiques Alcool	Hypothermie
Fonctions viscérales des muscles lisses	Médicaments aux propriétés anticholinergiques	Iléus Constipation Rétention urinaire Glaucome

ceux qui reçoivent 3 médicaments ou moins. Un traitement prolongé est aussi associé à un risque accru d'EIM. Ainsi 36 % des malades sous traitement à long terme souffrent d'au moins un EIM. Les traitements non nécessaires sont souvent responsables d'EIM. Le tiers des médicaments prescrits à des gens âgés vivant à domicile serait inutile ou aurait des indications douteuses.

Une posologie inadaptée est la cause la plus fréquente d'EIM chez les personnes âgées. En général, il s'agit d'un surdosage. La présence de maladies prédisposantes, souvent multiples ou occultes, favorise l'apparition d'EIM. C'est ainsi que l'emploi d'un bloqueur bêta-adrénergique chez un malade qui présente une insuffisance cardiaque latente peut déclencher une décompensation cardiaque. Il en est de même pour les hypnotiques et anxiolytiques qui peuvent déclencher un état confusionnel aigu. Plus de 15 % des cas de syndromes organiques cérébraux seraient directement liés à un traitement. Enfin, la réactivité ou la sensibilité plus grande du vieillard aux médicaments l'expose à des EIM plus fréquents.

Même si l'on sait que les personnes âgées sont plus sensibles aux EIM, ces derniers sont rarement reconnus comme tels. L'identification d'un EIM en gériatrie est difficile, car les symptômes rencontrés sont aussi la manifestation de nombreuses maladies.

Des changements récents de l'état mental, des troubles digestifs, l'apparition d'une incontinence, des chutes, une perte d'appétit accompagnée d'une perte de poids peuvent être des symptômes d'une maladie, mais aussi d'un EIM. Chez les personnes âgées, les médicaments qui causent le plus fréquemment des EIM sont la digoxine, les diurétiques, les antihypertenseurs, les benzodiazépines, les antidépresseurs, les antipsychotiques, les AINS, les antiparkinsoniens, les hypoglycémiants, les anticoagulants et les anti-H_2 (Tableau 52.10).

Interactions médicamenteuses

A cause des changements physiologiques de la sénescence, d'une polypathologie, d'une polypharmacie et, souvent, d'un usage inapproprié des médicaments, les personnes âgées sont exposées à un risque élevé d'interactions médicamenteuses. Une interaction se produit lorsque les propriétés d'un médicament sont modi-

Tableau 52.10	
Présentation clinique des effets indésirables médicamenteux (EIM) chez les personnes âgées	
Médicaments	**EIM à surveiller**
Digoxine	Confusion, anorexie, nausées
Diurétiques	Hypotension orthostatique chutes, incontinence, hyponatrémie, hypokaliémie
Antihypertenseurs	Hypotension orthostatique
Vérapamil, diltiazem	Constipation
Bêtabloquants	Cauchemars, dépression
Inhibiteurs de l'enzyme de conversion de l'angiotensine	Fonction rénale
Benzodiazépines	Ralentissement psychomoteur, confusion, chutes, somnolence diurne
Antidépresseurs tricycliques	Hypotension orthostatique, confusion, chutes, rétention urinaire, constipation
Inhibiteurs sélectifs de la recapture de la sérotonine	Anorexie, perte de poids, agitation, insomnie
Antipsychotiques	Parkinsonisme, hypotension orthostatique, effets anticholinergiques
Anti-inflammatoires non stéroïdiens	Saignement, fonction rénale, confusion, rash
Lévodopa/carbidopa	Confusion, hallucinations, hypotension orthostatique, dystonie
Anti-H_2	Confusion (surtout cimétidine)
Analgésiques narcotiques	Confusion, constipation
Métoclopramide	Réactions extrapyramidales

fiées par l'administration d'un ou de plusieurs autres produits.

L'étude des interactions médicamenteuses est complexe et, souvent, plusieurs problèmes cliniques courants trouvent leur origine dans une interaction médicamenteuse.

Le lecteur qui veut en savoir plus pourra consulter les ouvrages spécialisés sur le sujet.

Fidélité au régime thérapeutique

Le médecin qui prescrit un traitement médicamenteux à un malade âgé doit s'assurer non seulement que le traitement sera efficace, mais aussi qu'il sera bien compris et que les directives seront bien suivies. En effet, la non-fidélité au traitement est un des principaux facteurs d'hospitalisation d'origine médicamenteuse (le facteur le plus important étant les réactions indésirables). Les médicaments pour lesquels on retrouve le taux le plus élevé de non-observance se classent principalement parmi les antihypertenseurs, les diurétiques et les médicaments cardio-vasculaires.

On définit la fidélité au traitement ou l'observance (compliance) comme le respect des directives verbales ou écrites, d'un médecin ou d'un pharmacien, relatives à un traitement médicamenteux. Il semble qu'entre 25 et 50 % des malades âgés ne respectent pas les directives de leur médecin ou de leur pharmacien. Ils diminuent ou augmentent les doses, ne prennent pas leur traitement régulièrement, arrêtent avant la fin ou poursuivent plus longtemps que nécessaire.

Plusieurs facteurs peuvent expliquer ce manque d'intérêt apparent des vieillards pour leur traitement. Il y a peu de corrélation entre l'âge du sujet et la non-fidélité, mais une personne âgée vivant seule et souffrant d'une maladie chronique est plus susceptible de ne pas adhérer à son traitement. Plus le traitement est de longue durée, plus les malades ont tendance à l'abandonner. Il en est de même lorsque la maladie traitée est asymptomatique ou que le malade a peur de s'habituer à son traitement. Cependant, si le malade a une certaine motivation (ou encouragement des proches), s'il perçoit son traitement comme important, s'il ne souffre pas d'effets indésirables, il suivra convenablement les recommandations de son médecin.

La raison principale de la non-fidélité au traitement est le nombre de médicaments prescrits. Quand le nombre de médicaments passe de trois à quatre, le nombre d'inobservants double. Une autre raison de la non-fidélité est l'omission ou l'oubli. Il a été démontré que la plupart des personnes âgées oublient de prendre plusieurs doses de leur traitement, souvent parce qu'elles n'en ressentent pas le besoin.

Le manque d'information est également une cause importante de la non-fidélité. Le malade peut manquer de renseignements sur sa maladie; il arrive qu'il ne comprenne pas ce qui est écrit sur l'étiquette du flacon de pilules; il ignore parfois comment prendre ses médicaments. La non-compréhension du traitement est une cause de non-observance pour près du tiers des malades âgés. Le moment de l'administration peut également devenir critique pour une personne âgée. Ainsi, lorsqu'on prescrit un médicament après les repas, le nombre de repas et l'espacement des repas sont des facteurs importants.

Certaines méthodes peuvent être utilisées pour améliorer la fidélité du malade au traitement. Le médecin doit d'abord fournir au malade des informations verbales et écrites sur la maladie, le pourquoi du traitement et sa durée. Le pharmacien doit s'assurer que le client a toutes les informations pertinentes pour prendre sa médication: nom des médicaments, horaire d'administration, précautions particulières (ex.: peut causer la somnolence) et effets indésirables les plus fréquents, et indiquer un numéro de téléphone où il peut être rejoint facilement. Le pharmacien ne doit pas présenter ses médicaments dans des contenants à fermoir sécuritaire, particulièrement si son client a des problèmes d'arthrite.

Le médecin doit aussi évaluer le milieu thérapeutique de l'individu, c'est-à-dire ce qui l'entoure physiquement, y compris le milieu social et les personnes qui y évoluent. Il doit connaître les motifs, aptitudes et limitations du malade âgé. Peut-il se rendre à la pharmacie facilement?

Comprend-il les instructions (problèmes d'audition ou de vision)? Il doit s'assurer que le malade a, dans son entourage, quelqu'un qui puisse l'aider à prendre ses médicaments correctement.

On peut favoriser de saines habitudes de prise de médicament en ayant soin, par exemple, de ne pas changer souvent la posologie, de faire ranger les médicaments à la même place, de favoriser les doses uniques. Il existe certains systèmes de distribution qui facilitent l'utilisation des médicaments selon un horaire fixe et qui diminuent les risques d'oublis.

Le médecin doit connaître les manifestations des principaux effets indésirables chez la personne âgée et assurer un certain suivi du malade. Le pharmacien doit veiller à ce que son client respecte les dates de renouvellement de son ordonnance et aviser le médecin si des anomalies sont détectées. Enfin, il faut s'assurer que le malade accepte **sa** responsabilité de prendre ses médicaments. Le malade doit devenir un intervenant important dans le traitement, c'est-à-dire assumer un rôle actif, en échangeant continuellement des informations avec le médecin, le pharmacien ou le personnel soignant.

La fidélité au traitement n'est pas une fin en soi, pas plus que la fidélité à 100 % ne doit être un objectif réaliste. Il est plus que probable que le malade âgé ajuste son traitement à son rythme. Plus que tout, la relation entre le thérapeute et son malade assure une saine gestion des traitements.

CONCLUSION

Les variations individuelles exigent du prescripteur un effort constant, afin d'ajuster l'ordonnance médicamenteuse d'une personne âgée. La fréquence d'apparition d'effets indésirables induits par la polymédication, souvent incontournable en gériatrie, peut être réduite par une prescription rigoureusement adaptée à la personne âgée (Tableau 52.11) et par une fidélité au régime thérapeutique.

Tableau 52.11
Approche du problème de la polymédication
1) Obtenez une histoire aussi précise que possible de la prise de médicaments (médicaments prescrits par d'autres médecins, médicaments en vente libre, informations disponibles auprès du pharmacien, problèmes de fidélité à la prescription, erreurs de prise de médicaments, etc.).
2) En cas d'effet indésirable possible, arrêtez un médicament plutôt que d'en ajouter un autre.
3) Cessez tous les médicaments dont l'utilité thérapeutique est discutable (la plupart des médicaments cardio-vasculaires, psychotropes et neurotropes doivent cependant être abandonnés progressivement).
4) Fixez-vous des objectifs thérapeutiques réalistes (la tension artérielle ne doit pas obligatoirement être à 120/80. Un peu d'anxiété n'est pas nécessairement mauvais).
5) Utilisez des approches non pharmacologiques lorsque c'est possible (exercice, diète, méthodes de relaxation, etc.).
6) Éduquez le patient et les soignants (effets indésirables à surveiller, danger des médicaments non prescrits).

BIBLIOGRAPHIE

DAWLING, S. & P. CROME: Clinical pharmacokinetic considerations in the elderly: An update. *Clin pharmacokin*, **17**(4):236-63, 1989.

GRENIER-GOSSELIN, L.: *Contribution des effets indésirables médicamenteux à l'hospitalisation des personnes âgées*, Mémoire de maîtrise, École de pharmacie, Université Laval, Québec, 1992.

LAROUCHE, R. & G. BARBEAU: Effets de l'âge sur la pharmacocinétique, in *Médicaments et personnes âgées*. Barbeau-Guimond-Mallet. Edisem et Maloine, Saint-Hyacinthe et Paris, 1991.

MAYERSOHN, M.: Pharmacokinetics in the elderly. *Environ Health Perspect*, **102**(suppl)11:119-24, 1994.

PIRAINO, A.J.: Managing medication in the elderly. *Hospital Practice (Off Ed)*, **30**(6):59-64, 1995.

RITSCHEL, W.A.: Drug disposition in the elderly: gerontokinetics. *Methods Find Exp Clin Pharmacol*, **14**(7):555-72, 1992.

SCHARF, S.: Christophidis N. Relevance of pharmacokinetics and pharmacodynamics. *Med J Aust*, **158**(6):395-402, 1993.

SLOAN, R.W.: Principles of drug therapy in geriatric patients. *Am Fam Physician*, **45**(6):2709-18, 1992.

TUMER, N., SCARPACE, P.J. & D.T. LOWENTHAL: Geriatric pharmacology: basic and clinical considerations. *Ann Rev Pharmacol Toxicol*, **32**:271-302, 1992.

WILLIAMS, L. & D.T. LOWENTHAL: Drug therapy in the elderly. *South Med J*, **85**(2):127-31, 1992.

WOODHOUSE, K. & H.A. WYNNE: Aged-related changes in hepatic function: Implications for drug therapy. *Drugs & Aging*, **2**(3):243-255, 1992.

YUEN, G.J.: Altered pharmacokinetics in the elderly. *Clinics in Geriatric Medicine*, **6**(2):257-92, 1990.

LECTURES SUGGÉRÉES

BARBEAU-GUIMOND-MALLET: *Médicaments et personnes âgées*, Edisem et Maloine, Saint-Hyacinthe et Paris, 1991.

MAYERSOHN, M.B.: Special pharmacokinetic considerations in the elderly, in *Applied Pharmacokinetics: Principles of Therapeutic Drug Monitoring*. Evans, Jusko, Schentag, Applied Therapeutics, Inc, New York, 3th ed., 1992.

SCHWARTZ, J.B.: Clinical pharmacology, in *Principles of Geriatric Medicine and Gerontology*. Hazzard, W.R. & Coll. ed. McGraw-Hill, New York, 1994.

USP DI 1995. Drug Information for the Health Care Professional. Vol. 1, 15th Edition; by Authority of the United States Pharmacopeial Convention, Inc.

PROBLÈMES NUTRITIONNELS

Monique Ferry

Bien qu'il soit difficile d'isoler les effets du vieillissement lui-même de ceux qui sont liés à des processus dégénératifs ou pathologiques, la nutrition apparaît comme l'un des déterminants d'une vieillesse réussie et performante.

Au-delà du vieillissement différentiel qui reproduit la diversité des sujets plus jeunes, il faut bien admettre qu'il n'existe pas un vieillard type, mais une multitude de sujets âgés dont les différences sont considérables et engendrent des comportements alimentaires ou des besoins complètement différents.

Cela pose le problème de la distinction entre les besoins minimaux nécessaires à la survie et les besoins optimisés de chaque groupe d'âge qui permettent non seulement de maintenir le bon fonctionnement physiologique, mais aussi de le rendre le plus efficient, pour prévenir certaines affections liées à l'âge. On peut donc envisager de modifier la morbidité et la survenue potentielle de handicaps. La nutrition semble l'une des voies importantes de la prévention du mauvais vieillissement, voie que l'on doit d'autant mieux explorer que la longévité augmente.

Les relations entre nutrition et vieillissement recouvrent différents aspects: de l'impact de la nutrition sur la durée de vie aux modifications du statut nutritionnel selon l'âge. Dans ce chapitre, nous ne développerons pas l'aspect nutrition et durée de vie ou prévention de certaines affections associées à l'avancement en âge. Nous nous attacherons à étudier le problème que constitue le retentissement de la sénescence sur le statut nutritionnel du sujet âgé.

EFFETS DE LA SÉNESCENCE SUR LA NUTRITION

Par les modifications physiologiques qu'elle entraîne, la sénescence peut influer sur le statut nutritionnel en créant un terrain propice à la malnutrition. Le vieillissement lui-même n'est pas une cause de dénutrition, c'est la survenue de maladies ou de modifications de l'environnement qui favorise la dénutrition.

Modifications de la composition corporelle

Les mesures de référence de la composition corporelle montrent une diminution de la masse maigre et de l'eau extra- et intracellulaire et une élévation de la masse grasse, (qui augmente en parallèle jusqu'à la huitième décennie, avec une redistribution vers les tissus adipeux profonds). La masse maigre est constituée des muscles et des organes (cœur, foie, reins). Lors du vieillissement, la diminution de la masse maigre se fait surtout au détriment des muscles. Le tissu musculaire qui représente 45 % de poids corporel chez le sujet jeune ne représente plus que 25 % chez le sujet âgé; il est remplacé par du tissu fibreux ou adipeux, réalisant un véritable «syndrome de sarcopénie». Si le poids du tissu musculaire diminue, celui des organes diminue relativement moins, dans le but de préserver les grandes fonctions.

Cette diminution de la masse maigre est accentuée par une réduction de l'activité physique et participe à une diminution des capacités fonctionnelles, donc à la perte d'autonomie. Cette limitation des capacités motrices peut elle-même entraîner une diminution de l'apport alimentaire par les difficultés à s'approvisionner ou à préparer les repas et par la diminution de l'appétit qui souvent l'accompagne. Mais peut-on considérer que la réduction de la masse musculaire soit une évolution inéluctable et que la diminution des besoins énergétiques parallèle à la diminution de la masse cellulaire active soit une «norme» du sujet âgé? Probablement pas.

L'eau totale varie au cours de la vie (diminution de 0,3 kg/année jusqu'à 70 ans, plus marquée ensuite jusqu'à 0,7 kg/année). La diminution de l'eau corporelle totale avec l'âge est un indicateur de la réduction de la masse maigre. Et la diminution physiologique de la sensation de soif chez le sujet âgé ajoute ses conséquences néfastes à la diminution de l'eau corporelle totale. Ce risque est d'autant plus sensible en cas de fièvre ou de traitement diurétique.

Modifications des fonctions digestives

La phase buccale de la digestion est souvent moins bonne, en raison d'une fréquente sécheresse de la bouche associée à l'involution des glandes salivaires d'une part, aux traitements psychotropes ou atropiniques d'autre part, et à la déshydratation fréquente chez le sujet âgé. Cette sécheresse buccale aggrave l'altération du goût qui suit la diminution de la vitesse de renouvellement des papilles gustatives. Encore faut-il bien distinguer la véritable perte de goût, avec atrophie des papilles gustatives (causée par la dénutrition ou la carence en zinc ou en niacine) de la perte de sensation des goûts qui peut être simplement due à un défaut de stimulation des bourgeons du goût par une alimentation trop monotone ou peu sapide. Il n'est pas évident que la perte de goût soit inéluctable avec l'âge, ce que pensait déjà Brillat-Savarin. Quant au problème des dents, les dents infectées, cariées, douloureuses sont souvent plus gênantes que l'absence de dents. Mais la dégradation de l'état bucco-dentaire entraîne volontiers une insuffisance masticatoire, influençant donc la première phase de la digestion.

L'évacuation gastrique est ralentie, ce qui favorise les reflux, et la gastrite atrophique, beaucoup plus fréquente avec l'âge, est la cause d'une diminution de la sécrétion acide de l'estomac, donc d'une prolifération microbienne. Cependant, le tube digestif lui-même, s'il est susceptible de présenter une diminution de l'absorption des nutriments, reste efficace en l'absence de véritable condition pathologique, puisqu'il a une capacité d'absorption nettement supérieure aux besoins. On note seulement une élévation de la sécrétion de la cholécystokinine (CCK) qui pourrait jouer un rôle dans certaines anorexies (cette sécrétion étant d'autant plus élevée que le sujet est dénutri) et une diminution de l'absorption du calcium (absorption active) et de la vitamine D, qui justifie l'augmentation des besoins.

La fonction hépatique globale n'est pas sensiblement modifiée, mais on note une baisse de l'activité enzymatique, en particulier microsomiale, importante pour le métabolisme des médicaments.

Le pancréas exocrine voit sa capacité de sécrétion diminuer un peu avec l'âge, ce qui explique la moins bonne tolérance envers des repas trop gras ou trop abondants. Cependant, le déficit ne devient significatif qu'en cas de dénutrition associée, car il faut garder en mémoire le fait que la malnutrition elle-même intervient de manière précoce et délétère sur le fonctionnement de l'appareil digestif et peut, en particulier, perturber la fonction pancréatique.

Modifications métaboliques

La diminution de la masse maigre se traduit par une réduction des métabolites dérivés du muscle (créatinine, 3-méthylhistidine) et, surtout, par une baisse de la force, et donc de la fonction, musculaire. La diminution de l'hormone de croissance participe au vieillissement. Cette hormone est indispensable au maintien du métabolisme protidique, au renouvellement des tissus osseux et aux diverses réparations tissulaires. L'assurance d'un apport nutritionnel suffisant, qualitativement et quantitativement, pourrait permettre de compenser en partie cette diminution. La diminution de sécrétion des androgènes pourrait aussi avoir une incidence sur l'état nutritionnel, du fait de leur rôle d'anabolisants protéiques.

Progressivement, apparaît une intolérance au glucose secondaire à une élévation de l'insulinorésistance et à une diminution provoquée de la sécrétion d'insuline postprandiale. Cette insulinorésistance, plus importante au niveau des muscles squelettiques, pourrait expliquer le bénéfice de l'exercice musculaire.

Matkovic a montré par ailleurs que la réduction progressive du capital osseux, si elle est en partie liée à la diminution des sécrétions hormonales chez la femme, est aussi étroitement liée aux apports alimentaires de calcium et de vitamine D.

BESOINS NUTRITIONNELS DE LA PERSONNE ÂGÉE

Les apports conseillés doivent être personnalisés en fonction des individus, de leur environnement, des ressources disponibles et du comportement individuel. D'où l'importance de reconstituer les activités quotidiennes pour évaluer les besoins énergétiques.

Besoins énergétiques

Les besoins énergétiques sont définis comme l'apport énergétique nécessaire pour équilibrer la dépense énergétique qui permet à un sujet de maintenir l'activité physique souhaitée et une bonne santé à long terme. Ils représentent environ 1,5 fois le métabolisme de base pour un sujet âgé dont la mobilité est normale.

Les dépenses énergétiques au repos représentent le métabolisme de base, dépenses incompressibles qui permettent le métabolisme oxydatif de l'organisme (environ 60 % de la dépense énergétique). Pendant longtemps, on a pensé que le métabolisme de base diminuait avec l'âge, or, en fait, il diminue peu et surtout en fonction de la baisse d'activité physique.

Les dépenses énergétiques liées à l'effet thermique des aliments, qui représentent environ 10 % des dépenses énergétiques totales, varient très peu chez le sujet âgé. La dépense énergétique obligatoire due à l'effet thermogène des aliments est nécessitée par la digestion, l'absorption et le stockage des aliments. Cette dépense énergétique obligatoire correspond au coût du devenir métabolique des divers nutriments, alors que la portion facultative est due à l'activité du système sympathique (important à considérer, par exemple dans l'obésité). Selon les plus récentes études, il apparaît que cette thermogenèse ne varie pratiquement pas entre sujets jeunes et sujets âgés.

Ce sont, en fait, les dépenses énergétiques associées à l'exercice physique qui conditionnent la dépense énergétique. Un sujet de plus de 65 ans, en bonne santé, a des besoins énergétiques équivalents à ceux d'un adulte plus jeune dont l'activité physique serait équivalente. Ces besoins peuvent être supérieurs dans certaines situations. L.E. Voorrips a mis en évidence que lors d'une activité standardisée de marche sur tapis roulant à 3 km/heure, la dépense énergétique des sujets âgés était significativement plus importante que celle des sujets d'âge moyen. Une des hypothèses proposées voulait que les sujets âgés avaient plus de difficulté à marcher et, en particulier, à maintenir leur équilibre. Il semblerait, en outre, qu'il y ait un moins bon rendement métabolique de l'énergie ingérée.

La diminution des besoins énergétiques avec l'âge est en fait celle du sujet très âgé qui n'a plus d'autre activité que les déplacements lit-fauteuil et dont les besoins se rapprochent donc du métabolisme de base. Ces sujets âgés sont souvent ceux que l'on retrouve dans les études. Un récent travail de Goran montre bien le fait que chez des sujets âgés sains, l'activité physique est le facteur principal des variations individuelles de la dépense énergétique.

Il est donc intéressant de savoir s'il n'y a pas eu, à un moment donné de l'évolution, une réduction de la mobilité causée par une diminution de la force musculaire liée à la sous-nutrition. Cette question pose le difficile problème de distinguer les besoins de survie des besoins optimisés, en vue de prévenir certaines affections dépendantes de l'âge.

Mais il faut surtout tenir compte de l'absence de «réserves» mobilisables, absence qui fait que le sujet âgé ne pourra pas s'adapter à une augmentation soudaine des besoins puisqu'il ne peut puiser, de manière prolongée ou brutale, dans des réserves très diminuées. Il faut savoir alors compenser par un apport de nutriments, en particulier en cas d'hypercatabolisme.

Besoins en nutriments

Sur le plan quantitatif, on estime les besoins en nutriments à environ 2000 kcal par jour pour l'homme et 1800 kcal pour la femme. Ces apports recommandés diffèrent cependant selon les pays (Tableau 53.1) et peuvent être largement augmentés en cas d'hypercatabolisme. A l'inverse, un apport inférieur à 1500 kcal par jour est responsable de déficits en micronutriments. Les besoins nutritionnels qualitatifs concernent les besoins en macronutriments, protides, lipides, glucides, mais aussi en micronutriments indispensables, vitamines et oligo-éléments.

Tableau 53.1
Apports nutritionnels conseillés (Canada et France)

Âge	1990 Canada		1992 France	Unités par jour
	50-74 ans	75 + ans	65 +	
Énergie	1800/2300	1700/2000	1500/2100	kcal
Protéines	47/60	47/57	60	g
	30	N.D.*	12	% de cal
Lipides	30	30	30-35	% de cal
Acide gras saturé	10	10	N.D.	% de cal
Glucides	55	55	50-55	% de cal
Fibres	N.D.	N.D.	20	g
Vitamine A	800/1000	800/1000	800	μg ER[1]
Vitamine D	5	5	12	μg
Vitamine E	6/7	5/6	12	mg
Vitamine K	N.D.	N.D.	35	μg
Thiamine	0,8/0,9	0,8	1,3	mg
Riboflavine	1/1,3	1	1,5	mg
Niacine	14/16	14	15	mg EN[2]
Acide pantothénique	5-7	5-7	10	mg
Vitamine B_6	1,1/1,8	1,1/1,8	2	mg
Vitamine B_{12}	2	2	3	μg
Acide folique	190/220	190/205	300	μg
Vitamine C	30/40	30/40	80	mg
Fer	8/9	8/9	10	mg
Calcium	800	800	1200	mg
Phosphore	850/1000	850/1000	1000	mg
Magnésium	210/250	210/230	420	mg
Zinc	9/12	9/12	12	mg
Iode	160	160	150	μg
Sélénium	50	50	70	μg
Cuivre	N.D.	N.D.	2,5	mg
Manganèse	3,5	3,5	4	mg
Chrome	N.D.	N.D.	125	μg
Molybdène	N.D.	N.D.	150	μg
Sodium	N.D.	N.D.	< 5	g
Potassium	N.D.	N.D.	2-8	g

1. FER: équivalent rétinol
2. EN: équivalent niacine
* N.D.: non disponible

Les macronutriments sont destinés à fournir l'énergie souhaitable au fonctionnement cellulaire.

Si les besoins énergétiques peuvent être réduits parallèlement à la baisse d'activité, les besoins en protéines ne diminuent pas. C'est pourquoi les formules de prédiction des besoins à partir de la masse maigre incluent le facteur âge. Les besoins en protides sont reconnus à 0,80 g/kg/jour. Du fait d'une moindre absorption énergétique chez le sujet âgé, il faut privilégier l'apport protéique de telle façon qu'il assure 1 à 1,2 g de protide/kg de poids corporel et un minimum de 60 g/jour de protides de bonne valeur biologique. L'étude réalisée par l'équipe de Young tout récemment, avec des acides aminés isotopiques, chez des sujets âgés, confirme que les besoins protidiques sont au moins de 1,2 g/kg/24 h et supérieurs en cas de conditions pathologiques.

Les **protides** doivent être apportés par moitié sous forme végétale (céréales, légumes, féculents) et par moitié sous forme animale (lait et produits dérivés du lait, œufs, poisson, viande). Les besoins en protéines sont importants en raison de la persistance du turnover protéique chez le sujet âgé, mais avec une moindre efficacité du fait de l'insuffisance de la recapture des acides aminés perdus par le métabolisme oxydatif. Les besoins en protéines alimentaires (acides aminés) sont doubles:

- les besoins en acides aminés dits essentiels, car non synthétisés en quantité suffisante par l'organisme. Ils sont au nombre de huit et sont indispensables à certaines synthèses spécifiques. Certains ont une importante activité fonctionnelle (p. ex.: précurseurs des neuromédiateurs). La possibilité que certains acides aminés puissent devenir essentiels chez le sujet âgé est un important thème de recherche actuel (p. ex. la glutamine, voire l'arginine, comme l'histidine devient un acide aminé essentiel durant la croissance de l'enfant);

- les besoins en acides aminés non essentiels, car synthétisés en assez grande quantité par l'organisme pour couvrir les synthèses azotées globales.

A un âge avancé, les besoins protéiques en particulier seraient même plus élevés en raison du moins bon «rendement» métabolique (diminution des capacités d'assimilation et d'absorption et réduction de l'activité enzymatique, voire modification de la structure des enzymes, prolifération microbienne et consommation locale de certains nutriments). Ainsi, une étude de Sarwar & Coll., après Rudman, comparant une population de sujets jeunes (30 à 35 ans) et âgés (80 à 89 ans), a montré que le taux d'acides aminés essentiels était réduit dans le groupe des sujets âgés. Mais il semble que la modification soit d'autant plus importante que les sujets sont en institution ou malades, et que les besoins augmentent franchement dans le cas d'une affection pathologique intercurrente, surtout si cette dernière donne lieu à un hypercatabolisme.

En fait, la diminution protéique globale par diminution de la masse maigre est «masquée» par une adaptation physiologique de type hypométabolique tendant à réduire les besoins et permettant de maintenir un état physique adéquat. Mais toute situation de stress ou d'agression rompt cet équilibre fragile. Les protéines doivent donc représenter 12 à 15 % de la ration énergétique, et parfois 20 %, en cas de diminution des apports globaux.

Les **glucides** sont indispensables au fonctionnement des muscles et du cerveau et constituent la source d'énergie utilisable le plus rapidement. Ils peuvent être simples, très rapidement métabolisés, ou complexes à métabolisme beaucoup plus lent. C'est pourquoi ils doivent représenter 50 à 55 % de la ration énergétique totale, soit 200 à 300 g de glucides/jour, avec moins de 10 à 15 % de sucres rapides (qu'il vaut mieux consommer à la fin du repas, car mélangés au bol alimentaire, ils deviendraient d'élimination lente). Les glucides sont, en outre, une source de vitamines du groupe B.

Les **lipides** sont des corps gras très énergétiques (9 kcal/g) constituant l'essentiel des réserves de l'organisme. Ils ont aussi un rôle fondamental dans la constitution des membranes cellulaires, y compris les membranes neuronales. Ils sont également la matière première indispensable à la fabrication de nombreux médiateurs chimiques (prostaglandines, leucotriènes, etc.). Ils doivent représenter 30 à 35 % de la ration quotidienne. Il faut éviter de réduire leur absorption au cours du vieillissement, car l'apport d'acides gras essentiels reste nécessaire, même à un âge avancé. Des études récentes ont aussi montré que, si l'hypercholestérolémie accroît le risque de maladies cardio-vasculaires, notamment coronariennes, la diminution, avec l'âge, du taux de cholestérol accroît le risque de morbidité, voire de mortalité.

Les apports en **vitamines** et **minéraux** doivent être surveillés, car ils deviennent volontiers insuffisants, surtout en cas d'affection intercurrente. Les grandes carences vitaminiques classiques (scorbut, béribéri) ont disparu dans les pays industrialisés. Cependant, les personnes âgées constituent un groupe de personnes exposé aux déficiences vitaminiques, et le placement en institution représente, en lui-même, un risque accru.

Les apports énergétiques ont tendance à diminuer avec l'âge. Or, il existe une relation positive entre le niveau des apports en énergie et celui des micronutriments. Pour conserver un niveau vitaminique correct, les sujets âgés doivent augmenter la densité nutritionnelle de leur alimentation. Mais c'est bien souvent l'inverse que l'on observe.

Bien qu'il existe une grande diversité individuelle, en fonction de l'état de santé, de l'activité physique et des ressources financières, il semble se dégager, des enquêtes déjà effectuées, un risque global de déficience pour la plupart des vitamines. Le risque est plus important pour les personnes âgées vivant en institution que pour celles qui vivent à domicile. Cependant, les besoins réels du sujet qui avance en âge sont encore mal connus.

On peut envisager la prévention nutritionnelle comme un élément important du *bon vieillissement*, même s'il n'est pas possible actuellement de proposer des «doses» vitaminiques particulières pour tenter de l'assurer. Mais il est absolument indispensable qu'au moins l'apport minimal recommandé soit toujours assuré par une alimentation équilibrée, car si un sujet jeune peut compenser assez rapidement une influence nocive de l'environnement et retrouver son état normal quand elle disparaît (tabac et vitamine C, alcool et vitamines du groupe B, etc.), un sujet vieillissant perd cette capacité d'adaptation. Une carence minime, «marginale», peut avoir des conséquences plus sérieuses chez une personne âgée que chez un sujet plus jeune, et mérite d'être corrigée. Il faut

savoir évoquer la possibilité de carences, les compenser chaque fois que nécessaire et assurer un apport vitaminique complémentaire dans les situations qui créent une augmentation nette des besoins: maladie intercurrente, stress, traumatisme, etc. On peut ainsi influer sur la morbidité, donc sur la qualité de vie du sujet âgé. L'importance du statut vitaminique du sujet plus jeune paraît aussi non négligeable si l'on souhaite bien vieillir, car les habitudes nutritionnelles et le mode de vie acquis avant 50 ans conditionnent une partie des affections qui surviennent à un âge plus avancé.

A propos des minéraux, il faut d'abord souligner la différence entre les minéraux qui ont un rôle structurel et fonctionnel (Ca, Fe, etc.) et les oligo-éléments qui agissent à doses infinitésimales et dont le rôle essentiel est d'intervenir dans de très nombreuses réactions enzymatiques (zinc et fonction immunitaire) et de jouer un rôle protecteur contre l'effet des radicaux libres (sélénium).

Le calcium est un élément fondamental dont les apports sont très nettement insuffisants d'après toutes les études comparatives. Or, en dehors de son rôle cellulaire propre au niveau des canaux calciques, il joue un rôle prépondérant dans le maintien de la masse osseuse, et diverses enquêtes épidémiologiques ont montré que 20 % environ des personnes âgées ont des apports très bas en calcium (inférieurs à 500 mg/jour), donc présentent un risque élevé de carence. Une étude récente a montré l'intérêt d'un apport complémentaire en vitamine D et calcium pour prévenir les fractures du col du fémur chez les sujets très âgés vivant en institution et ne s'exposant pas au soleil.

De nombreux travaux ont aussi démontré que les vitamines et les oligo-éléments ont un rôle capital dans le maintien des fonctions immunitaires normales, par leur implication dans les fonctions cellulaires et de nombreuses voies métaboliques.

ÉVALUATION DE L'ÉTAT NUTRITIONNEL

Elle repose sur l'interrogatoire, le bilan clinique, les marqueurs anthropométriques et biologiques, car la dénutrition est fréquente, en particulier à l'hôpital ou en centre d'hébergement, et peut dépendre de deux mécanismes:

- «exogène», par diminution des apports alimentaires;
- «endogène», conséquence d'une condition pathologique qui augmente les besoins.

Ces deux modes ne sont pas exclusifs et sont, en fait, souvent associés. C'est pourquoi l'évaluation nutritionnelle du sujet âgé doit être régulièrement réalisée. Elle peut être très simple.

L'**interrogatoire** permet de faire une évaluation des ingesta, par une enquête alimentaire hebdomadaire ou une enquête rapide comme le rappel des 24 heures. Les résultats de l'étude du *New Mexico Aging Process* ont montré que la diminution des apports était un signe très précoce, précédant l'apparition clinique des maladies et la malnutrition qui en découle. La vigilance vis-à-vis de l'apport alimentaire est donc primordiale, surtout en institution.

Le **bilan clinique** comporte un examen clinique qu'il ne faut jamais omettre, puis une évaluation de l'appétit et la recherche de facteurs modifiant l'alimentation: troubles de la déglutition, statut mental, état dentaire (Tableau 53.2).

L'**anthropométrie** est plus complexe du fait de l'évolution morphométrique du sujet âgé. Elle peut être limitée à la mesure de la perte de poids. Malgré les erreurs dont cette mesure est entachée, en particulier les variations de la masse hydrique, elle reste le marqueur le plus accessible car, en dehors de conditions pathologiques, il n'y a pas de perte de poids liée au seul

---

Tableau 53.2
Évaluation clinique pour la recherche d'une possible malnutrition

- Recherche de signes non spécifiques: asthénie, dépression
- Évaluation de l'appétit et des ingesta
- Recherche des antécédents médicaux (accident vasculaire cérébral, chirurgie, etc.)
- Évaluation du statut mental
- Difficultés de déglutition? (test)
- Rythme respiratoire (difficultés respiratoires?)
- Évaluation de la capacité fonctionnelle (marche en particulier)
- Évaluation:
  - des dents
  - des appareils dentaires
  - des muscles de la mastication

---

vieillissement. En effet, toute rupture de la courbe de poids, sans reprise du poids antérieur, devient un processus accélérateur du vieillissement. La sommation de ces pertes de poids, même minimes, mais non récupérées rapidement, aboutit à une situation de disparition des réserves de l'organisme et aux conséquences délétères de la dénutrition. L'alerte doit être donnée si la perte de poids est ≥ 5 %, et c'est un signe de gravité si la perte de poids est ≥ 10 % au cours des six derniers mois. La cassure de la courbe de poids reste le marqueur le plus efficace pour diagnostiquer rapidement une dénutrition et la traiter en temps utile. On peut corréler le poids à la taille, mesurée en mètres, pour obtenir l'indice de masse corporelle, ou indice de Quetelet (P/T^2) qui doit être supérieur à 21. Du fait de la difficulté de mesurer la taille chez des patients qui tiennent mal debout ou souffrent de déformations squelettiques, la hauteur du genou peut toujours être mesurée et corrélée à la taille, selon la formule de Chumlea:

Taille (homme) = 64,19 − (0,04 × âge) + (2,02 × hauteur du genou)
Taille (femme) = 84,88 − (0,24 × âge) + (1,83 × hauteur du genou)

Un marqueur également trop peu utilisé est la mesure de la capacité fonctionnelle. En effet, en cas de malnutrition, la force musculaire diminue très rapidement et la capacité ou non à se lever d'un fauteuil, à rester debout, ou la force du pouce peuvent être de bons indices.

Les mesures de plis cutanés, dont la précision est suffisante chez le sujet âgé si le praticien est bien entraîné, ou les mesures de la composition corporelle par impédancemétrie sont encore d'usage restreint en contexte hospitalier ou épidémiologique, car si ces marqueurs ont tous été validés, il est parfois difficile de trouver des expérimentateurs entraînés. Il serait cependant souhaitable que l'anthropométrie et l'impédance se développent, car elles sont fiables et peu coûteuses.

Le bilan anthropométrique minimal pourrait comporter le suivi de la courbe de poids et la mesure de la circonférence du mollet qui semble être un bon marqueur nutritionnel pour prédire le risque, car il est corrélé aux capacités locomotrices du sujet âgé (le périmètre du quadriceps mesuré en même temps aurait aussi un intérêt). Or, les difficultés locomotrices sont elles-mêmes souvent à l'origine d'anorexie, de difficulté à s'approvisionner ou à cuisiner et donc retentissent sur le statut nutritionnel.

Mais pour affirmer un diagnostic de dénutrition, comme pour surveiller l'efficacité d'une renutrition thérapeutique, il est indispensable de faire appel à des paramètres biologiques.

Le **bilan nutritionnel biologique** minimal comporte un ionogramme sanguin complet et un dosage d'albumine (longue demi-vie de 21 jours). L'albumine reflète la synthèse hépatique des protéines viscérales. Le signe d'alerte, qui demande de vérifier l'alimentation, est une albuminémie de 35g/L ou moins. L'indication d'un apport nutritionnel se pose si elle est inférieure à 30g/L, car la dénutrition est grave et exige le recours à une nutrition artificielle si l'albumine est inférieure à 25g/L.

De même, la préalbumine (à demi-vie courte) doit être un signe d'alerte si elle est inférieure à 0,20g/L, de gravité à 0,15g/L et de gravité majeure à 0,10g/L (Tableau 53.3).

Le rapport des protéines nutritionnelles normalement sécrétées par le foie (albumine, préalbumine) avec les protéines inflammatoires sécrétées lors de stress infectieux, par exemple, permet de vérifier la part de l'hypercatabolisme, donc de la dénutrition endogène, dans la dénutrition. C'est le *Pronostic Inflammatory Nutritional Index* (PINI) d'Ingenbleek

$$\frac{\text{Orosomucoïde (mg/L)} \times \text{Protéine C réactive (mg/L)}}{\text{Albumine (g/L)} \times \text{Préalbumine (mg/L)}}$$

que l'on considère anormal lorsqu'il dépasse 10.

Par ailleurs, le comptage des lymphocytes peut diminuer très nettement en cas de dénutrition et le dosage du zinc plasmatique peut également être intéressant, en particulier en cas de déficit immunitaire.

La **recherche des affections causales ou intercurrentes** est indispensable, car la dénutrition est rarement isolée chez le sujet âgé. La perte de poids est un phénomène fréquent chez

les sujets vivant en institution et on doit s'astreindre à un suivi régulier du poids, corrélé aux affections intercurrentes, ou à tout événement stressant. C'est ainsi que J. Morley a réalisé une étude portant sur 156 personnes en maison de retraite depuis plus de trois ans dont l'âge moyen était de 80 ans (89 % de femmes). La surveillance du poids sur une période de six mois a montré que

19 % des sujets ont eu une perte de poids supérieure à 2 kg;
15 % des sujets ont perdu plus de 5 % de leur poids;
4 % des sujets ont perdu plus de 10 % de leur poids.

A noter que le diagnostic porté à l'origine de ces pertes de poids a été la dépression dans 30 % des cas. Les autres causes se répartissent en polymédication, troubles de la déglutition, etc. Il apparaît que la prise en charge nutritionnelle sera d'autant plus efficace que la cause de la diminution des apports alimentaires aura pu être établie. La dépression étant curable, son traitement peut aider à la récupération du poids.

En terminant cette section, il faut rappeler au clinicien de surveiller les modifications de l'état général associées aux thérapeutiques. En effet, la fraction libre d'un médicament peut être augmentée par la diminution de l'albumine circulante, et la toxicité accrue par la diminution de la clairance hépatique provoquée par la malnutrition protéino-énergétique.

PROBLÈMES NUTRITIONNELS

Le principal problème est celui de la dénutrition qui est aujourd'hui communément appelée malnutrition protéino-énergétique. De très nombreux facteurs extérieurs peuvent conditionner sa survenue. C'est ainsi que l'accessibilité aux aliments peut être un des facteurs déterminants, tout comme la difficulté de sortir si la mobilité est réduite ou le logement situé à un étage supérieur et sans ascenseur. Les achats

Tableau 53.3 Signes de dénutrition			
	Signe d'alerte	Signe de gravité	Signe de gravité majeure
Perte de poids en six mois	5 %		10 %
P/T² (Indice de masse corporelle)	≤ 21		
Albumine	≤ 35 g/L	≤ 30 g/L	≤ 25 g/L
Préalbumine	≤ 20 g/L	≤ 0,15 g/L	≤ 0,10 g/L
Participation endogène à la dénutrition si protéine C réactive > 15 et orosomucoïde > 1,2			

peuvent être rendus difficiles, dans un grand supermarché dont les travées sont longues et souvent encombrées. La diminution des commerces de proximité ou leur achalandage limité peut causer une monotonie alimentaire. Enfin, les conditions météorologiques peuvent aussi influencer les sorties.

Certaines situations sont plus particulièrement «à risque»:

- sujet isolé récent (deuil);
- sujet entrant en institution;
- et surtout toute affection aiguë.

En dehors des **maladies** dites «cachectisantes» qui provoquent une augmentation des besoins, de très nombreuses affections sont susceptibles d'entraîner des troubles de l'alimentation. C'est le cas de certaines affections digestives fonctionnelles (douleurs des reflux, troubles du transit) qui font volontiers diminuer les apports, mais c'est aussi le cas des déficits fonctionnels dus à une diminution de vision ou de la mobilité, à un tremblement, qui vont réduire la capacité d'acheter puis de préparer les aliments. Les traitements exigés par ces maladies peuvent aussi être en cause dans la diminution de l'appétit.

Les **troubles psychologiques** modifient le comportement alimentaire. C'est le cas des démences débutantes, mais aussi de toutes les anorexies dues à la dépression ou aux conséquences psychologiques d'un événement grave comme le deuil. La dépression entraîne une perte d'appétit qui conduit à une malnutrition qui, elle-même, entretient l'anorexie, créant ainsi un véritable cercle vicieux qu'il faut savoir rompre. C'est le cas également de nombreux «placements» en institution pour lesquels le patient n'est pas préparé ou pas d'accord.

Les **facteurs sociaux** ont leur rôle. Les ressources diminuées, en particulier à la mort du conjoint, peuvent être source de gêne alimentaire. Car, bien souvent, une femme préfère continuer à vivre dans l'appartement qu'elle occupait avec son mari, mais dont les coûts sont devenus trop importants pour elle seule. Le premier poste sacrifié est l'alimentation et, en particulier, les apports protéiques plus coûteux. La solitude et l'isolement sont des facteurs majeurs de perte d'appétit, car souvent associés à une perte d'appétit de vivre. Quoique nous ayons

pu mettre en évidence, lors d'une étude sur 250 sujets, que les veufs étaient «moins» exposés, car très volontiers invités, tant il est connu qu'ils ne savent ou n'aiment pas préparer leurs repas... Restent tous les aspects culturels ou religieux ainsi que les tabous qui sont parfois difficiles à modifier chez un patient très âgé.

En pratique il faut apprendre à:

- connaître les besoins nutritionnels des sujets âgés – d'où l'importance de tenir compte des activités quotidiennes pour évaluer leurs dépenses énergétiques;
- évaluer le statut nutritionnel pour détecter les sujets à risque; en particulier, en institution, évaluer les ingesta, surveiller le poids et réaliser un bilan biologique minimal s'il existe des signes d'alerte;
- prescrire les mesures nécessaires qui vont du conseil d'hygiène alimentaire jusqu'aux mesures d'assistance nutritionnelle spécifiques et adaptées.

S'il existe une malnutrition, une évaluation doit, si possible, en déterminer le mécanisme (dénutrition d'apport ou dénutrition endogène) et établir une stratégie thérapeutique de renutrition.

L'évaluation sera fondée sur l'association des paramètres cliniques et biologiques à la recherche d'une étiologie pathologique.

Certains niveaux de dénutrition vont ainsi pouvoir être mis en évidence et nécessiter le recours à des interventions nutritionnelles graduées.

PRÉVENTION ET INTERVENTION

Avant d'atteindre le stade de malnutrition avérée, il est important de détecter les situations «à risque» et les modifications d'hygiène alimentaire qui peuvent être nécessaires. En particulier, il faut savoir ne pas initier un régime inutile ou savoir l'interrompre.

Il ne faut pas hésiter à informer les sujets âgés, ce qui peut être l'occasion de discuter des idées fausses sur l'alimentation ou de certains tabous. Pour certains sujets exposés, l'information pratique concerne les aides qui peuvent leur être fournies: des aides à l'achat ou à la préparation des repas jusqu'à l'étape des repas livrés à domicile. L'éducation peut avoir un intérêt, car il ne semble pas y avoir de limite d'âge pour modifier les comportements. C'est ainsi que les sujets âgés ont appris à manger des yaourts ou des kiwis pour leurs vertus nutritionnelles ou vitaminiques, alors même qu'ils n'en connaissaient pas l'existence il y a quelques années. L'éducation nutritionnelle peut porter (1) sur l'intérêt de certains modes de préparation, comme le fait de ne pas avoir peur des surgelés ou du four micro-ondes ou l'intérêt de limiter les temps de cuisson pour préserver les vitamines de certains légumes; (2) sur la bonne «gestion» pour les petits budgets alimentaires; (3) sur l'apprentissage des équivalences protéiques qui peuvent permettre une nourriture variée et correcte; (4) sur une demande de limiter les stockages trop prolongés de denrées et de multiplier les sorties pour des achats plus limités, ce qui a le double avantage de préserver la mobilité du sujet et la fraîcheur de l'aliment.

La meilleure prévention reste cependant le **dépistage des sujets les plus exposés**. Plusieurs instruments ont été conçus à cette fin; mentionnons les suivants:

*   le *Mini Nutritional Assessment* (Guigoz et Vellas) développé pour une population française et qui permet une évaluation rapide de l'état nutritionnel (Tableau 53.4);
*   le questionnaire de dépistage de malnutrition à domicile réalisé et validé par H. Payette au Québec et qui a été conçu pour une utilisation par le personnel des services d'aide à domicile (Tableau 53.5).

La **stratégie d'intervention** repose sur plusieurs étapes: il est nécessaire de toujours privilégier l'apport oral et de n'envisager d'autres modes que si cet apport est impossible ou insuffisant.

Si la malnutrition est minime, on peut proposer de modifier les habitudes alimentaires, de supprimer les régimes, de multiplier les petits repas (6 par jour par exemple) plutôt que d'essayer de faire absorber une grande quantité. Il ne faut pas favoriser cependant les grignotements permanents qui peuvent avoir l'effet inverse.

Si l'appétit est insuffisant, malgré le fractionnement des repas, on peut avoir recours aux préparations commerciales complètes, hyperprotidiques et hypercaloriques, donc de haute densité nutritionnelle sous faible volume. Ces compléments sont d'utilisation simple et les nombreuses variétés évitent la monotonie (potages, crèmes, yaourts, etc.).Ces suppléments étant prescrits, il faut en vérifier l'ingestion par les patients à l'aide d'une fiche nutritionnelle remplie par les équipes de soignants en institution ou à domicile.

Cependant, la situation pathologique ou l'anorexie peuvent être telles que ces moyens ne permettent d'obtenir ni la ration protéinocalorique nécessaire, ni une hydratation correcte. Un travail très récent de B. Rolls montre qu'il existe, comme la diminution physiologique de la sensation de soif, une dysrégulation de l'appétit expliquant qu'il soit difficile pour le sujet âgé d'augmenter ses apports alimentaires en cas d'augmentation des besoins. Au bout d'une semaine au plus, si la ration énergétique est insuffisante, soit inférieure au deux tiers des besoins requis, se présente une indication de support nutritionnel spécialisé.

La **nutrition artificielle** utilise plusieurs techniques: perfusion veineuse centrale, nutrition parentérale périphérique et nutrition entérale. L'hypodermoclyse ou perfusion sous-cutanée peut être un moyen annexe (Chap. 20).

Il est possible de recourir à la perfusion, selon la durée prévisible de l'intervention et la nature des solutés plus ou moins irritants pour les veines. Chaque fois que possible, la voie entérale doit être préférée, parce que la perfusion représente toujours des risques:

*   risque d'hypervolémie chez un sujet âgé dont la fonction ventriculaire gauche est souvent altérée et dont la distribution périphérique n'est pas parfaite;
*   risque infectieux, même si toutes les précautions d'asepsie sont prises, car la dénutrition elle-même abaisse les défenses de l'individu, risque encore accru si l'on choisit une voie d'abord profonde pour une nutrition à long terme, c'est-à-dire d'une durée supérieure à trois semaines.

Ce geste qui peut paraître simple chez un adulte jeune, doit être discuté chez le sujet âgé. Il ne nous semble licite de mettre en place une voie veineuse centrale que dans des cas très précis et pour une durée déterminée, la plus courte possible, par exemple pour un choc septique ou une déshydratation majeure ne permettant pas l'accès veineux périphérique. La voie centrale sera alors utilisée pour la nutrition, d'autant

Tableau 53.4
Évaluation de l'état nutritionnel n°
(*Mini Nutritional Assessment* (MNA)

Nom: Prénom: Sexe: Date:

ÂGE   Poids (kg):   Taille (cm):   Hauteur du genou (cm)
[si mesure de la taille impossible]

I. Indices anthropométriques

1. Indice de masse corporelle (IMC = poids/[taille]^2 en kg/m^2)
   0 = IMC < 19
   1 = 19 ≤ IMC < 21
   2 = 21 ≤ IMC < 23
   3 = IMC ≥ 23

2. Circonférence brachiale (CB en cm)
   0,0 = CB < 21
   0,5 = 21 ≤ CB ≤ 22
   1 = CB > 22

3. Circonférence du mollet (CM en cm)
   0 = CM < 31   1 = CM ≥ 31

4. Perte récente de poids (< 3 mois)
   0 = perte de poids > 3 kg
   1 = ne sait pas
   2 = perte de poids entre 1 et 3 kg
   3 = pas de perte de poids

II. Évaluation globale

5. Le patient vit-il de façon indépendante à domicile?
   0 = non   1 = oui

6. Prend plus de 3 médicaments?
   0 = oui   1 = non

7. Maladie aiguë ou stress psychologique lors des 3 derniers mois?
   0 = oui   2 = non

8. Motricité
   0 = du lit au fauteuil
   1 = autonome à l'intérieur
   2 = sort du domicile

9. Problèmes neuropsychologiques
   0 = démence ou dépression grave
   1 = démence ou dépression modérée
   2 = pas de problème psychologique

10. Escarres ou plaies cutanées?
    0 = oui   1 = non

III. Indices diététiques

11. Combien de véritables repas le patient prend-il par jour?
    (petit-déjeuner, déjeuner, dîner > à 2 plats)
    0 = 1 repas 1 = 2 repas 2 = 3 repas

12. Consomme-t-il:
    • une fois par jour au moins des produits laitiers?
    oui ☐   non ☐
    • une ou deux fois par semaine des oeufs ou des légumineuses?
    oui ☐   non ☐
    • chaque jour de la viande, du poisson ou de la volaille?
    oui ☐   non ☐
    0,0 = si 0 ou 1 oui
    0,5 = si 2 oui
    1 = si 3 oui

13. Consomme-t-il deux fois par jour au moins des fruits ou des légumes?
    0 = non   1 = oui

14. Présente-t-il une perte d'appétit? A-t-il mangé moins ces 3 derniers mois par manque d'appétit, problèmes digestifs, difficultés de mastication ou de déglutition?
    0 = anorexie grave
    1 = anorexie modérée
    2 = pas d'anorexie

15. Combien de verres de boissons consomme-t-il par jour?
    (eau, jus, café, thé, lait, vin, bière...)
    0,0 = moins de 3 verres
    0,5 = de 3 à 5 verres
    1 = plus de 5 verres

16. Manière de se nourrir
    0 = nécessite une assistance
    1 = se nourrit seul avec difficulté
    2 = se nourrit seul sans difficulté

IV. Évaluation subjective

17. Le patient se considère-t-il bien nourri?
    (problèmes nutritionnels)
    0 = malnutrition grave
    1 = ne sait pas ou malnutrition modérée
    2 = pas de problème de nutrition

18. Le patient se sent-il en meilleure ou en moins bonne santé que la plupart des personnes de son âge?
    0,0 = moins bonne   1 = aussi bonne
    0,5 = ne sait pas   2 = meilleure

TOTAL (max. 30 points)

Score
≥ 24 points: état nutritionnel satisfaisant
de 17 à 23,5 points: risque de malnutrition
< 17 points: mauvais état nutritionnel

Source: Guigoz, Y. & Coll.: Mini Nutritional Assessment. *Facts Res Gerontol*, **suppl 2**, 1994.

Tableau 53.5

Questionnaire de dépistage de la malnutrition auprès des personnes âgées en perte d'autonomie, vivant à domicile

Encercler le chiffre qui correspond à l'état de la personne

La personne

est très maigre	oui	2
	non	0
a perdu du poids au cours de la dernière année	oui	1
	non	0
souffre d'arthrite (assez pour nuire à ses activités)	oui	1
	non	0
même avec ses lunettes, a une vue	bonne	0
	moyenne	1
	faible	2
a bon appétit	souvent	0
	quelquefois	1
	jamais	2
a vécu dernièrement un événement qui l'a beaucoup affectée (maladie personnelle/décès d'un proche)	oui	1
	non	0

La personne prend comme déjeuner habituel:

fruit ou jus de fruits	oui	0
	non	1
œufs ou fromage ou beurre d'arachide	oui	0
	non	1
pain ou céréales	oui	0
	non	1
lait (1 verre, ou plus de ¼ tasse dans le café)	oui	0
	non	1

Total: _____

Score obtenu		Recommandations
	Risque nutritionnel	
6-13	élevé	Aide à la préparation des repas et des collations **ET** consultation d'un professionnel en nutrition
3-5	modéré	Surveillance alimentaire constante (s'informer régulièrement de l'alimentation, donner des conseils, des encouragements...)
0-2	faible	Vigilance quant à l'apparition d'un facteur de risque (changement de situation, perte de poids...)

Source: Payette, H. & Coll.: Prediction of Dietary intake in afunctionally Dependent Elderly Population in the Community. *Am J Public Health*, **8565**: 677-683, 1995.

plus que les besoins seront augmentés par l'hypercatabolisme. La surveillance doit être stricte.

La nutrition parentérale périphérique est indiquée pour une nutrition totale de courte durée ou en complément de la phase initiale d'une nutrition entérale. Elle est parfaitement utilisable pour une nutrition parentérale totale depuis qu'existent des produits d'osmolarité inférieure à 800 mOsm/L.

La nutrition entérale est la technique la plus adaptée, dès que la durée prévisible de l'intervention dépasse une semaine. Elle permet l'utilisation physiologique du tube digestif, donc la persistance des sécrétions hormonales et le passage par le foie qui transforme les nutriments en produits assimilables. Elle est bien tolérée, n'impose pas l'alitement, et permet même l'absorption régulière des médicaments. Elle peut être partielle si le patient mange difficilement, c'est-à-dire trop peu. Elle peut être administrée par gravité, la nutripompe ne se justifiant que dans certaines indications postopératoires ou certaines affections digestives. On peut donc utiliser cet apport complémentaire la nuit, par gravité, avec un simple régulateur de débit. Elle peut aussi être exclusive, s'il est nécessaire d'exclure le carrefour aéro-digestif ou quand l'absorption orale est impossible. Elle permet alors, sans difficulté, de couvrir les besoins quotidiens.

La mise en place d'une nutrition entérale doit faire l'objet d'un véritable «contrat» à durée déterminée et renouvelable, en accord avec le patient ou sa famille, chaque fois que possible, et en concertation avec l'équipe soignante. La voie d'abord sera une sonde naso-gastrique (SNG), si la durée prévue de nutrition et inférieure à un mois, et une gastrostomie percutanée pour une durée plus longue ou en cas d'intolérance à la SNG. Cette nutrition entérale peut également être poursuivie à domicile, ce qui est intéressant pour les patients âgés si leur environnement le permet (par exemple, troubles de déglutition après AVC ou maladie neurologique). Quel que soit le support nutritionnel adopté, l'efficacité et la tolérance doivent être régulièrement évaluées.

La déshydratation est un autre réel problème à ne pas oublier. Si l'on ne peut faire boire on doit tenter de donner de l'eau solidifiée sous forme d'eau gélifiée par exemple. Cependant, de nombreux sujets en institution présentant, par exemple, un syndrome infectieux aigu peuvent devenir confus et ne plus boire suffisamment de liquide, même gélifié. Une SNG est alors difficile à mettre en place et une voie veineuse est susceptible d'être arrachée. La voie sous-cutanée représente une option possible à court terme pour éviter la déshydratation. Cet usage présente d'autant plus d'intérêt qu'il ne modifie pas la mobilité du malade puisqu'en cas de problème la «déperfusion» est sans risque et la remise en place d'une aiguille sous-cutanée toujours facile.

En conclusion, il faut penser à dépister la malnutrition dont les causes peuvent être multiples chez des sujets âgés fragiles. Les conséquences de cette malnutrition sont très graves, car elle augmente la morbidité et accroît la rapidité de l'évolution vers les handicaps. C'est pourquoi, dès qu'on soupçonne un risque de malnutrition, il est nécessaire de se préoccuper du réseau d'environnement, connaître les relais possibles pour faire les courses et préparer les repas ou, si besoin, prévoir la livraison de repas à domicile, même, parfois, de façon temporaire. En cas de dénutrition avérée, la prise en charge doit être rapide, adaptée et efficace.

Mais il ne faut jamais oublier que l'un des facteurs les plus importants pour préserver les apports alimentaires est de conserver l'appétit et l'appétit de vivre, le plaisir de manger. L'appétit sera d'autant mieux conservé que les menus seront variés et absorbés dans une atmosphère conviviale.

BIBLIOGRAPHIE

ADELMAN, R.C.: Secretion of insulin during aging. *J Am Geriatr Soc*, **37**:983-990, 1989.

BRUBACHER, G.B. & D. SCHLETTWEIN-GSELL: Vitamin nutriture in the elderly. *Biblthca Nutr Dieta*, **33**:142-151, 1983.

DETSKY, A.S. & Coll.: Is the patient malnourished? *Am Med Assoc*, **271**:54-58, 1994.

DUPIN, H. & Coll.: *Apports nutritionnels conseillés pour la population française*, Lavoisier Tec & Doc, Paris, 1992.

EURONUT SENECA: Nutrition in the elderly in Europe. *Eur J Clin Nutr*, **45(suppl 3)**, 1991.

EVANS, W.J. & W.W. CAMPBELL: Sarcopenia and age-related changes in body composition and functional capacity. *J Nutr*, **5**:465-468, 1993.

EVANS, W.J. & C.N. MEREDITH: Exercise and nutrition in the elderly, in *Nutrition, Aging in the Elderly*. Munro, H.N. & D.E. Danford (ed.). Plenum Press, New York, 1989.

FERRY, M.: Vitamines et vieillissement. *Cah Nut Diet*, **26**:65-70, 1991.

FORETTE, B., TORTRAT, D. & Y. WOLMARK: Cholesterol as risk factor for mortality in elderly women. *Lancet*, **i**:868-870, 1989.

GUIGOZ, Y. & Coll.: Mini nutritional assessment: a practical assessment toll for grading the nutritional state of elderly patients. *Facts Res Gerontol*, **suppl 2**:15-59, 1994.

GUIGOZ, Y., VELLAS, B. & P.J. GARRY: The Mini Nutritional Assessment as part of the Geriatric Evaluation. *Nutrition Review*, **54(1)**:559-565, 1996.

INGENBLEEK, Y. & Y.A. CARPENTIER: A pronostic inflammatory and nutritional index scoring critically ill patients. *Int J Vitam Nutr Res*, **55**:91-101, 1985.

KERGOAT, M. J. & Coll.: Discriminant biochemical markers for evaluating the nutritional status of elderly patients in long-term care. *Am J Clin Nutr* **46**:849-861, 1987.

KRONMAL, R.A. & Coll.: Total serum cholesterol levels and mortality risk as a function of age. A report Based on the Framingham data. *Arch Intern Med*, **153**:1065-1073, 1993.

LECLERC, B. S. & M.J. KERGOAT: *Évaluation de l'état nutritionnel de la personne âgée hospitalisée*, Les Cahiers scientifiques de l'ACFAS, 1988.

PAYETTE, H. & K. GRAY-DONALD: Risk of malnutrition in an elderly population receiving home car services. *Facts and Research in Gerontology*, **suppl Nutrition**:71-85, 1994.

MATKOVIC, V.: Calcium intake and peak bone mass. *N Engl J Med*, **327**:119-120, 1992.

MORLEY, J. E.: Why do physicians fail to recognize and treat malnutrition on older persons? *J Am Geriatr Soc*, **39**:1139-1140, 1991.

MOWÉ, M.& T. BOHMER: The prevalence of undiagnosed protein-calorie undernutrition in a population of hospitalized elderly patients. *J Am Geriatr Soc*, **39**:1089-1092, 1991.

MUNRO, H.N.: The challenges of research into nutrition, in *Nutrition, Aging in the elderly*. Munro, H.N. & D.E. Danford (ed.). Plenum press, New York, 1989.

PAYETTE, H.: Potentials and pittfalls in evaluating nutritional status and nutritional interventions in older adults, in *Health Promotion for Older Canadian: Knowledge Gaps and Research Needs*. Gutman, G.M. & A.V. Wister (eds). Simon Fraser University, Gerontology Research Center, Vancouver, 1994.

ROBERTS, S. B. & Coll.: Control of food intake in older men. *JAMA*, **272**:1601-1606, 1994.

RUDMAN, D.: Growth hormone body composition and aging. *J Am Geriatr Soc*, **33**:800-807, 1985.

STARKER, P.M.: Nutritional assessment of the hospitalized patient. *Adv Nutr Res*, **8**:109-118, 1990.

STEINBERG, D. & Coll.: Beyond cholesterol: modifications of low density lipoprotein that cholesterol increase its atherogenicity. *N Engl J Med*, **320**:915-924, 1989.

SULLIVAN, D.H. & W.J. CARTER: Insulin-like growth factor I as an indicator of protein energy undernutrition among metabolically stable hospitalized elderly. *J Am Coll Nutr*, **13**:184-191, 1994.

VOORRIPS, L.E. & Coll.: Energy expenditure at rest and during standardized activities: a comparison between elderly and middle-age women. *Am J Clin Nutr*, **58**:15-20, 1993.

Who Diet Nutrition and the Prevention of Chronic Diseases. Tech Rept Ser No 797. World Health Organization, Geneva, 1990.

YOUNG, V. R.: Macronutriments Needs in the elderly. *Nutr Rev*, **50**:454-462, 1992.

CHAPITRE 54

RÉADAPTATION

Marcel Arcand et Anne Harvey

Lorsqu'ils atteignent 65 ans, les hommes peuvent espérer vivre, en moyenne, encore 15 ans et les femmes plus de 20 ans. Cependant, près de la moitié de ces années seront vécues en restriction d'activité, l'autonomie fonctionnelle étant compromise par la maladie. Bien que la plupart de ces restrictions soient temporaires, il importe de souligner qu'environ un tiers des personnes âgées se disent limitées, de façon permanente, dans leurs rôles habituels, par les problèmes de santé, en particulier les maladies de l'appareil circulatoire et du système ostéo-articulaire, les maladies neurologiques et mentales, les problèmes pulmonaires et les troubles visuels.

Ces statistiques démontrent l'importance des défis que le vieillissement présente pour les individus et les organismes de santé. Elles font comprendre l'importance que l'on accorde maintenant aux mesures visant à préserver l'autonomie et à réduire la période de dépendance qui précède la mort.

Parmi celles-ci, la réadaptation occupe une place de choix. Réservée d'abord presque exclusivement aux adultes jeunes et aux enfants, les méthodes de réadaptation se sont aussi avérées remarquablement efficaces auprès des personnes âgées handicapées. La réadaptation est ainsi devenue une des activités fondamentales des services de gériatrie.

DÉFINITION, OBJECTIFS ET MÉTHODES

La réadaptation fonctionnelle s'intéresse moins aux maladies de l'individu qu'à leurs conséquences sur son activité quotidienne. Elle s'inspire d'une philosophie qui prône la recherche de l'autonomie maximale et qui encourage la mise en valeur de tous les potentiels physiques et émotionnels résiduels, même chez les individus les plus touchés. En ce sens, elle est utile à tous les niveaux de l'activité gériatrique,

que ce soit à domicile, à l'hôpital de jour ou dans les services hospitaliers, y compris ceux de long séjour.

En pratique cependant, elle correspond le plus souvent à une période de traitement intensif à la suite de l'apparition d'une incapacité neurologique ou musculo-squelettique importante. Il s'agit alors d'un essai programmé pour obtenir, à court ou moyen terme, une indépendance fonctionnelle ou, à défaut, une amélioration suffisante pour permettre au malade de réintégrer son milieu habituel avec la meilleure qualité de vie possible (Tableau 54.1).

Son approche est toujours multidisciplinaire, faisant appel à des compétences diverses, organisées de façon homogène et coordonnée. L'équipe comprend généralement médecin, consultants, infirmières spécialisées, physiothérapeutes, ergothérapeutes et praticiens sociaux auxquels se joignent souvent orthophonistes et psychologues. Cette équipe définit un programme adapté aux besoins de chaque individu et se réunit à intervalles réguliers pour évaluer les progrès, comprendre les difficultés et prévoir les mesures qui favoriseront la réintégration harmonieuse du sujet dans son milieu (Tableau 54.2).

Quoiqu'ils ne participent pas habituellement à ces discussions, les malades et leur

Tableau 54.1
Étapes de la réadaptation
1. Stabiliser la condition sous-jacente
2. Prévenir les complications secondaires
3. Favoriser la reprise de l'autonomie fonctionnelle
4. Promouvoir l'adaptation de la personne à son environnement
5. Adapter l'environnement à la personne
6. Faciliter l'adaptation de la famille

Tableau 54.2
Évaluation multidisciplinaire d'un sujet inscrit à un programme de réadaptation

Nom:
Date: Réunion n°:

1. BILAN PHYSIQUE
    *   Problèmes médicaux actifs et pertinents
    *   Motricité: m. sup.
                 m. inf.
                 tronc
    *   Tonus
    *   Sensibilité
    *   Équilibre
    *   Coordination
    *   Limitations articulaires
    *   Déformations / amputations
    *   Douleur
    *   Plaies
    *   Audition / vision
    *   Tolérance générale
    *   Troubles sphinctériens

2. BILAN COGNITIF
    *   Éveil / vigilance / attention
    *   Orientation
    *   Communication – expression
                       – réception
    *   Perception (gnosies)
    *   Savoir-faire (praxies)
    *   Mémoire
    *   Initiative / organisation / planification (fonctions exécutives)
    *   Compréhension et jugement
    *   Capacité d'apprentissage

3. BILAN PSYCHOSOCIAL
    *   Environnement familial et social
    *   Environnement physique
    *   Personnalité antérieure
    *   Attentes du sujet / famille
    *   Motivation actuelle
    *   Comportement (agressivité, dépression)
    *   Processus de deuil

4. BILAN FONCTIONNEL
    *   AVQ (se nourrir, se laver, s'habiller, prendre soin de sa personne, continence, utiliser les toilettes)
    *   Mobilité (transferts, marche à l'intérieur / extérieur, orthèse / prothèse, fauteuil roulant, escalier)
    *   Communication (voir, entendre, parler)
    *   Fonctions mentales (mémoire, orientation, compréhension, jugement, comportement)
    *   Tâches domestiques (entretenir la maison, préparer les repas, faire les courses, la lessive, utiliser le téléphone, utiliser les moyens de transports, prendre ses médicaments, gérer son budget)

Score global du bilan fonctionnel :

5. PRÉVISION DU CONGÉ
    *   Date prévue:
    *   Orientation (milieu de vie):

6. DÉMARCHES AVANT LA SORTIE
    *   Prescription orthèse / prothèse / fauteuil roulant
    *   Adaptation à domicile
    *   Services à domicile
    *   Suivi médical
    *   Hôpital de jour / consultations externes
    *   Suivi à domicile par infirmière
    *   Rencontre avec la famille avant le départ
    *   Vignette pour stationnement
    *   Inscription au système de transport adapté
    *   Restrictions au permis de conduire
    *   Planification des sorties de fin de semaine
    *   Programme thérapeutique à enseigner
    *   Autres

7. RÉSUMÉ DES TÂCHES ET OBJECTIFS DE CHACUN
    *   Médecin
    *   Infirmière
    *   Physiothérapeute
    *   Ergothérapeute
    *   Orthophoniste
    *   Psychologue
    *   Travailleur social
    *   Responsable des loisirs
    *   Autres

8. COMPTE RENDU DE LA DISCUSSION
    *   Au sujet
    *   À la famille

9. PROCHAINE RENCONTRE MULTIDISCIPLINAIRE
    *   Date
    *   Durée prévue

10. REMARQUES

famille doivent néanmoins être partie prenante aux décisions de l'équipe. Cela exige que l'on prenne soin de bien leur expliquer les objectifs et que l'on tienne compte de leurs attentes et de leur avis à l'occasion de discussions, avant et après les rencontres multidisciplinaires.

ASPECTS PARTICULIERS DE LA RÉADAPTATION GÉRIATRIQUE

Bien que l'âge avancé ne constitue pas, en soi, un obstacle, il faut reconnaître que la réadaptation d'une personne âgée handicapée pose des problèmes particuliers. Plusieurs sujets sont, en effet, affligés de maladies multiples, déjà présentes avant l'apparition de l'incapacité, et qui vont compliquer les efforts de réadaptation. Ainsi, une personne âgée récemment amputée d'un membre inférieur peut voir sa rééducation fonctionnelle gravement compromise par une neuropathie périphérique, des problèmes visuels ou une obésité associés à un diabète.

L'état général risque d'être détérioré par l'immobilisation prolongée et des maladies intercurrentes. La tolérance à l'effort est aussi réduite chez plusieurs malades par des problèmes cardiaques ou pulmonaires. Certains troubles perceptuels ou intellectuels peuvent affecter de façon marquée la capacité d'apprentissage.

La motivation à l'indépendance fonctionnelle est souvent absente ou affaiblie, particulièrement chez les plus âgés qui n'ont parfois plus envie de combattre, bien qu'on entrevoie pour eux certaines possibilités de récupération (Tableau 54.3).

L'absence de ressources personnelles ou sociales constitue aussi l'une des causes les plus fréquentes d'échec de la réinsertion sociale.

Néanmoins, avec un vieillard qui comprend et coopère, la réadaptation atteint généralement les résultats escomptés. La période de temps nécessaire pour compléter les processus de rééducation, quoique rallongée par les atteintes physiques concomitantes, est très semblable à celle de l'adulte plus jeune, puisque les objectifs poursuivis sont plus limités. En

---

Tableau 54.3
Approche du sujet âgé peu motivé à la réadaptation

1. Évaluer les différentes composantes de la motivation (équation de Kemp)[1] et améliorer, si possible, les facteurs démotivants

$$\text{Motivation} = \frac{\text{Désirs} \times \text{Croyances} \times \text{Récompenses}}{\text{Coûts}}$$

	Propos et attitudes d'un sujet démotivé
Désirs:	
ce que le sujet veut	«Je ne veux pas être plus autonome, je veux que l'on prenne soin de moi.»
Croyances:	
sa croyance ou non au bienfait de l'intervention proposée	«Je suis trop vieux et malade, il n'y a rien à faire pour améliorer mon état.»
Récompenses:	
les récompenses attendues suite aux efforts fournis	«Et même si je devenais plus autonome, ça servirait à quoi? Je suis seul, je n'ai plus de chez-moi.»
Coûts:	
les dépenses physiques, émotionnelles, sociales et économiques engendrées par l'intervention	«Vos thérapies me font mal et me causent beaucoup de fatigue. Elles me confrontent sans cesse à mes incapacités et m'humilient.»

2. Éliminer et traiter, s'il y a lieu, un syndrome dépressif (psychothérapie, antidépresseurs, psychostimulants)[2]

3. Reconnaître et accepter les facteurs peu modifiables
   - baisse d'énergie secondaire aux maladies incurables et à l'âge avancé
   - tendances surprotectrices de la famille
   - troubles de la personnalité de longue date

1. Adapté de Kemp, B.J.: Psychologic Care of the Older Rehabilitation Patient. *Clinics in Geriatric Medicine*, **November:**847, 1993.

2. En l'absence de troubles cognitifs et comportementaux, les psychostimulants (p. ex.: méthylphénidate) peuvent avoir un effet rapide chez les malades qui présentent un syndrome dépressif et de la fatigabilité secondaire à un syndrome d'immobilisation. Pour leur utilisation sécuritaire, voir Arcand, M. & P. Hottin: Le traitement de la dépression chez les personnes âgées: l'utilité des psychostimulants. *Can Fam Physician*, **39:**2420-2426, 1993.

effet, pour l'adulte jeune, la réintégration à un emploi rémunérateur, par exemple, peut nécessiter un entraînement supplémentaire, alors que chez le vieillard, ce but est rarement recherché.

ACCIDENT VASCULAIRE CÉRÉBRAL

Parmi les handicaps traités en réadaptation, l'hémiplégie couvre à elle seule l'ensemble des problèmes de la rééducation. Elle démontre clairement la nécessité d'une évaluation complète de tous les déficits et potentiels résiduels du malade, tout comme celle d'une intervention multidisciplinaire concertée.

Après 65 ans, l'accident vasculaire cérébral représente la cause principale d'incapacité. Bien que 30 % des victimes décèdent dans les 3 mois suivants, plus de la moitié des survivants à un premier AVC ont une espérance de vie supérieure à 5 ans. Parmi les malades soumis à un programme de réadaptation intensive, seulement un sur sept ne pourra réintégrer son milieu de vie habituel ou un milieu comparable.

Pronostic fonctionnel et sélection des candidats à une réadaptation intensive

Même si la nécessité d'un processus de réadaptation est reconnue, les structures actuelles ne permettent pas d'en faire bénéficier tout le monde également. Certains peuvent recouvrer leur autonomie après un court séjour à l'hôpital général et une série de traitements en clinique externe. Plusieurs doivent par contre être transférés dans un service spécialisé, à cause de la gravité ou de la multiplicité de leurs problèmes. D'autres finalement, dont la compréhension ou la collaboration est minime, surtout si leurs déficits sont prononcés, seront orientés vers des soins prolongés au cours desquels un programme de réactivation des potentiels existants s'avère plus approprié qu'un programme intensif de réadaptation. L'établissement d'un pronostic fonctionnel s'impose donc pour orienter chacun vers la ressource qui lui convient le mieux.

Aucune étude scientifique n'a pu isoler un facteur unique qui permettrait de prédire de façon constante le devenir d'un malade, avec ou sans réadaptation. C'est plutôt un ensemble d'indices de bon ou de mauvais pronostic qui éclaire le jugement du clinicien (Tableau 54.4). Il existe quand même une échelle simple et facile d'utilisation (Orpington Score: Kalra et

---

Tableau 54.4

Facteurs pronostiques défavorables pour la rééducation d'un hémiplégique

1. Âge avancé
2. Accidents vasculaires cérébraux antérieurs
3. Baisse de l'état général ou de la tolérance à l'effort (problèmes médicaux associés)
4. Atteinte intellectuelle irréversible
5. Motivation réduite (apathie ou indifférence d'origine organique ou psychosociale)
6. Aphasie grave (surtout difficulté à comprendre les consignes)
7. Problèmes visuoperceptuels (surtout la persistance de négligence spatiale unilatérale)
8. Diminution importante de la proprioception de l'hémicorps atteint
9. Incontinence urinaire persistante

Crowe), laquelle, à l'aide de seulement quatre items (déficit moteur et proprioceptif au membre supérieur, équilibre, état mental), semble avoir une bonne valeur prédictive quant au devenir fonctionnel et à l'orientation des victimes d'AVC.

Il faut, bien sûr, attendre une stabilisation de l'état du malade avant de juger de sa capacité d'apprentissage, de son degré de motivation et de l'importance des séquelles neurologiques. Normalement, cette évaluation peut se faire dans les 7 à 14 jours qui suivent un AVC. Quelques malades devront être réévalués plus tard, soit qu'ils présentent toujours une obnubilation de leur état de conscience ou qu'ils aient souffert de complications médicales en cours d'hospitalisation (pneumonie d'aspiration, problèmes cardiaques ou autres).

Par ailleurs, il faut également mentionner que l'étude de l'évolution naturelle d'un AVC démontre que la récupération spontanée s'effectue, dans la majorité des cas, au cours des six premiers mois. C'est également durant cette période que la réadaptation permet d'obtenir les meilleurs résultats. On doit donc s'en souvenir lors de l'évaluation d'un malade dont l'ictus remonte à quelques mois: dans ce cas, il ne faut pas attendre d'amélioration neurologique importante. Néanmoins, si le sujet est lucide et motivé et ne semble pas avoir bénéficié de toutes les chances de réadaptation, il est possible d'améliorer son indépendance au niveau des activités de la vie quotidienne et de la locomotion.

Déficits moteurs

Bien que l'hémiplégie, probablement parce qu'elle est la plus visible des conséquences de l'AVC, soit souvent considérée comme la séquelle fonctionnelle la plus importante, nous verrons plus tard qu'elle constitue rarement, à elle seule, un obstacle à la réinsertion sociale. Par contre, plusieurs déficits moteurs peuvent causer des incapacités importantes qui influent sur la qualité de vie. La récupération fonctionnelle du *membre supérieur* est beaucoup plus complexe que celle du membre inférieur, parce qu'elle exige, entre autres choses, un minimum de dextérité fine de la main et des doigts. Moins de 30 % des victimes d'AVC ont une récupération motrice suffisante pour leur permettre une utilisation fonctionnelle du membre supérieur paralysé. Ces individus démontrent une récupération motrice précoce, peu d'incoordination ou de problèmes sensitifs. La présence de spasticité indique habituellement que la guérison ne sera que partielle. S'il n'y a pas de récupération motrice plus de deux semaines après l'AVC, le pronostic est très réservé, même si des mouvements spontanés apparaissent plus tard. Chez ceux qui ont une récupération motrice volontaire complète, une étude à démontré qu'au moins 40 % se plaignent de dysfonction résiduelle: faiblesse, fatigue, troubles sensitifs ou incoordination.

L'épaule douloureuse et bloquée fait partie des complications les plus fréquentes de l'hémiplégie. La subluxation gléno-humérale, apparaissant souvent durant la phase initiale de flaccidité, de même que la négligence du bras parétique, en raison de troubles de la sensibilité profonde, constituent des facteurs de risque importants de traumatisme des tissus mous.

Parfois, un syndrome douloureux, presque exclusivement localisé à l'épaule, sera appelé capsulite rétractile douloureuse de l'épaule. Les douleurs peuvent être présentes au repos mais, le plus souvent, apparaissent lors des mobilisations. Le syndrome classique d'algodystrophie sympathique réflexe (ADSR) est une entité précise avec une pathogenèse bien particulière et qui demande un traitement très vigoureux. Il affecte 5 à 10 % des hémiplégiques. Cliniquement, on observe plus fréquemment des syndromes loco-régionaux appelés syndrome épaule-main. Ces formes sont souvent classées dans la grande famille des ADSR mais comme syndromes atypiques. Il peut s'agir d'une prédominance d'épaule douloureuse associée à un léger œdème et à une limitation au niveau du poignet et de la main.

Toutes ces douleurs peuvent évoluer vers la chronicité et devenir très invalidantes. Il faut donc faire tous les efforts possibles pour les prévenir.

En phase aiguë, on doit éviter les perfusions ou les prises de sang du côté hémiplégique. En présence d'œdème, des manœuvres ou positions de drainage et la compression par gants élastiques (Tubi-grip®) sont recommandées aussitôt que possible.

Il faut un bon positionnement au lit et au fauteuil, de même qu'une mobilisation prudente de l'épaule, afin d'éviter des traumatismes. Les stimulations nociceptives doivent être évitées. Toute traction du bras paralysé, au cours des transferts, des procédures d'hygiène et de l'habillage est à proscrire. On doit enseigner les techniques adéquates de mobilisation du malade à l'équipe soignante et à la famille.

Une prise en charge précoce du malade par l'équipe de réadaptation réduit l'incidence des syndromes douloureux (Fig. 54.1 et 54.2).

Des données sur le diagnostic différentiel et le traitement de ce problème sont présentées au tableau 54.5.

Au *membre inférieur*, il convient de rappeler que la récupération de la marche se fait habituellement beaucoup plus facilement. Une marche indépendante, avec ou sans aide technique, est possible chez au moins les deux tiers des hémiplégiques. Avec le développement de la spasticité, on peut miser sur une certaine activité réflexe permettant une mise en charge sur le membre atteint, qui, combinée à la récupération motrice proximale volontaire, sert à la propulsion de la jambe. Et lorsque la flaccidité est trop importante distalement ou qu'apparaissent certains réflexes nuisibles (flexion plantaire et inversion de la cheville), on peut utiliser une orthèse tibiale (Fig. 54.3) qui stabilise le pied. Il faut éviter les blessures résultant d'une hyperextension du genou, par une mise en charge progressive et contrôlée et, au besoin, par l'utilisation d'une orthèse. On peut, dans le cas d'une hémiplégie motrice pure (sans atteinte sensitive ou cognitive), espérer une récupération de la

Tableau 54.5
Problème de l'épaule douloureuse après un accident vasculaire cérébral

Facteurs prédisposants:
- subluxation gléno-humérale
- négligence du bras paralysé (troubles sensitifs)
- importante spasticité

Prévention
- Éviter les tractions sur le bras parétique, lors de la mobilisation du patient (soignants et familles)
- Offrir un support adéquat: table de positionnement, gouttière, attelle, pour la station debout, utilisation de bandes élastiques pour réduire la subluxation (Fig. 54.1 et 54.2)
- Éviter les mobilisations intempestives de l'épaule qui peuvent traumatiser la capsule (capsulite de zèle)

Capsulite
- La cause la plus fréquente de douleur
- A l'examen on note une mobilisation limitée et plus douloureuse en élévation abduction et rotation externe
- Traitement:
  - chaleur, massage, ultrasons, courants analgésiques
  - analgésiques simples
  - infiltration intra-articulaire de corticostéroïdes au niveau gléno-huméral (à répéter dans une ou deux semaines si nécessaire) On peut faire en même temps des infiltrations au niveau sous-acromial ou de la longue portion du biceps ou de zones gâchettes, si on suspecte une atteinte des tissus mous périarticulaires

Syndrome épaule-main de type algodystrophie réflexe sympathique
- Douleur à l'épaule et signes de capsulite avec en plus, au niveau de la main et du poignet: œdème, douleur, changements vasomoteurs, troubles trophiques et ankylose
- Traitement (pas de consensus clair):
  - traiter la capsulite
  - diminuer l'œdème de la main
  - prednisone 10 mg/8 h
  ou prednisolone 8 mg/8 h durant 14 jours puis sevrage progressif en 14 jours (à répéter 1 fois si amélioration non soutenue)
  ou blocages sympathiques (ganglion stellaire) répétés fréquemment
  ou pindolol 5 mg/12 h

Autres étiologies de douleur à éliminer:
- atteinte des tissus mous périarticulaires (tendinite, bursite)
- déchirure de la coiffe des rotateurs et fracture si histoire de chute
- cervico-brachialgie (C_4-C_5) si douleur à la palpation du cou et mobilité cervicale réduite
- arthrite
- syndrome thalamique (hyperpathie)

Investigation paraclinique
- Initialement: radiographie simple de l'épaule
- A compléter au besoin par:
  - arthrographie ou échographie (déchirure de la coiffe)
  - scintigraphie osseuse (algodystrophie réflexe)

---

marche en 4 à 8 semaines. Si la faiblesse persiste après plusieurs mois, il ne faut pas désespérer, surtout si le malade est lucide et ne présente pas de graves problèmes perceptuels et intellectuels.

Déficits sensitifs

L'hémianopsie ne cause pas de sérieux déficit fonctionnel parce que la vision centrale maculaire est préservée. Il s'agit ici, bien entendu, de l'hémianopsie isolée, sans atteinte de la perception de l'espace et de la perception de son propre corps, telle que rencontrée dans l'atteinte pariétale droite discutée plus loin.

A propos des sensations de tact, douleur et température, il faut souligner qu'elles ont peu d'importance dans le pronostic fonctionnel, sauf en ce qui a trait à des tâches spécifiques, particulièrement dans les travaux de cuisine. Par contre, un déficit de la proprioception alourdit considérablement le pronostic.

Déficits cognitifs

Les déficits mentionnés jusqu'ici, à moins d'être très graves, ne sont habituellement pas suffisants, à eux seuls, pour empêcher la réinsertion sociale d'un malade. Quelles sont alors les causes les plus fréquentes d'échec? Ce sont les atteintes cognitives qui ont des répercussions négatives sur la capacité d'apprentissage et le comportement. Ces déficits passent souvent inaperçus, en particulier chez les hémiplégiques gauches dont la compétence verbale est maintenue. Ces sujets peuvent ainsi recevoir l'étiquette de malades peu coopérants, car le personnel soignant ne comprend pas toujours les raisons de leur dépendance lors d'activités peu complexes comme se laver ou s'habiller.

Les hémiplégiques gauches ont généralement plus de problèmes perceptuels que les autres. En plus des difficultés de reconnaissance des objets (agnosies) et d'exécution d'activités gestuelles simples (apraxies), ils sont souvent affectés de troubles du schéma corporel, pouvant aller jusqu'au déni de la maladie et même au refus de reconnaître comme leur appartenant le ou les membres atteints. Ces malades sont souvent incapables d'intégrer et d'utiliser les stimuli provenant de l'hémicorps paralysé, même en présence d'une bonne récupération motrice. Ils ont en même temps une négligence spatiale unilatérale qui les prédispose aux erreurs et accidents de tous genres. Quoique habituellement associé à une hémianopsie, ce trouble

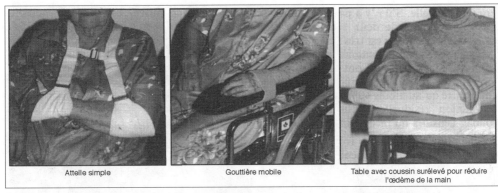

| Attelle simple | Gouttière mobile | Table avec coussin surélevé pour réduire l'œdème de la main |

Figure 54.1 Divers types de support de l'épaule subluxée ou douloureuse chez l'hémiplégique

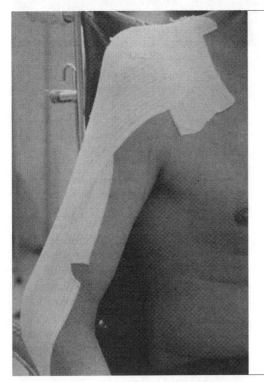

Objectif: • réduire la subluxation
• protéger l'articulation lors des transferts et de l'hygiène
• diminuer la douleur

Méthode proposée
1. Application d'un pansement en aérosol (Opsite®) pour protéger la peau
2. Positionnement de gazes (4 × 4 cm) au niveau de l'acromion et de l'olécrane pour faciliter la mobilité articulaire
3. Le sujet étant en position assise, le coude soutenu à un angle de flexion de 30°, une première bande adhésive (Elastoplast®) de 10 cm de largeur est apposée sous tension de l'avant-bras sous l'olécrane jusqu'au-dessus de l'épaule latéralement
4. Deux autres bandes de 7,5 cm de largeur sont appliquées de l'olécrane sous l'avant-bras jusqu'au-dessus de l'épaule, l'une passant en antérieur sur la clavicule et l'autre en postérieur couvrant l'épine de l'omoplate. Aucun espace libre n'est laissé entre les bandes.
5. Des bandes d'ancrage sont fixées sur l'avant-bras et au-dessus de l'épaule sur le trapèze

Utilisation: • port constant durant 5 à 7 jours
• peut être répété après une période de repos de deux jours

Adapté de Tenette, M. & S. Collignon: Épaule de l'hémiplégique âgé: prévention des complications pouvant nuire à la rééducation. *Médecine et Hygiène*, **44**:1342-1346, 1986.

Figure 54.2 Utilisation de bandes adhésives élastiques pour réduire la subluxation de l'épaule (*strapping*)

perceptuel peut se produire en l'absence de déficits visuels (extinction visuelle). Ces malades s'améliorent progressivement mais plusieurs n'arrivent pas à acquérir, malgré les efforts des thérapeutes, les stratégies de compensation nécessaires à une plus grande autonomie dans les activités de la vie quotidienne.

Une épreuve relativement simple comme le dessin d'un cadran d'horloge (Fig. 54.4) et le barrage de lettres (Fig. 54.5) permet de dépister l'existence de telles anomalies perceptuelles.

L'évaluation détaillée de l'ergothérapeute précise l'ensemble des déficits ainsi que leurs répercussions sur les activités de la vie quotidienne (Tableau 54.6).

En plus de la perception, d'autres fonctions cognitives peuvent également être diminuées, comme la mémoire, le jugement, la capacité d'attention et de planification des activités.

Finalement, la personnalité et l'affect peuvent aussi changer. Certains sujets deviennent

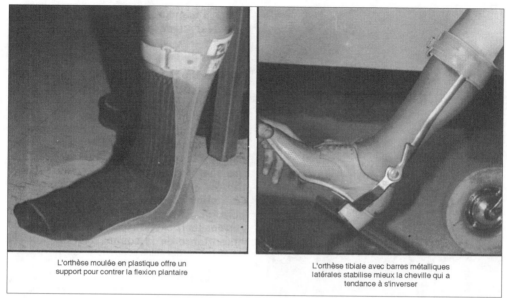

L'orthèse moulée en plastique offre un
support pour contrer la flexion plantaire

L'orthèse tibiale avec barres métalliques
latérales stabilise mieux la cheville qui a
tendance à s'inverser

Figure 54.3 Orthèses de support de la cheville

plus apathiques et indifférents, d'autres plus égocentriques et revendicateurs, d'autres, enfin, manquent d'autocritique et sont parfois désinhibés (Tableau 54.7). Le psychologue cherche à distinguer les réactions émotionnelles des manifestations organiques. Plusieurs de ces changements ne peuvent être améliorés sensiblement, mais on peut du moins prévenir la famille et les soignants. L'apathie d'origine organique peut, dans certains cas, répondre à la prescription de psychostimulants (méthylphénidate par exemple) ou d'antidépresseurs.

Atteintes du langage

Il existe plusieurs syndromes aphasiques post-AVC (Tableau 54.8) et les manifestations peuvent être très variées (Tableau 54.9). Le potentiel de récupération dépend surtout de la gravité de la lésion initiale. La compréhension et la dénomination sont les modalités qui récupèrent le mieux. L'écriture et la lecture sont parfois préservées et peuvent être utilisées pour faciliter la communication. Les tableaux de suppléance utilisant des mots, des lettres ou des images se révèlent souvent inefficaces. Néanmoins, à cause de l'importance de la communication pour la qualité de vie, l'évaluation orthophonique est toujours de mise. En présence d'un client motivé, les traitements peuvent s'avérer des plus utiles et les résultats surprenants.

Troubles de déglutition

Les troubles de déglutition sont fréquents après un AVC et ne sont pas réservés aux seuls AVC du tronc. Une altération de la vigilance ou une paralysie glosso-pharyngée signent d'emblée l'impossibilité d'une alimentation orale. Dans les cas modérément graves, la vidéofluoroscopie avec gorgée barytée constitue l'examen complémentaire de choix pour identifier le problème et guider les stratégies thérapeutiques. Avec l'aide de l'orthophoniste et la patience des infirmières, la rééducation permet habituellement la reprise d'une déglutition sécuritaire. La persistance de troubles graves conduit à la mise en place d'un tube naso-gastrique puis, éventuellement, à la gastrostomie.

Incontinence

La persistance d'une incontinence urinaire après l'AVC est un indice de mauvais pronostic. Cependant, il faut tenir compte de l'augmentation de la fréquence et de l'urgence mictionnelles chez beaucoup de ces malades qui ont dorénavant des contractions non inhibées du détrusor. Il faut aménager l'environnement et prévoir les soins nécessaires pour éviter les incontinences indues. Le traitement pharmacologique d'une vessie non inhibée peut être fort utile (Chap. 19).

Tableau 54.6
Troubles perceptuels et praxiques

Problème	Définition	Localisation habituelle de la lésion	Difficultés fonctionnelles
Anosognosie (déni)	Refus d'admettre l'existence de la paralysie	Pariétale droite	Transferts, habillage, comportement
Hémiasomatognosie	Refus de reconnaître comme sien l'hémicorps paralysé	Pariétale droite	Transferts, habillage, comportement
Négligence spatiale unilatérale	Incapacité d'intégrer ou d'utiliser les stimuli venant de l'hémicorps atteint ou de l'hémiespace visuel correspondant	Pariétale droite	Transferts, habillage, rasage, conduite du fauteuil roulant
Indistinction droite-gauche	Problème de compréhension et d'utilisation des concepts droit et gauche	Pariétale droite ou gauche	Habillage
Astéréognosie	Impossibilité, sans apport ou auditif, de reconnaître un objet placé dans la main	Pariétale droite ou gauche	Trouver des objets dans sa poche
Apraxie idéomotrice	Impossibilité d'exécuter sur ordre ou imitation un geste simple, l'activité automatique étant conservée	Pariétale gauche	Gestes symboliques (adieu, applaudir)
Apraxie idéatoire	Impossibilité d'exécuter des actes plus complexes nécessitant une série de gestes successifs (utilisation d'un objet)	Lésions plus diffuses ou hémisphériques gauche	Difficulté de s'organiser pour activité plus complexe (tâches domestiques)
Apraxie constructive	Impossibilité d'exécuter spontanément un dessin ou une construction géométrique	Pariéto-occipitale droite ou gauche	Habillage
Troubles visuo-spatiaux	Problèmes de discrimination Troubles de perception de la distance et profondeur Difficulté de reconnaître les formes, la position dans l'espace (haut-bas, dedans-dehors, devant-derrière) et les relations spatiales entre les objets	Pariéto-occipitale, surtout droite	Transferts, habillage, lecture, mobilité dans les escaliers, trouver les objets

Le personnel peut également enseigner au malade à vider sa vessie plus souvent, de façon à prévenir les incontinences.

La rétention urinaire peut aussi être la cause de l'incontinence et une évaluation urologique est souvent de mise. En cas de rétention urinaire survenant dans les premiers jours après l'AVC, les cathétérismes intermittents (deux à quatre fois par jour jusqu'à ce que les résidus postmictionnels soient inférieurs à 100 mL) sont préférables à la sonde à demeure.

Aspects psychosociaux

L'AVC bouleverse la vie d'un individu car, en plus d'avoir à faire le deuil de son intégrité physique, il doit assumer la perte de certains rôles sociaux et familiaux. La dépendance dans les activités domestiques et l'incapacité de conduire une automobile s'avèrent particulièrement éprouvants pour plusieurs. A cause des barrières architecturales, un changement de logement peut s'imposer. Certaines dépenses supplémentaires ou des pertes de revenus compliquent parfois le tableau. Des difficultés

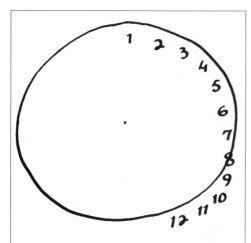

L'examinateur a dessiné le contour de l'horloge et a demandé au sujet d'y placer les chiffres. A noter, la négligence spatiale gauche. On retrouve aussi ce type d'erreur chez des sujets avec atteinte frontale qui exécutent la tâche très rapidement, sans planification de l'utilisation de l'espace.

Figure 54.4   Horloge dessinée par la victime d'un accident vasculaire cérébral pariétal droit

---

Tableau 54.7
Changements possibles de la personnalité après un accident vasculaire cérébral

Manifestations frontales

- Forme inhibée:
  - apathie, manque d'initiative
  - indifférence affective, insouciance
  - réduction de la spontanéité verbale pouvant aller jusqu'au mutisme
  - lenteur à réagir
  - rétrécissement progressif des champs d'intérêt
  - diminution de l'analyse critique, jugement bizarre et inapproprié
  - difficultés à planifier et exécuter des projets (blocages avant la fin, persévération)

- Forme désinhibée:
  - euphorie inappropriée
  - comportement puéril
  - tendance aux facéties
  - manque de tact ou de retenue
  - désinhibition sexuelle
  - boulimie
  - agitation psychomotrice (fait tout et rien)
  - labilité émotionnelle

- Autres manifestations possibles:
  - manie, délire de grandeur
  - dépression
  - colère et agressivité
  - anxiété, tendances obsessives compulsives
  - paranoïa

---

conjugales apparaissent fréquemment, bien que la plupart du temps il s'agisse, en fait, d'une exacerbation de problèmes déjà présents avant l'apparition du handicap. Les praticiens sociaux aident les malades et les membres de leur famille à mieux traverser cette période de crise.

L'apparition d'une réaction dépressive situationnelle est fréquente, particulièrement dans les semaines après l'AVC et vers la fin de la période de réadaptation active, alors que l'espoir d'une guérison s'amenuise. Il faut distinguer entre les syndromes organiques (pseudo-dépression, labilité émotionnelle) et les réactions psychologiques. Certains auteurs considèrent qu'une lésion hémisphérique antérieure gauche

---

E D N O L P S E H N R E N E E H N T U X E N Y N E L

D E N M R E F N E E G L A D N E T V N N G E N N O

E E P S V N E Z X T E M N R T N R E G D A L N M E J

A N O E E B N U V Y N O R E F H N V E N P E N Z I

E F Z V N M E N Y X E E H N L O E F N E T U N W Z

On a présenté ce tableau de lettres à une patiente ayant subi un accident vasculaire cérébral pariétal droit, et on lui a demandé de faire une croix sur toutes les lettres «E». Le résultat indique clairement une négligence importante de l'espace visuel gauche, car seules les lettres à l'extrême droite sont barrées.

Figure 54.5   Test de repérage de lettres

Tableau 54.8
Principaux syndromes aphasiques à la suite d'un accident vasculaire cérébral

Aphasies non fluentes	Fluence	Répétition	Dénomination	Compréhension
Broca	−	−	−	+
Transcort, motrice	−	+	−	+
Globale	−	−	−	−
Aphasies fluentes				
Wernicke	+	−	−	−
Conduction	+	−	−	+
Transcort, sensorielle	+	+	−	−
Amnésique	+	+	−	+

Tiré de: Seron, X., Van Der Linden, M. & M. de Partz: Bilan des fonctions supérieures, in *Rééducation neurologique*. Chantraine, A. Medsi/McGraw-Hill, Paris, 1990.

Tableau 54.9
Principales formes de la manifestation aphasique

Manque du mot	Difficulté à produire un mot
Transformations du langage oral	
• Paraphasies phonétiques	émission inadéquate de certains traits constitutifs des phonèmes de la langue, ex.: assourdissement bateau → pateau
• Paraphasies phonémiques	production anormale de la suite des phonèmes d'un mot, par addition, émission ou déplacement, ex.: fourchette → rouchette
• Paraphasies sémantiques	substitution d'un mot par un mot appartenant à la même catégorie, ex.: beurre → pain
• Néologismes	segments linguistiques sans signification, ex.: lunettes → pivaglo
• Agrammatisme	simplification de la structure syntaxique des phrases, marquée par l'absence de mots «outils», ex.: «demain, partir, vacances»
• Dyssyntaxie	transgression des règles d'agencement des mots dans la phrase, ex.: «L'opticien est vérifié la lunette»
• Jargonophasie	importante production paraphasique et trouble de la syntaxe rendant le discours inintelligible

serait plus susceptible d'entraîner un syndrome dépressif. L'activité physique, les loisirs, le soutien moral des proches et la perspective d'un retour à domicile contribuent à diminuer les sentiments négatifs. Il arrive que le malade résiste à toute forme d'aide psychothérapeutique visant à lui faire accepter une situation qu'il considère transitoire ou inacceptable. Ce type de soutien s'avère alors souvent plus pertinent après la période de réadaptation intensive. Il ne faut pas trop tarder à prescrire un agent antidépresseur, lorsque la lourdeur des symptômes nuit à la réadaptation. Les inhibiteurs spécifiques de la recapture de la sérotonine semblent, dans ce contexte, aussi efficaces et moins toxiques que les tricycliques.

Afin de favoriser la réinsertion sociale, on encourage les familles à accueillir le malade à l'occasion de congés de fin de semaine. Cette expérience permet de dépister les difficultés éventuelles et de les corriger dans la mesure du possible. Une rencontre entre les thérapeutes, le malade et sa famille fournit, avant le congé, l'occasion de clarifier la nature des déficits et de suggérer les stratégies optimales permettant d'y faire face.

Un suivi adéquat (rendez-vous 1 mois et 6 mois après la sortie ou une période de transition à l'hôpital de jour) peut prévenir des détériorations physiques, psychologiques et sociales et retarder la nécessité d'un placement en institution. Des hospitalisations temporaires à l'occasion de maladies du conjoint ou de vacances familiales ont le même avantage.

MALADIE DE PARKINSON, TROUBLES DE POSTURE ET D'ÉQUILIBRE

Les principaux handicaps associés à la maladie de Parkinson sont les difficultés de se tourner dans le lit, de passer de la position couchée à la position verticale, de commencer à marcher, de se retourner, d'exécuter des mouvements fins des doigts (boutonner et déboutonner) et de manger (à cause des tremblements). Un traitement médicamenteux approprié améliore l'ensemble de ces activités, mais les services de rééducation peuvent également jouer un rôle utile.

Le physiothérapeute peut aider, par différents conseils, à améliorer la marche. Beaucoup de parkinsoniens bénéficient par exemple d'instructions pour apprendre à décoller un pied du sol et à transférer le poids du corps sur l'autre pied afin d'initier la marche plus facilement. Ceux qui ont tendance à tomber en arrière apprécient généralement que leurs talons soient surélevés de 2 à 3 cm.

L'ergothérapeute peut aussi rendre de précieux services, que ce soit en rendant l'environnement plus sécuritaire ou en fournissant des aides pour favoriser les mouvements au lit (échelle de corde fixée au pied du lit) ou pour faciliter l'alimentation et l'habillement. Les résultats fonctionnels de la réadaptation chez ces malades sont intimement reliés à l'évolution de la maladie et à l'efficacité éventuelle du traitement pharmacologique.

Des exercices orthophoniques permettent souvent d'améliorer la dysarthrie et même le ptyalisme.

Certains malades âgés non parkinsoniens présentent également une tendance à la rétropulsion lorsqu'ils sont en position verticale. Ce phénomène particulier s'observe fréquemment dans les état démentiels légers, souvent après un alitement prolongé (Chap. 22).

Le traitement, assez efficace, consiste à déplacer le centre de gravité vers l'avant. Pour ce faire, on surélève les talons et on demande au sujet de marcher avec un déambulateur dont on a raccourci les pattes antérieures. Le fait de se coucher à plat ventre quelques heures chaque jour améliore également ce trouble postural.

L'ataxie cérébelleuse, quelle qu'en soit l'étiologie, cause elle aussi des difficultés de marche et un fort risque de chute. Dans les cas graves, il est préférable d'entraîner le sujet à l'usage d'un fauteuil roulant et à l'exécution de transferts prudents au lit et aux toilettes. Pour ceux qui peuvent réapprendre à marcher, le dé-

ambulateur, parfois même lesté, est préférable à la canne. Le pronostic fonctionnel est meilleur en cas de lésion unilatérale non dégénérative.

Troubles de posture

Un nombre important de personnes âgées atteintes de maladies dégénératives et débilitantes présentent éventuellement des atteintes posturales plus ou moins graves entraînant un alitement. Cela ne doit pas empêcher d'offrir à ces malades une qualité de vie acceptable, notamment par la sensibilisation (ex. : position assise) et par des positionnements spécialisés pour corriger la posture et améliorer le confort.

LÉSIONS MÉDULLAIRES ET NERVEUSES

Les atteintes médullaires d'origine vasculaire ou compressive ne sont pas rares chez les vieillards. Si leur état physique et mental le permet, ils peuvent bénéficier des mêmes interventions que les jeunes para- ou tétraplégiques, soit la rééducation à la marche ou l'entraînement en fauteuil roulant, la rééducation sphinctérienne, le contrôle de la spasticité et les adaptations de l'environnement. Les résultats sont cependant moins spectaculaires que chez les plus jeunes.

Les atteintes des nerfs périphériques sont fréquentes. Elles requièrent souvent, en plus des thérapies conventionnelles, l'utilisation d'orthèses de soutien, dans le cas d'un poignet ou d'un pied tombant par exemple.

AMPUTATION D'UN MEMBRE INFÉRIEUR

Le principal problème lié à la rééducation de l'amputé âgé est de déterminer les chances de succès d'un appareillage avec prothèse (Tableau 54.10). La présence de maladies associées peut rendre ce type de rééducation impossible. C'est le cas notamment des atteintes occasionnant une diminution de la tolérance à l'effort, de la faiblesse musculaire, des troubles d'équilibre, de l'instabilité articulaire, des contractures importantes, des problèmes sensitifs (neuropathie diabétique ou autre) ou une baisse importante de l'acuité visuelle. Souvent, les problèmes circulatoires de l'autre membre laissent présager la nécessité de nouvelles amputations à plus ou moins long terme, particulièrement si le tabagisme continue. La motivation est parfois plus pour l'aspect esthétique que fonctionnel, le

---

Tableau 54.10

Facteurs de succès de l'appareillage d'un amputé d'un membre inférieur

État mental + motivation
- Capacité d'apprentissage préservée
- Motivation pour entraînement intensif nécessaire

État général
- Condition stable: diabète sous contrôle, tabagisme cessé si artériosclérose importante
- Pas de trouble visuel significatif
- Tolérance à l'effort suffisante compte tenu de la demande énergétique accrue pour marcher

1	prothèse sous le genou:	de 40 à 60 %
2	prothèses sous les genoux:	de 60 à 100 %
1	prothèse au-dessus du genou:	de 120 % environ
2	prothèses au-dessus des genoux:	contre-indiquées chez le vieillard

État du moignon
- Niveau d'amputation et longueur du moignon acceptable
- Plaie cicatrisée
- Peu ou pas de douleur
- Circulation adéquate
- Forme conique et œdème sous contrôle
- Peu ou pas de contractures articulaires (genou et hanche)

État de l'autre membre inférieur
- Absence de problème neurologique important (faiblesse, incoordination, ataxie, troubles de sensibilité)
- Absence de problème osseux ou articulaire important (douleur, instabilité articulaire, contracture)
- Circulation adéquate
- Appareillage avec succès si amputation antérieure

---

malade, réalisant qu'il est plus difficile que prévu d'obtenir une marche fonctionnelle, n'est pas prêt à fournir tous les efforts nécessaires et préfère éventuellement la facilité du fauteuil roulant. Par contre, chez un amputé âgé motivé et physiquement apte, les résultats s'avèrent souvent excellents.

Le sujet qui, quelques semaines après l'amputation, peut, avec l'aide d'un déambulateur, parcourir une distance de 20 mètres a fait la démonstration d'une tolérance suffisante à l'effort, d'un bon équilibre, d'une motivation et d'une capacité d'apprentissage adéquates.

L'objectif principal étant une remise en fonction rapide, l'appareillage doit donc être débuté rapidement et la prescription de la prothèse se fait alors en tenant compte de l'utilisation prévue et des contraintes physiques, c'est-à-dire la cicatrisation, la longueur et la forme du moignon, les lésions cutanées et les contractures.

Le niveau d'amputation a une grande importance. La rééducation d'une personne amputée sous le genou (l'idéal étant à la jonction du tiers supérieur et du tiers moyen de la jambe) s'avère beaucoup plus facile que celle d'un amputé fémoral. La dépense énergétique pour marcher est augmentée de 40 à 60 % dans le premier cas et de 120 % pour une amputation haute. Les chercheurs s'entendent pour dire que la marche avec deux prothèses sous les deux genoux exige moins d'effort que la marche avec une seule prothèse au-dessus du genou. Dans le cas d'une double amputation fémorale, l'appareillage est contre-indiqué chez la personne âgée.

Lorsque l'amputé a obtenu sa prothèse, il est admis en service de réadaptation et l'entraînement dure en moyenne de 4 à 6 semaines. Idéalement, le prothésiste travaille sur place avec le physiothérapeute et le médecin spécialiste. Les objectifs du traitement chez la personne âgée doivent être adaptés en fonction des capacités et des besoins des individus. Ils sont souvent plus restreints que chez les jeunes, par exemple, aide à la verticalisation pour l'habillage, hygiène, transferts et déplacements sur courte distance à l'intérieur du logement.

Ceux dont l'espérance de vie est réduite préfèrent souvent un entraînement à l'indépendance en fauteuil roulant plutôt qu'un appareillage qui risque, de toute façon, de ne pas apporter le résultat espéré. Cette décision permet au malade de réintégrer plus rapidement son domicile avec une qualité de vie acceptable, si l'on a pris soin de bien adapter l'environnement physique.

ARTHROSE ET ARTHRITE

Les interventions médicales et chirurgicales pour ces affections ont été discutées ailleurs. Il ne sera donc question ici que de la contribution spécifique des autres professionnels de la réadaptation.

Ainsi, lors d'une poussée aiguë d'arthrite rhumatoïde, l'ergothérapeute voit à fabriquer des attelles visant à diminuer la douleur et à prévenir les déformations des articulations affectées (surtout poignets et genoux). Le kinésithérapeute, quant à lui, établit un programme d'exercices musculaires, initialement passifs, puis de plus en plus actifs à mesure que la douleur s'amenuise, ceci dans le but de prévenir l'atrophie musculaire et l'instabilité articulaire.

Dans l'arthrite rhumatoïde, tout comme dans l'arthrose, on cherche de la même façon à conserver et à améliorer si possible l'intégrité articulaire. Des aides fonctionnelles redonnent une certaine indépendance à l'arthritique, tant dans les activités de la vie quotidienne que dans les activités domestiques, et retardent l'apparition de l'impotence fonctionnelle à la marche. Les services d'un spécialiste sont bien souvent requis pour pallier les problèmes biomécaniques qui apparaissent aux membres inférieurs (ex.: chaussures adaptées). Plusieurs malades qui ont peine à se déplacer bénéficient éventuellement d'un fauteuil roulant, pouvant même être motorisé si le malade n'arrive pas à se propulser de façon adéquate avec ses seuls membres supérieurs.

La chirurgie orthopédique joue un rôle de plus en plus important dans ces affections, particulièrement par l'implantation de prothèses articulaires. En période postopératoire, ces personnes ont besoin d'une rééducation intensive et les résultats s'avèrent souvent des plus positifs, surtout pour la hanche et le genou.

Par ailleurs, les vieillards sont sujets aux fractures et demandent, en général, une convalescence et une réadaptation prolongées. A cause des complications de l'immobilisme, on favorise une remobilisation aussi précoce que possible. Une attention doit être portée aux maladies associées et aux conditions de réinsertion sociale de ces individus. Cela explique sans

doute les succès des services de réadaptation dans lesquels gériatres et orthopédistes travaillent conjointement. La réadaptation après une fracture de la hanche est plus spécifiquement discutée au chapitre 38.

AIDES FONCTIONNELLES ET ADAPTATION DE L'ENVIRONNEMENT

L'ingéniosité de plusieurs malades et thérapeutes a permis l'apparition d'un nombre sans cesse croissant d'aides techniques susceptibles de rendre plus fonctionnelles les personnes handicapées. Parmi celles-ci figurent, bien sûr, les différentes aides à la marche (Fig. 54.6) ainsi que les aides pour l'alimentation, l'habillement et l'hygiène (Fig. 54.7).

Le choix d'un fauteuil roulant est devenu l'affaire de spécialistes à cause de l'apparition d'une multitude de modèles (Fig. 54.8) en réponse à des besoins spécifiques, modèles qui peuvent en plus être modifiés avec divers types de composantes tels supports et coussins. Pour ceux qui doivent passer la plus grande partie de leur journée en fauteuil, il importe en effet d'assurer la meilleure position et le plus grand confort possible, tout en prévenant l'apparition de plaies de pression ou de déformations supplémentaires, rachidiennes surtout (Fig. 54.9).

L'élimination des barrières architecturales par la modification de l'environnement physique est souvent possible et bénéficie de l'expertise des ergothérapeutes. Idéalement, on doit visiter le logement de chaque malade avant son congé, afin de lui fournir les suggestions appropriées (Fig. 54-10).

ÉCHEC DE LA RÉADAPTATION

Plusieurs malades sont dirigés vers les unités de soins de longue durée, après avoir échoué à une tentative de réadaptation. De manière parfois surprenante, certains d'entre eux connaissent alors des progrès inespérés, suffisants même pour permettre un retour à domicile. Un grand nombre de facteurs peuvent avoir engendré le jugement défavorable posé initialement. Parfois, le potentiel du patient a été franchement sous-estimé. Très souvent, des complications diverses ont mis un frein à ses progrès et se sont résolues tardivement. Il n'est pas rare non plus qu'un état dépressif passé inaperçu ait engendré une forte baisse de motivation. Nous devons tous demeurer vigilants dans ces situations, car l'échec de la réadaptation n'est

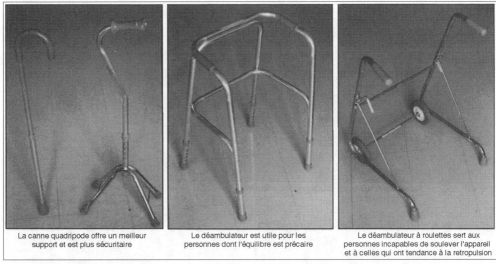

La canne quadripode offre un meilleur support et est plus sécuritaire

Le déambulateur est utile pour les personnes dont l'équilibre est précaire

Le déambulateur à roulettes sert aux personnes incapables de soulever l'appareil et à celles qui ont tendance à la retropulsion

Figure 54.6 Aides à la marche

Ustensiles adaptés

Napperon antidérapant et assiette avec rebord

Rallonges de main pour aider à mettre les chaussures ou à saisir des objets éloignés

Figure 54.7 Aides pour l'alimentation et l'habillage

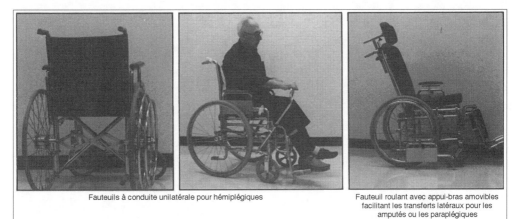

Fauteuils à conduite unilatérale pour hémiplégiques

Fauteuil roulant avec appui-bras amovibles facilitant les transferts latéraux pour les amputés ou les paraplégiques

Figure 54.8 Modèles de fauteuils roulants

pas toujours la faute du malade. Nous devons également nous réjouir de savoir que les équipes qui œuvrent en long séjour continuent de travailler avec chaque personne pour qu'elle atteigne tout le potentiel d'autonomie dont elle est capable.

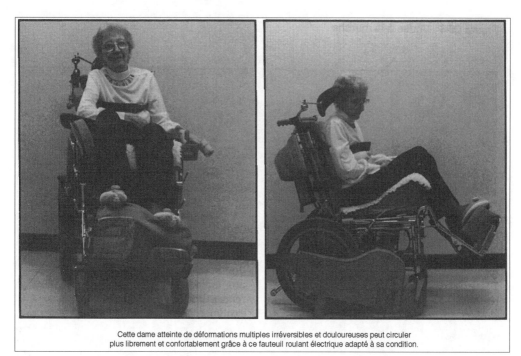

Cette dame atteinte de déformations multiples irréversibles et douloureuses peut circuler plus librement et confortablement grâce à ce fauteuil roulant électrique adapté à sa condition.

Figure 54.9 Positionnement en fauteuil roulant

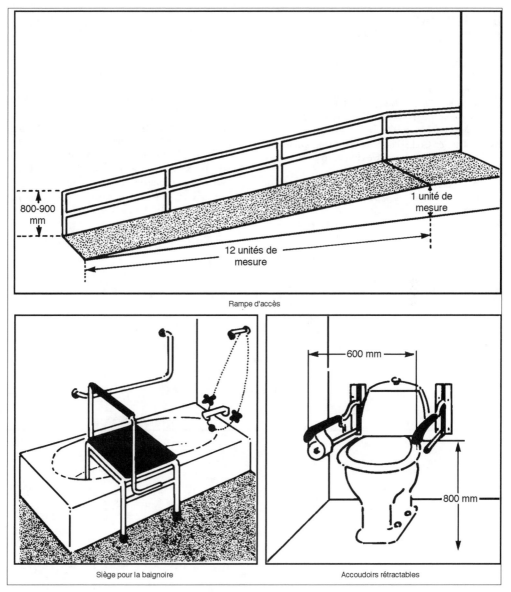

800-900 mm

1 unité de mesure

12 unités de mesure

Rampe d'accès

Siège pour la baignoire

600 mm

800 mm

Accoudoirs rétractables

Figure 54.10 Exemples d'adaptation de l'environnement

BIBLIOGRAPHIE ET
LECTURES SUGGÉRÉES

BEAUDOIN, N. & Coll.: Rééducation des accidentés vasculaires cérébraux, **in** *Encyclopédie médico-chirurgicale*, Paris, 1994.

BOTEZ, M.I.: *Neuropsychologie clinique et neurologie du comportement*, Presses de l'Université de Montréal et Masson, Montréal et Paris, 1996.

BRANS, D.F. & Coll.: The Shoulder Hand syndrome after Stroke: a prospective clinical trial. *Ann Neurol*, **36**:728-733, 1994.

BRUMMEL-SMITH, K. & Coll.: Geriatric Rehabilitation. *Clinics in Geriatric Medicine*, November, 1989.

BUTTENSHAW, P.: Rehabilitation of the elderly lower limb amputee. *Reviews in clinical gerontology*, **3**:69-84, 1993.

CHANTRAINE, A.: *Rééducation neurologique*, Medsi – McGraw-Hill. Paris, 1990.

FELSENTHAL, G. & Coll.: *Rehabilitation of the Aging and elderly patient*, Williams & Wilkins, Baltimore, 1994.

KALRA, L. & P. CROWE: The role of prognostic scores in Targeting Stroke Rehabilitation in Elderly Patients. *J Am Geriatr Soc*, **41**:396-400, 1993.

KEMP, B. & Coll.: *Geriatric Rehabilitation*, Little, Brown and company, Boston, 1989.

THÉVERION, A. & B. POLLEZ: *Rééducation gériatrique*, Masson, Paris, 1993.

CHAPITRE 55

CONDUITE AUTOMOBILE

MARCEL ARCAND, CAROLINE GODBOUT et LOUISE LESSARD

La conduite automobile est une tâche complexe requérant une combinaison dynamique d'habiletés visuelles, cognitives et motrices. Plusieurs études ont démontré que les conducteurs âgés en bonne santé sont d'excellents conducteurs. Ceux dont la santé décline s'adaptent à leurs déficits fonctionnels en évitant les situations difficiles telles que le trafic lourd, les mauvaises conditions météorologiques et la conduite nocturne. Certaines personnes âgées malades peuvent cependant devenir des conducteurs dangereux, et un dépistage est nécessaire, car elles n'en sont pas toujours conscientes. Dans plusieurs cas, la protection du public exige le retrait du permis, même si ce retrait a des conséquences néfastes sur la préservation de l'autonomie de la personne.

ASPECTS ÉPIDÉMIOLOGIQUES

Le nombre de conducteurs âgés augmente parallèlement au vieillissement de la population. Ainsi, au Québec, le nombre de permis délivrés aux personnes de plus de 65 ans a plus que doublé dans les dix dernières années. On constate également que les personnes âgées veulent conduire de plus en plus longtemps et semblent préférer leur véhicule à toute autre forme de transport. A mesure qu'ils avancent en âge, les automobilistes parcourent annuellement moins de kilomètres et s'exposent moins dans les situations de conduite difficiles. Les conducteurs âgés conduisent plus lentement que les autres usagers de la route et s'estiment courtois, prudents et performants. Ils ont rarement tendance à adopter des comportements à risque. Le ratio accident par titulaire de permis est inférieur chez les conducteurs âgés à celui des autres groupes d'automobilistes. Cependant, leur taux d'accident par kilomètres parcourus est plus élevé que celui des personnes d'âge moyen et rejoint même celui des jeunes conducteurs (Fig. 55.1 et 55.2).

Les conducteurs âgés sont plus vulnérables physiquement, en cas de collision. La probabilité de mortalité ou de séquelles consécutives à un accident est supérieure à celle des autres groupes. Les conducteurs âgés impliqués dans un accident sont plus souvent fautifs ou en infraction que les autres catégories d'automobilistes. Ils sont également surreprésentés dans les accidents qui surviennent aux intersections (virage à gauche), dans les manœuvres d'entrée dans la circulation (non-respect du droit de passage) et lorsqu'ils ont à exécuter des tâches complexes nécessitant une surcharge cognitive. Dans de telles situations, ils enfreignent plus souvent les règlements de la circulation. Les accidents des automobilistes âgés ont lieu principalement le jour et en dehors des heures de pointe, et la conduite avec facultés affaiblies est rare dans ce groupe d'âge.

Plusieurs études semblent démontrer que les meilleurs indices de la fréquence d'accidents chez les conducteurs âgés sont les déficits d'attention et les problèmes visuoperceptuels et cognitifs. L'expérience de suivi de patient dans diverses cliniques de démence montre qu'une proportion importante de ceux-ci continue de conduire plusieurs mois ou années après le diagnostic. En l'absence d'un contrôle extérieur (la famille surtout), un nombre important de conducteurs déments conduisent jusqu'à ce qu'ils aient un accident.

Par ailleurs, il semble que les maladies chroniques affectant la vision, l'appareil locomoteur et le système cardio-pulmonaire n'augmentent pas de manière aussi importante les risques d'accident. Il est permis de croire que dans ces situations, les conducteurs ont assez d'autocritique pour limiter leurs déplacements.

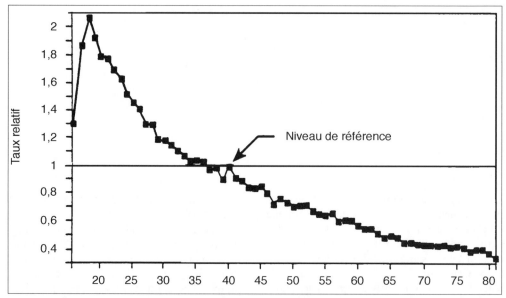

Figure 55.1   Taux de collision en fonction de l'âge du conducteur (Tiré de Cerelli, E.: *Older drivers, the age factor in traffic safety*, US Department of transportation, National Highway Traffic Safety Administration, Washington, 1989.)

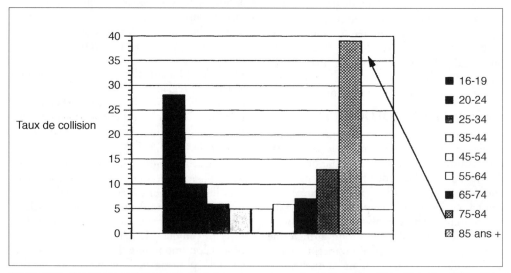

Figure 55.2   Nombre de collisions selon la distance parcourue en fonction de l'âge (Adapté de Cerelli, E.: *Older drivers, the age factor in traffic safety*, US Department of transportation, National Highway Traffic Safety Administration, Washington, 1989.)

FACTEURS INFLUENÇANT LA CAPACITÉ DE CONDUIRE

La capacité de conduire est d'abord influencée par l'intégrité des **fonctions sensorielles**. Au niveau visuel, une acuité statique et dynamique adéquate est essentielle à la conduite. Les organismes responsables de la sécurité routière ont établi des normes strictes pour l'acuité visuelle centrale et périphérique. Celles du Québec, en ce qui a trait à la conduite d'un véhicule de promenade sont décrites au tableau 55.1.

L'acuité visuelle dynamique réfère à la capacité de détecter la présence, la vitesse et la

Tableau 55.1

Exigences minimales des fonctions visuelles pour la conduite d'un véhicule de promenade au Québec

Restrictions	Acuité visuelle	Champ visuel	Vision binoculaire	Perception des couleurs (rouge, vert, jaune)
Aucune	6/12 dans le meilleur œil	120° dans le meilleur œil	Aucune exigence	Aucune exigence
Conduite d'un véhicule dont la masse nette est de moins de 2500 kg	6/12 dans le meilleur œil	100° de champ visuel binoculaire continu dont 30° de chaque côté de la ligne médiane verticale (meilleur champ dans l'œil qui a la meilleure acuité)	Aucune exigence	Aucune exigence
Conduite de jour seulement et d'un véhicule de moins de 2500 kg	6/15 dans le meilleur œil ou 6/18 dans chaque œil et 6/15 les deux yeux ouverts simultanément	120° de champ visuel binoculaire continu (meilleur champ dans l'œil qui a la meilleure acuité)	Aucune exigence	Aucune exigence

Adapté de *Guide de l'évaluation médicale et optométrique des conducteurs au Québec*, Société de l'assurance automobile du Québec, 1994.

direction d'un mouvement angulaire d'un objet dans l'environnement. Elle exige donc une excellente perception visuo-spatiale. Plusieurs études ont démontré une diminution de l'acuité visuelle dynamique et de la perception de la profondeur, avec l'âge. Les personnes âgées auraient également une diminution de la capacité d'accommodation de la vision et une plus grande sensibilité à l'éblouissement. Certaines études américaines révèlent également des déficits importants des champs visuels chez près de 13 % des personnes âgées.

Au niveau auditif, le rôle de l'altération de l'ouïe dans les accidents de la route n'est pas clair, à l'heure actuelle, mais il n'a certainement pas autant d'impact que l'altération de la fonction visuelle. En ce qui a trait aux autres modalités sensorielles, rappelons qu'il est clairement établi que l'intégrité de la sensibilité superficielle et profonde des membres inférieurs doit être préservée pour l'utilisation adéquate des pédales du véhicule. On retrouve cependant peu d'études spécifiques portant sur cet aspect de la conduite chez l'aîné.

L'intégrité des **fonctions motrices** est nécessaire pour l'exécution des manœuvres pendant la conduite automobile. Celle-ci nécessite la coordination des gestes exigeant une certaine force musculaire, de même qu'une flexibilité ar-

ticulaire adéquate. De plus, le conducteur âgé doit avoir l'endurance physique nécessaire pour compléter son trajet. Le contrôle des mouvements (précision et rapidité) est particulièrement important, pour assurer une utilisation fonctionnelle et sécuritaire de toutes les composantes de contrôle du véhicule (volant, pédales, clignotants).

En ce qui concerne la force musculaire, les éléments clés d'une conduite sécuritaire sont la force d'agrippement au volant, une posture adéquate du tronc et une force distale suffisante des membres inférieurs. Pour la flexibilité, les normes actuelles exigent une amplitude fonctionnelle pour les membres supérieurs ainsi que pour les hanches et les genoux. A ce niveau, peu de changements physiologiques significatifs accompagnent le vieillissement normal. Par contre, des problèmes comme la paralysie, l'amputation, l'arthrite grave ou une cyphose dorsale importante peuvent rendre la conduite difficile voire impossible.

La conduite automobile met également en jeu un ensemble indispensable d'aptitudes **cognitives**. Soulignons d'abord l'attention et la vigilance. Trois types d'attention sont utilisés pour la conduite. L'attention sélective qui aide à choisir un stimulus parmi plusieurs, l'attention divisée qui permet d'exécuter plus d'une tâche à la fois et l'attention soutenue qui maintient l'état d'alerte pendant une certaine période. L'attention est une fonction primordiale pour la conduite automobile et il n'est pas étonnant que certains auteurs estiment que 25 à 50 % des accidents de la route impliquent un moment d'inattention. Chez l'aîné, cette capacité peut être perturbée par une maladie comme la démence ou par des facteurs extrinsèques comme les médicaments psychotropes.

Comme autre fonction cognitive essentielle, on note la capacité d'analyser, de juger une situation et de prendre une décision. Il est clairement établi qu'une personne âgée a besoin de plus de temps pour réaliser ces tâches. Ceci entraîne donc un ralentissement du temps de réaction. On en distingue deux types : le temps de réaction à un stimulus unique et le temps de réaction à un choix de stimuli. Dans les deux cas, on remarque un ralentissement avec l'âge. À cet effet, des données américaines montrent que le temps de réaction augmente de 4 % par décennie à partir de l'âge de 20 ans, de telle sorte qu'à 70 ans, une personne met 20 % plus de temps à réagir.

Il faut aussi citer enfin la capacité d'autocritique et de jugement qui permet d'évaluer ses propres qualités de conducteur et de se réajuster selon les expériences.

Des affections comme l'accident vasculaire cérébral, la maladie de Parkinson et la maladie d'Alzheimer peuvent, bien sûr, altérer les capacités cognitives, chez les individus vieillissants. Une démence modérée à grave est facile à diagnostiquer et l'inaptitude à conduire un véhicule est souvent évidente. Cependant, dans les cas de démence légère, les risques pour la sécurité routière sont beaucoup plus difficiles à évaluer. Les déficits cognitifs et visuoperceptuels qui accompagnent souvent les accidents vasculaires cérébraux peuvent également être difficiles à détecter. Le séjour dans une unité d'évaluation, une unité de réadaptation ou un hôpital de jour peut être le moment idéal pour évaluer la capacité de conduire du patient. Cette tâche relève surtout de l'ergothérapeute.

Parmi les autres **maladies** pouvant influencer la conduite automobile, il faut mentionner les maladies cardiaques et les maladies neurologiques qui augmentent le risque de syncope ou de perte de conscience. La prévalence de ces maladies augmente avec l'âge et le médecin doit être vigilant pour s'assurer que son patient ne conduit pas tant que son état n'est pas sous contrôle.

Comme autres facteurs influençant la conduite automobile, il faut mentionner l'utilisation des **médicaments** qui peuvent avoir un effet sur la vigilance et l'attention. Les classes les plus importantes de médicaments à surveiller sont les benzodiazépines, les différents antidépresseurs, les antihistaminiques et les analgésiques opiacés.

DÉPISTAGE DES CONDUCTEURS À RISQUE

Le dépistage des problèmes de santé susceptibles de constituer un danger pour la sécurité routière est généralement placé sous la responsabilité d'un organisme public. Au Québec, la personne qui fait une première demande de permis de conduire doit remplir un questionnaire sur ses problèmes de santé et passer un test visuel. L'organisme public peut exiger une évaluation médicale plus approfondie si nécessaire. Lors d'une demande de renouvellement du permis (tous les deux ans), le conducteur doit faire une déclaration de maladie ou de déficit fonctionnel. La Société de l'assurance automobile du Québec (SAAQ) a, de plus, établi des contrôles statutaires en fonction de l'âge. Pour les conducteurs de véhicules de promenade, une évaluation médicale est demandée à l'âge de 75 ans, puis à 80 ans et aux deux ans par la suite. À 75 ans, un rapport d'examen visuel d'un ophtalmologiste ou d'un optométriste est exigé. La SAAQ peut également demander des contrôles médicaux, en fonction de l'évolution des maladies déjà déclarées. Une des composantes du système de dépistage est la dénonciation. Elle repose sur le sens civique des intervenants comme les policiers ou professionnels de la santé qui peuvent communiquer l'identité des personnes dont l'état de santé ou le comportement peuvent constituer un risque pour la sécurité routière. Au Québec, les médecins peuvent en toute impunité déclarer une inaptitude potentielle chez un de leurs patients.

En France, rien n'interdit à une personne âgée de continuer à conduire, quel que soit son état fonctionnel, tant qu'elle n'a pas eu d'accident ou tant qu'elle n'a pas été verbalisée par les forces de l'ordre. Dans la plupart des cas où le conducteur présente des risques pour la sécurité, c'est la famille ou l'entourage du patient qui lui interdit expressément de conduire. La Commission du permis de conduire, auprès de laquelle sont régulièrement vus les chauffeurs de poids lourds, de transports en commun et les contrevenants, peut aussi examiner des personnes âgées de plus de 75 ans. Aux États-Unis, certains états requièrent un test écrit et même une évaluation routière, de façon statutaire, chez des personnes de 75 ans et plus.

Partout où l'on exige du médecin qu'il joue un rôle dans le dépistage de l'inaptitude à la conduite automobile, celui-ci rencontre plusieurs difficultés. La première est souvent un manque de formation quant au dépistage des problèmes visuoperceptuels et cognitifs qui, comme nous l'avons déjà expliqué, sont fort probablement la source la plus importante d'incapacité relative à la conduite automobile chez les personnes âgées. La deuxième difficulté concerne le rôle ingrat que doit jouer le médecin lorsqu'il dépiste une inaptitude potentielle, puisqu'il peut ainsi mettre en péril sa relation avec le patient. En effet, beaucoup de conducteurs âgés, les hommes en particulier, ne pardonneront jamais à leur médecin d'avoir ainsi contribué à une diminution de leur autonomie.

ASPECTS MÉDICO-LÉGAUX

Pour le moment, la plupart des systèmes de dépistage sont basés sur l'obligation du conducteur de déclarer une maladie ou un déficit fonctionnel et celle de se soumettre à une évaluation médicale ou optométrique ou à un test routier, lorsque l'organisme public l'exige.

Comme nous l'avons déjà fait remarquer, le code de la sécurité routière, au Québec, prévoit également qu'un médecin peut faire rapport à la SAAQ du nom, de l'adresse et de l'état de santé d'un client qu'il juge inapte à conduire, de façon sécuritaire, un véhicule routier. Aucun recours en dommages ne peut être intenté contre un médecin ou un optométriste qui fait une telle déclaration et on les assure, de plus, que ces déclarations sont traitées confidentiellement. Cependant, il est à noter qu'au Québec, contrairement à d'autres provinces canadiennes et à certains états américains, le médecin n'a pas l'obligation de faire une telle déclaration.

Même si le médecin n'a pas partout l'obligation légale d'aviser les autorités, plusieurs auteurs rapportent que les juges ont de plus en plus tendance à trouver le médecin négligent s'il n'a pas avisé son patient (ou les membres de la famille) de ne pas conduire. Il pourrait être également accusé de ne pas avoir fait un examen adéquat de dépistage et d'avoir été ainsi négligent. Il est fort probable que dans l'avenir, les exigences légales de cette tâche soient de plus en plus contraignantes.

APPROCHE DES PROBLÈMES ASSOCIÉS À LA CONDUITE AUTOMOBILE

Il n'est pas toujours facile pour un médecin d'évaluer l'aptitude à la conduite automobile de son malade. Dans la plupart des situations cliniques, il n'existe pas de normes claires et standardisées, sauf, bien sûr, pour les problèmes visuels (Tableau 55.1).

Lors du dépistage, en plus de l'examen clinique habituel, il est recommandé d'évaluer, au moins sommairement, la capacité d'attention, la mémoire, le langage et le jugement. Un test standardisé (p. ex. le 3MS et le test de Folstein – Chap. 5 et 6) est suggéré pour dépister les atteintes cognitives. Des erreurs grossières à la copie des pentagones peuvent indiquer des problèmes visuoperceptuels, et une évaluation plus approfondie en ergothérapie ou neuropsychologie est souvent nécessaire dans les situations où le doute persiste. L'interrogatoire des proches permet de vérifier certaines appréhensions ou peut au contraire rassurer. Par ailleurs, la SAAQ a publié un guide médical décrivant les situations cliniques incompatibles avec la conduite sécuritaire d'un véhicule. Un sommaire des principales recommandations de ce guide (pour la conduite d'un véhicule de promenade seulement) est présenté au tableau 55.2.

En face d'un conducteur potentiellement inapte, le médecin doit décider si cette inaptitude est temporaire ou permanente. En cas d'inaptitude temporaire, le médecin doit aviser son patient de ne pas conduire et lui indiquer le moment où il pourra reprendre la conduite automobile. Les inaptitudes temporaires surviennent surtout en cas de maladie aiguë, de chirurgie récente et d'utilisation temporaire de certains médicaments pouvant affecter la capacité d'attention et la vigilance.

Tableau 55.2

Répercussions de diverses maladies et déficiences sur la capacité de conduire un véhicule de promenade de manière sécuritaire

Maladie ou déficience	Compatibilité avec la conduite
1. Troubles de la vision	
• Baisse de l'acuité visuelle	Compatible si répond aux exigences minimales[1] ou si correction par lunettes ou lentilles cornéennes
• Atteinte du champ visuel	Compatible seulement si répond aux exigences minimales[1]
• Baisse de vision nocturne	Peut être incompatible – Problème aggravé par maladies oculaires et usage de médicaments oculaires
• Troubles de perception des distances	Compatible si problème chronique – Restriction temporaire de 3 mois si problème récent (ex: perte d'un œil)
• Cataractes	Compatible si répond aux exigences minimales[1] – Conduite de nuit peut être interdite – Restriction temporaire de 15 jours après implantation de lentilles cornéennes
• Glaucome	Compatible si répond aux exigences minimales[1] – Conduite de nuit peut être interdite – Médicaments peuvent affecter la conduite de nuit
• Maladies de la rétine	Compatible si répond aux exigences minimales[1] – Si photocoagulation de la rétine, il faut fournir la mesure du champ visuel binoculaire avec recherche de scotomes
• Troubles oculomoteurs	Incompatible si diplopie en position primaire – Compatible après 3 mois si diplopie corrigée par un prisme ou un couvre-œil et si exigences minimales[1] satisfaites après la correction
2. Maladies et déficiences des oreilles	
• Surdité	Compatible
• Vertiges périphériques	Incompatibilité relative – Conduite permise si rapport médical indique que les troubles ne sont pas assez importants pour mettre en danger la sécurité
3. Maladies cardio-vasculaires	
• Infarctus aigu du myocarde et angine instable	Incompatible si angine instable – Abstention de 3 semaines après infarctus
• Angine stable	Compatible sauf si angine au repos ou à l'effort très léger
• Chirurgies coronariennes	Compatible mais abstention suggérée de 30 jours après pontage et de 15 jours après angioplastie transluminale
• Insuffisance cardiaque	Compatible sauf si dyspnée marquée au repos
• Arythmies	Selon les symptômes, la fréquence des épisodes et les risques de présenter une arythmie ventriculaire maligne (extrasystoles ventriculaires complexes, tachycardie ventriculaire paroxystique) – Incompatible si accompagnée de syncope ou d'angine
• Stimulateur cardiaque	Compatible si asymptomatique et bon suivi
• Sténose aortique symptomatique de syncope et d'angine	Incompatible
• HTA	Incompatible si diastolique > 130 mmHg ou si hypotension et risque de syncope suite au traitement
• Anévrisme de l'aorte abdominale	Incompatible si AAA $\geq$ 5 cm (considéré comme étant à indication chirurgicale)
4. Maladies et déficiences musculo-squelettiques	Compatibles si compensation adéquate par prothèse, orthèse ou adaptation de véhicule

Tableau 55.2 (suite)
Répercussions de diverses maladies et déficiences sur la capacité de conduire un véhicule de promenade de manière sécuritaire

Maladie ou déficience	Compatibilité avec la conduite
5. Maladies mentales	
• Psychoses	Incompatible durant phase aiguë – Compatible si maladie bien contrôlée et avis favorable du psychiatre
• Démence	Incompatible si déficience relative au jugement, au raisonnement, à la pensée abstraite ou à l'autocritique et test de Folstein < 24 – Ces patients devraient cesser de conduire immédiatement jusqu'à ce qu'une évaluation neurologique ou psychiatrique plus poussée ait été faite
• Alcoolisme chronique	Incompatible sauf si traité avec succès avec preuve de sobriété pendant 6 mois de suivi régulier
6. Maladies et déficiences du système nerveux	
• Épilepsie	Incompatible – Peut conduire si contrôle adéquat pendant 12 mois depuis la dernière crise et bonne attitude du patient (fidélité au traitement) – Certaines exceptions possibles (crises durant le sommeil seulement, crises secondaires à modification de thérapie, crises focales limitées à un seul site sauf crises temporales et crises partielles complexes)
• Crise convulsive ou perte de conscience unique d'origine inconnue	Compatible si EEG n'a pas démontré d'activité franchement épileptogène
• Hypersomnie et narcolepsie	Incompatible sauf si condition bien contrôlée depuis 3 mois
• Ischémie cérébrale transitoire	Incompatible si épisodes répétés
• Déficits des fonctions supérieures (apraxie grave, agnosie grave)	Incompatible
7. Autres affections	
• Diabète	Compatible si contrôle adéquat
• Hypoglycémie	Incompatible sauf si contrôlé et ne se répète pas
• Insuffisance rénale	Compatible si maladie stabilisée
• Maladies respiratoires	Compatible si maladie stabilisée

1. Il s'agit ici des exigences minimales des fonctions visuelles mentionnées au tableau précédent.

Adapté de *Guide de l'évaluation médicale et optométrique des conducteurs au Québec*, Société de l'assurance automobile du Québec, 1994.

Dans certaines situations cliniques évidentes, le médecin doit recommander la cessation définitive de la conduite automobile. Dans le cas de maladies lentement progressives, le patient collaborera mieux s'il y a eu avertissement préalable, lors des examens antérieurs, et si on a pu discuter avec lui et sa famille de moyens autres de se déplacer.

Il est parfois difficile de statuer sur l'inaptitude éventuelle d'un patient présentant certains déficits qui ne sont pas complètement incompatibles avec la conduite automobile. C'est le cas de nombreuses personnes âgées qui présen-

tent, par exemple, des séquelles d'accident vasculaire cérébral avec ralentissement psychomoteur et légère diminution de la capacité d'attention. Le médecin doit alors faire appel à d'autres professionnels tels que l'ergothérapeute et le neuropsychologue pour examiner le patient de manière plus approfondie.

Certains ergothérapeutes se sont spécialisés dans l'évaluation fonctionnelle de la conduite automobile et peuvent recevoir des personnes envoyées par un organisme public, lorsque l'évaluation médicale le suggère. Ils font, dans un premier temps, un examen en salle, au cours duquel ils évaluent les incapacités physiques, les fonctions cognitives et perceptuelles, y compris les gnosies, les praxies, l'attention, la mémoire, la vitesse de traitement de l'information, le jugement, le raisonnement, etc. De plus, ils vérifient la connaissance des principaux symboles routiers ainsi que les étapes à réaliser lors d'une manœuvre plus complexe. Cette première étape permet de préciser les difficultés du sujet et de privilégier certains points à surveiller lors du test routier. Ce test dure environ 1 heure et consiste à parcourir un trajet type au cours duquel le patient sera mis en situation dans toute la gamme des manœuvres à risque. Ce test est habituellement le plus déterminant pour l'évaluation de l'aptitude à conduire.

Après ces évaluations, le conducteur souffrant d'incapacités physiques pourra se voir prescrire certaines adaptations pour son véhicule, afin de conduire en toute sécurité. Par exemple, on pourra munir le véhicule d'un siège réglable, de miroirs supplémentaires ou d'une direction assistée, et suggérer de déplacer, à gauche, la pédale d'accélération pour les personnes hémiplégiques ou amputées du membre inférieur droit. Une période d'entraînement est nécessaire pour une personne qui doit apprendre un nouveau mode de contrôle du véhicule. Les individus qui présentent des déficiences visuelles incompatibles avec la conduite automobile acceptent généralement bien leur sort. Cependant, si l'inaptitude à conduire résulte d'un changement de l'état mental, il est beaucoup

Tableau 55.3

Suggestions pour aider le conducteur inapte à cesser de conduire

• **Méthode persuasive**
  – se faire aider par un membre de la famille
  – trouver des alternatives pour les déplacements
  – insister sur le risque pour autrui
  – rappeler les conséquences au niveau des assurances et sur le plan légal

• **Options autoritaires**
  – déclaration d'inaptitude
  – cacher la voiture!!! ou les clés
  – changer les clés
  – rendre la voiture inutilisable

plus difficile de convaincre le patient d'arrêter de conduire. Certains auteurs recommandent que tout patient dont le score à l'examen *Mini-Mental* (test de Folstein) est inférieur à 17 ne puisse plus conduire. La SAAQ indique une restriction si le test de Folstein est inférieur à 24. Il faut toutefois interpréter cette règle avec discernement, étant donné qu'une proportion importante de personnes âgées normales mais peu scolarisées satisferait ce critère. Face à une personne manifestement inapte à conduire et qui persiste à le faire, parfois malgré le retrait de son permis de conduire, le médecin peut faire certaines suggestions à la famille. Ces suggestions sont présentées au tableau 55.3. Un résumé de la conduite à tenir face au conducteur âgé à risque est présenté à la figure 55.3.

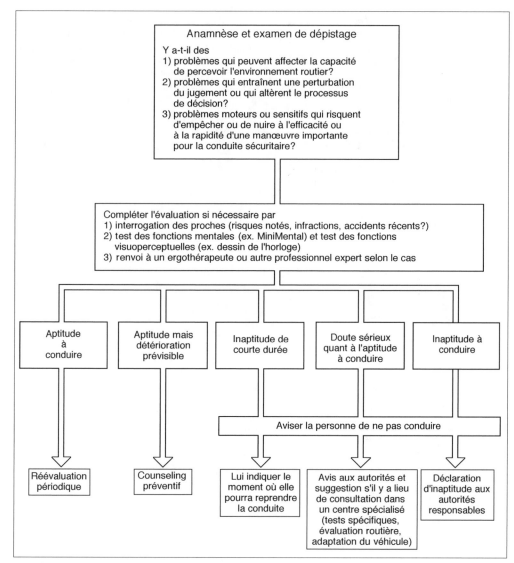

Figure 55.3 Dépistage et conduite à tenir face au conducteur âgé à risque

BIBLIOGRAPHIE

CARR, D. & coll.: Characteristics of an elderly driving population referred to a geriatric assessment center. *JAGS*, **38**:1145-1150, 1990.

CARR, D. & Coll.: The effect of age on driving skills. *JAGS*, **40**:567-573, 1992.

CARR, D. & Coll.: A multidisciplinary approach in the evaluation of demented drivers referred to geriatric assessment centers. *JAGS*, **39**:1132-1136, 1991.

CERELLI, E.: *Older drivers, the age factor in traffic safety*, US Department of transportation, National Highway Traffic Safety Administration, Washington, 1989.

HURT, L. & Coll.: Driving performance in persons with mild senile dementia of the Alzheimer type. *JAGS*, **41**:747-753, 1993.

KORNER-BITENSKY, N. & Coll.: Perceptual and cognitive impairments and driving. *Can Fam Physician*, **36**: 1990.

NOURI, F.M. & Coll.: Cognitive ability and driving after stroke. *Int. Disabil. Studies*, **9**:110-115.

ODENHEIMER, G.L.: *Driving and dementia in the aged.* Communication dans un congrès de gériatrie à Boston, 1993.

O'NEILL, D. & Coll.: Dementia and driving. The Royal Society of Medicine, **85**: April 1992.

UNDERWOOD, M.: The older driver. *Arch Intern Med,* **152**: April 1992.

LECTURES SUGGÉRÉES

CARR, D.: Assessing older drivers for physical and cognitive impairment. *Geriatrics,* **48**(5): May 1993.

BEATTIE, L.B.: Determining competency to continue driving. *Can J of CME,* **June**:81-86, 1994.

Guide de l'évaluation médicale et optométrique des conducteurs du Québec, Société de l'assurance automobile du Québec, 1994.

Medical considerations in the older driver. *Clinics in Geriatric Medicine,* **9**(2): 1993.

The older driver. *Clinics in Geriatric Medicine,* **9**(5): May 1993.

CHAPITRE 56

VIOLENCE ENVERS LES PERSONNES ÂGÉES

Jean-Pierre Beauchemin

La violence auprès des personnes âgées est un problème dont l'épidémiologie est imprécise. La principale raison en est une de définition de la violence envers les personnes âgées. En effet, il faut d'emblée constater l'existence de plusieurs définitions plus ou moins exhaustives et mutuellement exclusives, ce qui explique la grande dispersion des données statistiques. Par ailleurs, pour des raisons évoquées plus loin, il apparaît que le nombre de cas identifiés est bien en deçà du nombre réel de cas.

Ce problème est sous-estimé en raison d'un dépistage incomplet par les intervenants en gériatrie. Il est important de sensibiliser non seulement le corps médical mais aussi tous les intervenants en gérontologie clinique, dans un but de reconnaissance précoce du problème, même dans ses manifestations les plus atypiques. Le médecin est souvent le seul étranger avec qui la victime a un contact.

La violence envers les personnes âgées peut se définir comme une contrainte, physique ou morale, exercée sur une personne âgée. Cette contrainte peut ou non poursuivre un but de contrôle ou de profit, tant matériel que psychologique. L'intentionnalité de la contrainte n'est pas obligatoire, la violence pouvant restreindre les libertés, même quand son auteur en est inconscient.

CHAMPS DE LA VIOLENCE

La violence envers les personnes âgées s'inscrit dans le cadre plus global des soins inadéquats aux personnes âgées. A cet égard, elle constitue une problématique hautement géronto-gériatrique. L'accent sera mis sur la violence dans le contexte plus restreint de la relation «aidant-aidé», ces aidants pouvant être le réseau naturel (famille, amis, voisins) ou les soignants du réseau sociosanitaire. Cette restriction ne vise pas à minimiser les responsabilités du système de santé en regard de la violence envers les personnes âgées; on pense aux choix politiques qui sont faits en matière d'organisation du réseau gériatrique, des fonds qui y sont injectés, du ratio soignant-soigné et de la formation des intervenants. Ces dimensions ne sauraient être négligées sans conséquence fâcheuse pour le mieux-être des aînés.

La définition donnée plus haut couvre deux aspects pouvant se chevaucher: la négligence et l'abus.

La **négligence** est le défaut de subvenir aux besoins d'une personne âgée, tant au niveau physique, psychologique, affectif que spirituel. La négligence peut être passive (non-intervention par manque de connaissance des soins à apporter et des ressources à fournir, ou à cause de préjugés négatifs vis-à-vis le vieillissement, c'est «l'âgisme»). La négligence passive est de loin la forme la plus fréquente de violence. La négligence peut être aussi active. On en retient le caractère d'omission volontaire, de refus d'assistance et d'ignorance crasse devant un vieillard dépendant. On comprendra que la limite entre négligence active et abus peut être ténue.

L'**abus**, par son côté sensationnel, frappe davantage l'opinion publique, aidé en cela par une certaine publicité malencontreuse des médias à la recherche de sujets accrocheurs. L'abus est un mode de contrainte volontaire, actif, rarement empreint de cruauté. Il est rarement prémédité. L'impulsion est souvent de mise.

L'abus, quand il est physique, peut se présenter suivant un tableau clinique assez classique (voir plus loin). Parfois, il prend des formes plus subtiles. Par exemple, on peut faire tomber un vieillard déjà en équilibre instable, on peut abuser de contentions physiques ou chimiques à son endroit et l'abus sexuel n'est pas seulement anecdotique. L'abus est caractérisé par un cycle de violence qui augmente progressivement, ponctué de périodes d'accalmies (Fig. 56.1). L'abus psychologique peut se présenter sous forme d'agressivité verbale et d'insultes. On peut terroriser, humilier un vieillard anxieux. Comme aidant, il y a des risques d'infantiliser et de décider à la place d'une personne âgée par ailleurs compétente pour le faire. L'hébergement en institution contre la volonté est un exemple d'abus.

L'abus financier est de loin la forme la plus fréquemment rencontrée. Un proche se voit parfois déléguer la responsabilité d'administrer les biens d'une personne âgée. L'honnêteté de ce proche est la seule garantie contre l'abus. Il arrive même qu'une personne âgée donne tous ses biens à quelqu'un, à la condition qu'il l'héberge et s'en occupe. Ce genre de contrat n'est pas toujours respecté.

Le tableau 56.1 résume les principales formes que peut prendre la violence envers les personnes âgées.

En adoptant la définition et les champs décrits plus haut, on estime qu'environ 3 à 7 % des personnes de plus de 65 ans sont victimes de violence. Avec le vieillissement de la population, on s'attend à une augmentation du nombre de cas. Aux États-Unis, alors qu'un cas sur trois d'enfants maltraités est identifié, on estime à un cas sur cinq la proportion des cas de violence identifiés chez les vieillards. Le responsable

d'abus ou le négligent est un parent dans 86 % des cas et vit avec la victime dans 75 % des cas. Quarante pour cent des responsables d'abus ou des négligents sont des conjoints et s'occupent de la victime depuis neuf ans en moyenne et 10 % depuis plus de vingt ans.

Il n'existe pas de déterminants sociaux et démographiques qui puissent constituer en soi des facteurs de risque de violence. Par exemple, la classe socio-économique, la race, la religion ou le milieu de vie (urbain ou rural) ne sont pas des déterminants. Les vrais facteurs de risque sont plutôt d'ordre familial et en rapport avec le degré de dépendance de la victime, d'une part, et la capacité du soignant à répondre aux besoins, d'autre part.

THÉORIES DE LA VIOLENCE

La littérature foisonne de théories qui tentent d'expliquer la violence envers les personnes âgées. Ces théories s'avèrent plus ou moins complètes, se recoupant souvent et certaines ne résistent pas à une étude rigoureuse. Par souci de clarté, nous les regroupons sous cinq rubriques.

L'abus ou la négligence est tributaire du degré de perte d'autonomie. Cette assertion n'a été prouvée que dans les cas de négligence, elle n'a pas été corroborée au chapitre des abus. Toutefois, il ne semble pas que le degré de perte d'autonomie soit un facteur étiologique en regard de la violence mais plutôt un facteur de risque.

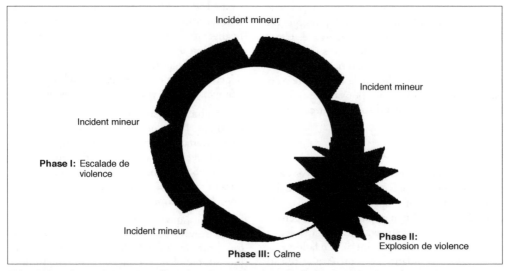

Figure 56.1 Cycle de la violence (Traduction libre et adaptée du modèle de Walker)

Tableau 56.1
Violence envers les personnes âgées

Abus physique
Assaut (coups)
Brûlures
Abus sexuel
Contentions
Séquestration

Négligence physique
Déshydratation
Malnutrition
Hygiène déficiente
Vêtements sales ou inadéquats
Sur- et sous-consommation de médicaments
Manque de soins médicaux

Abus psychologique
Agressivité verbale, insultes
Isolement social

Abus financier
Détournements de fonds
Vol

Le responsable d'abus ou le négligent est atteint sur le plan psychique (trouble de personnalité, perversion, toxicomanie, alcoolisme, troubles cognitifs, etc.). Ce n'est pas la règle. Certains auteurs pensent qu'il s'agirait d'épiphénomènes pouvant parfois constituer des facteurs favorisants. Compte tenu du vieillissement de notre population, il n'est pas rare de voir des personnes très âgées être sous la garde de leur conjoint ou de leur enfant, déjà lui-même affligé de troubles cognitifs.

La violence comme mode de vie. On a tenté d'expliquer la violence en suggérant que certaines familles ont toujours utilisé la violence, tant verbale que physique, comme mode de vie et de communication. Là aussi, les cas sont plutôt anecdotiques. Des antécédents de criminalité, d'enfants maltraités et de violence conjugale augmentent le risque de violence envers les personnes âgées mais n'expliquent pas tous les cas. On remarque que ces familles ont de sérieuses difficultés à établir des liens affectifs.

Le responsable d'abus ou le négligent réagit mal aux divers stress inhérents à la prise en charge d'un vieillard dépendant. Ces théories n'ont pas résisté aux études visant à les vérifier. On a remarqué que la violence n'augmente pas nécessairement lors d'un stress surajouté, par exemple lors d'une crise familiale. De plus, le niveau de stress des aidants violents n'est guère

plus élevé que celui des aidants non violents et, finalement, une diminution du niveau de stress de l'aidant violent ne modifie en rien la fréquence du comportement violent. Malgré tout, l'anxiété et le stress du soignant peuvent être de bons prétextes d'intervention.

Le responsable d'abus ou le négligent retire des bénéfices secondaires d'agir ainsi. C'est possiblement le groupe de théories qui explique le mieux la violence envers les personnes âgées. Le comportement violent dure tant qu'il y a bénéfices secondaires pour l'aidant violent. Ces bénéfices peuvent être d'ordre financier mais surtout moral (vengeance, exutoire, pouvoir de contrôle, etc.). La fréquence du comportement violent diminue si les bénéfices secondaires disparaissent et si le responsable d'abus ou le négligent peut compenser d'une autre manière. Il importe, dans un premier temps, de briser l'isolement social si fréquent dans toutes les dynamiques de violence. Ainsi, commettre l'abus ou la négligence devient plus compliqué et se manifeste la crainte de sanction légale ou sociale (désaveu, honte, etc.). Dès lors, le responsable d'abus ou le négligent a besoin de soutien (voir plus loin).

FACTEURS DE RISQUE

On doit être à l'affût d'un cas de violence devant certains éléments.

- Veuvage récent chez une dame de plus de 75 ans qui, pour des raisons de contraintes financières, est obligée d'aller vivre chez un membre de sa famille.

- Le soignant a des objectifs irréalistes, il décrit les personnes âgées comme rigides et intransigeantes, il exprime ouvertement ses frustrations à fournir les soins requis. Il a de la difficulté à communiquer ses émotions. Il vit des problèmes conjugaux et familiaux (ex.: adolescent revendicateur).

- Augmentation brusque de la demande de soins chez des patients handicapés qui sollicitent déjà beaucoup le soignant. On pense, en particulier, aux patients atteints de troubles cognitifs majeurs, ayant une mobilité réduite et présentant des maladies intercurrentes. Les symptômes les moins bien tolérés par les soignants sont l'incontinence, les nausées et les vomissements, l'inversion du nycthémère accompagnée de déambulations nocturnes.

- Crise familiale avec augmentation du stress et de l'anxiété chez l'aidant. On retiendra le chômage, la maladie, le deuil et les problèmes financiers.

- Histoire d'alcoolisme et de toxicomanie chez l'aidant.

- Institutions privées d'hébergement à la réputation douteuse quant aux soins qui y sont dispensés et aux frais demandés.

- Les époques de récession économique voient une augmentation de la violence familiale, y compris celle envers les personnes âgées.

Le tableau 56.2 résume ces facteurs de risque.

PORTRAIT DU RESPONSABLE D'ABUS OU DU NÉGLIGENT

Il s'agit de personnes ayant de la difficulté à gérer le stress quelle qu'en soit l'origine. Elles ont aussi de la difficulté à exprimer leurs propres besoins. Elles ont une pauvre estime de soi. Elles manifestent souvent des sentiments négatifs vis-à-vis le vieillissement et elles ont des attentes irréalistes. Elles ont parfois connu plusieurs frustrations et la violence envers un parent âgé n'est qu'un exutoire. Elles évaluent mal la gravité des conditions médicales de la personne âgée et des soins que cela commande. Isolé sur le plan social, le responsable d'abus ou le négligent est souvent fatigué, malade et sans ressource. Une étude démontre que 64 % des responsables d'abus dépendent de la victime pour le logement et sur le plan financier.

INDICATEURS CLINIQUES

La victime potentielle de violence doit être interrogée et examinée seule. L'opposition du

membre de la famille accompagnante est un indice de violence. Les découvertes suivantes sont suggestives de violence, sans toutefois être pathognomoniques, car, souvent, il peut s'agir des conséquences de l'évolution naturelle de multiples affections du grand âge:

- problèmes médicaux évidents non traités;
- ecchymoses à différents stades de guérison;
- hygiène déficiente;
- malnutrition;
- déshydratation;
- plaies de pression;
- traumatismes fréquents et mal expliqués;
- visites fréquentes à la salle d'urgence ou dans les cliniques sans rendez-vous;
- long délai entre le traumatisme et la visite au médecin;
- mutisme ou agitation du vieillard en présence de l'aidant violent;
- somnolence par usage exagéré de médicaments psychotropes;
- dépression;
- douleur ou prurit génital;
- surconsommation ou sous-consommation de médicaments;
- ecchymoses ou saignement génital (sous-vêtements tachés de sang);
- maladies transmissibles sexuellement.

La violence, devant ces indices, doit être incluse dans le diagnostic différentiel. L'identification des cas de violence est souvent difficile en raison du silence de l'abusé ou du négligé qui peut avoir honte de la situation, craindre les représailles (l'amplification de la violence, l'hébergement en institution et l'isolement social). Parfois, les victimes se demandent si les intervenants ont la compétence pour intervenir. Les victimes peuvent être tellement limitées sur le plan de l'autonomie physique et psychique qu'elles ne peuvent pas se plaindre.

Les intervenants du réseau sociosanitaire minimisent parfois les plaintes des victimes en raison de la crainte d'accuser le responsable d'abus ou le négligent. Ils ne sont pas tellement sensibilisés à ce problème au cours de leur formation. Finalement, le mythe voulant que les familles constituent des unités harmonieuses reposant sur la générosité mutuelle et la

Tableau 56.2
Facteurs de risque de violence
- Sexe féminin - Veuvage - Perte d'autonomie majeure - Troubles cognitifs - Concomitance de plusieurs maladies chroniques - Histoire de violence familiale - Histoire de toxicomanies (alcoolisme)

vénération des anciens a encore libre cours dans l'esprit des intervenants.

Les tableaux 56.3 et 56.4 résument les points à considérer dans l'anamnèse et l'examen physique d'un patient victime de violence.

MODES D'INTERVENTION ET DE TRAITEMENT

Le vieillard victime d'abus et de négligence a le droit de décider du degré d'intervention et surtout de l'agenda, c'est-à-dire comment, quand et à quel rythme le problème de violence sera traité. L'équipe traitante intervient donc dans un contexte de négociation plutôt que de

---

Tableau 56.3
Points à préciser à l'anamnèse

- Maladies chroniques
- Statut fonctionnel
- Aides disponibles pour compenser les incapacités
- Délais pour l'obtention de nourriture ou de médicaments
- Sévices corporels
- Contentions
- Stress familiaux récents

Tableau 56.4
Points à considérer à l'examen physique

Apparence générale
Vêtements (propres et appropriés à la saison)

Comportement avec le soignant
Le patient est-il intimidé par la présence du soignant?
Le soignant coupe-t-il la parole à la victime?

Peau et phanères
Ecchymoses
Lésions traumatiques caractéristiques (ex. traces de corde aux poignets)
Plaies de lit
Gale ou poux de corps

Tête et cou
Lacérations faciales
Alopécie traumatique

Extrémités
Brûlures en gants et chaussettes (immersion)

Appareil génito-urinaire
Saignement vaginal

Système nerveux
Signes de localisation
(anciens et nouveaux)
Test de fonctions cognitives

---

prescription, comme c'est le cas en matière de violence envers les enfants. L'équipe multidisciplinaire est la pierre angulaire de la prise en charge du vieillard violenté. Il va de soi que cette négociation ne saurait se faire qu'en présence d'un vieillard compétent sur le plan cognitif pour décider de ce qui est bon pour lui-même. Les vieillards incompétents pour décider relèvent de lois de protection bien précises. Il ne faut pas aller trop vite dans la tentative de résolution de problème, car, souvent, il s'agit de dynamiques au long cours et ce n'est pas parce que le problème est identifié qu'il doit être corrigé le jour même.

La figure 56.2 résume les éléments de l'intervention en matière de violence qui sont maintenant explicités plus à fond.

Rompre l'isolement

Clé de voûte de toutes interventions, la rupture de l'isolement permet souvent de diminuer la fréquence du comportement violent. Il est à remarquer que 40 % des vieillards chez qui on a une forte suspicion de violence refusent d'aller plus avant dans la résolution de ce problème pour des raisons évoquées plus haut. Les visites à domicile et le recours aux structures gériatriques d'évaluation sont de bons prétextes pour rompre l'isolement.

Évaluer l'imminence du danger

Cette évaluation module le rythme d'intervention. Dans les cas limites, où l'intégrité physique ou psychique d'un individu est en danger à court terme, l'hospitalisation est parfois le seul moyen d'évaluer adéquatement le danger. Le médecin peut même invoquer d'autres motifs pour justifier l'hospitalisation.

Évaluer l'autonomie fonctionnelle

Il faut évaluer l'autonomie fonctionnelle dans le but d'offrir les services adéquats pour le maintien dans le milieu de vie. Ces services permettent de diminuer le lien de dépendance et enlèvent de la pression sur l'aidant. Il faut mettre à profit toutes les composantes du réseau géronto-gériatrique. Les lits de répit sont, à cet égard, des ressources intéressantes.

Négocier plutôt que de décider

Les buts de l'intervention sont à fixer avec la victime. Ces buts sont fonction du désir d'au-

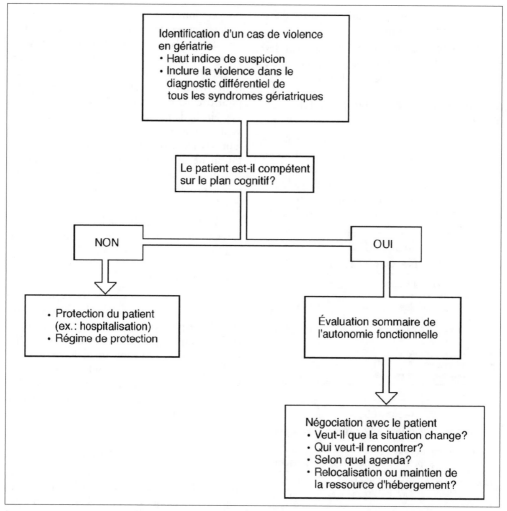

Figure 56.2 Démarche de résolution d'un cas de violence

tonomie et du désir de maintenir des interactions avec le responsable d'abus ou le négligent. On doit aussi diminuer l'incertitude face à l'avenir. Le plan d'intervention doit donc être connu pour le long terme. Les personnes âgées préfèrent souvent les soins actuels, fussent-ils inadéquats, plutôt que l'hypothèse d'excellents soins, surtout si elles doivent vivre en institution. Il apparaît souvent plus réaliste de viser un niveau tolérable de violence plutôt que l'éradication.

Il est à noter que la position de l'équipe n'est pas toujours confortable. En effet, dans le cas où le patient décide de ne pas modifier la situation, l'équipe peut hésiter entre accompagner et rejeter le patient. Le tout repose sur un

choix de société qui fait qu'une personne âgée a le droit de choisir si oui ou non elle sera encore abusée ou négligée. Les concepts éthiques impliqués dans cet aspect du problème sont exposés plus loin.

Évaluer la capacité de décider

Pas toujours évidente, cette capacité de décider doit être évaluée avec beaucoup de soin. Il ne faut pas hésiter à enclencher les processus de protection légale devant un vieillard incompétent.

Stratégies d'intervention

Il n'existe pas de recette toute prête pour intervenir dans un cas de violence. Chaque cas est unique. On retiendra l'importance de rompre l'isolement et de diminuer la relation de dépendance par des services adéquats. Il faut conseiller et former les soignants. Il faut aussi diminuer leur stress et leur anxiété. En raison des multiples aspects de la violence en gériatrie, seule une approche multidisciplinaire est envisageable.

Considérations éthiques

Au cours du processus d'intervention, plusieurs problèmes éthiques sont à considérer. On pourrait se demander pourquoi dépister une condition dont la résolution complète est presque impossible. Le réseau gériatrique n'offre pas toujours les ressources pour permettre l'éradication de la violence. Poser le diagnostic de violence peut avoir des conséquences majeures pour le vieillard et sa famille.

«Ne pas nuire»

La violence est un diagnostic difficile à poser avec certitude; on se base souvent sur une probabilité raisonnable. Le caractère non spécifique du mode de présentation et les conséquences familiales expliquent cette difficulté. La crainte de poser à tort ce diagnostic de violence est omniprésente.

«La question de confidentialité, le droit à l'intimité et la responsabilité médicale» se pose surtout quand la victime décide de ne pas modifier la situation ou qu'elle refuse de rompre l'isolement, étape déterminante dans la prise en charge de ce problème.

La compétence pour décider n'est pas toujours évidente à déterminer. Quand la victime est jugée compétente, il faut lui fournir l'information nécessaire pour qu'elle puisse décider d'entreprendre ou non les démarches de résolution de ce problème.

CONCLUSION

La violence envers les personnes âgées dans le cadre de la relation «aidant-aidé» présente un tableau clinique habituellement non spécifique et il apparaît essentiel que les équipes gériatriques soient sensibilisées à reconnaître les signes et symptômes précoces, dans le but de proposer une intervention à la victime. La violence familiale est souvent un symptôme de «maladie» familiale; c'est parfois sur ce point qu'il faut travailler pour espérer une solution du problème. Les buts de l'intervention sont à fixer avec la personne âgée et il faut respecter les choix de l'intéressé. L'intervention vise surtout à briser

l'isolement social et à compenser les handicaps, pour diminuer la relation de dépendance entre l'aidant et l'aidé. Les problèmes éthiques sont nombreux et rendent l'intervention plus hasardeuse.

BIBLIOGRAPHIE

COCHRAN, C. & Coll.: Elder abuse: The physician's role in identification and prevention. *Illinois Medical Journal,* 171(4):241-6, 1987.

COSTA, A.: Elder abuse. *Primary Care,* 20(2):375-89, 1993.

COYNE, A.C., REICHMAN, W.E. & L.J. BERBIG: The relationship between dementia and elder abuse. *Am J Psychiatry,* 150(4):643-5, 1993.

HIRST, S.P. & Coll.: The abused elderly. *Journal of psychosocial nursing and mental health services,* 85(11):28-34, 1986.

HUDSON, M.F.: Elder abuse and neglect: a review of the literature. *Annual review of gerontology and geriatrics,* 6:81-134, 1986.

JONES, J. & Coll.: Emergency department protocol for the diagnosis and evaluation of geriatric abuse. *Annals of emergency medicine,* 17:1006-12, 1988.

PATTERSON, C.J., PODNIEKS, E. & D.A. GASS: Helping your patient deal with elder abuse. *Geriatrics,* **October:**37-42, 1992.

PHILLIPS, C.R. & Coll.: A decision making model for diagnosing and intervening in elder abuse and neglect. *Nursing Research,* 34(3):134-9, 1985.

PILLEMER, K. & B. HUDSON: A model abuse prevention program for nursing assistants. *The gerontologist,* 33(1):128-31.

ROBERTS, L.: Elder abuse: raising awareness of nurses working in A and E units. *British journal of nursing,* 2(3):167-71, 1993.

ROWE, J.W. & R.W. BESDINE: *Geriatric medicine,* Little, Brown and company, Boston, 2nd ed., 1988.

WERTHEIMER, P.J.: Violence envers les personnes âgées. Résumé d'une conférence lors du 6e Congrès scientifique de la Société québécoise de gériatrie, les 31 mars et 1er avril 1989 à Québec.

LECTURES SUGGÉRÉES

LACHS, M.S. & T. FULMER: *Recognizing elder abuse and neglect. Geriatric emergency care in Clinics in geriatric medicine,* W.B. Saunders, Philadelphia, 1993.

STAATS, D.D. & D. KOIN: Elder abuse, **in** *Geriatric medicine,* Springer-Verlag, New York, 2nd ed., 1990.

CHAPITRE 57

PROBLÈMES SOCIAUX

Laure Dalpé, Guy Lacombe et Louise Lalonde

Les modifications profondes du tissu social, au cours du vingtième siècle, ont créé un terrain propice à l'éclosion de problèmes qui touchent de près les personnes âgées. Des phénomènes comme l'urbanisation, la mobilité des travailleurs, la dénatalité et la nucléarisation des familles ont vraisemblablement entraîné un affaiblissement des structures de soutien sur lesquelles les personnes âgées pouvaient traditionnellement compter. Ce problème conjugué à celui d'un allongement de l'espérance de vie, souvent en mauvaise santé, favorise l'éclosion de problématiques psychosociales auxquelles les équipes gériatriques sont constamment confrontées. L'intervenant social est habituellement le professionnel expert dans ces situations.

Les éléments de l'évaluation psychosociale ont déjà été présentés au chapitre 5 et ne seront pas repris ici. Certains problèmes sociaux ont déjà été discutés ailleurs, notamment au chapitre précédent sur la violence envers les personnes âgées. Les problèmes sociaux dont il sera question ici concernent les discordes familiales en rapport avec la situation du malade âgé, les problèmes de logement, l'épuisement des aidants, l'orientation vers un nouveau milieu de vie et le problème particulier des personnes âgées qui présentent des comportements mettant en danger leur santé et leur sécurité.

PROBLÈMES FAMILIAUX

La détérioration de l'état de santé qui se traduit par un état de dépendance, la perte du conjoint, des amis, la perte du statut social (sentiment de ne plus être productif) constituent des changements majeurs auxquels les personnes âgées et leurs proches doivent s'adapter. Les enfants des vieillards en perte d'autonomie ou en situation de crise psychosociale se trouvent généralement eux-mêmes dans une période très active de leur vie où ils sont grandement mis à contribution au sein de leur propre famille. Ils ont souvent des adolescents ou de jeunes adultes à charge et sont, en général, très pris par leurs responsabilités professionnelles. Le plus souvent, ils ont eux-mêmes à vivre des problèmes avec leur conjoint ou leurs enfants. Lorsque surgit une maladie accompagnée d'une perte d'autonomie chez leurs parents âgés, cette situation entraîne un état de crise qui constitue un terrain propice aux incompréhensions et aux discordes familiales. Nous nous attarderons ici à trois types de dissensions qui surviennent fréquemment au sein des familles.

Problèmes de pouvoir au sein de la famille

Les membres de la famille, confrontés aux conséquences de la perte d'autonomie chez leurs parents âgés, éprouvent souvent un sentiment de détresse face à l'ampleur des difficultés. L'impuissance donne lieu à de multiples efforts pour trouver une solution adéquate aux problèmes qui se présentent. Certains membres de la famille se comportent alors comme s'ils portaient sur leurs épaules le fardeau entier de la situation, et indiquent aux autres, par leurs attitudes, leurs gestes et leurs actions, la direction à suivre en vue de résoudre le problème. Leurs motivations sont diverses et souvent très positives. Cependant, à l'occasion, elles prennent source dans le désir de racheter une conduite passée qu'ils jugent eux-mêmes répréhensible. Ils manifestent alors un très grand besoin de prendre le contrôle de la situation. Les autres membres de la famille peuvent ainsi se sentir mis à l'écart dans la recherche d'une solution adéquate, ou forcés d'y contribuer au risque d'être blâmés.

Le rôle d'expert que se donnent certains membres de la famille peut occasionner des mésententes quant à la définition et à la solution du problème. Il arrive qu'ils se livrent à des évaluations importantes entre eux, entraînant souvent un sentiment de dévalorisation profonde chez les autres. De plus, l'état de crise fait souvent ressurgir des conflits antérieurs non résolus qui peuvent rendre la situation encore plus complexe.

Disputes relatives aux biens

Nous ne traiterons pas ici des situations où un régime de protection a été installé, ce sujet ayant déjà été traité au chapitre 49. Nous nous référerons plutôt aux situations où l'administration des biens se trouve confiée à un membre de la famille par le parent âgé. Une des difficultés que l'on retrouve fréquemment à ce sujet concerne les procès d'intention à l'endroit de celui-ci. En effet, la personne qui administre les biens est confrontée à une dualité de rôles qui la rendent vulnérable à la critique. Elle doit, d'un côté, faire profiter la personne âgée des biens accumulés en engageant les sommes nécessaires pour lui procurer le meilleur bien-être possible et, de l'autre, on peut s'attendre d'elle qu'elle protège un patrimoine souvent acquis au prix d'un dur labeur.

En général, les membres de la famille s'entendent sur la façon d'administrer les biens de leur aïeul; toutefois, des intérêts personnels ou des conflits de valeur peuvent se faire jour et engendrer des dissensions. Certains enfants considèrent qu'il est valable d'engager des sommes importantes pour procurer le plus grand confort à leurs parents. Ils défendent leur position en alléguant que leurs parents âgés ont trimé dur pendant toute leur vie active et méritent d'être choyés et d'accéder à un certain luxe et confort. D'autres estiment, au contraire, qu'il est déraisonnable d'engager des sommes d'argent pour améliorer la qualité de vie de leurs parents dont ils doutent de la capacité à en profiter. Au nom de l'équité commune dans la redistribution éventuelle du patrimoine, une surveillance pourra alors réduire considérablement la marge de manœuvre du responsable des finances. Ce dernier pourra réagir à son tour en ignorant ses interlocuteurs ou en les confrontant à leurs motivations profondes qu'il réprouve sévèrement.

Disputes relatives à la contribution attendue de chacun des membres de la famille

Lorsque survient une perte d'autonomie justifiant la mise en place de mesures d'aide pour la personne âgée, chacun est appelé à apporter sa contribution. L'aide à l'entretien du logement, aux emplettes, au transport, l'accompagnement aux rendez-vous médicaux ou autres, la préparation de repas ou l'aide à l'alimentation, le soutien affectif, l'aide aux démarches pour accéder aux ressources représentent autant de tâches à accomplir. Un membre de la famille (habituellement une fille), par sa présence quasi quotidienne auprès du parent âgé, pourra refléter aux autres enfants leur désengagement face à leur devoir filial. Il pourra alors exprimer un sentiment d'injustice et tenter de créer ainsi des obligations pour chacun. Cet aidant principal reprochera souvent aux autres membres de la famille une incompréhension des besoins des parents et la non-reconnaissance de sa propre implication auprès de ceux-ci. Les accusations et le blâme pourront prendre différentes formes. Dans certaines familles, les reproches sont clairement exprimés entre les membres et donnent lieu à de vives réactions de colère et de tristesse. Dans d'autres, les blâmes se manifestent de façon indirecte. A l'occasion, viennent s'ajouter à ces difficultés des conflits quant à l'acceptation de l'aide des professionnels du système de soins.

Intervention face aux discordes familiales

Les étapes de l'intervention auprès de la famille dans des situations de discorde sont exposées au tableau 57.1. Mentionnons d'abord l'importance de comprendre la signification du problème pour chacune des personnes impliquées. Cette perception est influencée tant par les connaissances, les observations, la personnalité, le statut familial que par l'expérience de chaque personne. La présence de conflits antérieurs, les répercussions du problème actuel dans la vie de chacun sur le plan personnel, conjugal et familial influencent la perception du problème. Il importe également à cette étape, d'identifier les moyens préconisés pour faire face à la situation. Par une meilleure connaissance des diverses composantes du problème, le travailleur social peut dégager les éléments de consensus au sein de la famille. Il contribue par la suite à ajuster les attentes des

Tableau 57.1
Étapes de l'intervention en cas de discordes familiales

- Identification de la perception du problème et de sa signification par les membres de la famille
- Acceptation d'une définition du problème partagée par tous les membres de la famille
- Reconnaissance du rôle unique et complémentaire de chaque membre de la famille
- Formulation d'objectifs partagés par tous les membres de la famille
- Adhésion à un plan d'intervention partagé par tous les membres de la famille
- Mobilisation de ressources de nature à soutenir le plan d'intervention

uns par rapport aux autres en termes d'implication personnelle. Après avoir contribué à la formulation d'objectifs partagés par tous les membres de la famille, l'intervenant social s'assure de l'adhésion de chacun aux étapes prévues au plan d'intervention et fait appel aux ressources communautaires, de nature à venir en aide aux membres de la famille.

ÉPUISEMENT DES AIDANTS

Les aidants naturels sont des personnes qui, en dehors d'un rôle professionnel, doivent répondre aux besoins psychologiques, physiques, sociaux, économiques d'une autre personne. Ils représentent une composante majeure du réseau de soins aux aînés.

Les aidants primaires assument la responsabilité première des soins. Ils prennent directement en charge la personne dépendante et coordonnent l'action des autres intervenants. Les aidants secondaires offrent des services complémentaires à ceux de l'aidant primaire. La plupart des services offerts par les aidants servent au maintien à domicile d'un être cher, mais les aidants peuvent également s'impliquer dans les soins en institution.

La majorité des aidants sont des femmes. La proportion d'aidants masculins augmente depuis les années 80, indiquant probablement une modification profonde de nos structures familiales. Beaucoup d'aidants ont choisi d'abandonner un travail rémunérateur pour s'occuper de la personne dépendante. Bien qu'ils aient en majorité plus de 60 ans et que la plupart d'entre eux se disent en mauvaise santé, ces facteurs ne

limitent que très rarement la prise en charge. Par ailleurs, plusieurs études ont rapporté que les aidants plus fortunés s'impliquent moins personnellement et exigent plus de temps de loisirs.

Les aidants primaires investissent en moyenne près de 70 heures par semaine. Ils cohabitent souvent et assurent la majorité des tâches physiques, l'entretien ménager, les soins d'hygiène et de santé. Les aidants secondaires offrent plutôt des périodes de répit par le gardiennage, un soutien psychologique ou des tâches simples, et investissent en moyenne 4 heures par semaine.

La motivation des aidants doit être explorée. Lorsque la motivation principale est l'amour et le souci de la qualité de vie de l'autre, les aidants réussissent mieux et se disent plus heureux. Lorsque la motivation est le sens du devoir, parce que personne d'autre ne peut le faire à leur place, le risque d'échec ou de conséquence négative est alors plus grand.

Toutes les études démontrent des bénéfices pour l'aidant: satisfaction personnelle, respect de soi et valorisation accrue, augmentation du contact avec un être cher (surtout un enfant par rapport à un parent), modèle de rôle pour ses propres enfants (espoir pour l'avenir), diminution des craintes de soins inadéquats par une autre personne et parfois même déplacement de centre d'intérêt des préoccupations personnelles vers l'autre pour moins sentir son propre malheur.

A la longue, la tâche d'aidant comporte cependant un impact négatif qui peut même devenir catastrophique. La dépression touche jusqu'à 40 % d'entre eux, principalement si la personne aidée souffre de problèmes cognitifs ou affectifs et que le soutien social est faible. L'anxiété et les sentiments d'insécurité et de culpabilité peuvent devenir omniprésents. Certains problèmes d'adaptation apparaissent et peuvent entraîner une consommation abusive d'alcool ou de psychotropes.

Le sentiment de fardeau est plus grand, lorsque le malade est agité, incontinent ou dépendant pour tous ses déplacements. La diminution de mémoire, l'apathie ou, au contraire, les critiques répétées du malade ajoutent au risque de désespoir et d'épuisement. La violence et l'abus envers les personnes âgées sont parfois la manifestation de ces difficultés vécues. Une proportion importante (20 %) des aidants en difficulté ne font aucune demande d'aide, jusqu'à ce qu'ils se sentent forcés d'abandonner leur rôle. Il arrive même que les services offerts soient rejetés.

Il faut se rappeler que, parmi les facteurs reconnus pour provoquer l'épuisement des aidants, l'aide au patient présentant des troubles psychiques représente un bien plus grand risque pour la santé que l'aide offerte à une personne qui ne présente qu'un déficit physique. La durée de la prise en charge est également déterminante pour l'apparition des principaux malaises que sont la fatigue chronique et le sentiment d'être dépassé. Plusieurs outils sont disponibles pour quantifier certains aspects du fardeau des aidants (Chap. 6). De nombreuses interventions ont été proposées pour diminuer les risques d'épuisement des aidants. La formation et l'information augmentent la compétence, la confiance en soi et la capacité de réduire la charge de travail par une meilleure organisation des soins. On peut aussi diminuer la charge réelle de l'aidant. Certains services permettant la prise en charge du malade durant quelques demi-journées par semaine (centre de jour, hôpital de jour), l'hébergement temporaire ou le gardiennage en sont des exemples. Des systèmes d'appel portés par le patient et qu'il peut déclencher en cas de besoin peuvent permettre des sorties sans inquiétude pour l'aidant.

Les soins de santé prennent une importance capitale. Des interventions qui peuvent réduire les problèmes d'incontinence, les états confusionnels et l'agitation, les douleurs, les troubles nutritionnels et les troubles du sommeil peuvent contribuer à réduire le fardeau. Certaines interventions de soutien psychologique peuvent être d'un grand secours, tout comme la participation de l'aidant à des loisirs et autres activités enrichissantes. Les interventions de groupe permettent de partager les expériences communes des aidants et augmentent généralement leur bien-être. Le soutien spirituel peut être également d'un grand secours pour les personnes croyantes.

PROBLÈMES DE LOGEMENT

Les conditions d'habitation étant l'un des déterminants fondamentaux de la qualité de vie, il est impossible de concevoir une intervention sociale de qualité auprès des personnes âgées, sans une bonne compréhension de ce que représente pour elles leur habitat. Non seulement les aînés sont-ils attachés à leur logement pour la commodité, mais encore on constate, lors d'une hospitalisation par exemple, toute la dimension affective qui s'y rattache. Ainsi, la personne âgée se montre très inquiète de perdre son logement lorsqu'elle sera en perte d'autonomie. La menace vécue à ce moment-là touche son identité, son estime personnelle, son expérience, la façon dont elle se relie aux personnes de son environnement familier, ses souvenirs, sa sécurité et ses possibilités d'accéder aux divers services dont elle a besoin pour sa vie quotidienne. Il n'est pas rare de constater que l'évocation d'un changement de milieu de vie représente pour la personne âgée une perte si importante qu'elle la traduit en des termes aussi intenses que ceux-ci: «Je ne peux pas quitter mon monde, j'en mourrai.» La voie de non-retour dans laquelle elle a le sentiment de s'engager contribue à accroître son anxiété et l'amène à vouloir résister.

Pour la personne âgée, la possibilité de conserver son logement renvoie à la notion de compétence, d'autonomie et d'intimité. Le logement est le lieu privilégié d'expression de sa liberté. Lorsque survient une maladie sérieuse, par exemple, il arrive que la personne âgée exprime son refus de laisser son logement, malgré des risques importants pour sa santé et sa sécurité. Ce refus peut s'exprimer de façon claire et directe, mais il peut aussi se manifester par un déni des problèmes. L'anticipation des coûts élevés d'un déménagement et un sentiment d'impuissance face à toutes les démarches qui s'y rattachent contribuent également à alimenter les craintes et amènent la personne âgée à vouloir se soustraire à la réalité plutôt qu'à y faire face.

Pour que la personne âgée accepte l'aide sans résister, il faut d'abord qu'elle se sente comprise. Le travail de l'intervenant social consiste donc à reconnaître ces inquiétudes, à lui permettre de les exprimer et d'en parler abondamment. Lorsqu'un lien de confiance est établi, il devient alors possible de discuter des solutions qui lui permettront de jouir de la meilleure autonomie, tout en lui assurant la sécurité physique et psychologique dont elle a besoin. Le rôle de l'intervenant social auprès de la famille et des proches est primordial. Il amène les parents à contribuer à la recherche de solutions, de sorte que la personne âgée puisse se sentir soutenue. Le succès de l'intervention est assuré si les proches en comprennent le sens et contribuent à sa réalisation. Enfin, l'intervenant peut assumer le rôle de facilitateur dans la mobilisation des ressources de soutien à domicile, ce qui contribue à diminuer la résistance inhérente au sentiment d'impuissance ressenti par la personne âgée (Chap. 58: possibilités de soutien à domicile).

ORIENTATION VERS UN NOUVEAU MILIEU DE VIE

Depuis plusieurs années, le maintien à domicile est grandement valorisé par les gestionnaires des services de santé. De plus, il correspond à la volonté de la plupart des personnes âgées qui soutiennent que leur qualité de vie est accrue lorsqu'elles demeurent chez elles. Cependant, entre un maintien à domicile devenu impossible et le placement en institution, une gamme de services s'offre aux personnes âgées, leur permettant de s'ajuster à l'évolution de leur situation.

Les besoins de changement de milieu de vie peuvent s'expliquer par un goût ou un besoin de changement. La personne âgée peut avoir le goût d'un nouveau style de vie dans lequel elle sera tout simplement en mesure de mieux s'épanouir. Elle réagit comme elle l'a toujours fait. Elle consulte parfois des proches ou d'autres conseillers. Il faut être conscient qu'une partie des besoins de changement de milieu de vie s'apparente à ceux de tout adulte. Cependant, d'autres besoins spécifiques aux personnes âgées viendront bientôt s'exprimer et imposeront une recherche de solution adaptée à la perte croissante d'autonomie et aux difficultés du milieu immédiat d'y apporter des solutions.

Lorsque la réduction de la capacité est légère, la personne âgée peut choisir, par exemple, de déménager au village ou à la ville, afin de se rapprocher d'une ressource ou d'un membre de la famille ou de choisir un logement avec services de repas ou de soins infirmiers, pour pallier certaines incapacités futures. Éventuellement, lorsque la perte d'autonomie progresse et qu'il est devenu impossible de réaliser certains travaux domestiques ou de répondre à tous ses besoins personnels, il faudra alors obtenir l'aide d'une ressource mieux équipée ou planifier le soutien à domicile. Plus le milieu immédiat est impuissant à s'organiser, plus le rôle de l'intervenant social est déterminant pour la recherche d'une solution appropriée. Plusieurs contraintes sont à considérer: contraintes personnelles (incapacité physique ou psychique, sentiment d'impuissance, insécurité), contrainte financière, contrainte liée à la disponibilité des proches et, finalement, contraintes du réseau public quant à la quantité et la qualité de services disponibles. L'intervenant social doit tenir compte de toutes ces limites pour aider la personne âgée à prendre les décisions qui s'imposent dans son meilleur intérêt. C'est naturellement plus facile lorsque la personne âgée est en mesure de collaborer et de s'impliquer dans le processus. Parfois, les intervenants sociaux doivent aider des personnes qui présentent des contraintes importantes sur le plan cognitif, les rendant plus ou moins aptes à comprendre et juger de leur situation. L'intervention doit alors reposer fortement sur l'implication des membres de la famille qui connaissent le mieux les besoins de la personne âgée. La compréhension des besoins, des valeurs et le souci de proposer les solutions les plus adéquates sont requis. A cela, s'ajoute le soutien important aux proches, souvent aux prises avec des sentiments de culpabilité face à leurs parents dépendants.

Le changement de milieu de vie représente un bouleversement majeur pour la personne âgée et sa famille et requiert une approche professionnelle qui tienne compte de la complexité des éléments qui s'y rattachent. Il importe au travailleur social de parfaire continuellement son expertise face au placement, en améliorant sa connaissance des ressources et milieux de vie. Le rôle de l'intervenant social en cas de besoin de changement de milieu de vie est décrit au tableau 57.2.

PERSONNES ÂGÉES AYANT UN COMPORTEMENT À RISQUE

Les équipes de gériatrie sont souvent confrontées à des personnes âgées qui, par leurs choix de vie, se retrouvent devant un risque élevé de subir un préjudice ou de compromettre leur santé et leur sécurité. Les comportements à risque concernent non seulement ceux que la personne âgée adopte, mais aussi ceux qu'elle choisit de subir sans avoir la possibilité d'y réagir (Tableau 57.3). Il peut y avoir des risques pour la santé physique, la santé mentale et la

<table>
<tr><td colspan="4" align="center">Tableau 57.2
Besoins de changement de milieu de vie</td></tr>
<tr><td colspan="4">**Facteurs amenant un changement de milieu de vie**</td></tr>
<tr><td>**Les besoins changent**</td><td>**Baisse de capacités**</td><td>**Perte de capacités compensée par le milieu**</td><td>**Perte de capacités non compensée par le milieu**</td></tr>
<tr><td colspan="4">**Manifestations**</td></tr>
<tr>
<td>Ex.: modifications
• taille de la famille
• activités professionnelles
• environnement ou quartier
• moyens financiers</td>
<td>Ex.: diminution
• capacités physiques
• capacités cognitives
• moyens de défense
• moyens financiers</td>
<td>Ex.: pertes de capacités fonctionnelles liées aux besoins personnels et domestiques</td>
<td>Ex.: • graves problèmes de santé
• perte de moyens pour combler les besoins personnels et domestiques</td>
</tr>
<tr><td colspan="4">**Intensité du besoin**</td></tr>
<tr>
<td>**Goût de changer le milieu**</td>
<td>**Besoin d'ajustement**</td>
<td>**Besoin d'aide**</td>
<td>**Nécessité de changement de milieu**</td>
</tr>
<tr><td colspan="4">**Rôle de la personne âgée**</td></tr>
<tr>
<td>Sollicite des avis
Demande conseil
Consulte des experts
Prend ses décisions</td>
<td>Au besoin:
• modifie ses activités
• change le milieu
• demande de l'aide</td>
<td>Doit absolument avoir de l'aide pour ne pas être menacée dans sa santé ou sa sécurité</td>
<td>Collabore, à la mesure de ses capacités, à l'identification du milieu le plus approprié</td>
</tr>
<tr><td colspan="4">**Rôle des proches**</td></tr>
<tr>
<td>Donnent leur avis sans intervenir</td>
<td>Apportent du soutien, des conseils et de l'aide selon leur disponibilité</td>
<td>Doivent s'assurer que l'aide requise est organisée et planifiée; font appel à des ressources si nécessaire</td>
<td>Collaborent avec les ressources et l'institution Apportent un soutien moral à la personne placée</td>
</tr>
<tr><td colspan="4">**Rôle de l'intervenant social**</td></tr>
<tr>
<td>A ce stade, l'intervenant social a rarement à intervenir</td>
<td>Éclaire
• Peut être appelé à évaluer les besoins et les solutions possibles
• Aider les proches à comprendre la situation et agir dans l'intérêt de la personne âgée</td>
<td>Guide
• Aider la personne âgée à comprendre et accepter sa situation
• L'aider à formuler ses besoins et proposer des solutions adéquates
• Aider les proches à s'organiser dans l'intérêt de la personne âgée
• Favoriser les bonnes communications entre la famille et la personne âgée
• Proposer et trouver les ressources adéquates pour le maintien à domicile dans des conditions acceptables</td>
<td>Solutionne et organise
• Identifier les résidences et centres pouvant répondre adéquatement aux besoins de la personne âgée
• Visiter des centres avec elle et un membre de sa famille
• Soutien pendant la période d'attente pour aider à apprivoiser le nouveau milieu et diminuer l'anxiété
• Accompagnement lors de l'admission
• Suivi périodique durant la période d'ajustement</td>
</tr>
<tr><td colspan="4">**Latitude de choix**</td></tr>
<tr>
<td>Autonomie de choix et de décisions</td>
<td>Besoin d'être éclairée dans ses choix</td>
<td>Choix du maintien à domicile en fonction du soutien des proches et des ressources disponibles</td>
<td>Choix limités: en fonction des besoins, des normes de placement et des places disponibles</td>
</tr>
</table>

Tableau 57.3
Exemples de comportements à risque

Risques pour la santé physique	Santé mentale	Sécurité physique	Sécurité psychologique	Sécurité financière
• malnutrition • négligence de l'hygiène corporelle • tolérance de l'insalubrité du logement • chauffage inadéquat • abus d'alcool, tabagisme • refus ou erreur dans la prise des médicaments • négligence du suivi médical • travaux domestiques effectués malgré pertes sensorielles qui en rendent l'exécution dangereuse • refus de compenser ses problèmes de mobilité malgré des risques de chutes	• état d'isolement • liens affectifs inconsistants • refus des moyens pour compenser une diminution de mémoire ou d'orientation • refus des contacts et activités sociales • absorption de médicaments non prescrits • polymédication additionnées à l'alcool	• logement inadéquat, non conforme aux normes de sécurité et de salubrité • relations avec un voisinage susceptible de lui nuire (vols, violence, alcool, drogues, délits) • étalage de sommes d'argent importantes à la vue de tous • accès non protégé au domicile	• tolérance à l'intimidation d'un proche ou de l'entourage • désengagement face à toute responsabilité qui augmente sa dépendance et sa vulnérabilité	• dépenses inconsidérées • négligence à payer ses comptes • tolérance au chantage financier pour maintenir des relations

sécurité physique, psychologique ou financière. L'identification de ces comportements à risque survient souvent lors d'une hospitalisation, alors que l'équipe interdisciplinaire s'interroge sur la capacité du malade à vivre seul ou à retourner dans un milieu qui peut sembler inadéquat.

L'intervenant social risque d'être le mieux placé pour détecter les risques pour la santé mentale ou la sécurité de la personne âgée. L'identification de ces comportements dépend beaucoup de la relation de confiance avec le sujet âgé et exige une attitude d'ouverture. En entrevue, il faut être très sensible à l'attitude générale ou aux réactions émotives de la personne âgée et des aidants naturels. Un regard fuyant, une attitude dégageant un sentiment de honte, de désespoir ou de détachement peuvent être le premier indice des difficultés. Il faut faire préciser les messages équivoques et relever les détails contradictoires. Les écarts entre ce qui est dit et notre propre compréhension de la situation doivent être explorés. Les réactions verbales et non verbales, suite à nos observations, peuvent offrir de nouvelles occasions de manifester notre sensibilité aux situations qui auraient pu être trop difficiles à exprimer directement par la personne âgée ou les aidants naturels.

La nature des comportements dangereux ainsi que la probabilité que des conséquences néfastes se produisent doivent être précisées. On doit vérifier l'imminence du danger, le caractère irréversible du comportement ou de ses conséquences ainsi que l'intérêt ou la capacité de la personne à désamorcer la situation problématique. Toutes ces informations peuvent être validées par des sources crédibles: certains membres de la famille, personnes significatives, autres intervenants préalablement impliqués dans le dossier, etc.

La capacité de la personne de se protéger ou d'obtenir la protection nécessaire doit constituer la clé de voûte de toute intervention. Une évaluation gérontopsychiatrique est souvent nécessaire pour se rassurer quant à l'aptitude de la personne âgée à prendre des décisions qui mettent en jeu sa santé et sa sécurité. En cas d'inaptitude, il faut engager les démarches en vue d'instaurer un régime de protection, tutelle ou curatelle (Chap. 49). Lorsqu'une personne âgée est apte à décider, il faut alors envisager une intervention telle que décrite à la figure 57.1. Comme on le voit, toute l'intervention repose sur un lien de confiance et de collaboration entre la personne âgée, son milieu et l'intervenant social. En cas d'échec à ce niveau, l'approche sera plus contraignante. Il faudra beaucoup d'efforts et d'imagination, car il est de plus en plus difficile de protéger une personne, contre son gré, en raison de l'importance que donne la société actuelle aux droits et libertés de la personne. Néanmoins, l'intervenant social ne peut perdre de vue sa responsabilité sociale et professionnelle. Une attitude de laisser faire pourrait, en pareilles circonstances, être interprétée

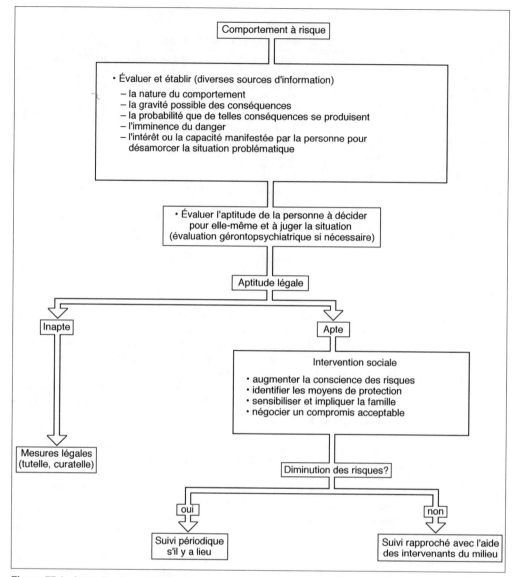

Figure 57.1 Approche du sujet âgé présentant des comportements à risque

comme une forme de désengagement. Les règles d'éthique qui encadrent la profession peuvent être mises à rude épreuve lorsque des comportements à risque ont été mal évalués. Il importe donc de faire preuve de vigilance et de discernement, lorsque la situation l'exige.

BIBLIOGRAPHIE

ASSELIN, D.: *Alzheimer, décider pour l'autre sans culpabilité: un dilemme à surmonter. Le point de vue psychosocial*, Centre de services sociaux du Montréal métropolitain, Montréal, avril 1990.

GOLAN, N.: *Crisis theory, SocialWork Treatment Interlocking theoritical Approaches*. Edited by J. Turner. The Free Press, London, 1974.

HALL, T.: *La dimension cachée*, Seuil, Paris, 1971.

HUSTON, P., ALLEN, I. & J. ROY: A rational approach to Elderly Patients living at high risk. *The Can. J. of Geriatrics.* **January/February**:29-39, 1993.

MASSÉ, J.: *L'hébergement de la personne âgée lucide, une décision à prendre étape par étape.* ACSSQ. Colloque «C'est un départ», Québec, octobre 1992.

PODNICKS, E.: Abus des personnes âgées: il est temps d'agir, **in** *Abuse of the Elderly*: Issues and Annotated Bibliography by Schlessenger, B. & R. Schlesinger, eds (32-40). Presse de l'Université de Toronto, Toronto, 1988.

SÉGUIN, A.M.: Transformations sociales et carences de l'habitation, **in** *Traité des problèmes sociaux.* Dumont, F., Langlois, S. & Y. Martin. Presse de l'Université du Québec, Institut québécois de recherche sur la culture, Québec, 1993.

SIMEONE, J. & F. TANZI: Le maintien à domicile des personnes âgées, limites, dangers et responsabilités. *La Revue de gériatrie*, **8(4)**: avril 1993.

TRAHAN, L.: Les facteurs associés à l'orientation des personnes âgées dans les établissements d'hébergement. *Une revue de littérature, ministère des Affaires sociales*, Québec, avril 1989.

LECTURES SUGGÉRÉES

BAUMGARTEN, M., HANLEY, J.& C. INFANTE-RIVARD: Health of family members caring for elderly persons with dementia, a longitudinal study. *Ann Intern Med*, **120**:126-132, 1994.

BOZZINI, L. & R. TESSIER: Support social et santé, **in** *Traité d'anthropologie médicale*. Dufresne, J., Dumont, F. & Y. Martin. Presse de l'Université du Québec. Institut québécois de recherche sur la culture. Québec, 1985.

DU RANQUET, M.: *Les approches en service social. Interventions auprès des personnes et des familles*, Édisem, Saint-Hyacinthe, 2e éd., 1991.

GUBERMAN, N., MAHEU, P. & C. MAILLÉ: *Et si l'amour ne suffisait pas. Femmes familles et adultes dépendants*, Les Éditions du remue-ménage, Montréal, 1994.

LACOMBE, G.: Les aidants naturels en gériatrie, **in** *Interdisciplinarité en gérontologie*. Hébert, R. Édisem, Saint-Hyacinthe, 1990.

MINUCHIN, S.: *Familles en thérapie*, France-Amérique, Montréal, 1979.

MOORE, S.: The capacity to care: A family focused approach to social work practice with the disabled Elderly. *Journal of Gerontological Social Work*, **10(1-2)**:75-95.

THOMPSON, E.H.: Social support and caregiving burden in family caregivers to frail elderly. *Journal of gerontology: Social sciences*, **48(5)**:S245-254, 1993.

CHAPITRE 58

SOUTIEN À DOMICILE

DENIS ARGUIN et MARCEL ARCAND

Jadis intégré à la pratique médicale courante, le soin des vieillards à domicile, après être devenu, en Amérique du Nord surtout, une activité marginale pour la plupart des médecins, connaît maintenant une recrudescence de popularité. Ce phénomène, aussi présent en Europe mais à un degré moindre, résulte de facteurs historiques et sociologiques sur lesquels il vaut la peine de s'attarder un peu.

MÉDECIN À DOMICILE

Revalorisation de la visite à domicile

La révolution scientifique et technologique qui a caractérisé le vingtième siècle a sans aucun doute été la cause de la dévalorisation de la visite à domicile par les médecins. L'accroissement des connaissances scientifiques a d'abord favorisé la spécialisation. Dépendants de leur équipement technique et des laboratoires, les médecins spécialistes ont choisi de recevoir leurs malades à l'hôpital ou dans des cliniques. Peu à peu, le même mode de fonctionnement est devenu à la mode chez les omnipraticiens. Les attentes de la population ont changé elles aussi, d'autant que les moyens de transport et les communications téléphoniques n'ont cessé de s'améliorer. Éventuellement, les médecins en formation n'eurent d'autre possibilité que de s'identifier au modèle de pratique des spécialistes, puisque les omnipraticiens devenaient progressivement absents des hôpitaux d'enseignement et des facultés de médecine.

De tous les groupes d'âge, ce sont les plus de 65 ans, confinés à domicile par la maladie, qui ont le mieux réussi à faire sortir les médecins de leur clinique. Il est donc normal, qu'avec le vieillissement de la population, les besoins grandissants de la clientèle âgée et handicapée aient favorisé une recrudescence de cette pratique.

Récemment, les gouvernements motivés par la croissance des coûts de l'«institutionnalisation» et par les pressions des vieillards eux-mêmes, ont fait du soutien à domicile, une priorité sociosanitaire. Pour pallier l'augmentation importante de la clientèle, les gestionnaires d'hôpitaux tentent de favoriser autant qu'ils le peuvent un raccourcissement important de la durée du séjour à l'hôpital. Bien que cet objectif soit favorisé par une meilleure technologie permettant par exemple la chirurgie d'un jour, de nombreuses personnes âgées sont exposées à recevoir un congé hâtif, souvent même avant que le processus de guérison ou de réadaptation ne soit complété. C'est la tâche des intervenants à domicile de prendre la relève, mais ils ont à affronter des problèmes dont l'ampleur et la complexité ne cessent d'augmenter. Devant cet état de fait, les médecins n'ont d'autre choix que de travailler avec d'autres intervenants, particulièrement les infirmières et les intervenants sociaux. Leur présence à domicile est maintenant indispensable.

Avantages de la visite à domicile

Les statistiques montrent que plus de 90 % des personnes âgées vivent en dehors des institutions. Un grand nombre d'entre elles souffrent de troubles de la mobilité, alors qu'au moins une sur vingt est confinée à son logement. Plusieurs vivent seules et doivent, pour se rendre au cabinet du médecin, faire appel à une aide extérieure. D'autres, ne pouvant plus marcher, doivent même faire appel au système ambulancier, afin d'obtenir une aide médicale pour des problèmes souvent bénins. Certaines également refusent tout simplement de se déplacer jusqu'à la clinique. L'expérience montre qu'il s'agit souvent des personnes en plus grand besoin d'assistance (dépression, problèmes physiques sérieux non diagnostiqués). Celles qui sont en bonne forme physique souffrent parfois d'affections épisodiques invalidantes. Incapables d'obtenir une consultation à domicile, elles doivent paradoxalement attendre un retour à la santé pour voir leur médecin.

La visite à domicile résout non seulement ces difficultés mais diminue aussi, pour des personnes fragiles physiquement et mentalement, les inconvénients du transport et de l'attente associés au rendez-vous à la clinique ou à l'hôpital. De plus, elle contribue au soutien à domicile en sécurisant le vieillard qui a préféré cette option au placement en institution. Plusieurs études ont montré que la visite à domicile améliore la qualité de la relation médecin/malade et favorise la fidélité du client. De plus, lorsque le médecin traitant est actif dans l'équipe de soins à domicile, on note une augmentation de la satisfaction des personnes âgées vis-à-vis des services reçus.

Les avantages cliniques de la visite d'évaluation à domicile sont également nombreux pour le clinicien. Nous n'en ferons pas mention ici, car ils ont déjà été discutés au chapitre 5. Rappelons simplement qu'en plus de fournir des informations médicales difficiles à obtenir au cabinet, la visite à domicile permet d'évaluer l'environnement physique et social dans lequel évolue le malade, de même que la quantité et la qualité des soins qui lui sont offerts. Le médecin peut ainsi dépister certains problèmes nutritionnels, un alcoolisme caché, des évidences de négligence dans les soins et des problématiques sociales qui menacent la qualité de vie des malades et de leur famille. Les visites à domicile permettent également de faire certaines suggestions simples pour prévenir des accidents ou simplement augmenter l'autonomie du malade dans l'exécution de ses activités de la vie quotidienne. Plusieurs auteurs rapportent également qu'une évaluation neuropsychiatrique est plus facile et souvent plus valable lorsqu'elle est effectuée dans l'environnement naturel du malade. Ce dernier est souvent plus à l'aise et moins désorienté. Certains troubles du comportement peuvent être mis en évidence plus facilement.

Malgré certains désavantages financiers (variables selon le mode de rétribution du médecin), la visite à domicile permet assez souvent au clinicien de diminuer le coût global des soins. En effet, par le biais d'une connaissance accrue et plus juste du malade et de sa situation globale, elle simplifie souvent le diagnostic et rationalise l'approche thérapeutique. Elle permet aussi d'éviter des hospitalisations inutiles qui, pour des malades en perte d'autonomie, ne sont pas sans danger.

Types de visites et clientèles cibles

Certaines maladies aiguës et la plupart des urgences médicales exigent un soutien technique qui n'est disponible qu'à l'hôpital. Quelques urgences médicales peuvent être traitées à domicile mais, dans la majorité des cas, il faut insister auprès du malade pour qu'il se déplace, sans toutefois le rejeter en cas de refus.

Les visites planifiées en fonction de la prévention, de l'éducation ou même du suivi de certaines conditions chroniques peuvent généralement être confiées à une infirmière. Cette façon de procéder libère le médecin pour les cas où sa présence est essentielle, par exemple lors de problèmes médicaux difficiles, durant la phase terminale d'une maladie, pour rencontrer le malade avec sa famille, pour apporter un soutien psychologique particulier dans certaines situations (décès du conjoint) et parfois pour constater un décès.

Il est impossible, voire inutile, d'évaluer et de suivre toutes les personnes âgées à domicile. La détermination des clientèles cibles permet de mieux sélectionner celles pour qui une ou des visites seront «rentables» (Tableau 58.1).

On doit reconnaître qu'un petit nombre de clients difficiles peuvent être une source importante de soucis pour le praticien. Certains malades, ayant des troubles de personnalité, peuvent être extrêmement exigeants et manipulateurs. D'autres ont des comportements dangereux pour leur santé mais refusent de l'aide. Ceux-ci requièrent parfois une évaluation gérontopsychiatrique parfois difficile à obtenir.

Malgré les difficultés mentionnées plus haut, la seule contre-indication absolue à une visite à domicile est la présence d'un danger physique pour l'intervenant. Dans ces cas-là, on doit rapidement faire intervenir les services sociaux et policiers, car le malade et son entourage sont souvent en danger.

Tableau 58.1

Groupes cibles de personnes âgées exigeant une évaluation ou des visites régulières à domicile

- Personnes vivant seules ou socialement isolées (surtout si deuil récent)
- Personnes incapables de se déplacer sans aide
- Personnes ayant peu de tolérance à l'effort (insuffisance cardiaque ou respiratoire, angine, etc.)
- Personnes présentant des problèmes psychologiques ou psychiatriques graves (démence, dépression grave, etc.)
- Personnes incontinentes
- Personnes qui viennent de recevoir leur congé de l'hôpital
- Personnes qui font des visites répétées à la salle d'urgence (alcoolisme, chutes, soutien social insuffisant)
- Personnes qui refusent de se déplacer (dépression, syndrome de Diogène, problèmes physiques graves non diagnostiqués, etc.)

Organisation de la pratique

Chaque médecin doit décider de la meilleure façon d'insérer les visites à domicile dans sa pratique. L'idéal semble de réserver une période spécifique à cette fin (chaque jour ou chaque semaine, par exemple) et de regrouper les visites, de façon à réduire au minimum le temps consacré au transport. Les visites réclamées de façon urgente, à un moment inopportun (durant une autre activité, les soirs, les nuits, les jours de congé), sont peu fréquentes. Comme ce service est indispensable pour assurer la sécurité nécessaire au soutien à domicile, il faut, autant que possible, prévoir un système de garde dans lequel des praticiens assument, à tour de rôle, cette fonction. Par ailleurs, il faut aussi veiller régulièrement à éliminer les visites inutiles, afin de ne pas accroître indûment la charge de travail. Comme nous l'avons déjà mentionné, il ne faut pas hésiter à déléguer aux infirmières visiteuses des responsabilités dans le suivi de certains malades chroniques.

Pour chaque personne visitée, on doit avoir un dossier aussi complet que possible, comprenant entre autre chose une liste des problèmes, une mise à jour de la médication et le nom de quelques proches pouvant fournir de l'information supplémentaire au besoin.

On y consigne soigneusement toutes les informations recueillies durant l'expertise. Il est idéalement recommandé de laisser une copie de la liste des problèmes chez le malade ainsi qu'une liste à jour des médicaments prescrits. Ainsi, advenant un problème urgent, le malade peut recevoir plus rapidement les soins appropriés à son état. Chez les malades instables et lorsqu'il y a de multiples intervenants, on pourra communiquer à l'aide d'un cahier ou minidossier qui reste au chevet du patient.

Quant au contenu de la trousse médicale, son importance dépend du type de pratique et de la proximité d'un centre médical. L'équipement de base pour un examen complet (y compris les examens vaginal et rectal) est obligatoire, bien sûr. On réalise vite qu'il est facile de faire un examen physique adéquat à domicile, avec la coopération du malade et de sa famille. D'autres équipements plus ou moins sophistiqués et certains médicaments peuvent être nécessaires selon les besoins. Un exemple de trousse complète est proposé au tableau 58.2.

RESSOURCES PROFESSIONNELLES ET COMMUNAUTAIRES

Pour les vieillards fragiles, une visite médicale isolée est, en général, peu utile. Le travail d'une équipe multidisciplinaire est primordial, et un contact régulier doit donc être établi avec les autres intervenants.

Une grande variété de ressources a été mise au point avec les années, souvent à partir d'initiatives individuelles ou de petits groupes. Ces ressources diffèrent d'un endroit à l'autre, en quantité, qualité, disponibilité et même en champs d'action (pour une même ressource). Elles sont de trois types: intervenants professionnels, services communautaires d'appoint et bénévolat (Tableau 58.3).

Puisque ces ressources concernent des individus, groupes ou institutions différents, il est impérieux, autant par économie que pour en assurer un fonctionnement optimal, de rationaliser leurs actions. Le dédoublement et les luttes de pouvoir n'ont pas leur place dans ce domaine où existe habituellement un manque de ressources. La concertation ne peut qu'amener une amélioration de la qualité, de la diversité et de la quantité des services en place. La responsabilité

Tableau 58.2
Exemple de trousse médicale complète

Équipement diagnostique
- Stéthoscope
- Sphygmomanomètre calibré avec brassard (petit, moyen et gros)
- Gants non stériles jetables
- Lubrifiant
- Marteau à réflexe
- Diapason, épingle de sûreté, coton-tiges
- Oto-ophtalmoscope
- Anuscope jetable
- Abaisse-langue
- Ruban à mesurer
- Thermomètres oraux (2) – rectaux (2)
- Glucomètre ou bâtonnets pour détection du sucre
- Culturettes
- Antihistaminiques injectables

Formulaires administratifs indispensables
- Requête de laboratoire et radiologie
- Formulaires de «demande de dossier antérieur»
- Feuilles de prescription
- Formulaires de «constat de décès»
- Test de Folstein ou 3MS
- Formulaires de consultation médicale

Fournitures médicales
- Compresses, sparadrap, ciseaux à pansement, pinces jetables, gants stériles, masques stériles
- Solution désinfectante (Proviodine®, Hibitane®)
- Pansements divers
- Bandages élastiques
- Équipement pour prélèvements sanguins
- Aiguilles 18 g (1,20 mm), 21 g (0,80 mm), 25 g (0,50 mm)
- Contenants stériles pour analyse et culture d'urine
- Sondes urinaires
- Scalpel
- Nécessaire à sutures
- Coupe-ongles
- Sonde oropharyngée

Médicaments
- Furosémide injectable
- Nitroglycérine pour inhalation ou sublinguale
- Épinéphrine S.C.
- Nifédipine S.L.
- Halopéridol I.M.
- Lorazépam I.M.
- Gravol I.M.
- Morphine injectable
- Mépéridine injectable

et le «Précis pratique de gériatrie» (s'il reste de la place!)

fonctionnement des structures régionales responsables des soins. Ces réseaux de soins s'avèrent très différents d'une région à l'autre et il est important d'entretenir des contacts réguliers avec une ou des personnes informées et capables de coordonner les interventions individuelles. On gagne beaucoup également à s'impliquer, autant que possible, dans les rencontres multidisciplinaires que ce genre de travail requiert souvent.

En plus d'être mal connus, les services de maintien à domicile sont fréquemment insuffisants et mal utilisés. Certaines catégories de personnes, notamment les malades psychiatriques et les cancéreux, auraient avantage à être orientés vers ces services, pour éviter un placement précoce en institution. De façon générale, on sous-estime ce qui est réalisable à domicile avec les ressources disponibles. Ce qui importe, c'est que la demande soit claire et réaliste, que le malade soit motivé et bien informé.

Une réévaluation régulière de la pertinence des services s'impose. Il est fréquent de constater une amélioration de l'état du client et de pouvoir diminuer, même cesser les services. A l'occasion, on peut aussi adresser le malade à un type de service plus léger.

En terminant, il convient de souligner l'importance de ne pas substituer, autant que possible, à l'aide naturelle (parents, amis et voisins) une aide professionnelle qui ne peut apporter, généralement, le même soutien émotif et qui risque de fluctuer au gré des décisions technocratiques.

SOUTIEN À DOMICILE

On ne peut compenser, même avec beaucoup de volonté et de moyens, le déracinement qu'engendre un hébergement en institution. La qualité de vie des personnes handicapées maintenues à domicile est généralement meilleure, mais cela suppose certains prérequis (Tableau 58.4). Il faut, si la personne est lucide, qu'elle soit d'accord et motivée et qu'elle soit bien informée de ses droits et privilèges, des risques et des alternatives possibles en cas d'urgence. Aucune pression professionnelle ou familiale ne doit guider son jugement.

L'entourage doit être responsable, répondre aux critères mentionnés plus haut, comprendre et bien accepter les responsabilités qui

de coordonner harmonieusement ces divers services revient aux intervenants du milieu.

Chaque médecin doit connaître les services disponibles pour sa clientèle. Il existe parfois des bottins régionaux qui les décrivent bien. Le médecin doit surtout essayer de comprendre le

Tableau 58.3
Ressources disponibles pour favoriser le soutien à domicile des personnes âgées

Ressources	Fonctions
I. Intervenants professionnels	
Médecin	• diagnostic et traitement des problèmes de santé aigus et chroniques • hospitalisation si nécessaire • constat de décès
Infirmière	• soins et traitements spécifiques (injections, pansements, sondes, bain, soins d'ongles) • intervention auprès de malades psychiatriques • éducation et prévention • suivi de malades chroniques après entente avec le médecin • prélèvements sanguins et urinaires pour analyse
Intervenant social	• soutien à la personne et à sa famille • coordination des ressources d'aide à domicile (variable selon les endroits) • démarche de placement, s'il y a lieu
Auxiliaire familiale	• aide-ménagère, soutien moral et accompagnement
Physiothérapeute	• réadaptation, physiothérapie respiratoire
Ergothérapeute	• adaptation de l'environnement physique, fournitures d'aides aux AVQ et AVD
Inhalothérapeute	• oxygénothérapie à domicile
Service de pastorale	• soutien moral et spirituel
Médecins spécialistes	• gériatrie, gérontopsychiatrie, chirurgie (variable selon la région)
II. Services communautaires	
Transports spécialisés	• autobus pour personnes handicapées, ambulance
« Popote roulante »	• repas chauds livrés à domicile plusieurs fois par semaine, à coût minime
Buanderie spécialisée	• nettoyage de literie pour personnes incontinentes
Logements communautaires (HLM, appartements protégés)	• aménagement et allocation de logements pour personnes handicapées ou pauvres
Centre de jour, hôpital de jour	• soutien médico-social à des personnes en perte d'autonomie
Hébergement temporaire	• admission temporaire en institution d'un vieillard peu autonome pour soulager les familles (vacances, problèmes de santé des soignants)
III. Bénévolat	• contacts téléphoniques et visites amicales • transport-accompagnement • travaux lourds (souvent réalisés par des jeunes) • garde temporaire des malades • sorties et distractions

découlent de cette décision. Les personnes doivent être fiables en tout temps et disponibles. Selon la nature des soins requis, un minimum de services doit être offert pour rendre cette expérience plus facile et éviter une surcharge et un épuisement rapide du milieu de soutien. Ce minimum consiste en la possibilité d'avoir des infirmières à domicile, la disponibilité d'un praticien social, d'une aide familiale et de médecins visiteurs. Des possibilités d'hébergement temporaire en cas d'urgence sociale (détérioration du milieu de soutien) ou de vacances planifiées des intervenants sont aussi nécessaires. Des services de garde doivent idéalement être planifiés pour répondre aux situations urgentes qui surviennent en dehors des heures régulières de travail. De plus, il importe que la condition médicale du vieillard le permette, c'est-à-dire qu'on ne lui fasse pas courir de danger indu et qu'on respecte la capacité des soignants.

Un environnement physique inadéquat peut finalement rendre l'aventure trop dange-

Tableau 58.4
Prérequis au maintien à domicile
• Consentement éclairé (malade et famille)
• Entourage responsable
• Condition traitable à domicile
• Environnement adéquat
• Ressources disponibles (humaines, matérielles)
• Services structurés (disponibilité, visites, urgences)
• Intervention multidisciplinaire

reuse, si l'insalubrité des lieux favorise par exemple les risques d'infection. Le maintien prolongé à domicile en cas de maladie aiguë suppose donc un minimum de sécurité pour tous, y compris pour le personnel qui doit s'occuper du malade.

Le manque de sommeil et de repos des aidants, l'agitation et le comportement agressif du vieillard, un changement affectif majeur (dépression, apathie marquée ou harcèlement sexuel) et l'incontinence (surtout fécale) peuvent provoquer des états de crise rendant le maintien à domicile impossible. Il faut savoir prévenir ces situations et offrir rapidement, s'il y a lieu, la possibilité d'un soulagement social (hébergement temporaire).

On retiendra de ce chapitre l'importance de s'impliquer au niveau des services de soins et de soutien à domicile et la nécessité de complémentarité entre établissements et ressources. On ne saurait trop insister sur le concept d'évaluation et d'intervention multidisciplinaire. L'investissement de temps et de ressources est cependant beaucoup plus rentable de cette façon, et la gratification n'en est que plus grande pour le professionnel et pour le malade.

BIBLIOGRAPHIE ET LECTURES SUGGÉRÉES

ALLESSI, C.A.: Managing the behavioral problems of dementia in the home. *Clin Geriatric Med*, 7:787-802, 1991.

ALTKORN, D.L. & Coll.: Recommendations for a change in living situation resulting from an outpatient geriatric assessment: Type, frequency and risk factors. *J Am Geriatr Soc*, 39:508-512, 1991.

American Medical Association Council on Scientific Affairs. Educating physicians in home health care. *JAMA*, 265:769-771, 1991.

BEALE, N.: Daily home visiting in one general practice: a longitudinal study of patient-initiated workload. *Br J Gen Pract*, 41:16-18, 1991.

DITOMASSO, S.N.: Les soins palliatifs à domicile, un objectif à la portée de l'omnipraticien? *Le Médecin du Québec*, 25(12):51-57, 1990.

GRIECO, A.J.: Physician's guide to managing home care of older patients. *Geriatrics*, 46:49-60, 1991.

HAM, R.J.: Getting the most out of a home visit. *Med Fam Can/Can Fam Physician*, 32:2677-2682, 1986.

KEENAN, J.M. & K.H. HEPBURN: The role of physicians in home health care. *Clinics in Geriatric Medicine*, 7:665-675, 1991.

PORETZ, D.M.: Home intravenous antibiotic therapy. *Clinics in Geriatric Medicine*, 7:749-763, 1991.

PORTNOW, J. & Coll.: Multidisciplinary home rehabilitation: a practical model. *Clinics in Geriatric Medicine*, 7:695-706, 1991.

RAMSDELL, J.W. & Coll.: The yield of a home visit in the assessment of geriatric patients. *J Am Geriatr Soc*, 37:17-24, 1989.

RAMSDELL, J.W.: Geriatric assessment in the home. *Clinics in Geriatric Medicine*, 7:677-693, 1991.

SIMEONE, I.: Le maintien à domicile. Quel avenir? *Éditions Médecine et Hygiène*, 11-24, Genève 1988.

VETTER, N.J., LEWIS, P.A. & L. LLEWELLYN: Supporting elderly dependant people at home. *BMJ*, 304:1290-1292, 1992.

WIELAND, D., FERRELL, B.A. & L.Z. RUBENSTEIN: Geriatric home health care. Conceptual and demographic considerations. *Clinics in Geriatric Medicine*, 7:645-664, 1991.

CHAPITRE 59

HÉBERGEMENT

Howard Bergman et Jacques Montambault[†]

Parmi les services offerts aux personnes âgées en perte d'autonomie ou souffrant de maladies chroniques invalidantes, l'hébergement occupe une place non négligeable. Une mauvaise utilisation des disponibilités se traduit rapidement par une élévation disproportionnée des coûts d'exploitation du réseau des services sociosanitaires destinés à cette clientèle ou par une impossibilité de répondre aux besoins fondamentaux des personnes âgées en perte d'autonomie.

Certains principes généraux doivent guider les politiques en matière d'hébergement des personnes âgées.

• Les ressources doivent s'inscrire dans un réseau intégré de soins et de services aux personnes âgées.

• L'admission en établissement d'hébergement ne doit se faire qu'après une évaluation précise des besoins de la personne et des services nécessaires.

• Il est souhaitable de retrouver, dans chaque région, un système de coordination des admissions en établissement d'hébergement (Fig. 59.1).

• Étant donné que la décision d'admission en institution d'hébergement repose sur des critères résultant de l'interaction de facteurs sociaux et médicaux, il est essentiel d'assurer une collaboration entre les services de santé et les services sociaux, afin de permettre une approche globale des problèmes des vieillards dans le besoin.

• Chaque juridiction établit les normes pour le nombre de places en hébergement. Ces normes doivent reposer sur le nombre et la proportion des personnes dans chaque groupe d'âge de 65 ans et plus.

CLASSIFICATION DES RESSOURCES D'HÉBERGEMENT

Les ressources d'hébergement peuvent être classées selon le type de services offerts par l'établissement et le degré d'autonomie de la clientèle. L'appellation de ces ressources et les frontières entre les diverses catégories sont très variables d'un pays à l'autre (Tableau 59.1).

Pour les vieillards autonomes, en plus du domicile privé, il existe des habitations à logements multiples qui regroupent exclusivement des personnes âgées, sans cependant offrir de services communautaires. Ces logements sont parfois subventionnés par l'État (habitations à loyer modique) pour diminuer le coût du loyer et permette aux vieillards démunis d'habiter un logis adéquat. Les locataires peuvent recevoir les services à domicile offerts par les organismes publics ou bénévoles.

Certaines maisons offrent, en plus, des services communautaires pour pallier certaines incapacités légères ou occasionnelles dans l'accomplissement de tâches domestiques ou assurer une surveillance: conciergerie, cafétéria, buanderie, entretien ménager, etc.

Lorsque le vieillard présente des atteintes plus prononcées de sa capacité à accomplir les tâches domestiques et que le maintien à domicile ne peut continuer, il doit être admis dans une maison de pension. L'espace de vie se résume alors à la chambre, souvent partagée avec une ou plusieurs personnes, en plus des locaux communs (salle à manger, salon, etc.). Ces pensions s'adressent aux individus autonomes dans les activités de la vie quotidienne qui ne requièrent que des services de type hôtelier. Au Québec, en plus du réseau privé de pensions, l'État offre deux types de ressources: la *résidence d'accueil*, qui prend en charge moins de 10 personnes,

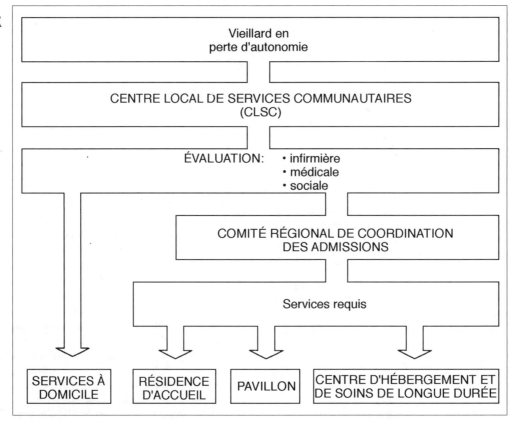

Figure 59.1 Coordination des admissions en établissement d'hébergement au Québec

et le *pavillon* qui peut accueillir un plus grand nombre de vieillards. Certaines de ces pensions ne s'adressent qu'à une clientèle présentant des problèmes psychiatriques, car elles peuvent assurer, en plus, la surveillance des comportements.

Le vieillard incapacité dans les activités de la vie quotidienne et qui requiert des soins, de l'aide ou de la surveillance doit être admis dans un établissement offrant un encadrement médical et des soins infirmiers (maison de retraite, centre d'hébergement et de soins de longue durée, établissement médico-social). Avec le vieillissement de leur clientèle, ces établissements accueillent des individus de plus en plus handicapés et offrent souvent des soins quasi hospitaliers. La plupart regroupent les malades dans des sections spéciales où le personnel soignant est plus nombreux et mieux entraîné (infirmerie, section de cure médicale).

Pour les malades lourdement handicapés, grabataires, exigeant des soins infirmiers spécia-

lisés ou dont l'état médical est instable, les centres hospitaliers offrent un hébergement avec services médicaux et infirmiers. Les malades sont regroupés dans des unités spéciales (unité de soins de longue durée, service de long séjour) ou encore certains centres n'offrent que ce type de service (centre d'hébergement et de soins de longue durée, hôpital de long séjour). Le type d'affection exigeant une telle ressource a varié au cours des dernières décennies, à la suite des progrès thérapeutiques. Jusqu'à récemment, la tuberculose, la syphilis tertiaire et l'insuffisance rénale chronique contribuaient, pour une large part, au confinement de nombreux malades dans les hôpitaux de soins prolongés. De nos jours, ce sont les maladies neurologiques dégénératives, les syndromes démentiels, l'insuffisance respiratoire chronique, les maladies cardio-vasculaires et surtout la présence de multiples affections synchrones chez un même individu qui motivent l'hospitalisation en centre hospitalier de soins de longue durée.

Tableau 59.1

Ressources d'hébergement pour personnes âgées

Types de services	Clientèle	Québec	France	Suisse	Angleterre	États-Unis
A. Appartements regroupés, sans services	Autonome	HLM pour personnes âgées	Résidence pour personnes âgées	Logement de type D1	Housing for the elderly	Retirement village, apartment for the aged
B. Appartements regroupés, avec services	Incapacité occasionnelle ou partielle dans certaines tâches domestiques	Appartements – Hôtels	Maison des anciens du village, logement-foyer, foyer-résidence	Logement avec encadrement médico-social (LEMS)D2	Sheltered housing	Congregate facility
C. Chambre et pension (services hôteliers)	Incapacités dans les tâches domestiques	Pension privée Résidence d'accueil (1 à 9 clients) Pavillon (> 9 clients)	Pension ——— Maison de retraite	Pension ou établissement de type A	Private rest home Residential home or care	Home for the aged Foster care home Domiciliary care facility Personnal care facility
D. Chambre avec services hôteliers et soins infirmiers	Incapacités dans les activités de la vie quotidienne	Centre d'hébergement et de soins de longue durée	Maison de retraite	Pension ou établissement médico-social de type B	Part III or IV accommodation Nursing home	Nursing home (intermediate)
E. Chambre avec soins de type hospitalier	Dépendance très importante avec besoin de soins hospitaliers	Centre d'hébergement et de soins de longue durée	Maison de retraite (section de cure médicale) ——— Services hospitaliers de long séjour	Pension ou établissement médico-social de type C	Long-term care hospital or ward	Nursing home (skilled) ——— Chronic care hospital

Au Québec, l'admission dans les ressources d'hébergement du réseau public est sous le contrôle de comités régionaux de coordination des admissions. Après une évaluation infirmière, médicale et sociale, le dossier de la personne âgée est présenté à une équipe multidisciplinaire qui prescrit les services requis et oriente le malade vers le type de ressources qui convient à ses besoins (Fig. 59.1). Ce système permet de rationaliser l'utilisation des ressources d'hébergement et de s'assurer de l'adéquation besoins-services.

HÉBERGEMENT TEMPORAIRE

Plusieurs auteurs insistent sur la nécessité de mettre au point, dans les établissements d'hébergement, un programme d'admission pour *hébergement temporaire*. Ce type d'hébergement contribue largement au maintien à domicile de personnes âgées en perte d'autonomie, lesquelles, sans ces services, seraient probablement admises définitivement en institution. Plusieurs considèrent même ce type de service comme essentiel au bon fonctionnement de tout programme de maintien à domicile.

L'hébergement temporaire remplit quatre fonctions.

1. Il permet aux familles et aux proches un temps de récupération physique et psychologique, afin d'éviter l'épuisement et le rejet du vieillard qu'ils soutiennent.

2. Il permet aux familles et aux proches de prendre des vacances au moins une fois l'an.

3. Il assure les soins requis à un malade en perte d'autonomie lorsque la personne lui offrant le soutien ne peut plus l'assumer pour cause de maladie, d'hospitalisation ou de mortalité. Ce type d'hébergement temporaire est souvent qualifié de «dépannage».

4. Il permet le maintien à domicile de personnes nécessitant régulièrement des soins hospitaliers, en offrant des hospitalisations temporaires planifiées.

Tous s'entendent pour privilégier la planification du séjour temporaire en déterminant la date et la durée du séjour avant l'admission, afin d'éviter les situations de crise. L'hébergement temporaire doit surtout être utilisé comme

moyen de prévention de l'hébergement définitif. Il peut être le prétexte d'une réévaluation globale du malade pour modifier au besoin la thérapeutique et le plan de service. Ce séjour en établissement peut aussi permettre une période de réadaptation plus active.

Afin d'éviter l'hospitalisation ou même le placement inapproprié, une autre forme d'hébergement temporaire répond aux besoins urgents liés à l'incapacité soudaine des ressources communautaires ou personnelles de prendre soin de la personne âgée. Ce sont généralement un certain nombre de lits d'hébergement réservés pour ces «urgences sociales». Cette ressource permet aux soignants de préparer un nouveau plan de soins dans la collectivité ou de préparer un placement permanent.

ADMISSION EN INSTITUTION D'HÉBERGEMENT

L'admission en établissement d'hébergement constitue un stress important pour un individu dont l'état psychologique est déjà bouleversé par l'insécurité qu'entraînent l'évolution de maladies chroniques, la perte de capacités fonctionnelles et l'évidence de l'impossibilité d'un maintien à domicile. On note fréquemment un état d'épuisement et d'anxiété, autant chez le malade que chez ses proches.

Plusieurs études ont tenté d'évaluer les conséquences du placement en institution sur la personne âgée (Tableau 59.2). Ces études présentent toutefois de nombreux biais puisqu'il est difficile d'isoler l'admission en institution des autres facteurs concomitants, de sorte qu'on ne peut déterminer avec certitude si les réactions observées sont des conséquences ou des causes du placement en institution.

Les réactions morbides à l'hébergement peuvent résulter de facteurs médicaux (immobilisation, infections nosocomiales), infirmiers (maternage, infantilisme, anonymat, contentions), administratifs (règlements, horaires), architecturaux (absence d'intimité, mobilier inadapté, obstacles aux déplacements) ou de l'absence d'activités sociales ou récréatives.

Certains individus sont plus exposés aux réactions importantes lors de l'admission en institution (Tableau 59.3); il convient de les identifier et de leur porter une attention particulière. La préparation adéquate du futur pen-

---

Tableau 59.2

Conséquences du placement en institution du vieillard

Médicales
Immobilisation
Consommation accrue de médicaments
Infections nosocomiales
Mortalité

Psychologiques
Dépression
Agressivité ou soumission
Fonctionnement mental
Image de soi négative
Sentiment d'inutilité

Sociales
Dépossession (perte de son logement et de ses objets personnels)
Déracinement (perte de l'environnement familier)
Dépaysement (adaptation à un nouvel environnement)
Retrait social (isolement)
Rejet de la famille
Perte de statut et de rôle (vie privée, indépendance)

Tableau 59.3

Facteurs de risque de réactions majeures au placement en institution

Liés à l'individu
Sexe masculin
Âge avancé
Marié
Revenu élevé
Milieu de vie antérieur stable
Maladie physique ou mentale importante
Handicap important
Troubles de personnalité ou d'adaptation lors de situations de crises antérieures

Liés à l'institution
Éloignement du milieu de vie antérieur
Taille de l'institution
Rigidité des règlements
Limitation de l'accès aux visiteurs
Spécialisation et intensité des soins
Perturbation des activités sociales ou récréatives habituelles

Liés au transfert
Admission non volontaire
Préparation inadéquate
Crise familiale

---

sionnaire et de ses proches est une démarche de première importance, si les soignants veulent prévenir ces réactions. Il est utile de prévoir une *rencontre préadmission* entre un membre de l'équipe soignante et le vieillard accompagné de quelques membres de son entourage, afin de s'enquérir de leurs appréhensions et de leurs attentes, de relever les facteurs de risque et de les informer sur le mode de vie en institution.

Avant même d'admettre un nouveau pensionnaire, l'établissement doit se préoccuper de la qualité des soins qu'il lui fournira en obtenant les renseignements permettant de lui assurer une continuité dans les soins à prodiguer. Dans les jours suivant l'admission, le médecin traitant doit vérifier et compléter, avec l'aide des proches et en collaboration avec les autres membres de l'équipe soignante, une anamnèse exhaustive incluant l'histoire médicale et psychosociale. Il procède aussi à un examen physique et, en collaboration avec l'équipe soignante, à l'évaluation des fonctions mentales et de l'état fonctionnel du vieillard. Cette étape ne doit pas simplement reprendre l'évaluation effectuée avant l'admission mais permettre une prise en charge adéquate et personnalisée, s'appuyant sur un modèle d'approche globale pour répondre aux problèmes et besoins de chaque résidant. Toutefois, il ne faut pas précipiter les examens ou les changements thérapeutiques de façon à laisser au pensionnaire le temps de traverser la phase d'adaptation à son nouveau milieu de vie.

Après l'évaluation, l'équipe soignante décide d'un plan d'intervention dans lequel figurent les objectifs, les moyens de les atteindre et la durée prévue des soins et services. Une période de réadaptation peut être entreprise pour tenter de corriger des problèmes de mobilité, d'incontinence ou de comportement. La liste des médicaments doit être révisée à la lumière du profil médical et médicamenteux du malade et de l'évolution des affections. Le pharmacien peut jouer un rôle de premier plan en conseillant le médecin et en éduquant les soignants et pensionnaires sur les effets adverses et les interactions médicamenteuses (pharmacovigilance). Une révision périodique de la liste de problèmes et du plan d'intervention est essentielle, afin d'éviter le piège d'une approche routinière des soins découlant d'une vision figée de l'état et des besoins des pensionnaires.

Il va de soi que ces mesures d'évaluation et de suivi ne s'appliquent qu'aux établissements recevant une clientèle handicapée. Les établissements de type pension (groupe C) ont un encadrement médical et infirmier minimal se rapprochant beaucoup plus du maintien à domicile.

QUALITÉ DU MILIEU DE VIE

Pour la majorité des individus, la décision de vivre en établissement d'hébergement ne représente pas un choix personnel. Elle constitue la résultante d'un état de santé ou d'une autonomie fonctionnelle ne laissant aucune alternative. Cette réalité doit constamment être présente à l'esprit des soignants; l'objectif premier est d'assurer la meilleure qualité de vie possible par l'apport de ressources appropriées, afin d'aider les vieillards à surmonter leur handicap et de soulager leurs souffrances, tant physiques que psychologiques, en dépit de capacités d'adaptation souvent réduites.

Pour relever ce défi, la planification par programmes de soins et l'élaboration d'un plan d'intervention individualisé constituent des instruments de choix. Quel que soit le type d'établissement, une démarche par programmes de soins est applicable à des degrés variables selon l'importance de la ressource et selon les clientèles.

Comme première étape, ce type d'approche exige l'identification des clientèles en tenant compte de la nécessaire complémentarité de cette ressource avec les autres composantes du réseau sociosanitaire. En deuxième lieu, pour les problèmes et besoins retenus, on procède à l'inventaire des ressources humaines et physiques dont dispose le milieu et on établit la liste de celles qui sont à développer. Vient l'étape finale de la rédaction des programmes de soins, au cours de laquelle on fixe les objectifs pour chacun des programmes retenus, avec les activités qui leur sont propres et les moyens pour en assurer la réalisation (Tableau 59.4). Cette approche permet de bien cerner les objectifs afin de mieux répondre aux besoins spécifiques des pensionnaires et d'établir des indices de référence permettant de mieux évaluer la portée des interventions.

L'établissement d'hébergement, quoique ayant une vocation institutionnelle, doit projeter l'image d'un milieu de vie agréable et stimulant. L'infrastructure institutionnelle ou hospitalière indispensable au bien-être des pensionnaires ne doit pas faire obstacle à l'expression de leur individualité et de leurs aspirations.

Tableau 59.4
Exemples de programmes de soins en établissement d'hébergement

- Programme pour insuffisants respiratoires chroniques
- Programme pour handicapés physiques
- Programme pour malades souffrant de maladies neurologiques dégénératives (démence)
- Programme de réadaptation
- Programme de soins palliatifs
- Programme de psychogériatrie
- Programme d'hydratation
- Programme de prévention de la constipation
- Programme de prévention des plaies de pression
- Programme de prévention des chutes
- Programme de loisirs et d'activités sociales

Les lieux physiques doivent permettre une certaine intimité et inviter à des activités individuelles ou de groupe, autant avec les proches qu'avec d'autres pensionnaires.

Les activités quotidiennes doivent être planifiées de façon à rendre le milieu de vie le moins contraignant possible et à respecter l'individualité des pensionnaires. Les règlements de l'établissement et la planification des activités doivent favoriser l'expression de la vie affective, religieuse et sociale de chaque individu, en encourageant les contacts avec les familles et les proches, en offrant des services de pastorale et en prévoyant des activités récréatives adaptées. L'apport des bénévoles s'avère un atout précieux dans la poursuite de ces objectifs.

PRATIQUE MÉDICALE

La pratique médicale en établissement d'hébergement connaît certaines faiblesses et lacunes: difficultés de recrutement, visites médicales rapides, irrégulières et peu fréquentes dont l'élément essentiel se borne à la prescription de médicaments, manque de disponibilité entre les visites, surabondance de prescriptions médicamenteuses, dossiers incomplets, participation mitigée aux réunions multidisciplinaires et indifférence envers le travail des autres professionnels. Ces difficultés reflètent le manque traditionnel d'intérêt des médecins pour ce mode de pratique. L'isolement professionnel et le mode de rémunération peuvent aussi contribuer à ce problème.

Toutefois, de plus en plus de médecins s'intéressent au travail en institution et y trouvent une pratique dynamique, leur permettant d'appliquer divers aspects de la gériatrie. Bien que considérées trop souvent comme des lieux de tristesse et de douleur, ces institutions sont, aussi, remplies de vie et d'histoire. Chaque résidant a son passé et son avenir. Le médecin doit, avec les autres professionnels, évaluer le potentiel de chacun afin de l'aider à le réaliser, tout en améliorant sa qualité de vie.

Il faut donc que la médecine en établissement d'hébergement soit rigoureuse et scientifique et qu'elle s'appuie sur un diagnostic précis. Ceci est d'autant plus vrai lorsqu'un problème peut être corrigé; dans ce cas, l'intervention médicale contribue à maintenir ou à développer l'autonomie du pensionnaire. Il faut toutefois tenir compte de l'état général du malade pour éviter de lui faire subir des examens inutiles qui ne modifieront en rien la conduite future.

Le suivi médical des résidants exige la tenue rigoureuse du **dossier**. Celui-ci doit contenir une liste des problèmes qui en facilite l'utilisation, surtout dans les cas où des affections multiples évoluent depuis de nombreuses années. On collige également au dossier les rapports de consultation et les résultats d'examens. Des notes d'évolution rendent compte des principaux événements. La fréquence des visites médicales doit être déterminée selon les besoins de l'individu et la nature et la stabilité des affections en cause.

La fréquence de renouvellement des ordonnances pharmaceutiques dépend de la condition du malade mais également du type de médicament (antibiotiques: 10 jours; digoxine: plusieurs mois). Une réévaluation de la médication devrait avoir lieu aux deux ou trois mois. Une réévaluation globale, au minimum annuelle, du plan de service est recommandée, surtout en centre d'hébergement. Cette réévaluation comprend un examen clinique complet, les examens paracliniques pertinents, un bilan fonctionnel, une évaluation diététique et pharmaceutique ainsi qu'un mise à jour des besoins infirmiers. Ces éléments sont partagés lors de la réunion multidisciplinaire au cours de laquelle l'équipe procède à la mise à jour de la liste des problèmes, discute des problèmes actifs et dé-

cide des interventions à préconiser sur le plan du diagnostic, de la thérapeutique, de l'amélioration de la qualité de vie ou de considérations éthiques (réanimation, contentions, etc.). Le compte rendu de cette rencontre est colligé au dossier et chaque professionnel applique le plan proposé dans son intervention auprès du pensionnaire. Ces réévaluations peuvent être plus fréquentes si la situation évolue ou si une intervention intensive est proposée (pour une description plus complète de ces réunions, voir chapitre 61).

Organisation médicale

L'organisation médicale en établissement d'hébergement doit se conformer aux lois et règlements régissant la pratique médicale. On doit s'assurer que chaque pensionnaire est pris en charge par un médecin et, qu'en son absence, le service de garde est assuré en permanence pour répondre aux épisodes de décompensation ou aux maladies intercurrentes. De plus, la pratique médicale en institution exige des médecins une implication majeure à certains paliers administratifs. Chaque établissement doit développer un mode d'évaluation de l'acte médical adapté à la taille et à la nature de l'établissement.

Transferts vers d'autres institutions

Les pensionnaires d'établissements d'hébergement ont droit à la même qualité de soins médicaux que tout autre citoyen. L'accessibilité aux services de médecins consultants dans les différentes spécialités, de même qu'aux diverses ressources diagnostiques et thérapeutiques que leur état peut exiger, ne doit pas leur être refusée en raison de leur hébergement en institution. Le transfert d'un établissement d'hébergement à un centre hospitalier de courte durée a des implications humaines et financières. Le transfert est difficile, pour le patient et la famille, au point de vue physique et émotionnel. L'admission à l'hôpital augmente les risques de maladie iatrogénique. Les transferts engendrent des coûts importants de transport, d'évaluation à l'urgence, d'admission à l'hôpital, etc. et augmentent la pression sur les ressources hospitalières. Différentes stratégies peuvent être proposées pour réduire les transferts inappropriés: améliorer la qualité et la continuité des soins dans le milieu d'hébergement en accroissant le rôle de l'infirmière clinicienne, établir des normes et des protocoles de soins, améliorer l'accessibilité sur place pour les examens et traitements de base.

En cas de détérioration du malade, le problème de la pertinence du transfert à l'hôpital de soins aigus se pose parfois. Des considérations éthiques interviennent alors, surtout dans les cas de malades lourdement handicapés physiquement ou psychiquement.

Tout en respectant la décision du malade et l'opinion de sa famille, il faut alors se demander:

- si le transfert permettra d'identifier un problème susceptible d'être corrigé;

- si le transfert précisera le diagnostic et entraînera un changement de traitement;

- si le transfert entraînera une amélioration de la qualité de vie et de l'autonomie du malade.

Les principes énoncés au chapitre 49 doivent donc être appliqués.

Travail multidisciplinaire

L'approche globale des soins et la diversité des besoins des pensionnaires en institution d'hébergement exigent un éventail de services et d'expertises que seule peut offrir une équipe de soins. L'équipe de base qui assure la cohérence et la continuité dans l'application du plan d'intervention est constituée par le personnel infirmier et le médecin traitant. Toutefois, il ne faut pas négliger l'apport et le soutien indispensables des autres professionnels de la santé (intervenant social, ergothérapeute, inhalothérapeute, orthophoniste, technicien en loisir, pharmacien, physiothérapeute, pédicure, psychologue, etc.) sans oublier la participation des proches, des bénévoles et des membres du clergé.

Le travail en équipe multidisciplinaire ne représente pas, en soi, une panacée et ne pallie pas le manque de ressources physiques, l'absence de motivation ou l'insuffisance de formation et de compétence des intervenants et, surtout, une implication soutenue, adaptée et persévérante des membres de l'équipe de base. Le travail en équipe multidisciplinaire doit être considéré comme une modalité thérapeutique permettant une meilleure utilisation des ressources humaines et une meilleure réponse aux besoins d'une clientèle qui présente des problè-mes et besoins dont l'étendue et la complexité requièrent l'implication de professionnels ayant un formation et une expertise à la fois diversifiées et complémentaires. Cette approche favorise la coordination et l'intégration des services offerts par ces différents professionnels et tend à éviter la fragmentation de l'approche thérapeutique par chacun des spécialistes de la santé.

Pour bien fonctionner, chaque membre de l'équipe doit comprendre son rôle spécifique et celui des autres membres de l'équipe. Chaque intervenant doit partager avec le groupe des valeurs communes et un sentiment d'appartenance à l'équipe dans la poursuite d'objectifs communs. Un sentiment de confiance mutuelle doit être développé.

Formation et recherche

Les établissements d'hébergement peuvent devenir des lieux intéressants de formation clinique et de recherche. Déjà, plusieurs programmes de formation en médecine, soins infirmiers, réadaptation et service social utilisent ce type de structure pour initier les étudiants stagiaires aux problèmes spécifiques de ce genre de clientèle. D'ailleurs, c'est souvent de ces milieux que sont venus les principes de l'approche gériatrique et les services gériatriques spécifiques.

Dans ce domaine, beaucoup de questions primordiales demeurent sans réponse, faute d'études pertinentes. Il importe de mettre au point, dans les milieux d'hébergement, des programmes de recherche clinique, évaluative ou opérationnelle, de façon à combler cette lacune.

PERSPECTIVES

Étant donné la proportion croissante des plus de 75 ans et malgré le développement des services de maintien à domicile, le nombre de personnes âgées exigeant un hébergement augmentera au cours des prochaines années. De plus, la clientèle actuelle de ces institutions devient de plus en plus handicapée et requiert de plus en plus de soins. Ainsi, les besoins d'hébergement augmenteront, tant en quantité qu'en qualité. Dans ce contexte, il est indispensable de rationaliser au maximum l'utilisation de ce type de ressource en le réservant à ceux qui en ont un réel besoin. L'évaluation préalable et la coordination régionale des admissions sont des moyens à privilégier. De plus, la qualité des services médicaux et infirmiers dispensés dans ces établissements doit être optimisée par une pratique médicale rigoureuse, des interventions infirmières empreintes de compétence et d'engagement et par un travail d'équipe harmonieux.

BIBLIOGRAPHIE

Association des Centres d'accueil du Québec: *Investissons dans la dignité*, Novembre, Montréal, 1988.

BEARS, M.H. & Coll.: Inappropriate medication prescribingand skilled nursing facilities. *Ann Intern Med*, 117:684-689, 1992.

BERGMAN, H. & A.M. CLARFIELD: Nursing home admission: When, why, where? *Can Fam Physician*, 31(12):2287, 1985.

BERGMAN, H. & A.M. CLARFIELD: Appropriateness of patient transfer from a nursing home to an acute care hospital: A study of emergency room visits and hospital admissions. *J Am Geriatr Soc*, 39:1164-1168, 1991.

BERGMAN, H.: Understanding placement of the demented elderly, **in** *New Directions in understanding dementia in Alzheimer's disease. Advances in Experimental Medicine and biology*. Zandi, T. & R. Ham (eds). Plenum Press, New York, 1990.

BESDINE, R.W.: Decisions to withhold treatment form nursing homes residents. *J Am Geriatr Soc*, 31(10):602-605, 1983.

DESMARCHAIN, G. & Coll.: L'intervention en gérontogériatrie. *Le médecin du Québec*, 19(7), 1984.

GRUNDY, E. & T. ARIE: Institutionalization and the elderly: international comparaisons. *Age Ageing*, 13:129-137, 1984.

GURWITZ, J.H. & Coll.: The epidemiology of adverse and unexpected events in a long-term care setting. *J Am Geriatr Soc*, 42:33-38, 1994.

HUGONOT, R.: Les suites de l'hospitalisation. Établissement d'Hébergement et centre de soins pour personnes âgées. *Rev Prat*, 29(30):3039-3047, 1979.

KASL, S.V.: Physical and mental health effects of involuntary relocation and institutionalization on the elderly – a review. *Am J Public Health*, 62(3):377-384, 1972.

LIBOW, L.S.: The teaching nursing home, Past, Present and Future. *J Am Geriatr Soc*, 32(8):598-603, 1984.

LIEBERMAN, M.A.: Institutionalization of the aged: effects on behavior. *J Gerontol*, 24(3):330-340, 1969.

OUSLANDER, J.G. & D. OSTERWIL: Physician evaluation and management of nursing home residence. *Ann Intern Med*, 120:584-592, 1994.

PATTEE, J.J. & J.M. GUSTAFSON: Quality in long term care. Challenge of self-evaluation. *Minnesota Medicine*, 67:45, 1984.

PINEAULT, R.: Éléments et étapes d'élaboration d'un programme de santé communautaire. *Union Med Can*, 105:1208, 1976.

RUBINSTEIN, L.Z., J.G. OUSLANDER, J.G. D. WYELAND: Dynamics and clinical implications of the nursing home – hospital interface. *Clinics in Geriatric Medicine*, 4:471-491, 1988.

SHAUGHNESSY, P.W. & A.M. KRAMER: The increased needs of patients in nursing homes and patients receiving home health care. *N Engl J Med*, 322:21-26, 1991.

LECTURES SUGGÉRÉES

Corporation professionnelle des médecins du Québec: *Guide de l'évaluation des actes médicaux par critères objectifs*, Montréal, 1983.

Corporation professionnelle des médecins du Québec: *Guide d'évaluation de la qualité des soins médicaux dans les centres d'accueil et les centres hospitaliers de soins prolongés*, Montréal, 1984.

Services des programmes de soins prolongés: *Réseau de services intégrés pour les bénéficiaires de soins prolongés*, Direction des services hospitaliers, Ministère des Affaires sociales, Gouvernement du Québec, Québec, 1982.

OUSLANDER, J.G, OSTERWEIL, D. & J.E. MORLEY: Medical care in the nursing home, McGraw-Hill, New York, 1992.

CHAPITRE 60

SERVICES GÉRONTOLOGIQUES ET GÉRIATRIQUES

PAULE LEBEL

GÉNÉRALITÉS

Nous avons vu, au cours des chapitres précédents, que les malades âgés présentent des manifestations pathologiques spécifiques qui requièrent des traitements particuliers. Il faut, pour ces malades, une approche particulière et des structures de soins adaptées qui répondent mieux à leurs besoins. Les services gérontologiques et gériatriques ont pour but de rencontrer ces exigences. Ils regroupent une variété de structures de soins qui se distinguent par la nature et l'intensité des services qui y sont dispensés. L'appellation de ces diverses structures varie d'un pays à l'autre et, parfois même, d'une région à l'autre.

Les structures gériatriques ont pris naissance en Angleterre au cours des années 30, alors que le docteur Marjorie Warren constatait la nécessité d'évaluer convenablement les pensionnaires d'un hospice londonien, afin de leur donner les traitements adéquats et de tenter une réadaptation. Devant le succès d'une telle démarche, les Britanniques ont endossé deux grands principes gériatriques: le soin des vieillards impose une approche globale interdisciplinaire et l'admission en institution d'hébergement doit être précédée d'une évaluation biopsychosociale et d'un essai de réadaptation. Ces concepts ont engendré la création de services gériatriques ailleurs en Europe, puis en Amérique et dans les autres pays occidentaux.

Une deuxième phase de développement des services gérontologiques et gériatriques a été franchie lorsqu'on a constaté qu'une telle évaluation était nécessaire plus précocement, alors que le vieillard est encore à domicile. Certaines hospitalisations peuvent ainsi être évitées et le soutien à domicile peut se poursuivre plus longtemps, dans des conditions plus adéquates.

C'est ainsi que les programmes de soutien à domicile, comme ceux des centres locaux de services communautaires (CLSC), se sont développés et que sont apparus des hôpitaux de jour et des centres de jour qui visent non seulement à évaluer et à réadapter le vieillard, mais aussi à dépister des problèmes occultes en vue de prévenir d'éventuelles complications. Peu après, les services de psychiatrie gériatrique se mettaient en place pour répondre aux besoins des clientèles âgées souffrant de troubles mentaux associés à l'âge.

La troisième phase du développement des services gérontologiques et gériatriques, actuellement en cours, en est une de consolidation et de coordination de ces diverses structures en un réseau intégré de services desservant la population âgée d'un territoire donné.

A l'instar des autres provinces canadiennes et de plusieurs pays à travers le monde, le Québec vit actuellement une réorganisation majeure de son système de soins de santé et de services sociaux. La crise économique qui sévit dans plusieurs pays industrialisés impose des contraintes budgétaires majeures aux établissements de santé et de services sociaux. Par ailleurs, l'apparition de nouvelles technologies médicales et de nouveaux médicaments, le vieillissement accéléré de la population et l'émergence de problèmes sociaux associés à la précarité des conditions de vie sont autant de facteurs qui obligent à modifier la façon de dispenser les services.

Nous assistons actuellement à la fermeture d'hôpitaux et à la fusion d'établissements de santé au profit du développement de services ambulatoires hospitaliers et de services à domicile, dans une tentative de meilleure intégration de la prévention à l'ensemble des interventions.

Ces changements devraient permettre le soutien de la personne dans son milieu de vie et la réduction du nombre d'hospitalisations ou de leur durée. Le réseau des établissements et des professionnels qui y œuvrent est appelé à devenir plus interactif et mieux centré sur les besoins de la personne. Cette restructuration amènera sans doute des changements dans la distribution des services gérontologiques et gériatriques, en n'oubliant pas toutefois l'impact qu'elle aura sur les familles des personnes âgées en perte d'autonomie. Ces familles assument déjà plus de 75 à 80 % de l'aide dont les personnes âgées ont besoin pour être maintenues à domicile.

DÉFINITION DES SERVICES GÉRONTOLOGIQUES ET GÉRIATRIQUES ET LEUR INTÉGRATION DANS L'ENSEMBLE DES SERVICES SOCIOSANITAIRES

Il n'existe pas de typologie ou de catégorisation universelle des services de santé et de services sociaux destinés aux personnes âgées. La catégorisation des services gérontologiques et gériatriques qui sera donnée ici est donc arbitraire et s'inscrit dans un effort de compréhension globale et systématisée de l'ensemble des services. Plusieurs organismes sont susceptibles d'offrir un même service. Les services sont offerts, pour la plupart, par le réseau d'établissements publics, mais de plus en plus de services sont proposés par le réseau privé, subventionné ou non par l'État.

À tout moment, la personne âgée peut utiliser les services sociosanitaires destinés à l'ensemble de la population. Cependant, les services sociosanitaires mis au point spécifiquement pour répondre aux besoins des personnes âgées fragiles, c'est-à-dire exposées à souffrir d'incapacités, ou des personnes âgées ayant des incapacités, constituent les services gérontologiques et gériatriques. Les **services gériatriques** répondent à des besoins dont la prédominance est médicale (p. ex.: unités de courte durée gériatriques), alors que les **services gérontologiques** répondent à des besoins dont la prédominance est psychosociale (p. ex.: centres de jour). Ces services peuvent être dispensés directement au domicile, dans la collectivité (incluant les services hospitaliers ambulatoires), à l'hôpital lors d'un court, moyen ou long séjour, ou dans un centre d'hébergement. La personne âgée, surtout si elle est en perte d'autonomie importante, peut recevoir, de façon successive ou concomitante, des services de plusieurs de ces organismes.

L'ensemble des services gérontologiques et gériatriques dispensés aux personnes âgées et à leurs proches est cependant conditionné par une série de déterminants liés aux caractéristiques propres à chaque individu (âge, sexe, ethnie, religion, éducation, revenu, etc.) ainsi qu'aux caractéristiques de son milieu d'appartenance et, ultimement, aux normes, valeurs et idéologies dominantes de la société à laquelle il appartient. Les déterminants sociétaux sont régis par des directives, lois et règlements ministériels (travail, économie, éducation, environnement [habitat, climat, etc.], transport, etc.).

Dans ce chapitre, nous discuterons la plupart des services gériatriques, la majorité des services gérontologiques ayant été présentés au chapitre 58 sur le soutien à domicile. Nous insisterons sur le programme des centres de jour, afin de bien le différencier du programme d'hôpital de jour. Nous aborderons également rapidement les services de soutien aux aidants naturels ou aux proches des personnes âgées. Les services d'hébergement, quant à eux, ont été abordés au chapitre 59.

CARACTÉRISTIQUES GÉNÉRALES DES SERVICES GÉRONTOLOGIQUES ET GÉRIATRIQUES

Tous les services gérontologiques et gériatriques partagent, à des degrés divers, les mêmes objectifs, fonctions et principes d'organisation et de soins. Avant d'en décrire les spécificités, nous verrons les caractéristiques communes à tous ces services.

Objectifs

L'objectif général des services gérontologiques et gériatriques est de promouvoir, maintenir ou améliorer la **qualité de vie** et l'**autonomie** des personnes âgées fragiles ou souffrant d'incapacités, tout en leur permettant de demeurer dans leur milieu de vie naturel, dans le respect de leur dignité et de leurs préférences.

Ces services procèdent selon une approche fonctionnelle basée sur la restauration maximale de l'autonomie, afin d'amoindrir les conséquences des problèmes de santé physiques, psychologiques et sociaux dans la vie quotidienne des personnes âgées. Pour ce faire, la **précision du diagnostic** est essentielle en vue de prescrire le traitement, d'établir le pronostic et de dépister des problèmes potentiellement dangereux.

Le **choix des examens et des interventions appropriés et proportionnés** importe aussi, afin de tenir compte des désirs du patient âgé et de sa famille ainsi que des effets de l'âge et des maladies sur la réaction de l'organisme à diverses modalités d'investigation ou à divers agents thérapeutiques.

Enfin, l'intervention gérontologique ou gériatrique préconise l'**utilisation optimale et intégrée des ressources sociosanitaires**, de façon à permettre aux personnes âgées et à leurs proches de profiter des services dont ils ont besoin, au meilleur coût social possible.

Clientèle

Les services gérontologiques et gériatriques s'adressent à des individus de 65 ans et plus, mais surtout aux personnes de plus de 75 ou 80 ans. A l'occasion, certaines personnes plus jeunes, présentant diverses affections chroniques entraînant des incapacités, peuvent aussi en bénéficier. Ces services ne remplacent pas les services médicaux et psychosociaux usuels offerts à la population générale, mais ils ciblent principalement une clientèle présentant des caractéristiques typiquement gérontologiques et gériatriques telles que détaillées au tableau 60.1.

Fonctions

Les fonctions d'un service gérontologique ou gériatrique peuvent être de diverses natures et regroupées de la façon suivante: évaluation, traitement, réadaptation, maintien, orientation, enseignement et recherche.

L'**évaluation** doit être globale et toucher les aspects biologique, psychologique et social. Elle nécessite l'intervention d'une équipe multidisciplinaire dont la composition varie selon le service. A cette équipe se greffent, selon le cas, des consultants. Une fois l'évaluation terminée, un plan d'intervention est bâti autour d'une liste des problèmes prioritaires, des objectifs et des modalités d'intervention, pour chacun de ces problèmes, et d'un échéancier de révision de l'atteinte des objectifs. Cette démarche se fait en collaboration étroite avec la personne âgée et sa famille. Lorsque plusieurs services sont impliqués, un plan de services individualisé peut également être proposé, afin de faciliter la coordination des interventions.

Le **traitement** regroupe les interventions de l'ensemble des professionnels impliqués

---

Tableau 60.1

Caractéristiques de la clientèle des services gérontologiques et gériatriques

Caractéristiques	Conséquences
1. Présence de stigmates du vieillissement	• Fragilité • Difficulté à distinguer le normal du pathologique • Récupération plus lente • Toxicité accrue des médicaments
2. Présentation atypique ou non spécifique des maladies	• Difficulté à diagnostiquer les maladies
3. Symptômes non rapportés par le patient âgé	• Retard à diagnostiquer les maladies
4. Maladies multiples et présence concomitante des grands syndromes gériatriques (incontinence, chute, dépression, etc.)	• Intrication des symptômes • Vulnérabilité accrue • Polymédication • Nécessité d'établir des priorités
5. Difficultés de communication associées en particulier à la surdité ou à la démence	• Collecte de données plus longue et laborieuse
6. Précarité psychosociale	• Influence déterminante des facteurs psychosociaux sur la maladie et le traitement • Difficultés d'adaptation aux pertes associées au vieillissement • Nécessité de l'approche globale

auprès de la personne âgée. Le médecin doit être particulièrement vigilant dans la prescription des agents pharmacologiques et tenir compte de leurs propriétés cinétiques et dynamiques. Les services gérontologiques et gériatriques offrent aussi un milieu de vie thérapeutique qui stimule l'autonomie, la motivation et l'intérêt des malades âgés.

Le **réadaptation** vise la réactivation du malade âgé au sortir d'une crise médicale, psychologique ou sociale. Les soignants doivent stimuler la personne âgée pour qu'elle utilise au maximum ses capacités. Des services spécialisés sont souvent requis. La réadaptation psychosociale est aussi importante, afin de rétablir l'équilibre psychique et de favoriser la réinsertion du malade dans son milieu. Il est parfois nécessaire de poursuivre, par la suite, certaines activités de réadaptation à un rythme moins soutenu, afin de favoriser le **maintien** des acquis, dans une clientèle particulièrement exposée à la détérioration si son milieu de vie naturel n'offre pas la stimulation nécessaire.

La **fonction d'orientation** consiste à déterminer, après évaluation, traitement et réadaptation, le type et les conditions du milieu de vie nécessaires au malade, compte tenu de son niveau d'autonomie et des ressources dont il dispose. Si un soutien à domicile est envisagé, on doit s'assurer que le réseau d'aide est stable et suffisant pour subvenir aux besoins du malade. Sinon, des services supplémentaires doivent être organisés. Lorsqu'une admission en centre d'hébergement est nécessaire, une recommandation doit être élaborée quant aux services requis et au type de ressource d'hébergement à privilégier. Les admissions inappropriées en institution entraînent des coûts inutiles, favorisent des dépendances exagérées et nuisent à la qualité de vie des personnes âgées, tout en privant d'autres malades de services dont ils auraient vraiment besoin.

Enfin, les services de gériatrie doivent offrir des programmes d'**enseignement** dans les différentes disciplines qui participent aux soins des personnes âgées; ils constituent également des sites privilégiés pour la **recherche** clinique, évaluative et opérationnelle.

Principes de soins et d'organisation des services

Un certain nombre de principes guident l'organisation de l'ensemble des soins et des services gérontologiques et gériatriques. Décrivons-les brièvement.

Principes de soins

Comme mentionné précédemment, la pratique des soins aux personnes âgées exige une approche globale, multidimensionnelle, qui tienne compte de la grande interaction entre les facteurs physiques, psychologiques et sociaux qui influencent la santé de ces personnes et de l'importance de l'environnement dans lequel elles vivent.

L'approche se doit également d'être flexible et adaptable aux besoins particuliers de clientèles spécifiques: par exemple, les clientèles atteintes de troubles cognitifs ou de problèmes psychiatriques, les personnes vivant seules et sans réseau de soutien naturel, les personnes souffrant d'affections chroniques cardiaques ou pulmonaires, en équilibre précaire et sujettes à des décompensations fréquentes. La reconnaissance des besoins des proches des personnes âgées fait également partie de la démarche systématique d'évaluation d'une personne âgée, afin de prévenir ou de détecter l'épuisement de son réseau naturel de soutien.

Les interventions doivent être orientées vers la promotion et le soutien de l'autonomie de la personne âgée. A cet égard, les outils d'évaluation et de réadaptation fonctionnelle s'avèrent essentiels, de même que toutes les interventions éducatives et interactives qui mettent l'accent sur la prise en charge par la personne âgée et son entourage de sa santé (par exemple, programme hospitalier d'autoadministration des médicaments [*self-care*], groupes d'entraide de veufs et de veuves et groupes de soutien aux aidants naturels [*self-help*]). De plus, les interventions doivent être faites le plus près du milieu naturel de vie de la personne âgée, afin de promouvoir son intégration dans son milieu de vie familial et communautaire.

Une approche préventive et une intervention précoce vont permettre de dépister rapidement les personnes âgées fragiles, exposées à développer des incapacités et également, chez des personnes atteintes d'incapacités réversibles ou permanentes, d'éviter la détérioration de l'autonomie, l'épuisement des proches et les situations de crise. Cette intervention précoce peut même éviter, ou du moins retarder, un hébergement. Elle nécessite, du clinicien, une grande vigilance et peut être potentialisée par l'emploi judicieux de certains tests de dépistage (troubles cognitifs, dépressifs, visuels, de mobilité, etc.).

Toute intervention doit être précédée d'un diagnostic précis de la situation, basé sur des observations répétées, en se ménageant le temps nécessaire pour analyser les faits et pour agir.

Également, l'intervention doit être proportionnée à la condition générale et aux désirs du patient, ciblée sur des objectifs précis dont l'atteinte sera mesurée par un suivi rigoureux, afin de minimiser les effets indésirables associés à l'intervention ou d'éviter de poursuivre une intervention non efficace.

A chaque étape du processus de soins, il est nécessaire d'associer la personne âgée et sa famille aux décisions, que ce soit pour la définition des besoins lors de l'évaluation, pour l'établissement du plan d'intervention ou du plan de services individualisé, ou pour l'orientation dans le milieu de vie. Cette prise de décision conjointe nécessite donc qu'une information claire et pertinente soit communiquée par les intervenants aux personnes âgées et à leur famille. Dans ces échanges, le médecin et les autres professionnels de la santé doivent tenir compte des désirs et des préférences des personnes âgées et de leurs proches. Il s'ensuit une saine négociation des attentes de chacun, tenant compte des éléments de réalité des ressources individuelles de la personne âgée, de son entourage et de celles du réseau des services sanitaires.

Un consentement éclairé finalise ces discussions.

Principes d'organisation des services

Les services gérontologiques et gériatriques doivent être globaux, c'est-à-dire pouvoir répondre à l'ensemble des besoins des personnes âgées fragiles ou souffrant d'incapacités. Ils doivent être accessibles par l'offre d'un transport adapté ou de visites à domicile, ou par l'utilisation d'interprètes bénévoles dans le cas d'une barrière linguistique avec une personne âgée. En aucun temps, la personne âgée ne devrait-elle se voir refuser un service de santé en raison de son âge. Les services doivent également être disponibles en quantité suffisante, afin d'apporter un soutien significatif à la personne âgée et à sa famille. Toute personne en perte rapide d'autonomie doit être évaluée et prise en charge sans délai (Tableau 60.2).

Les services et les professionnels qui y œuvrent doivent être imputables de leurs actions, afin d'éviter qu'une personne âgée en difficulté ne soit renvoyée d'un service à l'autre, sans véritable prise en charge.

Les professionnels des services doivent être bien formés et posséder les connaissances, attitudes et aptitudes nécessaires à l'approche gérontologique et gériatrique dans leur champ de compétence. Les intervenants auprès de la personne âgée doivent être d'autant plus stables que la personne souffre de troubles cognitifs.

Tel qu'illustré à la figure 60.1, les services doivent être intégrés dans le réseau des services

Tableau 60.2 Conséquences d'un retard indu à l'admission dans les services gériatriques	
1. Détérioration de l'état de santé	• Progression de l'affection • Complications de l'immobilisation • Perte de motivation et de confiance • Surconsommation de médicaments
2. Épuisement des aidants et soignants naturels	• Compromission du maintien à domicile • Utilisation inappropriée des services d'urgence *(dumping)* • Résistance au congé du malade et au retour à domicile
3. Morosité du milieu thérapeutique	• Une courte durée de séjour et un taux de renouvellement élevé encouragent les malades et le personnel soignant
4. Admissions paradoxales	• La crainte de devoir attendre pour être admis peut pousser les requérants à demander une admission trop précoce

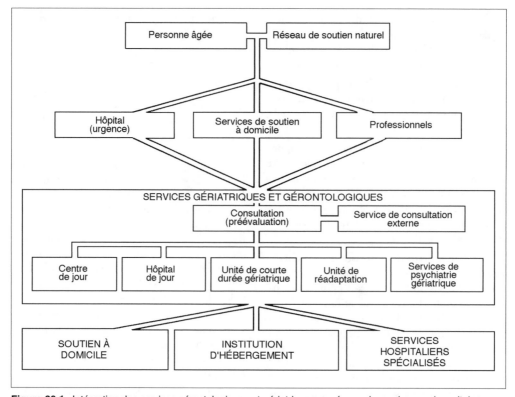

Figure 60.1 Intégration des services gérontologiques et gériatriques au réseau de services sociosanitaires

sociosanitaires, être coordonnés et assurer une continuité des interventions entre les professionnels et entre les établissements. Des interventions axées sur l'interdisciplinarité des professionnels et la complémentarité des services entre les organismes du milieu doivent être mises au point dans le respect des rôles et des vocations spécifiques à chacune des disciplines et à chacun des établissements. Les plans de services individualisés sont destinés à faciliter ce travail de coordination. Des expériences de «gestion de cas» (*case management*) ont également été implantées avec le même objectif de coordination des services. Des mécanismes officiels de liaison et de communication doivent exister entre les réseaux d'aide officiels et officieux, entre les services des divers milieux: domicile, collectivité, hôpitaux, centres d'hébergement et de soins de longue durée. Ainsi, les intervenants de première ligne doivent être au fait des services gériatriques hospitaliers ainsi que des procédures pour y diriger les malades. Le tableau 60.3 souligne quelques éléments importants de ce processus de recours. Par ailleurs, lors de la pla-

nification du congé du malade âgé hospitalisé, les professionnels de l'hôpital et de la collectivité doivent se concerter avec le malade et sa famille, afin de prévoir l'ensemble des services à l'occasion du retour au domicile.

Des mécanismes uniformes d'évaluation et d'orientation des clientèles doivent être mis en place avec l'utilisation d'instruments efficaces, sans dédoublement. Des systèmes d'information, de gestion et d'évaluation performants, mais assurant la confidentialité des données, doivent soutenir ces interventions et ces communications.

Finalement, la prescription des services gérontologiques et gériatriques doit être judicieuse et efficiente, dans un souci d'utilisation rationnelle des ressources limitées du système de santé.

CONSULTATION GÉRIATRIQUE

C'est l'une des portes d'entrée du réseau de services gériatriques. C'est aussi, très souvent, le premier maillon posé lors de la création des services de gériatrie.

	Tableau 60.3		
	Recours aux services gérontologiques et gériatriques et communication interétablissements		
Quand?	• Évaluer adéquatement les besoins de la personne âgée, seul ou en interdisciplinarité		
A quel service?	• Connaître les services de son territoire de pratique ainsi que les critères d'admission		

A qui?	• Connaître les intervenants-liaison des services de son territoire de pratique:
	  – coordonnateur des équipes de soutien à domicile
	  – médecin responsable / infirmière-liaison du service
	  – médecin responsable / infirmière-chef des unités gériatriques hospitalières
	  – coordonnateur du centre de jour ou de l'hôpital de jour
	  – coordonnateur de l'équipe de gérontopsychiatrie		

Comment?	• Préciser la demande
	• Communiquer certaines données essentielles, par exemple:
	  – liste à jour des problèmes
	  – liste à jour des médicaments
	  – antécédents médicaux et chirurgicaux pertinents
	  – bilan paraclinique récent
	  – données cliniques décrivant le problème actuel
	  – incidents critiques récents (visite à la salle d'urgence, hospitalisation, déstabilisation lors du suivi à domicile, consultations spécialisées)
	  – au besoin, nom de l'aidant principal et des autres professionnels impliqués		

L'objectif de la consultation gériatrique est de procéder à une évaluation ponctuelle du malade âgé, en vue de préciser les diagnostics, suggérer les traitements ou définir les orientations. La consultation sert souvent d'évaluation pré-admission pour les autres services gériatriques, afin de déterminer si les services envisagés correspondent aux besoins du patient et, à défaut, de le diriger sans délais vers d'autres ressources plus adéquates (Fig. 60.2).

Le malade sous évaluation peut être à domicile, en salle d'urgence ou dans un service hospitalier médical ou chirurgical. La consultation est habituellement effectuée par le médecin, auquel se joignent parfois une infirmière, un ergothérapeute ou un intervenant social.

Lorsque le malade est à domicile, un service plus complet de consultation gériatrique externe est nécessaire pour l'évaluer globalement, sans l'admettre dans un des autres services gériatriques. Le malade est reçu à la consultation externe pour un examen médical, une évaluation infirmière, une évaluation psychosociale et des examens paracliniques de base. La visite à domicile fait souvent partie intégrante de cette évaluation. Par la suite, l'équipe dresse une liste des problèmes et des examens et consultations complémentaires nécessaires. Lorsque l'évaluation est complétée, un plan d'intervention est proposé au malade et, selon le cas, un suivi est planifié.

La consultation gériatrique peut aussi assurer un suivi des malades au sortir des services de gériatrie pour vérifier si les interventions proposées ont été tentées et si elles s'avèrent bénéfiques et si la condition du malade est stabilisée. En effet, la principale difficulté identifiée, lors de l'évaluation des services de consultation gériatriques, est le manque d'observance, par l'équipe traitante, des recommandations prescrites, faute de temps, d'intérêt ou de formation.

UNITÉ GÉRIATRIQUE DE COURTE DURÉE

L'unité gériatrique de courte durée est un service hospitalier à l'intérieur duquel on procède à une évaluation interdisciplinaire de personnes âgées très malades, dont l'état de santé ne permet pas une telle intervention en externe. En effet, la présence de troubles aigus et de certains handicaps physiques ou mentaux oblige l'équipe médicale et l'équipe de soins à intervenir rapidement, de façon intensive et concertée, sans qu'il y ait de délai dans l'accès aux examens paracliniques, aux consultants spécialisés et aux traitements. De plus, la multiplicité des affections, leur chronicité et leurs répercussions sur la condition générale du malade nécessitent, bien souvent, une observation étroite, s'étendant sur plusieurs heures ou même plusieurs jours. Enfin, la condition sociale du malade âgé

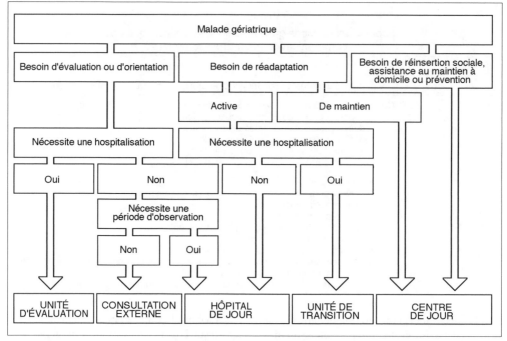

Figure 60.2 Processus d'orientation du malade gériatrique vers le service correspondant à ses besoins

peut rendre difficile, voire impossible, le maintien à domicile pendant la phase d'évaluation et de traitement.

L'unité gériatrique de courte durée est située le plus souvent dans un hôpital de soins de courte durée, et une grande partie de la clientèle provient du service d'urgence ou des autres services hospitaliers. Plus rarement, certaines unités gériatriques de courte durée sont intégrées à des centres d'hébergement et recrutent leur clientèle dans la collectivité par des demandes du médecin de famille, des intervenants à domicile ou à partir des hôpitaux de courte durée.

La fonction essentielle de l'unité gériatrique de courte durée est de procéder à l'évaluation de la personne âgée, selon un mode intensif, compte tenu du caractère aigu ou subaigu des affections qui amènent l'admission. L'hospitalisation permet une observation étroite du malade pendant quelques jours ou quelques semaines pour préciser les comportements et suivre l'évolution des interventions. Elle facilite aussi la planification et l'exécution du bilan paraclinique.

L'unité gériatrique de courte durée a aussi un rôle de traitement. On procède à la suppres-

sion de certains médicaments, à l'ajustement de la posologie ou à l'instauration d'autres traitements sous surveillance. Certaines interventions non médicamenteuses sont également tentées pour améliorer la condition du malade. Un essai de reconditionnement est entrepris, mais si la rééducation s'annonce longue, le malade est transféré à un service de réadaptation ou à l'hôpital de jour.

A la fin de son séjour, le malade est orienté vers les ressources qui répondent à ses besoins: domicile ou institution d'hébergement.

L'unité gériatrique de courte durée exige le travail d'une équipe multidisciplinaire composée du médecin, de l'infirmière, du physiothérapeute, de l'ergothérapeute, de l'intervenant social et, très souvent, du pharmacien et du nutritionniste. D'autres professionnels participent, au besoin, à l'évaluation de la personne âgée: psychiatre, neuropsychologue, orthophoniste, etc. En général, les réunions multidisciplinaires ont lieu une à deux fois par semaine.

La durée moyenne de séjour est de trois semaines. Les principaux problèmes qui motivent une demande d'admission à l'unité gériatrique de courte durée sont les syndromes confusionnels aigus, les maladies cérébrales dégénératives, les affections cardiaques, les dépressions, les problèmes locomoteurs (troubles de la démarche), le diabète, les broncho-pneumopathies chroniques obstructives et les troubles gastro-intestinaux. Enfin, un certain nombre de personnes âgées transitent par cette unité pour une évaluation en vue d'une orientation vers un milieu de vie plus conforme à leurs besoins réels.

Les études évaluatives des unités de courte durée gériatriques utilisant un dispositif expérimental semblent démontrer un effet favorable sur le niveau d'autonomie des personnes âgées, la diminution de la durée du séjour hospitalier et le retour au domicile, du moins à court terme. Il semble que le ciblage des clientèles et les modalités de suivi après une hospitalisation soient particulièrement cruciales au maintien des gains faits durant l'hospitalisation. Diverses modalités de suivi sont sous évaluation à l'heure actuelle, dans plusieurs pays dont l'Angleterre, les États-Unis et les pays scandinaves.

UNITÉ DE RÉADAPTATION GÉRIATRIQUE

Chez la personne âgée, la réadaptation fonctionnelle ne se fait pas de la même façon, ni au même rythme, que chez des individus plus jeunes. La coexistence de multiples affections interfère, bien souvent, avec le processus de réadaptation. De plus, l'impact de la maladie est plus difficilement prévisible. Parfois, il s'agit d'une première hospitalisation après 70 ans de vie en santé; cette admission peut engendrer un sentiment d'insécurité et même des réactions dépressives. A l'inverse, l'hospitalisation actuelle peut faire suite à de nombreuses hospitalisations antérieures, le malade étant porteur d'affections chroniques, ce qui risque de créer un état de passivité, voire de démission. Il est donc nécessaire pour le malade âgé en perte d'autonomie d'avoir accès à des services de réadaptation ajustés à ses besoins particuliers. L'unité de réadaptation gériatrique, ou de moyen séjour, est destinée aux malades âgés en perte d'autonomie qui requièrent une réadaptation intensive à la suite d'un accident, d'une maladie récente ou chronique ou d'une intervention chirurgicale.

Les objectifs visés à l'unité de réadaptation gériatrique sont de redonner un maximum d'autonomie au malade souffrant d'incapacités, de retarder ou de prévenir l'apparition de séquelles et de faciliter la réinsertion sociale dans un milieu de vie qui correspond aux besoins du malade, une fois complété le processus de réadaptation.

Pour rencontrer les objectifs, le malade admis à l'unité de réadaptation gériatrique est évalué par les divers professionnels susceptibles d'intervenir dans son programme de réadaptation. Ainsi, le malade hospitalisé à la suite d'un accident vasculaire cérébral est-il évalué par l'infirmière, le médecin, le physiothérapeute, l'ergothérapeute, l'orthophoniste et le neuropsychologue. Ces professionnels tentent de déterminer le potentiel de réadaptation du malade, et l'équipe multidisciplinaire élabore un plan individualisé de soins et de services qui comporte des objectifs à court et à moyen terme.

Les traitements administrés à l'unité de réadaptation gériatrique reposent essentiellement sur l'équipe multidisciplinaire. Afin de suivre correctement l'évolution de chaque malade, les membres de l'équipe se réunissent périodiquement. On peut ainsi prévoir le congé du malade, préparer son entourage à l'accueillir et éviter de prolonger indûment son hospitalisation.

Les malades dirigés à l'unité de réadaptation gériatrique proviennent principalement des services de neurologie, de médecine interne et d'orthopédie des hôpitaux de soins de courte durée et de l'unité gériatrique de courte durée. Les critères d'admission devraient être très souples, car les résultats des interventions thérapeutiques aux troisième et quatrième âges sont souvent difficiles à prévoir à court terme. Dans certains milieux, on accepte même les malades dont le potentiel de réadaptation semble limité, à condition que le malade puisse retourner dans le service d'origine en attente de «placement», dans l'éventualité où, malgré les interventions intenses des divers professionnels, il aurait atteint un plateau fonctionnel qui ne lui permette pas de retourner vers son milieu de vie antérieur. D'autres préfèrent effectuer une plus grande sélection et insistent pour que les malades qui demeurent incapables de réintégrer leur domicile soient admis de façon prioritaire dans les centres d'hébergement.

La durée moyenne de séjour dans une unité de réadaptation gériatrique est de trois mois. Cependant, cette moyenne varie selon les types d'affections qui prédominent à l'unité. Les deux principales causes de perte d'autonomie des malades admis sont l'accident vasculaire cérébral et les affections ostéo-articulaires (fracture du fémur, fractures vertébrales) et la réadaptation après installation de prothèse articulaire ou après amputation d'un membre inférieur.

HÔPITAL DE JOUR

L'hôpital de jour est un service gériatrique qui procure, en externe, des services d'évaluation, de traitement et de réadaptation, sans qu'il soit nécessaire d'hospitaliser le malade. Son objectif principal est le soutien à domicile de l'individu âgé en perte d'autonomie, en développant et en maintenant ses capacités fonctionnelles optimales, tout en agissant sur ses problèmes de santé. Ce programme de soins et de services appuie les services de soutien à domicile et constitue un moyen de retarder le placement en institution d'hébergement.

Les objectifs spécifiques de l'hôpital de jour sont de faire une évaluation physique, mentale et sociale du malade, ce qui implique des observations multiples colligées pendant une certaine période de temps, de préserver ou d'augmenter la capacité fonctionnelle du malade (réadaptation), d'assurer un soutien à la famille ou à l'entourage, d'éviter l'utilisation inappropriée des autres services sanitaires en prévenant une hospitalisation ou en diminuant la durée.

L'hôpital de jour se situe à l'intérieur d'un centre hospitalier dans lequel les ressources techniques, diagnostiques et thérapeutiques sont facilement disponibles.

L'hôpital de jour accueille des malades durant le jour et pendant la semaine. Le transport aller et retour est effectué par taxi ou par des véhicules adaptés. L'hôpital de jour doit desservir un secteur géographiquement délimité pour que la durée du parcours soit acceptable. Les horaires, dans la mesure du possible, se veulent flexibles, afin de répondre aux besoins de diverses clientèles.

L'équipe multidisciplinaire de base de l'hôpital de jour comprend un coordonnateur, un médecin, des infirmières, un physiothérapeute, un ergothérapeute, un nutritionniste et un intervenant social. Les consultations dans d'autres domaines doivent être facilement accessibles : spécialités médicales, orthophonie, neuropsychologie, podiatrie (podologie), soins dentaires, etc. L'équipe soignante se réunit plusieurs fois par semaine. Les membres des équipes de soutien à domicile sont invités à participer à ces réunions, selon leurs disponibilités, afin d'assurer la coordination et le suivi des interventions. Le suivi médical se fait conjointement avec le médecin de famille.

Pour bien remplir son rôle et éviter un dédoublement de services, l'hôpital de jour doit être réservé principalement à trois types de personnes âgées en perte d'autonomie. D'abord, celles qui devraient être hospitalisées pour subir des examens diagnostiques ou des interventions thérapeutiques, parce qu'elles ne peuvent se déplacer à l'extérieur de leur domicile sans l'aide d'un transport adapté et qu'il n'y a personne dans leur entourage pour les aider dans les nombreux déplacements imposés par l'évaluation globale de leur état de santé. Ces malades sont dirigés à l'hôpital de jour plutôt qu'à l'unité gériatrique de courte durée, parce qu'on prévoit que les interventions exigées par leur condition peuvent être faites en externe. L'hôpital de jour reçoit aussi les personnes âgées qui devraient prolonger leur séjour en milieu hospitalier pour parfaire une réadaptation à la suite d'une maladie aiguë (accident vasculaire cérébral) ou celles qui souffrent d'une maladie chronique caractérisée par des périodes de rémission et d'exacerbation et qui ont besoin d'une prise en charge plus serrée au moment des périodes actives de la maladie. Enfin, l'hôpital de jour vise les gens âgés qui nécessitent une prise en charge multidisciplinaire de type hospitalier, à cause de la multiplicité de leurs problèmes et de leur perte d'autonomie.

L'originalité de l'hôpital de jour émane aussi des activités thérapeutiques qu'il propose. En effet, la personne âgée ne peut recevoir des traitements individuels pendant toute la journée. En dehors du temps consacré aux repas et aux périodes de repos, elle participe donc à certaines activités de groupe qui contribuent à la thérapie et à la réadaptation psychosociale : discussions en groupe, conditionnement physique, enseignement nutritionnel, ateliers culinaires, activités manuelles, etc. La durée moyenne de fréquentation d'un malade à l'hôpital de jour est de douze à seize semaines, à raison de deux à trois visites hebdomadaires. Parmi les principaux problèmes qui motivent une demande d'admission dans le programme de l'hôpital de jour, on retrouve les affections du système ostéo-articulaire et de l'appareil circulatoire, de même que les problèmes neurologiques, endocriniens et psychiatriques.

SERVICES DE PSYCHIATRIE GÉRIATRIQUE

Les services de psychiatrie gériatrique ou de gérontopsychiatrie ont été développés pour répondre aux besoins de personnes âgées souffrant de troubles mentaux associés à l'âge avancé. La clientèle visée n'est donc pas celle de personnes âgées qui ont souffert de maladies psychiatriques toute leur vie. Les principes de soins et d'organisation des services sont les mêmes en psychiatrie gériatrique que ceux de l'ensemble des services gérontologiques et gériatriques.

Les programmes de psychiatrie gériatrique peuvent prendre plusieurs formes: consultation en milieu hospitalier ou d'hébergement, unité d'évaluation hospitalière, clinique externe hospitalière, hôpital de jour, équipe de gérontopsychiatrie à domicile. Les objectifs de ces programmes demeurent cependant sensiblement les mêmes: évaluation, traitement et prise en charge des personnes âgées atteintes de divers troubles mentaux; troubles d'adaptation et processus de deuil qui peuvent suivre l'apparition d'une maladie invalidante ou tout autre événement associé à une perte; dépression et autres troubles de l'humeur incluant la manie; troubles cognitifs avec ou sans comportements perturbateurs; troubles anxieux; troubles de personnalité; abus et dépendance des médicaments et de l'alcool et troubles somatoformes; troubles psychotiques. Les professionnels des équipes de psychiatrie gériatrique assurent également un soutien spécialisé aux équipes des services gérontologiques et gériatriques ainsi qu'aux familles de ces malades. Ils peuvent s'impliquer également dans des activités de recherche et d'enseignement.

L'équipe multidisciplinaire en psychiatrie gériatrique est composée généralement d'un psychiatre, d'une infirmière clinicienne spécialisée en psychiatrie auxquels se joignent, selon les milieux et les programmes, un psychologue ou un neuropsychologue, un ergothérapeute spécialisé en psychiatrie, un physiothérapeute et un intervenant social. Cette équipe peut prendre en charge une clientèle ou agir comme consultant auprès d'autres équipes soignantes, à l'hôpital ou dans la collectivité. En particulier, l'équipe de gérontopsychiatrie à domicile assure une aide aux équipes de soutien à domicile et intervient directement au domicile du patient âgé.

CENTRE DE JOUR

A l'instar de l'hôpital de jour, le centre de jour s'adresse également à une clientèle âgée en perte d'autonomie et s'inscrit dans le continuum des services offerts dans la collectivité, afin de favoriser le soutien à domicile de personnes âgées fragiles avec ou sans incapacités.

Le centre de jour a pour objectifs de maintenir la santé de la personne âgée en continuant les actions débutées dans les autres services gérontologiques et gériatriques, d'anticiper une détérioration de l'état de santé de l'individu âgé par une observation régulière et une intervention précoce au moindre signe de déséquilibre, de mettre en place des activités de groupe adaptées aux diverses incapacités du malade, de favoriser les relations sociales et d'apporter un répit à la famille ou à l'entourage de la personne âgée. Étant donné que ce service n'utilise pas de ressources techniques sophistiquées (laboratoires, radiologie, etc.) pour son fonctionnement quotidien, il est généralement situé à l'extérieur d'un hôpital, dans une ressource communautaire ou un centre d'hébergement. En général, le centre de jour accueille les personnes âgées à raison d'une à deux fois par semaine et leur assure le transport.

Afin de répondre aux objectifs spécifiques du centre de jour de prévention et de surveillance de l'état de santé, de maintien de l'autonomie fonctionnelle et de réadaptation psychosociale, la composition de l'équipe multidisciplinaire diffère de celle des autres services. Ainsi, on peut y retrouver un coordonnateur qui est très souvent une infirmière, un spécialiste en loisirs et en animation. La composition de cette équipe peut varier selon les besoins de la population desservie par le centre de jour. Ce dernier peut ainsi offrir des services plus spécialisés s'ils ne sont pas disponibles à proximité (physiothérapie, ergothérapie, podiatrie, etc.).

La majorité des activités proposées se fait en groupe afin de favoriser la socialisation. Les problématiques sociales les plus fréquentes sont les difficultés associées au deuil, l'isolement, les conflits familiaux, la violence, les difficultés conjugales. Les clientèles atteintes de troubles cognitifs peuvent également présenter des comportements perturbateurs nécessitant une supervision étroite.

De plus en plus, les centres de jour organisent des activités destinées aux aidants naturels des personnes âgées, sous forme de groupes de soutien et d'information, de conseils individuels.

Ce sont surtout les services de soutien à domicile, les médecins de famille et les intervenants des autres services gériatriques qui envoient les gens âgés au centre de jour. Avant son admission au centre de jour, la personne âgée devrait avoir été soumise à une évaluation médicale globale. L'équipe du centre de jour détermine ensuite un plan de services et les diverses activités auxquelles participera la personne âgée selon l'inventaire de ses besoins. Des objectifs à court et moyen terme sont fixés. Le plan d'intervention est révisé régulièrement. Le roulement de clientèle dans les centres de jour est peu élevé car, en général, les raisons de départ du programme sont associées à une hospitalisation, un hébergement, un décès, ou une perte d'autonomie trop prononcée.

SERVICES DE SOUTIEN AUX AIDANTS NATURELS

Les aidants naturels des personnes âgées assurent la majorité de l'aide apportée aux personnes âgées en perte d'autonomie. Afin de prévenir ou d'éviter l'épuisement de ces personnes, dont la très grande majorité sont des femmes, et très souvent d'âge avancé, des services de soutien ont été mis au point. Ces services tentent de répondre aux divers besoins: d'information, de conseils ponctuels, d'échanges avec des pairs, d'intervention psychosociale individuelle, de répit et d'aide à la coordination des soins et des services.

L'ensemble des services gérontologiques et gériatriques offre une ou plusieurs de ces interventions aux proches de leur clientèle âgée. Des groupes d'entraide pour des problèmes spécifiques ont été mis sur pied: troubles cognitifs,

maladie de Parkinson, accidents vasculaires cérébraux, etc.

Parmi les services de répit, plusieurs modalités sont offertes et le choix doit s'ajuster aux besoins des aidants naturels. Il existe des services de répit à domicile: services de gardiennage, d'aide à domicile et de soins personnels. Ces services ont pour avantage de ne pas nécessiter de transport et de préparation de la personne âgée à une sortie extérieure et d'éviter une phase d'adaptation de celle-ci à un nouveau milieu. Par contre, l'aidant ou la personne âgée peuvent être réticents à recevoir un étranger à la maison, surtout en l'absence d'une assurance de stabilité du personnel.

Des services de répit peuvent également être offerts hors du domicile: centre de jour, hôpital de jour et hébergement temporaire (HT). Ces services permettent une période d'intimité à la maison pour l'aidant, une période prolongée de repos (HT), des vacances en famille (HT), une socialisation et une stimulation de la personne âgée, un dépistage et un suivi de problèmes de santé de la personne âgée ainsi que la présence d'un personnel plus formé et spécialisé. Par ailleurs, ces services nécessitent, de la part de la personne âgée, une adaptation à un nouveau milieu; en hébergement temporaire, la personne âgée peut développer la peur d'un hébergement définitif et dans certains cas régresser sur le plan de son autonomie fonctionnelle. La personne âgée doit être en mesure de supporter des transports et éprouve parfois des difficultés à fonctionner en groupe, surtout en centre de jour.

Avant de diriger un aidant vers un service de soutien, il importe donc de bien évaluer ses besoins et de discuter avec lui des avantages et désavantages des services, en particulier ceux concernant le répit. Très souvent, malgré un épuisement évident, l'aidant refusera la ressource proposée. Il faudra alors bien analyser les raisons du refus, afin de pouvoir intervenir adéquatement.

CONCLUSION

Les services gérontologiques et gériatriques, comme nous l'avons vu, sont multiples, répondent à une gamme étendue de besoins et sont dispensés dans plusieurs milieux. Le professionnel de la santé, qu'il soit médecin ou qu'il appartienne à une autre discipline, se doit de jouer, auprès de la personne âgée et de ses proches, le rôle de défenseur des droits (*advocacy*) de celle-ci, car les services, malgré les efforts fournis jusqu'ici, demeurent en partie fragmentés et complexes dans leur utilisation.

Le virage ambulatoire amorcé dans le système de santé nécessitera le développement encore plus intensif des services communautaires et une attention particulière devra être portée aux services suivants : transport, télésurveillance à domicile, aides techniques et équipements spécialisés, réadaptation, dépannage et répit aux familles avec de nouvelles formules, habitations protégées selon des modalités novatrices.

L'information sur les services gérontologiques et gériatriques, diffusée par des canaux les plus diversifiés possibles, devra être accessible aux personnes âgées, à leurs proches et aux intervenants du réseau de la santé et des services sociaux.

De nouvelles formes de coordination de services sont en implantation depuis peu au Québec : porte d'entrée unique aux services, plan de services individualisé, gestion de cas, système intégré de services. L'évaluation de ces expériences permettra de mettre en lumière l'efficacité de ces nouvelles mesures et d'en assurer éventuellement la généralisation.

Enfin, la participation de plus en plus grande du secteur privé dans la distribution des services aux personnes âgées et à leurs proches exigera une très grande vigilance de la part de l'État qui devra s'assurer de la qualité des services offerts.

BIBLIOGRAPHIE

ANDREWS, G.: Role of Primary Health Care for the Elderly, in *Improving the Health of Older People. A World View*. Kane, R.L., Evans, J.G. & D. Macfadyen. Oxford University Press, New York, 1990.

Association des hôpitaux du Québec. *Les Services hospitaliers aux personnes âgées*. Document de référence. Décembre 1994.

CAPITMAN, J.A., HASKINS, B. & J. BERNSTEIN: Case Management Approaches in Coordinated Community-Oriented Long-Term Care Demonstrations. *The Gerontologist*, **26**(4):398-404, 1986.

GARANT, L.: *Synthèse d'un programme d'évaluation sur la réponse aux besoins de longue durée des personnes âgées ayant des limitations fonctionnelles*. Collection Études et analyses, numéro 20. Direction générale de la planification et de l'évaluation, Ministère de la Santé et des Services sociaux, Québec, 1994.

Gouvernement du Québec, Ministère de la Santé et des Services sociaux. *Les services à domicile de première ligne. Cadre de référence*. Bibliothèque nationale du Québec, Québec, 1994.

Gouvernement du Québec, Ministère de la Santé et des Services sociaux. *On agit avec soin*. Bibliothèque nationale du Québec, Québec, 1995.

HAM, R.J. & P.D. SLOANE: *Primary Care Geriatrics. A Case-based Approach*, Mosby – Year Book, Chicago, 2nd ed., 1992.

LEBEL, P. & Coll.: *Liaison entre les médecins de première ligne, les professionnels des équipes de maintien à domicile, les professionnels des services gériatriques hospitaliers*. Résultats d'une enquête auprès d'intervenants de la santé de l'Île de Montréal. Centre de recherche du Centre hospitalier Côte-des-Neiges, Montréal, 1994.

Ministère de la Santé et des Services sociaux, Direction générale de la santé. *Hôpital de jour. Orientations*. Québec, 1986.

Ministère de la Santé et des Services sociaux, Direction générale de la santé. *Courte durée gériatrique. Éléments de réflexion et orientations*. Québec, 1986.

Ministère de la Santé et des Services sociaux, Direction générale de la Santé, Service de la coordination des ressources. *La psychogériatrie. Éléments de réflexion*. Québec, 1987.

Ministère de la Santé nationale et du Bien-être social, Division de la santé mentale, Direction générale des services et de la promotion de la santé. *Lignes directrices pour la prestation de services complets aux personnes âgées atteintes de troubles mentaux*. Canada, 1988.

PARADIS, M.: *Coordination des soins et services aux personnes âgées en perte d'autonomie : étude de pertinence*. Essai présenté pour l'obtention du grade de maître ès sciences, Université Laval, Sainte-Foy (Québec), 1994.

TOURIGNY, A. & Coll.: *Évaluation du programme québécois des centres de jour*. Unité de recherche en santé communautaire, Centre hospitalier de l'Université Laval, Sainte-Foy (Québec), 1993.

TRAHAN, L. & L. BÉLANGER: *Une évaluation de la prestation de services dans les CLSC et les centres hospitaliers. Pour des services de qualité aux personnes âgées en perte d'autonomie*. Collection Études et analyses, numéro 19. Direction générale de la planification et de l'évaluation, Ministère de la Santé et des Services sociaux, Québec, 1993.

LECTURES SUGGÉRÉES

BÉLAND, F. & A. LEMAY: Quelques dilemmes, quelques valeurs pour une politique de services de longue durée. *La Revue canadienne du vieillissement,* **14(2)**:263-293, 1995.

The Canadian Medical Association: *Health Care for the Elderly. Today's Challenges, Tomorrow's Options.* Report of the Canadian Medical Association Committee on the Health Care of the Elderly, Ottawa, 1987.

GARANT, L. & M. BOLDUC: *L'aide par les proches: mythes et réalités.* Direction générale de la planification et de l'évaluation, Ministère de la Santé et des Services sociaux, Québec, 1990.

Gouvernement du Québec. *Rapport du groupe d'experts sur les personnes aînées: vers un nouvel équilibre des âges.* Ministère de la Santé et des Services sociaux, Québec, 1991.

KANE, R.L., EVANS, J.G. & D. MACFADYEN: *Improving the Health of Older People. A World View.* Oxford University Press, New York, 1990.

CHAPITRE 61

ÉQUIPE MULTIDISCIPLINAIRE ET INTERDISCIPLINARITÉ

RÉJEAN HÉBERT

L'interdisciplinarité constitue un des postulats de base de la gériatrie. Bien qu'on en mentionne la nécessité dans tous les textes de gériatrie, sa valeur précise et son utilité n'ont jamais été démontrées. Toutefois, son importance est justifiée par la complexité des interactions biopsychosociales dans la genèse et le soin des maladies du vieillard.

L'interdisciplinarité est nécessaire, tant pour l'évaluation globale du vieillard que pour l'application d'un plan d'intervention concerté et efficace. Elle permet d'exploiter les avantages de la sectorisation des tâches inhérentes à la spécialisation en palliant, par une coordination efficace, le morcellement du travail que cette spécialisation entraîne inévitablement. L'interdisciplinarité se définit non seulement par la juxtaposition de plusieurs disciplines (multidisciplinarité), mais aussi par les relations réciproques que doivent entretenir les professionnels impliqués dans les soins et services aux personnes âgées.

On distingue deux modes d'application de l'interdisciplinarité dans le soin aux malades âgés. Le **mode officieux** voit deux ou plusieurs professionnels se rencontrer pour discuter du cas d'un malade. Ceci comprend aussi bien la discussion entre l'infirmière et le médecin, au cours de la visite des malades que, par exemple, les délibérations du physiothérapeute et de l'ergothérapeute, lors du traitement d'un hémiplégique. Cette interdisciplinarité de bureau, de poste infirmier, de chevet ou de corridor n'exige pas de règle stricte. Elle survient lorsque le besoin s'en fait sentir, à l'occasion d'une rencontre improvisée ou planifiée. Son succès et son harmonie reposent sur un certain nombre de préalables résumés au tableau 61.1. Ce mode

Tableau 61.1
Préalables à un travail interdisciplinaire efficace
1. Des buts et objectifs communs doivent être compris, acceptés et partagés par tous les membres.
2. Chaque membre doit comprendre son rôle, ses fonctions et ses responsabilités.
3. Chaque membre doit comprendre le rôle, les fonctions, les aptitudes et les responsabilités des autres membres de l'équipe.
4. Un respect mutuel de ces rôles et aptitudes doit exister.
5. Les membres doivent être flexibles dans le partage des rôles et responsabilités qui se chevauchent.
6. Des mécanismes efficaces de communication et de prise de décisions doivent être instaurés et réévalués périodiquement.

Adapté de Baldwin, D.W.C. & R.A. Williamson Tsukuda: Interdisciplinary team, in *Geriatric Medicine*. Cassel, C.K. & J.R. Walsh (eds). Springer-Verlag, New York, 1984.

officieux constitue la base du travail multidisciplinaire.

Le **mode officiel**, pour sa part, fait appel à des réunions périodiques de l'équipe multidisciplinaire visant à partager les données de l'évaluation et à coordonner le plan d'intervention. Pour être efficace et harmonieux, le fonctionnement de ces réunions doit reposer sur des règles précises. On doit aussi connaître et comprendre les divers phénomènes associés au travail en petit groupe, pour prévenir et résoudre les difficultés qui surgissent inévitablement.

Qu'il soit officieux ou officiel, le travail interdisciplinaire présente des limites qu'on doit reconnaître, afin d'en éviter une utilisation indue. Il pose également des contraintes avec lesquelles il faut composer de façon à rendre son exercice harmonieux et fructueux. Enfin, l'efficacité du fonctionnement en équipe constitue un défi de taille.

LIMITES DE L'INTERDISCIPLINARITÉ

Le **champ d'application** du travail interdisciplinaire n'est pas illimité. L'interdisciplinarité ne constitue pas une panacée et ne prétend pas résoudre tous les problèmes posés en gériatrie. On ne peut tout décider en équipe: certaines décisions sont prises plus efficacement par un seul individu, quitte à ce qu'il soit désigné par l'équipe pour ce faire. Par exemple, l'admission des malades en service actif de gériatrie ne peut accepter les délais inévitables qu'occasionne une décision multidisciplinaire. Cette fonction est mieux assumée par un des membres de l'équipe, habituellement le médecin. De même, il ne faut pas retarder indûment une intervention, sous prétexte d'attendre l'avis de l'équipe. Le professionnel, dans son champ de compétence, doit prendre les décisions qui s'imposent, sans continuellement devoir en référer à l'équipe.

La **responsabilité professionnelle** est également une des limites du travail interdisciplinaire. En effet, la responsabilité d'une décision, même prise en équipe, incombe à chacun des professionnels qui doit l'assumer. On ne peut attribuer à une décision d'équipe la responsabilité d'un geste. Le professionnel ne peut utiliser l'équipe pour fuir ses responsabilités envers le malade, sa famille ou l'institution. L'interdisciplinarité ne doit pas servir à diluer la responsabilité professionnelle.

Dans ses décisions, l'équipe ne doit pas se substituer au malade ou à sa famille. Toute évaluation multidisciplinaire doit refléter le point de vue et les **priorités du malade**. Il incombe à chacun des professionnels, à l'occasion de leur évaluation, de vérifier les attentes et les priorités du malade et de sa famille, pour être en mesure de partager sa vision avec celle des autres membres de l'équipe. Le fonctionnement de l'équipe doit prévoir des mécanismes pour informer le malade et sa famille du plan d'intervention proposé et obtenir leur approbation, voire leur collaboration.

Enfin, l'équipe n'est pas infaillible et, comme chacun des professionnels qui la composent, elle est sujette à l'**erreur**. Elle est vulnérable, particulièrement lorsqu'elle ne s'appuie que sur l'étude de dossiers pour prendre une décision sans qu'aucun des membres n'ait cliniquement évalué le malade. Cette situation risque de se produire notamment lorsque des comités sont chargés d'étudier des dossiers de malades en vue de décider quelle ressource d'hébergement leur convient le mieux. Ce genre d'équipe est beaucoup plus exposée aux erreurs que si un seul professionnel compétent avait évalué le malade. Les équipes doivent être conscientes de cette limite et demeurer alertes pour diriger, en cas de doute, le malade vers un professionnel compétent qui complétera l'évaluation.

CONTRAINTES DE L'INTERDISCIPLINARITÉ

Plusieurs contraintes se posent à l'équipe interdisciplinaire. Ces contraintes engendrent souvent des problèmes et des difficultés qui doivent être contournés de façon à améliorer le fonctionnement de l'équipe.

Les **relations interprofessionnelles** sont l'essence même du travail multidisciplinaire. La division des tâches, surtout en gériatrie, repose sur la négociation. Bien sûr, le contenu de base de chacune des professions est bien identifié, mais les frontières de ces professions doivent être négociées selon l'identité des autres professionnels de l'équipe, les compétences particulières et les expériences de chacun et l'historique du service. Ces frontières sont également mouvantes selon la situation. Par exemple, un certain type de psychothérapie de soutien peut être accompli par l'un ou l'autre membre de l'équipe qui jouit d'une meilleure relation avec le malade. Il faut toutefois éviter la situation extrême et ne pas admettre que «n'importe qui fasse n'importe quoi».

La **perception que chaque professionnel a du rôle des autres membres** de l'équipe est très importante pour les relations interprofessionnelles. Par exemple, si le médecin est convaincu que l'intervenant social a pour seule tâche de remplir des formulaires, il peut surgir des conflits lorsque celui-ci proposera d'intervenir au niveau de la dynamique familiale.

La **division des tâches** peut créer des conflits entre les divers spécialistes de l'équipe, mais aussi entre les spécialistes et les généralistes que sont le médecin et l'infirmière. Il importe de définir le mieux possible les tâches de chacun, tout en gardant suffisamment de souplesse pour s'ajuster aux situations particulières qui surgissent inévitablement. Il faut à tout prix éviter les luttes de pouvoir, aussi frustrantes que stériles, qui ne font que brimer l'autonomie professionnelle.

La **compétence** de l'équipe est également une contrainte. Celle-ci est tributaire de la compétence de chacun des membres, car une chaîne est aussi solide que le plus faible de ses maillons. La compétence est aussi liée à la composition plus ou moins complète de l'équipe par rapport à la tâche à accomplir.

Le **leadership** est également important. Cette capacité exige des qualités humaines spécifiques qui ne sont pas liées à une formation professionnelle en particulier. Le plus souvent, il est assumé par un généraliste de l'équipe, notamment le médecin ou l'infirmière. Toutefois, on ne saurait en faire une règle, puisque certains spécialistes ont les qualités nécessaires pour assumer un leadership, sans égard à leur spécialisation. Le leadership ne se décrète pas, il se constate en analysant le fonctionnement de l'équipe et les qualités de chacun de ses membres.

La **personnalité de chaque membre** de l'équipe constitue une contrainte majeure avec laquelle on doit composer. Bien qu'il n'y ait pas un type de personnalité particulièrement adapté au travail d'équipe, on peut quand même énoncer certaines qualités qui facilitent la multidisciplinarité. Pour illustrer ce propos, nous emprunterons à Réjean Marcotte, thérapeute en réadaptation à l'Institut universitaire de gériatrie de Sherbrooke, une description qui résume bien certains traits parfois nuisibles et d'autres plus favorables à un bon climat de travail.

«Lorsqu'il se présente à la rencontre multidisciplinaire, c'est sa profession d'abord qui franchit le seuil de la porte; lui, il la suit de très près. Il s'assoit à la table avec sa profession sur les genoux, un peu comme un bouclier, une façade pour se protéger, se défendre. Il se sent rigide et froid. Lorsque vient le temps de prendre la parole, il déballe son rapport avec, parfois, une foule de détails superflus, en employant des termes scientifiques propres à sa profession, juste pour garder une distance, pour conserver une image professionnelle. Ces réunions le vident d'énergie et il en sort fatigué. Pour lui, il ne

s'est rien passé de constructif. Il ne se sent pas motivé, ni stimulé à retourner à ces réunions multidisciplinaires.

«Par contre, pour un autre type de personne, il en va tout autrement. Lorsqu'elle se présente au local de la réunion, c'est la personne d'abord qui franchit le seuil de la porte. La profession, elle, suit derrière. Vous allez dire que c'est une question de politesse, je crois que c'est plus que ça, c'est une question de sécurité. Elle s'assoit à la table en prenant contact avec les personnes déjà arrivées. Habituellement, ce type de personne arrive un peu avant le début de la rencontre. Elle ne dépose pas sa profession sur ses genoux, mais bien à côté d'elle, un peu en retrait. C'est comme si elle mettait ses connaissances professionnelles au service de l'équipe. Elle partage et communique seulement ce qui est utile et essentiel au bon déroulement de la rencontre. Cette personne n'impose pas son idée. Puisqu'elle n'a rien sur les genoux, elle est ouverte au groupe, sensible à ce qui se passe et attentive à ce que les autres intervenants apportent. Cette personne s'attarde autant au contenu qu'à l'organisation de la rencontre. Elle est sensible à la façon dont se déroule la réunion. Parfois, de façon bien naturelle, elle apporte une rétroaction ou suggère une évaluation du fonctionnement de l'équipe. Son approche démontre toujours du tact. Il est rare que les autres professionnels se sentent visés, menacés, parce qu'elle a une façon de s'exprimer qui fait que les autres membres de l'équipe ne se sentent pas jugés. Quand nous avons ce genre de personne autour de la table, il me semble que la rencontre est plus légère. Nous travaillons parfois avec l'impression de nous amuser. La démarche est productive. Nous sommes stimulés à la suite de ces rencontres. Cette personne a une influence positive sur le groupe.»

Certaines **contraintes institutionnelles** peuvent également affecter le fonctionnement de l'équipe. L'éloignement géographique des divers professionnels d'une grande institution peut nuire aux contacts interprofessionnels. Les horaires de chacun doivent également permettre des rencontres improvisées, de même que la participation à des réunions planifiées. L'évaluation du rendement de chacun par son supérieur doit également tenir compte des réunions multidisciplinaires, de façon à ce qu'il ne soit pas pénalisé par l'assistance à ces réunions. Enfin, la taille de l'organisation peut rendre problématique le fonctionnement en équipe. Il est préférable de fractionner les services de grande taille en petites équipes dans lesquelles les membres se connaîtront davantage et pourront développer une complicité fructueuse.

DYNAMIQUE D'UNE ÉQUIPE INTERDISCIPLINAIRE

Le rassemblement de plusieurs individus possédant leur personnalité propre met en branle, par les interactions qu'ils ont entre eux, une dynamique de groupe qui suit des règles précises. Plusieurs théories psychosociales ont été proposées pour décrire ces interactions. L'une d'entre elles, élaborée par Yves Saint-Arnaud à l'Université de Sherbrooke, fait la synthèse des travaux de plusieurs écoles. Sa simplicité facilite son utilisation pour évaluer le fonctionnement en équipe et, le cas échéant, apporter des correctifs.

La naissance d'un groupe exige deux éléments essentiels. D'abord, chaque membre du groupe doit avoir la **perception d'une «cible commune»**. Celle-ci doit être bien identifiée et, au besoin, subdivisée en plusieurs composantes. Les membres du groupe doivent donc être choisis en fonction de leur intérêt et de leur engagement par rapport à la cible à atteindre ou à l'une de ses composantes. Il est très important que chacun des membres soit motivé et se sente concerné par cet objectif. La cible doit aussi justifier la présence de plusieurs personnes réunies en vue de former un groupe. Il est donc important que seuls les professionnels appelés à intervenir auprès du malade soient invités à la réunion, et que cette dernière soit décidée dans un but précis.

Pour former un groupe, il faut aussi établir des **relations entre les membres**. Ainsi, il doit y avoir interaction directe des membres d'un groupe et à un même niveau hiérarchique. Car lorsqu'un patron réunit ses employés, cela ne constitue pas un petit groupe, c'est plutôt une réunion d'information ou de planification. De même, une rencontre entre plusieurs intervenants et un malade ou sa famille, pour les informer ou obtenir leur opinion, ne répond pas aux règles des petits groupes. Le groupe doit avoir un pouvoir que chacun des membres partage. Il est donc important que le médecin ne le monopolise pas. Enfin, les ressources de chacun des membres du groupe doivent être mises à contribution pour un fonctionnement optimal.

Le nombre de participants a une certaine importance pour le fonctionnement du groupe, dans la mesure où le nombre des interactions possibles des membres croît de façon quasi géométrique avec le nombre de membres suivant la formule

$$L = \frac{N \times (N-1)}{2}$$

(L étant le nombre de liens et N, le nombre de membres). Ainsi, lorsque le groupe passe de quatre à six membres, le nombre de liens passe de 6 à 15, ce qui peut modifier considérablement l'efficacité et l'harmonie du groupe. En établissant la composition d'un groupe, il faut donc avoir le souci de limiter la participation aux seules personnes directement concernées par le but à atteindre. Lorsqu'on perçoit une cible commune et que s'établissent des liens entre les membres, l'énergie individuelle de ces derniers devient alors une **énergie disponible au groupe**. Plus la cible commune est précise et correspond aux intérêts des membres, plus l'énergie individuelle ou résiduelle diminue au profit de l'énergie disponible.

L'énergie disponible peut être transformée en énergie de **production** en vue d'atteindre la cible, en énergie de **solidarité** pour augmenter la cohésion des membres et en énergie d'**entretien** pour prévenir ou surmonter les obstacles rencontrés par le groupe. Cette dernière est souvent canalisée par l'animateur qui est chargé d'identifier les difficultés en vue de permettre au groupe de produire l'énergie nécessaire pour les résoudre. Ainsi, le groupe maintient son harmonie dans la mesure où il convertit l'énergie disponible en énergie d'entretien.

Pour atteindre un fonctionnement optimal, il faut toujours que la somme des énergies de production, de solidarité et d'entretien soit supérieure à l'énergie résiduelle. Lorsque l'énergie est suffisante, on obtient un climat optimal d'efficacité, de solidarité et d'harmonie. Le tableau 61.2 illustre les climats créés suivant l'énergie disponible dans le «système-groupe».

La **maturité** d'un groupe peut se mesurer à partir de six critères principaux.

• Les aspirations individuelles des professionnels sont réellement intégrées aux exigences de la tâche à exécuter en groupe. Les rôles et les tâches sont distribués pour utiliser de façon optimale le potentiel de

Tableau 61.2 — Les climats du système-groupe			
Énergie disponible dans le système de groupe			
Quantité d'énergie	Production	Solidarité	Entretien
Manque d'énergie	climat d'apathie	climat de réserve	climat de dispersion, de confusion, défensif
Énergie suffisante	climat d'efficacité	climat de solidarité	climat d'harmonie
Excès d'énergie	climat de fébrilité	climat d'euphorie	climat laborieux

Tiré de Saint-Arnaud, Y.: *Les petits groupes : participation et communication.* Les presses de l'Université de Montréal et les Éditions CIM, Montréal, 1978.

chacun des membres qui deviennent capables d'un **leadership partagé**.

- Des **conflits** existent, mais ils portent sur des **contenus importants** plutôt que sur des données émotives.
- Les professionnels **perçoivent leurs différences** et s'acceptent comme tels sans porter de jugement de valeur, tout en appréciant leur complémentarité.
- Le groupe est capable de **cohésion** et chacun des membres est conscient de l'importance de son rôle dans le groupe.
- Les décisions se prennent par **consensus** réel après une discussion rationnelle plutôt que par une recherche compulsive d'unanimité.
- Le groupe est capable d'utiliser au maximum le potentiel de **créativité** de chacun dans la réalisation de la tâche.

Lorsque des difficultés surgissent au sein de l'équipe, il ne faut pas craindre d'organiser une rencontre sur le fonctionnement du groupe lui-même, au cours de laquelle on tentera d'identifier le ou les problèmes et de trouver des solutions. Le tableau 61.3 suggère certaines questions permettant de cerner les difficultés du groupe. Si les difficultés ne peuvent être identifiées ou résolues, il importera de faire appel à des professionnels spécialisés en psychologie des organisations, dont l'aide précieuse permettra à l'équipe d'être plus efficace et de ramener l'harmonie entre ses membres.

FONCTIONNEMENT DES RÉUNIONS D'ÉQUIPE

L'efficacité constitue le défi auquel doivent faire face toutes les équipes multidisciplinaires. Il importe que le travail interdisciplinaire soit efficace, de façon à éviter que cet aspect consomme du temps et des énergies qui pourraient autrement être mieux utilisés. Pour ce faire, il importe d'établir des règles, notamment en ce qui concerne le mode officiel de l'interdisciplinarité, c'est-à-dire les réunions d'équipe. Ces règles doivent préciser qui participe à ces rencontres et pour quelle raison, quel est l'horaire et le mode de convocation, comment doivent se dérouler les réunions et quel est le rôle de chacun des intervenants, tant au niveau de la préparation et de la participation à la réunion que de l'application du plan d'intervention convenu. Il importe également que ces réunions fassent l'objet d'un compte rendu porté au dossier du malade. Cet impératif d'efficacité devient évident lorsqu'on doit introduire l'interdisciplinarité formelle dans d'importants services, notamment en soins de longue durée (services de long séjour).

La fréquence et le mode de fonctionnement des réunions d'équipe varient suivant la nature du service, la durée de séjour du malade et les objectifs visés. On trouvera des exemples de mode de fonctionnement d'équipe en unité de réadaptation au chapitre 54 et, pour la planification du congé, au chapitre 62.

Modèle de fonctionnement d'équipe en soins de longue durée

Si les réunions multidisciplinaires ont une procédure bien établie dans la majorité des services de gériatrie de court ou moyen séjour, il n'en va pas de même en soins de longue durée. Pourtant, cette clientèle résidante à long terme doit aussi profiter d'une approche globale résultant de la concertation de plusieurs, personnels et professionnels. D'autant plus que l'objectif des soins de longue durée ne se limite pas seulement à fournir des soins médicaux optimaux,

Tableau 61.3
Autoévaluation du fonctionnement d'une équipe multidisciplinaire

Par rapport à la cible
L'objectif de la rencontre est-il clair et précis?
Cet objectif justifie-t-il la rencontre?
Chacun des membres invités est-il concerné de près par cet objectif?

Par rapport aux membres
Les tâches et devoirs de chacun des membres sont-ils précisés?
Les membres sont-ils pleinement consentants à assister à la réunion?
Les membres sont-ils de niveau hiérarchique comparable ou compatible?
Y a-t-il un membre qui monopolise le pouvoir?
Y a-t-il trop de participants?

Par rapport au climat de groupe (solidarité)
L'environnement matériel (mobilier, température, etc.) favorise-t-il une participation optimale?
Tient-on compte de l'avis de chacun?
Y a-t-il un problème de cohésion du groupe? (opposition entre individus, dévalorisation des autres, etc.)
Existe-t-il un problème de tension? (climat lourd, certains membres se retirent, colère, etc.)
Y a-t-il un problème de décision? (désapprobation ou rejet tacite ou explicite)

Par rapport à la tâche (production)
Y a-t-il des membres qui monopolisent l'attention?
Y en a-t-il qui apportent peu au groupe?
Y en a-t-il dont les ressources ne sont pas exploitées?
Le groupe a-t-il le pouvoir d'appliquer ses décisions?
Le résultat du travail du groupe est-il consigné clairement?

Par rapport à l'entretien
L'animateur joue-t-il bien son rôle?
• Clarifier et synthétiser
• Organiser l'horaire
• Susciter ou réfréner la participation
• Faciliter l'extériorisation des sentiments nuisibles
• Faire des diversions pertinentes pour alléger le climat

Tiré de Hébert, R.: Équipe multidisciplinaire et soins de longue durée. *Le Médecin du Québec*, **24**(4):31-37, 1989.

mais aussi vise le maintien de l'autonomie physique et psychique du résidant et la meilleure qualité de vie possible. Compte tenu de la longue durée de leur séjour, il importe de réviser périodiquement le plan d'intervention auprès de ces malades, de façon à mieux objectiver leur évolution, à détecter de nouveaux problèmes survenus de façon insidieuse et à réorienter, le cas échéant, l'intervention.

L'équipe de base en soins de longue durée comprend: l'infirmière-chef ou son assistante, l'infirmière chef d'équipe responsable des soins au résidant concerné, les préposés qui prodiguent les soins au chevet du résidant, le médecin traitant, le pharmacien, la diététiste et le technicien en loisirs.

Il nous apparaît essentiel, en soins de longue durée, d'ajouter à l'équipe de base, le pharmacien, la diététiste et le technicien en loisirs. La pharmacovigilance est cruciale pour cette clientèle et l'expertise pharmacologique est déterminante pour corriger le profil des médicaments ou prévenir les soignants des effets secondaires ou des interactions néfastes à surveiller. L'évaluation diététique permet de dépister les carences et de mieux utiliser cet outil thérapeutique dans les soins du malade. Le technicien en loisirs apporte une aide précieuse face à l'intégration du résidant au milieu de vie. Ces trois intervenants devraient donc toujours être invités aux réunions d'équipe multidisciplinaire. Une fois complétée leur évaluation des résidants, ils peuvent toutefois s'abstenir d'assister à la réunion, s'ils jugent que leur intervention n'est pas nécessaire.

A cette équipe de base, s'ajouteront au besoin, lorsqu'ils ont eu à intervenir auprès du résidant au cours de l'année écoulée, les professionnels suivants: physiothérapeute, ergothérapeute, orthophoniste, intervenant social, psychologue. Ceux-ci procèdent à une réévaluation du sujet et assistent à la réunion d'équipe s'ils le jugent opportun. L'aumônier et certains médecins consultants peuvent aussi se joindre occasionnellement à l'équipe, lorsque nécessaire.

Les rencontres avec le résidant ou sa famille sont importantes, mais ne doivent pas se confondre avec les réunions multidisciplinaires pour l'élaboration du plan d'intervention. Ce plan peut toutefois comprendre une rencontre d'un ou de plusieurs intervenants avec le résidant ou sa famille, en vue de les informer ou de corriger un problème spécifique identifié au cours de la rencontre multidisciplinaire.

Avant la rencontre, chacun des intervenants réévalue le résidant. Il est indispensable, qu'à cette occasion les intervenants vérifient les attentes et les priorités du résidant ou de sa famille. Ce point de vue doit être apporté et discuté lors de la réunion. Après la réunion, l'infirmière-chef et le médecin rencontrent le résidant ou sa famille pour leur faire part du plan d'intervention, s'assurer de leur approbation et les intégrer dans son application. Chacun des intervenants devra ensuite appliquer le plan convenu.

Les réunions d'équipe multidisciplinaire se tiennent à jour fixe pour chaque unité de soins. On y discute, en général, trois cas et le temps alloué pour chacun est en moyenne de 20 minutes. Pour un résidant nouvellement admis, il faut prévoir de 30 à 40 minutes. La fréquence des réunions est dictée par le nombre de résidants sur chaque unité de soins et le taux de roulement de la clientèle.

L'agenda de ces réunions doit tenir compte des considérations suivantes:

- un résidant nouvellement admis doit faire l'objet d'une réunion dans le mois suivant son admission en soins de longue durée;

- tous les résidants doivent faire l'objet d'une réunion au moins une fois l'an;

- les résidants peuvent être réévalués en équipe plus d'une fois par année, si au cours de la réunion précédente l'équipe s'est fixée un délai de réévaluation plus court, si un incident majeur survient dans l'évolution du résidant, ou si un des professionnels en fait la demande.

Pour chaque cas, le déroulement de la réunion suivra les sept étapes présentées au tableau 61.4. L'agenda des réunions est planifié par l'infirmière-chef de l'unité et le médecin traitant. La convocation doit parvenir aux professionnels trois semaines à l'avance. La réunion est animée par le médecin ou l'infirmière-chef de l'unité.

Ce mode de fonctionnement permet au médecin, au personnel infirmier, au pharmacien, à la diététiste et aux autres professionnels de réévaluer annuellement le résidant pour se rendre compte de l'évolution insidieuse des problèmes, de l'apparition de nouveaux problèmes jusque-là demeurés occultes et de corriger leurs interventions.

Dans le dossier du résidant, on retrouve le résumé de l'évaluation multidisciplinaire sur les documents suivants:

- évaluation médicale initiale ou réévaluation médicale annuelle et sommaire des événements survenus dans la dernière an-

Tableau 61.4
Étapes d'une réunion d'équipe multidisciplinaire en soins de longue durée

1. Évaluation fonctionnelle présentée par l'infirmière et discutée par l'équipe en vue d'en arriver à un consensus. Le Système de Mesure de l'Autonomie Fonctionnelle (SMAF) [Fig. 6.1] est utilisé à cette étape.
2. Évaluation de l'intégration au milieu de vie suivant quatre besoins: environnement physique, socioaffectif, mode de vie personnel, actualisation.
3. Présentation de la liste de problèmes: mise à jour des problèmes, identification de nouveaux problèmes, précisions sur les problèmes spécifiques présentés par le malade (incluant, le cas échéant, les problèmes dérivés de l'autonomie fonctionnelle ou de l'intégration au milieu de vie).
4. Élaboration du plan d'intervention: discussion des problèmes et des solutions envisagées, élaboration du plan d'action.
5. Détermination des responsabilités de chaque intervenant.
6. Discussion sur:
   - la nécessité de poursuivre les soins de longue durée;
   - l'opportunité d'une ordonnance de contention;
   - l'opportunité d'une ordonnance de réanimation;
   - la détermination du code indicatif d'intensité thérapeutique;
   - la nécessité d'un régime de protection légale.
7. Détermination de la date de réévaluation.

née, sur des feuilles spécialement conçues à ce effet;

- mise à jour de la liste des problèmes qui coiffe le dossier médical;

- mesure de l'autonomie fonctionnelle (codifiée en chiffres) sur le verso de la liste des problèmes;

- compte rendu de la rencontre sur une feuille spéciale;

- évaluation et plan d'intervention de chaque professionnel sur les notes d'évolution propres à leur discipline.

CONCLUSION

L'équipe multidisciplinaire est essentielle à la qualité des soins et services gériatriques. Il faut en connaître les limites et s'accommoder des contraintes. L'équipe ne remplacera jamais

la compétence et la responsabilité professionnelle de chacun des membres. Il importe aussi
de structurer son fonctionnement à l'occasion
de réunions formelles pour améliorer son efficacité, identifier clairement la cible et préciser le
rôle de chacun. On évite alors des pertes de
temps et beaucoup de frustration. Lorsque des
difficultés surgissent, il importe d'en identifier
la cause et de prendre les mesures nécessaires
pour y remédier. Une équipe harmonieuse et
efficace aura des effets bénéfiques sur le soin
apporté aux malades.

BIBLIOGRAPHIE

BALDWIN, D.C. & R.R. WILLIAMSON-ISUKUDA: Interdisciplinary Teams, in *Geriatric Medicine.* Cassel,
C.K. & J.R. Walsh. Springer-Verlag, New York,
1984.

BOILY, R.: L'intervention multidisciplinaire auprès des
personnes âgées. *L'Accueil*, **6(6)**:59-65.

HÉBERT, R.: Contraintes, limites et défis de l'interdisciplinarité dans les services gériatriques, in *L'interdisciplinarité en gérontologie.* Hébert, R. Edisem et
Maloine, Saint-Hyacinthe et Paris, 1990.

HÉBERT, R.: Équipe multidisciplinaire et soins de longue durée. *Le Médecin du Québec*, **24(4)**:31-37,
1989.

HÉBERT, R.: Réunions d'équipe multidisciplinaire en
soins de longue durée, in *L'interdisciplinarité en
gérontologie.* Hébert, R. Edisem et Maloine, Saint-
Hyacinthe et Paris, 1990.

SCHMITT, M.H.: The Team Approach in the Elderly, **in**
The practice of geriatrics. Calkins, E., Davis, P.J. &
A.B. Ford. W.B. Saunders, Philadelphia, 1986.

LECTURE SUGGÉRÉE

SAINT-ARNAUD, Y.: *Les petits groupes, participation et
communication,* Les Presses de l'Université de
Montréal et C.I.M. (Centre interdisciplinaire de
Montréal), Montréal, 1978.

CHAPITRE 62

PLANIFICATION DU CONGÉ

PIERRE-MICHEL ROY et MARCEL ARCAND

Le malade âgé en perte d'autonomie perçoit souvent avec appréhension le moment où il doit quitter une unité hospitalière de court ou moyen séjour. Après avoir vécu dans le milieu protégé de l'hôpital, il trouve parfois difficile de quitter cet encadrement sécurisant. Le médecin et les autres professionnels ont le devoir de planifier correctement le congé du malade, afin d'assurer le succès à long terme de leurs interventions et la transition en douceur de la personne vers son milieu de vie.

PROBLÈMES DÉCOULANT D'UNE MAUVAISE PLANIFICATION

Pour un malade qui présente plusieurs problèmes de santé, des problèmes fonctionnels et des problèmes psychosociaux, la préparation d'un congé constitue une tâche complexe à laquelle le médecin n'a pas toujours été bien préparé. En conséquence, de nombreux congés sont mal planifiés et entraînent souvent des réadmissions rapides, des consultations inutiles, une anxiété indue pour le malade et ses proches et une surcharge pour ceux qui ont à assumer le relais des interventions.

Certaines études démontrent assez clairement que jusqu'à 20 % des malades âgés qui quittent l'hôpital doivent être réadmis moins de trois mois après leur congé. Lorsqu'on analyse les raisons de ces réadmissions, on invoque la plupart du temps une rechute de la maladie initiale ou un nouveau problème médical. Cependant, une étude plus approfondie des facteurs qui contribuent à ces réadmissions révèle qu'environ 60 % de celles-ci auraient pu être prévenues par une meilleure planification du congé.

En plus de la détérioration physique du malade, une mauvaise planification du congé peut entraîner de nombreux impacts psychologiques négatifs chez le malade et ses proches.

Ainsi, des sondages menés auprès de patients ayant récemment reçu leur congé de l'hôpital démontrent clairement qu'une proportion importante de ceux-ci se plaignent de ne pas avoir été informés convenablement des résultats de leurs examens et des effets secondaires potentiels de leur traitement. Quant aux familles, plusieurs ont mentionné ne pas avoir été informées des routines quotidiennes de l'hôpital et plusieurs étaient d'avis que le congé avait été donné trop tôt et sans préparation. La souffrance de l'aidant naturel revient d'ailleurs dans presque toutes les études comme l'un des facteurs principaux ayant contribué à la réadmission hâtive.

A une époque où l'on cherche à écourter les séjours hospitaliers, au moment même où les ressources sociales et les services d'aide à domicile sont de plus en plus sollicités, un congé hâtif, mal préparé, peut entraîner des délais significatifs de prise en charge du malade dans la communauté. Il arrive de plus que les besoins de certains malades dépassent la capacité de réponse des diverses agences. Une plus grande attention aux besoins des proches du malade, une transmission adéquate de l'information aux intervenants de première ligne ainsi qu'une meilleure planification de l'aide à domicile et du soutien social sont autant de facteurs susceptibles de contrecarrer les résultats des interventions en milieu hospitalier.

PRÉPARATION DU CONGÉ

Les cliniciens doivent se doter d'une méthode leur permettant de planifier le mieux possible le congé du malade sans entraîner un prolongement indu du séjour à l'hôpital. Le tableau 62.1 propose un aide-mémoire utilisable à cette fin.

Tableau 62.1
Préparation du congé

Dès l'admission

Estimer la durée du séjour et en informer le malade et sa famille
Prévoir le type d'hébergement après l'hospitalisation
Axer les interventions sur l'autonomie

Pendant le séjour hospitalier

Instaurer l'automédication
Préconiser les congés temporaires
Prescrire les orthèses/prothèses et autres accessoires nécessaires à l'autonomie
Visiter les nouveaux lieux d'hébergement pour
• familiariser le malade et sa famille
• évaluer les risques du milieu
• mettre en place des équipements et adaptations
Planifier les services d'aide à domicile
Demander le transport adapté ou la vignette de stationnement
Dépister les incapacités rattachées à la conduite automobile

Quelques jours avant le congé

Rencontrer le malade et sa famille pour
• informer de la condition médicale
• expliquer
    – les signes de danger à surveiller
    – les activités autorisées
    – les programmes d'exercices à domicile
    – le rôle des médicaments
    – le fonctionnement du pilulier
    – les services disponibles en cas de détérioration
• planifier
    – le suivi après l'hospitalisation
    – la transmission de l'information aux professionnels

Dès l'admission, il importe pour le médecin traitant de préciser avec le malade et sa famille les objectifs du séjour. Un **pronostic** sur la durée probable du séjour et l'état fonctionnel du patient, lorsque possible, s'avère fort utile pour permettre au malade et à sa famille de planifier certaines démarches qui faciliteront le retour à domicile. Si l'on entrevoit un **changement de milieu** de vie pour le malade, il convient de faire intervenir rapidement le travailleur social.

Naturellement, il importe que le médecin et l'équipe soignante, dans le choix de leur approche thérapeutique, soient constamment soucieux de préserver et d'améliorer l'**autonomie fonctionnelle** du malade. Ainsi, tout traitement pouvant nuire à l'état mental, à la mobilité et à la continence du malade doit être évité,

car il faut se rappeler que c'est avant tout l'amélioration fonctionnelle du malade, plus encore que l'amélioration de la condition médicale sous-jacente, qui déterminera le moment du congé.

Pendant le séjour, la réunion des équipes multidisciplinaires constitue un moment privilégié pour répartir les tâches et vérifier la réalisation des étapes préparatoires au congé. Parmi celles-ci, il importe de rappeler l'importance de prévoir l'achat ou la location des **équipements** nécessaires à l'autonomie fonctionnelle du malade (canne, cadre de marche, fauteuil roulant, siège de toilette surélevé, barres d'appui, etc.). A cet effet, **une visite du domicile** par l'ergothérapeute permettra d'évaluer, de façon optimale, les besoins pour ces appareillages et de recommander certaines modifications afin de réduire les risques du milieu.

Lorsque l'état du malade le permet, il importe de lui offrir rapidement la possibilité de démontrer sa capacité de gérer lui-même l'administration de ses médicaments (automédication). A cette fin, le pharmacien peut le rencontrer afin de lui donner les renseignements nécessaires (indications, effets secondaires et posologie). Le pilulier, contenant les médicaments d'une semaine complète, s'avère fort utile pour diminuer le nombre d'erreurs en simplifiant la tâche du malade. Durant les jours qui suivent, le personnel infirmier assurera une surveillance étroite de l'observance sécuritaire de la prescription. Pour le malade incapable de gérer sa médication de manière autonome, il sera nécessaire de prévoir un autre moyen pour assurer la prise adéquate des médicaments.

Afin de préparer le patient et la famille à ce qui les attend après le congé, il est souhaitable de favoriser l'expérience du congé temporaire à un moment jugé opportun. Cette expérience d'une ou deux journées à domicile peut révéler des problèmes insoupçonnés. Le questionnaire proposé au tableau 62.2 permet d'obtenir des informations pertinentes sur les difficultés rencontrées, tant par le patient que par la famille, lors d'un tel congé.

Plusieurs personnes handicapées peuvent maintenant bénéficier d'un service de transport adapté par des agences qui exigent habituellement un certificat médical d'admissibilité qui devrait être complété dès que la condition médicale est stabilisée. Par ailleurs, les personnes

Tableau 62.2
Questionnaire au retour d'un congé temporaire

Ces questions s'adressent au malade et à sa famille

Au cours du congé, avez-vous éprouvé des problèmes
- avec les activités de la vie quotidienne?
- d'incontinence (urinaire ou fécale)?
- de mobilité, de transfert ou d'utilisation des escaliers?
- d'utilisation du fauteuil roulant ou de l'orthèse?
- d'orientation, de mémoire, de compréhension?
- de communication (voir, entendre, parler)?
- de sommeil, de douleur?
- de prise de médicaments?

Avez-vous constaté des progrès?

Quelles activités vous causent des problèmes à la maison, dans votre milieu?

Avez-vous des suggestions pour faciliter le retour à domicile?

qui utilisent un véhicule privé ont avantage à se munir d'une vignette leur permettant l'accès à des places de stationnement réservées aux personnes handicapées. Le médecin ou l'ergothérapeute peut en faire la demande pour le malade. Chez plusieurs malades, la capacité de conduire une automobile risque de s'être détériorée de façon temporaire ou permanente. Dans ces cas, le médecin doit aviser le malade de son inaptitude à conduire (Chap. 55).

Dès que l'on a identifié des besoins précis d'aide à domicile, il importe de procéder rapidement à la demande auprès des agences concernées, afin de vérifier les disponibilités et d'éviter les délais de prestation des services. Certaines personnes bénéficient, à leur sortie de l'hôpital, d'une période de suivi dans un centre ou un hôpital de jour. Ces ressources permettent de faciliter la transition entre le milieu hospitalier et le domicile tout en assurant une réponse rapide aux problèmes d'adaptation des premiers jours.

Pour les sujets qui sont orientés vers un nouveau lieu d'hébergement, une visite préalable au transfert permettra de réduire l'appréhension et les craintes du malade face à son nouveau milieu de vie. La travailleuse sociale aidera le patient et sa famille à réaliser cet objectif.

Dans les jours qui précèdent la sortie, il est essentiel de bien informer les personnes concer-

nées de la condition actuelle du malade, de ses capacités et de ses limites. En particulier, on doit préciser les activités auxquelles il peut se livrer, les signes et les symptômes à surveiller, de même que les effets secondaires possibles du traitement. Le médecin doit préciser les détails du suivi envisagé et identifier les intervenants responsables. Les thérapeutes feront part de leurs recommandations (programme d'exercices à domicile, diète spéciale, etc.). Une rencontre officielle avant le départ est souvent la meilleure façon de répondre aux préoccupations des membres de la famille.

En terminant, rappelons qu'il est nécessaire de procéder à une vérification de la prescription médicamenteuse avant le départ. Il ne faut pas oublier que des ordonnances potentiellement mal appropriées demeurent une cause fréquente de réadmission hâtive.

TRANSMISSION DE L'INFORMATION AUX AUTRES PROFESSIONNELS

Afin de faciliter le travail des intervenants qui assureront le suivi du malade dans son milieu, il importe de bien transmettre l'information nécessaire. Le tableau 62.3 énumère les éléments d'une bonne «note de départ», lesquels devraient se retrouver également dans le résumé du dossier médical. Autant que possible, cette note de départ devrait être remise au patient pour qu'il la transmette à son médecin traitant. Cette façon de procéder s'avère la plus efficace selon certaines études. Dans les cas complexes, il est parfois avantageux d'aviser rapidement par téléphone le médecin traitant de certaines

Tableau 62.3
Note de départ

Description de l'état du malade (diagnostics et problèmes)

Recommandations au malade:
- reprise des activités
- limitations fonctionnelles
- visites de relance

Médication prescrite et durée

Traitements particuliers:
- programme d'exercices à domicile
- diète
- prélèvements sanguins

Recours à d'autres professionnels

Suivi médical et psychosocial

Note: Une copie de la note de départ pourrait être remise au malade pour qu'il la transmette à son médecin.

particularités du suivi d'un malade. Certains auteurs préconisent de plus une relance téléphonique du malade quelques jours ou quelques semaines après son congé de l'hôpital.

BIBLIOGRAPHIE

WILLIAMS, E.L. & F. FITTIN: Factors affecting early unplanned readmission of elderly patients to hospital. *Br Med J*, **297**:784-7, 1988.

VICTOR, C.R. & N.J. VETTER: Preparing the elderly for discharge from hospital: a neglected aspect of patient care. *Age Ageing*, **17**:155-163, 1988.

LECTURES SUGGÉRÉES

CHARLES, C. & Coll.: How was your hospital stay? Patients' reports about their care in Canadian hospital. *Can Med Assoc J*, **150**(11):1813-21, 1994.

COLLEDGE, N.R., SMITH, R.G. & S.J. LEWIS: The delivery of interim discharge summaries to general practitioners by the elderly. *Health Bulletin*, **50**(3):219-22, May 1992.

VICTOR, C.R. & N.J. VETTER: The early readmission of the elderly to hospital. *Age Ageing*, **14**:37-42, 1985.

WILLIAMS, I.: Prevention and anticipatory care, **in** *Textbook of geriatric medicine and gerontology.* Brocklehurst, J.C., Tallis, R.C. & H.M. Fillit (eds). Churchill Livingstone, Edinburgh, 1992.

DERICK, T.W.: Stroke rehabilitation, **in** *Oxford textbook of geriatric medicine.* Evans, J.G. & T.F. Williams (eds). Oxford medical publication, Oxford, 1992.

Loi sur les services de santé et les services sociaux, chapitre S-4.2 (1991, c. 42), articles 10 et 14.

Corporation professionnelle des médecins du Québec. Guide concernant la tenue du dossier par les médecins dans les établissements. 1984.

CHAPITRE 63

SOINS INFIRMIERS EN ÉTABLISSEMENT

Marie-Laure Deschênes, Francine Desrosiers,
Chantal Meunier-Lavigne, Gaétane Paradis et Monique Bourque

Travailler à ce grand projet de rendre signifiante la vie des personnes âgées en perte d'autonomie, dans nos établissements de santé, est le rôle primordial du personnel infirmier. Donner une place à la vie dans et par les soins, offrir des réponses adaptées aux besoins de ces clientèles dans une visée d'excellence, confronte les soignants à un défi constant.

Tout au long de ce chapitre, nous verrons que la pratique infirmière est beaucoup plus que l'accomplissement de multiples tâches techniques. Nous décrirons les approches et les modes d'évaluation et d'intervention en soins infirmiers susceptibles d'assurer, au quotidien, une prestation de services de qualité.

En raison de sa proximité et de son intimité avec la clientèle, en raison aussi du rôle élargi qu'il assume, le personnel infirmier agit directement sur la qualité de vie des personnes âgées en établissement. En lien étroit et continu avec les soignants, les résidants et leur famille sont des témoins journaliers de l'engagement, de l'intérêt et du sens professionnel du personnel. Conscients que les connaissances et les aptitudes relationnelles des soignants sont déterminantes dans la mise en place d'un milieu orienté vers la stimulation du potentiel et la reconnaissance de l'individualité, les gestionnaires en soins infirmiers ont comme mandat principal de mobiliser ces soignants, en vue d'une amélioration continue de leur compétence.

UN CADRE DE RÉFÉRENCE INSTITUTIONNEL, DES VALEURS PARTAGÉES

La mobilisation du personnel impose d'abord et avant tout une pensée commune; elle exige l'élaboration et le partage d'une philosophie de soins basée sur une réflexion collective portant sur la personne âgée en perte d'autonomie et sur la raison d'être du personnel infirmier auprès d'elle. Qui est cette personne âgée? Quelle est la nature de ses attentes, de ses besoins? Que devons-nous faire pour l'aider à mieux vivre? Les réponses à ces questions permettent d'identifier un système de valeurs qui donne le sens aux gestes, aux attitudes et aux décisions.

Cette philosophie de soins doit se démarquer des concepts véhiculés dans les milieux de soins de courte durée; elle se doit d'être spécifique à la personne âgée en perte d'autonomie. Dans une société essentiellement orientée vers le progrès, la performance et les résultats, il faut amener les soignants à porter un regard positif sur ces clientèles et à considérer, de façon constructive, leur rôle auprès de ces personnes. Depuis fort longtemps, la formation d'infirmière, comme celle des autres professionnels, a davantage été orientée vers le *cure* que vers le *care*. Agir auprès des personnes en perte d'autonomie oblige *a priori* à remettre en question les méthodes de pratique traditionnelles, à être sensible à sa propre perception du vieillissement, à ses préjugés, et à développer de nouvelles valeurs. Changer la manière de voir et de faire les choses, acquérir de nouvelles aptitudes pour répondre à des besoins plus diversifiés, font partie intégrante de la démarche vers le développement des compétences. En gériatrie, les interventions les plus aidantes sont souvent les moins conventionnelles.

Les soins infirmiers gériatriques en établissement s'inspirent de trois postulats.

- La personne âgée est vue dans la globalité de ses aspects physique, cognitif, psychoaffectif et social.

- La vie de la personne est une continuité, elle possède une expérience propre, des habitudes, des compétences, des croyances.

- L'accompagnement de la personne âgée se fait selon son rythme personnel, en respectant sa propre façon de faire les choses.

Les soins infirmiers gériatriques exigent:

- une bonne connaissance des multiples facettes du vieillissement et de l'ensemble des pertes associées;

- une démarche analytique rigoureuse, dans toutes les étapes de la prestation des soins;

- des mécanismes de continuité, afin que tous les soignants agissent dans le même sens;

- une concertation multidisciplinaire.

UN CADRE DE RÉFÉRENCE PROFESSIONNEL, LA CONTRIBUTION SPÉCIFIQUE DE L'INFIRMIÈRE

Pour produire des actions et des résultats de qualité en soins infirmiers gériatriques, il faut, comme nous l'avons mentionné, un système de valeurs qui prône la reconnaissance du résidant dans tout ce qu'il est. Il faut également que la profession d'infirmière, dans l'établissement, évolue au rythme des grands courants qui marquent l'évolution des connaissances. La contribution de l'infirmière dans le système de soins est maintenant définie et encadrée, elle s'est enrichie de modèles théoriques diversifiés qui guident autant la formation et la pratique que la gestion des soins infirmiers. Tout le travail de l'infirmière est aujourd'hui basé sur une pensée, sur un cadre de référence, sur un processus structuré permettant d'être plus systématique dans l'identification des besoins et dans la façon d'y répondre. L'infirmière en milieu gériatrique exerce en général un rôle de leader auprès d'une équipe d'infirmières auxiliaires et de préposés. En conséquence, par sa rigueur et par son approche, elle influence l'ensemble des soins infirmiers dispensés par son équipe.

Pour les fins de ce chapitre et afin de décrire l'intervention en soins infirmiers, nous utiliserons les éléments du modèle conceptuel le plus répandu au Québec, celui d'Henderson. Ce modèle préconise l'indépendance de la personne dans la satisfaction de ses besoins fonda-

mentaux et représente l'être humain comme un être complet, bien intégré à son environnement. C'est un modèle qui s'adapte donc harmonieusement aux concepts fondamentaux des soins gériatriques.

UNE DÉMARCHE DE SOINS STRUCTURÉE

L'infirmière a besoin d'un cadre théorique, pour organiser sa pensée; elle a également besoin d'une démarche structurée, pour organiser le processus menant à des interventions efficaces basées sur un jugement clinique éclairé.

La démarche de soins comporte cinq étapes:

- collecte de données;

- analyse et interprétation;

- planification des interventions;

- exécution;

- évaluation.

Cette démarche constitue un processus cyclique dans lequel la dernière étape, l'évaluation, marque le point de départ d'une nouvelle collecte.

Collecte de données

La collecte de données permet une évaluation exhaustive de la personne, étape cruciale des soins gériatriques. Cette collecte couvre les dimensions biopsychosociales et prend assise dans une connaissance approfondie du processus du vieillissement. En référence au modèle conceptuel d'Henderson, elle permet d'identifier les capacités et les incapacités dans la satisfaction des besoins. Quatorze besoins sont ainsi évalués, en tenant compte de leur interdépendance et des réactions émotionnelles que provoquent les déficits dans chacun de ces besoins (Tableaux 63.1 et 63.2).

Les signes et les symptômes mineurs étant très souvent des indicateurs précieux qui mettent en relief divers problèmes, l'infirmière doit, pour mener à bien son évaluation, faire preuve d'un sens aigu de l'observation dans toutes les activités de la vie quotidienne du résidant.

Analyse et interprétation

Chez la personne âgée, toute vision linéaire, unicausale des besoins, est vouée à l'échec; les données recueillies lors de l'évaluation sont mises en interrelation, afin d'expliquer

Tableau 63.1
Besoins fondamentaux selon Henderson
Besoin de respirer
Besoin de boire et de manger
Besoin d'éliminer
Besoin de dormir et de se reposer
Besoin de se mouvoir
Besoin d'être propre et de protéger ses téguments
Besoin de maintenir la température de son corps dans les limites de la normale
Besoin de se vêtir et de se dévêtir
Besoin de communiquer
Besoin d'éviter les dangers
Besoin d'agir selon ses croyances et ses valeurs
Besoin de se sentir utile
Besoin de se récréer
Besoin d'apprendre

un problème ou un niveau de dépendance. Par exemple, une incapacité dans le besoin de se mouvoir affecte non seulement la mobilité et l'activité, mais peut aussi altérer à la fois la fonction respiratoire, l'élimination, l'intégrité cutanée, la relation avec les autres, etc.

Depuis quelques années, les infirmières sont aidées dans leur analyse par l'utilisation des diagnostics infirmiers; ces derniers permettent un vocabulaire commun pour la description des problèmes et l'identification des causes. Le problème oriente vers l'énoncé de l'objectif et les interventions permettent d'agir sur les causes.

Dans les milieux gériatriques, les diagnostics infirmiers largement utilisés sont:

- l'altération de la mobilité physique;
- les stratégies d'adaptation individuelles inefficaces;
- la douleur chronique;
- la perturbation de la dynamique familiale;
- l'altération de la communication verbale;
- l'incontinence urinaire par réduction du temps d'alerte;
- la perturbation de l'estime de soi;
- la constipation;
- les déficits nutritionnels;
- le deuil;
- les risques d'atteinte à l'intégrité de la peau.

Plan de soins infirmiers

Pour chaque résidant en soins de longue durée, doit exister un plan de soins personnalisé. Ce plan de soins, découle du diagnostic infirmier et comprend les objectifs à atteindre et les interventions appropriées. La teneur des objectifs traduit la différence entre, d'une part, les soins en courte durée basés sur la résolution rapide d'un problème et sur la guérison et, d'autre part, la réalité des milieux gériatriques axée sur des gains minimaux, sur une évolution si possible lente et progressive de l'état de santé et du niveau d'indépendance. L'objectif, à la mesure des capacités de la personne âgée, doit viser un résultat réaliste: «Madame pourra marcher seule de son lit au fauteuil d'ici un mois». L'atteinte de cet objectif, si minime soit-il, permet un renforcement positif qui motive la personne en lui faisant réaliser qu'elle peut encore améliorer ou maintenir son autonomie.

De plus, le fait d'atteindre les objectifs visés permet de mobiliser l'équipe soignante vers une philosophie de réactivation qui doit être intégrée dans le quotidien de chacun. Pour maintenir le dynamisme en gériatrie, l'infirmière doit donc valoriser les petites réussites, tant au niveau de la clientèle que des soignants; une attitude contraire provoque un sentiment d'échec de part et d'autre et peut causer une apathie collective.

Pour maintenir un climat de collaboration et même de complicité entre le résidant et les intervenants, les deux parties doivent viser les mêmes objectifs. Par conséquent, le résidant et les intervenants doivent être d'accord avec le plan de soins proposé. C'est pourquoi il est primordial que l'infirmière, dans un premier temps, présente les objectifs visés à la personne elle-même et, dans un deuxième temps, s'adjoigne les membres de l'équipe soignante. La cohésion des membres en vue d'assurer l'exécution fidèle des interventions planifiées est essentielle à l'atteinte des résultats. Le moyen privilégié pour atteindre ce consensus face aux interventions est la rencontre d'équipe de soins qui doit être tenue de façon régulière, selon un calendrier préétabli et, ce, pendant les 24 heures. Le plan de soins infirmiers de chaque résidant est élaboré dans les deux semaines qui suivent l'admission et révisé au besoin selon l'évolution du résidant. En soins de longue durée, la période de temps entre l'élaboration du plan de soins et l'évaluation ne devrait pas excéder trois mois. Le but des rencontres d'équipe est, selon l'avancement du plan de soins, d'informer tous les

Tableau 63.2
Besoin de communiquer (extrait de la collecte de données)

Communiquer	Problème	Observations...
Sens		
• audition	☐	
• vision	☐	
• goût, odorat, toucher	☐	
• privation sensorielle	☐	
• surcharge sensorielle	☐	
Fonctions cognitives et perceptuelles		
• attention d'éveil	☐	
• attention sélective	☐	
• attention de vigilance	☐	
• orientation temps	☐	
• orientation espace	☐	
• orientation personne	☐	
• mémoire immédiate	☐	
• mémoire à court terme	☐	
• mémoire à long terme	☐	
• compréhension orale	☐	
• compréhension écrite	☐	
• expression orale	☐	
• expression écrite	☐	
• raisonnement	☐	
• abstraction	☐	
• organisation et planification	☐	
Praxies	☐	
Gnosies	☐	
Statut mental		
• humeur objective	☐	
• humeur subjective	☐	
• pensée: processus	☐	
• pensée: contenu	☐	
• perception	☐	
• autocritique	☐	
Relations interpersonnelles		
• relation avec autrui	☐	
• tendresse et sexualité	☐	
• traits de caractère	☐	

membres des problèmes propres au résident, de choisir des interventions pertinentes ou d'évaluer la réalisation des objectifs.

Dans certains établissements, afin de rendre plus accessible la recherche et le choix des interventions adaptées, les infirmières disposent de plans de soins guides. Une fois achevé le processus d'analyse, l'infirmière continue la démarche par l'énoncé des diagnostics infirmiers. Ce n'est que lorsque ce diagnostic est posé que les plans de soins guides lui sont utiles, puisqu'ils comprennent un choix prédéterminé d'objectifs et d'interventions basés sur les besoins spécifiques des personnes âgées et sur les pratiques et coutumes en soins infirmiers du milieu (Tableau 63.3).

Dans la planification et la mise en œuvre de ses interventions, l'infirmière peut aussi utiliser des programmes cliniques. Les clientèles des établissements gériatriques présentent souvent des problèmes «communs»: déshydratation, incontinence, déficits cognitifs, etc.; ces programmes définissent, habituellement de façon exhaustive, le problème visé et suggèrent un protocole d'intervention lié à ce problème. Ainsi, des programmes spécifiques sont mis au point pour servir d'outils de référence aux infirmières et peuvent porter sur l'orientation à la réalité, la stimulation sensorielle, l'hydratation, la rééducation à l'incontinence, l'automédication, etc. (Tableaux 63.4 et 63.5).

Évaluation

Dans la démarche de soins, l'évaluation permet de vérifier périodiquement l'efficacité des actions; elle consiste à faire un retour en arrière, afin de constater le niveau d'atteinte des objectifs et, le cas échéant, de remettre en question la validité de chaque élément du processus de soins. Si les résultats anticipés ne sont pas atteints, l'infirmière tente d'en expliquer les causes et d'apporter les correctifs appropriés.

- L'état de santé de la personne s'est-il modifié, empêchant l'application des interventions planifiées?
- Le résident avait-il adhéré au plan de soins? A-t-il été actif dans la réalisation des interventions?
- Le diagnostic infirmier était-il bien posé?
- Les objectifs des soins et les interventions étaient-ils adéquats?

- Les interventions ont-elles été réalisées? Des moyens de contrôle ont-ils été mis en place pour assurer la continuité dans la mise en œuvre du plan de soins?

L'évaluation permet donc de mettre fin à certaines interventions associées aux objectifs atteints et conduit à l'élaboration d'un plan de soins révisé.

Plan d'intervention multidisciplinaire

Bien que le personnel infirmier ait une responsabilité importante dans la prestation des soins, la complexité des problèmes et la diversité des besoins des clientèles gériatriques exigent la contribution de plusieurs disciplines professionnelles. La concertation de tous ces intervenants se réalise au cours de rencontres conduisant à l'élaboration d'un plan d'intervention multidisciplinaire. L'infirmière s'assure que les objectifs représentent bien les attentes du résident et, suite à la rencontre, est souvent la mieux placée pour assumer un rôle de coordination et de suivi des interventions multidisciplinaires.

FAMILLE

Créer un milieu de vie pour la clientèle des établissements, c'est donner une grande place aux familles et aux personnes significatives, c'est également trouver des moyens pour maintenir ces relations. L'infirmière doit agir en vue d'assurer une continuité dans la vie du résident, en dépit de son hébergement. Les habitudes de vie du résident, ses goûts particuliers et ses croyances conditionnent la façon de répondre à ses besoins. C'est pourquoi la famille prend un rôle important.

A l'admission et tout au cours du séjour, l'infirmière intervient auprès de la famille, dans le but de mieux connaître le résident, de vérifier ses attentes, ses difficultés; elle consulte les proches sur l'élaboration du plan de soins et les informe des activités et de la vie du milieu. Pour la clientèle qui présente des déficits cognitifs, l'infirmière doit aider la famille à entrer en contact, à communiquer avec leur parent, à comprendre le sens des comportements, à maintenir la relation la plus positive possible.

L'infirmière doit tenir compte du fait que le système familial possède une dynamique propre, que l'hébergement entraîne à la fois une

Tableau 63.3

Plan de soins guide – Perturbation des habitudes de sommeil

Perturbation des habitudes de sommeil liée à:

☐ l'anxiété
☐ la douleur
☐ des siestes trop longues
☐ des changements dans son état de santé
☐ la modification de l'environnement
☐ _____

OBJECTIFS

☐ Dormira _____ heures par nuit
☐ Identifiera les facteurs qui empêchent le sommeil
☐ Identifiera des moyens pour diminuer son anxiété au coucher
☐ Identifiera des moyens pour favoriser le repos et le sommeil
☐ _____

INTERVENTIONS

J S N*

☐ ☐ ☐ Identifier, avec la personne, de quelle manière le sommeil est perturbé
☐ ☐ ☐ Noter le nombre d'heures de sommeil par 24 heures
☐ ☐ ☐ Évaluer la qualité du sommeil pendant plusieurs nuits
☐ ☐ ☐ Noter si les perturbations des habitudes de sommeil sont associées à un problème sous-jacent, comme la nycturie
☐ ☐ ☐ Procurer un environnement calme et sécuritaire
☐ ☐ ☐ Permettre d'exécuter des rituels habituels pour induire le sommeil
☐ ☐ ☐ Recommander d'éviter les siestes trop longues
☐ ☐ ☐ Réviser l'alimentation: diminuer la consommation de café, chocolat, coca-cola, thé
☐ ☐ ☐ Suggérer des moyens d'induire le sommeil: bain, musique, etc.
☐ ☐ ☐ Favoriser l'expression des préoccupations du bénéficiaire concernant son insomnie
☐ ☐ ☐ Explorer les facteurs déclenchant l'anxiété
☐ ☐ ☐ Permettre l'expression de l'anxiété
☐ ☐ ☐ Explorer des moyens pour diminuer l'anxiété
☐ ☐ ☐ Répondre aux interrogations
☐ ☐ ☐ Enseigner une technique de relaxation respiratoire
☐ ☐ ☐ Favoriser l'adaptation à un nouveau milieu
☐ ☐ ☐ Permettre au bénéficiaire de canaliser sa tension par des activités physiques
☐ ☐ ☐ Permettre au bénéficiaire d'exprimer ses douleurs
☐ ☐ ☐ Évaluer les caractéristiques de la douleur
☐ ☐ ☐ Donner l'analgésique prescrit _____ heure avant le coucher
☐ ☐ ☐ Installer le bénéficiaire en position confortable toutes les _____ heures
☐ ☐ ☐ Faire des frictions et des massages au dos et aux mains, toutes les heures
☐ ☐ ☐ Immobiliser la région douloureuse avec un oreiller, une couverture, un coussin
☐ ☐ ☐ Explorer avec le bénéficiaire des activités de distraction
☐ ☐ ☐ _____

* Personnel de Jour, Soir, Nuit

Tableau 63.4
Stratégies d'intervention de l'infirmière concernant l'automédication

- Intervenir au niveau du *savoir* en augmentant les connaissances de la personne âgée concernant
  - le nom commercial du médicament
  - les heures de prise des médicaments
  - l'effet attendu du médicament
  - un ou deux effets secondaires par médicament
  - des moyens pratiques pour prévenir ou diminuer certains effets secondaires, etc.
- Intervenir au niveau du *savoir-faire* en habilitant la personne âgée à prendre seule sa médication telle que prescrite
  - superviser la personne âgée dans la prise de médicaments
  - donner des trucs pour l'aider à prendre sa médication
  - utiliser différentes méthodes d'administration
  - contrôler la prise de médicament et corriger les erreurs, etc.
- Intervenir au niveau du *savoir-être* en augmentant la confiance du bénéficiaire à prendre seul sa médication
  - renforcer l'estime de soi dans ses apprentissages
  - encourager l'autonomie et l'autodétermination
  - souligner les efforts, etc.

modification des rôles familiaux, une rupture des habitudes et des changements émotionnels chez les membres de la famille. Souvent, un processus de deuil s'établit lors de l'admission, principalement si la personne était gardée à domicile depuis quelque temps, et des difficultés de tous ordres peuvent apparaître :

- des moments de tristesse et de pleurs lors des visites ;
- des critiques ouvertes du travail des soignants ;
- des demandes à répétition ;
- des difficultés à comprendre l'information, etc.

Il appartient particulièrement à l'infirmière d'agir dans cette situation de crise, de créer le climat de confiance, d'offrir du temps aux membres de la famille, de recevoir leurs émotions sans les juger, de reconnaître leur expertise et de les orienter vers d'autres ressources professionnelles, si nécessaire.

L'écoute, la compréhension des difficultés et des plaintes des résidants, la mise en place,

avec eux, de moyens concrets pour corriger les situations permettent de rétablir la confiance et de diminuer le sentiment de culpabilité souvent présent lors des premiers mois suivant l'admission.

ATTITUDES ET COMPORTEMENTS

Au-delà du soin, il y a la manière de faire et la manière d'être. Il est reconnu que la qualité de l'environnement humain et le climat de l'unité de soins jouent un rôle déterminant, autant sur l'actualisation du potentiel des personnes hébergées que sur leur bien-être en général.

Dans les établissements de soins de longue durée, l'importance de la création d'un «milieu thérapie» est maintenant reconnue. Le climat chaleureux de l'unité, l'animation, les stimulations positives orientées vers les capacités, l'association du résidant et de sa famille sont autant de facteurs qui développent la motivation des personnes hébergées et les gardent en contact avec leur potentiel. Le personnel infirmier a la responsabilité de «créer le contexte» pour que chaque résidant reçoive la stimulation adaptée à sa condition. Dans ce concept de milieu thérapie, le soin est fonction de l'expérience particulière de chacun ; les horaires journaliers adaptés au rythme, aux attentes et aux capacités du résidant ont préséance sur toutes les routines de soins.

Ce sont avant tout les attitudes et comportements des soignants qui engendrent le climat. A la base de toute relation significative, il y a la confiance, la générosité. Des soins infirmiers dispensés à des clientèles en perte d'autonomie, potentiellement fragiles et vulnérables, prennent nécessairement naissance dans les liens de confiance qu'établit la personne envers le soignant. Celui-ci, par sa chaleur humaine et son respect à l'égard de la personne âgée, en la stimulant et en l'incitant à développer des attitudes positives face à son état, prévient son désengagement, l'amène à se dépasser et l'aide à trouver un sens à la vie. Un soignant positif et optimiste crée et diffuse de l'énergie.

Le milieu de soins étant aussi un milieu de vie où, s'il est primordial d'offrir des interventions à la fine pointe des connaissances scientifiques liées aux problèmes du vieillissement, il est tout aussi important que les interventions soient à la fine pointe des compétences relation-

Tableau 63.5
Grille d'évaluation du programme d'enseignement à l'automédication

Connaissances à acquérir par le bénéficiaire	1re évaluation Date: _____	Commentaires	2e évaluation Date: _____	Commentaires
Le bénéficiaire identifie ses médicaments par leur nom OU par leur couleur et leur grosseur	réussi non réussi	_____ _____ _____	réussi non réussi	_____ _____ _____
Le bénéficiaire nomme la raison pour laquelle il doit prendre chaque médicament	réussi non réussi	_____ _____ _____	réussi non réussi	_____ _____ _____
Le bénéficiaire nomme les heures de prise des médicaments	réussi non réussi	_____ _____ _____	réussi non réussi	_____ _____ _____
Le bénéficiaire connaît, s'il y a lieu, les effets non thérapeutiques ou néfastes d'une mauvaise prise de médication, soit un surdosage ou un sous-dosage	réussi non réussi	_____ _____ _____ _____ _____	réussi non réussi	_____ _____ _____ _____ _____
Le bénéficiaire mentionne un effet secondaire pour chaque médicament	réussi non réussi	_____ _____ _____	réussi non réussi	_____ _____ _____
Le bénéficiaire nomme un ou deux moyens pour prévenir ou diminuer les effets secondaires pour l'ensemble de la médication	réussi non réussi	_____ _____ _____ _____	réussi non réussi	_____ _____ _____ _____
Le bénéficiaire explique les démarches qu'il doit faire pour renouveler sa médication	réussi non réussi	_____ _____ _____	réussi non réussi	_____ _____ _____

Signature: _____ Date _____   Signature: _____ Date _____

Habiletés à acquérir par le bénéficiaire	1re évaluation Date: _____	Commentaires	2e évaluation Date: _____	Commentaires
Le bénéficiaire prend sa médication aux heures prescrites	réussi non réussi	_____ _____ _____	réussi non réussi	_____ _____ _____
Le bénéficiaire prend sa médication selon le dosage indiqué	réussi non réussi	_____ _____ _____	réussi non réussi	_____ _____ _____
Le bénéficiaire respecte le nombre d'heures prescrit entre ses médicaments, PRN	réussi non réussi	_____ _____ _____	réussi non réussi	_____ _____ _____
Le bénéficiaire manipule les contenants ou la boîte à médicaments (Dosett®) tel qu'enseigné	réussi non réussi	_____ _____ _____ _____	réussi non réussi	_____ _____ _____ _____
Le bénéficiaire sait comment remplir sa boîte à médicaments (Dosett®) [facultatif]	réussi non réussi	_____ _____ _____ _____	réussi non réussi	_____ _____ _____ _____

Signature: _____ Date _____   Signature: _____ Date _____

nelles et sociales. La personne hébergée pourra ainsi continuer son évolution comme être humain, malgré sa perte d'autonomie.

PERSONNEL INFIRMIER

Nous avons démontré que la pratique des soins infirmiers pour les clientèles fortement dépendantes comporte une multitude de particularités, si on a le souci de personnaliser les soins. Un pantalon mal enfilé peut causer un inconfort pendant une période prolongée, une cloche d'appel oubliée empêche toute communication, une paille mal courbée restreint l'accès à un liquide, etc. Ces moindres détails sont, pour le résidant, un obstacle ou une aide à sa qualité de vie et à son autonomie.

C'est pourquoi le choix des personnes travaillant directement auprès des clientèles gériatriques prend toute son importance: leurs qualités humaines, leurs connaissances, leur goût du dépassement, leur maturité sont indissociables des soins gériatriques de qualité; l'embauche devient donc un facteur clé de la réussite. Un processus d'embauche bien structuré permet à la fois de définir des standards de qualité en terme de ressources humaines et de valider rigoureusement le potentiel des candidats et candidates avant l'embauche. Pour chaque classe d'emploi, des exigences sont établies, des descriptions de tâches sont définies et la personne est sélectionnée en conformité avec les qualifications requises. En plus des connaissances et des aptitudes, la personnalité du candidat est considérée puisqu'elle influence son bienêtre avec la personne âgée, sa motivation et la qualité de sa relation. Parmi les qualités humaines recherchées, citons les principales.

- **La sensibilité et l'ouverture.** Le soignant doit être réceptif et conscient que les attentes et les valeurs de l'usager sont très souvent différentes de ses besoins propres. Plusieurs générations séparent souvent les soignants des résidants; leurs principes de vie peuvent être à l'opposé; c'est pourquoi la disponibilité, l'ouverture sont des attributs essentiels à la reconnaissance et au respect des personnes âgées.

- **La patience et la permissivité.** Aider la personne âgée à prendre le contrôle de sa vie, de ses horaires, respecter son rythme afin de lui permettre d'exercer son potentiel, accepter les comportements qui peuvent être considérés comme *hors norme*, recommencer plusieurs fois les mêmes interventions en raison des pertes cognitives, voilà autant de situations quotidiennes qui exigent une personnalité chaleureuse, ouverte et empreinte de diplomatie.

- **La créativité, le dynamisme.** L'expérimentation de nouvelles stratégies d'intervention, la transmission de l'énergie, l'enthousiasme du soignant sont des éléments essentiels à la stimulation et au développement, autant du milieu de vie que du résidant lui-même. C'est pourquoi ces qualités sont de plus en plus recherchées au cours des processus d'embauche en gériatrie.

Même si, lors de l'embauche, le choix des individus est un élément crucial de la qualité, il n'est quand même pas une fin en soi. Les établissements se dotent graduellement d'un plan de développement des ressources humaines qui permet d'assurer la meilleure adéquation entre les besoins évolutifs de la clientèle, les changements imposés par la mission du centre et les attributs de son personnel. Ce plan assure notamment l'identification régulière des besoins de formation et de perfectionnement, conditions essentielles au maintien des compétences des soignants.

Travailler dans les établissements gériatriques avec une clientèle en séjour prolongé, souvent atteinte de déficits cognitifs importants et de comportements dysfonctionnels, exige beaucoup du personnel infirmier et entraîne souvent, à plus ou moins long terme, un épuisement du soignant. Cet épuisement se manifeste sous diverses formes: absentéisme, intolérance, diminution de l'engagement, périodes dépressives, etc. La gestion du personnel infirmier oblige à conserver une grande vigilance face à tout signe d'épuisement professionnel; des mécanismes individuels de soutien doivent être disponibles pour prévenir ou corriger rapidement toute situation de cette nature. Des programmes d'aide aux employés, des groupes de soutien pour permettre l'expression des difficultés dans la tâche, le soutien immédiat d'une infirmière cadre ou d'un collègue, une réorganisation du travail sont autant de moyens qui aident le soignant à réduire son essoufflement et à maintenir une relation de qualité.

Malgré les ressources limitées, une des conditions de succès pour améliorer la qualité des soins et réduire l'épuisement est d'organiser le travail, afin de donner du temps aux intervenants pour échanger, pour se concerter, pour acquérir de nouvelles aptitudes. Il faut leur permettre de prendre une certaine distance de leur pratique quotidienne pour comprendre, pour trouver le sens de leurs actions, pour planifier et organiser leurs interventions.

AMÉLIORATION CONTINUE

Fournir des soins infirmiers d'excellence en milieux gériatriques va nécessairement de pair avec une philosophie d'amélioration continue qui se traduit par une attitude de remise en question continuelle, par l'aptitude à reconnaître les besoins changeants de la clientèle et par le goût constant de faire mieux. Elle comprend notamment des activités structurées d'évaluation de la qualité.

Parler de qualité, c'est s'exposer à autant de définitions qu'il y a d'intervenants, chacun ayant sa vision subjective, déterminée par son caractère et ses valeurs personnelles, et influencée par les événements heureux ou malheureux survenus dans l'unité de soins au cours des derniers mois.

Évaluer la qualité, c'est se comparer à des normes objectives, des standards professionnels qui font consensus auprès des infirmières de l'établissement; c'est se donner des indicateurs de qualité réalistes à atteindre, mais qui font évoluer les soins infirmiers.

Se rendre compte de façon formelle des forces et des lacunes des soins offerts, dans le but d'utiliser ces renseignements comme tremplin pour s'améliorer, devient alors un processus dynamique enrichissant et une source supplémentaire de mobilisation des soignants.

La démarche d'amélioration continue a également l'avantage de nous ramener constamment à notre raison d'être: le résidant et ses besoins. C'est pourquoi l'adhésion de tous les membres de l'organisation à la démarche d'amélioration continue et à la philosophie qu'elle sous-tend est indispensable.

Relever le défi d'offrir des soins infirmiers adaptés aux besoins des personnes âgées en établissement requiert à la fois un savoir, des idées novatrices, des qualités relationnelles soutenus par un modèle organisationnel humain et stimulant.

BIBLIOGRAPHIE

BERGER, L. & D. MAILLOUX POIRIER: *Personnes âgées, une approche globale. Démarche de soins par besoins*, Éditions Études Vivantes, Laval, 2e éd., 1993.

BERGER, L. & D. MAILLOUX POIRIER: *Soins gériatriques – Problèmes complexes et interventions autonomes*. Éditions Études Vivantes, Laval, 1991.

BURNSIDE, I.M.: *Nursing and the aged*, McGraw-Hill, New York, Third ed., 1988.

CARROLL, M. & J. BRUL: *Guide des soins infirmiers auprès des personnes âgées*, Éditions Beauchemin, Montréal, 1991.

DOENGES, M & M.-F. MOORHOUSE: *Guide pratique: diagnostics infirmiers et interventions*. Version française adaptée par Lefebvre, M. & S. Fournier. Édition du Renouveau pédagogique, Saint-Laurent, 2e éd., 1994.

ÉLIOPOULOS, C.: *Guide de planification des soins infirmiers en soins prolongés*, Lidec inc., Montréal, 1991.

ÉLIOPOULOS, C.: *A guide to the nursing of the aging*, Williams & Wilkins, Baltimore, 1987.

HÉTU, J.L.: *Psychologie du vieillissement*, Éditions du Mérédien, Montréal, 1988.

KÉROUAC, S. & Coll.: *La pensée infirmière*, Éditions Études Vivantes, Laval, 1994.

MATTESON, M.A. & E.S. McCONNEL: *Gerontological nursing*, W.B. Saunders, Philadelphia, 1988.

WEINER, M.B., BROK, A.J. & A.M. SNADOWSKY: *Working with the aged.Practical approaches in the institution and community*, Appleton Century Crofts, New York, Second ed., 1987.

WOLD, G.: *Basic geriatric nursing*, C.V. Mosby, Saint.Louis, 1993.

PRÉVENTION

Pierre J. Durand et Guy Béland

Ce chapitre s'intéresse aux activités de promotion de la santé et de prévention de la maladie qui concernent les aînés dans leurs dimensions individuelle et collective. Il présente les champs de la promotion de la santé, de l'éducation sanitaire, de la vaccination, du dépistage et de la prévention tertiaire, en proposant les activités susceptibles d'améliorer la santé et le bien-être des aînés.

PROMOTION DE LA SANTÉ

La promotion de la santé est un concept large qui englobe l'ensemble des mesures à caractère économique, social, législatif et réglementaire qui visent la création d'un environnement physique et humain propice à la santé, au bien-être des individus et à la pratique de saines habitudes de vie. La prévention, quant à elle, est un concept plus directement centré sur les interventions qui visent à réduire la survenue d'événements morbides tels que la maladie et ses conséquences fonctionnelles (déficiences, incapacités, handicap) sur l'individu et son entourage. C'est ainsi que les enjeux d'intervention diffèrent substantiellement entre la promotion de la santé et la prévention de la maladie (Tableau 64.1).

Chez les aînés, la promotion de la santé et du bien-être vise l'autonomie et l'intégration sociale optimale des personnes. La promotion de la santé vise aussi la qualité de vie, la forme physique, la capacité de jouir d'une sécurité matérielle, financière et sociale suffisante, l'actualisation du potentiel des personnes, l'estime de soi de même qu'une utilisation critique et judicieuse des services publics, sanitaires et sociaux pour un mieux-être individuel et collectif (Tableau 64.1).

Les secteurs de l'activité sociale qui ont le plus d'impact sur la santé et le bien-être des aînés sont par ordre d'importance les secteurs socio-économique, sociopolitique et sociosanitaire. Les services médicaux hospitaliers spécialisés, impliqués en prévention tertiaire, donnent une impression d'importance démesurée, du fait des ressources qui leur sont consenties. Ils n'ont toutefois qu'un impact beaucoup plus modeste.

Plusieurs mesures peuvent être considérées en promotion de la santé et du bien-être chez les aînés. La richesse demeure un des plus puissants déterminants de la santé, chez les aînés comme dans les autres groupes d'âge. A l'échelle collective, la santé passe par une organisation sociale capable de produire en quantité suffisante les biens et services requis et, surtout, de distribuer cette richesse collective de manière à répondre aux besoins fondamentaux avec justice et équité. Une des mesures spécifiques qui ont le plus modifié la santé et le bien-être des aînés a été l'instauration, dans les pays industrialisés, de programmes universels de pension de vieillesse et de supplément de revenu garanti pour les personnes les plus démunies. La pauvreté, mère de tous les maux, est une contrainte majeure à l'expression des choix et de l'autonomie. Elle mène les aînés vulnérables à une situation de handicap. Dans plusieurs pays, l'obligation de prendre sa retraite à 65 ans a été supprimée. Ceci permet aux aînés qui le désirent de maintenir des revenus avantageux, tout en continuant à s'actualiser sur le marché du travail. Les régimes de retraite universels sont des mesures performantes de promotion de l'autonomie financière et de l'autonomie tout court.

La promotion de la santé passe par le contrôle que peuvent exercer les personnes sur leur

Tableau 64.1
Promotion de la santé et prévention chez les aînés: enjeux de l'intervention

Promotion de la santé et du bien-être	Prévention de la maladie
• Intégration sociale et communautaire des personnes	Déficiences:
• Autonomie des personnes	• Ostéoporose
• Actualisation du potentiel des personnes (estime de soi)	• Maladies cardio-vasculaires + cancer
• Sécurité matérielle, financière et sociale	• Influenza
• Bonne qualité de vie	• Alcoolisme, toxicomanies
• Bonne forme physique	Incapacités:
• Utilisation critique des services publics, sanitaires et sociaux	• Détérioration fonctionnelle (AVQ, AVD)
	• Chutes
	• Pathologie iatrogène
	Handicaps:
	• Dépendance pathologique
	• Effritement du réseau de soutien familial
	• Abus, violence, négligence
	• Entrée en hébergement collectif

environnement. L'autonomie passe par la participation à tous les paliers décisionnels de l'activité sociale. L'exercice de l'autonomie intellectuelle requiert l'accès à l'information et la participation aux tribunes qui permettent de faire valoir son point de vue. A cet effet, l'université du troisième âge et les associations qui visent la défense des droits des aînés sont des instruments de promotion de l'autonomie et de la santé.

L'organisation de la cité et des services publics joue un rôle capital en promotion de la santé. Pour les aînés, les secteurs suivants ont une importance reconnue: logement, transport en commun, transport adapté, accès aux édifices publics, réglementation sur la qualité de l'environnement, normes de sécurité résidentielle et adaptation des services de sécurité publique pour promouvoir un sentiment de sécurité. Sous l'appellation «villes et villages en santé», quelques municipalités, de pair avec des regroupements d'aînés et des intervenants de la santé publique, ont identifié, à l'échelle municipale, les services à adapter ou à développer. Ces services comprennent la surveillance de quartier, les services de bon voisinage, les services de dépannage, l'entraide et les services de surveillance policière. Des services de sécurité publique, un milieu de vie salubre, un transport en commun efficace et adapté sont autant de prérequis à l'intégration sociale des personnes. Ils conditionnent largement le bien-être des aînés

autonomes, et encore davantage celui des plus vulnérables.

PRÉVENTION DE LA MALADIE

Chez les aînés, la prévention vise à diminuer l'incidence de la maladie et les conséquences de celle-ci sur le malade et sa famille. On distingue trois niveaux de prévention: primaire, secondaire et tertiaire. La prévention primaire vise à empêcher l'apparition d'un problème de santé. Il s'agit d'une action qui prend forme avant que le problème ne survienne (vaccination antigrippale). La prévention secondaire a pour objectif d'arrêter ou de ralentir la progression de la maladie, à un moment précoce de son évolution naturelle (dépistage du cancer). La prévention tertiaire a pour objectif de diminuer les conséquences et les répercussions de la maladie (traitement et réadaptation de l'hémiplégique).

Le modèle fonctionnel de la maladie, proposé par l'OMS, fait intervenir trois niveaux ou étapes. La prévention s'intéresse à la diminution des **déficiences** associées au vieillissement (maladies cardiaques, cancer, etc.). Elle s'intéresse aussi à la diminution des **incapacités** qui constituent la limitation fonctionnelle ou la restriction d'activités imposée par la déficience, comme la perte de capacité d'accomplir les activités de la vie quotidienne et domestique. La prévention concerne enfin les **handicaps**, c'est-à-dire le désavantage que confèrent la déficience et l'incapacité à l'individu par rapport aux attentes et aux exigences de son réseau social, compte tenu des ressources qu'il possède pour pallier ces incapacités. C'est ainsi que la prévention vise à diminuer les dépendances pathologiques, à préserver le réseau de soutien familial et à réduire l'entrée injustifiée en hébergement collectif.

Les activités de prévention sont multiples et comprennent l'éducation sanitaire, la vaccination, les activités de dépistage de déficiences et incapacités et de prévention tertiaire des incapacités et des handicaps (Tableau 64.2).

Éducation sanitaire

L'éducation sanitaire comprend les activités de formation et d'information qui visent l'adoption de comportements individuels susceptibles de prévenir l'apparition de la maladie ou de mieux composer avec elle.

Certains arguments semblent militer contre le fait d'investir temps et argent dans l'éducation sanitaire d'une clientèle âgée: difficulté de modifier des comportements bien ancrés par toute une vie, absence de preuves solides que l'éducation sanitaire puisse entraîner une diminution de morbidité ou de mortalité chez les aînés, risque de culpabiliser à outrance des gens incapables de modifier leurs habitudes, etc. Il est maintenant largement accepté que l'acquisition de connaissances et d'aptitudes est nécessaire mais insuffisante pour entraîner une modification des comportements humains. Les croyances et valeurs enracinées pendant de longues périodes sont rarement modifiées par des programmes de formation. Ainsi, il est beaucoup plus difficile pour les aînés de modifier leur comportement alimentaire que de se soumettre à un programme d'exercice pendant une courte période.

Les activités d'éducation sanitaire peuvent se faire sur une base individuelle ou collective. L'approche individuelle est celle que l'on retrouve régulièrement lors des rencontres entre les professionnels de santé et leurs clients. Elle vise généralement des résultats facilement identifiables à court terme. L'éducation sanitaire collective poursuit des résultats à long terme. Il est plus difficile d'évaluer exactement les impacts des interventions qui visent de grands ensembles.

Tableau 64.2 Actiivités de prévention			
Niveau de prévention	**Niveau de santé**		
	Déficience	**Incapacité**	**Handicap**

Primaire	• Éducation sanitaire
	   – collective (nutrition, exercice, vaccination)
	   – individuelle (counseling sur alcool, cigarette, nutrition, exercice)
	 • Vaccinations (influenza, tétanos, pneumocoque)
		• Counseling des malades sur les services
		 • Programmes de formation des malades (AVC, surdité, cécité, diabète, etc.)
			• Programmes sociaux
			 • Préparation à la retraite
			 • Counseling à la famille
			 • Groupes d'entraide pour aidants (démence)

Secondaire	• Dépistage de déficiences lors de l'examen médical périodique (HTA, cancer du sein et du col, chutes)	• Dépistage d'incapacités lors de l'examen médical périodique (visuelle, auditive)
		 • Dépistage des groupes à risque de perte d'autonomie (questionnaire postal)
			• Dépistage
			   – de situations d'insuffisance des ressources
			   – d'épuisement des aidants
			   – de mauvais traitement

Tertiaire	• Système de soins accessible
	 • Formation des intervenants en gérontologie
		• Réseau intégré et coordonné de services gériatriques	• Réseau de ressources
			   – à domicile
			   – en institution

Approche collective

Il existe plusieurs exemples d'action collective à l'intention des personnes âgées. Qu'on pense à des campagnes de publicité faisant la promotion d'une saine nutrition, de l'activité physique, de la vaccination contre l'influenza. Certains employeurs offrent des cours de préparation à la retraite. Il s'agit d'une série de cours, dont plusieurs portent sur la santé, qui peuvent aider les individus à mieux s'adapter à leur nouvelle vie et à mieux jouer leur nouveau rôle social. Tous ces programmes éprouvent de la difficulté à rejoindre les personnes moins scolarisées ou issues des milieux moins favorisés. Les personnes exposées sont, en général, plus difficilement accessibles par les programmes d'éducation sanitaire. Elles sont plus sujettes à une détérioration de leur santé et à une dégringolade financière et sociale au moment de la retraite.

Classiquement, les activités d'éducation sanitaire collectives cherchent à prévenir l'apparition de la maladie (prévention primaire). Mais l'approche collective est également utile pour diminuer l'impact de la maladie sur les personnes âgées et leurs proches (prévention tertiaire): les services rendus par les sociétés d'Alzheimer, de Parkinson et de la sclérose en plaques sont des exemples éloquents de travail d'éducation des familles et de soutien à l'acquisition de sa-

voir, savoir-faire qui permettent de mieux composer avec la maladie d'un proche.

Approche individuelle

Le professionnel de santé joue évidemment un rôle central dans les activités d'éducation sanitaire individuelle. D'abord, comme acteur principal dans le counseling préventif à l'occasion de l'examen médical périodique (voir plus loin), puis, en dirigeant les patients et leur famille vers les ressources les plus susceptibles de leur offrir information et soutien (associations diverses, centres locaux de services communautaires [CLSC], centres de jour, etc.).

A ce titre, plusieurs situations cliniques ont été identifiées comme pouvant faire l'objet d'un programme de formation à l'usage du malade ou de la personne-soutien. Ces activités visent à diminuer l'incidence de complications et à améliorer la qualité de vie du malade et de son entourage (Tableau 64.3). Par exemple, les patients présentant des troubles sensoriels (surdité, cécité) ou des troubles neurologiques (séquelles d'AVC) peuvent redevenir fonctionnels après un programme de rééducation. Le patient diabétique peut contrôler mieux sa maladie et devenir plus autonome grâce à un programme d'enseignement. Les personnes-soutien d'une personne âgée handicapée ou démente ont tout avantage à participer à des groupes de formation et de soutien, pour mieux comprendre la situation

---

Tableau 64.3

Conditions cliniques pour lesquelles des activités d'éducation sanitaire peuvent améliorer la qualité de vie des aînés ou de leurs proches

Conditions cliniques	Activités
• AVC	• Programme de réadaptation et réentraînement aux AVQ
• Diabète	• Management nutritionnel et thérapeutique
• Cécité	• Réadaptation fonctionnelle dans un contexte adapté
• Surdité	• Utilisation d'aide auditive et modification de l'environnement
• Personne-soutien d'un aîné sourd ou aveugle	• Formation sur la manière d'aborder, de communiquer avec l'aîné désafférenté
• Personne-soutien d'un handicapé	• Reconnaître les signes d'épuisement – accepter de se faire aider – conseils pratiques
• Personne-soutien d'un dément	• Connaissance de la maladie + services du réseau
• Troubles du sommeil	• Thérapie comportementale
• Troubles dépressifs	• Groupe de stimulation

et savoir reconnaître en eux-mêmes les signes d'épuisement et mieux utiliser les ressources du réseau.

Finalement, le clinicien doit informer les patients âgés et leur famille des mesures à prendre en prévision d'une incapacité éventuelle: mandat en cas d'inaptitude, testament de vie, discussions sur leurs attentes vis-à-vis des services de santé (réanimation, niveaux de soins, etc.).

Counseling dans le cadre de l'examen médical périodique

S'il est vrai, en principe, que des habitudes de vie «malsaines» peuvent encore être changées à 60 ans, c'est de moins en moins vrai à 85 ans. Il faut comprendre aussi que les connaissances qui font dire que tel comportement est malsain à 30-50 ans ne permettent pas toujours d'extrapoler les résultats aux troisième et quatrième âge. Malgré ces limites, certaines activités de counseling qui sont recommandées pour les adultes plus jeunes sont également recommandées pour la personne âgée, parce qu'elles sont simples à réaliser et s'inscrivent facilement dans le cadre d'une visite régulière. Les activités de counseling recommandées lors de l'examen médical périodique comprennent la cessation du tabagisme, la consommation modérée d'alcool, une alimentation équilibrée, la pratique régulière d'une activité physique, la prévention des chutes et une bonne hygiène bucco-dentaire (Tableau 64.4).

L'arrêt du tabagisme comporte des avantages même pour la personne âgée, soit une diminution marquée des accidents et des décès cardiaques dès la première année et une diminution du risque de décès par cancer, apparente en 5-10 ans. La consommation d'alcool doit être modérée, étant donné les changements pharmacocinétiques et pharmacodynamiques survenant avec l'âge et la diminution des réserves physiologiques (fonctions cognitives, maintien de la posture).

Pour ce qui est de la nutrition, il est particulièrement difficile d'extrapoler aux personnes âgées les recommandations qui prévalent pour les plus jeunes. A titre d'exemple, mentionnons que l'obésité et la consommation de graisses semblent avoir un effet protecteur au quatrième âge. Les déficits nutritionnels deviennent plus importants chez le grand vieillard, et le counseling alimentaire doit viser à maintenir un apport protéino-calorique suffisant. Au Canada, les recommandations du guide alimentaire canadien restent pertinentes et constituent une référence de base, en attendant un outil mieux adapté à la clientèle âgée.

En santé dentaire, le brossage des dents et l'utilisation de la soie dentaire peuvent aider à prévenir les maladies des gencives et ainsi améliorer la qualité de vie. Ces recommandations ont évidemment peu de portée actuellement, étant donné la proportion élevée de personnes âgées qui portent des prothèses dentaires, mais cette situation devrait changer progressivement.

Tableau 64.4	
Activités de counseling recommandées dans le cadre de l'examen médical périodique	
Sujet de discussion	**Niveau de recommandation***
1. Tabagisme	Données suffisantes pour recommander l'inclusion (A)
2. Alcool	Données acceptables pour recommander l'inclusion (B)
3. Alimentation	Données acceptables pour recommander l'inclusion (B)
4. Santé dentaire	Données insuffisantes pour recommander l'inclusion ou l'exclusion (C)
5. Exercice	Données insuffisantes pour recommander l'inclusion ou l'exclusion (C)
6. Prévention des chutes	Données insuffisantes pour recommander l'inclusion ou l'exclusion (C)
* Selon la classification du Groupe d'étude canadien sur l'examen médical périodique	

L'ajustement adéquat des prothèses dentaires améliore aussi la qualité de vie.

La pratique régulière d'une activité physique d'intensité modérée telle que la marche améliore la condition cardio-vasculaire, la capacité fonctionnelle, le rendement intellectuel et la sensation de bien-être. On rapporte peu ou pas de complications cardiaques ou musculo-squelettiques, même chez les personnes exposées.

Vaccination

La vaccination contre l'influenza, le tétanos et les infections à pneumocoque est pertinente chez la personne âgée (Tableau 64.5).

La vaccination antigrippale devrait être administrée chaque automne à tous les aînés. Une attention toute particulière doit être portée aux individus les plus exposés, en particulier les 75 ans et plus et les malades admis en centre d'hébergement, ainsi que les soignants de ces centres. L'allergie aux œufs constitue la seule contre-indication. Contrairement à ce qu'on a déjà cru, la vaccination antigrippale n'entraîne pas de syndrome grippal bénin. Cette fausse impression vient du fait que le vaccin se donne l'automne à une période où abondent les infections des voies respiratoires supérieures qui surviennent autant chez les non-vaccinés que chez les vaccinés.

La vaccination antigrippale est la mesure clinique préventive la plus rentable au point de vue de la réduction de la mortalité et de la morbidité attribuable à la grippe. Étant donné son rapport coût-efficacité intéressant, elle doit être encouragée activement. Malheureusement, les taux de couverture vaccinale ne sont pas très élevés dans la communauté (de 20 à 40 %). En milieu fermé, ils sont très variables d'une institution à l'autre. Plusieurs stratégies ont été proposées pour améliorer cette situation: l'offre du vaccin par le médecin, un plan systématique de rappel des aînés à l'automne, à partir du cabinet médical, un système informatisé de repérage et un rappel écrit postal sur la nécessité du vaccin, à partir d'un fichier de population. On ignore l'efficacité de la publicité médiatique qui vise la promotion de la vaccination. En milieu fermé, en plus de l'offre du médecin, l'offre convaincante par le personnel soignant est importante. Les soignants doivent expliquer les bienfaits de la vaccination et obtenir une collaboration optimale. Il importe d'obtenir un consentement permanent de vaccination antigrippale par le curateur privé, au moment de l'admission, pour les malades inaptes à consentir. Au Québec, le curateur public a déjà, quant à lui, émis un consentement permanent pour toutes les personnes sous sa protection. Enfin, une ordonnance permanente du conseil des médecins de l'établissement favorise une vaccination complète plus rapidement. Mentionnons l'importance d'obtenir un taux élevé de couverture vaccinale, étant donné qu'il existe une immunité de masse pour cette infection.

Un programme de prévention de l'influenza devrait comprendre également la chimioprophylaxie à l'amantadine des cas exposés à l'influenza de type A (Tableau 64.6). L'amantadine s'est avérée utile en milieu fermé pour diminuer le taux d'attaque de la grippe qui passe de 25 % sans amantadine à 3 % avec amantadine. Les effets secondaires (agitation, confusion et perte d'équilibre) sont moins importants à la dose quotidienne de 100 mg pendant une durée de 15 jours. En milieu fermé, lorsqu'on suspecte un cas de grippe, on recommande l'identification de la souche virale et, en cas d'influenza de type A, la prophylaxie à l'amantadine pour toutes les personnes (même les vaccinées) si le taux

Tableau 64.5			
Calendrier de vaccination des personnes âgées			
Vaccin	**Fréquence**	**Groupe cible**	**Remarques**
Influenza	annuel (à l'automne)	toutes les personnes de 65 ans et plus, les dispensateurs de soins de santé	contre-indication: allergie aux œufs
Tétanos	tous les 10 ans	tous (controversé)	surtout les personnes âgées exposées par leurs activités ou leurs loisirs
Pneumocoque	tous les 6 ans	patient de 65 ans et plus chez qui on veut prévenir la pneumonie	

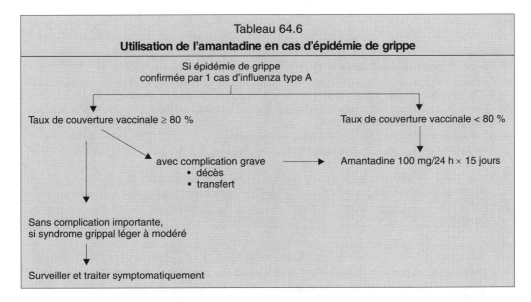

Tableau 64.6

Utilisation de l'amantadine en cas d'épidémie de grippe

de couverture vaccinale est inférieur à 80 % ou encore si la grippe s'accompagne de complications graves (décès, perte d'autonomie importante, etc.).

La plupart des organismes sanitaires nationaux et internationaux recommandent la **vaccination antipneumococcique** à toutes les personnes de plus de 65 ans. Seul le Groupe d'étude canadien sur l'examen médical périodique réserve sa recommandation aux personnes âgées vivant en institution, compte tenu de l'absence d'essais cliniques randomisés pour les personnes à domicile. Les évidences d'études castémoin sont toutefois convaincantes et un essai clinique visant à démontrer une efficacité de 50 % du vaccin nécessiterait l'inclusion de près 500 000 sujets, ce qui est difficilement réalisable. En l'absence d'une immunité de masse, il est recommandé de ne vacciner que les personnes chez qui on souhaite prévenir une pneumonie. Le délai de revaccination est controversé, mais il semble qu'une dose de rappel après 6 ans soit souhaitable.

Le vaccin antitétanique devrait être administré tous les 10 ans, afin de maintenir une immunité protectrice. On vise surtout les aînés actifs, à domicile. Un autre groupe susceptible serait celui des personnes âgées devant subir une chirurgie des voies biliaires (risque de contamination bactérienne). Le rapport coût-efficacité de cette mesure fait l'objet d'une controverse, et plusieurs experts suggèrent de consacrer, à la prévention de l'influenza, les ressources dévolues à la vaccination antitétanique.

Dépistage et examen médical périodique

On entend par dépistage l'identification d'un problème de santé à un stade précoce, dans le but de prodiguer un traitement apte à modifier favorablement l'évolution naturelle du problème. Pour qu'un programme de dépistage puisse avoir une chance d'aider, il doit répondre à plusieurs critères (Tableau 64.7). Dans l'état actuel de nos connaissances et malgré la prévalence élevée des déficiences chez les aînés, il n'y a que très peu de conditions cliniques qui répondent à tous ces critères. Le Groupe d'étude canadien sur l'examen médical périodique révise systématiquement et périodiquement la littérature sur l'efficacité des interventions de dépistage. Ses recommandations sont formulées selon une classification qui tient compte de la qualité des évidences scientifiques en regard de chaque condition clinique. D'autres organismes émettent des recommandations de dépistage comme la *U.S. Preventive Task Force*, certaines associations médicales ou des groupes de consensus. La rigueur du processus d'évaluation des évidences scientifiques varie selon les organismes. Les recommandations qui suivent sont largement inspirées du travail du Groupe d'étude canadien. Les activités de dépistage recommandées chez les personnes âgées dans le cadre de l'examen médical périodique visent les déficiences suivantes: hypertension artérielle, cancer du sein et cancer du col de l'utérus (Tableau 64.8).

Tableau 64.7
Critères d'efficacité d'une intervention de dépistage

1. L'histoire naturelle de la maladie ou du problème doit être suffisamment connue.
2. Le problème doit avoir une phase préclinique ou faiblement symptomatique suffisamment longue pour que le dépistage soit réalisable.
3. Le traitement à la phase préclinique doit améliorer l'évolution naturelle du problème de façon plus marquée que la thérapeutique à la phase clinique.
4. Le problème doit être important par sa fréquence (prévalence ou incidence) ou par ses conséquences.
5. Il doit exister un outil (test de dépistage) suffisamment sensible et spécifique et ayant une bonne valeur prédictive.
6. Ce test doit être acceptable pour la population visée, simple et facile d'utilisation.
7. Une thérapeutique efficace doit être disponible et acceptable pour la population cible et les intervenants.
8. Le réseau des services sanitaires doit pouvoir offrir efficacemet ces services ou ces traitements requis pour chaque problème dépisté.

Tableau 64.8
Recommandations du Goupe d'étude canadien sur l'examen médical périodique: interventions de dépistage chez la personne âgée

Données suffisantes ou acceptables pour recommander l'inclusion

1. Dépistage de l'hypertension	prise de la tension artérielle
2. Dépistage du cancer du sein	examen annuel des seins et mammographie aux deux ans jusqu'à 69 ans (suggéré jusqu'à 75 ans)
3. Dépistage du cancer du col utérin	test de Pap jusqu'à 69 ans
4. Dépistage de la perte d'autonomie	évaluer vision, audition, AVQ, AVD, risques de chutes, Hb-Ht (si risque nutritionnel)

Données insuffisantes pour recommander l'inclusion ou l'exclusion

1. Glaucome chronique à angle ouvert	tonométrie de Schiøtz (peu sensible et peu spécifique)
2. Hypothyroïdie	le dépistage n'est pas encore recommandé, mais les indications pour demander un dosage de TSH doivent être très larges
3. Cancer du côlon	dépistage recommandé seulement si syndrome de cancer familial (coloscopie longue)
4. Cancer de la prostate	toucher rectal (problème principal: pas de traitement prouvé efficace)
5. Souffle carotidien asymptomatique	
6. Anévrisme de l'aorte abdominale	palpation abdominale peut être utile si risque vasculaire élevé
7. Troubles cognitifs	outils de dépistage disponibles, mais pas de preuve qu'une intervention précoce change le cours de la maladie

Données acceptables pour recommander l'exclusion

1. Électrocardiogramme
2. Radiographie pulmonaire, cytologie des expectorations
3. Dosage de l'antigène prostatique, échographie prostatique transrectale
4. Bilan lipidique
5. Ostéodensitométrie

Le dépistage de l'**hypertension artérielle** doit être fait tous les deux ans pour toutes les personnes de 65 à 84 ans. Chez les plus âgés, on ne connaît pas vraiment la valeur du traitement de l'hypertension artérielle. Les études qui ont porté sur le dépistage et le traitement de l'hypertension chez le vieillard ont surtout inclus des sujets en bonne santé qui diffèrent de la clientèle des services gériatriques. Il faut user de discernement et soupeser les risques d'effets secondaires dans le traitement de l'hypertension artérielle chez les aînés en perte d'autonomie.

Le **cancer du sein** est une cause de mortalité importante chez les femmes âgées. On a récemment suggéré d'étendre jusqu'à 74 ans la recommandation de l'examen annuel des seins et la mammographie aux deux ans.

Le dépistage du **cancer du col utérin** devrait être offert à toutes les femmes qui ont, ou ont eu, une vie sexuelle active. La fréquence optimale du dépistage fait encore l'objet de débats et devrait probablement dépendre du risque de la patiente (nombre et type de partenaires) et de son dossier antérieur (nombre et résultats de cytologies cervicales). Les intervalles suggérés varient de un à trois ans. Pour une femme de 69 ans qui n'aurait pas eu un dépistage adéquat, on suggère d'obtenir deux cytologies normales à l'intérieur de 6 à 12 mois avant de cesser le dépistage.

Parmi les conditions cliniques qui ont été révisées, les problèmes suivants ne font pas l'objet d'une recommandation de dépistage au cours de l'examen médical périodique (Tableau 64.8): le glaucome à angle ouvert, l'hypothyroïdie, le cancer du côlon, le cancer de la prostate, le souffle carotidien asymptomatique, l'anévrisme de l'aorte abdominale et les troubles cognitifs.

Enfin, il existe des évidences suffisantes pour exclure de l'examen médical périodique les évaluations suivantes (Tableau 64.8): l'électrocardiogramme, la radiographie pulmonaire et les cytologies des expectorations, le dosage de l'antigène prostatique, l'échographie prostatique transrectale, le bilan lipidique et l'ostéodensitométrie.

Dépistage des syndromes gériatriques

Certains syndromes ont été étudiés chez les personnes âgées dans une optique de dépistage ou de prévention secondaire: chutes et blessures, dépistages des troubles cognitifs, dépistages des personnes exposées aux abus, dépistage des problèmes visuels et auditifs.

Chutes

Les chutes sont responsables de blessures graves chez les personnes âgées et constituent un motif majeur d'hospitalisation en gériatrie. Les chutes, quoique difficiles à prévenir, sont des marqueurs non spécifiques de conditions pathologiques qui peuvent être traitées. On pense qu'il est possible de réduire l'incapacité et les coûts associés aux chutes par une évaluation rigoureuse des facteurs de risque et un management des problèmes cliniques sous-jacents (problèmes visuels, posture, effets secondaires de médicaments, adaptation de l'environnement, etc.). Le *National Institute of Aging* formule les recommandations suivantes pour les médecins de première ligne.

1. Rechercher systématiquement la survenue de toute chute auprès des personnes de 65 ans et plus dans le cadre de l'anamnèse (Êtes-vous déjà tombé?).

2. Rechercher les facteurs de risque et maladies sous-jacentes.

3. Rechercher tout indice de tangage ou d'instabilité de la démarche, en demandant au sujet de se lever et de marcher.

4. Évaluer chaque médicament à la lumière de sa contribution éventuelle aux chutes et prescrire ceux qui sont les moins susceptibles de perturber l'équilibre et la démarche.

5. Avoir à la main une liste des dangers posés par le milieu, les passer en revue avec le patient et évaluer au besoin le domicile.

6. Encourager l'installation de rampes et d'un éclairage adéquat dans les escaliers et les salles de bain, en marquant bien l'angle des marches pour permettre de les distinguer facilement.

Le Groupe canadien sur l'examen médical périodique recommande de diriger les personnes qui ont chuté à des équipes d'évaluation multidisciplinaires, lorsque ce genre de service existe. Comme de tels services ne sont pas encore disponibles à grande échelle, le compromis ci-dessus apparaît intéressant dans le cadre de la pratique clinique préventive de première ligne.

Abus et mauvais traitements

On estime que de 4 à 10 % des personnes âgées sont régulièrement victimes d'abus et de mauvais traitements et que ces problèmes ne diminuent pas d'eux-mêmes, ayant plutôt tendance à s'aggraver avec le temps. Il existe des chevauchements considérables entre les conséquences de la perte d'autonomie et certaines manifestations de négligence, d'exploitation financière et de violence psychologique. Il est difficile aussi de détecter les cas de mauvais traitements infligés aux personnes âgées (tendance au déni chez la victime et le soignant). Certains indices peuvent éveiller les soupçons du clinicien: contradiction dans les informations fournies par le patient et la famille, déni ou explications vagues, délais indus avant de consulter, présence de blessures, etc. On s'entend cependant pour reconnaître que dans un contexte de perte d'autonomie, le clinicien doit aborder cette question lorsqu'il est seul avec le malade. Bien qu'il n'existe pas d'outils validés de dépistage des abus et mauvais traitements, plusieurs questions du clinicien peuvent permettre au malade de s'ouvrir et de se confier. Les questions suivantes se sont avérées utiles dans un contexte de pratique clinique.

1. Quelqu'un à la maison vous a-t-il déjà fait mal?

2. Quelqu'un vous a-t-il déjà touché sans votre consentement?

3. Quelqu'un vous a-t-il déjà contraint à faire des choses contre votre gré?

4. Quelqu'un a-t-il déjà pris quelque chose vous appartenant sans votre permission?

5. Quelqu'un vous a-t-il déjà grondé ou menacé?

6. Avez-vous déjà signé un document que vous ne compreniez pas?

7. Avez-vous peur de quelqu'un à la maison?

8. Êtes-vous souvent seul?

9. Quelqu'un a-t-il déjà refusé de vous aider à prendre soin de vous, alors que vous aviez besoin d'aide?

On ne connaît pas actuellement d'intervention structurée qui soit reconnue efficace pour diminuer l'incidence des abus et mauvais traitements (Chap. 56). Chaque situation est particulière, généralement fort complexe et nécessite une approche individualisée. Bien qu'il ne soit pas possible de recommander un protocole standardisé de management, il est généralement accepté qu'un suivi empathique et soutenu du clinicien peut aider le malade et le protéger. Même si le dépistage systématique n'est pas souhaitable, on recommande aux cliniciens d'être attentifs aux indices de mauvais traitements et d'abus, surtout dans le contexte de

perte d'autonomie. Lorsque la relation thérapeutique est bien établie, on doit encourager l'utilisation de questions directes au malade.

Déficience visuelle et auditive

Les incapacités visuelles sont très fréquentes en gériatrie. Il est relativement facile pour le clinicien de mesurer l'acuité visuelle au moyen de l'échelle de Snellen. On considère que la mesure de l'acuité visuelle doit faire partie de l'examen médical périodique de la personne âgée et qu'elle doit être recherchée systématiquement en présence de perte d'autonomie. Les anomalies de la réfraction se corrigent facilement par les verres correcteurs ou les lentilles cornéennes. La cataracte se traite bien et l'implantation de prothèse cristallinienne améliore la vision chez 90 % des sujets. Enfin, il est maintenant établi que la rétinopathie diabétique peut être stabilisée par la photocoagulation au xénon ou au laser à argon. Les personnes très myopes, celles souffrant de diabète ou ayant des antécédents familiaux de glaucome doivent être suivies régulièrement en ophtalmologie. Le dépistage systématique du glaucome n'est, par ailleurs, pas recommandé chez les personnes âgées asymptomatiques, sans facteurs de risque.

La perte auditive afflige environ le quart des personnes âgées. Les conséquences fonctionnelles peuvent être catastrophiques pour le fonctionnement familial et social de l'individu et mener à un véritable syndrome de désafférentation. L'identification de la déficience auditive peut se faire au moyen du «Questionnaire de dépistage d'un problème auditif chez les personnes âgées» (Tableau 64.9).

L'épreuve de la voix chuchotée à une distance d'environ 30 cm du malade serait un test valide de dépistage. L'examen du conduit auditif externe permet de vérifier la présence de bouchons de cérumen relativement fréquents. Enfin, des stratégies de communication adaptées doivent être enseignées aux personnes-soutien du malade sourd, de manière à améliorer l'intensité et la qualité des échanges. L'exposition au bruit est à éviter chez tous les aînés, et tout particulièrement chez ceux qui présentent déjà une atteinte auditive. Un bilan audiologique complet est recommandé, si on envisage une prothèse auditive. On sait cependant que plus de 50 % des personnes refusent de porter ces prothèses. Chez les personnes présentant une surdité neurosensorielle modérée (65 dB), l'augmentation de l'amplitude des signaux

Tableau 64.9

Questionnaire de dépistage d'un problème auditif chez les personnes âgées

	0 = Non 2 = Quelquefois 4 = Oui		
1. Quand vous rencontrez de nouvelles personnes, vous sentez-vous mal à l'aise à cause d'un problème d'audition?	0	2	4
2. Quand vous parlez aux membres de votre famille, vous sentez-vous frustré(e) à cause d'un problème d'audition?	0	2	4
3. Avez-vous de la difficulté à entendre quand quelqu'un parle à voix basse?	0	2	4
4. Vous sentez-vous handicapé(e) par un problème d'audition?	0	2	4
5. Quand vous visitez des amis, des parents ou des voisins, un problème d'audition vous cause-t-il des difficultés?	0	2	4
6. Assistez-vous moins souvent que vous le voudriez à des offices religieux à cause d'un problème d'audition?	0	2	4
7. Vous arrive-t-il de vous disputer avec des membres de votre famille à cause d'un problème d'audition?	0	2	4
8. Quand vous écoutez la télévision ou la radio, un problème d'audition vous cause-t-il des difficultés?	0	2	4
9. Avez-vous l'impression qu'une difficulté d'audition limite ou gêne votre vie personnelle ou sociale?	0	2	4
10. Quand vous êtes au restaurant avec des parents ou des amis, un problème d'audition vous cause-t-il des difficultés?	0	2	4
Un total supérieur à huit (8) indique un problème d'audition			

Traduction du *Hearing Handicap inventory for the elderly* de Ventry & Weinstein[1] par le Centre de recherche en gérontologie et gériatrie de l'Institut universitaire de gériatrie de Sherbrooke

1. Ventry, I. & B. Weinstein: The hearing handicap inventory for the elderly: a new tool. *Ear Hear*, **3**:128, 1982.

sonores est associée à une amélioration modeste de la discrimination de l'ordre de 10 à 12 %. Il n'y a aucune amélioration dans les cas de surdité neurosensorielle grave.

Troubles cognitifs

La prévalence des troubles cognitifs augmente avec l'âge. Il est relativement facile de dépister les troubles cognitifs en utilisant des tests standardisés tels le *Mini-Mental Status* (MMS) de Folstein ou le 3MS qui possède une sensibilité de 90 % et une spécificité d'environ 80 %. Bien qu'il soit possible de dépister facilement les personnes présentant des troubles cognitifs, la présence de troubles cognitifs associés à une étiologie réversible est maintenant considérée comme à peu près nulle dans la communauté. La maladie d'Alzheimer représente de loin l'étiologie la plus fréquente et on ne connaît actuellement aucun traitement qui puisse en modifier significativement l'évolution naturelle. Il n'y a aucune évidence qu'une intervention précoce auprès des personnes-soutien puisse améliorer les soins ou réduire le fardeau lié à la prise en charge. De plus, il existe un

risque réel de marquage à poser un diagnostic précoce. Le risque de marginaliser et de désavantager le malade est bien établi chez les personnes souffrant de maladies mentales. Pour ces raisons, il n'y a aucun motif de procéder à un dépistage systématique des troubles cognitifs chez les aînés sans problème manifeste. Le diagnostic hâtif de troubles cognitifs risque plus de nuire que d'aider. Dans un contexte de perte d'autonomie, le clinicien doit cependant procéder systématiquement à l'évaluation des fonctions cognitives. Ceci devient indispensable à l'élaboration du profil de fonctionnement et à l'élaboration du plan d'intervention clinique.

Perte d'autonomie

La problématique la plus caractéristique de la gériatrie est certes la perte d'autonomie. Plusieurs auteurs ont travaillé sur l'identification précoce et la surveillance des personnes âgées, vivant dans la communauté, exposées à cette perte d'autonomie. Cette stratégie de prévention secondaire s'inspire de la même dynamique qu'un programme de dépistage et doit répondre aux mêmes critères; elle en diffère cependant par le fait que le problème à prévenir (perte d'autonomie) passe par le management structuré de conditions cliniques qui, elles, sont déjà symptomatiques (troubles visuels, auditifs, sociaux, de mobilité, etc.). Il est actuellement possible d'identifier les aînés courant un risque de perte d'autonomie. A l'instar du questionnaire postal de Barber, mis au point en Écosse, un questionnaire de dépistage des personnes exposées à la perte d'autonomie a été validé par l'équipe du Centre de recherche en gérontologie et gériatrie de Sherbrooke. Une personne de 75 ans et plus qui répond oui à plus d'une des six questions présentées au tableau 64.10 ou qui ne retourne pas le questionnaire postal est considérée à risque de perte d'autonomie dans l'année qui suit (décès, admission en centre d'hébergement et détérioration fonctionnelle significative). Le «questionnaire de Sherbrooke» a une sensibilité de 75 % et une spécificité de 52 %. Il constitue un moyen rapide d'identifier un groupe cible pour l'application d'un programme de surveillance. Quelques essais cliniques randomisés effectués en Europe ont montré qu'un programme de surveillance structuré avec des interventions appropriées (aide au logement, services sociaux et de maintien à domicile, intervention médicale centrée sur les déficits sensoriels, problèmes de mobilité, atteintes cognitives et une révision des médicaments) a permis d'atteindre les résultats suivants.

1. Améliorer la qualité de vie des aînés et de leurs personnes-soutien.

2. Réduire le nombre de journées d'hospitalisation.

3. Augmenter les services de maintien à domicile.

4. Réduire le nombre d'admissions en centre d'hébergement et de soins de longue durée.

5. Réduire la mortalité.

On ne connaît pas encore l'applicabilité des programmes de surveillance mis au point en Europe, dans le contexte clinique et organisationnel des CLSC et des cabinets médicaux du Québec. Cette approche revêt un intérêt certain. Les études en cours permettront de déterminer dans quelles conditions les programmes de surveillance pourront s'appliquer et quels seront les résultats à atteindre.

Prévention tertiaire

La prévention tertiaire en gériatrie passe par l'accompagnement des personnes qui présentent une perte prolongée d'autonomie de même que par le soutien aux familles. La prévention tertiaire exige, en outre, l'amélioration des aptitudes et des attitudes des soignants, de façon à mieux répondre aux problèmes de santé des vieillards. La prévention tertiaire se véhicule à travers un véritable réseau intégré, accessible et continu de soins et de services aux personnes âgées. Le traitement des déficiences du vieillard exige une approche et des connaissances spécifiques qui, bien que reconnues, ne sont encore que partiellement diffusées. La formation des intervenants, à l'intérieur des disciplines de la santé et des services sociaux, doit être améliorée. Le syndrome de gérontophobie clinique, caractérisé par la peur des lits bloqués et du syndrome de chasse «dumping» à l'urgence, est une manifestation de l'incapacité des soignants

---

Tableau 64.10

Questionnaire postal de Sherbrooke
(la réponse entre parenthèses indique le risque)

Une personne de 75 ans ou plus est exposée à perdre son autonomie au cours de l'année suivante si elle présente plus d'un facteur de risque ou si elle ne retourne pas le questionnaire.

1. Vivez-vous seul(e)? (non)

2. Prenez-vous plus de trois médicaments *différents* par jour? (oui)

3. Entendez-vous bien? (non)

4. Voyez-vous bien? (non)

5. Utilisez-vous régulièrement une canne, un cadre de marche ou un fauteuil roulant pour vous déplacer? (oui)

6. Avez-vous des problèmes de mémoire? (oui)

Source: Hébert, R.: La perte d'autonomie, définition, épidémiologie, prévention. *L'année gérontologique*, **10**:63-74, 1996.

à répondre aux besoins des personnes âgées. Il peut arriver de plus que les soignants projettent sur les clients âgés leur propre vision négative de la vieillesse et qu'ils aient tendance à les priver ainsi de soins et de services requis par leur état.

Les incapacités rencontrées chez les personnes âgées méritent d'être correctement évaluées et réadaptées. A cet effet, un réseau intégré de soins et services gériatriques constitue un moyen privilégié pour atteindre ces objectifs. Les attributs d'un bon système de santé envers les personnes âgées sont les mêmes que ceux des systèmes sanitaires et sociaux en général. Les services doivent être accessibles, coordonnés et offrir la continuité requise pour soutenir les personnes. L'inaccessibilité des services publics pour le vieillard dépendant, l'incoordination manifeste entre les services ambulatoires de première ligne et les services hospitaliers généraux et spécialisés, le manque de coordination entre les services sociaux et les services sanitaires et le manque de continuité à tous les niveaux sont autant d'obstacles à la réadaptation optimale du vieillard. Les intérêts des institutions et des intervenants l'emportent trop souvent sur les besoins des aînés et de leur famille.

Enfin, la prévention tertiaire des handicaps exige la mise en place d'un réseau adéquat de ressources, dans le but de maintenir le vieillard à domicile et de créer, à l'intérieur de nos institutions d'hébergement et de soins de longue durée, de véritables milieux de vie. A domicile, il est important de développer les services d'aide, de soins et d'assistance pour seconder le réseau de soutien naturel du vieillard. Des services coordonnés et complets à domicile doivent permettre à une personne âgée souffrant d'incapacités de vivre convenablement et dignement. Ces services doivent compter sur les ressources spécialisées, centres de jour, hôpitaux de jour, de même que sur les ressources d'hébergement temporaire, lits de dépannage ou de vacances. Le maintien à domicile a toutefois ses limites et l'entrée en institution est souvent la seule solution pour soulager le vieillard de ses handicaps. L'institution doit être un milieu de vie adapté aux incapacités de la personne et être ouverte sur la communauté, de façon à favoriser les interactions sociales et maintenir les liens affectifs des pensionnaires avec leur réseau naturel de soutien.

LECTURES SUGGÉRÉES

Canadian Task Force on the Periodic Health Examination. Periodic health examination, 1991 update: 2. Administration of pneumococcal vaccine. *Can Med Assoc J*, **144**:665-671, 1991.

Comité consultatif national de l'immunisation. Déclaration sur la vaccination antigrippale pour la saison 1994-95. *Can Med Assoc J* **151**:598-603, 1994.

GRAY MUIR, J.A.: *Prevention of disease in the elderly*, Churchill Livingstone, Edinburgh, 1985.

GRAY MUIR, J.A.: Preventing disease and promoting health in old age, in, *Oxford Textbook of Geriatric Medicine*. Evans, J.G. & T.F. Williams eds. Oxford University Press, New York, 1992.

Groupe d'étude canadien sur l'examen médical périodique: *Guide canadien de médecine clinique préventive*, Ministre des Approvisionnements et services Canada, Ottawa, 1994.

GUTMAN, G.M. & A.V. WISTER: Health Promotion for older Canadians: Knowledge Gaps and Research Needs, Gerontology Research Centre Simon Fraser University, Vancouver, 1994.

OMENN, G.S. & Coll.: Health promotion and disease prevention. *Clinics in geriatric medicine*, **8**:1-234, 1992.

CHAPITRE 65

SOINS PALLIATIFS

Marcel Boisvert et Pippa Hall

Les soins palliatifs englobent l'ensemble des soins prodigués à des malades dont la mort semble proche et inévitable. Ils n'ont donc pour but ni la guérison, ni même la prolongation de la vie. Ils visent exclusivement à assurer une meilleure qualité de vie au malade pendant le temps qu'il lui reste à vivre.

En pratique, ces soins débutent dès que le médecin traitant est convaincu qu'aucun traitement ne saurait influencer l'évolution de la maladie dans ses phases préterminale et terminale. Les progrès de la médecine incitent trop souvent le médecin à tout essayer, tant que l'éventail complet des options thérapeutiques n'a pas été épuisé. Il hésite de plus en plus à décider l'arrêt des traitements. Il lui faut évaluer les chances de guérison, les possibilités de prolongation de la vie et le prix imposé au malade en souffrances physiques, psychologiques, en symptômes débilitants, et ainsi présumer de la qualité de sa vie. La décision n'est pas facile entre les risques de l'acharnement thérapeutique avec sa kyrielle de souffrances physiques et ceux de l'abandon du malade.

Les soins palliatifs ont acquis leurs lettres de noblesse dans le contexte de la maladie cancéreuse en phase terminale, mais il faut reconnaître que cette notion sied particulièrement bien à la gériatrie car, chez les vieillards, tout plan de «traitement» doit tenir compte de la *qualité* de vie alors que, par définition, la *quantité* est déjà comptabilisée.

PRÉPARATION À LA MORT

Processus psychologique

C'est Elizabeth Kübler-Ross qui, dans les années 60, fut la première à identifier les étapes psychologiques vécues par les malades conscients de leur état de santé et de leur évolution rapide vers la mort. Elle a suggéré cinq étapes: négation, agressivité, négociation, dépression et acceptation. L'expérience a amplement démontré qu'il s'agit davantage d'états d'âme que d'étapes chronologiques. Depuis ce temps, plusieurs auteurs ont proposé des modèles plus flexibles mais semblables. Quel que soit le modèle, il est important de savoir que selon les hauts et les bas de leur condition, les malades oscillent d'un état d'âme à l'autre, selon les jours et parfois selon les heures.

Il faut surtout retenir que l'acceptation de l'imminence de sa propre mort est rarement facile, même si le malade est vieux. La famille vit, elle aussi, un tel processus et, tout comme le malade, elle aura besoin d'un soutien approprié des membres de l'équipe soignante.

Communication avec le malade et la famille

Le vieillard aborde généralement le sujet de la mort, y compris la sienne, pour peu qu'on lui en donne la chance. Parfois directement: «Je veux faire comme mon père, je veux aller mourir à la maison»; parfois de façon détournée: «Je pense que ma femme et mon garçon s'inquiètent plus que moi...». Quelques questions ouvertes et une attitude d'écoute bienveillante lui offriront l'occasion d'exprimer ses sentiments.

Face à sa famille qui ne peut ou ne veut pas le reprendre à domicile, l'aïeul se dresse parfois en juge sévère. Quelquefois, il la manipule jusqu'à épuisement mais, plus souvent, il choisit l'institution plutôt que de lui constituer un fardeau.

Il faut tenir compte également des caractéristiques raciales, religieuses et culturelles de chacun. Les vieillards se sentent souvent «démodés» et n'osent pas partager leurs angoisses spirituelles. Point n'est besoin d'être croyant pour aborder le sujet avec eux. Le médecin se doit d'inventorier tous les problèmes de ses malades et de faciliter l'accès à des services appropriés dans les sphères hors de sa compétence.

Certaines attitudes ethniques peuvent parfois étonner. Par exemple, les Italiens, Grecs, Français, Espagnols, Portugais, Africains du Nord, Libanais et Israéliens ont traditionnellement été chauds partisans de la négation et de la conspiration du silence. Ces malades peuvent traverser des phases terminales de plusieurs mois sans jamais faire allusion ni au diagnostic ni au pronostic. Les malades et les famille de culture juive sont, par ailleurs, plus aptes à demander et à exiger des traitements s'apparentant à l'acharnement. Il faut respecter ces caractéristiques culturelles, sauf en cas d'exigences professionnellement inacceptables. Si une discussion franche n'élimine pas les divergences, il est préférable d'inviter malade et famille à requérir l'opinion d'un autre médecin de leur choix.

Nombreuses sont les familles qui tentent d'imposer au médecin leur volonté de cacher au malade la gravité de son état. Il faut décourager cette pratique avec diplomatie et fermeté. Des études ont démontré que 90 % des mourants ont deviné leur état. Une autre enquête révèle que 90 % des malades veulent savoir la vérité, se disant capables d'accepter une mauvaise nouvelle. Il faut surtout retenir ici qu'on ne doit jamais donner une réponse mensongère à une question claire et précise. Il n'y a pas de solitude plus grande que celle du vieillard qui se sent mourir et qui soupçonne que famille et médecin jouent la comédie.

Une rencontre avec le malade, la famille et parfois des membres de l'équipe soignante peut s'avérer fort utile pour s'assurer que chacun ait les mêmes informations et se sente impliqué dans l'élaboration du plan de soins. Ces rencontres permettent aussi l'analyse des forces et faiblesses du système familial et l'identification des besoins à combler pour faciliter le retour ou le maintien à domicile.

Tout intervenant doit avoir une attitude calme et franche avec le malade, sans laisser l'empathie masquer le respect, voire la tendresse dont les vieillards ont tant besoin à la fin de leur vie.

Il n'existe pas de méthode pédagogique éprouvée pour enseigner l'art d'être à l'aise avec les mourants. Chacun doit accomplir un cheminement personnel et s'interroger sur la mort, sur SA mort. Cet exercice, seul ou en groupe, aide à mieux comprendre le malade, à mieux l'écouter et ensuite à communiquer avec lui, non seulement verbalement, mais par un comportement global plus humain.

En l'absence d'une communication ouverte, le risque d'abandon du malade s'accroît. Cette situation a tristement été décrite et concerne le médecin autant que la famille et les amis du malade. A l'hôpital, les visites s'espacent et s'écourtent. La qualité des contacts s'appauvrit. Il est à craindre, si le suivi des malades est inadéquat, que l'inventaire de leurs symptômes le soit aussi.

CONTRÔLE DE LA DOULEUR

Les lacunes les plus fréquentes dans les soins aux vieillards mourants concernent surtout l'humanisation des soins, ainsi que le contrôle de la douleur ou des autres symptômes. On sait que la maladie cancéreuse est plus fréquente au sein de la population plus âgée et qu'environ deux tiers des cancers causent des douleurs importantes souvent mal contrôlées. Une application fidèle à l'approche palliative réduit ces souffrances à moins de 10 % des cas; et bien qu'il n'existe pas de statistiques récentes quant au soulagement de la douleur rencontrée dans d'autres pathologies, l'expérience clinique des consultants en médecine palliative, hors du champ néoplasique, confirme la validité des principes généraux utilisés dans le soulagement des douleurs associées au cancer.

Approche clinique de la douleur

Il sera principalement question de douleur chronique (les douleurs aiguës sont également présentes) dans un contexte préterminal ou terminal, chez un malade âgé. De ce contexte, il n'existe pas de définition précise, mais un certain consensus tend à parler de phase préterminale, quatre à six mois avant la mort, l'expression «phase terminale» étant réservée aux deux derniers mois.

Ce qu'on pourrait appeler le «nouveau contrôle» de la douleur a été mis au point auprès de malades cancéreux. Cette approche palliative est viable pour toute douleur chronique et permet d'obtenir une analgésie quasi totale chez plus de 90 % des malades.

Dans l'approche clinique, sept principes généraux sont à retenir.

1) La douleur chronique diffère de la douleur aiguë et doit être traitée différemment. A l'opposé de la douleur aiguë, la douleur chronique se pare d'éléments confus et difficiles à décrire; elle dure depuis des mois, s'accompagne d'insomnie et de symptômes débilitants et donne lieu à de l'anxiété ou de la dépression.

2) La douleur chronique exige une administration régulière d'analgésiques. Les analgésiques prescrits «au besoin» emprisonnent le malade dans l'attente anxiodéprimante du retour de la douleur. L'étonnant phénomène de la «mémoire de la douleur» n'est donc jamais inhibé et résulte en un abaissement marqué du seuil de la douleur et en une augmentation inutile des doses. Culturellement, les vieillards sont également plus réticents à sonner la cloche d'appel pour ce qui leur semble «quémander»...

3) La douleur est une expérience subjective globale et comporte des éléments physiques, psychologiques, sociaux et spirituels d'égale importance. C'est le concept de «douleur totale» défini par Saunders. On a trop tendance à oublier les composantes non physiques de la souffrance. Très souvent, l'expérience a démontré que les analgésiques (opioïdes et coanalgésiques) ne s'avèrent efficaces qu'après avoir apporté une attention éclairée aux aspects psychologiques, sociaux et spirituels.

4) Le «seuil de la douleur» doit être constamment haussé, en agissant simultanément sur tous les mécanismes possibles. Les malades débilités démontrent un abaissement du seuil de la douleur et le moindre inconfort est interprété comme de la douleur: insomnie, fatigue, inconfort du lit, du fauteuil, de l'oreiller, anorexie, sécheresse buccale, nausée, constipation et tous les autres symptômes. La notion de «seuil de la douleur» est une des plus essentielles en ce qu'elle impose une vision globale du malade.

5) Il faut bien connaître la pharmacologie de quelques opioïdes avec leur durée moyenne d'action, leurs effets secondaires, les diverses voies d'administration. Plusieurs études ont démontré une forte tendance à surestimer l'efficacité des opioïdes (doses trop faibles) et leur durée d'action (doses trop espacées).

6) Il importe de ne jamais oublier que les opioïdes, à eux seuls, suffisent rarement à un bon contrôle de la douleur chronique. Plusieurs formes de douleur ne répondent que partiellement aux opioïdes. L'addition de coanalgésiques et d'adjuvants est souvent essentielle. Il ne faut donc pas conclure que tout est réglé parce qu'on a prescrit de la morphine.

7) Les données récentes ont démontré le rôle important des amines biogènes dans la transmission de la douleur. La sérotonine, la noradrénaline et la dopamine sont essentielles aux mécanismes d'inhibition de la douleur et à l'action des opioïdes. La douleur chronique et la dépression ont en commun des taux anormalement bas de ces substances dans le liquide céphalo-rachidien, évidence de leur interaction et de l'importance des éléments dépressifs dans la douleur chronique.

Selon les directives de l'Organisation mondiale de la santé (OMS), l'approche du traitement de la douleur doit être systématique. On doit d'abord en préciser la ou les causes, puis en mesurer l'intensité avant d'opter pour une stratégie thérapeutique particulière.

Les causes possibles de douleur durant une maladie terminale sont énumérées au tableau 65.1. Comme on peut le voir, les étiologies sont variées et la plupart des malades ont, en fait, des douleurs de plusieurs causes simultanément. Toute cause réversible de douleur doit bien sûr être identifiée et traitée avant d'envisager l'utilisation chronique d'analgésiques.

On peut également caractériser les douleurs selon leur type, ce qui est extrêmement utile pour choisir un traitement approprié (Tableau 65.2).

Après avoir déterminé autant que possible l'étiologie et le type de douleur, il importe ensuite d'en objectiver l'intensité pour être en mesure de mieux suivre son évolution avec le

---

Tableau 65.1

Causes possibles de douleur durant une maladie terminale

Douleurs causées par un cancer
- infiltration osseuse avec ou sans spasme musculaire
- compression ou infiltration nerveuse
- atteinte d'un viscère
- infiltration des tissus mous
- ulcère avec ou sans infection
- hypertension intracrânienne
- douleur sympathique réflexe (causalgie)

Douleurs en rapport avec le traitement
- constipation, rétention urinaire
- douleur aiguë postopératoire
- névralgie postopératoire
- douleur fantôme d'un membre amputé
- inflammation ou fibrose secondaire à la radiothérapie
- myélopathie secondaire à la radiothérapie
- neuropathie secondaire à la chimiothérapie
- nécrose osseuse
- effets secondaires des médicaments

Douleurs en rapport avec l'état grabataire et la dénutrition
- spasme musculaire
- constipation
- rétention urinaire
- plaies de pression
- lymphœdème
- candidiase
- névralgie herpétique
- thrombophlébite
- embolie pulmonaire
- infection
- hypoxie

Douleurs secondaires à une maladie chronique
- douleur musculo-squelettique
- céphalée
- constipation
- douleur cardiaque ou vasculaire

---

traitement. A cette fin, différentes échelles ont été proposées, et les plus simples sont les plus utilisées (Tableau 65.3). Chez les malades incapables de communiquer, il convient d'utiliser les observations de la famille ou du personnel infirmier, afin d'évaluer l'intensité de la douleur et l'efficacité de l'analgésie.

Utilisation des analgésiques

Après avoir effectué une bonne évaluation de la douleur et éliminer les causes réversibles, nous pouvons commencer le traitement analgésique selon l'approche systématique suggérée par l'OMS (Fig. 65.1).

La base de ce traitement comporte toute une série d'approches non pharmacologiques qu'il ne faut jamais négliger, car elles peuvent diminuer le besoin de médicaments.

Il ne faut pas sous-estimer l'efficacité des analgésiques non opioïdes. L'acétaminophène est le plus souvent préférée à l'acide acétylsalicylique (AAS) à cause des effets plus prolongés de ce dernier sur les mécanismes de coagulation et de ses effets secondaires plus fréquents sur l'estomac.

Les anti-inflammatoires non stéroïdiens (AINS) ont aussi des effets secondaires gastriques, mais ils remplacent avantageusement l'action anti-inflammatoire de l'AAS avec des effets moindres sur la coagulation. Ils sont particulièrement efficaces en présence de lésions à caractère inflammatoire, de métastases osseuses, d'invasion tissulaire maligne ou de douleurs hépatiques aiguës (hémorragie intramétastatique) et enfin de plexipathie (brachiale, cœliaque ou sacrée) par invasion ou compression maligne. Dans ces situations, l'addition des AINS est essentielle à une bonne analgésie. Si on ajoute un AINS alors qu'un malade reçoit déjà un opioïde, l'apport analgésique peut être tel que la dose de ce dernier devient excessive; en quelques jours, on notera de la somnolence, parfois de la confusion. Il faut alors diminuer la dose d'opioïde de moitié puis ajuster la dose aux symptômes du malade. Les AINS s'avèrent souvent si efficaces qu'on préfère traiter ou prévenir leurs effets secondaires (utilisation simultanée du misoprostol et/ou d'un anti-H_2) plutôt que de discontinuer le médicament.

La classification des opioïdes a été modifiée depuis la découverte des différents récepteurs morphiniques et l'introduction des opioïdes dits agonistes/antagonistes. Les agonistes sont des opioïdes (faibles ou puissants) agissant comme la morphine, en activant les mêmes récepteurs. Les agonistes/antagonistes ont une action analgésique par le truchement de récepteurs différents de ceux des agonistes. Par contre, administrés après un agoniste (morphine ou autre), ils le délogent de ses récepteurs et peuvent provoquer une réaction aiguë de sevrage. Il faut donc éviter d'administrer un agoniste/antagoniste à un malade recevant déjà un agoniste et plus particulièrement si les doses de ce dernier sont élevées; la réaction de sevrage n'en est alors que plus marquée. Mise à part cette considération, tous les opioïdes sont de

Tableau 65.2
Typologie des douleurs

Type	Cause	Traitements à considérer
1. Tissus mous	Atteinte de la peau, des tissus sous-cutanés et des muscles	Traitements topiques Antibiotiques Stéroïdes Opiacés[1] Anti-inflammatoires
2. Osseuse	Métastases osseuses et fractures pathologiques	Radiothérapie Anti-inflammatoires Opiacés[1] Stéroïdes
3. Neuropathique	Destruction, irritation ou interruption des voies nerveuses (perceptions sensitives anormales ressenties de manière spontanée ou provoquées)	Opiacés[1] Stéroïdes Anti-inflammatoires Coanalgésiques (antidépresseurs tricycliques, anticonvulsivants, anti-arythmiques) Neurochirurgie
4. Viscérale	Atteinte des organes abdominaux du système gastro-intestinal ou génito-urinaire	Opiacés[1] (mais éliminer d'abord la constipation)
5. Provoquée ou mécanique	Secondaire à une activité ou un mouvement	• Opiacé[1] 30 à 60 minutes avant l'activité • Oxyde nitreux • Réévaluer la façon de faire l'activité ou le mouvement • Corset, attelle, etc.
6. Autre	Douleur irradiée, hypertension intracrânienne	Stéroïdes pour l'hypertension intracrânienne

1. Avertissement: Bien que les opioïdes soient suggérés pour tout type de douleur, la réponse varie de très bonne à très pauvre selon le type et les caractéristiques temporelles. Cette notion est cliniquement importante: une douleur viscérale chronique (hépatalgie) répond beaucoup mieux qu'une douleur spasmodique (occlusion).

Tableau 65.3
Évaluation de la douleur et du soulagement

Échelle numérique / nominative

0- absente
1- légère
2- modérée
3- importante
4- très importante
5- insupportable

Échelle visuelle analogue

aucune douleur ■——————————————————■ douleur insupportable

Échelle évaluative

soulagement complet ■——————————————————■ aucun soulagement

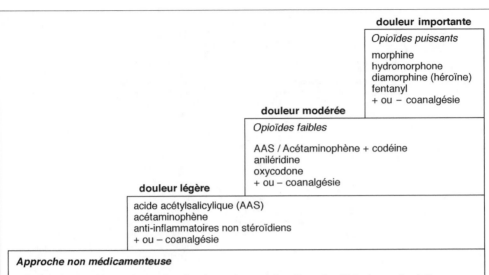

N. B. La coanalgésie peut faire appel à des antidépresseurs, anticonvulsivants, antiarythmiques, stéroïdes, etc. (Tableau 65.2)

Figure 65.1 Approche par étape pour le traitement palliatif de la douleur chronique

bons analgésiques. De façon générale, il vaut mieux cependant s'en tenir aux agonistes. En gériatrie, il faut se rappeler que l'efficacité des opioïdes croît avec l'âge et qu'il faut donc commencer à plus faible dose tout en respectant la table des équivalences de dose pour les différentes substances (Tableau 65.4). En présence d'une insuffisance rénale, il faut faire preuve d'une prudence accrue.

La pentazocine, le butorphanol et la nalbuphine sont des agonistes/antagonistes faibles qui produisent de la confusion ou de la dysphorie chez plus de 25 % des grands malades. Ils ne peuvent guère être conseillés.

La mépéridine est un bon opioïde, mais sa durée d'action d'environ deux heures en fait un médicament peu utile dans la douleur chroni-

Tableau 65.4		
Tableau d'équivalence des opiacés **(dose équivalent à environ 10 mg de morphine sous-cutanée)**		
Médicament	**Dose S.C. (mg)**	**Dose *per os* (mg)**
Codéine	120	180 à 240
Oxycodone	non disponible	10 à 15
Aniléridine	25	75 à 100
Hydromorphone	2	4 à 6
Héroïne	6	12 à 20
Lévorphanol	2	4
Morphine	10	20 à 30

N.B.   1) Fentanyl.   Il s'agit d'un opiacé puissant disponible en timbres transdermiques. Une dose de 100 µg/h est l'équivalent de 300-400 mg *per os* de morphine/24 h.
       2) Mépéridine.   Bien que non conseillé comme traitement chronique de la douleur, si un patient en reçoit régulièrement, 75 mg S.C. ou I.M. équivaut à 10 mg S.C. de morphine.

que; les risques de dysphorie, d'agitation ou de convulsion ne sont pas négligeables non plus.

Avant tout, il faut combattre les vieux mythes toujours présents dans nos milieux:

- les opioïdes *per os* n'agissent peu ou pas (voir discussion sur les voies d'administration);
- les opioïdes engendrent la dépendance;
- la tolérance s'installe rapidement et exige des doses énormes, rendant préférable d'en retarder l'administration;
- les opioïdes inhibent la respiration.

Vingt ans de recherche et de pratique en soins palliatifs ont permis de bien établir certains points. Même après de fortes doses prolongées d'opioïdes, un soulagement par d'autres moyens (radiothérapie, chimiothérapie, bloc nerveux, neurochirurgie, etc.) permet de diminuer rapidement les doses d'opioïdes, parfois jusqu'à l'arrêt total. Il existe donc peu ou pas de dépendance psychologique. Par contre, une cessation subite des opioïdes peut déclencher des symptômes de sevrage (parce qu'il y a une dépendance physique). C'est pourquoi, on doit procéder à un sevrage progressif (p. ex. diminuer la dose totale de 25% chaque jour).

Il a été démontré que l'augmentation des doses d'opioïdes correspondait à la progression de la maladie et non à l'accroissement de la tolérance. L'administration intraveineuse résulte cependant, pour des raisons inconnues, en une tolérance robuste et rapide dans le tiers des cas.

Dans le contexte de soins palliatifs prodigués à des personnes âgées auxquelles ont été prescrits des opioïdes à doses progressives et individualisées, le problème de la dépression respiratoire est si rare qu'on peut même le passer sous silence.

Dans le cas de dyspnée terminale grave, les opioïdes sont les seuls médicaments susceptibles d'apporter un peu de soulagement à cette terrible détresse, heureusement de courte durée chez le vieillard.

Mentionnons l'anxiété qu'éprouvent les membres de la famille ou les infirmières à donner ce qui pourrait être «la dernière dose» de morphine ou d'un autre opioïde. Le médecin doit rassurer les intervenants, en expliquant que cette «dernière dose» n'est pas ce qui cause la mort du malade mais plutôt ce qui assure son confort jusqu'à la fin. Par ailleurs, l'attitude contraire, qui consisterait à prescrire des surdoses d'opioïdes pour «endormir» le malade durant les derniers jours de sa vie, est bien sûr à déconseiller, sauf dans les rares cas où la douleur physique et la souffrance morale sont intolérables et résistantes à toute stratégie analgésique. Il est alors préférable, après discussion avec la famille, d'associer à l'opioïde une benzodiazépine ou une phénothiazine.

Le simple examen du malade suffit à déterminer s'il souffre; toutefois, il ne faut pas prendre pour de la douleur les faibles gémissements expiratoires terminaux souvent observés chez les mourants qui respirent par la bouche.

Pour bien utiliser les opioïdes, il importe d'abord de connaître leur durée d'action et les équivalences posologiques pour les diverses préparations disponibles (Tableau 65.4). Pour éviter des erreurs d'équivalence, il est préférable de prescrire un médicament facilement disponible en préparation orale, rectale ou injectable. La morphine est l'opioïde de choix.

Si la douleur est modérément importante, on peut cependant commencer par un opioïde faible administré de façon régulière sans oublier de prescrire des entredoses. Un soulagement inadéquat exige l'augmentation de la dose au maximum avant de passer aux opioïdes puissants. Il faut cependant s'assurer que les médicaments ont été pris tel que prescrits, à dose suffisante et à intervalles réguliers. Il est essentiel de réévaluer la situation et de se souvenir que certaines formes de douleurs ne répondent pas bien aux seuls opioïdes et peuvent exiger l'addition d'un ou plusieurs coanalgésiques selon le type de douleur (Tableau 65.2).

Parmi les effets toxiques des opioïdes, mentionnons les myoclonies, les convulsions, les hallucinations et l'agitation. Si un patient présente de tels signes de toxicité, plutôt que de réduire la dose d'opioïde utilisé, il est généralement avantageux de changer pour un autre opioïde tout en réduisant la dose équivalente d'un tiers ou de la moitié (Tableau 65.4). En cas de confusion, due à un opioïde, il est conseillé d'avertir les proches que même après la cessation du médicament, plusieurs jours peuvent s'écouler avant le retour à la normale.

Les opioïdes à longue action (morphine, méthadone, fentanyl en timbres transdermiques) sont très pratiques pour les malades présentant des douleurs stables et bien contrôlées. Ces préparations sont moins pratiques si le malade a besoin d'un ajustement rapide pour contrôler la douleur, et elles peuvent aussi entraîner des effets secondaires prolongés. Il faut également se rappeler que les malades ont toujours besoin d'un opioïde de courte durée pour les entredoses.

Voie d'administration des opioïdes

C'est l'état du malade qui détermine habituellement la voie d'administration choisie. En présence de nausées persistantes, de vomissements répétés, de dysphagie importante, d'un état stuporeux ou agité ou d'un soulagement nécessitant «trop de pilules», on devra choisir une autre voie que la voie orale. On doit envisager également une alternative à la voie orale chez ceux qui ont beaucoup d'effets secondaires avec les entredoses ou qui ont besoin d'une augmentation rapide des doses analgésiques. Cependant, la voie orale demeure, de façon générale, la plus commode et la moins dispendieuse.

L'administration rectale des opioïdes peut être utile à l'occasion mais est peu populaire au Canada. Les timbres cutanés de fentanyl servent surtout pour les patients stables qui reçoivent déjà des opioïdes et n'ont que rarement besoin d'entredoses. Ils donnent des niveaux stables d'opioïde pendant 72 heures environ.

La voie intraveineuse entraîne une analgésie rapide mais plus courte que la voie sous-cutanée et, en phase terminale, on préfère habituellement cette dernière. Afin de réduire le nombre d'injections, on peut laisser en place, sous la peau, une aiguille (p. ex. «papillon» de calibre n° 23) jusqu'à l'apparition de rougeur ou induration, soit habituellement après 5 ou 7 jours. Certains systèmes de pompe sont également disponibles et fournissent les niveaux les plus fiables d'analgésie. Les injections intramusculaires ne sont pas recommandées et elles peuvent causer des douleurs.

Exceptionnellement, il peut arriver que tous les efforts s'avèrent impuissants à soulager certaines douleurs, notamment lors de l'invasion des plexus brachial ou sacré. L'installation, par un anesthésiste, d'un cathéter épidural, permet des concentrations locales de morphine 500 fois supérieures à celles obtenues par administration systémique orale ou sous-cutanée. Les publications récentes suggèrent l'addition d'un anesthésique local (p. ex. pubivacaïne) pour de meilleurs résultats ou quand l'opioïde seul ne suffit pas. On peut intercaler, au besoin, de petites quantités orales ou parentérales de morphine ou d'autres opioïdes pour les malaises résiduels. Cela permet au malade une plus grande mobilité et même un retour à domicile. Le cathéter est remplacé toutes les deux ou quatre semaines. Certaines interventions neurochirurgicales et des blocs nerveux périphériques peuvent également être nécessaires.

Contrôle des effets secondaires des opioïdes

Les opioïdes causent souvent de la somnolence, mais une certaine tolérance à cet effet se manifeste après quelques jours. Rappelez-vous également qu'un contrôle inadéquat des douleurs perturbe le sommeil et peut aussi expliquer la fatigue du malade.

La dépression respiratoire survient chez le malade qui reçoit pour la première fois de fortes doses d'opiacés. Ce n'est habituellement pas problématique dans les autres situations où les doses sont augmentées progressivement, parce que la tolérance se développe rapidement. Si une dépression respiratoire grave survient (p. ex. rythme respiratoire inférieur à 8/min), on devrait utiliser les plus petites doses de naloxone (0,1 mg I.V./10-15 min) jusqu'au rétablissement d'une fréquence respiratoire acceptable. Cette approche permet de conserver l'effet analgésique.

De 20 à 30 % des malades présentent des nausées et vomissements qui disparaissent généralement en moins de 5 à 7 jours. Un antinauséeux comme le dimenhydrinate (ou le prochlorpérazine à faible dose, p. ex. 5 mg/12 h) devrait être généralement prescrit au besoin, quoique certains malades nécessitent une prise régulière pendant quelques jours suivie d'un arrêt progressif.

De la constipation survient chez plus des deux tiers des malades et le phénomène de tolérance ne semble pas s'appliquer à ce problème. On doit ainsi prescrire presque d'emblée un émollient (docusate), un stimulant (sennosides) avec ou sans agents osmotiques (lactulose, lait de magnésie). Chez les malades en phase terminale, les suppléments de fibres et mucilages ne sont pas efficaces ou peuvent même ajouter à la constipation en augmentant la masse fécale qu'un intestin inhibé ne peut propulser.

SOULAGEMENT DES AUTRES SYMPTÔMES

En plus du soulagement de la douleur, en phase terminale, le médecin en gériatrie est confronté à d'autres problèmes auxquels l'expérience des «soins palliatifs» auprès des cancéreux a permis de trouver certaines réponses.

Nausées et vomissements

Le centre du vomissement au bulbe rachidien, la zone chimioréceptrice au niveau postrema, les noyaux vestibulaires et le système nerveux périphérique peuvent tous être impliqués dans la production de nausées et vomissements. Certaines émotions, visions, odeurs et souvenirs peuvent aussi provoquer ces symptômes, ce qui démontre que le cortex cérébral joue également un rôle. Il n'est donc pas surprenant de retrouver sur le marché de nombreux antiémétiques dont le mode d'action diffère et peut être complémentaire l'un à l'autre (Tableau 65.5). L'utilisation judicieuse de ces médicaments peut ainsi permettre de contrôler ces symptômes sans

avoir recours à la succion nasogastrique et aux solutés intraveineux. Toutefois, dans l'occlusion haute (cancer œsophagien, gastrique et pancréatique) et en l'absence d'une réaction satisfaisante à l'approche pharmacologique agressive, la succion nasogastrique est à considérer et, si la survie prévue est de quelques semaines, une gastrostomie endoscopique doit être discutée en vue, surtout, d'assurer le drainage des sécrétions et liquides de l'estomac.

L'approche du malade qui présente une obstruction intestinale (Tableau 65.6) illustre bien ce point. Le traitement est agressif, utilisant plus d'un médicament afin de profiter de leurs différents modes d'action. Des doses régulières avec entredoses sont prescrites pendant 24 heures puis ajustées aux 2 ou 3 jours selon les besoins.

Déshydratation

Même si les opinions demeurent partagées sur l'utilisation des solutés en phase terminale, un certain consensus se dégage. Selon plusieurs auteurs, le temps est venu de se familiariser avec le terme «adipsie» (absence de soif). En effet, une étude de Saunders démontre que la plupart des malades en phase terminale ne se plaignent

Tableau 65.5 Traitement des nausées		
Cause probable des nausées	**Zone impliquée**	**Antiémétique suggéré**
Médicaments Urémie Cétose Carcinomatose	Chimiorécepteurs (tronc cérébral)	Neuroleptiques (halopéridol, prochlorpérazine, chlorpromazine, méthotriméprazine) Métoclopramide Odansetron (Zofran®)
Mouvement Position	Noyaux vestibulaires (tronc cérébral)	Neuroleptiques Dimenhydrinate Hyoscine
Douleur au visage Problèmes ORL Hypertension intracrânienne	Centre du vomissement (bulbe rachidien)	Dimenhydrinate Stéroïdes
Dysmotilité du tractus gastro-intestinal Obstruction intestinale Inflammation gastro-intestinale ↑ sécrétions gastro-intestinales	Lié au système gastro-intestinal et système nerveux autonome	Dimenhydrinate Métoclopramide Stéroïdes Hyoscine
Anxiété Associations (émotions, odeurs, visions, goûts, etc.)	Cortex	Benzodiazépines Cannabis

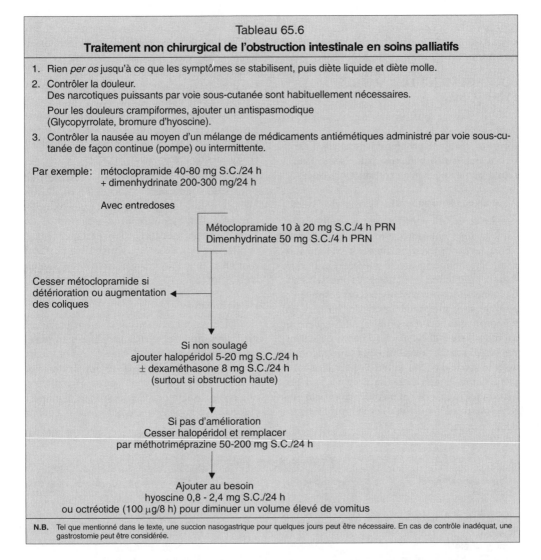

Tableau 65.6

Traitement non chirurgical de l'obstruction intestinale en soins palliatifs

1. Rien *per os* jusqu'à ce que les symptômes se stabilisent, puis diète liquide et diète molle.
2. Contrôler la douleur.
   Des narcotiques puissants par voie sous-cutanée sont habituellement nécessaires.

   Pour les douleurs crampiformes, ajouter un antispasmodique
   (Glycopyrrolate, bromure d'hyoscine).
3. Contrôler la nausée au moyen d'un mélange de médicaments antiémétiques administré par voie sous-cutanée de façon continue (pompe) ou intermittente.

Par exemple: métoclopramide 40-80 mg S.C./24 h
          + dimenhydrinate 200-300 mg/24 h

Avec entredoses

Métoclopramide 10 à 20 mg S.C./4 h PRN
Dimenhydrinate 50 mg S.C./4 h PRN

Cesser métoclopramide si
détérioration ou augmentation
des coliques

Si non soulagé
ajouter halopéridol 5-20 mg S.C./24 h
± dexaméthasone 8 mg S.C./24 h
(surtout si obstruction haute)

Si pas d'amélioration
Cesser halopéridol et remplacer
par méthotriméprazine 50-200 mg S.C./24 h

Ajouter au besoin
hyoscine 0,8 - 2,4 mg S.C./24 h
ou octréotide (100 µg/8 h) pour diminuer un volume élevé de vomitus

N.B. Tel que mentionné dans le texte, une succion nasogastrique pour quelques jours peut être nécessaire. En cas de contrôle inadéquat, une gastrostomie peut être considérée.

pas de la soif. Plusieurs, par contre, mentionnent des symptômes relatifs à la sécheresse de la bouche, ce que les solutés ne préviennent pas. En phase terminale, il n'est pas plus justifiable d'imposer un soluté à un malade déshydraté mais qui n'a pas soif que de le nourrir de force s'il est anorexique. Ces malades ont plutôt besoin de soins compulsifs de la bouche. En plus du personnel infirmier, on peut et on doit impliquer les membres de la famille dans ces soins. Les intraveineuses en phase terminale peuvent être justifiées à la demande expresse du malade qui dit se sentir totalement abandonné s'il n'a pas «son sérum». Autrement, il n'y va le plus souvent que d'un inconfort de plus, souvent

cause de congestion pulmonaire, de plus d'ascite et d'œdème, de détresse respiratoire et des pénibles «râles du mourant» chez un malade pour qui on ne fait souvent que diluer un sérum déjà pauvre (hypoalbuminémie secondaire à la dénutrition). Par contre, chez des malades qui ne sont pas à l'article de la mort, une réhydratation parentérale (par hypodermoclyse si nécessaire), dans le but de traiter un état confusionnel secondaire à la déshydratation, peut être appropriée.

Dans certains cas, l'espérance de vie (point de vue du médecin) et la qualité de vie (point de vue du sujet) justifient une hydratation parentérale (p. ex. pneumonie/pyrexie ou vomissements ou diarrhée aigus). L'hypodermoclyse (1-1,5 L/24 h) immobilise beaucoup moins le malade que la voie intraveineuse et peut se restreindre aux heures nocturnes (21 h à 9 h), avec sonde vésicale au besoin.

De 300 à 750 unités d'hyaluronidase par litre peuvent être ajoutés à la perfusion pour en faciliter l'absorption, selon la vitesse choisie. Certains auteurs administrent jusqu'à 1,5 litre sans ajouter d'enzyme (Tableau 20.1).

Anorexie

En présence de cancer avancé et en phase terminale d'autres maladies, la nutrition ne prolonge pas la vie. Par ailleurs, chez un petit nombre de vieillards anxieux, l'anorexie est perçue inconsciemment (et peut-être consciemment!) comme un signe inéluctable de mort prochaine, et ils s'en plaignent amèrement.

Twycross a démontré que la prescription d'un corticostéroïde permet d'obtenir presque invariablement une relance de l'appétit et du bien-être général pouvant durer un mois. Les effets positifs obtenus justifient amplement la légère augmentation des effets secondaires. Certains auteurs proposent également le mégestrol (160 mg/12 h), mais la supériorité de ce traitement n'est pas démontrée et le coût est très prohibitif.

Ascite

L'ascite néoplasique peut être traitée de façon conservatrice par les diurétiques, et la paracentèse est rarement nécessaire. Quelques milligrammes supplémentaires de morphine soulagent le malaise d'un abdomen tendu. Par contre, certains malades chérissent leur autonomie par-dessus tout et préfèrent être soulagés des 4 à 5 litres de liquide d'ascite qui les empêchent de bouger. On procède alors au drainage, parfois même à domicile si le transport est impossible ou trop coûteux.

Dyspnée

De courte durée chez le vieillard, la dyspnée terminale demeure le spectacle le plus difficile à supporter. Toutes les énergies qui restent vont à la respiration: même les plus courtes phrases sont entrecoupées. La détresse est constante, l'insomnie rebelle. L'oxygène est de peu d'utilité et pour un temps assez court. Bientôt, le masque ajoute à l'inconfort.

Si possible, on tente d'améliorer la fonction respiratoire en ponctionnant, par exemple, un épanchement pleural et en contrôlant l'insuffisance cardiaque et le bronchospasme. Les opioïdes apportent un soulagement par leur action centrale sur le centre respiratoire et par la vasodilatation qui diminue la précharge cardiaque. Des études récentes suggèrent qu'il y aurait également une action locale au niveau pulmonaire et que la morphine «nébulisée» pourrait être utile. Le bromure d'ipratropium pourrait également aider grâce à son effet anticholinergique et les benzodiazépines peuvent contrôler l'anxiété qui exacerbe la sensation de dyspnée. Le méthotriméprazine diminue également les sécrétions tout en favorisant la sédation. Par ailleurs, certaines études récentes suggèrent que l'administration par nébulisation de pubivacaïne peut soulager des toux sèches et exténuantes.

Pour soulager la famille (et non le malade déjà à demi inconscient) des «râles de la mort», l'hyoscine (0,4 mg S.C. aux 4 h PRN ou en perfusion S.C. continue) est très efficace pour assécher les sécrétions, l'injection peut être répétée au besoin.

Agitation terminale

L'agitation terminale est plutôt rare chez le vieillard. Elle se manifeste, comme son nom l'indique, par une agitation sans répit avec gémissements, chez un malade habituellement semi-comateux. Le spectacle est particulièrement pénible pour la famille et stressant pour l'équipe de soins. L'évaluation clinique est difficile mais l'expérience suggère qu'il ne s'agit pas principalement de douleur.

De cas précis et bien verbalisés, on entretient l'hypothèse qu'il s'agit de malades dont la peur inconsciente et consciente de mourir est profonde et augmente à l'approche pressentie de l'échéance. L'inconscience du sommeil étant un état trop voisin de la mort, ils combattent pour ne pas «mourir dans leur sommeil». On augmente les sédatifs et les tranquillisants de toutes sortes, ce qui contribue à leur confusion, alors qu'ils cherchent désespérément une cohérence à leurs derniers moments.

Le défi est presque impossible à relever. Le malade supplie sa famille qui supplie l'infirmière qui supplie le médecin de «faire quelque chose». L'expérience dicte de s'en remettre le moins possible à la pharmacologie qu'il est préférable de limiter à quelques milligrammes d'halopéridol ou de méthotriméprazine, auxquels on ajoutera, au besoin, de faibles doses d'une benzodiazépine (midazolam, alprazolam ou clonazépam). Il faut intensément miser sur le psycho-socio-spirituel : l'écoute patiente, une présence nocturne, des massages pleins de tendresse consciente, la musicothérapie, la zoothérapie (amener, lors d'une visite, le chat ou le chien du patient), la prière (formelle ou improvisée) selon la croyance de chacun.

DEUIL

Dans une société qui tend à considérer la mort comme un échec technologique, il n'est pas surprenant que des individus ne soient pas bien préparés à accepter le décès de leur proche. Le fait que ce proche soit âgé et que son décès survienne à la suite d'une longue maladie ne signifie pas que la mort soit nécessairement plus facile à accepter. L'éclatement de la famille traditionnelle, la diminution de l'entraide communautaire et l'absence relative de soutien spirituel sont autant de facteurs susceptibles de provoquer de fortes réactions de deuil. Les individus les plus à risque seraient ceux qui vivent, par ailleurs, des stress importants incluant un autre deuil récent et une histoire de dépression ou autre maladie psychiatrique. La présence de conflits et de problèmes interpersonnels avec la personne décédée peut également augmenter ce risque d'un deuil pathologique.

Puisque le deuil pathologique est difficile à solutionner, l'intervention professionnelle doit viser la prévention. Cela commence par une information honnête et simple à propos du décès, afin de permettre aux proches de bien comprendre ce qui s'est passé. La personne en deuil a besoin de partager ses sentiments et l'équipe soignante doit lui laisser savoir qu'elle peut les exprimer et que de fortes réactions sont normales.

Des cérémonies religieuses et certains rituels privés à la mémoire de la personne décédée (confection d'un album souvenir, par exemple) peuvent faciliter le processus de deuil. L'aide des amis, de la famille et, si nécessaire, de groupes de soutien, vise surtout à rassurer la personne endeuillée sur le fait qu'elle passe à travers une étape normale et nécessaire. Éventuellement, au fur et à mesure que diminue la réaction de deuil,

il faut que la personne se sente autorisée à poursuivre ses autres projets de vie sans quoi des sentiments de culpabilité pourraient l'empêcher pour toujours de reprendre une vie bien remplie.

SERVICES AUX MOURANTS

Un corpus de connaissances et de pratiques, animé d'une nouvelle philosophie de soins, s'est élaboré au cours des trente dernières années, sous le vocable «soins palliatifs». L'Angleterre, l'Australie et la Nouvelle-Zélande ont reconnu, depuis déjà dix ans, la médecine palliative comme une nouvelle spécialité médicale et les premiers bilans sont très positifs. Le premier *Textbook of Palliative Medicine* vient de paraître (Doyle, Hanks et MacDonald) et le Canada vient de se doter d'une «Société des médecins en soins palliatifs». Dans ces pays, tous les moyens de formation sont en place pour que dans les plus brefs délais, chaque hôpital (et chaque médecin) ait formellement accès à une équipe de consultation en soins palliatifs.

Équipe de consultation

Celle-ci est le noyau, le pivot central, autour duquel s'articulent les soins. Le malade, envoyé par son médecin traitant, demeure sous ses soins à moins d'une demande expresse de prise en charge. Au minimum, une évaluation médicale, infirmière, sociale et spirituelle sera faite dans les plus brefs délais et selon la classification des besoins par priorité. Des suggestions appropriées seront dirigées au médecin traitant ou rapidement activées dans le cas de prise en charge. Il est important de rappeler que le temps presse pour les mourants de tous âges.

Douleur et symptômes envahissent tout le vécu du malade et recevront, s'il y a lieu, la première attention. Un conjoint soignant invalidé par une blessure fera activer rapidement les mécanismes de soutien psychosocial. Au fil des jours, l'ergothérapeute, le psychologue, l'agent de pastorale, la diététiste, l'équipe de bénévoles s'impliqueront selon les besoins. À domicile, préposé aux soins, infirmière et médecin seront impliqués dans un suivi fait sur mesure pour le malade et sa famille.

L'équipe de consultation est toujours facilement accessible à l'hôpital, soit pour une première évaluation soit pour une visite en cours de suivi pour les malades dont le déplacement n'est pas un fardeau ou peut même être une occasion bénéfique de sortir du domicile. On peut profiter de ces visites à la clinique pour y faire une prise de sang ou une investigation utile au suivi.

Unité de soins palliatifs

D'entrée, chaque hôpital n'a pas un besoin absolu d'une unité de soins palliatifs. C'est une logique des meilleurs soins possible, aux meilleurs coûts possible qui a mené au regroupement des malades en services de médecine, chirurgie, gynécologie, gériatrie, soins coronariens, etc. La même logique s'applique aux mourants dont le nouveau mode d'exister ne s'oriente plus selon la pathologie mais selon les besoins. A l'Hôpital Royal Victoria (Montréal), il a été démontré que, pour de meilleurs soins terminaux, les coûts, *per capita*, dans un service de soins palliatifs, sont identiques à ceux des services de médecine et de chirurgie générale. Il y a donc un avantage très évident à regrouper, dans la mesure du possible, sur un ou deux services, entre les mains de praticiens de toutes les disciplines, spécifiquement formés et familiarisés avec les besoins particuliers, des patients susceptibles de bénéficier d'une approche palliative.

Soins palliatifs à domicile

Un des buts premiers des soins palliatifs est de soigner le malade et d'apporter appui à sa famille dans le milieu naturel du foyer. Il y a quinze ans, il a été démontré qu'après l'instauration d'un service domiciliaire de soins palliatifs, la durée moyenne de l'hospitalisation terminale des malades décédés de cancer avait chuté de 30 à 11 jours. Demeurer à la maison est le premier choix de la quasi-totalité des patients, même si le soulagement de la douleur et le contrôle des autres symptômes y est moins efficace. Parkes, en Angleterre, a observé qu'environ 30 % des malades obtenaient à domicile un moins bon soulagement de leur douleur. La prise des médicaments y est souvent moins rigoureuse qu'à l'hôpital de même que les ajustements de dose. Les malades s'activent plus à domicile et leur niveau d'anxiété peut être plus élevé. Malgré tout, ils préfèrent s'y ancrer, le sens de leur vie, si important, trouvant plus facilement sa plénitude dans l'intimité du foyer. Ces données ne doivent inciter qu'à plus de ri-

gueur et à plus de flexibilité dans l'organisation, la dispensation et l'excellence de soins palliatifs à ceux et celles qui espèrent pouvoir dignement «mourir dans leur lit».

BIBLIOGRAPHIE

AHMEDZAI, S.: Palliation of respiratory symptoms, **in** *Oxford Textbook of Palliative Medicine*, Oxford University Press, New York, 1993.

BAINES, M.J., OLIVER, D.J. & R.L. CARTER: Medical management of intestinal obstruction in patients with advanced malignant disease: a clinical and pathological study. *Lancet*, 2:990, 1985.

DAUT, R.L. & Coll.: The development of the Wisconsin Brief Pain Questionnaire to assess pain in cancer and other diseases. *Pain*, **17**:197, 1983.

DAVIS, C.L.: The Therapeutics of Dyspnea, *Cancer Surveys*, **21**:85-98, 1994.

DOYLE, D.: Domiciliary palliative care, **in** *Oxford Textbook of Palliative Medicine*, Oxford University Press, New York, 1983.

DOYLE, D.: Palliative Medicine: A UK Specialty. *J Pall Care*, **10**:8, 1994.

GRAHAM, C. & Coll.: Use of the McGill Pain Questionnaire in the assessment of cancer Pain: replicability and consistency. *Pain*, **8**:377, 1980.

KAÏKO, R.F. & Coll.: Age and morphine analgesia in cancer patients with post-operative pain. *Clin Pharmacol Ther*, **28**:823, 1980.

KONETZ, R.: Parenteral nutrition: is it oncologically logical? *J Clin Oncol*, **2**:534, 1984.

LIBRACH, S.L.: *The Pain Manual Canadian Cancer Society*, Pegasis Health Care International, Montreal, Quebec, 1991.

MAYER, J.: Multiple endogenous opiate and non-opiate analgesic systems. *Adv Pain Res And Thers*, **6**:253, 1984.

MELDING, P.S.: Is there such a thing as geriatric pain? *Pain*, **46**:199, 1991.

MOUNT, B.M., JONES, A. & A. PATERSON: Death and Dying: Attitudes in a Teaching Hospital. *Urology*, **4**:741, 1974.

PORTENOY, R.K. & Coll.: Plasma morphine and M-6-G during chronic morphine therapy for cancer pain: plasma profiles, steady state concentrations and consequences of renal failure. *Pain* 47:13, 1991.

STERNBACH, R.A.: Survey of pain in the U.S.: The Nupain Pain Report. *J Clin Pain*, **2**:49, 1986.

TWYCROSS, R.G. & S. LACK: *Control of Alimentary Symptoms in Far Advanced Cancer*, Churchill Livingstone, Edinburgh, 1986.

LECTURES SUGGÉRÉES

DICKENSON, D. & M. JOHNSON: *Death, Dying and Bereavement*, Sage Publications, London, 1993.

DOYLE, D., HANKS, G. & N. MACDONALD: *Oxford Textbook of Palliative Medicine*, Oxford University Press, New York, 1993.

REGNARD, C.F. & S. TEMPEST: *A Guide to Symptom Relief in Advanced Cancer*, Hagh & Huchland Ltd, Manchester (England), 3rd ed. 1992.

U.S. Dept of Health & Human Services Management of Cancer Pain – *Clinical Practice Guidelines.* **March**, 1994.

WORDEN, J.W.: *Grief Counselling and Grief Therapy* Springer-Verlag, New York, 2nd ed. 1991.

INDEX

LÉSIONS CUTANÉES CHEZ LES PERSONNES ÂGÉES

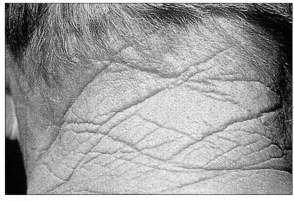

Figure 47.1
Élastose + rides profondes

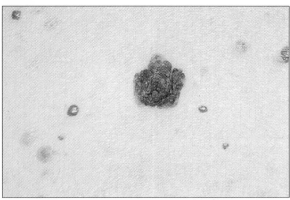

Figure 47.2
Kératose séborrhéique et angiomes séniles
(tache rubis)

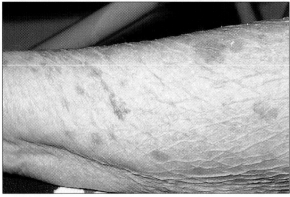

Figure 47.3
Lentigos bénins et atrophie

Figure 47.4
Kératose actinique

Figure 47.5
Lentigo prémalin

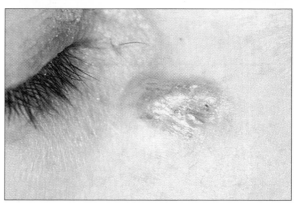

Figure 47.6
Kérato-acanthome

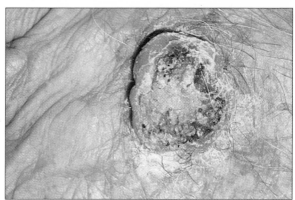

Figure 47.7
Carcinome ou épithélioma basocellulaire
(nodulaire)

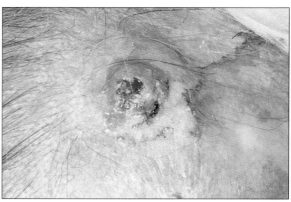

Figure 47.8
Carcinome ou épidermoïde spinocellulaire

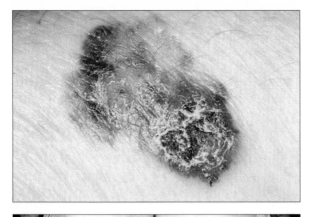

Figure 47.9
Mélanome (à extension superficielle + nodule)

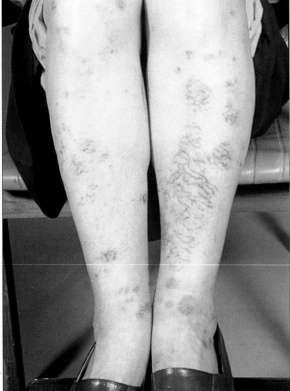

Figure 47.10
Eczéma craquelé avec lésions nummulaires

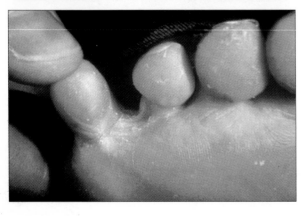

Figure 47.11
Tinea pedis chronique fissuré interdigital